Alexandre Chini Neto
Alexandre Meinberg Ceroy
Aluísio Gonçalves de Castro Mendes
Alzemeri Martins Ribeiro de Britto
Andréa Rose Borges Cartaxo
Ângelo Roberto Ilha da Silva
Antonio Matheus Rocha Mallmann
Augusto Bruno Mandelli
Carina Lucheta Carrara
Carmen Silvia Lima de Arruda
Carolina Paes de Castro Mendes
Cassio Roberto Conserino
Célia Iraci da Cunha
Daniel Serpentino
Diego da Fonseca Hermes Ornellas de Gusmão
Eduardo Chabaribery Libório
Eduardo Filipe Alves Martins
Felipe Dantas de Araújo
Fernando Braz Ximenes
Firly Nascimento Filho
Flávio Marcelo de Azevedo Horta Fernandes
Gabriel Pires de Campos Sormani
Guilherme Braga Peña de Moraes
Henrique Gouveia da Cunha
Humberto Dalla Bernardina de Pinho
Humberto Eustáquio Soares Martins
Ilan Presser
Inês da Trindade Chaves de Melo
Ives Gandra da Silva Martins Filho
João Daniel Silva
José Arthur de Carvalho Pereira Filho
José Marinho Paulo Junior
Kassio Nunes Marques
Kleber Leles de Souza
Liliana Bittencourt
Luiz Augusto Módolo de Paula
Luiz Fux
Marianna Fux
Mônica Jacqueline Sifuentes Pacheco de Medeiros

2025

COORDENADORES

IVES GANDRA DA SILVA MARTINS FILHO

JOÃO DANIEL SILVA

ESTADO DE DIREITO, LIBERDADE E DEMOCRACIA

ENSAIOS EM HOMENAGEM AO **MINISTRO ANDRÉ MENDONÇA**

Morgana de Almeida Richa
Natacha Nascimento Gomes Tostes Gonçalves de Oliveira
Paulo Dias de Moura Ribeiro
Pietro Figliuolo Horta Fernandes
Rafael Campos Soares da Fonseca
Renata Machado Cotta
Reynaldo Soares da Fonseca
Ricardo Henry Marques Dip
Rodrigo Merli Antunes
Rogerio de Oliveira Souza
Roy Reis Friede
Teodoro Silva Santos
Thiago Colnago Cabral
Thierry Mougenot Bonfim Ferreira dos Reis
Tito Campos de Paula
Vanir Fridriczewski
Vinícius de Lacerda Aleodim Campos
Vitor Fernando Gonçalves Córdula
Vitor Marcelo Aranha Afonso Rodrigues
William Douglas Resinente dos Santos

EDITORA FOCO

Dados Internacionais de Catalogação na Publicação (CIP) de acordo com ISBD

E79

Estado de direito, liberdade e democracia: ensaios em homenagem ao ministro André Mendonça / organizado por Ives Gandra Filho, João Daniel Silva. - Indaiatuba : Editora Foco, 2025.

728 p. : 17cm x 24cm.

Inclui bibliografia e índice.

ISBN: 978-65-6120-564-1

1. Direito. 2. Estado de direito. 2. Liberdade. 3. Democracia. 4. Ensaios. 5. André Mendonça. I. Gandra Filho, Ives. II. Silva, João Daniel. III. Título.

2025-2869 CDD 340 CDU 34

Elaborado por Vagner Rodolfo da Silva - CRB-8/9410

Índices para Catálogo Sistemático:

1. Direito 340

2. Direito 34

Alexandre Chini Neto
Alexandre Meinberg Ceroy
Aluísio Gonçalves de Castro Mendes
Alzemeri Martins Ribeiro de Britto
Andréa Rose Borges Cartaxo
Ângelo Roberto Ilha da Silva
Antonio Matheus Rocha Mallmann
Augusto Bruno Mandelli
Carina Lucheta Carrara
Carmen Silvia Lima de Arruda
Carolina Paes de Castro Mendes
Cassio Roberto Conserino
Célia Iraci da Cunha
Daniel Serpentino
Diego da Fonseca Hermes Ornellas de Gusmão
Eduardo Chabaribery Libório
Eduardo Filipe Alves Martins
Felipe Dantas de Araújo
Fernando Braz Ximenes
Firly Nascimento Filho
Flávio Marcelo de Azevedo Horta Fernandes
Gabriel Pires de Campos Sormani
Guilherme Braga Peña de Moraes
Henrique Gouveia da Cunha
Humberto Dalla Bernardina de Pinho
Humberto Eustáquio Soares Martins
Ilan Presser
Inês da Trindade Chaves de Melo
Ives Gandra da Silva Martins Filho
João Daniel Silva
José Arthur de Carvalho Pereira Filho
José Marinho Paulo Junior
Kassio Nunes Marques
Kleber Leles de Souza
Liliana Bittencourt
Luiz Augusto Módolo de Paula
Luiz Fux
Marianna Fux
Mônica Jacqueline Sifuentes Pacheco de Medeiros

COORDENADORES

IVES GANDRA DA SILVA MARTINS FILHO

JOÃO DANIEL SILVA

ESTADO DE DIREITO, LIBERDADE E DEMOCRACIA

ENSAIOS EM HOMENAGEM AO **MINISTRO ANDRÉ MENDONÇA**

Morgana de Almeida Richa
Natacha Nascimento Gomes Tostes Gonçalves de Oliveira
Paulo Dias de Moura Ribeiro
Pietro Figliuolo Horta Fernandes
Rafael Campos Soares da Fonseca
Renata Machado Cotta
Reynaldo Soares da Fonseca
Ricardo Henry Marques Dip
Rodrigo Merli Antunes
Rogerio de Oliveira Souza
Roy Reis Friede
Teodoro Silva Santos
Thiago Colnago Cabral
Thierry Mougenot Bonfim Ferreira dos Reis
Tito Campos de Paula
Vanir Fridriczewski
Vinícius de Lacerda Aleodim Campos
Vitor Fernando Gonçalves Córdula
Vitor Marcelo Aranha Afonso Rodrigues
William Douglas Resinente dos Santos

2025 © Editora Foco
Organizadores: Ives Gandra da Silva Martins Filho e João Daniel Silva
Autores: Alexandre Chini Neto, Alexandre Meinberg Ceroy, Aluísio Gonçalves de Castro Mendes, Alzemeri Martins Ribeiro de Britto, Andréa Rose Borges Cartaxo, Ângelo Roberto Ilha da Silva, Antonio Matheus Rocha Mallmann, Augusto Bruno Mandelli, Carina Lucheta Carrara, Carmen Silvia Lima de Arruda, Carolina Paes de Castro Mendes, Cassio Roberto Conserino, Célia Iraci da Cunha, Daniel Serpentino, Diego da Fonseca Hermes Ornellas de Gusmão, Eduardo Chabaribery Libório, Eduardo Filipe Alves Martins, Felipe Dantas de Araújo, Fernando Braz Ximenes, Firly Nascimento Filho, Flávio Marcelo de Azevedo Horta Fernandes, Gabriel Pires de Campos Sormani, Guilherme Braga Peña de Moraes, Henrique Gouveia da Cunha, Humberto Dalla Bernardina de Pinho, Humberto Eustáquio Soares Martins, Ilan Presser, Inês da Trindade Chaves de Melo, Ives Gandra da Silva Martins Filho, João Daniel Silva, José Arthur de Carvalho Pereira Filho, José Marinho Paulo Junior, Kassio Nunes Marques, Kleber Leles de Souza, Liliana Bittencourt, Luiz Augusto Módolo de Paula, Luiz Fux, Marianna Fux, Mônica Jacqueline Sifuentes Pacheco de Medeiros, Morgana de Almeida Richa, Natacha Nascimento Gomes Tostes Gonçalves de Oliveira, Paulo Dias de Moura Ribeiro, Pietro Figliuolo Horta Fernandes, Rafael Campos Soares da Fonseca, Roy Reis Friede, Renata Machado Cotta, Reynaldo Soares da Fonseca, Ricardo Henry Marques Dip, Rodrigo Merli Antunes, Rogerio de Oliveira Souza, Teodoro Silva Santos, Thiago Colnago Cabral, Thierry Mougenot Bonfim Ferreira dos Reis, Tito Campos de Paula, Vanir Fridriczewski, Vinícius de Lacerda Aleodim Campos, Vitor Fernando Gonçalves Córdula, Vitor Marcelo Aranha Afonso Rodrigues e William Douglas Resinente dos Santos
Diretor Acadêmico: Leonardo Pereira
Editor: Roberta Densa
Coordenadora Editorial: Paula Morishita
Revisora Sênior: Georgia Renata Dias
Revisora Júnior: Adriana Souza Lima
Capa Criação: Leonardo Hermano
Diagramação: Ladislau Lima e Aparecida Lima
Impressão miolo e capa: FORMA CERTA

NOTAS DA EDITORA:

Atualizações e erratas: A presente obra é vendida como está, atualizada até a data do seu fechamento, informação que consta na página II do livro. Havendo a publicação de legislação de suma relevância, a editora, de forma discricionária, se empenhará em disponibilizar atualização futura.

Erratas: A Editora se compromete a disponibilizar no site www.editorafoco.com.br, na seção Atualizações, eventuais erratas por razões de erros técnicos ou de conteúdo. Solicitamos, outrossim, que o leitor faça a gentileza de colaborar com a perfeição da obra, comunicando eventual erro encontrado por meio de mensagem para contato@editorafoco.com.br. O acesso será disponibilizado durante a vigência da edição da obra.

Impresso no Brasil (7.2025) – Data de Fechamento (7.2025)

Rua Antonio Brunetti, 593 – Jd. Morada do Sol
CEP 13348-533 – Indaiatuba – SP
E-mail: contato@editorafoco.com.br
www.editorafoco.com.br

APRESENTAÇÃO

Esse trabalho nasceu de um desejo comum, sendo o produto do esforço conjunto de cinquenta e quatro autores, e coautores, de levar a termo merecida e honrosa homenagem ao Ministro André Luiz de Almeida Mendonça, do Supremo Tribunal Federal, desse grande país chamado Brasil.

Denominada "Estado de Direito, Liberdade e Democracia: ensaios em homenagem ao Ministro André Mendonça", a presente obra congrega cinquenta e quatro artigos, divididos entre diversos ramos do Direito, abordando temáticas em que o leitor terá a oportunidade de conhecer um pouco mais sobre o nosso ilustre homenageado.

Somos gratos a todos os autores que contribuíram para a totalidade deste feito, juristas de escol, que em suas respectivas áreas de atuação possuem renome profissional e acadêmico. São membros da Magistratura em todos os seus degraus, do Ministério Público, da Advocacia-Geral da União, da Polícia Federal e outras instituições. O nosso agradecimento especial a todos.

O título escolhido abarca os pilares do ideário escorreito e justo do Ministro André Mendonça, que sempre foi defensor implacável do Império da Lei. Nesse aspecto, agora ocupando assento na Suprema Corte, ele tem se destacado na defesa do Estado de Direito, das liberdades individuais e de nossa Constituição, que é o berço da democracia brasileira.

A carreira e o pensamento do Ministro André Mendonça lhe são testemunhas verazes de seu compromisso com a verdade e com a justiça, que tem sido a tônica de sua atuação judicial. Há de se destacar seus votos proferidos sempre sob a égide da Constituição da República e alinhados ao bom senso.

Nesse diapasão, o ministério judiciário do Ministro André Mendonça, no limiar do Pretório Excelso, tem sido verdadeiras âncora e bússola para os juristas e entusiastas do Direito que depositam confiança no ordenamento jurídico do Brasil, em suas instituições democráticas e em seus pilares republicanos.

E é exatamente nessa esteira, que esse compêndio celebra a atuação do Ministro André Mendonça dentro do Supremo Tribunal Federal. Sua dedicação incansável na entrega de uma prestação jurisdicional fiel às Leis e à Constituição, o consagra, na história do constitucionalismo nacional, como um dos maiores Ministros que já passaram por essa respeitável instituição do Estado brasileiro.

Há uma passagem bíblica que diz que pelos seus frutos, é possível conhecer uma árvore. E esse livro é um singelo resumo dos bons frutos que o Ministro André Mendonça tem produzido em toda sua vida, e naturalmente tem conquistado maior destaque e atenção agora. Pelo exposto, desejamos boa leitura aos que decidirem esmiuçar essas páginas. Certamente encontrarão preciosas pílulas de Direito e de Justiça, que lhes serão extremamente aprazíveis.

Os organizadores,

Ives Gandra da Silva Martins Filho

João Daniel Silva

República Federativa do Brasil, 27 de dezembro de 2024

SUMÁRIO

GOVERNANÇA CORPORATIVA NAS EMPRESAS ESTATAIS: UMA ANÁLISE DA ADI 7.331/DF

Luiz Fux

Doutor e Livre-Docente em Direito Processual Civil pela Universidade do Estado do Rio de Janeiro (Uerj). Membro da Academia Brasileira de Letras Jurídicas. Membro da Academia Brasileira de Filosofia. Ministro do Supremo Tribunal Federal (STF). Ex-Presidente do Tribunal Superior Eleitoral (TSE). Professor Titular de Direito Processual Civil da Universidade do Estado do Rio de Janeiro (UERJ).

INTRODUÇÃO

É com muita satisfação que participo desta merecida homenagem ao Ministro André Luiz de Almeida Mendonça, jurista e homem público de escol, a quem tive a ventura de dar posse no Supremo Tribunal Federal, na qualidade de Presidente da Corte, em 16.12.2021.

Deveras, passados mais de dois anos deste inolvidável marco, dou testemunho das importantes contribuições de S. Exa. para a jurisdição constitucional brasileira, expressas em diversos julgamentos levados a efeito sob a direção dos seus abalizados votos. Destaco, dentre tantos, a redação para o acórdão, de sua lavra, no recente julgamento (9.5.2024) da Ação Direta de Inconstitucionalidade 7.331/DF.

Objetava-se, no caso em questão, o art. 17, § 2º, incs. I e II, da Lei das Estatais (13.303/2016), que vedam a indicação, para o Conselho de Administração e para a diretoria de empresas estatais, "de representante do órgão regulador ao qual a empresa pública ou a sociedade de economia mista está sujeita, de Ministro de Estado, de Secretário de Estado, de Secretário Municipal, de titular de cargo, sem vínculo permanente com o serviço público, de natureza especial ou de direção e assessoramento superior na administração pública, de dirigente estatutário de partido político e de titular de mandato no Poder Legislativo de qualquer ente da federação, ainda que licenciados do cargo" e de "de pessoa que atuou, nos últimos 36 (trinta e seis) meses, como participante de estrutura decisória de partido político ou em trabalho vinculado a organização, estruturação e realização de campanha eleitoral".

Tratava-se de ação proposta pelo Partido Comunista do Brasil (PcdoB), que arguiu a inconstitucionalidade dos citados dispositivos em face dos "direitos constitucionais à isonomia (art. 5º, caput) e à ampla acessibilidade a cargos, empregos e funções públicas (art. 37, I); à liberdade de expressão a participação político-partidária (art. 5º, IV); à autonomia partidária (art. 17, § 1º), além de violar os princípios da proporcionalidade e da proibição do excesso".

Diante da relevância do aludido *thema iudicandum* para a boa governança da coisa pública no Brasil, máxime na gestão da administração pública indireta, pretende-se, no presente artigo, com base em revisão bibliográfica e análise documental, realizar um estudo de caso examinando os contornos teóricos e operacionais discutidos no acórdão proferido pelo Supremo Tribunal Federal na ADI 7.331/DF.

Na primeira parte, serão elucidadas as bases conceituais da moralidade na administração pública no Brasil. Posteriormente, será especificamente abordado o tema da governança nas empresas estatais brasileiras, discutido no acórdão ora estudado. O texto é concluído com a exposição das premissas e das teses extraídas do julgamento da mencionada Ação Direta de Inconstitucionalidade.

1. BASES CONCEITUAIS DA MORALIDADE NA ADMINISTRAÇÃO PÚBLICA (DIRETA E INDIRETA)

Conforme já dissemos alhures[1], a relação entre Direito e Moral perpassa as próprias origens do fenômeno jurídico. A afirmação do Direito como instância autônoma da Moral – bem como qual a medida dessa autonomia – conduziu grandes debates históricos na Teoria do Direito, especialmente entre as correntes jusnaturalistas e as juspositivas.

Estas últimas tiveram em Kelsen seu grande expoente e tentavam construir uma teoria jurídica independente de quaisquer influências valorativas externas, fossem elas de ordem moral, ética, religiosa, cultural etc.

Em todo caso, não se pode afirmar a completa separação entre Direito e Moral, afirmando-se naquele um mínimo ético que lhe confira legitimidade material e respaldo social, fatores que incrementam a própria eficácia das normas jurídicas. Apesar de coercivas em si, a instituição de um regime democrático deve se preocupar com fatores de legitimidade e aceitação das normas jurídicas, no afã de que a população as veja não apenas como destinatários, mas também como criadores daquelas regras cogentes que se quer lhes aplicar.[2]

Entretanto, o Direito não se limita a proteger o que é moral, isto é, o lícito e o moral não se confundem necessariamente. Com efeito, há atos jurídicos lícitos que podem ser

1. Extraído de: FUX, Luiz; ARABI, Abhner Youssif Mota. Controle da moralidade na Gestão Pública. In: *Revista Justiça & Cidadania*, v. 218/2018. p. 16-18.
2. Com efeito, como assentava Norberto Bobbio, "o caráter específico do ordenamento normativo do Direito em relação a outras formas de ordenamento, tais como a moral social, os costumes, os jogos e outros, consiste no fato de que o Direito recorre, em última instância, à força física para obter o respeito das normas" (*Dicionário de Política*, 3. ed. v. I, Editora UnB, 1991. p. 349). É como Max Weber já dizia ao descrever a formação dos Estados contemporâneos, em relação aos quais se afirmava o monopólio do uso legítimo da força. Por isso é que os propósitos aos quais essa força pode ser usada devem ser também eles legítimos e democráticos, inclusive quanto ao conteúdo ético e moral mínimo que lhe dê sustentação.

considerados opostos à moral, a partir de um aspecto distintivo essencial que perpassa o Direito e a Moral: a coercibilidade.

Apesar de se tratar de âmbitos distintos do controle social, "ambos são elementos inextirpáveis da convivência, pois se não há sociedade sem Direito também não há sociedade sem moral."[3] Em todo caso, tratando-se de esferas próximas, apesar de distintas, deve-se procurar estabelecer entre elas relações ótimas de comunicação, especialmente no âmbito da gestão pública.

No âmbito administrativo, a moralidade aparece como princípio expresso regente da atuação da administração pública direta e indireta de qualquer dos Poderes da União, dos Estados, do Distrito Federal e dos Municípios, conforme previsão do art. 37, caput, da Constituição de 1988. Como princípio que é, a moralidade se impõe como norma jurídica aos agentes públicos, em relação à qual se deve guardar relação de obrigatoriedade e obediência.

Destaca-se que os princípios, enquanto espécies de normas jurídicas, diferenciam-se das regras, as quais se constituem por disposições normativas de conteúdo mais bem definido e de aplicação de evidenciado aspecto subsuntivo. Os princípios, por sua vez, revelam-se como mandados de otimização[4], cuja aplicação deve se conduzir a sua máxima realização, em busca dos objetivos últimos que o legitimam e o justificam.

De um modo geral, a adoção dos princípios como normas jurídicas corresponde à apropriação jurídica de destacados valores éticos e morais, em reação a um momento histórico pós-Segunda Guerra Mundial, em cujo contexto as regras jurídicas então positivadas permitiram e conferiram respaldo à perpetração de atrocidades por todos conhecidas. Assim é que se o Direito se moraliza pelos princípios, quanto mais o faz a adoção do princípio da moralidade como norma jurídica administrativa.

Além dessa previsão no art. 37, mais específica para o âmbito administrativo, constatam-se outras duas ocorrências do vocábulo "moralidade" no texto constitucional: como objeto tutelável pela ação popular, que pode ser proposta por qualquer cidadão (art. 5º, LXXIII); e como um dos valores a serem protegidos pela previsão legal dos casos de inelegibilidade, exigindo-se a moralidade para exercício de mandato eletivo a partir da consideração da vida pregressa do candidato, bem como para a normalidade e a legitimidade das eleições contra a influência do poder econômico ou o abuso do exercício de função, cargo ou emprego na administração direta ou indireta (art. 14, § 9º). Há, ainda, outras previsões relativas à probidade, conceito bastante próximo da moralidade, mas que nesta não se esgota totalmente.

Apesar de se tratar de um conceito jurídico indeterminado, como é próprio e propositál dos princípios, é possível atribuir contornos normativos certos ao princípio da moralidade.

3. FERRAZ JR, *Introdução ao Estudo do Direito*. 5. ed. São Paulo: Saraiva, 2007. p. 326.
4. ALEXY, Robert. *Teoria da Argumentação Jurídica*. Trad. Zilda Hutchinson Schild Silva. São Paulo: Landy Editora, 2001.

Deveras, a moralidade como norma jurídica "exige que a atividade administrativa seja desenvolvida de modo leal e assegure a toda a comunidade a obtenção de vantagens justas".[5] Afastando-se de uma concepção em que os meios se legitimam por suas finalidades, o exercício da atividade administrativa deve se direcionar ao interesse público, que não se considera atingido pelo sacrifício irrazoável ou desproporcional de interesses particulares.

Assim é que o agir administrativo — no âmbito direto ou indireto — conforme a moralidade requer uma relação de pertinência com o interesse público, bem como com o resguardo da lealdade, eticidade, cooperação e boa-fé. Essas são lições colhidas há muito no Direito Administrativo francês, especialmente a partir dos ensinamentos de Maurice Hauriou, cuja proteção e aplicação são essenciais a uma gestão pública democrática. Impõe-se, assim, que "o administrador público não dispense os preceitos éticos que devem estar presentes em sua conduta", devendo averiguar não apenas "os critérios de conveniência, oportunidade e justiça, mas também distinguir o que é honesto do que é desonesto".[6]

Em verdade, exigir juridicamente que se atue conforme a moralidade corresponde a conferir à atuação administrativa e estatal a necessidade de constante adequação de sua atuação ao interesse público, já que a atuação administrativa não se dá em nome dos agentes públicos que a realizam, mas ao povo, a quem se atribui a legitimidade última e a soberania constitucional máxima.

Como desde o início assenta o texto constitucional vigente (art. 1º, parágrafo único), "todo o poder emana do povo, que o exerce por meio de representantes". Dessarte, ainda que não houvesse previsão normativa expressa – o que há à exaustão – a obediência à moralidade é dever que decorre dos pilares do Estado Democrático de Direito e também dos próprios preceitos fundamentais do exercício da função administrativa: (i) a primazia do interesse público; e (ii) a indisponibilidade do interesse público pela Administração.

Estabelece-se, portanto, uma relação intrínseca entre a própria validade do agir administrativo e a moralidade desta atuação. Essa relação se estabelece a tal ponto que Hely Lopes Meirelles afirmava que "o certo é que a moralidade do ato administrativo, juntamente com a sua legalidade e finalidade, constituem pressupostos de validade, sem o qual toda atividade pública será ilegítima".[7]

Com efeito, apesar de possível, não é apenas no plano judicial que se deve resguardar a norma jurídica da moralidade, mas também no âmbito do controle e da autotutela administrativa, já que se trata de comando normativo de estatura constitucional expressa.

À luz dessas premissas, extraem-se importantes contribuições à Administração Pública, a partir de uma preocupação com o fortalecimento e a criação de instrumentos

5. JUSTEN FILHO, Marçal. *Curso de Direito Administrativo*. 11. ed. São Paulo: Ed. RT, 2015. p. 203.
6. CARVALHO FILHO, José dos Santos. *Manual de Direito Administrativo*. 27. ed. Rio de Janeiro: Forense, 2014. p. 102.
7. MEIRELLES, Hely Lopes. *Direito Administrativo Brasileiro*. 32. ed. São Paulo: Malheiros, 2006. p. 89.

fomentadores do controle da moralidade na gestão pública levada a efeito na administração direta ou indireta, como pelo incremento de mecanismos de maior participação democrática, de consulta à população, de amplificação do acesso às informações públicas, dentre outros.

Sendo a gestão pública a atividade de governo das políticas públicas e do atendimento de demandas coletivas, com a elaboração e o acompanhamento de iniciativas que têm como objetivo atingir finalidades públicas, a atuação de profissionais qualificados para administrar essas organizações, nos diversos níveis do governo, deve se dar de forma ética e moralmente justificada, conservando e utilizando os bens e recursos públicos que lhe foram confiados, no afã de atingir uma construção coletiva e democrática de soluções aos problemas da comunidade.

Um dos grandes corolários deste aparato conceitual é, justamente, a sua aplicação ao contexto das empresas estatais, componentes da administração indireta e disciplinadas pela Lei 13.303/2016. Por meio deste diploma, criaram-se condutas de governança e gestão corporativa direcionadas ao melhor atendimento de princípios como o da moralidade, além de regras voltadas até mesmo à indicação e à avaliação de membros para o Conselho de Administração e para o Conselho Fiscal. Foram estes institutos examinados pelo Supremo Tribunal Federal na ADI 7.331, que será abordada a seguir.

2. A APLICAÇÃO DA GOVERNANÇA CORPORATIVA NAS EMPRESAS ESTATAIS: O CASO DA ADI 7.331

No bojo da citada ação[8], havia o Ministro Ricardo Lewandowski, Relator, concedido medida cautelar, *ad referendum* do Plenário, em 16.3.2023, para "declarar a inconstitucionalidade da expressão 'de Ministro de Estado, de Secretário de Estado, de Secretário Municipal, de titular de cargo, sem vínculo permanente com o serviço público, de natureza especial ou de direção e assessoramento superior na administração pública', constantes do inciso I do § 2º do art.17 da Lei 13.303/2016, até o definitivo julgamento desta ADI".

Ainda em sede liminar, conferiu "interpretação conforme à Constituição ao inciso II do § 2º do art. 17 do referido diploma legal para afirmar que a vedação ali constante limita-se àquelas pessoas que ainda participam de estrutura decisória de partido político ou de trabalho vinculado à organização, estruturação e realização de campanha eleitoral, sendo vedada, contudo, a manutenção do vínculo partidário a partir do efetivo exercício no cargo, até o exame do mérito".

No julgamento do mérito, após o voto do Relator, mantendo os fundamentos da liminar, pediu vista dos autos o Ministro André Mendonça, em cujo voto, proferido posteriormente (6.12.2023), julgou "improcedente o pedido formulado na ação direta, reconhecendo a constitucionalidade dos dispositivos questionados".

8. O presente tópico representa uma versão revisada do voto proferido na mencionada ação.

Em meu voto — acompanhando a divergência inaugurada pelo Ministro André Mendonça – sublinhei que as inovações oriundas da Lei das Estatais alinharam o Brasil às melhores práticas de governança corporativa, ao buscarem mitigar eventuais conflitos de interesses e riscos de captura, e ao privilegiarem os princípios da eficiência, moralidade, impessoalidade, assim como a supremacia do interesse público sobre o privado. As referidas normas foram elaboradas a fim de garantir maior efetividade ao sistema de governança corporativa das sociedades estatais, sendo uma resposta do legislador a assimilações de ordem prática. Inclusive, tal iniciativa de robustez do sistema de governança se alinha com a agenda "ESG".

A expressão "ESG" foi cunhada originalmente em 2004, em um documento do Pacto Global da ONU, intitulado "*Who Care Wins: Connecting Financial Markets to a Changing World*"[9] (Quem se importa ganha: conectando os mercados financeiros a um mundo em mudança). Tal publicação foi resultado de uma iniciativa colaborativa entre diferentes instituições financeiras ao redor do mundo, proposta pelo então Secretário-Geral da ONU e ganhador do Prêmio Nobel da Paz, Kofi Annan.

Havia ele sugerido que fosse adotada uma agenda conjunta, com prioridade para as questões ambientais, sociais e de governança. O trinômio "*Environmental, Social and Governance*" (Meio Ambiente, Social e Governança) originou a sigla "ESG".

Conforme foi apontado em reportagem de 2022 da revista *Forbes*, "O caminho da agenda ESG no Brasil é a agenda 2030 das Nações Unidas"[10], por meio dos chamados 17 Objetivos do Desenvolvimento Sustentável (ODS), que foram estabelecidos pela Assembleia Geral da ONU em 2015.[11] Nesse sentido, a revista indicou que "A adoção das boas práticas ambientais, sociais e de governança (...) é um imperativo sem volta para avaliar as empresas e seus investimentos".[12]

De acordo com pesquisa realizada em 2019 com as companhias que compunham, na época, o Índice de Sustentabilidade Empresarial (ISE) da B3 – Brasil, Bolsa, Balcão S.A. (B3), 98% delas possuíam processos definidos e em andamento para a integração dos ODS às suas estratégias, metas e resultados.[13] Inclusive, a Comissão de Valores Mobiliários tem emitido normas relacionadas ao tema "ESG", a fim de tornar obrigatória a divulgação de informações e alinhar o Brasil aos padrões internacionais.

Considerando que tais inovações trazidas pela Lei das Estatais buscam elevar os padrões de governança corporativa e dirimir potenciais conflitos e riscos, eventual interesse privado e individual de uma pessoa que venha a se encontrar temporariamente

9. THE GLOBAL COMPACT. *Who Care Wins*: Connecting Financial Markets to a Changing World – Recommendations by the financial industry to better integrate environmental, social and governance issues in analysis, asset management and securities brokerage. Dez. 2004.
10. RODRIGUES, Haroldo. Caminho da agenda ESG no Brasil é a agenda 2030 das Nações Unidas. *Forbes*, 11 jan. 2022. Disponível em: [https://forbes.com.br/forbesesg/2022/01/haroldo-rodrigues-caminho-da-agenda-esg-no-brasil-e-a-agenda-2030-das-nacoes-unidas/].
11. UNITED NATIONS. *Resolution adopted by the General Assembly on 25 September 2015*. Set. 2015.
12. RODRIGUES, Haroldo, op. cit.
13. B3. *A Experiência do ISE B3 na Agenda 2030 e nos ODS*. Dez. 2019. p. 22.

impedida de ocupar tais cargos tende a ceder, face o referido interesse público. De forma análoga, destacara-se o previsto na Lei 12.813/2013, que dispõe sobre o conflito de interesses no exercício de cargo ou emprego do poder executivo federal e impedimentos posteriores ao exercício do cargo ou emprego ("Lei de Conflito de Interesses"):

> "Art. 3º Para os fins desta Lei, considera-se:
>
> I – conflito de interesses: a situação gerada pelo confronto entre interesses públicos e privados, que possa comprometer o interesse coletivo ou influenciar, de maneira imprópria, o desempenho da função pública; e
>
> § 2º A ocorrência de conflito de interesses independe da existência de lesão ao patrimônio público, bem como do recebimento de qualquer vantagem ou ganho pelo agente público ou por terceiro."

Tais normas inserem-se, portanto, como instrumentos para a defesa da probidade nas sociedades estatais, de sorte que todo o alegado pelo requerente, naquele caso, deveria ser cotejado à luz do princípio da proporcionalidade, conforme exigido pelo Código de Processo Civil, norma processual geral do ordenamento brasileiro:

> "Art. 489. § 2º No caso de colisão entre normas, o juiz deve justificar o objeto e os critérios gerais da ponderação efetuada, enunciando as razões que autorizam a interferência na norma afastada e as premissas fáticas que fundamentam a conclusão."

A aferição da proporcionalidade costuma ser realizada por meio de um processo lógico de raciocínio que compreende três etapas distintas, independentemente do nível em que se der a avaliação: (i) o subprincípio da necessidade está atrelado à concepção de que as restrições à liberdade do indivíduo só são admissíveis quando efetivamente necessárias à coletividade; (ii) o subprincípio da idoneidade, também chamado de subprincípio da adequação, está diretamente relacionado à aptidão do instrumento empregado para alcançar a finalidade desejada; (iii) o subprincípio da proporcionalidade em sentido estrito tem aplicação no último momento da aferição da pertinência constitucional da norma incriminadora, demandando uma valoração comparativa entre o objetivo estabelecido e o meio proposto, de modo a que um se mostre proporcional em relação ao outro.

A respeito dos requisitos definidos pela Lei das Estatais, restava evidente que consistiriam em contornos excepcionalíssimos, decorrentes de evidências e que se alinhavam a recomendações de instituições nacionais e internacionais que são referências em governança corporativa, como o Instituto Brasileiro de Governança Corporativa (IBGC)[14] e a Organização para a Cooperação e Desenvolvimento Econômico (OCDE)[15], de sorte que tais institutos se afiguravam como saída necessária e adequada, para ga-

14. "Devem-se coibir indicações político-partidárias e de ocupantes de cargos de alto escalão em ministérios e órgãos públicos." INSTITUTO BRASILEIRO DE GOVERNANÇA CORPORATIVA. *Boas Práticas de Governança Corporativa para Empresas Estatais*. São Paulo: IBGC, 2020. p. 22.
15. "These requirements aim to reduce the risks of political patronage and exploitation of SOEs. (...) Many institutions regard this reform as an extremely positive advancement for the corporate governance and the quality of SOEs' management." ORGANIZAÇÃO PARA A COOPERAÇÃO E DESENVOLVIMENTO ECONÔMICO. *OECD Review of the Corporate Governance of State-Owned Enterprises*: Brazil, 2020. p. 52.

rantir a moralidade e eficiência que deve revestir a administração pública, nos termos do artigo 37 da Constituição, tendo sido validamente escolhidos pelo legislador dentre outros vislumbráveis.

Não poderiam ser considerados, portanto, critérios arbitrários, porquanto possuem objetivos claros e legítimos no sentido de buscar garantir a isenção dos administradores nas sociedades estatais, por meio da mitigação de conflitos. Dessa maneira, assentei não se vislumbrar violação ao princípio da proporcionalidade nem à isonomia, uma vez que o tratamento normativo diferenciado é plenamente justificável constitucionalmente.

O próprio Supremo Tribunal Federal, inclusive, já havia entendido, em outros casos, pela inexistência de diretos e garantias absolutos e pela limitação ao acesso aos cargos, empregos e funções públicas, por meio de requisitos estabelecidos em lei. São exemplos a ADI's 1326[16] e 6.033[17], assim como o RE 455.283 AgR.[18]

Deveras, verificou-se, naquela circunstância, que os dispositivos legais impugnados apenas estabeleceram requisitos objetivos para a investidura de cargos, o que a Corte já havia entendido ser constitucional, sem que isso, por si só, caracterizasse, necessariamente, uma violação aos direitos fundamentais.

No que tange à vedação prevista no inciso II do § 2º do artigo 17 da Lei das Estatais, entendeu-se que tal dispositivo não disciplinara questão atinente à estrutura interna, à organização ou ao funcionamento de partidos políticos. Esta norma visa apenas coibir conflitos de interesses, buscando garantir autonomia decisória tanto nos partidos quanto nas sociedades estatais, sem eventuais interferências indevidas entre ambos.

Nestes termos, a preponderância dos postulados administrativos insculpidos no artigo 37 da Constituição não significaria ofensa à liberdade de expressão no ambiente político-partidário, em havendo um sopesamento com os princípios da moralidade e da eficiência.

Em relação ao prazo de 36 (trinta e seis) meses que consta no referido dispositivo, não obstante o parâmetro previsto na Lei de Conflito de Interesses seja de 6 (seis) meses[19], reconheceu-se a constitucionalidade de tal opção, por estar dentro do espaço de liberdade de conformação legislativa e por ter sido aprovada pela mais legítima representação democrática. Destarte, impunha-se, naquele caso, uma deferência institucional, considerando que os próprios políticos concluíram que não deveriam, nessas condições, exercer tais atividades.

Ademais, ressaltou-se que não subsiste fundamento em suposta alegação de desproporcionalidade, na medida em que tal prazo se espelha em parâmetro constitucional.

16. Rel. Min. Carlos Velloso, Tribunal Pleno, julgado em 14.8.1997, DJ 26.9.1997.
17. Rel. Min. Luís Roberto Barroso, Tribunal Pleno, julgado em 6.3.2023, DJ 16.3.2023.
18. Rel. Min. Eros Grau, Segunda Turma, julgado em 28.3.2006, DJ 5.5.2006
19. "Art. 6º Configura conflito de interesses após o exercício de cargo ou emprego no âmbito do Poder Executivo federal: II – no período de 6 (seis) meses, contado da data da dispensa, exoneração, destituição, demissão ou aposentadoria, salvo quando expressamente autorizado, conforme o caso, pela Comissão de Ética Pública ou pela Controladoria-Geral da União: [...]."

De forma análoga, entendeu-se que o período de 36 (trinta e seis) meses está em linha com o prazo previsto na Constituição para que magistrados egressos possam exercer a advocacia nos respectivos juízos ou tribunais dos quais se afastaram.[20]

CONCLUSÃO

Com base nos argumentos expostos, a maioria dos membros do Tribunal acompanharam o voto-vista apresentado pelo Ministro André Mendonça, fixando a seguinte tese de julgamento: "1. São constitucionais as normas dos incisos I e II do § 2º do art. 17 da Lei 13.303/2016, que impõem vedações à indicação de membros para o Conselho de Administração e para a diretoria de empresas estatais (CF, art. 173, § 1º)".

Acresceu S. Exa., em seu voto, observação do Ministro Dias Toffoli, mantendo "as nomeações ocorridas durante a vigência da liminar deferida pelo Ministro Ricardo Lewandowski (Relator) em 16/3/2023".

Atribuiu-se, portanto, eficácia *ex nunc* ao acórdão, a partir da data de seu julgamento (9.5.2024), prestigiando os princípios da proteção da confiança e da segurança jurídica.

Em suma: verificou a maioria do Tribunal, seguindo o entendimento do Ministro André Mendonça, que a Lei das Estatais previu a adoção de critérios razoáveis e constitucionalmente justificáveis, para a ocupação de cargos nos Conselhos de Administração e nas diretorias de sociedades estatais. Não havia, portanto, fundamentos que pudessem assegurar os pedidos de inconstitucionalidade naquele caso.

REFERÊNCIAS

ALEXY, Robert. *Teoria da Argumentação Jurídica*. Trad. Zilda Hutchinson Schild Silva. São Paulo: Landy Editora, 2001.

B3. *A Experiência do ISE B3 na Agenda 2030 e nos ODS*. Dez. 2019.

BOBBIO, Norberto. *Dicionário de Política*. 3. ed. v. I. Brasília: Editora UnB, 1991.

CARVALHO FILHO, José dos Santos. *Manual de Direito Administrativo*. 27. ed. Rio de Janeiro: Forense, 2014.

FERRAZ JR. *Introdução ao Estudo do Direito*. 5. ed. São Paulo: Saraiva, 2007. p. 326.

FUX, Luiz; ARABI, Abhner Youssif Mota. Controle da moralidade na Gestão Pública. In: *Revista Justiça & Cidadania*, v. 218/2018.

INSTITUTO BRASILEIRO DE GOVERNANÇA CORPORATIVA. *Boas Práticas de Governança Corporativa para Empresas Estatais*. São Paulo: IBGC, 2020.

JUSTEN FILHO, Marçal. Curso *de Direito Administrativo*. 11. ed. São Paulo: Ed. RT, 2015.

MEIRELLES, Hely Lopes. *Direito Administrativo Brasileiro*. 32. ed. São Paulo: Malheiros, 2006.

ORGANIZAÇÃO PARA A COOPERAÇÃO E DESENVOLVIMENTO ECONÔMICO. *OECD Review of the Corporate Governance of State-Owned Enterprises*: Brazil, 2020.

20. "Art. 95. Os juízes gozam das seguintes garantias: Parágrafo único. Aos juízes é vedado: V – exercer a advocacia no juízo ou tribunal do qual se afastou, antes de decorridos três anos do afastamento do cargo por aposentadoria ou exoneração."

RODRIGUES, Haroldo. Caminho da agenda ESG no Brasil é a agenda 2030 das Nações Unidas. *Forbes*, 11 jan. 2022. Disponível em: [https://forbes.com.br/forbesesg/2022/01/haroldo-rodrigues-caminho-da-agenda-esg-no-brasil-e-a-agenda-2030-das-nacoes-unidas/].

THE GLOBAL COMPACT. *Who Care Wins*: Connecting Financial Markets to a Changing World – Recommendations by the financial industry to better integrate environmental, social and governance issues in analysis, asset management and securities brokerage. Dez. 2004.

UNITED NATIONS. *Resolution adopted by the General Assembly on 25 September 2015*. Set. 2015.

A UTILIZAÇÃO DOS VALORES DEPOSITADOS EM JUÍZO POR ESTADOS E MUNICÍPIOS

Kassio Nunes Marques

Doutor pela Universidade de Salamanca, Espanha. Mestre em Direito pela Universidade Autônoma de Lisboa, Portugal. Graduado em Direito pela Universidade Federal do Piauí. Ministro do Supremo Tribunal Federal (STF). Vice-Presidente do Tribunal Superior Eleitoral (TSE).

Penso que este trabalho, apesar da intenção aparentemente pouco audaciosa, será de grande utilidade não só no meio jurídico como em todo o conjunto da sociedade. A proposta é explicar com clareza e objetividade as destinações dos recursos existentes em depósitos judiciais, de acordo com a legislação em vigor.

Na tramitação de processos judiciais ou administrativos protagonizados por Estados, Distrito Federal e Municípios, consideráveis quantias são depositadas em instituições financeiras, onde costumavam permanecer até a solução dos litígios em favor do erário ou da parte contrária.

Quem mais se beneficiava dessa situação eram as próprias instituições financeiras, que dispunham de mais uma fonte de captação, segura e pouco onerosa, tudo isso dando ensejo a *spreads* bancários bastante vantajosos.

Diante disso, muitos Estados, em alguma medida inspirados na Lei federal 9.703, de 17 de novembro de 1998, passaram a editar leis que os autorizassem a utilizar parte desses recursos.

A mencionada Lei 9.703/1998 não diz respeito aos Estados, Distrito Federal e Municípios. Refere-se à União, a quem permite fazer uso dos depósitos judiciais e extrajudiciais oriundos dos tributos e contribuições federais sob litígio.

No julgamento da ADI 1.933, ocorrido em 14 de abril de 2010, a Corte Suprema consignou a constitucionalidade de aludido diploma legal.

Portanto, no que interessa à União, os depósitos judiciais e extrajudiciais atinentes a tributos e contribuições federais controvertidos são logo colocados à disposição da Administração Pública. Na hipótese de a decisão não favorecer ao Estado, o valor deverá ser devolvido ao depositante no prazo máximo de 24 horas, depois de emitida ordem da autoridade judicial ou administrativa competente.

As legislações estaduais surgiram cada qual à sua maneira, sem pontos importantes de uniformidade entre si. Algumas vinculavam o uso dos numerários ao pagamento de precatórios judiciários, ao passo que outras não previam tal vinculação; umas avançavam nos depósitos feitos em processos judiciais protagonizados por terceiras pessoas, enquanto outras se restringiam aos feitos em que figurasse como parte o próprio ente político autor da norma.

Essas leis, sem exceção, foram impugnadas em ações diretas de inconstitucionalidade propostas no Supremo Tribunal Federal. Entre os fundamentos apresentados, não se pode olvidar o da suposta inexistência de mecanismos que assegurassem a solvabilidade dos regimes instituídos. Segundo essa óptica, os particulares corriam o risco de não receber os valores que haviam depositado, mesmo que viessem a triunfar nos litígios contra o poder público.

A procedência dos pedidos, todavia, com a consequente declaração de inconstitucionalidade das normas estaduais, invariavelmente se baseou não na alegada falta de higidez financeira dos regimes, mas na invasão da competência legislativa reservada à União.

Vêm-me à memória dois exemplos.

No julgamento da ADI 5.099, Relatora a ministra Cármen Lúcia, o Supremo declarou a inconstitucionalidade da Lei Complementar 159, de 25 de julho de 2013, do Estado do Paraná. O acórdão foi publicado no *DJe* de 19 de maio de 2020, com a seguinte ementa:

> Ação direta de inconstitucionalidade. Lei complementar paranaense 159/2013. Transferência para utilização pelo poder executivo de 30% dos depósitos judiciais. Inconstitucionalidade formal. Competência privativa da união para tratar de direito processual civil. Inconstitucionalidade material. Afronta ao art. 5º, inc. LIV, da Constituição. precedentes. procedência do pedido.
>
> 1. É inconstitucional lei estadual que transfere parte dos depósitos judiciais para conta do Estado, autorizando o Poder Executivo a utilizar os valores em ações nas áreas de saúde, educação, segurança pública, infraestrutura viária, mobilidade urbana e pagamento de requisições judiciais de pequeno valor.
>
> 2. Inconstitucionalidade formal decorrente da usurpação de competência privativa da União para legislar sobre processo civil (art. 22, inc. I, da Constituição) e material, pela impossibilidade de expropriação (ou confisco) de numerário que não compõe o patrimônio do Poder Público, mas de terceiros, litigantes em processo judicial específico.
>
> 3. Pedido julgado procedente.

Na ADI 5.072, Relator o ministro Gilmar Mendes, a Corte declarou a inconstitucionalidade da Lei Complementar 147, de 27 de junho de 2013 – alterada pela 148, de 22 de agosto de 2013 –, do Estado do Rio de Janeiro, em acórdão publicado no *DJe* de 17 de agosto de 2020. Transcrevo a síntese da decisão:

> Ação direta de inconstitucionalidade. 2. Procurador-Geral da República. 3. Lei Complementar 147, de 27 de junho de 2013, do Estado do Rio de Janeiro. 4. Alteração pela Lei Complementar 163, de 31 de março de 2015, do Estado do Rio de Janeiro. 5. Depósitos Judiciais e extrajudiciais. Transferência para conta do Poder Executivo. 6. Alegação de ofensa aos artigos 5º, *caput*; 22, I; 96, I; 100, *caput*; 148; 168; 170, II; e 192 da Constituição Federal. 7. Usurpação da competência legislativa da União. Precedentes. Inconstitucionalidade formal configurada. 8. Violação ao direito de propriedade, configuração de empréstimo compulsório, aumento do endividamento do Estado. Inconstitucionalidade material configurada. 9. Precedentes: ADI 5409, Rel. Min. Edson Fachin; ADI 5099, Rel. Min. Cármen Lúcia; ADI 5080, Min. Luiz Fux; ADI 5353, Min. Alexandre de Moraes. 10. Ação julgada procedente.

Eis que a União, no intuito de superar o impasse e uniformizar as legislações locais de modo que Estados, Distrito Federal e Municípios pudessem utilizar os cogitados recursos financeiros, editou a Lei Complementar 151, de 6 de agosto de 2015, com caráter nacional.

Por força desse diploma, os Estados, Distrito Federal e Municípios passaram a fazer uso de até 70% dos recursos depositados. O percentual restante compõe o chamado Fundo de Reserva, voltado a garantir a restituição dos valores aos depositantes que saiam vencedores dos litígios travados contra o ente estadual ou municipal.

Nada obstante, se bem analisada a conjuntura na qual surgida a LC 151/2015, pode-se notar que seu objetivo vai além de simplesmente disponibilizar mais dinheiro aos Estados, Distrito Federal e Municípios.

Explico.

O Supremo Tribunal Federal havia declarado, em 14 de março de 2013, a inconstitucionalidade das moratórias de precatórios instituídas pelo art. 2º da Emenda Constitucional 62, de 9 de dezembro de 2009.

Mais tarde, porém, em 25 de março de 2015, a partir de voto (reajustado) do ministro Luiz Fux, a Corte modulou os efeitos da decisão de 2013 para prorrogar os parcelamentos até o fim do ano de 2020. Noutras palavras, os Estados, Distrito Federal e Municípios precisariam encontrar meios alternativos para se desonerarem dos precatórios até 31 de dezembro de 2020.

Nesse cenário, a aludida lei complementar, acudindo os entes federativos, autorizou a utilização dos recursos encontrados em depósito, ressalvando que no mínimo 90% dos montantes repassados ao Executivo deveriam ser utilizados na satisfação de precatórios judiciais em atraso (LC 151/2015, art. 7º, I).

Então, para além das legislações estaduais, a própria LC 151/2015 foi questionada no Supremo, com o ajuizamento de duas ações diretas de inconstitucionalidade: ADI 5.361 e ADI 5.463.

A Corte Suprema, ao apreciá-las em conjunto, assentou, por unanimidade, a presunção de constitucionalidade dos dispositivos impugnados, em decisão que validou a busca de soluções para o problema dos precatórios no âmbito de Estados e Municípios.

O acórdão, de 21 de novembro de 2023, da minha relatoria, foi assim resumido:

> Ação direta de inconstitucionalidade. Constitucional. Civil. Processual. Financeiro. Orçamento. Arts. 2º A 11 da Lei Complementar 151/2015, de 5 de agosto de 2015. Lei de caráter nacional. Transferência dos valores existentes em depósito judicial ou administrativo, até o limite de 70%, à conta única do estado-membro, distrito federal ou município. Fundo de reserva destinado a garantir a devolução dos depósitos, com saldo mínimo correspondente a 30% do montante do qual efetuadas as transferências para a conta única. Destinação prioritária e quase exclusiva de no mínimo 90% das verbas repassadas à conta única do ente federado para o pagamento de precatórios de qualquer natureza.
>
> 1. Não há, na Lei Complementar federal 151/2015, a inconstitucionalidade formal atribuída aos diplomas estaduais a ela anteriores ou posteriores, por tratar-se de diploma editado pela União, que

tem competência para legislar sobre direito civil e direito processual (CF, art. 22, I), bem assim para versar normas gerais em matéria de direito financeiro e de orçamento (CF, art. 24, I e II, §§ 1º a 4º).

2. A indisponibilidade temporária do valor depositado durante a tramitação de processos, judiciais ou administrativos, decorre da natureza de depósito e não revela ofensa ao devido processo legal (CF, art. 5º, LIV) ou ao direito de propriedade (CF, art. 5º, *caput*, e art. 170, II), tampouco configura hipótese assemelhada ao empréstimo compulsório (CF, art. 148, I e II, parágrafo único) ou ao confisco de valores, podendo o depositante receber a quantia de volta, devidamente corrigida, apenas se e quando tiver êxito na demanda, independente de quem tenha custodiado ou utilizado o montante no curso do processo.

3. A Lei Complementar federal 151/2015 não atenta contra a harmonia entre os Poderes da República ou a independência do Judiciário (CF, art. 2º), por três razões: a gestão dos numerários encontrados em depósitos judiciais não tem natureza jurisdicional, mas administrativa; os numerários encontrados em depósitos judiciais não integram o orçamento do Judiciário; e caberá a este, no exercício da função judicante, definir o destino do valor existente em depósito.

4. Pedido julgado improcedente.

Posteriormente à LC 151/2015, e até expandindo seu conteúdo em alguns pontos, foram promulgadas a Emendas Constitucionais (ECs) 94/2016, 99/2017 e 109/2021.

Nenhuma delas revogou a LC 151/2015, porque, no particular, criaram disposições transitórias. Além disso, a legislação infraconstitucional tem aplicação mesmo na ausência de precatórios em atraso – diferentemente, as emendas dizem respeito somente aos Estados, Distrito Federal e Municípios com acúmulo de dívidas de precatórios –, hipótese na qual os recursos recebem outras destinações.

Seja como for, conforme previsão da EC 109/2021, depois de 2029 a LC 151/2015 poderá retomar todo o seu protagonismo.

Em resumo:

Desde a edição da Lei federal 9.703/1998, a União faz uso dos valores em depósito mesmo durante os processos judiciais e administrativos nos quais se discutem tributos e contribuições federais.

Até 31 de dezembro de 2029, não surgindo nesse período emenda constitucional com outro sentido, 75% dos recursos depositados durante a tramitação de processos judiciais ou administrativos em que figurem como parte Estados, Distrito Federal e Municípios – aí incluídas as respectivas autarquias, fundações e empresas estatais dependentes –, mais 30% dos demais depósitos judiciais, alusivos a processos protagonizados por pessoas jurídicas de direito privado, poderão ser empregados no pagamento das dívidas de precatórios.

A partir de 1º de janeiro de 2030, ao menos 90% de 70% dos depósitos judiciais e administrativos realizados no curso de processos envolvendo Estados, Distrito Federal e Municípios poderão ser utilizados para a satisfação dos débitos de precatórios. Ademais, até 10% de 70% dos mencionados depósitos poderão constituir Fundo Garantidor de PPPs ou outros mecanismos de garantia previstos em lei, dedicados exclusivamente a investimentos de infraestrutura.

Inexistindo precatórios em atraso, antes ou depois de 31 de dezembro de 2029, até 90% de 70% dos aludidos recursos – atinentes a depósitos feitos em processos judiciais e administrativos com aqueles entes políticos como parte –, poderão ser utilizados no pagamento de dívidas públicas fundadas e, na ausência destas, em despesas de capital ou na recomposição dos fluxos de pagamento e do equilíbrio atuarial dos fundos de previdência dos servidores públicos.

REFLEXÕES SOBRE O DIREITO FUNDAMENTAL À SAÚDE E SUA FRUIÇÃO PELOS TITULARES INDIVIDUAIS E TRANSINDIVIDUAIS

Humberto Eustáquio Soares Martins

Ministro do Superior Tribunal de Justiça (STJ), havendo ocupado a Presidência na gestão de 2020-2022. Graduado em Direito pela Universidade Federal de Alagoas.

INTRODUÇÃO

É uma honra muito grande participar de uma obra coletiva de tal envergadura em homenagem ao Ministro André Mendonça, que perfaz a efeméride como membro do Supremo Tribunal Federal.

Mais que acertada uma coletânea de homenagem à sua conduta e à sua ética, como exemplo para as gerações futuras, que estarão à frente do Poder Judiciário, da advocacia pública e privada, do Ministério Público, ou seja, de todo o Sistema de Justiça. Portanto, a ele invocamos Graciliano Ramos, genial intérprete do Brasil e autor consagrado de Alagoas: "É fácil se livrar das responsabilidades; difícil é escapar das consequências por ter se livrado delas".

Neste texto, pretendemos traçar uma exposição sobre as principais questões enfrentadas pela disciplina do direito fundamental à saúde e por seus titulares, tendo em mente a não distinção entre os detentores do referido direito.

Para isso, por força argumentativa, fazemos referência a um pequeno trecho extraído do voto-vista do Ministro André Mendonça, por ocasião do julgamento conjunto da Ação Declaratória de Constitucionalidade 81/DF e da Ação Direta de Inconstitucionalidade 7.187/DF:

> Daí porque o Estudo da OCDE da Atenção Primária à Saúde no Brasil, divulgado em 2021, advertir para a inadequação em se formularem as políticas públicas de gestão, formação e qualificação da força de trabalho em saúde, a partir exclusivamente da aludida razão, negligenciando-se o imprescindível diagnóstico das 'necessidades presentes e futuras de médicos e outros profissionais de atenção à saúde' da população geral. In verbis: 'No Brasil, ao contrário de muitos países da OCDE, há falta de conhecimento das necessidades presentes e futuras de médicos e outros profissionais de atenção à saúde (Oliveira et al., 2017[4]). O planejamento da força de trabalho em saúde não se baseia em avaliação objetiva com base nas características dos profissionais (idade e sexo), seus processos de trabalho (produtividade, carga de trabalho), as características do sistema de saúde em vigor (cobertura e tipo

de serviços oferecidos) e as necessidades de saúde da população (como perfis socioeconômicos e epidemiológicos).

Passemos, agora, ao desenvolvimento do tema proposto. A Constituição da República de 1988 inovou ao prever os direitos sociais (art. 6º, *caput*) em paralelo com outros bens públicos que também implicam deveres do Estado relacionados ao bem-estar da sociedade brasileira.

Desde a promulgação da Constituição Federal, os Poderes Executivo, Legislativo e Judiciário trabalham incessantemente para a concretização de um dos mais desafiadores direitos sociais: o direito fundamental à saúde.

A saúde, "direito de todos e dever do Estado", destaca-se pela universalidade[1] e pela igualdade de acesso (art. 196), o que a torna exigível por titulares individuais e transindividuais, características que a fazem um tema sempre contemporâneo e prestigioso, ainda mais quando se debate o seu efetivo adimplemento pelo Estado.

1. CONSOLIDAÇÃO DO DIREITO FUNDAMENTAL À SAÚDE

É sabido que o texto constitucional de 1988 inaugurou uma nova espécie de exercício da cidadania, cujo conceito amplo envolve, em especial, direitos individuais e coletivos.

Reconhecidos há mais tempo, direitos individuais vinculam-se à cidadania. A Constituição Política do Império do Brasil, de 1824, já previa direitos civis e políticos (art. 179). Nessa esteira, a Constituição da República dos Estados Unidos do Brasil, de 1891, que trouxe a estrutura normativa para o sistema republicano, também contemplou direitos civis e políticos para brasileiros e estrangeiros residentes no País (art. 72, *caput* e parágrafos).

Somente com o advento da Constituição da República Federativa do Brasil, de 1988, os direitos coletivos da cidadania passaram a ser constitucionalmente previstos.

Dentro da construção dessa nova ordem constitucional, a saúde, de modo inovador, é trazida como um direito fundamental e situada no bojo de um complexo sistema de seguridade social. Quanto a esse particular, descreve José Afonso da Silva:

> É espantoso como um bem extraordinariamente relevante à vida humana só na atual Constituição de 1988 tenha sido elevado à condição de direito fundamental do homem. E há de informar-se pelo princípio de que o direito à vida de todos os seres humanos significa também que, nos casos de doença, cada um tem o direito a um tratamento condigno no acordo com o estado atual da Ciência Médica, independentemente de sua situação econômica, sob pena de não ter muito valor sua consignação em normas constitucionais.[2]

1. Sobre a discussão quanto à extensão do direito fundamental à saúde a estrangeiros não residentes no Brasil, v.: SARLET, Ingo Wolfgang. A titularidade simultaneamente individual e transindividual dos direitos sociais analisada à luz do exemplo do direito à proteção e promoção da saúde. *Revista Brasileira de Direitos Fundamentais & Justiça*, v. 4, n. 10, jan./mar. 2010. p. 209 e ss.
2. SILVA, José Afonso. *Comentário contextual à Constituição*. 5. ed. São Paulo: Malheiros, 2008. p. 185. No mesmo sentido, cf.: VERONESE, Alexandre. Artigo 6º. In: BONAVIDES, Paulo; MIRANDA, Jorge; MOURA AGRA, Walber (Orgs.). *Comentários à Constituição Federal de 1988*. Rio de Janeiro: Forense/GEN, 2009. p. 353-369.

No direito estrangeiro, a doutrina também destaca a saúde como um bem essencial, que, a despeito de assento constitucional mais ou menos tardio, independe da condição de norma programática para sua concretização ou mesmo da imposição constitucional. É o que assegura a doutrina de J. J. Gomes Canotilho:

> Ao contrário do que geralmente se afirma, um direito económico, social e cultural não se dissolve numa mera norma programática ou numa imposição constitucional. Exemplifique-se: o direito à saúde é um direito social, independentemente das imposições constitucionais destinadas a assegurar a sua eficácia (ex.: a criação de um serviço nacional de saúde, geral e tendencialmente gratuito (...) e das prestações fornecidas pelo Estado para assegurar o mesmo direito (por exemplo, cuidados de medicina preventiva, curativa e de reabilitação).[3]

A manifestação de J. J. Gomes Canotilho é harmônica com a Constituição da República Portuguesa de 1976, que trouxe a saúde como um direito social ao qual "[t]odos têm direito à proteção", bem como "o dever de a defender e promover" (art. 64, 1).

Além do mais, como exemplo de texto constitucional de nova geração, a Constituição de Portugal inspirou a Constituição Federal de 1988, em particular no sentido da abertura para que o intérprete e o aplicador do direito busquem soluções efetivas para os problemas jurídicos.

É interessante pontuar que J. J. Gomes Canotilho lança luzes sobre o processo evolutivo pelo qual passaram os direitos sociais. Mais especificamente, seriam quatro espécies de direitos sociais, positivadas sob a forma de: "normas sociais" como normas programáticas; "normas sociais" como normas de organização; "normas sociais" como "garantias institucionais"; e "normas sociais" como direitos subjetivos públicos.

Essa explanação pode ser compreendida pela sistematização a seguir:

Modelo de positivação	**Descrição**	**Destinação**
"Normas sociais" como normas programáticas	Normas jurídicas que fixam princípios de ação para as políticas públicas e que "servem apenas para pressão política sobre os órgãos competentes" (p. 464).	Dirigida primariamente aos poderes políticos na forma de "programas constitucionais" e como fundamento na concretização do direito social.
"Normas sociais" como normas de organização	Normas jurídicas que determinam a organização de sistemas normativos de caráter legal, porém cuja inobservância não enseja "sanções jurídicas, mas apenas efeitos políticos" (p. 465).	Dirigida aos legisladores ordinários como determinação para construção de sistemas legais e para administradores com a imposição de construção de estruturas para proteção de direitos sociais.
"Normas sociais" como "garantias institucionais"	Normas jurídicas que descrevem e fixam imposições ao legislador ordinário para que ele construa determinados tipos de sistemas normativos em prol de direitos.	Igualmente dirigida aos legisladores ordinários, porém com alguma substância em seu cerne. Assim, tais normas obrigam "a respeitar a essência da instituição" e "protegê-la, tendo em atenção os dados sociais, econômicos e políticos" (p. 465).
"Normas sociais" como direitos subjetivos públicos	Normas jurídicas que fixam direitos sociais cuja fruição, na forma de direitos subjetivos, pode ser reivindicada coletivamente ou mesmo por indivíduos.	Este é o modelo mais atual dos direitos constitucionais sociais, os quais são vistos como "imposições constitucionais, donde derivariam direitos reflexos para os cidadãos" (p. 466).

3. CANOTILHO, José Joaquim Gomes. *Direito constitucional e teoria da Constituição*. 4. ed. Coimbra: Almedina, 1997. p. 467.

Essas quatro espécies de "normas sociais" teriam se desenvolvido a partir de normas constitucionais condicionadas a ações futuras dos legisladores e dos gestores, até que chegaram ao modelo contemporâneo representado por um direito subjetivo público dos cidadãos oponível ao Estado.[4]

O estudo dessa evolução permite compreender as questões enfrentadas em matéria de exigibilidade do direito fundamental à saúde, bem como o fenômeno da judicialização desse bem essencial e indisponível.

2. DOS TITULARES E DA FRUIÇÃO DO DIREITO FUNDAMENTAL À SAÚDE

Em relação aos titulares, a Constituição Federal de 1988 é clara ao situar, no art. 196, a saúde como um direito simultaneamente individual e coletivo, com largo âmbito de proteção ("A saúde é direito de todos e dever do Estado, garantido mediante políticas sociais e econômicas que visem à redução do risco de doença e de outros agravos e ao acesso universal e igualitário às ações e serviços para sua promoção, proteção e recuperação").

Gilmar Ferreira Mendes e Paulo Gustavo Gonet Branco afirmam essa dimensão individual e transindividual do direito à saúde:

> É possível identificar na redação do artigo constitucional tanto um direito individual quanto um direito coletivo de proteção à saúde. (...) A dimensão individual do direito à saúde foi destacada pelo Ministro Celso de Mello, do Supremo Tribunal Federal, relator do AgR-RE 271.286-8/RS, ao reconhecer o direito à saúde como um direito público subjetivo assegurado à generalidade das pessoas, que conduz o indivíduo e o Estado a uma relação jurídica obrigacional. Ressaltou o Ministro que "a interpretação da norma programática não pode transformá-la em promessa constitucional inconsequente", impondo aos entes federados um dever de prestação positiva. Concluiu que "a essencialidade do direito à saúde fez com que o legislador constituinte qualificasse como prestações de relevância pública as ações e serviços de saúde (art. 197)", legitimando a atuação do Poder Judiciário nas hipóteses em que a Administração Pública descumpra o mandamento constitucional em apreço.
>
> Não obstante, esse direito subjetivo público é assegurado mediante políticas sociais e econômicas. Ou seja, não há um direito absoluto a todo e qualquer procedimento necessário para a proteção, promoção e recuperação da saúde, independentemente da existência de uma política pública que o concretize. Há um direito público subjetivo a políticas públicas que promovam, protejam e recuperem a saúde.[5]

Obviamente, a positivação do direito fundamental à saúde no ordenamento estrangeiro repercutiu no cenário jurídico brasileiro, tanto por inspirar o assento constitucional do bem *saúde* quanto pelo desafio de definir seus respectivos titulares, o que foi debatido em estudos específicos sobre o tema:

> Na verdade, o direito fundamental à saúde adveio de um contexto internacional de reconhecimento de direitos sociais, ou seja, de um momento focado na pessoa humana enquanto ser social, e não

---

4. V.: MARTINS, Humberto. O direito à saúde e a jurisprudência do Superior Tribunal de Justiça: desafios à imaginação institucional. *Cadernos Adenauer*, v. 18, n. 1, 2017. p. 220.
5. MENDES, Gilmar Ferreira; BRANCO, Paulo Gustavo Gonet. *Curso de direito constitucional*. 17. ed. São Paulo: SaraivaJur, 2022. p. 779.

como componente individualizado na sociedade. Tal constatação não equivale a dizer que o direito fundamental à saúde esteja destituído de uma faceta individual, pois, como direito, a saúde possui um alcance social, mas também uma extensão subjetiva individual. O próprio art. 196 da Constituição permite a identificação de um direito individual e coletivo ou social no tocante à promoção, proteção e recuperação da saúde (...). Ao reconhecer a obrigatoriedade de distribuição gratuita de medicamentos a pessoas carentes portadoras do vírus HIV, o Supremo Tribunal Federal [RE 271.286-AgR], dando concretude ao art. 196 da Constituição, definiu o direito à saúde como direito público subjetivo indisponível e estendido à generalidade das pessoas, apto a conferir aos entes federados uma solidariedade obrigacional (dever de prestação positiva), independentemente de sua esfera de atuação na organização na organização federativa brasileira.[6]

Ingo Wolfgang Sarlet levanta a questão da coexistência das dimensões dessa titularidade do direito à saúde, sem que, por exemplo, o recurso à titularidade individual impeça o exercício da titularidade coletiva e vice-versa:

> [C]omo bem demonstra José Ledur, as dimensões individual e coletiva (assim como difusa) coexistem, de tal sorte que a titularidade individual não resta afastada pelo fato de o exercício do direito ocorrer na esfera coletiva, como ocorre, além dos casos já referidos, dentre outros que poderiam ser colacionados, no caso do mandado de segurança coletivo. Aliás, embora não argumentando com base na generalidade dos direitos sociais, tal linha argumentativa foi desenvolvida também em julgado do Supremo Tribunal Federal, precisamente sustentando a coexistência de uma titularidade individual e coletiva do direito à saúde, sem prejuízo da existência de significativa jurisprudência reconhecendo – há muito tempo – um direito subjetivo individual a prestações em matéria de saúde.[7]

Em termos processuais, observe-se que, com o advento da Constituição Federal de 1988, houve nítida divisão do recurso extraordinário (*lato sensu*): uma via recursal destinada à análise de possível ofensa a normas constitucionais (o recurso extraordinário, como hoje é conhecido); e outra via recursal voltada à análise de suposta ofensa à legislação infraconstitucional (o recurso especial).

Nesse ínterim, a saúde, que, com o texto constitucional de 1988, alcança o patamar de direito fundamental, passa a ser apreciada também pelo Superior Tribunal de Justiça, a Corte Superior de Justiça criada pela atual Constituição Federal para a função jurisdicional de uniformizar a interpretação da lei federal nacionalmente.

Assim como para os demais direitos sociais, a Constituição Federal de 1988 representa um marco no acesso à saúde pelos titulares individuais e transindividuais, ampliando e aperfeiçoando a via jurisdicional respectiva.

Ademais, logo após o advento da Constituição Federal, a Lei 8.078/1990 (Código de Defesa do Consumidor) situou a saúde como um direito básico do consumidor (art.

---

6. FERREIRA, Patrícia Cândido Alves. *Direito fundamental à saúde*: a questão de sua exigibilidade. Dissertação (Mestrado em Direito). Faculdade de Direito do Largo de São Francisco (Universidade de São Paulo). São Paulo, p. 30, 2015.
7. SARLET, Ingo Wolfgang. A titularidade simultaneamente individual e transindividual dos direitos sociais analisada à luz do exemplo do direito à proteção e promoção da saúde. *Revista Brasileira de Direitos Fundamentais & Justiça*, v. 4, n. 10, jan./mar. 2010. p. 215.

6º, inciso I),[8] além de conceituá-la como um direito difuso, haja vista corresponder a um bem indivisível e pertencente a titulares indeterminados.

Tem-se, por conseguinte, a superveniência de vários tipos de postulações positivas relacionadas à saúde, as quais são pleiteadas pelos movimentos sociais oriundos da nova concepção jurídico-pragmática que cria esse direito fundamental e possibilita a compreensão de quem vem a ser seus titulares.

Nessa chave, a produção jurisprudencial do Supremo Tribunal Federal e do Superior Tribunal de Justiça corrobora que o direito à saúde tem se desenvolvido rumo ao reconhecimento da exigibilidade de prestações positivas pelos titulares.

Essa exigibilidade de prestações positivas por titulares diversos demanda do Poder Judiciário brasileiro um desempenho cada vez mais ativo em relação a esses pleitos de prestação subjetiva relativos à saúde (pedidos não apenas pontuais, mas também sociais), além de um juízo hermenêutico inovador, consentâneo com os reclamos da sociedade e atento à efetividade da decisão jurídica.

Importa lembrar que, embora as ações e serviços de saúde sejam de interesse público, compete ao Estado, por força do art. 197 da Constituição Federal,[9] regulamentar, fiscalizar e controlar essas ações e serviços, mas a exploração desses também pode ser realizada pela participação complementar de pessoas físicas ou de instituições e pessoas jurídicas de direito privado, tanto que o constituinte tratou dos serviços público e privado de saúde no capítulo da Seguridade Social (Capítulo II) e na mesma seção (Seção II).[10]

Ratificando o art. 197 da Constituição Federal de 1988, o art. 199 é expresso ao dispor sobre a liberdade de atuação da iniciativa privada na assistência complementar à saúde, respeitadas as condições e requisitos previstos nos parágrafos do referido dispositivo,[11] visto que o setor privado também está jungido ao cumprimento dos preceitos da Lei Maior e da legislação infraconstitucional (*v.g.*, Lei 8.080/1990 – Lei Orgânica da Saúde) destinados à proteção sistêmica do direito fundamental à saúde.

8. Art. 6º São direitos básicos do consumidor:
   I – a proteção da vida, saúde e segurança contra os riscos provocados por práticas no fornecimento de produtos e serviços considerados perigosos ou nocivos; (...).
9. Art. 197. São de relevância pública as ações e serviços de saúde, cabendo ao Poder Público dispor, nos termos da lei, sobre sua regulamentação, fiscalização e controle, devendo sua execução ser feita diretamente ou através de terceiros e, também, por pessoa física ou jurídica de direito privado.
10. FERREIRA, Patrícia Cândido Alves. *Direito fundamental à saúde*: a questão de sua exigibilidade... op. cit., p. 57.
11. Art. 199. A assistência à saúde é livre à iniciativa privada.
    § 1º – As instituições privadas poderão participar de forma complementar do sistema único de saúde, segundo diretrizes deste, mediante contrato de direito público ou convênio, tendo preferência as entidades filantrópicas e as sem fins lucrativos.
    § 2º É vedada a destinação de recursos públicos para auxílios ou subvenções às instituições privadas com fins lucrativos.
    § 3º É vedada a participação direta ou indireta de empresas ou capitais estrangeiros na assistência à saúde no País, salvo nos casos previstos em lei.
    § 4º A lei disporá sobre as condições e os requisitos que facilitem a remoção de órgãos, tecidos e substâncias humanas para fins de transplante, pesquisa e tratamento, bem como a coleta, processamento e transfusão de sangue e seus derivados, sendo vedado todo tipo de comercialização.

Como já dito, a atual Constituição impulsionou o ordenamento jurídico brasileiro a consolidar o direito social à saúde como alicerce para a postulação de uma prestação subjetiva dos titulares contra o Estado. Por óbvio, existe uma vultosa judicialização da saúde contra o setor privado, movida por consumidores que aderem aos "planos de saúde" (no sentido amplo da expressão) e por contratantes da modalidade civil de seguro de saúde. Todas essas modalidades "privadas" se desenvolvem na esfera sistêmica do direito fundamental à saúde, mas, devido aos lindes deste estudo, serão a seguir descritas apenas as principais prestações invocadas pelos titulares contra do Estado.

2.1 Prestação de serviços relativos à saúde e fornecimento de medicamentos

Basicamente, chamam bastante atenção dois tipos de ações judiciais relacionadas à saúde que convergem para o Judiciário (a propósito, bastante assíduas aos tribunais):

I) *Postulação para que órgãos públicos forneçam medicamentos relacionados ao tratamento de doenças graves*

Dos últimos anos até o presente, os tribunais têm julgado frequentemente o tema relacionado ao fornecimento, pela rede pública, de medicamentos que não constem da lista homologada pelo Sistema Único de Saúde (SUS), mas existentes em portaria do Ministério da Saúde e no rol da Agência Nacional de Vigilância Sanitária (Anvisa).

À guisa de exemplo, em feito submetido à Primeira Turma do Superior Tribunal de Justiça, o relator, Ministro Sérgio Kukina, deu provimento a recurso especial para restaurar a vigência de liminar que determinou ao Estado de São Paulo a obrigação de fornecer medicamentos que não constavam da lista do SUS, a serem utilizados por idosa com enfermidades diagnosticadas por médicos da rede municipal de saúde, os quais lhe prescreveram medicamentos específicos.[12]

Na origem, o Tribunal de Justiça do Estado de São Paulo havia provido o recurso da Fazenda Pública estadual, sob o argumento de que o ente estatal não poderia ser obrigado a fornecer medicamentos não contemplados na lista padronizada da autoridade competente. A Primeira Turma do Superior Tribunal de Justiça, contudo, ratificou o voto do relator, firmando a tese de que "o fato de os medicamentos não constarem da lista do SUS não exime a parte recorrida do dever constitucionalmente previsto".[13] Reafirmou-se a orientação jurisprudencial da Corte Superior segundo a qual o fato de o medicamento não estar contemplado na lista do SUS não afasta, por si só, a obrigação do Estado de fornecê-lo.

Um levantamento mais acurado da jurisprudência do Superior Tribunal de Justiça mostra que, já no ano 2000, acórdão da relatoria do Ministro José Delgado enfrentou detidamente uma controvérsia sobre fornecimento de medicamentos, com base em fundamentos ainda hoje atuais, conforme se observa do excerto desta ementa exemplar:

---

12. AgInt no REsp 1.111.581/SP, relator Ministro Sérgio Kukina, Primeira Turma, julgado em 22/9/2016, DJe de 4/10/2016.
13. Idem.

(...) 1 - A existência, a validade, a eficácia e a efetividade da Democracia está na prática dos atos administrativos do Estado voltados para o homem. A eventual ausência de cumprimento de uma formalidade burocrática exigida não pode ser óbice suficiente para impedir a concessão da medida porque não retira, de forma alguma, a gravidade e a urgência da situação da recorrente: a busca para garantia do maior de todos os bens, que é a própria vida. 2 - É dever do Estado assegurar a todos os cidadãos, indistintamente, o direito à saúde, que é fundamental e está consagrado na Constituição da República nos artigos 6º e 196. 3 - Diante da negativa/omissão do Estado em prestar atendimento à população carente, que não possui meios para a compra de medicamentos necessários à sua sobrevivência, a jurisprudência vem se fortalecendo no sentido de emitir preceitos pelos quais os necessitados podem alcançar o benefício almejado (...). 4 - Despicienda de quaisquer comentários a discussão a respeito de ser ou não a regra dos arts. 6º e 196 da CF/88, normas programáticas ou de eficácia imediata. Nenhuma regra hermenêutica pode sobrepor-se ao princípio maior estabelecido, em 1988, na Constituição Brasileira, de que "a saúde é direito de todos e dever do Estado" (art. 196). 5 - Tendo em vista as particularidades do caso concreto, faz-se imprescindível interpretar a lei de forma mais humana, teleológica, em que princípios de ordem ético-jurídica conduzam ao único desfecho justo: decidir pela preservação da vida. 6 - Não se pode apegar, de forma rígida, à letra fria da lei, e sim, considerá-la com temperamentos, tendo-se em vista a intenção do legislador, mormente perante preceitos maiores insculpidos na Carta Magna garantidores do direito à saúde, à vida e à dignidade humana, devendo-se ressaltar o atendimento das necessidades básicas dos cidadãos. 7 - Recurso ordinário provido para o fim de compelir o ente público (Estado do Paraná) a fornecer o medicamento Riluzol (Rilutek) indicado para o tratamento da enfermidade da recorrente.[14]

A questão em debate traz em seu bojo a tensão entre normas infraconstitucionais e o direito constitucional à saúde, além da discussão sobre a fixação de parâmetros mínimos para que, esgotadas as vias administrativas, se judicialize a postulação, pois, em tese, a judicialização deveria representar um instrumento excepcional, e não uma alternativa frequente.

Uma parte da doutrina entende que a Constituição Federal de 1988 firmou um desenho institucional que estabelece que a entrega de medicamentos estaria reservada à gestão administrativa, enquanto a ingerência judicial desvirtuaria a vontade do texto constitucional. Outra parte da doutrina situa a discussão no campo político, defendendo que a alocação orçamentária competiria apenas aos Poderes Legislativo e Executivo, de modo que não caberia ao Poder Judiciário destinar, amiúde, essa alocação de verbas para o fornecimento de medicamentos, porquanto ficaria prejudicado o orçamento para outros programas de saúde e áreas também necessários nessa equação da saúde. Existem, ainda, doutrinadores que sugerem a limitação do orçamento para atender a todos os pedidos de fornecimento de medicamentos, com supedâneo na reserva do possível. Há, por derradeiro, aqueles que suscitam a questão da gestão administrativa em matéria de saúde, a qual ficaria prejudicada por decisões judiciais que impliquem compras emergenciais, com aumento de despesas e prejuízo ao princípio da eficiência da Administração Pública (art. 37 da Constituição Federal de 1988).[15]

---

14. RMS 11.183/PR, relator Ministro José Delgado, Primeira Turma, julgado em 22/8/2000, DJ de 4/9/2000, p. 121.
15. V.: BARROSO, Luís Roberto. Da falta de efetividade à judicialização excessiva: direito à saúde, fornecimento gratuito de medicamentos e parâmetros para a atuação judicial. *Jurisprudência Mineira*, Belo Horizonte, ano 60, n. 188, jan./mar. 2009. p. 44-45.

Conquanto o debate pela doutrina seja salutar, no âmbito ordinário e extraordinário, o Poder Judiciário lida cotidianamente com pedidos de urgência relacionados a tratamento de saúde e fornecimento de medicamentos (inclusive, os de alto custo e não incluídos na política prestacional do SUS), instruídos os feitos com provas de potencial agravamento do quadro clínico ou mesmo de risco de morte da parte.

II) *Bloqueio de verbas públicas*

Em linhas gerais, a jurisprudência pátria procura conformar os pleitos prestacionais relacionados à saúde com o princípio da reserva do possível, ou seja, a fim de que o direito subjetivo e social a prestações materiais se ajuste à capacidade financeira do Estado,[16] já que essas mesmas prestações são financiadas pelos cofres públicos.

A jurisprudência, todavia, nem sempre permanece uníssona quando as limitações administrativas acabam por inviabilizar o direito fundamental à saúde, reitere-se, afirmado no texto constitucional. Nessas circunstâncias, decisões judiciais não raramente determinam o bloqueio de verbas públicas, a fim de que se torne efetiva a prestação deferida em juízo, ao passo que a Fazenda Pública contesta no sentido de que referido bloqueio implica o esvaziamento do conteúdo da demanda e o abalo das verbas públicas.

Sob a sistemática dos recursos repetitivos, a Primeira Seção do Superior Tribunal de Justiça discutiu se a impenhorabilidade dos bens públicos seria empecilho para a concessão de tutela judicial que determinasse o bloqueio de verbas públicas para o fornecimento de medicamentos (Recurso Especial Repetitivo 1.069.810/RS). O voto do relator, Ministro Napoleão Nunes Maia Filho, acompanhado por unanimidade pelo Colegiado, destacou que:

> É lícito ao Julgador, diante das circunstâncias do caso concreto, aferir o modo mais adequado para tornar efetiva a tutela, tendo em vista o fim da norma e a impossibilidade de previsão legal de todas as hipóteses fáticas. Mormente no caso em apreço, no qual a desídia do ente estatal frente ao comando judicial emitido pode resultar em grave lesão à saúde ou mesmo pôr em risco a vida da parte demandante. (...) Ressalte-se, por fim, que a medida necessária à efetivação da tutela específica ou à obtenção do resultado prático equivalente, deve ser concedida apenas em caráter excepcional, onde haja nos autos comprovação de que o Estado não esteja cumprindo a obrigação de fornecer os medicamentos pleiteados e a demora no recebimento acarrete risco à saúde e à vida do demandante.[17]

Em suma, firmou-se a tese de que é possível o sequestro de valores do ente público, por decisão fundamentada e prudente arbítrio do julgador, para cumprimento de determinação judicial atinente ao fornecimento de medicamento quando a demora na prestação coloque em risco a vida do titular. Aqui, a preocupação é da ordem de conferir efetividade ao direito fundamental à saúde e à própria decisão judicial que o reconhece.[18]

16. V.: FIGUEIREDO, Mariana Filchtiner. *Direito fundamental à saúde*: parâmetros para sua eficácia e efetividade. Porto Alegre: Livraria do Advogado, 2007. p. 133 e ss.
17. REsp 1.069.810/RS, relator Ministro Napoleão Nunes Maia Filho, Primeira Seção, julgado em 23/10/2013, DJe de 6/11/2013.
18. Idem.

Dada a complexidade do tema, não são decisões fáceis para os julgadores, os quais, diante da inafastabilidade da jurisdição, têm de decidir entre a preservação do orçamento público ou o direito fundamental do titular cuja saúde pode vir a ser comprometida de modo irreversível, além de ser um efeito constitucional indissociável do direito à vida e da dignidade da pessoa humana.

Na disciplina constitucional, é excepcional o sequestro de verba pública, previsto a partir da Emenda Constitucional n. 62/2009, que alterou o art. 100 da Constituição Federal e acrescentou o art. 97 ao ADCT para instituir o regime especial de pagamento de precatórios pelos estados, Distrito Federal e municípios nos casos de precatórios não pagos no prazo a credores com direito de preferência.

Recorde-se, no entanto, que, na ADI 4.425/DF, o Pleno do Supremo Tribunal Federal julgou inconstitucionais algumas das alterações trazidas pela Emenda Constitucional 62/2009,[19] tendo a Segunda Turma do Superior Tribunal de Justiça oportunidade de manifestar-se a respeito, conforme voto proferido no Agravo Regimental no Recurso Ordinário em Mandado de Segurança n. 39.932/SP, do qual fui relator e de cuja ementa se extrai:

> (...) 1. No julgamento da ADI n. 4.357/DF, a Corte Excelsa, declarou "a inconstitucionalidade do § 15 do art. 100 da Constituição Federal e de todo o art. 97 do Ato das Disposições Constitucionais Transitórias – especificamente o *caput* e os §§ 1º, 2º, 4º, 6º, 8º, 9º, 14 e 15, sendo os demais por arrastamento ou reverberação normativa". 2. Assim, ficou prejudicada qualquer discussão referente à aplicação imediata da Emenda Constitucional n. 62 de 2009, a qual inseriu no ADCT o art. 97, uma vez em que não há mais como determinar a aplicação de norma, em razão da inconstitucionalidade declarada pela Suprema Corte.[20]

Continua hígido, porém, o entendimento da Suprema Corte, inclusive com repercussão geral admitida (Recurso Extraordinário n. 607.582-RG), no sentido da possibilidade de bloqueio de verbas públicas para garantir o fornecimento de medicamentos.[21]

Em regra, permanece a responsabilidade solidária entre os entes federados, podendo o polo passivo ser formado por qualquer um deles, isolada ou conjuntamente. Ressalve-se o pedido de fornecimento de medicamentos registrados na Anvisa, mas não padronizados no SUS, em relação ao qual ainda se discute (conforme tema com repercussão geral reconhecida pelo Supremo Tribunal Federal, mas ainda pendente de julgamento de mérito) se prevalece a legitimidade passiva da União, com a consequente competência da Justiça Federal, ou se se mantém a solidariedade dos entes federados.[22]

19. ADI 4.425, relator: Ayres Britto, relator para acórdão: Luiz Fux, Tribunal Pleno, julgado em 14/3/2013, Processo Eletrônico DJe-251 Divulg 18-12-2013 Public 19-12-2013 RTJ vol-00227-01 PP-00125.
20. AgRg no RMS 39.932/SP, relator Ministro Humberto Martins, Segunda Turma, julgado em 18/3/2014, DJe de 24/3/2014.
21. RE 607582 RG, relator(a): Ellen Gracie, Tribunal Pleno, julgado em 13/8/2010, DJe-159 Divulg 26-8-2010 Public 27-8-2010 Ement vol-02412-06 PP-01185 LEXSTF v. 32, n. 381, 2010, p. 275-280.
22. RE 1.366.243 RG, relator(a): Ministro Presidente, Tribunal Pleno, julgado em 8/9/2022, Processo Eletrônico DJe-182 Divulg 12-9-2022 Public 13-9-2022.

CONCLUSÃO

Há temas predestinados ao constante debate, e a saúde é um deles, já que se trata de um direito fundamental cujo acesso é universal e igualitário e, portanto, complexo e sistêmico.

Por ser "direito de todos", a saúde, direito público subjetivo e indisponível, tem titulares (sujeitos ativos da relação jurídico-subjetiva) que vão desde a pessoa determinada até os grupos de pessoas ou a generalidade de pessoas.

O direito fundamental à saúde abrange tanto o interesse individual quanto os interesses individuais homogêneos, difusos e coletivos (logo, de classe transindividual), todos eles passíveis de defesa por seus titulares e, inclusive, pela Defensoria Pública e pelo Ministério Público.

Por ser "dever do Estado", a prestação do serviço público de saúde apresenta relevância pública, o que lhe permite ser assegurada pela via da ação civil pública, porquanto configura um interesse social qualificado.

Acertadamente, pontua Ingo Sarlet sobre a premência de uma maior racionalidade e eficácia quanto às estratégias para a efetivação dos direitos sociais em geral e, especialmente, do direito fundamental à saúde:

> A preferência (mas não exclusividade) da tutela coletiva e preventiva há de vir acompanhada do aperfeiçoamento dos processos administrativos, do controle social, da ampliação e isonomia no campo do acesso à justiça, sem prejuízo de outras medidas (como a participação efetiva na definição do orçamento público e sua execução, inclusive com maior atuação do Ministério Público nessa seara) que, no seu conjunto, poderão assegurar maior equidade ao sistema, o que certamente não passa pela supressão da possibilidade da tutela individual e do exame cuidadoso das violações e ameaças de violação da dignidade de cada pessoa humana. Além do mais, como já tivemos oportunidade de destacar em outra oportunidade, não há como desconsiderar que o direito de cada indivíduo (individual ou coletivamente) buscar no âmbito do Poder Judiciário a correção de uma injustiça e a garantia de um direito fundamental, acaba, numa perspectiva mais ampla, por reforçar a esfera pública, pois o direito de ação assume a condição de direito de cidadania ativa e instrumento de participação do indivíduo no controle dos atos do poder público.

De fato, os Poderes Executivo, Legislativo e Judiciário devem estar em constante união para a efetividade de ações e serviços para promoção, proteção e recuperação da saúde. Todos os entes políticos e todas as esferas do Poder Público devem ser sensíveis e eficientes em relação às adversidades enfrentadas pela saúde, sob pena de comportamento omissivo e/ou inconstitucional. Aliás, a própria comunidade tem participação ativa nesse processo, como estabelece a diretriz do art. 198, inciso III, da Constituição Federal.

Vale citar, ainda, as palavras dos professores Chini e Caetano a esse respeito:

> [...] é de caráter profundamente cultural e civilizatório, pois a autoridade – que emana do povo – volta-se ao povo num dosificado clima democrático, porquanto inclusivo. Não se pode falar de democracia sem se compreenderem os fatores de inclusão, autoridade, aceitação, diálogo, mudança.[23]

23. *Revista Novatio*, 2020, ISBN: 978-65-894559-01-9.

Aos julgadores, em específico, cabe prestar uma tutela jurisdicional inclusiva e coerente com a utilidade e a efetividade de suas decisões, de modo a atender-se a postulação individual sem prejuízo das postulações transindividuais e sem detrimento das alocações orçamentárias e das regras constitucionais de distribuição de competências.

REFERÊNCIAS

BARROSO, Luís Roberto. A efetividade das normas constitucionais: por que não uma constituição para valer? In: BARROSO, Luís Roberto. *O novo direito constitucional brasileiro*: contribuições para a construção teórica e prática da jurisdição constitucional no Brasil. Belo Horizonte: Fórum, 2013. p. 57-97.

BARROSO, Luís Roberto. Da falta de efetividade à judicialização excessiva: direito à saúde, fornecimento gratuito de medicamentos e parâmetros para a atuação judicial. *Jurisprudência Mineira*, Belo Horizonte, ano 60, n. 188, p. 29-60, jan./mar. 2009.

CAETANO, M.M.; CHINI, A. *Argumentação jurídica*: indo além das palavras. Brasília: Editora OAB Nacional, 2020.

CAETANO, MM; CHINI, A. p. 15. *Revista Novatio*, 2020, ISBN: 978-65-894559-01-9, Tribunal de Justiça do Estado da Bahia.

CANOTILHO, José Joaquim Gomes. *Direito constitucional e teoria da Constituição*. 4. ed. Coimbra: Almedina, 1997.

CURY, Ieda Tatiana. *Direito fundamental à saúde. Evolução, normatização e efetividade*. Rio de Janeiro: Lumen Juris, 2005.

KELBERT, Fabiana Okchstein. *Reserva do possível e a efetividade dos direitos sociais no direito brasileiro*. Porto Alegre: Livraria do Advogado, 2011.

LEWANDOWSKI, Enrique Ricardo. A formação da doutrina dos direitos fundamentais. *Revista da Faculdade de Direito da Universidade de São Paulo*, v. 98, p. 411-422 2003.

LEWANDOWSKI, Enrique Ricardo. A ideia de democracia no mundo contemporâneo. *Reforma política. Brasil República*: em homenagem ao Ministro Celso de Mello. Brasília: OAB, Conselho Federal, 2017. p. 105-114.

MENDES, Gilmar Ferreira; BRANCO, Paulo Gustavo Gonet. *Curso de direito constitucional*. 17. ed. São Paulo: SaraivaJur, 2022.

FERREIRA, Patrícia Cândido Alves. *Direito fundamental à saúde*: a questão de sua exigibilidade. Dissertação (Mestrado em Direito). Faculdade de Direito do Largo de São Francisco (Universidade de São Paulo). São Paulo, 2015.

FIGUEIREDO, Mariana Filchtiner. *Direito fundamental à saúde*: parâmetros para sua eficácia e efetividade. Porto Alegre: Livraria do Advogado, 2007.

MARTINS, Humberto. O direito à saúde e a jurisprudência do Superior Tribunal de Justiça: desafios à imaginação institucional. *Cadernos Adenauer*, v. 18, n. 1, 2017, p. 217-229.

ROCHA, Márcio Oliveira. *Ativismo judicial e direito à saúde*. Rio de Janeiro: Lumen Juris, 2013.

SARLET, Ingo Wolfgang; FIGUEIREDO, Mariana Filchtiner. Reserva do possível, mínimo existencial e direito à saúde: algumas aproximações. In: SARLET, Ingo Wolfgang; TIMM, Luciano Benetti (Orgs.). *Direitos fundamentais*: orçamento e reserva do possível. Porto Alegre: Livraria do Advogado, 2008. p. 11-53.

SARLET, Ingo Wolfgang. A titularidade simultaneamente individual e transindividual dos direitos sociais analisada à luz do exemplo do direito à proteção e promoção da saúde. *Revista Brasileira de Direitos Fundamentais & Justiça*, v. 4, n. 10, jan./mar. 2010. p. 205-228.

SILVA, José Afonso. *Comentário contextual à Constituição*. 5. ed. São Paulo: Malheiros, 2008. p. 185.

SILVA, José Afonso. A dignidade da pessoa humana como valor supremo da democracia. In: SILVA, José Afonso. *Direito constitucional*: estudos e pareceres. Brasília: Conselho Federal da Ordem dos Advogados do Brasil; Fórum, 2014. p. 45-52.

SILVA, José Afonso. *Aplicabilidade das normas constitucionais*. 8. ed. São Paulo: Malheiros, 2015.

SOUZA NETO, Cláudio Pereira; SARMENTO, Daniel. *Direito constitucional*: teoria, história e métodos de trabalho. 2. ed. Belo Horizonte: Fórum, 2014.

VERONESE, Alexandre. Artigo 6º. In: BONAVIDES, Paulo; MIRANDA, Jorge; MOURA AGRA, Walber (Orgs.). *Comentários à Constituição Federal de 1988*. Rio de Janeiro: Forense/GEN, 2009, p. 353-369.

A LEI ANTICORRUPÇÃO E OS ACORDOS DE LENIÊNCIA

Paulo Dias de Moura Ribeiro

Pós-Doutor em Direito pela Universidade de Lisboa. Doutor honoris causa da Universidade da Amazônia. Doutor em Direito Civil pela PUC-SP. Mestre em Direito Civil pela PUC-SP. Ministro do Superior Tribunal de Justiça. Conselheiro do Conselho da Justiça Federal. Coordenador Científico do Curso de Direito da Unisa. Professor Titular da FDSBC. Professor do Curso de Pós-Graduação da Uninove.

APRESENTAÇÃO

Honrado que fui com o convite para participar de obra coletiva em homenagem ao estimado Ministro do Supremo Tribunal Federal, André Mendonça, cuidei de arregaçar as minhas mangas para aderir à justa celebração.

Pensando em um tema que pudesse enaltecer a figura do ilustre Ministro, natural como eu da cidade de Santos, SP, sabedor de seus dotes de especialista na área do Direito Público, mestre e doutor em Direito pela Universidade de Salamanca, Espanha, e que muito se destacou em acordos de leniência, entendi por bem, escrever alguma coisa sobre a Lei Anticorrupção, campo no qual já fiz alguns rabiscos jurídicos.

Ademais, o importante para mim era aderir a esta justa e merecida homenagem a um ilustre santista que exorna com sua toga límpida, o Supremo Tribunal Federal.

INTRODUÇÃO

Vale lembrar que corrupção vem do latim *corrumpere,* no sentido de tornar podre, estragar, decompor.

Mas, o que se quer extrair do objetivo da lei é a sua ideia de *subornar*, de *peitar*, de *comprar* por baixo dos panos, às escondidas para obtenção de vantagem indevida.

Vai daí o corromper a testemunha para com o depoimento falso lograr vencer a causa.

Mas, para avançar mais especificamente sobre o tema proposto, *acordos de leniência* para afastar processo crime por atos lesivos à administração pública.

1. A LOCALIZAÇÃO CONSTITUCIONAL DO TEMA

Já escrevi recentemente que a CFR/88, cidadã, trouxe ao gênero direitos e garantias fundamentais, 5 espécies diversas, a saber: direitos e garantias individuais e coletivos, direitos sociais, direitos de nacionalidade, direitos políticos e dos partidos relacionados a organização e participação de partidos políticos (arts. 5º, 6º, 12, 14 e 17, respectivamente).

Sabe-se que a doutrina moderna apresenta uma classificação diferente: direitos fundamentais de *primeira*, de *segunda* e de *terceira geração*. Os de *primeira geração* são as liberdades públicas surgidas a partir da *Magna Charta*; os *de segunda*, são os direitos sociais, econômicos e culturais surgidos no início do século passado (direito do trabalho, seguro social, amparo à doença e à velhice, declarações do homem, declarações de convivência internacional); e, os de *terceira geração*, os chamados direitos de fraternidade e solidariedade, que englobam o direito ao meio-ambiente equilibrado, qualidade de vida saudável, direito ao progresso, à paz, à autodeterminação dos povos, à felicidade.[1]

Os movimentos dos séculos XIX e XX não buscavam apenas a ampliação dos direitos desconhecidos ao movimento liberal, mas também os direitos econômicos, sociais e culturais.

No período de 1930 a 1937, a era Vargas, ditatorial com o Estado Novo, propiciou grande avanço no campo dos direitos sociais, principalmente para os trabalhadores. Mas a luta dos liberais contra o Estado absolutista prosseguia, e a queda daquele governo representou uma vitória para os que clamavam pelos direitos de primeira geração e o primado da dignidade humana (*dinamogenesis,* o nascimento dinâmico dos direitos humanos com fundamento na dignidade do indivíduo, conforme cada momento histórico).[2]

Com a Constituição de 1946 aumentaram os direitos civis e políticos, reconhecendo o direito de greve e o direito do trabalhador de participar dos lucros das empresas.

Os direitos de terceira geração sintetizam os de primeira e segunda numa perspectiva de dignidade humana que brotou após o término da Segunda Guerra Mundial quando foi assinada em 1945, a fundação das Nações Unidas, em São Francisco (EUA), reverenciando os direitos da pessoa humana e a dignidade humana.

O preâmbulo da nossa CF já bem assenta esses direitos de terceira geração ao dizer que a Assembleia constituinte instituiu um Estado democrático, destinado a assegurar o exercício dos direitos sociais e individuais, a liberdade, a segurança, o bem-estar, o desenvolvimento, a igualdade e a justiça como valores supremos de uma *sociedade fraterna*, pluralista e sem preconceitos, fundada na *harmonia social e comprometida, na ordem interna e internacional, com a solução pacífica das controvérsias.*

E o Brasil se rege pela paz (art. 4º, VI, da CF), que permite dizer, com esteio em Paulo Bonavides que já nasceram os direitos de *quarta geração* (direito à democracia, à informação, ao pluralismo), bem como os de *quinta geração*, os direitos humanos.[3]

---

1. MORAES, Alexandre de. *Direito Constitucional.* Atlas. 24. ed. p. 31-32.
2. SILVEIRA, Vladimir Oliveira da e ROCASOLANO, Maria Mendez. *Direitos humanos*: conceitos, significações e funções, Saraiva, 2010. p. 175.
3. Op. cit., apud, p. 181.

Por isso, a propósito da harmonia social comprometida com a ordem interna e internacional, o esteio constitucional se ancora nos §§ 1º, 2º e 3º, do art. 5º, da CF, a saber:

> Art. 5º. Todos são iguais perante a lei, sem distinção de qualquer natureza, garantindo-se aos brasileiros e aos estrangeiros residentes no País a inviolabilidade do direito à vida, à liberdade, à igualdade, à segurança e à propriedade, nos termos seguintes:
>
> [...]
>
> § 1º. As normas definidoras dos direitos e garantias individuais têm aplicação imediata.
>
> § 2º. Os direitos e garantias expressos nesta Constituição não excluem outros decorrentes do regime e dos princípios por ela adotados, ou dos tratados internacionais em que a República Federativa do Brasil seja parte.
>
> § 3º. Os tratados e convenções internacionais sobre direitos humanos que foram aprovados, em cada Casa do Congresso Nacional, em dois turnos, por três quintos dos votos dos respectivos membros, serão equivalentes às emendas constitucionais.

Vale então lembrar, ainda, que no campo da ordem econômica e social, o Constituinte fez uma nítida opção, no art. 170, da CF, pela modelo capitalista e de produção, ou seja, pela economia de mercado (art. 219, da CF), cuja base á a livre iniciativa.

E a ordem econômica tem por fundamento a valorização do trabalho humano e a valorização da livre iniciativa para uma existência digna, sempre pautado nos ditames da justiça social, amparada nos 9 princípios que a norma elencou, a livre concorrência, a defesa do consumidor, a defesa do meio ambiente e a redução das desigualdades.

Apesar da nítida opção feita pelo Constituinte, o art. 174, da CF, mitiga a amplidão da economia de mercado, para permitir a intervenção do Estado no domínio econômico como agente regulador e normativo, com a finalidade de exercer as funções de fiscalização, de incentivo e de planejamento ao setor privado.

2. A REPRESSÃO AO ABUSO

De há muito, com os direitos de terceira geração, abriram-se as portas para trancar a criminalidade internacional, quer contra o Crime Organizado Transnacional (Convenção das Nações Unidas, Nova Iorque, 2000, adotada no plano interno pelo Decreto 5.015/2004), que gerou a Lei 12.850/2013, que diferenciou a participação de organização criminosa e o diferenciou do antigo crime de quadrilha ou bando e deu ensejo à *colaboração premiada.*

Não se pode, ainda, deixar de ter em linha de consideração outras normatividades que cuidaram da delação premiada, inaugurada pela Lei 8.072/1990 (Crimes Hediondos), acrescendo-se a Lei 8.137/1990 (Crimes contra a Ordem Tributária), bem como a Lei 9.613/1998 (Crimes de Lavagem de Dinheiro).

Vale a pena lembrar que o Brasil também é signatário da Convenção Interamericana contra a Corrupção (OEA, internalizada pelo Decreto 4.410/2012), da Convenção das Nações Unidas contra a Corrupção (CNUCC, internalizada pelo Decreto 5.687/2006) e da Convenção sobre o Combate da Corrupção de Funcionários Públicos Estrangeiros em

Transações Comerciais Internacionais (Organização para a Cooperação e Desenvolvimento Econômicos, OCDE, internalizada pelo Decreto 3.678/2000). Por que tanta regra?

A corrupção é fator de desigualdade, de descrédito das pessoas nas suas instituições públicas. Emperra o desenvolvimento político e econômico. Há que se prevenir a sua ocorrência. A educação é o melhor remédio.

Daí as leis que visam combater as várias formas de ações ilícitas que trazem a desigualdade e a frustração e atravancam o desenvolvimento e geram aumento de custos, afligindo a economia de mercado.

Para os fins dos arts. 4º a 7º, da Lei 12.850/2013, a *colaboração premiada* ou processual se dá quando o acusado, na fase de investigação criminal, além de confessar seus crimes evita que outros venham a se consumar (colaboração preventiva), assim como auxilia a polícia na coleta de provas contra os demais autores abrindo ensejo à prisão deles (colaboração repressiva).

Diz-se que é um instituto mais amplo que a delação premiada e encontra raízes na jurisprudência inglesa (impunidade após a confissão), nos EUA (*plea barganing*, aceitação de testemunhar a favor da acusação), ou na Itália (colaboradores da Justiça, aplacando a ação das máfias, *pentitismo*).[4]

O sucesso das investigações e do processo criminal pode levar o juiz a reduzir a pena em até 2/3 ou substituí-la por restritiva de direitos, diante de uma colaboração efetiva e voluntária.

Na Lei de Atos Lesivos à Administração Pública – Lei Anticorrupção (12.846/2013), a colaboração premiada de lá passou a ser rotulada de Acordo de Leniência que aqui foi introduzida pela Lei 10.149/2000, que promoveu alterações na Lei 8.884/1994 (tornou o CADE uma autarquia e dispôs sobre a prevenção e repressão às infrações contra a ordem econômica).

Sob o rótulo de programa de leniência, a questão também foi abrangida pela Lei de Defesa da Concorrência (art. 86, da Lei 12.529/2011).

A repressão aos cartéis é feita no âmbito administrativo conforme o disposto na Lei 12.529/2011 e na Lei 8.666/1993 (licitações e fraudes contra a administração pública) e na esfera penal nos termos da Lei 8.137/1990 (crimes contra a ordem econômica e financeira).

Incumbe ao CADE, no âmbito administrativo, investigar e punir os cartéis. Pode, ainda, celebrar com as empresas investigadas um *compromisso de cessação* com a condição de que a compromissária pague uma contribuição ao Fundo de Defesa dos Direitos Difusos (art. 85).

4. SILVA, Eduardo Araújo. *Organizações criminosas*. Atlas, 2014. p. 53-54.

As investigações sobre cartéis não podem abrir mão de técnicas policiais para a obtenção de provas, como interceptações telefônicas e buscas e apreensões. Daí o CADE ter recebido colaboração da Polícia Federal e do Ministério Público.

Tal acordo é um instituto voltado para cooptar o membro do cartel que se encontra insatisfeito com ele ou com suas ações, sendo, assim, encorajado a delatar os comparsas, incentivado por benefícios como a redução da multa ou a extinção da punibilidade.

Sob a perspectiva jurídica e sobre a perspectiva da análise econômica, o acordo apresenta aspectos positivos e negativos, como mecanismo de prevenção e repressão do crime. Seria, por outro lado, um mecanismo que pouparia os recursos públicos expendidos em investigações, na medida em que as provas seriam obtidas de forma mais célere a um custo bem menor. Quanto ao aspecto negativo, teme-se que o acordo de leniência possa incentivar a colusão (conluio), tendo em vista a possibilidade legal de se obter a redução da multa ou a anistia.

O acordo de leniência está previsto no art. 86, da Lei 12.529/2011, que autoriza a Superintendência do CADE a celebrar tal acordo com pessoas físicas e jurídicas que estejam dispostas a colaborar com a investigação da prática denunciada, recebendo em troca alguns benefícios. Se o CADE não tinha conhecimento prévio sobre a existência do cartel, o denunciante fará jus ao benefício máximo, que é a extinção da punibilidade, desde que tenha cumprido todas as obrigações assumidas no acordo. No entanto, se o CADE já tinha conhecimento do cartel, mas não dispunha de provas suficientes à condenação, o benefício será a redução de um a dois terços da penalidade, conforme seja o grau de colaboração do denunciante na investigação.

A Lei permite que os funcionários da empresa que celebrarem o acordo também se beneficiem de seus termos, desde que o assinem, admitam seu envolvimento no cartel e colaborem com o CADE nas investigações.

Nos termos da Lei de Defesa da Concorrência (art. 87), a celebração do acordo de leniência suspende o curso do prazo prescricional e impede o oferecimento da denúncia criminal. Por ocasião do julgamento, o Tribunal do CADE decidirá se o acordo de leniência foi cumprido e, em caso positivo, extinguir-se-á automaticamente a punibilidade dos crimes previstos na Lei 8.137/1990.

3. O CASO DOS ACORDOS DE LENIÊNCIA

Na Arguição de Descumprimento de Preceito Fundamental 1.051-DF, da Relatoria do Ministro André Mendonça foi retratado o quadro que se emoldurou na ementa autoexplicativa:

> Ação de descumprimento de preceito fundamental. Suspensão e revisão de obrigações pecuniárias avençadas em acordos de leniência firmados antes do acordo de cooperação técnica celebrado em 06/08/2020 entre CGU, AGU, MJSP e TCU. Alegada existência de um estado de coisas inconstitucional, apto a caracterizar situação de coação em relação aos acordos anteriormente pactuados. Pedido de interpretação conforme a constituição à Lei 12.846, de 2013, e ao Decreto 11.129, de 2022. Instrução

processual. Rito do art. 12 da Lei 9.868, de 1999: Adoção. requisição de informações complementares: art. 9º, § 1º, do mesmo diploma legal e art. 6º, § 1º, da Lei 9.882, de 1999.

(STF - ADPF 1.051/DF, Rel. Min. André Mendonça, j. 25/7/2023, DJe 26/7/2023)

4. O CASO CONCRETO – ADPF 1.051-DF

A hipótese destacada recebeu a análise do Min. André Mendonça a partir da adoção do rito abreviado previsto no art. 12 da Lei 9.868/1999, aplicado por analogia, igualmente às arguições de descumprimento de preceito fundamental.

E prosseguiu para entender necessário à plena instrução do feito *requisitar*, desde logo, *informações adicionais*, conforme dispõe o art. 9º. § 1º, da Lei 9.868, de 1999, e o art. 6º, § 1º, da Lei 9.882, de 1999, pelas razões e de acordo com as diretrizes que expôs:

(...)

21. Como já se pode inferir a partir da breve contextualização da controvérsia apresentada, a leitura da peça vestibular evidencia que a integralidade da linha argumentativa esgrimida pelas agremiações autoras orbita em torno de um potencial efeito reflexo que a superveniente edição do "Acordo de Cooperação Técnica que entre si celebram o Ministério Público Federal, a Controladoria-Geral da União (CGU), a Advocacia-Geral da União (AGU), o Ministério da Justiça e Segurança Pública (MJSP) e o Tribunal de Contas da União (TCU) em matéria de combate à corrupção no Brasil, especialmente em relação aos acordos de leniência da lei 12.846, de 2013", firmado em 06/08/2020 (e-doc. 6), ensejaria em relação aos acordos de leniência entabulados em momento anterior, especialmente no contexto da denominada Operação Lava Jato.

22. Tal a sua centralidade, que o advento do mencionado Acordo de Cooperação Técnica (ACT) serviria como linha de corte distintivo a embasar o pedido de interpretação conforme à Constituição ao final deduzido, pugnando-se pela fixação de exegese com "dimensão prospectiva e retrospectiva" em relação à data de sua edição (e-doc. 1, p. 85).

23. Nesse diapasão, para a adequada compreensão da controvérsia impõe-se que se colham informações junto às autoridades envolvidas na celebração do ajuste interinstitucional pactuado e na negociação e celebração de acordos de leniência, a fim de que se possa aquilatar, também sob o olhar das aludidas instituições, a plausibilidade das alegações deduzidas.

24. Ademais, na jurisdição constitucional contemporânea não há mais espaço para negligenciar, mesmo no plano do controle abstrato de constitucionalidade, a inafastável "comunicação entre norma e fato". Partindo de tal premissa, o ilustre Ministro Gilmar Mendes tece pertinente consideração a propósito da utilização das faculdades instrutórias previstas pelo art. 9º, § 1º, da Lei 9.868, de 1999, as quais, na sua visão, consubstanciam-se em mecanismo que tem por finalidade modernizar e racionalizar o processo constitucional. De acordo com as precisas palavras de Sua Excelência:

"Hoje, entretanto, não há como negar a 'comunicação entre norma e fato', que constitui condição da própria interpretação constitucional. É que o processo de conhecimento, aqui, envolve a investigação integrada de elementos fáticos e jurídicos.

(...)

Nos Estados Unidos o chamado Brandeis-Brief – memorial utilizado pelo advogado Louis D. Brandeis no case 'Müller vs. Oregon' (1908), contendo duas páginas dedicadas às questões jurídicas e outras 110 voltadas para os efeitos de longa duração do trabalho sobre a situação da mulher – permitiu que se desmitificasse a concepção dominante segundo a qual a questão constitucional configurava simples 'questão jurídica' de aferição de legitimidade da lei em face da Constituição.

Restou demonstrado, então, que até mesmo no chamado controle abstrato de normas não se procede a um simples contraste entre a disposição do Direito ordinário e os princípios constitucionais. Ao revés, também aqui fica evidente que se aprecia a relação entre a lei e o problema que se lhe apresenta em face do parâmetro constitucional.

Em outros termos, a aferição dos chamados fatos legislativos constitui parte essencial do controle de constitucionalidade, de modo que a verificação desses fatos relaciona-se íntima e indissociavelmente com o exercício do controle pelo Tribunal."

(MENDES, Gilmar Ferreira. Ação Declaratória de Constitucionalidade. MEIRELLES, Hely Lopes; WALD, Arnoldo; MENDES, Gilmar Ferreira. Mandado de Segurança e Ações Constitucionais. 32 ed. São Paulo: Malheiros, 2009, p. 391-392, grifos no original).

25. Diante de tal conjuntura, sem prejuízo à abordagem de pontos complementares que se reputem pertinentes à apreciação da controvérsia, com espeque no art. 9º, § 1º, da Lei 9.868, de 1999, e no art. 6º, § 1º, da Lei 9.882, de 1999, na qualidade de instituições públicas responsáveis pela entabulação de vários acordos de leniência questionados por meio desta ação ou de partes acordantes do documento encartado ao e-doc. 6 dos presentes autos, requisito que, no prazo de 10 (dez) dias, (i) o Ministério Público Federal; (ii) a Controladoria-Geral da União; (iii) a Advocacia-Geral da União; (iv) o Ministério da Justiça e Segurança Pública, e (i) o Tribunal de Contas da União, informem:

I. Se, no entender da respectiva instituição, a integralidade dos termos delineados pelo Acordo de Cooperação Técnica celebrado em 2020 estão sendo objeto de pleno cumprimento, por todos os atores envolvidos. Em caso negativo, quais aspectos não estão sendo cumpridos e por quê?

II. Quais os atos normativos/regulamentares em vigor, no contexto da respectiva instituição, editados com o escopo de nortear (a) a celebração dos acordos de leniência, (b) o integral cumprimento do multicitado ACT, bem como (c) os procedimentos de investigação, apuração ou processamento derivados das informações objeto da colaboração das empresas, fornecendo-se as cópias dos respectivos atos.

III. Se, no âmbito da respectiva instituição, eventualmente já foi promovida, a revisão de acordo de leniência celebrado em momento cronológico anterior à edição do ACT firmado em 2020. Em caso afirmativo, qual foi o objeto dessa revisão e se ela ocasionou alteração do objeto (escopo ou fatos sobre os quais recai o acordo), dos valores e sanções aplicadas quando da celebração do acordo, ou apenas tratou de algum aspecto acessório (como prazo e modalidade de pagamento, eventuais garantias oferecidas para cumprimento, entre outros)? Ainda em caso afirmativo, as instituições deverão fornecer cópia integral dos acordos originais, com seus anexos, bem como dos aditivos ou termos de revisão.

IV. Quantas negociações de acordos de leniência estão em andamento no âmbito das respectivas instituições. Quanto a esse ponto, deve-se especificar, em cada caso, as empresas interessadas, a data de início das negociações, o estágio da negociação e prazo estimado para eventual conclusão dos trabalhos e celebração do acordo.

V. Quais os parâmetros adotados para admissão de uma negociação de acordo de leniência, bem como para a condução do processo negocial, notadamente no que concerne (a) à delimitação do seu objeto (escopo ou atos ilícitos admitidos na negociação), (b) à fixação, cálculo e cobrança das multas aplicáveis, (c) aos critérios adotados para apuração, quantificação e cobrança de eventuais danos causados à Administração Pública, e (d) aos critérios adotados para apuração, quantificação e cobrança de eventual proveito econômico auferido pelas empresas através dos ilícitos admitidos no bojo de uma negociação de acordo de leniência. As instituições deverão fornecer cópia dos atos normativos internos e eventuais orientações relativas aos tópicos tratados neste quesito.

VI. Quais os critérios e parâmetros adotados para avaliação e monitoramento dos programas de integridade em sede de negociação e cumprimento de acordos de leniência, fornecendo cópia dos atos normativos internos e eventuais orientações relativas aos tópicos tratados neste quesito.

VII. Quais os critérios e parâmetros adotados para tratamento das informações e documentos fornecidos pelas empresas na fase negocial e destinados ao cumprimento dos requisitos previstos no art. 16, incisos I e II, da Lei 12.846, de 2013.

26. Requisito, ainda, das mesmas autoridades, sejam fornecidas cópias dos processos e atos administrativos praticados com o fito de dar pleno cumprimento ao multicitado Acordo de Cooperação Técnica, no âmbito de cada instituição.

27. De antemão, registra-se que toda a plêiade de dados, informações, documentos, inclusive os audiovisuais e sonoros, fornecidos como resposta aos questionamentos III, IV e VII, do item 25, além daqueles correspondentes ao parágrafo anterior — item 26 — tramitarão, prima facie, em apartado a este feito e sob sigilo, submetendo-se à restrição de acesso público, em consonância (i) ao art. 5º, inc. XXXIII, in fine, da Constituição da República; e (ii) ao art. 4º, inc. III, da Lei 12.527, de 2011.

28. Concomitantemente, em observância à adoção do rito processual estabelecido pelo art. 12 da Lei 9.868, de 1999, solicitem-se as informações de praxe, nos termos do art. 6º do referido diploma normativo, a serem prestadas pelo Presidente da República, pelo Congresso Nacional e pelo Ministério Público Federal — no particular, enquanto autoridade responsável pela prática de parcela dos 'atos questionados' [acordos de leniência celebrados anteriormente à edição do ACT] —, no prazo de 10 (dez) dias.

29. Colhidas todas as informações, dê-se vista ao Advogado-Geral da União e ao Procurador-Geral da República, para que cada qual se manifeste, sucessivamente, no prazo de 5 (cinco) dias.

Publique-se. Intimem-se.

Brasília, 25 de julho de 2023.

Ministro André Mendonça

Relator.

CONCLUSÃO

Vê-se, desde logo, a cautela do Min. André Mendonça em robustecer o feito com as informações necessárias ao exame da arguição e a sua sensibilidade em especificar exatamente os dados que entendeu necessário para o prosseguimento do feito.

Em especial, merece destaque final, as perguntas elucidativas que foram lançadas no voto, tudo a revelar a preocupação com a melhor prestação jurisdicional.

Termino enfatizando o meu orgulho em ter participado de tão merecida homenagem e ponho em destaque a preocupação do Magistrado em gerenciar o melhor andamento processual para a eficácia horizontal dos direitos fundamentais.

Parabéns, Ministro André Mendonça!

REFERÊNCIAS

FERREIRA, Aurélio Buarque. *Novo Aurélio.* 3. ed. rev. e ampl. Rio de Janeiro: Editora Nova Fronteira, 1999.

MORAES, Alexandre de. *Direito Constitucional.* 24. ed. São Paulo: Atlas, 2009. p. 31-32.

SILVA, Eduardo Araújo. *Organizações criminosas.* São Paulo: Atlas, 2014.

SILVEIRA, Vladimir Oliveira da e ROCASOLANO, Maria Mendez. *Direitos humanos*: conceitos, significações e funções. São Paulo: Saraiva, 2010.

O VALOR DA FRATERNIDADE NO ESTADO DEMOCRÁTICO DE DIREITO E AS POLÍTICAS PÚBLICAS SOB UMA PERSPECTIVA FRATERNA

Reynaldo Soares da Fonseca

Pós-Doutor em Democracia e Direitos Humanos pelo Centro de Direitos Humanos da Universidade de Coimbra. Doutor em Função Social do Direito pela Faculdade Autônoma de Direito de São Paulo. Mestre em Direito Público pela Pontifícia Universidade Católica de São Paulo. Ministro do Superior Tribunal de Justiça. Professor Adjunto da Universidade Federal do Maranhão, atualmente em colaboração técnica perante a Universidade de Brasília.

Rafael Campos Soares da Fonseca

Doutor em Direito Econômico, Financeiro e Tributário pela Universidade de São Paulo. Mestre em Direito, Estado e Constituição pela Universidade de Brasília. Bolsista de Produtividade e Pesquisa da Fundação Nacional de Desenvolvimento do Ensino Superior Particular (Funadesp). Assessor de Ministro do STF. Coordenador-Geral do Curso de Direito do Centro Universitário Unieuro. Professor Doutor do UniCeuma. Professor Titular da Faculdade Autônoma de Direito de São Paulo.

INTRODUÇÃO

Este singelo artigo consiste em uma homenagem ao jurista, professor e Ministro do Supremo Tribunal Federal André Luiz de Almeida Mendonça. Por oportuno, permitimos algumas palavras para cumprimentar os organizadores pela iniciativa da obra. Ambos os autores deste capítulo já tiveram a oportunidade de apresentar ou saudar, de viva voz, o ilustre Ministro André em múltiplas ocasiões. Assim, pouco haveria a acrescentar, tirante o aprendizado diário caracterizado pelo convívio com o Homenageado, exemplo de ser humano.

Em termos gerais, convém apenas recordar que o Professor André é graduado em Direito pela Instituição Toledo de Ensino, em Bauru-São Paulo, Mestre em Corrupção e Estado de Direito e Doutor em Estado de Direito e Governança Global Derecho, ambos os títulos conferidos pela Universidade de Salamanca-Espanha. No último, a partir de tese intitulada "sistema de princípios para a recuperação de ativos procedentes da corrupção", foi distinguido com láurea *cum laude* e menção de doutorado internacional, além de ter sido galardoado com o prêmio extraordinário de doutorado no campo "direito e jurisprudência", concedido anualmente à melhor tese defendida em determinado exercício acadêmico.

No campo profissional, desde 16 de dezembro de 2021, é Ministro do STF. Antes disso, oriundo da carreira, foi Advogado-Geral da União (o único, desde a criação do órgão, a ocupar por duas ocasiões o cargo) e Ministro de Estado da Justiça e Segurança Pública.

No campo acadêmico-científico, é professor de programas de graduação em Brasília – Instituto Presbiteriano Mackenzie e para grande orgulho do Grupo Ceuma do Centro Universitário UNIEURO. Com vocação para o magistério, leciona enquanto professor de programas de pós-graduação stricto sensu nacionais, no Estado de São Paulo (ITE, Cedes, Uninove, Unisa), e internacionais (Universidade de Salamanca).

Decerto, esse é um resumo do Ministro André que cabe no papel. De outro lado, não se exprime em tinta a convivência com o homem, natural de Santos, residente em múltiplas cidades do interior paulista, por ser filho de um funcionário do Banespa e de uma dona de casa. Cuida-se do mais velho de quatro filhos, o que lhe conferiu grandes responsabilidades diante do passamento precoce de seu pai. Casado há quase um quarto de século e pai de um valoroso casal. Nesta pequena saudação, pouco cabe a pessoa que se entrega cotidianamente à magistratura e ao magistério na esperança de servir ao Brasil.

De modo específico, o presente artigo versa sobre a construção teórica de Mendonça a respeito do valor supremo no Estado Democrático de Direito[1] e as condições de possibilidade e os limites da assunção da democracia fraternal como resposta alternativa às críticas produzidas pelo sociólogo francês Pierre Bordieu a respeito do poder simbólico no campo do Direito. Sendo assim, a partir da posição e efetivação de mecanismos de participação popular de estatura constitucional os quais consistem em instrumental de realização do princípio da fraternidade, pretende-se entender se e como uma mudança endógena da comunidade jurídica tem aptidão para ressignificar o fazer e o saber jurídicos.

Em suma, objetiva-se sugerir uma agenda de pesquisa que concilie o ideal regulatório da fraternidade em sua dimensão político-constitucional de um lado e, de outro, a abordagem conhecida como direito e políticas públicas. A última busca estudar a relação teórica e prática entre o campo jurídico e as ações governamentais, de modo a explicitar e explicar os desenhos jurídicos de natureza institucional responsáveis pela implementação das políticas públicas. Em suma, defende-se aqui que as zonas de intersecção entre direito, instituições e políticas públicas muito têm a ganhar com a inclusão dos principais achados da literatura jurídica dedicada ao princípio constitucional da fraternidade. É consabido por todos que o Homenageado é referência internacional nesse campo, a partir de estudos sobre gestão pública, combate à corrupção e probidade na seara pública.

1. MENDONÇA, André Luiz de Almeida. *Sistema de principios para la recuperación de activos procedentes de la corrupción.* 721 f. Tese (Doutorado em Estado de Derecho y Gobernanza Global) – Faculdade de Direito, Universidade de Salamanca, Salamanca, Espanha, 2018.

Por conseguinte, para além do corrente introito e de desfecho traduzível em considerações finais, *o itinerário argumentativo deste artigo se dividirá em três partes*. *Primeira*, especialmente a partir da clássica obra "O Poder Simbólico", de Pierre Bordieu, pretende-se examinar as achegas críticas vertidas por esse ilustre intelectual ao Direito na condição de sistema simbólico, desde o seu componente ideológico até a racionalização do discurso jurídico perfectibilizado pelo juiz no ato de sentenciar. *Segunda*, tem-se a intenção de apresentar os atributos principais da categoria democracia fraternal, introduzida no contexto brasileiro na esteira do pensamento doutrinário de Carlos Ayres de Britto, Ministro aposentado do Supremo Tribunal Federal, quando raciocinara sobre o humanismo como categoria constitucional. *Terceira*, com base nas principais inferências das seções antecedentes, será viável responder como a fraternidade pode servir de chave analítica para pensar-se sobre a moldura jurídica das políticas públicas.

1. A FORÇA DO DIREITO EM PIERRE BORDIEU

Desde a década de 1970, o sociólogo francês Pierre Bordieu dedicou-se ao estudo do poder simbólico. Para ele, trata-se de "poder invisível o qual só pode ser exercido com a cumplicidade daqueles que não querem saber que lhe estão sujeitos ou mesmo que o exercem."[2] Ademais, o primeiro aspecto dos sistemas simbólicos a se ter em mente é o caráter estruturante, especialmente no tangente à produção de conhecimento como também fator construtivo do mundo objetivo.

Ainda, em segundo lugar, Bourdieu coloca em paralelo os instrumentos metodológicos utilizados para a compreensão da lógica interna dos sistemas simbólicos. Enquanto a tradição kantiana estabelece a análise estrutural como modelo a ser seguido, os estruturalistas enxergam nas "estruturas estruturadas" uma alternativa mais plausível. Segundo o autor, os sistemas simbólicos só estruturam porque são estruturados, afinal são instrumentos de conhecimento e comunicação. Assim, "o poder simbólico é um poder de construção da realidade que tende a estabelecer uma ordem gnoseológica: o sentido imediato do mundo (e, em particular, do mundo social)".[3] Com efeito, fica clara a função social dessas categorias.

Do ponto de vista ideológico, os sistemas simbólicos também ostentam funcionalidades políticas, pois a partir do viés comunicativo esses conjuntos sistêmicos conseguem exercer singular função política de legitimação da dominação.

> As diferentes classes e fracções de classe estão envolvidas numa luta propriamente simbólica para imporem a definição do mundo social mais conforme aos seus interesses, e imporem o campo das tomadas de posições ideológicas reproduzindo em forma transfigurada o campo das posições sociais. Eles podem conduzir esta luta quer directamente, nos conflitos simbólicos da vida quotidiana, quer por procuração, por meio da luta travada pelos especialistas da produção simbólica (produtores a tempo inteiro) e na qual está em jogo o monopólio da violência simbólica legítima (cf. Weber), quer dizer, do poder de impor – e mesmo de inculcar – instrumentos de conhecimento e de expressão

2. BOURDIEU, Pierre. *O Poder Simbólico*. Trad. Fernando Romaz. Rio de Janeiro: Bertrand, 1989. p. 7-8.
3. Ibid., p. 9.

> (taxionomias) arbitrárias – embora ignoradas como tais – da realidade social. O campo de produção simbólica é um microcosmo da luta simbólica entre as classes: é ao servirem os seus interesses na luta interna do campo de produção (e só nesta metade) que os produtores servem os interesses dos grupos exteriores ao campo de produção.[4]

Ato contínuo, defende que a distinção entre sistemas simbólicos se dá pela forma com que eles são gerados e apropriados. Logo, as estruturas e funções das ideologias decorrem das condições sociais de suas produções e circulação. Do ponto de vista funcional, há uma distinção entre os especialistas no tocante à competência considerada, isto é, reconhecimento externo e por acréscimo, e os não especialistas, os quais se apropriam das ideologias como se fossem verdades imanentes e a utilizam como instrumento de ação. Por conseguinte, é importante atribuir-se uma dupla determinação das ideologias, de modo que não se caia no reducionismo típico da tradição marxista como também na neutralidade idealista da semiologia.

Em síntese, torna-se possível afirmar que a funcionalidade propriamente ideológica do campo de produção realiza-se de maneira quase automática na base da homologia. Da homologia que se pode perceber a essência do poder simbólico como poder exercido com a cumplicidade dos agentes mesmo que de forma inconsciente. Portanto, o poder simbólico para ser efetivo (*i.e.* agente transformador da realidade) deve ser reconhecido como evidente, ou seja, ignorado como arbitrário. Por isso, Bourdieu bem afirma que "o poder simbólico, poder subordinado, é uma forma transformada, quer dizer, irreconhecível, transfigurada e legitimada, das outras formas de poder".[5] Essa transformação se dá com a conversão de outras formas de capital em capital simbólico, de modo que as relações de força se façam ignoradas como violência e passem a ser reconhecidas como poder simbólico.

Posto o panorama geral, torna-se possível investigar os elementos que compõem uma sociologia do campo jurídico. Nesse sentido, Pierre Bordieu defende que o campo jurídico se trata do local de concorrência pelo monopólio de falar o direito, o acesso aos meios jurídicos, e por efeito, dão-se as razões da autonomia relativa do campo. Nesse diapasão dessa relação concorrencial retira-se a base da separação entre operadores do direito e destinatários do direito, agravada pelo intenso esforço de racionalização do próprio campo, o que acarretaria última instância no maior afastamento deste em relação à realidade social a que ele se propõe a disciplinar.

Esse processo implica em uma questão mais ampla, isto é, a singularidade da hermenêutica jurídica, pois a interpretação de textos legais não é um fim em si mesmo, mas, sim, diretamente orientada a efeitos práticos. Dessa discussão, o autor afirma que (1989, p. 213) "as divergências entre os 'intérpretes autorizados' são necessariamente limitadas e a coexistência de uma pluralidade de normas jurídicas concorrentes está excluída por definição da ordem jurídica".[6] A problemática da atividade hermenêutica

4. Ibid., p. 11-12.
5. Ibid., p. 15.
6. Ibid., p. 213.

no campo jurídico se demonstra imperativa, porque ao mesmo tempo em que resulta em apropriação de capital simbólico em estado potencial, as limitações se dão por conta da hierarquia de órgãos aplicadores, fornecendo, portanto, uma gradação da força interpretativa dos intérpretes. Noutras palavras, "a Justiça organiza segundo uma estrita hierarquia não só as instâncias judiciais e os seus poderes, portanto, as suas decisões e as interpretações em que elas se apoiam, mas também as normas e as fontes que conferem a sua autoridade a essas decisões".[7]

Essa complexa rede de hierarquias e os efeitos sobre a concorrência do monopólio do discurso jurídico se manifesta pela "apriorização", que é observada na lógica funcional do Direito. Sendo assim, na visão de Bourdieu, a maior parte dos processos característicos da linguagem jurídica concorrem para produzir dois efeitos maiores, a neutralização e a universalização.

> Esta retórica da autonomia, da neutralidade e da universalidade, que pode ser o princípio de uma autonomia real dos pensamentos e das práticas, está longe de ser uma simples máscara ideológica. Ela é a própria expressão de todo o funcionamento do campo jurídico e, em especial, do trabalho de racionalização, no duplo sentido de Freud e de Weber, a que o sistema das normas jurídicas está continuamente sujeito, e isto desde há séculos. Com efeito, aquilo a que se chama "o espírito jurídico" ou "o sentido jurídico" e que constitui o verdadeiro direito de entrada no campo (evidentemente, com uma mestria mínima dos meios jurídicos acumulados pelas sucessivas gerações, quer dizer, do *corpus* de textos canónicos e do modo de pensamento, de expressão e de ação, em que ele se reproduz e que o reproduz) consiste precisamente nesta postura universalizante. Esta pretensão estatuária a uma forma específica de juízo, irredutível às intuições frequentemente inconstantes do sentido da equidade, pois que se baseia na dedução consequente a partir de um corpo de regras sustentado pela sua coerência interna, é um dos fundamentos da cumplicidade, geradora de convergência e de cumulatividade, que une, na concorrência pelas coisas em jogo e por meio dessa concorrência pelas coisas em jogo e por meio dessa concorrência, o conjunto, todavia muito diferenciado, dos agentes que vivem da produção e da venda de bens e de serviços jurídicos.[8]

Destarte, a elaboração de uma unidade sistêmica que abranja essas regras e procedimentos pretensamente universais nada mais é do que uma divisão de trabalho decorrente da concorrência entre diferentes formas de competência. Por isso mesmo, não é incomum que existam resistências por parte da corporação jurídica em face dos produtores de leis, regras e regulamentos, tendo em conta essa disputa simbólica que se opera no fazer jurídico.

> A significação prática da lei não se determina realmente senão na confrontação entre diferentes corpos animados de interesses específicos divergentes (magistrados, advogados, notários etc.), eles próprios divididos em grupos diferentes animados de interesses divergentes, e até mesmo opostos, em função sobretudo da sua posição na hierarquia interna do corpo, que corresponde sempre de maneira bastante estrita à posição da sua clientela na hierarquia social.[9]

7. Ibid., p. 214.
8. Ibid., p. 216.
9. Ibid., p. 218.

Nesse contexto, Bourdieu identifica nessa divisão do trabalho no campo jurídico uma forma sutil de dominação simbólica, na medida em que supostos adversários se servem uns dos outros, em pacto de cumplicidade. Assim, observa-se claramente o princípio de uma complementaridade funcional dinâmica em que se paute na concorrência pelo monopólio do exercício legítimo da competência jurídica. Nessa dinâmica interna do campo jurídico, partindo da realidade histórica francesa, o autor se questiona, inclusive, o papel do juiz, da seguinte forma:

> Em resumo, o juiz, ao invés de ser sempre um simples executante que deduzisse da lei as conclusões diretamente aplicáveis ao caso particular, dispõe antes de uma parte de autonomia que constitui sem dúvida a melhor medida da sua posição na estrutura da distribuição do capital específico de autoridade jurídica; os seus juízos, que se inspiram numa lógica e em valores muito próximos dos que estão nos textos submetidos à sua interpretação, têm uma verdadeira função de invenção. Se a existência de regras escritas tende sem qualquer dúvida a reduzir a variabilidade comportamental, não há dúvida também de que as condutas dos agentes jurídicos podem referir-se e sujeitar-se mais ou menos estritamente às exigências da lei, ficando sempre uma parte de arbitrário [...] A interpretação opera a historização da norma, adaptando as fontes a circunstâncias novas, descobrindo nelas possibilidades inéditas, deixando de lado o que está ultrapassado ou o que é caduco.[10]

Nessa perspectiva, o autor entende a sentença judicial enquanto produto do trabalho do juiz no campo jurídico, cuja finalidade simbólica seria evidente.

> Com efeito, o conteúdo prático da lei que se revela no veredicto é o resultado de uma luta simbólica entre profissionais dotados de competências técnicas e sociais desiguais, portanto, capazes de mobilizar, embora de modo desigual, os meios ou recursos jurídicos disponíveis, pela exploração das "regras possíveis", e de os utilizar eficazmente, quer dizer, como armas simbólicas, para fazerem triunfar a sua causa; o efeito jurídico da regra, quer dizer, a sua significação real, determina-se na relação de força específica entre os profissionais, podendo-se pensar que essa relação tende a corresponder (tudo o mais sendo igual do ponto de vista do valor na equidade pura das causas em questão) à relação de força entre os que estão sujeitos à jurisdição respectiva.[11]

Nesse sentido, a racionalização proposta pelo discurso jurídico do juiz tem a função de conferir eficácia simbólica à sentença de modo que esta seja vista como legítima pelos seus destinatários. Com essa missão, a autoridade do ato interpretativo do juiz é enaltecida e nota-se a manifestação do poder simbólico, fruto de atribuir-se à sentença a vontade e a visão de mundo não do magistrado, mas sim da lei geral e abstrata.

Também se revela elemento constitutivo de um espaço judicial a linha divisória entre aqueles que estão aptos a operá-lo e os excluídos. Essa diferenciação ocorre por meio da linguagem técnica, logo se o indivíduo a domina, ele sabe operar no campo. Nesse sentido, para Bordieu, a linguagem jurídica revela-se um uso particular da linguagem vulgar a partir de um processo de transmutação. Neste, tem-se que um conjunto de características linguísticas se relaciona com uma postura global adotada pelo intérprete, a título de incorporar um sistema de princípios de visão e de divisão. Ao fim e ao cabo,

10. Ibid., p. 222-223.
11. Ibid., p. 224-225.

é exatamente isso que caracteriza a relação de independência e dependência típica de um campo. Na seara judicial, o sociólogo percebe a neutralização dos objetos em litígio com fulcro na conduta desinteressada dos operadores do campo jurídico.

> Em resumo, a transformação dos conflitos inconciliáveis de interesses em permutas reguladas de argumentos racionais entre sujeitos iguais está inscrita na própria existência de um pessoal especializado, independente dos grupos sociais em conflito e encarregado de organizar, segundo formas codificadas, a manifestação pública dos conflitos sociais e de lhes dar soluções socialmente reconhecidas como imparciais, pois que são definidas segundo as regras formais e logicamente coerentes de uma doutrina percebida como independente dos antagonismos imediatos [...] O veredicto judicial, compromisso político entre exigências inconciliáveis que se apresenta como uma síntese lógica entre teses antagonistas, condensa toda a ambigüidade do campo jurídico.
>
> (...)
>
> O campo judicial é o espaço social organizado no qual e pelo qual se opera a transmutação de um conflito directo entre partes directamente interessadas no debate juridicamente regulado entre profissionais que actuam por procuração e que têm de comum o conhecer e o reconhecer da regra do jogo jurídico, quer dizer, as leis escritas e não escritas do campo [...] A entrada no universo jurídico, por implicar a aceitação tácita da lei fundamental do campo jurídico, tautologia constitutiva que quer que os conflitos só possam nele ser resolvidos juridicamente – quer dizer, segundo as regras e as convenções do campo jurídico –, é acompanhada de uma redefinição completa da experiência corrente e da própria situação que está em jogo no litígio. A constituição do campo jurídico é um princípio de constituição da realidade (isto é, verdadeiro em relação a todo o campo).[12]

Nesse sentido, o campo jurídico inaugura-se com o translado de um conflito decorrente de ações em um plano social, quando aceito que a solução do conflito se dê por adjudicação. Ainda, a entrada no campo jurídico cria três demandas: (i) o dever de chegar-se a uma decisão categórica; (ii) a acusação e a defesa devem se ordenar em conformidade com o devido processo legal, sendo esse um conceito de conteúdo mutável em termos históricos; e (iii) os precedentes devem ser encarados como marcos de resolução a serem manejados tanto pela tese acusatória quanto a de defesa. Sobre esse último aspecto, o qual comumente chama-se de *stare decisis*, Bordieu considera que é uma forma particular de afirmação da autonomia e da especificidade do raciocínio e do juízo jurídicos. Dito de outra forma, o precedente é utilizado tanto como instrumento de racionalização de razões determinantes quanto na forma de base argumentativa do contraditório. Logo, são esses fundamentos que possibilitam a extrapolação da linguagem jurídica, mediante o objetivo de garantir constância e previsibilidade às decisões judiciais.

Com o intuito de elucidar a relação entre o mundo social e o judicial, Pierre Bordieu afirma que é o sentimento de injustiça o determinante para que um indivíduo procure serviços especializados de um profissional do campo jurídico, logo é esse ato de vontade o qual impulsiona a transformação de uma simples disputa em processo. Além disso, cabe ao profissional a produção da necessidade por seus serviços, daí imputa-se também a parte da ideologia jurídica proporcional à atuação, ou seja, mesmo a partir da visão de conduta desinteressada ao objeto de litígio, os profissionais guiam o seu trabalho de

12. Ibid., p. 227-229.

modo que a construção das disputas seja confluente aos seus interesses financeiros, ou mesmo às suas próprias atitudes éticas e políticas.

Destarte, a mudança de espaço mental pertinente à maneira com que se cuida de uma disputa encontra-se associada à mudança de espaço social. Portanto, como coloca Bourdieu, a constituição do campo jurídico demonstra-se inseparável da instauração do monopólio dos profissionais sobre a produção e a comercialização dessa categoria particular de produtos, os serviços jurídicos. Assim, considerando a competência jurídica como o poder específico de controlar o acesso ao campo do Direito, cabe ao profissional a faculdade de determinar os conflitos passíveis de judicialização e as formas específicas que esses se revestem em debates propriamente jurídicos. Entra em questão o poder simbólico de nomeação:

> Confrontação de pontos de vistas singulares, ao mesmo tempo cognitivos e avaliativos, que é resolvida pelo veredicto solenemente enunciado de uma "autoridade" socialmente mandatada, o pleito representa uma encenação paradigmática da luta simbólica que tem lugar no mundo social [...] Nesta luta, o poder judicial, por meio dos veredictos acompanhados de sanções que podem consistir em actos de coerção física, tais como retirar a vida, a liberdade ou a propriedade, manifesta esse ponto de vista transcendente às perspectivas particulares que é a visão soberana do Estado, detentor do monopólio da violência simbólica legítima.[13]

Nesse sentido, o campo jurídico respalda a ordem estabelecida, ao consagrar a visão do Estado, garantida por esse mesmo Estado. Afinal, o Direito tem a faculdade de aumentar, transferir ou retirar os poderes que ele mesmo atribuiu aos agentes sociais, o poder de nomeação. Isso faz dele, por excelência, um discurso atuante, pois se mostra capaz, por sua própria força, de produzir efeitos na sociedade.

No que toca ao efeito da universalização, a prática jurídica define-se na relação entre o campo jurídico de oferta e procura de suas próprias disputas. De certa forma, a legitimidade do Direito e seus agentes advém da visão por parte dos jurisdicionados da imprescindibilidade de uma jurisdição universal heterônoma como instância resolutória de disputas de particular gravidade. Com isso, Bordieu sustenta que há um efeito de adesão mais efetivo, como quer a ideologia profissional do corpo de juristas, se comparada a percepção do campo jurídico como mera estrutura de poder. Nesse diapasão perguntam-se quais são as relações objetivas entre o campo jurídico e o político, pressuposto o campo social, pois dessa dinâmica se definem os meios, os fins e os efeitos singulares da ação de ordem jurídica.

> Mas a eficácia do direito tem a particularidade de se exercer para além do círculo daqueles que estão antecipadamente convertidos, em consequêcia da afinidade prática que os liga aos interesses e aos valores inscritos nos textos jurídicos e nas atitudes éticas e políticas dos que estão encarregados de os aplicar. E não há dúvida de que a pretensão da doutrina jurídica e do procedimento judicial à universalidade, que se realiza no trabalho de formalização, contribui para fundamentar a sua "universalidade" prática. É o próprio da eficácia simbólica, como se sabe, não poder exercer-se senão com a cumplicidade – tanto mais certa quanto mais inconsciente, e até mesmo mais subtilmente

13. Ibid., p. 236.

extorquida – daqueles que a suportam. Forma por excelência do discurso legítimo, o direito só pode exercer a sua eficácia específica na medida em que obtém o reconhecimento, quer dizer, na medida em que permanece desconhecida a parte maior ou menor de arbitrário que está na origem do seu funcionamento. A crença que é tacitamente concedida à ordem jurídica deve ser reproduzida sem interrupção e uma das funções do trabalho propriamente jurídico de codificação das representações e das práticas éticas é a de contribuir para fundamentar da ideologia profissional do corpo de juristas, a saber, a crença na neutralidade e na autonomia do direito e dos juristas.[14]

Sobre os efeitos do trabalho jurídico, a partir da força da codificação e da lógica dos precedentes, o autor extrai o fundamento de ligação temporal entre as decisões, em que o presente é ligado ao passado quando o presente é pensado em conformidade com o passado, o que em última via gera um efeito de previsibilidade e da incorporação do conteúdo das leis no imaginário popular que aquelas regulam.

O efeito de normalização advindo do exercício da norma jurídica, isto é, transformar a regularidade em regra, conflui ao aumento do efeito de autoridade social como também eficácia prática à coerção jurídica. Nessa linha, o trabalho jurídico agrega às expressões sociais o efeito de generalização e de universalização, mas também promove a mobilização por meio de coerção. Assim, ambos os campos geram uma representação oficial do mundo social, que claramente estão interessadas e tendentes à visão de mundo dos que dominam esses campos. Dessa maneira o estado de ortodoxia torna-se estado de *doxa*, o que, por fim, gera o poder simbólico.

Noutro giro, Bourdieu tece raciocínio segundo o qual a eficácia simbólica do Direito só ocorre com o ajustamento da oferta jurídica à procura, considerando o menor grau de autonomia ao qual dispõe o direito por ser trivial na sociedade. Assim, ele pondera sobre as forças externas, haja vista que a hierarquia na divisão do trabalho jurídico se apresenta pela hierarquia dos especialistas, variável ao longo do tempo por conta das variações das relações de força no campo social. Então, o posto ocupado pelo especialista no campo jurídico também depende da ocupação por ele desempenhada no campo político. Nesse sentido, os dominados no campo jurídico necessitam recorrer ao campo científico ou político para fundamentar os princípios da argumentação crítica, de modo a transformar o direito em uma ciência dotada de metodologia singular e posta na realidade histórica.

Contudo, para Bordieu, neste tópico reside um paradoxo. Afinal, a autonomização do campo conseguida por intensificação da confrontação dos textos e procedimentos ao mundo social termina por gerar, na verdade, tanto maior insulamento do campo quanto maior concorrência interna na esteira do reforço das ligações homólogas perante o campo social.

O facto de a produção jurídica, como as outras formas de produção cultural, se realiza num campo está na origem de um efeito ideológico de desconhecimento que os analistas em geral, ao relacionarem diretamente as "ideologias" com funções coletivas, e até mesmo com intenções individuais, deixam inevitavelmente escapar [...] ligadas aos pressupostos inscritos na própria estrutura do jogo de que eles constituem a lei fundamental, como, neste caso particular, a relação entre o campo jurídico e o

14. Ibid., p. 243-244.

campo do poder [...] para determinar a adaptação do direito e do campo jurídico ao novo estado das relações sociais e para garantir assim a legitimação da forma estabelecida dessas relações. É a estrutura do jogo e não um simples efeito de agregação mecânica, que está na origem da transcendência, revelada pelos casos de inversão das instituições, do efeito objetivo e coletivo das ações acumuladas.[15]

Diante da constante tensão entre simbolismos e dominações, o advento do paradigma do Estado Democrático de Direito faz emergir a necessidade de novos tipos de legitimação, para além da neutralização e da universalização da linguagem jurídica e da fé social, no especial saber dos juristas para resolver conflitos. Nesse momento histórico, a fraternidade vem a lume como norma fundamental jurídica e política, com condições para ressignificar categorias até então prevalecentes, como a liberdade e a igualdade. Portanto, é plausível argumentar que esse ideal axiológico-regulatório se mostra promissor em termos de humanização das intersecções entre os campos do direito e do poder.

2. A ALTERNATIVA DA DEMOCRACIA FRATERNAL

A qualificação democrática à secular história da ideia referente ao Estado de Direito consiste em giro copernicano no que toca à organização do campo jurídico e respectivos agentes especializados. Com o progresso tecnológico representado pela evolução dos meios de comunicação e a possibilidade inédita de conexão entre os integrantes de uma mesma comunidade política sobre determinada questão pública em tempo reduzido, independentemente das dificuldades do multiculturalismo e das diferentes concepções de vida boa na esfera pública, o regime democrático encontra desafios de atualização em contexto hodierno, principalmente no tocante à representação popular pelo mandato eletivo. Ganha relevância, a propósito, a metodologia de tomada de decisões coletivas pela via direta, sob as luzes da democracia participativa.[16]

Por isso, é relevante adotar um conceito de Povo para perceber o atual déficit de representatividade e reflexionar sobre as possíveis implicações da soberania popular na sociedade brasileira. Para Friedrich Muller, o Povo pode ser operacionalizado em três vertentes: o Povo ativo (cidadania) o qual interfere diretamente na vontade política do Estado; o Povo como instância global de atribuição de legitimidade, que está explícito no art. 1º, parágrafo único, da Carta Constitucional, sendo titular do Poder Constituinte e a partir dele o Poder Constituído se legitima; por último, o Povo como destinatário das promessas civilizatórias, o que traduz a ideia de titularidade dos direitos fundamentais.[17]

Embora haja na Constituição alguns instrumentos de democracia direta, nota-se um esgotamento da democracia representativa nos moldes até então apresentados. Nessa perspectiva, pode-se afirmar que há um déficit de legitimidade democrática na atuação

---

15. Ibid., p. 253-254.
16. Parcela da presente ideia restou previamente desenvolvida na tese de doutorado do primeiro autor, cuja referência é a seguinte: FONSECA, Reynaldo Soares da. *O Princípio Constitucional da Fraternidade*: seu resgate no sistema de justiça. Belo Horizonte: D'Plácido, 2019. p. 65-72.
17. MULLER, Friedrich. *Quem é o povo? A questão fundamental da democracia*. Trad. Peter Naumann. 3. ed. São Paulo: Max Limonad, 2003, passim.

estatal, visto sua inabilidade de "promover o bem de todos" (Art. 3º, IV, CF), agravado pela falta de representatividade dos agentes políticos. Fazendo, portanto, todo sentido a construção teórica de Paulo Bonavides acerca da "crise constituinte".[18]

Enfim, as palavras de Ingeborg Maus fornecem uma alternativa de ressignificação da soberania popular:

> Porém, somente na abstração plena de todos os momentos conteudísticos se obtém um conceito de povo "destradicionalizado" e pós-convencional que se harmoniza com uma sociedade pluralizada e multicultural. A clássica ideia da indivisibilidade da soberania popular não remete, sob esse aspecto, a um sujeito coletivo pouco claro, mas contém a simples exigência de que a soberania compete exclusivamente àqueles que são afetados pelas próprias decisões – e não aos administradores e funcionários. A ideia da unidade e indivisibilidade da soberania popular designa nada mais do que o "Estado" nas mãos do "povo".[19]

Noutro giro, não sem razão Gilberto Bercovici aponta que um primeiro passo seria pensar a especificidade da manifestação do Poder Constituinte no contexto brasileiro, distinguindo-as das suas congêneres europeias. Assim, o discurso do poder constituinte cessaria sua função meramente legitimadora da dominação baseada na desigualdade social.[20]

Em nossa experiência histórica, o processo constituinte da Constituição da República de 1988 pode ser considerado um dos mais interessantes experimentos sócio-políticos da história brasileira, assim como na experiência comparada, tendo em vista (i) a intensidade da participação cívica envolvida e (ii) a ausência de um bloco hegemônico de poder com capacidade de impor previamente as condições e o escopo da disputa política em momento constitucional.

Em relação às particularidades do processo constituinte em tela, a intensidade da participação cívica não teve precedentes na formação histórica brasiliana, porquanto se iniciou sem agenda prévia, os trabalhos foram descentralizados por meio de comissões com amplas discussões com a sociedade civil e permitiram-se emendas populares as quais totalizaram 120 (cento e vinte) com amparo em mais de 12 (doze) milhões de assinaturas. Nesses termos, pode-se afirmar que os dois anos de funcionamento da Constituinte representaram um período singular de debate político caracterizado pela abertura às instâncias sociais; a publicidade mediante o acompanhamento midiático e social; e profundo pela riqueza de argumentos, matizes ideológicos e movimentos sociais civicamente engajados no processo de elaboração do texto da CR/88.[21] Por outro lado, enxerga-se o processo constituinte como expressão de uma crise de hegemonia localizada historicamente na redemocratização, pois o bloco de

18. BONAVIDES, Paulo. *Curso de Direito Constitucional*. 24 ed. São Paulo: Malheiros, 2009,.p. 161 e ss.
19. MAUS, Ingeborg. *O Judiciário como superego da sociedade*. Trad. Geraldo de Carvalho e Gercélia Batista de Oliveira Mendes. Rio de Janeiro: Lumen Juris, 2010. p. 171.
20. BERCOVICI, Gilberto. O Poder Constituinte do Povo no Brasil: um roteiro de pesquisa sobre a crise constituinte. In: COUTINHO, Jacinto Nelson de Miranda; LIMA, Martonio Mont'Alverne Barreto. *Diálogos constitucionais*: direito, neoliberalismo e desenvolvimento em países periféricos. Rio de Janeiro: Renovar, 2006. p. 223-224.
21. PINTO, Marcos Barbosa. *Constituição e democracia*. Rio de Janeiro: Renovar, 2009. p. 79-85.

apoio político da ditadura militar se desagregou a ponto de não controlar a transição para a democracia, ao passo que não houve a formação de um bloco alternativo com aptidão para dirigir o processo.

Por conseguinte, a Constituinte foi um processo descentralizado e poliocêntrico no qual as diversas forças políticas buscaram a posição hegemônica sem êxito. Assim, "o processo constituinte fez com que todas as forças políticas passassem a recorrer ao direito para conquistar e preservar espaços na luta por direitos e por fundos públicos".[22] Conclui-se que foram justamente as contradições da Constituição que permitiram sua legitimidade e vitalidade na medida em que diferentes grupos e movimentos buscam a fundamentação de suas ações e objetivos políticos no texto constitucional.

Nessa ótica, o caráter axiológico da fraternidade tem vez e lugar na participação das decisões sobre o que fazer e como fazer, justamente a essência da participação popular. Em cenário pós-constituinte, a participação popular na forma do parágrafo único do art. 1º combinado com o art. 14, ambos da Constituição da República, o poder que emana do povo na forma de soberania popular é exercido na realidade política brasileira mediante o plebiscito, referendo e iniciativa popular.

Feitas essas considerações, caracteriza-se a democracia fraternal pela positivação e efetividade dos mecanismos de participação popular de índole constitucional, conforme depreende-se do escólio de Carlos Ayres Britto:

> Democracia fraternal, caracterizada pela positivação dos mecanismos de defesa e preservação do meio ambiente, mais a consagração de um pluralismo conciliado com o não preconceito, especialmente servido por políticas públicas de ações afirmativas que operem como fórmula de compensação das desvantagens historicamente sofridas por certos grupamentos sociais, como os multirreferidos segmentos dos negros, dos índios, das mulheres e dos portadores de deficiência física (espécie de igualdade civil-moral, como ponto de arremate da igualdade política e econômico-social).[23]

Sendo assim, a participação popular consiste em instrumental à realização do princípio da fraternidade, na qualidade de prática e ideal políticos oriundos da responsabilidade coletiva de todos os cidadãos, à luz do autogoverno coletivo e da autodeterminação individual em prol do bem comum. Em síntese, verifica-se no escólio de Carlos Augusto Alcântara Machado que "fraternidade e Democracia são faces da mesma moeda e podem se encontrar na prática, cada vez mais efetiva, como direito, mas também como dever cidadão, da democracia participativa".[24]

---

22. NOBRE, Marcos. Indeterminação e Estabilidade. *Novos Estudos*, São Paulo, n. 82, nov. 2008. p. 101.
23. BRITTO, Carlos Ayres. *O humanismo como categoria constitucional*. Belo Horizonte: Fórum, 2007. p. 34-35.
24. MACHADO, Carlos Augusto Alcântara. Fraternidade e democracia: considerações sobre os mecanismos de participação popular e fraterna na Carta Constitucional do Brasil de 1988. In: VERONESE, Josiane Rose Petry; OLIVEIRA, Alga Maria Boschi Aguiar de; MOTA, Sergio Ricardo Ferreira. *O Direito no Século XXI*: – o que a fraternidade tem a dizer – estudos desenvolvidos no Programa de Pós-Graduação em Direito da UFSC. Florianópolis: Insular, 2016. p. 71.

3. A RELEVÂNCIA DA FRATERNIDADE NA CONSTRUÇÃO DE POLÍTICAS PÚBLICAS

Ao cotejar as seções antecedentes, rapidamente são perceptíveis as potencialidades da democracia fraternal no que diz respeito às críticas de Pierre Bordieu ao campo jurídico. Ao nosso ver, isso torna-se especialmente relevante no tratamento jurídico das políticas públicas. É consabido que as *policies* tem origem como preocupação teórica em ciências sociais na Ciência Política e na Ciência da Administração Pública, contudo até por exigência constitucional a temática foi progressivamente incorporada à gramática jurídica. Ilustrativamente, sob a perspectiva dos direitos fundamentais sociais, a compreensão das políticas públicas como categoria jurídica tornou-se indispensável para a efetivação empírica daqueles.

Sendo assim, Maria Paula Dallari Bucci bem define as políticas públicas como programas de ação governamental que resultam em um conjunto de processos juridicamente regulados, visando coordenar os meios à disposição do Estado e as atividades privadas, para a realização de objetivos socialmente relevantes e politicamente determinados. Ademais, tratando-se de tipo ideal, "a política pública deve visar a realização de objetivos definidos, expressando a seleção de prioridades, a reserva de meios necessários à sua consecução e o intervalo de tempo em que se espera o atingimento dos resultados".[25]

Nesses termos, a significância da fraternidade como prática, ideal e método para a composição de interesses e disputas tende a ser evidente, diante do risco de insulamento do campo jurídico no afã de incorporar ao sistema simbólico do Direito as atividades que caracterizam a construção de uma política pública. Sob uma perspectiva jurídica, o princípio da fraternidade é importante para a construção de políticas públicas por, pelo menos, três motivos. *Primeiro*, promove a igualdade e a justiça social, afinal o princípio da fraternidade se baseia na ideia de que todos os seres humanos são iguais e devem ser tratados com respeito e dignidade, independentemente de sua raça, religião, origem social ou qualquer outra condição. Isso significa que as políticas públicas devem ser elaboradas de forma a promover a igualdade e a justiça social, garantindo que todos os cidadãos tenham as mesmas oportunidades de desenvolvimento. *Segundo*, favorece a inclusão social, uma vez que o princípio da fraternidade busca promover a solidariedade e a cooperação entre os indivíduos e a sociedade. Quer-se dizer que as políticas públicas devem ser elaboradas de forma a atender às necessidades de todos os cidadãos, incluindo os mais vulneráveis e excluídos. *Terceiro*, contribui para a construção de uma sociedade mais justa e igualitária, pois o princípio da fraternidade é um princípio essencial para a construção de uma sociedade mais justa e igualitária. Ele busca promover a solidariedade e a cooperação entre os indivíduos e a sociedade, para que todos possam viver com dignidade e respeito.

25. BUCCI, Maria Paula Dallari. O conceito de política pública em direito. BUCCI, Maria Paula Dallari (Org.). *Políticas públicas*: reflexões sobre o conceito jurídico. São Paulo: Saraiva, 2006. p. 39.

CONSIDERAÇÕES FINAIS

De antemão, sabe-se que o objetivo de honrar o legado jurídico do Ministro André Mendonça no campo do direito público se encontra parcialmente atendido. Assim, teme-se que um contributo acadêmico vocacionado à felicitação de sua trajetória jurídica estará sempre fadado à incompletude. Contudo, ao menos, aqui se tentou dignificar uma pessoa e uma história de importância incomensurável para o Sistema de Justiça na atualidade.

Por sua vez, melhor sorte reputa-se ter no que diz respeito à sugestão de uma agenda de pesquisa que objetiva interligar o princípio constitucional da fraternidade e a construção de uma moldura jurídica das políticas públicas. Com efeito, abordagem interdisciplinar às políticas públicas no Direito têm muito a ganhar, sob a perspectiva cognitiva e axiológica, com a incorporação das contribuições da literatura jurídica atinente à fraternidade. A propósito, buscou-se isso demonstrar pela explicitação das limitações do campo jurídico na esteira das achegas críticas de Pierre Bordieu, para, seguidamente, apresentar a democracia fraternal como paradigma político-constitucional dotado de aptidão suficiente para responder às principais objeções estabelecidas em uma sociologia do Direito na condição de sistema simbólico.

Em resumo, espera-se ter sido esse somente mais um passo em direção a olhares, práticas e pesquisas cada vez mais verticais na temática da construção fraterna das políticas públicas, desde a formulação até o controle.

REFERÊNCIAS

BONAVIDES, Paulo. *Curso de Direito Constitucional*. 24. ed. São Paulo: Malheiros, 2009.

BERCOVICI, Gilberto. O Poder Constituinte do Povo no Brasil: um roteiro de pesquisa sobre a crise constituinte. In: COUTINHO, Jacinto Nelson de Miranda; LIMA, Martonio Mont'Alverne Barreto. *Diálogos constitucionais*: direito, neoliberalismo e desenvolvimento em países periféricos. Rio de Janeiro: Renovar, 2006.

BOURDIEU, Pierre. *O poder simbólico*. Trad. Fernando Romaz. Rio de Janeiro: Bertrand, 1989.

BRITTO, Carlos Ayres. *O humanismo como categoria constitucional*. Belo Horizonte: Fórum, 2007.

BUCCI, Maria Paula Dallari. O conceito de política pública em direito. BUCCI, Maria Paula Dallari (Org.). *Políticas públicas*: reflexões sobre o conceito jurídico. São Paulo: Saraiva, 2006.

FONSECA, Reynaldo Soares da. *O princípio constitucional da fraternidade*: seu resgate no sistema de justiça. Belo Horizonte: D'Plácido, 2019.

MACHADO, Carlos Augusto Alcântara. Fraternidade e democracia: considerações sobre os mecanismos de participação popular e fraterna na Carta Constitucional do Brasil de 1988. In:

MAUS, Ingeborg. *O Judiciário como superego da sociedade*. Trad. Geraldo de Carvalho e Gercélia Batista de Oliveira Mendes. Rio de Janeiro: Lumen Juris, 2010.

MENDONÇA, André Luiz de Almeida. *Sistema de principios para la recuperación de activos procedentes de la corrupción*. 721 f. Tese (Doutorado em Estado de Derecho y Gobernanza Global) – Faculdade de Direito, Universidade de Salamanca, Salamanca, Espanha, 2018.

MULLER, Friedrich. *Quem é o povo? A questão fundamental da democracia*. Trad. Peter Naumann. 3. ed. São Paulo: Max Limonad, 2003.

NOBRE, Marcos. Indeterminação e Estabilidade. *Novos Estudos,* São Paulo, n. 82, p. 97-106, nov. 2008.

PINTO, Marcos Barbosa. *Constituição e democracia.* Rio de Janeiro: Renovar, 2009.

VERONESE, Josiane Rose Petry; OLIVEIRA, Alga Maria Boschi Aguiar de; MOTA, Sergio Ricardo Ferreira. *O Direito no Século XXI*: o que a fraternidade tem a dizer – estudos desenvolvidos no Programa de Pós-Graduação em Direito da UFSC. Florianópolis: Insular, 2016.

O JUIZ DAS GARANTIAS COMO INSTRUMENTO DE CONSTITUCIONALIZAÇÃO DO PROCESSO PENAL DEMOCRÁTICO: UMA GARANTIA DA IMPARCIALIDADE NA JUSTIÇA CRIMINAL

Teodoro Silva Santos

Doutor, Mestre e Especialista em Direito Constitucional pela Universidade de Fortaleza (Unifor). Especialista em Processo Penal pela Universidade Federal do Ceará (UFC). Estagiário de pós-doutoramento em Ciências Jurídicas Penais na Universidade do Minho (Uminho). Professor da Universidade de Fortaleza (Unifor) nas disciplinas Direito Processual Penal II (Graduação) e Direito Processual Penal III (Pós-Graduação *lato sensu*). Ministro do Superior Tribunal de Justiça.

Sumário: 1. Breve história do processo penal brasileiro sob a ótica constitucional pátria – 2. Devido processo legal e imparcialidade judicial: instituto e garantia inerentes ao Estado democrático de direito – 3. Processo penal democrático no pacote anticrime (Lei 13.964/2019): A instituição do juiz das garantias no Brasil e sua limitação pela jurisprudência do supremo – Conclusão – Referências.

Há muito se discute acerca da necessidade de instituição do que se convencionou chamar de Juiz das Garantias no Brasil como forma de promover um julgamento justo a partir do fortalecimento de uma cognição judicial imparcial, pautada pela adoção de um processo penal de matriz acusatória, em que é proibida a substituição da atividade probatória pelo juiz, característica do órgão acusatório, além de sua iniciativa na fase de investigação.

Desde 2009, buscava-se implementar esse instituto no ordenamento jurídico brasileiro, por meio do Projeto de Lei 156/2009. Ocorre que, apesar de o texto ter sido aprovado pelo Senado Federal, ele ainda se encontra pendente de análise na Câmara dos Deputados, desde o final de 2010. Somente em 2019, o Brasil veio a introduzir o juiz das garantias no Decreto-Lei 3.689, de 3 de outubro de 1941 (Araujo, 2021, p. 133).

Com inspiração em legislações europeias – provenientes de Itália, França, Espanha e Portugal – e latino-americanas – oriundas de Argentina, Chile, Paraguai e Colômbia –, foi promulgada a Lei 13.964, de 24 de dezembro de 2019, alcunhada de "Pacote Anticrime", que reformou o Código de Processo Penal brasileiro para explicitamente adotar o princípio acusatório como norteador e estabelecer que o critério de fixação da competência do juízo da investigação preliminar para a fase instrutória deveria, em verdade, excluí-la, fazendo com que fossem órgãos judiciários distintos a atuar nas diferentes fases.

Essa alteração legislativa é relevante a partir do momento em que explicita uma mudança paradigmática no processo penal brasileiro, considerando que a atual codificação tem inspiração no alcunhado "Código Rocco" (*Codice di Procedura Penale* italiano de 1930)[1], produzido sob a égide do regime autoritário de índole fascista. Ao adotar um sistema penal repressivo e voltado à inibição de garantias, o Estado punitivo se colocava em patamar de superioridade em relação ao indivíduo (Prado, 2014), ambiente no qual os direitos fundamentais estão em constante perigo de violação.

Esses elementos contraditórios reforçam a particularidade da experiência brasileira, que conta com dispositivos claramente acusatórios trazidos pela Constituição de 1988 e normas infraconstitucionais nitidamente inquisitórias remanescentes nos Códigos Penal de 1940 e de Processo Penal de 1941. Afinal, os artigos de cunho inquisitorial deveriam ser lidos e interpretados à luz da novel Constituição, e não o contrário.

Para além de resquícios inquisitórios na legislação processual penal brasileira, é necessário destacar a necessidade de uma superação da mentalidade inquisitória, conforme alertam Coutinho, Paula e Silveira (2019). Pois não será suficiente a superação da legislação de matriz inquisitória caso a prática forense ainda insista em interpretar a Constituição à luz do Código de Processo Penal, e não o contrário.

A partir desse panorama, em que o investigado ainda é considerado objeto do processo de investigação da verdade material, cuja consequência principal é a atuação plenipotenciária do magistrado, cumpre avaliar em que medida a nova legislação foi capaz de romper com esse círculo vicioso e, finalmente, alocar o réu na condição de sujeito de direito, garantindo a paridade de armas e o devido processo legal.

1. BREVE HISTÓRIA DO PROCESSO PENAL BRASILEIRO SOB A ÓTICA CONSTITUCIONAL PÁTRIA

Depois de um breve período de vida democrática, em meados do século XX, e a reincidência em um regime autoritário pelas forças armadas no ano de 1964, a nação brasileira vivenciou uma transição para a democracia, que teve na Constituição de 1988 um de seus marcos simbólicos mais emblemáticos. Paradoxalmente, os operadores do direito se viram na contingência de lidar com o mesmo Código de Processo Penal e sua ideologia inquisitória (Oliveira, 2017, p. 133-134), estabelecido no regime autoritário de Getúlio Vargas, após a Revolução de 1930, denominado de Estado Novo (Silveira, 2015, p. 264).

Os códigos penal e processual penal estavam alinhados aos ideais de um governo autocrático que não tinha apreço pelo que hoje se denomina direitos humanos. Vários artigos deste código possibilitam a gestão probatória à cargo do juiz, o que encarna na legislação de ritos um cariz nitidamente inquisitório, além de instaurar no país o sistema penal bifásico, à imagem do que foi tomado por Napoleão Bonaparte em 1808 (Gouveia Filho, 2023, p. 56).

1. Curioso notar que o velho código italiano foi também objeto de várias alterações posteriores, com destaque para a de 1955, até que em 1988 foi publicado o atual (Rodrigues, 2022, p. 161), enquanto o brasileiro continua vigente, mesmo que remendado.

Sem desconhecer as opiniões contrárias que encaram como marco diferenciador entre os sistemas processuais penais a concentração ou não das funções de investigar, acusar e julgar, é necessário ressaltar que reconhecemos na titularidade da gestão da prova o marco crucial na diferenciação entre os sistemas processuais penais de matriz acusatória (que os confere às partes) e inquisitória (concentrando-a nas mãos do julgador), em conformidade com as lições de Coutinho (2009).

Francisco Campos, idealizador desse digesto, pugnava pela permissão de uma "franca oportunidade de obtenção de provas", permitindo, por consequência, uma atuação judicial no sentido de "formular perguntas convenientes para a obtenção da verdade real", bem como rogava pela possibilidade de usar o silêncio do interrogando como prova útil para a sua condenação (Malan, 2015, p. 47).

O Código de Processo Penal brasileiro revelou-se inspirado, na sua estrutura fundamental, no similar italiano do regime fascista; e, por isso, desde o seu nascedouro, possui viés marcadamente autoritário, pouco ou em nada afeito à proteção de direitos fundamentais, quer do acusado, quer do ofendido. A intervenção punitiva do Estado, notadamente no tocante à produção de prova, tinha suas ações concentradas na figura do juiz, e o Ministério Público, apesar de titular da ação penal, estava restrito à função de acusador oficial (Oliveira, 2017, p. 133).

Apesar do esforço interpretativo para adaptar o texto do antigo Código ao novo regime constitucional, que transformou a proteção da dignidade da pessoa humana em fundamento do Estado (art. 1º) e elegeu a construção de uma sociedade livre, justa e solidária como objetivo fundamental (art. 3º), ainda há limites do sistema legal que impedem, no âmbito do processo penal, a concretização plena do modelo de intervenção estatal mínima em matéria criminal projetado pelos princípios e normas constitucionais (Oliveira, 2017, p. 134).

As sucessivas leis extravagantes e as alterações do texto original do Código se mostraram uma tentativa, muitas vezes com resultados infrutíferos ou parciais, de atualização do ordenamento processual penal brasileiro e de reformulação do diploma de 1941. E o excesso de legislação às margens do *codex*, com o decorrer dos anos, fez esvanecer a força sistematizadora que preenche a unidade de um texto coeso e coerente (Oliveira, 2017, p. 134).

Mesmo após a transição democrática com a Constituição de 1988, essas práticas continuam a se espalhar e a disseminar uma cultura inquisitorial, em que o processo penal é um instrumento do Estado a serviço da defesa da sociedade contra os indivíduos considerados potencialmente perigosos para a convivência comunitária (Mendes; Melo, 2017, p. 84-85). Assim, instaura-se a figura do julgador como responsável pela manutenção da paz social, a todo custo, ainda que, para isso, seja preciso relaxar garantias e violar direitos individuais, reprimindo a delinquência energicamente.

Para atingir esse objetivo, o julgador atua ao mesmo tempo como acusador e, no desempenho de ambas as funções, cumpre um papel que assegure a "segurança pública". O juiz assume a gestão probatória, manipulando o material que irá servir de substrato para a sua condenação, sob a justificativa de "evitar impunidades". Não se pode afirmar que existe um "processo de partes"; pelo contrário, há uma proeminência do papel do juiz e o reforço de sua atuação enquanto investigador. Neste cenário, o acusado é tido como mero objeto do processo, que, em regra, corre em segredo e fica indisponível ao acesso da defesa (Prado, 2006, p. 174).

Embora a Constituição brasileira, pretensamente constituidora de um Estado Democrático de Direito, tenha lançado as bases para a concretização de uma prática penal democrática e garantista, partindo da utilização de um poder punitivo mínimo, tanto a prática judicial quanto as leis infraconstitucionais revelaram uma grande dissonância com o que está no plano normativo superior (Gouveia Filho, 2023, p. 56), é dizer, no topo da pirâmide kelseniana.

Com isso, nota-se que a Constituição Democrática, por si só, não trouxe nenhuma ruptura com o modelo anteriormente adotado desde o Estado Novo. Pelo contrário, as reformas posteriores ao Código de Processo Penal, algumas vezes, expandiram os poderes processuais do juiz e introduziram elementos estranhos ao da tradição continental, aumentando as incongruências dentro do procedimento penal e (re)afirmando a sua mentalidade inquisitória, com uma releitura forçada (Mendes; Melo, 2017, p. 87).

Se a Constituição incumbe ao juiz um papel de garantidor de direitos fundamentais, denotando um processo acusatório, como foi possível manter tal distorção na prática hodierna, nos recônditos do País? A resposta só pode ser explicada pelo problema da inefetividade das previsões constitucionais, que são deformadas e encaixadas em moldes interpretativos persecutórios trazidos pelas tradições autoritárias da própria sociedade brasileira. Este problema estaria para além de qualquer normatividade, pois impregnado por questões de ordem sociopolítica e cultural (Khaled Jr., 2010, p. 303).

Evidentemente, o texto constitucional de 1988, em todo modo, ao albergar o princípio do devido processo legal e outros corolários deste, a exemplo, os princípios do juiz natural, do contraditório e da ampla defesa, e da publicidade, também garante a imparcialidade. Nessa perspectiva, "a imparcialidade do magistrado, em todas as suas modalidades/concepções, é dever constante da prestação jurisdicional, considerando que apenas é possível efetivar-se o devido processo legal por meio de julgamento legitimo se a atribuição de julgar isento de parcialidade, assegurando as partes e aplicação do sistema de direitos e garantias constitucionais" (Santos, 2022, p. 86).

Ressalte-se, contudo, que a Constituição brasileira de 88, diferente de outras Constituições democráticas – a exemplo do artigo 202.º da Constituição portuguesa de 1976 –, perdeu a oportunidade de prever, expressamente, a imparcialidade no capítulo destinado aos Direitos e Garantias Fundamentais, mencionando-a de forma explícita, consubstanciada, no entanto, em garantia processual fundamental implícita, porquanto essência do devido processo legal.

Uma outra oportunidade perdida no processo constituinte foi o de tornar a estrutura acusatória do processo penal uma previsão explícita no texto da Constituição, como foi feito no artigo 32.º, 5, da Constituição da República Portuguesa. A partir dessa escolha política do constituinte originário seria possível reforçar a filtragem constitucional das normas que tenham nítida influência inquisitória e concentrem a gestão probatória como atribuição do juiz.

Na Constituição brasileira, há uma formatação de sistema penal notadamente democrática e garantista. Sobre este direito penal e processual penal, alinhado aos ditames constitucionais do sistema acusatório – que muitos cidadãos brasileiros sonham e lutam para ver efetivado na prática dos fóruns e tribunais de todo o País –, é que se dedicarão as próximas linhas (Gouveia Filho, 2023, p. 101).

A grande importância dada às constituições escritas na modernidade perpassa pelo ideal democrático, posto que nesta lei maior está consagrada a divisão de poderes e a tutela dos direitos fundamentais. É nela que estão expostas as "regras do jogo democrático" e os instrumentos de substituição daqueles que detêm o poder. Em última palavra, a constituição consiste na própria representação da vontade popular (Prado, 2006, p. 44-45).

No Brasil, deve ser desconstruída a ideia de que a Constituição Federal e as declarações internacionais de direitos humanos das quais o País é signatário reverberam concretamente na vida dos brasileiros, posto que lhes falta efetividade para a sua concretização. A mera enunciação desses direitos não faz com que cheguem automaticamente a todos os rincões do País, influindo nos mecanismos de repressão estatal (Prado, 2006, p. 56).

Além disso, há um elevado grau de incompatibilidade nas normas inferiores que não guardam conexão teleológica com as normas cogentes da Constituição e da nova legislação. A falta de efetividade pode ser justificada sob vários aspectos, mas, dentre eles, a falta de cultura democrática enraizada no povo brasileiro é um dos principais motivos. Sem uma educação de direitos humanos, é dificultosa a implementação destes direitos (Prado, 2006, p. 57).

Uma democracia só finca raízes em uma sociedade que também seja democrática. Na opinião de Gouveia Filho (2023, p. 103), o Brasil nunca rompeu, definitivamente, com o seu passado autoritário, que se cristalizou na escravidão, no governo ditatorial varguista – período em que foram elaborados os códigos penal e processual penal, ainda vigentes no País – e na ditadura civil-militar, que durou mais de 20 anos.

A falta de tradição democrática e a consolidação do costume autoritário na sociedade brasileira guia a forma como o poder punitivo é observado por grande parte da população e pelos agentes estatais, sobretudo no modo como as ações repressivas são levadas a cabo. Casara (2017, p. 106-107) afirma que esse imaginário autoritário contamina a todos, inclusive os operadores do direito, que aplicam valores antidemocráticos nas suas atuações enquanto representantes do Estado.

Com isso, a funcionalidade do sistema penal brasileiro parte da premissa de "instrumentalização" dos indivíduos, que são anulados em suas liberdades individuais para sustentar prisões ilegais e violações de domicílios, justificados sob o manto de argumentos retóricos contra o ideal de liberdade, que passa a não ser mais visto como regra. Tal mentalidade, tão impregnada de valores inquisitórios, é um dos maiores obstáculos para a operacionalização de um processo penal democrático no País, cujos atores jurídicos ainda reproduzem práticas arbitrárias utilizando o processo como instrumento de expiação penal (Casara, 2015, p. 284).

A mentalidade inquisitória pode ser entendida como um substrato mental compartilhado por setores sociais e em um determinado período (Barros, 2007), identificando o criminoso como alguém que comete um pecado, sendo este o delito, a pena o castigo, e a prisão a penitência, conforme leciona Cabrera (2019).

É nesse contexto que os cidadãos tendem a acreditar que o recrudescimento do poder punitivo irá lhes garantir mais segurança, regulando os níveis de criminalidade a um patamar equilibrado. Casara (2015, p. 194-195) conclui que a ideia de que o direito processual penal tem a função de pacificação social é um mito, atraindo a visão de que os seus mecanismos se justificam na medida em que robustecem a eficiência punitiva. Diante desta lógica, o processo penal se torna tão somente um instrumento de repressão e controle social, em que o magistrado é visto como um agente de segurança pública, ao lado dos policiais. O juízo criminal é incumbido da tarefa de combater criminosos, após a formação da culpa na seara policial.

Enfim, a Constituição cidadã, que institui como princípio informador o sistema acusatório, não foi capaz de afastar o autoritarismo já existente no Código de Processo Penal brasileiro, de modo a adequá-lo aos parâmetros legitimamente democráticos (Salem Filho, 2020, p. 23). Desse modo, mesmo após a sua promulgação, são diversos elementos que indicam a permanência da tradição inquisitiva daquele código, "que ainda guarda consigo a ambientação cultural, ideológica e política vivenciada na década de quarenta" (Araujo, 2021, p. 124).

Para Schneider (2014, p. 23-24), as razões primordiais para as permanências inquisitórias na prática judicial brasileira são três. A primeira é a presença de uma vasta legislação criminal que não se alinha substancialmente à Constituição, revelando-se inconstitucional e ilegítima. A segunda razão está no campo da filosofia, ao indicar a falta de ruptura com o paradigma da filosofia da consciência (iluminismo racionalista). Por fim, o sistema acusatório não estaria consolidado por conta de uma dificuldade de implantação dos direitos civis e sociais, nas suas diversas gerações jusfundamentais.

Com efeito, um processo penal democrático é aquele que se preocupa com a proteção dos direitos fundamentais do acusado, indivíduo mais suscetível a sofrer com as arbitrariedades estatais. Dito isso, importa saber, além dos elementos que integram esse sistema, quais características resistem após a eliminação dos empecilhos à divisão das tarefas entre acusar, julgar e defender, e, consequentemente, afetam suas questões correlatas, como a exigência da gestão probatória a cargo das partes (Prado, 2006, p. 172).

Com a Constituição de 1988, o Ministério Público brasileiro adquiriu uma estatura institucional nunca antes alcançada na República, vindo a ser retirado da condição de simples auxiliar da atividade jurisdicional, com forte vinculação ao Poder Executivo, para "instituição permanente, essencial à função jurisdicional do Estado". O legislador constituinte atribuiu a este órgão a missão de protagonista da nova experiência democrática e de guardião dos interesses sociais e individuais indisponíveis dos cidadãos (Oliveira, 2017, p. 138).

Não há como existir um processo penal democrático em uma sociedade com práticas autoritárias, pois o processo penal é o melhor "termômetro" para definir o grau de autoritarismo de uma nação (Casara, 2015, p. 241). É o melhor reflexo da sensibilidade moral e do grau cultural de uma sociedade (Ferreira, 1986).

Ao estabelecer matérias de reserva da jurisdição (art. 5º, LXI), o constituinte de 1988 estabeleceu um estado de direito, de cuja tutela incumbiu com prioridade ao Judiciário. Nesse prisma, a instauração ou a manutenção do estado policial deve ser encarado como uma violação do direito constitucional, que objetivou contornar essa realidade.

Em matéria de liberdade individual, a Constituição brasileira perfilhou um regime de direito, rejeitando o estado de polícia. Regime de direito (*rule of law*) é quando a atividade individual pode manifestar-se livremente e, só quando ela se expressa contrariamente ao direito, é que se considera lícita a repressão – civil, penal ou administrativa. Já o regime de polícia é quando se permite à autoridade pública intervir previamente na prática de atos ou fatos potencialmente ilícitos (Zenha, 1973, p. 168).

Nos termos da legislação infraconstitucional, a autoridade policial, responsável pela condução das investigações preliminares, conta com uma larga margem de discricionariedade para definir as etapas do inquérito e efetuar as diligências que entender convenientes para a elucidação dos fatos, visando à descoberta da materialidade do fato e da existência de indícios de autoria ou participação. Além disso, tem a obrigação de preservar o sigilo da investigação e não pode dispor dos autos do inquérito (Oliveira, 2017, p. 141), agora sob o crivo ministerial e judicial.

Há diversas disposições que corroboram a relevância da imparcialidade. O artigo 3º, por exemplo, estabelece que a lei processual penal deve ser interpretada de forma a garantir a igualdade de partes e o respeito à ampla defesa e ao contraditório. Além disso, o artigo 254 prevê que o juiz deve se declarar suspeito ou ser afastado do processo caso exista motivo que comprometa sua imparcialidade.

É justamente pela lei ordinária, em especial do direito penal e do processo penal – este último apontado como "espelho da realidade constitucional" ou "direito constitucional aplicado" –, que os comandos constitucionais, de maior ou menor densidade semântica, têm o ensejo de se transpor para o domínio da prática judiciária de um país, permitindo que eles não se quedem inertes em louváveis propósitos, mas distantes da realidade social subjacente (Rodrigues, 2022, p. 153).

2. DEVIDO PROCESSO LEGAL E IMPARCIALIDADE JUDICIAL: INSTITUTO E GARANTIA INERENTES AO ESTADO DEMOCRÁTICO DE DIREITO

O Direito se revela como produto cultural e fenômeno político, em especial quando se trata do âmbito processual penal (Poli, 2015), dada a relevância do exercício do poder estatal de punir. Esse ramo do Direito reflete a natureza do Estado que o implanta, seja ela autoritária ou democrática (Freitas, 2014). Na mesma linha é a compreensão de Goldschmidt (1935, p. 67), segundo o qual o processo penal é o termômetro de elementos democráticos ou autoritários das nações.

O processo penal carrega consigo a força máxima do Estado contra o indivíduo. Essa força estatal se traduz não só no poder de privar alguém de sua liberdade, mas também na capacidade de produzir recursos discursivos para conter e neutralizar as investidas que visam à limitação do poder punitivo, fazendo com que prevaleça uma persecução penal voltada para satisfazer uma política criminal oficial. "Esses artifícios perpassam por discursos retóricos que contaminam e mantém práticas inquisitórias arraigadas na mente dos atores jurídicos que, de forma mecânica, reproduzem-nas em todas as esferas do sistema penal e no ensino jurídico" (Mendes; Melo, 2017, p. 84).

Nesse contexto, "a instrumentalidade do sistema processual é alimentada pela visão dos resultados que dele espera a nação" (Dinamarco, 2009, p. 179), revestindo-se de caráter autoritário se for preciso cometer arbitrariedades para atender aos anseios da sociedade. Isso significa que o processo não é visto como uma garantia em si, mas como um instrumento à serviço da jurisdição. Enfim, atende ao juiz; e não às partes.

Por outro lado, o processo democrático – o "devido processo legal" – é visto como uma garantia constitucional dos cidadãos contra o eventual arbítrio do Estado. Para além das garantias do processo, este é uma garantia em si, objeto de um direito subjetivo de liberdade (art. 5º, LIV), pois serve aos jurisdicionados como proteção dos hipossuficientes contra o mais forte na relação processual (Costa, 2021).

O Estado Democrático de Direito deve cumprir duas funções na proteção dos direitos fundamentais. A primeira é negativa: de limitação do uso da força, obedecendo a um cariz liberal. A segunda é positiva: de cariz social, com o fomento de políticas públicas para a redução das desigualdades. Dentro desse esquema, o direito penal está contido na esfera liberal do poder punitivo do Estado, uma vez que, a partir de sua atuação mínima, se está promovendo as garantias e os direitos fundamentais (Pinho; Albuquerque, 2017, p. 126).

A Constituição constitui a norma de ação do Estado, pela qual ele deve se se pautar. Na seara penal, havendo o choque entre os direitos individuais e o poder punitivo estatal, não se pode olvidar que, neste embate jurídico, o que precisa de legitimação é o poder de punir, e não a liberdade individual, que decorre diretamente do direito à vida e à proteção da dignidade humana (Lopes Jr., 2016, p. 32-33).

Na área criminal, ter assegurada a imparcialidade no contexto processual mostra-se ainda mais delicada, considerando os bens jurídicos que estão em análise, como direito à vida e à liberdade. Dessa forma, na relação processual penal, ao magistrado incumbe o dever inexorável de manter-se longe de influências provenientes do interesse das partes no litígio (Santos; Santiago, 2020).

Importante ressaltar que a reserva de jurisdição quando se trata de tangenciar direitos fundamentais dos investigados e acusados revela-se um traço essencial do

Princípio da Separação de Poderes, ao consagrar o monopólio da jurisdição ao Poder Judiciário, de modo a liminar a atuação do Poder Executivo e seu braço investigativo formado pelas forças policiais (Mata-Mouros, 2011).

Nessa perspectiva, a imparcialidade compreende um instituto essencial à concretização da justiça no contexto processual, de forma que, sem imparcialidade, não há que se falar em provimento jurisdicional (Andrade, 1992). Assim, a imparcialidade enquanto elemento estrutural do processo penal, viabiliza o julgamento baseado sobretudo nas provas produzidas pelas partes, permitindo ao magistrado a reconstrução dos fatos de forma que melhor se evidencie a verdade processual, evitando o arbítrio estatal por intermédio do magistrado (Taruffo, 2012).

De acordo com Figueiredo Dias (1974), a imparcialidade é necessária para garantir que o processo seja conduzido sem influências externas que possam macular a percepção do juiz e a equanimidade das partes. O autor ressalta que a imparcialidade se sobreleva no processo penal, pois o bem jurídico tutelado é a liberdade que é um direito individual inato a dignidade da pessoa humana.

Dias (1988) também destaca que ela está relacionada à capacidade do magistrado de decidir de acordo com as provas produzidas pelas partes, isto é, de forma equânime, não com base em interesses pessoais, pressões políticas ou opiniões pré-concebidas. O autor defende que é através da imparcialidade que se garante a credibilidade do sistema de justiça criminal.

> A exigência de imparcialidade implica, desde logo, que o juiz não seja parte no conflito ou tenha nele um interesse pessoal em virtude de uma ligação a alguma das "partes" nele envolvidas (*nemo index in causa sua*), mas vai muito mais longe, postulando uma intervenção judicial equidistante, desprendida e descomprometida em relação ao objeto da causa e a todos os demais sujeitos processuais. O princípio da imparcialidade do juiz repudia o exercício de funções judiciais no processo por quem tenha ou se possa objetivamente recear que tenha uma ideia pré-concebida sobre a responsabilidade penal do arguido; bem como por quem não esteja em condições ou se possa objetivamente temer que não esteja em condições de as desempenhar de forma totalmente desinteressada, neutral e isenta (DIAS; BRANDÃO, 2022, p. 38).

Com efeito, Silva (2017) observa a necessidade de o julgador ser imparcial, sem qualquer predisposição ou interesse no resultado do processo, de forma que a imparcialidade garante o equilíbrio entre acusação e defesa, assegurando um julgamento justo o que o processo penal democrático.

Já Mata-Mouros (2011, p. 66-69) afirma que a tutela jurisdicional engloba um processo de tomada de decisão em que o decisor precisa gozar de independência, o ato decisório precisa ter natureza vinculante e ser produzido por intermédio de um procedimento que possa garantir aos envolvidos a participação, caracterizado por neutralidade no procedimento. Entre as garantias previstas no âmbito do processo estão o contraditório judicial, a necessidade de fundamentação dos atos decisórios e a publicidade, além das características da organização judiciária, como a predefinição de critérios dos juízes. Ressalta, ainda, que a imparcialidade judicial é requisito inerente às decisões judiciais, sendo plenamente vedada a adoção de prejulgamentos.

Outros autores, ao analisarem o princípio da imparcialidade, iniciam o discurso tratando da divisão da imparcialidade em dois segmentos, ou, ainda, de suas dimensões subjetiva e objetiva. Segundo Lopes Júnior (2017), a imparcialidade subjetiva relaciona-se ao íntimo do magistrado – configurando o distanciamento do juiz das partes processuais, bem como do caso penal enfrentado –, inexistindo decisões previamente tomadas que poderiam contaminar o veredito exarado pelo juiz.

A imparcialidade, por sua vez, no seu viés objetivo, reporta-se à circunstância que demonstra estar o magistrado munido de garantias suficientes que possam ilidir qualquer questionamento acerca de sua imparcialidade. Considerando ser impossível atestar o "estado anímico do juiz", é imprescindível analisar se a conduta, o *modo actum* do julgador, condiz em relação à distância esperada na dialética processual (Lopes Jr., 2005).

Nessa linha de raciocínio, a imparcialidade subjetiva, como a nomenclatura já sugere, é a dimensão da imparcialidade que leva em consideração os aspectos subjetivos do julgador, estando vinculada à percepção de sua convicção, seu entendimento pessoal. Nessa perspectiva, qualquer tentativa de análise do segmento subjetivo naturalmente configuraria conjecturas sobre a atitude adotada pelo juiz.

Na dimensão objetiva, a imparcialidade é aquela proveniente do panorama do magistrado distante e acima das partes, fomentando a aparência do julgador como terceiro completamente alheio aos interesses ali discutidos, tornando o processo legítimo, pois está garantida a isenção do juiz, que participa da dialética processual sem experimentar qualquer tendência viciada para um dos lados da contenda.

Ressaltamos ainda outras duas perspectivas da imparcialidade, quais sejam a sua acepção horizontal e a vertical, ante a necessidade de preservar o juiz imparcial independente da natureza do crime e em todos os graus de jurisdição (Santos, 2022).

A título de informação, embora a Constituição da República de 1988 não tenha trazido o princípio da imparcialidade de forma expressa em seus preceitos, é possível identificar manifestações dessa imparcialidade, como no artigo 95, que trata das vedações aos juízes. Ademais, previu-se expressamente a imparcialidade em diversos documentos internacionais, como no teor dos artigos 6.º, 10.º e 21.º da Convenção Europeia dos Direitos do Homem – CEDH[2] (OEA, 1950).

Ademais importa mencionar que, além da Convenção Europeia dos Direitos do Homem, o direito de ser julgado por um juiz imparcial consta em um encadeamento de outros documentos internacionais que tratam sobre direitos humanos de cujos Tra-

2. CEDH/50: "Artigo 6.º (Direito a um processo equitativo) 1. Qualquer pessoa tem direito a que a sua causa seja examinada, equitativa e publicamente, num prazo razoável por um tribunal independente e *imparcial*, estabelecido pela lei [...] Artigo 10.º (Liberdade de expressão) [...] 2. [...] para garantir a autoridade e a *imparcialidade do poder judicial*. [...] Artigo 21.º (Condições para o exercício de funções) [...] 3. Durante o respectivo mandato, os juízes não poderão exercer qualquer actividade incompatível com as exigências de independência, *imparcialidade* ou disponibilidade exigidas por uma actividade exercida a tempo inteiro. [...]" (OEA, 1950, grifos nossos).

tados o Brasil é signatário, tais como a Declaração Universal dos Direitos Humanos[3] (DUDH) e a Convenção Americana sobre Direitos Humanos (CADH) - Pacto de San José da Costa Rica, incorporado ao Ordenamento Jurídico pátrio pelo Decreto 678, de 6 de novembro de 1992, com *status* normativo supralegal, consoante entendimento do Supremo Tribunal Federal.

O princípio da imparcialidade, como bem leciona Coutinho (1998, p. 163-198), "funciona como uma meta a ser atingida pelo juiz no exercício da jurisdição". Mais adiante o autor explica que "é forçoso reconhecer que a imparcialidade é uma garantia tanto para aquele que exerce a jurisdição, como para aquele que demanda perante ela". Consoante aponta Zaffaroni (1995, p. 86), "a jurisdição não existe se não for imparcial".

Assim é possível assuntar a ideia de que a imparcialidade do magistrado, em todas as suas modalidades/concepções, é dever constante da prestação jurisdicional, considerando que apenas é possível se efetivar o devido processo legal por meio de julgamento legítimo se a atribuição de julgar for desempenhada de modo isento de parcialidade, assegurando às partes a aplicação do sistema de direitos e garantias constitucionais.

Esses são apenas alguns elementos acerca da imparcialidade do juiz enquanto instrumento essencial à formação de um sistema de justiça criminal democrático. Afinal: "Sem instrução imparcial, não pode haver decisão imparcial" (Zenha, 1973, p. 173).

3. PROCESSO PENAL DEMOCRÁTICO NO PACOTE ANTICRIME (LEI 13.964/2019): A INSTITUIÇÃO DO JUIZ DAS GARANTIAS NO BRASIL E SUA LIMITAÇÃO PELA JURISPRUDÊNCIA DO SUPREMO

Na intelecção de Prado (2006, p. 290), o sistema acusatório consiste na "ausência de vínculo de subordinação das partes ao juiz e compreensão de que, se o juiz tem o poder de decidir, as partes têm o direito de participar do processo e cooperar no sentido de que se produza a melhor (mais justa) decisão possível". O viés democrático do processo perpassa pela atuação dialética e colaborativa das partes em uma relação "triangular" com o juiz, que deve se eximir da busca pelas provas (Prado, 2006, p. 70), subsistindo os reais interessados.

O processo penal democrático "é, afinal, uma matriz de respeito à dignidade da pessoa humana quando tal pessoa é submetida à ação do aparelho repressivo do Estado, na atividade de aplicação da sanção penal" (Oliveira, 2017, p. 136). O objetivo é garantir a tutela dos direitos do investigado e assegurar a posição de equilíbrio no âmbito do processo, para impedir que ilegalidades sejam cometidas.

"Nesse diapasão, o juiz de garantias surge com o intuito de assegurar a legalidade da investigação criminal, bem como de salvaguardar os direitos fundamentais do acusado, de modo que o juiz da investigação seja distinto daquele que irá atuar na fase processu-

3. DUDH/48: "Artigo 10 Todos têm direito, em igualdade de condições, a um julgamento justo e público por um tribunal independente e imparcial, na determinação de seus direitos e obrigações e de qualquer acusação criminal contra si." (Nações Unidas, 1948).

al." Contudo, caminhando em sentido oposto aos demais países da América Latina, o Brasil introduziu o referido instituto sem que houvesse uma reforma global da legislação processual penal. Aliás, a finalidade precípua da citada reforma era o recrudescimento do poder punitivo estatal (Araujo, 2021, p. 133).

O Brasil é o único país latino-americano que ainda não promoveu uma reforma processual penal ampla, direcionada à adoção do sistema acusatório em toda a legislação infraconstitucional. Até o momento, houve apenas uma minirreforma, com a revogação ou a reinterpretação de diversos dispositivos presentes no CPP que ainda detinham elementos inquisitórios. Como reflexo desse cenário, tem-se uma nítida incongruência sistêmica em diferentes níveis normativos (Araujo, 2021, p. 124), gerando dificuldades na sua plena compreensão e correta aplicação.

No que tange ao papel do Juiz das Garantias, ficou determinado pelo legislador que é responsável pela supervisão da legalidade na investigação e pela proteção dos direitos fundamentais do investigado. Suas atribuições estão especificadas nos itens do artigo 3º-B, englobando todos os crimes, com exceção das infrações de menor potencial ofensivo.

Com a separação na atuação judicial, conforme projetado, garante-se de forma muito mais efetiva o devido processo legal, o contraditório, o direito à prova e a presunção de inocência. Um novo sistema que assegura maior imparcialidade judicial ao criar maior isenção psicológica do magistrado no momento de julgar a causa. Por isso, o juiz das garantias dá maior efetivação ao princípio acusatório, pois o juiz que atua na fase de investigação, embora com atribuições distintas, se aproxima psicologicamente da figura do Ministério Público, órgão cuja função é examinar o material investigativo e analisar se há ou não fundamento idôneo para a acusação (Moraes, 2010, p. 23).

Objetivando transformar a norma de fixação da competência em hipótese de sua exclusão, o instituto determina que o julgador que atua na fase de investigação para a salvaguarda de direitos individuais do acusado não seja o mesmo da fase instrutória. Impede-se, assim, que haja a contaminação do julgador com os elementos do procedimento investigatório, não produzidos em contraditório, sobretudo eventuais decisões que tenha proferido (Oliveira, 2016).

Essa seria a regra de ouro do Juiz das Garantias, nos termos apresentados por Silva (2012), constituindo-se em elemento protetor da imparcialidade judicial. Introduziu-se o que Carnelutti (1960) denominou de diafragma entre a investigação criminal e o processo judicial, como forma de evitar a contaminação do julgador por elementos colhidos na fase pré-processual, bem como por suas decisões nesse momento proferidas.

Além da nomenclatura utilizada, pode-se verificar que o legislador buscou inspiração no Garantismo, teoria jurídica desenvolvida por Ferrajoli (2002) que pretende o exercício do poder punitivo voltado aos fatos delituosos e não aos sujeitos tidos por indesejáveis pelo sistema penal, almejando a exclusão de convenções arbitrárias e discriminatórias, garantindo ao indivíduo liberdade e igualdade a partir do estabelecimento de parâmetros de racionalidade na decisão judicial.

Ferrajoli (2002) admite que o Garantismo é um ideal a ser atingido, podendo ser realizado em graus que conferem ou retiram legitimidade dos ordenamentos jurídicos. São delineados dez axiomas para aferir o quão garantista um ordenamento pode ser, sendo quatro deles referentes ao processo penal, quais sejam: jurisdicionariedade, acusatório, ônus da prosa e defesa. Ao instituir o Juiz das Garantias há uma elevação do grau de garantismo do ordenamento jurídico, compatibilizando e tornando harmônico os princípios acusatório e da jurisdicionariedade.

O novo regramento delineou a divisão das funções entre o Juiz das Garantias e o chamado juiz da instrução e julgamento. Este último, após receber a denúncia ou queixa, tomará as decisões pendentes e futuras durante o processo. Relevante salientar que as decisões tomadas pelo juiz da investigação, inclusive as referentes às medidas cautelares em andamento, não obrigam o juiz da instrução e julgamento, o que reflete a intenção do legislador de manter a atuação independente e imparcial dos juízes.

Contudo, houve imediata reação por parte da magistratura e do Ministério Público, o que fez com que o Supremo Tribunal Federal determinasse a suspensão da aplicação da nova legislação.

No julgamento conjunto das ADI's 6298, 6299, 6300 e 6305, o STF decidiu, por maioria, ao atribuir interpretação conforme ao inciso VII do artigo 3º-B e declarar a inconstitucionalidade da expressão "recebimento da denúncia ou queixa na forma do art. 399 deste Código" contida na segunda parte do *caput* do artigo 3º-C, ambos do CPP, incluídos pela Lei 13.964/2019, que a competência do juiz das garantias termina com o oferecimento da denúncia, cuja análise passa a ser de atribuição do juiz da instrução penal, que decidirá, também, eventuais questões pendentes (art. 3º-C, § 1º, CPP).

A decisão do plenário do Supremo Tribunal Federal do Brasil que removeu do juiz das garantias a responsabilidade de analisar a inicial acusatória (denúncia ou queixa), delegando essa função ao juízo responsável pela instrução do processo, causou surpresa entre especialistas e acadêmicos. Estes profissionais, que há tempos se dedicam às pesquisas no âmbito do instituto do juiz das garantias no direito pátrio e alienígena, consideram essa medida um revés significativo, comprometendo a lógica essencial e a imparcialidade imprescindível para a atuação efetiva do juiz das garantias.

Se fosse para chegar nessa conclusão – com o recebimento da denúncia nas atribuições do juiz da instrução –, bastaria ter aprovado uma lei que determinasse a prevenção como causa de exclusão da competência, e não de fixação. O resultado final do julgado é um avanço pequeno perto do que se pretendia e podia alcançar, contradizendo o que já se sabe sobre o problema da contaminação e do viés confirmatório.

O recebimento da denúncia deveria ficar com o juiz das garantias, não apenas para assegurar a máxima originalidade cognitiva do juiz da instrução e julgamento, mas também para justificar a necessária exclusão física dos autos do inquérito. Ao receber a denúncia, o juiz das garantias poderia levar em consideração os elementos informativos do inquérito, sem maiores problemas. Já o juiz da instrução deveria ingressar depois de recebida a denúncia, formando sua convicção em sentença apenas com base em provas produzidas sob o crivo do contraditório (Lopes Jr., 2017).

Com isso, a fase processual se inicia antes de recebida a acusação, e antes mesmo de se aferir a idoneidade dos elementos de informação conclusivos, que poderão ser objeto de controle recíproco das partes em juízo oral até a etapa de instrução, maculando, do ponto de vista do controle probatório, o *filtro epistemológico* (Vieira, 2020, p. 206) desejado pela reforma legislativa. Isso porque o juiz da causa terá contato com as informações que ainda podem ser excluídas da persecução penal, ao validar ou expurgar irregularidades remanescentes em momento impróprio.

Mesmo que os autos que compõem as matérias de competência do juiz das garantias não sejam apensados ao processo enviado ao juiz da instrução e julgamento (art. 3º-C, § 3º, CPP), este precisará examinar o inquérito policial para chegar à conclusão de recebimento ou recusa da acusação, com base nos indícios probatórios apresentados até então.

Foi então que, no citado julgamento, o STF decidiu, por unanimidade, pela "inconstitucionalidade, com redução de texto, dos §§ 3º e 4º do art. 3º-C do CPP, incluídos pela Lei nº 13.964/2019, e atribuir interpretação conforme para entender que os autos que compõem as matérias de competência do juiz das garantias serão remetidos ao juiz da instrução e julgamento".

Ao admitir esse contato, não projeta nem delimita a análise que será feita em momento futuro, consciente ou inconscientemente, explícita ou implicitamente, pelo julgador, com o risco de ser contaminado por aquelas informações que não deveria ter conhecido no início do processo. Desse modo, limita-se o efeito depurativo ou de profilaxia do instituto inovador, sobre o que poderá ou não ser objeto de futura valoração, sob o argumento de que: "Restringir esse acesso afeta diretamente a independência funcional do magistrado em exercer seu julgamento motivado, em busca da verdade real. Não se pode presumir que o simples contato com os elementos que ensejaram a denúncia seja apto a vulnerar a imparcialidade do julgador".

A grande modificação da figura do juiz das garantias foi justamente retirar do juízo da causa o contato com os elementos de informação prévios à ação penal, justamente para evitar o risco do *efeito aliança* (Vieira, 2020, p. 199-200). Ao exclui-lo do recebimento da denúncia, dá-se um passo atrás, porque é uma alteração de competência que deixa de lado o motivo principal dessa alteração, que é separar o que pode ser valorado por cada juiz, sendo algo diverso do que o legislador escolheu.

O juiz, ao receber a denúncia e os autos do inquérito, constrói, inevitavelmente, uma imagem mental dos fatos, para admitir a instauração do processo ou não. Segundo a teoria da dissonância cognitiva, explicada por Bernd Schünemann, a tese apresentada pela defesa gera uma relação contraditória, diante da qual o magistrado poderá adotar duas posturas distintas: de um lado, evitar informações que acentuem tal incoerência; mas, por outro, buscar elementos capazes de reduzir tal dissonância (Lopes Jr., 2017, p. 101).

O ponto central da Teoria da Dissonância Cognitiva seria a tendência natural dos indivíduos em preservar um estado de coerência interna nos pensamentos, sendo, inclusive, involuntário que ao quebrar essa coesão a ruptura é identificada, gerando reflexos cognitivos e comportamentais, conforme leciona Ritter (2016).

A partir dessa intersecção entre o direito processual penal e a psicologia é verossímil que há um considerável risco de prejulgamentos quanto ao conhecimento do teor do inquérito pelo julgador e a sua participação na fase investigatória. Sua mitigação poderia ocorrer a partir das instâncias recursais, contudo as provas colhidas não terão sua produção repetida, apenas sendo reexaminadas.

Logo, com o recebimento da acusação, o exame a ser efetuado ocasiona, inevitavelmente, uma aproximação do magistrado com os elementos indiciários da investigação, notadamente porque o julgador não terá outra alternativa senão que buscar nos autos do inquérito policial o material de convencimento do *fumus comissi delicti* (Maya, 2014, p. 205), nos exatos termos em que formulado pelo autor da ação penal - que, após a formação de sua *opinio delicti*, está convencido da culpa do acusado.

Como aponta Moraes (2010, p. 21-22), das duas funções mais notáveis na atuação do Juiz de Garantias – a garantia dos direitos do cidadão, na fase de investigação criminal, e a impossibilidade de sua atuação, na fase processual subsequente –, a segunda é a mais importante. A grande finalidade de sua inserção está em garantir que o juiz da causa não aja contaminado por sua atuação anterior. Com isso, evitam-se os inegáveis comprometimentos de resultado e vinculação psicológica que o magistrado que atuou na fase investigativa carrega para dentro da ação penal.

Para Marrafon (2010, p. 145), um dos objetivos almejados com a implementação da figura do Juiz de Garantias no Brasil é impedir a contaminação do juiz da fase processual com as provas produzidas sem o devido contraditório e ampla defesa, próprias da fase de persecução policial, além de evitar o seu contato com as provas produzidas ilegalmente, ao arrepio da lei e da Constituição.

Isso porque a atribuição conjunta de atos de investigação e de medidas instrumentais limitativas de direitos pessoais e reais a um mesmo juiz, na fase prévia, anula a sua imparcialidade como condição estrutural dos órgãos jurisdicionais (Suárez-Bárcena, 2001, p. 120-121), até porque a primeira visão que o juiz "tem do caso trazido a julgamento é, fundamentalmente, a visão da acusação" (Patrício, 2016, p. 57).

Estudos psicológicos e comportamentais empreendidos por Schünemann (2013, p. 213-215) não deixam dúvidas de que o juiz se orienta segundo a avaliação tendencialmente transmitida pelos autos da investigação preliminar, apegando-se à imagem do fato que lhe foi apresentada pela acusação, o que pode ser descrito por um *efeito aliança*, explicado pela teoria dos processos de comparação social.

Dessarte, a teoria da dissonância cognitiva comprova a tese de que a originalidade cognitiva do julgador é prejudicada pelo seu contato com os elementos produzidos na investigação. Os dados empíricos[4] demonstram que o juiz, nesses casos, tende a favorecer a hipótese acusatória, haja vista a busca pela autoconfirmação dos conhecimentos previamente obtidos e apresentados pela acusação (Araujo, 2021, p. 127).

Muito embora as minirreformas tenham ocasionado algumas fissuras nesse paradigma, Giacomolli (2015, p. 160) acredita que a base epistemológica da década de 1940 ainda permanece incólume, com frágeis incursões constitucionais. "Assim, pode-se dizer que o perfil do CPP brasileiro continua sendo essencialmente inquisitório, principalmente no que tange à prova e à atuação do magistrado" (Araujo, 2021, p. 125), tendo a decisão do Supremo contribuído para isso.

Sobre essa conjuntura, Coutinho (2015) pondera que as reformas parciais – com boas ou más intenções – tendem a destruir os sistemas, se eles não são levados em consideração, justo porque os elementos que o integram estão intimamente relacionados entre si, de modo que qualquer alteração produz reflexos gerais e gera lacunas que o desfiguram. Uma vez desfigurado, o seu uso escapa da lógica que o preside e, por isso, não se faz compreensível por todos, como é de se esperar de qualquer estrutura bem-organizada.

Com uma mudança bem mais tímida do que o necessário, é patente o risco de que a implantação do juiz das garantias acarrete uma falácia garantista, confundindo o plano normativo e o concreto, com uma troca efetiva entre a realidade e um sistema idealizado, tornando contemplativa a prática jurídica, conforme já alertava Ferrajoli (2002). Ressalta-se ainda a lição de Cademartori (1997), segundo a qual nenhuma garantia pode ser firmada apenas com a sua enunciação pois a subsistência dos direitos fundamentais apenas ocorre com efetiva luta para sua concretização.

O juiz das garantias está longe dos moldes de uma rígida separação funcional entre as autoridades judiciárias nas etapas processuais: uma na fase de instrução, em que um juiz se encarrega de fiscalizar a regularidade da investigação conduzida pelo órgão ministerial e a observância dos direitos dos envolvidos; outra na fase de julgamento, incumbindo-se de apreciar os fatos com vistas à prolação da sentença de mérito (Vieira, 2020, p. 192).

A legislação brasileira, na verdade, é clara ao estipular um "juiz de instrução e julgamento": ou seja, o mesmo juiz que participa da instrução probatória é aquele que julga o mérito da demanda. De outro lado, há um juiz de garantia pré-processual distinto do juízo da causa, que fica encarregado de controlar a legalidade da investigação preliminar.

Ressalte-se, por fim, que há considerável resistência em dar abrangência ao Juiz das Garantias no plano horizontal quando houver uma diversificação de atuação na Justiça Comum e Especial – como o que ocorre na jurisdição penal miliar e eleitoral – além do

4. No estudo empírico realizado por Schünemann (2013), constatou-se que cerca de 75% dos juízes que conheciam os autos da investigação condenaram o réu na fase posterior, de instrução e julgamento; enquanto 66% daqueles que não tinham qualquer conhecimento prévio do caso absolveram o réu.

plano vertical, em relação aos processos que tramitam no âmbito dos Tribunais, inclusive nos Tribunais Superiores.

Não é possível vislumbrar coerência em alijar os referidos planos da abrangência do instituto, considerando que é voltado para a promoção da imparcialidade judicial. Entende-se que há argumentos pertinentes à organização do Poder Judiciário que possam surgir como óbice à essa ampliação, contudo não são estes insuperáveis. É necessário avanço com o desiderato de dar máxima efetividade ao princípio da imparcialidade judicial.

CONCLUSÃO

A estrutura do Código de Processo Penal de 1941, no momento da sua promulgação e antes das atualizações mais recentes, ainda não estava alinhada com os ditames de um modelo processual acusatório, diferentemente do que é sugerido pelo sistema de direitos fundamentais insculpido na Constituição da República Federativa do Brasil de 1988, de cujo texto se percebe que o constituinte albergou um processo penal constitucional democrático.

De fato, a promulgação da Lei 13.964/2019 teve como objetivo principal atualizar o direito penal e processo penal, deixando-os em consonância com os princípios mais modernos estabelecidos pela nova Constituição. Essa lei escolheu aperfeiçoar a estrutura processual acusatória, caracterizada especialmente pela implementação do Juiz das Garantias. E, assim o fez, sintonizando aquele sistema processual a este instituto processual de índole constitucional, trazendo mudanças significativas de forma proativa. Isso ocorreu antes mesmo da conclusão da reforma ampla do Código de Processo Penal, que ainda está em processo de discussão e aprovação nas instâncias legislativas.

Na presente reforma, além do elemento inovador, fez-se questão de registrar expressamente a opção pelo sistema acusatório. Isso resulta do esforço para explicitar a eleição do modelo direcionador do processo penal brasileiro por meio da legislação infraconstitucional, dado que a Constituição não o fez, deixando essa responsabilidade para os legisladores ordinários e intérpretes da lei.

Todavia, no Brasil, o sistema acusatório e a imparcialidade estão de forma implícita no texto constitucional, cabendo apenas ao intérprete extraí-la como consectário lógico do devido processo legal e do juiz natural; e, somente em 2019, o modelo acusatório foi inserido expressamente no artigo 3º-A do CPP. De todo modo, não basta a simples proclamação de tais princípios para que a realidade jurídica de um país seja alterada, ainda que em diplomas com força de Lei Fundamental.

Ao delegar a responsabilidade pela decisão inicial da ação penal a uma figura diferente do juiz das garantias e ao limitar a implementação deste mecanismo em certos tribunais (imparcialidade horizontal e vertical) e categorias de crimes (tribunal do júri e violência doméstica), percebe-se, com o devido acatamento, que o Supremo Tribunal Federal decidiu em dissonância com as expectativas do legislador infraconstitucional.

Este último havia acatado as conclusões da comissão de juristas responsável pela reforma do Código de Processo Penal, visando a adoção explícita de uma estrutura acusatória, similar àquele presente em nações europeias e latino-americanas.

Portanto, a abordagem do STF parece divergir do propósito legislativo, reforçando – em vez de mitigando – o aspecto inquisitorial do papel do juiz na gestão das provas e na supervisão do inquérito. Assim, reafirma-se a necessidade de ajustes através de um devido processo legislativo e de critérios claros para a aplicação dessa nova figura do Juiz das Garantias, além da constitucionalização expressa do sistema acusatório e da imparcialidade – aos moldes do ordenamento jurídico lusitano (Constituição e legislações infraconstitucionais), que tratou explicitamente desta temática –, a fim de que se concretize, de forma efetiva e irradiante, o direito fundamental ao devido processo legal, albergado pelo texto constitucional de 1988.

REFERÊNCIAS

ANDRADE, Manuel da Costa. *Sobre as proibições de prova em processo penal*. Coimbra: Coimbra Editora, 1992.

ARAUJO, Larissa Gonçalves Ferreira de. Juiz de Garantias: maximização do princípio da imparcialidade? *Revista da EMERJ*, [S. l.], v. 24, n. 3, p. 119-151, 2021. Disponível em: [https://ojs.emerj.com.br/index.php/revistadaemerj/article/view/393]. Acesso em: 8 set. 2023.

BARROS, José D'Assunção. História, imaginário e mentalidades: delineamentos possíveis. *Conexão – Comunicação e Cultura (Ucs)*, Caxias do Sul, v. 6, n. 11, p. 11-39, jun. 2007.

CABRERA, Michelle Gironda. O inconsciente inquisitório no processo penal brasileiro. In:

COUTINHO, Jacinto Nelson de Miranda; PAULA, Leonardo Costa de; SILVEIRA, Marco Aurélio Nunes da (Org.). *Mentalidade inquisitória e processo penal no Brasil*: diálogos sobre processo penal entre Brasil e Itália. v. 1. Curitiba: Observatório da Mentalidade Inquisitória, 2019. p. 145-156.

CADEMARTORI, Sérgio. *Estado de direito e legitimidade*: uma abordagem garantista. 1997. 285 f. Tese (Doutorado em Direito) – Centro de Ciências Jurídicas, Universidade Federal de Santa Catarina, Florianópolis, 1997. Disponível em: [https://repositorio.ufsc.br/xmlui/handle/123456789/77185]. Acesso em: 15 set. 2023.

CARNELUTTI, Francesco. *Principi del processo penale*. Napoli: Morano, 1960.

CASARA, Rubens R. R. *Mitologia processual penal*. São Paulo: Saraiva, 2015.

CASARA, Rubens R. R. *Estado pós-democrático*: neo-obscurantismo e gestão dos indesejáveis. Rio de Janeiro: Civilização Brasileira, 2017.

COSTA, Eduardo José da Fonseca. *Processo e garantia*. v. 1. Londrina: Thoth, 2021.

COUTINHO, Jacinto Nelson de Miranda. Introdução aos princípios gerais do processo penal brasileiro. *Revista da Faculdade de Direito UFPR*, Curitiba, a. 30, v. 30, p. 163-198, 1998.

COUTINHO, Jacinto Nelson de Miranda. Sistema acusatório: cada parte no lugar constitucionalmente demarcado. *Revista de Informação Legislativa*, Brasília, v. 46, n. 183, p. 103-115, jul./set. 2009. Disponível em: [www2.senado.leg.br/bdsf/handle/id/194935]. Acesso em: 12 set. 2023.

COUTINHO, Jacinto Nelson de Miranda. *Reformas parciais do processo penal*: breves apontamentos críticos. 2015. Disponível em: [https://emporiododireito.com.br/leitura/reformas-parciais-do-processo-penal-breves-apontamentos-criticos]. Acesso em: 08 set. 2023.

COUTINHO, Jacinto Nelson de Miranda; PAULA, Leonardo Costa de; SILVEIRA, Marco Aurélio Nunes da (Org.). *Mentalidade inquisitória e processo penal no Brasil*: diálogos sobre processo penal entre Brasil e Itália. Curitiba: Editora Observatório da Mentalidade Inquisitória, 2019. v. 1

DIAS, Jorge de Figueiredo. *Direito processual penal*. v. 1. Coimbra: Coimbra Editora, 1974.

DIAS, Jorge de Figueiredo. Sobre os sujeitos processuais no novo Código de Processo Penal. *In*: CENTRO DE ESTUDOS JUDICIÁRIOS (ed.). *Jornadas de Direito Processual Penal*: o Novo Código de Processo Penal. Coimbra: Almedina, 1988. p. 3-34.

DINAMARCO, Cândido Rangel. *A instrumentalidade do processo*. 14. ed. São Paulo: Malheiros, 2009.

FERRAJOLI, Luigi. *Direito e razão*: teoria do garantismo penal. 3. ed. Trad. Ana Paula Zomer Sica *et al.* São Paulo: Ed. RT, 2002.

FERREIRA, Manuel Cavaleiro de. *Curso de processo penal*. v. 1. Lisboa: Editora Danúbio, 1986.

GIACOMOLLI, Nereu José. Algumas marcas inquisitoriais do Código de Processo Penal brasileiro e a resistência às reformas. *Revista Brasileira de Direito Processual Penal*, Porto Alegre, v. 1, n. 1, p. 143-165, 2015.

GOUVEIA FILHO, Eduardo Correia. *Justiça penal e democracia no Brasil*. 2023. 283 f. Tese (Doutorado) – Curso de Programa de Pós-graduação em Ciências Jurídicas, Universidade do Minho, Lisboa, 2023. Disponível em: [https://repositorium.sdum.uminho.pt/handle/1822/83504]. Acesso em: 28 ago. 2023.

LOPES JR., Aury. *Sistemas de investigação preliminar no processo penal*. 3. ed. Rio de Janeiro: Lumen Juris, 2005.

LOPES JR., Aury. *Fundamentos do processo penal*: introdução crítica. 2. ed. São Paulo: Saraiva, 2016.

LOPES JR., Aury. *Direito processual penal*. 14. ed. São Paulo: Saraiva, 2017.

MATA-MOUROS, Maria de Fátima. *Juiz das liberdades*: desconstrução de um mito do processo penal. Coimbra: Livraria Almedina, 2011.

MAYA, André Machado. *Imparcialidade e processo penal*: da prevenção da competência ao Juiz de Garantias. 2. ed. São Paulo: Atlas, 2014.

MORAES, Maurício Zanoide de. Quem tem medo do "juiz das garantias"? *Boletim do Instituto Brasileiro de Ciências Criminais*: Edição Especial CPP, p. 21-23, ago. 2010.

KHALED JR., Salah Hassan. O sistema processual penal brasileiro: acusatório, misto ou inquisitorial? *Civitas*, Porto Alegre, v. 10, n. 2, p. 293-308, maio./ago. 2010.

MALAN, Diogo Rudge. Ideologia política de Francisco Campos: influência na legislação processual penal brasileira (1937-1941). In: PRADO, Geraldo; MALAN, Diogo (Org.). *Autoritarismo e processo penal brasileiro*. Rio de Janeiro: Lumen Juris, 2015, v. 1. p. 01-85.

MARRAFON, Marco Aurélio. O Juiz de Garantias e a Compreensão do Processo à Luz da Constituição: perspectivas desde a virada hermenêutica do direito brasileiro. In: COUTINHO, Jacinto Nelson de Miranda; CARVALHO, Luis Gustavo Grandinetti Castanho de (Org.). *O Novo Processo Penal à Luz da Constituição*: análise crítica do Projeto de Lei n 156/2009, do Senado Federal. v. 1. Rio de Janeiro: Lumen Juris, 2010. p. 147.

MENDES, Carlos Hélder Carvalho Furtado; MELO, Marcos Eugênio. Mentalidade inquisitória e instrumentalidade do processo penal: transição democrática, reformas processuais e permanências autoritárias. *Arquivo Jurídico*, Teresina, v. 4, n. 1, p. 84-99, jan./jul. 2017.

OLIVEIRA, Marcus Vinícius Amorim de. Investigação Criminal, Sistema Acusatório e Ministério Público: Similitudes e Diferenças entre os Códigos de Processo Penal Português e Brasileiro. *Revista Acadêmica da Escola Superior do Ministério Público do Ceará*, [s. l.], v. 9, n. 1, p. 131-166, 2017. Disponível em: [https://revistaacademica.mpce.mp.br/revista/article/view/7/6]. Acesso em: 27 jun. 2023.

PATRÍCIO, Rui. Imparcialidade e processo penal: três problemas. *Julgar*, Lisboa, v. 1, n. 30, p. 43-61, 2016.

PINHO, Ana Cláudia Bastos de; ALBUQUERQUE, Fernando da Silva. *Precisamos falar sobre garantismo*: limites e resistência ao poder de punir. Florianópolis: Empório do Direito, 2017.

PRADO, Geraldo. *Sistema acusatório*: a conformidade constitucional das leis processuais penais. 4. ed. Rio de Janeiro: Lumen Juris, 2006.

PRADO, Geraldo. *Prova penal e sistema de controles epistêmicos*: a quebra da cadeia de custódia das provas obtidas por métodos ocultos. São Paulo: Marcial Pons, 2014.

RITTER, Ruiz. *Imparcialidade no processo penal*: reflexões à luz da teoria da dissonância cognitiva. 2016. 197 f. Dissertação (Mestrado em Ciências Criminais) – Faculdade de Direito, Pontifícia Universidade Católica do Rio Grande do Sul, Porto Alegre, 2016.

RODRIGUES, Álvaro da Cunha Gomes. Controlo garantístico dos direitos do arguido pelo Juíz de Instrução. *Direito e Justiça*, Lisboa, v. 13, n. 3, p. 151-214, 25 fev. 2022.

SALEM FILHO, Júlio César Duailibe. Defensoria Pública e a busca da defesa real no processo penal verdadeiramente acusatório. In: POSTIGO, Leonel González; BUENO, Jéssica A. (Org.). *Desafiando a Inquisição*: ideias e propostas para a reforma processual penal no Brasil. v. 4. Santiago: Centro de Estudios de Justicia de las Américas (CEJA), 2020. p. 23-39.

SANTOS, Teodoro Silva; SANTIAGO, Nestor Eduardo Araruna. Garantismo, Sistema Acusatório e a produção de prova ex officio pelo magistrado. *Revista Jurídica*, Fortaleza, v. 2, n. 59, p. 210-233, 2020.

SANTOS, Teodoro Silva. *O juiz das garantias sob a óptica do Estado Democrático de Direito*: a adequação ao ordenamento jurídico brasileiro. Salvador: Editora JusPodivm, 2022.

SCHNEIDER, Gabriela. *Do inquisitorialismo à consolidação do sistema acusatório no Brasil*: uma análise crítica das soluções qualitativas diante da transição inacabada do Estado Democrático de Direito. 2014. 212 f. Dissertação (mestrado em Direito) – Programa de Pós-Graduação em Direito, Universidade do Vale do Rio dos Sinos, São Leopoldo, 2014.

SCHÜNEMANN, Bernd. O juiz como um terceiro manipulado no processo penal? Uma confirmação empírica dos efeitos perseverança e aliança. *In*: GRECO, Luís (Coord.). *Estudos de direito penal, direito processual penal e filosofia do direito*. Trad. Luís Greco. Barcelona: Marcial Pons, 2013. p. 205-221.

SUÁREZ-BÁRCENA, Emilio de Llera. La inidoneidad constitucional de jueces y fiscales para asumir la investigación oficial. In: *El modelo constitucional de investigación penal*. Valencia: Tirant lo Blanch, 2001. p. 119-163.

SILVA, Germano Marques da. *Direito processual penal português*: noções e princípios gerais; sujeitos processuais; responsabilidade civil conexa com a criminal; objeto do processo. 2. ed. Lisboa: Universidade Católica, 2017.

SILVEIRA, Marco Aurélio Nunes da. A cultura inquisitória vigente e a origem autoritária do Código de Processo Penal Brasileiro. *EMERJ*, Rio de Janeiro, v. 18, n. 67, p. 264 - 275, jan./fev. 2015.

TARUFFO, Michele. Uma simples verdade. *O juiz e a construção dos fatos*. Trad. Vitor de Paula Ramos. Madrid: Marcial Pons, 2012.

VIEIRA, Renato Stanziola. *Controle na obtenção de elementos de prova e sua admissibilidade no processo penal brasileiro*. 2020. Tese (Doutorado em Direito Processual) – Faculdade de Direito, Universidade de São Paulo, São Paulo, 2020. Acesso em: 28 ago. 2023.

ZAFFARONI, Eugênio Raúl. *Poder Judiciário*: crise, acertos e desacertos. São Paulo: Ed. RT, 1995.

ZENHA, Francisco Salgado. *A constituição, o juiz e a liberdade individual*. Lisboa, 1973.

PROTECIONISMO CRESCENTE E REDUÇÃO PAULATINA DA COMPETÊNCIA DA JUSTIÇA DO TRABALHO

Ives Gandra da Silva Martins Filho

Doutor em Direito pela Universidade Federal do Rio Grande do Sul. Mestre em Direito pela Universidade de Brasília. Graduado em Direito pela Universidade de São Paulo. Ministro Decano do Tribunal Superior do Trabalho, havendo ocupado a Presidência na gestão de 2016-2018.

O que há de comum entre todos os magistrados do trabalho é comungarem do ideal de promoção da Justiça Social. O que os distingue, no entanto, é o modo de fazê-lo, conforme a dosagem maior ou menor de intervencionismo estatal no domínio das relações laborais que praticam. Comungam do fim, divergem nos meios.

Há juízes mais protecionistas e há juízes mais liberais. Os mais protecionistas veem quase todo o ordenamento jurídico laboral como indisponível e os mais liberais defendem uma ampla autonomia negocial coletiva. Os mais protecionistas são mais ativistas, extraindo de princípios fundamento para impor obrigações não previstas expressamente em lei, e os mais liberais são mais legalistas, limitando os direitos laborais àqueles expressamente previstos em leis, regulamentos empresariais e normas coletivas.

Enquanto os mais protecionistas não admitem flexibilização da legislação existente por normas coletivas e ampliam os direitos com base nos princípios laborais, os mais liberais são menos pródigos, seguindo os parâmetros constitucionais da flexibilização de salário e jornada, a par de reconhecer não ser possível engessar no arcabouço protetivo da CLT todas as modalidades de trabalho humano.

Na essência, os protecionistas consideram que um sistema protetivo rígido é a maior salvaguarda do trabalhador, enquanto os liberais consideram que a proteção vem justamente da flexibilidade e da multiplicidade dos marcos regulatórios, conforme as distintas formas de trabalho.

E tais visões têm tido repercussão direta na ampliação ou redução da competência da Justiça do Trabalho para dirimir conflitos laborais. Por considerá-la excessivamente protecionista, o Supremo Tribunal Federal, ao longo do tempo, vem reduzindo paulatinamente a competência da Justiça do Trabalho. E isso mesmo diante de texto constitucional que, já em 1988, albergava amplamente a competência para dirimir "dissídios individuais e coletivos entre trabalhadores e empregadores, abrangidos os entes de direito público externo e da administração pública direta e indireta dos Municípios, do

Distrito Federal, dos Estados e da União" (art. 114), só mudando essa dicção, com a EC 45/04, para "relação de trabalho", abrangidos os mesmos entes (art. 114, I).

A primeira distinção, promovida pelo STF, foi entre relação contratual e relação estatutária. Ambas são, pela sua própria natureza, relações de trabalho. O trabalho humano assume diferentes formas de organização e prestação: relação empregatícia, serviço público, trabalho avulso, trabalho autônomo, trabalho cooperado, trabalho voluntário, trabalho temporário, trabalho eventual, trabalho intermitente, trabalho rural, trabalho doméstico, estágio, aprendizagem, empreitada, parceria, até trabalho do preso. Todas essas modalidades atendem perfeitamente ao conceito de trabalho humano, ou seja, dispêndio de esforço para realização de alguma obra.

No entanto, justamente pelo viés protecionista do trabalhador, ostentado pela Justiça do Trabalho, a mudança de dicção da CF de 1967/1969 para a Constituição de 1988, de "empregado" para "trabalhador", que justificaria a ampliação da competência da Justiça do Trabalho para abranger os servidores públicos, reforçada pela EC 45/04, falando em "relação de trabalho" no leque de demandas apreciáveis pela Justiça do Trabalho, não encontrou ressonância na Suprema Corte, que continuou a entender que a Justiça Especializada apenas teria competência para as relações de natureza contratual e não as de natureza estatutária. Nesse sentido, o precedente da ADI 3395-MC (Rel. Min. Cezar Peluso, Tribunal Pleno, DJ de 10/11/06).

Com efeito, seria uma revolução copernicana passar as demandas estatutárias, da Justiça Comum Federal ou Estadual, mais preocupadas com os custos dos entes federados, para a Justiça do Trabalho, mais preocupada com a melhor e mais justa retribuição ao trabalho humano.

Mas a Emenda Constitucional 45, de 2004, com a menção a "relação de trabalho", ofertava campo fértil para a defesa da tese de que todas as formas de prestação de serviços competiriam à Justiça do Trabalho dirimir seus conflitos, uma vez que teriam natureza contratual. No entanto, novamente, o viés mais protecionista do trabalhador, característico da Justiça do Trabalho, levou o STJ (e também o STF) a fazer nova distinção. Desta vez entre relação de trabalho e relação de consumo, regida pelo CDC (Lei 8.078/90).

Assim, as demandas que diziam respeito, por exemplo, a honorários advocatícios, que inicialmente foram dirimidas pela Justiça do Trabalho após a EC 45/04, foram finalmente reconhecidas como de competência da Justiça Comum, nos termos da Súmula 363 do STJ, segundo a qual *"compete à Justiça estadual processar e julgar a ação de cobrança ajuizada por profissional liberal contra cliente"*. Em vez do protecionismo do trabalhador, o viés protecionista passou a ser do consumidor, do cliente do profissional liberal ou trabalhador autônomo.

Outra matéria que por décadas foi de competência da Justiça do Trabalho dizia respeito à complementação de aposentadoria, como decorrente da relação empregatícia, já que as empresas instituíam e financiavam entidades de previdência privada com o objetivo de suplementar os proventos recebidos no Regime Geral de

Previdência Social. Aqui, sem alteração legislativa, o STF passou a entender que a competência não seria da Justiça do Trabalho, precisamente por considera-la excessivamente protecionista.

Nesse sentido seguiu o *leading case* da virada jurisprudencial foi o RE 586.453-SE (Rel. Min. Dias Toffoli, julgado em 20/02/13), em que se procedeu a nova diferenciação entre relação de trabalho e relação previdenciária, que estaria sujeita a normas próprias. Manteve-se apenas, em modulação da decisão do STF, a competência residual da Justiça do Trabalho, no caso de haver sentença proferida na causa.

Seguindo no despojamento da Justiça do Trabalho das competências que lhe seriam naturais, à luz do texto constitucional, veio nosso Pretório Excelso a atribuir à Justiça Comum o deslinde inclusive das causas em que se discute se a relação entre o servidor seria de natureza estatutária ou celetista. Ou seja, mesmo se os pedidos fossem de natureza trabalhista, entendeu o STF que, bastando o ente público sustentar que o servidor estaria submetido ao regime único de natureza estatutária, caberia à Justiça Comum dizer se o regime seria mesmo estatutário ou celetista para, depois, em caso de reconhecimento de regime celetista, devolver a causa à Justiça do Trabalho.

Verificou-se, com o precedente do Supremo para o Tema 1.143, uma *capitis deminutio* significativa da Justiça do Trabalho, uma vez que a fixação da competência material se dá pela natureza do pedido e não pela qualidade da pessoa. Em que pese a tese aprovada tenha sido a de que "*a Justiça Comum é competente para julgar ação ajuizada por servidor celetista contra o Poder Público, em que se pleiteia parcela de natureza administrativa*", na verdade, a própria modulação da decisão, para os casos posteriores à fixação da tese (30/06/23), sinaliza para a realidade de que os pedidos seriam de natureza trabalhista, mas quando a administração esgrime regime estatutário, já se remete para a Justiça Comum, até que se defina qual a real natureza do vínculo.

Porém, o exemplo mais emblemático do protecionismo superlativo da Justiça do Trabalho, com a reação mais exacerbada da Suprema Corte, foi na questão do trabalho com utilização de plataformas digitais para captação de clientes. Diante de decisões de TRTs e do próprio TST reconhecendo a existência de vínculo de emprego dos trabalhadores que se utilizam do Uber, 99 e outras plataformas digitais na prestação de seus serviços, o Min. Alexandre de Moraes, na Reclamação 59.795, cassou a decisão do 3º TRT, determinando a remessa dos autos à Justiça Comum de Minas Gerais, por entender que a Justiça do Trabalho tem competência apenas para dirimir as controvérsias ligadas ao regime celetista.

É o que se extrai das razões de decidir do ilustre ministro da Suprema Corte, na qual invoca os precedentes do Pretório Excelso que estariam sendo contrariados pela decisão reclamada. Neles, o Supremo deixa claro que "o contrato de emprego não é a única forma de se estabelecerem relações de trabalho. Um mesmo mercado pode comportar alguns profissionais que sejam contratados pelo regime da Consolidação das Leis do Trabalho e outros profissionais cuja atuação tenha um caráter de eventualidade ou maior autonomia. Desse modo, são lícitos, ainda que para a execução da atividade-

-fim da empresa, os contratos de terceirização de mão de obra, parceria, sociedade e de prestação de serviços por pessoa jurídica (pejotização)".

Onde mora o problema? Na vontade de enquadrar todas as formas de organização e realização do trabalho humano dentro do marco regulatório da Consolidação das Leis do Trabalho, a octogenária CLT. O mundo evolui, novas tecnologias surgem, novas formas de contratação e realização do trabalho humano se desenvolvem, mas para substancial parte da magistratura trabalhista, a melhor forma de proteger os trabalhadores é aplicar a todas essas novas formas a receita já consagrada da proteção oriunda da CLT. É a panaceia para todas as disfunções, reais ou aparentes, na prestação de serviços, subordinados ou não.

Com efeito, a resistência do TST em cumprir as decisões da Suprema Corte em matéria de terceirização, refratário que é a esse fenômeno econômico irreversível, tem feito milhares de processos irem e virem entre a Suprema Corte e a Corte Superior Trabalhista, com os temas 246, 725, 739 e 1118 sendo exemplo disso.

Como a Justiça do Trabalho pretende enquadrar na relação de emprego todas as relações de trabalho, o STF passou a considerar a Justiça Especializada como competente apenas para apreciar as relações de emprego, retirando-lhe todas as demais relações de trabalho, do campo de solução de conflitos trabalhistas. Com isso, vai-se esvaziando a competência da Justiça do Trabalho, na medida em que as novas tecnologias (teletrabalho, plataformas digitais) e as novas modalidades contratuais (terceirização, pejotização, intermitência) vão se impondo e abrangendo maior número de trabalhadores. Corre-se o risco de, num futuro não tão distante, a relação de emprego ser a exceção e o trabalho autônomo, cooperado ou de parceria a regra.

Ademais, a visão protecionista não se limita a querer enquadrar na CLT todas as relações de trabalho. Vê no arcabouço protetivo celetista normas indisponíveis, infensas à negociação coletiva. Foi preciso que o Supremo por um lado (tema 1046 de repercussão geral) e a reforma trabalhista por outro (Lei 13.467/17; CLT, arts. 611-A e 611-B) viessem a parametrizar a negociação coletiva, dando ampla autonomia negocial coletiva aos sindicatos e às empresas, na esteira da autorização constitucional de reduzir e flexibilizar salário e jornada (CF, art. 7º, VI, XIII, XIV e XXVI).

No fundo, voltando às origens da Justiça do Trabalho, calcadas nos princípios da Encíclica "Rerum Novarum" de Leão XIII, o que tem faltado à magistratura laboral é saber conjugar melhor os princípios da subsidiariedade (deixar que as sociedades menores como sindicatos e empresas promovam o bem de seus membros sem intervenção estatal) e da proteção (intervenção legislativa e judicial nas relações laborais, quando efetivamente desequilibradas), de modo a que o dístico da bandeira do TST, calcado no profeta Isaías, se torne realidade entre nós: "*Opus Justitiae Pax*".

Assim, ao finalizar esta singela reflexão escrita com o intuito de homenagear, em obra coletiva, o eminente Ministro do Supremo Tribunal Federal André Luiz de Almeida Mendonça, cuja competência jurídica e acadêmica exsurge de seu invejável currículo e cuja grandeza de caráter se pode aquilatar pelos valores morais e cristãos que vivencia e defende como magistrado, registro minha esperança de que, ao enfrentar as questões trabalhistas que lhe cheguem no Pretório Excelso, tenha sempre em mente os princípios da Doutrina Social Cristã que aqui se mencionaram, dando à Carta Magna, em suas normas sobre os Direitos Sociais, a exegese que efetivamente componha as lides trabalhistas, promova a Justiça Social, implemente a política de maior empregabilidade e atrai investimentos para o nosso país.

O PROTAGONISMO DO STF NO SISTEMA DE JUSTIÇA BRASILEIRO: INTERAÇÃO DIALÓGICA COM O TST

Morgana de Almeida Richa

Doutora e Mestre em Direito Constitucional pela Pontifícia Universidade Católica de São Paulo (PUC-SP). Ministra do Tribunal Superior do Trabalho. Membro da Academia Brasileira de Direito Constitucional – ABDConst. Expositora/tutora nos Cursos Nacionais de Formação Inicial da ENAMAT, no eixo Eticidade. Autora de artigos científicos e do livro "Políticas Públicas Judiciárias e Acesso à Justiça". Corresponsável pela coordenação do livro "Conciliação e Mediação: a estruturação da Política Judiciária Nacional".

Sumário: 1. Suprema justiça – 2. O papel do STF – 3. Hierarquia e novo sistema de precedentes – 4. Controle concentrado de constitucionalidade – 5. Repercussão geral – 6. Reclamação constitucional – 7. Impacto das decisões do STF no TST – 8. Diálogo e reequilíbrio institucional – Considerações finais – Referências.

1. SUPREMA JUSTIÇA

O atual protagonismo do Supremo Tribunal Federal na seara pública é evidente, inequívoco, basta ver os jornais e toda a mídia, com grande exposição dos julgamentos e dos Ministros. Cogita-se de um novo arranjo entre os poderes e da democracia constitucional, de modo a falar-se em "judiciarismo de coalizão".[1] Mesmo no âmbito do Poder Judiciário, sua interação dialógica com a jurisprudência do Tribunal Superior do Trabalho tem sido reputada como ruptura institucional.

A expansão do Judiciário não é fenômeno nacional isolado. Ela pode ser vista em diversos outros países tanto do Norte como do Sul Global, a exemplo dos Estados Unidos, Canadá, Israel, Nova Zelândia, África do Sul e Colômbia. No Brasil, entretanto, Canotilho já destacou que o Supremo, órgão de cúpula responsável pela defesa da Constituição Federal, é o mais poderoso do mundo[2] pelo acúmulo de funções e de competências que lhe foram conferidas.

Com efeito, a peculiaridade do sistema de Justiça brasileiro permite que temas como legalização das drogas, união homoafetiva, aborto, eleições, marco temporal da demarcação de terras indígenas, orçamento, saúde, precatórios, vaquejada, ou seja, temas de pauta de costumes e políticas basilares do país, tudo, chegue ao STF. No que pertine

1. Expressão cunhada pelo cientista político do Iesp-Uerj, Christian Lynch.
2. CANOTILHO, Joaquim José. Entrevista concedida pelo Jurista à Folha de São Paulo. *O Supremo do Brasil é o mais poderoso do mundo.* Folha de São Paulo. Publicado em 24 nov. 2013.

à Corte, não é o Judiciário de Hamilton, que, ao assinar o artigo Federalista 78 com o pseudônimo de *Publius*, considerava-o "the least dangerous branch".[3]

Ao contrário, em ascensão vertiginosa, ele passou de ser "esse outro desconhecido"[4], na expressão do Ministro Aliomar Baleeiro, que presidiu o Tribunal entre 1971 e 1973, por oposição aos outros dois Poderes, Executivo e Legislativo, ao centro de convergência das principais decisões do país, verdadeiro Estado Constitucional de Direito.

O intenso debate exige o enquadramento da questão em critérios científicos.

Referida espiral decorre da própria Constituição de 1988, bem como da facilidade do arranjo institucional de acesso à Corte e da ampla visibilidade dada aos julgamentos por meio da TV Justiça.

Quanto ao primeiro aspecto, cabe destacar que nossa Carta, por muitos decantada, por outros criticada, a exemplo de Roberto Campos, que considerava o aspecto social nela positivado comoventemente utópico[5], adotou modelo abrangente, analítico, deslocando para dentro de si, na expressão do Ministro Luís Roberto Barroso, "questões que em outras partes do mundo são deixadas para a vontade discricionária da política".[6]

Por outras palavras, ao trazer para o Direito questões políticas, ela teria viabilizado a judicialização ampla das questões do país. Some-se a isso, o fato de que a Constituição cidadã buscou refletir a sociedade plural, razão pela qual foram nela inseridos princípios contrapostos, o que favorece a sua perenidade, mas também permite diversidade de entendimentos na interpretação.

Não se trata de emitir um juízo de valor sobre a Carta, mas da constatação de um fato sobre a atual matriz de nosso ordenamento. Afinal, o Direito difere da política, mas não é isolado dela, como se pode extrair da teoria de Luhmann.

Além disso, Dieter Grimm[7] afirma que as discussões das Cortes Constitucionais passam a imagem de serem políticas apenas pelo objeto e pelo efeito da decisão judicial. Mudam os atores e o processo, o que implica que ela só será efetivamente política se houver desvirtuamento, extrapolação dos limites da revisão e do enquadramento constitucional da questão posta a julgamento.

Disso também deflui a cisânia em torno da legitimidade do Richterrecht ("direito dos juízes") e da *accountability* do Judiciário, bem como a tensão dialógica em relação aos demais Poderes e a invocação da necessidade de autocontenção pelo Supremo.

---

3. HAMILTON, Alexander. *Federalist 78*. The Federalist Papers, 1961. Disponível em: [www.constitution.org/fed/federa78.htm]. Acesso em: 08 mar. 2024.
4. BALEEIRO, Aliomar. *O Supremo Tribunal Federal, esse outro desconhecido*. Rio de Janeiro: Forense, 1968. p. 216.
5. CAMPOS, Roberto. *O século esquisito*. Rio de Janeiro. Topbooks, 1990. p. 192.
6. *Palestra de abertura do Fórum Internacional Esfera*. Disponível em: [www.cnnbrasil.com.br/politica/barroso-elenca-razoes-de-um-certo-protagonismo-do-supremo-no-brasil/]. Acesso em: 20 abr. 2024.
7. GRIMM, Dieter. *Jurisdição constitucional e democracia*: ensaios escolhidos. Trad. Paulo Sávio Nogueira Peixoto Maia. 1. ed. São Paulo: Editora Contracorrente, 2023. p. 31 e ss.

Para além, outra circunstância que potencializou o crescimento em importância e visibilidade da Corte pode ser creditada ao atual sistema de precedentes do CPC de 2015, que impôs outra dinâmica ao órgão (e não apenas a ele, mas às Cortes de vértice no Brasil). De Corte revisora ela passou a efetiva Corte de cúpula, Corte constitucional, geradora de precedentes em caráter prospectivo.

Sua posição na separação de poderes inerente ao Estado Democrático de Direito, os meios pelos quais atua e o diálogo com o Tribunal Superior do Trabalho são questões que merecem exame mais detido.

2. O PAPEL DO STF

A concepção de Montesquieu sobre a separação de poderes (*checks and balances*) já impunha colaboração entre eles. Ainda que as funções atípicas tenham se adensado ao longo do tempo, isso não implica a descaracterização do modelo. O que talvez cause perplexidade é a mudança do papel do juiz como "bouche de la loi", se é que algum dia essa caracterização realmente existiu.

É possível verificar exemplos históricos de juízes como Paul Magnaud que, no início do século XX, na França, contra a Lei, proferiu inúmeras decisões progressistas, como descriminalização do adultério, reconhecimento do estado de necessidade, legitimação do direito de greve, da segurança no trabalho, da valorização da mulher e sua igualdade em relação ao homem etc.

Ainda, na Suprema Corte Americana, há casos memoráveis como o Dred Scott v. Standford (1857) considerado o estopim de uma guerra civil, com a declaração da inconstitucionalidade de quaisquer normas estaduais que estabelecessem a proibição do trabalho escravo. Em Brown v. Board of Education of Topeka (1954) decidiu-se serem inconstitucionais as divisões raciais entre estudantes brancos e negros em escolas públicas pelo país e, incorporando o processo estrutural, chegou a prever a implementação/execução das medidas. Toda a Corte Warren foi marcada por essa toada.

Assim, o chamado ativismo judicial, entendido como aquele em que o juiz se substitui ao legislador, e a necessidade de autocontenção pelos magistrados e Cortes Constitucionais não são questões novas. No entanto, há que se diferenciar o papel de uma Corte Constitucional do ativismo.

Em primeiro lugar, faz-se necessário afirmar que a compatibilização de normas com a Constituição é já imprescindível em qualquer Estado Democrático de Direito.

A doutrina contemporânea enfatiza que, em qualquer democracia, é essencial a existência de representantes eleitos e de juízes. Assim, a forma de governo não poderia mais ser compreendida apenas como democracia eleitoral, mas como democracia constitucional, na medida em que o regime deve respeitar os direitos fundamentais insertos na Carta Maior, assegurados pelo controle de constitucionalidade judicialmente exercido (*judicial review*).

Para Jean-Marie Denquim, em remissão a Dominique Rousseau:

o início e o reforço da revisão constitucional provocaram uma mudança no significado da democracia: uma "democracia constitucional" mais democrática tomou o lugar de uma "democracia eleitoral". Consequentemente, o parlamento e o tribunal constitucional estão sujeitos às regras promulgadas pelo poder constituinte.[8]

Segundo Alec Stone Sweet e Jud Mathews, sobre as características da supremacia judicial e do novo constitucionalismo:

> Over the past fifty years, the new constitutionalism has swept across the globe, and today has no rival as a template for the organization of the state. The model's precepts can be simply listed: (a) institutions of government are established by, and derive their authority exclusively from, a written constitution; (b) the constitution assigns ultimate power to the people by way of elections or referenda; (c) the use of public authority, including legislative authority, is lawful only insofar as it conforms with the constitutional law; (d) the constitution provides for a catalogue of rights, and a system of constitutional justice to defend those rights; and (e) the constitution itself specifies how it may be revised. The "new constitutionalism" is based on the precept that rights and effective rights protection are basic to the democratic legitimacy of the state.
>
> It therefore rejects models of legislative sovereignty (e.g., of Australia, the French Third and Fourth Republics, and of Great Britain until recently), as well as those ideologies that would confer on one person or party unconstrained political authority.[9]

Ao STF, a quem cabe a compatibilização das Leis e decisões do país com a Constituição, nesse contexto, não poderia ser atribuído outro papel que não o de relevância primacial em nossa democracia.

No âmbito do controle de constitucionalidade, cumpre-lhe naturalmente, ou talvez paradoxalmente, a atividade contramajoritária, de ir de encontro ao que a maioria democraticamente decidiu, por meio de seus representantes eleitos. Não obstante, as opções políticas têm limites na Carta Constitucional, ou a existência do Direito seria despicienda.

---

8. Tradução livre. DENQUIN, Jean-Marie. *Que veut-on dire par "démocratie"?* L'essence, la démocratie et la justice constitutionnelle. Jus Politicum, [s. l.], n. 2, 2009. Disponível em: [https://juspoliticum.com/article/Que-veut-on-dire-par-democratie-L-essence-lademocratie-et-la-justice-constitutionnelle-76.html]. Acesso em: 2 mar. 2024.
9. Tradução livre: "Nos últimos cinquenta anos, o novo constitucionalismo varreu o mundo e hoje não tem rival como modelo para a organização do Estado. Os preceitos do modelo podem ser simplesmente listados: (a) as instituições do governo são estabelecidas e derivam sua autoridade exclusivamente de uma constituição escrita; (b) a Constituição atribui o poder final ao povo por meio de eleições ou referendos; (c) o uso da autoridade pública, incluindo autoridade da legislação, só é lícita na medida em que esteja em conformidade com os princípios constitucionais lei; (d) a constituição prevê um catálogo de direitos e um sistema de justiça constitucional para defender esses direitos; e (e) a própria constituição especifica como ela pode ser revisada. O novo constitucionalismo baseia-se no preceito de que os direitos e a efetiva proteção dos direitos são fundamentais para a legitimidade democrática do Estado. Rejeita, portanto, modelos de soberania legislativa (por exemplo, de Austrália, a Terceira e Quarta Repúblicas Francesas e a Grande Grã-Bretanha até recentemente), bem como aquelas ideologias que confeririam em uma pessoa ou partido autoridade política irrestrita. (Proportionality balancing and global constitutionalism. *Columbia Journal of Transnational Law*, [Nova York], v. 47, 2008, p. 73-165. Disponível em: [https://papers.ssrn.com/sol3/papers.cfm?abstract_id=1569344]. Acesso em: 2 fev. 2024).

No exercício de seu mister, há casos complexos que não se resolvem por decisões binárias (seriam os *hard cases* de Dworkin, elevados ao âmbito do controle de constitucionalidade). Céticos invocariam o mito da crença da neutralidade científica, uma vez que questões políticas poderiam ser tratadas como linguísticas. Não obstante, há limites a serem observados para uma decisão efetivamente jurídica, mesmo nesses casos.

Dieter Grimm[10], por exemplo, defende que uma deliberação da Corte só será política quando extrapolar os limites da revisão e do processo. Por outras palavras, quando deslocada a discussão política, mudam os atores (juiz, que não é eleito) e o processo, regras do jogo (não mais legislativo, mas judicial), de forma que os conflitos políticos entram em uma esfera diferente.

Ademais, por menor que seja a densidade do preceito constitucionalmente assegurado, de forma a não ser possível um silogismo e a lacuna entre o caso e a norma tenha de ser colmatada pela interpretação, há limite ao significado a ser atribuído. O espaço aberto é guiado pela doutrina e pelos precedentes, o que deve ser demonstrado logicamente, de forma argumentativa, por uma metodologia a ser seguida.

Some-se a isso o fato de que, no Brasil, ao contrário da Alemanha, onde nem a minuta é gravada, a deliberação pública por meio da TV Justiça impede uma *black box* judicial. Assim, mesmo que o que determine a escolha entre diversas interpretações possíveis venha a ser político, está sujeito a correções pelo debate público, sob pena de a Corte tornar-se institucionalmente vulnerável.

Há, ainda, outra forma de controle democrático, pois a jurisprudência também está sujeita a Emenda Constitucional ou Leis. Assim, de certa forma, existe algum tipo de *accountability*, e de legitimidade, embora em menor grau que no Legislativo.

Em suma, as deliberações da Corte passam a imagem de teor político pelo substrato e implicações, mas se trata efetivamente de Direito. Portanto, a questão deveria ser colocada nos termos de em que medida a revisão é política ou legal.

Não se pode olvidar que o Direito difere da Política, mas não é isolado dela, basta observar a teoria dos sistemas de Luhmann, que aponta para uma mútua interação e influência. Por outro lado, se na política vigora a soberania popular e o princípio majoritário, no direito vigora o primado da lei (*rule of law*) e do respeito aos direitos fundamentais e aos preceitos democráticos.

A judicialização da política[11] é um fato e circunstância do desenho institucional brasileiro, de forma a se cogitar não de um presidencialismo, mas de um "judiciarismo" de coalizão. Isso, entretanto, não implica liberdade ao ativismo, que é uma atitude, uma

10. Op. cit., p. 30-44.
11. Por certo, não faltam críticas ao modelo. Ran Hirschl (*Towards Juristocracy*: the origins and consequences of the new constitutionalism. Harvard University Press, 2004), por exemplo, chama a isso de juristocracia, que seria algo que ultrapassa os limites do que se convencionou chamar de ativismo judicial. A transferência de decisões políticas para o Judiciário seria algo deliberado como estratégia de preservação da hegemonia política.

escolha por uma forma proativa de interpretar a Constituição. Tampouco autoriza o realismo jurídico.[12]

O equilíbrio pode ser encontrado, portanto, na independência do Judiciário, na vinculação ao Direito e, principalmente, na autocontenção judicial pela ponderação. Essa questão está bem abordada na seguinte ementa:

> [...] 6. Ressalvadas as hipóteses de flagrante ilegalidade, abuso de poder ou teratologia, impõe-se ao Poder Judiciário autocontenção em relação às opções políticas do parlamento e órgãos especializados, sobretudo na ausência de demonstração concreta da desproporcionalidade na legislação (RE 1.359.139, Tema n° 1.231/RG, Tribunal Pleno, Ministro Luiz Fux, DJe de 8 de setembro de 2022;ADI 6.362, Tribunal Pleno, Ministro Ricardo Lewandowski, DJe de 9 de dezembro de 2020). 7. O Poder Judiciário deve atuar de forma autocontida na análise de leis que instituem restrições de forma técnica e fundamentada, não podendo almejar a substituição de opções legislativas e administrativas legítimas por suas próprias convicções ideológicas. Há um imperativo de humildade no exercício da função jurisdicional, condizente com o reconhecimento de que, em certas matérias, os juízes não necessariamente detêm as adequadas condições epistêmicas, políticas ou institucionais para dar a palavra final (SUNSTEIN, Cass R.*A constitution of many minds:why the founding document doesn't mean what it meant before*. Princeton University Press,2009). 8. É compatível com a Constituição a restrição efetuada pelo legislador ordinário no inc. III, do parágrafo único, da Lei 12.690/12.9. Ação Direita de Inconstitucionalidade, cujo pedido julga-se improcedente.[13]

Não obstante, além do papel intrínseco ao STF e ao objeto de sua jurisdição, há outro fator relevante a ser considerado no protagonismo da Corte no sistema de justiça nacional: o precedentalismo adotado pelo CPC de 2015.

3. HIERARQUIA E NOVO SISTEMA DE PRECEDENTES

Como o próprio nome diz, o STF está no ápice do organograma do Poder Judiciário brasileiro, sendo que todos os demais órgãos devem respeito a seus precedentes.

O atual Código Processual Civil[14] inaugurou sistema que impôs outra dinâmica ao Supremo, bem como às demais cortes de vértice do país: de corte revisora ela passou a efetiva corte de cúpula, corte constitucional, geradora de precedentes em caráter prospectivo. Caracterizado está o moderno papel do Supremo.

Tal dimensão está assentada no movimento de aproximação dos dois grandes sistemas do Direito, o *common law* e o *civil law*, que deflui do atual mundo fragmentado, em que a lei não acompanha a dinâmica e a fluidez das relações humanas a serem reguladas. O "vazio" normativo, aliado ao caráter aberto dos preceitos constitucionais e à vedação ao *non liquet*[15] exigem da Corte uma resposta à controvérsia que lhe é posta a julgamento.

12. TAMANAHA, Brian Z. *Beyond the formalist-realist divide*: the role of politics in judging. Princeton, N.J.: Princeton University Press, 2009.
13. STF. ADI 4849, Plenário, Sessão Virtual, relator Ministro Luiz Fux, DJe 22.05.2024.
14. "os tribunais devem uniformizar sua jurisprudência e mantê-la estável, íntegra e coerente" (art. 926, caput)
15. Art. 140, *caput*, do CPC: "O juiz não se exime de decidir sob a alegação de lacuna ou obscuridade do ordenamento jurídico".

Completam a conjuntura que deu origem a essa reformulação o assoberbamento do Poder Judiciário, que, até hoje, segundo o relatório Justiça em números[16], tem um total geral de processos pendentes em 2023 de 82 milhões e às altas taxas de congestionamento processual. A massificação das demandas implica multiplicidade de julgamentos e interpretações, gerando instabilidade, quebra da isonomia e insegurança jurídica, em um círculo vicioso que incrementa a judicialização do cotidiano.

Com efeito, promover um sistema jurídico acessível e eficiente é uma busca constante do Judiciário, desde o século XIX.

Para tanto, firmou-se no atual momento histórico um precedentalismo que tem, em sua própria essência, uma evolução veloz.

Nesse contexto, cumpre breve digressão sobre o papel da jurisprudência como fonte primária do Direito, e não indireta ou secundária. Trata-se de nova realidade de interpretação e aplicação do "direito jurisprudencial", que reflete a positivação da lógica evolução da jurisprudência em uma sociedade complexa e da necessidade de disciplina judiciária e do caráter relativamente vinculante das decisões dos tribunais superiores, pela sua própria natureza de instância extraordinária.

Em sua teoria geral do precedente judicial, Michele Taruffo aponta para dimensões do fenômeno, dentre as quais está a institucional de hierarquia judiciária, aqui destacada, com precedentes verticais, horizontais e autoprecedentes, em atenção à coerência e integridade da jurisprudência.

O tema é intrincado, mas o que é mais importante destacar é que se criou um sistema de precedentes à brasileira, pois se os precedentes e súmulas vinculantes têm caráter vinculante, com força normativa forte ou fraca, foi a lei que os atribuiu. A natureza de fonte primária do Direito não emana originalmente desses precedentes qualificados, foi, não é demais repetir, aqui, atribuído por lei.

Por isso, não se deve pensar os precedentes brasileiros como importação do sistema de precedentes da *common law*, construídos pela lógica do "case by case formulation and reformulation" e dos quais não se extrai uma suma ou súmula, abstrata e geral. Já disse Medina que "o precedente é um fato e contém uma norma".[17]

Quanto à questão do direito jurisprudencial, trago a lição de Castanheira Neves:

> Se atribuir ao legislador o monopólio da função legislativa não significa atribuir-lhe o monopólio ou exclusividade da criação do direito – o direito e a lei deixaram já de confundir-se –, também a criação do direito não tem de manifestar-se unicamente em termos legislativos.
>
> Assim, e deixando mesmo de lado o direito consuetudinário, o contributo da jurisprudência para a criação do direito pode verificar-se, e verifica-se, de dois modos não legislativos, à parte também o momento normativamente constitutivo da sua concreta realização do direito: através, desde logo, da casuística que se imponha normativo-juridicamente em termos de precedentes (...) e através dos

16. CNJ. *Justiça em números 2024*. Disponível em: [chrome-extension://efaidnbmnnnibpcajpcglclefindmkaj/https://www.cnj.jus.br/wp-content/uploads/2024/05/justica-em-numeros-2024.pdf]. Acesso em: 28 maio 2024.
17. MEDINA, José Miguel Garcia. *Recursos e precedentes*: prática nos Tribunais. São Paulo: Ed. RT, 2023. p. 1161.

> princípios e "normas de decisão" que se manifestam ou constituem na sua jurisprudência, nas suas *rationes decidendi*, e que se vão autonomizando das decisões de casos concretos em que surgiram mediante uma objectivação dogmática que os insere como tais, como critérios jurídicos objectivos, no corpus júris (...).
>
> Em ambos os casos estamos perante critérios jurídicos constituídos e provindos da jurisdição sem serem por ela prescritos – criados, mas não legislados pela jurisdição -, critérios jurídicos que são materialmente jurisprudência mesmo quando passam a vigorar como normas objectivo-abstractas. (...) E o que se diz de normas jurídicas constituídas jurisprudencialmente pela jurisdição deve dizer-se igualmente das máximas (das decisões judiciais), das súmulas, das *Leitsätzen*, i. é, das regras ou critérios normativo-jurídicos que, a partir do conteúdo das decisões judiciais, formalmente se enunciem e publiquem com uma função já informativa e de síntese, já compreensiva do teor relevante dessas decisões (seja das suas *rationes decidendi*, seja mesmo dos seus *dicta*).[18]

Segundo Canotilho, "a legitimidade e imprescindibilidade do Richterrecht ('direito dos juízes', 'direito judicial') parece ser hoje indiscutida. Problemática e objeto de controvérsia é já a extensão desse direito de criação judicial".[19]

Para pô-lo em prática, o Supremo operacionaliza instrumentos poderosos.

4. CONTROLE CONCENTRADO DE CONSTITUCIONALIDADE

O STF, como guardião maior da Constituição, tem como atribuição destacada o controle abstrato de constitucionalidade.

Muito já se falou na doutrina sobre esse instituto como forma de assegurar a unidade do ordenamento e do Estado, bem como a supremacia da Constituição. De fato, iniciado sob a modalidade difusa no paradigmático Marbury v. Madison (1803), ele representa o marco da expansão do papel do Poder Judiciário.[20]

No Brasil, o protagonismo do STF surgiu do controle de constitucionalidade e ampliou-se acentuadamente pela abertura procedimental da jurisdição constitucional a partir da Constituição de 1988, que facilitou o acesso à Corte, por meio de novos instrumentos processuais (tais como ações de controle abstrato de constitucionalidade e mandado de injunção) e da ampliação da legitimidade para manejá-los como acionantes (art. 103 da CF) ou *amici curiae* (art. 138 do CPC e Lei 9.868/1999). Também já se mencionou o caráter analítico desta Carta.

Trate-se, ontológica e deontologicamente, de um instrumento necessário, pois sem ele haveria perda de relevância das Constituições.

Entretanto, ao assegurar ao STF a função de legítimo Tribunal Constitucional, com a peculiaridade de integrar o Judiciário, tal como nos Estados Unidos, surge o consequente problema da legitimidade democrática dos seus integrantes, que não são eleitos.

---

18. *O instituto dos "assentos"' e a função jurídica dos supremos tribunais.* Imprenta: Coimbra, Coimbra Ed, 1983. p. 619-620.
19. *Direito Constitucional e Teoria da Constituição.* 7. ed. Coimbra: Edições Almedina, 2003. p. 616.
20. Em nosso país, passou-se a prever expressamente o controle difuso de constitucionalidade na Constituição de 1891, em seu artigo 59, § 1º.

Quanto ao ponto, Waldron, em seu "The core against judicial review", bem suscita ainda a questão da capacidade institucional, ou seja, a determinação de qual poder está mais habilitado a produzir a melhor decisão em determinada matéria. Para ele, os órgãos judiciários não podem "prever e administrar os efeitos sistêmicos das decisões proferidas em casos individuais".[21]

Nisso, a questão retorna aos limites da atividade judicial, pois já não se questiona a superação da doutrina kelseniana do Tribunal Constitucional apenas como legislador negativo, na qual se entendia que a jurisdição constitucional tem como interlocutor natural o Legislador. Atualmente, com o reconhecimento de que a Constituição tem eficácia e dinamismo, a função da jurisdição constitucional, dentro de suas balizas, é de criadora do direito, sem se substituir ao Legislador.

Para além de anular de forma geral atos do Legislativo, o STF profere decisões interpretativas e, ainda, decisões de perfil aditivo, adicionando um sentido adequado ao texto não contemplado pelo enunciado legislativo, ou de perfil substitutivo, substituindo parcela do enunciado legislativo por outro.

Os parâmetros seguros desse imenso poder estão na autocontenção, no próprio ordenamento e na *accountability* possível frente à sociedade.

5. REPERCUSSÃO GERAL

Em sequência ao controle de constitucionalidade, tem-se a repercussão geral como instrumental de operacionalização da influência do STF no precedentalismo nacional.

Trata-se de requisito prévio de admissibilidade do recurso extraordinário, acrescentado pela Emenda Constitucional 45/2004 e que passou a ser aplicado a partir de 3 de maio de 2007, com a regulamentação pela Emenda Regimental 21/2007 pelo Regimento Interno do STF. Pode ser entendida como uma arguição de relevância, a ser demonstrada pelo recorrente.

Trazendo por inspiração o *writ of certiorari* americano, faz parte do movimento para racionalizar o sistema recursal.

Nos termos do art. 1.035, § 1º, do mesmo Codex, "para efeito de repercussão geral, será considerada a existência ou não de questões relevantes do ponto de vista econômico, político, social ou jurídico que ultrapassem os interesses subjetivos do processo".

Assim, ultrapassava-se a era em que subiam ao STF demandas de interesse individual ou questões de direito repetidas, julgadas, singularmente, à exaustão.

Com um sistema de julgamento bifásico (na primeira decisão, o Pleno diz se a questão constitucional tem repercussão geral. Na segunda, julga-se o mérito propriamente

21. *The Yale Law Journal* [New Haven]. v. 115, n. 6, apr. 2006. p. 1346-1406. Disponível em: [chrome-extension://efaidnbmnnnibpcajpcglclefindmkaj/https://openyls.law.yale.edu/bitstream/handle/20.500.13051/9638/54_115YaleLJ1346_April2006_.pdf?sequence=2&isAllowed=y]. Acesso em: 30 abr. 2024.

dito), a ela se atribui a ausência de congestionamento na Corte, que atualmente conta com um acervo de pouco mais de 22 mil processos.[22]

Otimizando ainda mais o sistema, a Lei 13.256/2016 estabeleceu a atual redação do art. 1.030 e consolidou a jurisprudência anterior da Corte, segundo a qual é autorizado ao presidente ou ao vice-presidente do Tribunal prolator da decisão recorrida negar seguimento: 1) ao recurso extraordinário que tratar de controvérsia a que o STF tenha negado a repercussão geral; e 2) ao recurso interposto contra acórdão em conformidade com precedente de repercussão geral e de recurso repetitivo. Sua decisão, portanto, tem eficácia em relação a todos os recursos que versem sobre a mesma matéria.

Atualmente, pode-se observar que o instituto passou de filtro individual, para um instrumento importante no microssistema objetivo de demandas repetitivas, o que, de fato, perfectibilizou e concretizou sua finalidade.

6. RECLAMAÇÃO CONSTITUCIONAL

A reclamação, originalmente fruto da construção jurisprudencial do STF, foi incorporada à Constituição no art. 102, I, "l", segundo o qual, tem por objeto "a preservação de sua competência e garantia da autoridade de suas decisões".

Foi regulamentada pelo artigo 13 da Lei 8.038/1990 e pelos artigos 156 e seguintes do Regimento Interno da Corte (RISTF).

No que tange à particularidade do instituto no protagonismo do STF, o que se observa é que a Corte tem dado a ele função não só assecuratória de sua autoridade e competência, mas também: 1) meio de interpretação e conformação da jurisprudência da Corte (Rcl-AgR 5.989, Rel. Min. Marco Aurélio, Rel. p/ Acórdão Min. Dias Toffoli, Tribunal Pleno, DJe 17/5/2011); 2) função de revisar julgados do controle concentrado, superando-os (Reclamação 4.374, Rel. Min. Gilmar Mendes, Tribunal Pleno, DJe 3.9.2013); e 3) meio de exame da constitucionalidade de lei de teor idêntico ou semelhante ao da lei que foi objeto de fiscalização abstrata perante o STF (Rcl 3.014, Rel. Min. Ayres Britto, Tribunal Pleno, DJe 21.5.2010).

Especialmente na seara laboral, releva destacar a função integrativa de seus precedentes vinculantes, com a ressignificação jurídica de entendimentos para além da literalidade e da abrangência do espectro do julgamento principal.

É o que ocorre, por exemplo, com a ADPF 324 e RE 958.252[23], que tratam da terceirização lícita em atividade-fim da empresa, em que, por meio de reclamações cons-

22. Disponível em: [https://transparencia.stf.jus.br/extensions/corte_aberta/corte_aberta.html]. Acesso em: 29 maio 2024.
23. Respectivamente: "É lícita a terceirização de toda e qualquer atividade, meio ou fim, não se configurando relação de emprego entre a contratante e o empregado da contratada" e "É lícita a terceirização ou qualquer outra forma de divisão do trabalho entre pessoas jurídicas distintas, independentemente do objeto social das empresas envolvidas, mantida a responsabilidade subsidiária da empresa contratante" (STF. ADPF 324. Tribunal Pleno. Relator Ministro Roberto Barroso, DJe 06.09.2019 e STF. RE 958.252/MG. Tribunal Pleno. Relator Ministro Luiz Fux, DJe 13.09.2019).

titucionais, abriu-se a compreensão para tornar lícitos os fenômenos da pejotização de profissionais liberais e o trabalho autônomo *on demand* ou plataformizado.[24]

São muitas as críticas a essa nova faceta jurisprudencialmente atribuída ao instituto, tais como a ausência de aderência estrita com os precedentes qualificados; o revolvimento de fatos e provas; e a sua utilização como sucedâneo recursal ou sem o esgotamento das instâncias ordinárias.

Tudo a trazer grande impacto no âmbito do Tribunal Superior do Trabalho e em todo o ramo especializado laboral.

7. IMPACTO DAS DECISÕES DO STF NO TST

O impacto das decisões do STF se faz sentir em toda a sociedade e demais Poderes, mas principalmente na seara laboral, em que o substrato normativo se encontra em adaptação, num momento em que constatado o "caráter irreversível da crise [do] modelo" de contrato de emprego, cânone do Direito do Trabalho, que representaria "apenas uma das fases da longa história do 'homo faber'".[25]

A influência no Superior Tribunal de Justiça é também marcante e estudada, no que se convencionou chamar de "zona de penumbra"[26], em que a superposição da Suprema Corte, por vezes, inviabiliza a função institucional do Tribunal da Cidadania de dar a última palavra na uniformização da legislação federal. Caso emblemático foi a superação de precedente sobre a integração do ICMS na base de cálculo do PIS e Cofins, que, por sua repercussão nas finanças públicas, recebeu a alcunha de "tese do século".

Para o âmbito trabalhista o que se verifica é a extração de grandes teses da principiologia dos direitos fundamentais sociais da Constituição Federal, com predominância da noção econômica de desenvolvimento sustentável.

Além da licitude da terceirização na atividade-fim, firmou-se a prevalência do negociado sobre o legislado no Tema 1.046 da Tabela da Repercussão Geral[27] e discute-se a necessidade de instauração de incidente de desconsideração da personalidade jurídica para a inclusão de empresas do mesmo grupo econômico em fase de execução no Tema 1.232 da Tabela da Repercussão Geral.

---

24. Desdobramentos em reclamação constitucional, afastando-se o vínculo de emprego: corretor de imóveis; técnico de radiologia; médico; advogado; motorista de app; coach financeiro; representante comercial, dentre outros.
25. SUPIOT, Alain. Para além do emprego: os caminhos de uma verdadeira reforma do direito do trabalho. *Revista Ltr: legislação do trabalho*, São Paulo, v. 83, n. 10, p. 1189-1205, out. 2019.
26. MARINONI, Luiz Guilherme. *A zona de penumbra entre o STJ e o STF*: a função das Cortes Supremas e a delimitação do objeto dos recursos especial e extraordinário. 2. ed., rev., atual. e ampl. São Paulo: Thomson Reuters Brasil, 2023.
27. Tese fixada: "São constitucionais os acordos e as convenções coletivos que, ao considerarem a adequação setorial negociada, pactuam limitações ou afastamentos de direitos trabalhistas, independentemente da explicitação especificada de vantagens compensatórias, desde que respeitados os direitos absolutamente indisponíveis".

Observa-se, ainda, a tendência de esvaziamento da competência da Especializada, com o deslocamento para a Justiça Comum de demandas envolvendo: servidor público estatutário (ADI 3.395); greve de servidores públicos celetistas da administração direta, autarquias e fundações de direito público (Tema 544 RG); complementação de aposentadoria patrocinada por entidade de previdência privada (RE 586.453/SE); transporte rodoviário de cargas (ADC 48), dentre outros.

Os julgamentos das reclamações constitucionais vêm acompanhados de veementes críticas ao TST, com quem o STF estaria travando um "diálogo de surdos", pela recalcitrância no cumprimento direto ou indireto das teses vinculantes.

De fato, há casos de resistência às decisões da Corte em nome dos tradicionais princípios orientadores do Direito do Trabalho (o que, dada a hierarquia dos precedentes só poderia ocorrer em sede doutrinária). Não obstante, há espaço para compreensões díspares entre o que os Ministros entenderam decidido nos precedentes qualificados e o que efetivamente vincula.

Por um lado, o Tribunal adota o modelo *per seriatim*, agregativo (em oposição ao *per curiam* no qual se redige um acórdão), em que são juntados os votos de cada Ministro, com *obiter dicta* que se entendem integrar a parte vinculante da decisão, quando, na verdade, pela tendência do STF de adotar teses mais gerais não estão ali.

Recorde-se a peculiaridade do sistema de precedentes nacional com a fixação de teses vinculantes, o que também dificulta a busca pela *ratio decidendi*.

É preciso ter em mente que é necessária a observância dos precedentes do STF, mas que, no que há espaço para conformação, as decisões são formadas como um romance em cadeia, na expressão de Dworkin. Para ele, "Cada romancista, a não ser o primeiro, tem a dupla responsabilidade de interpretar e criar, pois precisa ler tudo o que foi feito antes para estabelecer, no sentido interpretativista, o que é o romance criado até então".[28]

Para além, em que pese a supremacia do STF, o diálogo deve ser travado dentro do Judiciário[29], mas também, institucionalmente, com o Poder Legislativo.

8. DIÁLOGO E REEQUILÍBRIO INSTITUCIONAL

Mendes afirma que as teorias de diálogo institucional "têm em comum e [...] contrastam com teorias da última palavra. Dois são os seus principais denominadores comuns: a recusa da visão juricêntrica e do monopólio judicial na interpretação da

28. DWORKIN, Ronald. *Uma questão de princípio*. Trad. Luís Carlos Borges. 2. ed. São Paulo: Martins Fontes, 2005. p. 236-8.
29. Com esse propósito, em 22.05.2024, os presidentes em exercício do STF e do TST firmaram termo aditivo ao Acordo de Cooperação Técnica 3/2023, para reduzir o número de ações judiciais e privilegiar o julgamento de temas repetitivos, avançando na adoção de um sistema de precedentes.

constituição".[30] Em geral, apelam "a una civilizada y respetuosa resolución de conflito sen momentos marcados por los antagonismos políticos".[31]

A interpretação constitucional atribuída pelo Supremo pode e deve ser refletida no âmbito do Executivo e do Legislativo de forma a deliberarem como reagir a ela. Está sujeita, por exemplo, a revogação ou à disciplina legislativa e constitucional, no âmbito do Poder Reformador. Trata-se do *checks and balances* numa perspectiva fluida.

Sobre o tema, já se pronunciou o Ministro Luís Roberto Barroso:

> os diálogos institucionais podem se concretizar por meio de diferentes comportamentos [...]. Verificando que alguma matéria é malversada, mas que a correção depende de atuação do Poder Legislativo, o Supremo Tribunal Federal se manifesta neste sentido, dando ciência ao Legislativo de que há uma mudança a ser feita [...]. A segunda vertente do diálogo institucional, a meu ver, é a devolução da matéria pelo Supremo ao Poder Legislativo [...]. Em vez de dar a última palavra, o Supremo estimula, incentiva o Congresso a prover sobre uma matéria [...]. A terceira e última forma de diálogo institucional, a meu ver, é a superação da jurisprudência, que é precisamente a discussão que nós estamos travando aqui [...]. Devo dizer que a superação de jurisprudência, como é o caso aqui, por aprovação de lei pressupõe que exista mais de uma interpretação constitucional possível e válida para que o Congresso possa optar por uma diferente daquela que o Supremo optou.[32] (BRASIL, STF, 2015, p. 89).

Com efeito, a interação dialógica entre Poderes é apontada como caminho para a implementação de uma forma cooperativa e harmônica de concretização da Constituição. No entanto, isso não implica uma solução eficaz ao empoderamento judicial.

A busca pelo essencial reequilíbrio institucional não prescinde de eficiência e efetiva participação popular, não podendo recair em disputa por controle entre os Poderes e sobre quem tem maior legitimidade social em determinado momento. Com isso, sofre a democracia e o Estado de Direito.

CONSIDERAÇÕES FINAIS

Como alegoria, a discussão sobre a supremacia da Corte constitucional e o diálogo institucional evoca o seguinte trecho da obra de Lewis Caroll, Alice através do espelho e o que ela encontrou por lá, referenciado por Ran Hirschl, em sua obra[33]:

> "Quando uso uma palavra", Humpty Dumpty disse em um tom bastante desdenhoso, "isto significa só o que eu escolhi que ela significasse – nem mais nem menos".
>
> "A questão é", disse Alice, "se você pode fazer as palavras significarem tantas coisas diferentes".
>
> "A questão é", disse Humpty Dumpty, "quem é que manda – isto é tudo".

30. MENDES, Conrado Hübner. *Direitos fundamentais, separação de poderes e deliberação*. São Paulo, 2008. 219 f. Tese: Doutorado em Ciência Política. Faculdade de Filosofia, Letras e Ciências Humanas, Universidade de São Paulo, p. 98.
31. TUSHNET, Mark. Revisión judicial dialógica. In: GARGARELLA, Roberto (Org.). *Por una justicia dialógica*: el Poder Judicial como promotor de la deliberación democrática. Buenos Aires: SigloVeintiuno, 2014.
32. STF. ADI 5.105. Relator Ministro Luiz Fux. Julgada em 1 out. 2015.
33. Op. cit.

O jurista Carlos Blanco de Morais afirmou (no "caso dos precatórios") estar demonstrado que "o STF pode até substituir-se a Deus e à dogmática jurídica, julgando normas inconstitucionais e depois repô-las em vigor quando se percebeu a existência de certos efeitos indesejáveis". Ainda, para ele, "o STF autoinvestiu-se de imenso poder de travagem de emendas que possam afetar os seus próprios poderes."[34]

É preciso, portanto, sem retórica, a busca pelo reequilíbrio, harmonia e autocontenção. Não só entre os Poderes, mas também, internamente, no âmbito do Poder Judiciário, principalmente entre o STF e o TST, em que os embates se dão às claras, em desprestígio para a instituição como um todo.

O Brasil encerrou 2023 como a nona maior economia do mundo (FMI). Isso já demonstra como a Justiça do Trabalho é essencial para a conformação dos valores sociais do trabalho e da livre iniciativa, fundamentos da República, nos termos do art. 1º, IV, da CF. No entanto, atualmente, esta Especializada vê-se na conjuntura de dar enquadramento jurídico a relações de trabalho líquidas, ainda não legisladas.

Ao aplicar um sistema de precedentes particular, à brasileira, ainda em desenvolvimento após o CPC de 2015, é preciso ter em mente a formação de um romance em cadeia. Cumpre, ainda, de um lado, a busca por maior clareza quanto ao definido pelo STF em seus precedentes qualificados e, de outro, ao TST, os meios próprios, acadêmicos, doutrinários, de insurgência em caso de irresignação com o conteúdo vinculante das normas jurídicas.

Afinal, o STF exerce suas atribuições com a liberdade que lhe foi amplamente proporcionada pela Constituição vigente. E não só por ela. Já disse Aharon Barak, juiz presidente da Suprema Corte de Israel, que "Nada escapa do alcance da revisão judicial. O mundo está preenchido pelo Direito; e tudo pode ser levado ao Judiciário".

REFERÊNCIAS

BALEEIRO, Aliomar. *O Supremo Tribunal Federal, esse outro desconhecido*. Rio de Janeiro: Forense, 1968.

BARROSO, Luís Roberto. *Curso de direito constitucional contemporâneo*. 12. ed. São Paulo: Saraiva, 2024.

BARROSO, Luís Roberto. *Palestra de abertura do Fórum Internacional Esfera*. Disponível em: [www.cnnbrasil.com.br/politica/barroso-elenca-razoes-de-um-certo-protagonismo-do-supremo-no-brasil/]. Acesso em: 20 abr. 2024.

BICKEL, Alexander. *The least dangerous branch*: the Supreme Court at the bar of politics. Indianapolis: Bobbs-Merrill, 1962.

CAMPOS, Roberto. *O século esquisito*. Rio de Janeiro. Topbooks, 1990.

CANOTILHO, J. J. Gomes. *Direito constitucional e teoria da Constituição*. 7. ed. Coimbra: Edições Almedina, 2003.

CANOTILHO, J. J. Gomes. Entrevista concedida pelo Jurista à Folha de São Paulo. *O Supremo do Brasil é o mais poderoso do mundo*. Folha de São Paulo. Publicado em 24.11.2013.

34. Entrevista concedida pelo Jurista ao Conjur. Publicada em 2.04.2017. Disponível em: [www.conjur.com.br/2017-abr-02/entrevista-carlos-blanco-morais-professor-universidade-lisboa/]. Acesso em 23 maio 2024.

DENQUIN, Jean-Marie. *Que veut-on dire par « démocratie »?* L'essence, la démocratie et la justice constitutionnelle. Jus Politicum, [s. l.], n. 2, 2009. Disponível em: [https://juspoliticum.com/article/Que-veut-on-dire-par-democratie-L-essence-lademocratie-et-la-justice-constitutionnelle-76.html]. Acesso em: 02 mar. 2024.

DWORKIN, Ronald. *Uma questão de princípio*. Trad. Luís Carlos Borges. 2. ed. São Paulo: Martins Fontes, 2005.

GRIMM, Dieter. *Jurisdição constitucional e democracia*: ensaios escolhidos. Trad. Paulo Sávio Nogueira Peixoto Maia. 1. ed. São Paulo: Editora Contracorrente, 2023.

HAMILTON, Alexander. *Federalist 78*. The Federalist Papers, 1961. Disponível em: [www.constitution.org/fed/federa78.htm]. Acesso em: 08 mar. 2024.

HIRSCHL, Ran. *Towards Juristocracy*: the origins and consequences of the new constitutionalism. Harvard University Press, 2004.

HESSE, Konrad. La interpretación constitucional. *In: Escritos de derecho constitucional*. Trad. Pedro Cruz Villalon. 2. ed. Madrid: Centro de Estudios Constitucionales, 1992.

MARINONI, Luiz Guilherme. *A zona de penumbra entre o STJ e o STF*: a função das Cortes Supremas e a delimitação do objeto dos recursos especial e extraordinário. 2. ed., rev., atual. e ampl. São Paulo: Thomson Reuters Brasil, 2023.

MENDES, Conrado Hübner. *Direitos fundamentais, separação de poderes e deliberação*. São Paulo, 2008. 219 f. Tese: Doutorado em Ciência Política. Faculdade de Filosofia, Letras e Ciências Humanas, Universidade de São Paulo.

MENDES, Gilmar Ferreira; MARTINS, Ives Gandra da Silva. *Controle concentrado de constitucionalidade*: comentários à Lei n. 9.868, de 10-11-1999. 3. ed. São Paulo: Saraiva, 2009.

MORAIS. Carlos Blanco de. Entrevista concedida pelo Jurista ao Conjur. Publicada em 2.04.2017. Disponível em: [www.conjur.com.br/2017-abr-02/entrevista-carlos-blanco-morais-professor-universidade-lisboa/]. Acesso em 23 maio 2024.

NEVES, Castanheira. *O instituto dos "assentos"' e a função jurídica dos supremos tribunais*. Imprenta: Coimbra, Coimbra Ed, 1983.

ROUSSEAU, Dominique. *Constitutionnalisme et démocratie. La vie des idées*, [s. l.], sept. 2008. Disponível em: [https://laviedesidees.fr/Constitutionnalisme-etdemocratie.html]. Acesso em: 02 mar. 2024.

SARLET, Ingo Wolfgang. *A eficácia dos direitos fundamentais*. 11. ed. Porto Alegre: Livraria do Advogado, 2012.

SOARES, Saulo Cerqueira de Aguiar. *Direitos fundamentais do trabalho*. São Paulo: LTr, 2017.

SUPIOT, Alain. *Para além do emprego*: os caminhos de uma verdadeira reforma do direito do trabalho. Revista Ltr: legislação do trabalho, São Paulo, v. 83, n. 10, p. 1189-1205, out. 2019.

SWEET, Alec Stone; MATHEWS, Jud. Proportionality balancing and global constitutionalism. *Columbia Journal of Transnational Law*, [Nova York], v. 47, 2008, p. 73-165. Disponível em: [https://papers.ssrn.com/sol3/papers.cfm?abstract_id=1569344]. Acesso em: 02 fev. 2024.

TAMANAHA, Brian Z. *Beyond the formalist-realist divide:* the role of politics in judging. Princeton, N.J.: Princeton University Press, 2009.

TUSHNET, Mark. *Taking the constitution away from the courts*. Princeton: Princeton University Press, 1999.

TUSHNET, Mark. Revisión judicial dialógica. In: GARGARELLA, Roberto (Org.). *Por una justicia dialógica*: el Poder Judicial como promotor de la deliberación democrática. Buenos Aires: SigloVeintiuno, 2014.

VICTOR, Sérgio Antônio Ferreira. *Diálogo institucional e controle de constitucionalidade*: debate entre o STF e o Congresso Nacional. São Paulo: Saraiva, 2015. (Série IDP).

WALDRON, Jeremy. The Core of the Case against Judicial Review. *The Yale Law Journal* [New Haven]. v. 115, n. 6, apr. 2006. p. 1346-1406. Disponível em: [chrome-extension://efaidnbmnnnibpcajpcglclefindmkaj/https://openyls.law.yale.edu/bitstream/handle/20.500.13051/9638/54_115YaleLJ1346_April2006_.pdf?sequence=2&isAllowed=y]. Acesso em: 30 abr. 2024.

ADVOCACIA-GERAL DA UNIÃO, MINISTÉRIO DA JUSTIÇA E SEGURANÇA PÚBLICA E O SUPREMO TRIBUNAL FEDERAL: TRAJETÓRIA INSTITUCIONAL E CARREIRA DO MINISTRO ANDRÉ LUIZ DE ALMEIDA MENDONÇA

João Daniel Silva

Bacharelando em Direito pela Universidade Federal Fluminense (UFF). Estagiário no Gabinete do Ministro André Mendonça, no Supremo Tribunal Federal (STF). *Member of The Federalist Society*.

"Se você for um juiz bom e fiel, você deve se resignar ao fato de que nem sempre vai gostar das conclusões a que você chega. Se você gosta delas o tempo todo, provavelmente está fazendo algo errado."

— Antonin Scalia[1]

Nascido aos 27 de dezembro de 1972, em Santos, litoral do Estado de São Paulo, André Luiz de Almeida Mendonça, cursou a Graduação em Direito na Instituição Toledo de Ensino, em Bauru, no interior do Estado de São Paulo, Especialização em Direito Público na Universidade de Brasília, e, posteriormente, concluiu Mestrado e Doutorado pela Universidade de Salamanca, na Espanha. Pastor presbiteriano de formação, é casado com Janey Nagliatti de Mendonça e pai de dois filhos, Daniela Nagliatti de Mendonça e Luiz Antonio Athayde de Mendonça Neto.

No ano de 2000, ingressou na Advocacia-Geral da União, por meio de concurso público de provas e títulos, assumindo o posto de Procurador Seccional da União em Londrina, interior do Estado do Paraná. Em 2006, mudou-se para Brasília, Distrito Federal, onde assumiu o posto de Subcorregedor disciplinar da Corregedoria-Geral da Advocacia da União, chegando a Corregedor-Geral dez anos depois. Em 2019, ascendeu à posição mais elevada dentro da carreira, sendo empossado como Advogado-Geral da União no Governo do então Presidente da República Federativa do Brasil, Jair Messias Bolsonaro, onde ficou até 2020, quando foi nomeado Ministro da Justiça e Segurança Pública; retornando em 2021 para o comando da Advocacia-Geral da União.

Após esse pequeno preâmbulo, muitíssimo resumido, em comparado com a vasta trajetória e robusta carreira do Ministro André, dou início a essas singelas linhas para artigo em obra coletiva para justa e meritória homenagem ao querido e honorável Ministro André Luiz de Almeida Mendonça.

1. Antonin Gregory Scalia (Trenton, 11 de março de 1936 – Marfa, 13 de fevereiro de 2016), foi um Juiz Associado da Suprema Corte dos Estados Unidos de setembro de 1986 até sua morte em fevereiro de 2016.

O Supremo Tribunal Federal foi fundado em 10 de maio de 1808[2], ainda sob a regência do Império do Brasil. A Suprema Corte brasileira funciona como Tribunal constitucional e de recursos, assumindo diversas atribuições e sendo protagonista em julgamentos de relevo nacional e recorte histórico.

Nessa Casa, onde se manifesta a defesa e guarda da Constituição da República, onze Ministros, sabatinados pelo Senado Federal e nomeados pelo Presidente da República, exercem a jurisdição constitucional, modulando os efeitos vinculantes que emanam de suas decisões e verificando a conformidade das leis com a própria Constituição, em todo o território nacional.

Exatamente nesse contexto, que o Brasil foi agraciado com a chegada do Ministro André Mendonça à Suprema Corte brasileira. Em 01 de dezembro de 2021, 47 Senadores da República validaram seu nome para o Supremo Tribunal Federal, após longa sabatina. Em 02 de dezembro daquele ano, foi publicada, em Diário Oficial da União, a nomeação exarada pelo Presidente da República, Jair Messias Bolsonaro. E, aos 16 de dezembro de 2021, tomou posse como Ministro do Supremo Tribunal Federal, sob a Presidência do Ministro Luiz Fux.

Ainda, em 25 de junho de 2024, tomou posse como integrante efetivo do Tribunal Superior Eleitoral, na vaga aberta com a saída do Ministro Alexandre de Moraes.

Todo o histórico de vida e trajetória profissional do Ministro André Mendonça, demonstra sua envergadura moral e intelectual para assunção ao sacerdócio superior da Magistratura nacional, qual seja, o ofício de Juiz da Suprema Corte, que no desenho institucional da democracia brasileira, figura como guardiã da Constituição da República Federativa do Brasil.

A missão constitucional dos Juízes de nossa Suprema Corte comunga com a ideia de *Rule of Law*[3], onde as Leis e a Justiça gozam de primazia e observância fiel, sem margem para decisões judiciais teratológicas, que flertem com a arbitrariedade e com a tirania. Nesse diapasão, a sociedade é coroada com liberdade, cidadania e paz social. Este é o corolário da prestação jurisdicional que é leal ao Império da Lei.

Nesse limiar, o Ministro André Mendonça tem despontado como um dos maiores defensores do Império da Lei que já passaram pelo Supremo Tribunal Federal, desde a sua fundação. Tanto em suas manifestações públicas em congressos jurídicos e aulas magnas, sempre em caráter técnico e acadêmico, quanto em suas decisões monocráticas ou votos em acórdãos, o Ministro André tem demonstrado seu respeito à Constituição da República e seu amor às Leis.

---

2. Fundado após a Independência do Brasil, como Supremo Tribunal de Justiça, e rebatizado como Supremo Tribunal Federal após a Proclamação da República.
3. O Império da Lei se traduz por um ideário jurídico por meio do qual se afirma a primazia das leis e da justiça na regulação do convívio em sociedade, sendo oponível a outras modalidades de governança, notadamente àquelas que flertam com a arbitrariedade e a tirania.

Nessa lavra, em palestra proferida para um seleto público do meio jurídico, no auditório principal da Procuradoria-Geral de Justiça Militar, em Brasília, Distrito Federal, no dia 15 de março de 2024, o Ministro André Mendonça desestimulou o ativismo judicial, enquanto defendeu a autocontenção e estabilidade do Poder Judiciário.

Na ocasião, o Ministro André Mendonça defendeu o que nesse artigo se apregoa como o Império da Lei, demonstrando a sua sensibilidade para com a estabilidade nacional, a segurança jurídica, que tem sido objeto de discussão em fóruns jurídicos e econômicos no país, bem como sua preocupação com o ativismo judicial, e concluiu afirmando: "Não posso ir além do meu papel".

Em outra ocasião, no dia 09 de agosto de 2024, no Salão Nobre do Clube Militar do Rio de Janeiro, também em uma conferência restrita a um público privativo do mundo jurídico, o Ministro André Mendonça ressaltou a importância da autocontenção devida à toda Magistratura e desencorajou o ativismo judicial como instrumento para a promoção de ideologias políticas particulares.

Toda essa mostra pública de coerência jurídica e retidão moral não se traduz em palavra que os ventos podem levar, mas estão impressas e registradas na postura escorreita perante a sociedade brasileira e posição firme diante de seus pares no Supremo Tribunal Federal e no Tribunal Superior Eleitoral.

Para demonstrar empiricamente, em decisão datada de 10 de junho de 2022, em sede de Reclamação Constitucional da Igreja Congregação Cristã no Brasil contra o Tribunal de Justiça do Estado de São Paulo, em matéria que versava sobre a imunidade tributária dos templos religiosos à luz da Constituição da República, diante da qual o Município de Votuporanga, no Estado de São Paulo, buscava angariar tributos sobre imóveis ociosos, o Ministro André Mendonça proferiu seu voto em favor da entidade religiosa, respeitando antigo paradigma da Corte a esse respeito. Em síntese, decidiu:

> Com efeito, o próprio requerimento formulado perante o Município de Votuporanga/SP pela entidade reclamante, pleiteando a junção dos imóveis para o fim de construir templo religioso, evidencia o caráter temporário da ociosidade, situação que se amolda, em plenitude, ao que decidido pelo Supremo Tribunal Federal no julgamento paradigma. (RCL 52.478/São Paulo, 2022, STF).

É latente, nas palavras escolhidas pelo julgador, e na construção lógica de seu julgado, que a primazia das Leis e da Constituição está devidamente salvaguardada, sobretudo respeitada, sem qualquer mácula ideológica ou pretensão judicialmente ativista. Destaca-se sempre esse ponto, uma vez que, hodiernamente, a literatura jurídica, fruto do sério e reconhecido trabalho de juristas e filósofos contemporâneos, tem considerado o ativismo judicial como uma problemática de grande monta para a manutenção das democracias liberais, pondo em xeque o bom funcionamento das instituições de Estado.

Ora, se a Constituição Federal estabelece que os imóveis de propriedade exclusiva de entidades religiosas gozam de imunidade tributária, um Município não pode delas requerer o recolhimento de tributos dessa espécie, sob pena de afronta e desmerecimento ao desejo do Constituinte Originário. Nesse viés, a correta decisão do Ministro André

Mendonça traz não só justiça, mas também segurança jurídica para o cumprimento missionário das organizações religiosas em todo território nacional.

Esse é apenas um singelo exemplo dentre várias outras decisões do Ministro ora homenageado, que traz luz ao ordenamento jurídico pátrio, e segurança jurídica para as instituições públicas e privadas do nosso grande país, além de contribuir para a construção da jurisprudência da Suprema Corte brasileira, sem incorrer em ativismo judicial e vaidades.

Por todo o exposto, escrever um artigo em homenagem ao Ministro André Mendonça, de primeiro plano, pode parecer tarefa fácil, contudo carrega grande responsabilidade, pois não se trata apenas de um Ministro do Supremo Tribunal Federal, mas de um jurista de escol, que está participando ativamente da construção da história jurídica nacional, modelando precedentes, influenciando novas gerações, trazendo justiça e segurança ao povo do Brasil, cumprindo com galhardia e muito esmero a difícil missão que o soberano Deus lhe confiou.

Assim como o Juiz Associado da Suprema Corte dos Estados Unidos da América, Antoni Scalia, exarava fidelidade ao Império da Lei, respeito ao legislador e amor à República, sempre com votos coerentes e muito bom senso, assim também, no Brasil, no limiar do Pretório Excelso, tem caminhado o Ministro André Mendonça, na senda da verdade. Pois o Direito é, antes de tudo, bom senso.

O PRECEDENTE JUDICIAL BRASILEIRO E O PENSAMENTO DO MINISTRO ANDRÉ MENDONÇA

Rogerio de Oliveira Souza

Desembargador do Tribunal de Justiça do Estado do Rio de Janeiro.

Em 16 de dezembro de 2021, o jurista André Luiz de Almeida Mendonça, egresso dos quadros da Advocacia da União e tendo antes ocupado o cargo de Ministro da Justiça, assumiu a judicatura constitucional máxima no Supremo Tribunal Federal, passando a ser referido como Ministro André Mendonça. A trajetória de André Luiz de Almeida Mendonça sempre foi trilhada em degraus ascendentes, tendo colado grau em Ciências Jurídicas e Sociais em 1997, desenvolvendo brilhante carreira na advocacia particular (BR Distribuidora) de 1997 a 2000, quando ingressou no Serviço Público Federal, na Advocacia da União, em 2000 e lá permanecendo até 2021.

O desenrolar da vida profissional de qualquer jurista tem o condão inevitável de moldar, aprofundar e definir o pensamento jurídico daquele que opera o Direito como sua profissão de vida, servindo de fundamento doutrinário, jurídico e prático em sua atuação cotidiana, sempre recebendo influências e ponderando as opiniões e os ensinamentos dos pares com quem convive. Sem se distanciar da seara jurídica, é a atuação humanista que muito acentua o "modo de ser" do Ministro André Mendonça, calcada em sólidos fundamentos religiosos decorrentes de uma vida dedicada ao sacerdócio pastoral e nos ensinamentos mais profundos e permanentes da vida transcendente.

André Mendonça ingressou no Alto Sodalício em momento histórico de acentuada tensão política na atuação dos Poderes Constituídos não apenas em relação às suas respectivas competências constitucionais, como também nas relações entre si. Desde a indicação para o cargo, em 7 de julho, até a realização da sabatina senatorial, ocorrida apenas em 1 de dezembro de 2021, demonstrou o estresse institucional existente naquele momento entre os Poderes da República.

Neste cenário, a atuação crescente do Poder Judiciário como um todo, e do Supremo Tribunal Federal, em especial, decorre da própria Constituição de 1988, que se acentuou com a criação do Conselho Nacional de Justiça (EC 45/2004) e com o advento do Código de Processo Civil de 2015, com a regulação dos incidentes visando a adoção compulsória dos precedentes judiciais como técnica impositiva de julgamento para todos os órgãos jurisdicionais.

O aspecto principal (e preocupante) é que demandas individuais podem criar a oportunidade para que os órgãos jurisdicionais produzam uma decisão que servirá como "precedente" para todas as futuras ações que vierem buscar a intervenção do Poder Judiciário. O precedente assim formado valerá como a única solução possível para qualquer outro processo em que a parte invocar aquele precedente como decisão já previamente estabelecida, não podendo o juiz ignorá-lo. O precedente visa a "uniformização da jurisprudência" a fim de mantê-la "estável, íntegra e coerente" (CPC, 926). A Constituição e o CPC consideram como "precedentes": a arguição de descumprimento de preceito fundamental, a ação direta de inconstitucionalidade, a ação declaratória de constitucionalidade, o incidente de resolução de demandas repetitivas, o incidente de assunção de competência, a súmula vinculante, os enunciados em matéria constitucional do STF e em matéria infraconstitucional do STJ, a orientação do plenário ou do órgão especial dos demais tribunais. A Constituição Federal indicou o caminho a seguir para todos os Tribunais e juízos, apresentando o precedente como a solução para reduzir o alto número de processos judicializados em todo o país, visando a economia de tempo e de recursos para a obtenção célere da decisão judicial, bastando ao julgador, identificada a situação fática e jurídica atual com àquela anteriormente decidida, aplicar o "precedente" sem qualquer possibilidade de maior divagação jurídica ou doutrinária das partes e, muito menos, do juiz da causa.

Foi neste momento de exaltação da "cultura do precedente" que o Ministro André Mendonça assumiu a Cátedra na Corte Constitucional, devendo se posicionar quanto ao tema em seus julgados.

Sempre existiram "precedentes" na História e na Ciência do Direito; os julgados anteriores sempre serviram de fonte para o julgamento atual; as decisões judiciais passadas embasaram as decisões do presente e foram, inclusive, copiadas ou aplicadas literalmente a mais de um caso, entendendo o julgador que a similitude das circunstâncias fáticas e o enquadramento jurídico indicavam que a solução dada ao julgamento passado serviria, como luva, para a solução do caso que tinha em mãos.

O precedente judicial existente no direito da "Common Law" (Reino Unido, Austrália, Nova Zelândia, Índia, África do Sul, alguns países da África, Estados Unidos, Canadá e alguns outros) serve como a linha mestre da atuação judicial cotidiana: os julgamentos devem seguir no mesmo sentido dos julgamentos já realizados, servindo a decisão passada como fundamento maior para a decisão presente. Apenas com a demonstração de que a situação fática atual desafia um novo enquadramento jurídico e, por consequência, uma decisão "original", poderá o juiz afastar a aplicação do precedente como razão de decidir e, então, criar um novo precedente que poderá ser adotado ou não pelos demais em seus próprios julgamentos.

O recente (re)julgamento da questão do aborto pela Suprema Corte dos Estados Unidos, no caso Thomas E. Dobbs, State of Mississipi Et. AL. v. Jackson Women´s Healthy Organization Et AL., após longos debates entre seus integrantes, concluiu que o anterior julgamento (precedente) estabelecido em 1973 no caso Roe v. Wade e reafirmado em

1992 no caso Planned Parenthood v. Casey, deveria ser afastado para ser estabelecido um novo parâmetro para o julgamento do direito ao aborto. A tese fixada foi no sentido de não poder ou não caber ao Poder Judiciário (a Suprema Corte, no caso norte-americano) decidir sobre a questão moral do direito ao aborto, devendo a matéria ser resolvida pela própria sociedade, através de seus representantes investidos de poder político de decisão. Desta forma, as questões que têm o condão de dividir a sociedade em posições profundamente antagônicas tem que ser deixadas para a decisão final pelos órgãos parlamentares, através do debate político e não exclusivamente jurídico, passando a valer para todos. É a legitimidade intrínseca ao debate político que produz a legitimidade da decisão, seja ela em que sentido for.

A análise do voto da maioria expôs a preocupação sobre o respeito ao precedente, fazendo longa e percuciente pesquisa sobre as balizas que fundamentaram o precedente estabelecido em 1973, concluindo os juízes que seus pressupostos fáticos e jurídicos nunca existiram ou foram reconhecidos na sociedade norte-americana. Ainda assim, os julgadores deixaram claro que qualquer precedente, para ser afastado, deve ser alvo de profunda crítica, sopesando as consequências jurídicas e sociais (a repercussão do papel da Corte e suas decisões na sociedade) e, somente então, ser substituído por um novo entendimento sobre a questão julgada anteriormente. O voto é minucioso no sentido de esclarecer que apenas em raríssimas vezes um precedente não foi observado em um julgamento atual, com ampla justificativa jurídica para autorizar os juízes a julgarem a causa de maneira diversa. Os juízes apresentaram, com esmerado cuidado, os poucos exemplos do passado em que um precedente foi afastado para dar espaço a um novo entendimento. A preservação da estabilidade das decisões judiciais sempre norteou o voto da maioria dos juízes, tendo todos eles declinado amplas razões esclarecedoras da mudança de entendimento, mas sempre preocupados em afirmar o respeito ao precedente, a reverência ao julgado anterior, de molde a garantir socialmente a segurança jurídica e o respeito à Corte.

Diferente do precedente "inglês", o precedente "brasileiro" se estabeleceu de maneira totalmente diversa. Ele começa do hoje para o amanhã. Ele prevê as soluções possíveis para uma demanda judicial e dá, de pronto, a solução. Ele se autodeclarou detentor da melhor solução possível para vigorar para sempre e para todos os casos futuros, não deixando margem para que qualquer juiz, de qualquer instância, possa voltar a discutir e encontrar solução melhor dentro do sistema legal. Ao invés de recolher os ensinamentos do passado, o precedente "brasileiro" vestiu o manto da sabedoria e definiu qual a melhor solução para os casos vindouros, sem saber quais serão as partes, qual será o pedido e quem seria o seu "juiz natural". O precedente "brasileiro", ao invés de julgar, legislou. Ao estabelecer norma geral, de alcance ilimitado e obrigatória para todos, o precedente brasileiro se equiparou a uma lei em seu sentido material: norma geral e abstrata e de observância obrigatório. É verdade que o precedente poderá ser alterado, mas não pelas partes que, eventualmente, serviram de "laboratório", com o seu processo, para a edição da normal geral fixada com o precedente. O Código de Processo Civil dispõe que o precedente poderá ser "revisto" por provocação do Ministério Público ou da Defensoria Pública, sem prejuízo da atuação do próprio tribunal de onde ele emanou. Mas o particular, o indivíduo, o cidadão, não ostenta "legitimidade" para provocar a revisão da tese fixada em precedente, devendo aguardar, pacientemente, que os poderes constituídos ajam se assim entenderem, segundo a conveniência política do momento.

A diferença entre o precedente "histórico" e o precedente "brasileiro" são enormes: a experiência do passado serve para a solução do caso atual; o caso atual, ao revés, será a baliza que servirá para a solução de todos os casos futuros. O grande número de decisões já proferidas em um mesmo sentido ampara a decisão que será adotada para o julgamento do caso presente; ao revés, a multiplicação de casos passados servirá, apenas, para fundamentar a adoção de uma solução "padrão" (mesmo que em sentido contrário às anteriormente dadas) para todos os casos que doravante surgirem para a apreciação de qualquer juiz no país. Se a preocupação do sistema "inglês" é garantir a justiça da decisão atual com base na justiça já solidificada no passado, a preocupação do precedente "brasileiro" é, sabedor que a demanda individual somente terá uma solução possível, fazer com que o cidadão desista de trazer ao Poder Judiciário a situação que o aflige no presente, pois a solução já está dada, sem possibilidade de qualquer discussão para se obter julgamento individualizado para o "caso concreto". O precedente atua como um verdadeiro "inibidor" de processos individuais, a fim de diminuir a demanda judicial. Nunca foi o número de processos que levou o sistema "inglês" a adotar, historicamente e de forma absolutamente natural, o precedente julgado como solução para o caso em julgamento; ao revés, é a segurança jurídica e a coerência nas decisões (que se espera em qualquer sistema judicial), que servem de força motriz do precedente, (re)produzindo a solução justa e adequada, pois já "testada" em milhares de casos anteriores. De forma diversa, para fazer cessar o crescente número de processos judiciais, deve-se adotar, desde já e para todas as demandas futuras, independente de quem seja a parte, esta única solução. Não se discutirá mais "os fatos do processo"; basta que a parte saiba que a solução será esta e não outra.

Uma vez estabelecido o sistema de precedentes do "modelo brasileiro", o Ministro André Mendonça inevitavelmente participará, com os seus votos, a sua experiência e todo o seu vasto conhecimento, especialmente de natureza humanista, da solução de demandas judiciais que produzirão consequências para além daquele único processo em julgamento, constituindo situações jurídicas (e políticas) de molde permanente e com alcance social nunca antes imaginado no sistema judicial pátrio.

Um caso recente permite analisar os prós e os contras do sistema instituído pelo precedente e a importância da atuação individual de cada julgador.

Trata-se do Recurso Extraordinário 949.297/CE em que a União Federal figurou como recorrente e recorrido foi TBM – Textil Bezerra de Menezes S.A., intervindo no feito na condição de amigos da corte a Federação das Indústrias do Estado de São Paulo – Fiesp, o Conselho Federal da Ordem dos Advogados do Brasil – CFOAB e o Sindicato das Indústrias de Produtos Químicos para Fins Industriais, Petroquímicas e de Resinas Sintéticas de Camac.

Na origem, cuidou-se de mandado de segurança preventivo impetrado pela empresa têxtil contra ato do agente da Receita Federal em Fortaleza, Ceará, visando não ser submetida aos autos de infração lavrados pela autoridade coatora em razão da exigibilidade do tributo de contribuição sobre o lucro líquido apurado (CSLL). Apoiava-se o fiscal na decisão proferida na ADI/15 de 1989, que declarou a constitucionalidade da lei tributária, em controle concentrado. O fundamento do mandado de segurança era simples: a empresa tinha sido vencedora no mandado de segurança 127, impetrado em 1989, sendo-lhe reconhecido, em 1992, o direito de não contribuir com o referido tributo, se e enquanto este fosse exigido com base na Lei 7.689/88, declarada que foi, sua inconstitucionalidade. Desta forma, a atuação do agente fiscal violava frontalmente a coisa julgada que existia em seu favor. Obtida nova decisão favorável no mandado de segurança desconstituindo os lançamentos fiscais, a União recorreu em sede extraordinária e foi reconhecida a repercussão geral a fim de ficar decidido "se e como os efeitos da coisa julgada em matéria tributária, nas relações de trato sucessivo, estiver baseada na constitucionalidade ou inconstitucionalidade do tributo", em sede de controle concentrado, alcançam os efeitos típicos da coisa julgada.

Em resumo, o contribuinte, com assento na garantia constitucional da coisa julgada, precisou enfrentar nova investida da Fazenda Pública que, com base em decisão posteriormente exarada em ação direta de inconstitucionalidade, voltou a exigir o pagamento do mesmo tributo com base na mesma lei anteriormente declarada inconstitucional.

Apresentam-se aqui dois "precedentes": o primeiro, a coisa julgada, formada em processo individual, envolvendo determinado contribuinte e a Fazenda Pública, onde foi declarada a inconstitucionalidade de lei tributária em controle difuso; o outro, decisão em ação direta de inconstitucionalidade, ou seja, de controle concentrado, de natureza objetiva, tendo como tema a própria constitucionalidade da mesma lei, com efeito geral e obrigatório.

A segurança jurídica, em ambas as ações, é a principal razão que deve nortear a atuação dos órgãos jurisdicionais, de molde a resolver o conflito de interpretação sobre determinada lei e suas consequências sociais, permitindo que os indivíduos, per si ou em atividade empresarial produtiva, possam realizar escolhas em suas vidas sem terem dúvidas se o Estado e seus agentes respeitarão a riqueza por eles criada.

O sistema adotado pelo constituinte brasileiro, desde os albores da República, em 1889, inspirado por Rui Barbosa, foi o do controle difuso, onde qualquer juiz ou tribunal pode se recusar a aplicar determinada lei sob o fundamento dela ser inconstitucional, valendo a decisão entre as partes litigantes; e o do controle concentrado, onde o Supremo Tribunal Federal, em ação direta de inconstitucionalidade, profere julgamento em processo que tem como único objeto a higidez constitucional da lei, produzindo efeitos gerais e obrigatórios para todos, cabendo ao Senado Federal expungir a lei do sistema positivo.

A possibilidade aberta a todo e qualquer juiz de enfrentar a constitucionalidade da lei produz situações como aquela enfrentada no voto do Ministro André Mendonça, onde a consolidação de uma relação jurídica se vê afastada, no curso do tempo, com a publicação de nova decisão sobre a mesma lei. Onde antes o contribuinte se via protegido da investida fazendária, agora precisa, novamente fazer valer seu direito de não pagar um tributo que foi declarado como sendo inconstitucional e, portanto, inexigível.

Teríamos construído um sistema totalmente diferente se o idealizador da Constituição tivesse dado cobro à suas dúvidas de escolher qual o regime de controle constitucional queria realmente adotar. Ao manter uma "corte constitucional" juntamente com a atuação de controle constitucional difusa, entre todos os julgadores, o sistema possibilitou a existência de situações jurídicas constitucionais díspares, mas coexistentes paralelamente no tempo, favorecendo ou prejudicando pessoas que se encontram na mesma situação jurídica, ou seja, são alcançadas pela mesma lei, mas que podem ostentar consequências legais diferentes, porquanto uma tem a seu favor a incidência da lei, mas não de seus efeitos, ao passo que a outra, carrega todo o peso do diploma legal e suas consequências.

O voto do Ministro André Mendonça é profundo e cuidadoso, apresentando as diferenças entre ambos os sistemas (*stare decisis* norte-americano e o *erga omnes*, europeu), esclarecendo também a relevância de se perquirir sobre a natureza das próprias relações de direito material, ou seja, se são instantâneas, permanentes ou sucessivas, com reflexos na permanência dos efeitos consolidados da própria coisa julgada material.

Em matéria tributária, cuja relação jurídica se estabelece entre o cidadão (individualmente ou organizado em empresa) e o Estado-Fazenda, a importância da segurança produzida pela coisa julgada é muito maior, pois trata, justamente, da parcela de riqueza produzida individualmente e que tem que ser transferida para os cofres do Estado. A tributação nada mais é do que a obrigação do cidadão entregar parte de sua riqueza privada para o governo, detentor do aparelho estatal. Por isso, a certeza desta relação jurídica deve ser tal que evite que o cidadão pague menos do que o devido, mas, ao mesmo tempo, impeça que o Estado cobre mais do que o previamente ajustado com a sociedade, através de seus órgãos de representação política.

No caso submetido ao rito da repercussão geral que contou com a participação cuidadosa do Ministro André Mendonça, o contribuinte apresentou como defesa contra ato de investida de agente fazendário, repita-se, a coisa julgada que tinha em seu favor, obstando a exação fiscal que se lhe pretendia impor coativamente, desta feita, com base em julgamento obtido posteriormente, mas do qual não participou diretamente.

Por isso, a atribuição dos efeitos da repercussão geral ao recurso extraordinário interposto pela União, para responder à pergunta simples, mas extremamente importante para todo e qualquer contribuinte: tendo a relação jurídico-tributária natureza sucessiva, a coisa julgada existente produzida em declaração incidental continua valendo após posterior decisão declarando a constitucionalidade da mesma lei, obtida em ação de controle concentrado?

Para o Ministro André Mendonça, em robusta fundamentação, seguindo a maioria dos demais Ministros, a coisa julgada somente poderia continuar a produzir seus efeitos obstativos da incidência do tributo se e enquanto permanecessem inalterados os mesmos estados de direito e de fato. Modificado um ou outro, a coisa julgada perderia sua força protetiva a partir daquele momento em se deu a alteração, fática ou jurídica. Para tanto, o Ministro entendeu que a decisão posterior de constitucionalidade da lei poria fim à coisa julgada existente entre partes, pois a situação jurídica foi alterada a partir de tal declaração.

Saliente-se que o objeto do controle difuso (no mandado de segurança individual) e no controle concentrado (ação direta de inconstitucionalidade) sempre foi a Lei 7.869/1988. A diferença entre as duas atuações jurisdicionais é que, no primeiro caso, o beneficiário foi apenas o contribuinte-impetrante, ao passo que no segundo caso, o prejudicado foram todos os demais contribuintes que também, porventura, tenha ingressado com ações individuais e saído vencedores.

Não custa repetir que a preocupação sempre presente, em ambos os casos, é a segurança jurídica. Tendo o contribuinte (os vários que ingressaram) se mantido ao largo da exação tributária por 15 longos anos, é obrigado, agora, a voltar a pagar o tributo regido pela mesma lei que serviu de causa de pedir em ambos os processos. A lei não sofreu qualquer modificação legislativa, tendo se mantido a mesma durante todos os anos em que o contribuinte não pagou o imposto e que tramitou a ADIn.

A alteração da situação jurídica se deu, exclusivamente, pela atuação da Corte Suprema em ação direta de inconstitucionalidade. A única diferença entre os dois momentos judiciais é o órgão que atuou sobre a lei e o instrumento jurídico utilizado (mandado de segurança ou ADIN e repercussão geral em recurso extraordinário).

Tal é o sistema constitucional vigente no país, possibilitando o surgimento de situações de completa insegurança jurídica para o contribuinte, que viverá, ao longo dos anos, no aguardo de que a Fazenda Pública, insatisfeita com a decisão favorável conseguida pelo contribuinte em sua ação individual, decida por propor ação de controle concentrado sobre a mesma lei. Até lá, o contribuinte poderá eximir-se do pagamento de determinado tributo, mas estará sempre sujeito ao seu pagamento se e quando a Fazenda, se tiver interesse ou se achar politicamente conveniente, obter pronunciamento favorável aos cofres públicos. É a famosa Espada de Dâmocles, suspensa indefinidamente sobre a cabeça do contribuinte, sempre esperando que, um dia, em arremesso certeiro, dará o golpe fatal. A alegria do contribuinte que obteve julgamento favorável será sempre incerta e sem garantia de permanência.

O fundamento paradigmático do julgamento da repercussão geral foi a distinção entre a natureza da obrigação tributária ser de trato permanente, sucessiva ou instantânea; entretanto, o que foi anteriormente declarado inconstitucional (ou constitucional, anos depois) não foi o pagamento do tributo em períodos sucessivos e por tempo indefinido; a declaração judicial teve por objeto o próprio tributo em sua constituição essencial, ou seja, não existia a obrigação de pagar, pois fundada em lei inconstitucional. No entanto, entendeu-se que, renovando-se a obrigação tributária no tempo, aquele contribuinte não mais poderia oferecer a coisa julgada como obstáculo à investida fazendária.

O caso concreto apreciado pelo Ministro André Mendonça revela o atual estágio em que se encontra o alcance das decisões dos Tribunais Superiores e, em especial, do Supremo Tribunal Federal. As decisões passaram a ter efeito geral e obrigatório para todos, independentemente de terem sido autores, réus ou participado, de qualquer forma, daquela demanda específica. Com a atribuição do reconhecimento da repercussão geral, qualquer ação individual pode produzir decisão geral e obrigatória, inclusive questão constitucional, não mais podendo ser matéria de discussão ou divergência em qualquer outro processo ou partes. Se esta mudança será boa ou não para a sociedade brasileira, somente o tempo dirá.

O que releva no caso é o aumento do poder decisório da Suprema Corte brasileira, podendo avocar um processo individual e transformar sua decisão em verdadeira "lei", embora não tendo poder legislativo para tanto, mas simplesmente declarando a repercussão geral que a questão trazida pelas partes apresenta, produzir a decisão final e definitiva para todos os casos futuros.

Não há dúvida de que a atuação do Supremo Tribunal Federal no julgamento da repercussão geral atribuída ao recurso extraordinário, no caso concreto, foi feita dentro da sistemática de controle das decisões judiciais hoje existente. Aquele determinado contribuinte que antes poderia afastar a incidência tributária munido da coisa julgada existente a seu favor, com a decisão da repercussão geral não mais poderá fazê-lo, pois submetido ao rito geral e obrigatório de que, sendo relação jurídica tributária de trato sucessivo, a coisa julgada não mais vigora a partir do momento em que foi afirmada a constitucionalidade da lei em regime de controle concentrado.

Não é este o espaço adequado para se perquirir sobre a lucidez jurídica de se manter sistemas díspares de controle da constitucionalidade de qualquer lei, pois, ao que se vislumbrou no caso, a se permitir que qualquer juiz ou tribunal afaste a incidência de lei (mormente de lei tributária), até que a Corte Constitucional se debruce sobre o mesmo tema (quiçá, décadas depois), a formação de situações jurídicas inseguras é evidente por si só.

Mas cabe a reflexão sobre o viés político de atuação da Corte Constitucional em matéria tributária, porquanto o que está em jogo, em última análise, é a própria apreensão final dos recursos produzidos pela sociedade, seja por indivíduos isolados ou por empresas. Trata-se, no fim, de verdadeira opção política saber se tais recursos devem ser repassados ao Estado ou se devem ser mantidos no patrimônio privado do produtor da riqueza.

O que temos hoje, especialmente no Brasil, é o gigantismo da máquina estatal, não apenas em tamanho (número de funcionários públicos, número de empresas públicas ou com participação estatal, quadro de servidores públicos imenso) como em atuação (áreas de prestação de serviço ou atividade direta pelo Estado). O crescimento da burocracia estatal exige, cada vez mais, a busca de recursos para sua própria manutenção, sem que o aumento da arrecadação corresponda, por si só, em melhoria do serviço público prestado. De triste memória foi a famosa e malfadada CPMF (Contribuição Provisória sobre Movimentação Financeira) que vigorou por 11 anos e tinha como objetivo obter recursos para a saúde pública no país. Se revelou um grande fiasco, pois, apesar da arrecadação recorde de recursos, obtidos em cada movimentação financeira feita por qualquer cidadão ou empresa, a saúde continuou enfrentando (e enfrenta) situação de calamidade, oferecendo serviço público de péssima qualidade para aqueles que mais dela necessitam.

Existe uma força motriz na máquina pública de procurar sempre arrecadar mais e mais, mesmo que a destinação final dos recursos retirados da sociedade não seja devidamente esclarecida ou não seja minimamente adequada aos seus fins. O Estado brasileiro não é exemplo de administrador eficiente dos recursos públicos, sendo gastador contumaz em obras de vulto que não são mantidas no correr do tempo ou que não representam qualquer prioridade social, mas, antes, apenas atendem a interesses políticos passageiros.

O que a experiência tem revelado é que a transferência de mais e mais recursos para os cofres do Estado, ao invés de representar uma melhoria na prestação de serviço público essencial, termina por ser desperdiçado em projetos sem continuidade administrativa ou revelam serem mais dispendiosos do que o necessário, se fossem realizados pela iniciativa privada ou, pior, acabam apenas aumentando as vantagens pessoais dos integrantes da burocracia estatal.

Por esta razão, as decisões judiciais, especialmente em matéria tributária, devem ter sempre a preocupação de ponderar sobre o que seja melhor para a sociedade e não para o Estado. A pergunta é simples: os recursos obtidos com a arrecadação do tributo X ou Y, que é questionado em sua constitucionalidade, serão utilizados melhor pelo Estado, enquanto administrador, ou a sociedade, organizada em empresas ou como cidadão, enquanto contribuinte, tem melhores condições de direcionar estes recursos para atividades socialmente produtivas? É o Estado, especialmente o estado brasileiro, organizado em termos de eficiência administrativa para dispor sobre recursos milionários produzidos pela sociedade ou é melhor que se mantenham estes recursos em mãos privadas e deixar que o indivíduo lhe dê o destino que melhor lhe aprouver?

As decisões judiciais hoje, mormente no sistema de controle constitucional concentrado ou no sistema de precedente judicial "brasileiro", têm o condão de transferir recursos tributários extraordinários, para os cofres públicos ou de mantê-los na esfera privada, ou seja, com aqueles que diretamente os produziu.

Como no caso julgado, as contribuições sociais sobre lucro líquido das empresas, o efeito perverso da decisão foi impor às empresas o pagamento de tributo doravante considerado constitucional a partir de 2007, data do julgamento da ação de controle concentrado de constitucionalidade. O que tal decisão irá representar em termos de transferência física e real de recursos das empresas para os cofres da fazendo pública será fenomenal.

Não se trata de discutir a higidez jurídica e a profundidade dos votos lançados, seja no julgamento da ADI 15/89, seja na repercussão do RE 949.297/CE, pois são verdadeiras aulas de Direito Constitucional.

Decisões judiciais, como qualquer outra manifestação da vontade humana, são escolhas dentre opções viáveis. Não é porque a decisão judicial está inserida em um sistema de "opções legais" que o julgador não dispõe mais de nenhuma margem de discricionariedade, de "vontade", mormente se for considerado o grande número de dispositivos constitucionais (e legais) que são verdadeiras "normas abertas" à interpretação, dependendo da própria história de vida do julgador e das influências que serviram para a constituição de sua personalidade. Não é possível separar o julgador do ser humano; embora o sistema legal forneça elementos para circunscrever as "opções" legais dadas ao julgador, este é senhor da palavra final sobre esta ou aquela interpretação destas mesmas opções.

O caso apreciado pelo Ministro André Mendonça é um exemplo disto. Sempre foi uma questão de interpretação e dos julgadores que interpretaram o diploma legal em determinado momento. Sobre os fundamentos da interpretação, é impossível que qualquer sistema legal possa prever todas as vertentes possíveis, bastando que o julgador decline suas razões de maneira racional e convincente, somado à circunstância de estar munido do poder de proferir aquela determinada "intepretação" por último.

A vida sempre é uma questão de escolhas, de decidir sobre vários caminhos possíveis. Quis o último colegiado que a interpretação dominante favorecesse os interesses da Fazenda Pública em detrimento da riqueza criada pelo particular. É neste ponto que sobreleva a importância (temerária) do precedente no "modelo brasileiro", pois criaremos leis (em sentido material mesmo!), com aplicação obrigatória e para todos os casos futuros, com a diferença de que a norma foi estabelecida através de interpretação tomada em determinado momento por um grupo reduzido de julgadores, com o agravante de que decidirão sobre questões sensíveis à toda a sociedade e sem o concurso da vontade de seus representantes políticos. O precedente brasileiro, representa, por estas razões, um avanço perigoso no estabelecimento de um "sistema judicial legislativo" próprio, pois esta ou aquela decisão poderá invadir esfera típica da própria lei e do processo legislativo material. Para tanto, suficiente que um julgador entenda que determinado processo traz em seu bojo "relevante questão social, política, econômica" para transformar a demanda individual em força criativa de uma norma geral e obrigatória. Basta citar a decisão do STF sobre a "constitucionalidade" do casamento entre pessoas do mesmo sexo ou da ilegalidade da prisão em 2ª instância, tudo sob o fundamento do princípio da dignidade da pessoa humana ou, ainda, os processos que aguardam decisão sobre a legalidade do aborto ou do uso de substância entorpecente. Estas decisões formaram e formarão precedente para todos os fins constitucionais, devendo ser observados pela sociedade sem mais possibilidade de discussão.

Poder-se-ia argumentar que, antes da Constituição de 1988, já tínhamos a ação direta de inconstitucionalidade (ADIn) quando se outorgava ao Supremo Tribunal, dentre outras variadas competências, aquela de exercer o controle de constitucionalidade de qualquer diploma legal, em última instância e em caráter definitivo. Sempre foi assim, desde a primeira constituição federativa. O diferencial era que a lei era retirada do mundo jurídico, em ato subsequente do Senado Federal, agindo os poderes em harmonia e em reconhecimento da atuação típica de cada qual. A partir de 1988 e com as alterações posteriores, as interpretações do Supremo Tribunal (e dos demais tribunais, enquanto o Supremo não der a última palavra, *rectius*, decisão) atingiram um campo de atuação muito maior em termos de discricionariedade e de eficácia. Qualquer processo (e não mais apenas qualquer lei) tem o condão, doravante, dependendo da vontade do julgador, de possibilitar a edição de uma "interpretação judicial" com aplicação geral, imediata e obrigatória para todos e com pouquíssima possibilidade real de modificação no futuro. É o nosso precedente brasileiro.

Por esta particularidade, hoje, como nunca antes, as tendências do julgador, sua estória de vida, os elementos que nutriram sua personalidade, sua formação intelectual e humanista, representam elementos que se sobrelevam ao próprio conhecimento jurídico da decisão judicial que ele irá prolatar, pois, assim como o político decide pela aprovação ou rejeição de um projeto de lei segundo suas próprias idiossincrasias, o julgador também se valerá, consciente ou inconscientemente, de sua própria formação humanista para interpretar determinada norma ou fazer sua aplicação ao caso em julgamento. Não quer isto dizer que o sistema jurídico será posto de lado na "aplicação da lei", subordinado às paixões e preconceitos do julgador; mas é apenas reconhecer que o julgador é um ser humano com paixões e preconceitos, sim, e, por mais que procure se colocar à parte e distante do caso sob sua apreciação, sua decisão final, sua escolha, será produto de sua própria formação intelectual, fruto de toda uma vida. É assim em qualquer atividade humana; não seria diferente no mundo jurídico, por mais que o queiramos.

Por isso as "leis", em sentido formal e material, devem ser criadas nos parlamentos onde, em princípio, tem assento pessoas das mais variadas vertentes intelectuais e políticas, cada uma contribuindo com a sua própria estória de vida para a formação da norma que será aplicada a toda a sociedade, fruto de um debate amplo de opiniões contrárias, visando a um consenso final. Os grandes parlamentos são, por excelência, o sítio próprio onde normas de natureza geral e de aplicação obrigatória devem ser criadas. Quando o sistema jurídico transfere esta prerrogativa para uma pequena assembleia, formada por pessoas sem mandato político expresso, o poder concentrado nestas pessoas é muito maior do que em qualquer parlamento legislativo. Leis são comandos destinados à observância obrigatória de toda a sociedade, mas foi a própria sociedade, através de órgãos políticos próprios, que resolveu indicar qual o comportamento devido por seus integrantes. Lei é fruto de debate político e não jurídico. Tanto é assim que uma lei pode ser aprovada nas comissões legislativas, passando pelo crivo criterioso da própria constitucionalidade e depois ser declarada inconstitucional pelo Supremo Tribunal; ou seja, a vontade política entendeu pela aprovação, tendo o órgão judicial de controle concluído por sua incompatibilidade com a Constituição. Este julgamento, embora assentado em fundamentos objetivamente jurídicos, também perpassa pelas opções políticas de cada julgador, ainda que ele não os decline publicamente.

Sob qualquer enfoque, a criação do precedente brasileiro com a justificativa de ser necessária para a uniformização da jurisprudência, visando a segurança jurídica, terminou por colocar, em linguagem popular, "o carro na frente dos bois". Precedente é o que vem antes, o que precede; ao estabelecer norma para ser aplicada no futuro, o precedente brasileiro transferiu para o julgador uma enorme gama de poderes legislativos típicos, mesmo que assim não o tenha nominado. Basta perquirir sobre a natureza do ato decisório que cria o precedente e seu amplo campo de incidência ("repercussão geral", "risco de ofensa à isonomia", "à segurança jurídica" etc.), transformando julgadores em legisladores, com excelência e por excelência.

Com esta preocupação, caberá ao Ministro André Mendonça, diante dos vários processos constitucionais que virão buscar sua decisão, lançar olhos penetrantes sobre as circunstâncias jurídicas envolvendo o caso, mas, considerando o conjunto de sua formação humanista, sobrelevar como norte promissor, quais são os reais interesses do cidadão, do contribuinte, da sociedade, enfim, e não se deixar convencer por argumentos que, embora respeitáveis juridicamente, apenas terão o condão de fortalecer o poder do Estado cada vez mais. Uma decisão judicial que termina por aumentar o âmbito de atuação do Estado e permite que ele controle a sociedade em verdadeira camisa de força, seja diretamente, seja indiretamente, através da transferência de recursos por ela produzidos, representa um caminho perigoso para qualquer nação, porquanto retira dos cidadãos os meios de vida indispensáveis à realização de seus projetos de vida individuais. É o indivíduo que deve receber toda a proteção das leis e das decisões judiciais; e se o sistema jurídico atualmente atribui ao Poder Judiciário o poder de criar decisões com alcance geral e obrigatório, que estas decisões tenham como preocupação maior e de forma permanente, a garantia da liberdade individual frente ao Estado, mas jamais facilitar interpretações que aumentem os grilhões estatais e burocráticos sobre o indivíduo.

SEPARAÇÃO DE PODERES, SEGURANÇA JURÍDICA, AUTOCONTENÇÃO E A JUDICATURA DO MINISTRO ANDRÉ MENDONÇA

Gabriel Pires de Campos Sormani

Mestre em Direito Penal pela Universidade de São Paulo. Graduado em Direito pela Universidade de São Paulo. Juiz de Direito do Tribunal de Justiça do Estado de São Paulo (TJSP). Juiz Auxiliar do Ministro André Mendonça no Supremo Tribunal Federal (STF).

1. O CRESCENTE ATIVISMO JUDICIAL E ALGUMAS DE SUAS IMPLICAÇÕES

Entende-se por ativismo judicial, nas palavras de Elival da Silva Ramos, "o exercício da função jurisdicional para além dos limites impostos pelo próprio ordenamento que incumbe, institucionalmente, ao Poder Judiciário fazer atuar".[1] Alexandre Jorge Carneiro da Cunha Filho, por seu turno, considera ativismo a "desconsideração por parte do juiz constitucional de escolhas razoáveis feitas tanto pelo legislador como por gestores".[2] Nessa mesma linha, Thiago Teraoka vê, na essência do ativismo, a desconsideração de uma "decisão de um outro Poder, havendo solução legislada, teoricamente possível e razoável".[3]

A necessidade de imparcialidade inerente ao cargo não tem o condão de alterar a natureza humana dos juízes. O julgador está, por óbvio, sujeito a inúmeras influências: de sua história, família, sucessos e fracassos, ou, na feliz expressão de Montesquieu, a mil paixões como criatura sensível que é.[4]

Muito se reconhece a importância da separação dos Poderes do Estado e a independência entre eles, absolutamente fundamental para a democracia, repartindo as funções estatais num sistema harmônico de freios e contrapesos.[5] Mas a independência

1. RAMOS, Elival da Silva. *Ativismo judicial*: parâmetros dogmáticos. São Paulo: Saraiva, 2010. p. 308.
2. CUNHA FILHO, Alexandre Jorge Carneiro da. O guardião da Constituição e sua Legitimidade ou Ativismo Judicial. Entre a fórmula vazia e o sinal de alerta. In: KIM, Richard Pae; PRETTO, Renato Siqueira De; TERAOKA, Thiago Massao Cortizo. *Interpretação constitucional no Brasil*. São Paulo: Escola Paulista da Magistratura, 2017. p. 151.
3. TERAOKA, Thiago Massao Cortizo. Mutação Constitucional e ativismo judicial. *Cadernos Jurídicos da Escola Paulista da Magistratura – Direito Constitucional*, ano 16, n. 40, abr./jun. 2015. p. 117.
4. MONTESQUIEU. *O espírito das leis*. Trad. Cristina Murachco. São Paulo: Martins Fontes, 2000. p. 13.
5. "Não existirá, pois, um Estado democrático de direito, sem que haja Poderes de Estado e Instituições, independentes e harmônicos entre si, bem como previsão de direitos fundamentais e instrumentos que possibilitem a fiscalização

do Judiciário, único Poder que não obtém sua legitimidade por meio do voto direto da população, pressupõe e só pode existir efetivamente a partir da real independência dos magistrados considerados individualmente. Juízes não podem temer proferir decisões em um determinado sentido, não se podem ver engessados, robotizados. Nesse sentido, Edgard de Moura Bittencourt ensina que "é a independência que gera a imparcialidade; esta é aquela em ação".[6]

A importantíssima independência funcional de cada juiz individualmente considerado não pode, porém, servir de escudo para a defesa de decisões arbitrárias que, pouco compromissadas efetivamente com a lei, buscam impor idiossincrasias, gerando insegurança jurídica em atuações que são contrárias aos valores democráticos e ao Direito Natural. Os salutares incentivos a uma magistratura não desconectada da realidade, atenta às consequências de suas decisões, e que não se fecha em atitudes excessivamente circunspectas e distanciadas da população, parecem, por vezes, ser confundidos com a exigência de um protagonismo que tem o potencial de transformar juízes em instrumentos, cientes ou não, de agendas cujas conquistas deveriam ser democraticamente obtidas no parlamento.

Essa distorção de percepção por parte de, felizmente, uma minoria de magistrados, a qual, na busca de uma suposta vanguarda ou mesmo inadvertidamente, avança sobre territórios que deveriam ser evitados, em nada contribui, em verdade, para a independência funcional, para o fortalecimento e respeitabilidade da magistratura. O ativismo judicial é, portanto, uma distorção, é o arbítrio tomado por independência. Reflete a perda, por parte dos magistrados, da exata noção de até onde podem ir na escuta aos anseios populares (ou, pior, aos anseios que lhes são particularmente caros, embora não necessariamente populares). E é, ao mesmo tempo, produto e instrumento de uma crise que não é só do Direito.[7] A esse propósito, sensível tem sido nos últimos anos o incremento e o acirramento, inclusive com transporte para praticamente todos os campos da vida social, da imemorial dialética entre valores "progressistas" e "conservadores", ou entre "revolução" e "tradição".[8]

De uma maneira ou outra, é claro que "o julgador não escapa do impulso de colocar um pouco de si na apreciação das proposições jurídicas e das versões do fato"[9], criatura

---

e a perpetuidade desses requisitos. Todos esses temas são de tal modo ligados que a derrocada de um, fatalmente, acarretará a supressão dos demais, com o retorno do arbítrio e da ditadura" (MORAES, Alexandre de. *Direito Constitucional*. São Paulo: Atlas, 2002. p. 374).

6. BITTENCOURT, Edgard de Moura. *O juiz*. 3. ed. Campinas, SP: Millennium, 2002. p. 122.
7. NALINI, José Renato. Prefácio. In: DIP, Ricardo. *segurança jurídica & crise do mundo pós-moderno*. São Luís: Resistência Cultural, 2019. p. 28.
8. "Duas tradições engendraram dois amores. Esses amores, como diz a célebre passagem agostiniana, fundaram duas cidades, irredutivelmente antinômicas. Antiquíssimas e quase simultâneas no tempo, essas duas tradições primordiais seguem ainda agora a contrapor seus legados, seus amores, suas cidades. A trajetória humana – a biografia de cada homem e a história de cada povo – é irresistivelmente plasmada por esse conflito. Uma dessas tradições é, por antonomásia, a tradição; a outra, por adversar-lhe, a revolução; (...) Selo misterioso de todas as instâncias da vida humana, o conflito entre essas tradições permanece, está de novo, em nossos tempos de pós-modernidade" (DIP, Ricardo. *Tradição, revolução e pós-modernidade*. Campinas: Millenium, 2001. p. XI-XII).
9. BITTENCOURT, Edgard de Moura. *O juiz*. 3. ed. Campinas, SP: Millennium, 2002. p. 164.

sensível que é. Mas há uma diferença entre colocar um pouco de si na decisão – atento à necessidade de buscar distanciamento, isenção, objetividade – e, ao contrário, se permitir um relaxamento de freios no sentido de impor uma visão pessoal de mundo, contrária à lei, baseada no que subjetivamente entende como o justo.

Muito se criticam os juízes positivistas dogmáticos, que em leituras literais dos textos legais não extraem deles a intepretação mais consentânea com a Constituição, com o espírito da lei ou do tempo, contentando-se em ser apenas "a boca que pronuncia as palavras da lei".[10] Nelson Hungria explica que "o juiz pode e deve interpretar a lei ao influxo de supervenientes princípios científicos e práticos, de modo a adaptá-la aos novos aspectos da vida social, pois já não se procura a *mens legis* no pensamento do legislador, ao tempo mais ou menos remoto em que foi elaborada a lei, mas no espírito evoluído da sociedade e no sentido jurídico imanente, que se transforma com o avanço da civilização".[11]

Porém, e para além desta crítica, há, como já afirmado *supra*, incentivos a uma postura mais audaciosa, mais supostamente "moderna", mais "justa":

> "Há magistrados que invocam fundamentos teóricos para o acobertamento que dão às injustiças, alegando que o magistrado deve ser um aplicador estrito da lei (...). Dizem que o magistrado não é legislador, e que se não obedecerem rigorosamente a letra da lei, desaparece a uniformidade das decisões e se abre caminho para o excesso de subjetividade dos magistrados. (...) Com argumentos dessa ordem, afirmando-se 'escravos da lei', procuram ocultar o temor, o comodismo, as conveniências pessoais ou a falta de consciência da extraordinária relevância de sua função social. (...) É evidente que, por sua própria natureza, a magistratura não pode assumir o papel de uma vanguarda revolucionária, mas, sem dúvida, pelo significado social de suas funções e pelo alcance que podem ter suas decisões, a magistratura pode e deve assumir a condição de participante ativa do processo de mudança social. (...) Na Itália, um grupo de juízes decidiu, corajosamente, rebelar-se contra os excessos de conservadorismo, formalismo e oportunismo da magistratura, que, protegida por um manto de solenidade, procurava abafar suas falhas e deficiências e ocultar sob uma máscara de respeitabilidade sua colaboração para as injustiças sociais. E assim surgiu o movimento 'Magistratura Democrática'. (...) em pouco tempo apareceram movimentos semelhantes em vários países europeus e hoje eles existem também na América Latina, inclusive no Brasil. É o caso, por exemplo, da associação 'Juízes para a Democracia' (...). Serena e corajosamente, mantendo e defendendo o respeito essencial à magistratura, essa entidade vem influindo para que se faça uma revisão de concepções."[12]

10. MONTESQUIEU. *O espírito das leis*. Trad. Cristina Murachco. São Paulo: Martins Fontes, 2000. p. 175.
11. HUNGRIA, Nelson; FRAGOSO, Heleno Cláudio. *Comentários ao Código Penal*: v. I, Tomo I. 5. ed. Rio de Janeiro: Forense, 1977. p. 88.
12. DALLARI, Dalmo de Abreu. *O poder dos juízes*. 3. ed. São Paulo: Saraiva, 2007. p. 53-59. Essas linhas de atuação judicial, contudo, e ainda que sob outras roupagens, outrora já foram bastante criticadas por diversos juristas, entre os quais Miguel Reale, que nos lembra que Hermann Kantorowicz, em 1906, publicou a obra "A Luta pela Ciência do Direito", segundo a qual o que deve prevalecer "é o direito justo, quer na falta de previsão legal (praeter legem) quer contra a própria lei (contra legem). (...) Segundo os adeptos do Direito Livre, o juiz é como que um legislador num pequenino domínio, o domínio do caso concreto. Assim como o legislador traça a norma genérica, que deverá abranger todos os casos futuros, concernentes à matéria, caberia ao juiz legislar, não apenas por equidade, mas, toda vez que lhe parecer, por motivos de ordem científica, inexistente a lei apropriada ao caso específico: estamos, pois, no pleno domínio do arbítrio do intérprete. (...) A Ciência do Direito contemporânea não se deixou seduzir pelo canto da sereia do Direito Livre, continuando, em linhas

É fácil a qualquer juiz se sentir envaidecido e encorajado com exortações à busca do justo e do alinhamento à própria consciência. É até esperado, sobretudo nos mais jovens, que, conclamados à coragem e imbuídos das melhores intenções, encampem um espírito de luta pelo que entendem que é o justo, a despeito da lei ou, no mínimo, esticando os limites das molduras legais para julgar de acordo com suas consciências. E aí temos o problema de onde se riscar o limite, à vista da enorme variedade de critérios individuais do que pode ser o justo. Agrava o quadro o fato de que o juiz, ao implementar um direito social, por exemplo, "tem apenas a visão do microcosmo processual. Falta-lhe a visão macro das opções fundamentais e de suas consequências, inclusive financeiras".[13]

Assim, não se pode estender a independência funcional a limites, em verdade, que violam a separação de poderes, ainda que sob a justificativa de se buscar a justiça, em atitudes que acabam gerando a substituição da discricionariedade do Executivo e do Parlamento, ambos eleitos pelo povo, pela discricionariedade do magistrado e da sua consciência.[14] Ratificando a importância desta compreensão, em seu voto no julgamento da ADI 4.451/MC-REF/DF, o Ministro Dias Toffoli frisou que o "legislador goza da legitimidade democrática. É eleito. Submete-se aos constrangimentos do processo eleitoral, às quizílias partidárias, às contradições do Parlamento, às pressões organizadas e ao risco permanente de ser exautorado da vida pública, por meio da censura periódica de seus representantes nas urnas".

Richard Pae Kim observa que, realmente, parece haver hoje a "necessidade de que alguns membros do Judiciário reavaliem os pressupostos que dão sustentação à separação das funções dos poderes instituídos a fim de que o equilíbrio previsto na Constituição Federal seja efetivamente respeitado".[15] Não se defende um retorno ao positivismo clássico ou dependente de juízes autômatos que interpretem a lei pela sua expressão gramatical literal simples, mas há um equilíbrio a ser encontrado, uma ponderação a ser prudentemente feita, com especial cuidado na utilização de princípios, os quais possuem alto grau de abstração. A lei não pode ser torcida, por mais hábil e elegante que seja o jurista no manejo de vetores abertos. A virtude mais específica dos juízes, afinal, não é a técnica e nem, propriamente, a justiça, "mas, antes, a prudência, porque sua missão está em discernir e assinalar, atitudes próprias da órbita prudencial", de for-

---

gerais, a preferir as imperfeições de um Direito predeterminado ao risco de um Direito determinável, em cada caso, pelo juiz" (REALE, Miguel. *Lições preliminares de direito*. 17. ed. São Paulo: Saraiva, 1990. p. 285-289).

13. CAPEZ, Rodrigo. As fricções entre o exercício da jurisdição constitucional e os demais poderes: autocontenção e prudência. In: MORAES, Alexandre de; MENDONÇA, André Luiz de Almeida (Coord.). *Democracia e sistema de justiça*: obra em homenagem aos 10 anos do Ministro Dias Toffoli no Supremo Tribunal Federal. Belo Horizonte: Fórum, 2020. p. 559.
14. "O princípio da separação dos Poderes importa, dentre diversos outros consectários, na manutenção dos órgãos do Judiciário nos limites da função jurisdicional que lhes é confiada e para cujo exercício foram estruturados. (...) A discricionariedade judicial se distingue, nitidamente, das discricionariedades legislativa e administrativa, correspondendo à liberdade de escolha que se defere ao juiz diante de possibilidades exegéticas consistentes. Floresce ela no espaço que os balizamentos normativos autorizam o julgador a se movimentar" (RAMOS, Elival da Silva. *Ativismo judicial*: parâmetros dogmáticos. São Paulo: Saraiva, 2010. p. 307-308).
15. KIM, Richard Pae. Pós-positivismo e alguns paradoxos sobre a interpretação constitucional. In: KIM, Richard Pae; PRETTO, Renato Siqueira De; TERAOKA, Thiago Massao Cortizo. *Interpretação constitucional no Brasil*. São Paulo: Escola Paulista da Magistratura, 2017. p. 518.

ma que, por excelência, o profissional do Direito "não é o justo, mas o *jurisprudente*".[16] Nessa mesma linha, Rodrigo Capez, citando Gustavo Zagrebelsky e Eros Grau, afirma que "a pluralidade de princípios e a ausência de uma hierarquia formal entre eles faz com que não exista uma ciência exata sobre a sua articulação, mas sim uma prudência na sua ponderação".[17]

Ives Gandra da Silva Martins, em artigo no qual comenta justamente as maneiras de se fortalecer o Judiciário, afirma que os juízes não foram eleitos pelo povo e, portanto, devem ter cuidado ao se tornarem "ouvidores" da vontade popular, visto que não "têm qualificação política, mas exclusivamente técnica, não podendo auscultar os desejos da comunidade como os representantes". Ele defende, assim, que seja inserida na Constituição uma menção expressa de não ser o Judiciário um poder político, "não lhe cabendo nunca ser legislador positivo, substituir o Parlamento".[18]

Nelson Hungria, já citado criticando o positivismo dogmático, pondera, logo na sequência daquela mesma crítica, que não pode o juiz "fazer *tabula rasa* da lei, julgando, não pelo que esta ordena, mas pelo que, na sua opinião, devia ordenar".[19] Elival da Silva Ramos, por exemplo, propõe um "positivismo moderado", no qual prevalece a vontade da lei, mas não no sentido de um pressuposto prévio e acabado, "que o juiz tenha que meramente atender", e sim "no de que o texto normativo objeto da exegese contém algo de objetivo, que não pode ser desconsiderado".[20]

Richard Pae Kim sugere como parâmetro interpretativo o respeito, sempre que possível, ao aforismo "in dubio pro legislatore".[21] Defende o autor, ainda, que, para o efetivo respeito ao Estado Democrático de Direito e à separação de poderes, "além da aplicação das regras de interpretação constitucional e da observância à hermenêutica tradicional, o interprete deve respeitar a vinculação entre a lei da ponderação e a teoria da argumentação jurídica racional e deve privilegiar a lei, resultado do processo democrático.[22] Alexandre da Cunha Filho propõe também que, na dúvida, deve prevalecer o texto legal. Acrescenta, além disso, que o aplicador tem o "ônus argumentativo de

16. FERNANDES, André Gonçalves. *Ensinando e aprendendo o Direito com o método do caso*: bases epistemológicas e metodológicas. 2. ed. Bauru, SP: Edipro, 2018. p. 118.
17. CAPEZ, Rodrigo. As fricções entre o exercício da jurisdição constitucional e os demais poderes: autocontenção e prudência. In: MORAES, Alexandre de; MENDONÇA, André Luiz de Almeida (Coord.). *Democracia e sistema de justiça*: obra em homenagem aos 10 anos do Ministro Dias Toffoli no Supremo Tribunal Federal. Belo Horizonte: Fórum, 2020. p. 562.
18. MARTINS, Ives Gandra da Silva. Por um Judiciário mais forte. In: LEMBO, Claudio; CAGGIANO, Monica Herman; ALMEIDA NETO, Manoel Carlos de. *Juiz constitucional*: Estado e Poder no século XXI. São Paulo: Ed. RT, 2015. p. 260-261.
19. HUNGRIA, Nelson; FRAGOSO, Heleno Cláudio. *Comentários ao Código Penal*: v. I, tomo I. 5. ed. Rio de Janeiro: Forense, 1977. p. 88.
20. RAMOS, Elival da Silva. *Ativismo judicial*: parâmetros dogmáticos. São Paulo: Saraiva, 2010. p. 308.
21. KIM, Richard Pae. Pós-positivismo e alguns paradoxos sobre a interpretação constitucional. In: KIM, Richard Pae; PRETTO, Renato Siqueira De; TERAOKA, Thiago Massao Cortizo. *Interpretação constitucional no Brasil*. São Paulo: Escola Paulista da Magistratura, 2017. p. 518.
22. KIM, Richard Pae. O juiz com toga e o respeito à segurança jurídica. In: MORAES, Alexandre de; MENDONÇA, André Luiz de Almeida (Coord.). *Democracia e sistema de justiça*: obra em homenagem aos 10 anos do Ministro Dias Toffoli no Supremo Tribunal Federal. Belo Horizonte: Fórum, 2020. p. 533.

enfrentar suficientemente as razões dadas pelo legislador", não podendo simplesmente lançar mão de princípios vagos[23], o chamado "principialismo judicial", na expressão de Ricardo Dip.

2. A AUTOCONTENÇÃO E O DIREITO NATURAL COMO POTENCIAIS CONDUTORES DE SEGURANÇA JURÍDICA E HARMONIA ENTRE OS PODERES

A par das várias contribuições já dadas ao tema por muitos autores, alguns dos quais citados acima, nos alinhamos a tantos outros que, em acréscimo, acreditam também, e enfatizam, que a valorização do Direito Natural e o exercício da autocontenção judicial revelam-se como bons caminhos para um exercício jurisdicional mais imparcial, seguro e harmônico com os demais Poderes.

O mencionado "principialismo judicial", consistente no manejo pródigo de vetores abertos, calha de ser baseado, em boa medida, em princípios desconectados do jusnaturalismo clássico, o que parece aumentar seu potencial como gerador de insegurança jurídica.[24] E assim o é, pois suas raízes estão ligadas ao desprestígio do Direito Natural clássico, o que parece ser também fruto do imanentismo e do relativismo crescente dos últimos séculos. Nesse sentido, comum tem sido a transposição para a filosofia jurídica das ideias "de justiça que a filosofia social e a retórica política costumam utilizar".[25]

A judicialização excessiva dos mais variados conflitos, "como se o âmbito apropriado para a resolução dos problemas políticos, econômicos ou culturais fossem os tribunais" não deixa de ser resultado do esvaziamento da ética social.[26] E quanto desse esvaziamento da ética social, retoricamente se questiona, não estará relacionado também a uma crise de identidade civilizacional, crise derivada da desconstrução cultural ativa e incessante promovida por idealismos utópicos?

Nos dizeres de Rodolfo Luis Vigo, o Direito Positivo confirma, esclarece e completa o Direito Natural, mas se ele contradiz o justo natural, perde juridicidade intrínseca, pois fica reduzido a uma juridicidade meramente aparente. Positivados ou não no ordenamento, o respaldo dos princípios deve ser ontológico.[27] De um lado, portanto, há o extremo dos excessos principiológicos. De outro, o risco do positivismo dogmático:

---

23. CUNHA FILHO, Alexandre Jorge Carneiro da. O guardião da Constituição e sua Legitimidade ou Ativismo Judicial. Entre a fórmula vazia e o sinal de alerta. In: KIM, Richard Pae; PRETTO, Renato Siqueira De; TERAOKA, Thiago Massao Cortizo. *Interpretação constitucional no Brasil*. São Paulo: Escola Paulista da Magistratura, 2017. p. 152.
24. DIP, Ricardo. *Segurança jurídica & crise do mundo pós-moderno*. São Luís: Resistência Cultural, 2019. p. 163.
25. FERNANDES, André Gonçalves. *Ensinando e aprendendo o Direito com o método do caso*: Bases epistemológicas e metodológicas. 2. ed. Bauru, SP: Edipro, 2018. p. 118.
26. VIGO, Rodolfo Luis. *Interpretação Jurídica*: Do modelo juspositivista-legalista do século XIX às novas perspectivas. São Paulo: Ed. RT, 2011. p. 62.
27. VIGO, Rodolfo Luis. *Interpretação jurídica*: do modelo juspositivista-legalista do século XIX às novas perspectivas. São Paulo: Ed. RT, 2011. p. 130.

> "O fundamentalismo relativista pós-moderno aflige o direito e os juristas. Pôs-se em crise a ideia do justo, o sentido da analogia do "direito" e a hierarquia de seus significados, porque a cultura pós-moderna perdeu a noção do fim do direito e, desprezando a tradição e o senso comum, a ideia do fim do homem, de sorte que, agora, no convívio habituado de incertezas jurídicas, parece prevalecer a ideia de que "a lei (estatal) é a lei" – è legge e basta: ordens são ordens."[28]

No que toca especificamente à interpretação e aplicação concreta do Direito, a melhor solução, assim nos parece, não pode simplesmente desprezar o Direito Natural:

> "Enquanto, de um lado, o positivismo engessa a segurança jurídica no bojo de um formalismo asséptico, o iusnaturalismo clássico integra essa segurança na moldura elástica (e, por isso mesmo, equitativa) do formalismo temperado. Nesse formalismo, a forma é apreendida como um elemento determinativo da realidade das coisas, como aquilo que determina a natureza de um ente, algo que reside no objeto e só se apreende pela razão mediante sua representação abstrativa, pois, de si, no universo criado, a forma não é subsistente. Já com o formalismo puro, de maneira diversa, a forma perde seu caráter individualizante, desvinculando-se da realidade a que se integra: de si mesma, torna-se substância, alheando-se do existencial."[29]

Mas para além do reconhecimento da boa valia, ainda nos tempos atuais, do Direito Natural, se mostra fundamental também o genuíno exercício de autocontenção por parte dos magistrados. Acerca da autocontenção judicial, oportuna a lição do Ministro Dias Toffoli, muito bem ressaltada pelo Ministro André Mendonça em seu voto na ADPF 910:

> "Dentre as teorias atuais acerca dos limites do judicial review, destaco a tese de Mark Tushnet, por ressaltar a importância do diálogo entre os poderes para o avanço da democracia. No texto Weak courts, strong rights: judicial review and social welfare rights in comparative constitucional law, Mark Tushnet diferencia o controle de constitucionalidade forte do controle fraco. No sistema forte, as interpretações judiciais da constituição seriam finais e não revisáveis pelas maiorias legislativas ordinárias. No sistema fraco, haveria mecanismos rapidamente acionáveis pelo Legislativo para a alteração do entendimento judicial. O que separa os dois modelos é o aspecto temporal da resposta que os parlamentares podem dar às Cortes. Mark Tushnet (...) demonstra que o controle fraco é o que mais propicia o diálogo entre os poderes, a partir de uma sistemática de não intervenção e de não centralização. Os tribunais se abrem ao jogo institucional, deixando espaços em suas decisões que podem ser preenchidos por nova atividade legislativa. A intensidade de trocas entre os Poderes geraria, segundo o autor, melhores decisões e melhores leis. A diferença fundamental entre as primeiras correntes teóricas e a tese de Tuhsnet é que esta aborda a autocontenção judicial como mecanismo indutor da deliberação democrática."[30]

É certo que a prática pode ser tanto mais complicada, considerando uma extensa Constituição analítica e principiológica, como a nossa. Também não se olvida que um juiz que baseia suas decisões de acordo com suas preferências políticas, pode, tanto quanto um que decide estritamente de acordo com normas jurídicas, publicamente explicar

28. DIP, Ricardo. *Segurança jurídica & crise do mundo pós-moderno.* São Luís: Resistência Cultural, 2019. p. 165-166.
29. DIP, Ricardo. *Segurança jurídica & crise do mundo pós-moderno.* São Luís: Resistência Cultural, 2019. p. 46.
30. TOFFOLI, José Antônio Dias; ALENCAR, Idelgard Hevelyn de Oliveira. Autocontenção no Supremo Tribunal Federal. In: Costa, Daniel Castro Gomes da; Fonseca, Reynaldo Soares da; Banhos, Sérgio Silveira; Carvalho Neto, Tarcísio Vieira de (Coord.). *Democracia, Justiça e cidadania*: desafios e perspectivas. Homenagem ao Ministro Luís Roberto Barroso. Belo Horizonte: Fórum, 2020. p. 15-26.

suas decisões em termos legais.[31] Por isso mesmo avulta a importância da consciência, por parte dos próprios magistrados, quanto à prática sincera do "self-restraint". É a "independência contra os próprios reflexos que precede a firmeza do magistrado, no cumprimento de seu ministério"[32]:

> "O juiz livre não é aquele a quem se garante a liberdade; é aquele que vence a si próprio para usá-la. As pressões do meio são, muita vez, inexpressivas em confronto com as de suas fraquezas; nascem do receio infundido, do interesse, da vaidade, do ódio e da simpatia. Com essas distorções do caráter e do sentimento de que a lei torna livre para ser juiz, este se escravizará até o ponto de aviltar a função que deveria dignificar."[33]

Na mesma linha do escólio de Edgard de Moura Bittencourt, mencionado acima, perspicaz a observação do *Justice* Harlan Stone, da Suprema Corte dos Estados Unidos da América, citada pelo Min. Alexandre de Moraes em seu voto na ADI 5.874/DF, segundo a qual "embora o exercício inconstitucional do poder pelos ramos executivo e legislativo do governo esteja sujeito a revisão judicial, único controle sobre nosso próprio exercício do poder é nosso senso de auto coibição".

Há invencível contradição, pensamos, na sistemática exaltação (ainda que por vezes meramente retórica, é verdade) da democracia, ao mesmo tempo em que se desconsideram ou se relativizam a vontade do povo e as leis produzidas por seus autênticos representantes eleitos.[34] A defesa da liberdade de juízes para se utilizarem de interpretações extravagantes como forma de extrair da lei o que nela não há[35], por meio do manejo de princípios abertos, pouco tem relação com a defesa da verdadeira independência funcional dos magistrados.

3. A MAIOR DELICADEZA DO TEMA NOS TRIBUNAIS SUPERIORES E A ATUAÇÃO DO MINISTRO ANDRÉ MENDONÇA

Na esfera dos Tribunais Superiores, sobretudo do Supremo Tribunal Federal, toda essa problemática ganha contornos ainda mais sensíveis, exigindo maior deferência à autocontenção. Isso porque se decide em última ou única instância, o que exclui a

31. CAPEZ, Rodrigo. As fricções entre o exercício da jurisdição constitucional e os demais poderes: autocontenção e prudência. In: MORAES, Alexandre de; MENDONÇA, André Luiz de Almeida (Coord.). *Democracia e sistema de justiça*: obra em homenagem aos 10 anos do Ministro Dias Toffoli no Supremo Tribunal Federal. Belo Horizonte: Fórum, 2020. p. 556.
32. BITTENCOURT, Edgard de Moura. *O juiz*. 3. ed. Campinas, SP: Millennium, 2002. p. 122.
33. BITTENCOURT, Edgard de Moura. *O juiz*. 3. ed. Campinas, SP: Millennium, 2002. p. 123.
34. "Não devemos incidir no equívoco elitista de tentar concretizar uma Constituição democrática, paradoxalmente, atribuindo ao povo um papel secundário. O ativismo judicial, que seduz os incautos e agrupa os aristocratas do direito, existe tanto na jurisprudência 'progressista' a proclamar a aplicabilidade imediata de direitos sociais veiculados por normas programáticas, quanto na resistência abusiva da Suprema Corte estadunidense à legislação trabalhista, no período do 'governo dos juízes'" (RAMOS, Elival da Silva. *Ativismo judicial*: parâmetros dogmáticos. São Paulo: Saraiva, 2010. p. 316).
35. "A presença constante de normas-princípio nos textos constitucionais, normas essas dotadas de maior abrangência, porém de menor precisão (...), fizeram premente uma elaboração mais consistente em torno dos limites da função jurisdicional, cujo potencial criativo experimentou notável expansão" (RAMOS, Elival da Silva. *Ativismo judicial*: parâmetros dogmáticos. São Paulo: Saraiva, 2010. p. 306).

possibilidade de correção por outros Tribunais; porque a atuação do Supremo serve de exemplo para as instâncias inferiores e para todos os demais magistrados do país; e porque os temas tratados possuem uma maior proeminência e repercussão, amplificando também a possibilidade de atrito com os demais Poderes.

No exercício da jurisdição constitucional, o Ministro André Mendonça tem se mostrado um magistrado absolutamente consciente quanto ao tema e extremamente zeloso da delicada harmonia entre os Poderes, exercitando uma judicatura efetivamente *jurisprudente*, marcada por serenidade, equilíbrio e pela busca, permanente e sincera, de uma visão equidistante dos problemas e argumentos trazidos, não convidativa a paixões. Exemplos dessa postura, fortemente marcada pela autocontenção, se verificam em diversos votos do eminente Ministro, dentre os quais aquele proferido na ADPF 910, arguição de descumprimento de preceito fundamental ajuizada em face de dispositivos do Decreto presidencial 4.074/2002, alterado pelo Decreto 10.833/2021, que dispôs sobre pesquisa, produção, embalagem, armazenamento, comercialização, utilização, importação, exportação, destino final de resíduos e embalagens, registro, classificação, controle, inspeção e a fiscalização de agrotóxicos. Colaciono alguns trechos:

> "51. É que, diante de espaços regulatórios em relação aos quais haja inegável zona de incerteza científica, ocasionada inclusive pela célere e constante evolução das pesquisas e tecnologias desenvolvidas pela comunidade especializada, não há como negar a existência de dúvida razoável em relação à eficácia de determinado novo instituto ou regramento. Penso que tal constatação, de natureza fática, seja irrefutável.
>
> 52. Ocorre que, tal cenário, de ausência de certeza empírica em relação às consequências práticas da nova regulação não a inquina, só por isso, de vício de inconstitucionalidade. Nem mesmo quando se analisa a questão sob o enfoque do devido processo constitucional substantivo, a partir de um juízo de razoabilidade e proporcionalidade.
>
> 53. Isso porque, em questões de natureza eminentemente técnica, o dever de observância ao princípio democrático impõe postura deferente desta Suprema Corte em relação às deliberações tomadas pelo Poder constitucionalmente imbuído da representação popular, em obséquio, inclusive, à presunção de constitucionalidade de que gozam os atos normativos.
>
> 54. Nessa direção aponta, ilustrativamente, o precedente firmando no bojo da ADC 42/DF, Rel. Min. Luiz Fux, Tribunal Pleno, j. 28/02/2018, p. 13/08/2019, tendo o eminente Relator, feito menção, inclusive, ao entendimento exarado pela Suprema Corte Americana, no caso FCC v. Beach Communications, Inc. 508 U.S. 307 (1993), no qual se consignou que 'a escolha do legislador não está sujeita ao escrutínio empírico dos Tribunais e pode se basear em especulações racionais não embasadas em provas ou dados empíricos'.
>
> (...)
>
> 56. De fato, quanto maior o leque de legítimas opções interpretativas disponíveis aos Poderes democraticamente eleitos menor deve ser o rigor daquele que tem o ônus do controle de conformação dessas escolhas complexas, diante da largueza das balizas estabelecidas.
>
> (...)
>
> 63. Nessa perspectiva, vale rememorar abordagem doutrinária do Ministro Roberto Barroso. Bem pontua Sua Excelência que, sob o risco de asfixiar o exercício democrático, não se deve pretender que a normatividade constitucional seja responsável pela direção de todos os espaços estatais.
>
> 64. Em outras palavras, 'não é possível pretender derrotar a vontade majoritária, em espaço no qual ela deva prevalecer, pela via oblíqua de uma interpretação jurídica sem lastro constitucional. Ao agir

assim, o intérprete estaria usurpando tanto o papel do constituinte quanto do legislador' (Barroso, Luís Roberto. Disciplina legal dos direitos do acionista minoritário e do preferencialista. Constituição e espaços de atuação legítima do Legislativo e do Judiciário. In: Barroso, Luís Roberto. *Temas de Direito Constitucional*. v. III. Rio de Janeiro: Renovar, 2005. p. 314-315).

65. Ou seja, quanto maior o hiato deixado pelo constituinte ao legislador ordinário, menor a margem de controle do fiscal constitucional. Maior é a necessidade de autocontenção judicial e deferência à vontade majoritária, levada a cabo pelo legislador."

No âmbito das ADPFs 964, 965, 966 e 967, julgadas em conjunto eis que ajuizadas, todas, questionando a constitucionalidade do mesmo Decreto Presidencial de 21/04/2022, o qual concedeu indulto individual ao Deputado Federal Daniel Lucio da Silveira, condenado criminalmente, o Ministro André destacou em seu voto, ao julgar improcedentes as ações, *dentre outros argumentos*, (*i*) os limites à sindicabilidade judicial do ato de clemência presidencial e (*ii*) o papel do indulto no desenho institucional que busca equilibrar a distribuição das funções estatais atípicas, atuando como mecanismo de freio e contrapeso exercido pelo Poder Executivo em face do Poder Judiciário:

"64. No presente caso, com a máxima vênia às posições em sentido contrário, a meu sentir, estamos diante de situação na qual, parafraseando o escólio acima citado, guardar a Constituição significa guardar o modelo de separação de Poderes adotado pelo Poder Constituinte em relação ao indulto, mesmo que isso signifique reconhecer a impossibilidade de escrutínio, por esta Suprema Corte, de ato sobre o qual recaia virtual pecha de desconformidade com o texto constitucional.

(...)

67. A partir das conclusões até aqui alcançadas, já se antevê que a cognoscibilidade judicial do ato político de indulto, praticado pelo Presidente da República, enquanto autoridade constitucional e democraticamente eleita para avaliar as condições, circunstâncias e destinatários da medida, adstringe-se, como dito pela eminente Ministra Rosa Weber na ADI 5.874/DF, aos aspectos procedimentais e à aferição de observância ao limite material estabelecido pelo art. 5º, inc. XLIII, da Lei Fundamental.

68. A fiscalização quanto ao acerto ou desacerto do ato, de natureza política, e que se consubstancia em inquestionável mecanismo de freio e contrapeso ao Poder Judiciário, deve se dar de maneira igualmente política, mediante o escrutínio popular periódico, e, no limite, pela atuação do Poder Legislativo por meio da abertura do processo de impeachment.

69. Tomando por empréstimo as palavras do eminente Ministro Ayres Britto na Ext 1.085-PET-AV, que bem evidenciam o grau de sensibilidade que se deve ter no exame de questões políticas, 'o Supremo é que não pode sobrepor aos juízos do Presidente da República de suposição e de ponderação os juízos do Supremo de suposição e de ponderação'.

70. Portanto, não se trata de reconhecer ou defender a existência de um ato praticado por agente estatal, seja de que estatura for, que seja absolutamente alheio a qualquer espécie de controle. Mas antes, de reconhecer que (i) o controle exercido em sede de jurisdição constitucional não é o único no sistema de freios e contrapesos previsto pela Lei Maior e (ii) há hipóteses nas quais, em razão de não lhe ser confiado o controle – no presente caso, porque figura na condição de próprio poder limitado pelo ato que visa controlar –, mesmo que venha a extrair solução diversa do Texto Fundamental, descabe ao Poder Judiciário substituir o juízo da autoridade constitucionalmente capacitada para agir."

No julgamento dos embargos de declaração na medida cautelar na ADPF 635, ajuizada por partido político a fim de fosse reconhecido e sanado o que chamou de graves lesões a preceitos fundamentais praticadas pelo Estado do Rio de Janeiro na elaboração e execução de sua política de segurança pública, o Ministro André Mendonça ponderou sobre as características das ações (ou processos) estruturantes e asseverou:

> "37. De fato, a depender do grau de intervenção, a decisão judicial poderá esvaziar por completo a necessária margem de adaptabilidade que deve dispor o Poder Executivo no processo de concretização do comando exarado. Para fomentar o diálogo institucional, o Judiciário deve deixar espaço aos demais Poderes constituídos.
>
> 38. Essa reserva de atuação se mostra fundamental para que não se produzam decisões operacionalmente inexequíveis, fazendo com que a inafastável contingência fática reduza o comando judicial à mera 'folha de papel'.
>
> (...)
>
> 42. Especificamente quanto à questão da segurança pública – no País, de modo geral, e no Estado do Rio de Janeiro, em particular –, o alto grau de complexidade da questão discutida, além da necessidade de recursos materiais cada vez mais elevados, enseja postura ainda mais parcimoniosa do Poder Judiciário ante as dificuldades enfrentadas no âmbito administrativo.
>
> 44. Evidencia-se, portanto, que o Poder Judiciário, como regra, deve agir com deferência e autocontenção em matéria de políticas públicas, privilegiando, nos casos em que caraterizada a situação de intervenção excepcional, as denominadas decisões flexíveis ou abertas, como forma de superar a ausência de expertise institucional e privilegiar a criação de um ambiente dialógico entre os Poderes."

Novamente ilustrando a postura de autocontenção e respeito à separação dos Poderes do Ministro André Mendonça, cabe também ressaltar (repiso, *dentre tantos* votos e decisões relevantes nesse sentido) a posição assumida no julgamento da AP 1.044/DF. Na ocasião, a despeito de votar pela procedência parcial da ação penal, com condenação do réu, Deputado Federal, à pena de dois anos e quatro meses de reclusão, e mesmo diante da perspectiva de a maioria dos pares votar por pena privativa de liberdade superior a quatro anos, como de fato acabou ocorrendo, Ministro André prestigiou a independência da Câmara dos Deputados para que ela decidisse pela perda do mandato do parlamentar condenado, propugnando pela não automaticidade da sanção:

> "91. Quanto à possível perda do mandato parlamentar como efeito desta condenação, entendo que a interpretação do art. 55 da Constituição Federal, mais precisamente do seu inciso VI, em combinação com o § 2º do mesmo artigo, deve prestigiar o princípio da separação dos poderes insculpido no art. 2º da Carta Maior.
>
> (...)
>
> 93. Entendo não haver incongruência desse entendimento, com o disposto no art. 15, inciso III, da mesma Constituição. Este último estabelece a hipótese de suspensão dos direitos políticos em virtude de condenação criminal transitado em julgado, enquanto durarem seus efeitos. No entanto, a despeito de já haver pronunciamento definitivo do Poder Judiciário a respeito da responsabilidade penal de determinado parlamentar, a competência para decidir sobre a perda ou não de mandato parlamentar em curso, por expressa opção do constituinte originário, possui natureza política e cabe ao Poder Legislativo.
>
> 94. Nesse sentido, cito o entendimento da 2ª Turma deste Tribunal, quando do julgamento da Ação Penal 996; bem como do Plenário, quando do julgamento da Ação Penal 565. Em ambos os casos, o Supremo decidiu competir à respectiva Casa Legislativa decidir sobre a perda ou não do mandato, nos exatos termos art. 55, inciso VI e § 2º, da Constituição.
>
> (...)

96. Não desconheço o precedente do Plenário ocorrido no julgamento da AP 470 ("mensalão"). Naquela assentada, por maioria de votos (5x4), o Tribunal entendeu aplicável a perda automática do mandato parlamentar.

97. Também sou sabedor do quanto tem decidido a Primeira Turma deste Tribunal, como, por exemplo, nos julgamentos da AP 694 e da AP 863. Nesses dois casos, se reconheceu que, por haver sido condenado a um período mínimo em regime fechado, o parlamentar está materialmente impossibilitado de continuar a exercer seu mandato. Isso porque, em tese, estará impedido de comparecer, no mínimo, à terça parte das sessões ordinárias da Casa, atraindo a previsão do art. 55, inciso III, da Constituição, que, aí sim, se está diante hipótese de perda automática do mandato.

98. Entretanto, parto da premissa de que, mais do que um princípio constitucional, a separação dos Poderes é um pilar estruturante e indispensável à sustentação da democracia. Tanto assim o é, que constitui cláusula pétrea (art. 60, § 4º, inciso III), devendo ser respeitada também pelo Poder Judiciário na aplicação da Constituição. Dessa premissa fundamental, extrai-se, primeiro, que todas as hipóteses e possibilidades de intervenção de um poder em outro devem estar expressamente contempladas na Constituição; e, segundo, que no momento da aplicação dessas hipóteses normativas, cumpre adotar a interpretação que melhor espelhe o respeito e a deferência à independência dos poderes da República.

99. Vejo até mesmo um simbolismo nessa autocontenção que ora defendo. Nenhum parlamentar é eleito senão pelo voto popular. O seu mandato, portanto, é representativo da vontade do povo. Sendo assim, salvo nas hipóteses taxativamente previstas na Constituição, a perda desse mandato caberá aos demais parlamentares, igualmente legitimados pelo voto popular. Em definitivo, se é a vontade popular que concede o mandato parlamentar a alguém, deve ser essa mesma vontade popular quem, agora representada pela manifestação dos demais parlamentares, irá decidir se mantém ou não aquele mesmo mandato.

100. Portanto, rogando as vênias aos entendimentos divergentes, voto no sentido de aplicar o art. 55, inciso IV e § 2º, da Constituição, no presente caso concreto, dando-se ciência deste julgamento à Câmara dos Deputados para os devidos fins."

Por fim, bem evidenciando, de forma direta, a preocupação do e. Ministro quanto à importância do respeito à separação dos Poderes, destaco trecho dos debates orais no julgamento do Recurso Extraordinário 635.659, com repercussão geral (Tema 506), no qual se discutiu, em junho de 2024, a descriminalização do porte de entorpecentes para consumo pessoal, oportunidade na qual Sua Excelência foi contundente em apontar que o assunto, independentemente da posição de cada qual, se a favor ou contra, deveria ser tratado, idealmente, no parlamento, não no Judiciário: "Nós estamos passando por cima do legislador caso essa votação prevaleça com a maioria que hoje está estabelecida. O legislador definiu que portar drogas é crime. Transformar isso em ilícito administrativo é ultrapassar a vontade do legislador. (...) Quem vai fiscalizar, quem vai processar, quem vai condenar, quem vai acompanhar a execução dessa sanção?"

CONCLUSÃO

O ativismo judicial é, ao mesmo tempo, tanto consequência quanto uma das forças motrizes de uma crise que não é só do Direito e que não está presente só no Brasil. Gera insegurança jurídica e promove desarmonia entre os Poderes, periclitando a saúde das instituições e, em última análise, a própria democracia, fazendo avançar pautas que não refletem verdadeiramente a vontade da população.

A hipertrofia do Judiciário e o deslocamento, para ele, do *baricentro* do poder e do sistema político, na expressão de Rodrigo Capez, podem acabar traduzindo, ao fim e ao cabo, "uma tentativa de correção do voto popular pela jurisdição constitucional, transformando-a numa espécie de redentora das (supostamente más) escolhas democráticas".[36] Ainda que se reconheça a importante função contramajoritária exercida pelo Poder Judiciário, a interpretação das leis, notadamente a interpretação constitucional, deve observar a autocontenção e os limites democráticos, de forma a que minorias legislativas insulares não procurem "dela se utilizar como instrumento para reverter seus naturais reveses no jogo democrático do Parlamento".[37]

A permanente atenção à necessidade de genuína autocontenção, a prudência e o não descaso para com o Direito Natural[38], podem, no nosso sentir, contribuir e muito para a harmonia entre os Poderes e para a consolidação de uma democracia profunda e autêntica. Deve o Judiciário, atuando com serenidade, contribuir para distender as desinteligências entre os Poderes, para distensionar as relações, *em prol da nação*, e não, ao contrário, gerar mais atritos. Nesse sentido, a atuação do Ministro André Mendonça tem se mostrado verdadeiramente exemplar.

REFERÊNCIAS

BITTENCOURT, Edgard de Moura. *O juiz*. 3. ed. Campinas, SP: Millennium, 2002.

CAPEZ, Rodrigo. As fricções entre o exercício da jurisdição constitucional e os demais poderes: autocontenção e prudência. In: MORAES, Alexandre de; MENDONÇA, André Luiz de Almeida (Coord.). *Democracia e sistema de justiça*: obra em homenagem aos 10 anos do Ministro Dias Toffoli no Supremo Tribunal Federal. Belo Horizonte: Fórum, 2020.

CUNHA FILHO, Alexandre Jorge Carneiro da. O guardião da Constituição e sua Legitimidade ou Ativismo Judicial. Entre a fórmula vazia e o sinal de alerta. In: KIM, Richard Pae; PRETTO, Renato Siqueira de; TERAOKA, Thiago Massao Cortizo. *Interpretação constitucional no Brasil*. São Paulo: Escola Paulista da Magistratura, 2017.

DALLARI, Dalmo de Abreu. *O poder dos juízes*. 3. ed. São Paulo: Saraiva, 2007.

DIP, Ricardo. *Tradição, revolução e pós-modernidade*. Campinas: Millenium, 2001.

DIP, Ricardo. *Segurança jurídica & crise do mundo pós-moderno*. São Luís: Resistência Cultural, 2019.

FERNANDES, André Gonçalves. *Ensinando e aprendendo o Direito com o método do caso*: bases epistemológicas e metodológicas. 2. ed. Bauru, SP: Edipro, 2018.

36. CAPEZ, Rodrigo. As fricções entre o exercício da jurisdição constitucional e os demais poderes: autocontenção e prudência. In: MORAES, Alexandre de; MENDONÇA, André Luiz de Almeida (Coord.). *Democracia e sistema de justiça*: obra em homenagem aos 10 anos do Ministro Dias Toffoli no Supremo Tribunal Federal. Belo Horizonte: Fórum, 2020. p. 557.
37. CAPEZ, Rodrigo. As fricções entre o exercício da jurisdição constitucional e os demais poderes: autocontenção e prudência. In: MORAES, Alexandre de; MENDONÇA, André Luiz de Almeida (Coord.). *Democracia e sistema de justiça*: obra em homenagem aos 10 anos do Ministro Dias Toffoli no Supremo Tribunal Federal. Belo Horizonte: Fórum, 2020. p. 562.
38. "Mesmo sem se aceitar a ideia de Direito Natural, é possível reconhecer-se que as normas jurídicas não podem ser elaboradas com desprezo de dados naturais que se impõem à consciência ética ou científica de todos. Fácil é perceber que está na 'natureza das coisas' que as crianças não possam casar ou firmar contratos válidos" (REALE, Miguel. *Lições preliminares de direito*. 17. ed. São Paulo: Saraiva, 1990. p. 187).

HUNGRIA, Nelson; FRAGOSO, Heleno Cláudio. *Comentários ao Código Penal*: v. I, tomo I. 5. ed. Rio de Janeiro: Forense, 1977.

KIM, Richard Pae. Pós-positivismo e alguns paradoxos sobre a interpretação constitucional. In: KIM, Richard Pae; PRETTO, Renato Siqueira De; TERAOKA, Thiago Massao Cortizo. *Interpretação constitucional no Brasil*. São Paulo: Escola Paulista da Magistratura, 2017.

KIM, Richard Pae. O juiz com toga e o respeito à segurança jurídica. In: MORAES, Alexandre de; MENDONÇA, André Luiz de Almeida (Coord.). *Democracia e sistema de justiça*: obra em homenagem aos 10 anos do Ministro Dias Toffoli no Supremo Tribunal Federal. Belo Horizonte: Fórum, 2020.

MARTINS, Ives Gandra da Silva. Por um Judiciário mais forte. In: LEMBO, Claudio; CAGGIANO, Monica Herman; ALMEIDA NETO, Manoel Carlos de. *Juiz Constitucional*: Estado e Poder no século XXI. São Paulo: Ed. RT, 2015.

MONTESQUIEU. *O espírito das leis*. Trad. Cristina Murachco. São Paulo: Martins Fontes, 2000.

MORAES, Alexandre de. *Direito constitucional*. São Paulo: Atlas, 2002.

NALINI, José Renato. Prefácio. In: DIP, Ricardo. *Segurança jurídica & crise do mundo pós-moderno*. São Luís: Resistência Cultural, 2019.

RAMOS, Elival da Silva. *Ativismo judicial*: parâmetros dogmáticos. São Paulo: Saraiva, 2010.

REALE, Miguel. *Lições preliminares de direito*. 17. ed. São Paulo: Saraiva, 1990.

TERAOKA, Thiago Massao Cortizo. Mutação Constitucional e ativismo judicial. *Cadernos Jurídicos da Escola Paulista da Magistratura – Direito Constitucional*, ano 16, n. 40, abr./jun. 2015.

TOFFOLI, José Antônio Dias; ALENCAR, Idelgard Hevelyn de Oliveira. Autocontenção no Supremo Tribunal Federal. In: Costa, Daniel Castro Gomes da; Fonseca, Reynaldo Soares da; Banhos, Sérgio Silveira; Carvalho Neto, Tarcísio Vieira de (Coord.). *Democracia, justiça e cidadania*: desafios e perspectivas. Homenagem ao Ministro Luís Roberto Barroso. Belo Horizonte: Fórum, 2020.

VIGO, Rodolfo Luis. *Interpretação jurídica*: do modelo juspositivista-legalista do século XIX às novas perspectivas. São Paulo: Ed. RT, 2011.

A AVALIAÇÃO A VALOR JUSTO E O IMPOSTO SOBRE A RENDA DAS PESSOAS JURÍDICAS

Henrique Gouveia da Cunha

Graduado em Direito pela Pontifícia Universidade Católica de Minas Gerais. Especialista em Direito Tributário pelo IBET. Mestre em Direito Tributário pela PUC-SP. Doutorando em Direito Tributário pela UFMG. Juiz Federal no Tribunal Regional Federal da 1ª Região. Juiz Auxiliar do Ministro Nunes Marques, no Supremo Tribunal Federal.

INTRODUÇÃO

É com muita alegria que participo da presente obra em homenagem ao eminente Ministro e Professor André Mendonça. Em sua tese de doutorado defendida perante a prestigiada Universidade de Salamanca, o Ministro André Mendonça examina a relação entre a legalidade e o valor justiça, desenvolvendo, com fundamento em percuciente e sólida investigação filosófico-jurídica, o princípio da aplicação justa da lei no Estado Democrático de Direito. Sustenta o jurista e ministro da Suprema Corte que o direito positivo apresenta relação intransponível com as normas morais, razão pela qual "especialmente a justiça – como um valor catalisador e moderador em relação aos demais – deve orientar a análise e resolução de conflitos sociais"[1] pelo intérprete das normas. O direito, em razão de sua própria natureza e essência, constitui-se em um sistema de regras permeadas pela presença dos valores e pela consideração da justiça como critério balizador da validade e da aplicação da lei. O ideal de justiça, como o valor supremo do Estado Democrático do Direito, constitui, assim, verdadeiro pressuposto para aplicação da lei em consonância com os valores constitucionais e com base na ética do discurso.[2]

Sob a orientação e o influxo de tais premissas, o presente artigo tem por objetivo examinar o tema da neutralização dos efeitos fiscais da avaliação a valor justo (AVJ) – definida pelo IFRS 13 (*International Financial Reporting Standards*) e pelo Pronunciamento Técnico 46 (item 9), emitido pelo Comitê de Pronunciamentos Contábeis (CPC 46), partindo da análise da disposições veiculadas na Lei 12.973/2014, de forma sistemática

1. MENDONÇA, André Luiz de Almeida. *Sistema de principios para la recuperación de activos procedentes de la corrupción*. 2018. 721 f. Tese (Doutorado em direito). Universidade de Salamanca. 2018, p. 187 (tradução livre).
2. MENDONÇA, André Luiz de Almeida. *Sistema de princípios...*, p. 187-203.

com os princípios, valores e regras constitucionais aplicáveis ao imposto sobre a renda das pessoas jurídicas e com o Código Tributário Nacional.

Considerada tão somente a literalidade das regras contidas na Lei 12.973/2014 (artigos 13, 16, 17 e 66), observa-se que a mera ausência de registro (não fazer) em subconta específica, vinculada ao ativo ou passivo, do ganho decorrente da avaliação de ativo ou passivo com base no valor justo resulta no cômputo desse "acréscimo patrimonial" na determinação do lucro real, para fins de incidência do Imposto de Renda das Pessoas Jurídicas (IRPJ) e da Contribuição Social Sobre o Lucro Líquido (CSLL).

As disposições contidas no mencionado diploma legal devem, no entanto, ser examinadas à luz do Sistema Constitucional Tributário brasileiro, cumprindo verificar a compatibilidade de tais enunciados com o conceito de renda pressuposto na CF/1988 e delineado no art. 43, do CTN, a fim de se propor solução para a questão a ser enfrentada no presente trabalho, qual seja, a possibilidade (ou não) de se tributar, sob o signo *renda*, o montante que corresponde ao acréscimo decorrente de avaliação do ativo ou passivo com base no valor justo (AVJ), na hipótese em que o contribuinte deixa de registrar, contabilmente, em subconta vinculada ao ativo ou passivo, o montante correspondente a esse incremento patrimonial.

Como a análise do tema se encontra ligada à relação existente entre a economia, contabilidade e o direito tributário no campo da tributação da renda, impõe-se realizar, inicialmente, breve histórico da legislação que passou a disciplinar a convergência contábil no Brasil ao padrão internacional de contabilidade definido pelo IFRS (*International Financial Reporting Standards*) e situar a controvérsia no contexto da Lei 12.973/2014, atualmente em vigor.

Em seguida, procuramos apontar a definição do conceito de avaliação a valor justo (AVJ) e os métodos para sua consecução, demonstrando a neutralização de seus efeitos fiscais, na forma prevista na Lei 12.973/2014. O trabalho se propõe a avançar com a análise, do conceito de renda contido na Constituição, valendo-se das categorias metodológicas do tipo e do conceito desenvolvidas por Misabel Derzi, além de investigar a natureza da evidenciação contábil do acréscimo decorrente da avaliação a valor justo (AVJ).

Por fim, traçadas as balizas necessárias, examinaremos a questão principal que constitui objeto do presente estudo, qual seja, a compatibilidade ou não com o Sistema Constitucional Tributário do tratamento conferido pela Lei 12.973/2014 à ausência de evidenciação contábil (registro) do ganho decorrente da avaliação de ativo ou passivo com base no valor justo e, por fim, o tratamento jurídico que reputamos adequado em face dessa omissão, diante do conceito de renda que decorre da Constituição.

1. BREVE HISTÓRICO DA LEGISLAÇÃO ACERCA DA CONVERGÊNCIA DA CONTABILIDADE NO BRASIL AO PADRÃO IFRS

A Lei 11.638/2007 introduziu modificações na forma dos registros e das demonstrações contábeis brasileiras, a fim de conformá-las aos padrões internacionais de contabilidade IFRS – *International Financial Reporting Standards*, os quais são compreendidos como um conjunto de regras aplicadas em matéria contábil e que constituem objeto de pronunciamentos emitidos pelo IASB – *International Accounting Standards Board*. Esse novo modelo contábil passou a contemplar as mutações patrimoniais das sociedades empresárias sob perspectiva essencialmente econômica. A principal razão da busca dessa convergência tem origem nos efeitos negativos da heterogeneidade de práticas contábeis, notadamente a dificuldade de comparação das demonstrações financeiras de companhias com atuação semelhante no mercado, mas estabelecidas em países distintos, gerando desestímulo no trânsito de investimentos no plano internacional.[3] A contabilidade societária se afasta, assim, da mensuração do patrimônio sob as balizas formais do direito civil, deixando de retratar, de forma estática, o passado para buscar fornecer ao público investidor um conjunto de informações úteis – focadas em estimativas de fluxos de caixa futuros e situações patrimoniais atualizadas – que permita a tomada de decisões quanto à realização de investimentos.

As alterações introduzidas por força do referido diploma legal não tiveram por escopo, no entanto, introduzir modificações destinadas à apuração da renda das sociedades empresárias, haja vista a existência de incompatibilidade estrutural entre o modelo de apuração de lucro líquido, segundo o novel modelo de contabilidade instituído, e a determinação da base de cálculo do imposto sobre a renda.[4]

A previsão de que essa mudança de perspectiva contábil não poderia servir de base de incidência de impostos e contribuições foi introduzida pelo art. 177, § 7°, da Lei 6.404/1976 (Lei das Sociedades Anônimas)[5], que previu, como regra geral, que os lançamentos realizados para harmonizar as normas contábeis do modelo anterior ao padrão IFRS não teriam efeitos tributários.

Posteriormente, o § 7°, art. 177, da Lei 6404/1976, foi revogado pela MP 449/2008, que instituiu o Regime Tributário de Transição (RTT), previsto nos artigos 15 a 24 da Lei 11.941/2009 (resultante da conversão da aludida MP), para apuração do lucro real em face dos novos padrões contábeis introduzidos pela Lei 11.638/2007. De acordo com o mencionado regime, deveriam ser mantidos, para fins tributários, os critérios vigentes até 31/12/2007 (ou seja, antes da entrada em vigor da Lei 11.638/2007), para o *reconhecimento de receitas, despesas* e *custos* na apuração do lucro líquido do exercício (art. 16 da Lei 11.941/2009[6]). Por consequência, as pessoas jurídicas no âmbito dessa sistemática (RTT) passaram a realizar duas espécies de demonstrações contábeis com finalidades

3. FONSECA, Fernando Daniel Moura. *Imposto sobre a Renda*: uma proposta de diálogo com a contabilidade. Belo Horizonte: Fórum, 2ª Reimpressão, 2020. p. 210.
4. FONSECA, Fernando Daniel Moura. *Imposto sobre a Renda*: uma proposta de diálogo com a contabilidade. Belo Horizonte: Fórum, 2ª Reimpressão, 2020. p. 219.
5. Art. 177, § 7°, da Lei 6.404/1976: "Os lançamentos de ajuste efetuados exclusivamente para harmonização de normas contábeis, nos termos do § 2° deste artigo, e as demonstrações e apurações com eles elaboradas não poderão ser base de incidência de impostos e contribuições nem ter quaisquer outros efeitos tributários."
6. Art. 16, da Lei 11.941/2009: "As alterações introduzidas pela Lei 11.638, de 28 de dezembro de 2007, e pelos arts. 37 e 38 desta Lei que modifiquem o critério de reconhecimento de receitas, custos e despesas computadas na apuração do lucro líquido do exercício definido no art. 191 da Lei 6.404, de 15 de dezembro de 1976, não terão

distintas: (i) uma elaborada em conformidade com as regras da Lei 11.638/2007; (ii) e uma segunda, para fins tributários, ajustada às antigas regras de apuração do lucro líquido vigentes em 31/12/2007, incidindo sobre esta última as adições e exclusões para apuração do lucro real.

Em momento seguinte, a MP 627/2013, publicada em 12.11.2013, e convertida na Lei 12.973, de 13.05.2014, extinguiu o Regime Tributário de Transição (RTT) e realizou modificações na legislação tributária com a finalidade de neutralizar, em larga extensão, os efeitos das novas práticas contábeis decorrentes da adoção dos padrões IFRS, embora tivesse o novel diploma legal absorvido, conforme observa Elidie Palma Bifano, alguns dos novos métodos e critérios contábeis, dando-lhes efeitos tributários.[7]

De forma semelhante ao Decreto-lei 1.598/1977, a Lei 12.973/2014 manteve a contabilidade como ponto de partida para apuração da base tributável do IRPJ e dispôs que a modificação ou a adoção de métodos e critérios contábeis, por meio de atos administrativos – aí incluídos os pronunciamentos contábeis e as resoluções – emitidos com base em competência atribuída em lei comercial, que fossem posteriores à publicação da referida lei, não teriam implicação na apuração dos tributos federais até que lei tributária regulasse a matéria (art. 58).

No que concerne ao alcance e a abrangência do art. 58 da Lei 12.973/2014, pode-se afirmar que o dispositivo visa a neutralizar, para fins de apuração de tributos federais, os reflexos de atos administrativos que introduzam, no país, novas práticas contábeis. Constituem novas práticas contábeis as regras que venham a ser introduzidas por novos pronunciamentos técnicos nesse campo, bem assim aquelas inseridas por pronunciamentos anteriores que tenham sido objeto de expressa revisão e alteração.[8] O art. 58 da Lei 12.973 não abrange, porém, de forma expressa, os institutos contábeis introduzidos com o padrão IFRS que já estavam em vigor à época da edição da referida lei e que não foram objeto de normatização anterior, nem de neutralização pela mesma lei ou por qualquer outro diploma legal. Nessa hipótese, torna-se legítimo adotar, em princípio, a orientação contábil no campo tributário, em cotejo, porém, com os princípios constitucionais e a legislação tributária.[9] A Lei 12.973/2014, mesmo após a revogação do RTT, continuou permitindo que regras contábeis harmonizadas ao padrão IFRS pudessem continuar a ser aplicadas e a produzir efeitos tributários, condicionando – como será visto a seguir – a neutralização desses efeitos à realização de registros auxiliares extra-

efeitos para fins de apuração do lucro real da pessoa jurídica sujeita ao RTT, devendo ser considerados, para fins tributários, os métodos e critérios contábeis vigentes em 31 de dezembro de 2007."

7. BIFANO, Elidie Palma. Exegese do art. 58 da Lei n. 12.973/2014: modificação de métodos e critérios contábeis ou adoção de novos. In: PEIXOTO, Marcelo Magalhães; FERNANDES, Edison Carlos (Coord.). *Revista de Direito Contábil Fiscal,* São Paulo, v. 1, n. 1, jan./jul. 2019. p. 81.
8. BIFANO, Elidie Palma. Exegese do art. 58 da Lei 12.973/2014: modificação de métodos e critérios contábeis ou adoção de novos. In: PEIXOTO, Marcelo Magalhães; FERNANDES, Edison Carlos (Coord.). *Revista de Direito Contábil Fiscal,* São Paulo, v. 1, n. 1, jan./jul. 2019. p. 82.
9. BIFANO, Elidie Palma. Exegese do art. 58 da Lei 12.973/2014: modificação de métodos e critérios contábeis ou adoção de novos. In: PEIXOTO, Marcelo Magalhães; FERNANDES, Edison Carlos (Coord.). *Revista de Direito Contábil Fiscal,* São Paulo, v. 1, n. 1, jan./jul. 2019. p. 82.

contábeis ou a adoção de subcontas[10], como, *e.g.*, no caso da avaliação a valor justo, objeto do presente estudo.

Portanto, não se pode afirmar que Lei 12.973/2014 chegou a veicular uma regra geral de neutralidade fiscal para o passado, tendo estabelecido, em realidade, normatização específica e casuística para cada tipo de contabilização segundo os padrões IFRS.[11] Na hipótese de inexistência de regra que preveja a realização de ajuste necessário, caberá ao intérprete "depurar" o lucro contábil sempre que as regras contábeis qualificarem determinado fato econômico de forma contrária ao Sistema Constitucional Tributário.[12]

Já no que concerne à avaliação a valor justo (AVJ), a Lei 12.973/2014 objetivou, expressamente, neutralizar os efeitos fiscais decorrentes da adoção dos novos critérios contábeis. O legislador autorizou, porém, a tributação da parcela correspondente ao acréscimo oriundo de avaliação de ativo ou passivo com base no valor justo (AVJ), na hipótese em que o contribuinte tenha deixado de registrar, contabilmente, em subconta vinculada ao ativo ou passivo, o montante correspondente a esse acréscimo.

2. AVALIAÇÃO A VALOR JUSTO: DEFINIÇÃO, MÉTODOS PARA SUA APLICAÇÃO E A NEUTRALIZAÇÃO DE SEUS EFEITOS FISCAIS NA PERSPECTIVA DA LEI 12.973/2014

Coube ao *International Accounting Standards Board* (IASB), entidade internacional sem fins lucrativos responsável pela publicação e atualização das normas internacionais de contabilidade, a publicação do *International Financial Reporting Standards* (IFRS) 13 - *Fair Value Measurement*, que trata da avaliação pelo valor justo.

Referida avaliação foi definida pelo referido IFRS 13 (*International Financial Reporting Standards*) como "o preço que poderia ser recebido pela venda de um ativo ou que seria pago pela transferência de um passivo em uma transação não-forçada entre participantes do mercado na data da mensuração".[13] Esse foi o teor da definição utilizada pelo Brasil, conforme o Pronunciamento Técnico 46 (item 9), emitido pelo Comitê de Pronunciamentos Contábeis - CPC 46.

O ajuste a valor justo recai sobre o patrimônio da sociedade empresária (ativos e passivos) e tem como finalidade principal manter os registros de seus ativos e passivos pelos valores de realização projetados, demonstrando que os elementos patrimoniais

10. PINTO, A. E.; SILVA, Fabio P.; SANTOS, Ariovaldo dos. Dos métodos e critérios contábeis introduzidos pelas leis 11.638/2007 e 11.941/2009. Em: Jimir Doniak Jr. (Org.). *Novo RIR - Aspectos Jurídicos Relevantes do Regulamento do Imposto de Renda 2018*. São Paulo: Quartier Latin. 2019. v. 1, p. 275.

11. ROCHA, Sérgio André. Neutralidade fiscal do padrão IFRS pós-Lei n. 12.973/14. In: PINTO, Alexandre Evaristo; SILVA, Fábio Pereira; MURCIA, Fernando Dal-Ri; VETTORI, Gustavo Gonçalves. *Controvérsias Jurídico Contábeis*. São Paulo, Atlas, 2019. p. 359.

12. FONSECA, Fernando Daniel Moura. Instrumentos Financeiros Híbridos. Efeitos Tributários após a Lei n. 12.973/2014. *Revista Dialética de Direito Tributário*, São Paulo, n. 236. p. 69.

13. ASSEIS, Pedro Augusto do Amaral Abujamra. O Ajuste a Valor Justo (AVJ) analisado sob o conceito jurídico de renda. *Revista Direito Tributário Atual (RDTA)*, São Paulo, n. 32, 2014. p. 277.

podem ter sua expressão financeira atualizada, ainda que não tenham sido objeto de negócio jurídico.[14]

Segundo os que sustentam a adoção desse padrão contábil, a avaliação a valor justo (AVJ) representaria, de forma mais fidedigna, a realidade econômica da sociedade, por se fundamentar em valores correntes mensurados no mercado. O instituto, porém, se submete a críticas, por envolver avaliação com certa margem de subjetividade, podendo se distanciar da realidade econômica da sociedade.[15] Embora no estágio atual da normatização contábil, a avaliação pelo valor justo seja largamente utilizada, por permitir a visualização da sociedade empresária sob perspectiva essencialmente econômica, tal critério não se encontra imune a objeções, apontando Eliseu Martins a sua inadequação no caso dos Ativos Biológicos previstos no CPC 41, por se tratar de componentes destinados ao uso e não a venda.[16]

No campo econômico, a principal crítica da avaliação pelo valor justo recai sobre a premissa de que o mercado, em razão de sua eficiência e racionalidade, teria aptidão para apontar, com objetividade e precisão, o valor intrínseco dos ativos da entidade, quando, na verdade, tal premissa vem sendo objeto de discussão pela ciência econômica, diante das sucessivas crises especulativas que enfraqueceram a crença na racionalidade dos mercados.[17]

De todo modo, a própria definição apresentada pelo Pronunciamento Técnico (CPC 46), em que se identifica o uso das expressões "seria recebido", "seria pago", já demonstra o nítido caráter prospectivo da avaliação a valor justo, indicando, seguramente, tratar-se de importância não realizada e sobre a qual há apenas expectativa de recebimento quando da venda de componente do ativo. Cuida-se, pois, de uma estimativa – justificada em razão do caráter informacional da contabilidade – acerca do valor presente dos fluxos de caixas futuros e não uma representação de um valor objetivamente demonstrável.[18]

Os métodos para realização da avaliação a valor justo (AVJ) podem ser assim sintetizados: (i) *abordagem de mercado*, que parte da utilização, como referencial, de preços e de outras informações relevantes oriundas de negócios realizados no mercado, envolvendo ativos e passivos da sociedade; (ii) *abordagem de custo*, em que se objetiva mensurar o valor que seria despendido para substituição ou reposição atual de determinado ativo

14. FONSECA, Fernando Daniel Moura. *Imposto sobre a Renda*: uma proposta de diálogo com a contabilidade. Belo Horizonte: Fórum, 2ª Reimpressão, 2020. p. 234.
15. ASSEIS, Pedro Augusto do Amaral Abujamra. O Ajuste a Valor Justo (AVJ) analisado sob o conceito jurídico de renda. *Revista Direito Tributário Atual (RDTA)*, São Paulo, n. 32, 2014. p. 278.
16. PINTO, A. E.; SILVA, Fabio P.; SANTOS, Ariovaldo dos. Dos métodos e critérios contábeis introduzidos pelas leis n.s 11.638/2007 e 11.941/2009. Em: Jimir Doniak Jr. (Org.). *Novo RIR – Aspectos Jurídicos Relevantes do Regulamento do Imposto de Renda 2018*. São Paulo: Quartier Latin. 2019. v. 1. p. 287.
17. FONSECA, Fernando Daniel Moura. *Imposto sobre a Renda*: uma proposta de diálogo com a contabilidade. Belo Horizonte: Fórum, 2ª Reimpressão, 2020, p. 236-239.
18. FONSECA, Fernando Daniel Moura. *Imposto sobre a Renda*: uma proposta de diálogo com a contabilidade. Belo Horizonte: Fórum, 2ª Reimpressão, 2020. p. 242.

da empresa; (iii) *abordagem de receita*, que adota, como referencial de mensuração, as expectativas de mercado atuais em relação a valores futuros do ativo.[19]

Partindo dos métodos acima referidos, identificam-se três níveis hierárquicos da avaliação a valor justo, considerando os níveis de informações utilizados pela sociedade no processo de mensuração: (i) nível 1 – baseia-se em preços cotados em mercados para ativos ou passivos idênticos na data da mensuração; (ii) nível 2 – baseia-se em informações passíveis de observação para o ativo ou passivo, direta ou indiretamente; (iii) nível 3 – baseia-se em dados que não se mostram passíveis de observação para o ativo ou passivo.[20]

O artigo 183, inciso I, alínea "a", da Lei das Sociedades Anônimas, ao disciplinar os critérios de avaliação dos componentes do ativo, previu que o ajuste pelo valor justo deveria ser adotado na avaliação de instrumentos financeiros, inclusive derivativos, e em direitos e títulos de créditos, classificados no ativo circulante ou no realizável a longo prazo, quando se tratar de aplicações destinadas à negociação ou disponíveis para venda. Há, ainda, pronunciamentos técnicos contábeis que recomendam a aplicação do mesmo critério em ativos de outra natureza.[21]

Em razão da diferença substancial entre a perspectiva contábil e a jurídica, a Lei 12.973/2014 passou a disciplinar, no campo tributário, especificamente para fins de incidência do IRPJ, da CSLL e das contribuições ao PIS e Cofins, os efeitos da avaliação a valor justo.

O artigo 13 da Lei 12.973/2014 dispõe que o ganho decorrente de avaliação de ativo ou passivo com base no valor justo *não será* computado na determinação do lucro real *desde que* o respectivo aumento no valor do ativo ou a redução no valor do passivo seja evidenciado contabilmente em subconta vinculada ao ativo ou passivo. A mesma condição foi prevista, no artigo 14, da referida lei, para o cômputo, na determinação do lucro real, da perda decorrente de avaliação de ativo ou passivo com base no valor justo.

Caso não seja realizado o registro em subconta específica do ganho decorrente de avaliação com base no valor justo, a consequência jurídica estabelecida em lei é a sua tributação pelo IRPJ, computando-se o "acréscimo" na base de cálculo para fins de determinação do lucro real, independentemente da realização do ganho (art. 13, § 3º, da Lei 12.973/2014). De igual forma, a perda decorrente da avaliação a valor justo, quando ausente a sua evidenciação contábil, passa a ser considerada indedutível da base de cálculo do IRPJ (art. 14, § 3º, da Lei 12.973/2014).

---

19. ASSEIS, Pedro Augusto do Amaral Abujamra. O Ajuste a Valor Justo (AVJ) analisado sob o conceito jurídico de renda. *Revista Direito Tributário Atual (RDTA)*, São Paulo, n. 32, 2014. p. 278.
20. ASSEIS, Pedro Augusto do Amaral Abujamra. O Ajuste a Valor Justo (AVJ) analisado sob o conceito jurídico de renda. *Revista Direito Tributário Atual (RDTA)*, São Paulo, n. 32, 2014. p. 279.
21. Recomenda-se a aplicação da AVJ, por exemplo, em relação aos seguintes componentes: (i) ativo imobilizado na adoção inicial (ICPC 10), (ii) produtos ou serviços recebidos em transações, com pagamentos baseados em ações (CPC 10), (iii) ativos adquiridos e passivos assumidos em operações relativas a combinações de negócios (CPC 15); (iv) ativos biológicos (CPC 29).

A Lei 12.973/2014, embora dotada de eficácia a partir de 01.01.2015, possibilitou em seu art. 75 que as pessoas jurídicas pudessem optar pela aplicação das disposições contidas em seus artigos 1º e 2º, e 4º a 70, a partir do próprio ano em que foi editada, qual seja, o ano-calendário de 2014. Portanto, em relação aos períodos de apuração a partir de janeiro de 2014, para os optantes (art. 75), ou a partir de janeiro de 2015, para os não optantes, as pessoas jurídicas deverão proceder aos respectivos ajustes nas bases de cálculo do IRPJ, da CSLL, da Contribuição para o PIS/Pasep e da Cofins, observado o disposto nos arts. 66 e 67 da Lei 12.973/2014.

O art. 66 da referida Lei dispõe que a *diferença positiva*, entre o valor de ativo mensurado de acordo com as disposições da Lei 6.404/1976, e o valor mensurado pelos métodos e critérios vigentes em 31 de dezembro de 2007, *deve ser adicionada* na determinação do lucro real e da base de cálculo da CSLL em janeiro de 2014, para os optantes (art. 75), ou em janeiro de 2015, para os não optantes, *salvo se* o contribuinte evidenciar contabilmente essa diferença em subconta vinculada ao ativo, para ser adicionada à medida de sua realização, inclusive mediante depreciação, amortização, exaustão, alienação ou baixa. De igual forma, a diferença negativa entre o valor de ativo mensurado em conformidade com as disposições da Lei 6.404/1976, e o valor mensurado pelos métodos e critérios vigentes em 31 de dezembro de 2007 não poderá ser excluída na determinação do lucro real e da base de cálculo da CSLL, *salvo se* o contribuinte adotar o mesmo procedimento de evidenciação contábil dessa diferença em subconta.

3. RENDA TRIBUTÁVEL: ENFOQUE CONCEITUAL, TIPOLÓGICO E OS PRINCÍPIOS DA REALIZAÇÃO DA RENDA E DA RENDA LÍQUIDA

A análise da questão proposta no presente trabalho exige, antes, que incursionemos no exame de materialidade do imposto sobre a renda, partindo das premissas firmadas na introdução do presente trabalho e da regra de competência prevista no art. 153, III, da CF/1988, interpretada em conjunto com o princípio da capacidade contributiva (art. 145, § 1º, da CF/1988). O exame da regra de competência para a instituição do imposto sobre a renda sob o enfoque conceitual, isto é, considerando a renda como um conceito pressuposto na Constituição, apresenta indiscutível valor metodológico para a compreensão adequada do significado dessa materialidade e para a identificação dos limites impostos pelo Constituinte ao legislador complementar e ordinário.

Façamos, pois, breve digressão, diferenciando as formas de raciocinar por tipos e por conceitos, a fim de situarmos as materialidades previstas nas regras de competência tributária para instituição dos impostos em uma dessas categorias.

Aponta Misabel Derzi que nos sistemas jurídicos ibéricos e latino-americanos, herdeiros da teoria alemã, o termo tipo foi introduzido como tradução livre da palavra alemã *tatbestand*, no entanto, segundo a jurista, identificar o tipo a *tatbestand* ou fato gerador é reduzir indevidamente o seu alcance, sentido e acepção.[22] Caso utilizado como

---

22. DERZI, Misabel Abreu Machado. *Direito tributário, direito penal e tipo*. 2. ed. São Paulo: Ed RT, 2007. p. 64-66.

sinônimo de *tatbestand*, de fato gerador ou hipótese, o impropriamente chamado tipo seria, na realidade, um conceito que guarda a pretensão de exatidão, rigidez e delimitação, especialmente no direito penal.[23] Isto porque, segundo a festejada jurista, "o tipo é uma construção de notas referentes ao objeto representado, em oposição a conceito. (...) Suas notas próprias, como abertura, graduação, sentido, inteireza e aproximação com a realidade, dotam-no de certa fluidez transitiva."[24] Essa fluidez, aponta a autora, não torna o tipo obscuro, nem indeterminado, muito menos ambíguo; ao contrário, o tipo é claro, por ser rico em notas e características do objeto representado, mas sua pretensão de abarcar a realidade dispõe tais notas de modo aberto, graduável, não necessário e flexível, o que o diferencia dos cortes (definições) rígidos presentes na forma de pensar por conceitos.[25]

Já o conceito, segundo Misabel Derzi, secciona e seleciona dados do objeto a que se refere, visando a organizá-los, por meio de conexões e operações lógicas, derivadas uma das outras dedutivamente; e, quanto maior a abstração, mais abrangente e vazio em significado será o conceito.[26] De acordo com essa perspectiva metodológica, prevalece a função de organização dos dados da experiência, de modo que entre eles se estabeleçam relações lógicas, caracterizando-se o conceito como operacionalmente fechado e tendente à classificação e à axiomatização, ainda que, cognitivamente, possa sofrer mutação.[27] Delineadas as notas do conceito, poderá haver ou não a subsunção do objeto à construção conceitual formulada, o que leva à classificação do objeto em espécies, consoante observa André Mendes Moreira.[28]

Desse modo, conclui Misabel Derzi que, "enquanto o conceito classificatório é seletivo e rígido, excluindo ou incluindo o objeto que, de acordo com suas propriedades, pertença ou não ao conjunto, o tipo é um conjunto não delimitado, fluido, que não trabalha com a relação de exclusão 'ou...ou' mais, sim, com um comparativo "até certo grau" ou "mais ou menos".[29]

Traçadas, em apertada síntese, as diferenças entre tipo e conceito, concluímos que as materialidades previstas na regra de competência para instituição dos impostos, entre as quais se encontra a *renda* (art. 153, III, da CF/1988), ajustam-se ao enfoque metodológico conceitual. A renda se caracteriza, portanto, como *conceito* dotado de

23. Ob. cit., p. 66.
24. DERZI, Misabel Abreu Machado. Tipos e conceitos. A Incompatibilidade do modo de pensar por "Tipos" as regras de Competência Tributária Constitucionais (Federalismo, Separação de Poderes, Segurança Jurídica e Direitos e Garantias Fundamentais). In: MITIDIERO, Daniel; ADAMY, Pedro (Coord.); MARIOTTI, Alexandre [et al.]. *Direito, razão e argumento*: a reconstrução dos fundamentos democráticos e republicanos do direito público com base na teoria do direito. São Paulo: Malheiros, 2020. p. 181.
25. DERZI, Misabel Abre Machado. *Tipos e conceitos*... cit., p. 181.
26. DERZI, Misabel Abreu Machado. *Direito tributário, direito penal e tipo*. 2. ed. São Paulo: Ed. RT, 2007. p. 52 e 55-56.
27. DERZI, Misabel Abreu Machado. *Direito tributário*... cit., p. 55-56.
28. MOREIRA, André Mendes e RIBEIRO, Jamir Calili. Metodologia do Direito Tributário e o modo de pensar por tipo e por conceitos. In: COELHO, Sacha Calmon Navarro (Org.). *Segurança jurídica*: irretroatividade das decisões judiciais prejudiciais ao contribuinte. Rio de Janeiro: Forense, 2013. v. 1, p. 524.
29. Conf. DERZI, Misabel Abreu Machado. *Tipos e conceitos*..., cit., p. 193.

abstração, que se dirige a uma classe de fatos que a ele se subsomem. Sustenta Misabel Derzi, a propósito, ser inadequado interpretar as regras de competência tributária por meio do modo de raciocinar por tipos, desprezando-se os conceitos e os institutos do direito privado utilizados pela Constituição.[30]

Humberto Ávila observa, em linha convergente, que os termos constitucionais exprimem significados, que são explicitados e tornados mais precisos pelas definições, de tal modo que o fato de a Constituição ter atribuído à lei complementar a função de definir os tributos, suas espécies e elementos não quer dizer que eles não tenham sido conceituados nem definidos, expressa ou implicitamente, direta ou indiretamente, pela própria Constituição.[31]

Posicionam-se, ainda, no sentido da existência de um conceito de renda existente na Constituição, embora com enfoques diferentes, Roque Antônio Carrazza[32], Paulo Ayres Barreto[33], José Artur Lima Gonçalves[34], Roberto Quiroga Mosquera[35] e Luís César Souza de Queiroz.[36]

Há, por outro lado, aqueles que sustentam uma concepção *tipológica* das regras competência tributária, sob a premissa de que a Constituição veiculou elementos característicos fluídos do que seja o imposto, destacando-se, nessa linha, Luis Eduardo Schoueri[37] e Raquel Cavalcanti Ramos Machado.[38]

A perspectiva conceitual, segundo nos parece, é a que corresponde ao escopo da regra de competência tributária, por se tratar de regra prescritiva, dotada de caráter cogente, preordenada a disciplinar a atuação dos entes estatais federados, fazendo-o por meio do estabelecimento de conceitos abstratos que abrangem uma classe de fatos, em ordem a realizar o princípio da segurança jurídica, um dos princípios fundamentais, ao lado da isonomia, em que se assenta o Sistema Constitucional Tributário.

A Constituição Federal de 1988, ao demarcar, de forma rígida, exaustiva e detalhada, as competências tributárias impositivas cometidas a cada um dos entes federados

30. Conf. DERZI, Misabel Abreu Machado. *Tipos e conceitos...*, cit., p. 194.
31. ÁVILA, Humberto. Competências *Tributárias*. São Paulo: Malheiros, 2018, p. 10.
32. CARRAZZA, Roque Antônio. *Imposto sobre a renda (perfil constitucional e temas específicos)*. 3. ed. São Paulo: Malheiros Editores, 2009. p. 35-36.
33. BARRETO, Paulo Ayres. Conceitos Constitucionais e Competência Tributária. In: SANTOS, Nélida Cristina dos; et. al. *Temas de Direito Tributário*: estudos em Homenagem a Eduardo Botallo. São Paulo: Saraiva, 2013. p. 335.
34. GONÇALVES, José Artur Lima. *Imposto sobre a Renda*: pressupostos constitucionais. São Paulo: Malheiros, 1997.
35. MOSQUERA, Roberto Quiroga. *Renda e Proventos de Qualquer Natureza*: o Imposto e o Conceito Constitucional. São Paulo: Dialética, 1996.
36. QUEIROZ, Luís César Souza de. *Imposto sobre a renda*: requisitos para uma tributação constitucional. Rio de Janeiro: Forense: 2003. p. 239.
37. SCHOUERI, Luís Eduardo. Considerações acerca da Disponibilidade da Renda: Renda Disponível é Renda Líquida. In. ZILVETI, Fernando Aurelio et al. (Coord.). *Direito Tributário*: princípio da realização no imposto sobre a renda. Estudos em homenagem a Ricardo Mariz de Oliveira. São Paulo: IBDT, 2019. p. 20.
38. MACHADO, Raquel Cavalcanti Ramos. *Competência Tributária*: entre a Rigidez do Sistema e a Atualização Interpretativa. São Paulo: Malheiros, 2014.

em relação aos impostos, outorgou à União competência para a instituição de imposto sobre a *renda* e *proventos de qualquer natureza* (art. 153, III, da CF/1988).

A expressão *renda* apresenta, pois, carga semântica própria, de modo que, interpretada sistematicamente com os termos que designam as demais materialidades tributadas (*e.g.*, receita bruta, faturamento, propriedade, lucro líquido), com os princípios da capacidade contributiva, generalidade e universalidade; e, ainda, quando associada ao verbo auferir (seu complemento necessário), deve caracterizar-se pela obtenção de acréscimo patrimonial, assim considerado o ganho ou riqueza nova realizada, o que corresponde, no caso da tributação das pessoas jurídicas, ao resultado líquido disponível.

O Supremo Tribunal Federal já adotou entendimento na esteira aqui sustentada, ao consignar, no julgamento do RE 89.791, que, "... por mais variado que seja o conceito de renda, todos os economistas, financistas e juristas se unem em um ponto: renda é sempre um ganho ou um acréscimo de patrimônio".[39] No julgamento do RE 195.059, relator o Ministro Moreira Alves, a mesma Corte firmou a compreensão, no sentido de que a verificação do que é, ou não, "(...) renda, para o efeito do artigo 153, III, da Constituição, é questão constitucional, (...), até porque não pode a Lei infraconstitucional definir como renda o que insitamente não o seja."[40] Não se desconhece, porém, que a mesma Corte Constitucional chegou a adotar concepção de renda em perspectiva definida pelo legislador infraconstitucional, desbordando do conceito constitucional, destacando-se, nesse sentido, a orientação firmada no RE 201.456/MG, versando sobre o art. 3º da Lei 8.200/1991, que disciplinava a correção monetária das demonstrações financeiras. Em seu voto, o Ministro Nelson Jobim afirmou que o "conceito de renda, para efeitos tributários, é o legal" e que "não há que se falar em um lucro real que não seja o decorrente da definição legal." Nessa linha, foi a orientação adotada no julgamento do RE 591.340[41], em que se firmou a tese, no sentido de que "É constitucional a limitação do direito de compensação de prejuízos fiscais do IRPJ e da base de cálculo negativa da CSLL".

Atuando em nível seguinte na positivação do conceito de renda, o art. 43 do CTN – dispositivo que teve por finalidade dar cumprimento ao art. 146, III, "a", da CF/1988 – definiu o fato gerador do imposto como a aquisição de disponibilidade econômica ou jurídica: (i) de renda, assim entendido o produto do capital, do trabalho ou da combinação de ambos (inciso I, art. 43); (ii) de proventos de qualquer natureza, assim entendidos os acréscimos patrimoniais não compreendidos no inciso I do mencionado artigo.

A definição apresentada no texto legal se mostra abrangente e contempla as duas principais teorias econômicas apresentadas sobre a renda tributável: (i) a renda considerada como acréscimo-patrimonial e (ii) a renda considerada como produto (teoria da fonte).

---

39. STF, 1ª Turma, RE 89.791, rel. Min. Cunha Peixoto, j. 3.10.1978, DJU 20.10.1978 (RTJ 96/783).
40. STF, 1ª Turma, RE 195059, rel. Min. Moreira Alves, j. 02/05/2000, DJU 16.06.2000.
41. Relator Min. Marco Aurélio, Rel. p. acórdão Min. Alexandre de Moraes, julgado em 27/06/2019.

Em apertada síntese, a primeira corresponde à diferença positiva entre a situação patrimonial do contribuinte no final e no início do período de apuração, abarcando tal construção o modelo conhecido como "SHS" (Shanz-Haig-Simons), segundo o qual a renda decorreria da soma dos seguintes fatores: (1) acréscimo líquido de riqueza ou poder econômico; (2) valor correspondente ao consumo de bens e serviços; e (2) renda imputada, que corresponde ao consumo sem a necessidade de desembolso de recursos. A renda corresponderia, assim, segundo Henry Simons, ao montante gasto com o consumo, acrescido do valor relativo ao acúmulo líquido de riqueza em determinado período.[42]

A renda considerada como produto (teoria da fonte) se caracteriza, por seu turno, como o resultado (fruto) periódico de uma fonte permanente, qual seja, o capital, o trabalho ou a combinação de ambos, abrangendo os rendimentos decorrentes da exploração econômica do patrimônio, da prestação de atividade laboral, bem como os rendimentos auferidos em consequência da combinação dessas fontes.

Em relação ao conceito de disponibilidade econômica, pode-se afirmar que ela corresponde, na perspectiva tradicionalmente adotada, à renda percebida, isto é, a que tenha ingressado na posse do titular, identificando-se com o regime de caixa. Já a disponibilidade jurídica se caracteriza pela existência de título jurídico que confere ao titular o direito potestativo à percepção da renda, vale dizer, o direito cujo exercício dependa exclusivamente do contribuinte para a pronta realização do ganho, sem que esta realização se submeta à ocorrência de qualquer evento futuro e incerto (condição). Não basta, porém, mesmo para a caracterização da disponibilidade jurídica que haja apenas um direito à percepção da renda, sendo necessário, consoante observa Gilberto de Ulhoa Canto, que a aquisição desse direito assuma a forma de faculdade de adquirir disponibilidade econômica, mediante a simples tomada de iniciativa ou a prática de ato que esteja situado na esfera do arbítrio do interessado, a qualquer tempo.[43]

De todo modo, havendo a produção de ganho ou riqueza nova, ainda que consumida, a incidência ocorrerá se houver a *aquisição* efetiva da *disponibilidade* econômica ou jurídica do incremento patrimonial, exigindo-se, pois, na nossa concepção, a *realização da renda* para que se possa cogitar da tributação. Tal conclusão decorre não da leitura isolada do art. 43 do CTN, mas sim de sua exegese de forma sistemática com o art. 116, incisos I e II desse mesmo diploma, e com o conceito de renda positivado na regra de competência prevista na Constituição (art. 153, III), notadamente da compreensão da renda como expressão material, concreta e definitiva de capacidade contributiva pelo titular. De tal arte que a incidência tributária somente poderá recair sobre manifestação de riqueza caracterizada pela existência de *acréscimo realizado*.

---

42. SANTOS, Ramon Tomazela. A realização da renda no Direito Tributário brasileiro – reflexões à luz do direito comparado. In: ZILVETI, Fernando Aurelio; FAJERZTAJN, Bruno; SILVEIRA, Rodrigo Maito (Coords.). *Direito Tributário*: princípio da realização no Imposto sobre a Renda. São Paulo: Quartier Latin, 2020. p. 215-216.

43. CANTO, Gilberto de Ulhôa. A aquisição de disponibilidade e o acréscimo patrimonial no Imposto sobre a renda. In: MARTINS, Ives Gandra da Silva (Coord.). *Estudos sobre o Imposto de renda (em memória de Henry Tilbery)*. São Paulo: Resenha Tributária, 1994. p. 40.

Pode-se dizer, assim, com apoio em boa doutrina, que há um verdadeiro princípio de realização da renda como derivação do princípio da capacidade contributiva delineado na Constituição. É que este último veicula comando dirigido ao legislador complementar e ao comum para que a tributação recaia sobre fatos que constituam exteriorização material e concreta de riqueza, isto é, a incidência haverá de colher fatos que retratem situações que apontam, objetivamente, a aptidão daqueles que os realizam para suportar o pagamento da prestação tributária. E, no caso do imposto sobre a renda, tal situação concreta é a renda realizada.

Nessa esteira, aponta Brandão Machado que a doutrina tributária moderna dispensa grande atenção ao fenômeno da realização da renda para que se possa falar em incidência, exigindo-se, para tanto, um negócio jurídico, como a prestação de um serviço, um arrendamento, venda ou permuta de um bem. Daí se falar, de forma corrente, em princípio da realização da renda, da renda líquida e da capacidade contributiva como vetores fundamentais na tributação da renda, chegando o autor a concluir que o art. 43 do CTN desconhece tais princípios e não atende a Constituição.[44]

Fernando Daniel de Moura Fonseca, em perspectiva semelhante, demonstra, com propriedade, que o imposto de renda incide sobre uma riqueza previamente auferida, que não pode ter seu montante afetado pela expectativa de acréscimo patrimonial futuro, mesmo que a economia e a contabilidade reconheçam essa possibilidade.[45] E Vitor Borges Polizzelli observa, por seu turno, que o princípio da realização da renda constitui diretriz geral de alocação temporal de receitas e despesas, em período base no qual se verificam os fatos substanciais que as geraram, exigindo-se um certo grau de objetividade na mensuração e segurança na sua concreção.[46]

Na mesma linha, Ricardo Mariz de Oliveira afirma que a realização da renda possui embasamento constitucional no princípio da capacidade contributiva, de tal sorte que a escolha, pelo CTN, da hipótese apta a caracterizar a disponibilidade econômica ou jurídica de renda como fato gerador do imposto deve se ajustar a esse princípio. É que, antes da realização do incremento patrimonial, não há capacidade contributiva irradiada em concreto, mas meramente potencial.[47]

Da premissa de que o conceito de renda não se dissocia de sua realização, deduzimos, ainda, outra conclusão: a renda tributável, cujo conceito se constrói da interpretação da regra constitucional de competência, de forma sistemática com o princípio

44. MACHADO, Brandão. Breve exame crítico do art. 43 do CTN. In: MARTINS, Ives Gandra da Silva (Coord.). *Estudos sobre o Imposto de Renda (em memória de Henry Tilbery)*. São Paulo: Resenha Tributária, 1994p. 123-124.

45. FONSECA, Fernando Daniel Moura. *Imposto sobre a Renda*: uma proposta de diálogo com a contabilidade. Belo Horizonte: Fórum, 2ª Reimpressão, 2020. p. 242.

46. POLIZELLI, Victor Borges. *O princípio da realização da renda: reconhecimento de receitas e despesas para fins do IRPJ*. São Paulo: Quartier Latin, 2012. p. 157.

47. OLIVEIRA, Ricardo Mariz de. Disponibilidade econômica de rendas e proventos, princípio da realização da renda e princípio da capacidade contributiva. In: MARTINS, Ives Gandra da Silva; PASIN, João Bosco Coelho (Coord.). *Direito Tributário contemporâneo*: estudos em homenagem a Luciano Amaro. São Paulo: Saraiva, 2012. p. 285-306.

da capacidade contributiva, deve ser a *renda líquida*, garantindo-se ao contribuinte a dedução das despesas necessárias à obtenção da riqueza nova, pois, do contrário, tributar-se-ia materialidade distinta da renda propriamente dita, em clara violação à regra de competência. A positivação do princípio da tributação sobre a renda líquida decorre, ademais, da regra do art. 43 do CTN – desde que lida, sistematicamente, com a regra de competência e com os princípios já mencionados – que prevê como elementos constitutivos dessa materialidade (renda) a (i) disponibilidade de um (ii) acréscimo patrimonial, considerado este como produto ou resultado líquido.

E, por força da positivação do Princípio da Renda Líquida, construído a partir do conceito de renda posto na Constituição (art. 153, III), que condiciona e restringe a exegese do art. 43 do CTN (art. 43), admite-se a tributação apenas da renda *disponível*, que é aquela efetivamente realizada, subtraídas as despensas necessárias para a sua obtenção.

4. ANÁLISE DA TRIBUTAÇÃO DO GANHO DECORRENTE DO AJUSTE A VALOR JUSTO, QUANDO AUSENTE A EVIDENCIAÇÃO DO ACRÉSCIMO EM SUBCONTA DO ATIVO OU PASSIVO, À LUZ DO CONCEITO CONSTITUCIONAL DE RENDA. O TRATAMENTO JURÍDICO ADEQUADO À OMISSÃO DE REGISTRO PELO CONTRIBUINTE

Da leitura dos artigos 13 e 14 da Lei 12.973/2014, verifica-se a introdução de regra geral de tributação, pelo IRPJ e CSLL, do "ganho" relativo à avaliação a valor justo (AVJ), uma vez que o legislador condicionou o deslocamento da incidência para o instante da realização do acréscimo ao cumprimento de exigência de ordem formal, qual seja, o registro contábil do acréscimo em subconta vinculada ao ativo ou passivo da sociedade. Essa mesma condição – evidenciação em subconta – se encontra presente nos artigos 16, § 1º, 17, § 2º, 26, parágrafo único, e 66, todos da referida Lei 12.973/2014.

Vimos que a ausência de evidenciação (registro) do valor justo em subconta vinculada ao ativo ou passivo resulta, conforme a literalidade dos dispositivos da Lei 12.973/2014, na obrigatoriedade de inclusão de tal parcela na determinação do lucro real e na base de cálculo da CSLL.

Luis Eduardo Shoueri sustenta que as novas regras contábeis passaram a visualizar o patrimônio sob a ótica essencialmente econômica, ressaltando que o legislador complementar, ao mencionar "disponibilidade econômica" de renda (art. 43 do CTN), pode ter buscado fazer referência a um sentido de patrimônio desvinculado da lei civil e independente da existência de um título jurídico. Observa que pode o legislador tributário optar por tal acepção, de modo que o conceito de disponibilidade não exige a ocorrência de um ingresso financeiro, sendo suficiente a existência do direito incontestável a esse ingresso, ainda que não concretizado.[48] Com fundamento nessas premissas, asseverou

48. SCHOUERI, Luís Eduardo. O mito do lucro real na passagem da disponibilidade jurídica para a disponibilidade econômica. In: LOPES, Alexsandro Broedel; MOSQUERA, Roberto Quiroga (Coord.). *Controvérsias jurídico-contábeis*: aproximações e distanciamentos. São Paulo: Dialética, 2010. p. 250-253.

que os novos padrões contábeis introduzidos pela Lei 11.638/2007 poderiam vir a ser adotados como base para a apuração do lucro real, sem os ajustes previstos no RTT, na medida em que "(...) se os novos padrões contábeis revelam do ponto de vista econômico, o acréscimo de disponibilidade fruído pelo contribuinte, não parece incompatível com o referido dispositivo do Código Tributário Nacional que aquela "disponibilidade econômica" acrescida seja alvo da tributação prevista em lei."[49]

Partindo dessa linha de interpretação, o novo padrão contábil para a apresentação das demonstrações financeiras das sociedades empresárias, neutralizado, em parte, pela Lei 12.973/2014, poderia servir de base para a tributação. E, por consequência, o tratamento conferido, no plano fiscal, à avaliação pelo valor justo seria juridicamente válido, por se mostrar compatível com a existência de um acréscimo de *disponibilidade econômica*, na forma prevista no art. 43 do CTN e na Lei 12.973/2014.

Tal posicionamento, no entanto, sustenta-se na definição de renda prevista no Código Tributário Nacional, mas se distancia do conceito extraído da regra de competência contida na Constituição, bem assim dos princípios da capacidade contributiva e da realização da renda. A tese considera a materialidade posta na regra de competência sob enfoque essencialmente tipológico, cujas características são a abertura, graduação e fluidez, embora não nos pareça que sejam esses os traços imanentes às materialidades encontradas nas regras de competência. A propósito, observa Humberto Ávila que a visão tipológica da regra de competência destrói a regra como dever ser e a dota de mera função veritativa do mundo do ser.[50]

É que a avaliação a valor justo (AVJ), conforme definimos, constitui ajuste contábil caracterizado pela atribuição de *valor de mercado*, com caráter inequivocamente prospectivo, a determinado bem do ativo, constituindo expectativa de obtenção de renda futura. E tal ajuste deve ser assim considerado, porquanto ainda ausente a aquisição efetiva de disponibilidade econômica ou jurídica de renda, verificando-se tal aquisição com a ocorrência do evento futuro de *realização* do valor projetado a título de ganho. Por se tratar de uma projeção de acréscimo não realizado, o ajuste a valor justo constitui renda em estado potencial, ou seja, "renda virtual", circunscrevendo-se ao universo contábil das contas patrimoniais, diante do objetivo essencialmente informacional da contabilidade para o mercado.

O Direito Tributário, por seu turno, volta-se para a incidência sobre o acréscimo de riqueza (renda) produzido no passado, isto é, acréscimo realizado, a fim de que se

49. SCHOUERI, Luís Eduardo. O mito do lucro real na passagem da disponibilidade jurídica para a disponibilidade econômica. In: LOPES, Alexsandro Broedel; MOSQUERA, Roberto Quiroga (Coord.). *Controvérsias jurídico-contábeis*: aproximações e distanciamentos. São Paulo: Dialética, 2010. p. 261.

50. DERZI, Misabel Abreu Machado. Tipos e conceitos. A Incompatibilidade do modo de pensar por "Tipos" as regras de Competência Tributária Constitucionais (Federalismo, Separação de Poderes, Segurança Jurídica e Direitos e Garantias Fundamentais). In: MITIDIERO, Daniel; ADAMY, Pedro (Coord.); MARIOTTI, Alexandre [et al.]. *Direito, razão e argumento*: a reconstrução dos fundamentos democráticos e republicanos do direito público com base na teoria do direito. São Paulo: Malheiros, 2020. p. 180.

possa retirar do contribuinte a parcela desse incremento destinada ao custeio dos gastos públicos.

Nessa perspectiva, a avaliação pelo valor justo, por consubstanciar, no presente, mera projeção futura de valor de mercado atribuído a determinado componente do ativo, constitui fato econômico e contábil situado fora do campo da incidência do IRPJ, por não se encontrar abarcado pelo conceito de renda, tal como positivado na regra de competência do art. 153, III, da CF/1988, interpretada de forma sistemática com os princípios da capacidade contributiva, da realização da renda e da renda líquida, os quais limitam a exegese da legislação complementar e ordinária.

A propósito, observa Ricardo Mariz de Oliveira que a reavaliação da qual resulta valorização do patrimônio da sociedade não pode ser submetida à incidência do imposto de renda sob o pressuposto de que representaria acréscimo patrimonial, porquanto ausente, ainda, a ocorrência da *realização*, que, segundo o autor, "(...) é ínsita ao fato gerador do imposto de renda, porque se confunde com a aquisição da sua disponibilidade econômica e jurídica".[51] Daí concluir o autor não ser possível tributar a mera valorização de algum bem do patrimônio do contribuinte, reconhecida ou não através de procedimentos formais contábeis, antes que essa valorização se traduza em ganho de capital efetivamente ocorrido, isto é, realizado.[52]

Portanto, a mera ausência do registro contábil do aumento no valor do ativo ou da redução do passivo em subconta vinculada ao ativo ou passivo, na forma da regra geral dos arts. 13 e 66 da Lei 12.973/2014 e das demais acima examinadas, não poderá resultar, de forma automática, na tributação do suposto ganho, por se tratar, em realidade, expectativa de ganho. A impossibilidade de tributação da parcela decorrente do ajuste a valor justo resulta, pois, da circunstância de que tal montante não constitui fato-acréscimo oriundo de manifestação efetiva, concreta e definitiva de capacidade contributiva.

Cumpre-nos enfrentar, por fim, a consequência jurídica que se mostra adequada, à luz da legislação tributária, diante da ausência – imputável ao contribuinte – de evidenciação (registro) do ganho decorrente da avaliação do ativo ou passivo pelo valor justo em subconta vinculada ao ativo ou passivo da sociedade.

A Lei 12.973/2014, em seu art. 68, possibilitou à Receita Federal instituir controles fiscais adicionais alternativos à evidenciação contábil de que tratam os arts. 66 e 67, e assim foi feito pela Fazenda por meio da ECF (escrituração contábil fiscal). Verifica-se, portanto, ter havido a instituição em lei de prestação positiva no interesse da arrecadação e da fiscalização do IRPJ, da CSLL e das contribuições ao PIS/Cofins. De tal sorte que,

51. OLIVEIRA, Ricardo Mariz de. Disponibilidade econômica de rendas e proventos, princípio da realização da renda e princípio da capacidade contributiva. In: MARTINS, Ives Gandra da Silva; PASIN, João Bosco Coelho (Coord.). *Direito Tributário contemporâneo*: estudos em homenagem a Luciano Amaro. São Paulo: Saraiva, 2012. p. 295.

52. OLIVEIRA, Ricardo Mariz de. Disponibilidade econômica de rendas e proventos, princípio da realização da renda e princípio da capacidade contributiva. In: MARTINS, Ives Gandra da Silva; PASIN, João Bosco Coelho (Coord.). *Direito Tributário contemporâneo*: estudos em homenagem a Luciano Amaro. São Paulo: Saraiva, 2012. p. 299.

havendo omissão ou falha cometida pelo contribuinte, no que concerne ao cumprimento dessa obrigação tributária instrumental, a consequência daí advinda deve se restringir à imposição de multa isolada, a teor da exegese do art. 113, §§ 2º e 3º, do CTN, e do disposto no art. 16, da Lei 9.779/1999, combinado com o art. 57 da MP 2.158-35/2001, com a redação dada pela Lei 12.873, de 2013.

De fato, a previsão do controle, por meio de evidenciação em subcontas dos ajustes de ativos e passivos a valor justo, mostra-se plenamente justificável, na medida em que tem por escopo viabilizar a verificação desses ajustes ao longo do tempo, sem que haja a necessidade da instauração de procedimentos fiscais para esse fim, considerando o gigantesco universo de contribuintes. Tal controle permite à Fazenda verificar, *e.g.*, se o valor registrado contabilmente, a título de depreciação - que reduz o lucro líquido contábil - diz respeito a ativos registrados pelo custo original ou pelo valor justo (AVG) e, portanto, se haveria necessidade de adições extraordinárias na apuração do lucro real ou da base de cálculo da CSLL.

Assim, embora não se possa a incidência do IRPJ, nem da CSLL, sobre o ganho relativo ao ajuste a valor justo não realizado e não registrado contabilmente em subconta do ativo ou passivo, o descumprimento desse dever instrumental (obrigação de fazer) deverá resultar, como consequência, na incidência de multa isolada, com fundamento nos dispositivos acima mencionados.

CONCLUSÕES

Após definição do conceito da Avaliação a Valor Justo e análise dos principais dispositivos a ela atinentes, contidos na Lei 12.973/2014, à luz do conceito constitucional de renda que procuramos construir ao longo do trabalho, concluímos que não se mostra compatível com o Sistema Constitucional a tributação, sob o signo *renda*, do montante que corresponde ao acréscimo decorrente de avaliação de ativo ou passivo com base no valor justo (AVJ), mesmo na hipótese em que o contribuinte deixa de registrar, contabilmente, em subconta vinculada ao ativo ou passivo, o montante correspondente a esse acréscimo.

É que, consoante demonstramos, há um conceito de renda pressuposto na Constituição, caracterizando-se tal materialidade (renda), quando examinada sistematicamente com as demais tributadas (*e.g.*, receita bruta, faturamento, propriedade, lucro líquido), com os princípios da capacidade contributiva, generalidade e universalidade; e, ainda, quando associada ao verbo auferir, pela obtenção de acréscimo patrimonial, assim considerado o ganho ou riqueza nova realizada e disponível.

O Ajuste a Valor Justo, nos moldes em que definido pelo Pronunciamento Técnico 46 (item 9), emitido pelo Comitê de Pronunciamentos Contábeis - CPC 46 não constitui, por si só, quando desvinculado de sua efetiva realização, fato-acréscimo oriundo de manifestação concreta e definitiva, de capacidade contributiva.

A consequência jurídica que se traduz em aplicação do direito em conformidade com o Sistema Constitucional Tributário e, em última análise, com o valor justiça, diante da ausência – imputável ao contribuinte – de registro do ganho decorrente da avaliação do ativo pelo valor justo em subconta vinculada ao ativo ou passivo da sociedade, é a incidência de multa isolada, com fundamento no descumprimento de dever instrumental, instituído no interesse da fiscalização e arrecadação do IRPJ/CSLL e das contribuições ao PIS e Cofins, nos moldes dos dispositivos legais mencionados no presente trabalho.

REFERÊNCIAS

ASSEIS, Pedro Augusto do Amaral Abujamra. O Ajuste a Valor Justo (AVJ) analisado sob o conceito jurídico de renda. *Revista Direito Tributário Atual (RDTA)*, São Paulo, n. 32, p. 275-296, 2014.

ÁVILA, Humberto. *Competências tributárias*. São Paulo: Malheiros, 2018. p. 10.

BARRETO, Paulo Ayres. Conceitos Constitucionais e Competência Tributária. In: SANTOS, Nélida Cristina dos; et. al. *Temas de Direito Tributário*: estudos em Homenagem a Eduardo Botallo. São Paulo: Saraiva, 2013.

BIFANO, Elidie Palma. Exegese do art. 58 da Lei n. 12.973/2014: modificação de métodos e critérios contábeis ou adoção de novos. In: PEIXOTO, Marcelo Magalhães; FERNANDES, Edison Carlos (Coord.). *Revista de Direito Contábil Fiscal*, São Paulo, v. 1, n. 1, jan./jul. 2019.

CANTO, Gilberto de Ulhôa. A aquisição de disponibilidade e o acréscimo patrimonial no Imposto sobre a renda. In: MARTINS, Ives Gandra da Silva (Coord.). *Estudos sobre o Imposto de renda (em memória de Henry Tilbery)*. São Paulo: Resenha Tributária, 1994. p. 33-40.

CARRAZZA, Roque Antônio. *Imposto sobre a renda (perfil constitucional e temas específicos)*. 3 ed. São Paulo: Malheiros Editores, 2009.

COELHO, Washington. Valor justo e Valor Presente. *In:* VIEIRA, Marcelo Lima; CARMIGNANI, Zabetta Macarini; BIZARRO, André Renato (Coords.). *Lei 12.973/14 – Novo Marco Tributário*: padrões internacionais de contabilidade. São Paulo: Quartier Latin, 2015.

DERZI, Misabel de Abreu Machado. *Direito tributário, direito penal e tipo*. 2. ed. rev. e ampl. São Paulo: Ed. RT, 2007.

DERZI, Misabel Abreu Machado. Tipos e Conceitos. A incompatibilidade do modo de pensar por "Tipos" as regras de Competência Tributária Constitucionais (Federalismo, Separação de Poderes, Segurança Jurídica e Direitos e Garantias Fundamentais). In: MITIDIERO, Daniel; ADAMY, Pedro (Coord.); MARIOTTI, Alexandre [et al.]. *Direito, razão e argumento*: a reconstrução dos fundamentos democráticos e republicanos do direito público com base na teoria do direito. São Paulo: Malheiros, 2020. p. 176-200.

FONSECA, Fernando Daniel Moura. Instrumentos Financeiros Híbridos. Efeitos Tributários após a Lei n. 12.973/2014. *Revista Dialética de Direito Tributário*, São Paulo, n. 236, p. 64-77, maio 2015.

FONSECA, Fernando Daniel Moura. *Imposto sobre a Renda*: uma proposta de diálogo com a contabilidade. Belo Horizonte: Fórum, 2ª Reimpressão, 2020.

GONÇALVES, José Artur Lima. *Imposto sobre a Renda*: pressupostos constitucionais. São Paulo: Malheiros, 1997.

MACHADO, Brandão. Breve exame crítico do art. 43 do CTN. In: MARTINS, Ives Gandra da Silva (Coord.). *Estudos sobre o Imposto de Renda (em memória de Henry Tilbery)*. São Paulo: Resenha Tributária, 1994. p. 107-124.

MACHADO, Raquel Cavalcanti Ramos. *Competência Tributária*: entre a rigidez do sistema e a atualização interpretativa. São Paulo: Malheiros, 2014.

MENDONÇA, André Luiz de Almeida. *Sistema de principios para la recuperación de activos procedentes de la corrupción*. 2018. 721 f. Tese (Doutorado em direito). Universidade de Salamanca. 2018.

MOREIRA, André Mendes e RIBEIRO, Jamir Calili. Metodologia do Direito Tributário e o Modo de Pensar por Tipo e por Conceitos. In: Sacha Calmon Navarro Coelho (Org.). *Segurança Jurídica*: irretroatividade das decisões judiciais prejudiciais ao contribuinte. Rio de Janeiro: Forense, 2013. v. 1, p. 517-538.

MOSQUERA, Roberto Quiroga. *Renda e Proventos de Qualquer Natureza*: o Imposto e o Conceito Constitucional. São Paulo: Dialética, 1996.

OLIVEIRA, Ricardo Mariz de. Disponibilidade econômica de rendas e proventos, princípio da realização da renda e princípio da capacidade contributiva. In: MARTINS, Ives Gandra da Silva; PASIN, João Bosco Coelho (Coord.). *Direito Tributário contemporâneo*: estudos em homenagem a Luciano Amaro. São Paulo: Saraiva, 2012. p. 285-306.

OLIVEIRA, Ricardo Mariz de. Depurações do lucro contábil para determinação do lucro tributável. In: LOPES, Alexsandro Broedel; MOSQUERA, Roberto Quiroga (Coord.). *Controvérsias jurídico-contábeis*: aproximações e distanciamentos. São Paulo: Dialética, 2014. v. 5. p. 359-378.

PINTO, A. E.; SILVA, Fabio P.; SANTOS, Ariovaldo dos. Dos métodos e critérios contábeis introduzidos pelas leis 11.638/2007 e 11.941/2009. Em: Jimir Doniak Jr. (Org.). *Novo RIR – Aspectos Jurídicos Relevantes do Regulamento do Imposto de Renda 2018*. São Paulo: Quartier Latin. 2019. v. 1. p. 269-300.

POLIZELLI, Victor Borges. *O princípio da realização da renda*: reconhecimento de receitas e despesas para fins do IRPJ. São Paulo: Quartier Latin, 2012. Cap. 1, p. 43- 125. (Série Doutrina Tributária, v. 7).

POLIZELLI, Victor Borges. O Princípio da Renda Líquida. In: ZILVETI, Fernando Aurelio; FAJERZTAJN, Bruno; SILVEIRA, Rodrigo Maito (Coords.). *Direito Tributário*: princípio da realização no imposto sobre a renda. São Paulo: Quartier Latin, 2020.

QUEIROZ, Luís César Souza de. *Imposto sobre a renda*: requisitos para uma tributação constitucional. Rio de Janeiro: Forense: 2003.

ROCHA, Sérgio André. Neutralidade fiscal do padrão IFRS pós-Lei n. 12.973/14. In: PINTO, Alexandre Evaristo; SILVA, Fábio Pereira; MURCIA, Fernando Dal-Ri; VETTORI, Gustavo Gonçalves. *Controvérsias Jurídico Contábeis*. São Paulo: Atlas, 2019.

SANTOS, Ariovaldo; SILVA, Fabio Pereira. Dos Métodos e Critérios Contábeis Introduzidos pelas Leis n. 11.638/2007 e 11.941/2009. In: DONIAK JÚNIOR, Jimir. (Coord.). *Novo RIR. Aspectos Jurídicos Relevantes do Regulamento do Imposto de Renda 2018*. São Paulo: Quartier Latin, 2020.

SANTOS, Ramon Tomazela. A Realização da Renda no Direito Tributário Brasileiro – Reflexões à Luz do Direito Comparado. In: ZILVETI, Fernando Aurelio; FAJERZTAJN, Bruno; SILVEIRA, Rodrigo Maito (Coords.). *Direito Tributário*: princípio da realização no imposto sobre a renda. São Paulo: Quartier Latin, 2020.

SCHOUERI, Luís Eduardo. O mito do lucro real na passagem da disponibilidade jurídica para a disponibilidade econômica. In: LOPES, Alexsandro Broedel; MOSQUERA, Roberto Quiroga (Coord.). *Controvérsias jurídico-contábeis*: aproximações e distanciamentos. São Paulo: Dialética, 2010. p. 241-265.

SCHOUERI, Luís Eduardo. Considerações acerca da Disponibilidade da Renda: Renda Disponível é Renda Líquida. In. ZILVETI, Fernando Aurelio et al. (Coord.). *Direito Tributário*: princípio da realização no imposto sobre a renda. Estudos em homenagem a Ricardo Mariz de Oliveira. São Paulo: IBDT, 2019. p. 19-32.

SCHOUERI, Luís Eduardo. *Direito tributário*. 10. ed. São Paulo: Saraiva Educação, 2021.

QUEBRA DE SIGILO MÉDICO, PROFISSIONAL E CONFESSIONAL NA APURAÇÃO DO ABORTO E DE OUTROS CRIMES DE SANGUE PROVA LÍCITA OU ILÍCITA?

Rodrigo Merli Antunes

Pós-graduado em Direito Processual Penal pela Escola Paulista da Magistratura. Bacharel em direito pela Universidade Presbiteriana Mackenzie. Promotor de Justiça titular do Egrégio Tribunal do Júri da Comarca de Guarulhos – SP. Coautor da obra *O Tribunal do Júri na visão do juiz, do promotor e do advogado*, Ed. Atlas, 2014. Autor da coletânea de artigos intitulada *Se eu cair, vai ser atirando*, Ed. Lumen Juris, 2020. Autor do livro *Perdão x Castigo (vieses teológicos no Tribunal do Júri)*, Ed. Parquesiano, 2022. Membro da Associação MP Pró-Sociedade. Promotor de Justiça responsável pelo caso Mércia Nakashima.

Sumário: Introdução – 1. Do correto tratamento do sigilo médico (e de outros segredos) frente à apuração dos crimes de sangue – Conclusão – Referências.

INTRODUÇÃO

Como sabido, decisões judiciais recentes vêm trazendo à baila a questão relacionada ao seguinte conflito de interesses: de um lado, a necessidade de se resguardar e proteger o direito à intimidade, à vida privada e ao sigilo profissional e confessional; e, de outro, o dever de proteger a vida e de apurar e penalizar aqueles que atentam contra a fonte de todos os demais direitos.

A título de exemplo, em março de 2023, o E. Superior Tribunal de Justiça trancou uma ação penal em face de uma mulher acusada de aborto, aduzindo para tanto que a prova contra ela produzida era de todo ilícita.[1] Ao analisarem o fato, perceberam que as autoridades tomaram conhecimento do episódio por intermédio do médico que a atendeu no hospital e, por conta disso, entenderam que houve violação do sigilo profissional,[2] circunstância esta a invalidar toda a persecução penal até então realizada.

No mês seguinte, em Ubatuba, SP, novo caso envolvendo um crime contra a vida foi também descoberto mais ou menos nesses mesmos moldes, este agora relatado à polícia pelo psicólogo do agente, o qual confessou o homicídio do vizinho durante uma sessão

1. Disponível em: [www.stj.jus.br/sites/portalp/Paginas/Comunicacao/Noticias/2023/14032023-Sexta-Turma-tranca-acao-penal-por-aborto-ao-ver-quebra-de-sigilo-profissional-entre-medico-e-paciente.aspx].
2. Art. 207 do CPP: São proibidas de depor as pessoas que, em razão de função, ministério, ofício ou profissão, devam guardar segredo, salvo se, desobrigadas pela parte interessada, quiserem dar o seu testemunho.

de terapia.[3] Muito embora não se tenha notícias de que este último fato tenha levado a questão do sigilo profissional aos tribunais, é certo que ele ao menos comprova que a situação é mais comum do que parece, sendo relevante o enfrentamento do presente tema, em especial no âmbito doutrinário e jurisprudencial, isso para que haja adequada e efetiva proteção do direito à vida.

Aliás, se as discussões acerca do sigilo do médico e do psicólogo já são latentes e presentes no dia a dia forense, é certo que, dentro em breve, poderão surgir outros problemas semelhantes, estes relacionados até mesmo com as confissões dos réus a seus advogados e também dos fiéis aos padres e pastores, sendo também salutar um posicionamento efetivo acerca do tema caso um aborto ou um homicídio venha a ser revelado por causídicos e/ou por tais ministros de fé religiosa.

E é exatamente isso que será abordado neste singelo estudo, partindo-se, inicialmente, da referida decisão da 6ª Turma do E. STJ (que trancou a ação penal em um caso de aborto), sem prejuízo de serem feitos também alguns comentários pontuais sobre a quebra de sigilo dos psicólogos, advogados e dos ministros confessionais.

Já adiantamos, todavia, com a devida *vênia* dos eminentes ministros, que ousamos discordar do que fora decidido por eles, não nos parecendo adequado tratar o tema da forma equalizada. Se é bem verdade que o sigilo médico está presente no dia a dia dos profissionais da medicina, também é certo que ele não é absoluto e não pode prevalecer em todas as situações vivenciadas.

Vejamos então o porquê de tal assertiva.

1. DO CORRETO TRATAMENTO DO SIGILO MÉDICO (E DE OUTROS SEGREDOS) FRENTE À APURAÇÃO DOS CRIMES DE SANGUE

Muito embora o Código de Ética Médica brasileiro (Resolução 2217/2018) trate o sigilo como regra, algumas exceções estão nele previstas de modo expresso, em especial nos artigos 73 e 89 do sobredito diploma.[4]

Situações envolvendo *justo motivo, dever legal, requisição judicial e até mesmo defesa pessoal do próprio médico* estão excepcionadas de forma clara no regramento do Conselho Federal de Medicina, até porque nenhum direito individual é absoluto, em especial quando utilizado para a prática de crimes.

Apontando a relatividade dos direitos fundamentais, Humberto Quiroga Lavié (1993) afirma que os direitos fundamentais nascem para reduzir a ação do Estado aos

3. Disponível em: [www.cnnbrasil.com.br/nacional/confissao-de-assassinato-em-terapia-leva-a-prisao-de-suspeito-corpo-estava-enterrado-em-ubatuba/].
4. Art. 73. É vedado ao médico: Revelar fato de que tenha conhecimento em virtude do exercício de sua profissão, *salvo por motivo justo, dever legal* ou consentimento, por escrito, do paciente (g.n.).
Art. 89. É vedado ao médico: Liberar cópias do prontuário sob sua guarda *exceto para atender a ordem judicial ou para sua própria defesa*, assim como quando autorizado por escrito pelo paciente. § 1º Quando requisitado judicialmente, o prontuário será encaminhado ao juízo requisitante. (g.n.)

limites impostos pela Constituição, sem, contudo, desconhecerem a subordinação do indivíduo ao Estado, como garantia de que eles operem dentro dos limites impostos pelo direito.

Com efeito, no caso específico da decisão do STJ, enquanto não encerrada a discussão sobre o aborto na ADPF 442, que tramita junto ao Supremo Tribunal Federal, é fato que a interrupção da vida intrauterina, via de regra, continua sendo um ilícito penal e, por óbvio, não nos parece que ela possa sucumbir diante de eventual conflito aparente com o direito à privacidade da gestante e/ou ao sigilo profissional do médico. Aliás, ao que consta, profissionais desta natureza existem primordialmente para salvar vidas e não para acobertar aqueles que venham a ceifá-las.

Nesse passo, é certo que não ignoramos as disposições contidas no art. 73, parágrafo único, alínea "c", da Resolução 2217/2018 do CFM, o art. 66, inciso II, da Lei de Contravenções Penais, bem como outros regramentos legais e infralegais que aparentam assegurar a impunidade dos delitos quando descobertos por um profissional da medicina.[5] Entretanto, por outro lado, também não negligenciamos a existência de outros preceitos normativos de igual hierarquia que viabilizam a comunicação de crimes por parte do médico, bem como sabemos diferençar muito bem sigilo profissional de impunidade e segredo médico de conivência.

Quanto ao primeiro aspecto (dispositivos legais que permitem a quebra de sigilo), importante chamar a atenção para o disposto no art. 154 do Código Penal,[6] este a definir no que consiste o delito de violação de segredo profissional. De acordo com tal norma penal incriminadora, somente estaremos diante de um ilícito criminal por parte do médico quando o sigilo de que ele tem conhecimento em razão da profissão puder causar dano a outrem e for revelado a alguém *sem a necessária justa causa. A contrario sensu*, e como já acontece em diversas previsões legais expressas,[7] havendo uma razão idônea para a violação do tal segredo (descoberta e punição de um delito, p.ex.), razoável se sustentar não só a inexistência de qualquer irregularidade por parte do médico, como

5. Art. 73. É vedado ao médico: Revelar fato de que tenha conhecimento em virtude do exercício de sua profissão, salvo por motivo justo, dever legal ou consentimento, por escrito, do paciente. Parágrafo único. *Permanece essa proibição:* (...) c) *na investigação de suspeita de crime, o médico estará impedido de revelar segredo que possa expor o paciente a processo penal.* (g.n.)

   Art. 66. Deixar de comunicar à autoridade competente: II – crime de ação pública, de que teve conhecimento no exercício da medicina ou de outra profissão sanitária, *desde que* a ação penal não dependa de representação e *a comunicação não exponha o cliente a procedimento criminal.* Pena – multa, de trezentos mil réis a três contos de réis. (g.n.)

6. Art. 154 – Revelar alguém, *sem justa causa*, segredo, de que tem ciência em razão de função, ministério, ofício ou profissão, e cuja revelação possa produzir dano a outrem: Pena – detenção, de três meses a um ano, ou multa de um conto a dez contos de réis. (g.n.)

7. Art. 70-A do ECA: *As entidades, públicas e privadas, que atuem nas áreas da saúde* e da educação, além daquelas às quais se refere o art. 71 desta Lei, entre outras, *devem contar, em seus quadros, com pessoas capacitadas* a reconhecer e a *comunicar ao Conselho Tutelar suspeitas ou casos de crimes praticados* contra a criança e o adolescente. (g.n.)

   Art. 1º da Lei 10.778/03: Constituem objeto de *notificação compulsória*, em todo o território nacional, os casos em que *houver indícios ou confirmação de violência contra a mulher atendida em serviços de saúde* públicos e privados. (g.n.)

também de eventuais ilegalidades no processo criminal inaugurado a partir de notícia levada a cabo por ele.

Nesse ponto, é certo que o próprio Conselho Federal de Medicina respalda o entendimento aqui esposado, bastando para tanto conferirmos um trecho do parecer 05/2020, este exarado em data bastante recente, mais precisamente durante a pandemia de coronavírus:

> Assim, o ordenamento jurídico vigente admite a possibilidade de os direitos fundamentais serem restringidos razoavelmente quando colidirem entre si. Essa colisão pode ocorrer de duas formas: (1) quando o exercício de um direito fundamental – por parte de seu titular – colide com o exercício do direito fundamental por parte de outro titular (colisão autêntica ou em sentido estrito); (2) quando o exercício de um direito fundamental colide com princípios e valores que tenham por fim a proteção de interesses da comunidade (colisão sentido amplo). (...) Logo, *não há dúvidas de que o direito ao sigilo médico ou à intimidade privada podem sofrer certa mitigação, pois em determinadas situações previstas em Lei (em sentido estrito) admite-se eventual restrição mínima desses direitos fundamentais.* Entretanto, o que se sustenta é a impossibilidade da divulgação de resultados de exames de forma a simplesmente garantir o direito à informação (se o paciente está ou não com a COVID19) sem motivo jurídico relevante, *ao contrário do que se dá, por exemplo, em uma investigação criminal.* (Processo Consulta CFM 10/2020 – Parecer CFM 5/2020. Interessado: Associação Médica Brasileira. Assunto: Relatório e atestado médico – publicidade e seus efeitos. Relator Cons. Jeancarlo Fernandes Cavalcante, g.n.)

Nesse mesmo sentido, vasta é também a jurisprudência de nossos tribunais, inclusive do próprio STJ, o qual, desde muito tempo, reconhece a possibilidade da quebra do sigilo médico em situações a envolver a apuração de ilícitos penais:

> *o sigilo profissional não é absoluto, contém exceções*, conforme depreende-se da leitura dos respectivos dispositivos do Código de Ética. A hipótese dos autos abrange as exceções, considerando que a requisição do prontuário médico foi feita pelo juízo, em atendimento à cota ministerial, *visando apurar possível prática de crime contra a vida.* (RMS 11.453/SP, Rel. Min. José Arnaldo da Fonseca, 5ª Turma, j. 17. jun. 2003. (g.n.)

Já quanto ao segundo tema acima levantado (sigilo profissional X impunidade e segredo médico X conivência), elucidativas são as lições do Desembargador paulista Guilherme de Souza Nucci (2019), todas elas não só no sentido de se afastar a ideia de que seja ético acobertar delitos, como também de que o próprio médico é que poderá cometer um crime caso não revele o ilícito de que teve conhecimento.

Nas palavras do consagrado jurista:

> imagine-se que o aborto não possa ser comunicado pelo médico por uma questão ética. Então, o infanticídio também estaria nessa lista? A mãe, logo após o parto, mata o filho e chama o médico, pois também precisa de auxílio para recompor-se. O que faz o profissional da medicina? Cala-se? Ajuda a enterrar o corpo da criança? Isto lá é ética? Muito ao contrário, é antiético, além de tornar o médico o autor do delito de favorecimento pessoal.[8] (...) O que torna o médico, ao comunicar a

8. Art. 348 do CP – Auxiliar a subtrair-se à ação de autoridade pública autor de crime a que é cominada pena de reclusão: Pena – detenção, de um a seis meses, e multa. § 1º – Se ao crime não é cominada pena de reclusão: Pena – detenção, de quinze dias a três meses, e multa.

prática do aborto, um infrator da ética? É preciso tomar muito cuidado para não confundir sigilo com impunidade. Médicos auxiliam doentes, mas não podem ser partícipes de crimes. Chamar de traição profissional, quando o médico comunica a materialidade de um delito grave à polícia é pura ignorância em assuntos jurídicos (Nucci, 2019, p. 01).

Como se tal já não bastasse, e exatamente para se acautelar, se defender e não ser eventualmente acusado de eliminar vestígios de um crime[9] (fraude processual pela curetagem, p.ex.), é que temos como prudente que o médico venha mesmo a comunicar o aborto ou outro delito doloso contra a vida por ele descoberto, até porque admitida esta tal providência pelo próprio Código de Ética Médica mencionado.[10]

Já quanto aos psicólogos, estes citados no início por conta do homicídio descoberto durante a terapia de um paciente, notória também a possibilidade de quebra excepcional do sigilo previsto no art. 9º da Resolução do Conselho Federal de Psicologia 10/2005,[11] bastando para tanto verificarmos os princípios fundamentais que regem a sobredita profissão,[12] bem como o artigo 10 do mesmo diploma normativo ora mencionado.[13]

Em outras palavras, havendo conflito entre o segredo profissional do psicólogo e o dever de promover a integridade do ser humano, eliminando-se quaisquer formas de violência, crueldade e opressão, por óbvio a escolha de tal profissional deverá ser por este último, tal como orientado pelo próprio Código de Ética da categoria.

Ato contínuo, no que tange aos advogados, o raciocínio a ser adotado é também o mesmo. Em que pese o segredo profissional dos causídicos seja visto por muitos como algo sagrado e absoluto, não é exatamente isso que decorre da análise sistemática dos dispositivos que regem a matéria.

O art. 7º, inciso XIX, da Lei 8.906/1994,[14] aduz ser direito (e não dever) do advogado recusar-se a depor em processo relacionado a pessoa de quem seja ou tenha sido

9. Art. 347 do CP – Inovar artificiosamente, na pendência de processo civil ou administrativo, o estado de lugar, de coisa ou de pessoa, com o fim de induzir a erro o juiz ou o perito: Pena – detenção, de três meses a dois anos, e multa. Parágrafo único – Se a inovação se destina a produzir efeito em processo penal, ainda que não iniciado, as penas aplicam-se em dobro.
10. Art. 89. É vedado ao médico: Liberar cópias do prontuário sob sua guarda *exceto para atender a ordem judicial ou para sua própria defesa*, assim como quando autorizado por escrito pelo paciente. § 1º Quando requisitado judicialmente, o prontuário será encaminhado ao juízo requisitante. § 2º Quando o prontuário for apresentado em sua própria defesa, o médico deverá solicitar que seja observado o sigilo profissional. (g.n.)
11. Art. 9º – É dever do psicólogo respeitar o sigilo profissional a fim de proteger, por meio da confidencialidade, a intimidade das pessoas, grupos ou organizações, a que tenha acesso no exercício profissional.
12. I. O psicólogo baseará o seu trabalho no respeito e na promoção da liberdade, da dignidade, da igualdade e da *integridade do ser humano*, apoiado nos valores que embasam *a Declaração Universal dos Direitos Humanos*. II. O psicólogo trabalhará visando promover a saúde e a *qualidade de vida das pessoas e das coletividades e contribuirá para a eliminação de quaisquer formas de* negligência, discriminação, exploração, *violência, crueldade e opressão*. (g.n.)
13. Art. 10 – *Nas situações em que se configure conflito entre as exigências decorrentes do disposto no art. 9º e as afirmações dos princípios fundamentais deste Código*, excetuando-se os casos previstos em lei, o psicólogo *poderá decidir pela quebra de sigilo, baseando sua decisão na busca do menor prejuízo*. Parágrafo único – Em caso de quebra do sigilo previsto no *caput* deste artigo, o psicólogo deverá restringir-se a prestar as informações estritamente necessárias. (g.n.)
14. Art. 7º São *direitos* do advogado: (...) XIX – recusar-se a depor como testemunha em processo no qual funcionou ou deva funcionar, ou sobre fato relacionado com pessoa de quem seja ou foi advogado, mesmo quando autorizado ou solicitado pelo constituinte, bem como sobre fato que constitua sigilo profissional; (g.n.)

representante, expressões estas que, por óbvio, nos levam a concluir que tal prerrogativa pode sim ser renunciada em casos concretos e específicos, desde que existentes motivos razoáveis para tanto (defesa da vida, por exemplo).

Dito de outro modo, se o sigilo do causídico não vem descrito na lei como um dever propriamente dito, mas sim como um direito do qual ele pode abrir mão, intuitivo deduzir que se um advogado vier a contar para as autoridades competentes que seu patrocinado(a) matou uma criança em desenvolvimento no útero materno e/ou um indivíduo qualquer, a prova daí decorrente não poderá ser considerada ilícita para fins de persecução penal.

Se tanto, tal conduta poderá, no máximo, redundar em uma eventual punição de ordem administrativa ou de outra natureza (tal como sugerido pelo recente § 6º-I do mesmo art. 7º já propalado[15]), mas não em nulidade absoluta da prova obtida por intermédio da quebra do segredo.

Aliás, importante obtemperar que, neste último dispositivo legal mencionado (que trata da colaboração premiada do advogado em relação ao seu cliente), o legislador não cuidou de prever a imprestabilidade dos elementos de convicção eventualmente obtidos, mas sim apenas a eventual responsabilização daquele que revelou a informação privilegiada. E, como sabido por qualquer jejuno no Direito, onde o legislador não previu expressamente, não compete ao intérprete fazê-lo.

Mas isso não é só!

O mesmo Estatuto da OAB (Lei 8.906/1994), um pouco mais adiante,[16] preceitua ser infração disciplinar apenas a violação do segredo profissional quando *não houver justa causa* para tanto, ou seja, se um motivo extremamente relevante estiver presente no contexto analisado (a defesa da vida humana, por exemplo), sequer punido administrativamente poderá ser o causídico, eis que sua conduta estará amparada pela própria lei específica que rege a matéria. Com efeito, queremos crer que ninguém pode sustentar que a vida inocente de um bebê e/ou de uma pessoa (casos de aborto ou homicídio) deve sucumbir frente ao segredo do cliente em perpetrar seus crimes.

Ato contínuo, para aqueles que ainda não se deram por satisfeitos, chamamos ainda à baila o Código de Ética e Disciplina da própria Ordem dos Advogados do Brasil (Resolução 02/2015), mais precisamente os seus artigos 35 a 37,[17] os quais, muito embora contrariem a lei federal em certo aspecto (o que não poderiam fazer – aduzindo que

15. § 6º-I. É vedado ao advogado efetuar colaboração premiada contra quem seja ou tenha sido seu cliente, e a inobservância disso importará em processo disciplinar, que poderá culminar com a aplicação do disposto no inciso III do *caput* do art. 35 desta Lei, sem prejuízo das penas previstas no art. 154 do Decreto-Lei 2.848, de 7 de dezembro de 1940 (Código Penal).

16. Art. 34. Constitui infração disciplinar: (...) VII – violar, *sem justa causa*, sigilo profissional. (g.n.)

17. Art. 35. O advogado tem o dever de guardar sigilo dos fatos de que tome conhecimento no exercício da profissão. Parágrafo único. O sigilo profissional abrange os fatos de que o advogado tenha tido conhecimento em virtude de funções desempenhadas na Ordem dos Advogados do Brasil.

Art. 36. O sigilo profissional é de ordem pública, independendo de solicitação de reserva que lhe seja feita pelo cliente. § 1º Presumem-se confidenciais as comunicações de qualquer natureza entre advogado e cliente. § 2º

o sigilo profissional é um dever de ordem pública – e não um direito), é fato que, por outro lado, não deixam de ressaltar que *ele cede espaço em situações excepcionais*, mais precisamente nos casos de *grave ameaça ao direito à vida*, à honra ou quando o causídico necessitar revelar o segredo para poder se defender de alguma acusação qualquer.

Desta feita, se o advogado pode revelar o sigilo profissional para resguardar sua própria vida, sua honra e também o seu *status libertatis*, por óbvio também poderá quebrar o segredo profissional para defender a vida de outrem, sob pena de eventual raciocínio em sentido contrário padecer de evidente inconstitucionalidade, mais precisamente a violação do princípio da igualdade. Afinal de contas, a vida de um causídico não vale mais que a de um bebê no ventre de sua mãe e/ou que a de qualquer outro ser humano nascido de mulher.

Nesse passo, pontofinalizando tudo aquilo que fora acima defendido em relação ao sigilo profissional dos advogados, é certo que não podemos exigir que o profissional venha a revelar aquilo que sabe por intermédio da relação com seu cliente; todavia, em casos concretos e específicos, tais como aqueles aqui salientados (apuração de infanticídio, aborto ou homicídio, p.ex.), a eventual violação *voluntária* do segredo não acarretará a nulidade da informação e da prova obtida, ressalvadas pontuais apurações disciplinares.

Por fim, quanto aos ministros de confissão religiosa, não ignoramos que o Clérigo Católico Romano recomenda o sigilo confessional absoluto.[18] No entanto, por ser o Código Canônico um conjunto de *leis eclesiásticas*, este a tratar dos direitos e deveres dos fiéis e dos clérigos, da constituição hierárquica da Igreja, dos institutos de vida consagrada, das comunidades de vida apostólica, das obrigações da Igreja de ensinar e santificar, dos sacramentos, do culto divino e até mesmo dos templos sagrados, é fato que ele não possui aplicabilidade irrestrita, em especial para disciplinar o direito processual penal brasileiro e também para derrogar, em termos jurídicos, muitas outras importantes normas reguladoras do tema e que serão vistas um pouco adiante.

Aliás, se entre os católicos o entendimento é este bem restrito, dentre os protestantes não há qualquer consenso nesse sentido. A Convenção e o Conselho de Pastores Batistas, por exemplo, não contam com um *Juramento* acerca de sigilo profissional ou confessional em relação a casos graves como os delitos dolosos contra a vida, não se podendo, pois, presumir o contrário. A orientação, na verdade, é a de sempre se arcar com todas as consequências decorrentes de atos ilícitos, em especial nos casos envolvendo risco de vida ou algo semelhante. Nas hipóteses de agressões e ameaças entre casais, por exemplo, a orientação é, inclusive, a de quase sempre se recorrer à polícia ou à Justiça.

O advogado, quando no exercício das funções de mediador, conciliador e árbitro, se submete às regras de sigilo profissional.

Art. 37. *O sigilo profissional cederá em face de circunstâncias excepcionais que configurem justa causa, como nos casos de grave ameaça ao direito à vida e à honra ou que envolvam defesa própria.* (g.n.)

18. Cân. 984, § 1º – É absolutamente proibido ao confessor o uso, com gravame do penitente, de conhecimento adquirido por meio da confissão, mesmo sem perigo algum de revelação do sigilo.

A bem da verdade, de acordo com Priolo (2021), o cristão que aconselha, discipula ou evangeliza outras pessoas não pode oferecer confidencialidade absoluta àqueles a quem acompanham. Fazê-lo seria obrigatoriamente prometer desobediência a Mt 18.15-17,[19] o que vai de encontro aos ensinamentos expressos das Escrituras Sagradas. Aliás, no mesmo sentido do ora articulado, mas agora por nossa conta, são também as passagens contidas em Ec 8:11[20] e em Pv 28:17.[21]

No entanto, nem seria preciso a existência das leis ordinárias e dos demais regramentos infralegais e religiosos até aqui suscitados para se discordar da comentada decisão do E. STJ e de tantas outras que criam empecilhos na apuração e na punição dos delitos dolosos contra a vida. A simples existência da Declaração dos Direitos Humanos das Nações Unidas, bem como do quase sempre invocado Pacto de San José da Costa Rica (este último reconhecido pelo próprio Supremo Tribunal Federal como possuidor de *status* supralegal – acima das leis), já deixa claro que os direitos e garantias fundamentais do indivíduo não são ilimitados ou absolutos e jamais poderão ser utilizados para salvaguardar a prática de atos criminosos.

Nesse sentido, vejamos então o que dispõe o art. 29 da Declaração referida no parágrafo supra:

> toda pessoa tem deveres com a comunidade, posto que somente nela pode desenvolver livre e plenamente a sua personalidade. No exercício de seus direitos e no desfrute de suas liberdades, todas as pessoas estarão sujeitas às limitações estabelecidas pela lei com a única finalidade de assegurar respeito dos direitos e liberdades dos demais, e de satisfazer as justas exigências da moral, da ordem pública e do bem-estar de uma sociedade democrática. Estes direitos e liberdades não podem, em nenhum caso, serem exercidos em oposição com os propósitos e princípios das Nações Unidas. *Nada na presente Declaração poderá ser interpretado no sentido de conferir direito algum ao Estado, a um grupo ou a uma pessoa, para empreender e desenvolver atividades ou realizar atos tendentes à supressão de quaisquer dos direitos e liberdades proclamados nessa Declaração.* (Moraes, 2002, p. 61) (g.n.)

Em outras palavras, o direito à intimidade, à privacidade ou ao sigilo profissional não podem suprimir o superdireito proclamado na Declaração e na Convenção aqui invocadas, mais precisamente aquele concernente à proteção da vida, lembrando-se que esta se dá, em regra, desde o momento da concepção (art. 4º do sobredito Pacto).[22]

De certa forma, o que fora tratado linhas acima possui relação direta e explícita com o já conhecido princípio jurídico da proporcionalidade, isto é, em determinados casos, algumas provas que, *a priori*, poderiam ser consideradas ilícitas, passam a ser admitidas

19. Se o seu irmão pecar contra você, vá e mostre-lhe o seu erro. Mas faça isso em particular, só entre vocês dois. Se essa pessoa ouvir o seu conselho, então você ganhou de volta o seu irmão. Mas, se não ouvir, *leve com você uma ou duas pessoas*, para fazer o que mandam as Escrituras Sagradas. Elas dizem: "Qualquer acusação precisa ser confirmada pela palavra de pelo menos duas testemunhas." Mas, se a pessoa que pecou não ouvir essas pessoas, *então conte tudo à igreja*. E, se ela não ouvir a igreja, *trate-a como um pagão ou como um cobrador de impostos*. (g.n.)
20. Quando os crimes não são castigados logo, o coração do homem se enche de planos para fazer o mal.
21. O assassino atormentado pela culpa será fugitivo até a morte; *que ninguém o proteja!* (g.n.)
22. Artigo 4º – Direito à vida. 1. Toda pessoa tem o direito de que se respeite sua vida. Esse direito deve ser protegido pela lei e, em geral, desde o momento da concepção. Ninguém pode ser privado da vida arbitrariamente.

por conta de que nenhuma liberdade pública é absoluta, havendo a possibilidade, então, em casos delicados e conflitantes, de que um direito mais importante (vida) tenha certa preponderância em relação a outro de menor graduação (intimidade, privacidade e sigilo profissional).

Para que não restem dúvidas acerca do afirmado, o que se pretende sublinhar é que os direitos e as liberdades individuais das pessoas não podem ser utilizados como verdadeiros escudos protetivos da prática de atividades ilícitas, nem tampouco como argumento para afastamento ou diminuição da responsabilidade civil ou penal por atos criminosos, sob pena de total consagração ao desrespeito a um verdadeiro Estado de Direito. Dessa forma, conforme preconizado há muito tempo por Moraes (2002), aqueles que, ao praticarem atos ilícitos, não observarem as liberdades públicas de terceiras pessoas e da própria sociedade, desrespeitando a própria dignidade da pessoa humana, não poderão invocar, posteriormente, a ilicitude de determinadas provas para afastar suas responsabilidades civil e criminal perante o Estado.

Exemplificando, poderíamos apontar a possibilidade de utilização de uma gravação realizada pela vítima, sem o conhecimento de um dos interlocutores, que comprovasse a prática de um crime de extorsão, pois o próprio agente do ato criminoso, primeiramente, invadiu a esfera de liberdades públicas da vítima, ao ameaçá-la e coagi-la. Essa, por sua vez, em legítima defesa de suas liberdades públicas, obteve uma prova necessária para responsabilizar o agente. Poderíamos, também, apontar a hipótese de utilização de uma gravação de vídeo realizada pelo filho, de forma clandestina e sem conhecimento de seu pai, agressor, para comprovação de maus-tratos e sevícias. Não se poderia argumentar que houve desrespeito à inviolabilidade, à intimidade e à imagem do pai-agressor, pois sua conduta inicial desrespeitou a incolumidade física e a dignidade de seu filho que, em legítima defesa, acabou por produzir a referida prova.

E, se tais exemplos são também citados pelo autor acima referido em seu conhecido livro sobre o tema, cremos que não dará nem mesmo para o STF dizer que o STJ acertou ao tomar a decisão que fundamenta este estudo, uma vez que é evidente que quem mata ou tenta matar o próprio filho (ou qualquer outra pessoa) já iniciou um ataque concreto contra o bem jurídico mais importante da pessoa humana, podendo os profissionais da medicina, da psicologia, do direito e até mesmo os ministros de confissão religiosa, em legítima defesa de terceiro, comunicarem o que viram e ouviram às autoridades competentes. Nesse mesmo sentido, inclusive, sempre foi o entendimento do Pretório Excelso.[23]

E nem aleguem alguns mais afoitos que o entendimento acima esposado (pautado no princípio da proporcionalidade) não pode ser aplicado de forma irrestrita nas espécies aqui estudadas (em especial no aborto), uma vez inexistir vida propriamente dita desde o momento da concepção. Para os que entendem de tal forma, o desejo e a vontade das mulheres em interromper a gravidez valem muito mais do que as meras expectativas de

23. STF – Pleno – HC 75.338/RJ – Rel. Min. Nelson Jobim, 11-3-98 – Informativo STF, n. 102, março de 1998. STF – 1 T. – HC 74.678-1/SP – Rel. Min. Moreira Alves, votação unânime, Diário da Justiça, Seção I, 15 ago. 1997.

direito do nascituro, não podendo, portanto, qualquer segredo médico ou profissional ser violado para ensejar eventual punição.

Em outras palavras, para os defensores desta tese, como o Pacto de San José da Costa Rica se utiliza da expressão "em geral" em seu art. 4º,[24] isto significaria que até um certo estágio de desenvolvimento da gravidez não haveria como se sobrepor os direitos do embrião em detrimento daqueles pertencentes à gestante, em especial os relacionados ao livre planejamento familiar e aos chamados direitos sexuais e reprodutivos. E, para sustentar seus respectivos entendimentos, tais pessoas geralmente invocam os preceitos da Convenção de Belém do Pará (Convenção Interamericana para Prevenir, Punir e Erradicar a Violência contra a Mulher), as Conferências do Cairo e de Pequim e, também, o Consenso de Montevidéu.

Ocorre que a Convenção de Belém do Pará não trata especificamente de aborto, planejamento familiar e/ou de direitos sexuais e reprodutivos (outra expressão eufemística para definir o assassinato de bebês), mas sim sobre violência de gênero e assuntos correlatos. Já as Conferências do Cairo e de Pequim, bem como o Consenso de Montevidéu, em que pese tenham realmente tratado expressamente destes temas, não produziram nenhum instrumento jurídico com efeitos vinculantes para qualquer Estado-Participante (mas apenas recomendações, planos e metas a serem alcançados), não havendo que se falar, portanto, que deram origem a instrumentos normativos de natureza jurídica igual ou superior à Convenção Americana aqui já tratada.

Entretanto, ainda que assim não fosse, ou seja, mesmo que se queira sustentar a existência de algum tratado ou convenção internacional de igual natureza jurídica ao Pacto de San José da Costa Rica, e que tenha, por consequência, equiparado o direito à vida do nascituro ao direito de planejamento familiar da mulher, é certo que esse eventual conflito de interesses haveria, então, de ser solucionado à luz do que preceitua a nossa Constituição Federal, esta sim superior a qualquer instrumento de direito internacional até aqui comentado, já que incorporados ao sistema jurídico brasileiro com base no art. 5º, § 2º,[25] de nossa Carta Magna, e não com fundamento no § 3º[26] do mesmo dispositivo em comento (possuem, portanto, *status* infraconstitucional e não equivalente a uma emenda à Constituição).

E, se assim o é, importante verificarmos que nossa Lei Maior aduz existir vida humana desde o momento da concepção, e não somente após o atingimento de algum estágio de desenvolvimento do feto ou do embrião.

---

24. Artigo 4º – Direito à vida. 1. Toda pessoa tem o direito de que se respeite sua vida. Esse direito deve ser protegido pela lei e, *em geral*, desde o momento da concepção. Ninguém pode ser privado da vida arbitrariamente. (g.n.)
25. § 2º Os direitos e garantias expressos nesta Constituição não excluem outros decorrentes do regime e dos princípios por ela adotados, ou dos tratados internacionais em que a República Federativa do Brasil seja parte.
26. § 3º Os tratados e convenções internacionais sobre direitos humanos que forem aprovados, em cada Casa do Congresso Nacional, em dois turnos, por três quintos dos votos dos respectivos membros, serão equivalentes às emendas constitucionais.

No âmbito da genética e da embriologia, adotamos a teoria concepcionista e não a teoria genético-desenvolvimentista ou a teoria relacional, esta última a condicionar o início da vida humana única e exclusivamente à aceitação da maternidade pela gestante.

Já sob o enfoque da filosofia, parece-nos evidente a filiação à teoria substancialista e não à funcionalista. Afinal de contas, a Constituição brasileira não diz em lugar algum que o embrião é apenas um indivíduo em potencial! Na realidade, o embrião é em potência uma criança, um adulto ou um idoso, mas não é em potência um indivíduo humano: isso ele já é em ato!

Por fim, quanto ao aspecto jurídico (que mais nos interessa), é evidente que adotamos mais uma vez a teoria concepcionista e não aquela natalista ou da personalidade condicional. Tanto isto é verdade que, sob o prisma infraconstitucional, o próprio STJ já reconheceu o direito do nascituro em receber indenização por danos morais pela morte de seu pai, esta ocorrida antes de seu nascimento.[27]

De igual modo, ainda abaixo da Constituição, temos também a Lei 11.804/2008, denominada Lei dos Alimentos Gravídicos, esta a deixar muito bem claro em seu art. 2º[28] que o bem jurídico protegido é o nascituro, o ser em desenvolvimento, e não a gestante ou qualquer outra pessoa.

Ato contínuo, ainda sob o enfoque jurídico, mas agora no nível constitucional, suficiente aquilo que consta no art. 5º, *caput*, de nossa Carta Magna,[29] este a *garantir a inviolabilidade do direito à vida sem qualquer condicionamento ou coisa que o valha*. A norma constitucional em comento, cláusula pétrea oriunda do Poder Constituinte originário (impossível, portanto, de ser modificada até mesmo por emenda constitucional ou por tratado ou convenção internacional de igual magnitude), não menciona vida celular, estrutural, divisional, funcional, neural, cardíaca, encefálica, neocortical, respiratória etc. Muito menos faz alusão à vida viável, vida boa, vida digna, vida relacional ou vida cerebral. O ordenamento constitucional fala de vida substancial, de vida em si, aquela existente a partir do momento em que os 23 cromossomos masculinos se encontram com os 23 cromossomos femininos, dando origem, assim, a um embrião com todos os dados genéticos que definem um novo ser humano.

Aliás, até mesmo a vida deficiente encontra amparo em nosso ordenamento jurídico pátrio (Convenção Internacional sobre os Direitos das Pessoas com Deficiência – Decreto 6.949/2009 – esta sim com *status* de emenda constitucional – art. 5, § 3º, da

27. STJ, REsp 399.028/SP, 4ª Turma, Rel. Min. Sálvio de Figueiredo Teixeira, j. 26.02.2002, DJ 15.04.2002, p. 232.
28. Art. 2º Os alimentos de que trata esta Lei compreenderão os valores suficientes para cobrir as despesas adicionais do período de gravidez e que sejam dela decorrentes, *da concepção ao parto*, inclusive as referentes à alimentação especial, assistência médica e psicológica, exames complementares, internações, parto, medicamentos e demais prescrições preventivas e terapêuticas indispensáveis, a juízo do médico, além de outras que o juiz considere pertinentes. Parágrafo único. *Os alimentos de que trata este artigo referem-se à parte das despesas que deverá ser custeada pelo futuro pai, considerando-se a contribuição que também deverá ser dada pela mulher grávida*, na proporção dos recursos de ambos. (g.n.)
29. Art. 5º Todos são iguais perante a lei, sem distinção de qualquer natureza, *garantindo-se aos brasileiros e aos estrangeiros residentes no País a inviolabilidade do direito à vida*, à liberdade, à igualdade, à segurança e à propriedade, nos termos seguintes:

CF/88), sendo evidentemente um retrocesso conferir proteção legal apenas para os fetos perfeitos e/ou a partir de determinado estágio de desenvolvimento. Nesse mesmo sentido, inclusive, foi também a manifestação do hoje Ministro do Supremo Tribunal Federal, *André Mendonça*, quando ainda ocupava a chefia da Advocacia Geral da União, isso na ADI 5581-DF.[30]

Nesse passo, é fato notório que no eventual conflito do direito à intimidade, à privacidade, ao planejamento familiar, ao sigilo profissional e confessional e a eventuais direitos sexuais e reprodutivos, a vida humana, desde a concepção, é que deverá prevalecer, aplicando-se, assim, o princípio da proporcionalidade estudado linhas atrás.

Na realidade, decisões judiciais que privilegiam o sigilo profissional e confessional (bem como outros direitos) em detrimento do direito à vida soam como uma evidente tentativa de se impor uma descriminalização às avessas, em especial do já comentado aborto. Como o Congresso Nacional não modifica aquilo que alguns desejam, então a alternativa parece ser a de interpretar os fatos e as normas jurídicas de um novo modo, ou seja, senão para liberar a prática criminosa desde já, ao menos para dificultar a punição daqueles que a praticam, fomentando, assim, não a aplicação estrita do Código Penal, da Constituição Federal e das Convenções Internacionais das quais o Brasil é signatário, mas sim as agendas e metas de organismos internacionais globalistas, muitos deles interessadíssimos, por exemplo, no controle populacional de países emergentes. E, assim, nas palavras de Pires (2022), com um discurso palatável, filantrópico e politicamente correto, a denominada janela de Overton vai se movendo, passando aquilo que era proibido a ser permitido livremente.

Nessa mesma linha de raciocínio, basta observarmos o atual discurso hegemônico da classe falante brasileira (muitas vezes financiada por grandes fundações), sempre a sustentar, por exemplo, os benefícios da interrupção da gravidez para se atingir um suposto progresso e o sempre invocado empoderamento feminino. Todavia, infelizmente, se esquecem muitas vezes de mencionar as infinitas obras e estudos em sentido contrário, em especial aqueles citados por Derosa (2020) e Mazza (2018), todos eles a comprovar os inúmeros prejuízos e perigos para a mulher que interrompe uma gestação indesejada (hemorragia, sepse, infertilidade, lesões uterinas, prematuridade de gestações futuras, câncer de mama, transtorno de *stress* pós-traumático, pesadelos, sentimento de culpa, variação de humor, distanciamento e estranhamento, comportamentos autodestrutivos, alcoolismo, abuso de substâncias ilícitas e até suicídio).

Em outras palavras, o que se pretende dizer aqui é o seguinte: o Direito Penal, enquanto protetor do bem jurídico vida, necessita do Processo Penal para que consiga atingir o seu objetivo. Todavia, ao se inviabilizar a prova do fato criminoso (considerando-a como ilícita – para defender uma determinada pauta), por óbvio o resultado positivo não será alcançado e aquilo que se deveria proteger acabará sendo desprotegido. É a chamada Necro-hermenêutica, isto é, a banalização da morte violenta em prejuízo

30. Disponível em: [www.gov.br/agu/pt-br/comunicacao/noticias/agu-defende-no-supremo-a-inconstitucionalidade-do-aborto-em-casos-de-zika-virus—924639].

da vida, isso com interpretações laxistas, lapsas e relapsas das normas jurídicas, tudo em benefício de quem atacou o maior de todos os direitos.

Consoante sustentado por Cesar Danilo Ribeiro de Novais (2022), o grau de civilização de um povo é mensurável pelo grau de proteção do direito à vida, o qual inclui a seriedade e a gravidade da punição àquele que a eliminou. Entretanto, no Brasil, assistimos de camarote a exatamente o contrário! O direito à intimidade, à privacidade e ao sigilo profissional (dentre tantos outros direitos menores) valem muito mais do que o próprio direito de existir.

Contudo, ainda que alguns possam não concordar com estas linhas ou com todos os argumentos até aqui esposados (todos no sentido de que a vida humana, desde a concepção, vale mais do que qualquer sigilo médico, profissional e tantos outros), apresentamos então apenas mais um, este extraído das lições de Ovídio Rocha Barros Sandoval (2019), e que nos parece ser o norteador de tudo aquilo que fora até este momento retratado.

Da escola médica de Hipócrates, este considerado até hoje o Pai da Medicina moderna, adveio ao mundo, há mais de 24 (vinte e quatro) séculos, aquilo que se denominou chamar de *Juramento* dos profissionais da área médica.

Dos originais em grego, extrai-se o pequeno trecho a seguir transcrito:

> ... Aplicarei os regimes de vida para a utilidade dos doentes de acordo com a minha capacidade e meu juízo, *abstendo-me de qualquer malefício ou dano* (*injustiça*). Não porei nenhum veneno em mãos de ninguém, mesmo que n'o peçam, nem tomarei a iniciativa de o aconselhar; *igualmente não entregarei a nenhuma mulher um pessário abortivo*. Passarei a minha vida e praticarei a minha arte pura e santamente. Não operarei de nenhum modo os padecentes de litíase (não praticarei a litotomia), deixando a prática desse ato aos profissionais. Em quantas casas entrar, fá-lo-ei só para a utilidade dos doentes, abstendo-me de todo o mal voluntário e de toda voluntária maleficência e de qualquer outra ação corruptora, tanto em relação a mulheres quanto a jovens, sejam livres ou escravos. O que for que veja ou ouça, concernente à vida das pessoas, no exercício da minha profissão ou fora dela, *e que não haja necessidade de ser revelado*, eu calarei, julgando que tais coisas não devem ser divulgadas. Se eu cumprir fielmente este juramento sem infringir, seja-me dado gozar, feliz, da minha profissão, honrado por todos os homens, em todos os tempos; mas, se o violar e perpetuar um prejuízo, que o contrário me suceda. (Sandoval, 2019, p. 04) (g.n.)

Já na atualidade, formas mais simplificadas deste *Juramento* têm sido utilizadas nas colações de grau das Faculdades de Ciências Médicas de todo o mundo, valendo reproduzir aquela que já foi adotada até mesmo pela Universidade de São Paulo:

> Prometo que, ao exercer a arte de curar, mostrar-me-ei sempre fiel aos preceitos da honestidade, da caridade e da ciência. Penetrando no interior dos lares, meus olhos serão cegos, minha língua calará os segredos que me forem revelados, o que terei como preceito de honra. *Nunca me servirei da profissão para corromper os costumes ou favorecer o crime*. Se eu cumprir este juramento com fidelidade, goze eu, para sempre, a minha vida e a minha arte, com boa reputação entre os homens. Se o infringir ou dele afastar-me, suceda-me o contrário. (Sandoval, 2019, p. 08) (g.n.)

Nesse passo, se a análise jurídica realizada no início não foi o bastante para convencer alguém, esperamos que os dizeres de Hipócrates possam ter servido em seu lugar.

Afinal de contas, representam praticamente o mesmo. Em outras palavras, *tanto para o ordenamento jurídico pátrio, como para os mais básicos preceitos da medicina, defender a pauta dos direitos sexuais e reprodutivos, dando preponderância à intimidade, à privacidade e ao sigilo médico e profissional, é evidentemente equivocado, não sendo eles mais importantes do que o dever de proteger e cuidar da vida.*

Todavia, em nosso país, consoante já sugerido, infelizmente não tem sido esse o entendimento preponderante. Por aqui, aqueles que defendem a vida e noticiam a prática de um crime de sangue acabam quase sempre punidos por violarem este ou aquele segredo,[31] ao passo que os assassinos propriamente ditos, invariavelmente, acabam sempre se livrando de suas responsabilidades.

Mais não podemos dizer ou criticar, sob pena de, também de forma injusta, recebermos o mesmo tratamento sancionador!

CONCLUSÃO

A questão enfrentada neste estudo reflete um aparente conflito de normas. Muito embora seja evidente que alguns dos bens jurídicos aqui analisados mereçam proteção legal, convencional e até mesmo constitucional, não pode ser objeto de dúvida por parte dos profissionais do direito quais dos interesses aqui debatidos devem prevalecer sobre outros.

Segundo o saudoso juiz Benjamin Nathan Cardozo, da Suprema Corte estadunidense, citado por Simon (2001), no decorrer da interpretação das leis, é sempre a vida, em toda a sua plenitude, que deve fornecer uma resposta. Desta feita, notoriamente equivocados os recentes julgados pátrios que estão a dar prevalência para os sigilos profissional e confessional de médicos, psicólogos, advogados e ministros de fé religiosa, sempre em detrimento do consagrado direito de viver.

A análise acurada de normas jurídicas diversas, desde diplomas específicos para cada categoria profissional, passando-se por normas legais e supralegais variadas, até chegarmos à Constituição Federal de 1988, não deixa dúvidas de que o segredo profissional e confessional deste ou daquele não pode ser invocado para anular provas e acarretar a impunidade daqueles que cometeram crimes dolosos contra a vida desde a concepção.

É preciso, pois, que os juristas brasileiros, em especial aqueles com atribuições nos processos relacionados aos crimes de homicídio, infanticídio, aborto e induzimento ou instigação ao suicídio, sejam efetivamente defensores da vida humana, adotando-se no dia a dia forense o entendimento aqui preconizado, este o único compatível não só com a Constituição Federal de 1988 e com os tratados e convenções internacionais dos quais o Brasil faz parte, mas também com aquelas pessoas que um dia juraram defender o direito de existir.

31. Disponível em: [www.stj.jus.br/sites/portalp/Paginas/Comunicacao/Noticias/2023/14032023-Sexta-Turma-tranca-acao-penal-por-aborto-ao-ver-quebra-de-sigilo-profissional-entre-medico-e-paciente.aspx].

Com efeito, uma coisa é certa: não basta *estar* em uma Vara do Júri ou em um Tribunal qualquer e muitas vezes se dar por vencido, desenvolvendo uma atuação meramente protocolar nos processos eventualmente examinados; na realidade, é preciso *ser* um efetivo curador da vida humana e não medir esforços para a concretização do pensamento aqui sustentado.

REFERÊNCIAS

DEROSA, Marlon (Org.). *Precisamos falar sobre aborto: mitos e verdades*. São Paulo: Editora Estudos Nacionais, 2020.

LAVIÉ, Humberto Quiroga. *Derecho Constitucional*. 3. ed. Buenos Aires: Editora Depalma, 1993.

MAZZA, George. *O que você precisa saber sobre aborto*. Campinas – SP: Editora Ecclesiae, 2018.

MORAES, Alexandre de. *Direito Constitucional*. 12. ed. São Paulo: Editora Atlas, 2002.

NOVAIS, Cesár. *A Defesa da Vida no Tribunal do Júri*. 3. ed. Cuiabá: Carlini & Caniato Editorial, 2022.

NUCCI, Guilherme de Souza. *A ética médica e o crime*. São Paulo, 2019. Disponível em: [https://guilhermenucci.com.br/a-etica-medica-e-o-crime/].

PIRES, Luciano. *Merdades e Ventiras*: como se proteger da mídia que faz sua cabeça. São Paulo: Editora do Autor, 2022.

PRIOLO, Louis Paul. *Pressuposições do aconselhamento bíblico*: compreensões norteadoras. Trad. Enrico Pasquini. São Paulo: Nutra Publicações, 2021.

SANDOVAL, Ovídio Rocha Barros. *O juramento de Hipócrates*. Ribeirão Preto, 2019. Disponível em: [www.fmrp.usp.br/pb/arquivos/3652].

SIMON, William H. *A prática da justiça*: uma teoria da ética dos advogados. Trad. Luís Carlos Borges. São Paulo: Editora Martins Fontes, 2001.

OS PODERES INSTRUTÓRIOS DO JUIZ FRENTE À SISTEMÁTICA DO JUIZ DAS GARANTIAS E O POSICIONAMENTO DO SUPREMO TRIBUNAL FEDERAL

Carina Lucheta Carrara

Mestre em Direito pela Instituição Toledo de Ensino. Juíza de Direito do Tribunal de Justiça do Estado de São Paulo.

Sumário: Apresentação – 1. Os binômios acusatório-inquisitivo e adversarial-inquisitorial – 2. A verdade e o processo – 3. Uma perspectiva principiológica – 4. O posicionamento do Supremo Tribunal Federal sobre o novel Art. 3º-A do CPP – Conclusão – Bibliografia.

APRESENTAÇÃO

Com o emblemático julgamento proferido pelo Supremo Tribunal Federal acerca do Juiz das Garantias, dentre as muitas e impactantes alterações no sistema de justiça criminal brasileiro introduzidas com esse instituto, chama-nos a atenção os rumos da condução do processo, enquanto instrumento de entrega de uma prestação jurisdicional *justa*, no que toca aos poderes instrutórios do juiz. Afinal, ainda que haja os que sustentem que a função do processo penal se limita, *só*, a garantir os *direitos fundamentais do acusado* em relação ao arbítrio estatal, é postulado de um Estado Democrático de Direito que o juiz mantenha-se "imparcial em relação às partes, embora, paradoxalmente, sempre parcial em relação à verdade e à justiça", nas palavras contundentes do Ministro André Mendonça (2013, p. 178; tradução nossa).

Nesse contexto, o que esperar da postura judicial no âmbito dos poderes instrutórios não só a partir da leitura dos assim chamados sistemas de gestão da prova, como também do enfocado julgamento da Suprema Corte nas ADIs 6298, 6299, 6300 e 6305. É sobre o que nos propomos a aqui refletir.

1. OS BINÔMIOS ACUSATÓRIO-INQUISITIVO E ADVERSARIAL-INQUISITORIAL

De saída, ressaltemos que, com a superveniência da Lei 13.964/2019, a qual demarcou expressamente a adoção da estrutura de um processo penal acusatório (art. 3º-A, *caput*, primeira parte, do Código de Processo Penal), ficou fora de qualquer dúvida a revogação (tácita) do art. 156, I, do CPP, isto é, quanto à ordenação de provas de ofício *antes de iniciada* a ação penal.

E antes mesmo de prosseguirmos em relação ao que *sobraria* dos poderes instrutórios do juiz no curso da ação penal, lembremos o que a Professora Ada Pellegrini Grinover, uma das coautoras do sempre festejado Código Modelo para a América Latina, já ponderou sobre não se confundirem os binômios acusatório-inquisitivo e adversarial-inquisitorial:

> *A propagação do modelo acusatório na América Latina, indubitavelmente promovida pelo Código Modelo de Processo Penal para Ibero-América, acarretou em diversos países e está trazendo em outros profundas modificações no sistema inquisitório antes difuso na América espanhola, com evidentes vantagens no tocante a um processo aderente às garantias constitucionais e fiel às normas da Convenção Americana dos Direitos Humanos. No entanto, alguns equívocos têm surgido aqui e acolá, a partir da errônea concepção do que se deve entender por "processo acusatório e processo inquisitivo", assim como pelo significado da expressão "processo de partes", ligada ao primeiro modelo. (Grinover, 1999, p. 71).*

Pois, em sua síntese, assinala a consagrada processualista brasileira:

> *a – O processo penal acusatório, ou processo de partes (em contraposição ao inquisitório), deve ser entendido, sinteticamente, como aquele em que a função de acusar, defender e julgar são atribuídas a órgãos diversos, daí decorrendo os seguintes corolários: a1 – os elementos probatórios colhidos na investigação prévia serem exclusivamente para a formação do convencimento do acusador, não podendo ingressar no processo e ser valorados como provas; a2 – o exercício da jurisdição depende de acusação formulada por órgão diverso do juiz; a3 – todo o processo deve desenvolver-se em contraditório pleno, perante o juiz natural.*
>
> *b – O conceito de processo penal acusatório não interfere com a iniciativa instrutória do juiz no processo.*
>
> *c – Tem a ver com os poderes instrutórios do juiz no processo o denominado adversarial system, do direito anglo-saxão, em oposição ao inquisitorial system, do sistema continental europeu e dos países por este influenciados.*
>
> *d – Denomina-se adversarial system o modelo que se caracteriza pela predominância das partes na determinação da marcha do processo e na produção das provas. No inquisitorial system, ao revés, as mencionadas atividades recaem de preferência sobre o juiz.*
>
> *e – A dicotomia processo acusatório-processo inquisitório, no sentido utilizado na alínea 'a', não corresponde ao binômio adversarial-inquisitorial (em inglês). Um sistema penal acusatório pode adotar o modelo 'adversarial' ou 'inquisitorial' [...]. (Grinover, 1999, p. 76-77) (grifos nossos).*

Vale dizer, pelas lições de Grinover (2009), com a adoção do sistema acusatório, em que as funções de acusar, defender e julgar são atribuídas a órgãos distintos (enquanto no inquisitivo, reúnem-se no inquisidor, que procede espontaneamente), nada impede que, em termos de *marcha processual*, nele se adote o *modelo inquisitorial system*, da *Europa continental e dos países por ela influenciados*, em contraposição ao denominado *adversarial system*, próprio do *sistema anglo-saxão*; tendo-se por *adversarial system* o modelo que se caracteriza pela predominância das partes na determinação da marcha do processo e na produção das provas, enquanto no *inquisitorial system*, ao revés, as mencionadas atividades recaem de preferência sobre o juiz, tanto que, nas exatas palavras da referenciada processualista, poderia se "traduzir por processo de desenvolvimento oficial", pois, nesse modelo, o juiz é necessariamente ativo.

Assim porque, mais importante do que essa diferenciação de modelos adversarial (processo de partes) e inquisitorial (desenvolvimento oficial) concernente à marcha processual[1], são os princípios que informam, notadamente, o modelo de desenvolvimento oficial que devem ser considerados, ou seja, a concepção publicista do processo e a percepção de sua função social; como os fins do processo também se confundem com os objetivos do Estado de pacificação social, na medida em que os objetivos da jurisdição (que se presta por meio do processo) não se põem com vistas às partes, mas ao fim último de pacificar com justiça, o direito processual é regido por princípios publicistas (Grinover, 1999).

Por isso, a busca, no processo, deve ser por uma verdade (nem ingressemos aqui na densidade de sua classificação entre real ou formal)[2] "ética, constitucional e processualmente válida", como também baliza a processualista, que concluindo acerca da iniciativa instrutória do juiz no processo penal acusatório, ainda pondera:

> *k – Nada disso é garantido pelo adversarial system, em que a plena disponibilidade das provas pelas partes é reflexo de um superado liberal-individualismo, que não mais satisfaz à sociedade. Além do mais, a omissão da parte na instrução do feito é frequentemente devida a uma situação de desequilíbrio material,*

1. Grife-se: processual, logo, sob uma relação regida por normas e princípios, que, sob o corolário de um devido processo legal, que é o envoltório de todas as demais garantias para um julgamento justo, promove o contraditório e a ampla defesa, culminando na igualdade de oportunidade endoprocessual.
2. Mas não deixemos, contudo, de perpassar por essa importante perspectiva, como então traçada por Mendonça (2013, p. 172, tradução nossa), que, referindo-se a Taruffo (2008, 20-25), observa que a "verdade judicial" não é diferente da 'verdade cotidiana', pois, diante dos mesmos elementos disponíveis de convicção da verdade, esta será sempre a mesma e seguirá sendo sempre a verdade"; a ponto, assim, de que ao serem as mesmas evidências suficientes para gerarem na sociedade em geral a certeza de justiça diversa daquela proferida por uma decisão, em havendo uma "dissonância entre a 'verdade judicial' e a 'verdade cotidiana', algo errado se passa com uma ou com outra". Mendonça (2013, p. 172-172, tradução nossa) então segue observando: "Dizer que a sentença deve basear-se em fatos reconhecidos como verdadeiros não significa dizer que a verdade alcançada no processo sempre será perfeita. A justiça de uma decisão não é estabelecida a partir de uma possível verdade absoluta – material ou verdade verdadeira – que se contrapõe a uma verdade relativa – formal –, pois existe uma diferença entre (i) reconhecer que existe uma verdade que é a essência da verdade – sem distorções – e (ii) reconhecer que alguém – dentro das perspectivas dos limites humanos – haja chegado à plena compreensão daquela. Na realidade, no âmbito processual, o debate está centrado na metodologia e na qualidade do conhecimento da verdade, e não em uma possível distinção entre verdade absoluta ou relativa. Portanto, não faz sentido estabelecer como parâmetro para a fixação da verdade e da justiça de uma decisão a comparação entre perspectivas absoluta e relativa". E complementa: "Como exemplo, Cristo, o verbo encarnado, foi apresentado como 'o caminho, e a verdade e a vida' (cfr. S. João, 14.6), e, assim, é a verdade imanente. No entanto, os cristãos – admitindo-os como aqueles que professam e praticam essa mesma fé e verdade – chegaram a entendimentos não uníssonos a respeito dos ensinamentos de Cristo. Os próprios fatos de Jesus descritos nos quatro Evangelhos representam uma mesma verdade a partir de variáveis em virtude de contextos e experiências que se complementam". E prossegue Mendonça (2013, p. 173, tradução nossa): "Ao rechaçar o binômio absoluto-relativo para a justa verdade judicial, além de evitar equívocos, previne-se o risco de relativizar a própria verdade. O relativismo em relação à verdade pressupõe que cada um tem a sua válida e legítima verdade, o que é próprio de uma concepção individualista da sociedade. Nesse sentido, Lynch rechaça o que chama de *'relativismo simples'*, o qual não reconhece que existe uma verdade *per se* – mas uma *'verdade-para-mim ou verdade-para-você'* – ou seja, que *'eu nunca erro. Que conveniente!'*. Admitir o relativismo implicaria reconhecer como válidos os valores do corrupto, do pedófilo, do estuprador ou do assassino em série, cada qual com suas próprias verdades e filosofias de vida; admitir que todos têm sua própria verdade e que todas podem ser igual e indistintamente válidas em relação a determinado fato, implicaria admitir que, na realidade, ninguém a tem, pois 'a justificação do convencimento verdadeiro não se baseia em preferências ou idiossincrasias de sujeitos particulares, mas sim na aptidão de esse convencimento expressar-se em proposições que representam o mundo tal como é', a partir de justificações válidas. Por isso, relativizar a verdade é legitimar a arbitrariedade e, por conseguinte, inviabilizar a justiça em qualquer contexto".

em que preponderam fatores institucionais, econômicos e culturais. O reforço dos poderes instrutórios do juiz representa instrumento valioso para atingir a igualdade real. (Grinover, 1999, p. 77).

2. A VERDADE E O PROCESSO

Nesse quadro, dada a concepção publicista do processo e a percepção de sua função social, que tendem, ao fim e ao cabo, encerrar-se no *justo processo*, é que as partes (e não somente acusado, como também acusador, senão se expressaria a mais absoluta parcialidade) podem confrontar-se com igualdade. E por esta é que o juiz deve então zelar, *sem lado ou sempre suprapartes (ou equidistante delas)*. Claro que este é um ponto ainda mais específico, que, por isso, renderia uma abordagem própria e aprofundada, inclusive, acerca da função última ou maior do juiz no processo, cujo enfoque vai bem além do objeto do presente artigo, mas que não deixa de servir aqui como mais um subsídio para a completude do quanto significa a imparcialidade judicial: *para além das partes ou sem lado, senão o da lei e da justiça*; ora:

> *A visão do estado social não admite a posição passiva e conformista do juiz, pautada por princípios essencialmente individualistas. O processo não é um jogo, em que pode vencer o mais poderoso ou o mais astucioso, mas um instrumento de justiça, pelo qual se pretende encontrar o verdadeiro titular do direito. A pacificação social almejada pela jurisdição sofre sério risco quando o juiz permanece inerte, aguardando passivamente a iniciativa instrutória da parte. A iniciativa oficial no campo da prova, por outro lado, não embaça a imparcialidade do juiz. Quanto este determina que se produza uma prova não requerida pelas partes, ou quando entende oportuno voltar a inquirir uma testemunha ou solicitar esclarecimentos do perito, ainda não conhece o resultado que essa prova trará ao processo, nem sabe qual a parte que será favorecida por sua produção. Longe de afetar sua imparcialidade, a iniciativa oficial assegura o verdadeiro equilíbrio e proporciona uma apuração mais completa dos fatos. Ao juiz não importa que vença o autor ou o réu, mas interessa saia vencedor aquele que tem razão. Ainda que não atinja a verdade completa, a atuação ativa do juiz lhe facilitará inegavelmente o encontro de uma parcela desta. (Grinover, 1999, p. 74) (grifo nosso).*

Com efeito, enquanto corolário digno do Estado Democrático de Direito, o processo somente pode garantir a justiça por meio da verdade dos fatos, cujas provas, em sua finalidade, devem, então, criar condições para o pronunciamento judicial justo (Mendonça, 2013). Mas como seguiu obtemperando o hoje Ministro André Mendonça:

> *De qualquer modo, considerar a possibilidade – ou necessidade – de chegar à verdade absoluta a respeito de determinado fato é desconhecer e os limites da razão humana. Assim, deve-se distinguir a verdade, de um lado, da certeza infalível – e do próprio relativismo –, de outro. A primeira é o conhecimento da realidade em seu contexto expresso em uma assertiva justificada com segurança e razoabilidade, o que não exclui que em outro contexto e tempo seja possível chegar a uma conclusão diversa sem eliminar a validade do enunciado já declarado. A esse respeito, doutrina Marconi que é um equívoco pensar que uma determinada afirmação não seja verdadeira porque pode não ser infalível, até porque nenhuma proposição pode ser estabelecida nesse parâmetro a partir do conhecimento humano, havendo assim que distinguir verdade – conhecimento justificável – e certeza – infalibilidade. Por outro lado, esperar que se possa impor ao intérprete o pleno conhecimento da verdade verdadeira a respeito de um fato ilícito é impedir o funcionamento de qualquer atividade humana, em especial a partir de fatos sempre avaliados a partir de reconstruções históricas intermediadas por testemunhos, indícios e uma somatória de fatos que permitem chegar a uma conclusão lógica a respeito de uma ocorrência e das intenções dos personagens*

> *nela envolvidos. Em definitivo, por absoluta impossibilidade de infalibilidade, a verdade a respeito dos fatos ilícitos não se estabelece em termos de comparação entre verdade absoluta e relativa [...]. Portanto, a justiça esperada pela sociedade – e não somente pelas partes – no exercício da atividade jurisdicional em geral demanda do juiz o compromisso de não só buscar a verdade dos fatos, como de comprometer-se com essa verdade no caso concreto [...]. Sem embargo da indispensável construção dialética da decisão no processo, a autoridade judicial é a última e legítima responsável pelo pronunciamento definitivo da sentença. Em todo esse caminho, o juiz deve manter-se imparcial em relação às partes, embora, paradoxalmente, sempre parcial em relação à verdade e à justiça, o que deve ser verificado essencialmente a partir da fundamentação racional e metodológica de seus pronunciamentos. É por esse mecanismo de construção lógica que se permite atestar o grau de comprometimento do juiz com a verdade e seu correspondente distanciamento da arbitrariedade [...]. (Mendonça, 2013, p. 173-174-177-178) (tradução nossa) (grifos nossos).*

Por isso, esse e os objetivos da jurisdição e do processo não podem ser colocados com vistas às partes ou aos seus interesses, mas acima e em função da pacificação com justiça.

Em consequência, quanto mais a resposta jurisdicional se aproximar da vontade do direito material, mais perto estará daquele escopo; e ninguém melhor do que o julgador para decidir se as provas apresentadas pelas partes foram suficientes para o seu convencimento motivado (Grinover, 1999). O que não significa, também na magistral lição da processualista, que a busca da verdade seja o fim do processo ou que o juiz somente deva decidir ao encontrá-la.

Sob outra perspectiva, Carnelutti afirmou que a verdade é impossível de ser conhecida (considere-se ela como verdade substancial ou formal), já que, na sua célebre síntese, "a verdade está no todo, não na parte; e o todo é demais para nós". Ele, que então começou sua estrada atribuindo ao processo a busca da verdade, passou a considerar que devia substituir a investigação da verdade pela da certeza. Esta, oriunda do latim *cernere*, a ser traduzida sob o seu significado originário de "escolher" (não de ver): "A certeza, escreveria então, implica uma escolha, e isso, provavelmente, foi o passo decisivo para compreender não só o verdadeiro valor do seu conceito, mas também o drama do processo" (Carnelutti, 1998, p. 607).

Nesse sentido, porque julgar não é o mesmo que raciocinar; primeiro se julga e depois se raciocina; e a verificação do juízo se dá mediante o raciocínio, sob a forma de um silogismo, cuja premissa maior é a lei. Mas o Direito, prossegue o eminente jurista italiano, é talvez a única ciência que intui o valor da exceção; por isso, pode ser relativo. "Todavia, é necessário escolher"; por isso, também se diz que o juiz faz história, só que esse histórico pode apenas exprimir uma dúvida e se o juiz não consegue escolher diante dela, pode parar "na bifurcação do *non liquet*" (Carnelutti, 1998, p. 608).

Segundo o mesmo autor, aí é que se desvela ainda mais a face sombria, o drama, em que a inação do juiz na instrução pode desbordar, porque o juiz também pode ter a tentação de apenas parar para não ter de escolher; "compreende-se, ao menos, por outro lado, que, no campo do Processo Penal, o legislador o consinta a ceder à tentação. A chamada absolvição por insuficiência de provas, de fato, não é senão uma recusa de escolha"; e uma recusa que não se apresenta apenas como uma solução cômoda para o juiz, que é liberado do peso de sua tarefa, mas sobretudo que é nociva para a Justiça, a quem se socorre para um "sim ou não". Pois então: "Entre o sim e o não, o juiz, quando absolve por insuficiência de provas, confessa a sua incapacidade de superar a dúvida e deixa o imputado na condição em que se encontrava antes da discussão: imputado por toda a vida" (Carnelutti, 1998, p. 608).

Nessa sua viagem ao centro de tudo, Carnelutti alfim traz a lume:

> Se a liberdade do homem fosse abandonada a si mesma, a escolha se reduziria a um jogo de azar. Deve existir qualquer coisa que a integre, que a guie, que ajude. [...] No fundo, a liberdade não é outra coisa senão a possibilidade de se abrir qualquer coisa que atrai o homem ao final de uma das duas estradas. Reaparece, aqui, na memória, o antigo parentesco entre o juiz e o sacerdote. (Carnelutti, 1998, p. 609).

3. UMA PERSPECTIVA PRINCIPIOLÓGICA

Além disso tudo, ou por outro lado, há os que entendem que não se trata de considerar um sistema e/ou a dualidade inquisitivo-acusatória, mas sim de se identificar o princípio pelo qual se guia o processo penal propriamente ou em sua gênese. Como explica Joaquim Canuto Mendes de Almeida (1973, p. 106-107), referindo-se inclusive a Alberto Domenico Tolomei e Francesco Carnelutti:

> *Eis tudo. O processo crime visa à revelação da verdade real! Por isto, as 'partes' não podem modelar a relação de direito como resultante da contrariedade puramente formal que desenvolvem no procedimento e, assim, o juiz é inquisitivo. Para obviar os inconvenientes de prováveis dúvidas, acentuemos que o princípio inquisitório não exclui, com efeito, a atividade processual das 'partes', mas tão-somente que seja vedado ao juiz suprir-lhe a falta. Não objetiva também conferir um monopólio das partes. E, ao revés, o princípio do contraditório não impede a iniciativa do juiz. Não significa que, posto o imputado no mesmo nível do Ministério Público, o juiz deva permanecer passivamente assistindo ao debate. Exprime, antes, a conveniência de se processarem todas as indagações judiciais ao influxo tanto das razões jurídicas da acusação quanto das razões jurídicas da defesa. Significa concurso do Ministério Público e do imputado na realização de justiça penal. É esse concurso que tem a forma contraditória, e não a controvérsia jurídica, dúvida interna da justiça pública, cujas expressões contrárias não correspondem a interesses contrastantes dos sujeitos processuais e cuja solução jurídica constitui, desinteressadamente para todos os intervenientes na ação, o escopo do processo penal. (grifos nossos).*

Sob essa perspectiva principiológica, parte-se da premissa de que o processo penal não trata de relações jurídicas atinentes aos interesses particulares e disponíveis dos envolvidos:

> *[...] neste, o Estado, ao invés de ser estranho ao litígio, tem interesse próprio e unitário, a despeito da duplicidade de aspectos fundamentais; o de punição do culpado, previsto pela norma penal, e o de liberdade do inocente, afirmado sobretudo através de normas de direito constitucional e praticamente reconhecido pela forma jurisdicional imposta à função administrativa de atuação da pena (Almeida, 1973, p. 106).*

Diante disso, acentua o mesmo autor que "a imparcialidade é a posição desinteressada do espírito entre duas soluções contrárias" (Almeida, 1973, p. 100). Ou seja, não é porque o processo penal "tende ao acertamento da verdade real" (Almeida, 1973, p. 106), como, ainda segundo Almeida, decorrência do direito e dever do Estado ao restabelecimento da paz (tutelando, em exclusividade ao arbítrio individual, a ordem jurídica e a coexistência social), que a imparcialidade é mitigada. Muito ao contrário, assevera ele que "a imparcialidade do Estado é qualificada", pois:

> *[...] o poder público se propõe a adotar a solução de justiça e, portanto, legitimar, por assim dizer, uma das duas parcialidades. É certo, pois, que uma das parcialidades, no procedimento penal, será enfim o característico da ação executiva do preceito de lei. Assim, podendo coincidir o caráter desse ato de justiça com o da atividade de que o indiciado é capaz, o Estado deve tão-só, disciplinar e não suprimir a ação defensiva dos indivíduos. Se a parcialidade pode ser muitas vezes um meio de realização de justiça penal – por verificar-se, enfim, a razão jurídica do pretenso criminoso – é do interesse mesmo do Estado, como natural estímulo à atividade do funcionalismo, buscar na melhor fonte de iniciativa humana – o interesse do indivíduo – um grande meio de realização de justiça pública (Almeida, 1973, p. 100).*

Estando, portanto, o interesse – ou valor – de justiça acima de todos e, por todos, representado pelo Estado-juiz, para o acertamento do direito diante da revelação da verdade, extrai-se então um princípio para o processo penal, nominado como *inquisitório* e que não se confunde com o que seria um sistema processual, como o inquisitivo e em oposição ao acusatório. Em verdade:

> *Trata-se da independência do processo em face da vontade dos sujeitos da relação jurídico-penal em causa, isto é, o imputado e do órgão do Ministério Público. Manifesta-se ela em maior amplitude de poderes do juiz, que não encontram limites na ação e reação das partes, especialmente quanto à investigação da verdade* objetiva: ***é o domínio do*** princípio inquisitório, ***denominação que mais vale pela tradição do que pelo que representa. Chama-o Tolomei de princípio de objetividade.*** *(Almeida, 1973, p. 105) (grifos nossos).*

4. O POSICIONAMENTO DO SUPREMO TRIBUNAL FEDERAL SOBRE O NOVEL ART. 3º-A DO CPP

Já o Supremo Tribunal Federal, ao se pronunciar sobre a iniciativa instrutória no bojo do julgamento das ADIs 6298, 6299, 6300 e 6305, mais especificamente sobre o art. 3º-A do CPP, incluído pela Lei 13.964/2019, e, claro, à vista da sua congruência com a introdução do Juiz das Garantias no sistema processual penal e com o princípio acusatório, assim decidiu, nos termos do voto do Relator, o Ministro Luiz Fux:

> [...] em julgar parcialmente procedentes as ações diretas de inconstitucionalidade, para: 1. Por maioria, atribuir *interpretação conforme ao art. 3º-A do CPP*, incluído pela Lei 13.964/2019, para assentar que o juiz, pontualmente, nos limites legalmente autorizados, pode determinar a realização de diligências suplementares, para o fim de dirimir dúvida sobre questão relevante para o julgamento do mérito, vencidos os Ministros Cristiano Zanin e Edson Fachin; [...].[3] (grifos nossos).

Pois bem. Asseverando ser "legítima a vedação à *substituição da atuação* probatória do órgão de acusação", o Ministro Luiz Fux demarcou que, por isso, "o juiz não pode, em hipótese alguma, tornar-se protagonista do processo". E ressalvou:

---

3. SUPREMO TRIBUNAL FEDERAL. *Ações Diretas de Inconstitucionalidade n. 6298, 6299, 6300 e 6305*. Rel. Min. Luiz Fux. Julgamento em 24/08/2023. Disponível em: [https://portal.stf.jus.br/processos/detalhe.asp?incidente=5840373]. Acesso em: 20 jan. 2024.

> Remanesce, contudo, a possibilidade de: (a) "*determinar, no curso da instrução, ou antes de proferir sentença, a realização de diligências para dirimir dúvida sobre ponto relevante*" (artigo 156, II); (b) determinar a oitiva de uma testemunha (artigo 209); (c) complementar a sua inquirição (artigo 212) e (d) "*proferir sentença condenatória, ainda que o Ministério Público tenha opinado pela absolvição*" (artigo 385).
>
> [...]
>
> Registre-se que nenhum desses dispositivos foi revogado, tampouco sua redação foi alterada pela Lei 13.964/2019, diferentemente do que ocorreu com inúmeros outros artigos, a revelar a intenção do legislador de mantê-los em vigor, gerando a necessidade de interpretação sistemática do CPP.
> A utilização da técnica da "interpretação conforme" possibilita a manutenção no ordenamento jurídico da espécie normativa editada, quando houver espaço de interpretação e a norma apresentar vários significados, nem todos compatíveis com Constituição.
>
> [...]
>
> *In casu*, a interpretação do art. 3º-A mais compatível com a integralidade do texto constitucional mantém a previsão normativa de que o processo penal tem estrutura acusatória, vedada a iniciativa do juiz na fase de investigação, mas *exige que a parte final do novel dispositivo seja lida de modo a vedar a substituição da atuação de qualquer das partes*. Além disso, *deve-se compreender que o dispositivo não veda a possibilidade de o magistrado*, no curso do processo, *agir, pontualmente, nos limites legalmente autorizados, para dirimir dúvida sobre ponto relevante*.

O Ministro André Mendonça, mantendo a coerência com os seus postulados acadêmicos-doutrinários aqui aludidos - acerca da justiça esperada no exercício da atividade jurisdicional e que demanda do juiz o compromisso de buscar e comprometer-se com a verdade no caso concreto – por sua vez, pontuou:

> (...) O papel do juiz é o de não deixar de ter relevância na busca da verdade em relação a algum ponto que ainda demande ser esclarecido. Logicamente que o juiz tem um papel, penso, mais inerte nessa busca de provas. Essa é a essência do papel do juiz, não obstante eventuais esclarecimentos devam ser garantidos, até para que se faça justiça, lembrando que o fato de o juiz demandar um esclarecimento adicional não necessariamente seja para prejudicar o réu. Muitas das vezes, pode ser o contrário; pode ser para corroborar uma eventual exculpação da conduta do réu no âmbito criminal.

Sendo assim, acentuando "a distinção entre sistema acusatório e o modelo anglo-saxão do "*adversarial system*", e "frisando que não há incompatibilidade *a priori* entre o sistema acusatório e a possibilidade de atribuição ao magistrado de poderes instrutórios", o Ministro André Mendonça assentou "a plena compatibilidade entre o sistema acusatório e a manutenção de poderes instrutórios ao magistrado", considerada, inclusive, "a adoção de um modelo de *processo de desenvolvimento oficial*, ou seja, conduzido pelo órgão estatal responsável pela prestação jurisdicional".

CONCLUSÃO

A justiça, não enquanto mero ideal, senão como qualidade da prestação jurisdicional, não pode prescindir da busca da verdade para a sua melhor consecução possível. A justiça, obviamente, não tem lado e por isso também se exprime pela imparcialidade, atributo indissociável do julgador.

O Estado-juiz, desde que estabelecido com a exclusividade da jurisdição para a eliminação dos conflitos criminais, não pode, pois, prescindir da faculdade de determinar a realização de diligências suplementares para dirimir dúvida remanescente à iniciativa probatória das partes sobre a solução da causa que lhe é confiada. Isso não conflita com a iniciativa inerente às próprias partes, tampouco com a significação do sistema acusatório.

Mesmo porque, e nunca é demais rememorar a lapidar colocação de Grinover (1999), "O processo não é um jogo, em que pode vencer o mais poderoso ou o mais astucioso, mas um instrumento de justiça, pelo qual se pretende encontrar o verdadeiro titular do direito".

Assim sendo, porque o contrário disso tudo redundaria num pernicioso relativismo, afinal, "relativizar a verdade é legitimar a arbitrariedade e, por conseguinte, inviabilizar a justiça em qualquer contexto", nas sempre judiciosas palavras do Ministro André Mendonça (2013, p. 173).

BIBLIOGRAFIA

ALMEIDA, Joaquim Canuto Mendes de. *Princípios Fundamentais do Processo Penal*. São Paulo: Ed. RT, 1973.

ANDRADE, Mauro Fonseca. *Sistemas Processuais Penais e seus Princípios Reitores*. 2. ed. Curitiba: Juruá, 2013.

AROCA, Juan Montero. *Principios del proceso penal*: una explicación basada em la razón. Valencia: Tirant lo Blanch, 1997.

BANDEIRA DE MELLO, Celso Antônio. *O Conteúdo Jurídico do Princípio da Igualdade*. 3. ed. atual. São Paulo: Malheiros Editores, 2010.

CARNELUTTI, Francesco. Verdade, dúvida e certeza. *Revista Gênesis de Direito Processual Civil*, n. 9, p. 606-609. Curitiba, jul./set. 1999.

CARRARA, Carina L. *A imparcialidade e o núcleo informativo do juiz das garantias*, 2023, 182 f. Dissertação (Mestrado) – Centro Universitário de Bauru, 2023.

COUTINHO, Jacinto Nelson de Miranda. Sistema Acusatório: cada parte no lugar constitucionalmente demarcado. *Revista de Informação Legislativa*, v. 46, n. 183. Brasília/DF, jul./set. 2009. Disponível em: [www2.senado.leg.br/bdsf/ handle/id/194935]. Acesso em: 20 jul. 2021.

FERRAJOLI, Luigi. *Derechos y Garantías*: la ley del más débil. Trad. Perfecto Andrés Ibáñez e Andrea Greppi. 7. ed. Madrid: Editorial Trotta, 2010.

GRINOVER, Ada Pelegrini. A Iniciativa Instrutória do Juiz no Processo Penal Acusatório. *Revista Brasileira de Ciências Criminais*, n. 27, p. 72-79. São Paulo, jul./set. 1999.

GRINOVER, Ada Pelegrini. O Código Modelo de Processo Penal para Ibero-América 10 Anos Depois. *Revista Brasileira de Ciências Criminais*, ano 08, n. 30, p. 41-50. São Paulo, abr./jun. 2009.

LANGER, Máximo. Revolução no Processo Penal Latino-Americano: difusão de ideias jurídicas a partir da periferia. *Revista da Faculdade de Direito da UFRGS*, n. 37, p. 04-51. Porto Alegre, dez. 2017.

MENDONÇA, André Luiz de Almeida. *Principios en Materia de Recuperación de Activos Procedentes de La Corrupción*. 2013. 310 f. Dissertação (Mestrado) – Pós-Graduação em Estado de Direito e Bom Governo, Faculdade de Direito de Salamanca, Salamanca, Espanha, 2013.

NERY JÚNIOR, Nelson. *Princípios do Processo na Constituição Federal*. 13. ed. rev. atual. e ampl. São Paulo: Ed. RT, 2017.

SUPREMO TRIBUNAL FEDERAL. *Ações Diretas de Inconstitucionalidade n. 6298, 6299, 6300 e 6305*. Rel. Min. Luiz Fux. Julgamento em 24/08/2023. Disponível em: [https://portal.stf.jus.br/processos/detalhe.asp?incidente=5840373]. Acesso em: 20 jan. 2024.

CRIMINAL COMPLIANCE E *WHISTLEBLOWER* COMPATIBILIDADE ENTRE O CANAL DE DENÚNCIA, A FIGURA DO DENUNCIANTE, A COLABORAÇÃO PREMIADA E A ATUAÇÃO DO *CHIEF COMPLIANCE OFFICER* NESTA ENGRENAGEM

Cassio Roberto Conserino

Especialista em Direito Penal e Criminologia pela Pontifícia Universidade Católica do Estado do Rio Grande do Sul. Bacharel em Direito pela Universidade Católica de Santos. Atuou no Grupo de Atuação Especial de Combate ao Crime Organizado (Gaeco), de junho de 2003 até dezembro de 2012. Promotor de Justiça junto ao Ministério Público do Estado de São Paulo. Autor dos livros jurídicos: Crime Organizado e Institutos Correlatos, série Legislação Penal Especial, Editora Atlas, 2011; Lavagem de dinheiro, série Legislação Penal Especial, Editora Atlas, 2011. Coautor do livro: Crime organizado e lavagem de dinheiro, editora JusPodivm, 2. ed., 2023. Colaborador da Revista Síntese Direito Administrativo. Colaborador da Revista Síntese Responsabilidade Pública, ambos da editora Síntese. Realizou treinamento prático na New York County District Attorney's Office, EUA, com direcionamento para o combate ao crime organizado, em 2008. Ex-professor de Processo Penal da Univerdade de Ribeirão Preto (UNAERP), campus Guarujá. Foi professor palestrante do Curso de Capacitaçaõ e Treinamento no Combate à Corrupção e à Lavagem de Dinheiro (DRCI – SNJ – MJ). Palestrante de Direito Penal/Processo Penal com ênfase no combate ao crime organizado. Outorgado pela medalha cinquentenária das Forças Internacionais da Paz da ONU, instituída pela resolução ABFIP – 01/05, no ano de 2017.

INTRODUÇÃO

O objetivo do artigo é fazer uma análise da utilização dos canais de denúncia contidos nos programas de *criminal compliance*, estudar a figura do denunciante ou *whisteblower*, a sua origem, conceituação, características, assim como a sua previsão legal trazida pela Convenção das Nações Unidas para o Combate a Corrupção até o advento da Lei 13.698/2018 e as principais medidas de proteção em relação a ele. Também enfrentou o modo de veiculação destas denúncias, a função do *Chief Compliance Officer* na administração de um programa de *compliance* e, notadamente, sobre a sua atividade ao receber as denúnias registradas nestes canais institucionais e como esse procedimento gerará consequências no âmbito criminal e, por último, a correlação entre o sistema de *whistleblowing*, as investigações corporativas e a colaboração premiada.

No primeiro capítulo debruçamo-nos, especificamente, sobre o programa de *compliance* no âmbito criminal. Demonstramos o que é "estar em compliance", assim como discorremos sobre a existência de um programa ou política de *compliance* privado e público retratando as formas pelas quais a figura do *whistleblower* se caracteriza em um e em outro sistema.

No segundo capítulo abordamos a progênie do instituto do denunciante, notadamente com informações trazidas do Direito Americano, que previu o *whistleblower*, o modo de sua incidência e a recompensa a que faz jus, explicamos a sua definição, suas características dentro do sistema de *compliance*; além disso, pontuamos que a sua conceituação já constava da Convenção das Nações Unidas para o Combate a Corrupção com aplicação no ordenamento jurídico brasileiro por força do artigo 5º, § 2º, da Constituição Federal, enunciamos que, inclusive, a ENCLLA (Estratégia Nacional de Combate à Corrupção e à Lavagem de Dinheiro) se debruçou sobre o assunto e as suas consequências e, por fim, avaliamos os dizeres da Lei 13.608/2018 que, categoricamente, previu a figura do denunciante/informante com os acréscimos produzidos pela Lei 13.964/2019, conhecido como "pacote anticrime".

No terceiro capítulo explanamos sobre os canais de denúncias ou *hotlines*, modo de realização e veiculação destas denúncias - através de meios internos ou de meios externos - expusemos os meios pelos quais o *whistleblower* pode ser protegido, tanto por intermédio das medidas da Lei 9.807/1999, quanto pelas providências trazidas pela Lei 13.608/2018 com as modificações da Lei 13.964/2019, pincelamos as medidas de proteção contidas no direito alienígena e, especialmente, explicitamos o papel do *Chief Compliance Officer* (CCO) neste mecanismo.

No quarto capítulo destacamos a compatibilidade entre o programa de *criminal complaince*, o instituto do *whistleblowing* e o instituto da colaboração premiada, previsto na Lei 12.850/2013. Fizemos a diferenciação entre o instituto do *whistleblowing* e o da colaboração premiada. Mostramos a possibilidade de, a partir do denunciante e dos canais de denunciação, iniciar-se uma investigação corporativa através do setor de conformidade, de incumbência do *Chief Compliance Officer* (CCO) e desembocarmos numa possível colaboração premiada, desde que presentes os pressupostos da Lei 12.850/2013.

As considerações finais traduzem que o *whistleblower* ao agir o faz exercendo a sua livre expressão, o seu direito de petição contra ilegalidades cometidas, o seu civismo e direitos humanos que lhe são peculiares, havendo, por conseguinte, necessidade premente de sua proteção contra desmandos e vinganças. Salientamos que a constituição de canais de denúncia ou *hotlines* se mostram num dos meios mais eficazes para a conquista de uma política e estratégia de *compliance* tanto no setor privado, quanto no público. Debruçamo-nos sobre as características da Lei 13.608/2018 com os acréscimos feitos pela Lei 13.964/2019. Apresentamos as peculiaridades do trabalho do *Chief Complaince Officer* quanto ao gerenciamento do programa de *compliance* no que tange, especificamente, ao recebimento e tratamento das denúncias registradas nos canais, a sua relação com a figura do denunciante ou informante de boa-fé, assim como a sua intermediação, a sua posição de garantidor do bem jurídico (prevenção do crime de lavagem de dinheiro).

Por último exteriorizamos que o exercício do *compliance* pode caracterizar uma faceta profilática defensiva a proteção do whistleblower e a possibilidade da obtenção de benefícios administrativos e criminais, consecutivamente, com a diminuição de sanções e possibilidades de acordos de colaboração premiada.

1. CRIMINAL *COMPLIANCE*

O termpo *Compliance* deriva do inglês *comply* – significa ato voltado ao cumprimento das normas reguladoras de determinado setor. Segundo Vogel, *compliance* refere-se ao "conceito que provem da economia e que foi introduzido no direito empresarial, significando a posição, observância e cumprimento das normas, não necessariamente de natureza jurídica". Já Wessing define *compliance* como "programa de produção e integração de normas internas".

Estar em *compliance* é estar de acordo, em conformidade, em consonância com as normas e regulamentos produzidos durante um Estado Democrático de Direito de um determinado setor, e uma vez inserido no meio corporativo – público ou privado – nos demonstra que aquela pessoa jurídica se submete à legislação a ela aplicável e observa as regras internas e externas de órgãos regulamentadores.

Nesse sentido, Artur de Brito Gueiros Souza afirma o seguinte:

> O programa de *compliance* – ou programa de integridade ou cumprimento – compreende o conjunto de medidas preventivas de autocontrole ou de autovigilância, adotadas por corporações públicas ou privadas, para que seus dirigentes e empregados cumpram com as normativas, tanto internas como externas, com o objetivo de se evitar a ocorrência de infrações, inclusive às de natureza penal. O *compliance* também compreende medidas repressivas, vale dizer, protocolos de investigação de infrações já ocorridas, sancionando-se, internamente, os seus responsáveis, bem como comunicando tais ocorrências aos órgãos públicos fiscalizadores. Entre os diversos instrumentos inerentes a um programa de *compliance* está a implantação de códigos de ética e políticas de boa governança, bem como o estabelecimento de canais de denúncias (*hotlines*) à disposição de empregados ou do público externo, vale dizer, a quem queira figurar como informante ou *whistleblower*. Nesse sentido, Philip A. Wellner leciona que *compliance* é o mecanismo interno adotado pelas corporações para identificar e prevenir a ocorrência de infrações dentro das companhias, sendo certo que seus elementos básicos seriam: 1) código de conduta formal; 2) a existência de um *compliance office* e um *compliance officer*; e 3) canal de denúncias para os trabalhadores. Aquele autor assinala que existência de um programa de *compliance* eficaz pode excluir a persecução penal contra a corporação depois do cometimento de um ilícito por parte de seus integrantes ou prepostos. Além disso, se a empresa vier a ser acusada e condenada por crime cometido em seu nome ou benefício, o fato de adotar um *compliance* pode acarretar uma punição mais branda, nos termos das *U.S. Sentencing Guidelines*. (Souza, 2019)

O programa de *compliance* não se estabelece apenas no setor privado, mas, outrossim, no setor público, conforme se extrai da portaria 1089, de 25 de abril de 2018, do Ministério da Transparência e Controladoria-Geral de União, em que estabeleceu orientações para que os órgãos e as entidades da administração pública federal, direta, autárquica e fundacional adotem procedimentos para a estruturação, a execução e o monitoramento de seus programas de integridade. E no artigo 6º, inciso IV, da portaria dispôs acerca da necessidade dos órgãos públicos e entidades atribuírem às unidades novas ou já existentes processos e funções de 'tratamento de denúncias. Não se olvide da instrução normativa 1º, de 5 de novembro de 2014 que instituiu as Ouvidorias Públicas Federais, artigo 1º, §único: "Considera-se ouvidoria pública federal a instância de controle e participação social responsável pelo tratamento das reclamações, solicitações, denúncias, sugestões e elogios relativos às políticas e aos serviços públicos, prestados sob qualquer forma ou regime, com vistas ao aprimoramento da gestão pública".

Nessa linha, Mesquita conceitua o *compliance* público da seguinte forma:

> O programa normativo de integridade ou conformidade elaborado pelos órgãos e entidades da Administração Pública que, abarcando um conjunto de mecanismos e procedimentos setoriais, se destinaria a promover uma eficaz, eficiente e efetiva análise e gestão de riscos decorrentes da implementação, monitoramento e execução das políticas públicas, procuraria promover um fortalecimento tanto da comunicação interna, como da interação entre os órgãos e entidades da Administração Pública na gestão das políticas públicas, traria uma maior segurança e transparência das informações e, por essa razão, promoveria um incentivo à denúncia de irregularidades e controle da corrupção, focado no resultado eficiente, ou seja, na maximização do bem-estar social e na realização dos direitos fundamentais, sobretudo os de natureza social. (Mesquita, p. 174, 2018)

Urge, portanto, nos debruçarmos sobre o *criminal compliance* e seus consectários. *Para Giovani Saavedre o "criminal compliance faz uma análise ex ante do crime, ou seja, avalia as condutas humanas antes de atingirem o bem jurídico, se afastando do modelo do Direito Penal clássico que espera a ocorrência do delito"*. Trata-se, pois, do exercício do Direito Penal profilático que se antecede ao dano ou perigo de dano ao bem jurídico.

Não obstante, a Organização para a Cooperação e Desenvolvimento Econômico – OCDE pondera sobre a importância da implementação de um programa de *compliance*:

> A integridade é uma pedra fundamental da boa governança, uma condição para que todas as outras atividades do governo não só tenham confiança e legitimidade, mas também que sejam efetivas. Para essa Organização Internacional, promover a integridade e a prevenção à corrupção no setor público é essencial não só para preservar a credibilidade das instituições públicas em suas decisões, mas também para assegurar um campo propício para os negócios privados. (OCDE, 2021)

E essa condição ou característica traduz uma das facetas de um programa íntegro, efetivo e estruturado de *compliance* que objetiva no setor criminal, minimizar riscos, evitar e prevenir crimes, prezar a ética, a legalidade e a moralidade na condução dos afazeres de uma corporação, instituição ou empresa por meio da utilização de canais de denúncia ou *hotlines.*

Esses canais estão inseridos nas empresas, abertos e amplamente divulgados a funcionários e terceiros e visam a detecção e identificação de desvios, irregularidades, não conformidades que tenham necessariamente ligação com crimes exsurgindo em decorrência a incidência da figura do *whistleblower*, que pode atuar, tanto no setor privado, conforme artigo 42, X, do Decreto 8.420/2015 que regulamentou a Lei 12.846/2013 (Lei

Anticorrupção), quanto no setor público, consoante Lei 13.608/2018 com os acréscimos feitos pela Lei 13.964/2019, que dispôs sobre o serviço telefônico de recebimento de denúncias e sobre recompensa por informações que auxiliem nas investigações policiais.

2. PREVISÃO E CONCEITUAÇÃO DO *WHISTLEBLOWER* NO ORDENAMENTO JURÍDICO

A figura do *whistleblower* constou da Convenção das Nações Unidas para o Combate da Corrupção adotada pela Assembléia Geral das Nações Unidas, em 31 de outubro de 2003, assinada pelo Brasil em 9 de dezembro de 2003 e promulgada pelo decreto 5.687, de 31 de janeiro de 2006. O artigo 33 da Convenção previu, categoricamente, a "proteção aos denunciantes" com a seguinte redação: "Cada Estado Parte considerará a possibilidade de incorporar em seu ordenamento jurídico interno medidas apropriadas para proporcionar proteção contra todo trato injusto às pessoas que denunciem ante as autoridades competentes, de boa-fé e com motivos razoáveis, quaisquer feitos relacionados com os delitos qualificados de acordo com a presente Convenção". Cumpre cogitar, todavia, segundo escólio de Gomes que:

> Nos EUA o *wistleblowing* é um instituto jurídico muito antigo (vem do século XIX, com várias modificações posteriores). A SEC ("United States Security and Exchange Comission"), que correspondente à nossa Comissão de Valores Mobiliários, já pagou mais de 85 milhões de dólares de recompensa a 32 informantes de boa-fé (delatores não participantes dos crimes delatados), desde 2011. (Gomes, 2019)

Destaca-se que, restou consignado numa das metas da ENCLLA (Estratégia Nacional de Combate à Corrupção e a Lavagem de Dinheiro), que *whistleblower*, em tradução literal, é o "assoprador de apito". Na comunidade jurídica internacional, o termo refere-se a toda pessoa que espontaneamente leva ao conhecimento de uma autoridade, informações relevantes sobre um ilícito civil ou criminal. As irregularidades relatadas podem ser atos de corrupção, fraudes públicas, grosseiro desperdício de recursos públicos, atos que coloquem em risco a saúde pública, os direitos dos consumidores etc.

Por ostentar conhecimento privilegiado sobre os fatos, decorrente ou não do ambiente onde trabalha, o instituto jurídico do *whistleblower*, ou reportante, se constitui em auxílio indispensável às autoridades públicas para deter atos ilícitos. Na grande maioria dos casos, o reportante é apenas um cidadão honesto que, não tendo participado dos fatos que relata, deseja que a autoridade pública tenha conhecimento e apure as irregularidades

De se notar, entretanto, que desde o ano de 2018 já temos no ordenamento jurídico a figura do denunciante prevista na Lei 13.608/2018 cuja ementa legislativa dispunha sobre o serviço telefônico de recebimento de denúncias (canais de denúncias) e sobre recompensa por informações que auxiliassem nas investigações policiais.

Aduz-se que referido diploma legal se viu acrescido com disposições produzidas pelo artigo 15 da Lei 13.964/2019, e que criou as unidades de ouvidorias ou correcionais da União, Estados, Distrito Federal, Municípios e suas autarquias e fundações, empresas públicas e sociedades de economia mista para assegurar a qualquer pessoa o direito de relatar informações sobre crimes contra a administração pública, ilícitos administrativos ou quaisquer ações ou omissões lesivas ao interesse público (art. 4º A).

Se o relato for considerado razoável pela unidade de ouvidoria ou correição e procedido o encaminhamento para apuração, ao informante serão assegurados proteção integral contra retaliações e isenção de responsabilização civil ou penal em relação ao relato, exceto se o informante tiver apresentado, de modo consciente, informações ou provas falsas (art. 4º-A, parágrafo único).

Importante destacar, igualmente, que a Lei 13.608/2018 de maneira inédita no ordenamento jurídico brasileiro previu a possibilidade de recompensa para aquele que oferecer informações úteis para a prevenção, repressão ou apuração de crimes ou ilícitos administrativos cujo valor poderá ser, inclusive, em espécie (art. 4º, e parágrafo único).

Da mesma forma previu a possibilidade do sigilo da qualificação do denunciante (art. 3º). O informante terá direito à preservação de sua identidade, a qual apenas será revelada em caso de relevante interesse público ou interesse concreto para a apuração dos fatos (art. 4º-B). Quando houver, entretanto, relevante interesse público ou interesse concreto para a apuração fática, a revelação da identidade será possível, mas somente será efetivada mediante comunicação prévia ao informante e com a sua concordância formal (art. 4º-B, parágrafo único).

Estamos, portanto, em face de mitigação do sigilo da qualificação, isto é, a qualificação será, em regra, sigilosa; se houver interesse público ou interesse concreto para a apuração fática, a qualificação poderá ser explicitada e se o informante tiver apresentado, de modo consciente, informações ou provas falsas, a sua qualificação será exteriorizada, até para instruir eventual inquérito policial de denunciação caluniosa ou queixa-crime versando possível crime contra a honra.

Aduz-se que o instituto do *whistleblower* refere-se à figura do denunciante ou informante. Não se confunde com o denunciante da colaboração premiada prevista na Lei 12.850/2013. Nesta, o próprio investigado é quem colabora e obtém benefícios, naquela temos a figura de um terceiro (empregado ou não de corporação pública ou privada) – que tomou conhecimento de determinada infração criminal e delatou ao canal próprio de uma pessoa jurídica privada ou pública, questões relativas à corrupção, fraudes, violações a saúde pública, meio ambiente, trabalhistas, éticas, dentre outras. E poderá, inclusive, ser contemplado com recompensas financeiras, conforme Lei 13.608/2018. Assim é que quando as informações disponibilizadas resultarem em recuperação do produto do crime contra a administração pública poderá ser fixada recompensa em favor do informante em até 5% (cinco por cento) do valor recuperado (art. 4º-C, § 3º).

3. CANAIS DE DENÚNCIAS OU *HOTLINES*: MODO DE REALIZAÇÃO DESTAS DENÚNCIAS E PROTEÇÃO DOS DENUNCIANTES

Os canais de denúncias são formas institucionais ou não de exteriorização de crimes por parte de funcionários ou terceiros para quem de direito. Corresponde a uma das características de um programa efetivo e estruturado de compliance. Materializa-se através de um endereço eletrônico (e-mail), telefone, campo destinado no próprio site da pessoa jurídica, aplicativos de mensagens, enfim, quaisquer meios de comunicações podem traduzir-se num canal de denúncias. Não à-toa que o artigo 2º, da Lei 13.608/2018 estipulou que os Estados são autorizados a estabelecer serviço de recepção de denúncias por telefone, preferencialmente gratuito, que também poderá ser mantido por entidade privada sem fins lucrativos, por meio de convênio (art. 2º).

Vale reproduzir o entendimento de Beatriz Garcia Moreno que, ao enfrentar a questão dos canais de denúncia e a figura do *whistleblower*, lecionou que "a transparência e o diálogo devem ser os pilares sobre os quais se assenta um programa de *compliance* efetivo e, para tanto, os *whistleblowers* podem cumprir um papel essencial. O tradicional dever de silêncio imposto – tácita ou expressamente – aos empregados em sinal de lealdade à companhia e o hermetismo a respeito da máxima de que "roupas sujas se lavam em casa" deve dar lugar a dinâmicas completamente diferentes, baseadas na transparência da informação e fomento de denúncias. Por isto, um sistema de *compliance* deve contar com um canal de denúncia que funcione corretamente". E continua: "em termos gerais, o *whistleblower* é a pessoa que revela informação negativa sobre uma organização (pública ou privada) com a qual geralmente, tem algum vínculo, o que lhe permite ter um maior conhecimento sobre sua prática e seu pessoal. A informação pode se referir a uma conduta ilícita – negligente ou intencional – ou simplesmente pouco ética realizada por um empregado ou dirigente da entidade e o meio para revelá-la, em princípio, pode ser qualquer uma: as autoridades competentes e os meios de comunicação têm sido as vias preferidas pelos *whistleblowers* até agora, mas a proliferação de canais de denúncias nas empresas, como parte de suas políticas de *compliance* trouxe nova perspectiva ao fenômeno" (Moreno, 2018).

Os *whistleblowers* ou denunciantes podem apresentar suas denúncias internamente ou externamente. Se o fizerem internamente – valendo-se dos canais institucionais de denunciação – nada impede que a seção de conformidade a receba e a processe nos trâmites legais sob a coordenadoria do *Chief Compliance Officer* (CCO), que é o termo designado àqueles profissionais que administram um programa de *compliance* e são responsáveis pelas decisões tomadas no âmbito do programa. Ademais, aflora nesta hipótese uma das principais incumbências do setor de *compliance office*, especialmente, do *Chief Compliance Officer*, também chamado *insider* que receberá a denúncia e poderá iniciar uma investigação interna ou corporativa para verificar a sua verossimilhança e tomar as medidas cabíveis junto aos *players* do sistema constitucional de investigação e persecução penal.

Alude-se, outrossim, que uma das características principais dos programas de *compliance* é facilitar, é tornar menos ruidosa essa comunicação com o público interno e também com o público externo acerca da explicitação de crimes que pode ser feita justamente através do canal direto de denúncias ou *hotlines*. Sobre esses canais diretos, a OECD dispôs: "Vários países do G20 também estabeleceram linhas diretas de denúncias como um mecanismo para facilitar a denúncia de irregularidades. Estes são particularmente prevalecentes com a denúncia de atos de corrupção. A Comissão de Erradicação da Indonésia (KPK), por exemplo, estabeleceu um site de denúncias. A Coréia também estabeleceu uma linha direta por telefone para receber denúncias. Várias empresas também estabeleceram linhas diretas para denúncias de corrupção e outras formas de má conduta ou comportamento ilegal dentro de suas organizações, especialmente em resposta à Lei SOX e à Lei Dodd-Frank" (tradução nossa). (OECD, 2021)

Ainda, sob o aspecto da denúncia interna, o denunciante poderá ignorar os canais institucionais, dirigir-se diretamente ao *Chief Complaince Officer* e oferecer a denúncia, que poderá ser reduzida a termo no próprio setor de conformidade com testemunhas instrumentárias.

Sob outro vértice, o denunciante poderá fazer a denúncia externamente, por meio de representação, que poderá ser exercida pessoalmente ou por procurador com poderes especiais, mediante declaração, escritas ou orais, feitas ao juiz, órgão do Ministério Público ou à autoridade policial (art. 39, CPP). O denunciante, por sua vez, poderá comparecer pessoalmente perante a autoridade policial ou representante do Ministério Público e as suas declarações reduzidas a termo (art. 39, § 1º, CPP). E na representação constarão todas as informações que possam servir a apuração fática e da autoria (art. 39, § 2º, CPP). Oferecida ou reduzida a termo a representação, a autoridade policial procederá a inquérito policial, ou, não sendo competente, remetê-lo-á à autoridade que o for (art. 39, § 3º, CPP). O mesmo se afirma em relação ao representante do Ministério Público que com forte na representação poderá instaurar procedimento investigatório criminal e também ao representante do Poder Judiciário que, se recebida a representação poderá determinar a sua redução a termo e encaminhar a autoridade policial competente para a instauração de inquérito policial (art. 39, § 4º, CPP). Importante frisar que o órgão do Ministério Público dispensará o inquérito ou até mesmo o procedimento investigatório criminal sob a sua responsabilidade, nos termos das Resoluções 181/2017 e 183/2018 do Conselho Nacional do Ministério Público, se com a representação forem oferecidos elementos que o habilitem a promover a ação penal, e, neste caso, oferecerá a denúncia no prazo de 15 dias (art. 39, § 5º, CPP).

A representação dirigida à autoridade constituída (polícia ou representante do Ministério Público ou representante do Poder Judiciário) pode vir também instruída com cópia da investigação privada levada a efeito pelo setor de conformidade da pessoa jurídica responsável pelo programa de *compliance*, caso a denúncia tenha sido apresentada precedentemente naquele setor; ou, então, se dirigida externamente vir acompanhada de documentos que a instruam e que demonstrem a sua confiabilidade.

A Lei 13.608/2018 também trouxe outra hipótese de denúncia externa, ou seja, aquela feita junto às unidades de ouvidoria ou correição mantidas pela União, Estados, Distrito Federal, Municípios e suas autarquias e fundações, empresas públicas e sociedades de economia mista quando a denúncia se relacionar com informações sobre crimes contra a administração pública etc.

É de suma importância receber a denúncia com os cuidados necessários sempre que o denunciante não quiser se identificar ou se ela vir desprovida de qualquer documentação idônea, especialmente para evitar a valoração indevida de informações ou provas falsas (art. 4º-A, parágrafo único, 'in fine', da Lei 13.608/2018).

Desta maneira se mostram possíveis duas vertentes de veiculação da denúncia, a saber: internamente, valendo-se da estrutura da corporação – dos canais próprios de denúncia – ou externamente dirigindo-se diretamente as autoridades constituídas responsáveis pela persecução criminal.

Com o encaminhamento e explicitação da denúncia por intermédio dos canais institucionais poderá surgir necessidade de proteção do denunciante ou *whistleblower*.

Se as denúncias se derem no âmbito de um processo criminal por intermédio de um programa de *criminal compliance*, tudo recomenda a incidência das medidas previstas na Lei 9.807/1999 relacionadas à proteção de vítimas e "testemunhas" (caso do denunciante), com a imposição de medidas, aplicáveis isolada ou cumulativamente em benefício da pessoa protegida, segundo a gravidade e as circunstâncias de cada caso, tais como: a) segurança na residência, incluindo o controle de telecomunicações; b) escolta e segurança nos deslocamentos da residência, inclusive para fins de trabalho ou para a prestação de depoimentos; c) transferência de residência ou acomodação provisória em local compatível com a proteção; d) preservação da identidade, imagem e dados pessoais; e) ajuda financeira mensal para prover as despesas necessárias à subsistência individual ou familiar, no caso de a pessoa protegida estar impossibilitada de desenvolver trabalho regular ou de inexistência de qualquer fonte de renda; f) suspensão temporária das atividades funcionais, sem prejuízo dos respectivos vencimentos ou vantagens, quando servidor público ou militar; g) apoio e assistência social, médica e psicológica; h) sigilo em relação aos atos praticados em virtude da proteção concedida; i) apoio do órgão executor do programa para o cumprimento de obrigações civis e administrativas que exijam o comparecimento pessoal.

Anote-se que as empresas devem apontar funcionários gabaritados e de reputação incólume, com extensa e importante experiência profissional na área para serem responsáveis pelas unidades de *whistleblower* ou ouvidorias.

Há também a necessidade de um canal direto de comunicação deste profissional para se reportar ao mais alto escalão da empresa evitando problemas de ruídos. O setor de *compliance* de responsabilidade do *Chief Compliance Officer* é a unidade centralizadora destes relatos de práticas ilícitas e também, para além de tomar conhecimento das infrações, tem de estar estruturado para proteger eventualmente empregados que relatam as ilegalidades das empresas às autoridades públicas. Não raro se não houver a concretização de estrutura adequada protetiva, os delatores/funcionários sofrerão represálias, tais como: perda de atribuições, transferência de domicílio, depreciação das condições psíquicas e de saúde do delator, investigações indevidas e vingativas em face do *whistleblower* etc.

Essa capacidade de apresentar um programa de *compliance* efetivo é uma das exigências do teor da Lei Anticorrupção e do decreto que a regulamentou e é um dos pilares para o eficiente enfrentamento da corrupção. Não basta manter o canal de denúncias ou recebê-las. Há de haver condições mínimas de tutela e proteção do denunciante, desde é claro que a denúncia efetuada seja recebida e seja capaz de gerar alguma consequência em desfavor do denunciado quando, então, certamente, quem fez a denúncia precisará de apoio e suporte.

Averbe-se, por importantíssimo, que a participação do *Chief Compliance Officer* na supervisão destes canais de comunicação em conjunto com o *whistleblower* se mostra de fundamental importância para a integridade e eficiência dos programas de *compliance* e revela aos *stakeholders* a lisura da conformidade da corporação e sua postura insubmissa em relação a identificação do denunciado/corrupto, assim como o combate, a minoração ou atenuação das consequências de comportamentos corruptos.

Além daquelas medidas previstas na Lei 9.807/1999, o denunciante não poderá sofrer qualquer consequência de ordem trabalhista, grosso modo, não poderá perder o emprego por ter denunciado. E é exatamente essa a determinação do artigo 4º-C da Lei 13.608/2018, que com os acréscimos produzidos pela Lei 13.964/2019 expôs: "Além das medidas de proteção previstas na Lei 9.807, de 13 de julho de 1999, será assegurada ao informante proteção contra ações ou omissões praticadas em retaliação ao exercício do direito de relatar, tais como demissão arbitrária, alteração injustificada de funções ou atribuições, imposição de sanções, de prejuízos remuneratórios ou materiais de qualquer espécie, retirada de benefícios, diretos ou indiretos, ou negativa de fornecimento de referências profissionais positivas". E não é só: "A prática de ações ou omissões de retaliação ao informante configurará falta disciplinar grave e sujeitará o agente à demissão a bem do serviço público" (art. 4º-C, § 1º). E, por fim, o informante será ressarcido em dobro por eventuais danos materiais causados por ações ou omissões praticadas em retaliação, sem prejuízo dos danos morais (art. 4º-C, § 2º).

Desta maneira criou-se um arcabouço legislativo bastante substancioso e amplo que permite a realização de denúncias nos canais legítimos, interna ou externamente, por parte do denunciante-informante com a previsão, inclusive, de medidas de proteção. Nesse sentido de proteção ao *whistleblower*, disposições normativas do Reino Unido (United Kingdom) prescreveram que "é um termo usado quando um empregado repassa informação sobre irregularidades. Chamamos isso de "divulgar" ou "apitar". O delito normalmente (embora não necessariamente) é algo que eles testemunharam no trabalho. Para ser coberto pela lei do *whisteblowing* um empregado que faz uma divulgação deve acreditar em duas coisas. A primeira é que eles estão agindo no interesse público. Isso significa, em particular, que queixas pessoais geralmente não são acobertadas pela lei do denunciante. A segunda coisa que um empregado deve acreditar razoavelmente é que a divulgação tende a mostrar irregularidades passadas, presentes ou futuras que se enquadram em uma ou mais das seguintes categorias: ilícitos criminais (fraudes), descumprimento de obrigação estipulada em lei, erros judiciários, perigo para a saúde e segurança de alguém, danos ao meio ambiente, acobertamento de atos ilícitos nas categorias acima. A lei do *whistleblower* está localizada na Lei de Direitos Trabalhistas de 1996 com alteração pela Lei de Divulgação de Interesse Público de 1998. A lei dá ao empregado o direito de levar um caso ao Tribunal se ele tiver sido vitimado no trabalho ou se tiver perdido o emprego por ter "denunciado" (tradução nossa).

Enfatize-se que a cultura da denúncia e da proteção dos denunciantes vem paulatinamente crescendo país, mas já é uma realidade mundial.

4. COMPATIBILIDADE ENTRE *COMPLIANCE*, WHISTLEBLOWING E A COLABORAÇÃO PREMIADA

É possível a existência simultânea do programa de criminal compliance com as figuras do *whistleblower* e com o instituto da colaboração premiada. Vale dizer que o *whistleblowing* é exatamente uma das características ou paradigmas da política de compliance, nos termos do artigo 7º, VIII, da Lei 12.846/2013, que previu a existência de mecanismos e procedimentos internos de integridade, auditoria e incentivo à denúncia de irregularidades e aplicação efetiva de códigos de ética e de conduta no âmbito da pessoa jurídica, regulamentado, ademais, pelo artigo 42, X, do Decreto 8.420/2015, que instituiu que para a avaliação, quanto a sua existência e aplicação, um dos parâmetros do programa de integridade são a instalação de canais de denúncias de irregularidades, abertos e amplamente divulgados a funcionários e terceiros, e de mecanismos destinados à proteção de denunciantes de boa-fé.

Suponhamos, pois, nessa linha o exemplo de funcionário ou não de uma empresa que através do canal institucional de denúncias relata corrupção de outro funcionário ao *Chief Compliance Officer* (CCO) – denúncia interna – que, por sua vez, faz a análise da credibilidade dos argumentos através de uma investigação corporativa e constata que há indícios com determinada organização criminosa; e, em seguida, faz a intermediação e comunicação da denúncia instruída com o relatório investigativo às autoridades constituídas e o funcionário delatado, de seu turno, entabula acordo de colaboração premiada no âmbito da investigação/processo criminal beneficiando não só a empresa no campo administrativo/cível, porquanto evidenciado ficou o programa de compliance íntegro e efetivo, mas também o delatado ou denunciado no campo criminal.

Especialmente no que diz respeito às investigações privadas antecedidas por denúncias feitas em canais institucionais podemos extrair facilmente os resultados exigidos para a configuração da colaboração premiada: identificação dos demais coautores e partícipes de uma organização criminosa e das infrações penais por ela praticadas, a revelação da estrutura hierárquica e da divisão de tarefas da organização criminosa, a prevenção de infrações penais decorrentes de atividades de organizações criminosas, a recuperação total ou parcial do produto ou do proveito das infrações penais praticadas pela organização criminosa etc...

Importante registrar que o instituto do whistleblower não se assemelha a colaboração premiada, pois se trata de denúncia e não de acordo. Na colaboração premiada, o agente confessa a sua participação no crime e delata ou não terceiras pessoas confeccionando um acordo que lhe gera benefícios criminais. Por sua vez, no *wistleblowing*, o denunciante ou informante de boa-fé apresenta provas de um delito do qual não participou.

Logo absolutamente compatível a coexistência dos dois institutos, o do compliance investigatório com seus resultados e o da colaboração premiada com a produção de um daqueles resultados legais nos termos do artigo 4º e seguintes da Lei 12.850/2013, tudo girando em torno do *whistleblower*.

CONCLUSÃO

O denunciante ou *whistleblower* atua no exercício de seu direito de livre expressão previsto no artigo 5º, IX, da Constituição Federal, assim como exercita o seu direito de petição aos Poderes Públicos quando veicular ilegalidade de norte criminal, nos termos do artigo 5º, XXXIV, da Carta Magna. Exercita, igualmente, o seu civismo, bem como professa na mais genuína amplitude, direitos humanos que lhes são peculiares, nos termos do artigo 19 da Declaração Universal de Direitos Humanos. E para que o exercício deste direito seja pleno faz-se necessária a instituição de medidas protetivas contra retaliações ou desforras, aliás, prática bastante comum no direito estrangeiro.

Não há qualquer desdouro ou deslustre naquele que, ao tomar ciência de uma atividade criminosa ou ilícita transmite a quem de direito para as providências cabíveis. Aliás, esse tipo de postura precisa de prestígio, oficialização, institucionalização e não de críticas. E as empresas públicas ou privadas são incumbidas no que tange a uma das facetas de um programa de compliance íntegro, efetivo e estruturado, de criar meios próprios de comunicação para a difusão e divulgação destas denúncias.

Inquestionavelmente, no setor privado, a constituição de canais de denúncia ou *hotlines* se mostram num dos meios mais eficazes para a conquista de uma política e estratégia de *compliance* e a seção de conformidade representada pelo *Chief Compliance Officer* é o grande player que fará a diferença nesta engrenagem; já, de outro lado, no setor público, as disposições encerradas pela Lei 13.608/2018 com as alterações da Lei 13.964/2019, além do próprio Código de Processo Penal – direito de representação – esgotam as possibilidades de denúncias externas e urge destacar que, desde 2018, de maneira inédita no ordenamento jurídico brasileiro temos a previsão de recompensas financeiras ao denunciante em determinados casos.

A figura do *Chief Compliance Officer* é importantíssima nesse aparato porque executa as funções de fiscalização, controle, supervisão e recebimento destas denúncias provenientes dos canais institucionais, mantendo-se, por conseguinte, em posição de garantidor do bem jurídico, com o objetivo de prevenir, por exemplo, a lavagem de capitais entre outros crimes, mormente porque ostenta o dever de comunicação, conforme diretriz da Lei de Lavagem de Capitais.

Assinala-se com ênfase que compliance não é acusação, mas exercício profilático defensório. E a utilização de canais de comunicação de denúncia, bem como a proteção do *whistleblower* é medida que se torna imperiosa nessa nova faceta defensiva. De um lado obtemos informações para o desvendamento de crimes, de outro lado a empresa e o funcionário delatado poderão obter benefícios administrativos, cíveis e criminais com diminuição das sanções pecuniárias à pessoa jurídica e com a possibilidade de acordos de colaboração premiada, se for o caso.

Por fim, o desiderato principal do programa de criminal compliance é, iniludivelmente, majorar e aperfeiçoar o sistema de prevenção à criminalidade.

REFERÊNCIAS

BADARÓ, Henrique; BADARÓ Henrique; CRUZ BOTTINI, Pierpaolo. *Lavagem de dinheiro*: aspectos processuais penais. 3. ed. São Paulo: Ed. RT, 2016. p. 74.

CERESNEY, Andrew. *The SEC's Whistleblower Program*: The Successful Early Years. 2016. Acesso em: 14 jun. 2019.

CGU. Disponível em: [www.gov.br/cgu/pt-br/centrais-deconteudo/publicacoes/integridade/arquivos/manual_profip.pdf], fls. 05.

CGU. Disponível em: [www.gov.br/cgu/pt-br/centrais-de conteudo/publicacoes/integridade/arquivos/manual_profip.pdf], fls. 47.

ENCCLA. Disponível em: [http://enccla.camara.leg.br/noticias/o-que-e-o-whistleblower].

ENCCLA. Disponível em: [http://enccla.camara.leg.br/acoes/acoes-de-2021].

FURTADO, Regina Helena. "A importância do compliance no novo direito penal espanhol". *Boletim IBCCRIM* 235, jun. 2012. p. 11.

GOMES, Luís Flávio. *Informante de boa-fé (wistleblower)*: pela regulamentação do wistleblowing no Brasil. 2016. Acesso em: 07 jun. 2019.

MORENO, García, WHISTLEBLOWING Beatriz: Canais institucionais de denúncia. In: MARTÍN, Adán Nieto; LARUSCAÍN SÁNCHEZ, Juan Antonio; GARCÍA DE LA GALANA, Beatriz; FERNÁNDEZ PÉREZ, Patricia; BLANCO CORDERO, Isidoro (Orgs.). *Manual de cumprimento normativo e responsabilidade penal das pessoas jurídicas*. Florianópolis: Tirant Lo Blanch, 2018. p. 259-284.

OECD. A number of G20 countries have also established whistleblower hotlines as a mechanism to facilitate there porting of wrong doing. These are particularly prevalent with there porting of acts of corruption. Indonesia's Corruption Eradication Commission (KPK), for example, has established a designated whistleblowing website. Disponível em: [www.oecd.org/corruption/48972967.pdf].SEC. "The Securities and Exchange Commission's ('Commission') Whistleblower Program was established pursuant to the Dodd-Frank Wall Street Reformand Consumer Protection Act to incentivize individual store port possible securities laws violations to the Commission. Section 21F of the Securities Exchange Act of 1934 provides that the Commission shall pay to eligible whistleblowers who voluntarily provide the Commission with original information about a violation of the federal securities laws that leads to the successful enforcement of a covered judicial or administrative action, and any related action, an aggregate amount, determined in the Commission's discretion, that is equal to not less than 10 percent, and not more than 30 percent, of monetary sanctions that have been collected in the actions". Disponível em: [www.sec.gov/files/owb-award-determination-guidance2.pdf].

SOUZA, Artur de Brito Gueiros. O informante nos sistemas de compliance. *Revista do Ministério Público Federal*, Inovações da Lei 13.964, de 24 de dezembro de 2019, Coletânea de Artigos, v. 07, Brasília, 2020.

VOGEL, Joachin apud SILVEIRA, Renato M. J.; DINIZ, Eduardo Saad. Noção Penal dos programas de compliance e as instituições financeiras na "Nova Lei de Lavagem". *Revista de Direito Bancário*, n. 57, jul.-set. 2012. p. 302.

WESSING, Jurgen apud SILVEIRA, Renato M. J; DINIZ, Eduardo Saad. Noção Penal dos programas de compliance e as instituições financeiras na "Nova Lei de Lavagem". *Revista de Direito Bancário*, n. 57, jul. set. 2012. p. 302.

ATIVISMO JUDICIAL E APLICAÇÃO DA PENA

Augusto Bruno Mandelli

Juiz de Direito do Tribunal de Justiça do Estado de São Paulo.

Sumário: Introdução – 1. A dosimetria da pena – 2. Síntese do princípio da individualização da pena – Conclusão – Referências.

> The proponentes of the living Constitution indulge the optimistic assumption that whatever changes are made in original meaning will always be in the Direction of according greater individual freedom – which to their way of thinking is always *good*. Only the anarchist, of course, would agree that it is always good. (SCALIA, Antonin. Reflections on Law, faith, and life well lived. New York: Crown Forum, 2017, p. 193).[1]

INTRODUÇÃO

O ativismo judicial se faz presente em todos os ramos do Direito. Sob o pretexto de dar eficácia às normas constitucionais e defender os fundamentos e os objetivos da República, arrogam-se certos aplicadores da lei na condição de verdadeiros legisladores.[2]

Com frequência, advogam a tese de que a sociedade está em constante evolução e clamando por atualização legislativa – e assim encontram a legitimidade para realizar a revisão do ordenamento jurídico.[3] De guardiões da Constituição Federal, passam a revisores da atividade legislativa, substituindo os membros democraticamente eleitos do parlamento.[4]

Sobram teorias e argumentos (ou narrativas) para fundamentar decisão judicial *contra legem*. Faz-se uso de chavões, princípios e teorias mal compreendidas para justi-

1. Tradução livre: "Os proponentes da Constituição viva satisfazem a visão otimista de que quaisquer mudanças que sejam feitas no sentido original estarão sempre na direção de uma maior liberdade individual – o que para sua maneira de pensar é sempre *bom*. Só o anarquista, é claro, concordaria que é sempre bom."
2. "Es de notar que las mayores faltas políticas provienen de estimaciones viciosas del bien común, y que el egoísmo, si hubiese sido consultado, habría dissuadido de ello al poder." (JOUVENEL, Bertrand de. *El Poder*. 2. ed. Madrid: Editora Nacional, 1974. p. 158).
3. Vale esclarecer que o ativismo judicial não se confunde com a mera interpretação das cláusulas gerais e dos conceitos jurídicos indeterminados previstos em diversos textos normativos. Nestas hipóteses a função criadora do intérprete encontra permissão direta na própria legislação. Nesse sentido: "Diferente é o problema de saber se os tribunais têm uma intervenção 'criadora' no direito do caso concreto que decidem. Aí sim, reconhece-se hoje que a jurisprudência, sobretudo no domínio da 'concretização' das cláusulas gerais e dos conceitos indeterminados e no domínio do desenvolvimento do direito *praeter legem* (lacunas), assume o papel de um 'legislador complementar'." (MACHADO, João Baptista. *Introdução ao direito e ao discurso legitimador*. 24. ed. Coimbra: Editora Almedina, 2017. p. 162-163).
4. "Não se deve esquecer, porém, que a injustiça pode resultar da actuação dos próprios tribunais: as decisões judiciais não estão imunes a violar a justiça ou a própria Constituição." (OTERO, Paulo. *Instituições políticas e constitucionais*. 3. ed. Coimbra: Editora Almedina, 2017. p. 606).

ficar uma tomada de posição não desejada e nem prevista pelo legislador, disfarçando, no fundo, o aspecto predominantemente ideológico do próprio julgador.[5]-[6]

É curioso notar que o sistema da *civil law*, adotado no Brasil (com forte influência positivista[7]) e defendido por muitos por (talvez) garantir maior segurança jurídica, nem de longe evita o problema; ao contrário, é capaz de agravá-lo, pois, mediante o simples recurso aos princípios e postulados constitucionais abstratos, de certa forma permite interpretações desvencilhadas da lei e da realidade social. Já o sistema da *common law*, se não afasta o risco do ativismo, ao menos mitiga-o, visto que recomenda aos tribunais que interpretem a lei de acordo com a tradição e os usos e costumes do povo. A decisão tomada pelos tribunais tem origem, por assim dizer, *de baixo para cima*, o que auxilia sobremaneira na fiscalização das decisões judiciais pelo cidadão comum.[8]

---

5. San Tiago Dantas, dissertando sobre as características do Estado de Direito, é categórico: "O Judiciário está sujeito à lei, que aplica, e que não pode suprir com criações suas." (*Problemas de direito positivo*: estudos e pareceres. 2. ed. Rio de Janeiro: Forense, 2004. p. 39).
6. Como bem ensinam Luiz Henrique Martim Herrera e Thiago Azevedo Guilherme: "Isso revela, em nosso ver, que no Brasil as teorias são recepcionadas e aplicadas ainda que não bem compreendidas, tornando-se fenômenos sui generis tupiniquim, imersa em tamanhas fragilidades, que não passa de muito mais do que um 'modismo intelectual' (Ramos, 2010, p. 279). Nesse contexto obscuro, há um movimento ideológico protagonizado por teóricos, com forte influência sobre os jovens juristas e agentes do direito (juízes, promotores e advogados) e que arranca aplausos dos estudantes ao afirmar que estamos na 'era axiológica', na 'era principiológica'. Trata-se de façanha do pós-positivismo em reabilitar a centralidade dos princípios nos domínios da interpretação judicial (protagonismo-principiológico); reabilita-se os princípios de seu papel de coadjuvante em tempos de positivismo tradicional, para considerá-lo fonte da justificação moral e político do Direito." (Retórica e princípio da dignidade humana. In: AGOSTINHO, Luis Otávio Vicenzi de; HERRERA, Luiz Henrique Martim (Org.). *Tutela dos direitos fundamentais*. Birigui: 2011, p. 48-49).
7. "É conveniente identificar o positivismo, como o faz Scarpelli, a partir da adesão a um determinado conceito de direito, o que poderia ser definido assim: o direito é um 'sistema de normas postas por atos de vontade de seres humanos'. Este sistema é visto como um conjunto de normas dispostas hierarquicamente, na medida em que as normas são criadas em conformidade com outras normas, sendo as primeiras vistas como 'inferiores' em relação às segundas, as 'superiores' (...) O positivismo não adota como critério identificador do jurídico 'aquilo que é justo', pelo subjetivismo e incerteza provenientes da multiplicidade de concepções de justiça; exclui-se também 'aquilo que é eficaz, pelo risco do arbítrio e a consequente imprevisibilidade que segue a este. Recusada a justiça e a eficácia como critérios de juridicidade, o positivismo vai ter que elaborar o seu próprio critério. Este será a 'validade'. Norma jurídica não é a norma justa ou a norma eficaz, mas a nova válida." (BARZOTTO, Luis Fernando. *O positivismo jurídico contemporâneo*: uma introdução a Kelsen, Ross e Hart. 2. ed. Porto Alegre: Livraria do advogado, 2007, p. 17-19).
8. Corrobora este entendimento Elival da Silva Ramos: "Se o ativismo judicial, em uma noção preliminar, reporta-se a uma disfunção no exercício da função jurisdicional, em detrimento, notadamente, da função legislativa, a mencionada diferença de grau permite compreender porque nos ordenamentos filiados ao *common law* é muito mais difícil do que nos sistemas da família romano-germânica a caracterização do que seria uma atuação ativista da magistratura, a ser repelida em termos dogmáticos, em contraposição a uma atuação mais ousada, porém ainda dentro dos limites do juridicamente permitido. Com efeito, existe na família originária do direito anglo-saxônico uma proximidade bem maior entre a atuação do juiz e a do legislador no que tange à produção de normas jurídicas. A capacidade de estabelecer atos disciplinares de condutas futuras (e não apenas nos limites do caso a decidir, em desdobramento de textos legais ou judiciais previamente estipulados) conferida aos tribunais ingleses e estadunidenses se soma à possibilidade, que detêm, de dar ensejo ao exercício dessa força normativa, mediante a revogação de precedentes que, em tese, constituiriam um parâmetro a ser observado. Afinal, é disso que se trata quando, com grande margem de discricionariedade, um tribunal de apelação ou superior declara *overruled* um precedente emanado dele próprio (nos limites da força vinculativa do precedente). De outra parte, a própria adaptação de um precedente aos contornos fáticos diferenciados de um novo caso por meio de interpretação com efeitos restritivos ou ampliativos pode importar em decisão vinculante no âmbito de uma determinada estrutura judiciária. Bem por isso, costuma-se dizer que 'ao precedente podem assumir contornos

Como se nota, importa registrar desde logo que não se pretende neste artigo defender a norma jurídica posta como a *única* fonte do direito ou menos ainda que juízes passem a ser cegos aplicadores dela.[9] Não. O que se deseja, em primeiro lugar, é que o direito positivo busque, antes de tudo, o bem comum[10]; e, em segundo, que ele seja o ponto de partida para toda interpretação judicial.[11]

O foco deste trabalho é o Direito Penal (notadamente o princípio da individualização da pena), ramo do Direito em que se nota a face mais nítida do ativismo judicial. E isto se dá por alguns fatores.

A moderna concepção acerca da *constitucionalização* do Direito, que faz com que a legislação ordinária seja reinterpretada à luz de princípios e postulados constitucionais vagos, pode ser um deles. É claro que todo o arcabouço jurídico deve estar conforme as normas e princípios constitucionais; contudo, a excessiva abstração das normas e princípios constitucionais acabam por conceder ao julgador, não raras vezes, a possibilidade de desvirtuar um dos pilares essenciais de qualquer democracia, qual seja, a tripartição dos poderes. Isto provoca a inversão e o desequilíbrio do sistema

---

declarativos ou criativos'. Por último, há que se ter presente que o espírito do *common law*, de um direito criado a partir de casos julgados, interfere na maneira dos juízes e tribunais considerarem o direito legislado. Desse modo, além do fato de que em diversos segmentos da vida social, a regulação continua a ser, essencialmente, judiciária, pode-se afirmar que, tanto na Inglaterra como nos Estados Unidos, 'as leis são plenamente integradas no direito apenas quando o seu alcance foi determinado por decisões judiciárias' (Cf. René David, Os grandes sistemas), o que justifica a assertiva de Cappelletti de que, nos Países da família anglo-saxônica, 'o direito legislativo é visto em certo sentido como fonte excepcional do direito' (In: Juízes Legisladores?)". (*Ativismo judicial*: parâmetros dogmáticos. Editora Saraiva, p. 107-109).

9. "Não se negue a importância da lei escrita, entre as fontes do direito, e o seu valor como produto deliberado – no que se distingue da espontaneidade do direito costumeiro -, traço este que dela faz um instrumento apto a estabelecer com precisão de termos as suas determinações, consequência de grande alcance em benefício da segurança nas relações jurídicas. Entretanto, cumpre não atribuir à lei um poder mágico criador e transformador das coisas, ne, tampouco fazê-la derivar de um apriorismo ou abstracionismo dominante na mente do legislador e cavando um abismo entre o direito formalmente elaborado e a vivência social, ou seja, entre as fontes do direito no sentido técnico-jurídico e as fontes reais ou materiais." (SOUZA, José Pedro Galvão de. *Direito natural, direito positivo e estado de direito.* São Paulo: Ed. RT, 1977, p. 95-96).
10. Nessa linha: "Sendo o bem comum a finalidade da sociedade humana, a lei é organização ou estrutura em função do bem comum, não do bem particular; como se lê em Graciano: '*Nullo privato commodo, sed pro communi utilitate civium conscripta*', dada para a utilidade comum dos cidadãos, não para satisfazer interesses privados. Do bem comum, as leis recebem sua perfeição e sua legitimidade. As leis são tanto melhores quando melhor estruturam e organizam a sociedade em função do bem comum. E as leis que se desviam do bem comum até se tornarem perniciosas para ele vêm a ser normas irracionais." (HERVADA, Javier. *Lições propedêuticas de filosofia do direito.* Trad. Elza Maria Gasparotto. São Paulo: Editora Martins Fontes, 2008. p. 262). Cezar Saldanha Souza Júnior segue o mesmo raciocínio: "A razão de ser do Estado é a realização integral da Pessoa Humana. O Estado, porém, face à liberdade natural da Pessoa, não pode realizar a Pessoa de forma direta e imediata, como, por exemplo, faz um escultor ao criar suas obras. O que o Estado pode e, mais, deve fazer é proporcionar às Pessoas *condições* (meios, oportunidades, recursos...) para que elas próprias desenvolvam integralmente suas personalidades. O conjunto dessas condições que o Estado deve proporcionar às Pessoas para que elas próprias se realizem é designado pelo termo *bem comum*." (*A crise da Democracia no Brasil*: aspectos políticos. Rio de Janeiro: Forense, 1978. p. 19).
11. Miguel Reale afirma que "Para nós o Direito não pode prescindir de sua estrutura formal, tampouco de sua função normativa ou teleológica, de maneira que a conduta humana, objeto de uma regra jurídica, já se acha qualificada de antemão por esta, tal como o exigem a certeza e a segurança." (In: *Lições Preliminares de Direito*. Editora Saraiva, 2004. p. 289).

democrático, fortalecendo o surgimento do Estado regulador (tecnocrático)[12], esvaziando o conteúdo normativo e axiológico dos mesmos princípios e direitos fundamentais que se alega defender.

O aspecto ideológico também pode ser apontado, pois alguns se utilizam do poder de dizer o direito para efetivar a sua visão de uma sociedade livre, justa e solidária, não raro invocando lições de sociologia e filosofia, bem como teorias e doutrinas penais que não encontram respaldo no ordenamento jurídico e na realidade brasileira, incutindo na Ciência Penal aspectos que nada têm a ver com ela.[13]

Depois da secularização do Direito Penal, que ocorreu por forte influência do positivismo jurídico e que retirou deste ramo da ciência jurídica todo seu fundamental moral, ético e teológico, no decorrer de todo o século XX teorias europeias como o abolicionismo penal, desenvolvida pelo holandês Louk Hulsman, e o garantismo penal, do italiano Luigi Ferrajoli, encontraram no Brasil um solo fértil para retirar o pouco que ainda restava da noção de responsabilidade pessoal (culpabilidade) e do caráter retributivo da pena. Ambas as teorias têm em comum o fato de não encontrarem amparo na legislação pátria e constituírem poderoso instrumento de engenharia social, relativizando conceitos e a própria essência deste ramo do Direito.

Viu-se, já antes, mas sobretudo durante o último século, um esvaziamento axiológico das normas penais, que passaram a ser nada mais que um conjunto de regras de conduta que não guarda relação com os fins almejados – e, salvo raras exceções, os homens do século XXI não parecem preocupados com esta questão.

Todavia, mesmo diante desta realidade, impõe-se ao aplicador da norma manter-se fiel à lei natural e aos fins do Direito Penal, preservando o pouco que ainda resta de lógica no sistema, sem se deixar levar por aspectos ideológicos ou mesmo por doutrinas e teorias que visam reduzir o Direito Penal a uma irrealizável função ressocializadora, afinal, como diria um saudoso jurista norte-americano, "se a lei é burra, o resultado é burro. Mas o juiz não pode dizer o que é sábio."[14]

12. "Tecnocracia não quer dizer propriamente uma forma de governo. Tanto pode existir em república quanto em monarquia. A sua ideia dominante, transposta da ordem e econômica para a ordem política, é a da manipulação do poder pelos especialistas ou homens habilitados a conceber e pôr em prática os planos segundo os quais deve ser conduzida a administração." (GALVÃO DE SOUSA, José Pedro. *O Estado tecnocrático*. São Luís: Livraria Resistência Cultural, 2018. p. 94). O ativismo judicial, é certo, em muito contribui para o fortalecimento desta forma de administração do Estado.

13. Ensina Hungria: "A autêntica ciência jurídico-penal não pode ter por objeto a indagação experimental em torno ao problema da criminalidade, mas tão-sómente a *construção* do direito penal através das normas legais. Parte de premissas *certas*, que são as normas jurídicas, para chegar, logicamente, a conclusões *certas*. Não comporta *escolas*, de vez que não pode haver antagonismo de métodos na sistematização das regras ditadas pela vontade soberana do Estado." (In: *Comentários ao Código Penal*, vol. 1, tomo 1, arts. 1 a 10, 3. ed. Rio de Janeiro: Forense, 1955. p. 94-95).

14. Antonin Scalia, juiz da Suprema Corta dos Estados Unidos, em visita ao Brasil em evento promovido pela Universidade de Brasília, aos 14 de maio de 2009. Disponível em: [www.conjur.com.br/2009-mai-14/ministro-corte-eua-juizes-nao-podem-decisoes-morais].

1. A DOSIMETRIA DA PENA

A fase da dosimetria da pena representa o ápice da atividade jurisdicional no processo penal. É o momento em que o juiz deve demonstrar, além de conhecimento jurídico, também conhecimento da realidade que o cerca e o necessário bom senso que o cargo requer, a fim de julgar com retidão e justiça a conduta imputada ao réu. Nesta etapa não é somente o fato praticado que deve ser valorado, pois a própria legislação prevê que sejam apreciados vários aspectos relacionados à pessoa do acusado. É por isto que se aceita, com tranquilidade, a convivência do direito penal do fato com o direito penal do autor, dando-se, obviamente, certa prevalência ao primeiro.

É com base na prova produzida durante o processo que o magistrado individualizará a pena. A consequência desta afirmação é de extrema importância, pois a dosimetria da pena, cujos contornos estão estabelecidos na legislação infraconstitucional, leva em conta o conjunto fático-probatório dos autos, de modo que apenas os juízes de primeiro e segundo graus podem conhecer da matéria.

Não há permissão (constitucional ou legal) para que os membros dos Tribunais Superiores possam alterar a pena imposta. Em outras palavras: em que pese ser prática comum, o Supremo Tribunal Federal e o Superior Tribunal de Justiça não podem reapreciar os fatos e as provas para alterar a pena imposta, seja para aumentá-la, diminuí-la ou modificá-la quanto a qualquer de seus aspectos.[15]

---

15. A matéria, inclusive, é pacífica no âmbito do Supremo Tribunal Federal: Ementa: Direito penal e processual penal. Agravo interno em recurso extraordinário com agravo. Homicídio duplamente qualificado. Suposta violação aos princípios do contraditório, da ampla defesa, dos limites da coisa julgada e do devido processo legal. Ausência de repercussão geral. Prejuízo não demonstrado. *Individualização da pena. Controvérsia decidida com base na legislação infraconstitucional e no conjunto fático-probatório dos autos. Súmula 279/STF*. Ausência de violação ao art. 93, ix, da constituição. 1. Por ausência de questão constitucional, o Supremo Tribunal Federal (STF) rejeitou preliminar de repercussão geral relativa à controvérsia sobre suposta violação aos princípios do contraditório, da ampla defesa, dos limites da coisa julgada e do devido processo legal (ARE 748.371-RG, Rel. Min. Gilmar Mendes – Tema 660). 2. A jurisprudência do STF é firme no sentido de que a demonstração de prejuízo, "a teor do art. 563 do CPP, é essencial à alegação de nulidade, seja ela relativa ou absoluta, eis que [...] o âmbito normativo do dogma fundamental da disciplina das nulidades – *pas de nullité sans grief* – compreende as nulidades absolutas" (HC 85.155/SP, Rel.ª Min. Ellen Gracie). *3. A controvérsia relativa à individualização da pena passa necessariamente pelo exame prévio da legislação infraconstitucional.* Nesse sentido: AI 797.666-AgR, Rel. Min Ayres Britto; AI 796.208-AgR, Rel Min. Dias Toffoli; RE 505.815-AgR, Rel. Min. Joaquim Barbosa. 4. *Para chegar à conclusão diversa do acórdão recorrido, imprescindíveis seriam a análise da legislação infraconstitucional pertinente e uma nova apreciação dos fatos e do material probatório constante dos autos, o que não é possível nesta fase processual (Súmula 279/STF).* 5. A decisão está devidamente fundamentada, embora em sentido contrário aos interesses da parte agravante. 6. Agravo interno a que se nega provimento. (ARE 1.174.179 AgR, Relator(a): Min. Roberto Barroso, Primeira Turma, julgado em 29/03/2019, Processo Eletrônico DJe-069 Divulg 04-04-2019 Public 05-04-2019) (Grifos meus). E, no Superior Tribunal de Justiça, o entendimento é idêntico: Agravo regimental no agravo em recurso especial. Penal e processual penal. Tortura com resultado morte. Fraude processual. Autoria e materialidade delitivas. Condenação. *Revisão. Reexame fático-probatório. Impossibilidade. Súmula 7/STJ. Dosimetria*. Pena-base. Fundamentação concreta. Majoração adequada. Agravo regimental desprovido. *1. A revisão das conclusões alcançadas pelas instâncias ordinárias acerca da autoria e da materialidade delitivas, com o objetivo de absolver os Agravantes, exigiria amplo e aprofundado reexame do conjunto fático-probatório, o que não é possível no recurso especial, conforme se extrai da Súmula 7 desta Corte Superior.* 2. O ligeiro aumento nas penas-bases dos Agravantes está suficientemente fundamentado, pois as instâncias ordinárias destacaram que os crimes de tortura com resultado morte e de fraude processual foram cometidos em concurso de pessoas, que a vítima foi despida, mantida isolada e intensamente humilhada pelos agentes, que foi empregado meio que

Em sede doutrinária a conclusão é a mesma[16] e os motivos desta vedação são de duas ordens.

Em primeiro lugar, a Constituição Federal de 1988 prevê a competência do STF e do STJ nos artigos 102 e 105, respectivamente. Pela leitura simples destes dispositivos verifica-se que ambos os Tribunais não se prestam a reapreciar matéria fática, mas apenas a analisar a conformidade da decisão recorrida com a Constituição Federal ou com a legislação infraconstitucional, conforme o caso. Mas note-se bem: não é o *fato em si* que será julgado, senão apenas a *legislação* aplicada.

Enquanto o tribunal local aprecia todas as provas dos autos, a jurisdição dos Tribunais Superiores é reduzida em termos fático-probatórios, pois analisam tão somente a constitucionalidade ou a legalidade da decisão/sentença, mas não adentram no mérito da causa. Grosso modo, é como se a jurisdição destes Tribunais se iniciasse *a partir* do acórdão de segunda instância, inviabilizando-se a análise de quaisquer provas ou documentos colacionados aos autos antes do julgamento em segundo grau.

É por isso que se fala em duplo (não em triplo ou quádruplo) grau de jurisdição: aprecia-se o mérito da causa (o fato em si e as provas) até o julgamento do recurso de apelação; após, a matéria recursal é reduzida à conformidade da decisão com a Constituição Federal e com a legislação infraconstitucional. Logo, segue-se que nenhum aspecto fático-probatório da decisão recorrida comporta reapreciação por meio de recurso especial ou extraordinário.

E, considerando que os aspectos da dosimetria da pena são *todos de índole infraconstitucional*, mostra-se difícil cogitar de ofensa flagrante e direta a algum dispositivo da Constituição Federal (muito embora sejam comuns alegações genéricas de violação aos princípios da proporcionalidade, da razoabilidade, da dignidade da pessoa humana, da individualização da pena etc.).[17] Mais improvável ainda seria imaginar um caso

---

tornou impossível a defesa da vítima e que a morte da vítima ocorreu dentro da unidade prisional na qual ela estava custodiada pelo Estado. 3. Agravo regimental desprovido. (AgRg no AREsp 1366879/PB, Rel. Ministra Laurita Vaz, Sexta Turma, julgado em 23/04/2019, DJe 03/05/2019) (Grifos meus).

16. Comentando a competência recursal do STJ, cite-se a opinião de Gilmar Ferreira Mendes e Paulo Gustavo Gonet Branco: "(...) acrescente-se que, por ser um recurso que vise à segurança sistêmica e *não à revisão da causa*, em concreto, *o recurso especial não pode reexaminar a prova dos autos, para lhe dar nova conformação*." (*Curso de Direito Constitucional*. Ed. Saraiva, 10. ed. p. 1000) (Grifos meus). No mesmo sentido, leciona Alexandre de Moraes: "O Superior Tribunal de Justiça, o exercício de sua competência recursal especial, *tem cognição mais restrita, não realizando reexame do contexto fático probatório* (Súmula 7 do STJ), pois sua missão constitucional é dar plena efetividade à aplicação do Direito Federal e sua uniformização". E prossegue o mesmo doutrinador citando o então Ministro Sálvio de Figueiredo Teixeira, mencionando que se trata "de modalidade de recurso extraordinário lato sensu, destinado, por previsão constitucional, a preservar a unidade e a autoridade do direito federal, sob a inspiração de que nele o interesse público, refletido na correta interpretação da lei, deve prevalecer sobre os interesses das partes. Ao lado do seu objetivo de ensejar o reexame da causa, avulta sua finalidade precípua, que é a defesa do direito federal e a unificação da jurisprudência. *Não se presta, entretanto, ao exame de matéria de fato, e nem representa terceira instância*." (In: *Direito Constitucional*. 33. ed. Ed. Atlas, p. 601) (Grifos meus).

17. Como exemplos desta situação atípica, tanto será inconstitucional a decisão que considerar qualquer outro crime, que não o racismo ou a ação de grupos armados contra a ordem constitucional e o Estado Democrático, imprescritível (art. 5º, incs. XLII e XLIV), como a que aplicar a pena de morte a condenado por crime em estado de paz (art. 5º, XLVII).

concreto, em matéria penal, que preencha o requisito da repercussão geral, exigência prevista no art. 102, § 3º, da CF.

Em segundo lugar, lembre-se que a Constituição Federal optou pela forma federativa de estado, que é incompatível com a centralização jurisdicional que ocorre atualmente no âmbito dos Tribunais Superiores.[18]

Ora, a função destes Tribunais não é a de rever o mérito das decisões dos tribunais locais. Em verdade, não se poderia nem mesmo falar em hierarquia jurisdicional entre estes e os posteriores quanto ao *mérito* da ação penal, já que cabem aos primeiros darem a última palavra quanto aos aspectos fático-probatórios constantes dos autos. Esta indevida intromissão, embora rotineira, coloca em xeque o pacto federativo e causa descrédito na jurisdição de primeiro e segundo graus.

Ademais, diante das diferenças culturais, históricas e sociais existentes entre os estados-membros, é natural (e mesmo saudável) que haja certa divergência entre eles quanto ao rigor na aplicação da lei.

Parece certo afirmar, pois, que sob falsos pretextos (em geral, uniformizar a jurisprudência e garantir segurança jurídica), a centralização do Direito Penal no âmbito dos Tribunais Superiores impossibilita o povo – o verdadeiro titular do poder – de influenciar na elaboração das leis que o governa e faz com que o primeiro e o segundo graus de jurisdição sejam meros *órgãos de passagem*. O alegado propósito de conferir segurança jurídica transforma-se, assim, em forte mecanismo antidemocrático.[19]

A lei, como se sabe, deve refletir o bem comum, de modo que tanto mais será democrática quanto maior for o espelho da vontade popular. E é fora de dúvida que não cabe ao juiz dizer como a lei *deveria* ser, envolvendo-se em questões morais ou éticas que possam contrariar o texto legal – o que não se confunde, obviamente, em ser ele mero aplicador cego da lei, pois, não raras vezes, no seu mister de aplicar o direito, utiliza-se de conceitos extraídos de outras ciências e do contexto social que o cerca.[20]

18. Explica André Ramos Tavares: "O Estado denominado federal apresenta-se como o conjunto de entidades autônomas que aderem a um vínculo indissolúvel, integrando-o. Dessa integração emerge uma entidade diversa das entidades componentes, e que incorpora a federação. No federalismo, portanto, há uma descentralização do poder, que não fica represado na órbita federal, sendo compartilhado pelos diversos integrantes do Estado. Todos os componentes do Estado federal (sejam estados, distritos, regiões, províncias cantões ou municípios) encontram-se no mesmo patamar hierárquico, ou seja, não há hierarquia entre essas diversas entidades, ainda que alguma seja federal e outras estaduais ou municipais." (*Curso de Direito Constitucional*. 15. ed. Ed. Saraiva, p. 841).

19. "Se a segurança jurídica se resumisse à regularidade estrutural e funcional do sistema jurídico, ou, em outras palavras, se fosse apenas a estabilidade da ordem jurídica e da certeza do direito, a segurança jurídica equivaleria a uma forma – ou, talvez, a uma fórmula -, alheia do inquérito de seu conteúdo. Tratar-se-ia, exclusivamente, de uma sobrevivência formal, sem comprometimento com a substância do sobrevivo; ao ponto de que, nessa linha, se admitiria uma segurança jurídica também na estabilidade do injurídico. Bem se vê a contradição de termos: todo o acento da segurança jurídica estaria posto na estabilidade, na conservação, na segurança de não importa o quê, até na segurança que preservasse a injustiça, de sorte que se permitira a existência de uma segurança 'jurídica' do injurídico, de um direito ao não direito." (DIP, Ricardo. *Segurança jurídica e crise do mundo moderno pós-modernidade*. 3. ed. São Luís: Livraria resistência cultural, 2019. p. 44).

20. "A atividade judiciária, porém, não se reduz ao trabalho de subsunção dos factos à norma de direito. Apertar nestes limites a função do juiz é concepção falsa e estreita. Pois o juiz não é um autómato de decisões; é um homem pensante,

2. SÍNTESE DO PRINCÍPIO DA INDIVIDUALIZAÇÃO DA PENA

O princípio da individualização da pena – cláusula pétrea – está consagrado no art. 5º, XLVI, da CF[21], e significa, em linhas gerais, que a pena não deve ser padronizada, cabendo ao juiz individualizá-la caso a caso.

Ao Poder Legislativo, com razoável liberdade para selecionar os fatos que merecem ser tipificados como crimes, incumbe escolher as penas mínima e a máxima ao tipo penal; ao juiz, no momento da sentença, compete fixar a pena seguindo os parâmetros e critérios legais.

Dessa forma, diz-se que a individualização legislativa opera-se em abstrato, mediante prudente e justa discricionariedade do legislador. Adotou-se no Brasil, assim, o modelo da indeterminação relativa, ou seja, o legislador deixa ao julgador a possibilidade de aplicar a pena – dentro dos limites por ele escolhidos.

Já a individualização judicial da pena significa que o magistrado deverá, com equilíbrio e prudência, realizar a individualização em concreto, devendo levar em conta tanto os aspectos objetivos (atinentes ao fato) como subjetivos (relativos à pessoa do réu).

Vê-se, pois, que o princípio da individualização da pena quer exatamente que não exista pena única e uniforme a todos os sentenciados. Pelo contrário: dentro dos limites fixados pelo legislador, deve o juiz, diante das provas apresentadas, aplicar a pena adequada (individualizada) ao réu.

Sobre o tema, ensina Roberto Lyra que

> o juiz é sempre obrigado a fixar, sob todos os aspectos, a personalidade do réu, dentro da necessária, margem para a individualização. A sanção acompanhará, portanto, as exatas medidas da responsabilidade e da periculosidade. A determinação da pena é feita pelo próprio réu com o seu passado e com o seu crime, podendo reduzi-la ou suavizá-la, a posteriori, com a sua conduta de sentenciado. Tateia-se-lhe o futuro com os índices do passado e do presente. Faz-se mais que classificar os criminosos, individualiza-se, dentro do possível, o tratamento legal, diante dos elementos humanos e sociais revelados pelo crime. A classificação, através da lei, além de tudo, seria apriorística, sintomática, genérica; a individualização é direto, essencial e específica. É a identificação moral. (in. Comentários ao Código Penal, v. II, art. 28 a 74, Editora Forense, 1942. p. 82).[22]

---

inteligente, e participe de todas as ideas e conhecimentos que formaram o património intelectual e a experiência do seu tempo. Ao julgar, portanto, o juiz utiliza, e deve utilizar, conhecimento extra-jurídicos que constituem elementos ou pressupostos do raciocínio. Verdades naturais ou matemáticas, princípios psicológicos, regras do comércio ou da vida social, compõem um acervo inesgotável de noções do saber humano, de que o juiz todos os dias se serve no desenvolvimento da sua atividade." (FERRARA, Francesco. *Interpretação e Applicação das Leis*. 2. ed. Editora Saraiva, 1940. p. 97-98). Quanto à dosimetria da pena isto se nota com certa facilidade, sendo suficiente observar que o próprio art. 59 do Código Penal obriga o julgador a considerar, na primeira fase da dosimetria, questões relacionadas à culpabilidade, aos antecedentes, à conduta social, à personalidade, aos motivos, às circunstâncias do crime, ao comportamento da vítima, aspectos que exigem do juiz amplo conhecimento da realidade que o cerca. O mesmo se pode dizer acerca de algumas circunstâncias agravantes (motivo fútil ou torpe, por exemplo).

21. CF, art. 5º, inc. XLVI – a lei regulará a individualização da pena e adotará, entre outras, as seguintes: a) privação ou restrição da liberdade; b) perda de bens; c) multa; d) prestação social alternativa; e) suspensão ou interdição de direitos.

22. Hungria segue a mesma linha: "Para a individualização da pena, não se faz mister uma prévia catalogação, mais ou menos teórica, de espécies de criminosos, desde que ao juiz se confira um amplo arbítrio na aplicação

Esta arbitrariedade conferida ao juiz na dosimetria da pena não é novidade – muito embora soe estranha aos ouvidos não habituados com a melhor doutrina penal.[23]

Ressalte-se, ademais, que este arbítrio judicial na aplicação da pena, autorizado pelo Código Penal, insere-se no contexto dos princípios da independência funcional e do livre convencimento motivado, de modo a conceder ao juiz ampla possibilidade de análise dos fatos e das provas a fim de aplicar a pena adequada ao réu.

O já citado Roberto Lyra, na obra mencionada, profetizou:

> enquanto se mantiver, com a seleção moral e intelectual, a independência da magistratura, o arbítrio judicial, regulado cautelosamente, como fez o Código, só poderá ser salutar. *Quando desaparecer aquela condição vital, não haverá juízes e sim funcionários sujeitos ao automatismo da violência ilegítima. Então, não se cogitará de ordem jurídica e de seus fenômenos.* Com a liberdade dos juízes responsáveis, em atenção à realidade integral de cada homem e de cada fato, dentro do meio, obtém-se o máximo de equidade (...) *O arbítrio judicial, a serviço da individualização da pena, através da indeterminação relativa consagrada na lei, veio dar forma equitativa e sistemática ao que se vinha fazendo eventualmente com caráter de privilégio, a pretexto de liberdade de interpretação.* Não seria digno da cultura brasileira um código que tratasse igualmente desiguais e reduzisse juízes capazes, responsáveis e garantidos, a meros contadores, trabalhando – a frase é de Sá Pereira – como a hélice fora d'água. (p. 159-164) (grifos meus).

Desta feita, o significado do princípio da individualização da pena aponta para a seguinte conclusão: cada réu deve ser punido pelo crime que praticou e receber a pena correspondente, devendo o juiz considerar tanto o fato em si como aspectos da própria pessoa do condenado. Por aí se vê que é perfeitamente possível que dois réus que tenham praticado o mesmo crime recebam penas diferentes.

É curioso notar que o princípio em tela venha sendo aplicado de forma diametralmente oposta ao seu próprio significado. A padronização da pena, comum na prática forense, ignora a individualização legislativa da pena – notadamente a fixação do montante *máximo* previsto pelo legislador para o tipo penal.

---

concreta das sanções legais." (In: *Comentários ao Código Penal*, vol. 1, tomo 1, arts. 1 a 10. 3. ed. Rio de Janeiro: Forense, 1955. p. 231).

23. Francisco Campos, citado por Roberto Lyra, em seu discurso proferido na cerimônia da promulgação do Código Penal, disse que "Fugindo à rigidez e à indeterminação da pena, o novo código adotou o compromisso da individualização da pena, dando, assim, ao juiz um alarga margem de apreciação das circunstâncias e dos motivos do crime, bem como da personalidade do criminoso. (*Comentários ao Código Penal*, Vol. II, art. 28 a 74. Editora Forense, 1942. p. 69). Magalhães Noronha, no mesmo sentido, leciona: "Na aplicação da pena foi dada certa latitude ao juiz, não somente em relação à quantidade, mas também à escolha entre as penas alternativamente cominadas, à faculdade de aplicar cumulativamente penas de espécie diversa e deixar de aplicar qualquer uma das cominadas. O julgador não se pode limitar à apreciação exclusiva do caso, mas tem de considerar também a pessoa do criminoso, para individualizar a pena. Como escreve Soler, é uma tarefa delicada, para a qual o juiz, além da competência jurídica teórica, deve possuir conhecimentos psicológicos, antropológicos e sociais, aliados a uma fina intuição da realidade histórica e uma sensibilidade apurada. A pena não tem em vista somente o delito. Ao lado da apreciação dos aspectos objetivos que ele apresenta, há de o juiz considerar a pessoa de quem o praticou, suas qualidades, seus defeitos, fazendo, em suma, estudo de sua personalidade, sem olvidar sobretudo a possibilidade de tornar a delinquir, ou a periculosidade." (In: Direito Penal, Vol. 1. 31. ed. Editora Saraiva, 1995. p. 242).

O mesmo Roberto Lyra, há décadas, bem resumiu como deve o juiz realizar a dosimetria:

> A escolha de uma quantidade concreta entre o mínimo e o máximo é deixada ao juiz, não só nos casos em que êle deva determinar desde logo a pena, mas, também, nos casos em que deva fixar a pena-base sujeita a aumento ou diminuição. Nada obsta a fixação da base mínima nos casos em que deva proceder a aumento e da base máxima nos casos em que deva proceder a diminuição. Pela mesma razão o juiz não é obrigado a aplicar o aumento mínimo quando ao mínimo se atendeu na pena-base, nem a aplicar o aumento máximo se se atendeu ao máximo; nem está comprometido a seguir os mesmos critérios de aumento ou diminuição para uma e para outra pena-base se as penas são cominadas cumulativamente. (Op. cit., p. 172).

Nessa linha, surpreende (negativamente), por exemplo, que a jurisprudência tenha se firmado no sentido de que a pena-base deva partir, sempre, do mínimo legal.

Ora, não existe qualquer previsão legal que obrigue o magistrado a fixar a pena no mínimo legal – muito embora possa fazê-lo. Pior: convencionou-se na prática forense a limitar a atividade do juiz a apenas alguns poucos elementos da dosimetria da pena (maus antecedentes na primeira fase, e, na segunda etapa, somente a presença da agravante da reincidência), em total desacordo com o princípio constitucional.

Alega-se por vezes o princípio do *in dubio pro reo* para justificar a fixação da pena-base no mínimo legal. Nada mais equivocado. Em primeiro lugar porque dentro do arbítrio do juiz tanto é possível que a pena-base seja fixada no mínimo legal como em qualquer outro patamar – em qualquer caso, contudo, mediante decisão fundamentada.

Em segundo, por manifesta inconstitucionalidade. Pois, se a Constituição Federal obriga o juiz a individualizar a pena, a padronização desta é a própria negação do princípio. No mais, a própria previsão em abstrato de uma pena máxima demonstra que o legislador concedeu ao juiz ampla margem de discrição – e a individualização judicial da pena não pode ser destacada da individualização legislativa, da qual aquela é dependente.

Há ainda o argumento (majoritário) segundo o qual para cada circunstância judicial desfavorável o julgador deve majorar a pena em fração fixa (1/6 ou 1/8). Alega-se para tanto o princípio da segurança jurídica, no sentido de que as decisões judiciais devem ser previsíveis, a fim de se evitar distorções na aplicação da pena.

Ora, como se disse acima, o princípio da individualização da pena também abarca a previsão abstrata dos montantes mínimo e máximo da pena – e é exatamente aqui que está a previsibilidade da condenação: nenhum réu será condenado a pena superior àquela prevista abstratamente para o delito.

É a própria lei penal que garante a previsibilidade da pena. Se ao crime é cominada pena de um a cinco anos, o réu, desde o início, sabe que sua pena não ultrapassará este limite. Se houver causa de aumento, o raciocínio se mantém: a lei penal (individualização legislativa) garante a previsibilidade da pena.[24]

---

24. Aníbal Bruno concorda com este raciocínio: "Os direitos do homem, que a ordem jurídica reconhece mesmo na pessoa do delinquente, são suficientemente garantidos, em face do arbítrio judicial pela determinação legal da

O que aqui se defende é a posição majoritária na melhor doutrina penal e, inclusive, encontra respaldo em interessante julgado do Tribunal de Justiça de São Paulo, que faz honrosa menção a precedente do Supremo Tribunal Federal:

> Diz-se isso porque, no mais das vezes, sabe-se lá por qual insondável motivo, o Magistrado costuma transformar o art. 59, *'caput'*, do Código Penal em uma espécie de binômio, no qual importariam, unicamente, os antecedentes criminais do réu e a sua eventual primariedade, esquecendo-se de considerar os demais requisitos: culpabilidade, conduta social, personalidade do agente, motivos, circunstâncias e consequências do crime, bem como o comportamento da vítima. E tudo isso, insista-se, sob o enfoque da necessidade e suficiência para a reprovação e prevenção do crime praticado. *Por isso, quando bem aplicado, quando analisado em sua inteireza, o artigo em pauta torna-se valoroso e fundamental instrumento para que o Estado, que para si chamou a pacificação social, possa aplicar a pena justa, seja ela qual for.* Convergindo para o entendimento acima, único que se crê adequado mas antes disso, legal, Juan Carlos Ferre Olivé, Miguel Ángel Núñez Paz, William Terra de Oliveira e Alexis Couto de Brito ensinam que *é a partir da individualização judicial da pena que o Magistrado consegue, desde uma estruturação em torno das disposições legais, estabelecer a espécie e a quantidade da pena adequada, diria eu, justa, a cada autor de um determinado crime.* (...). Pode-se afirmar, corolário do que se sustenta, ainda em atenção ao art. 5º, XLVI, da Constituição Federal, que estipula que a Lei regulará a individualização da pena, aqui entendido o art. 59, "caput", do Código Penal, *não haver impedimento, antes disso, ser imperiosa a fixação da pena-base acima do mínimo legal toda vez que se demonstrar que as diretrizes do sobredito artigo codificado são desfavoráveis, total ou majoritariamente, ao réu.* De sorte que somente se tais diretrizes forem favoráveis ao réu é que terá cabimento a fixação da pena-base no seu mínimo legal; do contrário, necessariamente, deverá ela ser fixada acimado mínimo legal. Nesse sentido, por sinal, invoco antecedente da relatoria do excelso Ministro que, outrora, iluminou esta Corte de Justiça: *STF – HC n. 88.284/SC 2ª T – Rel. Min. Cezar Peluso – j. 24.04.2007 – v.u.* Decorre desse entendimento, como diferente não haveria de ser sustentado, *inexistir impedimento para a fixação da pena-base no máximo previsto em lei, ou bem acima do seu mínimo, impondo-se o afastamento de fetichismos preconceituosos que, abstrata e genericamente, voltam-se contra essa possibilidade que é legal.* Entendimento outro ao que se sustenta, *'contrario sensu'*, imporia, também, que se voltasse contra a fixação da pena-base no mínimo previsto em lei, como se os parâmetros extremados, a representar suposto radicalismo de um lado e de outro, não refletissem, para um determinado caso concreto, medida de estrita obediência aos cânones constitucionais e legais, a aplicação da Justiça concreta, a necessidade e a suficiência para a reprovação e a prevenção do crime. (...). E tudo isso, insisto, para os fins da necessidade e suficiência para a reprovação e prevenção do crime, haja vista que a reprovação do crime tem a ver com o castigo impingido ao réu enquanto a prevenção tem a ver com o exemplo que se dá à sociedade, valendo para fins dissuasórios. (1ª Câmara Criminal Extraordinária, apelação 0001474-37.2014.8.26.0609, da Comarca de Taboão da Serra, Rel. Des. Airton Vieira, 14-09/2019)." (Grifos meus).

Portanto, causa estranheza que muitos, na pressa por fazer valer a individualização da pena, apresentem tabelas e frações matemáticas, confundindo a função do juiz com a de um mero *contador*. No final, acabam por fazer exatamente o contrário: em vez de garantir efetividade ao princípio da individualização da pena, acabam por torná-lo letra morta.

---

pena ou das penas em relação a cada uma das figuras típicas, pelos termos fixados para o máximo e o mínimo da sua graduação e pelo dever imposto ao juiz de fundamentar a sua sentença." (In: *Direito Penal*, tomo 3º. 4. ed. Editora Forense, 1978. p. 105).

Com efeito, a fixação de frações fixas para cada circunstância desfavorável do réu reflete bem o imaginário iluminista do homem moderno que, a pretexto de proteger algo significativo (a liberdade), opta sempre pela solução mais simples e confortável, ainda que esta postura retire todo fundamento ético e moral da pena e coloque em risco a própria função do Direito Penal.

E é bom que se diga que há casos em que a padronização é prejudicial ao acusado: é possível (ao menos a lei penal o permite) a majoração de cada circunstância desfavorável em fração inferior a 1/6 ou 1/8, pois, pelo teor do artigo 59 do Código Penal o juiz pode, inclusive, deixar de majorar a pena, bastando que o aumento não seja *necessário e suficiente para a reprovação e prevenção do crime*. Esta parte final do dispositivo confere arbítrio ao julgador e encerra qualquer argumento a favor da padronização da pena, sendo certo que a política da pena mínima, aliada à unificação do *quantum* a ser majorado para cada circunstância desfavorável, provoca discrepâncias dignas de nota.[25]

Este o preço que se paga quando o Poder Judiciário, ignorando o aspecto legislativo do princípio constitucional da individualização da pena, avoca para si a missão de legislar: criam-se distorções então não existentes sem oferecer respostas razoáveis.

CONCLUSÃO

O que se busca com o presente artigo é demonstrar que o bom funcionamento do sistema penal requer que os aplicadores da norma respeitem os limites de sua atuação, interpretando e aplicando o Direito (*ius dicere*) e não inovando na ordem jurídica (*ius dare*).

Ainda, pretende-se realçar que o pacto federativo impõe que os Tribunais Superiores analisem somente a conformidade da decisão recorrida com a Constituição Federal e as leis, deixando os aspectos fático-probatórios aos tribunais locais.

---

25. Tomem-se os seguintes exemplos: *(a)* o furto simples (art. 155, CP) possui pena de um a quatro anos e o estelionato (art. 171, CP), crime mais grave, de um a cinco; pelo o entendimento atual, tanto quem pratica furto como quem pratica estelionato receberão penas idênticas; *(b)* o agente que abandona um incapaz causando-lhe lesão corporal (art. 133, § 1º, CP) receberá pena idêntica àquele que pratica um furto simples; *(c)* quem pratica lesão corporal gravíssima (art. 129, § 2º, CP) receberá pena de dois anos de reclusão, a mesma a ser aplicada a quem comete o crime de peculato (art. 312) ou de corrupção ativa (art. 333, CP), cujos preceitos secundários preveem pena de dois a doze anos de reclusão; *(d)* a receptação qualificada (art. 180, § 1º, CP), crime contra o patrimônio, tem pena de três a oito anos de reclusão, mas o agente receberá a mesma pena que receberia se tivesse praticado aborto sem o consentimento da gestante (art. 125, CP), crime doloso contra a vida e cuja pena é de três a dez anos de reclusão; *(e)* o roubo simples (art. 157, CP) e a extorsão (art. 158, CP) possuem pena de quatro a dez anos de reclusão, mas, seguindo a jurisprudência atual, o agente será apenado tal como se houvesse praticado lesão corporal seguida de morte (art. 129, § 3º, CP), que tem pena de quatro a doze anos de reclusão; *(f)* o estupro (art. 213, CP) tem pena de seis a dez anos de reclusão, enquanto o homicídio simples (art. 121, CP), de seis a vinte de reclusão – na prática, por mais estarrecedor que possa parecer, as penas serão fixadas no mesmo patamar de seis anos; *(g)* o legislador fez prever pena de reclusão de oito a quinze anos para a extorsão mediante sequestro (art. 159, CP) e, para o crime de financiar ou custear a prática de tráfico ilícito de entorpecentes (art. 36 da Lei 11.343/2006), a pena é de reclusão de oito a vinte anos de reclusão, porém, em caso de condenação, graças à jurisprudência em vigor, os agentes receberão penas idênticas.

Visa, também, esclarecer o verdadeiro sentido do princípio da individualização da pena, qual seja, o de que, mediante análise arbitrária e fundamentada de todos os aspectos da dosimetria da pena, o juiz aplique a pena adequada para cada réu, sem incorrer no equívoco da padronização.

A eficácia do sistema penal requer uma mudança de postura tanto dos membros do Congresso Nacional como dos magistrados. Os primeiros porque a legislação penal em vigor não reflete os anseios de justiça da população, provocando uma real sensação de impunidade. Editado em 1940, o Código Penal está muito aquém de cumprir seu papel – e a reforma por que passou na década de 1980, bem como as posteriores, agravou ainda mais este quadro.[26]

---

26. Vale ressaltar que se encontra em fase de tramitação o Projeto de Lei (PL) no Senado Federal 236/2012 (Novo Código Penal), cujo relator é o Sen. Rodrigo Pacheco (DEM) e que está, desde 13 de maio de 2019, na Comissão de Constituição, Justiça e Cidadania. Espera-se que este Projeto receba a devida atenção dos bons congressistas, visto representar um retrocesso jurídico sem precedente e o melhor exemplo (mundial, talvez) de legislação penal ineficaz e marcada com grande carga ideológica. Apenas para se ter ideia da gravidade do referido Projeto de Lei, citem-se os seguintes exemplos: *(1)* o dolo eventual passa a ser causa de redução de até 1/6 da pena (art. 20); *(2)* há artigo direcionado especificamente aos índios (art. 36), e o §3º deste dispositivo chega ao ponto de dizer que *"na medida em que isso for compatível com o sistema jurídico nacional e com os direitos humanos internacionalmente reconhecidos, deverão ser respeitados os métodos aos quais os povos indígenas recorrem tradicionalmente para a repressão dos delitos cometidos pelos seus membros"*; *(3)* responsabiliza-se criminalmente a pessoa jurídica de direito privado, mas não a de direito público (art. 41); *(4)* mantêm-se com poucas alterações as regras quanto ao regime prisional e os mais variados benefícios penais ao condenado; *(5)* traz para o Código Penal o rol dos crimes hediondos, deixando de nele acrescentar o homicídio simples (art. 56); *(6)* acrescenta as estranhas circunstâncias atenuantes consistentes em ter o réu *"sofrido violação dos direitos do nome e da imagem pela degradação abusiva dos meios de comunicação social ou, voluntariamente, realizado, antes do fato, relevante ato de solidariedade humana e compromisso social"* (art. 81, inc. II, alíneas *f* e *g*); *(7)* prevê possibilidade de redução da pena mesmo que esta tenha sido aplicada no mínimo legal ou quando ocorrida a confissão voluntária (art. 84, §§ 4º e 6º); *(8)* disciplina a barganha e colaboração com a justiça de forma imoral, obrigando a fixação da pena mínima e vedando-se o regime inicial fechado, além de permitir a redução da pena mediante requerimento das partes (art. 105); *(9)* o tratamento dispensado ao acusado que opte por servir como colaborador acaba por quase torná-lo vítima, visto que, além de lhe ser aplicada a Lei de Proteção à Vítimas e à Testemunhas, também será perdoado se for primário ou terá a pena reduzida de um a dois terços, ou lhe será aplicada apenas pena restritivas de direito, sendo certo que o acordo firmado entre as partes vinculará o juiz (art. 106); *(10)* escancara total desprezo pela vida humana, como se nota pela redução da pena do infanticídio para prisão de 01 a 04 anos (art. 124) – a mesma pena do crime de maus tratos a animais domésticos (art. 391) – e, principalmente, pela descriminalização do aborto *se, por vontade da gestante, até a décima segunda semana da gestação, quando o médico ou psicólogo constatar que a mulher não apresenta condições psicológicas de arcar com a maternidade* (art. 128, inc. IV); *(11)* desprezo, também, com o patrimônio das vítimas, o que se vê pela redução da pena do furto para prisão de 06 meses a 03 anos (art. 155) e do roubo, para prisão de 03 a 06 anos, sendo digno de nota a causa de redução da pena do roubo de 1/6 a 1/3 se o crime for praticado sem violência real, quando a coisa subtraída for de pequeno valor e o meio empregado for inidôneo para ofender a integridade física da vítima, nem causar-lhe dano psicológico relevante (art. 157); *(12)* indiferença, ainda, com a dignidade sexual de vítimas de estupro de vulnerável, pois diminui a pena de prisão de 08 a 12 anos (art. 186); *(13)* torna atípico o consumo pessoal de drogas e o ato de semear, cultivar ou colher plantas destinadas à preparação de drogas para consumo pessoal (art. 212, § 2º); *(14)* traz extenso rol de crimes contra os direitos humanos a partir do art. 458, com redação confusa e quase ininteligível (veja-se, por exemplo, o crime de gravidez forçada, consistente em *"engravidar ou promover a gravidez, mediante violência ou grave ameaça, com o fim de modificar ou comprometer a unidade étnica de um grupo"* (art. 463) ou o de transgenerização forçada, entendida como o ato de *"realizar em alguém, contra a sua vontade, qualquer ato tendente a alterar a percepção social de seu gênero designado pelo nascimento, com o fim de submetê-lo, induzi-lo ou atrai-lo à prostituição ou qualquer forma de exploração sexual"* (art. 464); *(15)* por último, tipifica como crime certas condutas, quando praticadas por motivo de discriminação ou preconceito

Já quanto aos juízes, o momento é de reflexão sobre a função do Poder Judiciário e da jurisprudência como fonte do direito. Como se disse, o entendimento dos tribunais, cuja importância não se nega, deve partir e ser fiel ao texto e ao espírito da lei, a fim de garantir o equilíbrio entre os Poderes e assegurar a plena eficácia da lei.[27]

Assim, em nada contribui para o aperfeiçoamento da Justiça a utilização de eufemismos ou argumentos retóricos com o fim de modificar o sentido da norma. Em outras palavras: o princípio básico do *rule of law* não pode ser substituído pelo *rule of judges*.[28]

Merece lembrança a lição jamais superada de Migue Reale:

> Se é um mal o juiz que anda à cata de inovações, seduzidas pelas 'últimas verdades', não é um mal menor o julgador que se converte em autônomo a serviço de um fichário de arestos dos tribunais superiores (*Lições Preliminares de Direito*. São Paulo: Editora Saraiva, 2004. p. 168).

Hoje, encontram-se em tramitação a Arguição de Descumprimento de Preceito Fundamental - ADPF 442 (relatora Min. Rosa Weber), em que se discute a descriminalização do aborto, bem como o Recurso Extraordinário 635.659 (relator Min. Gilmar Mendes), com repercussão geral, que visa a descriminalização do porte de droga para consumo pessoal.

Neste, o Min. Barroso, em seu voto, afirmou que *"é preciso não confundir moral com o direito"*, o que de fato é uma *meia* verdade: na realidade, não há *confusão* entre o direito posto e a moral[29]: cabe ao legislador editar leis justas e moralmente elevadas, visando sempre o bem comum (e a lei, no caso do aborto, é clara e cumpre o dever que emana da Constituição Federal de garantir o direito à vida); ao juiz, de seu turno, cumpre aplicar a lei, não se admitindo que sirva como um revisor ou fiscal do trabalho do congressista

---

de gênero, raça, cor, etnia, identidade ou orientação sexual, religião, procedência regional ou nacional ou por outro motivo assemelhado, indicativo de ódio ou intolerância (art. 472).

27. Não é por acaso que o art. 35 da Lei Complementar 35 de 1979 prevê, logo em seu primeiro inciso, ser dever o magistrado cumprir e fazer cumprir, com independência, serenidade e exatidão, as *disposições legais* e os atos de ofício. (grifos meus). Nesse sentido, jurisprudência que desrespeita frontalmente a lei não se presta sequer como orientação.

28. "One of the indispensable institutions of Western civilization is the rule of law. That rule is central to democratic government, a vigorou economy, and individual liberty. A functioning rule of law requires that law be understood to have force and moral weight of its own, independente of the political and cultural struggles os the moment. That is another way of saying that the rule of law, when it is observed, guatantees the supremacy of process in public affairs; self-government, stability, and safaty dependo n that supremacy. It is, therefore, ominous news that the rule of law has become confused with – indeed subverted by – the rule od judge. That subversion is precisely what judicial activism accomplishes. Activism in constitucional ruling can be employed in the servisse of any desired result; na honest Reading of a constitution cannot be so employed. Activism elevates the objectives of dominant minority above the democratic process. In this case that minotiry is the New Class, at least for the foreseeable future, a group as authoritarian in its outlook as any ohter." (BORK, Robert H. *Coercing Virtue*: the worlwide rule of judge. Washington, D.C: The AEI Press, 2003. p. 238).

29. Curioso notar que o próprio ministro Barroso, ao fazer esta afirmação, reconhece implicitamente estar inovando na ordem jurídica. Mais curioso ainda é que o mesmo ministro, em obra de sua autoria (*Curso de Direito Constitucional contemporâneo*. 2. ed. São Paulo: Editora Saraiva, 2010. p. 287), parece ter dito o contrário a respeito da *não interferência da moral no direito*. Após afirmar que a interpretação constitucional pode envolver casos fáceis e casos difíceis, diz: "Nos casos difíceis, todavia, a interpretação constitucional, sem deixar de ser uma atividade jurídica, sofrerá a influência da *filosofia moral e da filosofia política*." (grifos meus).

legitimamente eleito pelo voto popular. É dizer: ao juiz não é dado o poder de, utilizando-se de manobras interpretativas, julgar de acordo com o seu padrão de moralidade.

Contudo, o Direito não se limita ao mister do julgador ou do intérprete. É muito mais que isso – o que implica em reconhecer que o Direito e a Moral[30] guardam, como há muito se sabe,

> (...) um fundamento ético comum e o têm a tal ponto que nas fontes romana as duas disciplinas frequentemente se confundiam. Assim é que Paulo (1, 10, §1°, D, 1, 1) ensinava que *juris praecepta sunt haec: honeste vivere, alterum nun laedere, suum cuique tribuere*[31] (RÁO, Vicente. *O Direito e a Vida dos Direitos*, v. 1. 4. ed. São Paulo: Ed. RT, 1997. p. 68).

Esta lição de Paulo é irrefutável, universal e eterna.

REFERÊNCIAS

BARROSO, Luis Roberto. *Curso de Direito Constitucional Contemporâneo*: os conceitos fundamentais e a construção do novo modelo. 2. ed. São Paulo: Saraiva, 2010.

BARZOTTO, Luis Fernando. *O positivismo jurídico contemporâneo*: uma introdução a Kelsen, Ross e Hart. 2. ed. Porto Alegre: Livraria do advogado, 2007.

BORK, Robert H. *Coercing Virtue*: the worlwide rule of judge. Washington, D.C: The AEI Press, 2003.

BRUNO, Aníbal. *Direito Penal*: tomo 3°. 4. ed. Rio de Janeiro: Editora Forense, 1978.

DANTAS, San Tiago. *Problemas de direito positivo*: estudos e pareceres. 2. ed. Rio de Janeiro: Forense, 2004.

DIP, Ricardo. *Segurança jurídica e crise do mundo moderno pós-modernidade*. 3. ed. São Luís: Livraria Resistência Cultural, 2019.

FERRARA, Francesco. *Interpretação e Applicação das Leis*. Trad. Manuel A. D. de Andrade. 2. ed. São Paulo: Editora Saraiva, 1940.

GALVÃO DE SOUZA, José Pedro. *Direito natural, direito positivo e estado de direito*. São Paulo: Ed. RT, 1977.

GALVÃO DE SOUSA, José Pedro. *O Estado tecnocrático*. São Luís: Livraria Resistência Cultural, 2018.

HERRERA, Luiz Henrique Martim; GUILHERME, Thiago Azevedo. Retórica e princípio da dignidade humana. In: AGOSTINHO, Luis Otávio Vicenzi de; HERRERA, Luiz Henrique Martim (Org.). *Tutela dos direitos fundamentais*. Birigui: 2011.

---

30. Interessante a lição de Luis Legaz Lacambra acerca do assunto: (...) si al Derecho sólo interessa diretamente la exteriorización de lacto, es claro que la finalidad de la conducta jurídica no posee, em el ordem teleológico, el rango de ultimidad y superioridade que pose ela moral. Pues ésta, al afectar a lo más íntimo de la persona, al motivo de su obrar y estabelecer una "unidad" integral em el hombre (unidad de lo interior y lo exteriorizado), le "santifica" propriamente, al passo que la conducta correctamente jurídica sólo determina la existência del buen ciudadano. Como se dice en la más clássica filosofia: el Derecho se ordena al fin temporal del hombre, mientras que la moral mora a sua fin último. Y de aquí deriva que el Derecho sólo puede ordenar aquello que es necesario para esse fin temporal; lo que afecta al fin de santificación sólo puede ordenarlo em tanto que es, además, diretamente necesario para el fin temporal (bien común), pero no em tanto que es "santo" o "moral". Por lo demás, no puede establecerse a priori uns separación tajante entre los actos (exteriorizados) que son propios de la moral y los específicos del Derecho, pues, uma vez realizado externamente um acto humano, cae bajo la regulación posible del Derecho, y son puntos de vista políticos los que determinan cuéles de esos actos exteriorizados no "deben" ser objeto de um imperativo, positivo o negativo, de las normas jurídicas." (*Filosofía Del Derecho*. 2. ed. Barcelona: Bosch, Caso Editorial, 1953. p. 261).
31. Em tradução livre: "os preceitos do direito são estes: viver honestamente, não lesar a outrem, dar a cada um o seu."

HERVADA, Javier. *Lições propedêuticas de filosofia do direito*. Trad. Elza Maria Gasparotto. São Paulo: Editora Martins Fontes, 2008.

HUNGRIA, Nelson. *Comentário ao Código Penal, v. 1*: Tomo 1, artigos 1º ao 10º. 3. ed. Rio de Janeiro: Editora Forense, 1955.

JOUVENEL, Bertrand de. *El Poder*. 2. ed. Madrid: Editora Nacional, 1974.

LACAMBRA, Luis Legaz. *Filosofía Del Derecho*. 2. ed. Barcelona: Bosch, Caso Editorial, 1953.

LYRA, Roberto. *Comentários ao Código Penal, v. II*: art. 28 a 74. Rio de Janeiro: Editora Forense, 1942.

MACHADO, João Baptista. *Introdução ao direito e ao discurso legitimador*. 24. ed. Coimbra: Editora Almedina, 2017.

MENDES, Gilmar Ferreira e BRANCO, Paulo Gustavo Gonet. *Curso de Direito Constitucional*. 10. ed. São Paulo: Saraiva, 2015.

MORAES, Alexandre de. *Direito Constitucional*. 33. ed. São Paulo: editora Atlas, 2017.

NORONHA, E. Magalhães. *Direito Penal*: v. 1 – Introdução e parte geral. 31. ed. São Paulo: Editora Saraiva, 1995.

TAVARES, André Ramos. *Curso de Direito Constitucional*. 15. ed. São Paulo: Editora Saraiva, 2017.

OTERO, Paulo. *Instituições políticas e constitucionais*. 3. ed. Coimbra: Editora Almedina, 2017.

RAMOS, Elival da Silva. *Ativismo Judicial: parâmetros dogmáticos*. São Paulo: Editora Saraiva, 2010.

RÁO, Vicente, *O Direito e a Vida dos Direitos, v. 1*: noções gerais; direito positivo; direito objetivo. 4. ed. São Paulo: Ed. RT, 1997.

REALE, Miguel. *Lições preliminares de direito*. 27. ed. São Paulo: Editora Saraiva, 2004.

SCALIA, Antonin. *Reflections on Law, faith, and life well lived*. New York: Crown Forum, 2017.

SCALIA, Antonin. *Visita ao Brasil em evento promovido pela Universidade de Brasília, aos 14 de maio de 2009*. Disponível em: [www.conjur.com.br/2009-mai-14/ministro-corte-eua-juizes-nao-podem-decisoes-morais].

SOUSA JÚNIOR, Cezar Saldanha. *A crise da Democracia no Brasil*: aspectos políticos. Rio de Janeiro: Forense, 1978.

ATRIBUIÇÕES ADMINISTRATIVAS DOS ENTES FEDERADOS NO ÂMBITO DO SISTEMA ÚNICO DE SAÚDE (SUS) E ASPECTOS PROCESSUAIS À LUZ DOS TEMAS 500, 793 E 1234, DO STF

Kleber Leles de Souza

Graduado em Direito pela Universidade de São Paulo. Pós-graduado em Direito Processual Civil pela Escola Paulista da Magistratura. Juiz de Direito do Tribunal de Justiça do Estado de São Paulo (TJSP).

1. SAÚDE COMO DIREITO FUNDAMENTAL E DEVER DO ESTADO: OS PRINCÍPIOS DE ORGANIZAÇÃO E FUNCIONAMENTO DO SUS

A Constituição Federal de 1988 consagra a saúde como "direito de todos e dever do Estado",[1] estabelecendo que as ações a ele inerentes "são de relevância pública".[2] Referidas disposições transcendem o caráter meramente programático, impondo efetiva obrigação estatal voltada à implementação de ações concretas que visem a assegurar o acesso da população aos serviços de saúde.

Para compreender a natureza jurídica desta obrigação estatal, é necessário lembrar que, no contexto dos direitos fundamentais, o direito à saúde é classificado, tradicionalmente, dentre os de segunda geração ou dimensão.[3] Tais direitos, de caráter social e decorrentes do direito fundamental à igualdade, são considerados a partir de uma

1. Eis a previsão constitucional: "Art. 196. A saúde é direito de todos e dever do Estado, garantido mediante políticas sociais e econômicas que visem à redução do risco de doença e de outros agravos e ao acesso universal e igualitário às ações e serviços para sua promoção, proteção e recuperação".
2. Eis a previsão constitucional: "Art. 197. São de relevância pública as ações e serviços de saúde, cabendo ao Poder Público dispor, nos termos da lei, sobre sua regulamentação, fiscalização e controle, devendo sua execução ser feita diretamente ou através de terceiros e, também, por pessoa física ou jurídica de direito privado".
3. De acordo com Bonavides, os direitos fundamentais de segunda geração "são os direitos sociais, culturais e econômicos bem como os direitos coletivos ou de coletividades, introduzidos no constitucionalismo das distintas formas de Estado Social, depois que geminaram por obra da ideologia e da reflexão antiliberal do século XX. Nasceram abraçados ao princípio da igualdade, do qual não se podem separar, pois fazê-lo equivaleria a desmembrá-los da razão de ser que os ampara e estimula" (BONAVIDES, Paulo. *Curso de Direito Constitucional*, 15. ed., Malheiros Editores, São Paulo, p. 564).

perspectiva positiva (dever de prestar), eis que impõem ao Estado a obrigação de promover ações concretas para efetivar a igualdade material dos cidadãos.[4] Este dever, em relação especificamente ao direito à saúde, é densificado pelos postulados constitucionais relativos à "universalidade do acesso" e ao "atendimento integral".

A categorização da saúde como direito de segunda geração ou dimensão – viabilizando uma abordagem de forma coletiva –, não impede, todavia, sua discussão também de modo individualizado, como expressão dos direitos fundamentais à vida e à dignidade da pessoa humana.[5]

Neste cenário, o cumprimento de tais prestações positivas (de maneira coletiva ou individual), mediante o fornecimento de serviços de saúde gratuitos a toda a população em um país de dimensões continentais é, evidentemente, uma tarefa árdua. Por tais razões, com o objetivo de garantir maior abrangência e capilaridade a este atendimento, a Constituição instituiu o "Sistema Único de Saúde" (regulamentado, posteriormente, pela Lei 8.080/1990), composto por uma rede regionalizada e hierarquizada de ações e serviços públicos de saúde, cujo financiamento advém de recursos do orçamento da seguridade social, da União, dos Estados, do Distrito Federal e dos Municípios, além de outras fontes de custeio. A Constituição Federal estabeleceu, ainda, como diretriz fundamental do sistema, a descentralização, com direção única em cada esfera de governo.[6]

Neste contexto, a Lei 8.080/1990 detalha as competências específicas dos entes federativos, com base, sobretudo, na complexidade dos serviços. Em resumo, pode-se afirmar que: (i) os Municípios são responsáveis pelo fornecimento de medicamentos básicos e ações primárias de saúde; (ii) os Estados atuam na gestão de serviços de média e alta complexidade, além de coordenar a assistência regionalizada; (iii) e à União, compete financiar ações de maior custo e coordenar políticas nacionais de saúde.

---

4. De acordo com Bonavides, os direitos fundamentais de segunda geração "passaram primeiro por um ciclo de baixa normatividade ou tiveram eficácia duvidosa, em virtude de sua própria natureza de direitos que exigem do Estado determinadas prestações materiais nem sempre resgatáveis por exiguidade, carência ou limitação essencial de meios e recursos. De juridicidade questionada nesta fase, foram eles remetidos à chamada esfera programática, em virtude de não conterem para sua concretização aquelas garantias habitualmente ministradas elos instrumentos processuais de proteção aos direitos da liberdade. Atravessaram, a seguir, uma crise de observância e execução, cujo fim parece estar perto, desde que recentes Constituições, inclusive a do Brasil, formularam o preceito da aplicabilidade imediata dos direitos fundamentais" (BONAVIDES, Paulo. *Curso de Direito Constitucional*, 15. ed. Malheiros Editores, São Paulo, p. 564).
5. Neste sentido, o E. Superior Tribunal de Justiça, quando do julgamento dos Recursos Especiais 1.681.690/SP e 1.682.836/SP, Tema 766, fixou a seguinte tese: "O Ministério Público é parte legítima para pleitear tratamento médico ou entrega de medicamentos nas demandas de saúde propostas contra os entes federativos, mesmo quando se tratar de feitos contendo beneficiários individualizados, porque se refere a direitos individuais indisponíveis, na forma do art. 1º da Lei 8.625/1993 (Lei Orgânica Nacional do Ministério Público)".
6. Eis a previsão constitucional: "Art. 198. As ações e serviços públicos de saúde integram uma rede regionalizada e hierarquizada e constituem um sistema único, organizado de acordo com as seguintes diretrizes: I – descentralização, com direção única em cada esfera de governo; II – atendimento integral, com prioridade para as atividades preventivas, sem prejuízo dos serviços assistenciais; III – participação da comunidade". A descentralização e a fixação de competência administrativa comum prevista no art. 23, II, da CF, são instrumentos que visam à distribuição, entre todos os entes federados, da responsabilidade no atendimento das questões relativas ao direito à saúde.

2. JUDICIALIZAÇÃO DA SAÚDE: RESPONSABILIDADE SOLIDÁRIA DOS ENTES FEDERATIVOS, LEGITIMIDADE E COMPETÊNCIA

Não obstante o modelo de administração dos serviços de saúde instituído pelo SUS e a existência de complexo arcabouço normativo, complementado por atos regulamentares emanados por órgãos e agências estatais, diversas questões, das mais variadas naturezas (orçamentárias, limitação de fontes de custeio,[7] restrições administrativas, má utilização de verbas públicas) influenciam para o não atendimento, na esfera administrativa, da integralidade das demandas surgidas na sociedade. Este inadimplemento se dá das mais variadas formas (*v.g.*, falta de leitos e vagas em hospitais, falta de profissionais da área da saúde, falta de medicamentos).

Além disto, o próprio conteúdo ("núcleo duro") do direito fundamental à saúde tem sido ampliado, para abranger não apenas o chamado mínimo vital, mas também ações destinadas à garantia de um patamar mínimo e dignidade (Castro e Duarte; 2020), o que, efetivamente, impacta no campo da atuação administrativa estatal, ampliando-o, sem que haja, necessariamente, o respectivo incremento de recursos financeiros. Some-se a isto a evolução da ciência médica e farmacêutica, com surgimento de novas técnicas, procedimentos e medicamentos que, por vezes, são de alto custo ou até mesmo experimentais e, portanto, sem produção em larga escala apta a viabilizar o barateamento de sua produção.

A partir de uma interpretação literal dos dispositivos constitucionais já mencionados, o Estado estaria, em tese, vinculado, em razão dos princípios da universalidade e integralidade[8], ao cumprimento de todas estas prestações[9] no âmbito administrativo.

Todavia, ante a constatação, de um lado, da ineficiência e incapacidade do Poder Público em cumprir a contento tais obrigações nas esferas administrativas, e da cons-

7. Restrições orçamentárias e limitações de fontes de custeio são fatores diretamente relacionados a questões de natureza financeira, dando ensejo, muitas vezes, à defesa da tese da reserva do possível pelos agentes públicos, objetivando relativizar ou afastar as obrigações impostas ao Estado. Na lição de Duarte e Castro, "é sabido que as demandas sociais são custosas ao Estado, devido ao fato de dependerem do despendimento de grande monta de recursos, não somente financeiros. Por isso, a delimitação do núcleo essencial do direito fundamental social à saúde é de grande valia para a tutela dessa categoria de direito, já que rechaça a argumentação, recorrentemente aventada pelos representantes do Poder Público, da denominada reserva do possível, caracterizada pela limitação dos recursos públicos, em face de demandas judiciais plúrimas" (DUARTE, Luciana Gaspar Melquíades; CASTRO, Yuran Quintão. "Núcleo Essencial do Direito à Saúde: Demandas de Saúde de Primeira Necessidade". In: DUARTE, Luciana Gaspar Melquíades; VIDAL, Victor Luna (Coord.). *Direito à saúde*: judicialização e pandemia no novo coronavírus. São Paulo: São Paulo: Thompson Reuters Brasil, 2020. p. 221.
8. Pivetta (2022) adverte que "a integralidade não consiste no fornecimento de todo e qualquer bem ligado ao direito à saúde. Ou seja, o Estado não é obrigado a arcar com toda medida de saúde desejada pelo indivíduo. Isso porque, como todo direito de natureza fundamental, o direito à saúde encontra-se sujeito às reservas da ponderação e do politicamente oportuno ou adequado. E, quando se trata da faceta prestacional desses direitos, envolvendo intervenções positivas do Poder Público, soma-se àquelas a reserva do financeiramente possível" (Op. cit., p. 148).
9. A questão relativa ao dever do Estado de fornecer medicamento de alto custo a portador de doença grave que não possui condições financeiras para comprá-lo está afeta a julgamento pelo E. Supremo Tribunal Federal (Recurso Extraordinário 566.471, de relatoria do Ministro André Mendonça), com repercussão geral reconhecida (Tema 6).

tatação, por outro, da eficácia e exigibilidade do direito fundamental à saúde, exsurge a pretensão (individual ou coletiva) em pleitear, perante o Poder Judiciário, sua implementação e concretização. É neste contexto que se fala em judicialização da saúde,[10] fenômeno crescente que abrange múltiplos objetos (fornecimento de medicamentos, insumos, disponibilização de consultas e exames, procedimentos cirúrgicos, vagas em hospitais, dentre outros).[11]

Atualmente é sólida a jurisprudência dos tribunais brasileiros sobre a possibilidade de responsabilização da União, Estados, Municípios e Distrito Federal, em juízo, quanto ao dever de prestar assistência à saúde, mediante o fornecimento de remédios, insumos e tratamentos. E, em decorrência da competência comum atribuída aos referidos entes federados, é também amplamente majoritário o entendimento de que esta responsabilidade é solidária.[12] Neste sentido, afirma Sartori que

> "é consenso entre os julgadores o entendimento, fundado no art. 196 da Constituição Federal, no sentido de que a União, Estados e Municípios são solidariamente responsáveis pelo fornecimento gratuito de medicamentos, em virtude de o referido dispositivo prescrever a saúde como dever do Estado, sem especificar sobre qual ente da federação recairia este dever. Esse entendimento, aliás,

---

10. De acordo com relatório de pesquisa elaborado pelo Insper – Instituto de Ensino e Pesquisa sobre a judicialização da saúde no Brasil, "um único e icônico caso, da Fosfoetanolamina, também conhecida como 'pílula do câncer', resultou, no período de oito meses, em cerca de 13 mil liminares para que a Universidade de São Paulo fornecesse medicamento ainda não aprovado na Anvisa e cuja eficácia ainda não havia sido comprovada por estudos técnicos (Dallari-Bucci e Duarte, 2017). O problema não se restringe a casos isolados. O número de demandas judiciais relativas à saúde aumentou 130% entre 2008 e 2017, enquanto o número total de processos judiciais cresceu 50%. Segundo o Ministério da Saúde, em sete anos houve um crescimento de aproximadamente 13 vezes nos seus gastos com demandas judiciais, atingindo R$ 1,6 bilhão em 2016. Tal montante, ainda que pequeno frente ao orçamento público para a saúde, representa parte substancial do valor disponível para alocação discricionária da autoridade pública, atingindo níveis suficientes para impactar a política de compra de medicamentos, um dos principais objetos das demandas judiciais (Sumário Executivo: Justiça Pesquisa: Judicialização da Saúde no Brasil: Perfil das demandas, causas e propostas de solução, disponível em: [www.cnj.jus.br/wp-content/uploads/2018/01/f74c66d46cfea933bf22005ca50ec915.pdf]. Acessado em 30/01/2024, às 23h08).
11. De acordo com Duarte e Pimenta, "a reivindicação perante o Judiciário da tutela do direito sanitário teve início na década de 1990, com a constatação de que, conquanto constitucionalmente positivado, o mesmo carecia de efetividade" (DUARTE; Luciana Gaspar Melquíades; PIMENTA, Liana de Barros. Direito à saúde: histórico, judicialização e prognóstico. In: DUARTE, Luciana Gaspar Melquíades; VIDAL, Victor Luna (Coord.). *Direito à saúde*: judicialização e pandemia no novo coronavírus. São Paulo: São Paulo: Thompson Reuters Brasil, 2020. p. 58). Assim é que, inicialmente, prevaleciam as teses em favor da Fazenda Pública, no sentido de que as normas constitucionais sobre o direito à saúde eram meramente programáticas, ou seja, sem densidade normativa suficiente para serem exigíveis, seja em ação coletiva, seja a título individual. Não obstante, houve significativa evolução do entendimento jurisprudencial, em prestígio ao reconhecimento da eficácia da norma constitucional. Gradativamente passou-se a admitir, pelo Poder Judiciário, a tese da possibilidade de custeio, pelo Poder Público, de tratamentos para doenças, incluindo doenças raras, tratamentos experimentais e tratamentos no exterior (decisões estas proferidas, respectivamente, pelo STF, no Recurso Extraordinário 195.192 e na Suspensão de Segurança 3.073; e pelo STJ, no Mandado de Segurança 8.895/DF).
12. Mencione-se que o primeiro julgamento de significativa relevância sobre o tema da solidariedade dos entes federados, no âmbito do Supremo Tribunal Federal e ainda sem caráter vinculante, deu-se por ocasião da apreciação do Agravo Regimental na Suspensão de Tutela Antecipada 175 (em demanda ajuizada em face da União, do Estado do Ceará e do Município de Fortaleza, visando ao fornecimento do medicamento Zavesca Miglustat), no ano de 2009.

encontra reforço no art. 198, inciso I, e mesmo no parágrafo 2.º dessa disposição, que se referem, expressamente, às diversas esferas de governo, inclusos Estados e Municípios" (2010, p. 872).[13]

A admissão da solidariedade entre os entes federativos sempre gerou importante consequência prática: demandas judiciais que tenham por objeto a prestação de serviços relacionados à saúde podem ser ajuizadas contra qualquer um dos entes federados, à escolha do autor.

Aqui, todavia, há um aparente conflito de normas, uma tensão entre regras e princípios, tanto constitucionais quanto infraconstitucionais. Isto porque, como afirmado alhures, a Constituição Federal estabelece que uma das diretrizes do atendimento público às questões de saúde é, justamente, a descentralização entre as diversas esferas de governo, descentralização esta que é reproduzida e densificada, no plano infraconstitucional, pela Lei 8.080/1990, ao tratar do Sistema Único de Saúde (SUS). Trata-se de instrumento que tem por objetivo, como consignado, a capilaridade do atendimento, a repartição das competências de acordo com a complexidade e custos do serviço a ser prestado, bem como a racionalização financeira do sistema, tendo em vista as restrições orçamentárias, a limitação das respectivas fontes de custeio e as regras sobre repasses de recursos entre os entes federativos.[14] Assim, a descentralização seria, em princípio, incompatível com a solidariedade.

Não se trata de discussão meramente abstrata ou acadêmica. Ao contrário, a prática forense revela que não é incomum o ajuizamento de demandas em face de determinado ente federado para o custeio de tratamentos e medicamentos que, de acordo com as regras de repartição de competências estabelecidas no âmbito do Sistema Único de Saúde, seria atribuição de outro.[15] Sartori (2010) adverte que este cenário abre espaço para embates entre os entes federados em juízo, um atribuindo ao outro a responsabilidade pela prestação. Todavia, o posicionamento jurisprudencial majoritário sempre foi no sentido de que, em razão desta responsabilidade solidária, não estaria o cidadão "vinculado ao pacto de saúde e às normas operacionais, até porque nada vem previsto a respeito na Lei Maior" (Sartori, 2010, p. 873).

A solução propugnada para tentar conciliar a solidariedade, de um lado, e as regras de distribuição de competência administrativa previstas pelo SUS, de outro, desenvolveu-se, em um primeiro momento, no sentido de que o ente federado que fosse condenado em juízo a custear medicamento ou tratamento de saúde poderia buscar

13. Em abono à tese da solidariedade, aponta Sartori (2010), ainda, que o art. 2º, da Lei 8.080/1990 (que dispõe sobre as condições para a promoção, proteção e recuperação da saúde, a organização e o funcionamento dos serviços correspondentes), ao referir-se ao termo "Estado", não o delimita.

14. A propósito, reafirmando este ideal acerca da observância dessa descentralização, foi aprovado o Enunciado 8, das Jornadas do Direito da Saúde, no âmbito do Fonajus (Fórum Nacional do Judiciário para a Saúde): "Nas apreciações judiciais sobre ações e serviços de saúde devem ser observadas as regras administrativas de repartição de competência entre os entes federados".

15. É muito comum, por exemplo, o ajuizamento de demandas apenas contra o Município, ou contra o Município e o Estado, que são esferas de poder mais próximas e mais perceptíveis pelo cidadão, mesmo em hipóteses de prestação à saúde cuja atribuição, de acordo com as regras de repartição administrativa, seria da União.

reembolso daquele que fosse o efetivamente responsável, administrativamente ou em uma ação autônoma de regresso (Sartori, 2010).

2.1 Tema 793: solidariedade versus descentralização

A questão chegou ao E. Supremo Tribunal Federal, veiculada pelo Recurso Extraordinário 885.178,[16] interposto pela União e que, diante da relevância das questões debatidas, foi afetado para julgamento pela sistemática da repercussão geral (Tema 793).

Na origem, tratou-se de demanda ajuizada contra a União e o Estado de Sergipe. Sobreveio sentença condenatória, ratificando tutela antecipatória inicialmente deferida, para o fim de impor ao Estado de Sergipe a obrigação de aquisição e fornecimento do medicamento Bosentana (Tracleer 62.5mg/125mg), e à União o cofinanciamento, no percentual de 50%. Após a entrega do medicamento, sobreveio o óbito da autora, aproximadamente dois meses após. Cessou-se, assim, a obrigação de fazer. Todavia, persistiu o inconformismo da União quanto à ordem de ressarcimento parcial do custeio do medicamento ao Estado de Sergipe.

Da sentença fora interposto recurso de apelação ao E. Tribunal Regional Federal da 5ª Região pela União, que arguia sua ilegitimidade passiva, pugnando pela extinção do feito em relação a si. O recurso não foi provido, sob o fundamento da existência de responsabilidade solidária entre os entes federados, e que eventuais questões de repasses de verbas do SUS deveriam ser dirimidas administrativamente ou em ação judicial própria, em consonância com o entendimento jurisprudencial majoritário, mencionado por Sartori (2010).

Fora, então, interposto pela União Recurso Extraordinário perante o E. Supremo Tribunal Federal, reiterando a tese de ilegitimidade passiva. A União invocou, em abono de sua tese, o princípio da descentralização do SUS, e que, em razão disto, a obrigação de fornecer e custear os medicamentos seria de incumbência exclusiva dos órgãos locais.

Reconhecida a repercussão geral, sobreveio acórdão da lavra do E. Ministro Relator Luiz Fux, reafirmando a jurisprudência do próprio Supremo Tribunal Federal (adotada anteriormente na Suspensão de Tutela Antecipada 175) no sentido de que o tratamento médico adequado aos necessitados se insere "no rol dos deveres do Estado, porquanto responsabilidade solidária dos entes federados", e que "o polo passivo pode ser composto por qualquer um deles, isoladamente, ou conjuntamente" (Brasil, 2015).

Na ocasião, para fins de julgamento do Tema 793, da Repercussão Geral, fixou-se a seguinte tese: "O tratamento médico adequado aos necessitados se insere no rol dos deveres do Estado, sendo responsabilidade solidária dos entes federados, podendo figurar no polo passivo qualquer um deles em conjunto ou isoladamente".[17]

16. Número único 0005840-11.2009.4.05.8500.
17. Redação da tese aprovada nos termos do item 2 da Ata da 12ª Sessão Administrativa do STF, realizada em 09/12/2015.

Foram, todavia, interpostos embargos de declaração pela União. Nestes, sustentou-se que, não obstante ter sido reafirmada a jurisprudência sobre a matéria, por ocasião daquele julgamento restaram vencidos os Ministros Teori Zavascki, Roberto Barroso e Marco Aurélio, não tendo se manifestado a Ministra Cármen Lúcia, indicando a existência de duas correntes, o que daria ensejo a um maior debate acerca das diversas nuances e peculiaridades do tema.

A apreciação dos embargos de declaração pela Suprema Corte gerou intensos debates, notadamente diante da já noticiada tensão entre a concepção de uma responsabilidade solidária entre os entes federados e a existência de regras de repartição de competência administrativa para atendimento a demandas envolvendo o Sistema Único de Saúde. Todavia, o voto do Relator, Ministro Luiz Fux, foi pelo desprovimento dos embargos, sob o fundamento de que não havia omissão, contradição ou obscuridade a ser sanada.

No bojo das discussões, o Ministro Teori Zavascki chamou à atenção a um ponto de extrema relevância: todos precedentes do Supremo sobre a questão da solidariedade foram formados num período anterior ao advento da legislação que organizou o Sistema Único de Saúde e foram repetidos nesse tempo. Esclareceu o Ministro que seu voto foi divergente, "justamente porque veio lei posterior e distribuiu responsabilidades" (Brasil, 2020).

Em continuidade aos trabalhos, o relator, Ministro Luiz Fux apresentou questão de ordem. Sensibilizado por memoriais apresentados pela Advocacia-Geral da União em audiência, arguindo a inexistência de logística própria da União para a entrega direta de medicamentos (e, em consequência, pugnando pelo afastamento, em relação a ela, da solidariedade própria do direito privado), o relator concordou com proposta formulada pelo Ministro Edson Fachin, que então ficou designado como redator do voto. A proposta do Ministro Fachin foi no sentido de, mantendo a rejeição dos embargos, aprimorar e desenvolver a tese objeto do Tema 793.[18]

Foi, então, proposta a seguinte redação, ao final aprovada:

> "Os entes da federação, em decorrência da competência comum, são solidariamente responsáveis nas demandas prestacionais na área da saúde, e diante dos critérios constitucionais de descentrali-

---

18. O voto ficou ementado nos seguintes termos: "Constitucional e administrativo. Embargos de declaração em recurso extraordinário com repercussão geral reconhecida. Ausência de omissão, contradição ou obscuridade. Desenvolvimento do procedente. Possibilidade. Responsabilidade de solidária nas demandas prestacionais na área da saúde. Desprovimento dos embargos de declaração. 1. É da jurisprudência do Supremo Tribunal Federal que o tratamento médico adequado aos necessitados se insere no rol dos deveres do Estado, porquanto responsabilidade solidária dos entes federados. O polo passivo pode ser composto por qualquer um deles, isoladamente, ou conjuntamente. 2. A fim de otimizar a compensação entre os entes federados, compete à autoridade judicial, diante dos critérios constitucionais de descentralização e hierarquização, direcionar, caso a caso, o cumprimento conforme as regras de repartição de competências e determinar o ressarcimento a quem suportou o ônus financeiro. 3. As ações que demandem fornecimento de medicamentos sem registro na Anvisa deverão necessariamente ser propostas em face da União. Precedente específico: RE 657.718, Rel. Min. Alexandre de Moraes. 4. Embargos de declaração desprovidos". (RE 855.178 ED, Relator(a): Luiz Fux, Relator(a) p/ Acórdão: Edson Fachin, Tribunal Pleno, julgado em 23-05-2019, Processo Eletrônico Repercussão Geral – Mérito DJe-090 Divulg 15-04-2020 Public 16-04-2020).

zação e hierarquização, compete à autoridade judicial direcionar o cumprimento conforme as regras de repartição de competências e determinar o ressarcimento a quem suportou o ônus financeiro".

A tese fixada procurou compatibilizar a consagrada responsabilidade solidária dos entes federados em relação às questões de saúde, com as regras de repartição de competência, descentralização e hierarquização do Sistema Único de Saúde, permitindo o ressarcimento do ente federativo que suportou o ônus financeiro na fase de cumprimento de sentença, mediante redirecionamento ao ente efetivamente responsável. Sob o ponto de vista processual, a solução se mostrou adequada para os casos em que o ente estatal responsável pelo custeio já integrasse o polo passivo na fase de conhecimento. Nesta hipótese, bastaria ao juiz redirecionar o cumprimento ao referido ente, sem necessidade de alteração do polo passivo.[19]

Não obstante, a tese gerou certa celeuma quanto à sua aplicação aos casos em que o ente federado responsável pelo custeio, de acordo com as regras do SUS, não integrasse originalmente o processo. Ensejou, ainda, relevante discussão sobre a composição do polo passivo nos casos de medicamentos não incorporados ao SUS, em relação aos quais sequer haveria regras claras de distribuição de competência administrativa. Neste cenário, por parte de algumas procuradorias passou-se a advogar a tese de que o precedente vinculante estaria abrindo a possibilidade do manejo de mecanismos processuais para a intervenção de terceiros, com vistas à ampliação ou alteração do polo passivo.

Essa interpretação, além de afastar a plena eficácia da regra da solidariedade, permitiria o surgimento de lides secundárias entre os entes federados. Tais discussões, centradas na divisão de atribuições e competências administrativas, poderiam prolongar o curso dos processos judiciais e, em tese, dificultar a efetivação dos direitos do particular, em relação ao qual controvérsias administrativas não seriam, em princípio, oponíveis.

De qualquer forma, não obstante se reconheça que a redação final do tema traduza certa mitigação da regra da solidariedade[20], a possibilidade de alteração ou ampliação do polo passivo nas ações relativas à saúde não foi discutida, não integrando a tese vinculante.

19. Para esta hipótese, em que o ente responsável já integre o polo passivo, é relevante a aplicação os enunciados 60 e 87, das Jornadas de Direito da Saúde do Conselho Nacional de Justiça, aprovados no âmbito do Fonajus (Fórum Nacional do Judiciário para a Saúde): Enunciado 60: "A responsabilidade solidária dos entes da Federação não impede que o Juízo, ao deferir medida liminar ou definitiva, direcione inicialmente o seu cumprimento a um determinado ente, conforme as regras administrativas de repartição de competências, sem prejuízo do redirecionamento em caso de descumprimento". Enunciado 87: "Nas decisões que determinem o fornecimento de medicamento ou de serviço por mais de um ente da federação, deve-se buscar, em sendo possível, individualizar os atos que serão de responsabilidade de cada ente".

20. Neste sentido, o Plenário do Supremo Tribunal Federal, ao conceder parcialmente a tutela de urgência no Recurso Extraordinário 1.366.243/SC (Tema 1234), consignou que "a solidariedade constitucional pode ter se revestida de inúmeros significados ao longo do desenvolvimento da jurisprudência desta Corte, mas não se equiparou, sobretudo após a reforma do SUS e o julgamento do Tema 793, à livre escolha do cidadão do ente federativo contra o qual pretende litigar".

2.2 Tema 500: medicamentos sem registro na Anvisa

A despeito de não estabelecer, em um primeiro momento, tese vinculante sobre a composição do polo passivo, o Supremo Tribunal Federal, enfrentou parcialmente a questão, ao decidir acerca da possibilidade de fornecimento, em caráter excepcional, de medicamentos sem registro na Agência Nacional de Vigilância Sanitária (Anvisa).[21]

Neste caso, outra decisão proferida sob a sistemática da repercussão geral (Tema 500), no Recurso Extraordinário 657.718, determinava que a ação judicial deveria ser proposta em face da União, em litisconsórcio ou não com outros entes federados, quando preenchidos três requisitos, quais sejam: (i) a existência de pedido de registro do medicamento no Brasil (salvo no caso de medicamentos órfãos para doenças raras e ultrarraras); (ii) a existência de registro do medicamento em renomadas agências de regulação no exterior; e (iii) a inexistência de substituto terapêutico com registro no Brasil. Na prática, a presença obrigatória da União no polo passivo define a competência jurisdicional da Justiça Federal para processar e julgar o feito, com fundamento no artigo 109, inciso I, da Constituição Federal.

O fundamento para a obrigatoriedade de inclusão da União no polo passivo, nestes casos, está atrelado à competência da própria Anvisa, agência vinculada ao governo federal, responsável pelo controle e registro de medicamentos no país.[22]

2.3 Medicamentos não padronizados no SUS, com registro na Anvisa: o Tema 1234

Exceção feita às hipóteses abrangidas pela tese firmada no Tema 500, as demais situações envolvendo o registro de medicamentos pela Anvisa ainda apresentavam lacunas quanto à concretização dos postulados do Tema 793. Em particular, destacava-se a ausência de decisão vinculante sobre a forma de redirecionamento da responsabilidade quando o ente federado encarregado pelo custeio não fosse parte da lide. Essa lacuna gerou interpretações divergentes, inclusive no próprio Supremo Tribunal Federal (STF), sobretudo nos casos relacionados ao fornecimento de medicamentos registrados pela Anvisa, mas não padronizados no Sistema Único de Saúde (SUS).

21. Registre-se que a responsabilidade do Estado em fornecer medicamentos sem registro na Anvisa fora também objeto dos temas de repercussão geral 6, 1161 e 1234.

22. O Supremo Tribunal Federal, em mais de uma oportunidade, reconheceu ser atribuição do Poder Executivo a liberação da comercialização de medicamentos no país. O primeiro julgado de significativa importância sobre o tema deu-se na ADI 5501, ajuizada pela Associação Médica Brasileira (AMB), questionando a constitucionalidade da Lei 13.269/2016, que autorizava o uso da fosfoetanolamina sintética, conhecida como "pílula do câncer" por pacientes diagnosticados com neoplasia maligna, independentemente da conclusão dos estudos a respeito de sua eficácia e de autorização pela Anvisa. Quando do julgamento da referida ADI, em 26/10/2020, o Supremo decidiu pela inconstitucionalidade da lei, por violação ao princípio da separação dos poderes e ao direito fundamental à saúde. Um ano depois, em 14/10/2021, o Supremo julgou a ADI 5779, que questionava a Lei 13454/17, que autorizava a produção, comercialização e consumo de inibidores de apetite sem autorização da Anvisa. O Supremo decidiu também pela inconstitucionalidade da referida norma, por violação ao direito à saúde e pela vedação ao retrocesso, considerando que a liberação de medicamentos sem estudos de eficácia concluídos e sem o controle pela agência estatal responsável significaria retrocesso na tutela do direito fundamental à saúde.

Diante desse cenário, formaram-se duas correntes principais. A primeira, mais restritiva, sustentava que o redirecionamento só seria viável na fase de cumprimento de sentença, desde que o ente federado responsável pelo custeio já tivesse participado do feito desde a fase de conhecimento, em respeito aos critérios constitucionais de descentralização e hierarquização. De acordo com este entendimento, não seria admissível ampliar ou alterar o polo passivo, nem modificar a competência da Justiça,[23] mesmo no caso de medicamentos não padronizados. Caso o ente federado não tivesse sido parte na fase inicial, a solução para o redirecionamento seria o ajuizamento de uma ação autônoma.

Já a segunda corrente, majoritária no âmbito do Supremo Tribunal Federal, entendia que, nos casos em que houvesse discussão sobre medicamentos que, embora registrados na Anvisa, não fossem padronizados no SUS, deveria a União integrar o polo passivo, com deslocamento de competência para a Justiça Federal, se o caso.[24]

Diante da relevância de tais questões, para sua apreciação foi afetado o Recurso Extraordinário 1.366.243,[25] gerando o Tema de Repercussão Geral 1234, tendo como objeto, inicialmente, a discussão sobre a legitimidade passiva da União e competência da Justiça Federal, nas demandas que versem sobre fornecimento de medicamentos registrados na Agência Nacional de Vigilância Sanitária – Anvisa, mas não padronizados no Sistema Único de Saúde – SUS.

Após a afetação do tema, sobreveio fato novo, relacionado ao julgamento, pelo Superior Tribunal de Justiça, do Incidente de Assunção de Competência IAC 14, em

23. Esta parece ter sido a corrente adotada pela Primeira Seção do Superior Tribunal de Justiça que, quando do julgamento do Incidente de Assunção de Competência (IAC) 14, julgado em 12/04/2023, chegou a firmar entendimento de que: "a) Nas hipóteses de ações relativas à saúde intentadas com o objetivo de compelir o Poder Público ao cumprimento de obrigação de fazer consistente na dispensação de medicamentos não inseridos na lista do SUS, mas registrado na Anvisa, deverá prevalecer a competência do juízo de acordo com os entes contra os quais a parte autora elegeu demandar; b) as regras de repartição de competência administrativas do SUS não devem ser invocadas pelos magistrados para fins de alteração ou ampliação do polo passivo delineado pela parte no momento da propositura da ação, mas tão somente para fins de redirecionar o cumprimento da sentença ou determinar o ressarcimento da entidade federada que suportou o ônus financeiro no lugar do ente público competente, não sendo o conflito de competência a via adequada para discutir a legitimidade ad causam, à luz da Lei n. 8.080/1990, ou a nulidade das decisões proferidas pelo Juízo estadual ou federal, questões que devem ser analisada no bojo da ação principal; c) a competência da Justiça Federal, nos termos do art. 109, I, da CF/88, é determinada por critério objetivo, em regra, em razão das pessoas que figuram no polo passivo da demanda (competência ratione personae), competindo ao Juízo federal decidir sobre o interesse da União no processo (Súmula 150 do STJ), não cabendo ao Juízo estadual, ao receber os autos que lhe foram restituídos em vista da exclusão do ente federal do feito, suscitar conflito de competência (Súmula 254 do STJ)". Em sentido assemelhado, nos autos da Reclamação 53.632/SP, de relatoria do Min. André Mendonça, DJe de 30/5/2022, entendeu-se que a inclusão da União no polo passivo é exigida apenas no caso de fornecimento de medicamentos não registrados na Anvisa, de acordo com o Tema 500.

24. Anote-se que quando do reconhecimento da repercussão geral e afetação do Tema 1234, consignou-se que "em pesquisa realizada na jurisprudência do Supremo Tribunal Federal, verifica-se que tem prevalecido o entendimento de que é imprescindível o ingresso da União nas demandas que versem especificamente sobre o fornecimento de medicamentos registrados na Anvisa, mas não padronizados no SUS".

25. No caso concreto, discutia-se Recurso Extraordinário interposto pelo Estado de Santa Catarina, contra acórdão proferido pela Primeira Turma Recursal de Florianópolis, que indeferiu pedido de reanálise de decisão proferida pela Justiça Federal, que reconheceu a falta de interesse da União em demanda que discutia sobre o fornecimento de medicamento não padronizado, e determinou o retorno dos autos à Justiça Estadual.

12/04/2023 definindo que, nas demandas envolvendo *medicamentos não inseridos na lista do SUS*, mas *registrado na Anvisa*, deveria prevalecer a competência do juízo de acordo com os entes contra os quais a parte autora elegeu demandar, e que as regras de repartição de competência administrativas do SUS não deveriam ser invocadas pelos magistrados para fins de alteração ou ampliação do polo passivo delineado pela parte no momento da propositura da ação, mas tão somente para fins de redirecionar o cumprimento da sentença ou determinar o ressarcimento da entidade federada que suportou o ônus financeiro no lugar do ente público competente.

Este fato novo motivou a prolação de decisão liminar pelo Ministro Relator, concedendo parcialmente tutela provisória de urgência para: (i) em relação às demandas judiciais envolvendo *medicamentos ou tratamentos padronizados*, determinar que a composição do polo passivo observasse não a indicação da parte, mas a repartição de responsabilidades estruturada no Sistema Único de Saúde, ainda que isso implicasse deslocamento de competência, atribuindo ao magistrado o dever de verificar a correta formação da relação processual, sem prejuízo da concessão de provimento de natureza cautelar ainda que antes do deslocamento de competência, se o caso assim exigisse; (ii) nas demandas judiciais relativas a *medicamentos não incorporados*, determinar, no mesmo sentido da decisão proferida pelo Superior Tribunal de Justiça, seu processamento e julgamento pelo juízo estadual ou federal, ao qual foram direcionadas, sendo vedada, até o julgamento definitivo do Tema 1234 da Repercussão Geral, a declinação da competência ou determinação de inclusão da União no polo passivo. Houve, ainda, modulação dos efeitos da decisão e deliberação sobre o sobrestamento de recursos especiais e extraordinários sobre o tema.

As discussões em torno do Tema 1234 extrapolaram seu objeto inicial. De acordo com o relator, Ministro Gilmar Mendes, "o enfrentamento adequado do tema impunha abordagem que contemplasse todo o processo de prestação de ações e serviços de saúde pelo Estado brasileiro, desde o custeio até a compensação financeira entre os Entes Federativos (passando pela judicialização), abrangendo os medicamentos padronizados e os não incorporados pelo Sistema Único de Saúde". Seguiu-se, então, a uma intensa rotina de reuniões e audiências públicas, com participação de entidades representativas da sociedade civil, dos entes federativos, órgãos e agências reguladoras. Buscou-se a solução consensual, mediante a celebração de acordos interfederativos, homologados pelo Supremo Tribunal Federal, abrangendo também o Tema 6 de Repercussão Geral (que também tratava da questão envolvendo medicamentos não incorporados), para evitar decisões conflitantes. O julgamento ocorreu em 16/09/2024, e o acórdão fora publicado em 11/10/2024.

Os acordos interfederativos homologados no julgamento do Tema 1234 incluem diretrizes para: (i) determinar a competência judicial com base no custo do tratamento; (ii) estabelecer mecanismos de ressarcimento interfederativo por meio de repasses fundo a fundo; e (iii) orientar a formação do polo passivo nas ações judiciais. Ademais, suplantaram entendimentos anteriores, notadamente os fixados quando da apreciação do IAC 14, pelo Superior Tribunal de Justiça, impondo, ainda, revisão de jurisprudência do próprio Supremo Tribunal Federal, v.g., as teses fixadas no Tema 6.

Em suma, no que se refere, de modo específico, às questões objeto deste artigo, os acordos fixaram os seguintes parâmetros:

2.3.1 *Medicamentos sem registro na Anvisa*

Conforme decidido pelo Supremo Tribunal Federal na tese fixada no Tema 500 da sistemática da repercussão geral, ficou mantida a competência da Justiça Federal em relação às ações que demandem fornecimento de medicamentos sem registro na Anvisa, as quais devem necessariamente ser propostas em face da União, observadas as especificidades já definidas no aludido tema.

2.3.2 *Medicamentos não incorporados ao SUS, mas com registro na Anvisa*

O acórdão definiu medicamentos não incorporados como sendo aqueles que: (i) não constam na política pública do SUS; (ii) medicamentos previstos nos Protocolos Clínicos e Diretrizes Terapêuticas (PCDT's) para outras finalidades; (iii) medicamentos sem registro na Anvisa; (iv) e medicamentos *off label*[26] sem PCDT ou que não integrem listas do componente básico. Definiu-se, para fins de fixação de competência, que as demandas relativas a medicamentos não incorporados na política pública do SUS, mas com registro na Anvisa,[27] devem tramitar perante a Justiça Federal, quando o valor do

26. De acordo com definição contida no próprio acórdão, "o uso off label de medicamentos registrados no Brasil corresponde 'ao uso intencional em situações divergentes da bula de medicamentos registrados na Anvisa, com finalidade terapêutica e sob prescrição', podendo 'incluir diferenças na indicação, faixa-etária/peso, dose, frequência, apresentação ou via de administração', conforme previsto no art. 2º, XXXI, da Resolução da Diretoria Colegiada da Anvisa RDC 406/2020. Ou seja, envolve uso indicado divergente da bula tal como foi registrado, seja ampliando o uso do medicamento para outra faixa etária, seja para uma fase diferente da mesma doença para a qual a indicação foi aprovada pela Anvisa, bem ainda para outra doença".

27. Sobre a questão relativa à possibilidade de fornecimento, pelo Estado, de medicamentos com registro na Anvisa, mas não incorporados ao SUS, em julgamento conjunto com o Tema 1234, definiu-se o Tema 6, fixando-se as seguintes teses: "1. A ausência de inclusão de medicamento nas listas de dispensação do Sistema Único de Saúde – SUS (Rename, Resme, Remume, entre outras) impede, como regra geral, o fornecimento do fármaco por decisão judicial, independentemente do custo. 2. É possível, excepcionalmente, a concessão judicial de medicamento registrado na Anvisa, mas não incorporado às listas de dispensação do Sistema Único de Saúde, desde que preenchidos, cumulativamente, os seguintes requisitos, cujo ônus probatório incumbe ao autor da ação: (a) negativa de fornecimento do medicamento na via administrativa, nos termos do item '4' do Tema 1234 da repercussão geral; (b) ilegalidade do ato de não incorporação do medicamento pela Conitec, ausência de pedido de incorporação ou da mora na sua apreciação, tendo em vista os prazos e critérios previstos nos artigos 19-Q e 19-R da Lei 8.080/1990 e no Decreto 7.646/2011; (c) impossibilidade de substituição por outro medicamento constante das listas do SUS e dos protocolos clínicos e diretrizes terapêuticas; (d) comprovação, à luz da medicina baseada em evidências, da eficácia, acurácia, efetividade e segurança do fármaco, necessariamente respaldadas por evidências científicas de alto nível, ou seja, unicamente ensaios clínicos randomizados e revisão sistemática ou meta-análise; (e) imprescindibilidade clínica do tratamento, comprovada mediante laudo médico fundamentado, descrevendo inclusive qual o tratamento já realizado; e (f) incapacidade financeira de arcar com o custeio do medicamento.3. Sob pena de nulidade da decisão judicial, nos termos do artigo 489, § 1º, incisos V e VI, e artigo 927, inciso III, § 1º, ambos do Código de Processo Civil, o Poder Judiciário, ao apreciar pedido de concessão de medicamentos não incorporados, deverá obrigatoriamente: (a) analisar o ato administrativo

tratamento anual específico do fármaco ou do princípio ativo, com base no Preço Máximo de Venda do Governo (PMVG – situado na alíquota zero), divulgado pela Câmara de Regulação do Mercado de Medicamentos (CMED – Lei 10.742/2003), for igual ou superior ao valor de 210 salários mínimos,[28] hipótese em que a União integrará o polo passivo. Considerando a estrutura e regulamentação de financiamento, aquisição, programação, distribuição e dispensação do fármaco, e figurando somente a União no polo passivo, deve o magistrado, se necessário, promover a inclusão do Estado ou Município para possibilitar o cumprimento efetivo da decisão, o que não importará em responsabilidade financeira nem em ônus de sucumbência em relação a tais entes federados.

Demandas que envolvam medicamentos não incorporados com valores inferiores a 210 salários-mínimos, devem permanecer na Justiça Estadual em face de Estados e Municípios, havendo previsão de mecanismos de ressarcimento interfederativo pela União (repasse de fundo a fundo), observados percentuais específicos fixados no acordo.[29] Por questões logísticas e relativas ao financiamento, aquisição, programação, distribuição e dispensação de medicamentos, figurando somente um destes entes (Estado ou Município) no polo passivo, cabe ao magistrado, se necessário, promover a inclusão do outro para possibilitar o cumprimento efetivo da decisão.

---

comissivo ou omissivo de não incorporação pela Conitec ou da negativa de fornecimento da via administrativa, à luz das circunstâncias do caso concreto e da legislação de regência, especialmente a política pública do SUS, não sendo possível a incursão no mérito do ato administrativo; (b) aferir a presença dos requisitos de dispensação do medicamento, previstos no item 2, a partir da prévia consulta ao Núcleo de Apoio Técnico do Poder Judiciário (NATJUS), sempre que disponível na respectiva jurisdição, ou a entes ou pessoas com expertise técnica na área, não podendo fundamentar a sua decisão unicamente em prescrição, relatório ou laudo médico juntado aos autos pelo autor da ação; e (c) no caso de deferimento judicial do fármaco, oficiar aos órgãos competentes para avaliarem a possibilidade de sua incorporação no âmbito do SUS".

28. Em complementação ao item, o acórdão consignou que: "1.1) Existindo mais de um medicamento do mesmo princípio ativo e não sendo solicitado um fármaco específico, considera-se, para efeito de competência, aquele listado no menor valor na lista CMED (PMVG, situado na alíquota zero). 1.2) No caso de inexistir valor fixado na lista CMED, considera-se o valor do tratamento anual do medicamento solicitado na demanda, podendo o magistrado, em caso de impugnação pela parte requerida, solicitar auxílio à CMED, na forma do art. 7º da Lei 10.742/2003. 1.3) No caso de cumulação de pedidos, para fins de competência, será considerado apenas o valor do(s) medicamento(s) não incorporado(s) que deverá(ão) ser somado(s), independentemente da existência de cumulação alternativa de outros pedidos envolvendo obrigação de fazer, pagar ou de entregar coisa certa".

29. Nos exatos termos do acórdão, "3.3) As ações que permanecerem na Justiça Estadual e cuidarem de medicamentos não incorporados, as quais impuserem condenações aos Estados e Municípios, serão ressarcidas pela União, via repasses Fundo a Fundo (FNS ao FES ou ao FMS). Figurando somente um dos entes no polo passivo, cabe ao magistrado, se necessário, promover a inclusão do outro para possibilitar o cumprimento efetivo da decisão. 3.3.1) O ressarcimento descrito no item 3.3 ocorrerá no percentual de 65% (sessenta e cinco por cento) dos desembolsos decorrentes de condenações oriundas de ações cujo valor da causa seja superior a 7 (sete) e inferior a 210 (duzentos e dez) salários-mínimos, a ser implementado mediante ato do Ministério da Saúde, previamente pactuado em instância tripartite, no prazo de até 90 dias.
3.4) Para fins de ressarcimento interfederativo, quanto aos medicamentos para tratamento oncológico, as ações ajuizadas previamente a 10 de junho de 2024 serão ressarcidas pela União na proporção de 80% (oitenta por cento) do valor total pago por Estados e por Municípios, independentemente do trânsito em julgado da decisão, a ser implementado mediante ato do Ministério da Saúde, previamente pactuado em instância tripartite, no prazo de até 90 dias. O ressarcimento para os casos posteriores a 10 de junho de 2024 deverá ser pactuado na CIT, no mesmo prazo".

2.3.3 *Medicamentos incorporados ao SUS*

Em relação aos medicamentos padronizados, há prévia estruturação na política do SUS, com definição das regras de financiamento, aquisição, programação, distribuição e dispensação. Nos termos do acordo homologado, conforme conceituação estabelecida no âmbito da Comissão Especial,[30] deve-se obedecer ao fluxo administrativo e judicial detalhado em anexo próprio, inclusive em relação à competência judicial para apreciação das demandas e forma de ressarcimento entre os entes, quando devido.

Neste caso, cabe ao magistrado determinar o fornecimento ao ente público que tem o dever prestá-lo (União, Estado, Distrito Federal ou Município), observadas as regras previstas no próprio fluxo acordado pelos entes federativos acerca da atribuição de responsabilidade, dividida por medicamentos incluídos no Componente Especializado da Assistência Farmacêutica (Ceaf), Componente Básico da Assistência Farmacêutica (CBAF) ou Componente Estratégico da Assistência Farmacêutica (Cesaf).

2.3.4 *Situações envolvendo competência da Justiça Federal: regras de custeio e ressarcimento*

Nos termos do acordo interfederativo homologado, todas as ações relacionadas ao fornecimento de medicamentos, sejam eles incorporados ou não incorporados ao SUS, sob a competência da Justiça Federal, terão seu custeio integralmente assumido pela União. Em condenações que envolvam Estados ou o Distrito Federal como sujeitos supletivos, a União será responsável pelo ressarcimento integral, via repasses "fundo a fundo".

CONCLUSÃO

A repartição de atribuições administrativas no âmbito do Sistema Único de Saúde (SUS) evidencia o esforço normativo e organizacional do Estado de compatibilizar princípios constitucionais fundamentais, como a descentralização, universalidade e integralidade da saúde, com os desafios práticos impostos pela limitação de recursos.

Por outro lado, a crescente judicialização de questões relacionadas ao direito fundamental à saúde trouxe novos desafios, notadamente diante da aparente incompatibilidade entre a responsabilidade solidária dos entes federativos, reafirmada pelo Tema 793 do STF, e as normas de hierarquização e descentralização que estruturam o Sistema Único de Saúde (SUS). A definição de teses, em sede de repercussão geral, que possibilitam o

30. Comissão formada por representantes dos três poderes, permitindo a pluralidade do debate e integrada por: (i) 12 (doze) membros representando a União, indicados pela Presidência da República/Ministério da Saúde e pela Advocacia-Geral da União, além de membros indicados pelo Fundo Nacional de Saúde, pelo Conselho Nacional de Saúde, pela Conitec e pela Anvisa; (ii) 6 (seis) membros representando os Estados e Distrito Federal; e (iii) 6 (seis) membros, representando a Frente Nacional dos Prefeitos (FNP), a Confederação Nacional dos Municípios (CNM), o Conselho Nacional de Secretarias Municipais de Saúde (Conasems) e a Associação Nacional dos Procuradores Municipais (ANPM).

redirecionamento das responsabilidades e a adoção de mecanismos de ressarcimento interfederativo, busca minimizar este conflito, objetivando conciliar a efetividade do acesso ao direito fundamental à saúde com a necessidade de preservar a racionalidade administrativa e a sustentabilidade financeira do sistema.

Neste contexto, a celebração de acordos interfederativos, como os homologados no Tema 1234, aponta para uma solução colaborativa e dialogada como alternativa promissora para viabilizar o cumprimento das obrigações relativas ao direito à saúde pelo Estado. A compreensão e efetiva aplicação de seu teor pelos órgãos jurisdicionais de todo o país é etapa fundamental na busca de tais objetivos.

BIBLIOGRAFIA

BONAVIDES, Paulo. *Curso de direito constitucional*. 15. ed. São Paulo: Malheiros Editores, 2004.

BRASIL, Conselho Nacional de Justiça. *Enunciados das Jornadas de Direito da Saúde do Conselho Nacional de Justiça*. Brasília: CNJ, 2023. Disponível em: [www.cnj.jus.br/wp-content/uploads/2023/06/todos-os-enunciados-consolidados-jornada-saude.pdf]. Acesso em: 11 jul. 2024.

BRASIL, Conselho Nacional de Justiça. *Relatório Analítico Propositivo Justiça Pesquisa*: Judicialização da Saúde no Brasil: Perfil das demandas, causas e propostas de solução. Brasília: CNJ, 2019. Disponível em: [www.cnj.jus.br/wp-content/uploads/2018/01/f74c66d46cfea933bf22005ca50ec915.pdf]. Acesso em: 30 jan. 2024.

BRASIL, Constituição (1988). *Constituição da República Federativa do Brasil*. Texto constitucional promulgado em 5 de outubro de 1988. Brasília. Disponível em: [www.planalto.gov.br/ccivil_03/constituicao/constituicao.htm]. Acesso em: 30 jan. 2024.

BRASIL. Lei 8.080, de 19 de setembro de 1990. Dispõe sobre as condições para a promoção, proteção e recuperação da saúde, a organização e o funcionamento dos serviços correspondentes e dá outras providências. Portal da Legislação. Disponível em: [www.planalto.gov.br/ccivil_03/Leis/L8080.htm]. Acesso em: 31 jan. 2024.

BRASIL. Superior Tribunal de Justiça. Incidente de Assunção de Competência 14 Relator: Ministro Gurgel de Faria. *Diário da Justiça Eletrônico*, 18/04/2023. Disponível em: [https://scon.stj.jus.br/SCON/pesquisar.jsp?b=ACOR&livre=iac+14&O=JT]. Acesso em: 31 jan. 2024.

BRASIL. Supremo Tribunal Federal. Ação Direta de Inconstitucionalidade 5501. Relator: Min. Marco Aurélio. *Diário da Justiça Eletrônico*, 01/12/2000. Disponível em: [https://portal.stf.jus.br/processos/detalhe.asp?incidente=4966501]. Acesso em: 18 nov. 2024.

BRASIL, Supremo Tribunal Federal. Ação Direta de Inconstitucionalidade 5779. Relator: Min. Nunes Marques. *Diário da Justiça Eletrônico*, 23/02/2022. Disponível em: [https://portal.stf.jus.br/processos/detalhe.asp?incidente=5263364]. Acesso em: 18 nov. 2024.

BRASIL. Supremo Tribunal Federal. Ação Direta de Inconstitucionalidade 6341. Relator: Min. Marco Aurélio. Redator do Acórdão: Min. Edson Fachin. *Diário da Justiça Eletrônico*, 13/11/2020. Disponível em: [https://portal.stf.jus.br/processos/detalhe.asp?incidente=5880765]. Acesso em: 31 jan. 2024.

BRASIL. Supremo Tribunal Federal. Embargos de Declaração no Recurso Extraordinário 855178. Relator: Min. Luiz Fux. Redator do Acórdão: Min. Edson Fachin. *Diário da Justiça Eletrônico*. 16/04/2020. Disponível em: [https://portal.stf.jus.br/jurisprudenciaRepercussao/verAndamentoProcesso.asp?incidente=4678356&numeroProcesso=855178&classeProcesso=RE&numeroTema=793]. Acesso em 31 jan. 2024.

BRASIL. Supremo Tribunal Federal. Recurso Extraordinário 1.366.243 (Tema 1234). Relator: Min. Gilmar Mendes. *Diário da Justiça Eletrônico*. 11/10/2024. Disponível em: [https://jurisprudencia.stf.jus.br/pages/search?classeNumeroIncidente=RE%20 1366243&base=acordaos&sinonimo=true&plural=true&page=1&pageSize=10&sort=_score&sortBy=desc&isAdvanced=true&origem=AP]. Acesso em: 18 nov. 2024.

BRASIL. Supremo Tribunal Federal. Embargos de Declaração no Recurso Extraordinário 855178. Relator: Min. Luiz Fux. Redator do Acórdão: Min. Edson Fachin. *Diário da Justiça Eletrônico.* 16/04/2020. Disponível em: [https://portal.stf.jus.br/jurisprudenciaRepercussao/verAndamentoProcesso.asp?incidente=4678356&numeroProcesso=855178&classeProcesso=RE&numeroTema=793]. Acesso em: 31 jan. 2024.

BRASIL. Supremo Tribunal Federal. Reclamação 50483. Relator: Min. Gilmar Mendes. Redator do acórdão: Min. André Mendonça. *Diário da Justiça Eletrônico.* 01/12/2022. Disponível em: [https://jurisprudencia.stf.jus.br/pages/search?base=acordaos&pesquisa_inteiro_teor=false&sinonimo=true&plural=true&radicais=false&buscaExata=true&page=2&pageSize=10&queryString=reclama%C3%A7%C3%A3o%20tema%20793%20andr%C3%A9%20mendon%C3%A7a&sort=_score&sortBy=desc]. Acesso em: 31 jan. 2024.

BRASIL. Supremo Tribunal Federal. Recurso Extraordinário 855178. Relator: Min. Luiz Fux. *Diário da Justiça Eletrônico.* 16/03/2015. Disponível em: [https://portal.stf.jus.br/jurisprudenciaRepercussao/verAndamentoProcesso.asp?incidente=4678356&numeroProcesso=855178&classeProcesso=RE&numeroTema=793]. Acesso em: 31 jan. 2024.

CASTRO, Yuran Quintão; DUARTE, Luciana Gaspar Melquíades. "Núcleo Essencial do Direito à Saúde: Demandas de Saúde de Primeira Necessidade". In: DUARTE, Luciana Gaspar Melquíades; VIDAL, Victor Luna (Coord.). *Direito à saúde*: judicialização e pandemia no novo coronavírus. São Paulo: São Paulo: Thompson Reuters Brasil, 2020.

DUARTE; Luciana Gaspar Melquíades; PIMENTA, Liana de Barros. Direito à saúde: histórico, judicialização e prognóstico. In: DUARTE, Luciana Gaspar Melquíades; VIDAL, Victor Luna (Coord.). *Direito à saúde*: judicialização e pandemia no novo coronavírus. São Paulo: São Paulo: Thompson Reuters Brasil, 2020.

LENZA, Pedro. *Direito constitucional esquematizado.* 15. ed. revista, atualizada e ampliada. São Paulo: Editora Saraiva, 2011.

MARTINS, Sérgio Pinto. *Direito da Seguridade Social*: custeio da seguridade social, benefícios – Acidente do trabalho, assistência social – Saúde. 24. ed. São Paulo: Atlas, 2007.

PIVETTA, Saulo Lindorfer. *Direito Fundamental à saúde*: regime jurídico, políticas públicas e controle judicial. 2. ed. rev. atual. e ampl. São Paulo: Thompson Reuters Brasil, 2022.

SARLET, Ingo Wolfgang; MARINONI, Luiz Guilherme; MITIDIERO, Daniel. *Curso de direito constitucional.* São Paulo: Ed. RT, 2012.

SARLET, Ingo Wolfgang. *A eficácia dos direitos fundamentais*: uma teoria geral dos direitos fundamentais na perspectiva constitucional. 12. ed. ed. rev. atual. e ampl. Porto Alegre: Livraria do Advogado Editora, 2015.

SARTORI, Ivar Ricardo Garisio. Responsabilidade do Estado pelo Fornecimento de Medicamentos e suas Implicações. In: GERRA, Alexandre Dartanhan de Melo; PIRES, Luís Manuel Fonseca; BENACCHIO, Marcelo (Coord.). *Responsabilidade civil do estado*: desafios contemporâneos. São Paulo: Quartier Latin, 2010.

A DISSIDÊNCIA EM DECISÕES JUDICIAIS

Luiz Augusto Módolo de Paula

Doutor e Mestre em Direito Internacional pela Faculdade de Direito da Universidade de São Paulo. Bacharel em Direito pela mesma Faculdade. Advogado, jornalista, escritor, autor de *"A Saga de Theodore Roosevelt"* (Editora Lisbon International Press, 2020); *"Genocídio e o Tribunal Penal Internacional para Ruanda"* (Editora Appris, 2014); *"Resolução de Conflitos em Direito Internacional Público e a Questão Iugoslava"* (Editora Arraes, 2017); *"O Jugo da Histeria no Brasil Ocupado"* (2021) e de *"Teddy Roosevelt para Crianças"* (2022) – os dois últimos editados pela Arcádia Educação e Comércio Ltda e escritos em parceria com Lílian Cristina Schreiner Módolo. Procurador do Município de São Paulo.

*(Václav) Havel in effect insisted that, especially under difficult circumstances – war, repression, unemployment, murder, theft – this feeling of courage is a basic precondition of the individual's ability to act upon the world. (…) Fear is its key enemy. Fear eats up the souls of citizens. It destroys courage by corrupting nad weakening those who try to act upon the world, turning them into faint-hearted subjects. (*de Vaclav Havel: A Political Tragedy in Six Acts, John Keane)

INTRODUÇÃO

No Direito brasileiro não é dedicado muito espaço à definição e efeitos do chamado voto "dissidente" ou "vencido", o voto do juiz ou juízes cuja posição não prevaleceu num julgamento. O fenômeno, por óbvio, só acontece em decisões colegiadas, pois o juiz de primeira instância, solitário, não tem como ficar vencido e simplesmente decide conforme pensa.

Alguns efeitos da dissidência ocorrem (ou ocorriam) na prática dentro do Direito Processual, como autorização para interposição dos embargos infringentes ou técnicas de formação da composição da Turma julgadora, permitindo que a minoria eventualmente se torne maioria no julgamento.

Uma das figuras mais imprescindíveis da História é o "Dissidente", aquele que parece vencido em seu próprio tempo e no fim, mesmo por vezes não estando vivo para testemunhar, mostra ter sempre estado certo e ao final vê sua posição ser vindicada.

O Dissidente não está "empurrando a História para a frente". Ele é mais como aquele homem anônimo que barrou uma coluna de tanques na Praça da Paz Celestial em Pequim (1989).

O Dissidente não é exatamente um profeta ou alguém com uma visão além do seu tempo. Por vezes ele é alguém que preservou a chama da Justiça ou do senso comum enquanto todos ao redor perdiam sua razão e seus princípios.

Alguns de nós, no Brasil de hoje, em essa sensação amarga de que os poderosos não se guiam mais pelos princípios gerais da população e criaram seu próprio e particular conjunto de normas. Os professores de Direito não aplicam ou sequer ensinam as lições que escreveram nos próprios Manuais

Grandes exemplos de Dissidentes são Václav Hável (dramaturgo e presidente da Tchecoslováquia de depois da República Tcheca) e Alexander Issaiévich Soljenítsin (escritor russo), homens que enfrentaram todo o poderio comunista e venceram.

O ministro "dissidente" nas decisões do Supremo Tribunal Federal (e outras cortes) é uma figura um tanto incompreendida num país dado a cultuar o poder, como é no caso do Brasil. As pessoas não tentam compreender ou entender o voto vencido, a decisão que não prevaleceu.

Além de marcar uma posição e mostrar que havia uma alternativa razoável à minoria, o voto vencido fica como um registro das diferentes opções que podiam ter sido adotadas pelos julgadores e permanece como uma semente de uma posição que pode se tornar vencedora no futuro.[1]

Cumpre nesse artigo explanar brevemente as opções de "dissidência" no Direito Internacional Público e na prática do STF e registrar alguns dos excelentes votos vencidos do Ministro André Mendonça, ora homenageado nessa obra.

1. DISSIDÊNCIA NO DIREITO INTERNACIONAL PÚBLICO E NO SUPREMO TRIBUNAL FEDERAL

Os julgamentos em tribunais internacionais, como na Corte Internacional de Justiça (CIJ) ou no Tribunal Internacional Penal (TPI), ambas cortes com sede na Haia,

1. Excelente exemplo disso é dado por Jeffrey S. Sutton e Edward Whelan, ao comentar decisão da Suprema Corte dos Estados Unidos na qual o Justice Antonin Scalia foi vencido: "A Lei de Ética no Governo, de 1978, criou um tribunal especial composto por três juízes nomeados pelo presidente da Suprema Corte. Exigia que o procurador-geral, ao investigar funcionários de alto escalão do Poder Executivo por violações de leis criminais federais, relatasse a esse tribunal se havia ´motivos razoáveis para acreditar que uma investigação ou processo judicial adicionais' eram 'necessários'. Quando ele demonstrasse que existiam motivos razoáveis, o tribunal especial nomearia um ´procurador independente´ para conduzir essa investigação ou ação penal adicional e definiria o escopo da jurisdição de promotoria do procurador independente. Apenas o procurador-geral poderia remover um procurador independente de seu cargo, e apenas por ´justa causa´. Por uma votação de sete a um, o Tribunal decidiu que as disposições estatutárias que regem o conselho independente não interferiam de forma inadmissível com os poderes executivos do presidente nos termos do Artigo II da Constituição. Apenas uma década depois, a sabedoria constitucional da dissidência de Scalia foi amplamente celebrada. O Congresso optou por não autorizar novamente as disposições legais do conselho independente quando expiraram em 1999. (O Departamento de Justiça, em vez disso, adotou seus próprios regulamentos quanto à figura do ´procurador especial´. SCALIA, Antonin. Editado por Jeffrey S. Sutton e Edward Whelan. *O essencial de Scalia*: sobre a Constituição, os tribunais e o Estado de Direito. Trad. Amauri Feres Saad. Londrina: Editora E.D.A – Educação, Direito e Alta Cultura, 2021. p. 97-98.

Holanda, possuem mecanismos de dissidência até mais elaborados do que os previstos no ordenamento jurídico brasileiro.

Em nota de rodapé de nossa tese de doutorado expusemos esses mecanismos, com lições dos juristas Rainer Hofmann e Tilmann Laubner:

> "O julgamento deve ser acompanhado de fundamentação por escrito, à qual opiniões dissidentes ou separadas dos juízes podem ser apensadas. A opinião dissidente é a declaração fundamentada de um juiz que se sente incapaz de concordar com a maioria da Corte num dado ponto de um julgamento, segundo Rainer Hofmann e Tilmann Laubner. Já na opinião separada, segundos os mesmos autores, o juiz autor concorda com a maioria da Corte na parte operativa da decisão, mas expressa desacordo em relação aos fundamentos da mesma, podendo indicar razões alternativas ou suplementares à decisão. Por fim, as declarações, na prática, são usadas pelo juiz que concorda com o voto majoritário da Corte, mas deseja explanar seu voto, ressalvar uma posição ou expressar uma crítica à decisão, mas sem alterar a decisão proferida. O juiz que vota num sentido ou outro num julgamento não é obrigado a proferir tais opiniões, podendo proferir singelamente seu voto (mas a decisão final, esta sim, será fundamentada)."[2]

As normas de dissidência previstas, por exemplo, no Estatuto da CIJ, são muito calcadas no "Common Law" e é possível encontrar muita similitude com a prática da Suprema Corte dos Estados Unidos da América.

Como vimos são abertas opções ao juiz da CIJ (e TPI etc.) não apenas de votar silenciosamente contra o resultado final, mas também de votar contra de forma "pública", emitindo uma "opinião dissidente", expressando uma "opinião separada" (discordância nos fundamentos, concordância na parte dispositiva do acórdão) e até mesmo emitir apenas um "parecer" sobre o julgado ("declarações").

Um belo exemplo de dissidência no Direito Internacional Público foi bem recente

Em trecho praticamente autobiográfico da Opinião Separada do Juiz *ad hoc* da Corte Internacional de Justiça Aharon Barak, indicado por Israel para compor o julgamento da Corte na ação movida pela África do Sul em face de Israel (controvérsia acerca da violação da Convenção de Genocídio de 1948, relacionada ao pavoroso ataque de um grupo terrorista aos judeus e ao território de Israel ocorrido em 07/10/2023).

Barak, ex-presidente da Suprema Corte de Israel, deixa claro em sua opinião que ele foi indicado por Israel, mas não está vinculado a Israel como juiz. O que o motivou no julgamento foi a busca por moralidade, verdade e justiça.

Lendo sua Opinião Separada entendemos que a história do Holocausto nada mais é que a história de cada uma das milhões de vítimas da besta nazista. De cada judeu, deficiente físico ou mental vítima de "eutanásia", cigano, eslavo, homossexual, alemão

2. MÓDOLO DE PAULA, Luiz Augusto. *Resolução de conflitos em Direito Internacional Público e a questão iugoslava*. Belo Horizonte: Arraes Editores, 2017. v. 1. 162p. p. 67, nota de rodapé n. 30. A lição original consta em HOFMANN, Rainer; LAUBNER, Tilmann. Article 57. In: ZIMMERMANN, Andreas; TOMUSCHAT, Christian; OELLERS-FRAHM, Karin (Eds.). *The Statute of the International Court of Justice*: a Commentary. New York: Oxford University, 2006. p. 1203-1204.

de oposição ou súdito de um país ocupado que precisava ser esmagado por Hitler e seus asseclas.

Barak conta sua história na sua Opinião Separada.

Aos cinco anos Barak viu o exército alemão ocupar sua cidade, Kaunas, na Lituânia, durante a Operação Barbarossa. Os 30.000 judeus da cidade foram colocados num gueto, uma sentença de morte.

Em 26/10/1941, os prisioneiros foram reunidos na "Praça da Democracia" (a palavra mais maltratada em todos os idiomas). Nove mil (9000) desses prisioneiros foram separados e executados por fogo de metralhadoras, fuzilados por nazistas inabaláveis e implacáveis, que sequer cogitaram anistiar quem quer que fosse.

No começo de 1944, as crianças com menos de 12 anos foram reunidos pelos nazistas e muitas foram fuziladas, na infame "Kinder Action". Barak sobreviveu por milagre, com a ajuda de fazendeiros que se arriscaram para o salvar. Só com a chegada do Exército Vermelho foi interrompida a matança dos judeus lituanos.

Só 5% (cinco por cento), um em cada 20, dos judeus da Lituânia sobreviveram. Tinha se encerrado, no país báltico, a bela história do Judaísmo naquela nação, importante centro do povo judeu e reconhecido centro de estudos da religião.

Genocídio é mais que uma palavra para Barak, é a destruição calculada e o comportamento humano no seu pior. Ele afirma que se Israel existisse em 1939 o destino do povo Judeu teria sido diferente.[3]

Um juiz dissidente, mesmo que perca, tem uma responsabilidade com a História de ao menos cuidar de que a decisão frustrada se torne um registro pungente para o futuro.

2. A DISSIDÊNCIA NO STF

No Brasil, a decisão judicial é sempre meio de, como diz o nome, resolver uma questão levada ao juiz. O juiz, aprendemos cedo nos bancos das Faculdades de Direito, nunca opina, ele decide e possui formas de fazer cumprir essa decisão.

O Juízo não é órgão de consulta. Juiz não emite parecer embora na prática um voto vencido termine por ter esse aspecto, por vezes.

O Regimento Interno do STF reflete essa posição e dedica muito pouco espaço para o "voto vencido", dando a eles apenas dois efeitos.

No primeiro efeito, que gera a substituição do Relator (vencido) num acórdão, é dito singelamente apenas o seguinte:

3. INTERNATIONAL COURT OF JUSTICE. *South Africa v. Israel*: Case Concerning the Application Of The Convention On The Prevention And Punishment Of The Crime Of Genocide In The Gaza Strip. Order Separate Opinion Of Judge Ad Hoc Barak, 26 jan. 2024.. Quem tiver interesse em ler a Opinião Separada de Barak em sua integralidade pode acessar a mesma em: [www.icj-cij.org/sites/default/files/case-related/192/192-20240126-ord-01-05-en.pdf]. Acesso em: 01 fev. 2024.

"Art. 38. O Relator é substituído:

I –pelo Revisor, se houver, ou pelo Ministro imediato em antiguidade, dentre os do Tribunal ou da Turma, conforme a competência, na vacância, nas licenças ou ausências em razão de missão oficial, de até trinta dias, quando se tratar de deliberação sobre medida urgente; ii – pelo Ministro designado para lavrar o acórdão, quando vencido no julgamento; III – mediante redistribuição, nos termos do art. 68 deste Regimento Interno; (Redação dada pela Emenda Regimental 42, de 2 de dezembro de 2010)."

Ou seja, a derrota num julgado gera apenas a possibilidade de substituição do Relator, sem possibilidade que ele emita "opinião separada" ou "declarações". O seu voto como Relator teria o condão de conduzir o julgado da questão, com a fundamentação e parte dispositiva de sua lavra e efeito no mundo concreto. Com a "derrota" o então relator é substituído na função por um dos ministros "vencedores".

A outra previsão de dissidência no Regimento do STF é no art. 333, que trata dos embargos infringentes à decisão não unânime do Plenário ou da Turma, previsto para algumas matérias e sempre dependente da existência de no mínimo quatro (4) votos divergentes.[4]

3. ALGUMAS DECISÕES DO MINISTRO ANDRÉ MENDONÇA COMO DISSIDENTE

Cumpre apresentar algumas das decisões proferidas pelo STF na qual André Mendonça foi injustamente vencido ou tomou uma decisão contra o consenso (com geração de efeitos concretos), com breves comentários.

3.1 Combate à desinformação durante o período eleitoral

*A ação Direta de Inconstitucionalidade ADI 7261, foi movida pelo Procurador-Geral da República em face do art. 2º, **caput** e §§ 1º e 2º; arts. 3º, **caput**, 4º, 5º, 6º e 8º, todos da Resolução 23.714, de 2022, do Tribunal Superior Eleitoral, que dispõe sobre o enfrentamento à desinformação atentatória à integridade do processo eleitoral.*

A Resolução foi editada no conturbado período eleitoral de 2022 quando o TSE foi estava sendo presidido inicialmente pelo ministro Edson Fachin e depois pelo ministro Alexandre de Moraes.[5]

4. No julgamento do Mensalão (AP-470) uma das grandes discussões é se os réus tinham direito a embargos infringentes, terminando a Corte por entender que eles tinham esse direito. Alguns dos embargos foram acolhidos. Remeto os leitores a matérias jurídicas da época, a fim de não alongar o assunto.
5. Uma pequena indiscrição de Felipe Recondo e Luiz Weber resumem como foi a condução do período eleitoral de 2022, o contrário do espírito que permeia esse artigo sobre dissidência, pelo ministro Alexandre de Moraes: "Até junho de 2020, ainda ministro substituto do TSE, Alexandre de Moraes assistiu a frequentes reveses dos ministros do Supremo, por quatro votos contra três, nos julgamentos de processos eleitorais relevantes juridicamente. As teses de Rosa Weber, Luís Roberto Barroso e Edson Fachin eram soterradas pelos outros quatro juízes – os dois do STJ (Superior Tribunal de Justiça) e os dois advogados que também integram a Corte. Ou seja, os ministros do Supremo não exerciam com sucesso seu natural poder de influência para convencer colegas. 'Quando eu for presidente, isso não vai acontecer', confidenciou Alexandre a um colega." RECONDO, Felipe. WEBER, Luiz. *O tribunal*: como o Supremo se uniu ante a ameaça autoritária (Portuguese Edition) (p. 231). Companhia das Letras. Edição do Kindle.

O julgamento no STF chancelou superpoderes ao TSE no tocante à ***internet*** *e uso de redes sociais, sem que a Constituição ou o Congresso Nacional tenha outorgado esses poderes ao Tribunal, com a seguinte ementa:*

"Ementa. Direito constitucional e eleitoral. Constitucionalidade da resolução TSE 23.714/2022. Enfrentamento da desinformação capaz de atingir a integridade do processo eleitoral.

1. Não se reveste de *fumus boni iuris* a alegação de que o Tribunal Superior Eleitoral (TSE), ao exercer a sua atribuição de elaboração normativa e o poder de polícia em relação à propaganda eleitoral, usurpa a competência legislativa da União, porquanto a Justiça Especializada vem tratando da temática do combate à desinformação por meio de reiterados precedentes jurisprudenciais e atos normativos, editados ao longo dos últimos anos.

2. A Resolução TSE 23.714/2022 não consiste em exercício de censura prévia.

3. A disseminação de notícias falsas, no curto prazo do processo eleitoral, pode ter a força de ocupar todo espaço público, restringindo a circulação de ideias e o livre exercício do direito à informação.

4. O fenômeno da desinformação veiculada por meio da *internet*, caso não fiscalizado pela autoridade eleitoral, tem o condão de restringir a formação livre e consciente da vontade do eleitor.

5. Ausentes elementos que, nesta fase processual, conduzam à decretação de inconstitucionalidade da norma impugnada, há que se adotar atitude de deferência em relação à competência do Tribunal Superior Eleitoral de organização e condução das eleições gerais.

6. Medida cautelar indeferida."

A ação terminou por ser julgada improcedente no mérito em 19/12/2023.

Segundo voto-vogal do ministro André Mendonça quando do julgamento da medida cautelar (à época deferida), e que balizou seu posterior voto no mérito da ação:

"Em apartada síntese, sustenta o Procurador-Geral da República que os dispositivos impugnados: i) malfeririam as liberdades de expressão e de informação, as quais ganham relevância ainda mais superlativa durante o processo eleitoral, pontuando, nesse particular, entendimento segundo o qual '[a] abertura crítica inerente às disputas eleitorais alarga os limites ordinariamente aceitáveis, prestigiando o exercício da democracia'; ii) afrontam a legalidade e usurpam a competência legislativa da União para dispor sobre processo eleitoral; iii) afiguram-se desproporcionais e irrazoáveis no que tange aos parâmetros para arbitramento da multa por não remoção de conteúdo; iv) maculam o devido processo legal, ao preverem a possibilidade de ampliação do alcance de decisão colegiada do Tribunal Superior Eleitoral por ato da presidência da corte; v) violam as prerrogativas do Ministério Público ao permitirem ao Tribunal Superior Eleitoral verificar, de ofício, independentemente de provocação do parquet ou de qualquer interessado, a ocorrência da hipótese de 'divulgação ou compartilhamento de fatos sabidamente inverídicos ou gravemente descontextualizados que atinjam a integridade do processo eleitoral, inclusive os processos de votação, apuração e totalização de votos'."

A medida cautelar foi negada e o Procurador-Geral da República recorreu diante da negativa.

No voto vencido o ministro Mendonça divergia do Relator (ministro Edson Fachin) e referendava parcialmente a medida cautelar, suspendendo a eficácia de alguns dos artigos da Resolução.

Segundo o ministro Mendonça os arts. 4º e 5º da Resolução impugnada do TSE previam o seguinte:

"12. Trata-se, portanto, de previsões que autorizam, nos casos em que configurada a respectiva hipótese de incidência normativa, i) a 'determinação de suspensão temporária de perfis, contas ou canais mantidos em mídias sociais' (art. 4º); e ii) 'a suspensão do acesso aos serviços da plataforma implicada, em número de horas proporcional à gravidade da infração, observado o limite máximo de vinte e quatro horas'." (grifei)

É ressalvado no voto o ineditismo dos poderes dos quais o TSE se autoatribuiu, sem previsão legislativa de qualquer espécie:

"13. Pois bem. Quanto à previsão de 'suspensão temporária de perfis, contas ou canais mantidos em mídias sociais', não se verifica paralelo com a aludida medida em qualquer diploma normativo editado pelo Legislador. (...)

O Ministro Mendonça teve que lembrar aos colegas que na Ação Direta de Inconstitucionalidade 5.527/DF, Rel. Min. Rosa Weber e na Arguição de Descumprimento de Preceito Fundamental 403/SE, Rel. Min. Edson Fachin, o STF tinha começado a não admitir a suspensão do aplicativo de mensagens WhatsApp por decisão judicial e que as decisões nessas ações já partiam das seguintes premissas: 'os direitos que as pessoas têm offline devem também ser protegidos online. Direitos digitais são direitos fundamentais'; 'A liberdade de expressão tem primazia prima facie e constitui condição essencial ao pluralismo de ideias, vetor estruturante do sistema democrático de direito'."

Por fim, no trecho mais importante de seu voto, o ministro Mendonça afirma:

"26. Para além de tais ponderações, penso que, tanto em relação ao art. 5º, quanto igualmente em relação ao art. 4º da Resolução TSE 23.714, de 2022, assiste razão à PGR quando identifica nos aludidos dispositivos potencial risco de caracterização de hipótese de *censura prévia*." (grifo do autor)

No voto vencido, portanto, o ministro pondera sobre a assunção de poderes pelo TSE sem expressa previsão normativa e entende configurados os perigos de surgir censura prévia. Os medos do ministro não eram infundados.

Em 2022 tivemos de fato uma eleição em que o TSE, com lamentável ineditismo, tomou medidas drásticas a pretexto de combater "fake News" e "desinformação" e cometeu, sim, atos de censura prévia (como o de proibir a veiculação de documentário do canal de *streaming* "Brasil Paralelo" acerca da tentativa de magnicídio sofrida pelo então candidato à Presidência da República Jair Messias Bolsonaro em 2018).[6]

Um ato de censura não deixa de ser um ato de censura quando chamado por outro nome, quando se usa uma justificativa, como presença de "desordem informacional", ou quando invocado algum valor como "defesa da democracia" para o autorizar.

Como ensina Ricardo Peake Braga:

6. Na mesma época, nos anos de 2021 e 2022, o TSE (seguido pelo STF) inovou na jurisprudência e começou até mesmo a anular a eleição de candidatos que teriam se insurgido, ao seu ver, contra a própria Justiça Eleitoral. Vide o caso do deputado estadual pelo Paraná Fernando Destito Francischini, que perdeu o mandato concedido por 420.000 eleitores por esse motivo. Vide relato desse caso em artigo de nossa lavra: MÓDOLO DE PAULA, Luiz Augusto. *Não fale para cima*: a cassação do deputado estadual Fernando Francischini – Uma Crônica do ativismo judicial eleitoral. Aspectos Polêmicos e atuais do Direito Eleitoral. São Paulo: D'Plácido, 2022. v. 1. 222p.

"A Alemanha comunista, conhecida como Alemanha Oriental, uma feroz ditadura totalitária, tinha como nome oficial República Democrática Alemã, enquanto a Alemanha capitalista e democrática (Alemanha Ocidental) denominava-se República Federal Alemã" (...).[7]

Fica então consignado que ao menos um ministro do STF se recusou a permitir que o TSE ganhasse tamanha ingerência sobre a vida nacional.[8]

3.2 Julgamento em plenário "físico" de réus acusados pelo vandalismo de 08/01/2023

Não cumpre aqui discutir longamente sobre os fatos ocorridos em 08/01/2023, se aconteceu um "golpe de estado" ou mero vandalismo, eis que esse nem é o tema do artigo.[9]

A questão, repleta de polêmicas, contém discussões do próprio Direito material aplicável (ocorreram os crimes mais graves imputados ou mero dano a patrimônio público?) e de direito processual.

Dentre as muitas controvérsias de direito processual, uma das mais vivas, que trouxe até mesmo o envolvimento do Conselho Federal da Ordem dos Advogados do Brasil (OAB), é sobre o julgamento de réus penais dos casos de 08/01/2023 no Plenário Virtual do STF, sem direito dos advogados a realizar sustentação oral presencial.

O ministro Mendonça, não exatamente num voto minoritário que se tornou mero registro de uma posição, mas em decisão à qual teve que se vergar a maioria, interrompendo o julgamento de alguns réus, fez com que o Plenário do STF tivesse que marcar data para julgar presencialmente o processo de uma das Rés do caso 08/01/2023 (Ação Penal 1144 – DF – Ré Nilma Lacerda Alves).[10]

Cumpre transcrever a decisão em sua integralidade:

"Destaque

Senhor Presidente, eminente Relator e demais pares, Peço vênia para destacar o julgamento desta ação penal específica. Entendo ser importante o exame do caso com maior detença, em plenário síncrono, em função das peculiaridades fáticas e das circunstâncias pessoais da acusada, a fim de, a meu ver, melhor prestigiar o princípio constitucional da individualização da conduta e da pena.

Brasília, 2 de outubro de 2023.

Ministro André Mendonça

Relator."

---

7. BRAGA, Ricardo Peake. *Liberdade de Expressão* – o que é e o que não é. Liberdade de Expressão e Direito à Informação. BERTASI, Maria Odete Duque (Coord.). Leme, SP: Editora Imperium, 2024. p. 165.
8. A tendência de agigantamento da máquina eleitoral continua. A notícia no começo de fevereiro de 2024 é que o TSE ganhará ainda mais poderes ao arrepio da vontade popular, criando uma espécie de lista de "inimigos do Estado". [www.poder360.com.br/justica/tse-anuncia-criacao-de-grupo-de-trabalho-com-ministerio-da-justica/]. Acesso em: 02 fev. 2024.
9. Acompanho apenas o voto de outro dissidente, o ministro Nunes Marques, que enxerga crime impossível na alegada tentativa de "golpe de Estado" em 08/01/2023. Pano rápido!
10. Decisões similares do Ministro Mendonça foram tomadas nos processos dos Réus João Lucas Valle Giffoni e Jupira da Cruz Rodrigues, com iguais efeitos.

Em singelo despacho, que sequer pode ser considerado um voto, o ministro Mendonça restabeleceu para alguns réus das ações sobre o dia 08/01/2023, direitos processuais fundamentais que deveriam ser estendidos para todos os réus.

Cada um desses réus, por mais "trabalhoso" que seja para o STF), merece um "dia na Corte".[11]

Os juízes (o Relator e seus pares) que proferirão a sentença devem ao menos visualizar os réus no Plenário do STF e escutar os argumentos dos advogados em sustentação oral pelo período regimental. É o que todo juiz-presidente do Tribunal do Júri, do mais distante rincão do Brasil, faz com os réus que são recebidos em sua corte.

Plenário "Virtual", ainda mais em processos penais, os mais importantes do Direito (eis que lidam com vida e liberdade), não combina com dezenas de incisos do art. 5º da Constituição Federal, os direitos e garantias fundamentais.

Veja que o próprio STF já começa a se curvar à posição de Mendonça e começa a garantir julgamento "físico" em ações penais, ainda que não de forma completa.[12]

Interessante que a cúpula do Judiciário, defensora da "audiência de custódia", que assegura ao réu penal ser visto por um juiz em até 24 horas, não assegura aos réus da depredação do dia 08/01/2023 o Direito de ter um julgamento presencial.[13]

3.3 Decreto sobre armas de fogo do governo Lula

A questão sobre acesso de cidadãos a armas de fogos é um dos elementos de clivagem entre esquerda e direita no país. Durante o governo de Jair Messias Bolsonaro houve uma certa liberalização no acesso, contrariando a posição da esquerda no tema.

O assunto era tão marcante na divisão entre as posições políticas que o presidente Lula, no próprio dia de sua posse no seu terceiro mandato presidencial, em 1º de janeiro de 2023,

---

11. Foi o STF que afinal decidiu ter competência para as ações – a Corte podia ter declinado dessa competência para a Justiça Federal do Distrito Federal ou ao menos podia ter poupado os réus que foram presos no Quartel-General do Exército e que sequer estavam na Praça dos Três Poderes do próprio processo, reduzindo em centenas de ações a carga de processos relacionados ao dia 08/01/2023. Se o leitor ainda não percebeu aponto que não chamo o dia 08/01/2023 de "8 de janeiro" ou lhe dou um destaque maior do que o dia em comento merece, como alcunhar ele de "Dia da Infâmia" ou alguma outra comparação desse jaez, especialmente com eventos da Segunda Guerra Mundial, eis que inúmeros outros dias no qual aconteceram atos de vandalismo dirigidos ao Congresso Nacional não se tornaram substantivos ou expressões na Língua Portuguesa.
12. Disponível em: [www.oab.org.br/noticia/61801/stf-acolhe-pedido-da-oab-e-acoes-penais-serao-julgadas-presencialmente-e-com-sustentacao-oral#:~:text=p%C3%A1gina-,STF%20acolhe%20pedido%20da%20OAB%20e%20a%C3%A7%C3%B5es%20penais,presencialmente%20e%20com%20sustenta%C3%A7%C3%A3o%20oral&text=O%20Supremo%20Tribunal%20Federal%20(STF,presencial%20e-%20com%20sustenta%C3%A7%C3%A3o%20oral]. Acesso em: 31 jan. 2024. Note-se, porém, que os réus do 08/01/2023 não terão direito à prerrogativa da defesa em Plenário, eis que as ações penais foram instauradas antes da novel alteração regimental.
13. Os primeiros réus de 08/01/2023 julgados até tiveram direito à sustentação oral. Mas após a fala do advogado Sebastião Coelho, desembargador aposentado, em defesa do primeiro réu levado a julgamento, transmitida em cadeia nacional pela TV Justiça, que chamou os ministros do STF, perante eles, de "pessoas mais odiadas do país", houve uma clara mudança de posição. [www.gazetadopovo.com.br/republica/quem-e-o-advogado-que-chamou-ministros-do-stf-de-pessoas-mais-odiadas-do-pais/]. Acesso em: 31 jan. 2024.

assinou o decreto mais restritivo sobre acesso de armas de fogo até então, de 11.366/2023 (seguido pelo ainda mais draconiano decreto 11.615/2023, alguns meses depois).[14]

A Ação Declaratória de Constitucionalidade (ADC) 85, movida pelo Presidente da República (visando chancelar seu decreto e impedir maiores questionamentos), recebeu a seguinte Ementa quando do julgamento do Referendo da Cautelar (rel. Ministro Gilmar Mendes):

> "Referendo na Medida Cautelar em Ação Declaratória de Constitucionalidade. 2. Decreto 11.366/2023. 3. Promoção de uma política rigorosa de controle da circulação de armas de fogo, mediante a implementação de 'mecanismos institucionais de restrição ao acesso, dentre os quais se incluem procedimentos fiscalizatórios de licenciamento, de registro, de monitoramento periódico, e de treinamentos compulsórios', concebida como dever do estado brasileiro e genuína 'condição de possibilidade da vida comum em democracia' (ADI 6119 MC-Ref, Rel. Min. Edson Fachin, Tribunal Pleno, DJe 16.12.2022). 4. Reconhecimento de quadro de inconstitucional flexibilização exacerbada das normas de controle de armas de fogo a ser saneado por nova regulamentação do Estatuto do Desarmamento (Lei 10.826/2003). 5. Inequívoca proporcionalidade entre as medidas regulamentares veiculadas no Decreto 11.366/2023 e o seu propósito de viabilizar nova regulamentação do Estatuto do Desarmamento (Lei 10.826/2003). 6. Preenchimento dos requisitos para a concessão do remédio cautelar vindicado. 7. Medida cautelar referendada."

O decreto em comento basicamente, segundo o Relatório do julgado: "suspende os registros para a aquisição e transferência de armas e de munições de uso restrito por caçadores, colecionadores, atiradores e particulares, restringe os quantitativos de aquisição de armas e de munições de uso permitido, suspende a concessão de novos registros de clubes e de escolas de tiro, suspende a concessão de novos registros de colecionadores, de atiradores e de caçadores, e institui grupo de trabalho para apresentar nova regulamentação à Lei 10.826, de 22 de dezembro de 2003".

Ou seja, a posição desarmamentista do Governo Federal iniciado em 2023 foi chancelada por ora pelo Plenário do STF.[15] Com a exceção marcante do ministro André Mendonça.

Em seu Voto-Vogal o ministro Mendonça afirma:

> "por não entender adequadamente demonstrada, in casu, a existência de uma controvérsia judicial relevante - nos termos do art. 14, III, da Lei 9.868, de 1999, e de acordo com a compreensão que lhe atribui a pacífica jurisprudência deste Supremo Tribunal Federal –, o que, por sua vez, ensejando o não conhecimento da presente ADC, afasta o requisito da plausibilidade jurídica do pedido (fumus boni juris), indispensável à concessão de medida cautelar."

A primeira discussão encarada pelo ministro Mendonça é sobre a exigência, ao se julgar uma ADC, de que haja a demonstração de uma "controvérsia judicial relevante"

14. Os efeitos do acesso às armas na segurança será motivo de muito debate e brigas com a Estatística (a tendência de queda na criminalidade vem desde o governo Temer e é fácil perceber os bandidos que usam armas ilegais não se sentem confortáveis em agir por aí sem saber se a vítima estará ou não armada) mas um dos efeitos dos decretos de Lula já foi percebido: [www.gazetadopovo.com.br/republica/estudo-mostra-que-acoes-de-lula-contra-setor-armamentista-ja-provocaram-43-mil-demissoes/]. Acesso em: 31 jan. 2024.
15. O mérito da ação ainda não foi julgado na data de fechamento deste artigo.

em torno da constitucionalidade do ato normativo objeto da ADC (art. 14, III, Lei Federal 9.868/1999).

Aprofundando o tema e percebendo que a ADC em comento estava sendo manobrada de forma preventiva ou quase como que usando o STF como um órgão de consulta (ele não afirma, mas percebe-se que a ADC parecia ter sido ajuizada de forma a aproveitar a maioria de ocasião que o governo Lula tinha no começo de 2023) o ministro Mendonça afirma:

> "Verifica-se, portanto, sólida jurisprudência do Supremo Tribunal Federal a exigir que a 'controvérsia judicial relevante' seja, de fato, em proporções significativas, não sendo suficiente para atendimento ao requisito de admissibilidade da ADC cenário em que a divergência judicial ocorra entre número reduzido de decisões, ou quando os entendimentos díspares estejam sendo harmonizados pelas instâncias superiores, ou ainda nas hipóteses em que já tenha se formado precedente uniformizador da jurisprudência pátria."

Indo além o ministro Mendonça afirma que mesmo que existisse "controvérsia relevante" as poucas decisões sobre o Decreto em comento não eram contrárias à constitucionalidade do decreto (as ações existentes até então eram um mandado de segurança perante o Superior Tribunal de Justiça [STJ] e seis mandados de segurança e uma ação direta de inconstitucionalidade perante este Supremo Tribunal Federal).

Na parte dispositiva o ministro Mendonça portanto divergia e deixava de referendar a decisão monocrática que deferiu a medida cautelar.

O ministro Mendonça não deixa em momento algum de seu Voto consignada a sua posição sobre o Decreto de armas assinado no primeiro dia do governo Lula. A sua abordagem foi sobre a existência ou não de uma controvérsia relevante que atraísse a competência da Corte (a seu ver não atraia).

Mas o Voto é um respiro numa Suprema Corte que termina por vezes em se imiscuir em questões à qual sequer deveria cuidar, por vezes transformando as ações de controle de constitucionalidade (ou Arguições de Descumprimento de Preceito Fundamental...) em meios de abortar *ab ovo* debates que a sociedade mal começou a formular.

Veja que o primeiro decreto de armas de Lula (e o decreto seguinte), editado por um presidente eleito por pequena margem de votos, é mais draconiano que a posição anterior ao governo Bolsonaro – custa a crer que o povo brasileiro de fato quisesse o exato oposto do que Lula traz em matéria de segurança pública.

Posições de compromisso não são adotadas e o STF chancela, como chancelou na ADC 85-DF, a posição do governo sem qualquer ponderação. Mendonça tentava evitar essa adesão automática do STF ao governante de turno.

CONCLUSÃO

Esperamos que esse singelo estudo tenha ajudado a trazer luz sobre a importância da dissidência nas decisões judiciais e que tenha sido possível, dentro das limitações de espaço, apresentar ao leitor algumas das grandes dissidências do Ministro André Mendonça, que em seu curto tempo na Corte Suprema já mostrou o potencial de influir nos destinos do Brasil por décadas, com votos de que em breve suas lições em jurisdição deixem de ser minoria e se tornem maioria, com a chegada de outros ministros de igual gabarito.

Numa quadra pouco auspiciosa da vida nacional neste começo de 2024, neste nosso inverno da nossa desesperança, o leitor pode ter certeza de que há Dissidentes por aí, em cada canto do território nacional, inclusive no Plenário do STF, e esses jamais deixarão a chama da liberdade se apagar, não importa o número que se levante contra eles.

Esses corajosos derrubarão qualquer maioria de ocasião.

Como disse uma vez Václav Havel:

> "Em verdade, nós nunca decidimos nos tornar dissidentes. Nós fomos transformados neles. Sem saber bem como, e algumas vezes acabamos na prisão sem saber precisamente como. Nós simplesmente fomos em frente e fizemos certas coisas que nós sentimos que deveríamos fazer, e aquilo parecia a nós uma coisa decente a fazer, nada mais, nada menos."[16]

E como dizia Vitor Frankl, sobrevivente do Holocausto, só existem duas raças de pessoas, as raças dos decentes e a raça dos indecentes. A Dissidência até rima com a Decência.

REFERÊNCIAS

BRAGA, Ricardo Peake. *Liberdade de expressão*: o que é e o que não é. Liberdade de Expressão e Direito à Informação. BERTASI, Maria Odete Duque (Coord.). Leme, SP: Editora Imperium, 2024.

BRASIL. Decreto 19.841, de 22 de outubro de 1945. Promulga a Carta das Nações Unidas. *Diário Oficial da União*, 31 dez. 1945.

INTERNATIONAL COURT OF JUSTICE. *South Africa v. Israel*: Case Concerning the application of the convention on the prevention and punishment of the crime of genocide in the Gaza strip. Order separate opinion of judge ad hoc barak, 26 jan. 2024.

KEANE, John. *Vaclav Havel*: A Political Tragedy in Six Acts. Bloomsbury Publishing. Edição do Kindle.

MÓDOLO DE PAULA, Luiz Augusto. *Resolução de conflitos em Direito Internacional Público e a questão iugoslava*. Belo Horizonte: Arraes Editores, 2017. v. 1. 162p.

MÓDOLO DE PAULA, Luiz Augusto. *Não fale para cima*: a cassação do deputado estadual Fernando Francischini – uma Crônica do ativismo judicial eleitoral. Aspectos Polêmicos e atuais do Direito Eleitoral. São Paulo: D´Plácido, 2022. v. 1. 222p.

RECONDO, Felipe. WEBER, Luiz. *O tribunal*: como o Supremo se uniu ante a ameaça autoritária (Portuguese Edition). Companhia das Letras. Edição do Kindle.

SCALIA, Antonin. Editado por Jeffrey S. Sutton e Edward Whelan. *O essencial de Scalia*: sobre a Constituição, os tribunais e o Estado de Direito. Trad. Amauri Feres Saad. Londrina: Editora E.D.A – Educação, Direito e Alta Cultura, 2021.

16. KEANE, John. *Vaclav Havel*: A Political Tragedy in Six Acts (p. 264). Bloomsbury Publishing. Edição do Kindle.

DECISÕES JUDICIAIS STF

SUPREMO TRIBUNAL FEDERAL. Referendo na Medida Cautelar na Ação Declaratória De Constitucionalidade 85 Distrito Federal, Presidente da República, 13/03/2023.

SUPREMO TRIBUNAL FEDERAL. Referendo na Medida Cautelar na Ação Direta de Inconstitucionalidade 7.261 Distrito Federal, Procurador-Geral da República, 26/10/2022.

A INDEPENDÊNCIA DO JUIZ COMO GARANTIA DA DECISÃO JUDICIAL JUSTA. -ASPECTOS CONSTITUCIONAIS E LEGAIS

Firly Nascimento Filho

Doutor em Direito (PUC-RIO). Desembargador Federal no Rio de Janeiro (TRF-2). Coordenador Adjunto da Comissão de Direito Internacional da Emarf-TRF-2. Professor da PUC-RIO. Coordenador do Curso de Especialização em Direito Processual Civil da PUC-RIO. Membro honorário do Instituto dos Advogados do Brasil (IAB). Ex-Diretor Adjunto da Escola Nacional da Magistratura (ENM) da Associação dos Magistrados Brasileiros (AMB). Palestrante na Emarf-TRF-2.

Sumário: 1. Apresentação do tema – 2. Poder decisório. Cognição – 3. Independência do juiz – Conclusões – Referências.

1. APRESENTAÇÃO DO TEMA

O[1] conjunto de interpretações e teorias que cercam a decisão judicial torna o tema extremamente complexo como bem apontou Ricardo Luis Lorenzetti, jurista argentino, em estudo que pode ser reputado clássico.[2]

É nessa linha que pode ser constatado que os casos denominados fáceis ainda são resolvidos pelo tradicional método dedutivo. Já os casos difíceis (*Hard cases*) ficam submetidos ao âmbito da aplicação dos princípios.[3]

Qualquer que seja o método utilizado a relevância da fundamentação está diretamente vinculada à necessidade atual de justificação do ato decisório do Juiz que floresce, nas modernas civilizações, em estado democrático de direito e, por tal inclusão, estão sujeitas à crítica da sociedade e não somente das partes ou interessados envolvidos no processo.[4]

No curso do processo diversos atos são praticados sob a direção do juiz que exerce uma gama variegada de poderes.

A doutrina costuma subdividi-los em poderes de natureza instrutória e poderes de polícia. Segue-se, no primeiro aspecto, o princípio inquisitivo, permitindo que o

1. O presente texto homenageia o Ministro do Supremo Tribunal Federal André Mendonça pela sua nomeação e atuação vibrante em defesa dos direitos constitucionais. Ao ilustre magistrado, nossa admiração, rogando que as luzes de Deus abençoem seu caminho.
2. LORENZETTI, Ricardo Luis. *Teoria da decisão judicial.* São Paulo: Ed. RT, 2009.
3. LORENZETTI, Ricardo Luis. *Teoria da decisão judicial.* São Paulo: Ed. RT, 2009. p. 158-159.
4. LORENZETTI, Ricardo Luis. *Teoria da decisão judicial.* São Paulo: Ed. RT, 2009. p. 364-365.

magistrado determine a produção de prova, independentemente e até contra a vontade da parte. Não há, segundo a doutrina dominante, preclusão *pro judicato.*[5]

O reforço dos poderes do juiz já ocorria no Código de Processo Civil austríaco de 1896, preconizado por Franz Klein, como aponta a doutrina pátria. Esse paradigma informa também o Código de Processo Civil de 2015 e que o Código de 1973 através de sucessivas reformas também estabeleceu.[6]

Sobre esse tópico já tive a oportunidade de escrever, em artigo de cunho jornalístico, onde afirmei: "Apesar disso, remanescem, no Código de 2015, os poderes do Juiz consubstanciados no de impor multa pessoal ao responsável pelo cumprimento da ordem judicial (art. 77, repetindo art. 14, CPC de 1973); fixar *astreintes* (art. 536, com referência ao art. 461,do CPC de 1973); exercer o poder de polícia (art. 360, correspondendo ao art. 445 do CPC de 1973); determinação de provas *ex officio* (art. 370, correspondendo ao art. 130 do CPC de 1973).

A par disso, o Código de 2015 implantou o que se pode denominar de "super-poderes" enunciados no art. 139. Essa interpretação é construída a partir do inciso IV do referido artigo; "determinar todas as medidas indutivas, coercitivas, mandamentais ou sub-rogatórias necessárias para assegurar o cumprimento de ordem judicial, inclusive nas ações que tenham por objeto prestação pecuniária."[7]

Essas normas enfraquecem a atuação do magistrado como protagonista da cooperação com as partes na busca de resultado de mérito em tempo razoável.

Deve se destacado que o nosso modelo de processo é o considerado bolonhês, que traz as seguintes características: a) predomínio do escrito – *quod non est in actis non est in mundo* (o que não está nos autos não está no mundo); b) afastamento do juiz das partes. Os depoimentos deveriam ser documentados por terceiros (notários e outros funcionários públicos). A decisão era baseada em documentos, sem contato pessoal com as partes ou testemunhas; c) sistema de prova legal, com determinações abstratas e matemáticas; d) desenvolvimento descontinuo do processo, pelo afastamento do juiz; e) enorme duração dos processos civis, que se arrastavam por décadas.[8]

Nesse sistema uma testemunha não seria aceita (*testis unus testis nullus)*, mas havia uma exceção: o papa. Seu testemunho era qualificado e, se ele fosse prestar depoimento não haveria necessidade de outros depoimentos.

Para testemunhar em processos contra determinadas pessoas havia necessidade de um número mínimo de depoentes (doze a quarenta e quatro) em processos contra um cardeal – oito a dezesseis burgueses para testemunhar contra um conde ou um barão.

---

5. OLIVEIRA, Carlos Alberto Álvaro de. *Do formalismo no Processo Civil.* São Paulo: Saraiva, 2003. p. 153.
6. BEDAQUE, José Roberto dos Santos. *Efetividade do processo e técnica processual.* São Paulo: Malheiros, 2006. p. 108.
7. NASCIMENTO FILHO, Firly. *O Juiz de cooperação e o CPC de 2015*, publicado em Carta Forense, 2016.
8. CAPPELLETTI, Mauro. *Proceso, Ideologias e Sociedad.* Buenos Aires: Ediciones jurídicas Europa-América, 1974. p. 35-37.

Havia hierarquia de provas testemunhais: nobre sobre não nobre; eclesiástico sobre laico; homem sobre mulher; rico sobre pobre; idosos sobre jovens; cristão sobre judeu.

O controle do processo era exercido pelos advogados diante da ausência do juiz. tal situação gerava a possibilidade de táticas protelatórias, recursos sem fim. A tentativa de controlar o processo, por seu turno, gerou multiplicidade de procedimentos e de impugnações e, por fim, todas essas características acarretaram um prolongamento indefinido dos processos.

É a partir da reforma do Código de Processo Civil alemão (1877) e do Código de Processo Civil austríaco (1895) que surge o juiz como figura ativa no processo, determinando o seu andamento e velando pela igualdade entre as partes.[9] Também surge, nesse momento, na Áustria, em 1873, a lei que regula o procedimento das causas de menor complexidade, denominadas de bagatelas (*bagalteverfahren*).[10]

O controle do processo pelo juiz busca assegurar ordem e rapidez no procedimento, promovendo sua finalidade social e protegendo as partes através da observância do princípio da isonomia. Na mesma linha, a distância que o juiz tradicional mantinha das partes é substituída pela presença pessoal do magistrado, na relação com as partes, agora não mais representadas somente pelos seus defensores judiciais.

A partir dessa virada legislativa novos códigos seguiram o mesmo padrão, indicando Mauro Cappelletti os códigos Húngaro, de 1911, o código norueguês, de 1915, o código dinamarquês, de 1916, o código iugoslavo, de 1929, o código polonês, de 1933, o código sueco de 1942 e a lei suíça de procedimento civil federal, de 1947.[11]

Essas reformas buscavam resolver um dos mais importantes problemas causados pelo excessivo formalismo do modelo clássico de processo bolonhês: a duração temporal excessiva do processo. Um dos juristas mais importantes da Alemanha, Adolf Wach afirma que após a reforma, vinte e sete por cento dos litígios civis de primeira instancia eram concluídos em até três meses; vinte e oito virgula sete por cento findavam entre três meses e seis meses; o mesmo percentual de processos terminava entre seis meses e um ano.[12]

Apesar disso, Mauro Cappelleti indica que existe ainda um fator que impede uma maior celeridade do processo, que consiste na possibilidade ampla de apelação, ao contrário do sistema austríaco, onde o exercício do direito recursal é limitado. Na Áustria, os processos civis duram cerca de sessenta dias. Pouquíssimos processos duram mais de um ano.[13]

9. CAPPELLETTI, Mauro. *Proceso, Ideologias e Sociedad.* Buenos Aires: Ediciones jurídicas Europa-América, 1974. p. 43.
10. CAPPELLETTI, Mauro. *Proceso, Ideologias e Sociedad.* Buenos Aires: Ediciones jurídicas Europa-América, 1974. p. 43.
11. CAPPELLETTI, Mauro. *Proceso, Ideologias e Sociedad.* Buenos Aires: Ediciones jurídicas Europa-América, 1974. p. 44-45.
12. CAPPELLETTI, Mauro. *Proceso, Ideologias e Sociedad.* Buenos Aires: Ediciones jurídicas Europa-América, 1974. p. 46.
13. CAPPELLETTI, Mauro. *Proceso, Ideologias e Sociedad.* Buenos Aires: Ediciones jurídicas Europa-América, 1974. p. 46-47.

Esse pendor reformista alemão idealizou o modelo conhecido como Stuttgart, utilizado a partir da metade da década de setenta, do século vinte, onde os juízes ouvem as partes, as testemunhas, deliberam e retornam à audiência com um modelo de sentença discutido pelas partes, que podem, ainda, optar por uma conciliação.[14]

2. PODER DECISÓRIO. COGNIÇÃO

Ao decidir a causa que se põe sob julgamento o magistrado exerce o livre convencimento motivado, analisando as provas que foram produzidas no processo, o que abrange as diretas e as indiretas, estas, frutos das presunções e dos indícios.

Poderá, ainda, lançar mão das regras de experiência técnica ou comum na trilha do que foi preconizado pelo art. 335, do Código de Processo Civil de 1973.[15] Tal autorização não permitia que o magistrado decidisse com base em provas que não se encontrasse nos autos, mas admitindo que o magistrado se utilize dos fatos notórios, bem como de circunstâncias que são sabidamente reconhecidas e admitidas comumentemente. Como exemplo, José Carlos Barbosa Moreira apresentava as situações em que seria certa a proliferação de mosquitos em locais de água parada e que o período de gestação humana é fosse de nove meses.[16]

As regras de experiência também podem ser utilizadas na avaliação da prova como no caso do confronto entre duas testemunhas, sendo uma daltônica, quando há divergência quanto à cor do veículo, cujo depoimento se analisa.[17]

O constitucionalista José Afonso da Silva, aduz a um princípio da independência dos juízes e tribunais, fincando sua interpretação no art. 2º, da Constituição Federal, que estabelece a separação dos Poderes. Deflui da independência a submissão do juiz à Constituição e à lei. O arcabouço constitucional estabelece, além da independência dita jurídica, outra política quando protege o magistrado através das garantias da vitaliciedade, inamovibilidade e irredutibilidade de subsídios (art. 95, da Constituição Federal).[18]

Por força de comando constitucional (Constituição Federal, art. 93, IX), o magistrado deve, sempre, fundamentar suas decisões. Tal norma conduz a questões filosóficas extremamente importantes que foram indicadas em estudo de Marcelo Lima Guerra.[19]

---

14. CAPPELLETI, Mauro e Garth, Bryan. *Acesso à justiça*. Trad. Ellen Gracie Northfleet. Porto Alegre: Sergio Antonio Fabris, 1988. p. 78-79.
15. Art. 335. Em falta de normas jurídicas particulares, o juiz aplicará as regras de experiência comum subministradas pela observação do que ordinariamente acontece e ainda as regras da experiência técnica, ressalvado, quanto a esta, o exame pericial. Replicado pelo Código de Processo Civil de 2015: Art. 375. O juiz aplicará as regras de experiência comum subministradas pela observação do que ordinariamente acontece e, ainda, as regras de experiência técnica, ressalvado, quanto a estas, o exame pericial.
16. MOREIRA, José Carlos Barbosa. Regras de Experiência e Conceitos Juridicamente Indeterminados. In: *Temas de Direito Processual*, Segunda Série. São Paulo: Saraiva, 1980. p. 62.
17. MOREIRA, José Carlos Barbosa. Regras de Experiência e Conceitos Juridicamente Indeterminados. In: *Temas de Direito Processual*, Segunda Série. São Paulo: Saraiva, 1980, p. 63.
18. SILVA, José Afonso da. *Comentário contextual à Constituição*. São Paulo: Malheiros, 2006. p. 501.
19. GUERRA, Marcelo Lima. Notas Sobre o Dever Constitucional de Fundamentar as Decisões Judiciais (CF, art. 93, IX). In: FUX, Luiz; NERY JUNIOR, Nelson e ARRUDA ALVIM WAMBIER, Teresa (Org.). *Processo e Constituição*: estudos em homenagem a José Carlos Barbosa Moreira. São Paulo: Ed. RT, 2006. p. 517-541.

Nessa análise, apesar de um dos requisitos[20] (ou elementos)[21] da sentença ser, justamente, a fundamentação[22], a necessidade de justificação abrange todos os atos judiciais, aí incluindo, as decisões interlocutórias, os meros despachos, bem como as decisões colegiadas, os acórdãos.

O nosso sistema exige que o magistrado publique não somente sua decisão, mas os motivos que levaram àquele resultado com o claro intuito de permitir a impugnação do ato decisório através da análise da justificação apresentada e não somente a insurgência contra o resultado negativo.

Para chegar ao resultado final, a conclusão do ato judicial, deve o magistrado defrontar-se com questões de fato e de direito. Qualquer desvio na realidade fática poderá gerar decisão viciada, como, por exemplo, considerar existente fato inexistente e vice-versa. Por outro turno, o exame das questões de direito se revela mais complexo, porque a interpretação da norma possui vários métodos e, por conseguinte, variegadas podem ser as soluções. Deve-se recordar que o nosso sistema não permite a ausência de julgamento, mesmo no caso de lacuna legal. Há aqui o dever de realizar o julgamento dando solução ao problema posto, por mais complexo que ele seja.

Analisando o processo decisório específico dos atos judiciais, R. Hernandes Marin, caracteriza as decisões judiciais como aquelas que dirimem um litígio entre duas partes, sendo o juiz um terceiro, afastado do pleito. O juiz começa a realizar diversas atividades psíquicas e também sociais, laborais, culminando com a decisão final.[23]

3. INDEPENDÊNCIA DO JUIZ

O art. 19 da Declaração Universal dos Direitos Humanos (UDHR), proclamada pela Assembleia-Geral das Nações Unidas em 10 de dezembro de 1948, prevê que: "To-

20. SANTOS, Moacyr Amaral. *Comentários ao Código de Processo Civil*. Rio de Janeiro: Forense, 1988. p. 404.
21. DINAMARCO, Candido. *Capítulos de sentença*. São Paulo: Malheiros, 2002. p. 15-16.
22. Consoante dicção do art. 458, do Código de Processo Civil, de 1973. O Código atual estipula nova formatação, exigindo do julgador, postura analítica, como se pode depreender do art. 489: Art. 489. São elementos essenciais da sentença: I – o relatório, que conterá os nomes das partes, a identificação do caso, com a suma do pedido e da contestação, e o registro das principais ocorrências havidas no andamento do processo; II – os fundamentos, em que o juiz analisará as questões de fato e de direito; III – o dispositivo, em que o juiz resolverá as questões principais que as partes lhe submeterem. § 1º Não se considera fundamentada qualquer decisão judicial, seja ela interlocutória, sentença ou acórdão, que: I – se limitar à indicação, à reprodução ou à paráfrase de ato normativo, sem explicar sua relação com a causa ou a questão decidida; II – empregar conceitos jurídicos indeterminados, sem explicar o motivo concreto de sua incidência no caso; III – invocar motivos que se prestariam a justificar qualquer outra decisão; IV – não enfrentar todos os argumentos deduzidos no processo capazes de, em tese, infirmar a conclusão adotada pelo julgador; V – se limitar a invocar precedente ou enunciado de súmula, sem identificar seus fundamentos determinantes nem demonstrar que o caso sob julgamento se ajusta àqueles fundamentos; VI – deixar de seguir enunciado de súmula, jurisprudência ou precedente invocado pela parte, sem demonstrar a existência de distinção no caso em julgamento ou a superação do entendimento. § 2º No caso de colisão entre normas, o juiz deve justificar o objeto e os critérios gerais da ponderação efetuada, enunciando as razões que autorizam a interferência na norma afastada e as premissas fáticas que fundamentam a conclusão. § 3º A decisão judicial deve ser interpretada a partir da conjugação de todos os seus elementos e em conformidade com o princípio da boa-fé.
23. MARIN, R. Hernandes. *Las Obligaciones Básicas de los Jueces*. Madrid: Marcial Pons, 2005. p. 19-20.

dos têm direito em completa igualdade a um processo justo e público por um tribunal independente e imparcial, na determinação de seus direitos e obrigações e de qualquer acusação penal contra si." A independência do Poder Judiciário é, pois, considerada um direito fundamental, de aplicação universal.

Por outro lado, o art. 14, § 1, da Convenção Internacional sobre Direitos Civis e Políticos determina que: "Todas as pessoas serão iguais perante as cortes e tribunais. Na determinação de qualquer acusação criminal contra si ou seus direitos e obrigações discutidos em um processo todos terão o direito a um julgamento público e justo por um tribunal competente, independente e imparcial estabelecido pela lei."[24]

No âmbito europeu, o art. 6, § 1, da Convenção Europeia para a Proteção de Direitos Humanos e Liberdades Fundamentais, de 1950 prevê, dentre outras coisas, que: "Na determinação de seus direitos e obrigações civis ou de qualquer acusação contra si, todos têm direito a um processo justo e público com uma duração razoável julgado por um tribunal independente e imparcial estabelecido pela lei".

Já na América, a Convenção Americana de Direitos Humanos prevê, no art. 8, § 1, que: "Toda pessoa tem direito a um processo com as devidas garantias e com uma razoável duração julgado por um tribunal competente, independente e imparcial, previamente estabelecido pela lei, na busca de provas em causa de natureza penal ou para determinação de seus direitos e obrigações de natureza, civil, trabalhista, fiscal ou qualquer outra natureza".

Na África, a Carta Africana de Direitos Humanos e dos Povos, de 1981, no seu art. 7, § 1, dispõe: "Todo indivíduo terá o direito de ter sua causa ouvida. Isso compreende: (d) o direito a ser processado com uma duração razoável por um tribunal ou corte imparcial".

O jurista Philippe Abravanel é um estudioso do tema independência da Justiça, tendo elaborado o denominado "Plan Thémis" onde estabeleceu dez condições que deveriam ser preenchidas para caracterizar a existência de uma Justiça livre e independente, a saber: a) toda ingerência de autoridade política na administração da justiça civil, penal e administrativa é excluída; b) a autoridade política deve-se abster de criticar uma decisão judicial; c) a designação dos juízes, sua promoção e sua remoção devem ser independentes do poder executivo; d) a destituição de um juiz pelo poder político é estritamente proibida; e) os juízes recebem uma remuneração digna em proporção às funções mais importantes, como as de ministros; f) a justiça dispõe de um orçamento separado, negociado com o Parlamento, que ela gere livremente; g) a Justiça nomeia livremente os seus assistentes e empregados e assegura sua formação fundamental e continua; h) O Chefe do Poder Judiciário ocupa o terceiro lugar no protocolo do Estado; i) o Juiz é independente no interior do seu tribunal e os processos são distribuídos segundo seu

24. A Convenção foi adotada unanimemente pela Assembleia-Geral das Nações Unidas e entrou em vigor em 23 de março de 1976. A partir de 20 de julho de 2007, 160 Estados tinham-se ratificado ou a ela aderiram, aceitando suas regras como normas de cumprimento obrigatório em direito internacional.

conteúdo; j) o juiz tem o direito e o dever de se educar desde o início e continuamente sem despesas complementares ao seu cargo.[25]

Embora seja um tema polêmico Philippe Abravanel, também sustenta que o modelo democrático de Estado, dividindo internamente as funções estatais, deve conferir aos juízes o controle de constitucionalidade dos atos normativos, não sendo razoável estabelecer a competência para o próprio Pode Legislativo, este sujeito às pressões populares, de grupos econômicos, ao passo que os magistrados analisam a questão de forma profissional ou técnica, aplicando-se a Constituição, através de decisões motivadas.[26]

Sobre o tema, de há muito Mauro Cappelletti já fundamentava a criação das Cortes Constitucionais alemã e italiana na experiência, não muito efetiva, da atuação dos juízes de carreira, no controle da constitucionalidade, através do modelo difuso, o que gerou os critérios de magistrados temporários, indicados pelo Parlamento, como vitorioso naqueles dois países e que serviram de parâmetro para os que pretendiam instituir o padrão Kelseniano.[27]

Consoante os critérios estabelecidos no Plano Têmis, o Poder Judiciário brasileiro, após a Constituição de 1988, pode ser considerado como um integrante da estrutura do Estado, em igualdade de condições com os demais poderes da República.

É verdade que, antes do advento da atual Constituição, poderíamos considerar, lançando mão das palavras de Philippe Abravanel, que "a Justiça tem sido o parente pobre do Estado", preterida nas verbas orçamentárias, pelas Forças Armadas, pela Previdência Social, além daquelas que são, evidentemente, essenciais para as prestações estatais, como educação, saúde e segurança.

Pode-se, por outro turno, estabelecer duas óticas sobre a questão da independência do juiz: uma externa e outra interna. Da primeira, busca-se afastar o magistrado das demais esferas do poder político, do poder econômico, dos grupos de pressão. Da segunda, busca-se identificar eventuais polos de pressão inseridos no âmbito do próprio Poder Judiciário.

Esse segundo aspecto do problema está vinculado ao sistema de acesso à carreira nos critérios que determinam a progressão no seu interior. Massimo Bonomo, juiz da Corte de Cassação italiana aduz à experiência italiana que organiza a sua Justiça com órgãos de primeiro grau, órgãos de apelação e a Corte de Cassação, identificando que a progressão na carreira, embora possa ocorrer levando-se em conta critérios objetivos como, por exemplo, a formação do magistrado, seu grau de laboratividade e sua incli-

25. ABRAVANEL, Philippe. *Essai Sur Lê Pouvoir Du Juge in L'indipendenza Della Giustizia Oggi- Judicial Independence Today* – Líber Amicorum In Onore di Giovanni E. Longo. Milano: Giuffre, 1999. p. 12.
26. ABRAVANEL, Philippe. *Essai Sur Lê Pouvoir Du Juge in L'indipendenza Della Giustizia Oggi- Judicial Independence Today* – Líber Amicorum In Onore di Giovanni E. Longo. Milano: Giuffre, 1999, p. 15.
27. CAPPELLETTI, Mauro. O Controle Judicial de Constitucionalidade das Leis no Direito Comparado. Porto Alegre: Sergio Antonio Fabris, 1984. p. 88-93.

nação para o exercício de funções de grau superior, também possui um alto nível de interferência dos juízes que estão nos tribunais.[28]

Nessa linha, na visão do jurista italiano, a conformidade com a jurisprudência superior, sem objeções pode acarretar uma carreira mais rápida e fácil, ao passo que outro, contrário à jurisprudência dominante poderá sofrer por suas decisões. Esse panorama não se aplicaria ao sistema italiano, onde a progressão na carreira se faz de forma quase automática, mantendo-se a independência interna do Judiciário. Tal situação também evita a competição desmedida que ocorreria, diante da disputa pelos poucos cargos do final da carreira.[29]

No entanto, o sistema de promoção automática também impede a melhora nos quadros do Judiciário italiano, com incentivo constante à qualificação profissional. Aduz que o sistema não necessita de juristas insignes, mas de um grande número de magistrados dotados de boa qualificação profissional e de capacidade gerencial para destinar, em sistema de rodízio, sua energia para funções de direção, citando a de presidência de órgão colegiado.

No Brasil, notadamente após a Emenda Constitucional 45, os critérios de promoção dos magistrados passaram a ser publicados em sessões dos tribunais, antes secretas e sem fundamentação. O sistema brasileiro prevê a promoção mediante dois critérios: antiguidade e merecimento. Mesmo na antiguidade poderá ocorrer recusa pelo tribunal, em votação qualificada. Não existe aqui a progressão automática citada na esfera italiana, ocorrendo, por esse motivo, intensa disputa interna entre os colegas que pretendem galgar as poucas vagas dos tribunais ou em outros pontos da carreira, notadamente quando o acesso é por merecimento. Por outro lado, atualmente há exigência de intensa atualização, através de cursos ministrados pelas Escolas da Magistratura.

O debate sobre a independência dos juízes é tema de vários foros. Um deles o VII Congresso das Nações Unidas sobre a Prevenção do Delito e Tratamento do Delinquente. Nesse evento houve a adoção de princípios que devem ser adotados para a resolução das questões relacionadas ao tema do Congresso, sendo um dos fundamentais a independência da magistratura, estabelecida nos seguintes termos: "os juízes resolverão os assuntos que recebam com imparcialidade, baseando-se nos fatos e em consonância com o direito, sem restrição alguma e sem influências, aliciamentos, pressões, ameaças ou intromissões indevidas, sejam diretas ou indiretas, de qualquer setor ou por qualquer motivo."[30]

Também não se admite a intervenção da esfera administrativa no âmbito judicial, com intuito de rever decisões proferidas pelos juízes no exercício de sua atividade jurisdicional.

---

28. BONOMO, Massimo. *L'indipendenza Interna Della Magiatratura in L'indipendenza Della Giustizia Oggi- Judicial Independence Today* – Líber Amicorum in Onore di Giovanni E. *Longo*. Milano: Giuffre, 1999. p. 56-57.
29. BONOMO, Massimo. *L'indipendenza Interna Della Magiatratura in L'indipendenza Della Giustizia Oggi- Judicial Independence Today* – Líber Amicorum in Onore di Giovanni E. Longo. Milano: Giuffre, 1999. p. 58.
30. DAVID, Pedro. *Las Naciones Unidas, Los Derechos Del Hombre y Los Princípios Básicos de La Independencia del Poder Judicial in L'independenza Della Giustizia Oggi- Judicial Independence Today* – Líber Amicorum in Onore di Giovanni E. Longo. Milano: Giuffre, 1999. p. 97.

Recomenda-se que os juízes gozem de garantias como a inamovibilidade, a perenidade do cargo, bem como remuneração adequada, na ativa, quando aposentado e para seus dependentes.

Sob a perspectiva internacional as garantias outorgadas aos juízes são instrumentos que possibilitam o cumprimento dos valores fundamentais, buscando dar efetividade aos direitos humanos.[31]

Apesar disso, não se deve desconhecer a dimensão da responsabilidade dos juízes, pessoal e social, bem como assegurar-lhes suas liberdades de crenças, associação e reunião, preservando sua dignidade e assegurando sua independência.

Existe também, no plano internacional, a preocupação com o modelo de seleção dos magistrados. É certo que a investidura no cargo de juiz varia segundo a cultura e o sistema jurídico de cada país, devendo-se, no entanto, preservar os critérios de seleção para que não existam discriminações com base no seco, religião, cor, raça, ideologia política, posição econômica, de nascimento. A exigência de que o cargo de juiz seja ocupado por nacional do Estado não é considerada como discriminação.[32]

Vinculado à independência judicial está a imunidade quanto aos efeitos de suas decisões, não podendo sofrer ação de responsabilidade civil. Preserva-se, no entanto, o devido processo disciplinar para apurar eventuais condutas desabonadoras atribuídas ao magistrado, podendo ocorrer suspensão de suas funções, sujeita a decisão de afastamento a recurso que busque a revisão do ato.

Deve-se tomar cuidado com os julgamentos onde ocorre uma opinião pública apaixonada e dividida e aos julgamentos onde grupos de interesse chocam-se frontalmente para que a conduta do juiz não seja atacada justamente pelo conteúdo de sua decisão.[33]

Em alguns países, como a Espanha, a regra de independência tem assento constitucional (art. 117), estabelecendo que a Justiça emana do povo e se administra em nome do Rei, sendo o Poder Judiciário independente, com magistrados inamovíveis, responsáveis e submetidos ao império da lei.

Afirma Victor Fairen Guilen que, apesar da independência portada pela magistratura espanhola, cerca de 3,9 em 10 cidadãos confia na administração da Justiça, estando abaixo, nesse critério, da Monarquia, do Defensor do Povo, do Prefeito, do Parlamento, do Governo da Comunidade Autônoma, do Parlamento da Comunidade Autônoma,

31. DAVID, Pedro. *Las Naciones Unidas, Los Derechos Del Hombre y Los Princípios Básicos de La Independencia del Poder Judicial in L'independenza Della Giustizia Oggi-* Judicial Independence Today – Líber Amicorum in Onore di Giovanni E. Longo. Milano: Giuffre, 1999. p. 98.

32. DAVID, Pedro. *Las Naciones Unidas, Los Derechos Del Hombre y Los Princípios Básicos de la Independencia del Poder Judicial in L'independenza Della Giustizia Oggi-* Judicial Independence Today – Líber Amicorum in Onore di Giovanni E. Longo. Milano: Giuffre, 1999. p. 100.

33. DAVID, Pedro. *Las Naciones Unidas, Los Derechos del Hombre Y Los Princípios Básicos de La Independencia del Poder Judicial in L'independenza Della Giustizia Oggi-* Judicial Independence Today – Líber Amicorum In Onore Di Giovanni E. Longo. Milano: Giuffre, 1999. p. 101.

do Tribunal Constitucional e do Governo da Nação.[34] Deve-se destacar que a Espanha, além de monarquia, é pais unitário e, apesar disso, pelas suas peculiaridades, concede alto grau de autonomia às regiões da Catalunha e do País Basco, locais onde grassa o movimento nacionalista, inclusive com grupos armados que lutam pela independência. A Constituição espanhola de 1978 estabeleceu dezessete regiões autônomas.[35]

A pesquisa popular foi realizada nos anos de 1996 e 1998 e indicam que os espanhóis também não confiam no grau de independência dos magistrados locais. Aduz o jurista espanhol que diversos processos prolongados e com repercussão, sem explicações razoáveis, de erros judiciais frequentes foram os fatores que levaram a tal situação.[36]

Em critica acerba aduz que a Justiça espanhola, a par de reconhecido atraso no julgamento de processos, também tem atuado para privilegiar determinados grupos, notadamente de políticos ocupantes de cargos no parlamento espanhol. Reclama, especificamente, do privilégio de foro dos parlamentares e políticos espanhóis.[37]

Por outro turno, segue identificando as situações que causam a morosidade do Judiciário: a) excesso de trabalho gerado pelo aumento de litígios, originado de maior número de leis; b) ausência de meios para realizar os julgamentos; c) desorganização do ensino dos candidatos a juízes e aos demais corpos que integram a administração da Justiça, com descuido quanto ao exame da personalidade dos candidatos, falta de qualificação dos professores, ausência de livros de qualidade, surgimento de magistrados interinos que se perenizam; d) leis processuais e materiais de péssima qualidade; e) ausência de preparo dos legisladores quanto aos temas judiciais; f) imposição de que os magistrados decidam um número especifico de processos a cada ano, sem atentar para as peculiaridades de cada caso.[38]

Curioso notar que autores clássicos do processo civil, como Enrico Túlio Liebman e Piero Calamandrei já defendiam a ideia de que a independência do juiz, vinculada ao conceito de imparcialidade, serviriam de fundamento para a democracia. Na mesma linha, dos modernos textos internacionais, já vinculavam a efetividade dos direitos do

---

34. GUILEN, Victor Fairen. *Indenpendencia Constitucional Y Dessarrollos De Dependência De Los Jueces Espanoles In L'independenza Della Giustizia Oggi-* Judicial Independence Today – Líber Amicorum In Onore Di Giovanni E. Longo. Milano: Giuffre, 1999. p. 117-118.
35. São Comunidades Autónomas Com Estatuto Específico: A) O País Basco –Euskadi; B) Navarra; C) Galicia; D) Canárias; E) Catalunha; F) Andaluzia; G) Aragão; H) Astúrias; I) Baleares; J) Cantábria; K) Castilha La Mancha; L) Castilha E Leão; M) Estremadura; N) Comunidade De Madrid; O) Múrcia; P) La Rioja; Q) Comunidade Valenciana.
36. GUILEN, Victor Fairen. *Indenpendencia Constitucional Y Dessarrollos De Dependência De Los Jueces Espanoles In L'independenza Della Giustizia Oggi-* Judicial Independence Today – Líber Amicorum In Onore Di Giovanni E. Longo. Milano: Giuffre, 1999, p. 119.
37. GUILEN, Victor Fairen *Indenpendencia Constitucional Y Dessarrollos De Dependência De Los Jueces Espanoles In L'independenza Della Giustizia Oggi-* Judicial Independence Today – Líber Amicorum In Onore Di Giovanni E. Longo. Milano: Giuffre, 1999, p. 120/122.
38. GUILEN, Victor Fairen *Indenpendencia Constitucional y Dessarrollos de Dependência de los Jueces Espanoles in L'independenza Della Giustizia Oggi-* Judicial Independence Today – Líber Amicorum in Onore di Giovanni E. Longo. Milano: Giuffre, 1999, pp. 123/124.

homem ao estabelecimento de garantias tanto para as partes, como também para os juízes.[39]

Dentre os autores modernos, Leonardo Greco indica que a independência dos juízes é atributo individual de cada magistrado. Deve-se assegurar, nessa linha, o respeito dos demais poderes e autoridades às garantias e prerrogativas inerentes à investidura. A existência de regime disciplinar e de acesso à carreira democráticos e objetivos ao desempenho das funções, proporcionando bem-estar físico e material não somente ao magistrado, como também aos seus familiares.[40]

Afirma que a Corte Europeia de Direitos Humanos relaciona quatro critérios para avaliar tal circunstância: "a) ao modo de designação dos juízes que não pode ser deixado à escolha discricionária dos membros do Executivo; b) à duração dos mandatos dos juízes; c) a existência de garantias contra as pressões exteriores; d) à aparência de ou não de independência (*justice must not only be done, it must also be seen to be done)*".[41]

A independência é assentada em julgamentos técnicos e não políticos, infensos a quaisquer pressões inidôneas. Mesmo o denominado clamor popular. O julgamento popular nem sempre é sábio, mas, frequentemente, movido a paixões. Os Princípios de Bangalore de Conduta Judicial afirmam que o magistrado não pode agir preocupado com a aclamação popular ou com sua crítica.[42] A condenação de Jesus não obedeceu à boa técnica, mas ao julgamento popular que, certamente, não foi feliz. Do mesmo modo, é comum ao povo aplicar a denominada lei de ferro ou de Talião (olho por olho, dente por dente), aos acusados de crimes, sendo corriqueiros os linchamentos públicos, muitas vezes com mortes de inocentes. É certo, ademais, que os julgamentos pelos tribunais também podem gerar erros, sendo, também, farta a literatura a respeito dos erros judiciários cometidos durante a história, mas o tempo normal do processo permite uma melhor avaliação do caso e os equívocos tendem a diminuir.

Também se defende a extensão de tal prerrogativa aos juízes leigos hoje bastante utilizados no sistema dos Juizados Especiais Cíveis, sendo comum sua atuação no Rio de Janeiro, consoante previsão expressa em lei estadual (Lei 4578/2005).[43] Outros Estados também possuem magistrados leigos, como o Rio Grande do Sul, Mato Grosso, Paraná, Acre, Mato Grosso do Sul.

Vigora, também, no Brasil, como corolário da independência do juiz, a imunidade por suas decisões, quer sejam sentenças, votos ou decisões monocráticas, não podendo sofrer qualquer tipo de responsabilização por seus atos, nos termos do art. 41, da

39. LIEBMAN. Enrico Tulio. *Manual de Direito Processual Civil*. Rio de Janeiro: Forense, 1985. p. 8-9. CALAMANDREI, Piero. *Processo e democracia*.
40. GRECO, Leonardo. Garantias fundamentais do processo: o processo justo. In: *Estudos de Direito Processual*. Campos: Editora da Faculdade de Direito de Campos, 2005. p. 251.
41. GRECO, Leonardo. Garantias fundamentais do processo: o processo justo. In: *Estudos de Direito Processual*. Campos: Editora Da Faculdade De Direito De Campos, 2005. p. 252. O Autor Remonta a Serge Guinchard.
42. *Comentários aos Princípios de Bangalore de Conduta Judicial*, p. 49.
43. GRECO, Leonardo. Garantias fundamentais do processo: o processo justo. In: *Estudos de Direito Processual*. Campos: Editora da Faculdade de Direito de Campos, 2005. p. 252.

LOMAN, consoante assentado pelo STF, no seguinte aresto: "Queixa-crime - Delitos contra a honra supostamente cometidos por magistrados no julgamento da causa - Inocorrência - Exercício da função jurisdicional - Imunidade funcional dos magistrados (CP, art. 142, III, e Loman, art. 41) - Atipicidade penal da conduta - Discurso judiciário compatível com o objeto do litígio e que guarda, com este, indissociável nexo de causalidade e de pertinência - Ausência, ainda, do "animus injuriandi vel diffamandi" - Inadmissibilidade da pretendida persecução penal - Consequente extinção do procedimento penal. - o Magistrado é inviolável pelas opiniões que expressar ou pelo conteúdo das decisões que proferir, não podendo ser punido nem prejudicado em razão de tais pronunciamentos. É necessário, contudo, que esse discurso judiciário, manifestado no julgamento da causa, seja compatível com o "usus fori" e que, desprovido de intuito ofensivo, guarde, ainda, com o objeto do litígio, indissociável nexo de causalidade e de pertinência. Doutrina. Precedentes. A "ratio" subjacente à norma inscrita no art. 41 da Loman decorre da necessidade de proteger os magistrados no desempenho de sua atividade funcional, assegurando-lhes condições para o exercício independente da jurisdição. É que a independência judicial constitui exigência política destinada a conferir, ao magistrado, plena liberdade decisória no julgamento das causas a ele submetidas, em ordem a permitir-lhe o desempenho autônomo do "officium judicis", sem o temor de sofrer, por efeito de sua prática profissional, abusivas instaurações de procedimentos penais ou civis. A independência judicial - que tem, no art. 41 da Loman, um de seus instrumentos de proteção - traduz, no Estado democrático de direito, condição indispensável à preservação das liberdades fundamentais, pois, sem juízes independentes, não há sociedades nem instituições livres. (Inq. 2699 QO/DF - Distrito Federal, Relator: Min. Celso de Mello, Julgamento: 12/03/2009, Tribunal Pleno).

Esse precedente se revela interessante porque o querelado foi o Ministro do Supremo Tribunal Federal Marco Aurélio Mello acusado por afirmações realizadas em julgamento e que foram consideradas ofensivas pelo querelante. A decisão, pela rejeição, foi à unanimidade. Esse mesmo entendimento foi aplicado em Queixa-crime assacada contra a Ministra do Superior Tribunal de Justiça Eliana Calmon (Inq 2657 AgR / DF - Relator: Min. Carlos Britto, julgamento: 26/03/2008, Pleno, v.u.). Na mesma linha, decisão favorável ao Ministro Hamilton Carvalhido (Inq. 2637 AgR/DF - Relator: Min. Carlos Britto, Julgamento: 11/02/2008, Pleno, v.u.).

É assente, no STF, por outro turno, que a LOMAN estará em vigor até que seja votada a lei prevista no art. 93, *caput*, da Constituição Federal. Nessa linha: Medida cautelar em ação direta de inconstitucionalidade. 2. Art. 92, III, alínea "e", da Constituição do Estado de Mato Grosso, com a redação determinada pela Emenda Constitucional 46, de 22 de novembro de 2006. 3. Consideração do tempo de exercício da advocacia privada para fins de classificação pelo critério de antiguidade na carreira da magistratura, da mesma forma em que se considera o tempo de serviço público. 4. Alegada violação ao art. 93 da Constituição Federal. 5. Até a edição da lei complementar prevista no art. 93, *caput*, da Constituição Federal, compete exclusivamente à Lei Orgânica da Magistratura dispor sobre a promoção, a remoção e o acesso de magistrados aos cargos. 6. Precedentes. 7.

Medida cautelar deferida para suspender, com eficácia *ex tunc*, a vigência do art. 92, III, alínea "e", da Constituição do Estado de Mato Grosso, com a redação determinada pela EC 46/2006. (ADI 4042 MC/MT-, Relator: Min. Gilmar Mendes, Julgamento: 26/06/2008, Pleno).

Apesar dessa perspectiva, há quem, na trilha de Mauro Cappelletti, procure uma releitura do instituto da imunidade judicial, sentida, na perspectiva clássica, como um item importante da independência do juiz.[44] Aduz o autor italiano que a irresponsabilidade do juiz tem raiz na impossibilidade de responsabilizar o Estado por atos de império. Por outro lado, defende que a não responsabilização do juiz está vinculada à neutralidade, ou melhor dizendo, à imparcialidade do juiz, postura adotada pela Corte Constitucional italiana.[45]

É certo que quando se trata de democracia, deve-se ter em vista que existe um dever de prestar contas dos seus atos, que é inerente à atividade pública, o que impede a imunidade absoluta do juiz.

A independência do juiz já foi vinculada à vedação de acumular outros cargos ou funções, admitida somente uma de magistério. Essa questão foi objeto de debate em processo onde ocorreu impugnação a ato do CNJ impedindo a atividade de juízes nos tribunais de Justiça Desportiva, embora fosse desempenhada graciosamente.

Assim, o aresto:

Mandado de Segurança. Resolução 10/2005, do Conselho Nacional de Justiça. Vedação ao exercício de funções, por parte dos magistrados, em tribunais de justiça desportiva e suas comissões disciplinares. Estabelecimento de prazo para desligamento. Norma proibitiva de efeitos concretos. Inaplicabilidade da súmula n. 266 do Supremo Tribunal Federal. Impossibilidade de acumulação do cargo de juiz com qualquer outro, exceto o de magistério. 1. A proibição jurídica é sempre uma ordem, que há de ser cumprida sem que qualquer outro provimento administrativo tenha de ser praticado. O efeito proibitivo da conduta – acumulação do cargo de integrante do Poder Judiciário com outro, mesmo sendo este o da Justiça Desportiva – dá-se a partir da vigência da ordem e impede que o ato de acumulação seja tolerado. 2. A Resolução n. 10/2005, do Conselho Nacional de Justiça, consubstancia norma proibitiva, que incide, direta e imediatamente, no patrimônio dos bens juridicamente tutelados dos magistrados que desempenham funções na Justiça Desportiva e é caracterizada pela auto-executoriedade, prescindindo da prática de qualquer outro ato administrativo para que as suas determinações operem efeitos imediatos na condição jurídico-funcional dos Impetrantes. Inaplicabilidade da Súmula n. 266 do Supremo Tribunal Federal. 3. As vedações formais impostas constitucionalmente aos magistrados objetivam, de um lado, proteger o próprio Poder Judiciário, de modo que seus integrantes sejam dotados de condições de total independência e, de outra parte, garantir que os juízes dediquem-se, integralmente, às funções inerentes ao cargo, proibindo que a dispersão com outras atividades deixe em menor valia e cuidado o desempenho da atividade jurisdicional, que é função essencial do Estado e direito fundamental do jurisdicionado. 4. O art. 95, parágrafo único, inc. I, da Constituição da República vinculou-se a uma proibição geral de acumulação do cargo de juiz com qualquer outro, de qualquer natureza ou feição, salvo uma de magistério. 5. Segurança denegada. (MS 25938 / DF – Relatora: Min. Carmen Lúcia, Julgamento: 24/04/2008, Pleno, v.u.).

44. CAPPELLETTI, Mauro. *Juízes irresponsáveis*. Porto Alegre: Sérgio Antonio Fabris, 1988. p. 31.
45. CAPPELLETTI, Mauro *Juízes irresponsáveis*. Porto Alegre: Sérgio Antonio Fabris, 1988. p. 32.

Deve ser registrado que decisão proferida pelo Ministro André Mendonça, na ADPF 774 MC/DF trata de tema pouco debatido na Corte Suprema, qual seja definir os limites da atuação dos juízes com a linguagem no dia a dia forense, destacando o seguinte excerto da decisão: "18. Ante o exposto, defiro em parte o pedido de medida cautelar para determinar a suspensão dos processos judiciais que visam a condenar o poder público ao pagamento de indenizações com base no art. 37, § 6º, da Constituição Federal, tendo como causa de pedir a impropriedade ou o excesso de linguagem de membro da magistratura nacional (art. 41 c/c arts. 35 e 36, todos da LC 35/1979), até ulterior decisão em sentido diverso ou julgamento definitivo no âmbito desta ADPF."[46]

CONCLUSÕES

O Poder Judiciário observado os novos paradigmas deve renovar a sua atuação no modelo de separação de poderes que ainda persiste na maior parte dos países ocidentais, utilizando as garantias que lhe são conferidas para a sua independência como um verdadeiro guardião da democracia e da realização dos direitos fundamentais para lançar mão das lições de Antoine Garapon.[47]

Essa atuação, em várias situações, tem sido legitimada por decisões proferidas pelo Supremo Tribunal Federal, como naquelas proferidas no fornecimento de medicamentos e tratamentos médicos tanto na esfera pública como na privada, garantindo o direito fundamental à saúde.[48]

Nessa linha, o denominado ativismo judicial segue no novo paradigma transformando o Judiciário em agente de extrema relevância no universo político desmitificando a propalada neutralidade que seguiria a sua atuação por pretensa ausência de legitimidade democrática tendo em vista que seus integrantes, no Brasil, não seriam eleitos diretamente pelo povo.

A legitimidade dos magistrados deflui da sua própria inserção constitucional que, seguindo o constituinte originário, fez a opção por esse modelo técnico de seleção de magistrados que é temperado pela escolha política que surge na escolha dos integrantes dos tribunais superiores, notadamente dos integrantes do quinto constitucional,[49] não se devendo olvidar da livre escolha que ocorre na Suprema Corte pátria.[50]

46. A decisão foi proferida em março de 2022 e o processo está pendente de julgamento.
47. GARAPON, Antoine. *Le Gardien des Promesses. Justice et Democratie.* Paris: Ed. Odile Jacob, 1996. p. 246 e ss.
48. RE 271.286-AgR, Rel. Min. Celso de Mello, julgamento em 12-9-2000, Segunda Turma, Plenário, *DJ* de 24-11-2000. No mesmo sentido: RE 368.564, Rel. p/ o ac. Min. Marco Aurélio, julgamento em 13-4-2011, Primeira Turma, *DJE* de 10-8-2011; STA 175-AgR, Rel. Min. Presidente Gilmar Mendes, julgamento em 17-3-2010, Plenário, *DJE* de 30-4-2010.
49. CRFB, art. 94 (Art. 94. Um quinto dos lugares dos Tribunais Regionais Federais, dos Tribunais dos Estados, e do Distrito Federal e Territórios será composto de membros, do Ministério Público, com mais de dez anos de carreira, e de advogados de notório saber jurídico e de reputação ilibada, com mais de dez anos de efetiva atividade profissional, indicados em lista sêxtupla pelos órgãos de representação das respectivas classes.)
50. CRFB, art. 101. O Supremo Tribunal Federal compõe-se de onze Ministros, escolhidos dentre cidadãos com mais de trinta e cinco e menos de sessenta e cinco anos de idade, de notável saber jurídico e reputação ilibada.

E a racionalidade das decisões, como paradigma para a realização do ato judicial pode ser controlada segundo o modelo democrático vigente. Tal racionalidade traduz o que o que M. Taruffo, arrimado em doutrina germânica, denomina as boas razões que devem fundar a decisão judicial.[51]

Por fim, não se deve olvidar que ocorrendo tanta diversidade nos critérios interpretativos e sendo o magistrado independente maior importância para a segurança no sistema jurídico somente surgirá com a aplicação do sistema dos precedentes que foi inaugurado pela súmula vinculante do Supremo Tribunal Federal[52] e foi ampliada pela lei dos casos repetitivos no âmbito do Superior Tribunal de Justiça[53] e que foi refletida no Código de Processo Civil de 2015.[54]

REFERÊNCIAS

ABRAVANEL, Philippe. *Essai Sur Lê Pouvoir Du Juge in L'indipendenza Della Giustizia Oggi-* Judicial Independence Today – Líber Amicorum In Onore di Giovanni E. Longo. Milano: Giuffre, 1999.

BARBOSA, MOREIRA, José Carlos. Regras de Experiência e Conceitos Juridicamente Indeterminados. In: *Temas de Direito Processual*, Segunda Série. São Paulo: Saraiva, 1980.

BEDAQUE, José Roberto dos Santos. *Efetividade do processo e técnica processual.* São Paulo: Malheiros, 2006. p. 108.

BONOMO, Massimo. *L'indipendenza Interna Della Magiatratura in L'indipendenza Della Giustizia Oggi-Judicial Independence Today* – Líber Amicorum in Onore di Giovanni E. *Longo.* Milano: Giuffre, 1999.

CALAMANDREI, Piero. *Processo e democracia.* Porto Alegre: Editora Livraria do Advogado, 2017.

CAPPELLETTI, Mauro. *Proceso, Ideologias e Sociedad.* Buenos Aires: Ediciones jurídicas Europa-América, 1974.

CAPPELLETTI, Mauro. O Controle Judicial de Constitucionalidade das Leis no Direito Comparado. Porto Alegre: Sergio Antonio Fabris, 1984.

CAPPELLETTI, Mauro. *Juízes irresponsáveis.* Porto Alegre: Sérgio Antonio Fabris, 1988.

CAPPELLETI, Mauro e Garth, Bryan. *Acesso à justiça.* Trad. Ellen Gracie Northfleet. Porto Alegre: Sergio Antonio Fabris, 1988.

COMENTÁRIOS aos Princípios de Bangalore de Conduta Judicial, p. 49.

Parágrafo único. Os Ministros do Supremo Tribunal Federal serão nomeados pelo Presidente da República, depois de aprovada a escolha pela maioria absoluta do Senado Federal.

51. TARUFFO, Michele. *El Control de Racionalid de la decision entre logica retorica y dialectica in Paginas sobre justicia civil.* Madrid: Marcial Pons, 2009. p. 406-407. Taruffo cita J. Habermas como autor da expressão boas razões.
52. CRFB, art. 103-A. O Supremo Tribunal Federal poderá, de ofício ou por provocação, mediante decisão de dois terços dos seus membros, após reiteradas decisões sobre matéria constitucional, aprovar súmula que, a partir de sua publicação na imprensa oficial, terá efeito vinculante em relação aos demais órgãos do Poder Judiciário e à administração pública direta e indireta, nas esferas federal, estadual e municipal, bem como proceder à sua revisão ou cancelamento, na forma estabelecida em lei. (Incluído pela Emenda Constitucional 45, de 2004).
53. Lei 11.672-2008 que alterou o art. 543-C do CPC, de 1973.
54. Art. 976. É cabível a instauração do incidente de resolução de demandas repetitivas quando houver, simultaneamente: I – efetiva repetição de processos que contenham controvérsia sobre a mesma questão unicamente de direito; II – risco de ofensa à isonomia e à segurança jurídica.

DAVID, Pedro. *Las Naciones Unidas, Los Derechos Del Hombre y Los Princípios Básicos de La Independencia del Poder Judicial in L'independenza Della Giustizia Oggi*- Judicial Independence Today – Líber Amicorum in Onore di Giovanni E. Longo. Milano: Giuffre, 1999.

DINAMARCO, Candido. *Capítulos de sentença*. São Paulo: Malheiros, 2002.

GARAPON, Antoine. *Le Gardien des Promesses. Justice et Democratie*. Paris: Ed. Odile Jacob, 1996.

GRECO, Leonardo. Garantias fundamentais do processo: o processo justo. In: *Estudos de Direito Processual*. Campos: Editora da Faculdade de Direito de Campos, 2005.

GUERRA, Marcelo Lima. Notas Sobre o Dever Constitucional de Fundamentar as Decisões Judiciais (CF, art. 93, IX). In: FUX, Luiz; NERY JUNIOR, Nelson e ARRUDA ALVIM WAMBIER, Teresa (Org.). *Processo e Constituição*: estudos em homenagem a José Carlos Barbosa Moreira. São Paulo: Ed. RT, 2006.

GUILEN, Victor Fairen *Indenpendencia Constitucional y Dessarrollos de Dependência de los Jueces Espanoles in L'independenza Della Giustizia Oggi*- Judicial Independence Today – Líber Amicorum in Onore di Giovanni E. Longo. Milano: Giuffre, 1999.

LIEBMAN. Enrico Tulio. *Manual de Direito Processual Civil*. Rio de Janeiro: Forense, 1985.

LORENZETTI, Ricardo Luis. *Teoria da decisão judicial*. São Paulo: Ed. RT, 2009.

MARIN, R. Hernandes. *Las Obligaciones Básicas de los Jueces*. Madrid: Marcial Pons, 2005.

NASCIMENTO FILHO, Firly. *O Juiz de cooperação e o CPC de 2015*, publicado em Carta Forense, 2016.

OLIVEIRA, Carlos Alberto Álvaro de. *Do formalismo no Processo Civil*. São Paulo: Saraiva, 2003.

SANTOS, Moacyr Amaral. *Comentários ao Código de Processo Civil*. Rio de Janeiro: Forense, 1988.

SILVA, José Afonso da. *Comentário contextual à Constituição*. São Paulo: Malheiros, 2006.

TARUFFO, Michele. *El Control de Racionalid de la decision entre logica retorica y dialectica in Paginas sobre justicia civil*. Madrid: Marcial Pons, 2009.

LIBERDADE E PANDEMIA: EXCERTOS E DIGRESSÕES SOBRE LIBERDADE NO CONTEXTO DA PANDEMIA DE COVID-19 E OS POSICIONAMENTOS DO MINISTRO ANDRÉ MENDONÇA ENQUANTO ADVOGADO-GERAL DA UNIÃO

Alexandre Meinberg Ceroy

Especialista em Direito Constitucional e Administrativo pela PUC/GO. MBA em Administração Judiciária pela FGV/RIO. Sócio-fundador e Diretor-Executivo para o Estado de Mato Grosso na Associação Brasileira de Juristas Conservadores – Abrajuc. Juiz de Direito do Tribunal de Justiça do Estado de Mato Grosso. Ex-Delegado de Polícia da Polícia Judiciária Civil do Estado de Goiás. Ex-Advogado inscrito na Ordem dos Advogados do Brasil – Subseção de Minas Gerais.

O escritor francês Vitor Hugo certa vez disse que "tudo quanto aumenta a liberdade, aumenta a responsabilidade".

À primeira vista, poderíamos inferir da frase do célebre autor que essas responsabilidades advindas com a liberdade teriam como única e exclusiva função a manutenção dessa própria liberdade.

Esquecem-se os incautos que a manutenção da liberdade tem dificuldades maiores do que o simples exercício de responsabilidades, e que as responsabilidades advindas com a liberdade têm alcances muito maiores do que a sua simples manutenção.

Mas o que seria, propriamente, essa liberdade conceitual que motiva tantos a nela debruçarem-se, seja do ponto de vista analítico, seja filosofal?

A liberdade, modernamente, é tida simplesmente como a capacidade pessoal de autodeterminação. É a qualidade que dota o indivíduo da possibilidade de fazer escolhas livremente.

Não se trata de um direito absoluto, e muito menos de algo oponível a qualquer outra pessoa ou instituição.

Há também a necessidade de diferenciar liberdade de arbítrio e balbúrdia. Há quem defenda que liberdade absoluta (que, tecnicamente, não existe em nenhum campo de interação humana) é simplesmente um salvo conduto para que a pessoa faça o que bem entender, e que não seja responsabilizado pelas consequências de suas ações.

Não por outra Maquiavel, ainda tratando – indiretamente – da questão das responsabilidades advindas com a liberdade, mencionou que "um povo corrompido que atinge a liberdade tem maior dificuldade em mantê-la".

Com a devida vênia ao grande filósofo, ousamos tentar complementá-lo, ao dizer que um povo ignorante, que admite a corrupção, tem dificuldades ainda maiores de manter a sua liberdade.

No atual estágio de desenvolvimento social e tecnológico da humanidade, poderiam alguns achar que não há sérias ameaças às nossas liberdades, seja pela abrangência e velocidade com que a informação alcança as pessoas, seja pela solidificação, em muitas nações, de conceitos outrora abstratos, mas que, após severos testes históricos, eclodiram como direitos universais amplamente aceitos e defendidos. Ledo engano! Arriscamos, inclusive, a dizer que, a despeito dos diversos contextos históricos passados, nunca tivemos nossas liberdades individuais tão colocadas à prova.

Assim entendemos pois nunca dantes na história da humanidade a tecnologia e as falsas informações, divulgadas e massificadas por inúmeros e acessíveis meios de comunicação e interação social, serviram tão incisivamente para a aplicação de premissas de engenharia social tendentes ao tolhimento de liberdades.

Aos desavisados, que não enxergam como paulatinamente estamos tendo nossas liberdades afastadas, resta alertar, primeiramente, que tais liberdades não serão subtraídas de forma abrupta. O processo é lento, eis que a própria lentidão impede não somente o choque de realidade, quanto também permite a aceitação paulatina (o que nos faz lembrar da parábola do sapo na panela). Segundo: ninguém – seja um governante, um jornalista, um empresário mal-intencionado ou mesmo um imbecil ideologizado – nunca dirá, claramente e de forma direta, que esta ou aquela medida que defende tem o condão de tolher liberdades. Muitos inclusive nem se atentam a isso, seja por ignorância ou mesmo por mero interesse oportunista. É de se salientar, porém, que a pílula sempre será anteriormente dourada, para permitir a sua tranquila ingestão. Falar-se-á muito de institutos nobre e não menos importantes, como "democracia", "igualdade", "combate ao racismo (e muitos outros "ismos")", e por aí afora, sem que a medida tenha qualquer relação com o discurso.

Por outro lado, há aqueles que, plenamente cientes dos ataques e das consequências decorrentes da perda, ainda que pequena e gradual, da liberdade, agem para evitar que esta torne-se um distante devaneio.

Há quem valorize mais a liberdade do que a própria vida e, na história, poderíamos citar inúmeros heróis com tal posicionamento. Aliás, em grande parte, foi o sangue de tais indivíduos que banhou a liberdade como hoje a conhecemos e conceituamos.

Concentremo-nos, no entanto, na realidade nacional.

Nossa Constituição de 1988, com todos os problemas que muitos juristas podem ocasionalmente alegar, prezou pela liberdade.

Em seu preâmbulo, já constara que os representantes do povo brasileiro, reunidos em Assembleia Nacional Constituinte, visavam instituir um Estado Democrático destinado a assegurar, dentre outros direitos, a liberdade.

O artigo 3º dispôs que um dos objetivos da República Federativa do Brasil é construir uma sociedade livre.

Não menos importante, o artigo 5º – onde constara grande parte dos direitos e garantias fundamentais dos cidadãos – garantiu, em sua cabeça, a todos os brasileiros e estrangeiros residentes no País o direito à liberdade, sendo ainda assegurado que ninguém será privado de sua liberdade sem o devido processo legal (inciso LIV).

O constituinte deu tanta primazia à liberdade que a citou mais de dez vezes no texto constitucional, sendo que a palavra "livre" é citada mais de trinta vezes.

Infelizmente, muito do que consta em nossa prolixa Constituição, mormente em tempos atuais, não passa de meras referências textuais.

Nossa combalida nação, lamentavelmente, ainda não atingiu maturidade institucional suficiente para que o texto constitucional seja plena e indistintamente aplicado.

Saindo do âmbito teórico, o que a humanidade passou recentemente nos deu grandes medidas do quão estamos realmente interessados na manutenção de nossas liberdades, o qual o seu preço.

A pandemia da doença do coronavírus (conhecida por Covid-19), iniciada na China no ano referido no nome e espalhada para todo o mundo no ano seguinte, trouxe aos inimigos da liberdade inúmeras oportunidades de testes sociais para avaliarem até onde determinadas sociedades estão dispostas a lutar por suas liberdades, e até onde sujeitam-se aos arbítrios de governantes e acreditam em suas intenções.

Infelizmente, no Brasil, os "testes" ocorreram de forma muito incisiva e, para o desespero daqueles que defendem a liberdade e entendem – ainda que de forma superficial – as consequências desses ataques, muito há com o que se preocupar.

Muitas das medidas adotadas com a suave, doce e palatável justificativa de "defender a vida" o foram de forma totalmente anômala e, se não bastasse, sem qualquer espeque constitucional na legislação açodadamente aprovada pelo Congresso Nacional para combater a pandemia.

E, das medidas adotadas, não somente houve inúmeras vozes a defendê-las, quanto também inúmeros ataques àqueles que, de uma ou outra forma, tentaram esclarecer à ignorante massa de idiotas úteis (para parafrasear Lenin) o quão perniciosas e, não menos, inúteis, eram as medidas cogentemente impostas.

Porém, o que interessa à discussão não são, propriamente, os ataques à liberdade, mas as medidas tomadas para a sua manutenção.

Muitos médicos que tentaram alertar a população sobre a inocuidade de medidas sanitárias adotadas por Governadores e Prefeitos, sem qualquer embasamento científico sério, foram duramente criticados e muitos, em mídias sociais, "cancelados".

Populares que negavam-se a cumprir medidas restritivas ilegais foram multados e, em alguns casos, até detidos.

Havia, no entanto, vozes dissonantes de uma suposta maioria, que tentaram, ainda que sem o sucesso almejado, defender o que restava da autodeterminação do povo brasileiro e, evidentemente, da dignidade umbilicalmente conectada à liberdade.

O maior embate teórico ocorrera, no entanto, no campo jurídico, mormente em razão de diversas decisões do Supremo Tribunal Federal que, em muitos casos, tivera que analisar e decidir sobre preceitos constitucionais sensíveis e de deveras importância no contexto da liberdade.

Muitos dos juristas que participaram dos embates jurídicos sobre os posicionamentos adotados muitas vezes por Governadores e Prefeitos esteavam-se, basicamente, em uma decisão do Supremo Tribunal Federal[1] que alargara o âmbito de legitimados a tomar medidas de enfrentamento da pandemia.

Porém houvera, claramente e por muitos, não somente uma desinteligência das decisões proferidas pela Corte Suprema, quanto também a deturpação das razões das decisões.

Essas questões merecem maiores explicações.

O Brasil, antes do ano de 2020, não tinha qualquer legislação que tratasse, especificamente, de uma emergência sanitária como fora a Covid-19.

Quando a epidemia eclodiu na China, muitos nacionais de outras nações intencionaram deixar referido país, o que, evidentemente, incluíam-se brasileiros.

Naquela oportunidade, o Poder Executivo da União negava-se a permitir o repatriamento de tais indivíduos, pelo risco de que, ausente qualquer quarentena ou mesmo obrigação de submissão a exames, pudessem tais indivíduos possibilitar a chegada antecipada do vírus em território nacional.

De uma forma extremamente afoita, o Congresso Nacional aprovou a Lei 13.979, de 06 de fevereiro de 2020, publicada e com vigência imediata no dia após a sua aprovação e sanção, dispondo sobre "as medidas que poderão ser adotadas para enfrentamento da emergência de saúde pública de importância internacional decorrente do coronavírus responsável pelo surto de 2019". Atente-se o leitor ao fato de que o próprio preâmbulo da Lei menciona que as medidas "poderão" ser adotadas, não determinando a sua aplicação obrigatória.

Dentre tais medidas, aquelas que demandam maiores discussões são as descritas no artigo 3º, eis que são as que mais têm o condão de, se indevidamente aplicadas ou incorretamente interpretadas, causarem violação de direitos fundamentais.

Tanto é que o próprio legislador, excluídas todas as celeumas e tribulações decorrentes da edição de referida Lei, teve a preocupação de, no parágrafo 2º, inciso

1. Referendo na Medida Cautelar na Ação Direta de Inconstitucionalidade 6.341/DF.

III, do citado artigo, dispor que todas as medidas restritivas ali descritas deveriam assegurar, dentre outros, o pleno respeito às liberdades fundamentais das pessoas, remetendo inclusive ao artigo 3º do Regulamento Sanitário Internacional acordado durante a 58º Assembleia Geral da Organização Mundial de Saúde, que tem disposição semelhante.

Dentre as medidas coercitivas autorizadas legalmente, o diploma normativo citado possibilitou a realização compulsória de testes laboratoriais, coleta de amostras clínicas, tratamentos médicos específicos, exumação, necropsia, cremação e manejo de cadáver, dentre outros.

No entanto, para os fins da presente discussão, o que mais importa são as medidas descritas nos incisos I, II e V, quais sejam: 1) isolamento; 2) quarentena; 3) restrição excepcional e temporária, por rodovias, portos ou aeroportos, de: a) entrada e saída do País; b) locomoção interestadual e intermunicipal.

Sobre os primeiros, o legislador teve o cuidado de descrever, no próprio corpo da Lei e, inclusive, de forma topograficamente superior à sua menção, quais eram os seus conceitos e o alcance de suas aplicações, antes de possibilitar a sua efetivação.

O isolamento fora qualificado como sendo a "separação de pessoas doentes ou contaminadas, ou de bagagens, meios de transporte, mercadorias ou encomendas postais afetadas, de outros, de maneira a evitar a contaminação ou a propagação do coronavírus", enquanto a quarentena fora descrita como sendo a "restrição de atividades ou separação de pessoas suspeitas de contaminação das pessoas que não estejam doentes, ou de bagagens, contêineres, animais, meios de transporte ou mercadorias suspeitos de contaminação, de maneira a evitar a possível contaminação ou a propagação do coronavírus".

Note-se que, em ambas as definições, é fácil concluir que são elas direcionadas às pessoas doentes, contaminadas, ou pelo menos com suspeita de contaminação. Portanto, nenhuma de tais medidas (isolamento e quarentena) é direcionada, e evidentemente passível de aplicação, a qualquer indivíduo saudável que não tenha sequer uma suspeita de contaminação.

Quanto às restrições de locomoção, seja para entrada ou saída do território nacional ou mesmo de trânsito entre Municípios ou Estados, a Lei fora muito clara ao tratar tais hipóteses como excepcionais.

Vemos, portanto, que não havia, e nem há, qualquer justificativa jurídica e constitucionalmente válida para medidas tais como o bloqueio geral de circulação de pessoas, conhecidas como *lockdown*, ou mesmo os chamados "toques de recolher", onde havia restrições temporalmente definidas para circulação e, não menos importante, a restrição à abertura do comércio ou de instituições religiosas.

Aliás, mesmo as medidas admitidas, e ainda que direcionadas às pessoas cuja legislação autorizou (pessoas doentes, contaminadas, ou com suspeita de contaminação), deveriam basear-se em evidências científicas e em análises sobre informações estratégicas em saúde, conforme previra o próprio parágrafo 1º do artigo 3º da Lei 13.979/2020 que, também, determinou que tais eventuais medidas deveriam ser limitadas, no tempo e no espaço, ao mínimo indispensável à promoção e à preservação da saúde pública.

Infelizmente não foi isso que aconteceu!

Foram muitas as medidas adotadas por Prefeitos e Governadores que, a despeito do que previa a legislação e em confronto direto com o que garante a Constituição, restringiram, de forma vertiginosa, direitos básicos dos cidadãos.

Por mais que a Lei 13.979/2020 tivesse dado centralidade e primazia ao Governo Federal[2], auxiliado pelo Ministério da Saúde, na aplicação das medidas restritivas nela descritas, principalmente no que tange à quarentena e isolamento, o Supremo Tribunal Federal, no julgamento do Referendo na Medida Cautelar na Ação Direta de Inconstitucionalidade 6.341/DF, assentou o entendimento segundo o qual a competência para tratar de questões afetas à saúde era comum entre União, Estados e Municípios.

Essa decisão, abastardamente, interpretada por juristas que desconheciam todas as suas nuances e sem que observassem-se os seus preceitos específicos, possibilitou imensos arbítrios por parte de Prefeitos e Governadores juridicamente mal orientados, ou faticamente mal-intencionados.

Muitos não somente impuseram severas restrições ao direito de locomoção, praticamente impondo medidas restritivas da liberdade a inteiras comunidades (Cidades e Estados) de forma indistinta, quanto também imputando penalidades a quem ousasse infringir referidas determinações.

Quem, com acesso ao mínimo de informações durante o período pandêmico, não pode vislumbrar a imagem de pessoas sendo presas em praias desertas, pessoas sendo tolhidas de confraternizar com familiares ou frequentar cultos religiosos, ou mesmo de simplesmente transitar na rua? Sim, foram várias as ocorrências citadas. Basta uma rápida pesquisa na *internet* para confirmar.

E fora um outro entendimento, também do Supremo Tribunal Federal[3] que, circunvizinhado com a competência concorrente já anteriormente mencionada, potencializou interpretações tão extremas. O entendimento era no sentido de que, em matéria de proteção à vida, à saúde e ao meio ambiente, devem-se observar os princípios da prevenção e da precaução, quando então, na dúvida, devem-se adotar as medidas mais protetivas aos bens em questão. Foi esse entendimento que, enviesadamente interpretado e maliciosa ou ignorantemente aplicada por Prefeitos e Governadores, culminou com a

2. O § 5º, inciso I, do artigo 3º da Lei 13.979/2020, dispôs expressamente que ato do Ministro da Saúde disporia sobre as condições e os prazos aplicáveis às medidas de isolamento e quarentena, enquanto um ato conjunto dos Ministros de Estado da Saúde, da Segurança Pública e da Infraestrutura disporia sobre as medidas de restrição excepcional e temporária, por rodovias, portos ou aeroportos, de entrada e saída do País e locomoção interestadual e intermunicipal (§ 6º). A Lei delegou aos gestores locais a execução de determinadas medidas somente se autorizados pelo Ministério da Saúde (§ 7º).
3. ADI 5.592, Rel. p/ acórdão Min. Edson Fachin; ADI 4.066, Rel. Min. Rosa Weber; RE 627.189, Rel. Min. Dias Toffoli.

realização de inúmeras restrições à liberdade ocorridas no contexto da pandemia, sem que houvesse para tais qualquer previsão legal.

Basicamente, Prefeitos e Governadores sentiram-se autorizados a tomar qualquer medida extrema no contexto da pandemia, sob o argumento de que estavam defendendo a vida e a saúde e, portanto, poderiam decidir pela medida mais restritiva possível, ainda que sem nenhum espeque na Constituição e nas Leis.

A lógica de tal pensamento inverte completamente as garantias de liberdade previstas no texto Constitucional, eis que, conforme já demonstrado, em nossa Constituição a liberdade é a regra, e sua restrição é o extremo da exceção.

Porém, ao se permitir que, com argumentos vagos – defesa da vida, da saúde e do meio ambiente – possam-se restringir liberdades, não se impôs mais qualquer limite a tais restrições.

Somente para exemplificarmos o quão perigoso é a utilização sem critérios de tal entendimento, bastaria, em tese, a qualquer gestor público alegar que defende uma de tais "causas", para que autorizada estivesse a imposição de limites à liberdade sem qualquer proporcionalidade, já que a medida mais protetiva é a que deve ser aplicada.

Para se ter uma ideia, estima-se que, somente no Brasil, mais de 50 mil pessoas morram por ano em decorrência de doenças ligadas à poluição. Mundialmente, esse número seria de mais de 13 milhões, conforme dados da Organização Mundial de Saúde – OMS, divulgados pela sua subsidiária Pan-Americana.[4] Dados oficiais mostram que, no ano de 2016, foram 44.228 mortes ligadas à poluição[5] no Brasil.

Com base em tais informações, com sustentação deturpada do entendimento do Supremo Tribunal Federal, e partindo da premissa de que as maiores causas não naturais de poluição ambiental são a atividade industrial, o uso de combustíveis fósseis e a pecuária de corte, bastaria algum gestor alegar que está protegendo o meio ambiente para proibir qualquer atividade industrial, a livre circulação de veículos ou mesmo a criação de gado.

E vamos além: um estudo de 2019[6] estimou que, no Brasil, anualmente, mais de 168 mil mortes podem ser atribuídas ao excesso de peso e obesidade. Portanto, pensando na manutenção da saúde e da vida, e considerando que haveria necessidade de restrição calórica ao obeso, bastaria aos Prefeitos, por decreto, restringir o que ele estaria autorizado a comprar de gêneros alimentícios, prendendo quem descumprisse a regra ou mesmo aquele que, não sendo obeso, adquirisse alimentos para terceiros.

---

4. Disponível em: [www.paho.org/pt/noticias/4-4-2022-novos-dados-da-oms-revelam-que-bilhoes-pessoas-ainda-respiram-ar-insalubre#:~:text=Dia%20Mundial%20da%20Sa%C3%BAde%202022&text=A%20OMS%20estima%20que%20mais,resultado%20de%20causas%20ambientais%20evit%C3%A1veis].
5. Disponível em: [www.gov.br/saude/pt-br/assuntos/noticias/2019/junho/mortes-devido-a-poluicao-aumentam-14-em-dez-anos-no-brasil].
6. RABACOW F.M; AZEREDO, C.M; REZENDE L.F. Deaths Attributable to High Body Mass in Brazil. Prev Chronic Dis 2019;16:190143. Disponível em: [www.cdc.gov/pcd/issues/2019/19_0143.htm?fbclid=IwAR1tC0N3Mt2plSGY7arsD-eb97is9caPq_GBZuP9Z7g_uniUT9cuxirupi8].

Por mais que isso pareça absurdo, foi essa a lógica usada na pandemia.

Porém, felizmente, houve vozes esclarecidas e, despertas do torpor que envolvia a frequente jornada midiática para tornar a pandemia algo quase apocalíptico, que lutaram com grandes forças contra aquele estado de coisas que tinha se instalado no Brasil e, pior, em outras nações democráticas da Terra.

Um destaque no combate a este mar de arbítrios foi o, hoje, Ministro do Supremo Tribunal Federal – STF André Mendonça, que na oportunidade exercia a função de Advogado-Geral da União.

Uma de suas primeiras manifestações públicas sobre o tema ocorrera após o Governo do Estado de São Paulo decretar severas restrições à liberdade de locomoção de seus cidadãos, tendo ainda ameaçado com prisão àqueles que desrespeitassem as determinações do Poder Executivo Estadual.

Não havia, naquela oportunidade, nenhuma recomendação do Ministério da Saúde sobre referido procedimento e muito menos evidência científica de sua eficácia, conforme exigia o parágrafo 1º do artigo 3º da Lei 13.979/2020.

Diante de tal situação, o Ministro André Mendonça emitiu uma nota à imprensa informando que atuaria judicialmente para "a propositura de medidas judiciais cabíveis com o objetivo de garantir a ordem democrática e a uniformidade das medidas de prevenção à Covid-19".

Na mesma nota, o Ministro alertou, prevendo o que de fato ocorreu, que "medidas isoladas, prisões de cidadãos e restrições não fundamentadas em normas técnicas emitidas pelo Ministério da Saúde e pela Anvisa abrem caminho para o abuso e o arbítrio".

Por fim, ainda enfatizou que medidas de restrição deveriam ter fins preventivos e educativos, mas nunca repressivos, autoritários ou arbitrários.

O posicionamento do Ministro é totalmente condizente com as garantias de liberdade previstas na Constituição, eis que em momento algum a carta magna possibilitou a Prefeitos e Governadores, de forma indistinta e, no caso de medidas sanitárias, sem qualquer uniformidade até em relação à microrregião geográfica em que estavam inseridos[7], aplicar medidas que poderiam redundar em prisão de seus não cumpridores.

Alguns dias após referida manifestação, o Supremo Tribunal Federal pautou o julgamento do Referendo na Medida Cautelar na Ação Direta de Inconstitucionalidade 6.341/DF, que tratava justamente da competência dos entes federados na imposição de medidas de combate à pandemia.

7. Ocorrera, de forma contumaz, a aplicação de medidas de extrema restrição em uma unidade da Federação, e a ausência de aplicação de qualquer medida extrema na unidade que com ela fazia divisa. Nestes casos, o simples ato de atravessar uma rua que divide duas cidades poderia imputar ao indivíduo a qualidade de criminoso violador de normas sanitárias, ou de mero cidadão exercente de seu direito de locomoção.

Quando do julgamento, o Ministro André Mendonça, em sustentação oral na tribuna[8], tivera a oportunidade de alertar os Ministros do STF que, naquele momento – ainda no início da pandemia – o Brasil não vivia somente uma crise de saúde, mas uma crise de emprego, da economia, das desigualdades sociais e regionais, de infraestrutura, de segurança pública, de abastecimento e, mais importante, uma crise de conceitos básicos sobre direitos e garantias fundamentais.

Nesta última menção, entendemos que o Ministro, já naquele período, vislumbrava a perniciosidade sobre o trato descentralizado da pandemia, e as consequências que tal descontrole centralizado poderiam ocasionar.

O Ministro narrara que a busca da solução da crise deve ocorrer à luz do texto constitucional, sob pena da crise não limitar-se a uma crise de Estado, transformando-se numa crise de democracia. Citara a ocorrência do caos jurídico que tornara-se a Federação, com Estados e Municípios, cada qual, gerindo a pandemia da forma que entendiam cabíveis, exemplificando alguns casos de suspensão do trânsito de pessoas (inclusive no âmbito internacional, com o citado caso do Estado do Acre), do exercício de atividades comerciais (Município de Macaé, no Rio de Janeiro, que suspendeu a atividade de exploração de petróleo), das atividades de assistência social (Município de Queimada, no Piauí), dentre outros, que geraram desabastecimento e insegurança jurídica.

Mais importante, nesse contexto, foi a defesa do Ministro no sentido de que a Lei 13.979/2020 não tratava somente de questões de saúde, pois envolvia soluções para todo o complexo de situações referentes àquela crise.

A premissa de tal assertiva era a de que a Lei 13.979/2020 não poderia ser tratada como uma simples questão envolvendo saúde, eis que tratava-se de uma norma geral qualificada e transdisciplinar, razão pela qual não haveria como justificar a competência concorrente dos Estados e Municípios na realização de serviços de saúde baseados na Lei Geral do SUS.[9]

O Supremo Tribunal Federal, no entanto, não acolhera tais manifestações, decidindo pela competência concorrente já anteriormente mencionada.

Localmente, o que sucedera-se à decisão do Supremo Tribunal Federal fora o recrudescimento de arbítrios e violações de direitos fundamentais, principalmente da liberdade, por parte de Prefeitos e Governadores.

A promessa de judicialização desses arbítrios ocorrera com a apresentação, no Supremo Tribunal Federal, da Ação Direta de Inconstitucionalidade 6.855/RN.[10]

Em referida ação o Advogado-Geral da União postulou que o Supremo Tribunal Federal reconhecesse a inconstitucionalidade dos Decretos Estaduais emitidos pelos Governos do Rio Grande do Norte, Pernambuco e Paraná, que, numa ou noutra medida,

8. Disponível em: [www.youtube.com/watch?v=aBcWEhZFHPw].
9. Lei 8.080/1990.
10. Petição inicial disponível em: [https://drive.google.com/file/d/1rFsDDsQOjsRJgT6KHZ_Go1UCU4vIS9RF/view].

instituíram medidas restritivas de direitos, tais como toques de recolher, *lockdowns* ou restrição de atividades econômicas, sem qualquer consideração com os direitos fundamentais de liberdade.

Na peça inaugural, o Ministro André Mendonça sustentou que o princípio da proteção à saúde deve ser harmonizado com outros direitos fundamentais, entre eles o direito de trabalhar. Afiançou, inclusive, que já havia estudos a demonstrar que algumas normas abusivas que tinham como escopo a garantia da saúde estavam, na verdade, afetando a saúde física e emocional dos cidadãos, o que mostrava o contrassenso a elas inerente.

A principal fundamentação do pedido era, no entanto, a já anteriormente apregoada ausência completa de norma de autorizasse que Prefeitos e Governadores impusessem medidas restritivas com tamanho alcance.

Por mais que a petição reconhecesse que o próprio Supremo Tribunal Federal já teria pacificado o entendimento segundo o qual a aplicação das medidas para a garantia da saúde da população no contexto da pandemia eram de competência concorrente entre todos os entes federados, reconhecia ela também que tanto a Lei 8.080/1990 (Lei Orgânica do SUS) quanto a Lei 13.979/2020 (Lei temporária da Pandemia) não forneciam o "adequado assoalho democrático" para a aplicação de medidas extremas, eis que esta última limitou-se, em sua fronteira de restrições, a prever isolamento, quarentena e restrição de trânsito.

Questão bastante interessante que consta nos fundamentos do pedido inaugural é a constatação que, mesmo em situações constitucionais excepcionalíssimas, tais como aquelas que demandam decretação de estado de defesa ou estado de sítio, não eram permitidas restrições tão extensas e local e temporalmente indefinidas como àquelas que estavam em curso nos Estados e Municípios quando da pandemia.

O estado de sítio, que seria a situação ensejadora de maiores possibilidades de restrições, cabíveis inclusive quando ineficaz a declaração de estado de defesa, tem em seu rol de possíveis medidas, que entendemos mais gravosa, a "obrigação de permanência em localidade determinada", que nem se compara a um *lockdown*. Apesar da Constituição prever a possibilidade de restrição de outras garantias constitucionais no decreto que instituir o estado de sítio, haverá elas de ser especificadas não somente expressamente, quanto limitadas em âmbito territorial de abrangência (artigo 138 da Constituição).

Soma-se a isso que a declaração do estado de defesa ou estado de sítio são prerrogativas exclusivas do Presidente da República e sujeitam-se a controle quase concomitante do Congresso Nacional.

Portanto, sendo o estado de defesa e o estado de sítio situações que propiciam restrições de direitos, o legislador constituinte teve a preocupação de restringir o legitimado para sua decretação a somente uma pessoa, e determinou o controle imediato do Congresso Nacional.

No entanto, a despeito de tão embasados fundamentos, a ação restou julgada improcedente.[11] Sequer o pedido de interpretação conforme a constituição de determinadas normas executivas fora acolhido, no sentido de se exigir um controle do Poder Legislativo quanto àquelas medidas restritivas de direitos.

O interessante no trâmite de tal ação foi a intervenção do Conselho Federal da Ordem dos Advogados do Brasil – CFOAB, que atuou não em defesa dos direitos e garantias fundamentais dos cidadãos, mas para defender as medidas restritivas então impostas por Estados e Municípios, sob a mesma argumentação de defesa da saúde e da vida.

No entanto, o artigo 44 da Lei 8.906/94 (Estatuto da Advocacia e da Ordem dos Advogados do Brasil) fora muito claro, em seu inciso I, ao dispor que à OAB compete, dentre outros, a defesa da Constituição e dos direitos humanos. Portanto, se se discutia a inconstitucionalidade de alguns atos executivos (decretos governamentais) que restringiam inúmeros direitos fundamentais positivados no texto constitucional, nos parece um ilogismo que a OAB atue para defendê-los, agindo como se estivesse participando não de uma Ação Direta de Inconstitucionalidade, mas de uma Ação Declaratória de Constitucionalidade.

Apesar do relator da ação, Ministro Luís Roberto Barros, ter constado expressamente em seu voto condutor do acórdão que "possíveis limitações concretas desproporcionais a direitos individuais, ou editadas por autoridade incompetente, devem ser impugnados pela via própria, levando-se em consideração o conhecimento de elementos que permitam aferir a gravidade da situação epidemiológica em cada região, além da necessidade da medida", fato é que a interpretação enviesada do inteiro teor da decisão, não somente por Prefeitos e Governadores, mas por juízos e Tribunais, possibilitou uma verdadeira enxurrada de violações de direitos fundamentais do cidadão pelo Estado.

Outra seara de discussão de direitos fundamentais em que houvera, também, intensos debates e a participação austera do Ministro André Mendonça, ainda no contexto da pandemia, fora a controvérsia acerca da liberdade religiosa, tendo como principal foco os decretos executivos acerca da proibição do funcionamento dos templos religiosos.

A discussão principal ocorrera no âmbito da ação de Arguição de Descumprimento de Preceito Fundamental 811/SP, proposta por um partido legitimado visando, basicamente, que cristãos (católicos e evangélicos) pudessem, na pandemia, realizar seus cultos e reuniões.

Na ação, impugnava-se a constitucionalidade de um Decreto do Governo Paulista[12], que vedara temporariamente a realização presencial de cultos, missas e demais atividades religiosas.

11. Disponível em: [chrome-extension://efaidnbmnnnibpcajpcglclefindmkaj/https://portal.stf.jus.br/processos/downloadPeca.asp?id=15356257335&ext=.pdf].
12. Decreto Estadual 65.563, de 12 de março de 2021, do Estado de São Paulo.

Em sua sustentação oral perante o plenário do Supremo Tribunal Federal[13], o Ministro André Mendonça aduziu que aquela discussão ali travada não era sobre política ou sobre vida e morte, deixando bem claro que todos os envolvidos naquela discussão defendiam a vida.

O Ministro sustentou, com profundos argumentos, que a orientação religiosa cristão teria, como uma qualidade inerente à sua existência, a realização de comunhão com o próximo e a vida em comunidade.

Um questionamento feito pelo Ministro que, infelizmente, não teve uma resposta, foi sobre a vigência da constituição ou de outras regras em momentos de calamidade pública. Indagou se poderíamos suprimir direitos fundamentais, sem o respeito às normas previamente estabelecidas pelo Poder Constituinte, independentemente da decretação de medidas excepcionalíssimas, como de fato estava ocorrendo.

Questionou por que um vendedor ambulante nas ruas era proibido de realizar o seu trabalho, muitas vezes sob ameaças de prisão e agressões, enquanto em grandes supermercados as atividades eram exercidas normalmente. Citou os casos de aglomeração em ônibus, trens, metrôs, e transportes aéreos. Mencionou que não foram proibidas reuniões presenciais de trabalho, reuniões em sindicatos, nem de partidos políticos. Disse ainda que medida de toque de recolher é incompatível com o Estado democrático de direito, não sendo medida de prevenção à doença, mas medida de repressão própria de estados totalitários.

Interessante fora a citação de então recente julgado da Suprema Corte dos Estados Unidos da América, precedente inclusive mencionado pelo Ministro Gilmar Mendes, salientando a necessidade do Estado não distinguir atividades religiosas de outras atividades laicas.

Dois foram os significativos precedentes da Suprema Corte dos Estados Unidos no contexto da pandemia[14] [15], valendo mencionar, especificamente em relação ao caso nomeado como "Ritesh Tandon vs. Gavin Newsom, Governor of California", em que a corte concretizou o entendimento segundo o qual não haveria qualquer interesse público no tratamento diferenciado de atividades seculares de atividades religiosas.

Aliás, esses precedentes da Suprema Corte Americana foram um ponto de inflexão na jurisprudência da própria corte estrangeira, podendo servir, no âmbito do Direito Comparado, como ótimo parâmetro para a solvência da situação nacional, eis que lá realmente privilegiara-se a liberdade, em detrimento das restrições. No Brasil, a situação fora o contrário.

13. Disponível em: [www.youtube.com/watch?v=UrB_3jh7pX4].
14. Roman Catholic Diocese of Brooklyn vs. Andrew Cuomo, Governor of New York e Agudath Israel da América vs. Andrew Cuomo, Governor of New York. Disponível em: [chrome-extension://efaidnbmnnnibpcajpcglclefindmkaj/https://www.supremecourt.gov/opinions/20pdf/20a87_4g15.pdf].
15. Ritesh Tandon vs. Gavin Newsom, Governor of California. Disponível em: [chrome-extension://efaidnbmnnnibpcajpcglclefindmkaj/https://www.supremecourt.gov/opinions/20pdf/20a151_4g15.pdf].

Ainda em sua sustentação oral, o Ministro André Mendonça citou que, no precedente oriundo do Estado da Califórnia, a Suprema Corte ponderara que a corte estadual teria errado ao considerar que alguns fatores de risco para o contágio, tais com aglomerações e locais fechados, estariam sempre presentes nas atividades religiosas, e ausentes em outras atividades permitidas.

O caso nacional em muito se iguala a tal situação, eis que muitas atividades não essenciais, ainda que causassem aglomerações e ocorressem em locais fechados, não tinham sido proibidas, enquanto as atividades religiosas sim.

O Ministro André Mendonça ainda pontuou que a Constituição brasileira não compactua com o fechamento absoluto e a proibição de atividades religiosas, nem com a discriminação das manifestações públicas de fé, reverberando que remédios excepcionalíssimos não admitem sequer as medidas que estavam sendo adotadas regionalmente.

No entanto, mais uma vez, referidas argumentações não foram acolhidas pelo Supremo Tribunal Federal, que julgou, por maioria, improcedente o pedido inaugural.[16]

Apesar de não ter logrado êxito em sua jornada pela defesa dos preceitos constitucionais da liberdade, o Ministro André Mendonça, ainda que com vários percalços, mostrou-se um ferrenho defensor do texto constitucional.

A despeito do que a mídia comumente divulgava, não era assente a aceitação das medidas adotadas, sendo vários os atores jurídicos e políticos que insurgiram-se contra inúmeras medidas ilegais e inconstitucionais impostas aos cidadãos livres.

A história, no entanto, há de demonstrar qual orientação foi a mais correta.

No início da pandemia, em um artigo publicado em uma revista eletrônica[17], tivemos a oportunidade de, ante a completa falta de discussão pública sobre liberdade no contexto da pandemia, questionar o "porque aqueles que mais se identificam com a defesa das liberdades individuais – e que comumente escrevem sobre isso – silenciam quando por um simples decreto viola-se não somente direitos básicos, quanto também garantias fundamentais positivadas na Constituição?". A pergunta derivava justamente da premissa de que são nos momentos de tensão, de probabilidade de ruptura institucional e de calamidade, que as garantias constitucionais hão de ser observadas em sua maior amplitude, pois isso é que demonstra a maturidade institucional de uma nação.

A defesa da liberdade deve ser, pois, uma constante. Por isso, Jean-Jacques Rousseau já dizia: "Povos livres, lembrai-vos dessa máxima: A liberdade pode ser conquistada, mas nunca recuperada".

16. Disponível em: [https://redir.stf.jus.br/paginadorpub/paginador.jsp?docTP=TP&docID=756267154].
17. Do silêncio dos hipócritas ao regozijo dos oportunistas. Disponível em: [www.olhardireto.com.br/artigos/exibir.asp?id=12265&artigo=do-silencio-dos-hipocritas-ao-regozijo-dos-oportunistas].

REFERÊNCIAS

CEROY, Alexandre Meinberg. *Do silêncio dos hipócritas ao regozijo dos oportunistas*. Disponível em: [www.olhardireto.com.br/artigos/exibir.asp?id=12265&artigo=do-silencio-dos-hipocritas-ao-regozijo-dos-oportunistas].

RABACOW, F. M.; AZEREDO, C. M.; REZENDE, L. F. Deaths Attributable to High Body Mass in Brazil. *Prev Chronic Dis* 2019;16:190143. Disponível em: [www.cdc.gov/pcd/issues/2019/19_0143.htm?fbclid=IwAR1tC0N3Mt2plSGY7arsD-eb97is9caPq_GBZuP9Z7g_uniUT9cuxirupi8].

ACORDOS CONSTITUCIONAIS NO STF: A ATUAÇÃO CONCILIATÓRIA DO MINISTRO ANDRÉ MENDONÇA

Fernando Braz Ximenes

Mestrando da Escola Nacional de Formação e Aperfeiçoamento de Magistrados (Enfam), Brasília. Graduado em Ciências Sociais e Jurídicas (Universidade Federal da Paraíba – UFPB). Juiz Federal Titular da 18ª Vara Federal de Pernambuco. Juiz Instrutor junto ao Supremo Tribunal Federal

INTRODUÇÃO

A autocomposição é, sem dúvidas, a melhor forma de resolver conflitos. Por meio da conciliação, os conflitos são solucionados pelas próprias partes, sem a necessidade de um terceiro que lhes imponha, coativamente, um determinado desfecho para a situação litigiosa. Com isso, desenvolve-se a autonomia das pessoas, ao fomentar sua capacidade de agir cooperativamente, promovendo o entendimento e a paz no seio da comunidade.

Além disso, as práticas conciliatórias evitam o surgimento e o desenvolvimento de inúmeros processos judiciais, direcionando os recursos públicos para a solução de questões que efetivamente demandem específica atuação judicial. A conciliação, assim, traz inúmeros benefícios aos litigantes e à própria sociedade, ao promover resolução célere e eficaz para os conflitos.

Diante dos inúmeros benefícios associados a essa forma de composição de litígios, inúmeras normas que incentivam a adoção da consensualidade como meio de resolução de disputas têm sido incorporadas ao ordenamento jurídico nacional. Destaque-se a edição da Lei 9.099/1995, que criou os Juizados Especiais e estabeleceu, em seu art. 2º, que o processo buscará "sempre que possível, a conciliação ou transação".

Mais recentemente, com o advento da Lei 13.105/2015, que instituiu o Novo Código de Processo Civil, foram inseridas, no art. 3º, normas que impõem que o Estado deve promover "a solução consensual dos conflitos" e que "a conciliação, a mediação e outros métodos de solução consensual de conflitos deverão ser estimulados por juízes, advogados, defensores públicos e membros do Ministério Público, inclusive no curso do processo judicial".

O caminho de adoção de estratégias de consensualidade no âmbito nacional é, portanto, bem claro e definido. E não só no plano legal. Em termos de políticas judiciárias, é possível observar que têm sido desenvolvidas inúmeras ações pelo Conselho Nacional de Justiça com o objetivo de estimular a conciliação e a mediação como práticas de resolução de disputas, a exemplo da criação dos Centros Judiciários de Solução de Conflitos e Cidadania (CEJUSCs) e do prêmio "Conciliar é Legal".

Desse modo, as práticas consensuais estão se consolidando no Poder Judiciário brasileiro, não havendo dúvidas sérias quanto à sua importância e aplicabilidade em relação aos órgãos jurisdicionais responsáveis pela avaliação de fatos e provas, como sói ocorrer com o primeiro e segundo grau de jurisdição. Não obstante, ainda remanescem algumas hesitações em relação à atuação conciliatória do Supremo Tribunal Federal, em vista das singularidades próprias às suas finalidades constitucionais.

O presente artigo tem por objetivo geral examinar essas questões, sobretudo as possibilidades de acordos judiciais no âmbito do Supremo Tribunal Federal ante as peculiaridades ínsitas à sua atuação, seja considerando seu papel de árbitro de importantes conflitos institucionais, em que predominam interesses indisponíveis, seja diante das especificidades do seu mister mais eminente, qual seja, o controle abstrato de constitucionalidade de normas.

Pretende-se, portanto, responder à seguinte pergunta de pesquisa: em que medida são admissíveis acordos judiciais no Supremo Tribunal Federal? Para responder à essa pergunta, serão examinados casos em que a Suprema Corte brasileira vem atuando na seara conciliatória, com destaque para a atuação do Ministro André Mendonça, desde sua posse como Ministro da Corte.

Como objetivos específicos, pretende-se: (i) aprofundar o conceito de acordos constitucionais; (ii) apontar alguns limites para a conciliação no controle abstrato de constitucionalidade; (iii) exemplificar casos emblemáticos de resolução consensual de disputas pela Suprema Corte, com ênfase nas iniciativas conciliatórias adotadas pelo Ministro André Mendonça.

A metodologia adotada consistiu na revisão de literatura concernente à atuação do Supremo Tribunal Federal na seara conciliatória, somada à análise documental, consistente no exame de decisões judiciais, documentos e demais registros que ilustrassem exemplos e iniciativas da Corte nessa seara.

A importância do estudo consiste em aprofundar a compreensão sobre os limites e possibilidades de aplicação da consensualidade na resolução de disputas postas sob apreciação da Suprema Corte brasileira, destacando a atuação de um de seus membros na implementação de práticas de fomento de tratativas conciliatórias.

1. ACORDOS CONSTITUCIONAIS NO SUPREMO TRIBUNAL FEDERAL

Nesta seção, delimitaremos o conceito de acordos constitucionais no STF e indicaremos as possibilidades e limites da adoção de práticas conciliatórias pela Suprema Corte, com destaque para as peculiaridades de sua implementação no controle abstrato de constitucionalidade. Em seguida, ilustraremos o exercício desse papel de busca pela consensualidade, por meio de exemplos de atuações consensuais emblemáticas no histórico recente do Supremo.

Pois bem. Acordos constitucionais consistem no produto da resolução consensual de disputas submetidas à jurisdição constitucional do Supremo Tribunal Federal. Trata-se de uma forma não heterônoma de pôr fim a conflitos no âmbito da Suprema Corte, por meio da interação dialógica entre as partes envolvidas no processo, em amplo debate interinstitucional, com o objetivo de estabelecer convergência e entendimento em relação à questão discutida.

A aceitação dessa espécie de atuação costuma ser tranquila no tocante aos processos de feição subjetiva sujeitos à competência constitucional do STF, a exemplos dos mandados de segurança, recursos extraordinários e ações cíveis originárias. Isso porque, a despeito de esses feitos, quando sujeitos à competência do STF, comumente veicularem interesses indisponíveis ou de elevada estatura institucional, é da própria natureza da conciliação que ela se realize onde existam partes determinadas que possuem interesses contrapostos em disputa, o que é o caso dos processos subjetivos. Nesse caso, basta que as partes ajustem entre si, por meio da acomodação de interesses, uma forma legalmente adequada para pôr fim à controvérsia e que não viole interesses indisponíveis, cabendo ao Juízo apenas estimular o consenso e velar pela regularidade formal do acordo.

Mais controversa é a questão concernente aos processos objetivos, em que a análise do Tribunal não recai sobre um caso específico, com partes determinadas. Com efeito, nos processos de controle abstrato de constitucionalidade, como as ADIns, ADCs e ADPFs, o Tribunal não se debruça sobre uma controvérsia entre partes (autor e réu), mas sobre a conformidade da lei ou ato normativo com a Constituição. Nesse passo, indaga-se: não havendo, propriamente, partes no controle abstrato, seria possível estabelecer um acordo para pôr termo ao processo?

A resposta, a nosso ver, é afirmativa, desde que a solução acordada para a controvérsia esteja dentro da zona de constitucionalidade, ou seja, dentro do espaço de conformação que se atribui aos Poderes Legislativo e Executivo para que produzam normas, segundo seus próprios juízos políticos, em linha com as regras e princípios constitucionais.

Destaque-se que o fato de os interesses em foco no controle abstrato não serem individuais, mas pertencerem à toda a coletividade, não impede que os atores institucionais responsáveis pela edição dos atos normativos acordem, mediante interação dialógica, em promover ajustes que eliminem potenciais pontos de atrito e controvérsia constitucional, trazendo a norma contestada para um campo de incolumidade, em que não se divise conflito com a norma maior.

Nesse caso, a atuação do Supremo Tribunal Federal, como árbitro dos grandes conflitos institucionais, deve ser de reverência aos poderes constituídos, estimulando que formulem diretivas e estabeleçam consensos apaziguadores sobre as grandes questões que afligem a nação. O papel jurisdicional, nessa hipótese, consiste em promover um debate elevado, que oportunize o amadurecimento de soluções para problemas institucionais complexos, como costumam ser os submetidos à competência do STF.

François Ost, no artigo "Júpiter, Hércules, Hermes: Tres Modelos de Juez (1993)" aponta a existência de três tipos de magistrados, cada um representado por uma figura mitológica.[1] Segundo o autor, Júpiter representaria o modelo tradicional de julgador, cuja atividade consiste em exprimir a vontade da lei, por meio de racionalidade dedutiva, empregando métodos próprios do modelo kelseniano, em proximidade ao juiz "boca da lei" do momento pós-revolucionário francês. A seu turno, Hércules representaria o magistrado do pós-positivismo, que vai além do que está contido na lei para exercer um papel mais expansivo e criador do direito, com o objetivo de promover transformações na realidade social.

Por fim, Hermes caracteriza o juiz mediador, que valoriza o processo dinâmico e plural na construção do direito, prestigiando o papel das partes no processo de interação dialógica e consensual para gestação de soluções. A nosso sentir, *esta é a conduta esperada do Supremo Tribunal Federal nas conciliações*: um exercício de coordenação e estímulo para oportunizar que os diversos atores institucionais possam, dentro de um ambiente de cooperação e respeito, alcançar compromissos que possam solucionar as profundas questões que afligem o Estado e a sociedade.

Os benefícios dessa postura de fomento à consensualidade são inúmeros. Em primeiro lugar, as soluções heterônomas, impostas por terceiro, costumam ser mais traumáticas, por fazerem surgir vencedores e derrotados, o que não costuma ser salutar para apaziguamento do conflito subjacente à disputa judicial. Ao contrário, na autocomposição, há uma maior probabilidade de, não só pôr fim ao litígio judicial, mas de, efetivamente, acomodar o conflito institucional, político ou social do mundo dos fatos, que está por baixo daquela disputa processual.

Destaque-se, ainda, que as soluções autocompositivas, além de frequentemente mais rápidas, têm a tendência de serem mais aderentes à realidade, por derivarem do debate entre os diversos atores institucionais com conhecimento sobre a questão, o que acaba por produzir soluções mais eficazes para as complexas questões que aportam ao Supremo Tribunal Federal. Nesse passo, os acordos podem prever a implementação escalonada de medidas ou outras diretivas que conduzam à adaptação às peculiaridades da situação debatida, levando a uma resolução mais adequada para os problemas.[2] Oportuniza-se, ainda, que as estratégias para o deslinde da questão possam ser moduladas ou reformuladas durante a fase de cumprimento para atender a contingências que possam surgir durante o desenrolar do processo.

Como foco nesses benefícios, o Supremo Tribunal Federal vem implementando esforços no sentido do reforço da cultura de conciliação no âmbito da Corte. Exemplo

1. OST, François. Júpiter, Hércules e Hermes: tres modelos de juez. *Doxa – Cuadernos de Filosofia Del Derecho*, Universidade do Alicate, n. 14, 1993.
2. ABBOUD, Georges. *Processo Constitucional Brasileiro*. 2. ed. São Paulo: Thompson Reuters Brasil, 2018. p. 708-711.

disso foi a criação, pela Resolução 697/2020, do Centro de Mediação e Conciliação (CMC),[3] que tem por objetivo a "busca e implementação de soluções consensuais no Supremo Tribunal Federal."[4] Tal iniciativa foi ampliada por meio da Resolução 790/2022[5], que dispôs sobre a criação do Centro de Soluções Alternativas de Litígios do Supremo Tribunal Federal (Cesal/STF), a ser integrado pelo Centro de Mediação e Conciliação, pelo Centro de Cooperação Judiciária e pelo Centro de Coordenação e Apoio às Demandas Estruturais e Litígios Complexos.

Do ponto de vista prático, essas iniciativas têm criado condição para tratativas conciliatórias na Corte, como é o caso da comissão especial criada no âmbito da Ação Direta de Inconstitucionalidade (ADI) 7191 e da Arguição de Descumprimento de Preceito Fundamental (ADPF) 984 com o objetivo de aprimoramento legislativo da Lei Complementar 194/2022 e da Lei Complementar 192/2022. A partir dos trabalhos dessa comissão, alcançou-se extenso acordo[6] que foi homologado, à unanimidade, pelo Supremo Tribunal Federal[7], em sessão virtual extraordinária em 14/12/2022. Outro exemplo é o do acordo celebrado nos autos da Ação Cível Originária 3568, de Relatoria do Ministro Ricardo Lewandowski, em que fora disciplinada a gestão compartilhada do território de Fernando de Noronha pelo Estado de Pernambuco e pela União.

2. A ATUAÇÃO DO MINISTRO ANDRÉ MENDONÇA EM ACORDOS CONSTITUCIONAIS

Tendo assumido o cargo de Ministro do Supremo Tribunal Federal em 16 de dezembro de 2021, André Mendonça tem se destacado na condução de tratativas conciliatórias no âmbito da Suprema Corte. Sua trajetória profissional anterior na advocacia pública certamente contribuiu para um conhecimento íntimo dos meandros da Administração e para a formação da crença de que questões complexas envolvendo políticas públicas, Estado e sociedade recomendam uma maior participação das instituições e atores envolvidos nos problemas para que se alcancem decisões mais eficazes.

Imagina-se que a experiência na atuação em acordos de leniência no âmbito da Controladoria-Geral da União, e como Advogado-Geral da União, tenha atuado como fator decisivo no aperfeiçoamento da feição dialógica e abordagem conciliatória pela

---

3. SUPREMO TRIBUNAL FEDERAL (Brasil). Resolução 697, de 7 de agosto de 2020. *Diário da Justiça Eletrônico da República Federativa do Brasil*, Brasília, DF, 198, 10 de agosto de 2020. Disponível em: [www.stf.jus.br/arquivo/cms/noticiaNoticiaStf/anexo/DJE198.pdf]. Acesso em: 16 fev. 2024.
4. SUPREMO TRIBUNAL FEDERAL (Brasil). Ministro Dias Toffoli cria Centro de Mediação e Conciliação no STF. *Portal do STF*, Brasília, DF. Disponível em: [https://portal.stf.jus.br/noticias/verNoticiaDetalhe.asp?idConteudo=449159&ori=1]. Acesso em: 16 fev. 2024.
5. SUPREMO TRIBUNAL FEDERAL (Brasil). *Resolução 790, de 22 de dezembro de 2022*. Disponível em: [www.stf.jus.br/arquivo/cms/noticiaNoticiaStf/anexo/Resolucao790.pdf]. Acesso em: 16 fev. 2024.
6. COMISSÃO ESPECIAL. Acordo firmado no âmbito da Comissão Especial formada no âmbito da ADPF 984 e ADI 7191. Disponível em: [www.conjur.com.br/wp-content/uploads/2023/09/acordo-icms-combustiveis.pdf]. Acesso em: 16 fev. 2024.
7. SUPREMO TRIBUNAL FEDERAL (Brasil). Plenário homologa acordo entre União, estados e DF sobre ICMS dos combustíveis. *Portal do STF*, Brasília, DF. Disponível em: [https://portal.stf.jus.br/noticias/verNoticiaDetalhe.asp?idConteudo=499104&ori=1]. Acesso em: 16 fev. 2024.

qual vem sendo notabilizada sua atuação na Suprema Corte. A despeito do ainda curto período de exercício do cargo, de um pouco mais de dois anos, são já numerosas as iniciativas em prol da conciliação em feitos da sua relatoria.

Tais iniciativas têm ocorrido tanto em processos de feição subjetiva, como em processos de cariz objetivo. Em relação aos processos subjetivos, cabe destacar o Mandado de Segurança 37.454/PI, em que contendiam o Poder Judiciário e o Poder Executivo do Estado do Piauí no que toca ao repasse dos duodécimos em favor do Judiciário local. Tendo sido determinada a realização de diversas audiências com os representantes dos Poderes, no qual participaram ativamente o Governador do Estado e o Presidente do Tribunal de Justiça do Piauí, após processo de aprofundado diálogo, alcançou-se acordo no qual as partes convencionaram no sentido da regularização do repasse dos duodécimos, com o respectivo cronograma de pagamentos, encerrando, definitivamente, o litígio. Sua Excelência o Ministro Mendonça homologou esse acordo[8] em 29 de agosto de 2023, determinando o arquivamento do feito. Trata-se de caso que ilustra muito bem as nuances da atuação do STF, porquanto, a despeito de tratar de processo subjetivo, fica clara a relevância institucional da questão, por evidenciar potencial conflito entre Poderes de uma unidade da Federação, e mesmo o caráter de indisponibilidade do interesse, concernente à autonomia do Poder Judiciário estadual.

Outro exemplo de atuação conciliatória em processo subjetivo pode ser verificado nos autos da ACO 3470/GO, em que se discutia a validade do convênio firmado entre a Agência Nacional de Transportes Terrestres (ANTT) e o Distrito Federal, pelo qual a autarquia federal atribuiu ao Distrito Federal as competências para a gestão, regulação e fiscalização da prestação dos serviços de transporte público coletivo rodoviário semiurbano na Região Integrada de Desenvolvimento do Distrito Federal e entorno. A relevância da questão está presente no fato de que o objeto da demanda tinha repercussão sobre a vida cotidiana de milhares de usuários do serviço de transporte na região do entorno do Distrito Federal, afetando, ainda, interesses do DF, dos Estados de Goiás e Minas Gerais, além de Municípios nestes últimos situados. Após esforços conciliatórios conduzidos pelo Ministro André Mendonça e da realização de diferentes audiências de prestação de informações e de debates, foi extinto, em 13/02/2023, o convênio sobre o qual as partes contendiam nos autos, presumivelmente encerrando o objeto da disputa.[9]

Com relação aos processos objetivos, destaca-se o processo de conciliação nos autos da ADI 7164/DF, em que se debateu questão tributária concernente à incidência única do ICMS sobre óleo diesel e as alíquotas aplicáveis, nos termos da Lei Complementar 192, de 11 de março de 2022. As assentadas conciliatórias contaram com a participação de representantes da Advocacia-Geral da União, dos Ministérios da Economia e de

8. MENDONÇA, André. *Decisão Monocrática no Mandado de Segurança 37.454/PI*. Brasília, DF: Supremo Tribunal Federal, 29 ago. 2023. Disponível em: [https://portal.stf.jus.br/processos/downloadPeca.asp?id=15360550538&ext=.pdf]. Acesso em: 16 fev. 2024.

9. MENDONÇA, André. Despacho no Mandado de Segurança 37.454/PI. Brasília, DF: Supremo Tribunal Federal, 05 dez. 2023. Disponível em: [https://portal.stf.jus.br/processos/downloadPeca.asp?id=15363476693&ext=.pdf]. Acesso em: 16 fev. 2024.

Minas e Energia, da Agência Nacional do Petróleo, Gás Natural e Biocombustíveis, do Confaz, além dos Secretários de Fazenda, Finanças ou Tributação e Procuradores-Gerais 26 (vinte e seis) Estados e do Distrito Federal, além da presença de representante da Procuradoria-Geral da República e dos Presidentes da Câmara dos Deputados e do Senado Federal.

Mais recentemente, o Ministro André Mendonça tem conduzido conciliação em outros quatro processos de controle abstrato de constitucionalidade com profunda repercussão social e política. Nas ADIs 7.471 e 7.514 discute-se a inconstitucionalidade da Lei 12.197, de 20 de julho de 2023, do Estado de Mato Grosso, que traz restrições sobre a pesca por 5 anos nas águas mato-grossenses. Trata-se de questão de profundo impacto social e ambiental, por tocar aspectos concernentes à sobrevivência e previdência social de populações de pescadores e da piscosidade e regeneração das espécies de peixes presentes no Estado.

Nesse processo conciliatório, debatem representantes da União, do Estado do Mato Grosso, da Assembleia Legislativa do Estado de Mato Grosso, do Instituto Brasileiro do Meio Ambiente e dos Recursos Naturais Renováveis (Ibama), do Instituto Nacional do Seguro Social (INSS), do Instituto Chico Mendes de Conservação de Biodiversidade (ICMBio), do Partido Social Democrático (PSD Nacional), do Ministério da Pesca e Agricultura, do Ministério do Meio Ambiente e Mudança do Clima e do Movimento Democrático Brasileiro (MDB), todos em busca de uma solução que se situe no campo da constitucionalidade e atenda, na medida do possível, a todos os interesses em discussão.

Já na ADI 7581/GO discute-se a constitucionalidade dos arts. 1º, 2º, 6º e 7º a 18, da Lei 22.482, de 22 de dezembro de 2023, bem como da redação conferida pela Emenda Constitucional 46, de 2010, do Estado de Goiás, ao art. 11, inc. XXI, da Constituição do Estado de Goiás, que tratam do controle externo por parte da Assembleia Legislativa do Estado de Goiás em relação aos atos do Tribunal de Contas do Estado de Goiás. No processo de diálogo interinstitucional participam representantes da Procuradoria-Geral da República, do Estado de Goiás, da Procuradoria-Geral do Estado de Goiás, da Assembleia Legislativa do Estado de Goiás (Alego), do Tribunal de Contas do Estado de Goiás e da Associação dos Membros dos Tribunais de Contas do Brasil (Atricon). A questão discutida tem profunda relevância no que concerne ao modelo de fiscalização dos Tribunais de Contas dos Estados, questão que tem o condão de impactar, ao menos potencialmente, outras Cortes de Contas da Federação.

A preocupação em mediar um diálogo interinstitucional elevado e colaborativo fica nítida a partir da leitura de trecho da Ata da Audiência ocorrida em 06/02/2024, em que consta que:

> "[O Ministro André Mendonça] informou ter dialogado, individualmente, com o Governador, o Presidente da Assembleia e o Presidente do Tribunal de Contas a respeito da possibilidade de uma solução consensual. Ponderou pela viabilidade de um desenlace que assegure, simultaneamente, a independência do Tribunal de Contas em suas funções, bem como preserve as atribuições constitucionais fiscalizatórias próprias do Poder Legislativo, no caso, a Assembleia Legislativa do Estado

> de Goiás. Indagou as partes sobre a possibilidade de acordo e se haveria prazo estimado para que pudessem estabelecer tratativas."[10]

Por fim, importante destacar a ADPF 1051 que tem por objeto a discussão a respeito dos acordos de leniência celebrados entre o Estado e empresas no âmbito da Operação Lava-Jato.[11] Para as tratativas conciliatórias foram convocados representantes da Procuradoria-Geral da República (PGR), da Advocacia-Geral da União (AGU), da Controladoria-Geral da União, (CGU), do Tribunal de Contas da União (TCU) e de instituições federais que celebraram acordos de leniência, além dos partidos autores da ação, bem como das empresas que firmaram acordos de leniência. Trata-se de questão de profundo impacto financeiro e social e que toca à legitimidade de acordos celebrados e ao próprio modelo de colaboração como instrumento para descoberta de atividades ilícitas e de cooperação para obtenção de provas.

CONCLUSÕES

A partir do estudo, é possível concluir pela possibilidade de acordos judiciais no âmbito do Supremo Tribunal Federal, desde que respeitadas as peculiaridades na atuação dessa Corte, sobretudo no tocante ao controle abstrato de constitucionalidade, que impõe restrições quanto ao objeto convencionado, que deve, necessariamente, observar requisitos de validade e conter disposições compatíveis com a Constituição, ou seja, dentro da chamada zona de constitucionalidade.

Conclui-se, ainda, que o papel a ser exercido pela Suprema Corte deve ser assemelhado ao descrito por François Ost como o do Juiz Hermes, cuja atividade deve primar pela busca da promoção do diálogo e de soluções autocompositivas capazes de responder, com maior eficácia, às difíceis questões submetidas à jurisdição do Supremo Tribunal Federal.

Nesse sentido, destacam-se os inúmeros benefícios dos acordos constitucionais, como a celeridade na solução de litígios, a possibilidade de gestação de soluções mais eficazes e aderentes à realidade, a mutabilidade desses meios resolutivos e a possibilidade de readequações e o reforço ao diálogo interinstitucional e à pacificação social.

Diante desses benefícios, percebe-se que o Supremo Tribunal Federal vem se adequando, institucionalmente, à cultura da conciliação, o que se demonstra pela criação de órgãos como o Centro de Mediação e Conciliação (CMC) e o Centro de Soluções Alternativas de Litígios do Supremo Tribunal Federal (Cesal/STF) e que os Ministros da Corte têm adotado, em seus gabinetes, importantes iniciativas conciliatórias.

10. BRASIL. Supremo Tribunal Federal. Ata de Audiência na ADI 7581/GO. Brasília, 06 fev. 2024. Disponível em: [https://portal.stf.jus.br/processos/downloadPeca.asp?id=15364256459&ext=.pdf]. Acesso em: 19 fev. 2024.
11. SUPREMO TRIBUNAL FEDERAL. *Supremo convoca audiência de conciliação em ação sobre acordos de leniência na Lava-Jato.* Disponível em: [https://portal.stf.jus.br/noticias/verNoticiaDetalhe.asp?idConteudo=527178&ori=1]. Acesso em: 16 fev. 2024.

Nesse aspecto, destaca-se a atuação do Ministro André Mendonça que, desde sua posse, tem se notabilizado pela ênfase nas soluções consensuais, sobretudo em casos de elevada complexidade institucional e forte impacto social, econômico e político, nos quais tem ficado evidente sua habilidade em mediar o diálogo interinstitucional e conduzir tratativas conciliatórias, como provável fruto de sua trajetória anterior na advocacia pública e de sua experiência na formulação e execução de políticas e estratégias em acordos de leniência.

Diante do exposto, é possível concluir que os acordos constitucionais se apresentam como meios para a resolução das difíceis questões submetidas à jurisdição do Supremo Tribunal Federal, por proporcionarem meios eficazes para a solução de conflitos, contribuindo para a harmonia entre as diversas instituições públicas, por meio de uma cultura de fomento ao diálogo e à cooperação. Nesse aspecto, assume fundamental relevância o trabalho dos Ministros da Corte, no que se destaca a atuação do Ministro André Mendonça no aprofundamento da cultura da consensualidade, o que assume importância sistêmica, em função da aptidão que o STF tem de, sendo o vértice do sistema jurídico, irradiar, suas práticas para todo o Poder Judiciário.

REFERÊNCIAS

ABBOUD, Georges. *Processo Constitucional brasileiro*. 2. ed. São Paulo: Thompson Reuters Brasil, 2018. p. 708-711.

BRASIL. Supremo Tribunal Federal. *Ata de Audiência na ADI 7581/GO*. Brasília, 06 fev. 2024. Disponível em: [https://portal.stf.jus.br/processos/downloadPeca.asp?id=15364256459&ext=.pdf]. Acesso em: 19 fev. 2024.

COMISSÃO Especial. Acordo firmado no âmbito da Comissão Especial formada no âmbito da ADPF 984 e ADI 7191. Disponível em: [www.conjur.com.br/wp-content/uploads/2023/09/acordo-icms-combustiveis.pdf]. Acesso em: 16 fev. 2024.

MENDONÇA, André. *Decisão Monocrática no Mandado de Segurança 37.454/PI*. Brasília, DF: Supremo Tribunal Federal, 29 ago. 2023. Disponível em: [https://portal.stf.jus.br/processos/downloadPeca.asp?id=15360550538&ext=.pdf]. Acesso em: 16 fev. 2024.

MENDONÇA, André. *Despacho no Mandado de Segurança 37.454/PI*. Brasília, DF: Supremo Tribunal Federal, 05 dez. 2023. Disponível em: [https://portal.stf.jus.br/processos/downloadPeca.asp?id=15363476693&ext=.pdf]. Acesso em: 16 fev. 2024.

OST, François. Júpiter, Hércules e Hermes: tres modelos de juez. *Doxa – Cuadernos de Filosofia Del Derecho*, Universidade do Alicate, n. 14, 1993.

SUPREMO TRIBUNAL FEDERAL. Plenário homologa acordo entre União, estados e DF sobre ICMS dos combustíveis. *Portal do STF*, Brasília, DF. Disponível em: [https://portal.stf.jus.br/noticias/verNoticiaDetalhe.asp?idConteudo=499104&ori=1]. Acesso em: 16 fev. 2024.

SUPREMO TRIBUNAL FEDERAL. Resolução 697, de 7 de agosto de 2020. *Diário da Justiça Eletrônico da República Federativa do Brasil*, Brasília, DF, 198, 10 de agosto de 2020. Disponível em: [www.stf.jus.br/arquivo/cms/noticiaNoticiaStf/anexo/DJE198.pdf]. Acesso em: 16 fev. 2024.

SUPREMO TRIBUNAL FEDERAL. *Resolução 790, de 22 de dezembro de 2022*. Disponível em: [www.stf.jus.br/arquivo/cms/noticiaNoticiaStf/anexo/Resolucao790.pdf]. Acesso em: 16 fev. 2024.

SUPREMO TRIBUNAL FEDERAL (Brasil). Ministro Dias Toffoli cria Centro de Mediação e Conciliação no STF. *Portal do STF*, Brasília, DF. Disponível em: [https://portal.stf.jus.br/noticias/verNoticiaDetalhe.asp?idConteudo=449159&ori=1]. Acesso em: 16 fev. 2024.

SUPREMO TRIBUNAL FEDERAL. *Supremo convoca audiência de conciliação em ação sobre acordos de leniência na Lava-Jato*. Disponível em: [https://portal.stf.jus.br/noticias/verNoticiaDetalhe.asp?idConteudo=527178&ori=1]. Acesso em: 16 fev. 2024.

JUÍZES DE PAZ: A FUNÇÃO PACIFICADORA DOS CONFLITOS E O SUPREMO TRIBUNAL FEDERAL

Thierry Mougenot Bonfim Ferreira dos Reis

Procurador do Município do Rio de Janeiro. Graduado em Direito pela Universidade Federal do Paraná.

Sumário: Introdução – 1. Definições – 2. Normas – identificação do tema no texto do ordenamento jurídico – 3. A paz como missão institucional do Supremo Tribunal Federal – ODS 16 – Resolução STF 710/2020 – 4. A pacificação dos conflitos e o Re 1.017.365/SC – destaque para o voto do ministro André Mendonça – Conclusão – Referências.

INTRODUÇÃO

O Ministro André Mendonça tomou posse em 16 de dezembro de 2021, ocupando o número 14 da cátedra cujo primeiro integrante fora o Ministro Andrade Pinto. O Ministro imediatamente antecessor à cátedra ocupada foi o Ministro Marco Aurélio.

E convém que as cátedras sejam respeitadas. Não se escreve, aqui, de um respeito pesado, que cansa, mas leve, que carrega e traz consigo o que há de melhor no que já veio, e pretende o melhor para o que virá.

O Ministro André Mendonça, em sua atuação anterior enquanto Advogado Geral da União, contribuiu para o enobrecimento da advocacia pública, função essencial à justiça. Agora, sendo um dentre os onze, está tendo a oportunidade de construir uma nova etapa em sua trajetória.

A ideia deste breve artigo é que as Cortes Supremas têm por objetivo visar à paz, que é a concórdia somada à tranquilidade na ordem.

1. DEFINIÇÕES

A seguir, apresenta-se a definição do sentido dos termos utilizados no título do artigo. Serão melhor explicitados os sentidos dos termos juiz de paz, função, paz, função pacificadora e conflitos. Para 'Supremo Tribunal Federal', desde já faz-se remissão aos arts. 101 e seguintes da Constituição da República Federativa do Brasil.

Existem diversas definições e registros para os termos utilizados aqui. Especialmente quanto a *juiz de paz*, que não está sendo empregado em seu sentido técnico-funcional, mas jurídico-diplomático, como de um juiz que almeja a paz por meio do exercício de seu ofício. Pede-se ao leitor, então, que escuse as figuras de linguagem, para que o texto faça sentido.

Registra Soibelman[1] que *juiz de paz* e *juiz de direito* eram figuras que se opunham, antigamente, pois um era formado em direito e outro não:

> Juiz de paz – (dir. civ.) Juiz que resolvia causas de pequeno valor em cada município. Não era formado em direito.
>
> Juiz de direito. [...] Juiz de direito opunha-se antigamente a juízes de paz, que não eram necessariamente pessoas formadas em direito. (fl. 206)

Já *função*, de acordo com De Plácido e Silva,[2] pode ser compreendida "na técnica do direito administrativo", como o direito ou dever de agir conferido por lei a uma ou a várias pessoas a fim de assegurar a vida da administração pública ou o preenchimento de sua missão. As funções podem ser diretas ou essenciais e indiretas ou auxiliares, a depender se estão ligadas à própria substância da administração.

Há pelo menos 8 sentidos para paz, conforme Soibelman.[3] Paz contratual, paz em separado, paz do direito internacional público, paz armada, paz de Deus, paz pública, paz do rei e paz romana.

> Paz contratual – pacto medieval de paz entre famílias ou grupos rivais que faziam guerras privadas.
>
> Paz em – (dir. int. público) é a que um estado soberano coligado a outros contra um adversário comum faz com este, independentemente dos outros que continuam a guerra. – fl. 479.
>
> Paz – (dir. int. público) ausência de guerra. Tranquilidade nas relações internacionais. Solução pacífica de conflitos entre nações.
>
> Paz armada (dir. int. público) – Paz que se deve ao temor recíproco de nações fortemente armadas.
>
> Paz de Deus – Nas guerras privadas entre os senhores feudais, a paz de Deus protegia os não beligerantes e os bens da Igreja, moinhos, colheitas e instrumentos de trabalho. Era uma limitação instituída pela Igreja.
>
> Paz pública – Identificada por muitos autores com "ordem pública", é conceituada por outros sendo a tranquilidade pública, segurança pública, incolumidade pública. Sentimento de contar com a proteção estatal em caso de perigo, ou expectativa de perigo. Sossego coletivo. Ambiente coletivo de normalidade para que cada um possa desenvolver as atividades da sua vida pessoal.
>
> Paz do rei – Conjunto de costumes, direitos e tradições que compunham a ordem social vigente na Idade Média. Dever de obediência à ordem social dirigida pelo rei em troca de sua proteção. Todo delito era considerado antes de tudo como um atentado a essa paz.
>
> Paz Romana – Designação dos longos períodos de paz nos dois primeiros séculos do Império Romano.

A pacificação social, ou função pacificadora, é compreendida aqui nos termos constitucionais, que serão expostos adiante, e, também, no sentido clássico do direito processual civil, de finalidade da jurisdição, como exposto na Teoria Geral do Processo de Cintra, Grinover e Dinamarco.[4]

1. Fl. 206. SOIBELMAN, Leib. *Enciclopédia do advogado*. 4. ed. Ver. E aum. Rio de janeiro: Ed. Rio, 1983. 520 p.
2. SILVA, De Plácido e. *Vocabulário Jurídico*. Rio de Janeiro: Editora Forense, 2003. 876 p.
3. SOIBELMAN. Op. cit., 372 e 373.
4. CINTRA, Antonio Carlos de Araújo e GRINOVER, Ada Pellegrini e DINAMARCO, Candido Rangel. *Teoria geral do processo*. São Paulo: Malheiros Ed.25. 2008. Fls 30, 147 e 152.

Jurisdição: função estatal pacificadora. O que distingue a jurisdição das demais funções do Estado (legislação, administração) é precisamente, em primeiro plano, a finalidade pacificadora com que o Estado a exerce. A *pacificação é o escopo magno da jurisdição* e por conseqüência, de todo o sistema processual (uma vez que todo ele pode ser definido como a disciplina jurídica da jurisdição e seu exercício). É um escopo social, uma vez que se relaciona com o resultado do exercício da jurisdição perante a sociedade e sobre a vida gregária dos seus membros e felicidade pessoal de cada um.

É para a consecução dos objetivos da jurisdição e particularmente daquele relacionado com a pacificação com justiça que o Estado institui o sistema processual, ditando normas a respeito (direito processual), criando órgãos jurisdicionais, fazendo despesas com isso e exercendo através dele o seu poder.

Assim, a função pacificadora dos conflitos é a obtenção da paz com justiça, o *escopo magno da jurisdição*.

A pacificação, de acordo com De Plácido e Silva, é a ação e o efeito de fazer com que a paz volte a imperar, a aquietação das discórdias e a extinção das desavenças, a harmonização e o fim das *desinteligências*:

Pacificação – Derivado do latim pacificatio, de pacificare (acomodar, tratar da paz), exprime, justamente, a ação e efeito de fazer com que a paz ou a volte a imperar. É, assim, a aquietação das discórdias ou a *extinção das desavenças*. É a *harmonização*, em virtude do que os *ânimos* exaltados voltam à calma e as *desinteligências* se acabam.

Pacificação. Do latim *pacificus* (amigo da paz). Na terminologia do Direito Público, exprime a ação de fazer voltar à calma ou ao estado normal a *ordem pública perturbada* por uma revolução, ou a *ordem pública alterada* por uma dissidência. A pacificação, então, ou resulta de uma *harmonização* entre os elementos dissidentes e desavindos ou da *sufocação* da revolta. *Paz pública*. *Ajuste de paz*. 581

Por fim, conflito[5] pode ser entendido em sentido geral e no sentido do direito internacional público.

Conflito. Vocábulo originado do latim *conflictus*, de *confligere*, é aplicado na linguagem jurídica para indicar *embate, oposição, encontro, pendência, pleito* – No sentido do Direito.

Conflito. No sentido do Direito Internacional Público possui sentido análogo: indica a divergência surgida entre duas nações a respeito de seus direitos, sejam de ordem territorial ou de qualquer outra, em virtude da qual se entrechocam os interesses dos contendores, levando-os à procura de meios de solução, nem sempre suasórios, pois que podem culminar em *luta armada* entre eles.

No entanto, vários meios se utilizam para solução dos *conflitos internacionais*, nome mais apropriado que a eles se dá: negociações diplomáticas, bons ofícios de outras nações, conciliação, arbitragens, que podem suprir os atos de violência, como represálias, intervenção armada ou guerra. No sentido mais restrito é, por vezes, empregado como sinônimo de *guerra*, ou seja, o *conflito armado* entre duas ou mais nações.

Feitos, com a precisão necessária para o escopo deste ensaio, os esclarecimentos relativos aos termos do título, passar-se-á, agora, para a identificação de dispositivos constitucionais e de tratados internacionais relevantes para o tema de que aqui se trata.

5. SILVA. Op. cit., fl. 201.

2. NORMAS – IDENTIFICAÇÃO DO TEMA NO TEXTO DO ORDENAMENTO JURÍDICO

A constituição previu a paz considerando as barbáries cometidas durante o século XX, em especial nas duas grandes guerras, mas também tendo em vista as demais guerras do passado, no Brasil e no mundo.

A paz e a pacificação social dos conflitos encontram suporte no texto constitucional desde o preâmbulo. Ele prevê a solução pacífica das controvérsias como um *compromisso* da República.

Lê-se:

"[...] Comprometida, na ordem interna e internacional, com a solução pacífica das controvérsias"

Igualmente, no art. 4º da Constituição:

Art. 4º A República Federativa do Brasil rege-se nas suas relações internacionais pelos seguintes princípios:

VI – defesa da paz;

VII – solução pacífica dos conflitos;

Os incisos VI e VII, a despeito de preverem princípios para as *relações internacionais*, devem ser considerados igualmente para a *ordem interna*, tendo em vista a sua estatura.

A paz é diretriz interpretativa na ordem interna, também. Quando se decide, deve-se primar pela paz, e pela solução dos conflitos de forma pacífica. Ou seja, o intérprete, ao deparar-se com duas soluções aparentemente conflitantes, deve, ao aplicar a justiça, buscar a mais pacífica.

Deve ser rejeitada a tese de que a defesa da paz e que a solução pacífica dos conflitos não sejam preceitos constitucionais nas relações nacionais e internas. O próprio preâmbulo constitucional, ao prever *ordem interna* e *internacional*, afasta esse entendimento.

No art. 5º, XVI, prevê-se a livre locomoção *em tempo de paz*, e a reunião *pacífica* em locais abertos:

XV – é livre a locomoção no território nacional em tempo de paz, podendo qualquer pessoa, nos termos da lei, nele entrar, permanecer ou dele sair com seus bens;

XVI – todos podem reunir-se pacificamente, sem armas, em locais abertos ao público, independentemente de autorização, desde que não frustrem outra reunião anteriormente convocada para o mesmo local, sendo apenas exigido prévio aviso à autoridade competente; a) toda atividade nuclear em território nacional somente será admitida para fins pacíficos e mediante aprovação do Congresso Nacional;

A Carta da Organização dos Estados Americanos, em seus Arts. 22 e 25, prevê:

Art. 22. Os Estados americanos se comprometem, em suas relações internacionais, a não recorrer ao uso da força, salvo em caso de legítima defesa, em conformidade com os tratados vigentes, ou em cumprimento dos mesmos tratados.

Art. 25. São processos pacíficos: a negociação direta, os bons ofícios, a mediação, a investigação e conciliação, o processo judicial, a arbitragem e os que sejam especialmente combinados, em qualquer momento, pelas partes.

De certo modo, a *paz* é de competência da esfera federal, em que se encontra o Supremo Tribunal Federal, conforme os arts. 21 e 49, que preveem as competências da União de declarar guerra e celebrar paz, e do Congresso Nacional de autorizar o Presidente a celebrar a paz:

Art. 21. Compete à União: II – declarar a guerra e celebrar a paz;

Art. 49. É da competência exclusiva do Congresso Nacional: II – autorizar o Presidente da República a declarar guerra, a celebrar a paz, a permitir que forças estrangeiras transitem pelo território nacional ou nele permaneçam temporariamente, ressalvados os casos previstos em lei complementar;

Evidentemente, o art. 21, II, CRFB, não exclui a missão constitucional dos Municípios, Estados e Distrito Federal em cooperar para a paz, seja como agentes de paz, seja como seus destinatários.

A expressão juiz ou justiça de paz pode ser encontrada nos art. 14, VI, "c" e 98, II e no art. 30 do ADCT:

Art. 14. A soberania popular será exercida pelo sufrágio universal e pelo voto direto e secreto, com valor igual para todos, e, nos termos da lei, mediante:

§ 3º São condições de elegibilidade, na forma da lei: VI – a idade mínima de: juiz de paz

Art. 98. A União, no Distrito Federal e nos Territórios, e os Estados criarão: II – justiça de paz, remunerada, composta de cidadãos eleitos pelo voto direto, universal e secreto, com mandato de quatro anos e competência para, na forma da lei, celebrar casamentos, verificar, de ofício ou em face de impugnação apresentada, o processo de habilitação e exercer atribuições conciliatórias, sem caráter jurisdicional, além de outras previstas na legislação.

Art. 30. A legislação que criar a justiça de paz manterá os atuais juízes de paz até a posse dos novos titulares, assegurando-lhes os direitos e atribuições conferidos a estes, e designará o dia para a eleição prevista no art. 98, II, da Constituição.

Lembre-se que essa é apenas a localização da expressão *juiz de paz* no texto constitucional, como *topos* ou local de atribuição de significado, sem ser utilizada no termo próprio histórico, mas no sentido já aqui explicitado.

3. A PAZ COMO MISSÃO INSTITUCIONAL DO SUPREMO TRIBUNAL FEDERAL – ODS 16 – RESOLUÇÃO STF 710/2020

O Supremo Tribunal Federal, editou, em 2020, a Resolução nº 710, por meio da qual estabeleceu as ações e iniciativas para a institucionalização da Agenda 2030 da Organização das Nações Unidas.

Expõe-se aqui o *Considerando* relativo ao Objetivo de Desenvolvimento Sustentável n. 16, e o art. 1º, *caput*, e inciso XVI:

> Considerando que o ODS n. 16 (Paz, Justiça e Instituições Eficazes) estabelece a meta de promover instituições fortes, inclusivas e transparentes em todos os níveis; o desenvolvimento de uma sociedade pacífica e baseada no respeito aos direitos humanos; e a expansão do acesso efetivo à Justiça;
>
> Art. 1º Ficam estabelecidas as ações e iniciativas para a institucionalização da Agenda 2030 da Organização das Nações Unidas (ONU) no âmbito do Supremo Tribunal Federal (STF). Parágrafo único. Os Objetivos de Desenvolvimento Sustentável (ODS) fixados na Agenda 2030 são: XVI – Paz, Justiça e Instituições Eficazes; [...].

Esse é um reconhecimento da missão pacificadora do Supremo Tribunal Federal, já insculpida na Constituição e na Organização dos Estados Americanos, agora assimilado por meio de resolução na busca de Paz, Justiça e Instituições Eficazes.

4. A PACIFICAÇÃO DOS CONFLITOS E O RE 1.017.365/SC – DESTAQUE PARA O VOTO DO MINISTRO ANDRÉ MENDONÇA

Em tempo, no dia 15 de fevereiro de 2024 foi publicado o acórdão no Recurso Extraordinário 1.017.365/SC.

Sob a Relatoria do Excelentíssimo Ministro Edson Fachin, por 6 a 5, houve provimento do Recurso Extraordinário, com fixação de tese de repercussão geral.

A paz social representa a busca pela proteção de grupos que a Constituição reconhece como de importância especial, configurada nos art. 215, §1, §2º e §3º, V, 216 (grifos nossos):

> Art. 215. O Estado garantirá a todos o pleno exercício dos direitos culturais e acesso às fontes da cultura nacional, e apoiará e incentivará a valorização e a difusão das *manifestações culturais.*
>
> § 1º O Estado protegerá as manifestações das culturas populares, indígenas e afro-brasileiras, e das de *outros grupos participantes do processo civilizatório nacional.*
>
> § 2º A lei disporá sobre a fixação de datas comemorativas de alta significação para os *diferentes segmentos étnicos nacionais.*
>
> § 3º A lei estabelecerá o Plano Nacional de Cultura, de duração plurianual, visando ao desenvolvimento cultural do País e à integração das ações do poder público que conduzem à:
>
> *V valorização da diversidade étnica e regional.*
>
> Art. 216. Constituem patrimônio cultural brasileiro os bens de natureza material e imaterial, tomados individualmente ou em conjunto, portadores de referência à identidade, à ação, à memória dos *diferentes grupos formadores da sociedade brasileira*, nos quais se incluem:

Os dispositivos acima citados devem ser interpretados tendo-se em vista que a palavra 'cultura' provém de *coliere*. A ligação da terra com a cultura não pode ser menosprezada.

Foi noticiado que o julgamento pelo Supremo Tribunal Federal do Recurso Extraordinário 1.017.365 poderia tolher a paz de diversos grupos componentes do *processo civilizatório* brasileiro.

A título de exemplo, o jornal Brasil de Fato notificou que a fixação de marco temporal agravaria a chamada Guerra do Dendê, no Estado do Pará.[6]

Por outro lado, jornais como SCC10 e Gazeta do Povo apontaram para o risco de *milhares* de famílias de pequenos agricultores, de ocupação tradicional e pluricentenária, serem desalojadas, no Estado de Santa Catarina.[7]

A diversidade geográfica, política, étnica e cultural brasileira, reconhecida pela Constituição, exige que a busca pela pacificação dos conflitos considere a todos; os indígenas *tembé*, do Pará, e *colonos*, imigrantes pobres de origem europeia que obtiveram, sob muito sacrifício, um espaço no Brasil.

Em que pese ao ponderado voto da Nobre Relatoria, que entendeu em sentido diverso, considera-se que o voto do Ministro Mendonça buscou promover a pacificação social, no sentido exposto por este artigo.

Destaca-se apenas alguns trechos do voto, em que o Ministro André Mendonça, visando à pacificação dos conflitos, indicou a possibilidade de soluções conciliatórias, em seu voto (grifos nossos):

> 250. Há que se reconhecer, contudo, *a plena possibilidade de utilização dos meios alternativos de solução consensual aventados para o adequado tratamento jurídico das áreas em relação às quais não se verifiquem configurados os elementos necessários à sua caracterização como Terra Indígena.*
>
> 251. A partir dessa – substancial – alteração de premissa quanto ao escopo de aplicação das medidas de viés conciliatório sugeridas, superam-se os óbices anteriormente apontados.
>
> 252. Faço questão de enfatizar o ponto na medida em que o ajuste de escopo indicado está em plena consonância com as diretrizes assentadas no raciocínio até aqui desenvolvido, uma vez que, *ao empregar o critério do marco temporal de ocupação – associado à excepcional situação do renitente esbulho – como requisito fundamental à caracterização das Terras Indígenas, recorta-se o âmbito de incidência do art. 231 da CRFB, descortinando-se a utilização das alternativas conciliatórias para o equacionamento das situações pretéritas, a partir de uma análise holística do ordenamento jurídico* – ou seja, não circunscrita às balizas rigidamente estabelecidas pelo caput e pelos parágrafos do multicitado dispositivo constitucional.

Vai ao encontro da paz, no sentido aqui delimitado, e nos dispositivos supramencionados da Constituição e da Carta da OEA, a procura de alternativas conciliatórias para resolução de conflitos.

Outrossim, não se pode descurar que a pacificação também tenha sido objeto e finalidade da decisão da relatoria, ainda que se tenha renunciado ao referido marco temporal. De todo modo, a consecução da paz social, da pacificação dos conflitos,

---

6. Disponível em: [www.brasildefato.com.br/2023/08/30/validacao-do-marco-temporal-deve-agravar-guerra-do-dende-no-para]. Último acesso em: 19 fev. 2024.
7. Disponível em: [https://scc10.com.br/negocios/agro/cidade-de-santa-catarina-pode-desaparecer-com-a-derrubada-do-marco-temporal/]
[www.gazetadopovo.com.br/brasil/santa-catarina-aposta-em-dialogo-com-indigenas/].
Último acesso em: 19 fev. 2024.

quanto aos casos futuros, dependerá da correta aplicação da tese de repercussão geral do RE 1.017.365/SC.

Assim, entende-se que, ao menos de forma implícita, no RE 1.017.365/SC, houve a assunção das ideias aqui apresentadas.

A tese vencedora deverá ser bem compreendida e aplicada corretamente aos casos concretos, para que continue o diálogo, e para que as soluções da tópica promovam a pacificação dos conflitos de terra, e não seu acirramento.

Apesar de ser voto vencido, o Ministro André Mendonça demonstrou capacidade de verdadeiro diálogo constitucional. Ser vencedor e ser vencido não impede o reconhecimento da grandeza dos argumentos, da diplomacia e do exercício da função pacificadora.

E, enquanto sucessor da cátedra do Ministro Marco Aurélio, as expressões "vencedor e vencido" serão, antes, um atestado de compromisso com a paz e a justiça.

CONCLUSÃO

O Brasil é um país para quem deseja a paz. A busca pela paz não significa a concordância absoluta e irrestrita de argumentos diversos. Ela admite a discordância.

Os ministros do Supremo Tribunal Federal devem ser, por excelência, os juízes de paz da República Federativa Brasileira.

Tendo em vista o exposto, prima-se por uma corte pacífica, que resolva os conflitos no país e não contribua para o açodamento dos ânimos. Que não seja conduzida pelo tempo quadrienal da política, mas pelo tempo da sabedoria, que é eterno.

A paz e a pacificação dos conflitos, missão dos *juízes de paz*, é um processo. É um aprendizado e um labor. Exige diálogo.

Nesse sentido, finaliza-se dizendo que *a paz é fruto da justiça*.

REFERÊNCIAS

BRASIL. Supremo Tribunal Federal. Resolução 710, de 20 de novembro de 2020.

CARTA DA ORGANIZAÇÃO DOS ESTADOS AMERICANOS. *Tratado Internacional* (1967).

CONSTITUIÇÃO da República Federativa do Brasil de 1988. Brasília, DF: Presidente da República, [2024].

CINTRA, Antonio Carlos de Araújo e GRINOVER, Ada Pellegrini e DINAMARCO, Candido Rangel. *Teoria geral do processo*. São Paulo: Malheiros Ed. 25, 2008.

SILVA, De Plácido e. *Vocabulário jurídico*. Rio de Janeiro: Editora Forense, 2003. 876 p.

SOIBELMAN, Leib. *Enciclopédia do advogado*. 4. ed. rev. e aum. Rio de janeiro: Ed. Rio, 1983. 520 p.

A INTERFERÊNCIA DA IDEOLOGIA NO DIREITO E A REALIDADE ATUAL BRASILEIRA

Andréa Rose Borges Cartaxo

Juíza de Direito do Tribunal de Justiça do Estado de Pernambuco. Mestre em Direito pela Universidade Católica de Pernambuco.

Sumário: Introdução – 1. Ideologia – 2. Direito – 3. A racionalidade e justiça das decisões judiciais – Conclusão – Referências.

INTRODUÇÃO

O conceito de direito e sua validade sempre foi uma discussão que andou paralela ao conceito e abrangência da ideologia. A maior aproximação, ou distanciamento, dessas ideias podem ser avaliados em conjunto com o grau de subjetividade permitido ao criador do direito, seja o legislativo, seja o judiciário.

As diversas teorias que buscam analisar a ciência jurídica, estejam elas em busca de um purismo, ou de uma maior valorização da argumentação, tem a ideologia como um ponto a ser refutado ou acolhido como elemento indissociável. Assim, tornou-se premente trilhar os contornos que possam nos fazer definir ideologia, seus elementos e alcance, assim como, o direito e sua validade.

1. IDEOLOGIA

É considerado o nascimento da ideologia o século XVIII, mais precisamente em 1796, permeado pelos ensinamentos e ideias do Iluminismo Europeu através do nobre francês Destutt de Tracy. Este filósofo era um nobre e rico estudioso das ideias iluministas como de Voltaire e de Condillac, o qual via a ideologia como um verdadeiro processo de estudo das ideias e das sensações trazidas por ela, por conseguinte ficou conhecida como "a Ciência das Ideias" (Kennedy, 1978). Vítima do período do Terror marcado durante a Revolução Francesa, Destutt de Tracy foi um dos alvos de Robespierre sendo preso em 1794. Com a queda de Robespierre e o fim do Terror, Destutt pode pôr em prática seus ensinamentos, lecionando sobre temas como ciência política e o estudo das ideias propriamente dito. Ele afirmava não ser possível conhecer as coisas em si mesmo, mas somente as sensações causadas por elas, nomeando esta corrente como "Ideologia", devendo esta ser "positiva, útil e suscetível de exatidão rigorosa". Logo, todo conhecimento de outras ciências partiria dela, pois seria a gênese das formações das ideias. Posta em prática essa temática seria uma verdadeira arma contra o erro e os preconceitos enraizados na natureza humana, uma vez que provocaria o entendimento da humanidade e da sociedade, bem como conhecimento dos verdadeiros anseios do homem (Picavet, 1891).

A visão "positiva" que o fenômeno ideológico carregava teve pouca duração após este breve nascimento, e seu viés negativo foi realçado por Napoleão Bonaparte que, após tomar o poder da França (que governou com autoridade por 10 anos), aliou-se inicialmente aos ensinamentos dos chamados "ideólogos", aliança que durou pouco ante o conflito entre as ideias autoritárias do governante e o Republicanismos defendido pelos ideólogos.

Napoleão acusava Desttut, e seus seguidores, de ser a ideologia uma visão deturpada, ilusória e enganosa da realidade.

> Este cenário teve seu ápice na medida em que o império estava em queda, pois Napoleão começou a culpar os denominados "ideólogos" pela ruína do governo. Segundo ele as crenças desta corrente de estudo, através do estudo das ideias para compreensão da natureza humana seria responsável pela lavagem cerebral da população com mentiras e desvirtuamentos. Desse modo fez o possível para silenciar seus seguidores, bem como tornar a ideologia algo de extrema negatividade: ideias voltadas para a inverdade e o desvirtuamento. Acabando por se tornar um conceito banalizado, no qual todos os tipos de pensamentos seriam taxados como ideológicos e errôneos. (Thompson, 2011, p. 47)

Todavia, embora a Napoleão tenha cabido esse conceito negativo atribuído aos ideólogos e a própria ideologia, a maior contribuição para a difusão do fenômeno ideológico se deu com os estudos de Karl Marx.

A ideologia teve seu momento de maior produção e desenvolvimento com os estudos feitos por Karl Marx, o qual discursou sobre tal fenômeno em seus diferentes aspectos e contextos, criando uma rede complexa de entendimentos. Desse modo, muitos estudiosos consideram suas contribuições bastante ambíguas e confusas, todavia, despontam como uma fase riquíssima de produção teórica. Assim, podem ser divididas em três concepções distintas: a concepção polêmica, a concepção epifenomênica e, por fim, a concepção latente, oferecendo diferentes visões sendo algumas delas coerentes e outras divergentes entre si (Thompson, 2011).

Segundo o entendimento da visão polêmica o termo "Ideologia" era usado pelos filósofos como uma representação de algo errôneo, inverossímil. A visão ideológica ocorria, pois os hegelianos valorizavam intensamente as ideias e seu papel na construção da história humana. Tanto o era que colocavam as formas simbólicas, consideradas estas como as ideias e pensamentos, em patamares elevados e de forma autônoma, desconsiderando assim as condições sócio-históricas envolvidas na evolução social. Em suma, seria uma ideologia no sentido de uma doutrina teórica e uma atividade propriamente dita que olhava erroneamente as ideias como algo independente e eficaz, sem levar em conta as reais condições da vida humana, uma vez que fecha os olhos para a condição evolutiva sócio-histórica (Marx e Engels, 2007).

A concepção epifenomênica, a qual ampliou sua visão para além dos hegelianos buscando trazer um aspecto mais geral sobre o papel das ideias, desenvolvendo inicialmente esse pensamento na própria obra Ideologia Alemã. Nela, Marx e Engels ligam a ideologia com sua produção e distribuição de ideias às relações de classes (relações hegemônicas), como bem pontuam (Marx e Engels, 2007, p. 64):

> As ideias da classe dominante são, em cada época, as ideias dominantes, isto é, a classe que tem a força material na sociedade é, ao mesmo tempo, a sua força intelectual dominante.

Assim sendo, vê-se a ideologia como um fenômeno responsável pela produção e distribuição de ideias, intrinsecamente dependente e derivada das condições econômicas, bem como, das consequentes relações de classe. Logo, representaria uma cadeia de ideias e pensamentos que expressam os interesses e as formas simbólicas de uma classe dominante, sendo essa representação de uma forma ilusória e enganadora. Essas ideias seriam a forma de ver o mundo em uma época histórica determinada e particular, demonstrando os interesses apenas de uma classe preferencial, e de mesmo modo lutar para garantir a posição de dominação no mundo (Thompson, 2011).

Por fim, há a terceira corrente de pensamento chamada de concepção latente, como o próprio nome indica, Marx e Engels não trazem o termo "ideologia" de forma explícita em suas obras, mas como meras "ilusões" demonstrando o tangenciamento em relação às concepções anteriores. Aqui, a ideologia era entendida:

> conjunto de formas simbólicas e de representação de mundo, segundo as quais sustentariam relações assimétricas de poder tendo em vista as diferenças de classe, buscando para tanto trazer a importância do respeito à tradição para esconder tais dominações e evitar assim as mudanças sociais (Lefort, 1986, p. 139)

Logo, diferente da epifenomênica, aqui não se considera a condição econômica de produção, nem suas consequências sociais como responsáveis por explicar as ideias e pensamentos dominantes de um período humano. Mas sim, estes fenômenos simbólicos são determinados pelo simbolismo e valores da tradição, carregados e reinventados ao longo dos anos por grupos de pessoas para garantir a dominação e a manutenção de seus privilégios na sociedade.

Esta concepção de ideologia teve como base teórica os acontecimentos escritos por Marx sobre o golpe de estado efetuado por Luís Napoleão Bonaparte entre 1848-1851. Segundo o filósofo, estaria neste contexto a presença da concepção latente, pois tais eventos representariam a volta ao passado (a figura do imperador Napoleão), levando tanto os camponeses quanto os burgueses a apoiarem tal figura política. Desse modo, estando a população francesa em um período de crise, o povo se voltou para um período passado, procurando assim suprimir qualquer transformação na ordem social, levando a crer ser a tradição e o passado um futuro a ser seguido. Por conseguinte, os pensamentos e ideias de uma sociedade são consideradas parte de suas crenças, práticas e costumes repetidos ao longo do tempo, fortalecidos pela força da tradição (Marx, 1986).

Já no período pós-Marx o papel da ideologia tomou outro rumo ao se distanciar de seu sentido negativo, adquirindo uma essência neutra, ou até mesmo positiva. Durante esse processo algumas personalidades como o chefe político da antiga URSS, Lenin, e o filósofo húngaro marxista György Lukács, contribuíram para esta construção. Com eles, a importância do fenômeno ideológico encarnou numa forma ou em uma verdadeira arma para superar os obstáculos impeditivos de promover uma verdadeira revolução. Assim, as ideias e pensamentos expressariam os interesses de classes dominantes, mas não os ideais e interesses de classes como tais (Lukács, 1971).

A Ideologia Crítica pensada por John B. Thompson representa o resultado de um longo processo evolutivo da temática, sendo a forma de investigação por excelência dos mais diferentes discursos, responsável por desmascarar relações assimétricas de poder. Assim, sofreu influência direta de todos os pensadores ao longo das décadas, culminando em sua teoria final.

Apesar de ser considerada uma formulação autônoma, a Ideologia Crítica de Thompson faz parte de uma das duas divisões básicas existentes sobre a temática: as "concepções neutras de ideologia" e as "concepções críticas de ideologia". Como já mencionado, alguns de seus idealizadores a viam sem uma negatividade, mais neutralizada. Assim, estas "concepções neutras" podem ser entendidas como aquelas que tentam caracterizar fenômenos ideológicos, sem indicar ou implicar em algo errôneo ou ilusório, voltados ao interesse de grupos específicos a fim de manter sua posição de privilégio. Mas sim, seriam verdadeiros aspectos da vida em sociedade, ou seja, representaria a visão de mundo das pessoas em função das condições sócio humanas, sem implicar em mentiras ou objetivos obscuros. Logo, poderiam ser consideradas verdadeiras armas, das quais qualquer grupo humano ou indivíduo poderia fazer uso, com intuito de alcançar seus objetivos sem implicar em ilusões.

Em outra análise há um entendimento que foge desta visão supracitada, quais sejam as "concepções críticas de ideologia", representando um conjunto de visões ao longo dos séculos que veem a ideologia como algo negativo. Desse modo, são aquelas que possuem um caráter crítico ou pejorativo, que ao determinar um pensamento como ideológico estar-se-ia afirmando ser uma mentira, uma ilusão ou uma visão parcial.

Diversamente das concepções neutras, a crítica possuía diferentes vertentes, ou melhor, havia diferentes critérios de negatividade responsáveis pela atual difusão e formação do senso comum. Nesse sentido, baseados nas produções teóricas dos diferentes estudiosos do assunto, estes critérios são os seguintes: ser a ideologia abstrata e impraticável (Napoleão); algo errôneo ou ilusório (Karl Marx – concepção polêmica); uma visão de mundo que representa somente os interesses das classes dominantes (Karl Marx – concepção epifenomênica), e, por fim, responsável por sustentar relações assimétricas de poder (Karl Marx – concepção latente) (Thompson, 2011).

Essa concepção crítica elaborada pelo sociólogo John B. Thompson, configura uma das variações entre as chamadas "concepções críticas", pois em sua composição há um dos critérios de negatividade acima exposto.

Para este caminho conceitual de ideologia, tal fenômeno para ser caracterizado como ideológico deve objetivar ou visar a sustentação, criação ou manutenção de relações de dominação. Logo, aqui a ideologia tem como negativo o fato de utilizar o sentido para garantir que pessoas ou grupos humanos consigam se estabelecer em posições de poder e de privilégios.

Assim sendo, percebe-se a notória influência dos ensinamentos de Karl Marx. Ainda sobre Marx e a ideologia, Laclau e Moufe trazem Gramsci como forte crítico da teoria marxista, como algo politicamente viável, exatamente por considerar um erro essa imputação ideológica e política como apenas algo "de uma natureza pertencente a classe". Em Cadernos de notas da prisão, Gramsci faz referências ao "juízo de valor negativo" que se ligou ao sentido de ideologia na filosofia marxista, o que Jorge Larrain justifica atribuindo essa interpretação negativa apenas aqueles que encaram a ideologia como algo determinado apenas por uma base econômica, aliando-se a crítica de Korsch ao "marxismo vulgar".

Gramsci defende que as ideologias "historicamente orgânicas", as "necessárias", tem "Validade Psicológica" porque criam o ambiente onde os homens se movem, adquirem consciência de suas posições e lutam. Para Gramsci, a ideologia é um campo de luta.

Gramsci distingue os níveis de compreensão do mundo, de acordo com o grau de sistematização e coerência, em filosofia, como corpos sistemáticos de pensamento que podem ser coerentemente esposados, assumindo um lugar acima da religião, posto que sujeita a crítica filosófica; o senso comum que assume várias formas, mas é, antes de tudo, um corpo fragmentado de preceitos; e o folclore como fórmulas populares rígidas.

Gramsci traz o conceito de consciência contraditória e analisa a possibilidade de conflito entre os níveis de consciência, admitindo que pode haver uma contradição entre a filosofia que alguém esposa num nível sistemático (racional) e sua conduta, tal como determinada pelo "senso comum", um conflito entre a "Escolha intelectual" X "Atividade real".

Gramsci dedicou muita atenção à cultura e ideologias populares, discorreu sobre diversas áreas como arquitetura, música popular, ópera, jornalismo, seriados de ficção, entre outras, mas, não deixando claro se se tratava de ideologia, já que transitou por esses rótulos como filosofia. No entanto, a maioria das pessoas tem tendido a presumir como formas ideológicas.

Gramsci retira o fardo teórico e a necessidade explicativa que outros autores colocam na ideologia e assim introduz o conceito de Hegemonia como a "organização do consentimento", com a criação de processos pelos quais se constroem formas subordinadas de consciência e apreensão do mundo. Hegemonia surge da análise conjunta da ideologia e da tradição, e consiste no centro organizador do pensamento de Gramsci sobre a política e a ideologia.

A hegemonia foi pensada como estratégia política e cultural do socialismo, devendo existir primeiro uma "Guerra de posições", com uma batalha pela hegemonia política, obtenção do consentimento e luta pelos "corações e mentes" do povo, não meramente uma obediência transitória ou simples apoio eleitoral; e numa etapa posterior, em uma situação onde a hegemonia já tenha sido assegurada, haveria a tomada de poder, em uma "Guerra de movimentos".

Ainda no sentido de obter a hegemonia, Gramsci defende a Teoria da função política dos intelectuais, os ditos "Intelectuais orgânicos", vistos como atores importantes no campo em que o conflito de classes é "encenado" no nível ideológico, não apenas como expressões de classes particulares, mas, em qualquer lugar onde possa difundir as ideias, comportamentos e conceitos que se desejam hegemônicos. São essas as funções socialmente "cimentadoras" da ideologia, que atuam naturalmente sobre o modo como o consentimento é obtido em um nível não violento. Gramsci conceitua hegemonia como uma autoridade política, social e cultural, apresentando uma posição crítica a explicação reducionista da superestrutura. Nesse sentido, exemplifica apontando o capitalismo não apenas como um sistema de produção, mas toda uma forma de vida social.

Em uma interpretação Gramsciana da política britânica contemporânea, Stuart Hall, à luz das descobertas de Laclau, analisa a hegemonia do "Tatcherismo" demonstrando a captura pela Sra. Tatcher do termo "patriotismo" como uma identificação político- partidária conservadora, fazendo surgir a figura anômala do "socialismo patriótico", mesmo, segundo Hall, o "thatcherismo", sendo uma ideologia política que combina os temas grandiloquentes do conservadorismo orgânico (nação, família, dever, autoridade, padrões, tradicionalismo) com os temas agressivos de um neoliberalismo revigorado (interesse pessoal, individualismo competitivo, antiestatismo). Existiu uma hegemonia com a conquista de mentes e corações e a formação de uma autoridade política, social e cultural, que transitou mesmo em meio a ideias tão conflitantes. Como dizia Gramsci: "as questões políticas disfarçam-se de questões culturais".

2. DIREITO

A discussão sobre direito e sua validade é algo que vence a cultura e o tempo. Já no século XX, pós-primeira grande guerra, Kelsen escreveu a teoria da lógica jurídica positivista sem, no entanto, vincular a ciência do direito a qualquer intenção de paz ou valor de justiça. Kelsen construiu uma teoria fundada na pureza da ciência do direito. A teoria pura é uma teoria de interpretação. Não é uma ordem jurídica especial.

> Quando a si própria se designa como 'pura' teoria do Direito, isto significa que ela se propõe garantir um conhecimento apenas dirigido ao Direito e excluir deste conhecimento tudo quanto não pertença ao seu objeto, tudo quanto não se possa, rigorosamente, determinar como Direito. Quer isto dizer que ela pretende libertar a ciência jurídica de todos os elementos que lhe são estranhos. Esse é o seu princípio metodológico principal. (Kelsen, Hans, 2000, p. 1)

Para Kelsen, *Só a investigação livre garante da técnica* (Kelsen, Hans, 2000, p. 1). Livre porque Kelsen quer afastar a influência das outras ciências na ciência jurídica, e o progresso demonstra a influência do positivismo de Auguste Comte sobre Kelsen.

Comte diz que o ser humano anda para frente, em uma linearidade permanente, em uma evolução que vai do estado teológico, passando pelo metafísico, e atingindo o estado positivo, com a construção de uma sociedade racional, voltada para a técnica, preocupada com o progresso da humanidade (Prado, 2015).

O direito assim é uma ciência social, na medida em que tenta normatizar as condutas humanas. Dessas condutas humanas surgem fatos, acontecimentos com repercussão na criação, alteração ou extinção de direitos, esses são os ditos fatos jurídicos.

Kelsen propõe a análise do fato jurídico sob o prisma objetivo e subjetivo. O prisma objetivo sai da norma, que funciona como um esquema interpretativo dos fatos ocorridos na sociedade.

Embora a teoria pura do direito não se importe com o objetivo do legislador, é importante investigar a estrutura lógica da norma. De um lado existe o Ser que representa a vontade do legislador; e de outro lado, o Dever Ser que representa a norma.

Na lógica positivista, o direito é válido sob três aspectos: tempo, espaço, pessoa e matéria. Assim, deve ser escrito o período de validade da norma, o território onde ela valerá, quem são seus destinatários e a matéria pertinente a cada norma, delimitando a competência dentro do ordenamento jurídico.

Essa lógica ainda revela a ideia de norma fundamental como algo pressuposto que dá objetividade a subjetividade do legislador, outorgando assim validade para todo o ordenamento jurídico. A norma fundamental se enquadra em um tipo dinâmico de normas, mais relacionado com a atividade legiferante, com o ato criador do direito.

A teoria pura tenta afastar todas as outras ciências da ciência do direito, não aceitando qualquer valoração sobre a justiça da norma, no entanto, reconhece que uma norma pode prever a valoração da conduta, criando parâmetros do que seja uma boa ou má conduta. A norma é um juízo de valor objetivo, enquanto os homens emitem juízos de valor subjetivos, que dependem da interpretação.

O conceito de justiça para São Tomaz de Aquino é de que "A lei é para os injustos", e para Santo Agostinho, a justiça é intrínseca a norma, enquanto para Kelsen, o conceito de justiça deve ser afastado do conceito de direito (Prado, 2015).

Na teoria pura do direito, Kelsen imagina o ordenamento de modo piramidal, estando a norma fundamental no pico, como inspiração de todo o ordenamento, a constituição no topo e abaixo as normas gerais e particulares.

Entre as normas particulares estão as decisões judiciais, consideradas como atos criadores do direito. E assim, Kelsen rejeita a existência de lacunas no ordenamento jurídico e atribui ao juiz essa função atípica de maneira a integrar o ordenamento, não sendo possível ao judiciário se esquivar de qualquer julgamento sob a alegação de inexistência de norma regulamentadora.

Ainda na teoria pura surge o conceito da moldura de Kelsen, sendo formada pela constituição federal e as normas gerais, servindo como traves de limites às decisões judiciais, como balizadores de todo o ordenamento jurídico inferior.

Ainda que o positivismo tenha buscado delimitar um caráter formal ao direito, livrando-o de aspectos metafísicos, o que demarcava sua objetividade para além da transcendência típica do direito natural, Kelsen, quando busca definir a norma, interpretando-a como uma moldura, acaba por admitir, entretanto, que na interpretação efetuada pelo julgador haverá uma certa margem de discricionariedade:

> O Direito a aplicar forma, em todas estas hipóteses, uma moldura dentro da qual existem várias possibilidades de aplicação, pelo que é conforme ao Direito todo ato que se mantenha dentro deste quadro ou moldura, que preencha esta moldura em qualquer sentido possível. (Kelsen, 2009, p. 390)

Kelsen não recomendava qualquer tipo de interpretação, assim, ficava a cargo do intérprete a eleição do entendimento a ser aplicado ao caso concreto.

Os pós-positivistas enxergaram que a norma não atendia ao volume e complexidade dos casos concretos, tampouco acreditavam atender aos ideais de justiça a integração da norma por decisões judiciais fruto do convencimento livre do Magistrado, sem obediência a quaisquer outros valores, senão os subjetivos.

Nesse sentido, os fenômenos pós-positivistas conceberam metodologias não apenas de aplicação do direito como também de racionalização do próprio processo de interpretação, uma vez que a segurança jurídica restaria estremecida quando ausentes balizas que permitissem fosse a decisão judicial revestida de alguma subjetividade e liberdade de interpretação.

Para tanto, a aposta para se vencer o decisionismo foi atribuída ao método.

> A argumentação é um método que fica entre a evidência e a ignorância, entre o necessário e o arbitrário. Por isso, entre o domínio da demonstração e o domínio da ignorância, é possível encontrar o domínio da argumentação. (Reboul, 1998, p. 91)
>
> Assim, por exemplo, questões jurídicas e políticas essencialmente avessas a qualquer determinação de verdade ou falsidade, melhor são pesquisadas pelo método argumentativo. (Allain Teixeira, 2002)

Assim, a argumentação lógica e fincada em valores morais e coletivos passou a analisar a importância dos casos difíceis, que servem como sensores, havendo uma preocupação maior em resolver casos que ainda estão por vir que investigar soluções do passado; o abrandamento da dicotomia descrição/prescrição, procurando a doutrina lançar pontes entre a teoria e a prática; e, finalmente, a busca de um lugar teórico para além do jusnaturalismo e do positivismo jurídico.

Dentre os pós-positivistas que se destacaram estão Robert Alexy com a Teoria da Argumentação Jurídica, Frederich Müller e a Teoria Estruturante do Direito, e Dworkin, dentre outros.

O período do pós-guerra e pós-revolução francesa, fez surgir um sentimento de necessidade de dar mais força e efetividade aos direitos fundamentais já conquistados com o constitucionalismo, o que implicou na mudança do foco de tensão, antes concentrado no legislativo, para o judiciário, que passou a assumir um papel, não apenas de aplicador do direito, mas, de intérprete e construtor do significado e alcance da norma.

Por outro prisma, mas, ainda nessa esteira de ideias, a constituição saiu do topo do ordenamento e passou a transitar por seus meandros, irradiando efeitos e regendo toda a interpretação e aplicação do direito vigente.

Com o neoconstitucionalismo, as normas constitucionais saíram da condição de programáticas e conceituais e passaram a ter força e eficácia prática, de modo a reger os casos concretos sem a intermediação de qualquer outra norma.

A complexidade das relações sociais cresceu de modo tal que passou a exigir do poder judiciário uma postura mais ativa nas oportunidades onde era chamado a dar solução, mas, não havia uma regra escrita como referência. Assim, em resumo, pode-se dizer do neoconstitucionalismo:

> Reconhecimento da força normativa dos princípios jurídicos e valorização de sua importância no processo de aplicação do direito; rejeição ao formalismo e recurso mais frequente a métodos mais abertos de raciocínio jurídico; ponderação, teorias da argumentação, etc.; constitucionalização do direito, com a irradiação das normas e valores constitucionais, sobretudo os relacionados aos direitos fundamentais, para todos os ramos do ordenamento; reaproximação entre Direito e Moral; judicialização da política e das relações sociais, com deslocamento de poder da esfera do Legislativo e do Executivo para o Poder Judiciário (Sarmento, 2010, p. 233)

No Brasil, um nome importante entre os efusivos defensores do neoconstitucionalismo é o Ministro do Supremo Tribunal Federal, e renomado professor e escritor de direito constitucional, Luís Roberto Barroso, que defende as normas constitucionais como dotadas de imperatividade, que é atributo de todas as normas jurídicas, e sua inobservância há de deflagrar os mecanismos próprios de coação, de cumprimento forçado.

> Com o avanço do direito constitucional, as premissas ideológicas sobre as quais se erigiu o sistema de interpretação tradicional deixaram de ser integralmente satisfatórias. Assim: (i) quanto ao papel da norma, verificou-se que a solução dos problemas jurídicos nem sempre se encontra no relato abstrato do texto normativo. Muitas vezes só é possível produzir a resposta constitucionalmente adequada à luz do problema, dos fatos relevantes, analisados topicamente; (ii) quanto ao papel do juiz, já não lhe caberá apenas uma função de conhecimento técnico, voltado para revelar a solução contida no enunciado normativo. O intérprete torna-se coparticipante do processo de criação do Direito, completando o trabalho do legislador, ao fazer valorações de sentido para as cláusulas abertas e ao realizar escolhas entre soluções possíveis.
>
> As denominadas cláusulas gerais ou conceitos jurídicos indeterminados contêm termos ou expressões de textura aberta, dotados de plasticidade, que fornecem um início de significação a ser complementado pelo intérprete, levando em conta as circunstâncias do caso concreto. A norma em abstrato não contém integralmente os elementos de sua aplicação. (Barroso, 2007)

Princípios, *a priori*, consagravam valores e funcionavam como balizadores da ordem jurídica e das políticas públicas a serem desenvolvidas. Com a atribuição de força normativa, diante da sua baixa densidade jurídica, transferiu-se para o intérprete uma grande responsabilidade discricionária, como definir o alcance de cláusulas como dignidade da pessoa humana ou razoabilidade, dimensionando tal aplicação a necessidade do caso concreto.

Assim, nos casos em que a subsunção não for capaz de resolver o problema afinal, por não ser possível enquadrar o mesmo fato em normas antagônicas, tampouco serem suficientes os critérios tradicionais de solução de conflitos normativos: hierárquico, cronológico e da especialização, surge a ideia de "ponderação", cabendo ao intérprete a escolha da melhor norma, sempre a luz da razoabilidade, mediante concessões recíprocas e encontro do ponto de equilíbrio.

Outra âncora importante do neoconstitucionalismo é "argumentação", ou seja, a necessidade de uma maior dedicação a fundamentação da decisão construída sob o pilar da ponderação, tendo em vista que as decisões que envolvem a atividade criativa do juiz não estão, inteiramente, legitimadas pela lógica da separação de Poderes.

3. A RACIONALIDADE E JUSTIÇA DAS DECISÕES JUDICIAIS

É cediço que o ideal de segurança jurídica precisa erigir defesas contra o arbítrio e em certo sentido também há necessidade de se estabelecer um certo controle racional sobre as decisões jurídicas, afinal, o intérprete final do ordenamento é um sujeito/juiz, forjado por características pessoais de credo, raça, orientação sexual, classe social, pré-compreensões, ideologias e experiências vividas.

Assim vale mencionar Dworkin ao analisar os casos difíceis, ele fala da necessidade do juiz dizer a quem pertence o direito, e para tanto utiliza argumentos de princípios e argumentos políticos, quando queira defender algum objetivo coletivo da comunidade, ou algum direito individual ou coletivo (Dworkin, 2007). Nesse aspecto, Dworkin muito se aproxima da racionalidade e da lógica praticadas no neoconstitucionalismo, onde um juiz poderá escolher o princípio constitucional que entender mais adequado ao caso concreto, atribuir-lhe um conceito subjetivo, forjado em suas convicções pessoais, morais, sociais, políticas e ideológicas.

Nessa esteira de ideias, importante analisar as consequências desse crescente subjetivismo e liberdade na construção das decisões judiciais, o que tem gerado forte discussão sobre os limites do "ativismo" judicial, quando ultrapassa os limites das funções jurisdicionais e adentra na seara legislativa, de maneira a configurar usurpação da função legislativa e violação da independência e separação dos poderes da república.

De um outro prisma, os limites da tolerância a judicialização da política e interferência nas decisões do demais poderes políticos, é um debate que não pode ser abandonado, ao contrário, fomentado e estimulado, de modo a se construir caminhos jurídicos e republicanos, arquitetando um redimensionamento dos poderes, com recolocação das forças nos seus devidos limites constitucionais.

Assim, importante analisar a experiência vivenciada pela Venezuela, nossa pátria vizinha sul-americana e, ante a notória falência das instituições democráticas, com a violação das liberdades constitucionais percebidas naquele país, com a limitação das funções legislativas pelo judiciário.

Em 1997, uma comissão de juristas de diversas nacionalidades, fez uma radiografia daquela realidade, denunciando diversos excessos do Supremo Tribunal de Justiça venezuelano, apontando decisões que feriam a constituição, as liberdades de expressão, de reunião e liberdades políticas, sem falar nas prisões e instaurações de ações penais contra adversários políticos, ou ideologicamente contrários ao regime, ao arrepio das leis e da constituição.

Na introdução desse relatório, os juristas apontam como a situação mais delicada da suprema corte de justiça, a perda da independência e uma composição formada por magistrado altamente políticos.

> "Pero la parte más crítica de la pérdida de independencia del Poder Judicial radica en su máximo órgano: el Tribunal Supremo de Justicia (TSJ). Los síntomas más preocupantes se comenzaron a registrar desde el año 2004. Esse año, fue expedida la Ley Orgánica del Tribunal Supremo de Justicia (LOTSJ) ampliando la integración del TSJ de 20 a 32 magistrados, quienes deben ser elegidos por las dos terceras partes de la AN6, la cual estaba dominada por el partido de Gobierno. Así, como lo denunció el Relator Especial sobre Independencia de Jueces y Abogados de las Naciones Unidas en 2005, ello 'permitió a la coalición al poder en la Asamblea Nacional nombrar 12 magistrados, obteniendo así una gran mayoría de magistrados en el Tribunal Supremo [...] [y creando] un poder judicial fuertemente politizado'." (Andreu-Guzmán e Salinas Rivera, 2018, p. 4)

O relatório continua mencionando decisões da corte usurpando, progressivamente, as funções legislativas e ferindo a separação dos poderes, em um alinhamento ideológico com o poder executivo, e promovendo obstruções ao livre exercício das funções legislativas.

> "El presente estudio analiza varias de las sentencias y decisiones emitidas desde diciembre de 2015 por el TSJ, que ilustran cómo, desde el máximo órgano judicial se fue progressivamente despojando a la AN de sus poderes constitucionales, violando el principio de separación de poderes y el Estado de Derecho y la democracia en Venezuela, a través de la instrumentalización la justicia constitucional y electoral a favor del Poder Ejecutivo". (Andreu- Guzmán e Salinas Rivera, 2018, p. 5)

A função jurisdicional é incompatível com o exercício de atividades políticas, não no sentido de discussão de ciência política, mas de política partidária com viés ideológico.

Em uma análise gramsciana dessa relação entre política e ideologia, muito fica realçada a preocupação de Hans Kelsen ao tentar purificar a ciência do direito da interferência de conceitos das demais ciências, tendo em vista o conceito de hegemonia e da existência de funções cimentadoras da ideologia.

Assim, a construção de intelectuais orgânicos corresponde a desconstrução das profissões das diversas áreas como a medicina, a engenharia, arquitetura, jornalismo, dentre outras, e o ponto da nossa discussão: os juízes.

Os magistrados, quando abandonam sua inercia e imparcialidade, e assumem a postura de militantes de uma causa, seja de relevante interesse social ou político, e utiliza a função jurisdicional para fazer valer suas ideias e convicções pessoais, por vezes, na direção oposta das leis e da constituição, surge o ativismo, e o passo seguinte está sedimentado: o arbítrio.

O arbítrio nada mais é que a violência não autorizada, o poder fora dos limites de sua atuação legítima, e por isso é contrário ao Direito, configurando uma antinomia acerca da dinâmica do próprio Estado que o promove.

Nesses termos, é importante analisar os resultados futuros dos conceitos atuais de validade do direito e limites da atuação dos poderes da república, em situações onde há confusão das funções típicas e atípicas, e invasões arbitrárias entre as atividades estatais.

> 4. Recomendaciones internacionales al Estado venezolano Desde hace varios años, los órganos internacionales de protección de derechos humanos han expresado su preocupación sobre la vertiginosa degradación de los derechos humanos y libertades fundamentales, la situación del Poder Judicial y, en general, el Estado de Derecho em Venezuela. Así, en 2015, el CDH expresó su preocupación, entre otros aspectos, por:
>
> • "la situación del poder judicial en el Estado parte, particularmente en lo que atañe a su autonomía, independencia e imparcialidad." 258;
>
> • el "uso excesivo y desproporcionado de la fuerza, tortura o malos tratos, detenciones arbitrarias e inobservancia de las salvaguardias legales fundamentales" 259 en el contexto de manifestaciones;
>
> • los "actos de intimidación, descalificación, amenazas y/o ataques presuntamente perpetrados contra periodistas, defensores de los derechos humanos y abogados [...] [y] las detenciones de los miembros de la oposición política" 260;
>
> • las "disposiciones y prácticas que podrían tener el efecto de desalentar la expresión de posiciones críticas o la publicación de información crítica en los medios de comunicación y redes sociales sobre asuntos de interés público y que podrían afectar negativamente al ejercicio del derecho a la libertad de expresión, incluyendo normas que criminalizan la difamación y a quienes ofendieren o irrespetaren al Presidente u otros funcionarios de alto rango y el extendido monitoreo del contenido difundido por los medios de comunicación realizado por la Comisión Nacional de Telecomunicaciones"; (Andreu-Guzmán e Salinas Rivera, 2018, p. 45)

Assim, as recomendações acima, datadas de 1997 e direcionadas ao Estado venezuelano, devem servir de norte e análise para construção de limites que determinem a autocontenção dos juízes na produção de decisões judiciais. Nunca é excessiva a recomendação de se evitar a utilização de determinações que firam as liberdades, com aplicação de interpretações elásticas e mirabolantes, ou tendentes a revogar o ordenamento posto.

As regras de controle da constitucionalidade devem ser interpretadas de forma restritiva, tendo em vista a presunção de constitucionalidade, mormente as normas constitucionais que contém direitos fundamentais.

O conselho de juristas continua no relatório:

> En ese contexto, el CDH recomendó al Estado venezolano:
>
> • "tomar medidas inmediatas para asegurar y proteger la plena autonomía, independencia e imparcialidad de los jueces y fiscales y garantizar que su actuación esté libre de todo tipopresiones e injerencias" 263;
>
> • "[g]arantizar que ningún agente estatal adopte medidas o realice actos que pudieran constituir intimidación, persecución, descalificación o una injerencia indebida en el trabajo de los periodistas, los defensores de los derechos humanos, los activistas sociales, los abogados y los miembros de la oposición política o en sus derechos en virtud del Pacto [internacional de Derechos Civiles y Políticos]" 264;

• "adoptar todas las medidas necesarias con miras a garantizar el pleno y efectivo ejercicio del derecho a la libertad de expresión y la libertad de prensa [...] Considerar la posibilidad de despenalizar la difamación así como aquellas figuras que prevén sanciones penales para quienes ofendieren o irrespetaren al Presidente u otros funcionarios de alto rango u otras figuras similares y debería, en todo caso, restringir la aplicación de la ley penal a los casos másgraves, teniendo en cuenta que la pena de prisión nunca es un castigo adecuado en esos casos"265; y,

• "adoptar las medidas necesarias para garantizar que todas las personas que se encuentren bajo su jurisdicción puedan gozar plenamente de su derechos a la libertad de reunión pacífica y a la libertad de asociación"266. (Andreu- Guzmán e Salinas Rivera, 2018, p. 45)

As recomendações acima são mais que atuais e úteis, tendo em vista as atuais decisões do Supremo Tribunal Federal brasileiro, visando coibir "atos antidemocráticos", "milícias digitais" e "fake News", "08 de janeiro", promovendo buscas e apreensões, prisões, "fishing expedition" menosprezo a participação do Ministério Público, ao arrepio do sistema acusatório, respeito a tipicidade e ao devido processo legal, com violação de competências e imunidades.

Ainda na conclusão da peça dos juristas, há a menção a interpretações constitucionais arbitrárias, promovendo uma subversão do ordenamento, de modo a favorecer politicamente o governo/poder executivo, alinhado ideologicamente a suprema corte.

> "Invocando arbitrarias interpretaciones de la Constitución, omitiendo el análisis de otras normas constitucionales, otorgando rango supraconstitucional a normas de inferior jerarquia y obviando el debido proceso y el sistema de contradicción judicial, el TSJ fue despojando y vaciando a la AN de sus funciones constitucionales en materia legislativa, de control parlamentario, de reglamentación y de administración interna, para favorecer politicamente al Gobierno." (Andreu-Guzmán e Salinas Rivera, 2018, p. 50)

Trazendo para a realidade brasileira, importante analisar as inovações em curso, frutos de uma verdadeira "revolução jurídica", a luz da constitucionalidade de decisões do STF com conteúdos tendentes:

1) a criminalização de ideias, liberdade de expressão, do direito de manifestação do pensamento, com proteção constitucional no artigo 5º;

2) criminalização do direito de reunião e do direito de participação em manifestações pacíficas, também previstos na constituição federal;

3) atribuição de força probatória e pública a documentos apócrifos encontrados entre alfarrábios pessoais durante busca e apreensão, o que implica em criminalização do próprio debate jurídico e produção de novas doutrinas jurídicas dissonantes do entendimento da atual composição do STF;

4) criminalização de discursos políticos e debates políticos;

5) criminalização de qualquer crítica as eleições, forma de contagem de votos e urnas eletrônicas;

6) instauração das expedições de "pesca probatória", até então proibidas pelo ordenamento jurídico nacional, como regra para obtenção de provas para incriminar pessoas;

7) instituição do poder da vítima de processar e julgar seus supostos agressores, o que até então era vedado pelo código de processo penal brasileiro (art. 252, IV, CPP);

8) relativização da imunidade parlamentar por quaisquer opiniões, palavras e votos, prevista no artigo 53 da Constituição Federal;

9) atuação originária em investigações, processo e julgamento fora da sua competência constitucional prevista no artigo 102, inciso I, da Constituição Federal.

Entre outras decisões que rompem com entendimentos sedimentados pelos tribunais e pelo próprio STF.

Essa é a atual realidade brasileira, com a ideia de "constituição viva".

CONCLUSÃO

Nesse ambiente brasileiro atual, observando as recomendações destinadas a suprema corte de justiça da Venezuela no ano de 1997, e o destino da democracia daquele pais, fato notório para o mundo; e identificando semelhanças na postura atual do Supremo Tribunal Federal do Brasil, faz-se necessária uma análise profunda da atual conjuntura, com a construção de soluções que restabeleçam a lei e a ordem, com o retorno a obediência aos direitos e garantias previstas na legislação e na Constituição Federal do Brasil.

O sistema de freios e contrapesos precisa funcionar para resguardar o princípio republicano e o regime democrático, valores de indiscutível necessidade para o bem-estar social e o pleno funcionamento das instituições. A omissão do senado produz um questionamento implícito, mas, eloquente.

Em poema satírico do século 2º, Juvenal formulou essa exata pergunta em contexto distinto. Um marido não sabia como lidar com sua esposa adúltera. Amigos sugeriram uma medida extrema: trancá-la em casa sob vigilância. O marido pressupõe que seria inútil, pois ela escaparia da reclusão cometendo adultério com os vigias. E pergunta "quis custodiet ipsos custodes" (Mises, 2021).

REFERÊNCIAS

ANDREU-GUZMÁN, Federico; SALINAS RIVERA, Alejandro. *El Tribunal Supremo de Justicia de Venezuela*: un instrumento del Poder Ejecutivo. 2018. Disponível em: < https://www.refworld.org.es/pdfid/59c15e0e4.pdf>. Acesso em: 02 ago. 2021. ALEXY, Robert. Conceito e Validade do Direito. WFM Martins fontes: São Paulo, 2009.

BARROSO, Luís Roberto. *Neoconstitucionalismo e constitucionalização do Brasil.* 2017. Disponível em: <https://luisrobertobarroso.com.br/wp content/uploads/2017/09/neoconstitucionalismo_e_constitucionalizacao_do_direito_pt.pd f>. Acesso em: 02 ago. 2021.

BELTÃO, Hélio. *Quem vigia o STF?.* 2019. Disponível em: <https://www.mises.org.br/article/3124/quem-vigia-o-stf>. Acesso em: 02 ago. 2021.

KENNEDY, Emmet. *A "Philosophe" in the age of Revolution*: Destutt de Tracy and the origins of "Ideology". Philadelphia: The American Philosophical Society, 1978.

DWORKIN, Ronald. *Levando os direitos a sério.* Martins Fontes: São Paulo, 2007.

LUKÁCS, Georg. *História e Consciência de Classe: estudos de dialética marxista*. Lisboa: Escorpião, 1974.

KELSEN, Hans. *Teoria pura do direito*. Martins Fontes: São Paulo, 2000.

KELSEN, Hans. *Teoria Geral do Direito e do Estado*. Martins Fontes: São Paulo, 2005.

MARX, Karl. *As lutas de classes na França*. São Paulo: Global, 1986.

MARX, Karl. *Crítica da filosofia do direito de Hegel*. 9. ed. Trad. Rubens Enderle. São Paulo: Boitempo, 2005.

NOGUEIRA, Roberto Wanderley. *O problema da razoabilidade e a questão judicial*. Sergio Antônio Fabris Editor: Porto Alegre, 2006.

PRADO, Felipe da Silva. *Teoria pura do direito* – aula 8 – Direito Internacional e Estado de Direito [s.i.:s.n.]. 2015.1 vídeo (35min 37seg). Disponível em: <https://yputu.be/AuWKrd7SzouU>. Acesso em: 02 ago. 2021.

PICAVET, F. Alcan. *Les idéologues. Essai sur l'histoire des idées et des théories scientifiques, philosophiques, religieuses etc*. 3. ed. en France depuis 1789. Paris: F. Alcan, 1891.

REBOUL, Oliver. *Langage et ideologie*. Paris: Presses Universitaires de France, 1980.

TEIXEIRA, João Paulo Allain. Crise moderna e racionalidade argumentativa no direito: o modelo de Aulis Aarnio. *Revista de informação legislativa*, Brasília, v. 39, n. 154, p. 213-227, abr./jun. 2002. Disponível em: [www2.senado.leg.br/bdsf/item/id/781&gt];. Acesso em: 02 ago. 2021.

THOMPSON, John B. *Ideologia e cultura moderna*: teoria social crítica na era dos meios de comunicação em massa. 9. ed. Petrópolis: Editora Vozes, 2011.

VIERA, Mateus. *O Cientificismo gerou os "novos iluminados"*: e estes adulteraram o Direito e a Economia. 2021. Disponível em: <https://www.mises.org.br/article/3254/o- cientificismo-gerou-os-novos-iluminados--e-estes-adulteraram-o-direito-e-a-economia>. Acesso em: 02 ago. 2021.

ZIZEK, Slavoj. *Um Mapa da Ideologia*. Rio de Janeiro: Contraponto Editora Ltda, 1996.

ALTERAÇÃO DE JURISPRUDÊNCIA COM O INGRESSO DE NOVOS INTEGRANTES EM TRIBUNAIS: ANÁLISE DE CASOS RELATIVOS À NATUREZA CONSTITUCIONAL DA QUESTÃO PERTINENTE À COBRANÇA, A EMPRESAS CONCESSIONÁRIAS DE ENERGIA ELÉTRICA, PELA OCUPAÇÃO DE FAIXAS DE DOMÍNIO DE RODOVIAS

Vinícius de Lacerda Aleodim Campos

Graduado em Direito pela Universidade Federal da Bahia. Procurador Federal da Advocacia-Geral da União.

Sumário: 1. Da estabilidade do direito e de suas alterações – 2. Dos argumentos e condições que podem ensejar a alteração de entendimentos jurisprudenciais – 3. Da alteração por ingresso de novos membros em tribunais – 4. Análise de casos – Conclusão – Referências.

1. DA ESTABILIDADE DO DIREITO E DE SUAS ALTERAÇÕES

A estabilidade do Direito é um valor a ser protegido em qualquer sociedade que deseje reduzir conflitos interpessoais. Tal valor pode se manifestar tanto como um impedimento a normas com efeitos retroativos, quanto na modalidade prospectiva, ou seja, com vistas ao futuro, no sentido de previsibilidade. A primeira hipótese – a proibição de que normas sejam aplicadas a fatos ocorridos antes de sua entrada em vigor – materializa-se na vedação ao malferimento ao direito adquirido, ao ato jurídico perfeito e à coisa julgada, conforme o artigo 5º, XXXVI, da Constituição da República Federativa do Brasil de 1988 - CRFB/1988 - e o artigo 6º do Decreto-Lei 4.657, de 4 de setembro de 1942, denominado Lei de Introdução às Normas do Direito Brasileiro - LINDB.

O segundo modo de garantir a segurança jurídica, por outro lado, é mediante a cautela para que novas regras não sejam adotadas de modo inesperado e concretiza-se genericamente no estabelecimento de prazos de *vacatio legis* – o tempo entre a publicação de uma norma e a data de sua entrada em vigor –, nos termos do *caput* do artigo 8º da Lei Complementar 95, de 26 de fevereiro de 1998, que determina que "a vigência da lei será indicada de forma expressa e de modo a contemplar prazo razoável para que dela se tenha amplo conhecimento, reservada a cláusula 'entra em vigor na data de sua publicação' para as leis de pequena repercussão". De formas mais específicas e contundentes, há, por exemplo, na seara eleitoral, a determinação de que a lei que alterar o respectivo processo não se aplica "[...] à eleição que ocorra até um ano da data de sua vigência" (art. 16 da CRFB/1988, com a redação dada pela Emenda Constitucional 4, de 14 de setembro de 1993). No ramo tributário, por sua vez, há os princípios de que a cobrança de tributos apenas pode se dar em relação a fatos geradores ocorridos após a vigência da lei que os houver instituído ou aumentado e, com algumas exceções, somente no exercício financeiro seguinte à publicação de tal lei e noventa dias após a data desta publicação (art. 150, III, "a", "b" e "c", da Constituição).

No que toca a entendimentos a respeito de normas, há, também, regras que impedem a aplicação retroativa de compreensões novas e que exigem o decurso de algum tempo para que aqueles possivelmente afetados pela jurisprudência – de órgãos judiciários ou administrativos – tomem conhecimento e se adequem a eventuais alterações da exegese normativa. No âmbito eleitoral, por exemplo, o artigo 105 da Lei 9.504, de 30 de setembro de 1997, estabelece que as instruções do Tribunal Superior Eleitoral – TSE – para fiel execução de tal lei devem ser expedidas até o dia 5 de março do ano da eleição. Ainda sobre a estabilidade jurídica em tal seara, o artigo 263 da Lei 4.737, de 15 de julho de 1965 – o Código Eleitoral –, impõe que, no julgamento de um mesmo pleito, as decisões anteriores sobre questões de direito constituam prejulgados para os demais casos, salvo se contra a tese votarem dois terços dos membros do tribunal competente.

Em caso de controle concentrado de constitucionalidade, as leis de números 9.868, de 10 de novembro de 1999, e 9.882, de 3 de dezembro de tal ano, também permitem que o Supremo Tribunal Federal – STF –, tendo em vista razões de segurança jurídica ou de excepcional interesse social, restrinja, por maioria de dois terços de seus membros, os efeitos das declarações de inconstitucionalidades de leis ou de atos normativos ou decida que estas declarações só tenham eficácias a partir de seus trânsitos em julgado ou de outros momentos que venham a ser fixados (primeira lei ref., art. 27; e segunda, art. 11). A Lei 11.417, de 19 de dezembro de 2006, que disciplina a edição, a revisão e o cancelamento de enunciado de súmula vinculante por tal tribunal, de modo semelhante, possibilita que este, por decisão tomada pelo mesmo quórum antes mencionado, restrinja os efeitos vinculantes a respeito da validade, da interpretação ou da eficácia de determinada norma ou decida que súmula de tal espécie "... só tenha eficácia a partir de outro momento, tendo em vista razões de segurança jurídica ou de excepcional interesse público" (terceira lei ref., art. 4º).

Posteriormente, a Lei 13.105, de 16 de março de 2015, o Código de Processo Civil de 2015 – CPC/2015 –, reforçou tais preceitos assecuratórios da estabilidade de entendimentos ao determinar que, "na hipótese de alteração de jurisprudência dominante do Supremo Tribunal Federal e dos tribunais superiores ou daquela oriunda de julgamento de casos repetitivos, pode haver modulação dos efeitos da alteração no interesse social e no da segurança jurídica" (art. 927, § 3º), bem como veio em boa hora a positivação ainda mais abrangente deste último princípio mencionado com o acréscimo, pela Lei 13.655, de 25 de abril de 2018, do artigo 23 à LINDB, o qual dita que "a decisão administrativa, controladora ou judicial que estabelecer interpretação ou orientação nova sobre norma de conteúdo indeterminado, impondo novo dever ou novo condicionamento de direito, deverá prever regime de transição quando indispensável para que o novo dever ou condicionamento de direito seja cumprido de modo proporcional, equânime e eficiente e sem prejuízo aos interesses gerais".

A necessária estabilidade jurídica, porém, não pode implicar na imutabilidade do Direito, nem impedir sua adaptação a novas circunstâncias ou sua evolução. Sobre isto, além da possibilidade de alterações das normas em si, os entendimentos pertinentes a estas também podem se modificar. Neste sentido, o artigo 263 do Código Eleitoral, outrora indicado, possibilita que, por determinado quórum, haja modificação de teses ainda que no mesmo pleito, a Lei 11.417/2006 permite a revisão e o cancelamento de enunciado de súmula vinculante (arts. 1º a 3º, 5º a 6º e 10), o CPC/2015 determina que "a modificação de enunciado de súmula, de jurisprudência pacificada ou de tese adotada em julgamento de casos repetitivos observará a necessidade de fundamentação adequada e específica, considerando os princípios da segurança jurídica, da proteção da confiança e da isonomia" (art. 927, § 4º), e o já transcrito artigo 23 da LINDB expressamente menciona as possibilidades de novas interpretações e orientações sobre normas.

O que pode – à primeira vista – parecer casos distintos são os das ações diretas de inconstitucionalidade e declaratória de constitucionalidade e da arguição de descumprimento de preceito fundamental, em que há determinações legais de que as respectivas decisões não podem ser objeto de ação rescisória, e que, ressalvada, nos dois primeiros casos, a interposição de embargos declaratórios, são irrecorríveis (Lei 9.868/1999, art. 26; Lei 9.882/1999, art. 12). Entretanto, por não ser o tema precípuo deste artigo, embora não vá ser aprofundada a discussão sobre a natureza da coisa julgada em tais processos, as dicções legais não afastam, por si sós, eventuais possibilidades de, em procedimentos diversos de controle abstrato e concentrado de constitucionalidade, serem alteradas as teses jurídicas adotadas em alguma das espécies de ação mencionadas.

2. DOS ARGUMENTOS E CONDIÇÕES QUE PODEM ENSEJAR A ALTERAÇÃO DE ENTENDIMENTOS JURISPRUDENCIAIS

Apesar de as disposições do artigo 263 da Lei 4.737, de 15 de julho de 1965 – o Código Eleitoral –, da Lei 11.417, de 19 de dezembro de 2006, do artigo 927, § 4º, da Lei 13.105, de 16 de março de 2015, o Código de Processo Civil de 2015 – CPC/2015 –, e do artigo 23 do Decreto-Lei 4.657, de 4 de setembro de 1942, denominado Lei de Introdução às Normas do Direito Brasileiro – LINDB –, expressamente mencionarem as possibilidades de novas interpretações e orientações sobre normas, foram definidos legalmente poucos fatores ou argumentos que podem ensejar tais alterações. Nos dois primeiros casos, são indicados apenas os quóruns para estas modificações; no segundo, os legitimados para pedir a alteração são definidos; no terceiro, seus requisitos ("... necessidade de fundamentação adequada e específica, considerando os princípios da segurança jurídica, da proteção da confiança e da isonomia"); e, no quarto, as providências a serem fixadas nas decisões que estabelecerem o novo entendimento (a previsão de "... regime de transição quando indispensável para que o novo dever ou condicionamento de direito seja cumprido de modo proporcional, equânime e eficiente e sem prejuízo aos interesses gerais").

Os únicos fatores explicitamente indicados em lei para a alteração de entendimentos consolidados, assim, são, no caso de enunciado de súmula vinculante, a revogação e a modificação da lei em que se fundou sua edição (Lei 11.417/2006, art. 5º).

Deste modo, parece ser adequado, para garantir um grau mais razoável de segurança jurídica nas decisões e tendo em vista o fato de que, apesar de muitas boas obras doutrinárias já publicadas, ainda está em processo de desenvolvimento uma teoria de precedentes adequada ao ordenamento jurídico brasileiro, utilizar critérios desenvolvidos em países que adotam o sistema denominado de *common law*, um tipo especial de direito consuetudinário, em que "*o costume que é fonte desse direito não nasce do comportamento popular, e sim do comportamento dos juízes*".[1] Neste sentido, disse, por exemplo, Luiz Guilherme Marinoni, a respeito dos temas que seriam tratados no recentemente realizado I Congresso Sistema Brasileiro de Precedentes, que "a teoria dos precedentes não poderá se desenvolver no Brasil ignorando os séculos de experiência e o árduo trabalho doutrinário do *common law*".[2]

Ressalta-se, além disso, que, apesar de apenas recentemente estar havendo uma abordagem mais científica das interações entre o sistema jurídico de *common law* e o de *civil law* (este, baseado em normas formalmente redigidas e aprovadas por órgãos do Poder Legislativo), o primeiro nunca foi infenso à existência de leis e de constituições formais, e o segundo, salvo em lugares e períodos muito restritos, sempre reconheceu que órgãos julgadores atuam na criação de normas, pelo menos quando não havia lei explícita incidente sobre o caso. Assim, embora, certamente, tenha havido épocas em que as autoridades de determinada sociedade não podiam recorrer a normas previamente elaboradas para decidir os casos que lhes eram submetidos, estas surgiram muito cedo na História humana, desde pelo menos o 3º milênio antes de Cristo, com as leis de Uruinimgina ou Urukagina[3] e o Código de Ur-Nammu.[4] Por outro lado, os §§ 3º e 9º do Título II do Livro Primeiro das Institutas do Imperador Justiniano[5] já reconheciam

1. LOSANO, Mario G. Os Grandes Sistema Jurídicos: Introdução aos Sistemas Jurídicos Europeus e Extra-europeus. Trad. Marcela Varejão; rev. da trad. Silvana Cobucci Leite. São Paulo: Martins Fontes, 2007, fls. 317 e 325. Obs.: a transcrição entre aspas, não alterada e com itálicos no original, está à fl. 325. 2ª obs.: a indicação de que o *common law* é apenas um dos tipos de direito consuetudinário é fruto da adoção, no presente artigo, de entendimento semelhante ao do ref. autor, que inclui, no gênero mais amplo dos sistemas jurídicos baseados em costumes, aqueles tradicionais de nações africanas e americanas, antes das colonizações europeias.
2. Cf. [www.stj.jus.br/sites/portalp/Paginas/Comunicacao/Noticias/2023/31052023-Especialistas-que-participarao--Congresso-Sistema-Brasileiro-de-Precedentes-apresentam-perspectivas-sobre-o-tema.aspx]. Acesso em: 28 jan. 2024.
3. MYERS, Jennie. *Rulership and Justice*: before Islam. The Oriental Institute of the University of Chicago. Disponível em: [http://teachmiddleeast.lib.uchicago.edu/historical-perspectives/rulership-and-justice/before-islam/framing-the-issues/issue-01.html]. Acesso em: 18 fev. 2024.
4. ASIMIS, Andreas. *Laws of the Ancient World*. v. 1: Mesopotamia (illustrated edition). Kyiv: Strelbytskyy Multimedia Publishing, 2021. Obtido em [www.google.com.br/books/edition/Laws_of_Ancient_World_Vol_1_MESOPOTAMIA/0unRDwAAQBAJ?hl=pt-BR&gbpv=1]. Acesso em: 18 fev. 2024.
5. Vertidas do Latim para o Portuguez com perto de cincoenta notas extrahidas do *Corpus Juris* e um appendice contendo a integra do texto e da traducção das novellas 118 e 127 pelo Dr. A. Coelho Rodrigues.

a existência de um Direito não escrito – costumeiro – e especificamente o terceiro e o sétimo parágrafos já consideravam os editos dos magistrados, dos pretores e dos edis curuis e as respostas dos jurisconsultos como parte do Direito escrito.

Voltando a tratar especificamente do sistema de *common law*, neste, "cada tribunal vincula o inferior e, em certos casos, a si mesmo".[6] Esta última vinculação, do órgão julgador a suas próprias decisões anteriores, é a acepção horizontal do denominado preceito do *stare decisis*;[7] a acepção vertical é aquela que vincula os tribunais diretamente inferiores àquele que estabeleceu o precedente. Porém, a parte obrigatória deste é sua *ratio decidendi*, ou seja, o motivo que levou o órgão julgador a decidir em determinado sentido, não a decisão em si.[8]

No sistema de *common law*, ainda, apesar da vinculação às decisões anteriores, há os denominados *judicial departures*, que são os casos em que o órgão judiciário afasta a aplicação do precedente ou se desvia deste.[9] O mais simples destes casos é o *distinguishing*: a demonstração de que a *ratio decidendi* do caso então analisado é diversa, por peculiaridades fáticas ou jurídicas, daquela do previamente julgado.[10]

O gênero de afastamento judicial de precedente da qual este artigo trata, porém, é o do *overturning*, que são os modos de argumentação que levam à completa ou à parcial abolição de uma tese previamente estabelecida.[11] Dentro de tal conjunto amplo, o doutrinador americano Melvin Aron Eisenberg menciona as possibilidades do *overruling* clássico, do prospectivo, do *transformation*, do *overriding* e da elaboração de distinções inconsistentes.[12]

Recife: Typographia Mercantil, 1879. Disponível em: [https://bibliotecadigital.stf.jus.br/xmlui/bitstream/handle/123456789/603/42893.pdf?sequence=1&isAllowed=y]. Acesso em: 18 fev. 2024. Obs.: nas Institutas, também pode ser deduzida a razão da distinção entre o direito denominado civil, ou *civil law*, e o comum, ou *common law*; o primeiro é aquele exclusivo de cada cidade – *civitas* –, cf. o § 1º do Título II do Livro Primeiro, e que, portanto, pode ser elaborado pelos legisladores destas, cf. seu § 2º; o segundo é baseado na razão natural, comum a todos os homens, tb. cf. o § 1º do ref. título, o qual, assim, seria apenas reconhecido – não criado – pelos aplicadores.

6. LOSANO. Op. cit., fl. 337.
7. ASSIS, Guilherme Bacelar Patrício de. A história do precedente vinculante na Inglaterra: um olhar sobre a função do *stare decisis*, fl. 310. *Revista da Faculdade de Direito da Universidade Federal de Minas Gerais*, n. 67, jul./dez. 2015. Belo Horizonte: Nova Fase, fls. 295/316.
8. LOSANO. Op. cit., fl. 338. Ressalta-se que, em algumas obras, é dito que o *holding* é a parte vinculante da decisão, quase como um sinônimo de *ratio decidendi*, mas, no presente artigo, será utilizado apenas a segunda expressão, pois o primeiro termo é ambíguo e pode indicar apenas o que se entende, no Brasil, como o dispositivo da decisão (a palavra *holding* deriva da frase "we hold that...", que significa, em tradução livre, "nós sustentamos que..." ou "nós consideramos que..."; embora até seja recomendável que, neste *holding*, estivessem contidos todos os elementos essenciais para compreensão dos motivos do julgamento, nem sempre isto é feito).
9. ASSIS. Op. cit., fl. 311.
10. Op. cit., fl. 311.
11. EISENBERG, Melvin Aron. The Nature of the Common Law. Cambridge: Harvard University Press, 1991, fl. 104. Obs.: sempre que, neste artigo, for utilizada a palavra "tese", isto será uma tradução pessoal do termo *doctrine*; a escolha por não traduzir este como "doutrina" foi para não haver confusão com o sentido desta expressão no Brasil, onde seu significado é o de estudos e entendimentos feitos por juristas.
12. Op. cit., fl. 104.

Para estudar todas estas espécies de *overturning*, é útil iniciarmos com as distinções inconsistentes, pois o conceito destas será necessário para entender um dos fatores que ensejam o *overruling* e este servirá como parâmetro para a compreensão dos demais tipos de alteração de precedentes.

Assim, como já visto, o *distinguishing* é a distinção entre casos mediante demonstração de que as razões de decidir adotadas em um deles difere daquelas de outro. Quando, porém, uma corte entende que determinado precedente vinculante não é a solução mais adequada ao caso, mas não possui competência para alterar o entendimento anterior, ou quando, embora tenha tal poder, não há certeza sobre a incongruência social ou a inconsistência sistêmica do mencionado precedente, não é possível mensurar o impacto de sua modificação ou revogação, não há certeza sobre quais os melhores parâmetros a serem utilizados para substituir a regulamentação anterior ou deseja-se manter a aparência de estabilidade das teses ou a confiança justificada na jurisprudência, um órgão julgador pode preferir criar exceções casuísticas ao princípio geral outrora estabelecido, mesmo que os elementos essenciais da *ratio decidendi* do julgamento anterior estejam presentes; isto é a denominada distinção inconsistente.[13]

No *overruling* comum, por outro lado, uma corte altera totalmente uma regra estabelecida e anuncia haver realizado tal alteração.[14] O princípio que rege este tipo de modificação dita que uma tese deve ser superada se substancialmente falha em atender os padrões de congruência social e de consistência sistêmica[15], e, concomitantemente, se os valores subjacentes às doutrinas da estabilidade das normas e do *stare decisis* – aqueles da imparcialidade, proteção da confiança justificada, prevenção contra a surpresa injusta, replicabilidade e da conservação – forem melhor atendidos pela superação do que pela manutenção da tese[16], bem como se os prejuízos que a alteração ensejará à segurança dos cidadãos que confiam no julgado anterior, à isonomia entre os jurisdicionados, à administração e eficiência da justiça e à credibilidade do tribunal forem inferiores aos benefícios advindos da modificação.[17]

Esclarece-se, ainda, que a incongruência social ocorre quando a jurisprudência consolidada em épocas anteriores torna-se incompatível com os padrões políticos, sociais ou econômicos do presente[18] (é importante, porém, neste ponto, esclarecer que a menção aos padrões políticos refere-se ao que, na língua inglesa, é denominado *policy*, que significa o conjunto de ideias ou o plano de ação adotado por empresas, governos, partidos ou grupos de pessoas, como utilizado, por exemplo, nas expressões política fiscal, política econômica ou política externa[19], não à política partidária ou a posições de

13. EISENBERG. Op. cit., fls. 136/140. MELLO, Patrícia Perrone Campos. *Precedentes*: o desenvolvimento judicial do direito no constitucionalismo contemporâneo. Rio de Janeiro: Renovar, 2008, fls. 206/209.
14. EISENBERG. Op. cit., fl. 104.
15. EISENBERG. Op. cit., fls. 104/105. MELLO. Op. cit., fl. 237.
16. EISENBERG. Op. cit., fls. 104/105.
17. MELLO. Op. cit., fl. 238.
18. Op. cit., fl. 237.
19. Cf. o Cambridge Dictionary, disponível em: [https://dictionary.cambridge.org/dictionary/english/policy]. Acesso em: 19 fev. 2024.

poder em um governo, sentidos em relação aos quais tal idioma adota o termo *politics*[20]). A inconsistência sistêmica, por outro lado, consiste na desarmonia entre regras diversas do mesmo sistema jurídico.[21]

No *overruling* clássico, ainda, há os subtipos relativos às teses que foram excepcionadas de modo inconsistente pelos órgãos julgadores[22] e àquelas que não o foram.[23]

Como motivos para alteração de precedentes que não sofreram distinções inconsistentes, podem ser citadas suas eventuais inexequibilidade prática (por inoperabilidade ou obscuridade[24]), a crítica doutrinária.[25] o reconhecimento de que a interpretação original foi errônea,[26] razões relativas à base legal ou aos princípios jurídicos adotados no precedente,[27] à amplitude da maioria que decidiu em favor de uma tese e à existência de opiniões distintas,[28] ao tratamento jurídico que a corte deu ao caso[29] e à época em que o precedente foi formado,[30] e mudanças culturais, políticas, sociais, econômicas e tecnológicas.[31]

---

20. Cf. o Cambridge Dictionary, disponível em: [https://dictionary.cambridge.org/dictionary/english/politics]. Acesso em: 19 fev. 2024.
21. MELLO. Op. cit., fl. 238.
22. EISENBERG. Op. cit., fls. 105/118.
23. Op. cit., fls. 118/121.
24. MELLO. Op. cit., fls. 239/240.
25. EISENBERG. Op. cit., fls. 118/121.
26. MELLO. Op. cit., fls. 239 e 249/250.
27. BRENNER, Saul, e SPAETH, Harold J., 1995. Stare Indecisis: The Alteration of Precedent on the US. Supreme Court, 1946-1992. Cambridge: Cambridge University Press; *apud* SPRIGGS II, James F., Explaining the Overruling of U.S. Supreme Court Precedent, in *The Journal of Politics*, v. 63, n. 4 (nov., 2001), pp. 1091-1111, obtido em: [www.jstor.org/stable/2691808]. Acesso em: 26 fev. 2023, p. 1092. MELLO. Op. cit., fls. 239 e 247/249. BANKS, Chistopher P.. The Supreme Court and precedent: an analysis of natural courts and reversal trends. *Judicature*, v. 75, 1991-1992, n. 5, february-march 1992. American Judicature Society, fls. 262/268.
28. SCHMIDHAUSER, John R, 1962. Stare Decisis, Dissent, and the Background of the Justices of the Supreme Court of the United States. University of Toronto Law Review 14(2): 194-212; apud SPRIGGS II. Op. cit., p. 1092. BANKS, op. cit. ULMER, S. Sidney. An empirical analysis of selected aspects of lawmaking of the United States Supreme Courts. *Journal of Public Law*, v. 8, 2, Fall 1959, fl. 426. Atlanta: Emory University Law School, fls. 414/436.
29. DANELSKI, David J. 1986. "Causes and Consequences of Conflict and Its Resolution in the Supreme Court." In Judicial Conflict and Consensus: Behavioral Studies of American Appellate Courts, eds. Charles M. Lamb and Sheldon Goldman. Lexington: University of Kentucky Press; DOUGLAS, William O. [1949] 1979. Stare Decisis." In *Courts, Judges, and Politics*: An Introduction to the Judicial Process, eds. Walter E Murphy and C. Herman Pritchett. New York: Random House; ambos apud SPRIGGS II. Op. cit., p. 1092.
30. LANDES, William M., e POSNER, Richard A.. 1976. Legal Precedent: A Theoretical and Empirical Analysis. *Journal of Law and Economics* 19(2): 249-307; *apud* SPRIGGS II. Op. cit., p. 1092. ULMER. Op. cit., fls. 418/426. Obs.: no que toca ao tempo do precedente, porém, não devem ser adotadas conclusões simplistas no sentido de que, apenas por ser muito antigo ou muito recente, as razões adotadas poderiam ser mais facilmente alteradas, neste sentido, o estudo de ULMER. Op. cit., fls. 418/426, relativo aos Estados Unidos da América, apontou que decisões tomadas há entre 11 e 20 anos tinham mais probabilidade de serem alteradas do que as de qualquer outra época, e que aquelas com mais de 95 anos tinham a menor chance de modificação; a pesquisa de BRENNER e SPAETH, cf. Op. cit., fl. 29, pertinente ao mesmo país, concluiu que aquelas feitas entre 0 e 10 anos eram mais facilmente alteradas, seguidas por aquelas entre 11 e 20, bem como que os entendimentos com mais de 90 anos dificilmente o eram.
31. MELLO. Op. cit., fls. 239/247.

Quando o precedente, por outro lado, sofreu distinções inconsistentes, estas podem, por si mesmas, desfigurar o primeiro, tornando-o inexequível,[32] condição que, como já visto, é uma das razões que ensejam o *overruling* comum. Os motivos para a ocorrência das mencionadas distinções, também, costumam ser os entendimentos dos julgadores de que as premissas morais, de experiência ou políticas explícitas ou implícitas no precedente deixaram de estar presentes,[33] o que igualmente se enquadra em algumas das hipóteses que justificam a superação das teses.

Para complementar a enumeração das espécies de *overturning*, destaca-se que o *overruling* prospectivo é semelhante à modulação temporal dos efeitos de decisões, prevista, no Brasil, nos artigos 27 da Lei 9.868, de 10 de novembro de 1999, 11 da Lei 9.882, de 3 de dezembro de tal ano, 4º da Lei 11.417/2006 e 927, § 3º, do CPC/2015, pois ocorre quando a corte, ao fixar novo entendimento jurídico, determina que este apenas valerá a partir da data da decisão ou de momento futuro.[34] O *transformation* ou o *overruling sub silentio* é a alteração total de uma regra estabelecida sem que a corte declare que a alterou.[35] Por fim, o *overriding* é a redução do âmbito de uma tese estabelecida em favor de uma regra surgida após tal estabelecimento.[36] Os fatores que ensejam o *overruling* clássico, todavia, são plenamente aplicáveis para todos esses demais tipos de modificação.

3. DA ALTERAÇÃO POR INGRESSO DE NOVOS MEMBROS EM TRIBUNAIS

É possível, também, que a alteração de precedentes ocorra em razão dos entendimentos pessoais ou das propensões ideológicas dos julgadores.[37] Esta última razão, inclusive, nos Estados Unidos da América, já foi objeto de estudos estatísticos que concluíram que, com o ingresso de novos membros na Suprema Corte de tal país, há um aumento na alteração de precedentes.[38]

Ressalta-se, entretanto, que a alteração de precedentes apenas porque a composição do órgão julgador foi modificada é doutrinariamente criticada, por não se enquadrar classicamente no princípio do *stare decisis*.[39] Porém, além de, em uma visão puramente realista, os *overturnings* efetivamente ocorrerem mais frequentemente quando há o ingresso de novos membros em tribunais, o que já justificaria o estudo de tais ocorrências, os juízes que ingressam após a consolidação de determinada tese jurídica podem trazer novos argumentos para demonstrar, por exemplo, que a interpretação original

32. MELLO.Op. cit., fls. 239/240.
33. EISENBERG. Op. cit., fls. 106/110.
34. EISENBERG. Op. cit., fls. 127/132.
35. EISENBERG. Op. cit., fls. 132/135. VANDEVELDE, Kenneth J. Thinking like a lawyer: an introduction to legal reasoning. Second ed. Boulder: Westview Press, 2010, fl. 45.
36. EISENBERG. Op. cit., fls. 135/146.
37. BRENNER e SPAETH. Op. cit., fls. 89/107. MELLO. Op. cit., fls. 273/277. BANKS. Op. cit.
38. ULMER. Op. cit., fls. 433/434.
39. V., por ex., BANKS. Op. cit., fl. 262; e MELLO. Op. cit., fls. 273/277. Obs.: na primeira referência desta nota, o autor menciona também as posições críticas de Thurgood Marshall e Lewis F. Powell Jr., membros da Suprema Corte dos Estados Unidos da América.

foi errônea[40] ou para alterar o tratamento jurídico dado ao caso[41], bem como podem refletir a ocorrência de mudanças culturais, políticas ou sociais[42], casos que se enquadram plenamente naqueles que normalmente permitem a superação de teses no sistema jurídico de *commom law*.

Para confirmar a hipótese formulada no parágrafo anterior, serão analisados, no tópico seguinte, casos relativos à natureza constitucional da questão pertinente à cobrança, a empresas concessionárias do serviço público de energia elétrica, pela ocupação de faixas de domínio de rodovias.

4. ANÁLISE DE CASOS

A Constituição da República Federativa do Brasil de 1988 – CRFB/1988 – determina ser atribuição da União Federal explorar, diretamente ou mediante autorização, concessão ou permissão, "os serviços e instalações de energia elétrica e o aproveitamento energético dos cursos de água, em articulação com os Estados onde se situam os potenciais hidroenergéticos" (art. 21, XII, "b"), bem como ser competência privativa de tal ente da Federação legislar sobre temas relativos à energia (art. 22, IV). Tais disposições nunca foram sofreram alterações por emenda constitucional desde a promulgação da Carta.

O Decreto 24.643, de 10 de julho de 1934 – o Código de Águas –, determina que, para executar os trabalhos definidos no contrato de concessão do aproveitamento industrial das quedas de águas e de outras fontes de energia hidráulica, bem como, para explorar tal concessão, o concessionário terá, além das regalias e favores constantes das leis fiscais e especiais e de outros direitos, aquele de "utilizar os termos de domínio público e estabelecer as servidões nos mesmos e através das estradas, caminhos e vias públicas, com sujeição aos regulamentos administrativos" (art. 151, "a"). É mais uma disposição legal que nunca foi modificada.

O Decreto 84.398, de 16 de janeiro de 1980, determina que, atendidas as exigências legais e regulamentares referentes aos projetos pertinentes, as autorizações de ocupação de faixas de domínio de rodovias, ferrovias e de terrenos de domínio público, e a travessia de hidrovias, rodovias, ferrovias, oleodutos e linhas de transmissão de energia elétrica de outros concessionários por linhas de transmissão, subtransmissão e distribuição de energia elétrica serão sem ônus para os concessionários destes serviços públicos (art. 2º, c/c art. 1º, *caput*, este com a redação dada pelo Decreto 86.859, de 19 de janeiro de 1982, nunca alterada desde esta última data).

---

40. MELLO. Op. cit., fls. 239 e 249/250.
41. DANELSKI, David J. 1986. "Causes and Consequences of Conflict and Its Resolution in the Supreme Court." In Judicial Conflict and Consensus: Behavioral Studies of American Appellate Courts, eds. Charles M. Lamb and Sheldon Goldman. Lexington: University of Kentucky Press; DOUGLAS, William O. [1949] 1979. Stare Decisis." In Courts, Judges, and Politics: An Introduction to the Judicial Process, eds. Walter E Murphy and C. Herman Pritchett. New York: Random House; ambos *apud* SPRIGGS II, Op. cit., p. 1092.
42. MELLO. Op. cit., fls. 239/247.

A Lei 8.987, de 13 de fevereiro de 1995, por outro lado, prevê que, no atendimento às peculiaridades de cada serviço público, poderá o poder concedente prever, em favor da concessionária, no edital de licitação, a possibilidade de outras fontes provenientes de receitas alternativas, complementares, acessórias ou de projetos associados, com ou sem exclusividade, com vistas a favorecer a modicidade das tarifas, observada a determinação de desclassificação das propostas que, para sua viabilização, necessitem de vantagens ou subsídios que não estejam previamente autorizados em lei e à disposição de todos os concorrentes (art. 11, c/c art. 17). Tais normas, igualmente, permanecem idênticas desde suas edições.

O Código de Trânsito Brasileiro (Lei 9.503, de 23 de setembro de 1997), por seu turno, determina que o uso das vias terrestres urbanas e rurais, conceito que abrange ruas, avenidas, logradouros, caminhos, passagens, estradas e rodovias, será "... regulamentado pelo órgão ou entidade com circunscrição sobre elas, de acordo com as peculiaridades locais e as circunstâncias especiais" (art. 2º, *caput*). Esta norma, do mesmo modo, nunca foi modificada.

A respeito das atribuições administrativas dos entes federativos relativas a rodovias, a Lei 10.233, de 5 de junho de 2001, em dispositivo nunca alterado, define apenas o Sistema Federal de Viação – SFV –, sob jurisdição da União, que "... abrange a malha arterial básica do Sistema Nacional de Viação, formada por eixos e terminais relevantes do ponto de vista da demanda de transporte, da integração nacional e das conexões internacionais" (art. 3º, *caput*), e que "[...] compreende os elementos físicos da infra-estrutura viária existente e planejada, definidos pela legislação vigente" (idem, parágrafo único), de modo que competirá a cada Estado e Município, bem como ao Distrito Federal, estabelecer e administrar seus próprios sistemas (isto por força do princípio federativo, positivado genericamente nos arts. 1º, *caput*, e 18, *caput*, da CRFB/1988, e, de modo mais específico, em razão das competências estabelecidas em seus arts. 25, § 1º, 30, I e V, e 32, § 1º, todos com redações idênticas àquelas adotadas pelos constituintes originários).

Ainda, destaque-se que o Código Civil (Lei 10.406, de 10 de janeiro de 2002) define como bens públicos aqueles "[...] do domínio nacional pertencentes às pessoas jurídicas de direito público interno [...]" (art. 98), especifica, entre tais bens, "os de uso comum do povo, tais como rios, mares, estradas, ruas e praças" (art. 99, I), e determina que "o uso comum dos bens públicos pode ser gratuito ou retribuído, conforme for estabelecido legalmente pela entidade a cuja administração pertencerem" (art. 103). Todos estes dispositivos permaneceram incólumes desde a promulgação do mencionado código.

Por sua vez, a competência do Supremo Tribunal Federal – STF – para o julgamento de recursos extraordinários abrangia, a partir da publicação da CRFB/1988, apenas as causas decididas em única ou última instância, quando a decisão recorrida contrariasse dispositivo constitucional, declarasse a inconstitucionalidade de tratado ou de lei federal ou julgasse válido lei ou ato de governo local contestado em face da Constituição (art. 102, III, "a", "b" e "c" da ref. constituição). Neste caso, a única alteração ocorrida foi a inclusão, pela Emenda Constitucional 45, de 30 de dezembro de 2004, da alínea "d" ao inciso mencionado entre parênteses, a possibilitar a interposição do mencionado tipo de recurso quando a decisão "julgar válida lei local contestada em face de lei federal".

Com base em tais normas, que, como já apontado, não foram alteradas desde 30 de dezembro de 2004, o Plenário do STF conhecera recurso extraordinário e concluíra, em 27 de maio de 2010, ser inconstitucional a cobrança, por município, de retribuição pecuniária pela utilização de áreas públicas por postes de energia elétrica.[43]

Após quase uma década do julgamento mencionado no parágrafo anterior, porém, a Primeira Turma do STF passou a entender que não havia questão constitucional, que ensejasse o conhecimento de recurso extraordinário, em caso em que a decisão recorrida considerava legítimo que concessionária de rodovia cobrasse concessionária de energia elétrica pelo uso de faixa de domínio quando houvesse previsão, no contrato de concessão firmado com a primeira, da possibilidade de tal cobrança. Afirmava, assim, que a matéria dependeria da interpretação de normas legais e da reanálise de provas, o que também implicaria no não cabimento do referido tipo de recurso.[44] Neste caso, torna-se necessário realizar uma distinção; o julgamento mencionado no parágrafo anterior tratava de exação realizada diretamente por município, enquanto o entendimento indicado no presente ponto refere-se a imposições feitas por empresas privadas.

Em 15/05/2020, por outro lado, o Tribunal Pleno do STF entendeu que não deveria ser conhecido recurso extraordinário que discutisse a gratuidade do uso de faixa de domínio de rodovia por empresa concessionária de energia elétrica, porque a análise demandaria a interpretação de legislação infraconstitucional e o reexame de fatos e provas.[45]

A Segunda Turma do mencionado tribunal, por outro lado, conhecia de recurso extraordinário que questionava taxa instituída por município, a pretexto do exercício de poder de polícia, pelo uso de faixa de domínio de rodovia por concessionárias fornecedoras do serviço público de energia elétrica, e, no mérito, considerava a cobrança inconstitucional.[46] Porém, não apreciava recursos de igual espécie quando a cobrança era feita pela concessionária da rodovia, porque o conhecimento da matéria demandaria o reexame de fatos e provas e a análise de legislação infraconstitucional.[47]

Em 8 de abril de 2021, na Ação Direta de Inconstitucionalidade – ADI – 3.763 Rio Grande do Sul,[48] o Tribunal Pleno do STF declarou, em razão das competências admi-

---

43. Recurso Extraordinário 581.947 Rondônia. Rel. Min. Eros Grau. DJe 27/08/2010.
44. Segundo Agravo Regimental no Recurso Extraordinário 1.163.302 São Paulo. Rel. Min. Marco Aurélio. J. 17/02/2019. DJe 14/02/2020. Em igual sentido, Segundo Agravo Regimental no Recurso Extraordinário com Agravo 1.294.424 São Paulo. Rel. Min. Alexandre de Moraes. J. 01/03/2021. DJe 10/03/2021.
45. Agravo Regimental no Recurso Extraordinário com Agravo 1.242.903 São Paulo. Rel. Min. Dias Toffoli. DJe 29/06/2020.
46. Agravo Regimental no Recurso Extraordinário 1.150.547 Minas Gerais. Rel. Min. Edson Fachin. J. 17/02/2021. DJe 23/03/2021.
47. Agravo Regimental no Recurso Extraordinário 1.272.322 São Paulo. Rel. Min. Edson Fachin. J. 17/02/2021. DJe 26/02/2021. Agravo Regimental no Recurso Extraordinário com Agravo 1.294.459 São Paulo. Rel. Min. Ricardo Lewandowski. J. 24/02/2021. DJe 01/03/2021.
48. Rel. Min. Cármem Lúcia. DJe 14/05/2021.

nistrativas e legislativas da União relativas à energia, serem inconstitucionais normas de Estado-membro que exigiam de concessionárias de energia elétrica pagamento por utilização de faixas de domínio e de áreas adjacentes a rodovias. Neste processo, julgaram em tal sentido os ministros Dias Toffoli, Celso de Mello, Gilmar Mendes, Ricardo Lewandowski, Cármem Lúcia, Luiz Fux, Rosa Weber, Edson Fachin e Alexandre de Moraes. O Ministro Marco Aurélio, porém, teve entendimento oposto, mas ficou vencido, e o Ministro Roberto Barroso se declarou suspeito.

Contudo, mesmo depois do julgamento da mencionada Ação Direta, a Segunda Turma do STF ainda decidiu, uma vez, que a análise de matéria relativa ao preço cobrado pelo uso de faixas de domínio de rodovias concedidas a empresas de direito privado demanda a interpretação de legislação infraconstitucional e que, portanto, seria incabível o conhecimento de recurso extraordinário a respeito do tema,[49] embora, alguns meses após, já tenha havido decisão em sentido contrário, com admissibilidade do recurso e, no mérito, declaração da inconstitucionalidade da cobrança.[50]

Houve, ainda depois, mais especificamente em 14 de dezembro de 2021, o julgamento, pelo Plenário do STF, de outra ADI, de número 3.798, oriunda do Estado de Santa Catarina,[51] no qual o mencionado tribunal reiterou que, por motivos idênticos àqueles indicados na ADI 3.763/RS, serem inconstitucionais normas de Estado-membro que exigiam de concessionárias de energia elétrica pagamento por utilização de faixas de domínio e de áreas adjacentes a rodovias. Desta vez, julgaram em tal sentido, assim como haviam feito anteriormente, os ministros Luiz Fux, Gilmar Mendes, Ricardo Lewandowski, Cármem Lúcia, Dias Toffoli, Rosa Weber, Edson Fachin e Alexandre de Moraes. O ministro Celso de Mello já não compunha mais a Corte; e o Ministro Marco Aurélio, o único que havia se posicionado contrariamente à maioria no julgamento anterior, também não. O Ministro Nunes Marques, que ingressara no Tribunal, acompanhou o entendimento majoritário, ora tornado unânime, uma vez que o Ministro Roberto Barroso mais uma vez se declarou suspeito.

O Ministro André Luiz de Almeida Mendonça tomou posse no STF em 16 de dezembro de 2021,[52] quando estavam em trâmite na Segunda Turma desta Corte, que tal ministro veio a integrar, o Agravo Regimental no Recurso Extraordinário com Agravo 1.243.237 São Paulo[53] e os Embargos Declaratórios no Agravo Regimental no Recurso Extraordinário 1.181.353 São Paulo.[54] No primeiro, era discutido se, em relação jurídica de trato sucessivo, uma decisão transitada em julgado que determinara a exigibilidade de preço público relativo à utilização de faixa de domínio de rodovia por empresa

49. Agravo Regimental no Recurso Extraordinário 1.181.353 São Paulo. Rel. Min. Cármem Lúcia. J. 17/08/2021. DJe 23/08/2021.
50. Embargos de Declaração no Agravo Regimental no Recurso Extraordinário 1.272.322 São Paulo. Rel. Min. Edson Fachin. J. 11/11/2021. DJe 26/11/2021.
51. Rel. Min. Rosa Weber. DJe 10/03/2022.
52. STF. DJE 22/2022, de 2 de fevereiro de 2022, pp. 14/15.
53. Rel. Min. Cármem Lúcia. Red. do acórdão Min. Gilmar Mendes. DJe 03/08/2022.
54. Rel. Min. Cármem Lúcia. Red. do acórdão Min. Gilmar Mendes. DJe 30/06/2022.

concessionária de energia elétrica teria seus efeitos futuros afetados por julgamento de inconstitucionalidade da norma impositiva de tal exação, caso em que a mencionada turma decidiu, então, que, por causa da natureza continuada da relação, as tarifas vencidas após a publicação da ata de julgamento da ADI 3763/RS são inexigíveis. No segundo, a turma reiterou o entendimento firmado em tal ADI. Porém, em ambos os casos, o ministro indicado não pôde participar dos julgamentos, pois a Ministra Cármem Lúcia, cuja cadeira o mais novo nomeado ocupara, já havia proferido seus votos.

Logo depois, porém, em 02/05/2022, o entendimento do Ministro André Mendonça já ficou patente no sentido do cabimento de recurso extraordinário para declarar a inviabilidade de instituição, por Estado-Membro da Federação, de cobrança feita por concessionária de rodovia pelo uso da respectiva faixa de domínio por concessionária de energia elétrica, pois acompanhou o voto do então relator do acórdão de agravo regimental, que adotara tal conclusão.[55] Por outro lado, apenas para afastar eventual aparência de julgamento incongruente, é preciso apontar que, na mesma data indicada neste parágrafo, embora a Segunda Turma do STF, com participação do membro indicado, tenha deixado de conhecer outro recurso da espécie indicada e com igual tema subjacente, e que, no voto vencedor, o relator tenha indicado o entendimento de que a análise da viabilidade ou não do tipo de cobrança indicado dependeria do exame de legislação infraconstitucional, houve outros fundamentos para a não apreciação do mérito, nomeadamente a ausência de negativa de prestação jurisdicional no acórdão recorrido, que não necessariamente precisaria haver examinado cada uma das alegações e provas apresentadas, a não aplicabilidade da alegação de divergência com o Tema 261 da Repercussão Geral, que trata de instituição de tributo municipal pelo uso de solo urbano, e a falta de prequestionamento da matéria.[56]

A Primeira Turma do STF, porém, em 30/05/2022, embora em *obiter dicta*, uma vez que os julgamentos apenas reconheceram as inexistências de contradições, obscuridades ou omissões que ensejassem as oposições de embargos declaratórios, continuou a manter seu entendimento no sentido de que a questão da cobrança, feita por empresas concessionárias de rodovias, pelo uso das respectivas faixas de domínio, em face de empresas concessionárias de energia elétrica, demanda análise de legislação infraconstitucional e interpretação de cláusulas dos contratos de concessão firmado com as primeiras, o que impede o conhecimento de recurso extraordinário.[57] Pouco tempo depois, entretanto, em 10 de novembro do ano indicado, tal turma já conheceu de tal espécie recursal com igual tema e decidiu pela inconstitucionalidade da exação.[58]

55. Supremo Tribunal Federal. Segunda Turma. Embargos Declaratórios nos Embargos Declaratórios no Agravo Regimental no Recurso Extraordinário 1.272.322 São Paulo. Rel. Min. Edson Fachin. DJe 01/06/2022.
56. Agravo Regimental no Recurso Extraordinário com Agravo 1.252.137 São Paulo. Rel. Min. Edson Fachin. DJe 01/06/2022.
57. Embargos de Declaração no Agravo Regimental no Recurso Extraordinário 889.095 Rio de Janeiro. Rel. Min. Rosa Weber. DJe 14/06/2022. Embargos de Declaração no Agravo Regimental no Recurso Extraordinário 1.252.973 São Paulo. Rel. Min. Rosa Weber. DJe 14/06/2022.
58. Agravo Regimental no Recurso Extraordinário com Agravo 1.291.183 São Paulo. Rel. Min. Dias Toffoli. DJe 28/11/2022.

No julgamento dos Embargos de Divergência nos Embargos Declaratórios no Recurso Extraordinário 889.095, na sessão de 17/03/2023 a 24/03/2023 do Plenário Virtual do STF, o Ministro André Mendonça, em voto juntado no primeiro dia mencionado, declarou a existência, também demonstrada neste artigo, de divergência entre as turmas de tal tribunal relativamente ao cabimento de recurso extraordinário para discutir a cobrança, por concessionária de rodovia, pelo uso da respectiva faixa de domínio por empresa prestadora de serviços públicos de eletricidade (pp. 3/5, pontos 6/10 e 14/15), o que era necessário para o conhecimento da primeira espécie recursal mencionada. Depois, afastou do entendimento da Primeira Turma do tribunal referido no sentido de que a discussão abrange apenas tema infraconstitucional. Isto precipuamente em razão das competências administrativas e legislativas da União Federal, estabelecidas no Texto Maior, relativas aos serviços e instalações de energia elétrica (pp. 5/10, pontos 17/18 e 23/35; e pp. 14/15, pontos 52 e 55), mas, também, porque a questão envolve análises sobre a prestação de serviços públicos, fixação e manutenção de cláusulas de contratos administrativos, gestão de bens públicos pelos entes da Federação e outras, inclusive a recepção do Decreto 84.398/1980, todas de natureza constitucional (p. 6, ponto 18).

Além disso, o Ministro fundamenta a natureza constitucional do debate no fato de que o tema envolve a execução de atividades de abrangência nacional, com repercussão em diversos municípios e estados, o que exige uma interpretação harmônica em todo o território do país (p. 6, ponto 19). Acrescenta, ainda, que, tendo em vista o objetivo fundamental da República Federativa do Brasil de reduzir as desigualdades sociais e regionais (CRFB/1998, art. 3º, III), é devida uma regulamentação uniforme para todas as regiões do Brasil e para as concessionárias do serviço público de energia elétrica que atuam em cada uma delas (pp. 9/11, pontos 31/33, 37 e 40; e p. 13, ponto 46).

Em seguida, o Ministro trata mais aprofundadamente da recepção do Código de Águas e do Decreto 84.398/1980 pela CRFB/1988 (pp. 13/17, pontos 48/66) e atesta não haver malferimento aos princípios federativo e da isonomia, uma vez que tais diplomas tratam igualmente todos os entes federados que poderiam ser afetados pela gratuidade estabelecida (pp. 15, pontos 54 e 56/58).

Rebate, ainda, argumentos no sentido de que o Decreto 84.398/1980 teria exorbitado do poder regulamentar, relativamente ao artigo 151 do Código de Águas (pp. 16/17, pontos 60/65).

Depois, indica que as disposições dos contratos de concessão de energia elétrica não podem afastar a aplicação do artigo 2º do Decreto 84.398/1980, mesmo se for considerado o artigo 11 da Lei 8.987/1995 (pp. 18/21, pontos 69/85).

Outro argumento utilizado é o fato que a natureza do bem público faixa de domínio, caracterizado como um bem de uso comum do povo, é distinta daquela dos postes e dos dutos, em relação aos quais leis diversas preveem a possibilidade de remuneração quando estes últimos, bens de natureza especial, são utilizados por prestadoras de serviços de telecomunicações e de distribuição de gás natural (pp. 21/24, pontos 86/100).

Ao final, o Ministro deu provimento aos embargos de divergência e, por consequência, ao agravo regimental e ao recurso extraordinário, a fim de declarar a impossibilidade de cobrança, por concessionárias de rodovias, de tarifa pelo uso de faixa de domínio por concessionárias de serviços de energia elétrica (p. 29, ponto 121).

O julgamento dos Embargos de Divergência nos Embargos Declaratórios no Recurso Extraordinário 889.095, porém, ainda não foi finalizado, pelo menos até 09/02/2024, data da última consulta feita antes da finalização deste artigo. Na sessão de 17/03/2023 a 24/03/2023 do Plenário Virtual do STF em si, o Ministro Luís Roberto Barroso, em voto juntado no dia 21/03/2023, declarou que o debate sobre a cobrança pela utilização de faixas de domínio, de uma concessionária de serviço público por outra, envolve apenas matéria infraconstitucional e demanda o exame de cláusulas contratuais. Neste caso, o Ministro citou precedentes de ambas as turmas do STF (pp. 4/6, ponto 5) e a decisão do Superior Tribunal de Justiça no processo em análise (pp. 6/7, ponto 6), bem como declara que os precedentes invocados pelo recorrente para demonstrar a divergência tratam de hipóteses distintas (pp. 7/10, pontos 7/13). O processo, então, foi destacado pelo Ministro Gilmar Mendes.

Já no Segundo Agravo Regimental no Recurso Extraordinário com Agravo 1.349.450 São Paulo, julgado em 26/06/2023,[59] a Segunda Turma do STF, nos termos do voto do Ministro Ricardo Lewandowski, mas cujo acórdão foi redigido pelo Ministro André Mendonça em razão do disposto no artigo 38, IV, "b", do Regimento Interno do STF, ou seja, por este haver "... proferido o primeiro voto vencedor, acompanhando o do Relator..." após a aposentadoria do primeiro, decidiu ser vedada a cobrança a concessionárias de energia elétrica pelo uso de faixas de domínio de rodovias. O Ministro André reiterou seus argumentos apresentados nos Embargos de Divergência nos Embargos Declaratórios no Recurso Extraordinário 889.095.

No Agravo Regimental no Agravo Regimental nos Embargos Declaratórios no Recurso Extraordinário 1.242.513 São Paulo, também julgado em 26/06/2023,[60] nos Embargos Declaratórios nos Embargos Declaratórios no Agravo Regimental no Recurso Extraordinário 1.181.353 São Paulo[61] e no Agravo Regimental nos Embargos Declaratórios no Recurso Extraordinário com Agravo 1.250.571 São Paulo,[62] estes dois últimos julgados em 03/07/2023, a Segunda Turma do STF novamente decidiu no sentido das impossibilidades de cobranças pelas utilizações de faixas de domínio de rodovias por concessionárias de energia elétrica. Nestes casos, em votos-vista, o Ministro André Mendonça voltou a apontar os fundamentos por ele indicados nos Embargos de Divergência nos Embargos Declaratórios no Recurso Extraordinário 889.095.

Em 18/10/2023, a Segunda Turma do STF julgou o Agravo Regimental nos Embargos Declaratórios no Recurso Extraordinário com Agravo 1.389.879 São Paulo[63] no

59. Rel. Min. Ricardo Lewandowski. Red. do acórdão Min. André Mendonça. DJe 17/08/2023.
60. Rel. Min. Gilmar Mendes. DJe 17/08/2023.
61. Idem.
62. Rel. Min. Edson Fachin. DJe 17/08/2023.
63. Idem. DJe 26/10/2023.

sentido de que, em relação jurídica de trato sucessivo, uma decisão transitada em julgado que determinara a exigibilidade de tarifa para a utilização de faixa de domínio de rodovia por empresa concessionária de energia elétrica não têm o condão de tornar obrigatórios, após a publicação da ata de julgamento da ADI 3763/RS, os pagamentos pertinentes.

Por fim, pelo menos até a data da conclusão deste artigo, em 19/02/2024, e desconsiderando-se decisões monocráticas, houve o julgamento, ainda pela Segunda Turma do STF, do Agravo Regimental no Recurso Extraordinário 964.345 Minas Gerais[64], no qual foi decidida a impossibilidade de cobrança de tarifa à concessionárias de energia elétrica por empresas concessionárias de rodovias, pelo uso das respectivas faixas de domínio, e em que o Ministro André Mendonça, cujo voto foi seguido por unanimidade, reiterou os argumentos por ele indicados nos Embargos de Divergência nos Embargos Declaratórios no Recurso Extraordinário 889.095.

CONCLUSÃO

Como já dito, o presente artigo pretendia demonstrar que, com a alteração das composições de tribunais, membros que nestes ingressaram após a consolidação de eventual tese jurídica podem trazer novos argumentos que ensejem a superação de precedentes ou refletir a ocorrência de mudanças culturais, políticas ou sociais, casos que se enquadram nas hipóteses que, mesmo em sistemas jurídicos que adotam o princípio do *stare decisis*, permitem a modificação da jurisprudência.

Os acórdãos analisados no tópico anterior demonstraram, assim, que as primeiras e segunda turmas do Supremo Tribunal Federal – STF – e o Plenário de tal corte entendiam que os casos relativos à cobrança, feita por empresas concessionárias de rodovias a empresas concessionárias do serviço público de energia elétrica, pela ocupação de faixas de domínio de estradas, não tinham natureza constitucional e dependiam da interpretação de normas legais e da reanálise de fatos e provas, e, portanto, não ensejavam o conhecimento de recurso extraordinário,[65] embora já houvesse a tendência de superação destes entendimentos.[66]

64. Rel. Min. André Mendonça. DJe 17/11/2023.
65. Primeira Turma, Segundo Agravo Regimental no Recurso Extraordinário 1.163.302 São Paulo. Rel. Min. Marco Aurélio. J. 17/02/2019. DJe 14/02/2020. Em igual sentido, Primeira Turma, Segundo Agravo Regimental no Recurso Extraordinário com Agravo 1.294.424 São Paulo. Rel. Min. Alexandre de Moraes. J. 01/03/2021. DJe 10/03/2021. Plenário, Agravo Regimental no Recurso Extraordinário com Agravo 1.242.903 São Paulo. Rel. Min. Dias Toffoli. DJe 29/06/2020. Segunda Turma, Agravo Regimental no Recurso Extraordinário 1.272.322 São Paulo. Rel. Min. Edson Fachin. J. 17/02/2021. DJe 26/02/2021. Segunda Turma, Agravo Regimental no Recurso Extraordinário com Agravo 1.294.459 São Paulo. Rel. Min. Ricardo Lewandowski. J. 24/02/2021. DJe 01/03/2021. Segunda Turma, Agravo Regimental no Recurso Extraordinário 1.181.353 São Paulo. Rel. Min. Cármem Lúcia. J. 17/08/2021. DJe 23/08/2021. Segunda Turma. Agravo Regimental no Recurso Extraordinário com Agravo 1.252.137 São Paulo. Rel. Min. Edson Fachin. DJe 01/06/2022. Embargos de Declaração no Agravo Regimental no Recurso Extraordinário 889.095 Rio de Janeiro. Rel. Min. Rosa Weber. DJe 14/06/2022. Embargos de Declaração no Agravo Regimental no Recurso Extraordinário 1.252.973 São Paulo. Rel. Min. Rosa Weber. DJe 14/06/2022.
66. Segunda Turma, Embargos de Declaração no Agravo Regimental no Recurso Extraordinário 1.272.322 São Paulo. Rel. Min. Edson Fachin. J. 11/11/2021. DJe 26/11/2021. Primeira Turma. Agravo Regimental no Recurso Extraordinário com Agravo 1.291.183 São Paulo. Rel. Min. Dias Toffoli. DJe 28/11/2022.

Com o ingresso no STF, em 16 de dezembro de 2021, do Ministro André Mendonça,[67] este, ao julgar os Embargos de Divergência nos Embargos Declaratórios no Recurso Extraordinário 889.095, acrescentou argumentos em favor do cabimento de recurso extraordinário para discutir a cobrança mencionada no parágrafo anterior, especificamente os relativos à natureza constitucional das análises sobre a prestação de serviços públicos, fixação e manutenção de cláusulas de contratos administrativos, gestão de bens públicos pelos entes da Federação e outras, inclusive a recepção do Decreto 84.398, de 16 de janeiro de 1980 (ou seja, questões sobre o tratamento jurídico dado à matéria), e aqueles pertinentes à repercussão do entendimento firmado em municípios e estados diversos e à imposição constitucional de redução das desigualdades sociais e regionais, fatos que exigem uma interpretação nacionalmente harmônica (argumentos relativos a fatores políticos, sociais, econômicos, sempre em mutação).

Além disso, embora o julgamento dos Embargos de Divergência nos Embargos Declaratórios no Recurso Extraordinário 889.095 ainda não tenha sido finalizado, os argumentos do Ministro André Mendonça foram reiterados em ocasiões posteriores e acolhidos pela Segunda Turma do STF.[68] Assim, como o posicionamento do Ministro Gilmar Mendes, cujo voto está pendente de apresentação no processo indicado, está em conformidade com aquele do primeiro em algumas destas decisões mais recentes, é bastante razoável presumir que o Plenário do STF consolidará a superação do entendimento de que não seria cabível o conhecimento de recurso extraordinário para análise de casos relativos à cobrança, feita por empresas concessionárias de rodovias a empresas concessionárias do serviço público de energia elétrica, pela ocupação de faixas de domínio de estradas.

REFERÊNCIAS

ASIMIS, Andreas. Laws of the Ancient World. v. 1: Mesopotamia (illustrated edition). Kyiv: *Strelbytskyy Multimedia Publishing*, 2021. Obtido em [www.google.com.br/books/edition/Laws_of_Ancient_World_Vol_1_MESOPOTAMIA/0unRDwAAQBAJ?hl=pt-BR&gbpv=1]. Acesso em: 18 fev. 2024.

ASSIS, Guilherme Bacelar Patrício de. A história do precedente vinculante na Inglaterra: um olhar sobre a função do stare decisis. *Revista da Faculdade de Direito da Universidade Federal de Minas Gerais*, n. 67, jul./dez. 2015. Belo Horizonte: Nova Fase, fls. 295/316.

BANKS, Chistopher P.. *The Supreme Court and precedent*: an analysis of natural courts and reversal trends. Judicature, v. 75, 1991-1992, 5, february-march 1992. American Judicature Society, fls. 262/268.

EISENBERG, Melvin Aron. The Nature of the Common Law. Cambridge: Harvard University Press, 1991.

67. STF. DJE 22/2022, de 2 de fevereiro de 2022, pp. 14/15.
68. Segundo Agravo Regimental no Recurso Extraordinário com Agravo 1.349.450 São Paulo. Rel. Min. Ricardo Lewandowski. Red. do acórdão Min. André Mendonça. DJe 17/08/2023. Agravo Regimental no Agravo Regimental nos Embargos Declaratórios no Recurso Extraordinário 1.242.513. Rel. Min. Gilmar Mendes. DJe 17/08/2023. Embargos Declaratórios nos Embargos Declaratórios no Agravo Regimental no Recurso Extraordinário 1.181.353 São Paulo. Rel. Min. Gilmar Mendes. Agravo Regimental nos Embargos Declaratórios no Recurso Extraordinário com Agravo 1.250.571 São Paulo. Rel. Min. Edson Fachin. DJe 17/08/2023. Agravo Regimental no Recurso Extraordinário 964.345 Minas Gerais. Rel. Min. André Mendonça. DJe 17/11/2023.

JUSTINIANO. *Institutas*. Vertidas do Latim para o Portuguez com perto de cincoenta notas extrahidas do Corpus Juris e um appendice contendo a integra do texto e da traducção das novellas 118 e 127 pelo Dr. A. Coelho Rodrigues. Recife: Typographia Mercantil, 1879. Disponível em [https://bibliotecadigital.stf.jus.br/xmlui/bitstream/handle/123456789/603/42893.pdf?sequence=1&isAllowed=y]. Acesso em: 18 fev. 2024.

LOSANO, Mario G. *Os grandes sistemas jurídicos*: introdução aos sistemas jurídicos europeus e extra-europeus. Trad. Marcela Varejão; rev. da trad. Silvana Cobucci Leite. São Paulo: Martins Fontes, 2007.

MELLO, Patrícia Perrone Campos. *Precedentes* – o desenvolvimento judicial do direito no constitucionalismo contemporâneo. Rio de Janeiro: Renovar, 2008, fls. 206/209.

MYERS, Jennie. *Rulership and Justice*: before Islam. The Oriental Institute of the University of Chicago. Disponível em: [http://teachmiddleeast.lib.uchicago.edu/historical-perspectives/rulership-and-justice/before-islam/framing-the-issues/issue-01.html]. Acesso em: 18 fev. 2024.

SPRIGGS II, James F., Explaining the Overruling of U.S. Supreme Court Precedent, in *The Journal of Politics*, v. 63, n. 4 (nov., 2001), pp. 1091-1111, obtido em [www.jstor.org/stable/2691808]. Acesso em: 26 dez. 2023.

ULMER, S. Sidney. An empirical analysis of selected aspects of lawmaking of the United States Supreme Courts. *Journal of Public Law*, v. 8, 2, Fall 1959. Atlanta: Emory University Law School, fls. 414/436.

SISTEMA BRASILEIRO DE PRECEDENTES

Aluísio Gonçalves de Castro Mendes

Especialista em Direito Processual Civil pela Universidade de Brasília (UnB). Mestre em Direito pela Universidade Federal do Paraná (UFPR). Mestre em Direito pela Johann Wolfgang Universität (Frankfurt am Main, Alemanha). Doutor em Direito pela Universidade Federal do Paraná (UFPR), em doutorado cooperativo com a Johann Wolfgang Universität (Frankfurt am Main, Alemanha). Pós-Doutor em Direito pela Universidade de Regensburg (Alemanha). Desembargador Federal, atualmente ocupando o cargo de Vice-Presidente do Tribunal Regional Federal da 2ª Região (TRF-2). Professor Titular de Direito Processual Civil na Faculdade de Direito da Universidade do Estado do Rio de Janeiro (Uerj). Professor Titular de Direito Processual no Programa de Pós-Graduação em Direito da Universidade Estácio de Sá (Unesa). Bolsista do Programa de Pesquisa e Produtividade da Universidade Estácio de Sá. Professor Titular do Ibmec. Diretor do Instituto Brasileiro de Direito Processual (IBDP). Diretor do Instituto Ibero-americano de Direito Processual. Membro da *International Association of Procedural Law*. Diretor da Academia Brasileira de Letras Jurídicas (ABLJ). Membro da Comissão de Juristas do Senado que acompanhou a redação final do Código de Processo Civil de 2015. Integrante do Projeto *Comparative Procedural Law and Justice* (CPLJ), do Max Planck Institute de Luxemburgo (MPI-LU), Integrou Grupos de Trabalho do Conselho Nacional de Justiça (CNJ), entre os quais o formado para o fortalecimento dos precedentes.

Carolina Paes de Castro Mendes

Mestre, Doutora e Pós-Doutoranda em Direito Processual pela Universidade do Estado do Rio de Janeiro. Graduada em Direito pela Pontifícia Universidade Católica do Rio de Janeiro (PUC-Rio). Professora do Departamento de Direito Processual da Faculdade de Direito da Uerj. Vice-Presidente da Comissão da Ordem dos Advogados do Brasil para a Justiça Federal na Seção do Rio de Janeiro e da Comissão de Processo Civil (OAB-RJ). Membro do Instituto Brasileiro de Direito Processual (IBDP). Advogada no Licks Attorneys. Parecerista.

1. BREVES PALAVRAS EM HOMENAGEM AO MINISTRO ANDRÉ LUIZ DE ALMEIDA MENDONÇA

É com muita satisfação e honra que se participa desta merecida homenagem ao Ministro, do Supremo Tribunal Federal, André Luiz de Almeida Mendonça, referência do mundo jurídico brasileiro, com a sua experiência, cultura, inteligência, sabedoria, capacidade e bons serviços prestados ao Direito.

Com a sua formação nos bancos da Instituição Toledo de Ensino (ITE), atual Centro Universitário de Bauru, onde se graduou em Direito, o homenageado também cursou Teologia na Faculdade Teológica Sul Americana, em Londrina, no Paraná. Obteve o título de Especialista em Direito Público pela renomada Universidade de Brasília (UnB), e de Mestre e Doutor pela Universidade de Salamanca, na Espanha.

É professor da Universidade Mackenzie e professor visitante na Universidade de Salamanca e da Fundação Getulio Vargas (FGV).

Foi advogado da BR Distribuidora até o ano de 2000, quando logrou aprovação no concurso para a Advocacia Geral da União (AGU), tendo exercido o cargo de Advogado da União de 2000 a 2021, chegando ao posto de Ministro Chefe da AGU entre 2019 e 2020. Em 2020 e 2021, foi Ministro da Justiça, tendo sido empossado, em dezembro de 2021, no cargo de Ministro do Supremo Tribunal Federal.

A escolha do tema "Sistema Brasileiro de Precedentes", para esta homenagem, não se deu ao acaso. Pelo contrário, possui relação com a nobre função exercida pelo homenageado, na Suprema Corte brasileira, exercendo a precípua guarda da Constituição e da segurança jurídica.

A trajetória do Ministro André Mendonça é uma fonte de inspiração para todas as pessoas de bem e esta singela homenagem é muito pequena diante do papel e da grandeza do seu exemplo.

2. CONSIDERAÇÕES INICIAIS

A prestação jurisdicional apresentou, durante muitos anos, por certo, uma realidade difícil e complexa. Embora existissem aspectos extremamente positivos, como a estruturação do Poder Judiciário a partir do ingresso na carreira mediante concursos públicos, fortalecendo a sua independência; a ampliação do acesso à Justiça; a alta produtividade; a publicidade dos atos processuais e o bom funcionamento de tutelas de urgência e da evidência, há notórios problemas, dentre os quais o número elevadíssimo de processos (cerca de oitenta milhões, para uma população de duzentos milhões), a consequente demora no julgamento dos processos e eventual perda de qualidade na prestação jurisdicional, em razão desta desproporção entre o número de julgadores e de processos, bem como a falta de uniformidade das decisões, levando, por vezes, à quebra da isonomia e da segurança jurídica.

A falta de unidade na interpretação das normas pelos órgãos judiciais fez crescer não apenas o número de recursos, mas também a quantidade de demandas ajuizadas. Por que não demandar ou resistir à pretensão, se os magistrados não possuem um entendimento uniformizado, ou se há juízes e tribunais desafiando o posicionamento estabelecido? Esta falta de segurança jurídica chegou a ser denominada de "loteria judiciária", o que expressa, naturalmente, sentido depreciativo para o Poder Judiciário.

3. O SISTEMA BRASILEIRO DE PRECEDENTES

Com a edição do Código de Processo Civil de 2015, pode-se dizer que há um sistema de pronunciamentos qualificados, definido legalmente e que, nestes termos, passam a ter um caráter vinculativo no sentido vertical e horizontal.

As hipóteses elencadas no art. 927 se justificam plenamente.[1] Em primeiro lugar, as decisões do Supremo Tribunal Federal em controle concentrado de constitucionalidade, possuem efeito *erga omnes* e caráter vinculativo para os órgãos judiciais e da Administração Pública, no âmbito federal, estadual e municipal, por determinação da própria Constituição da República, nos termos dos artigos 102, § 1º, e 103-A. Não poderia ser de outra maneira, ainda que não houvesse previsão expressa, porque o controle concentrado serve exatamente para isso, ou seja, se estabelecer uma decisão e segurança jurídica geral, e não apenas em relação às partes, quanto à constitucionalidade ou não da norma questionada. Do contrário, não haveria controle concentrado e abstrato nas ações diretas de constitucionalidade e de inconstitucionalidade.

Do mesmo modo, os enunciados da súmula vinculante do Supremo Tribunal Federal prescindiriam da previsão contida no artigo 927. A sua inserção, portanto, procurou apenas consolidar o sistema, permitindo-se, assim, uma imediata visualização das hipóteses vinculativas.

Mas, o Código pretendeu ir além. O inciso III trata, basicamente, de três institutos: a) recursos repetitivos; b) incidente de resolução de demandas repetitivas, *rectius*: de questões comuns, (IRDR); e incidente de assunção de competência (IAC). Nas duas primeiras, adotou-se uma técnica de concentração, a partir de casos ou questões comuns, respectivamente, com a possibilidade de suspensão dos múltiplos processos que dependam da questão prejudicial pendente de uniformização. Naturalmente, somente farão sentido os dois instrumentos (recursos repetitivos e IRDR), se a decisão proferida de modo concentrado for aplicada aos processos dependentes do pronunciamento estabelecido sobre a questão comum de direito.

Do mesmo modo, o incidente de assunção de competência, nos termos do artigo 947 do CPC, prevê o deslocamento para órgãos mais amplos, que devem ter a competência para a uniformização da jurisprudência, para decidir questão de direito com grande repercussão social ou prevenir, preventivamente, o julgamento divergente por órgãos judiciais de questão que possa se tornar controversa em outros processos no futuro.

No inciso IV, o legislador ampliou a abrangência para os enunciados das respectivas súmulas, desde que versando sobre matéria constitucional, as do Supremo Tribunal Federal, e de matéria infraconstitucional, para as do Superior Tribunal de Justiça, em termos de direito federal. Preservaram-se, assim, as respectivas funções jurisdicionais, procurando-se evitar a possibilidade de dupla vinculação ou de sobreposição de comandos, ainda que, na prática, possa existir certa controvérsia sobre a natureza da matéria sumulada.

Na mesma direção, o inciso V contempla uma uniformidade no posicionamento do Tribunal. Em vários países, esta preocupação chega a se materializar, nos julgamentos colegiados, mediante a divulgação apenas do pronunciamento da corte, não

1. Sobre o tema: MENDES, Aluisio Gonçalves de Castro. *Incidente de Resolução de Demandas Repetitivas:* sistematização, análise e interpretação do novo instituto processual. Rio de Janeiro: Gen/Forense, 2017, p. 97-99.

se disponibilizando os votos vencidos. Além da coesão do tribunal, busca-se a adesão dos órgãos fracionários e vinculados, pois a manutenção do entendimento divergente somente iria protrair a duração dos processos, com a necessidade de interposição de recursos, para que se possa efetivar, no caso concreto, o posicionamento já dominante em órgão colegiado mais amplo e representativo do tribunal. O Incidente de Arguição de Inconstitucionalidade é um bom exemplo desta hipótese prevista no inciso V do art. 927 do CPC-2015. O efeito vinculativo, anteriormente, estava restrito ao caso em relação ao qual havia sido suscitado o incidente e, também, para casos que viessem a chegar posteriormente ao tribunal. Na nova sistemática, o caráter cogente do pronunciamento do Plenário passou a ter um alcance ainda maior para já estabelecer um seguimento obrigatório para todos os magistrados vinculados ao respectivo tribunal, evitando-se a proliferação de novos recursos e proporcionando maior tranquilidade para a sociedade.

4. CARACTERÍSTICAS E PECULIARIDADES DO SISTEMA BRASILEIRO DE PRECEDENTES

Em relação aos precedentes, é preciso enfatizar algumas características do sistema nacional.[2] O modelo brasileiro de precedentes tem algumas peculiaridades. Podem ser ressaltadas, em dez pontos, as principais características do sistema brasileiro de precedentes, em relação aos que funcionam nos países de *common law*, especialmente no direito norte-americano e inglês:

1) O sistema brasileiro foi legalmente estabelecido, em razão do primado da lei, fixado na Constituição nacional. Nos países do *common law*, o *stare decisis* não foi criado por lei, porque naturalmente concebido que deve ser mantido, nos casos futuros, o que já se encontra fixado em decisões judiciais anteriores. Como se sabe, em termos históricos, o direito possui como base o costume e não as normas escritas, embora, atualmente, também legisle com regularidade, em virtude da recíproca aproximação entre os sistemas. É certo que alguns países possuem normas escritas sobre os precedentes. Na Inglaterra, a *House of Lords* já editava *statements* e hoje a Suprema Corte também o faz. Porém, para o ordenamento pátrio foi importante a previsão legal, afastando ou enfraquecendo a possibilidade de alegação quanto a eventual inconstitucionalidade e, também, deixando o novel instituto dos precedentes mais claro e sistematizado.

Registre-se que o Código de Processo Civil fixou um sistema de precedentes conjugado com a gestão de julgamento de questões comuns ou repetitivas, o que contribui para o melhor funcionamento do sistema judicial. O incidente de resolução de demandas repetitivas (IRDR), por exemplo, pode ensejar a suspensão ou não de demandas que dependam da resolução da questão de direito comum controversa e prejudicial para

2. O tema foi tratado em: MENDES, Aluisio Gonçalves de Castro. Jurisprudência e Precedentes no Direito Brasileiro: panorama e perspectivas. *Revista Eletrônica de Direito Processual*, v. 22, 2021, p. 42-52.

os denominados "processos paralelos", mas a tese fixada no incidente formado para a uniformização deve ser necessariamente aplicada aos processos individuais em que se discute a questão objeto de anterior controvérsia.

2) O novel instituto processual trabalha, especialmente, com precedentes qualificados, com efeito vinculativo. Não é qualquer precedente. O legislador teve o cuidado de estabelecer alguns procedimentos e hipóteses que levam ao precedente de observância necessária, dentro do rol fixado no artigo 927 do Código de Processo Civil, ao contrário do que ocorre no *common law*. Nos países de direito consuetudinário, qualquer causa pode ensejar o estabelecimento de um precedente. No Brasil, há a necessidade de um determinado procedimento, para que a tese fixada seja fruto de uma divulgação e amadurecimento especial, de modo a ensejar o conhecimento e potencial acompanhamento pelos interessados, com o fortalecimento das possibilidades para o contraditório e o debate sobre as diversas perspectivas e fundamentos, propiciando, em tese, um pronunciamento amplo e profundo pelo respectivo órgão judicial.

3) O legislador indicou também a competência qualificada, para os órgãos colegiados que tenham função uniformizadora no tribunal. É uma diferença. Um precedente em um país de *common law* pode advir de um órgão que julgaria aquela causa, mas não tem uma função precípua para fixar precedentes, a função de uniformizar a matéria. No Brasil, houve essa preocupação, fixando-se, em regra, o plenário, órgão especial ou seções especializadas, como órgãos competentes para a uniformização e fixação da tese a ser seguida pelos demais órgãos.

4) O legislador estabeleceu um procedimento concentrado em torno da identificação de questões controversas e da resolução dessas, com a formulação de teses, para facilitar o entendimento dos julgamentos e das conclusões firmadas. Na Ação Direta de Constitucionalidade (ADC) ou na Ação Direta de Inconstitucionalidade (ADIn) são questões de direito, no incidente de resolução de demandas repetitivas (IRDR) e nos recursos repetitivos também se está diante de uma controvérsia na interpretação de normas jurídicas como uma questão prejudicial para a resolução do mérito ou de impasse processual surgido. Houve a preocupação com a fixação de um procedimento com as garantias necessárias, importantes, para que possa ocorrer a formulação do precedente, a partir de uma análise ampla e profunda pelo órgão judicial.

5) A definição mais precisa e clara em torno do conteúdo do precedente, consubstanciado na tese e, também, na *ratio decidendi*. No sistema brasileiro, a preocupação era a de não se seguir o modelo dos países de *common law*, porque lá só se sabe que há um precedente depois, quando um outro ou o mesmo órgão julgador vai decidir uma questão e verifica um outro caso anterior julgado de determinado modo, aplicando o precedente. Para se descobrir o precedente e a respectiva *ratio decidendi* nem sempre é fácil, porque eles não trazem à baila uma tese dizendo qual era a questão, qual foi a conclusão e quais são as circunstâncias, o sentido objetivo, e isso dificulta. Os profissionais do Direito têm de ler o acórdão e extrair a conclusão, sendo que nem sempre é fácil e há um consenso até na interpretação quanto às conclusões e aspectos essenciais

do julgado, trazendo dúvida do alcance, do sentido e do conteúdo do precedente nos países de família consuetudinária.

No Brasil, preocupou-se com especificação, definição e clareza da questão de direito, desde o início, para que o tribunal a resolva, com a fixação de uma tese objetiva, elencando a conclusão e as circunstâncias em que aquele entendimento deve ser utilizado, porque isso facilita para o juiz, o tribunal, o advogado, a parte e para a sociedade. O objetivo do precedente é a segurança jurídica. É preciso compreender qual é a interpretação firmada, proporcionando isonomia e economia processual.

6) Houve um reforço dos princípios, especialmente no momento ou procedimento utilizado para a definição da interpretação jurídica, com a formulação do precedente. Primeiro, do princípio da publicidade, porque há a necessidade de comunicação, há um rito estabelecido no Código, no artigo 1.037, § 8º. As partes dos processos já instaurados e a sociedade, como um todo, devem ser informados, mediante a intimação das partes dos processos denominados como paralelos, ou seja, que dependem e estarão aguardando a resolução da questão de direito controversa. Mas, também a sociedade, pois muitas pessoas podem estar vivenciando conflitos semelhantes, mas ainda não judicializados. Reforçou-se o princípio da ampla defesa, porque deve haver um debate em torno da questão, com possibilidade de audiência pública, de *amici curiae*, de acompanhamento pelos interessados etc., em prol da melhor solução possível pelo Judiciário, com a análise dos aspectos jurídicos e econômicos envolvidos.

Os interessados que possuem causas pendentes, já ajuizadas ou que ainda não foram judicializadas, poderão tomar conhecimento e acompanhar. Eventualmente, o advogado poderá colaborar no incidente de resolução de demandas repetitivas (IRDR) ou no recurso repetitivo. Por isso, a preocupação no recurso repetitivo de que não houvesse uma única causa, no mínimo duas, até mesmo três, cinco ou mais, com boas petições para subsidiar os órgãos julgadores.

Do mesmo modo, no incidente de resolução de demandas repetitivas (IRDR), se estabeleceu essa ideia, porque há um sistema e há a necessidade de comunicação das partes nos processos que dependem da decisão. Essa comunicação, aparentemente, pela redação, poderia levar ao entendimento de que a intimação é em virtude de eventual suspensão. Na verdade, poderá ser em razão da suspensão, mas não apenas. Pelo contrário, principalmente para que as partes possam acompanhar o instrumento processual de uniformização, até mesmo colaborando, participando, no sentido de apontar e de suprir eventuais deficiências. Se a petição do procedimento repetitivo não é boa, é a oportunidade de a parte peticionar, para a juntada de outras petições, com o fortalecimento da ampla defesa, do contraditório e da participação no procedimento concentrado.

7) A possibilidade de suspensão dos processos para a preservação da isonomia, da segurança jurídica e da eficácia do futuro precedente também é uma medida inovadora. Deve se evitar a consolidação de situações de quebra da isonomia e, depois, haver a

uniformização. Essa suspensão, que pode ser local ou nacional, pode assegurar que a interpretação fixada seja aplicada em todos os casos idênticos ou símiles. A interrupção temporária do trâmite dos processos deve se dar, naturalmente, somente no que diz respeito e dependa da questão a ser uniformizada. Por isso, a suspensão pode ser total ou parcial, se todo o processo depende da questão objeto de afetação para fixação da tese ou se apenas parte dos pedidos está relacionada com a controvérsia de direito a ser pacificada de modo concentrado, com a criação do precedente.

8) Há uma fixação de prioridade e prazo para apreciação dos incidentes de resolução de questões comuns e dos recursos repetitivos, mas que pode ser aplicado também ao incidente de assunção de competência ou mesmo outros procedimentos a ensejar os precedentes, diante de interpretação sistêmica. O prazo de 1 (hum) ano pode parecer muito tempo, mas uma causa julgada em um ano é um tempo razoável. Se houver uma comparação com parâmetros internacionais, talvez seja um lapso muito positivo até em relação a outros países, que demoram até 4 (quatro) anos para julgar em segunda instância. Por que essa comparação? Porque resolvida a questão de direito controversa e fixada a tese muitas vezes se resolve facilmente a demanda em concreto. Se é fixada uma tese que enseja a improcedência de julgamento de pedidos, provavelmente os juízes estarão imediatamente julgando improcedente o que foi pleiteado e encerrando o processo, ainda que possam ser interpostos recursos. Pensando-se em um direito local, a palavra final caberá ao próprio Tribunal de Justiça (TJ). Se for um direito federal, poderá chegar ao Superior Tribunal de Justiça (STJ), ao Tribunal Superior do Trabalho (TST) ou a outro Tribunal Superior, com a interposição do respectivo recurso diretamente em relação à tese fixada, levando-se mais um ano, se cumprido o prazo legal, com um total de 2 (dois) anos, se houver a definição, por exemplo, no Superior Tribunal de Justiça, ou 3 (três) anos, se depender também da apreciação de recurso extraordinário repetitivo pelo Supremo Tribunal Federal (STF). Para isso, é de suma importância a prioridade para a apreciação dos procedimentos previstos no art. 927 do CPC e o cumprimento dos prazos nestes incidentes concentrados.

9) O Código de Processo Civil previu a regulamentação não só da formulação, mas também a da aplicação dos precedentes, o que é positivo e uma inovação do direito brasileiro, em comparação com outros países. Há uma série de hipóteses de estabelecimento de economia processual, com o julgamento a partir dos precedentes, após a fixação da tese. Por exemplo, a tutela da evidência, se houve o acolhimento de uma tese favorável, da qual decorra a procedência do pedido, com a antecipação de efeitos pretendidos, se houver prova documental dos fatos que servem de fundamento para o pedido. Há uma economia, uma solução rápida. Também a improcedência liminar e uma série de regras de economia processual pertinentes.

10) A previsão de regramento para a superação e distinção, ou seja, do *overruling* ou *distinguishing*, expressões que existem no *common law*, mas que se procurou regulamentar no Brasil, inclusive com o procedimento de revisão, de superação das teses.

5. DESAFIOS PARA O SISTEMA BRASILEIRO DE PRECEDENTES

Em um sistema em construção, a efetivação das normas talvez dependa de alguns aspectos a serem superados. O primeiro é o da cultura. Há, no Brasil, uma praxe decisionista, os juízes estão acostumados a julgar casos concretos, mas os tribunais possuem uma função uniformizadora, que precisa ser assumida e priorizada, em benefício de todos os valores da economia, da isonomia e da segurança jurídica.

Em segundo lugar, há a necessidade de clareza nos julgamentos. Há que se saber o que é a *ratio decidendi* e o *obiter dictum* no julgamento e no precedente, ou seja, as razões da decisão e o que foi somente mencionado de modo secundário, *a latere*, em paralelo ao pronunciamento central. Do mesmo modo, importante se destacar o que foi objeto de acolhimento pelo colegiado e o que fez parte apenas de afirmação individual por um ou alguns julgadores, mas não pela maioria ou integralidade do órgão julgador. A tese tem que estar clara, indicando todos os contornos, em que hipóteses deve ser aplicada e às vezes podendo ser subdivida em subteses, para especificidades detectadas na complexa realidade.

O Supremo Tribunal Federal (STF) e o Superior Tribunal de Justiça (STJ) já subdividiram várias teses, para que a questão ficasse mais clara, abarcando diversas hipóteses analisadas.

Quando há julgamentos colegiados, não se deve priorizar o posicionamento individual do juiz. Se há uma liminar, uma decisão monocrática, não precisa ser levada ao colegiado, mas deve ser prestigiado o entendimento do Tribunal e não o posicionamento pessoal do magistrado.

Por fim, deve ser fortalecida a cultura e a priorização do julgamento de questões de direito comuns e controversas, que estejam afetando a economia dos negócios em larga escala, de modo repetitivo, ensejando insegurança jurídica e paralisação da cadeia produtiva e de serviços.

O legislador optou por priorizar a resolução de questões repetitivas, comuns. No passado, havia as Ações Diretas de Inconstitucionalidade e de Constitucionalidade, os recursos repetitivos, instrumentos sem o efeito vinculativo e apenas no âmbito dos Tribunais Superiores. No Código de Processo Civil de 2015, estabeleceram-se os precedentes qualificados nos julgamentos concentrados e, com o incidente de resolução de demandas repetitivas (IRDR) e o incidente de assunção de competência (IAC), a possibilidade de afetação destes temas relevantes e que repercutem em centenas, milhares ou milhões de casos. Com isso, foi trazido para o âmbito do segundo e do primeiro grau, a possibilidade de se estabelecer uma certeza sobre as questões polêmicas, com uma prestação jurisdicional melhor, maior rapidez, com uma duração razoável e, também, um Judiciário mais coerente com a realidade contemporânea e uma sociedade mais confiante na solução dos conflitos.

6. A CONTRIBUIÇÃO DO CONSELHO NACIONAL DE JUSTIÇA (CNJ) PARA O FORTALECIMENTO E O APRIMORAMENTO DO SISTEMA BRASILEIRO DE PRECEDENTES

O[3] Conselho Nacional de Justiça, ciente e consciente da importância da jurisprudência e da necessidade de se levantar, analisar e construir propostas para o fortalecimento do sistema de precedentes, mediante a Portaria 240, de iniciativa do então Ministro Presidente Luiz Fux, instituiu Grupo de Trabalho (GT)[4] destinado à elaboração de estudos e de propostas voltadas ao fortalecimento dos precedentes no sistema jurídico.

O Grupo de Trabalho, coordenado pelo Ministro do Superior Tribunal de Justiça (STJ) Joel Ilan Paciornik, foi subdividido em seis Subgrupos, organizados a partir dos seguintes temas: a) Levantamento e tratamento dos precedentes qualificados/vinculativos no âmbito nacional, regional e estadual – Banco Nacional de Precedentes (Banco Nacional de Demandas Repetitivas): denominação, organização e análise das normas pertinentes e utilização de Inteligência Artificial (Subgrupo Dados); b) Publicidade e divulgação dos precedentes para a sociedade e para os órgãos judiciais, envio de e-mails, introdução/replicação nos sistemas, organização, acesso e busca dos precedentes, comunicação e links entre os sites dos tribunais e outras instituições (análise de unificação ou

3. O tema foi tratado em MENDES, Aluisio Gonçalves de Castro. O Sistema Brasileiro de Precedentes, o Processo Penal e o Grupo de Trabalho do Conselho Nacional de Justiça para o Fortalecimento dos Precedentes. In: Guilherme Madeira; Gustavo Badaró e Rogério Schietti Cruz. (Org.). *Código de Processo Penal*: Estudos Comemorativos aos 80 anos de Vigência. 1ed.São Paulo: Ed. RT, 2021, v. 2, p. 713-726.

4. Nos termos do art. 3º, integram o Grupo de Trabalho: I – Luiz Fernando Tomasi Keppen, Conselheiro do Conselho Nacional de Justiça; II – Candice Lavocat Galvão Jobim, Conselheira do Conselho Nacional de Justiça; III – Maria Cristina Irigoyen Peduzzi, Presidente do Tribunal Superior do Trabalho; IV – Luis Felipe Salomão, Corregedor-Geral da Justiça Eleitoral; V – Benedito Gonçalves, Ministro do Superior Tribunal de Justiça; VI – Ricardo Villas Bôas Cueva, Ministro do Superior Tribunal de Justiça; VII – Paulo Dias de Moura Ribeiro, Ministro do Superior Tribunal de Justiça; VIII – Rogerio Schietti Machado Cruz, Ministro do Superior Tribunal de Justiça; IX – Antonio Saldanha Palheiro, Ministro do Superior Tribunal de Justiça; X – Joel Ilan Paciornik, Ministro do Superior Tribunal de Justiça, que o coordenará; XI – Bruno Dantas Nascimento, Ministro do Tribunal de Contas da União; XII - Pedro Cesar Nunes Ferreira Marques de Sousa, Ministro de Estado Chefe da Secretaria-Geral da Presidência da República e Subchefe para Assuntos Jurídicos da Secretaria-Geral da Presidência da República; XIII – Aluisio Gonçalves de Castro Mendes, Desembargador do Tribunal Regional Federal da 2ª Região; XIV – Luciano Sabóia Rinaldi de Carvalho, Desembargador do Tribunal de Justiça do Estado do Rio de Janeiro; XV – Renata Gil de Alcantara Videira, Juíza de Direito do Tribunal de Justiça do Estado do Rio de Janeiro e Presidente da Associação dos Magistrados Brasileiros; XVI – Ana Lúcia Andrade de Aguiar, Juíza Auxiliar da Presidência do Conselho Nacional de Justiça; XVII – Anderson de Paiva Gabriel, Juiz Auxiliar da Presidência do Conselho Nacional de Justiça; XVIII – Daniel Marchionatti Barbosa, Juiz Auxiliar da Corregedoria Nacional de Justiça; XIX – Daniela Pereira Madeira, Juíza Federal da Seção Judiciária do Rio de Janeiro (TRF 2ª); XX – Márcia Correia Holanda, Juíza de Direito do Tribunal de Justiça do Estado do Rio de Janeiro; XXI – Humberto Dalla Bernardina de Pinho, Promotor de Justiça do Ministério Público do Estado do Rio de Janeiro; XXII – Marcelo Ornellas Marchiori, Secretário de Gestão de Precedentes no Supremo Tribunal Federal; XXIII – José Roberto Mello Porto, Defensor Público do Estado do Rio de Janeiro; XXIV – Fernanda Marinela Sousa Santos, Conselheira Federal da Ordem dos Advogados do Brasil; XXV – Teresa Arruda Alvim, Advogada; XXVI–Humberto Theodoro Júnior, Advogado; XXVII – Luciano Benetti Timm, Advogado; XXVIII – Flávio Pansieri, Advogado Fundador da Academia Brasileira de Direito Constitucional; XXIX – Alexandre Reis Siqueira Freire, Professor e Secretário de Altos Estudos e Pesquisas no Supremo Tribunal Federal; e XXX – Maria Lucia Paternostro Rodrigues, Assessora-Chefe do Núcleo de Gerenciamento de Precedentes e de Ações Coletivas do Superior Tribunal de Justiça.

separação em relação ao tópico acima) (Subgrupo Comunicação); c) Pesquisa, monitorização e análise do funcionamento do sistema de precedentes estabelecido pelo CPC-2015, a partir da sua produção, para que se possa efetuar uma análise quantitativa, qualitativa e comparativa entre os tribunais, com a divulgação e ampliação de boas práticas, bem como a detecção de possibilidades de aprimoramento (exemplo: tribunais regionais ou estaduais com uma boa prática ou que não vêm cumprindo a respectiva função uniformizadora, considerando-se os números de incidentes suscitados e admitidos). Interação com os núcleos de inteligência e órgãos de pesquisa, para que sejam eventualmente estabelecidas orientações, recomendações e determinações para os tribunais (Subgrupo Produção de Precedentes); d) Observância dos precedentes: levantamento e análise de dados relacionados à efetividade no cumprimento dos precedentes vinculativos, com o estabelecimento de diálogos e propostas, no âmbito de normas, atividades e recomendações, de modo a instar o funcionamento a contento do sistema, em termos de seguimento horizontal e vertical pelos órgãos judiciais, bem como o eventual papel correcional a ser desempenhado (Subgrupo Observância); e) Levantamento, análise, revisão e propostas normativas, especialmente no âmbito das resoluções, regimentos e atos normativos do Conselho Nacional de Justiça (CNJ) e dos tribunais. Exemplos: i) revisão, para verificação quanto à necessidade de atualização, das resoluções pertinentes aos precedentes, como a dos Núcleos de Gerenciamento dos Precedentes (NUGEPs), e de normas pertinentes aos regimentos internos dos tribunais, como a necessidade ou não de fixação de prazo para a admissibilidade de incidentes, como o IRDR (Subgrupo Normas); e f) Técnicas de elaboração e conteúdo dos precedentes. Questões jurídicas, temas, teses, *ratio decidendi*, circunstâncias essenciais e acidentais, padronização etc. (Subgrupo Técnicas de Produção).

Por certo, após a entrada em vigor das normas pertinentes ao sistema brasileiro de precedentes, a etapa subsequente passou a ser o de criação e aperfeiçoamento das condições para que a realidade seja modificada, com a utilização e a otimização da inovação no dia a dia. Para tanto, a integração tecnológica construída a partir da interoperabilidade dos sistemas de informática dos tribunais, com a construção de bancos de precedentes em cada tribunal, em todos os ramos do Judiciário, como base para a existência de um Banco Nacional de Precedentes completo e bem-organizado.

A estruturação do Banco Nacional de Precedentes foi aprovada pelo Plenário do Conselho Nacional de Justiça e editada a Resolução CNJ 444/2022[5], para instituir o Banco Nacional de Precedentes (BNP), um repositório e plataforma tecnológica unificada de pesquisa textual e estatística para consulta e divulgação por órgãos e pelo público em geral de precedentes judiciais, com ênfase nos pronunciamentos judiciais listados no art. 927 do Código de Processo Civil em todas as suas fases processuais.

Registre-se, inclusive, que nos termos do art. 7º, § 4º, da supracitada resolução, o CNJ deverá agregar ao BNP, oportunamente, ferramenta que permita a identificação e tratamento em lote dos processos aos quais os precedentes se apliquem, o que reduzirá

5. Disponível em: [https://atos.cnj.jus.br/atos/detalhar/4415], último acesso em: 16 set. 2022.

o custo e tempo de tramitação processual, mas também aumentará significativamente a efetividade da Justiça Brasileira.

O segundo ato normativo aprovado, em decorrência do GT, consistiu na Recomendação CNJ 134/2022[6], que dispõe sobre o tratamento dos precedentes no Direito brasileiro.

Em seu art. 1º, já se ressalta que o sistema de precedentes representa uma nova concepção de jurisdição, em que o Poder Judiciário procura não apenas resolver de modo atomizado e repressivamente os conflitos já instaurados, mas se preocupa em fornecer, de modo mais estruturado e geral, respostas às controvérsias atuais, latentes e potenciais, de modo a propiciar a efetiva segurança jurídica.

Salienta-se, ainda, que a sistemática de solução de questões comuns e casos repetitivos, estabelecida pelo CPC/2015, deve ser utilizada com regularidade e representa uma técnica de gestão, processamento e julgamento dos processos, com a metodologia de decisão concentrada sobre questões essenciais de direito e a eventual suspensão de processos que versem sobre a controvérsia que está sendo decidida de modo concentrado (art. 6º).

O referido ato normativo também discorre, ao longo do art. 14, sobre a técnica conhecida como distinção ou *distinguishing*, preconizando que esta permite ao juiz ou tribunal, afastar precedente de natureza obrigatória ou somente persuasiva, desde que identificada distinção material relevante e indiscutível, mas que não deve ser confundido e utilizado como simples mecanismo de recusa à aplicação de tese consolidada, nem ser considerada instrumento hábil para afastar a aplicação da legislação vigente, bem como estabelecer tese jurídica (*ratio decidendi*) heterodoxa e em descompasso com a jurisprudência consolidada sobre o assunto.

Com efeito, a indevida utilização do *distinguishing*, nos termos do art. 14, § 5º, da Recomendação, constitui vício de fundamentação (art. 489, § 1º, VI, do CPC/2015), o que pode ensejar a cassação da decisão.

Por tal razão, recomenda-se que, ao realizar a distinção (*distinguishing*), o magistrado explicite, de maneira clara e precisa, a situação material relevante e diversa capaz de afastar a tese jurídica (*ratio decidendi*) do precedente tido por inaplicável, bem como que se imprópria a utilização do *distinguishing* como via indireta de superação de precedentes (*overruling*).

Tratando-se de hipótese de distinção ou de superação, haverá, naturalmente, a necessidade de ser exposta a devida fundamentação no sentido da inaplicabilidade da tese ao caso concreto em julgamento ou da formulação de novos fundamentos que denotem que a tese não deverá mais ser aplicada, em razão de modificações ocorridas, como, por exemplo, a decorrente de alteração legislativa (art. 42).

Ademais, recomenda-se que na própria decisão que altera orientação jurisprudencial pacificada anterior ou adotada em precedente vinculante haja manifestação expressa

6. Disponível em: [https://atos.cnj.jus.br/atos/detalhar/4740], último acesso em: 16 set. 2022.

sobre a modulação dos efeitos da nova orientação, sob pena de que a decisão possa ser tida por omissa, e considerada, portanto, embargável de declaração, bem como que o tribunal leve em consideração preferencialmente o momento da conduta da parte e a orientação jurisprudencial firme existente à época, para fixar parâmetros da eficácia temporal do novo precedente (arts. 46 e 47), em linha com o pragmatismo jurídico consagrado na LINDB por meio da Lei 13.655/2018.

Merece destaque também o art. 25, apontando que a suspensão dos processos pendentes é elemento extremamente importante dentro da lógica do funcionamento e dos resultados pretendidos, sob o prisma do sistema dos julgamentos de questões comuns ou repetitivas, especialmente no que diz respeito à economia processual e, consequentemente, da própria duração razoável dos processos.

Outra importante iniciativa é a correlação entre os precedentes e a legislação. Nesse sentido, há que se avançar com o trabalho de integração entre os precedentes e legislação, a partir da consulta a estes dispositivos. A iniciativa de se introduzir a jurisprudência e os precedentes relacionados com as respectivas normas, de modo a fornecer imediata e diretamente a interpretação dada pelos tribunais, por certo, é um marco fundamental para o fortalecimento dos precedentes no Brasil.

O Conselho Nacional de Justiça vem realizando uma verdadeira cruzada em favor dos precedentes, facilitando e organizando melhor o acesso a estes por parte da sociedade e, em especial, pelos sujeitos processuais, dentre os quais os magistrados, de modo que estes entendam, cada vez mais, a importância da uniformização das questões de direito controversas e a sua observância por todos, de modo vertical e horizontal, o que trará uma maior segurança jurídica para toda a sociedade, incluindo as instituições de ensino superior privado no Brasil e todos os segmentos que precisam de um cenário mais estável para a alocação de investimentos, em prol do desenvolvimento, da qualificação e da educação no país.

REFERÊNCIAS

MENDES, Aluisio Gonçalves de Castro. *Incidente de Resolução de Demandas Repetitivas*: sistematização, análise e interpretação do novo instituto processual. Rio de Janeiro: Gen/Forense, 2017.

MENDES, Aluisio Gonçalves de Castro. Jurisprudência e Precedentes no Direito Brasileiro: panorama e perspectivas. *Revista Eletrônica de Direito Processual*, v. 22, p. 42-52, 2021.

MENDES, Aluisio Gonçalves de Castro. O Sistema Brasileiro de Precedentes, o Processo Penal e o Grupo de Trabalho do Conselho Nacional de Justiça para o Fortalecimento dos Precedentes. In: Guilherme Madeira; Gustavo Badaró e Rogério Schietti Cruz. (Org.). *Código de Processo Penal*: Estudos Comemorativos aos 80 anos de Vigência. São Paulo: Ed. RT, 2021, v. 2. p. 713-726.

MENDES, Aluisio Gonçalves de Castro; MARINONI, Luiz Guilherme; ALVIM ARRUDA, Teresa. *Direito jurisprudencial*. Volume II. São Paulo: Ed. RT, 2014.

MENDES, Aluisio Gonçalves de Castro; PORTO, José Roberto Mello. *Incidente de Resolução de Demandas Repetitivas*: Panorama e perspectivas. Salvador: JusPodivm, 2020.

MENDES, Aluisio Gonçalves de Castro; PORTO, José Roberto Mello. *Incidente de Assunção de Competência*. 2. ed. Rio de Janeiro: GZ, 2021.

ATUAÇÃO DA ADVOCACIA-GERAL DA UNIÃO (AGU) SOB A GESTÃO DE ANDRÉ MENDONÇA NA DEFESA DA LIBERDADE RELIGIOSA NO BRASIL NO PERÍODO DA PANDEMIA COVID-19

Alzemeri Martins Ribeiro de Britto

Mestre em Direito (UFPE). Especialista em Liderança e Gestão Pública (Singularidades). Vice-presidente do Conselho Administrativo da Associação Nacional de Educação Domiciliar (ANED). Membro do Instituto Brasileiro de Direito e Religião (IBDR). Procuradora do Estado da Bahia. Doutora em Educação (UFBA).

Célia Iraci da Cunha

Mestre em Direito (Univali e Universidade de Alicante/ES). Ex-Procuradora-Geral do Estado de Santa Catarina. Procuradora do Estado de Santa Catarina.

INTRODUÇÃO

O presente estudo visa a trazer considerações sobre a atuação da Advocacia-Geral da União (AGU) na defesa da liberdade religiosa no Brasil no período da pandemia Covid-19. Nessa ocasião, o Advogado-Geral da União era o hoje Ministro do Supremo Tribunal Federal (STF) André Mendonça.

Nos anos de 2020 e 2021, especialmente, vivemos no Brasil medidas restritivas adotadas por Estados e Municípios que proibiram cultos religiosos sob quaisquer circunstâncias, com vistas a evitar a propagação do coronavírus, causador da Covid-19.

Tais medidas foram questionadas no STF mediante as Arguições de Descumprimento de Preceito Fundamental (ADPFs) 701 e 811.

Nessas demandas foram analisadas as medidas restritivas sob a ótica das limitações dos direitos fundamentais. Pois, o que se apresentava, naquele momento, era uma colisão entre o direito de liberdade religiosa e os direitos à vida e à saúde da população.

A atuação da AGU, como entidade constitucional legitimada a manifestar-se nas ações de controle de constitucionalidade perante o STF, foi no sentido de aderir ao pedido inicial dos proponentes para que se realizasse um juízo de proporcionalidade e adequação dos direitos fundamentais em comento, com vistas à preservação do núcleo essencial de cada um deles. Discorrer-se-á sobre como o caráter dessa manifestação atende à função constitucional prevista para a Advocacia Pública, de promoção de direitos fundamentais e políticas públicas representativas da vontade popular.

Serão analisados os argumentos empregados para a defesa da liberdade religiosa no caso concreto, bem como a proposta de aplicação da proporcionalidade no caso concreto frente a doutrina abalizada sobre o tema.

Por fim, analisa-se o alcance do núcleo essencial da liberdade religiosa dado pelo STF no caso concreto.

1. BREVE CONTEXTUALIZAÇÃO DO ENFRENTAMENTO DA PANDEMIA COVID-19 NO BRASIL, O FECHAMENTO DE ESTABELECIMENTOS RELIGIOSOS E AS DEMANDAS APRESENTADAS AO SUPREMO TRIBUNAL FEDERAL (ADPF 701 E 811)

Frente à pandemia do coronavírus que se avizinhava, a República Federativa do Brasil editou a Lei federal 13.979, de 6 de fevereiro de 2020.[1] Tal lei previu diversas medidas que visaram à proteção da coletividade na então vindoura situação de emergência de saúde pública.[2]

O art. 3º da Lei 13.979/2020 previu medidas que poderiam ser adotadas pelas autoridades públicas, no âmbito de suas competências, para o enfrentamento da pandemia, como o isolamento; a quarentena; a determinação de realização compulsória de exames médicos, testes laboratoriais, coleta de amostras clínicas, vacinação e outras medidas profiláticas ou tratamentos médicos específicos; o uso obrigatório de máscaras de proteção individual; e outras.[3]

A lei também dispunha que: "As medidas previstas neste artigo [3º] somente poderão ser determinadas com base em evidências científicas e em análises sobre as informações estratégicas em saúde e deverão ser limitadas no tempo e no espaço ao mínimo indispensável à promoção e à preservação da saúde pública".[4]

1. BRASIL. *Lei 13.979, de 6 de fevereiro de 2020.* Dispõe sobre as medidas para enfrentamento da emergência de saúde pública de importância internacional decorrente do coronavírus responsável pelo surto de 2019. Disponível em: [www.planalto.gov.br/ccivil_03/_ato2019-2022/2020/lei/l13979.htm]. Acesso em: 22 jan. 2024.
2. BRASIL. *Lei 13.979, de 6 de fevereiro de 2020.* Dispõe sobre as medidas para enfrentamento da emergência de saúde pública de importância internacional decorrente do coronavírus responsável pelo surto de 2019. Disponível em: [www.planalto.gov.br/ccivil_03/_ato2019-2022/2020/lei/l13979.htm]. Acesso em: 22 jan. 2024. Art. 1º, § 1º e § 2º.
3. BRASIL. *Lei 13.979, de 6 de fevereiro de 2020.* Dispõe sobre as medidas para enfrentamento da emergência de saúde pública de importância internacional decorrente do coronavírus responsável pelo surto de 2019. Disponível em: [www.planalto.gov.br/ccivil_03/_ato2019-2022/2020/lei/l13979.htm]. Acesso em: 22 jan. 2024. Art. 3º.
4. BRASIL. *Lei 13.979, de 6 de fevereiro de 2020.* Dispõe sobre as medidas para enfrentamento da emergência de saúde pública de importância internacional decorrente do coronavírus responsável pelo surto de 2019. Disponível em: [www.planalto.gov.br/ccivil_03/_ato2019-2022/2020/lei/l13979.htm]. Acesso em: 22 jan. 2024. Art. 3º, § 1º.

Na modificação feita pela Lei 14.019/2020, foi prevista a obrigatoriedade do uso de máscaras, cobrindo nariz e boca, para circulação em espaços públicos e privados acessíveis ao público, bem como em "estabelecimentos comerciais e industriais, templos religiosos, estabelecimentos de ensino e demais locais fechados em que haja reunião de pessoas".[5]

A referida lei menciona, ainda, que deve ser resguardado o funcionamento de serviço público e de atividades essenciais, conceito esse cuja definição foi outorgada a decreto da respectiva autoridade federativa competente.[6]

O Presidente da República, então, expediu o Decreto 10.282, de 20 de março de 2020[7], que, regulamentando a Lei federal 13.979/2020, definiu os serviços públicos e as atividades essenciais, dentre os quais elencou as "atividades religiosas de qualquer natureza, obedecidas as determinações do Ministério da Saúde".[8]

Ocorre que, mesmo com a definição das atividades religiosas como de caráter essencial, atos normativos de entes subnacionais foram expedidos no sentido de vedar a sua realização sob quaisquer circunstâncias como forma de combate à transmissão do coronavírus.

A ADPF 701 apresentada no STF pela Anajure (Associação Nacional de Juristas Evangélicos) relata a existência de decretos de diversos municípios e estados[9] que suspendem e impedem, por completo, a realização de cultos religiosos.[10]

A entidade proponente aduziu que as medidas a serem adotadas para a contenção da transmissão do vírus deveriam basear-se em evidências científicas, bem como serem limitadas no tempo, e submeterem-se às normas gerais expedidas pela União, tendo os demais entes competência suplementar na matéria.[11]

---

5. BRASIL. *Lei 13.979, de 6 de fevereiro de 2020.* Dispõe sobre as medidas para enfrentamento da emergência de saúde pública de importância internacional decorrente do coronavírus responsável pelo surto de 2019. Disponível em: [www.planalto.gov.br/ccivil_03/_ato2019-2022/2020/lei/l13979.htm]. Acesso em: 22 jan. 2024. Art. 3º – A, III.
6. BRASIL. *Lei 13.979, de 6 de fevereiro de 2020.* Dispõe sobre as medidas para enfrentamento da emergência de saúde pública de importância internacional decorrente do coronavírus responsável pelo surto de 2019. Disponível em: [www.planalto.gov.br/ccivil_03/_ato2019-2022/2020/lei/l13979.htm]. Acesso em: 22 jan. 2024. Art. 3º, § 9º.
7. Revogado pelo Decreto 11.077, de 2022, por conta do fim da pandemia.
8. BRASIL. *Decreto 10.282, de 20 de março de 2020* (revogado pelo Decreto 11.077, de 20 de maio de 2022). Regulamenta a Lei 13.979, de 6 de fevereiro de 2020, para definir os serviços públicos e as atividades essenciais. Disponível em: [www.planalto.gov.br/ccivil_03/_ato2019-2022/2020/Decreto/D10282.htm]. Acesso em: 22 jan. 2024. Art. 3º, XXXIX.
9. Municípios de João Monlevade do Estado de Minas Gerais, de Macapá do Estado do Amapá, do Estado do Piauí, do Estado de Roraima, do Município de Serrinha do Estado da Bahia, do Município de Bebedouro do Estado de São Paulo, do Município de Cajamar do Estado de São Paulo, do Município de Rio Brilhante do Estado do Mato Grosso do Sul e do Município de Armação dos Búzios do Estado do Rio de Janeiro
10. BRASIL. *Supremo Tribunal Federal. Petição inicial. ADPF/701.* Relator Ministro Nunes Marques. Disponível em: https://redir.stf.jus.br/estfvisualizadorpub/jsp/consultarprocessoeletronico/ConsultarProcessoEletronico.jsf?seqobjetoincidente=5944043. Acesso em: 22 jan. 2024.
11. BRASIL. Supremo Tribunal Federal. Petição inicial. ADPF/701. Relator Ministro Nunes Marques. Disponível em: https://redir.stf.jus.br/estfvisualizadorpub/jsp/consultarprocessoeletronico/ConsultarProcessoEletronico.jsf?seqobjetoincidente=5944043. Acesso em: 22 jan. 2024.

Além disso, defendeu que o direito à liberdade religiosa é um direito fundamental que está ligado diretamente à dignidade da pessoa humana e está albergado em diversos instrumentos normativos internacionais, como a Declaração Universal dos Direitos Humanos/ 1948 da ONU (art. 18), o Pacto Internacional sobre Direitos Civis e Políticos/1966 (art. 18, I), e o Pacto de San José da Costa Rica/1969, e, ainda, no texto constitucional brasileiro, no art. 5º, VI, da Constituição da República.[12]

As limitações ao direito fundamental à liberdade religiosa, defende a Anajure, conforme o direito internacional, seriam permitidas apenas mediante prescrição em lei para proteção da segurança, da ordem, da saúde, da moral pública ou dos direitos e liberdades das demais pessoas. Além disso, aduz que as limitações precisam ser mínimas, justificadas, temporárias e previstas em lei, e não arbitrárias, discriminatórias e por tempo indeterminado.[13]

A Advocacia-Geral da União manifestou-se na ADPF 701 alegando preliminares de não conhecimento da inicial, mas, no mérito, defendeu a sua procedência. Assim aduziu o então Ministro da AGU:

> No presente caso, os óbices processuais apontados impedem a análise precisa sobre o teor dos atos estatais questionados, o que seria imprescindível para verificar a constitucionalidade da medida restritiva em cada caso.
>
> Entretanto, é possível afirmar desde logo que a restrição total de atividades religiosas, inclusive de transmissões virtuais e sem aglomeração de pessoas, nos moldes impugnados na petição inicial, não atende aos requisitos da proporcionalidade, na medida em que impacta de forma excessiva o direito à liberdade de religião, sem que demonstrada a correlação com os fins buscados e com desprezo de alternativas menos gravosas. Essa circunstância torna-se ainda mais evidente quando se trata de medidas sem delimitação temporal.[14]

A AGU apontou para a necessidade de um controle da proporcionalidade dos atos locais, que não atendem aos crivos da adequação e da necessidade, pois a completa interdição de atividades religiosas, mesmo em meio virtual, apresenta-se como uma medida excessivamente onerosa, que poderia ser substituída por restrições parciais.[15]

O Ministro Nunes Marques proferiu decisão monocrática, em que concedeu a medida liminar pleiteada e determinou que:

---

12. BRASIL. Supremo Tribunal Federal. Petição inicial. ADPF/701. Relator Ministro Nunes Marques. Disponível em: https://redir.stf.jus.br/estfvisualizadorpub/jsp/consultarprocessoeletronico/ConsultarProcessoEletronico.jsf?seqobjetoincidente=5944043. Acesso em: 22 jan. 2024
13. BRASIL. Supremo Tribunal Federal. Petição inicial. ADPF/701. Relator Ministro Nunes Marques. Disponível em: https://redir.stf.jus.br/estfvisualizadorpub/jsp/consultarprocessoeletronico/ConsultarProcessoEletronico.jsf?seqobjetoincidente=5944043. Acesso em: 22 jan. 2024.
14. BRASIL. *Supremo Tribunal Federal. Petição (63). ADPF/701*. Relator Ministro Nunes Marques. Disponível em: https://redir.stf.jus.br/estfvisualizadorpub/jsp/consultarprocessoeletronico/ConsultarProcessoEletronico.jsf?seqobjetoincidente=5944043. Acesso em: 22 jan. 2024.
15. BRASIL. *Supremo Tribunal Federal. Petição (63). ADPF/701*. Relator Ministro Nunes Marques. Disponível em: https://redir.stf.jus.br/estfvisualizadorpub/jsp/consultarprocessoeletronico/ConsultarProcessoEletronico.jsf?seqobjetoincidente=5944043. Acesso em: 22 jan. 2024.

> a) os Estados, Distrito Federal e Municípios se abstenham de editar ou de exigir o cumprimento de decretos ou atos administrativos locais que proíbam completamente a realização de celebrações religiosas presenciais, por motivos ligados à prevenção da Covid19; e
> b) sejam aplicados, nos cultos, missas e reuniões de quaisquer credos e religiões, os protocolos sanitários de prevenção, relativos à limitação de presença (no máximo, 25% da capacidade), além das medidas acima mencionadas, tais como: distanciamento social (com ocupação de forma espaçada entre os assentos e modo alternado entre as fileiras de cadeiras ou bancos), observância de que o espaço seja arejado (com janelas e portas abertas, sempre que possível), obrigatoriedade quanto ao uso de máscaras, disponibilização de álcool em gel nas entradas dos templos, aferição de temperatura, fixadas estas como balizas mínimas, recomendando-se também outras medidas profiláticas editadas pelo Ministério da Saúde; sem prejuízo da possível e gradativa mitigação das restrições pelo Poder Executivo, conforme haja evolução positiva no tratamento e combate à pandemia. Oficiem-se aos Estados-membros e ao Distrito Federal para cumprimento.[16]

Entendeu o Ministro Nunes Marques que o cerne da controvérsia estava em saber se cada um dos entes federativos poderia proibir a realização de culto presencial, ou se poderia apenas restringir a presença do público e impor limites de distanciamento social. Entendeu que a proibição total da realização de cultos religiosos presenciais extrapola os poderes estatais, "pois trata o serviço religioso como algo supérfluo, que pode ser suspenso pelo Estado, sem maiores problemas para os fiéis."[17]

Tal decisão foi proferida em 3 de abril de 2021, quando já ajuizada a ADPF 811 pelo Partido Social Democrático (PSD), contra decreto do Estado de São Paulo que vedou completamente a realização de cultos religiosos, sob os seguintes fundamentos: direito fundamental à liberdade previsto no caput do art. 5º da Constituição da República; direito ao livre exercício dos cultos religiosos e garantia, na forma da lei, à proteção dos locais de culto e suas liturgias (art. 5º, VI, da Constituição da República); inviabilidade de aplicação de medidas discriminatórias entre as crenças, de forma que as religiões que possuem a celebração presencial como ato inerente à fé ficam prejudicadas com medidas que vedam a realização de cultos, missas e demais atividades religiosas de caráter coletivo; falta de proporcionalidade da medida de proibir totalmente as atividades religiosas coletivas, pois a mera limitação do número de pessoas já seria suficiente para inibir a transmissão do vírus.[18]

Diversas entidades ingressaram como *amici curiae* em defesa do direito fundamental à liberdade religiosa.

A Procuradoria Geral da República exarou parecer pelo acolhimento do pedido de medida cautelar, pugnando pela suspensão dos efeitos do art. 2º, II, "a", do Decreto

16. BRASIL. *Supremo Tribunal Federal. Decisão monocrática (69). ADPF/701.* Relator Ministro Nunes Marques. Disponível em: https://redir.stf.jus.br/estfvisualizadorpub/jsp/consultarprocessoeletronico/ConsultarProcessoEletronico.jsf?seqobjetoincidente=5944043. Acesso em: 24 jan. 2024.
17. BRASIL. *Supremo Tribunal Federal. Decisão monocrática (69). ADPF/701.* Relator Ministro Nunes Marques. Disponível em: https://redir.stf.jus.br/estfvisualizadorpub/jsp/consultarprocessoeletronico/ConsultarProcessoEletronico.jsf?seqobjetoincidente=5944043. Acesso em: 24 jan. 2024. p. 9
18. BRASIL. *Supremo Tribunal Federal. Petição inicial. ADPF/811.* Relator Ministro Gilmar Mendes. Disponível em: https://redir.stf.jus.br/estfvisualizadorpub/jsp/consultarprocessoeletronico/ConsultarProcessoEletronico.jsf?seqobjetoincidente=6136541. Acesso em: 22 jan. 2024.

65.563/2021 do Estado de São Paulo, com efeito expansivo a demais atos editados por outros entes federativos que estabeleçam proibição total ao livre exercício do direito fundamental à liberdade religiosa por meio de cultos, missas e outros rituais ou atividades religiosas presenciais, como medida para o enfrentamento da epidemia do novo coronavírus. Isso, porque entendeu que o livre exercício dos cultos religiosos e a proteção de suas liturgias – desde que asseguradas as medidas sanitárias indispensáveis ao seu exercício coletivo – visam a proteger, também, a saúde mental e espiritual da população brasileira, máxime frente a momento tão grave de epidemia do novo coronavírus. Ainda, porque há crenças em que é imprescindível a presença em culto para a realização de sacramentos, enquanto outras assim não o exigem, de modo que a proibição absoluta acaba por criar indevido privilégio para adeptos de uma religião em detrimento aos de outra. Ademais, nem todos possuem acesso à transmissão de cultos pela internet, notadamente os mais carentes, o que inviabiliza a participação destes.[19]

A Advocacia-Geral da União, representada pelo então Advogado-Geral da União, hoje Ministro do Supremo Tribunal Federal André Mendonça, manifestou pelo deferimento do pedido cautelar e pela procedência da arguição, conforme a seguinte ementa:

> Constitucional. Ato normativo estadual que suspende atividades religiosas, sem ressalvar aquelas que não envolvam aglomeração de pessoas. Alegada violação à liberdade de religião e à laicidade do Estado. Mérito. O cenário extraordinário da pandemia admite a adoção de medidas restritivas pelo Poder Público, as quais devem observar o critério da proporcionalidade e os parâmetros da jurisprudência dessa Suprema Corte. É possível afirmar desde logo que a restrição total de atividades religiosas, inclusive sem aglomerações, não atende aos requisitos da proporcionalidade. Excessivo impacto sobre o direito à liberdade de religião, sem que demonstrada a correlação com os fins buscados e com desprezo de alternativas menos gravosas. O estabelecimento de disciplina sanitária limitadora das liberdades pessoais somente pode ser feito mediante apresentação de fundamentação técnica apropriada e com respeito às competências privativas de outros entes. Caso essas condições de legitimidade sejam descumpridas, deve prevalecer a regência geral estabelecida nas normas federais sobre o tema. Manifestação pelo deferimento do pedido de cautelar e pela procedência da arguição.[20]

A ADPF 811, de relatoria do Ministro Gilmar Mendes, foi julgada em plenário do STF em 08/04/2021, e a ADPF 701, cujo relator foi o Ministro Nunes Marques, por sua vez, foi julgada monocraticamente prejudicada ante a perda superveniente de objeto, em 17/10/2022.

2. ATUAÇÃO DA AGU NA DEFESA DA LIBERDADE RELIGIOSA

A Advocacia Geral da União, em ambas as referidas demandas (ADPF 701 e 811), defendeu que a limitação ao direito fundamental à liberdade religiosa, que se realiza

19. BRASIL. *Supremo Tribunal Federal. Manifestação da PGR. ADPF/811.* Relator Ministro Gilmar Mendes. Disponível em: https://redir.stf.jus.br/estfvisualizadorpub/jsp/consultarprocessoeletronico/ConsultarProcessoEletronico.jsf?seqobjetoincidente=6136541. Acesso em: 22 jan. 2024.
20. BRASIL. *Supremo Tribunal Federal. Petição de apresentação de manifestação (18). ADPF/811.* Relator Ministro Gilmar Mendes. Disponível em: https://redir.stf.jus.br/estfvisualizadorpub/jsp/consultarprocessoeletronico/ConsultarProcessoEletronico.jsf?seqobjetoincidente=6136541. Acesso em: 24 jan. 2024.

com a participação dos fiéis aos respectivos cultos, somente pode ocorrer com critérios de proporcionalidade das medidas a serem empregadas para a proteção da saúde e da vida. Ponderou que as medidas restritivas deveriam ter sido pautadas em evidências científicas e fundamentação técnica, ser o menos gravosas possíveis, limitadas temporalmente e respeitar a essencialidade da atividade religiosa definida pelo ente federal.[21]

A Advocacia Pública, instituição de *status* constitucional, prevista nos artigos 131 e 132 da Constituição da República, tem a função de representar os entes da federação e prestar-lhes consultoria e assessoramento.[22] Nessa atividade, entende-se, também, que ela exerce um papel de defender e promover os valores democráticos e as políticas públicas eleitas pela maioria dos eleitores.

No mesmo sentido, sobre o papel da advocacia pública na representação da vontade popular:

> Em se tratando de uma instituição prevista no corpo da Constituição de um autodenominado Estado Democrático de Direito, a advocacia pública pode ser entendida como formalmente democrática. No entanto, mais do que isso, o papel da advocacia pública na CRFB/88 é de promotora e defensora da democracia, diante do sistema de pesos e contrapesos entre os poderes do Estado brasileiro.
>
> Isso, porque, ao representar o ente federativo, especialmente em relação ao exercício de suas funções executivas, planos e diretrizes de escolhas discricionárias, cujos agentes políticos titulares são eleitos por votação majoritária com base em um plano e uma plataforma governamental, a advocacia pública tutela a vontade popular assim manifestada nas urnas.[23]

Essa representação da vontade da maioria foi louvavelmente desempenhada pelo então Advogado-Geral da União, o Ministro André Mendonça, que, em sua manifestação, fundamentou a necessidade de deferimento da medida cautelar na ADPF no fato de que a maioria dos brasileiros são cristãos e a Páscoa então se aproximava, sendo essa a comemoração cristã mais importante do ano:

> Para os mais de 2 bilhões de fiéis que professam a fé cristã no mundo, a Páscoa é talvez a celebração mais importante de todas, unindo todos os segmentos do cristianismo, como o catoliscismo romano, a ortodoxia oriental e o protestantismo, nas suas mais variadas vertentes. No Brasil, país em que cerca de 80% da população é católica ou evangélica, mesmo descontando-se a parcela não praticante, a importância religiosa da efeméride é indiscutível para milhões de brasileiros.

---

21. BRASIL. *Supremo Tribunal Federal. Petição (63). ADPF/701.* Relator Ministro Nunes Marques. Disponível em: [https://redir.stf.jus.br/estfvisualizadorpub/jsp/consultarprocessoeletronico/ConsultarProcessoEletronico.jsf?seqobjetoincidente=5944043]. Acesso em: 22 jan. 2024.
BRASIL. *Supremo Tribunal Federal. Petição de apresentação de manifestação (18). ADPF/811.* Relator Ministro Gilmar Mendes. Disponível em: [https://redir.stf.jus.br/estfvisualizadorpub/jsp/consultarprocessoeletronico/ConsultarProcessoEletronico.jsf?seqobjetoincidente=6136541]. Acesso em: 24 jan. 2024.
22. BRASIL. BRASIL. [Constituição (1988)]. *Constituição da República Federativa do Brasil de 1988.* Brasília, DF: Presidente da República, 2023. Disponível em: [www.planalto.gov.br/ccivil_03/constituicao/constituicao.htm]. Acesso em: 18 jan. 24.
23. CUNHA, Célia Iraci da. *A Advocacia Pública como instituição de defesa e promoção da democracia representativa da vontade popular na CRFB de 1988. Advocacia Pública em Juízo.* MIRANDA DE OLIVEIRA, Pedro e outros (Coord.). São Paulo: Tirant lo Blanch, 2022. p. 81.

> Como é de sabença geral, a fé crista está embasada na pessoa de Jesus Cristo. Conforme a Bíblia, Cristo veio ao mundo para cumprir uma visão salvífica que, passando pela morte na cruz (Sexta-feira da Paixão), teve seu ponto culminante justamente na ressurreição (Domingo de Páscoa). Portanto, sem ressurreição (ou Páscoa) não haveria cristianismo.
> Eis a razão pela qual pelo menos desde o ano 325 da presente era, quando oficializada no Concílio de Nicéia, os cristãos vêm comemorando a Páscoa no primeiro domingo após a lua cheia do equinócio de primavera, perfazendo, em 2021, 1.696 anos ininterruptos de celebração da ressurreição de Cristo. Ao longo desses anos, não se tem notícia de uma vedação tão forte à celebração da Páscoa em templos e igrejas.[24]

De se destacar que a atuação da AGU e do Ministro André Mendonça sempre foram no sentido de reconhecer a necessidade de se preservar e promover a vida e a saúde da população, de forma que as atividades religiosas deveriam ser garantidas com a adoção de todas as medidas sanitárias necessárias a evitar o contágio pelo coronavírus, o que se apresentava plenamente possível com a limitação da lotação dos templos, o distanciamento social em seu interior, o uso de máscaras, o arejamento dos locais e outras medidas recomendadas pelos organismos especializados de saúde.

Na manifestação prevista no § 2º do art. 5º da Lei federal 9.882, a AGU também defendeu a competência legislativa do Chefe do Poder Executivo da União, que havia elencado como atividade essencial a religiosa[25], mediante decreto que não foi invalidado pelo STF. Aqui, a AGU exerceu uma função típica e tradicional da advocacia pública, que é a de defender ato plenamente válido do ente ao qual representa e que alçou a atividade essencial, mesmo no momento da pandemia, as atividades religiosas de qualquer natureza, as quais compreendem os cultos religiosos, pela própria definição do que é a liberdade religiosa.

3. A VEDAÇÃO TOTAL A ATIVIDADES RELIGIOSAS NO CONTEXTO DE COMBATE À PANDEMIA VIOLOU A LIBERDADE RELIGIOSA. DESCONSIDERAÇÃO DO DIREITO FUNDAMENTAL À LIBERDADE RELIGIOSA COMO ILIMITADO PELA CONSTITUIÇÃO. DESPROPORCIONALIDADE DA MEDIDA

Nas manifestações apresentadas ao STF nas ADPF 701 e 811, a AGU destacou a desproporcionalidade da medida de fechamento total dos estabelecimentos religiosos, principalmente frente à viabilidade de se conferirem medidas menos gravosas com vistas à proteção do direito à vida e à saúde.

24. BRASIL. *Supremo Tribunal Federal. Petição de apresentação de manifestação (18). ADPF/811.* Relator Ministro Gilmar Mendes. Disponível em: https://redir.stf.jus.br/estfvisualizadorpub/jsp/consultarprocessoeletronico/ConsultarProcessoEletronico.jsf?seqobjetoincidente=6136541. Acesso em: 24 jan. 2024.
25. Art. 3º, § 1º, XXXIX, do Decreto 10.282/2020. BRASIL. *Decreto 10.282, de 20 de março de 2020* (revogado pelo Decreto 11.077, de 20 de maio de 2022). Regulamenta a Lei 13.979, de 6 de fevereiro de 2020, para definir os serviços públicos e as atividades essenciais. Disponível em: [www.planalto.gov.br/ccivil_03/_ato2019-2022/2020/Decreto/D10282.htm]. Acesso em: 22 jan. 2024.

Como bem comenta Thiago Rafael Vieira, a limitação dos direitos fundamentais, conforme a abalizada doutrina de Ingo Sarlet[26], pode ocorrer de três formas: 1) restrição constitucional direta e expressa prevista na Constituição no Estado de Defesa e Estado de Sítio (artigos 136 e 139); 2) restrição indireta em que a Constituição indica a reserva legal, e essa reserva legal pode ser simples – quando autoriza o legislador a intervir sem estabelecer pressupostos para tal[27] – ou qualificada – quando estabelece pressupostos e objetivos específicos que o legislador deve atender na norma limitadora[28]; 3) direitos fundamentais ilimitados, que não possuem restrições diretas e/ ou indiretas no texto constitucional. Quanto ao terceiro caso – em que se enquadra a liberdade religiosa – considerando que não existe uma hierarquia entre direitos fundamentais que possam eventualmente colidir em uma situação concreta, a restrição de um direito fundamental deve seguir critérios de proporcionalidade e adequação, de modo a preservar o núcleo mínimo essencial de cada um deles.[29]

Ao comentar os casos de restrições da liberdade religiosa nos tempos de pandemia Covid-19, Vieira conclui que:

> "as restrições às quais a liberdade religiosa foi submetida, notadamente as liberdades de culto e de organização religiosa, não consideraram a necessidade de harmonização dos direitos fundamentais em colisão e a preservação do mínimo existencial das liberdades de culto e de organização religiosa, conforme acima explicitado. Não houve ponderação jurídica entre os direitos fundamentais colidentes no sentido de preservar o núcleo da liberdade religiosa e seu mínimo existencial."[30]

A decisão do Ministro Nunes Marques na medida cautelar da ADPF 701 foi uma boa demonstração de como se fazia possível a ponderação dos direitos à liberdade religiosa, à vida e à saúde, com medidas restritivas que não esvaziam o direito à liberdade religiosa e preservam suficientemente a vida e a saúde.

A decisão de mérito proferida na ADPF 811, de relatoria do Ministro Gilmar Mendes, por maioria de votos, teve como uma de suas premissas para a improcedência da ação o entendimento de que a Constituição autorizaria a restrição relativa da liberdade de exercício de culto, tendo em vista o disposto no inciso VI do art. 5º,

26. SARLET, Ingo Wolfgang. *A eficácia dos direitos fundamentais*. 10 ed. Porto Alegre: Livraria do Advogado Editora, 2009, *apud* VIEIRA, Thiago Rafael. *Liberdade religiosa: fundamentos teóricos para proteção e exercício da crença*. São Paulo: Almedina, 2023. p. 233-236.
27. Como na identificação criminal prevista no art. 5º, LVIII – o civilmente identificado não será submetido a identificação criminal, salvo nas hipóteses previstas em lei; [...].
28. Exemplo dado é o do sigilo das comunicações telefônicas, em que o art. 5º assim dispõe: XII – é inviolável o sigilo da correspondência e das comunicações telegráficas, de dados e das comunicações telefônicas, salvo, no último caso, por ordem judicial, nas hipóteses e na forma que a lei estabelecer para fins de investigação criminal ou instrução processual penal; [...].
29. VIEIRA, Thiago Rafael. *Liberdade religiosa*: fundamentos teóricos para proteção e exercício da crença. São Paulo: Almedina, 2023. p. 233-234.
30. VIEIRA, Thiago Rafael. *Liberdade religiosa*: fundamentos teóricos para proteção e exercício da crença. São Paulo: Almedina, 2023. p. 236.

interpretada como uma cláusula de reserva legal.[31] No inteiro teor da decisão, o Ministro relator reconhece uma dimensão interna e outra externa do direito à liberdade religiosa, sendo a primeiro o foro interno, a liberdade do ser humano de formar a sua convicção, sua ideologia, sua consciência, enquanto que o aspecto externo se configura na liberdade de confissão e de culto. E faz essa diferenciação, pois "a própria doutrina estrangeira pacificamente acolhe que os níveis de proteção das duas dimensões do direito em questão são distintos".[32]

Sobre essa interpretação de que seria possível uma restrição à liberdade de culto, Vieira explica que, na verdade, não se tem no Brasil uma reserva legal restritiva, mas sim:

> "uma ordem constitucional para elaboração de uma lei que assegure o livre exercício dos cultos e a proteção dos locais em que ocorrem: 'Art. 5º [...] VI – é inviolável a liberdade de consciência e de crença, sendo assegurado o livre exercício dos cultos religiosos e garantida, na forma da lei, a proteção aos locais de culto e as suas liturgias'. A referida lei não pode definir onde os cultos devem ou podem acontecer, bem como condicioná-los, muito antes pelo contrário, o papel da lei mencionada pelo inciso é de proteger a ocorrência dos cultos."[33]

André Mendonça, quando já Ministro do STF, em artigo de 2022, defendeu que a liberdade religiosa é a primeira das liberdades.[34] Isso, porque, historicamente, se observa que o ser humano sempre teve, e continua tendo, a necessidade de busca pelo transcendente, sendo a religião essencial para a sociedade, antes mesmo do surgimento da própria ideia de Estado.[35]

Sobre a liberdade de culto, como parte do feixe constitutivo do direito à liberdade religiosa, o Ministro André Mendonça defende o entendimento de que a reserva legal de que trata o inciso VI do art. 5º da Constituição visa a proteger a realização de cultos,

---

31. (...)
3. A dimensão do direito à liberdade religiosa (art. 5º, VI, da CF/1988) que reclama proteção jurídica na ADPF afasta-se do núcleo de liberdade de consciência (forum internum) e aproxima-se da proteção constitucionalmente conferida à liberdade do exercício de cultos em coletividade (forum externum). Sob a dimensão interna, a liberdade de consciência não se esgota no aspecto religioso, mas nele encontra expressão concreta de marcado relevo. Por outro lado, na dimensão externa, o texto constitucional brasileiro alberga a liberdade de crença, de aderir a alguma religião e a liberdade do exercício do culto respectivo. A CF, no entanto, autoriza a restrição relativa dessa liberdade ao prever cláusula de reserva legal para o exercício dos cultos religiosos (art. 5º, VI, da CF)." BRASIL. *Supremo Tribunal Federal. Inteiro Teor do Acórdão (145). ADPF/811.* Relator Ministro Gilmar Mendes. Disponível em: [https://redir.stf.jus.br/estfvisualizadorpub/jsp/consultarprocessoeletronico/ConsultarProcessoEletronico.jsf?seqobjetoincidente=6136541]. Acesso em: 19 fev. 2024.
32. BRASIL. *Supremo Tribunal Federal. Inteiro Teor do Acórdão (145). ADPF/811.* Relator Ministro Gilmar Mendes. Disponível em: https://redir.stf.jus.br/estfvisualizadorpub/jsp/consultarprocessoeletronico/ConsultarProcessoEletronico.jsf?seqobjetoincidente=6136541. Acesso em: 19 fev. 2024. p. 12.
33. VIEIRA, Thiago Rafael. *Liberdade religiosa: fundamentos teóricos para proteção e exercício da crença.* São Paulo: Almedina, 2023. p. 239.
34. MENDONÇA, André Luiz de Almeida. A primeira das liberdades: a liberdade religiosa e sua efetividade na laicidade colaborativa brasileira. In: Erika Siebler Branco, Tiago Salles [editores]; prefácio José Bernardo Cabral. *Liberdades.* Rio de Janeiro: Editora J & C, 2022.
35. MENDONÇA, André Luiz de Almeida. A primeira das liberdades: a liberdade religiosa e sua efetividade na laicidade colaborativa brasileira. In: Erika Siebler Branco, Tiago Salles [editores]; prefácio José Bernardo Cabral. *Liberdades.* Rio de Janeiro: Editora J & C, 2022. p. 215.

e não a restringi-la.[36] Aponta também o inciso I do art. 19 da Constituição, que expressamente veda qualquer embaraço aos cultos, como norma de especial relevância para a efetivação do direito constitucional à liberdade religiosa, pois essa norma sintetiza bem como deve se dar a relação entre o Estado e as organizações religiosas.[37] Fala em uma laicidade cooperativa no Brasil, que decorre do enquadramento constitucional da liberdade religiosa, da completude de seu âmbito de proteção e do reconhecimento constitucional da importância do fenômeno religioso.[38]

Com efeito, assim se caracteriza a laicidade cooperativa, modelo adotado pelo Brasil e por muitos considerado o mais desenvolvido do Ocidente:

> "1. Separação dos poderes religioso e temporal ou político – Separação:
>
> 2. Liberdade de atuação de atuação de cada poder, cada um em sua ordem (esfera de competência – Liberdade;
>
> 3. Benevolência estatal com o fenômeno religioso e com as organizações religiosas, em razão de sua importância – Benevolência;
>
> 4. Colaboração entre os poderes, ou seja, entre a Igreja e o estado – COLABORAÇÃO;
>
> 5. O segundo, terceiro e quarto requisitos(características) tenham como destinatário toda e qualquer crença, ou seja, Igual Consideração com todos os credos e confissões".[39]

E é na senda da compreensão de cada um destes elementos que a atuação da Advocacia Geral da União se pautou, merecendo especial menção o aspecto da ADPF 811, por conta do raciocínio anteriormente exposto, no sentido de ter retirado do núcleo essencial do direito à liberdade religiosa a liberdade de culto. Interpretou-se que o impedimento ao exercício do culto não elidiria o núcleo do direito à liberdade religiosa, pois este estaria nas liberdades de consciência e crença.

Em tais circunstâncias o requisito da liberdade restaria afastado, pois, como ensina Vieira, o art. 5º, VI, da Constituição é o núcleo da liberdade de crença no Estado brasileiro, o qual "é um direito complexo formado por diversos direitos, quais sejam: liberdade de escolher, aderir, manter, mudar ou não ter religião. Esse plexo de direitos é previsto e assegurado nos arts. 5, VI, VII e VIII, 143, § 1º e 231 da Constituição Brasileira."[40]

---

36. O Ministro segue o entendimento de VIEIRA; REGINA, 2020, p. 299, e de José Afonso da Silva (Silva, 1999, p. 253) na obra: MENDONÇA, André Luiz de Almeida. A primeira das liberdades: a liberdade religiosa e sua efetividade na laicidade colaborativa brasileira. In: Erika Siebler Branco, Tiago Salles [editores]; prefácio José Bernardo Cabral. *Liberdades.* Rio de Janeiro: Editora J & C, 2022. p. 218.
37. MENDONÇA, André Luiz de Almeida. A primeira das liberdades: a liberdade religiosa e sua efetividade na laicidade colaborativa brasileira. In: Erika Siebler Branco, Tiago Salles [editores]; prefácio José Bernardo Cabral. *Liberdades.* Rio de Janeiro: Editora J & C, 2022. p. 218.
38. MENDONÇA, André Luiz de Almeida. A primeira das liberdades: a liberdade religiosa e sua efetividade na laicidade colaborativa brasileira. In: Erika Siebler Branco, Tiago Salles [editores]; prefácio José Bernardo Cabral. *Liberdades.* Rio de Janeiro: Editora J & C, 2022. p. 223.
39. VIEIRA, Thiago Rafael; REGINA, Jean Marques. In: A Laicidade Colaborativa Brasileira. Da Aurora da Civilização à Constituição Brasileira de 1988. São Paulo: Vida Nova, 2021. p. 157.
40. VIEIRA, Thiago Rafael. *Liberdade religiosa*: fundamentos teóricos para proteção e exercício da crença. São Paulo: Almedina, 2023. p. 259-260.

Segundo o autor, tais dispositivos têm "como objeto garantir que a pessoa religiosa se relacione com a divindade de acordo com os seus credos e os seus dogmas sem quaisquer interferências do Estado ou de terceiros".[41] Além disso, traz interessante reflexão no sentido de que o impedimento ao culto afeta, sim, a própria liberdade de consciência e de crença (a esfera individual do direito), "por que não é o culto o coroamento da relação do fiel com a divindade, sendo que essa acontece no nível da consciência de cada um?"[42]

Vemos, portanto, que a decisão do STF na ADPF 811 restringe indevidamente o alcance do núcleo essencial do direito à liberdade religiosa, dando abertura a uma interpretação que alija a liberdade de culto do caráter ilimitado que a Constituição lhe outorgou.

CONSIDERAÇÕES FINAIS

De tudo o que foi visto nas limitações do estudo proposto, concluímos que no ambiente da pandemia COVID-19 o direito à liberdade religiosa teve o seu aspecto exterior referente ao exercício do culto limitado por atos de entes municipais e estaduais, tanto em contrariedade ao que determina a Constituição, quando em relação à legislação infraconstitucional vigente para a situação de emergência.

Diversas entidades da sociedade civil, bem como partido político e a Procuradoria-Geral da República, assim como a Advocacia-Geral da União – especialmente comentada no presente artigo – pugnaram pela possibilidade de conciliação de todos os direitos no caso concreto: a liberdade religiosa, de culto, a vida e a saúde. Os Ministros Nunes Marques e Dias Toffoli votaram também nesse sentido da possibilidade de conciliação e harmonização dos direitos.

No entanto, a maioria do Supremo Tribunal Federal corroborou tais atos que vedaram totalmente a realização de cultos, por entender que a liberdade de culto é norma limitada pela Constituição, e poderia ceder frente a uma necessidade de saúde pública.

Tal julgado não foi analisado frente a decisões anteriores do próprio STF, o que pode ser um interessante objeto de futuras análises.

Entretanto, frente à melhor doutrina no que se refere à liberdade religiosa no Brasil, podemos concluir que a interpretação de que o inciso VI do art. 5º da Constituição representa uma restrição ao direito de culto não se coaduna com a literalidade do texto, tampouco com todo o contexto constitucional e demais normas que garantem a liberdade religiosa não apenas no aspecto do direito à consciência, mas sim na exteriorização da crença.

Entendemos também que a relação do brasileiro com a religiosidade é um fator importante na interpretação constitucional. É um fato incontestável que a grande maioria

41. VIEIRA, Thiago Rafael. *Liberdade religiosa*: fundamentos teóricos para proteção e exercício da crença. São Paulo: Almedina, 2023. p. 260.
42. VIEIRA, Thiago Rafael. *Liberdade religiosa*: fundamentos teóricos para proteção e exercício da crença. São Paulo: Almedina, 2023. p. 239.

da população declara-se religiosa, havendo um grande número que pratica religião e tem essa parte da vida como fundamental à sua dignidade. A disciplina constitucional do tema reflete, visivelmente, essa realidade social, de forma que se pode concluir que há uma liberdade religiosa, no direito brasileiro, ilimitada. Por conseguinte, a sua limitação é uma exceção que somente se abre quando há colisão com outro direito fundamental, e, conforme a melhor doutrina, nesse tipo de situação, há um núcleo essencial de direitos que deve ser preservado, pois não há hierarquia entre os direitos fundamentais.

Por derradeiro, propomos a reflexão sobre se a interpretação que se consagrou não teria considerado a pandemia evento suficientemente impactante para afastar a força do poder constituinte originário, ao deixar de lado o quadro e a moldura da laicidade brasileira e o caráter pétreo da liberdade religiosa.

E, mais uma vez, entendemos de enaltecer a atuação da Advocacia Pública no sentido de defender os moldes preconizados pela Assembleia Nacional Constituinte que promulgou a Carta Magna com prestígio à liberdade religiosa em seu amplo sentido, começando por seu próprio preâmbulo.

REFERÊNCIAS

BRASIL. BRASIL. [Constituição (1988)]. *Constituição da República Federativa do Brasil de 1988*. Brasília, DF: Presidente da República, 2023. Disponível em: [www.planalto.gov.br/ccivil_03/constituicao/constituicao.htm]. Acesso em: 18 jan. 24.

BRASIL. *Decreto 10.282, de 20 de março de 2020* (revogado pelo Decreto 11.077, de 20 de maio de 2022). Regulamenta a Lei 13.979, de 6 de fevereiro de 2020, para definir os serviços públicos e as atividades essenciais. Disponível em: [www.planalto.gov.br/ccivil_03/_ato2019-2022/2020/Decreto/D10282.htm]. Acesso em: 22 jan. 2024.

BRASIL. *Lei 13.979, de 6 de fevereiro de 2020*. Dispõe sobre as medidas para enfrentamento da emergência de saúde pública de importância internacional decorrente do coronavírus responsável pelo surto de 2019. Disponível em: [www.planalto.gov.br/ccivil_03/_ato2019-2022/2020/lei/l13979.htm]. Acesso em: 22 jan. 2024.

BRASIL. *Supremo Tribunal Federal. ADPF/701*. Relator Ministro Nunes Marques. Disponível em: [https://redir.stf.jus.br/estfvisualizadorpub/jsp/consultarprocessoeletronico/ConsultarProcessoEletronico.jsf?seqobjetoincidente=5944043]. Acesso em: 22 jan. 2024.

BRASIL. *Supremo Tribunal Federal. ADPF/811*. Relator Ministro Gilmar Mendes. Disponível em: [https://redir.stf.jus.br/estfvisualizadorpub/jsp/consultarprocessoeletronico/ConsultarProcessoEletronico.jsf?seqobjetoincidente=6136541]. Acesso em: 22 jan. 2024.

CUNHA, Célia Iraci da. A Advocacia Pública como instituição de defesa e promoção da democracia representativa da vontade popular na CRFB de 1988. In: MIRANDA DE OLIVEIRA, Pedro e outros (Coord.). *Advocacia Pública em Juízo*. São Paulo: Tirant lo Blanch, 2022.

MENDONÇA, André Luiz de Almeida. A primeira das liberdades: a liberdade religiosa e sua efetividade na laicidade colaborativa brasileira. In: Erika Siebler Branco, Tiago Salles [editores]; prefácio José Bernardo Cabral. *Liberdades*. Rio de Janeiro: Editora J & C, 2022.

VIEIRA, Thiago Rafael; REGINA, Jean Marques. In: *A laicidade colaborativa brasileira. Da aurora da civilização à Constituição Brasileira de 1988*. São Paulo: Vida Nova, 2021.

VIEIRA, Thiago Rafael. *Liberdade religiosa*: fundamentos teóricos para proteção e exercício da crença. São Paulo: Almedina, 2023.

RACISMO REVERSO E A INCONSTITUCIONALIDADE DO ART. 20-C DA LEI 7.716/1989

William Douglas Resinente dos Santos

Mestre em Estado e Cidadania pela Universidade Gama Filho (UGF) e pós-graduado em Políticas Públicas e Governo pela Universidade Federal do Rio de Janeiro (EPPG/COPPE/UFRJ). Desembargador Federal do Tribunal Regional Federal da 2ª Região. Professor. Escritor.

INTRODUÇÃO

A questão racial tem sido centro de acalorados debates. Recentemente, foi revisitado o tema do racismo reverso com o advento da Lei 14.532/2023. Afinal, é possível que minorias étnicas sejam racistas e discriminem outras pessoas? Existe o chamado "racismo reverso"?

A nossa posição é a de que o racismo pode ser praticado por qualquer pessoa contra qualquer pessoa. Daí a impossibilidade de se cogitar uma espécie de reversão. Não é que não exista racismo reverso porque minorias não possam ser racistas: não existe racismo reverso porque todo e qualquer racismo é... racismo.

De fato, especificamente no Brasil, a despeito de possuir maioria negra, quando a pauta é racismo, o primeiro pensamento é na sua faceta do racismo de brancos contra negros. Mas uma pergunta precisa ser enfrentada: Essa é a única forma pela qual o racismo se revela? Evidentemente que não.

A discriminação ou o preconceito racial estão presentes em diversas discussões, quando falamos em barreiras imigratórias, por exemplo, que não necessariamente se encaixam na dicotomia "branco x negro". Com isso, é possível enxergar o racismo como um conceito genérico de prática abusiva contra uma pessoa em virtude de sua origem étnica, que possui diversas maneiras de se apresentar. Não há, pois, requisito sobre quem tem capacidade para praticar ou sofrer, de modo que se afasta, num exercício de lógica, a ideia do racismo reverso. Se qualquer pessoa pode praticar racismo, admite-se que um negro seja o autor do crime? Sim. Dizer isso incomoda bastante, pois há um forte movimento para dar aos negros uma espécie de alvará ou imunidade para hostilizar brancos.

A Constituição e a legislação não estabelecem condição pessoal para autor ou vítima, e a partir daí, em 2023, usando como veículo a Lei 14.532, que alterou a Lei do Racismo, vimos a tentativa de incluir na legislação alguma base para sustentar a ora apontada tese identitária radical. Nesse passo, diz o art. 20-C do diploma: "Na interpretação desta Lei, o juiz deve considerar como discriminatória qualquer atitude ou tratamento dado à pessoa ou a grupos minoritários que cause constrangimento, humilhação, vergonha, medo ou exposição indevida, e que usualmente não se dispensaria a outros grupos em razão da cor, etnia, religião ou procedência". Esse dispositivo não surgiu por acidente, mas como forma de se estabelecer o postulado de que "não existe racismo reverso". Em outras palavras, apenas negros e grupos minoritários poderiam sofrer racismo.

O presente artigo busca demonstrar que a inovação legislativa que acrescentou o art. 20-C à Lei de Racismo padece de inconstitucionalidade material, seja porque atenta contra o princípio da isonomia, a vedação ao tratamento discriminatório e contra a independência funcional do magistrado ao vincular como o juiz deve interpretar a Lei, seja porque sob o aspecto sociológico e antropológico não se justifica minimizar o problema do racismo contra pessoas de qualquer cor ou etnia.

Espera-se que o texto a seguir possa trazer novas luzes ao tema a fim de preservar o núcleo de proteção da norma aos bens jurídicos por ela tutelados, garantindo observância à Constituição e a garantia de direitos fundamentais para todos, sem distinção.

1. RACISMO COMO CONCEITO JURÍDICO-SOCIAL

Já tivemos oportunidade de defender que o conceito de racismo deve ser levado a sério[1], considerando que se trata de crime inafiançável e imprescritível[2], natureza esta que passou a ser atribuída também à injúria racial após decisão do STF que a equiparou à injúria preconceituosa[3], como espécie do gênero racismo, no julgamento do *Habeas Corpus* (HC) 154.248 (*DJ* 28/10/2021). A Lei de Racismo (7.716/1989) prevê uma série de crimes resultantes de discriminação ou preconceito de raça, cor, etnia, religião ou procedência nacional. A princípio, racismo é entendido como um conceito genérico de prática abusiva contra uma pessoa em virtude de sua origem étnica, que possui diversas maneiras de se apresentar.[4] Há autores que defendem que racismo é *a divisão dos seres humanos em raças, superiores ou inferiores, resultante de um processo de conteúdo meramente político-social.*[5]

1. MALUF, André Luiz; GRECO, Rogerio; DOUGLAS, William. Conflito entre os Poderes: pode o STF criar o crime de homofobia? *Jota*, 12 de fevereiro de 2019. Disponível em: [www.jota.info/opiniao-e-analise/artigos/conflito-entre-os-poderes-pode-o-supremo-criar-o-crime-de-homofobia-12022019]. Acesso em: 03 fev. 2024.
2. GRECO, Rogério. *Curso de direito penal*: parte especial, v. II: introdução à teoria geral da parte especial: crimes contra a pessoa. 14. ed. Niterói, RJ: Impetus, 2017. p. 414.
3. GRECO, Rogério. *Curso de direito penal*: parte especial, v. II: introdução à teoria geral da parte especial: crimes contra a pessoa. Op. cit., p. 414.
4. DOUGLAS, William; SILVA, Irapuã Santana do Nascimento da. Não existe monopólio sobre o racismo, tampouco o "racismo reverso". *Conjur*. Disponível em: [www.conjur.com.br/2017-ago-31/opiniao-nao-existe-monopolio-crime-racismo/] Acesso em: 03 fev. 2024.
5. MASSON, Cleber. *Direito penal*: parte especial: arts. 121 a 212. 11. ed. rev., atual. e ampl. Rio de Janeiro: Forense, São Paulo: Método, 2018. p. 185.

Embora discordemos da decisão do Supremo Tribunal Federal que equiparou homofobia ao racismo (ADO 26, Rel. Min. Celso de Mello, Tribunal Pleno, julgado em 13/06/2019) conforme fundamentos expostos em outro artigo[6], vale mencionar que o Tribunal estabeleceu um conceito jurisprudencial para racismo levando em conta aspectos sociais e de discriminação de minorias: "O conceito de racismo, compreendido em sua dimensão social, projeta-se para além de aspectos estritamente biológicos ou fenotípicos, pois resulta, enquanto manifestação de poder, de uma construção de índole histórico-cultural motivada pelo objetivo de justificar a desigualdade e destinada ao controle ideológico, à dominação política, à subjugação social e à negação da alteridade, da dignidade e da humanidade". Ocorre que o racismo, se pode ser visto como um sistema, não deixa de também poder ser uma conduta individual, a qual pode ocorrer em espaços de poder ou situações nas quais o membro de um grupo minoritário tem força, oportunidade ou maioria ocasional que lhe permite se vingar ou hostilizar membro de grupo majoritário eventualmente à sua mercê ou alcance.

Se o racismo passou a ser analisado na jurisprudência do STF sob uma ótica social, o contexto histórico que envolve a prática do racismo e as formas de combatê-lo também devem ser levados em consideração quando analisamos o fenômeno.

O caminho para solucionar o racismo começa pelo perdão, seguindo o pensamento de Gandhi, Desmond Tutu e Nelson Mandela.[7] A transição do regime segregacionista do *apartheid* para uma democracia multirracial deu-se de forma pacífica e organizada graças aos esforços de Nelson Mandela e à condução moral do arcebispo Desmond Tutu, pautados por uma nova forma de justiça restaurativa, sem esquecimento, mas com ênfase na verdade e na responsabilização, esta última em segundo plano.[8]

A medida central tomada por Mandela foi a instauração de uma comissão para investigar eventos ocorridos em campos de detenção e, posteriormente, uma segunda comissão da verdade com representantes dos EUA e Zimbábue, que culminou na aprovação pelo Parlamento Sul-Africano de um Ato de Promoção da Unidade e Reconciliação Nacional que estabelecia uma Comissão da Verdade e Reconciliação.[9]

A Comissão da Verdade e Reconciliação contou com a proeminente participação do arcebispo Desmond Tutu, Presidente do colegiado, e englobava desde a direita conservadora até a esquerda libertária, além de cristãos, muçulmanos, hindus e agnósticos.[10]

6. MALUF, André Luiz; GRECO, Rogerio; DOUGLAS, William. Conflito entre os Poderes: pode o STF criar o crime de homofobia? *Jota*, 12 de fevereiro de 2019. Disponível em: [www.jota.info/opiniao-e-analise/artigos/conflito-entre-os-poderes-pode-o-supremo-criar-o-crime-de-homofobia-12022019]. Acesso em: 03 fev. 2024.
7. "Sem perdão não há futuro para o relacionamento entre indivíduos nem entre nações." – Desmond Tutu; "Se você quer que as pessoas cooperem com você, você deve fazer com que se sintam importantes e você faz isso sendo genuíno e humilde."; – Nelson Mandela; "O fraco jamais perdoa: o perdão é uma das características do forte." – Mahatma Gandhi.
8. PINTO, Simone Martins Rodrigues. Justiça Transicional na África do Sul: restaurando o passado, construindo o futuro. *Contexto Internacional*. Rio de Janeiro, v. 29, n. 2, jul./dez. 2007. p. 393-394.
9. PINTO, Simone. *Justiça Transicional na África do Sul*: restaurando o passado, construindo o futuro, cit., p. 404.
10. PINTO, Simone. *Justiça Transicional na África do Sul*: restaurando o passado, construindo o futuro, cit., p. 404/405 e 407.

As audiências começaram em 1996, e o relatório de cinco volumes foi publicado em outubro de 1998. Foram ouvidos relatos de mais de 23 mil vítimas e testemunhas, sendo mais de duas mil em audiências públicas.[11]

Apesar das críticas ocidentais, pois a Comissão estaria oferecendo anistia aos agentes da opressão, Tutu conduziu a Comissão sob a ideia de justiça restaurativa e não retributiva – diversamente do que ocorreu em Nuremberg – baseada no alicerce cristão de perdão, além da filosofia africana de *ubuntu*[12], de modo que o reconhecimento da verdade funcionava como reprovação moral para a transição pacífica.[13]

O racismo existe e precisa ser combatido. Infelizmente, teóricos da direita e da esquerda, em visões extremadas, acabam por dificultar a luta antirracista. Defendemos em várias oportunidades que o conceito de racismo abrange a proteção contra qualquer raça, etnia e religião, não havendo monopólio do racismo. O conceito de racismo, sob uma perspectiva jurídica, sociológica e histórica, não pode ser restringido tampouco sequestrado por pautas identitárias, como veremos a seguir.

2. O QUE É "RACISMO REVERSO"?

Muitos da direita não conseguem ver, ou admitir, o quanto temos de racismo no país. Preferem imputar tudo a uma visão míope da meritocracia e a problemas sociais. Em resumo, não sabem, não assumem ou não querem lidar com o problema racial. Muitos da esquerda seguem um discurso identitário radical, se agradam da ideia do "nós contra eles", atacam o "sistema", a "branquitude" e promovem ideias análogas, capturando a questão eleitoral e ideologicamente. Preferem uma linha que segrega e investir na luta de raças, prima-irmã da luta de classes.[14]

Ninguém ignora a sub-representação da população negra no parlamento, nos tribunais, nos cargos públicos, nos cursos de mestrado e doutorado e, apesar das cotas, nas universidades. Igualmente, nas gerências e nas escolas, empresas e restaurantes de classe média e alta; ninguém ignora a super-representação de negros nas camadas mais pobres, nas estatísticas de violência urbana, nos presídios e nas condições sub-humanas. São realidades inquestionáveis e igualmente inaceitáveis. O problema é fechar os olhos para outras possibilidades de violações à dignidade da pessoa.[15]

11. PINTO, Simone. *Justiça Transicional na África do Sul*: restaurando o passado, construindo o futuro, cit., p. 404/405.
12. A filosofia por trás do *ubuntu*, desenvolvida por Tutu, buscava harmonia social, compartilhamento e pertencimento. No espírito do *ubuntu*, a restauração das relações quebradas, a reabilitação da vítima e do violador e a cura das feridas são as metas mais importantes. PINTO, Simone. *Justiça Transicional na África do Sul*: restaurando o passado, construindo o futuro, cit., p. 405.
13. PINTO, Simone. *Justiça Transicional na África do Sul*: restaurando o passado, construindo o futuro, cit., p. 405.
14. DOUGLAS, William. Todo racismo é racismo: Lei 14.532, identitarismo radical e o "racismo reverso". *Conjur*, 21 de janeiro de 2023. Disponível em: [www.conjur.com.br/2023-jan-21/william-douglas-todo-racismo-racismo-lei-143522023/]. Acesso em: 03 fev. 2024.
15. DOUGLAS, William; SILVA, Irapuã Santana do Nascimento da. Não existe monopólio sobre o racismo, tampouco o "racismo reverso". *Conjur*. Disponível em: [www.conjur.com.br/2017-ago-31/opiniao-nao-existe-monopolio-crime-racismo/]. Acesso em: 03 fev. 2024.

Há quem defenda que o racismo reverso não existe, veja-se por exemplo Djamila Ribeiro, o qual afirma que *racismo é um sistema de opressão e, para haver racismo, deve haver relações de poder, já que negros não possuem poder institucional para ser racistas; assim, a população negra sofre um histórico de opressão e violência que a exclui, por isso, para haver racismo reverso, precisaria ter existido navios branqueiros, escravidão por mais de trezentos anos da população branca, negação de direitos a elas.*[16] Como já dissemos, esta ideia desconsidera uma série de situações nas quais negros não só possuem maioria numérica ou oportunidade para hostilizar brancos, sendo que à ocasional força e oportunidade se somam ressentimentos e desejos de vingança cada vez mais estimulados por parte dos políticos, professores, mídia e influencers.

A caminhada em direção ao ódio racial é favorecida com a tese de que brancos não podem ser vítimas de racismo, nem negros autores de tal crime. Fica difícil combater algo quando intelectuais e militantes alardeiam que "não existe racismo reverso". De fato, reafirmamos que "racismo reverso não existe", mas por outro motivo: todo racismo é racismo, qualquer que seja a cor da pele da vítima. Não existem raças malvadas e raças boazinhas. Ninguém tem o monopólio da virtude e muito menos da prática de coisas erradas.[17]

A ideia de que alguma raça ou categoria de pessoas possui um salvo-conduto ou imunidade penal para cometer racismo, além de socialmente deletéria, traz consigo um grande erro de genética tipicamente racista: a ideia de que uma raça é melhor ou pior do que outra. Se alguém admite a ideia de que os negros não podem cometer racismo, isto importa em validar moralmente a ideia de que uma raça é melhor do que a outra. Não é por aí que vamos mudar a sociedade nem extinguir o racismo.

A ideia de que não existe o "racismo inverso" ou "reverso" termina por veicular uma espécie de "autorização" moral para que haja um movimento de refluxo, no qual, ao invés de se extirpar o racismo, permite-se sua prática por aqueles que tradicional, histórica e majoritariamente o sofrem. O que temos é uma indevida busca por algum tipo de "reparação histórica" ou vingança, na qual tudo o que criamos é um "rodízio da opressão".

Contra essa ideia, dois negros podem ser citados: Martin Luther King Jr. e Nelson Mandela, ambos defensores vigorosos da política de não devolver ódio com ódio, nem racismo com racismo. Ambos defenderam com veemência a superação dos ressentimentos e o começo de um novo tempo em que não se permita que ninguém discrimine o próximo. A quem não compreender bem essa ideia, recomenda-se assistir ao filme

16. RIBEIRO, Djamila. Quem tem medo do feminismo negro? São Paulo: Companhia das Letras, 2018, p. 41. In: SANNINI, Francisco. Racismo reverso é, juridicamente, racismo. *Conjur*, 27 de setembro de 2023. Disponível em: [www.conjur.com.br/2023-set-27/francisco-sannini-racismo-reverso-juridicamente-racismo/]. Acesso em: 03 fev. 2024.
17. DOUGLAS, William. Antirracismo integral ou um racismo para chamar de seu. *O Dia*, 10 de outubro de 2023. Disponível em: [https://odia.ig.com.br/opiniao/2023/10/6721519-antirracismo-integral-ou-um-racismo-para-chamar-de-seu.html]. Acesso em: 04 fev. 2024.

Invictus, estrelado por Morgan Freeman e Matt Damon, assim como a biografia do próprio Mandela, em filme estrelado por Idris Elba.

Um componente de grupo minoritário, por mais que esteja machucado e magoado por conta de sofrimentos históricos e presentes não pode praticar o crime de exercício arbitrário das próprias razões (art. 345 do Código Penal). Imagine o que será da sociedade se toda e qualquer pessoa vítima de alguma injustiça puder fazer justiça com as próprias mãos. Esta atitude despreza a busca por responsabilizar os culpados e não qualquer pessoa escolhida a esmo, e em ação que despreza todo o sistema de garantias do art. 5º da CF. O devido processo legal não é um capricho ou algo opcional. Segundo o ditado: "Dois erros não fazem um certo". Portanto, não é agredindo de volta que conseguiremos a diminuição da discriminação racial.

Às injustiças histórica e hodiernamente praticadas contra os negros em nosso país, soma-se mais uma: sabemos que sofrer o mal sem revidá-lo exige muita disciplina, serenidade e coragem. Reconhecemos que a natureza humana tende a revidar diante de uma agressão. Então, espera-se essa nobreza de não se devolver o mal com o mal. Ou, se faltar o espírito de nobreza, perdão ou reconciliação, cabe à lei interromper ações que, se tornadas comuns, resultarão em uma verdadeira "guerra de tribos". Quem relativiza ataques raciais semeia convulsão social e abalo da ordem pública. Embora compreendamos ressentimentos e feridas ainda por cicatrizar, temos que alertar que o Direito não autoriza o racismo nem mesmo para suas vítimas. O art. 345 do Código Penal, citado, torna ilícito o exercício arbitrário das próprias razões, mesmo quando as razões sejam eventualmente "boas" ou razoáveis. O Estado não abre mão de regular os conflitos e insatisfações dentro do tecido social.

A verdade é que temos a esperança de que o povo negro se saia melhor do que a nossa sociedade predominantemente branca se saiu em termos de recusar-se à prática do racismo, mas não é isso que tem sido visto no discurso identitário. A verdade é que temos racistas em todas as raças e, também, antirracistas em todas elas. Precisamos que mais pessoas negras tenham a coragem e a altivez de superar o racismo mesmo após séculos sofrendo suas maldades. Porque, como disse Mandela, basta ver o que o racismo faz para saber que não é um comportamento a ser adotado. Esta ideia também foi propugnada por Jesus que, no Sermão da Montanha, recomendou a fortaleza moral de oferecer a outra face, a da paz, e caminhar mais uma milha. E, de novo, se faltar espírito conciliador, que o império da lei garanta segurança para todos. Ocorre que pessoas capturadas por ideologias ou sentimentos de vingança estão a todo tempo querendo criar segregação e ódio.

A lógica da não violência foi utilizada por Gandhi, que logrou libertar a Índia dos ingleses sem disparar um único tiro. As frases que se seguem são dele: "Olho por olho, e o mundo acabará cego"; "Os fracos nunca podem perdoar. O fraco jamais perdoa: o perdão é uma das características do forte"; "O mundo está farto de ódio".

Nosso alerta é, um, de que a lei é para todos e, dois, de que o melhor enfrentamento do racismo é se opondo a ele em lugar de prestigiá-lo com a criação de "zonas livres" onde possa se reproduzir, ainda que com mão inversa. Não queremos uma sociedade onde o que se discute é quem terá o (infeliz) "privilégio" de ser racista, mas um lugar em que o racismo seja integralmente rechaçado e visto como moralmente errado, e juridicamente inaceitável, venha de onde vier, contra quem quer que seja. Que sempre ele receba de todos a única palavra que lhe cabe: "Não".

Como disse Martin Luther King Jr., e disse isso em tempos de grande racismo contra negros nos Estados Unidos, "podemos ter chegado em navios diferentes, mas hoje estamos todos no mesmo barco". É essa consciência que falta àqueles que querem criar uma salvaguarda e uma defesa teórica de um sentimento, pensamento e ação que todos devemos eliminar: quando uma pessoa, qualquer que seja ela, trata a outra de forma diferente por conta de sua raça ou cor.

A visão de que apenas negros podem ser vítimas de racismo revela um identitarismo radical que prejudica a proteção máxima de direitos fundamentais. O antropólogo Antônio Risério[18] faz uma intensa investigação da esquerda militante no Brasil, que inclui o meio artístico e universitário, a qual merece ser estudada com profundidade, pois denuncia os ataques a valores e bens jurídicos caros aos direitos humanos como liberdade, democracia, e, em última instância, a própria vida.

Como defende Risério, historicamente a ideia desses grupos, inicialmente, era de busca por reconhecimento e luta contra o poder, todavia, sofreu uma transmutação, de modo que, o movimento identitário que antes defendia o respeito ao outro, hoje combate tudo e todos que sejam contrários a suas opiniões e interesses:

> "Depois de se afirmar e de realizar avanços e conquistas notáveis, esses movimentos, que nasceram do respeito ao outro, passaram a tomar como inimigo justamente o outro. É feroz o combate de neofeministas e neonegros à outridade. A tudo que signifique diferença. Este é o ponto fundamental. Na peripécia política recente em torno do outro, andou-se (ou desandou-se), no Brasil, do reconhecimento geral à recusa específica. Este foi um dos caminhos para a prevalência atual do fascismo identitário".[19]

Cabe ressaltar que tivemos avanços como a Lei das Cotas em universidades públicas e nos concursos públicos, Estatuto da Igualdade Racial, políticas públicas contra racismo, entre outras medidas. Entretanto, os grupos identitários não reconhecem tais avanços, pois isso enfraqueceria seu discurso que está sempre fomentando mais e mais disputas.[20]

Também vale dizer, como destaca Risério, que os identitários consentem com crimes identitários em favor da causa, basta ler o relato de um estupro de negros em relação aos próprios negros que é tolerado e não recriminado por feministas identitárias:

> "Aqui chegando, só não consigo entender como os identitários se comunicam entre si — e, pior, lidam uns com os outros —, quando leio a seguinte informação no livro *As Ideias e o Terror* de Bruna Frascolla: Steven Pinker [em *The Better Angels of our Nature*] chegou a apontar que a dicotomia marxista entre

18. RISÉRIO, Antonio. *Sobre o relativismo pós-moderno e a fantasia fascista da esquerda identitária.* Rio de Janeiro: Topbooks, 2019. p. 12.
19. RISÉRIO, Antonio. *Sobre o relativismo pós-moderno e a fantasia fascista da esquerda identitária*, cit., p. 22.
20. RISÉRIO, Antonio. *Sobre o relativismo pós-moderno e a fantasia fascista da esquerda identitária*, cit., p. 21.

opressor e oprimido, acompanhada pela apologia da revolução violenta, causavam um senhor estrago nos Estados Unidos de uma maneira nova. Sob a batuta da Escola de Frankfurt, intelectuais passariam a apoiar qualquer comportamento lesivo desde que parecesse caber em suas novas noções de revolução — que, agora, não se centravam mais em classe, mas em coisas como raça, à maneira nazista. A violência gratuita recebia apologia como revolucionária ou não conformista, e psicopatas usavam clichês frankfurtianos para explicar seus crimes e saírem da prisão. Como mostra de sua tese, porém, ele traz o surpreendente trecho em que pantera negra Eldridge Cleaver [em seu livro *Soul on Ice*] racionaliza em termos políticos um estupro cometido [contra uma mulher branca]: 'O estupro foi um ato de insurreição. Deu-me prazer desafiar e pisotear a lei do homem branco, seu sistema de valores, e deu-me prazer sujar suas mulheres — e esse ponto, creio, foi o mais satisfatório para mim, porque eu me ressentia muito do fato histórico de que o homem branco usou a mulher negra'. Pinker conta ainda que esse livro [de Cleaver] foi muito bem recebido pela crítica e o *New York Times* chegou a qualificá-lo como 'brilhante e revelador'. Mas piora! Na mesma página, esse bravo antirracista que cobra dívida histórica em estupro de brancas conta que foi preciso ensaiar antes com negras [não se sabe se para minimizar a tal da solidão estrutural]. Diz: 'Tornei-me um estuprador. Para refinar minha técnica e *modus operandi*, comecei praticando com garotas negras no gueto — no gueto negro onde ações sombrias e viciosas não parecem aberrações ou desvios da norma, mas como parte da suficiência do Mal cotidiano — e, quando eu me julguei ligeiro o bastante, cruzei os rastros e procurei presa branca'. Numa tacada só, o estuprador autoriza o estupro de mulheres da raça que ele alega defender e diz que estupro é uma coisa normal entre aqueles pretos pobres! Seria possível ofendê-los mais? Seria possível ser mais racista e degradar mais, com ações e palavras, as mulheres? *Radfems* como Andréa Dworkin, que eu saiba, ficaram caladinhas. Mas note-se, também, que a sempre celebrada feminista 'afro-americana' Angela Davis, em *Women, Race and Class*, não condenou nem a violência de Cleaver contra as mulheres, nem o seu racismo contra pretos. Identitários consentem crimes identitários, então".[21]

A abordagem do chamado "racismo reverso" serve só para, nos espaços possíveis, as vítimas de um tipo de racismo se sentirem liberadas (ou incentivadas) a praticá-lo. Há vários casos de comunidades, escolas, ambientes universitários etc. em que negros, sendo maioria, praticam racismo contra brancos e ainda dizem que "não é racismo". Qualquer pesquisa superficial nas redes sociais confirmará o que digo. Se for branco, ouvirá que é racista, que não tem "lugar de fala", que não conhece o assunto, que tem "fragilidade branca", que está desprezando "séculos de massacres" etc. Se for negro, será chamado de "capitão do mato", traidor da raça, entreguista, morador da "Casa Grande" e será hostilizado e atacado, assim como vítima de campanha de cancelamento.[22]

A situação atual é de gestação do ódio racial. Contribuem para tanto, de um lado, a omissão, incompetência e analfabetismo dos conservadores na questão racial e, de outro, o silêncio conivente da imprensa, da universidade e dos líderes intelectuais e raciais. Há dois níveis de produção de ódio: o 1º nível ocorre no campo quase livre das redes sociais e das reuniões restritas aos integrantes da "bolha", onde o discurso de ódio é presente e recorrente. Ele também ocorre em salas de aula, grupos de WhatsApp e reuniões identitárias.[23]

21. RISÉRIO, Antonio. *Sobre o relativismo pós-moderno e a fantasia fascista da esquerda identitária*, cit., p. 55-56.
22. DOUGLAS, William. A gestação do ódio racial. *Poder 360*, 11 de outubro de 2023. Disponível em: [www.poder360.com.br/opiniao/a-gestacao-do-odio-racial/]. Acesso em: 04 fev. 2024.
23. DOUGLAS, William. A gestação do ódio racial. *Poder 360*, 11 de outubro de 2023. Disponível em: [www.poder360.com.br/opiniao/a-gestacao-do-odio-racial/]. Acesso em: 04 fev. 2024.

O 2º nível de criação de ódio racial é silencioso e ocorre na liderança. Há líderes que fazem discurso de ódio sem qualquer interrupção e ainda recebem aplausos. Parte dos líderes não faz discurso de ódio expresso só por não querer pagar o custo político e eleitoral de assumir tal discurso.[24] Então, temos o silêncio dos que no fundo aprovam o discurso de ódio e o silêncio daqueles que discordam dessa ideia, mas não querem ser cancelados ou tratados como "traidores" da causa. De fato, qualquer pessoa que não siga a integralidade da pauta é acusada de praticar desserviço ou desqualificar "a luta".

A ministra Anielle Franco (Igualdade Racial), utiliza o avião da FAB e os questionamentos sobre o uso são tachados de "racismo". Marcelle Decothé, assessora do ministério, publicou em sua rede social: "*Torcida branca, que não canta, descendente de europeu safade... pior tudo de pauliste*". O Ministério, em primeira reação, em nota informou que iria apurar, mas cita "momento de descontração" e "tom informal" como se tais circunstâncias pudessem minorar a gravidade da publicação. A fala revelou *hate speach*, xenofobia com europeus e preconceito e discriminação contra paulistas. Geralmente ela ocorre contra nordestinos, mas paulistas e nordestinos estão debaixo da mesma Constituição Federal.[25]

Reafirmamos que não existe assédio nem ódio "do bem", qualquer que seja o nome que se dê ao assédio ou ao ódio. Não existe monopólio do racismo. Mesmo assim, não vemos condenações midiáticas nem notas de repúdio quando brancos, cristãos, conservadores etc. são vítimas dos mesmos atos que outros grupos. Essa é exatamente a proposta de alguns extremistas de esquerda e/ou raciais e do inconstitucional art. 20-C, como veremos a seguir.

É o Direito Penal do Inimigo Racial: se é branco, é estruturalmente racista, frágil, malvado e, se não concorda com essas pechas, é também ignorante e precisa ler mais, fazer curso e, quem sabe, pagar alguma polpuda indenização para alguma ONG ter mais dinheiro para defender que brancos são maus, racistas, não têm lugar de fala e não podem usar tranças. O "branquelo" só é menos malvado se for de esquerda, sentir culpa de ter nascido branco, pedir desculpas e concordar com tudo. Lugar de fala só tem para dizer que está errado. Fora isso, "é racista".[26]

Precisamos continuar a combater o racismo contra os negros, de longe o mais frequente, mas não podemos fechar os olhos e ignorar o racismo contra os brancos, ou querer negar sua natureza jurídica. Aceitar qualquer tipo de discriminação racial reproduz a cultura do racismo, afasta moderados e aliados, cria mais ressentimentos, estimula a "guerra de tribos" e, como já disse desde o início, viola a Constituição Federal.[27]

---

24. DOUGLAS, William. A gestação do ódio racial. *Poder 360*, 11 de outubro de 2023. Disponível em: [www.poder360.com.br/opiniao/a-gestacao-do-odio-racial/]. Acesso em: 04 fev. 2024.
25. DOUGLAS, William. A gestação do ódio racial. *Poder 360*, 11 de outubro de 2023. Disponível em: [www.poder360.com.br/opiniao/a-gestacao-do-odio-racial/]. Acesso em: 04 fev. 2024.
26. Neguinhos e branquelos. *O Dia*, 22 de dezembro de 2023. Disponível em: [https://odia.ig.com.br/opiniao/2023/12/amp/6761976-william-douglas-neguinhos-e-branquelos.html]. Acesso em: 04 fev. 2024.
27. DOUGLAS, William. A gestação do ódio racial. *Poder 360*, 11 de outubro de 2023. Disponível em: [www.poder360.com.br/opiniao/a-gestacao-do-odio-racial/]. Acesso em: 04 fev. 2024.

Nelson Mandela e Martin Luther King Jr. declararam que brancos e pretos podem ser racistas, eles sabiam que todo racismo é errado. Eles diriam que, de fato, não existe racismo reverso, mas porque todo racismo é racismo, qualquer que seja a cor do racista, qualquer que seja a cor da vítima.

A sociedade brasileira precisa decidir se vamos combater ou não todas as discriminações em razão da cor da pele. É preciso decidir se todos os casos de racismo serão combatidos, tanto os numericamente majoritários quanto os numericamente minoritários. É urgente resolver se teremos no Brasil antirracismo integral ou seletivo. Se alguém não é contra todas as manifestações de discriminação em razão da cor da pele, a começar por dizer seu nome (racismo), esta pessoa não é antirracista, mas apenas alguém que quer um racismo alheio para chamar de seu. E alvará/imunidade para praticá-lo. Enfim, é preciso decidir se alguns tipos de ódio racial serão tolerados e incentivados ou se todos serão efetivamente combatidos, como determina a Constituição Federal.[28]

3. A INCONSTITUCIONALIDADE DO ART. 20-C DA LEI DO RACISMO INSERIDO PELA LEI 14.532/2023

A Lei 14.532/2023 deve ser aplaudida e celebrada pelos avanços que trouxe: tornou a ação penal pública incondicionada, assegurou que a vítima seja acompanhada de advogado ou defensor público, abordou os eventos esportivos, protegeu melhor os cultos religiosos, além de explicitar que eventos culturais (como os de humor) precisam ter limites.

Assim como celebramos os avanços, é preciso apontar onde correções são necessárias, e, em paralelo, lembrar que se espera do Judiciário isonômica proteção para todas as cores de pele e tradições religiosas.

O ponto que precisa de imediata correção é o art. 20-C, que diz: "Na interpretação desta Lei, o juiz deve considerar como discriminatória qualquer atitude ou tratamento dado à pessoa ou a grupos minoritários que cause constrangimento, humilhação, vergonha, medo ou exposição indevida, e que, usualmente, não se dispensaria a outros grupos em razão da cor, etnia, religião ou procedência".

Este dispositivo levou algumas pessoas a sustentarem que a lei sufragou a tese de que "não há racismo reverso", ou seja, racismo de negros contra brancos.[29]

O art. 20-C padece de três vícios de inconstitucionalidade material: 1) violação à independência funcional do juiz; 2) violação à igualdade material (art. 5º da Constituição); e 3) tratamento desigual e discriminatório entre grupos (art. 1º, III, e art. 3º, III e IV, da Constituição).

---

28. DOUGLAS, William. A gestação do ódio racial. *Poder 360*, 11 de outubro de 2023. Disponível em: [www.poder360.com.br/opiniao/a-gestacao-do-odio-racial/]. Acesso em: 04 fev. 2024.
29. Ver SANNINI, Francisco. Racismo reverso é, juridicamente, racismo. *Conjur*, 27 de setembro de 2023. Disponível em: [www.conjur.com.br/2023-set-27/francisco-sannini-racismo-reverso-juridicamente-racismo/]. Acesso em: 03 fev. 2024.

O princípio da independência é essencial na atividade judicante, o juiz necessita de liberdade para interpretar os casos seguindo a lei, e não o interesse de grupos ou ideologias. Assim, ao vincular como o juiz deve interpretar certo dispositivo, sob dado viés identitário/ideológico, o texto atenta contra tal princípio, decorrente do art. 93 c/c arts. 95 e 127, § 1º, da CF. Em seguida, há violação à igualdade, gerando tratamento desigual e discriminatório, o que atenta contra os arts. 1º, III, 3º, III e IV, e 5º da CF.

Além disso, há um problema de inconvencionalidade, porque a Convenção Interamericana contra o Racismo, a Discriminação Racial e Formas Correlatas de Intolerância (adotada pelo Brasil e recentemente promulgada pelo Decreto n. 10.932/2022) não agasalha essa redução de proteção aos cidadãos que fazem parte das maiorias. Essa redução, trazida pelo art. 20-C, vai contra o referido tratado.

Quem redigiu o polêmico art. 20-C provavelmente quis mesmo inserir no ordenamento jurídico a exclusão do chamado "racismo reverso" e ainda foi além. Não bastasse diferenciar tipos de racismo e querer dar "alvará" para um deles, foram criados outros dois problemas: 1) distinção entre minorias e maiorias; 2) inclusão de atividades esportivas, religiosas e culturais, com suas consequências.

Sobre o item 1, a Constituição e o tratado internacional que o Brasil adotou não acolhem essa distinção. Não há como inserir em lei esse postulado ideológico uma vez que ele é discriminador das maiorias. Aceitar que estas possam ser assediadas, além de imoral e incoerente, é contrário aos princípios constitucionais e coloca postulados ideológicos acima de tudo o que se produziu até hoje sobre isonomia e busca da fraternidade.

O objetivo de que o amor vença e de que haja pacificação social não ganha nada com a exclusão das maiorias de proteção da lei. Se isso ocorrer, o Estado não terá legitimidade moral para querer impedir a autodefesa, a retorsão imediata e até o exercício da justiça pelas próprias mãos. Seria péssimo dizer para as maiorias que não adianta elas procurarem o Judiciário.

O item 2 revela o quanto a ideia, típica de laboratório, não funciona na realidade, incentiva mais discriminações e cria problemas. O art. 20-C, se for aceita a interpretação que lhe estão dando, teria que ser aplicado, por exemplo, à questão religiosa, presente no § 2º-A e no § 3º da lei.

Se a lei criminaliza tais ações contra minorias e excepciona a de maiorias, como ficaria a situação dos cristãos? Os cultos cristãos perderam a proteção apesar do art. 5º, VI, da CF? Os cristãos, grupo majoritário, não podem mais ser vítimas de injúria religiosa? Que país seria esse onde um cristão pode ser punido por ofender, mas não haverá punição se ele for ofendido?

Paralelamente, pode ser suscitada uma espécie de censura prévia. Surgirá quem queira proibir os cristãos e as igrejas de proferir qualquer fala que seja entendida por pessoa ou grupo minoritário como algo "constrangedor", que cause "vergonha" ou "medo" etc. Imagine alguém falando em pecado, céu e inferno e sendo acusado de causar "medo". É um absurdo, mas suspeito que pessoas antirreligiosas tentarão emplacar essa tese.

A falta de bom senso desse artigo antimaiorias é demonstrada simplesmente por os católicos passarem a não ter proteção em um país majoritariamente católico. E os evangélicos, que são minoria em relação aos católicos, mas maioria em relação aos judeus? Faz sentido aceitar um artigo que produz esses questionamentos?

Outras perguntas. Os evangélicos são majoritariamente negros. Então um culto com evangélicos brancos pode ser objeto de injúria e um culto de evangélicos negros está protegido pela norma? E se brancos e pretos estiverem no mesmo culto? Um branco em cerimônia religiosa da umbanda e do candomblé é protegido pela norma? Ou precisa ser negro? E o negro católico, é protegido?

Vale indagar: O que a sociedade ganha ao diminuir a proteção de atividades esportivas, religiosas e culturais de maiorias? Quem ganha já digo: aqueles que desejam o "nós contra eles" e o caos, os que querem segregar e/ou atingir as maiorias. A única conclusão que contribui para a paz social e o respeito aos arts. 3º, III e IV, e 5º, *caput*, da Constituição é entender pela inconstitucionalidade do art. 20-C.

Nessa linha, se a ideia da Lei 14.532/2023 foi contribuir para o combate do racismo, não parece razoável ou juridicamente sustentável que o art. 20-C dê imunidade ao racismo de grupos minoritários contra majoritários, de negros contra brancos, de índios contra negros e assim por diante. A menos que seja uma lei apenas para sufragar as mais radicais teses raciais da esquerda, somada à tentadora ideia de impor a ditadura das minorias.

Se alguém quiser ter a interpretação de que não há "racismo reverso" porque minoria não comete crime contra maioria, também estaremos "autorizando" a prática de qualquer dos crimes ali previstos contra pessoas da maioria. O corolário é esse.

Por fim, alguém pertencer a alguma maioria não é motivo para deixar de ser protegido contra discriminação. Uma coisa é a lei criar cotas, por exemplo, onde se pratica alguma política afirmativa para socorrer quem está em situação de inferioridade social e/ou econômica, trazendo-o para um patamar de oportunidades mais justas. Outra coisa, é dar a alguém da minoria o "direito" de discriminar ou hostilizar alguém que pertence a uma maioria. Isso esgarça o tecido social.

Além disso, é teratológico um artigo sobre interpretação pretender revogar a lei. Então, ou a interpretação desse artigo está equivocada ou a intenção do legislador era mesmo dar "alvará" para racismo ser praticado por minorias. E, então, há inconstitucionalidade.

Para o bem do país, é preciso que o art. 20-C seja revogado ou declarado inconstitucional.

REFERÊNCIAS

DOUGLAS, William. A gestação do ódio racial. *Poder 360*, 11 de outubro de 2023. Disponível em: [www.poder360.com.br/opiniao/a-gestacao-do-odio-racial/]. Acesso em: 04 fev. 2024.

DOUGLAS, William. Antirracismo integral ou um racismo para chamar de seu. *O Dia*, 10 de outubro de 2023. Disponível em: [https://odia.ig.com.br/opiniao/2023/10/6721519-antirracismo-integral-ou-um-racismo-para-chamar-de-seu.html]. Acesso em: 04 fev. 2024.

DOUGLAS, William. Neguinhos e branquelos. *O Dia*, 22 de dezembro de 2023. Disponível em: [https://odia.ig.com.br/opiniao/2023/12/amp/6761976-william-douglas-neguinhos-e-branquelos.html]. Acesso em: 04 fev. 2024.

DOUGLAS, William. Todo racismo é racismo: Lei 14.532, identitarismo radical e o "racismo reverso". *Conjur*, 21 de janeiro de 2023. Disponível em: [www.conjur.com.br/2023-jan-21/william-douglas-todo-racismo-racismo-lei-143522023/]. Acesso em: 03 fev. 2024.

DOUGLAS, William; SILVA, Irapuã Santana do Nascimento da. Não existe monopólio sobre o racismo, tampouco o "racismo reverso". *Conjur*. Disponível em: [www.conjur.com.br/2017-ago-31/opiniao-nao-existe-monopolio-crime-racismo/] Acesso em: 03 fev. 2024.

GRECO, Rogério. *Curso de direito penal*: parte especial, volume II: introdução à teoria geral da parte especial: crimes contra a pessoa. 14. ed. Niterói, RJ: Impetus, 2017.

MALUF, André Luiz; GRECO, Rogerio; DOUGLAS, William. Conflito entre os Poderes: pode o STF criar o crime de homofobia? *Jota*, 12 de fevereiro de 2019. Disponível em: [www.jota.info/opiniao-e-analise/artigos/conflito-entre-os-poderes-pode-o-supremo-criar-o-crime-de-homofobia-12022019]. Acesso em: 03 fev. 2024.

MASSON, Cleber. *Direito penal*: parte especial: arts. 121 a 212. 11. ed. rev., atual. e ampl. Rio de Janeiro: Forense, São Paulo: Método, 2018.

PINTO, Simone Martins Rodrigues. Justiça Transicional na África do Sul: restaurando o passado, construindo o futuro. *Contexto Internacional*, Rio de Janeiro, v. 29, n. 2, jul./dez. 2007. p. 393-394.

RIBEIRO, Djamila. Quem tem medo do feminismo negro? São Paulo: Companhia das Letras, 2018, p. 41. In: SANNINI, Francisco. Racismo reverso é, juridicamente, racismo. *Conjur*, 27 de setembro de 2023. Disponível em: [www.conjur.com.br/2023-set-27/francisco-sannini-racismo-reverso-juridicamente-racismo/]. Acesso em: 03 fev. 2024.

RISÉRIO, Antonio. *Sobre o relativismo pós-moderno e a fantasia fascista da esquerda identitária*. Rio de Janeiro: Topbooks, 2019.

SANNINI, Francisco. Racismo reverso é, juridicamente, racismo. *Conjur*, 27 de setembro de 2023. Disponível em: [www.conjur.com.br/2023-set-27/francisco-sannini-racismo-reverso-juridicamente-racismo/]. Acesso em: 03 fev. 2024.

A BUSCA DOMICILIAR SOB A ÓTICA DA VALIDADE DOS DEPOIMENTOS DE AGENTES DE SEGURANÇA

Flávio Marcelo de Azevedo Horta Fernandes

Graduado em Direito pela Universidade do Estado do Rio de Janeiro. Desembargador do Tribunal de Justiça do Estado do Rio de Janeiro.

Pietro Figliuolo Horta Fernandes

Pós-graduado em Direito Civil Constitucional e Graduado em Direito pela Universidade do Estado do Rio de Janeiro. Advogado.

INTRODUÇÃO

A crescente criminalidade dos últimos anos em nosso país tem ensejado uma série de questões jurídicas relevantes no que tange à aplicação dos princípios e garantias do art. 5º da Constituição Federal na atividade policial. No presente trabalho, buscamos, com base na jurisprudência, especialmente do STF, e na doutrina, compatibilizar o enfrentamento necessário do poder da criminalidade organizada com tais princípios e garantias, de modo a deixar claro que a aplicação racional da CF não impede a proteção aos bens jurídicos mais importantes dos cidadãos de bem.

DESENVOLVIMENTO

José Afonso da Silva, em clássica lição sobre o tema, assevera que a inviolabilidade do domicílio representa expressão do direito fundamental à privacidade, na medida em que garante ao seu titular ambiente íntimo contra incursões externas na vida familiar:

> "(...) ao estatuir que a casa é o asilo inviolável do indivíduo (art. 5º, XI), a Constituição está reconhecendo que o homem tem direito fundamental a um lugar em que, só ou com sua família, gozará de uma esfera jurídica privada e íntima, que terá que ser respeitada como sagrada manifestação da pessoa humana. A casa como asilo inviolável comporta o direito de vida doméstica livre de intromissão estranha, o que caracteriza a liberdade das relações familiares (a liberdade de viver junto sob o mesmo teto), as relações entre pais e seus filhos menores, as relações entre os dois sexos (a intimidade sexual)."[1]

1. SILVA, José Afonso da. *Curso de Direito Constitucional Positivo.* 40. ed., rev. e atual. São Paulo: Malheiros, 2017. p. 209.

Diz o artigo 5º, inciso XI, da CRFB:

> "Art. 5º.
>
> XI – A casa é asilo inviolável do indivíduo, ninguém nela podendo penetrar sem consentimento do morador, salvo em caso de flagrante delito ou desastre, ou para prestar socorro, ou, durante o dia, por determinação judicial; [...]."

Isso significa que, em regra, o ingresso lícito de terceiros em domicílio alheio pressupõe o prévio consentimento do morador, ficando a admissão ou exclusão de outrem sujeita ao inteiro arbítrio do residente no imóvel.[2] Sem embargo, é considerada legal a entrada mesmo que a autorização não seja prestada necessariamente pelo acusado, mas por familiares, subordinados ou qualquer outra pessoa que aparenta ser a legítima moradora da residência.[3] Não se vislumbra ofensa à inviolabilidade domiciliar, desse modo, quando o ingresso dos policiais ocorre mediante consentimento do morador, o que inviabiliza o reconhecimento de ilegalidade da diligência, bem como dos elementos de convicção dela resultantes.[4]

Ninguém, portanto, pode ingressar no domicílio alheio sem o prévio consentimento do morador, exceto nas situações excepcionais taxativamente enumeradas pelo constituinte, quais sejam, flagrante delito, desastre, prestação de socorro ou por determinação judicial. Atendidos os pressupostos fático-jurídicos que justificam a entrada nessas hipóteses, dispensa-se qualquer discussão acerca da validade da autorização dada pelo morador. Afinal, a proteção constitucional do domicílio não pode ser transformada em garantia de impunidade para a prática de crimes no seu interior.[5]

Veja-se que o ingresso em domicílio alheio em decorrência de flagrante delito independe da expedição de mandado judicial, inclusive podendo a busca domiciliar ser realizada durante o período noturno, o que tem suscitado discussão quanto à necessidade de controle da medida, assim sintetizada por Ingo Wolfgang Sarlet e Jayme Weingartner Neto:

> "Trata-se de densificar critérios que devem reger a atividade policial (certamente submetida à proporcionalidade e num primeiro momento postos pelo legislador) e no sentido de objetivar o controle judicial, idealmente prévio, às vezes a posteriori, de atuação do Estado-Polícia, sobrecarregado, em nossa sensibilidade, entre deveres de atuação e prevenção na segurança pública, de um lado; e de

2. HUNGRIA, Nélson. *Comentários ao Código Penal, volume VI*: arts. 137 ao 154. 5. ed. Rio de Janeiro: Forense, 1980. p. 214.
3. "É de se reconhecer como válida, com base na teoria da aparência, a autorização expressa de realização de busca e apreensão em sede de empresa investigada, dada por pessoa que, embora tenha deixado de ser sócia formal da empresa desde 2013, continuou assinando documentação para os supostos certames fraudulentos realizados por Município em 2014 e, mesmo transcorridos quase 3 (três) anos de sua exclusão como sócia, se apresentou como a pessoa responsável pela empresa justamente no dia em que deflagrada a "Operação Mata Norte", tinha a chave do escritório sede da empresa e foi descrita pelo real sócio-administrador da empresa, em depoimento policial, como pessoa de sua inteira confiança, encarregada de manter a documentação em ordem para eventuais licitações de que a empresa viesse a participar, bem como emissões de notas fiscais." (STJ, 5ª T., RMS 57.740/PE, rel. Min(a) Reynaldo Soares da Fonseca, j. 23/3/2021).
4. STF, 1ª T., RHC 143.694/SC, rel. Min(a) Marco Aurélio, j. 8/9/2020.
5. STF, 2ª T., RE 86.926, rel. Min(a) Cordeiro Guerra, j. 4/10/1977.

produção de provas hábeis a instruir a persecução penal, por outro, já que é inteiramente legítima e decorre de um dever geral de proteção a perseguição penal dos delinquentes no interesse da comunidade."[6]

O Plenário do Supremo Tribunal Federal, no julgamento do Recurso Extraordinário 603.616/RO, manifestou-se sobre a questão constitucional, tendo sido fixada a seguinte tese de Repercussão Geral no Tema 280:

"A entrada forçada em domicílio sem mandado judicial só é lícita, mesmo em período noturno, quando amparada em fundadas razões, devidamente justificadas 'a posteriori', que indiquem que dentro da casa ocorre situação de flagrante delito, sob pena de responsabilidade disciplinar, civil e penal do agente ou da autoridade, e de nulidade dos atos praticados."[7]

É problemático, entretanto, o ingresso no domicílio alheio com base exclusivamente em delação anônima. A vedação ao anonimato, prevista no artigo 5º, inciso IV, da CRFB, impede a deflagração de medidas invasivas, como a busca domiciliar, embasadas apenas em informação anônima, devendo esta ser complementada por diligências investigativas prévias que certifiquem a procedência das informações nela noticiadas.[8] A delação anônima precisa, assim, vir acompanhada de outras circunstâncias que demonstrem a ocorrência de situação de flagrante delito no interior da casa para que o ingresso dos policiais seja reputado válido.

São elas, por exemplo, a visualização externa de entorpecentes, a "campana" que revela movimentação suspeita de pessoas na localidade, a indicação da presença de droga com auxílio de cão farejador ou a própria localização do imóvel em sítio de notória dominação por facção ou organização criminosa.

Cumpre destacar que não é necessária nenhuma providência adicional para a entrada no domicílio alheio quando constatada situação de flagrante delito de crime permanente.[9] Em tal caso, presume-se a urgência da medida, ainda que o crime praticado seja sem violência ou grave ameaça, motivo pelo qual os policiais devem proceder de imediato à busca domiciliar, conforme determina o artigo 301 do CPP. Assim sendo, colhidos elementos informativos de que a casa é ponto de comercialização de entorpe-

6. SARLET, Ingo Wolfgang; NETO, Jayme Weingartner. A inviolabilidade do domicílio e seus limites: o caso do flagrante delito. *Revista de Direitos Fundamentais e Democracia*, v. 14, n. 14, p. 544-562, jul./dez. 2013.
7. STF, Plenário, RE 603.616/RO, rel. Min(a) Gilmar Mendes, j. 5/11/2015.
8. STF, 1ª T., HC 84.823/TO, rel. Min(a) Marco Aurélio, j. 7/8/2007. Quanto à legalidade do procedimento de Verificação Prévia ou Preliminar de Informações (VPI), confira-se: "(...), a partir de uma informação obtida através de carta acompanhada de documentos, anonimamente endereçada à 57ª Delegacia de Polícia – Nilópolis-RJ, foram denunciadas supostas irregularidades cartorárias praticadas por serventias daquele Estado da Federação. Com base nessas informações, o Delegado de Polícia Marcelo Ambrósio ordenou a mera verificação de procedência daquelas informações, com fins de colher subsídios sobre eventual ocorrência de crime que pudesse ensejar a instauração de um inquérito policial. (...) Assim, tenho que os procedimentos tomados pelos policiais civis estão em perfeita consonância com o entendimento firmado pela Primeira Turma desta Suprema Corte, no julgamento do HC 84.823/TO, Relator o Ministro Marco Aurélio." (STF, 1ª T., HC 98.345/RJ, rel. p. acórdão Min(a) Dias Toffoli, j. 16/6/2010).
9. STF, 1ª T., HC 72.421/SP, rel. Min.(a) Ilmar Galvão, j. 28/3/1995; STF, 2ª T., HC 84.772/MG, rel. Min.(a) Ellen Gracie, j. 19/10/2004.

centes, mostra-se absolutamente desnecessário aguardar a expedição de ordem judicial para o ingresso na residência.

A 6ª Turma do Superior Tribunal de Justiça, nos autos do Habeas Corpus 598.051/SP, decidiu que a suspeita da prática do crime de tráfico ilícito de entorpecentes isoladamente não autorizaria o ingresso domiciliar sem mandado judicial ou consentimento do morador. Nessa hipótese, a situação de flagrante delito apenas justificaria a medida quando eventual demora na obtenção da ordem judicial pudesse comprometer a prisão do investigado ou possibilitar a destruição do corpo de delito.

Da mesma forma, a 5ª Turma do mesmo STJ, nos autos do HC 616.584/RS, asseverou que a prova da legalidade e da voluntariedade do consentimento para ingresso na residência suspeita incumbe ao Estado e deve ser feita por declaração assinada pela pessoa que autorizou a busca, indicando-se, sempre que possível, testemunhas do ato.

As duas Turmas determinaram que a operação de ingresso em domicílio teria que ser registrada em áudio e vídeo, para fins processuais, determinando-se tal padrão como obrigatório para todos os Tribunais de Justiça e TRFs, bem como órgãos e agentes de segurança pública.

Todavia, ambos os Acórdãos foram anulados pelo Supremo Tribunal Federal no bojo do Recurso Extraordinário 1.342.077/SP, onde foi Relator o Ministro Alexandre de Moraes, que, monocraticamente, decidiu que houve excesso do Superior Tribunal de Justiça em determinar a implementação de medidas aos órgãos de segurança pública de todas as unidades da federação, estabelecendo requisitos constitucionalmente inexistentes e determinando, em abstrato e com efeitos vinculantes, verdadeira obrigação de fazer inexistente na Constituição Federal e no CPP.

Agiu com acerto o Supremo Tribunal Federal. Na esteira do art. 155 do CPP, a apreciação da prova obedece ao princípio do livre convencimento motivado, inexistindo parâmetros probatórios ou tarifação de elementos de evidência.

No caso de buscas domiciliares, não é esperado que o acusado confesse a autoria delitiva, uma vez que lhe é garantido o direito à não autoincriminação.

Ora, se a justificativa para a documentação da autorização dada pelo morador repousa na excepcional ocorrência de abusos em operações e diligências policiais, o que impediria de o registro também vir a ser obtido mediante coação ou falsificação de sua assinatura?

É providencial, nesse sentido, o trecho de acórdão subscrito pelo Desembargador Sylvio Baptista Neto do Tribunal de Justiça do Estado do Rio Grande do Sul:

> "Em termos de prova convincente, os depoimentos dos policiais envolvidos nas diligências preponderam sobre a do réu. Esta preponderância resulta da lógica e da razão, pois não se imagina que, sendo a primeira uma pessoa séria e idônea, e sem qualquer animosidade específica contra o agente, vá a juízo e mentir, acusando um inocente. Deve-se examinar a declaração pelos elementos que contém, confrontando-o com as outras provas ou indícios obtidos na instrução e discute-se a

pessoa do depoente. Se a prova sobrevive depois desta análise, ela é forte para a condenação, não importando quem a trouxe."[10]

Ao fim, tal exigência resultaria sempre na injusta desvalorização da palavra do policial, haja vista a impossibilidade de se alcançar juízo de certeza absoluto quanto à voluntariedade do consentimento prestado pelo morador, mesmo por escrito.

Cumpre esclarecer, entretanto, que o texto constitucional em nenhum momento restringe a dispensa de ordem judicial, para fins de busca domiciliar, apenas aos casos de flagrante delito que representassem uma verdadeira emergência. Em realidade, conforme destacado na própria decisão de Repercussão Geral do Supremo Tribunal Federal, a urgência é sempre presumida nas situações de flagrante delito, ainda que o crime seja praticado sem violência ou grave ameaça à pessoa. Senão, vejamos:

> "Da mesma forma, a cláusula que limita o ingresso ao período do dia é aplicável apenas aos casos em que a busca é determinada por ordem judicial. Nos demais casos – flagrante delito, desastre, ou para prestar socorro – a Constituição não faz exigência quanto ao período do dia. Talvez porque, nessas hipóteses, presume-se urgência no ingresso na casa.
>
> Essa urgência é presumida independentemente de o crime envolver violência ou grave ameaça à pessoa."

O artigo 33, *caput*, da Lei 11.343/2006 encerra tipo penal de ação múltipla, no qual são descritas diversas condutas que caracterizam tráfico de drogas, dentre elas a de ter em depósito, trazer consigo e guardar substâncias entorpecentes. Tais modalidades de ação configuram crime de natureza permanente, em que a consumação prolonga-se no tempo, motivo pelo qual persiste o estado de flagrante enquanto não cessada a permanência, na forma do disposto no artigo 303 do CPP. Ainda nesses casos, a autoridade policial e os seus agentes são obrigados a efetuar a prisão em flagrante, independentemente de autorização judicial, sob pena de responderem pela ocorrência do resultado decorrente de sua omissão penalmente típica.

É o que determina o artigo 301 do CPP, *in verbis*:

> Art. 301. Qualquer do povo poderá e as autoridades policiais e seus agentes deverão prender quem quer que seja encontrado em flagrante delito.

Tampouco o artigo 5º, inciso XI, da CRFB estabelece qualquer ressalva em relação às modalidades de flagrante que dão ensejo ao ingresso no domicílio sem mandado judicial, como lembrado por Norberto Avena:

> "(...) Pois bem, para fins de ser realizada a busca domiciliar sem ordem judicial, basta que se considere o agente como em situação de flagrância, não importando qual a modalidade de flagrante tenha se operado na espécie concreta, visto não fazer a Constituição Federal nenhuma ressalva a respeito."[11]

10. TJ-RS, 7ª Câmara Criminal, Apelação Criminal 70020972568, rel. Des(a) Sylvio Baptista Neto, j. 19/12/2007.
11. AVENA, Norberto. *Processo penal*. 15. ed. Rio de Janeiro: Método, 2023. p. 606.

De fato, a regra geral, prevista no artigo 301 do CPP, segundo a qual a autoridade policial e os seus agentes têm o dever de prender quem esteja em flagrante, não é absoluta. Admite-se, em hipóteses excepcionais definidas na legislação, o retardamento da execução da prisão para que a medida legal se concretize no momento mais oportuno à persecução penal, sob o ponto de vista da colheita de provas e da obtenção de outras informações. Tal técnica de investigação, denominada de ação controlada ou flagrante prorrogado, encontra previsão no artigo 53, inciso II, da Lei 11.343/2006, dentre outros diplomas normativos.

Contudo, a autoridade policial ou os seus agentes não gozam de discricionariedade para decidir sobre o melhor momento da prisão. O postergamento da ação policial, em relação aos crimes tipificados na Lei de Drogas, exige prévia autorização judicial e oitiva do órgão do Ministério Público, estando a concessão do flagrante prorrogado condicionada, ainda, ao conhecimento do provável itinerário e da identidade dos demais integrantes de operações de tráfico e distribuição.

Como se vê, o âmbito de aplicação da ação controlada é bastante reduzido, motivo pelo qual não deve ser adotado como modelo normativo para justificar a exigência de mandado judicial nos casos de flagrante delito por tráfico ilícito de drogas.[12] [13]

Fora desse cenário especial, impõe-se a entrada forçada no domicílio tão logo constatada a situação de flagrância. De fato, tratando-se o tráfico ilícito de drogas de crime permanente, quando coletados todos os elementos de prova resultantes da investigação, também se mostra absolutamente desnecessário aos agentes públicos aguardar a expedição de ordem judicial para efetuar a prisão em flagrante no interior da casa em que se encontram depositadas ou guardadas, para fins de comércio, as substâncias entorpecentes.[14]

Não são raros os casos em que, devido à diligência policial acontecer em áreas dominadas por facções criminosas, é inviável tal exigência.

12. "Se a providência do agente infiltrado, por si só, já será difícil, imaginem essa não atuação policial sobre essas pessoas que, por ordem judicial, terão uma espécie de imunidade processual temporária até que os demais sejam identificados e processados criminalmente!" (RANGEL, Paulo; BACILA, Carlos Roberto. *Lei de Drogas*: comentários penais e processuais. 3. ed. rev., ampl. e atual. São Paulo: Atlas, 2015. p. 201).

13. Cleber Masson e Vinícius Marçal nos fornecem exemplo elucidativo sobre a utilidade do flagrante postergado na Lei de Drogas: "É o que ocorre, por exemplo, quando policiais monitoram um porto à espera da chegada de um considerável carregamento de cocaína por parte de uma organização criminosa, até que, em determinado momento, atraca um pequeno bote com dois dos integrantes (já conhecidos) portando um saco plástico transparente contendo um pó branco, a indicar ser cocaína. Em vez de efetuarem a prisão flagrancial dos sujeitos diante do delito aparente, postergam o ato, esperando que a "grande carga" seja desembarcada em um navio que se sabe virá dentro em breve." (MASSON, Cleber; MARÇAL, Vinícius. *Lei de Drogas*: aspectos penais e processuais. Rio de Janeiro: Forense; São Paulo: Método, 2019. p. 240).

14. "Todavia, se, por ocasião da descoberta dos elementos probatórios mais relevantes, não houver qualquer situação de flagrância, a autoridade policial não poderá realizar a prisão em flagrante pelo ato pretérito que foi tolerado visando à eficácia da investigação. (...) a prisão a ser efetuada nesse momento posterior estará condicionada à verificação de situação de flagrância (v.g., a localização da carga roubada com os receptadores autoriza a prisão em flagrante por se tratar, a receptação, de crime permanente), ou à decretação prévia de eventual prisão preventiva e/ou temporária." (LIMA, Renato Brasileiro de. *Legislação criminal especial comentada*: volume único. 8. ed. rev., atual. e ampl. Salvador: JusPodivm, 2020. p. 838).

O artigo 5º, inciso XI, da CRFB não impõe a documentação do prévio consentimento do morador para a validade do ingresso em seu domicílio, muito menos despreza o testemunho do policial como meio de comprovar a voluntariedade da autorização.

Não se desconhece a utilidade do registro por escrito do consentimento do morador, não só para a segurança dos cidadãos em geral, mas também dos próprios policiais. Tal providência permite ao magistrado ter mais clareza quanto à prova colhida, especialmente quando o acusado franqueia a entrada, mas informa, posteriormente, em Juízo, não ter autorizado o ingresso dos policiais na residência.

Todavia, não se pode submeter a validade de todo o acervo probatório a essa providência, sob pena de inviabilizar, mesmo, a própria persecução penal. Na forma do art. 155 do CPP, os magistrados de todos os graus devem considerar livremente os elementos probatórios colhidos para determinar se a diligência foi válida ou não.

Cumpre salientar-se, nesse momento, o valor probatório do testemunho policial e a possibilidade de fundamentar a sentença condenatória.

Em sede doutrinária, há quem sustente o entendimento de que a palavra do policial sobre os fatos que foram objeto de sua atuação deveria ser vista com muita cautela pelo magistrado, haja vista que aquele teria interesse na demonstração da legalidade dos seus atos. Argumentam os defensores dessa corrente que o depoimento policial seria considerado desprovido de eficácia probatória autônoma, sendo imprescindível a corroboração por outras provas independentes do testemunho para a demonstração da autoria delitiva. Tendo isso em vista, não admitem que o relato prestado pelo agente sirva como único fundamento da sentença condenatória, devendo, nesses casos, o acusado ser absolvido, com base no artigo 386, incisos V e VII, do CPP.

Tal entendimento, por evidente, não merece prevalecer, porquanto atribuir previamente valor probatório reduzido ao depoimento policial em virtude somente de sua condição funcional viola o sistema do livre convencimento motivado, adotado como regra no artigo 155 do CPP. As provas não têm valor predefinido em lei – e nem poderiam ser desvaloradas abstratamente por meio de Decisão Judicial, sendo descabida a presença de qualquer resquício do brocardo latino *testis unus, testis nullus* no atual processo penal brasileiro.[15] Dessa maneira, ao proibir a condenação baseada exclusivamente na palavra do policial, o magistrado é privado de toda a liberdade na apreciação de prova constante nos autos para a formação do seu convencimento.

Cita-se a pertinente lição de Eugênio Pacelli:

> "Procurando fugir dos inconvenientes dos dois sistemas anteriores, o da prova legal ou tarifada e o da 'inquisitio', no qual o juiz acusador formava livremente a sua convicção, sem declinar os caminhos trilhados pelo seu raciocínio e pelo seu espírito, o processo penal moderno caminhou para a elaboração do sistema do livre convencimento motivado, ou da persuasão racional.

15. Excepcionalmente, o legislador optou por vedar que a sentença condenatória seja fundamentada apenas em um único elemento de prova quando se tratar de declaração do réu colaborador, na forma do que dispõe o artigo 4º, § 16, inciso III, da Lei 12.850/2013.

> Por tal sistema, o juiz é livre na formação de seu convencimento, não estando comprometido por qualquer critério de valoração prévia da prova, podendo optar livremente por aquela que lhe parecer mais convincente. Um único testemunho, por exemplo, poderá ser levado em consideração pelo juiz, ainda que em sentido contrário a dois ou mais testemunhos, desde que em consonância com outras provas."[16]

Mais do que isso, desprezar o valor do testemunho policial carece de fundamento lógico, pois, como bem elucida o ilustre Desembargador Synésio de Aquino do Tribunal de Justiça do Estado do Rio de Janeiro:

> "Não teria sentido o Estado credenciar agentes para exercer serviço público de repressão ao crime e garantir a segurança da sociedade e ao depois negar-lhe crédito quando fosse dar conta de suas tarefas no exercício de suas funções precípuas."[17]

Dessa forma, o depoimento policial goza do mesmo valor probatório que a palavra das demais testemunhas, ou seja, aquela qualidade funcional nem lhe confere abstratamente eficácia superior em relação aos outros depoimentos, tampouco o priva de qualquer força persuasiva. A declaração prestada em juízo pelo agente público deve ser livremente apreciada em conjunto com o restante das provas constantes nos autos do processo, de modo a formar o convencimento motivado do magistrado.

Cumpre registrar que o próprio legislador, no artigo 214 do CPP, conferiu às partes forma processual destinada a suscitar a ciência de fato que torne a testemunha suspeita de parcialidade ou indigna de fé.[18] Nessa perspectiva, caso acolhida a arguição de inidoneidade, compete ao magistrado consignar o incidente na ata de audiência judicial e, ainda assim, tomar o depoimento da testemunha impugnada, que deverá prestar o compromisso de dizer a verdade, atribuindo maior ou menor valor probatório às suas palavras.[19] Veja-se, portanto, que, se houver algum indício da existência de interesse do policial no processo, a Defesa poderá arguir o defeito do depoimento, apresentando os fatos e as provas pertinentes para tanto.

Arremata o Desembargador Caio Eduardo Canguçu de Almeida do Tribunal de Justiça do Estado de São Paulo:

---

16. PACELLI, Eugênio. *Curso de Processo Penal*. 25. ed. São Paulo: Atlas, 2021. p. 267.
17. RDTJRJ 7/287.
18. "Não obstante o Código de Processo Penal não seja explícito quanto ao exato sentido do art. 214, a sua redação permite concluir que a contradita e a arguição de parcialidade no depoimento da testemunha não são expressões sinônimas tampouco são institutos aplicáveis aos mesmos casos. (...) Já a arguição de parcialidade, por outro lado, prevista, igualmente, no art. 214 citado, ocorrerá quando alguma das partes tiver ciência de fatos que tornem a testemunha indigna de fé ou suspeita de parcialidade. (...) Trata-se, como se pode observar, de circunstâncias que não impedem o depoimento da testemunha (pois não abrangidas pelo art. 207 do CPP), tampouco a prestação de compromisso (pois não referidas no art. 208 do CPP), mas que, de qualquer sorte, devem ser consignadas no termo de audiência para que possam ser consideradas pelo juiz ao proferir a sentença." (AVENA, Norberto. *Processo penal*. 15. ed. Rio de Janeiro: Método, 2023. p. 573).
19. TOURINHO FILHO, Fernando da Costa. *Manual de Processo Penal*. 18. ed. São Paulo: Saraiva Educação, 2018. p. 641.

> "(...) se nada existe nos autos que possa desabonar os depoimentos de policiais – não se provando que fossem desafetos do acusado, tivessem hostil prevenção contra ele ou quisessem perversamente prejudicá-lo deve ser confirmada a condenação, neles baseada."[20]

É sob essa perspectiva, aliás, que deve ser interpretado o enunciado da Súmula 70 do Tribunal de Justiça do Estado do Rio de Janeiro:

> "Súmula 70-TJ/RJ: O fato de restringir-se a prova oral a depoimentos de autoridades policiais e seus agentes não desautoriza a condenação."[21]

Em voto-vista proferido pelo Ministro Joel Ilan Paciornik, nos autos do julgamento do AREsp 1.936.393/RJ, foi perfeitamente destacado o equívoco na afirmação segundo a qual os policiais sempre teriam interesse particular na condenação do acusado, o que tornaria o seu testemunho falseável. Senão, vejamos:

> "Os vieses, assim como as expectativas, crenças e estereótipos, são filtros pessoais de percepção da realidade comuns a todos. Toda testemunha carrega vieses advindos de seu meio social, de sua formação e de suas concepções de mundo e, a partir deles, percebem e interpretam a realidade ao seu redor.
>
> Cabe ao magistrado verificar se, no caso concreto, os vieses da testemunha ultrapassam os limites do razoável, ou seja, se superam a certa dose de viés e de estereótipos que todos nós carregamos, e, a partir desse ponto de inflexão, passa a influenciar diretamente a narrativa da testemunha, afastando-a da realidade fática. De igual modo, cabe verificar se, no caso em análise, a testemunha teria algum interesse especial no resultado do processo, que poderia justificar também um falseamento proposital dos fatos narrados."[22]

Não se pode perder de vista que os policiais, diferentemente dos doentes e deficientes mentais, dos menores de quatorze anos, e das pessoas elencadas no artigo 206 do CPP, não estão dispensados do dever legal de prestar o compromisso de dizer a verdade. Vale dizer, tais agentes públicos são obrigados a declararem tudo o que souberem acerca dos fatos que lhes forem perguntados, sujeitando-os às penas do crime de falso testemunho, tipificado no artigo 342 do CP. Extrai-se daí a conclusão de que os policiais foram considerados como verdadeiras testemunhas, com plenas condições de depor a respeito dos eventos de que têm conhecimento, e não meros informantes, sem nenhum vínculo de imparcialidade.[23]

> "(...) pois não se imagina que, sendo a primeira uma pessoa séria e idônea, e sem qualquer animosidade específica contra o agente, vá a juízo e mentir, acusando um inocente. Deve-se examinar a declaração pelos elementos que contém, confrontando-o com as outras provas ou indícios obtidos na instrução e discute-se a pessoa do depoente. Se a prova sobrevive depois desta análise, ela é forte para a condenação, não importando quem a trouxe."[24]

20. RT 634/276.
21. Antes mesmo da edição da Súmula 70 do TJ-RJ, o Tribunal de Justiça do Estado da Paraíba já havia sumulado idêntico entendimento com o seguinte teor: "Súmula 23-TJ/PB: É válido o depoimento prestado por autoridade policial no âmbito do processo penal, desde que coerente e não infirmado por outros elementos de prova, máxime, quando colhido sob compromisso legal".
22. STJ, 5ª T., AREsp 1.936.393/RJ, Rel. Min(a) Ribeiro Dantas, j. 25/10/2022.
23. NUCCI, Guilherme de Souza. *Manual de processo penal*. 4 ed. Rio de Janeiro: Forense, 2023. p. 301.
24. TJ-RS, 7ª Câmara Criminal, Apelação Criminal 70020972568, rel. Des(a) Sylvio Baptista Neto, j. 19/12/2007.

Do mesmo modo, temos a lição do STF:

> "(...) inexiste qualquer restrição a que servidores policiais sejam ouvidos como testemunhas. O valor de tais depoimentos testemunhais – especialmente quando prestados em juízo, sob a garantia do contraditório – reveste-se de inquestionável eficácia probatória, não se podendo desqualificá-los pelo só fato de emanarem de agentes estatais incumbidos, por dever de ofício, da repressão penal.
>
> Na realidade, o depoimento testemunhal do agente policial somente não terá valor, quando se evidenciar que esse servidor do Estado, por revelar interesse particular na investigação penal, age facciosamente ou quando se demonstrar – tal como ocorre com as demais testemunhas – que as suas declarações não encontram suporte e nem se harmonizam com outros elementos probatórios idôneos."[25]

Alguns doutrinadores, equivocadamente, questionam tais depoimentos com fundamento em interpretação extensiva do disposto no artigo 207 do CPP.[26]

Em realidade, nos termos do artigo 202 do CPP, a regra é a de que toda a pessoa possa ser testemunha, isto é, não se exige nenhuma condição adicional ou requisito mínimo para que possa ser ouvida em Juízo. O que ocorre é que a legislação processual, excepcionalmente, proíbe o depoimento de determinadas pessoas que, em razão de função, ministério, ofício ou profissão, devam manter sigilo sobre os fatos objetos de apuração. A norma visa salvaguardar a confiança recíproca inerente à essas relações, mostrando-se incompatível, por outro lado, com a atividade policial, em que o agente possui o dever legal de comunicar a ocorrência de crime do qual teve conhecimento no exercício de função pública, sob pena de responsabilidade disciplinar, civil e penal.[27]

Não há que se falar, portanto, em impedimento ou suspeição do depoente em virtude da simples condição de policial, de tal maneira que é lícito ao Ministério Público arrolar os agentes que conduziram a busca domiciliar como testemunhas de acusação na correspondente denúncia criminal para que prestem contas em Juízo sobre as circunstâncias em que se deu o ingresso na residência, a materialidade da apreensão e a autoria delitiva.

Mais uma vez, é nesse sentido, inclusive, o entendimento há muito sedimentado do Supremo Tribunal Federal:

> "A legitimidade de basear-se, a condenação, em depoimentos de investigadores – que descreveram o ocorrido 'de forma coerente e segura', em consonância com mais elementos probatórios colhidos no processo – é indisputável. Aquela qualidade funcional não tornava as testemunhas impedidas de depor ou de tal forma defeituosas que seus depoimentos houvessem de ser tidos como inúteis."[28]

---

25. STF, 1ª T., HC 73.518/SP, rel. Min(a) Celso de Mello, j. 26/3/1996. Nesse sentido: STF, 2ª T., HC 59.551/MT, rel. Min(a) Djaci Falcão, j. 9/2/1982; STF, 2ª T., RHC 66.356/SP, rel. Min(a) Carlos Madeira, j. 20/5/1988; STF, 2ª T., HC 74.522/AC, rel. Min(a) Maurício Corrêa, j. 19/11/1996; STF, 2ª T., HC 77.565/SP, rel. Min(a) Néri da Silveira, j. 29/9/1998.
26. Art. 207. São proibidas de depor as pessoas que, em razão de função, ministério, ofício ou profissão, devam guardar segredo, salvo se, desobrigadas pela parte interessada, quiserem dar o seu testemunho.
27. No âmbito criminal, o agente responderá pela prática da contravenção penal prevista no artigo 66, inciso I, do Decreto-Lei 3.688/1941, que assim dispõe: "Art. 66. Deixar de comunicar à autoridade competente: I – crime de ação pública, de que teve conhecimento no exercício de função pública, desde que a ação penal não dependa de representação; (...) Pena – multa, de trezentos mil réis a três contos de réis."
28. STF, 1ª T., HC 51.577/SP, Rel. Min(a) Rodrigues Alckmin, j. 6/11/1973.

CONCLUSÃO

Em síntese, os depoimentos dos policiais, colhidos sob o crivo do Contraditório e da Ampla Defesa, constituem meio de prova idôneo que autoriza a condenação do acusado, quando ausentes elementos em contrário confiáveis no restante do acervo probatório. Em decorrência, as diligências de busca domiciliar efetivadas por agentes de segurança, na hipótese de flagrante delito ou quando haja autorização de um morador da residência, devem ser justificadas com base nos elementos de prova colhidos na situação de fato, inexistindo necessidade de obediência a procedimentos predefinidos. Na forma do art. 155 do CPP, o magistrado terá ampla liberdade de apreciação da prova apresentada pelos agentes de segurança, de modo a determinar a validade de tais evidências.

REFERÊNCIAS

AVENA, Norberto. *Processo penal*. 15. ed. Rio de Janeiro: Método, 2023.

HUNGRIA, Nélson. *Comentários ao Código Penal, volume VI*: arts. 137 ao 154. 5. ed. Rio de Janeiro: Forense, 1980.

LIMA, Renato Brasileiro de. *Legislação criminal especial comentada*: volume único. 8. ed. rev., atual. e ampl. Salvador: JusPodivm, 2020.

MASSON, Cleber; MARÇAL, Vinícius. *Lei de Drogas*: aspectos penais e processuais. Rio de Janeiro: Forense; São Paulo: Método, 2019.

NUCCI, Guilherme de Souza. *Manual de processo penal*. 4. ed. Rio de Janeiro: Forense, 2023.

PACELLI, Eugênio. *Curso de Processo Penal*. 25. ed. São Paulo: Atlas, 2021.

RANGEL, Paulo; BACILA, Carlos Roberto. *Lei de Drogas*: comentários penais e processuais. 3. ed. rev., ampl. e atual. São Paulo: Atlas, 2015.

SARLET, Ingo Wolfgang; NETO, Jayme Weingartner. A inviolabilidade do domicílio e seus limites: o caso do flagrante delito. *Revista de Direitos Fundamentais e Democracia*, v. 14, n. 14, p. 544-562, jul./dez. 2013.

SILVA, José Afonso da. *Curso de Direito Constitucional Positivo*. 40. ed., rev. e atual. São Paulo: Malheiros, 2017.

TOURINHO FILHO, Fernando da Costa. *Manual de Processo Penal*. 18. ed. São Paulo: Saraiva Educação, 2018.

O DIREITO ANTICORRUPÇÃO E A ATUAÇÃO DO MINISTRO ANDRÉ MENDONÇA NA DEFESA DA CONSTITUIÇÃO DA REPÚBLICA

Vitor Marcelo Aranha Afonso Rodrigues

Possui especialização em Direito Privado pela Universidade Federal Fluminense (1996), graduação em Direito pela Universidade Federal Fluminense (1995). Doutor *Honoris Causa* pela Escola Superior de Advocacia da OABRJ (2005). Desembargador do Tribunal de Justiça do Estado do Rio de Janeiro (desde 05/2022). Professor da Universidade Salgado de Oliveira – Universo (desde 1997) e da Universidade Candido Mendes Ipanema (licenciado). Professor da Escola de Magistratura do Estado do Rio de Janeiro – Emerj.

1. INTRODUÇÃO: UMA TRAJETÓRIA DE DEFESA DA CONSTITUIÇÃO

A presente obra busca homenagear, de forma extremamente justa e necessária, uma trajetória consistente e singular de defesa da Constituição da República pelo Ministro André Luiz de Almeida Mendonça que passa por seus estudos acadêmicos em Direito Anticorrupção, pela sua atuação na Advocacia-Geral da União e no Ministério da Justiça e culmina com sua tutela intransigente dos direitos fundamentais como Ministro do Supremo Tribunal Federal.

A ascensão do homenageado não é por acaso: Doutor em Direito (*cum laude*) com menção de Doutorado Internacional pela Universidade de Salamanca, Espanha (2018). Mestre em Direito pela Universidade de Salamanca, Espanha (2013). Pós-graduado em Direito Público pela Universidade de Brasília (2009). Pesquisador e Professor Visitante – Universidade de Stetson, Estados Unidos (2015/2016). Professor do Programa de Doutorado em Estado de Derecho y Gobernanza Global da Universidade de Salamanca. Salamanca, Espanha. Professor do Instituto Presbiteriano Mackenzie – Faculdade de Direito em Brasília. Professor do Programa de Mestrado e Doutorado em Direito da Instituição Toledo de Ensino (ITE), Bauru (SP), Brasil. Professor do Programa de Mestrado Centro de Estudos de Direito Econômico e Social – CEDES. Antes de ser Ministro do STF, foi Advogado-Geral da União (2019-2020 e 2021), Ministro da Justiça e Segurança Pública (2020/2021); Assessor Especial do Ministro da Transparência e Controladoria-Geral da União (2016/2018). Membro do Conselho da Transparência e Combate à Corrupção, órgão colegiado e consultivo vinculado à CGU com a finalidade de aperfeiçoar a transparência na gestão pública e planejar estratégias de combate à corrupção e à impunidade (2010/2013). Advogado da Petrobras Distribuidora S/A.

Vencedor da categoria especial do Prêmio INNOVARE, cuja temática foi o combate ao crime organizado (2011). Vencedor do Prêmio Extraordinário de Mestrado conferido pela Universidade de Salamanca (2014). Diploma de Mérito do COAF – Conselho de Controle de Atividades Financeiras (2014). Vencedor do Prêmio Extraordinário de Doutorado da Universidade de Salamanca (2019). Ainda em 2023, recebeu o título de cidadão honorário de Londrina pela sua atuação na localidade e a Medalha Raymundo Faoro pelo Conselho Federal da OAB – CFOAB, honraria da maior comenda da advocacia nacional.

Portanto, fica claro que o Ministro teve atuação mais do que destacada não só no setor privado, mas, sobretudo, no setor público, em temas de elevado relevo para a nação, em especial no que toca ao Direito Anticorrupção, tanto por meio de pesquisas e obras no âmbito acadêmico quanto em sua atuação profissional. É dentro desse espectro, portanto, que o presente artigo se insere.

O texto busca avaliar o Direito Anticorrupção na perspectiva abordada pelo Ministro André Mendonça durante a sua trajetória, com destaque para seus trabalhos acadêmicos realizados na Universidade de Salamanca, na Espanha, com enfoque na recuperação de ativos. Sob uma vertente metodológica jurídico-dogmática de avaliação das estruturas internas do ordenamento jurídico e dos institutos jurídicos[1], no caso envolvendo o Direito Anticorrupção, à luz da doutrina pertinente, bem como um estudo envolvendo a jurisdição constitucional brasileira e a pesquisa do Ministro André Mendonça.

Abordar-se-á, no presente artigo, a definição de corrupção, a visão do Ministro André Mendonça sobre o instituto da corrupção com base em seus trabalhos acadêmicos, a evolução da legislação anticorrupção brasileira, marcos históricos de corrupção no Brasil como um problema sistêmico, a participação do Ministro Mendonça no combate à corrupção, a importância da prevenção e repressão, sua atuação nos diversos cargos que ocupou e o papel do Estado e dos atores institucionais nessa temática.

Ao final apresentar-se-á as conclusões sobre a análise realizada, recapitulando os pontos principais abordados e as contribuições que podem ser extraídas tanto da trajetória do Ministro André Mendonça quanto de suas pesquisas e propostas no tema perscrutado.

2. A VISÃO DO MINISTRO ANDRÉ MENDONÇA SOBRE A CORRUPÇÃO E A RELEVÂNCIA DA RECUPERAÇÃO DE ATIVOS

Em sua tese de doutorado, o Ministro André Mendonça escreve que: "La corrupción es un ilícito complejo y practicado por organizaciones criminales estructuradas en redes celulares, flexibles y fluidas".[2] É um fenômeno social complexo que demanda

1. GUSTIN, Miracy; DIAS, Maria Tereza. *(Re)pensando a pesquisa jurídica*. Belo Horizonte: Del Rey, 2010. p. 21.
2. MENDONÇA, André Luiz de Almeida. *Sistema de principios para la recuperación de activos procedentes de la corrupción*. Tesis Doctoral presentada para obtener el grado de Doctor por la Universidad de Salamanca, dirigida

uma análise multidisciplinar, não havendo consenso sobre sua definição, dependendo da perspectiva e ramo da ciência objeto de estudo[3], contudo, para os fins da sua investigação, o Ministro define a corrupção da seguinte forma:

> "Desde una perspectiva general, según ROSE ACKERMAN, la corrupción esla utilización incorrecta del poder público para poder obtener beneficiosprivados. De modo más específico, y sin dejar de reconocer las dificultades para definir la corrupción, NYE considera que es el comportamiento que desvía de una obligación formal a partir de una función pública a causa de una pretensión privada (personal, de carácter familiar, de clique privado) pecuniaria o de status; o violadora de reglas contra el ejercicio de ciertos tipos de influenciasparticulares. Partiendo de esas definiciones, se puede decir que la corrupción la componen (i) acciones u omisiones ilícitas —'uso incorrecto' o 'comportamiento que se desvía de una obligación' —; (ii) a través del uso ilegítimo del 'poder público' o de la 'función pública'; (iii) para obtener un 'beneficio privado' de cualquier naturaleza, 'pecuniario o de estatus'."[4]

Trata-se de um problema ligado à própria história da humanidade, passando pela Babilônia, Grécia, Roma, Idade Média e Moderna, culminando com formas complexas e intrincadas de corrupção no mundo contemporâneo.[5] Em especial, após a queda do Muro de Berlim com o fracasso econômico e social da União Soviética, o mundo passa a se atentar para a qualidade das democracias e consequentemente para o fenômeno deletério da corrupção, como informa Sua Excelência:

> "No obstante, a finales de los años 80 del siglo XX, especialmente a partir de la simbólica caída del muro de Berlín, el debate sobre la calidad de la democracia ganó cuerpo. Es en ese contexto que las discusiones sobre mecanismos de prevención de la corrupción pasaron a ser parte de los debates públicos. Surgen entonces los primeros documentos internacionales que tratan específicamente de la corrupción, como (i) la Convención Interamericana contra la Corrupción —OEA — (1996); (ii) la Convención para Combatir el Soborno de Servidores Públicos Extranjeros en Transacciones Comerciales Internacionales — OCDE — (1997); (iii) los Convenios Penal y Civil sobre la Corrupción del Consejo de Europa — CE — (1999); (iv) la Convención de la Unión Africana para Prevenir y Combatir a Corrupción — UA — (2003); y (v) la Convención de las Naciones Unidas contra a Corrupción — ONU — (2003). Desde entonces, la prevención y el combate a corrupción es un tema central en los debates nacionales e internacionales, en cuyo contexto, conforme expone el art. 51 de la Convención de la ONU, la recuperación de activos procedentes da corrupción "es un principio fundamental".[6]

por el Dr. D. Nicolás Rodríguez García, Catedrático de Derecho Procesal de la Universidad de Salamanca. Salamanca, 2018. p. 25.

3. MENDONÇA, André Luiz de Almeida. *Sistema de principios para la recuperación de activos procedentes de la corrupción.* Tesis Doctoral presentada para obtener el grado de Doctor por la Universidad de Salamanca, dirigida por el Dr. D. Nicolás Rodríguez García, Catedrático de Derecho Procesal de la Universidad de Salamanca. Salamanca, 2018. p. 34.
4. MENDONÇA, André Luiz de Almeida. *Sistema de principios para la recuperación de activos procedentes de la corrupción.* Tesis Doctoral presentada para obtener el grado de Doctor por la Universidad de Salamanca, dirigida por el Dr. D. Nicolás Rodríguez García, Catedrático de Derecho Procesal de la Universidad de Salamanca. Salamanca, 2018. p. 34.
5. MENDONÇA, André Luiz de Almeida. *Sistema de principios para la recuperación de activos procedentes de la corrupción.* Tesis Doctoral presentada para obtener el grado de Doctor por la Universidad de Salamanca, dirigida por el Dr. D. Nicolás Rodríguez García, Catedrático de Derecho Procesal de la Universidad de Salamanca. Salamanca, 2018. p. 31.
6. MENDONÇA, André Luiz de Almeida. *Sistema de principios para la recuperación de activos procedentes de la corrupción.* Tesis Doctoral presentada para obtener el grado de Doctor por la Universidad de Salamanca, dirigida

As condutas relacionadas à corrupção e o consequente encobrimento patrimonial, muitas vezes se utilizam de profissionais especializados como advogados, contadores e consultores que criam empresas fantasmas – não existentes ou extintas – como forma de dissimular ou ocultar a realidade com o objetivo de dificultar a caracterização do ilícito e a recuperação do seu produto[7], sem prejuízo de outras técnicas, como a inserção de empresas dentro de outras empresas, utilização de "laranjas", abertura de empresas *offshore* em sistemas jurídicos externos menos rigorosos em termos de regulação e fiscalização patrimonial quanto à lavagem de dinheiro e sonegação de tributos, entre outras práticas deveras criativas.

O Ministro André Mendonça, em seus trabalhos, mostra elevada preocupação com o fenômeno nefasto da corrupção. Em documento produzido durante sua gestão no Ministério da Justiça e Segurança Pública (2021), ele demonstra que a atividade criminosa desempenhada por facções organizadas é responsável por mais mortes do que conflitos terroristas combinados, com base em análise da *Global Study on Homicide de 2013* no período de 2000 até 2017[8], o que demanda atuação de inteligência integrada e coordenada das forças de segurança pública.

Dentro da lógica do Direito Anticorrupção, o Ministro André Mendonça possui diversos trabalhos na área de recuperação de ativos, e defende que "não faz sentido insistir em fórmulas comprovadamente custosas, morosas ou ineficientes", de modo que, segundo ele, "litigar por litigar, segundo a nossa cultura brasileira adversarial, somente tem o condão de assoberbar o Judiciário, já que os índices de recuperação, isto é, o retorno efetivo aos cofres públicos, historicamente foram ínfimos ou, na melhor das hipóteses, insatisfatórios".[9]

No campo processual, o Ministro André Mendonça já escreveu diversos textos sobre racionalização processual e estratégias de gestão – dentro da lógica de eficiência da recuperação de ativos –, destacando tais medidas como meios de promover a fundamental celeridade no processamento e julgamento de demandas, cabendo ao juiz, na condição de responsável pela direção do processo, atuar de modo criativo e racional no sentido de gerenciar adequadamente as fases processuais e as condutas judiciais, sempre com o objetivo de trazer ganhos de eficiência não só para cada feito individualmente considerado, mas para a unidade judicial como um todo.[10]

---

por el Dr. D. Nicolás Rodríguez García, Catedrático de Derecho Procesal de la Universidad de Salamanca. Salamanca, 2018. p. 33.

7. MENDONÇA, André Luiz de Almeida. La gestión de la información y la recuperación de activos procedentes de la corrupción. *Revista General de Derecho Procesal*, 47, 2019. p. 16.
8. *Plano de forças-tarefas do MJSP de combate ao crime organizado – PFTSUSP*, 19/01/2021. p. 4. Disponível em: [www.gov.br/mj/pt-br/assuntos/noticias/andre-mendonca-201choje-nos-dizemos-ao-brasil-a-seguranca-publica-nacional-se-organizou-em-rede201d/plano-de-forcas-tarefas-mjsp-1.pdf]. Acesso em: 06 mar. 2024.
9. MENDONÇA, André Luiz de Almeida. Recuperação de ativos e combate à corrupção. In: BECHARA, Fábio Ramazzini et al. (Coord.). *Corrupção*: diálogos interdisciplinares. São Paulo: Almedina, 2020. p. 219.
10. MENDONÇA, André Luiz de Almeida; XIMENES, Fernando Braz. Gestão processual no mandado de segurança: celeridade e efetividade na tutela contra a ilegalidade e o abuso de poder, *Revista Jurídica da Seção Judiciária de Pernambuco*, n. 15, 2023. p. 65.

Nesse sentido, o Ministro Mendonça defende que a recuperação de ativos é um princípio fundamental da Convenção de Mérida, também previsto na Convenção da OEA contra a Corrupção e nas Convenções Europeias (criminal e civil), e é uma das temáticas mais relevantes de prevenção da corrupção, por isso, ele investiga os critérios para mensurar adequadamente os valores que devem ser recuperados (como expressão financeira do justo valor a ser recomposto), além do produto oriundo da corrupção.[11]

No âmbito nacional, o Código Penal – art. 91, com alterações de 2019 – traz a obrigação do condenado de reparar o dano gerado pelo crime e a perda dos instrumentos e produtos do crime, inclusive da diferença entre o valor do patrimônio do condenado e aquele que seja compatível com o seu rendimento lícito. Além disso a Lei de Lavagem e a Lei de Improbidade determinam a perda de bens e valores acrescidos ilicitamente, inclusive com possibilidade de indisponibilidade cautelar para garantir a recomposição do erário. Na visão do Ministro André Mendonça a realidade brasileira adotou a *teoria do produto bruto* em detrimento da *teoria do produto líquido* do crime a fim de evitar incentivos favoráveis à conduta ilícita:

> "En relación a la realidad legislativa brasileña, se revela muy clara la aplicación de la teoría del producto bruto. Es en ese sentido que se presenta el amplio marco definidor del concepto de producto establecido por la propia Ley de Lavado de Activos de Brasil, que determina la pérdida 'de todos los bienes, derechos y valores relacionados, directa o indirectamente, a la práctica de los crímenes', es decir, (i) la expresión 'todos' resalta la amplitud del concepto, (ii) la expresión 'relacionados' abarca todo el flujo patrimonial y financiero movido a partir de la práctica criminosa, mientras (iii) las locuciones 'directa o indirectamente' resaltan que esa relación no necesariamente deriva de un negocio ilícito en sí mismo o no demanda haber un nexo causal inmediato entre el ilícito y el producto. Por ese concepto, (i) los gastos de hoteles para la práctica del crimen, (ii) los gastos con los empleados de una organización criminosa o (iii) los valores despendidos con una empresa de consultoría legalmente establecida com el propósito de 'lavar' los activos, no podrán ser deducidos pues aunque el gasto sea lícito, es ilícita la imputación del gasto, pues son 'funcionales para la comisión del delito'. (...) 'En el mismo sentido camina la Ley de Improbidad de Brasil'".[12]

O Ministro Mendonça também reforça que com a internalização da Convenção de Mérida e a ratificação da Convenção das Nações Unidas Contra a Corrupção, a teoria do produto bruto passou a ser prevista e assimilada no Direito nacional[13]:

> "Por lo tanto, en el contexto jurídico brasileño, sea por razones de justicia y legalidad, sea por los parámetros expresos en la nueva redacción de ley de lavado de activos, sea por la disposición de la ley de improbidad administrativa, sea por la propia definición asumida a partir de la ratificación

11. MENDONÇA, André Luiz de Almeida. Los criterios para la mensuración del valor del enriquecimiento ilícito y perjuicios causados por actos corruptos, *Revista da AGU*, Brasília-DF, v. 15, n. 04, out./dez. 2016. p. 67-70 e 78-79.
12. MENDONÇA, André Luiz de Almeida. Los criterios para la mensuración del valor del enriquecimiento ilícito y perjuicios causados por actos corruptos. *Revista da AGU*, Brasília-DF, v. 15, n. 04, out./dez. 2016. p. 81-82.
13. MENDONÇA, André Luiz de Almeida. Los criterios para la mensuración del valor del enriquecimiento ilícito y perjuicios causados por actos corruptos. *Revista da AGU*, Brasília-DF, v. 15, n. 04, out./dez. 2016. p. 82-83.

y promulgación de la Convención de Mérida con status de ley ordinaria, la definición de producto sigue la teoría del producto bruto".[14]

Na recuperação de ativos, portanto, o juiz deve basear-se em critérios de justiça e equidade de três fatores: (i) o valor do produto do ilícito; (ii) o valor de danos ou danos materiais causados pelo ilícito, e; (iii) o valor do dano patrimonial moral ou extra causado pelo mesmo ilícito, devendo, ao fim e ao cabo, "representar la exacta reconstitución de las consecuencias patrimoniales y extra patrimoniales causadas por el ilícito".[15] Para isso, segundo o Ministro Mendonça:

> "Es indispensable que la cuantificación del montante a ser resarcido considere (i) el producto bruto del ilícito, pero, tratándose de ilícito em el negocio y en la medida de la utilidad experimentada por el Estado, admitiéndose al acusado postular el descuento de los costes lícitos, directos, y razonables por él comprobadamente realizados en la ejecución del objeto del contrato; (ii) la reparación de los daños materiales causados sin incidencia de bis in idem, y; (iii) la reparación de los daños extra patrimoniales o morales según parámetros de proporcionalidad em función de las características del agente y del acto. Así, se garantiza la justa reparación sin enriquecimiento ilícito de uno u otro lado, bien como sin que el daño y riesgo de la conducta sea soportado por la propia sociedad, ya victimizada por el ilícito".[16]

Para que a recuperação seja efetiva, além dos parâmetros expostos, as autoridades devem dispor de mecanismos informáticos de mineração de dados (*data mining*[17]) para resolver casos específicos e estabelecer padrões e condutas para casos gerais, conhecendo órgãos e atividades propensos a desvios e lavagem de recursos públicos, estabelecendo mecanismos efetivos em reação à corrupção.[18]

Vale ressaltar que recentemente o Conselho Nacional de Justiça – CNJ inaugurou o Sistema Nacional de Investigação Patrimonial e Recuperação de Ativos – SNIPER, dentro do programa Justiça 4.0, como uma plataforma de investigação patrimonial, para facilitar o acesso a diversas bases de dados, abertas e fechadas, com cruzamento e tradução visual das informações e ligações entre atores e partes para identificação de vínculos e grupos econômicos. Até o momento, a plataforma já está integrada com o Cadastro de Pessoas Físicas e Jurídicas da Receita Federal do Brasil, com os bens declarados ao TSE, no âmbito da CGU: informações sobre sanções administrativas (caso já tenha ocupado

---

14. MENDONÇA, André Luiz de Almeida. Los criterios para la mensuración del valor del enriquecimiento ilícito y perjuicios causados por actos corruptos. *Revista da AGU*, Brasília-DF, v. 15, n. 04, out./dez. 2016. p. 83.
15. MENDONÇA, André Luiz de Almeida. Los criterios para la mensuración del valor del enriquecimiento ilícito y perjuicios causados por actos corruptos. *Revista da AGU*, Brasília-DF, v. 15, n. 04, out./dez. 2016. p. 83 e 86.
16. MENDONÇA, André Luiz de Almeida. Los criterios para la mensuración del valor del enriquecimiento ilícito y perjuicios causados por actos corruptos. *Revista da AGU*, Brasília-DF, v. 15, n. 04, out./dez. 2016. p. 86
17. "El *data mining* permite hacer análisis de vínculos — *link analysis* — entre entidades y transacciones. Eso es por demás importante tratándose de ilícitos de corrupción, que invariablemente involucran dos o más personas, sea en su fase de planificación y ejecución, sea en la fase de encubrimiento patrimonial del producto del ilícito. Para eso, por medio de *softwares* específicos y haciendo uso de una buena base de datos, se pueden establecer vínculos — y su frecuencia — entre personas o transacciones y, a partir de eso, analizar la secuencia de estos vínculos". MENDONÇA, André Luiz de Almeida. La gestión de la información y la recuperación de activos procedentes de la corrupción. *Revista General de Derecho Procesal*, 47, 2019. p. 15.
18. MENDONÇA, André Luiz de Almeida. La gestión de la información y la recuperación de activos procedentes de la corrupción. *Revista General de Derecho Procesal*, 47, 2019. p. 14.

cargo público), empresas inidôneas e suspensas, entidades sem fins lucrativos impedidas, empresas punidas e acordos de leniência, registro aeronáutico na ANAC, embarcações listadas no Tribunal Marítimo, informações sobre processos judiciais, valores e partes no CNJ, dados bancários sigilosos (SISBAJUD) e dados fiscais (INFOJUD).[19]

3. A EVOLUÇÃO DA LEGISLAÇÃO ANTICORRUPÇÃO NO DIREITO BRASILEIRO E O DESENVOLVIMENTO DO COMBATE À CORRUPÇÃO

A corrupção é um fenômeno sistêmico e deletério das instituições estatais, com impactos sociais profundos e perversos. Leandro Paulsen, Desembargador do TRF4, que atuou em grau recursal nos processos da Lava Jato, ressalta em sua obra uma breve evolução do sistema repressivo contra a corrupção: inicialmente em 2000, no âmbito da ONU, foi adotada a Convenção contra o Crime Organizado Transnacional, que foi internalizada no Brasil pelo Decreto 5.015/2004, ademais, em 2003 foi adotada a Convenção contra a Corrupção, internalizada pelo Decreto 5.687/2006, a qual demonstra a preocupação que os Estados-Partes devem ter com a gravidade dos problemas e ameaças decorrentes da corrupção para a estabilidade e segurança das sociedades, ao enfraquecer as instituições e os valores da democracia, da ética e da justiça.[20]

A corrupção não é sancionada apenas pelos tipos de corrupção passiva e ativa previstas no Código Penal (art. 317 e 333), de modo que o Direito Anticorrupção também tutela a Administração Pública na vedação da concussão, excesso de exação, contrabando e descaminho.[21] E aqui acrescentamos a tutela da probidade administrativa, por meio da Lei de Improbidade (8.429/92, substancialmente modificada pela Lei 14.230/2021), e outras leis contra a corrupção, em especial aquela promovida pelo crime organizado, como da Lei Anticorrupção (12.846/2013), da Lei de Organizações Criminosas (12.850/2013) e da Lei de Lavagem de Dinheiro (9.613/1998, com as modificações realizadas em 2012 e 2022).

Em recente obra, publicada em 2020, o Ministro André Mendonça destaca a criação de algumas normas para o combate mais efetivo da corrupção, tais como novos institutos jurídicos, como a *colaboração premiada e os acordos de leniência*; novos meios de prova, como os *agentes infiltrados e as entregas supervisionadas*; novos procedimentos, como os *mecanismos de cooperação jurídica, a troca de informações e as equipes conjuntas de investigação*; e novas instituições, como *as unidades de inteligência financeira e as oficinas de recuperação de ativos*.[22]

---

19. *Sistema Nacional de Investigação Patrimonial e Recuperação de Ativos – Sniper*. Disponível em: [www.cnj.jus.br/tecnologia-da-informacao-e-comunicacao/justica-4-0/sniper/]. Acesso em: 08 mar. 2024.
20. PAULSEN, Leandro. *Crimes federais*. 2. ed. São Paulo: Saraiva Jur, 2018. p. 134.
21. PAULSEN, Leandro. *Crimes federais*. 2. ed. São Paulo: Saraiva Jur, 2018. p. 134-145.
22. MENDONÇA, André Luiz de Almeida. Bases para a compreensão sistêmica da corrupção. In: MORAES, Alexandre de; MENDONÇA, André Luiz de Almeida (Coords.). *Democracia e sistema de justiça*: obra em homenagem aos 10 anos do Ministro Dias Toffoli no Supremo Tribunal Federal. Belo Horizonte: Fórum, 2020. p. 78.

Ele defende a legitimidade da AGU, enquanto órgão que representa a União para iniciar procedimentos preparatórios de combate à corrupção, propondo ações de improbidade para ressarcimento do erário e defesa do patrimônio público, inclusive podendo celebrar acordos de leniência com base no art. 6º da Lei Anticorrupção.[23]

Em paralelo ao desenvolvimento de mecanismos de combate à corrupção, por meio de normas e novos institutos, dezenas de operações ao longo das últimas décadas buscaram minimizar e reprimir esquemas e escândalos variados de corrupção no Brasil: i) na década de 80 ocorreu o caso "Anões do Orçamento" que consistia em liberação de emendas para entidades beneficentes de parentes ou laranjas de Deputados, além de verbas para obras públicas – o episódio levou à abertura de uma CPI e diversos foram cassados; ii) nos anos 90, denúncias contra o ex-Presidente Fernando Collor de Mello, que atingiram seu tesoureiro PC Farias, acusado de montar uma rede de subornos e tráfico de influência em torno da Presidência da República – o caso levou ao *impeachment* de Collor; iii) em meados do primeiro mandato do Presidente Lula (2002-2006) estourou o escândalo do Mensalão, esquema constituído pelo pagamento de propinas a parlamentares para aprovação de medidas favoráveis ao governo – posteriormente os principais dirigentes do partido governista, juntamente com empresários, foram presos após condenação do STF na AP 470; vi) em 2006, a Polícia Federal deflagrou a Operação Sanguessugas para combater uma máfia de fraude a licitações para compra de ambulâncias, fato que levou à aprovação da Lei da Ficha Limpa após amplo clamor popular; v) tivemos os casos do Mensalão Tucano (1998), o caso de corrupção do Juiz Nicolau no TRT/SP por desvio milionário de verba pública nas obras do fórum trabalhista de SP (década de 90); vi) a Operação Castelo de Areia, que investigou crimes financeiros e lavagem de dinheiro em 2009, supostamente praticados por executivos da Camargo Correa (a operação foi declarada nula pelo STJ por ter se baseado em denúncias anônimas sem outros elementos iniciais de investigação); vii) a Operação Satiagraha (2004), que envolvia banqueiros, empresários doleiros e outros atores públicos, o Banco Opportunity e a Brasil Telecom – a operação também foi anulada pelo STJ com confirmação pelo STF, além disso, o Delegado Federal responsável pelo caso, Protógenes Queiroz, foi condenado pelo STF e expulso da PF e o Juiz Federal Fausto De Sanctis, posteriormente promovido a Desembargador, respondeu a ações no CNJ; viii) no caso Banestado (a partir de 1996 até 2002) agências em Foz do Iguaçu foram utilizadas para evasão de divisas de bilhões de dólares por meio de carros-fortes e utilização de contas falsas.

Todos esses crimes e esquemas, no entanto, não se comparam ao que foi desvendado pela Operação Lava Jato, que revelou o bilionário e maior esquema de corrupção da história – o Petrolão –, com ramificações para os Estados Unidos, Suíça, Panamá e outras dezenas de países além das fronteiras brasileiras.[24]

---

23. MENDONÇA, André Luiz de Almeida; PAIVA, Adriano Martins de. Abogacía General de la Nación de la República Federativa de Brasil: historia, estructura y desafíos para el futuro, *Revista Jurídica de la Procuraduría General del Estado* n. 1, Ministerio de Justicia y Derechos Humanos, Perú, 2021. p. 31.
24. GAVAERD, Carolina. A evolução histórica do crime de lavagem de dinheiro no Brasil: a influência internacional no direito brasileiro e os resultados alcançados: uma comparação entre os resultados alcançados entre o caso do Banestado e a Operação Lava Jato, *Revista Liber*, v. 1, n. 2, 2022. p. 115.

A Operação Lava Jato teve início em 2014 no Paraná e findou-se, oficialmente, sete anos depois, com a dissolução da Força Tarefa que atuou em Curitiba em 2021, tendo se desdobrado em 80 fases, no Paraná, Rio de Janeiro, São Paulo e Brasília – envolvendo o TRF4, TRF2, TRF1, STJ e STF, além dos juízes de primeiro grau.

A Operação afetou políticos, incluindo Presidentes, Deputados, Senadores e Governadores, empresários e outros servidores públicos e agentes privados. Dentre os ilícitos investigados destacam-se crimes contra o sistema financeiro, formação de organização criminosa, lavagem de dinheiro, corrupção e peculato.

Os acordos de leniência firmados somaram o montante a ser devolvido de mais de 25 bilhões de reais, sendo que quase 7 bilhões foram devolvidos à Petrobras, até 2022, além de envio de recursos em devolução para o Departamento de Justiça dos Estados Unidos e a Procuradoria-Geral da Suíça, incluindo mais de 40 acordos de leniência e mais de 150 colaborações premiadas, com aproximadamente 250 ações penais, mais de 1.900 ações de buscas e apreensões, mais de 300 prisões preventivas e 200 prisões temporárias e quase 1.000 pessoas denunciadas criminalmente.[25]

O sofisticado mecanismo consistia em indicação de diretores para estatais – sobretudo a Petrobras – por partidos políticos da base aliada do governo, com a consequente liberação de verbas e lavagem de dinheiro para os partidos e respectivos políticos, além de intermediários como doleiros e operadores. O esquema também envolveu um elaborado sistema de Cartel entre as empresas que concorriam em licitações de grande porte no ramo da construção civil nacional, com benefícios para políticos e empresários e desvios de valores para campanhas.[26]

Apesar do imenso êxito, a Operação Lava Jato foi alvo de muitas críticas da comunidade jurídica, sobretudo pelo emprego de prisões e incentivo às delações. Além disso, posteriormente, surgiram conversas privadas entre o ex-juiz e o principal membro do Ministério Público que atuou na Operação, que sugerem conluio entre os atores na condução das investigações e na persecução penal, com o acréscimo do ingresso desses atores na política, o que colocou em xeque a legalidade da Operação e os fins almejados perante a opinião pública. Somado a isso, diversos réus conseguiram anular condenações nos Tribunais Superiores e inúmeros acordos de leniência estão sendo revistos.

Em que pese os elementos expostos, é inafastável o fato de que a Operação Lava Jato debelou um esquema comprovado de corrupção intrincado dentro da Administração

---

25. GAVAERD, Carolina. A evolução histórica do crime de lavagem de dinheiro no Brasil: a influência internacional no direito brasileiro e os resultados alcançados: uma comparação entre os resultados alcançados entre o caso do Banestado e a Operação Lava Jato, *Revista Liber*, v. 1, n. 2, 2022. p. 111-114; VALOR, Cesar Felício. *Lava Jato*: veja quem foram os principais operadores. Disponível em: [https://valor.globo.com/politica/noticia/2024/03/06/lava-jato-principais-operadores.ghtml]. Acesso em: 08 mar. 2024; CORDEIRO, Tiago. *Balanço final da Lava Jato*. Disponível em: [www.gazetadopovo.com.br/republica/lava-jato-dinheiro-recuperado-destino/]. Acesso em: 08 mar. 2024. *Lava Jato*. Disponível em: [www.mpf.mp.br/para-o-cidadao/caso-lava-jato]. Acesso em: 08 mar. 2024.
26. GAVAERD, Carolina. A evolução histórica do crime de lavagem de dinheiro no Brasil: a influência internacional no direito brasileiro e os resultados alcançados: uma comparação entre os resultados alcançados entre o caso do Banestado e a Operação Lava Jato, *Revista Liber*, v. 1, n. 2, 2022. p. 111-114.

Pública, com ramificações para diversas esferas da Federação e braços internacionais. Ademais, os mecanismos utilizados de recuperação de ativos foram extremamente exitosos, sendo a Lava Jato um *case* que demonstra como medidas de cooperação, inteligência e normas jurídicas avançadas, se utilizadas corretamente por meio das instituições competentes de controle e defesa do patrimônio público, como MPF e AGU, podem trazer benefícios econômicos e sociais.

4. A ATUAÇÃO DO MINISTRO ANDRÉ MENDONÇA NO DIREITO ANTICORRUPÇÃO: DA AGU AO STF

No âmbito da AGU, já em 2019, o Ministro André Luiz de Almeida Mendonça celebrou três acordos de leniência, sendo eles com as empresas Brasken S.A., Technip Brasil e Flexibras e Camargo Corrêa, devolvendo-se aos cofres públicos a quantia de R$ 5,079 bilhões de reais.[27]

Enquanto Ministro da Justiça e Segurança Pública – MJSP, André Mendonça implementou um relevante marco no sistema de combate ao crime organizado: trata-se do Plano De Forças-Tarefas do MJSP de combate ao crime organizado – PFTSUSP – como Projeto-Piloto de Forças Tarefas – assinado em 19 de janeiro de 2021, com o objetivo de gerar uma atuação coordenada, integrada e sistêmica, a partir de atividades de inteligência e policiamento preventivo e repressivo, em rede entre órgãos e instituições de Segurança Pública das diversas esferas da federação, no combate à violência praticada por facções criminosas.[28]

O objetivo do PFTSUSP é reduzir crimes violentos, em especial homicídios, latrocínios, tráfico de drogas e roubos a bancos e cargas por membros de organizações criminosas. A linha de atuação busca isolar as lideranças no sistema prisional, prevenção e repressão da criminalidade violenta e a descapitalização das facções. Como destaca o Ministro André Mendonça, os modelos base adotados envolveram as exitosas Forças-Tarefas do Combate ao Crime Organizado de Minas Gerais – FICCO-MG e a FT do Núcleo Dedicado em Mossoró/RN – NUDEM. Ambas envolveram milhares de policiais, com centenas de ordens judiciais em dezenas de Estados, com a recuperação de milhões de reais e prisão de líderes de facções; também foram utilizadas como modelo as Operações *Alegria, Rei do Crime e Asfixia*, todas focadas no combate direto ao Primeiro Comando da Capital – PCC[29] com a prisão de membros e a recuperação de milhões de reais.

27. MENZOTE, Murillo Eduardo Silva. *A corrupção empresarial como violação aos direitos humanos*, 115 f. Dissertação (Mestrado). Universidade Nove de Julho. Orientador: Prof. Dr. Marcelo Benacchio. UNINOVE, São Paulo, 2022. p. 80.
28. *Plano de forças-tarefas do MJSP de combate ao crime organizado – PFTSUSP*, 19/01/2021. p. 4. Disponível em: [www.gov.br/mj/pt-br/assuntos/noticias/andre-mendonca-201choje-nos-dizemos-ao-brasil-a-seguranca-publica-nacional-se-organizou-em-rede201d/plano-de-forcas-tarefas-mjsp-1.pdf]. Acesso em: 06 mar. 2024.
29. *Plano de forças-tarefas do MJSP de combate ao crime organizado – PFTSUSP*, 19/01/2021. p. 4. Disponível em: [www.gov.br/mj/pt-br/assuntos/noticias/andre-mendonca-201choje-nos-dizemos-ao-brasil-a-seguranca-publica-nacional-se-organizou-em-rede201d/plano-de-forcas-tarefas-mjsp-1.pdf]. Acesso em: 06 mar. 2024.

Já no STF, o Ministro André Mendonça, recentemente, em 16 de fevereiro deste ano, convocou audiência de conciliação para discutir acordos de leniência da Lava Jato após provocação via Arguição de Descumprimento de Preceito Fundamental (ADPF) 1.051, apresentada ao Supremo em março de 2023 pelo Partido Socialismo e Liberdade (PSOL), o Partido Comunista do Brasil (PCdoB) e o Solidariedade.[30] Na visão de sua excelência, há espaço para tentativa de conciliação de forma propositiva e resolutiva de modo que convocou para a audiência representantes da Procuradoria-Geral da República (PGR), da Advocacia-Geral da União (AGU) e da Controladoria-Geral da União, (CGU), instituições federais que celebraram acordos de leniência, além de representantes das empresas e do Tribunal de Contas da União (TCU).

No despacho de 12 páginas, o ministro André Mendonça observou que a questão diz respeito à competência para negociar e firmar os acordos de leniência e à legitimidade ou não dos acordos de leniência celebrados anteriormente ao ACT. Em seu entendimento, a solução da matéria passa pela análise de elementos e dados técnicos, que podem ser mais bem avaliados pelos atores públicos que dispõem de corpo técnico dotado de capacidade institucional para o trato da temática.

A possibilidade de acordo em ação de controle concentrado de constitucionalidade apreciada pelo Ministro encontra amparo na jurisprudência do STF (cf. ADPF 165/DF e 829/RS, Rel. Min. Ricardo Lewandowski; as ADI 5.956/DF, 5.959/DF e 5.964/DF, Rel. Min. Luiz Fux; a ADI 6.553/DF, Rel. Min. Alexandre de Moraes; e, as ADO 52/DF e 58/DF, Rel. Min. Dias Toffoli) e está em consonância com a visão propositiva do Ministro Mendonça no Direito Anticorrupção quanto à recuperação de ativos e o destravamento do Judiciário com ações muitas vezes inócuas para a restituição de valores devidos. Na audiência recém-realizada no dia 26 de fevereiro do corrente ano (ADPF 1.051-DF), o Ministro André Mendonça destacou os parâmetros e pilares dos acordos de leniência:

> "A necessidade de atuação conjunta e coordenada dos órgãos observando as competências expressas previstas na Lei 12.846, de 2013, bem como a necessidade de uniformização dos critérios para negociação e celebração de acordos de leniência"; ressaltou, ainda "que os acordos de leniência se fundam em 4 pilares: 1º colaboração com a investigação; 2º recuperação de ativos; 3º programa de integridade; e 4º perda dos benefícios caso se verificasse que as empresas teriam faltado com o princípio da boa-fé"; (...) "que o acordo de leniência possui princípios básicos que permeiam esse instituto: 1º a boa-fé, pelo qual os acordos foram negociados e firmados; 2º mútua colaboração/cooperação com as instituições; 3º confidencialidade; 4º suspensão do Processo de Responsabilização (PAR), durante o processo de negociação; e 5º razoabilidade e proporcionalidade, ambos importantes na negociação dos acordos, tendo em vista o estabelecimento de parâmetros e critérios razoáveis e aceitáveis a ambas as partes"; (...) "que esta pode ser uma das últimas oportunidades, no cenário nacional, para que parâmetros sejam estabelecidos, e que é salutar que o tema esteja sendo tratado pelo STF como forma de conferir segurança jurídica à questão, a partir de uma decisão da Corte Suprema". (...) "o Ministro André Mendonça deliberou ficar assegurado o prazo de 60 (sessenta) dias para os entes públicos (MPF, CGU e

30. *Supremo convoca audiência de conciliação em ação sobre acordos de leniência na Lava Jato.* Relator do processo, o Ministro André Mendonça entende que há espaço para tentativa de conciliação sobre a matéria – Em 16/02/2023. Disponível em: [https://portal.stf.jus.br/noticias/verNoticiaDetalhe.asp?idConteudo=527178&ori=1]. Acesso em: 06 mar. 2024.

> AGU) chegarem a um consenso sobre os acordos de leniência e tratativas de renegociação existentes em relação aos acordos firmados pelas empresas que se habilitaram nos autos para participarem da audiência" (...) "Sua Excelência determinou, ainda, que, findo o prazo referido no item acima, e sem prejuízo de resolução de questões incidentais que porventura surjam, o Ministério Público Federal, a Controladoria-Geral da União e a Advocacia-Geral da União apresentarão o resultado das tratativas negociais acima referidas diretamente a Relatoria, que somente então deliberará sobre a validade do convencionado, após a oitiva do Procurador-Geral da República e do Tribunal de Contas da União."

Em outra oportunidade, o Ministro André Mendonça demonstrou grande independência funcional ao negar seguimento a pedido do Senador Randolfe Rodrigues (Petição 10.562 DF, decisão em 24/09/2022) para que fosse instaurada persecução criminal contra o ex-Presidente Jair Bolsonaro pelo crime de corrupção e lavagem de dinheiro, em razão de aquele ter supostamente adquirido imóveis em dinheiro, oportunidade na qual reconheceu a ausência de justa causa para a instauração de inquérito ou processo, com base na jurisprudência reiterada do STF, eis que as alegações da parte postulante foram lastreadas em notícias da mídia sem indícios ou meios de prova minimamente aceitáveis que pudessem corroborar as informações jornalísticas.

Destacou o Ministro Mendonça, naquela decisão, que "a própria empresa responsável pela matéria, UOL – Universo Online S.A., reconhece não ter feito qualquer imputação de crime ao Presidente da República ou a membros da sua família" e concluiu que se tratava de "relato genérico, de ordem absolutamente conjectural, em que, a partir de matéria jornalística, se aponta a ocorrência de múltiplas transações imobiliárias, realizadas por um largo período de 32 anos (1990 até 2022), por distintos e numerosos indivíduos, relacionados por parentesco eventualmente já rompido, sem que tenham sido estabelecidas, minimamente, relações de causa-efeito que pudessem evidenciar a ocorrência de quaisquer fatos delituosos".

Por fim, é imperioso destacar o histórico voto do Ministro André Mendonça[31] proferido no julgamento do paradigmático caso que busca descriminalizar o porte da maconha para uso pessoal – Recurso Extraordinário (RE) 635.659, com repercussão geral (Tema 506). Até o momento (07/03/2024) as seguintes correntes se formaram: os Ministros Gilmar Mendes, Alexandre de Moraes, Rosa Weber (aposentada) e Luís Roberto Barroso fixam como critério quantitativo para caracterizar o consumo pessoal em 60 gramas de maconha ou seis plantas fêmeas. O Ministro Edson Fachin, apesar de entender pela inconstitucionalidade do dispositivo, não fixa um quantitativo, pois entende que o Legislativo é quem deve estabelecer os limites. Outros três votos consideram válida a regra da Lei de Drogas. Os Ministros Cristiano Zanin e Nunes Marques fixam, contudo, a quantidade de 25 gramas ou 6 plantas fêmeas para caracterizar o uso. Já o Ministro André Mendonça delimita a quantidade em 10 gramas.

31. A íntegra do voto do Min. André Mendonça está disponível em: [https://images.jota.info/wp-content/uploads/2024/03/re-635659-voto-malm.pdf]. Acesso em: 07 mar. 2024.

O Ministro Mendonça, ciente dos impactos que o tráfico de drogas gera para a segurança pública[32], em especial no que tange ao crime organizado[33], iniciou seu voto destacando que é preciso ser transparente com a sociedade, de modo que o STF não poderia se furtar de dizer que está descriminalizando a conduta, tampouco que se trata de uma questão interna da privacidade, mas, sim de um problema social.

Ademais, ressaltou que o uso da droga é o "primeiro passo para o precipício" e apresentou estudos que revelam os danos do uso de maconha, como a dependência em 9% das pessoas que experimentam a droga, o aumento da taxa de transtornos psiquiátricos graves e prejuízos ao sistema neuropsicomotor, dentre outros. Por fim, o Ministro André Mendonça entendeu pela constitucionalidade do art. 28 da Lei de Drogas e concedeu o prazo de 180 dias para o Congresso regulamentar o tema, eis que é a casa primária competente para isso, e estabeleceu que neste período será considerado usuário aquele que portar até 10 gramas da droga[34], o menor patamar entre os Ministros até então, sendo que faz importante ressalva ao permitir que "tal presunção poderá ser desconstituída, no caso concreto, com base em fundamentação idônea pela autoridade competente, à luz dos demais parâmetros estabelecidos pelo art. 28, § 2º, da Lei 11.343, de 2006".

CONSIDERAÇÕES FINAIS

O artigo apresentado captou apenas uma centelha da atuação jurídica e acadêmica do Ministro André Mendonça no que tange ao Direito Anticorrupção, com destaque para sua atuação na Advocacia-Geral da União, no Ministério da Justiça e no Supremo Tribunal Federal.

Sua preocupação intensa com o tema, em especial a recuperação de ativos, dentro dos parâmetros de juridicidade, em muito contribui para o avanço da temática no Brasil, de modo que se revela essencial para a manutenção e a evolução de Operações relevantes de combate à corrupção. A homenagem que a presente obra faz é mais do que necessária

32. "Em 2019, o mercado ilegal de cannabis foi considerado responsável por cerca de três quartos das vendas de cannabis na Califórnia. Em outros estados, como Washington, Colorado e Oregon, entre outros, onde não há estimativa do tamanho ou extensão do mercado ilegal, esses mercados parecem ter continuado a operar ao lado dos mercados legais/regulamentados de cannabis. Os mercados ilegais continuam a existir devido, entre outras razões, às disparidades de preços entre fontes legais e ilegais devido à tributação, ao fato de que algumas jurisdições dentro dos estados optam por não adotar medidas de legalização da cannabis e devido a indivíduos ou grupos que cultivam cannabis não licenciada em propriedades públicas ou grupos de crime organizado que traficam cannabis para fora do estado" (p. 47-48) (United Nations Office on Drugs and Crime (UNODC) (2022). *World Drug Report 2022*: Drug Market Trends Cannabis Opioids". Voto do Min. André Mendonça, p. 18.

33. "(...) No segundo eixo da Lei de Drogas, que trata da repressão ao tráfico ilícito de entorpecentes, obviamente fomentada pelo uso das drogas e que, lamentavelmente, alimenta a criminalidade organizada mais violenta. A interconexão de todos esses bens e valores fundamentais me leva a concluir que a norma albergada no art. 28 da Lei n. 11.343, de 2006, não diz respeito apenas ao usuário ou dependente". Voto do Min. André Mendonça, p. 30.

34. "Registro que a quantidade provisoriamente fixada para fins de critério distintivo entre as figuras do usuário e do traficante teve como base o estudo anteriormente mencionado, realizado pelos professores da Universidade de São Paulo acerca do tema. De acordo com o referido trabalho, 10 gramas da cannabis equivalem a cerca de 34,5 "cigarros", o que reputo ser quantidade já razoável para posse com fins de uso pessoal" Voto do Min. André Mendonça, p. 41.

e honrosa, trata-se de manifestação literária que contribui para o país. Sua visão ampla sobre o fenômeno que corrói as instituições brasileiras e os respectivos mecanismos de controle traz luz a um debate mais do que necessário e irremediável à nação.

REFERÊNCIAS

CORDEIRO, Tiago. *Balanço final da Lava Jato*. Disponível em: [www.gazetadopovo.com.br/republica/lava-jato-dinheiro-recuperado-destino/]. Acesso em: 08 mar. 2024.

GAVAERD, Carolina. A evolução histórica do crime de lavagem de dinheiro no Brasil: a influência internacional no direito brasileiro e os resultados alcançados: uma comparação entre os resultados alcançados entre o caso do Banestado e a Operação Lava Jato, *Revista Liber*, v. 1, n. 2, 2022.

GUSTIN, Miracy; DIAS, Maria Tereza. *(Re)pensando a pesquisa jurídica*. Belo Horizonte: Del Rey, 2010.

LAVA JATO. Disponível em: [www.mpf.mp.br/para-o-cidadao/caso-lava-jato]. Acesso em: 08 mar. 2024.

MENDONÇA, André Luiz de Almeida. Los criterios para la mensuración del valor del enriquecimiento ilícito y perjuicios causados por actos corruptos. *Revista da AGU*, Brasília-DF, v. 15, n. 04, p. 65-88, out./dez. 2016.

MENDONÇA, André Luiz de Almeida. *Sistema de principios para la recuperación de activos procedentes de la corrupción*. Tesis Doctoral presentada para obtener el grado de Doctor por la Universidad de Salamanca, dirigida por el Dr. D. Nicolás Rodríguez García, Catedrático de Derecho Procesal de la Universidad de Salamanca. Salamanca, 2018.

MENDONÇA, André Luiz de Almeida. La gestión de la información y la recuperación de activos procedentes de la corrupción. *Revista General de Derecho Procesal*, 47, 2019.

MENDONÇA, André Luiz de Almeida. Recuperação de ativos e combate à corrupção. In: BECHARA, Fábio Ramazzini et al. (Coord.). *Corrupção*: diálogos interdisciplinares. São Paulo: Almedina, 2020.

MENDONÇA, André Luiz de Almeida. Bases para a compreensão sistêmica da corrupção. In: MORAES, Alexandre de; MENDONÇA, André Luiz de Almeida (Coords.). *Democracia e sistema de justiça*: obra em homenagem aos 10 anos do Ministro Dias Toffoli no Supremo Tribunal Federal. Belo Horizonte: Fórum, 2020.

MENDONÇA, André Luiz de Almeida; PAIVA, Adriano Martins de. Abogacía General de la Nación de la República Federativa de Brasil: historia, estructura y desafíos para el futuro, *Revista Jurídica de la Procuraduría General del Estado* n. 1, Ministerio de Justicia y Derechos Humanos, Perú, 2021. p. 31.

MENDONÇA, André Luiz de Almeida; PAIVA, Adriano Martins de. Abogacía General de la Nación de la República Federativa de Brasil: historia, estructura y desafíos para el futuro. *Revista Jurídica de la Procuraduría General Del Estado*, n. 1, Ministerio de Justicia y Derechos Humanos, Perú, 2021.

MENDONÇA, André Luiz de Almeida; XIMENES, Fernando Braz. Gestão processual no mandado de segurança: celeridade e efetividade na tutela contra a ilegalidade e o abuso de poder, *Revista Jurídica da Seção Judiciária de Pernambuco*, n. 15, 2023.

MENZOTE, Murillo Eduardo Silva. *A corrupção empresarial como violação aos direitos humanos*, 115 f. Dissertação (Mestrado), Universidade Nove de Julho. Orientador: Prof. Dr. Marcelo Benacchio. UNINOVE, São Paulo, 2022.

PAULSEN, Leandro. *Crimes federais*. 2. ed. São Paulo: Saraiva Jur, 2018.

PFTSUSP – *Plano de forças-tarefas do MJSP de combate ao crime organizado*, 19/01/2021. p. 4. Disponível em: [www.gov.br/mj/pt-br/assuntos/noticias/andre-mendonca-201choje-nos-dizemos-ao-brasil-a-seguranca-publica-nacional-se-organizou-em-rede201d/plano-de-forcas-tarefas -mjsp-1.pdf]. Acesso em: 06 mar. 2024.

SNIPER – *Sistema Nacional de Investigação Patrimonial e Recuperação de Ativos*. Disponível em: [www.cnj.jus.br/tecnologia-da-informacao-e-comunicacao/justica-4-0/sniper/]. Acesso em: 08 mar. 2024.

SUPREMO TRIBUNAL FEDERAL. *Supremo convoca audiência de conciliação em ação sobre acordos de leniência na Lava Jato*. Relator do processo, o Ministro André Mendonça entende que há espaço para tentativa de conciliação sobre a matéria – Em 16/02/2023. Disponível em: [https://portal.stf.jus.br/noticias/verNoticiaDetalhe.asp?idConteudo=527178&ori=1]. Acesso em: 06 mar. 2024.

VALOR, César Felício. *Lava Jato*: veja quem foram os principais operadores. Disponível em: [https://valor.globo.com/politica/noticia/2024/03/06/lava-jato-principais-operadores.ghtml]. Acesso em: 08 mar. 2024.

A BÍBLIA E A CONSTITUIÇÃO – A CONSTITUIÇÃO E A BÍBLIA

Ricardo Henry Marques Dip

Mestre em Direito pela Faculdade Autônoma de Direito. Graduado em Direito pela Pontifícia Universidade Católica de São Paulo. Desembargador do Tribunal de Justiça do Estado de São Paulo.

Sumário: 1. A Bíblia e a Constituição – 2. A Constituição e a Bíblia – 3. O Estado laico e a neutralidade impossível.

O agora Ministro André Mendonça, do Supremo Tribunal Federal, foi ouvido, em 1º de dezembro de 2021, pela Comissão de Constituição, Justiça e Cidadania do Senado Federal, que, após a audiência, aprovou seu nome para integrar o STF. Foi essa a ocasião em que afirmou: "*Na vida, a Bíblia; no Supremo, a Constituição*".

É disputável o sentido que se deva conferir a essas palavras. Correntes liberais e positivistas – alimentadas ambas por um dado *tardo iluminismo* – poderiam ver na repartição de áreas, a da Bíblia, de um lado, a da Constituição, de outro lado, a vitória do confinamento da religião aos círculos da vida privada. Em contraposição, não faltariam os que, antipatizados com esse fracionamento Bíblia-Constituição, viam nisso frustrar-se a expectativa de adoção de uma das vertentes dos critérios jurídico-teologistas,[1] vertente essa que, um tanto impropriamente, poderia designar-se de sacralização da vida secular ou de politização da vida religiosa.[2-3] Outros, ao fim, prefeririam a chave "*quae sunt Cæsaris, Cæsari; et quæ sunt Dei, Deo*" (Evangelho de S. Mateus, 22, 21), critério, entretanto, que ladeia a pergunta "se e o que César deve dar a Deus".[4]

1. Ambígua é a expressão "critério jurídico-teologista", pois abrange quer o submetimento da religião à política secular (WYCLIFFE, John; OCKHAM, Guilherme de; PÁDUA, Marsílio de. *inter plures; as declarações de direito, disse Danilo Castellano, substituíram os Dez Mandamentos*: Política -Claves de lectura. Madri: Ed. Dykinson, 2020. p. 51), quer, em chave oposta, a subordinação da política civil à autoridade religiosa. Referiu-se Juan Vallet de Goytisolo (*Metodología de las leyes*. Madri: Editoriales de Derecho Reunidas, 1991. p. 17-18) ao fato de que frequentam a história do direito inúmeras ordenações legais que têm a Revelação como a fonte primordial das leis (p.ex., o Código de Hammurabi, a Torá hebraica, o Corão). Ainda entre os cristãos, já o Decreto de Graciano declarara ser a Bíblia a mais alta fonte do direito, o que, por igual, vai estender-se até nossos dias, tanto no âmbito protestante (*v.g.*, Erik Wolf), quanto no progressismo católico (assim, Chenu). Diversa foi a solução ensinada por S. Tomás de Aquino, observando que, da lei antiga, os não judeus estavam apenas obrigados a observar os preceitos contidos na lei natural, ao passo em que a lei nova atua por meio de preceitos morais ou conselhos (*brevitatis studio*, cf. *S.th.*, I-II, 98, 5). Cf. ainda do mesmo Vallet de Goytisolo, *En torno al derecho natural* (Organización Sala Editorial, Madri, 1973, p. 9 *et seq.*).
2. Para uma referência à origem histórica – que vai ao século XVIII – da subordinação do sacro ao secular, veja-se, a propósito, HAHN, Scott e WIKER, Benjamin. *Politização da Bíblia*. Campinas: Ed. Ecclesiæ, 2018, passim.
3. Não há, talvez, mais gráfica ilustração da limitação secular dessa maioridade ou supremacia do que a alteração frequente dos textos constitucionais.
4. A frase do Min. André Mendonça não tem, contudo, ao menos de modo explícito, o conteúdo de entronizar a Constituição no papel substituinte da lei eterna, papel a que conduzem, impressivamente, expressões comuns na *praxis* jurídica, assim as que designam as constituições como "Lei Maior", "Lei Suprema" etc.

"Na vida, a Bíblia; no Supremo, a Constituição": o fato é que, ainda em estados laicos ou até mesmo ateus, relacionam-se ambas essas realidades –a Constituição e a Bíblia–, num e noutro sentido, vale dizer, no da adoção de critérios bíblicos para avaliar as normas constitucionais, quanto no da adoção de critérios jurídico-constitucionais para admitir de algum modo a presença da Bíblia no mundo político.

1. A BÍBLIA E A CONSTITUIÇÃO

O relacionamento entre Bíblia e Constituição num dado sentido propiciará que se examine a lei humana em confronto com o testemunho revelado.

Cabe aí, contudo, uma distinção de relevo. Certamente, uma coisa é que crentes no caráter sagrado da Bíblia queiram e sempre possam, nos limites próprios da religião, avaliar a conformidade das leis políticas com os preceitos (e conselhos) testamentários. Outra coisa é, porém, admitir, nos estados não religiosos (é dizer, estados não confessionais) uma competência da potestade civil para, com base direta no texto bíblico, recusar observância das leis políticas.

Extrai-se da mesma Bíblia não haver conflito entre a observância dos deveres civis –suposta sua harmonia com a lei natural– e a observância dos deveres de crer, amar, esperar e adorar a Deus: "Todos hão de submeter-se às potestades superiores, porque não há potestade que não esteja subordinada a Deus, e as que há foram ordenadas por Deus" (S. Paulo, *Epístola aos Romanos*, 13, 1); "(...) *sejam submissos a toda instituição humana* (...)" (S. Pedro, *Primeira Carta*, 2, 13). Seja na Antiga Lei (p.ex., Levíticos, 19), seja no Novo Testamento, as leis de Deus reclamam observância: amar a Deus é atender a seus preceitos: "*Se alguém me ama, guardará minha palavra* (...) –*Si quid diligit me, sermonem meum servabit* – (...) Quem não me ama não guarda minhas palavras – *qui non diligit me, sermones meos non servat*" (Evangelho de S. João, 14, 23 e 24).

Pode ocorrer –e a história é repleta de casos– de as leis humanas afrontarem preceitos contidos na Bíblia, e dá-se com isso ocasião de avaliar-se, desde o próprio testemunho escriturístico de Deus (é dizer, a Revelação textualizada), a legitimidade das determinações seculares.

Mas – reitere-se – isso, nos estados não confessionais, põe-se, *diretamente*, apenas no plano religioso, sem, por si só, autorizar, com revogação tácita ou expressa da lei humana, a imediata aplicação do texto bíblico pela potestade secular. Se isso se admitisse, a fonte principal do direito humano seria a Revelação.

Coisa diversa é que de algumas leis humanas, agora mediante aferição estritamente racional (*id est*, não pela Revelação, mas por meio da razão[5]), possam as potestades

5. Aqui se põe uma distinção relativa ao objeto formal. De uma parte, tem-se a teologia político-moral (que considera os ensinamentos da Revelação); de outra parte, a ética político-natural, que examina a natureza e o fim da potestade política segundo um procedimento estritamente racional (cf. CASTELLANO, Danilo. *Política natural, teología política y tentaciones antipolíticas contemporáneas*. Madri: Ed. Consejo de Estudios Hispánicos "Felipe II", 2021. p. 49).

seculares julgar ofensivos preceitos que afligem a Bíblia *reflexamente*, ou seja: não por ofenderem a Bíblia, mas por serem leis molestas da lei natural. É que os preceitos morais recolhidos no Decálogo são os próprios da mesma lei natural –não matarás, não furtarás etc.; "a palavra está muito junto de ti, está em tua boca e em teu coração, para que possas cumpri-la" (Deuteronômio (30, 14). Assim, a lei dos dez mandamentos foi intimada ao povo hebreu sob o modo de ajuda (*in auxilium*) numa época em que a razão natural estava obscurecida pela exuberância do pecado: "*quando lex naturalis obscurari incipiebat propter exuberantiam peccatorum*" (S. Tomás, *S.th.*, I-II, 98, 6).

Tem-se, pois, que a potestade humana, ao objetar uma "lei" (de fato, uma corrupção da lei[6]) por afastada da lei natural, somente de modo *indireto* calhará referir-se ao Decálogo, enquanto este sumaria a lei natural.[7]

Com essa compreensão, parece de todo correta a sentença do Min. André Mendonça, de que, na atuação secular, prevaleça a Constituição, enquanto lei legítima.

2. A CONSTITUIÇÃO E A BÍBLIA

Em diversa perspectiva, tem-se de considerar como as constituições hão de tratar a Bíblia.

Há de ser, por força, muito diverso esse tratamento conforme os estados sejam ou não religiosos.

Por brevidade de causa, tome-se aqui em conta apenas a história constitucional do Brasil. A abstraídos seus matizes, foram três os *status* do relacionamento entre o poder civil nacional e a religião:

(*i*) o da Constituição de 1891, de que disse Lacerda de Almeida ser o do "agnosticismo constitucional"[8];

(*ii*) o da vigente Constituição de 1988, que corresponde a um "teísmo constitucional"[9];

6. Veja-se em S. Tomás: "(...) toda lei humana terá caráter de lei na medida em que derive da lei da natureza; e se se aparta em um ponto da lei natural, já não será lei, mas corrupção da lei (*legis corruptio*)" (*S.th.*, I-II, 95, 2).
7. Escreveu-se noutra parte: "*Tenha-se, portanto, bem em conta que a lei natural não proveio da lei divino-positiva, ainda que, isto sim, seja uma participação da lei eterna: o Decálogo intimou ao povo de Israel normas universais de direito – normas da lei eterna–, preceitos que os homens podem inferir de modo muito próximo dos primeiros princípios da razão prática e que, de comum, ut in pluribus, são apreendidos pelo intelecto humano. Calhava, porém, a necessidade de uma reiteração externa e escrita da lei eterna, para (i) enfrentar os costumes contrários que a pervertiam* (S.th., I-II, 99, 2, ad^{2um}; bem o recordou S. Tomás, *os homens* 'haviam decaído até a idolatria e aos mais torpes vícios na época e Abraão' -S.th., I-II, 98, 6); (*ii*) *estimular o amor ao bem próprio a alcançar a felicidade eterna* (S.th., I-II, 98, 1); (*iii*) *inclinar à reverência devida aos mandamentos divinos* (reverentia divini imperii) *e* (*iv*) *beneficiar a memória e a meditação dos homens* (magis memoria tenerentur, et frequentius in cogitatine versarentur – III Sententiarum, distinctio 37, 1, 22-23)" (*Abc do direito natural.* 2.ed. São Paulo: Ed. Lepanto, 2022, p. 64).
8. Apud MARTINS, Wilson. *História da inteligência brasileira*. São Paulo: Ed. Cultrix e Edusp, 1978. v. VI. p. 330.
9. Assim o manifesta o preâmbulo da Constituição em vigor: "Nós, representantes do povo brasileiro, reunidos em Assembleia Nacional Constituinte para instituir um Estado Democrático, destinado a assegurar o exercício dos direitos sociais e individuais, a liberdade, a segurança, o bem-estar, o desenvolvimento, a igualdade e a justiça como valores supremos de uma sociedade fraterna, pluralista e sem preconceitos, fundada na harmonia social e comprometida, na ordem interna e internacional, com a solução pacífica das controvérsias, promulgamos, *sob a proteção de Deus*, a seguinte Constituição da República Federativa do Brasil" (a ênfase gráfica não é do

(*iii*) o da Constituição imperial de 1824, que é o de um "estado religioso" (ou, como é expressão mais comum: um "estado confessional"): embora o preâmbulo do Código político imperial de 1824 não esclarecesse o caráter religioso do Estado brasileiro, indicava-o expressamente em seu art. 5º: "A Religião Catholica Apostolica Romana continuará a ser a Religião do Imperio. Todas as outras Religiões serão permitidas com seu culto domestico, ou particular em casas para isso destinadas, sem fórma alguma exterior do Templo".

Em suma, o Brasil atual não se constitui, formalmente, qual um estado religioso; nem é um estado ateu ou agnóstico, mas um estado teísta. Assim sendo, diferentemente do que se passa nos estados religiosos (ou confessionais: p.ex., na Inglaterra, na Dinamarca, na Escócia, na Rússia, na Noruega, em Israel, em países islâmicos), não são juridicamente válidos, entre nós, os atos normativos de promoção e imposição de culto religioso público-estatal.

Por evidente – mas não está mal, nestes nossos tempos, que as evidências tenham de ser ainda aclaradas–, é livro tido por sagrado tanto por cristãos, quanto pelos que professam o credo hebraico (e de algum modo para os muçulmanos), o que já projeta alguma dificuldade em relacioná-la, *sic et simpliciter*, a uma profissão específica de fé.

Por outro aspecto, deve distinguir-se a Bíblia, (*i*) enquanto se tenha por fonte da Revelação, e (*ii*) enquanto simples expressão da cultura,[10] indubitavelmente partícipe do patrimônio da cultura universal, e, de modo relevante, das origens e da formação da cultura e tradição brasileiras.[11] Quem entenderia molestar a neutralidade estatal um preceito que ditasse houvesse a *Odisseia* e a *Ilíada* em bibliotecas públicas, com o argumento de que essas obras propalam os deuses do paganismo? Como admitir que se daria ofensa dessa neutralidade com a exigência de as bibliotecas públicas terem em seus acervos o Talmud, o Corão e os Vedas, p.ex.?[12]

---

original). Assinale-se que o preâmbulo das constituições é uma sua parte integrante: "O preâmbulo dimana do órgão constituinte, tal como as disposições ou preceitos; é aprovado nas mesmas condições e o acto de aprovação possui a mesma estrutura e o mesmo sentido jurídico. Nem deixaria de ser estranho que, estando depositado num mesmo documento e inserido numa mesma unidade, fosse subtraído ao seu influxo ou fosse considerado despiciendo para a sua compreensão. Tudo quanto resulte do exercício do poder constituinte e esteja na Constituição em sentido instrumental, tudo é Constituição em sentido formal" (MIRANDA, Jorge. *In Constituição portuguesa anotada*, em coautoria com Rui e colaboração de muitos outros autores. Coimbra: Coimbra ed., 2005. t. I, p. 49). Cf. ainda: Luiz Gonzaga Bertelli e José Tadeu de Barros Nóbrega, ("O direito à educação e o preâmbulo constitucional". In: MARTINS, Ives Gandra da Silva; CARVALHO, Paulo de Barros e BERTELLI, Luiz Gonzaga (Coord.). VV.AA., *O preâmbulo na Constituição federal*. São Paulo: Ed. Noeses, 2021. p. 22; na mesma obra: MARTINS, Ives Gandra da Silva. ("*O preâmbulo da Constituição*", p. 5; ZARZANA, Dávio Antonio Prado. "*Para que finalidade existe um preâmbulo à lei maior de um país?*", p. 383; CARVALHO VIDIGAL, Miguel da Costa. "*Tributo e referência a Deus no texto constitucional*", p. 317).

10. Dietrich Schwanitz alista a Bíblia, ao lado da *Odisseia* e da *Ilíada*, por obras que estão à raiz da civilização europeia (*Cultura geral*. São Paulo: Ed. Martins Fontes, 2007. p. 13 *et seq.*); vários autores noticiam-lhe a leitura ao largo dos tempos (*Historia de la lectura en el mundo occidental*, sob a direção de Guglielmo Cavallo e Roger Chartier. Madri: Ed. Taurus, 2001, passim); Ernst Curtius nela também assinala a poesia: "Moisés, Jó, Davi e Salomão foram poetas. Cristo pregou em parábolas, portanto numa forma poética" (*Literatura europeia e idade média latina*. 3. ed. São Paulo: Edusp, 2013. p. 275).
11. Cf., por todos, MELO, Gladstone Chaves de. *Origem, formação e aspectos da cultura brasileira*. Rio de Janeiro: Ed. Padrão, 1974, *maxime* p. 81 *et seq.* e p. 211 *et seq.*
12. Saliente-se, ainda, que consta do texto bíblico uma série relevante de conceitos, juízos e episódios de interesse jurídico: (cf., a título ilustrativo, HUERTA, Víctor Ruiz. *Instituciones de derecho civil relacionadas con la Biblia*.

Há, todavia, uma aparente perplexidade: de um lado, por mais se afirme que, *secundum quid*, a Bíblia seja uma expressão cultural e que sequer diga respeito a um credo religioso singular, é fato –e fato irrecusável– que ela não se despe, enquanto fator de cultura, de sua natureza religiosa. Obrigar ou autorizar, num estado laico, sua presença em espaço público não deixaria nunca de enfrentar, de algum modo, a concepção de neutralidade desse estado.

De outro lado, entretanto, por mais se afirme o escopo de indiferença da laicidade estatal perante os variados (*rectius*: os milhares e milhares) credos religiosos, é fato –e fato irrecusável– que esse objetivo, proclamado, agora, entre outras, pelas correntes iluminista e sua descendente neoliberal, não consegue desvestir-se de seu resultado antiteísta, em conflito com a afirmação preambular da Constituição brasileira de 1988.

É verdade que essa perplexidade em ambas as posições poderia remediar-se, na esfera restrita do direito positivo constitucional, mediante o recurso à interpretação conforme. Nada obstante, isso apenas ladearia o problema de fundo, que está posto na contradição mesma do conceito de "estado laico", com a proposta de uma neutralidade irrealizável.

3. O ESTADO LAICO E A NEUTRALIDADE IMPOSSÍVEL

Ainda que, por manifesto, não deva o estado laico interferir na esfera do que é próprio das religiões (vale dizer: seus credos transcendentais, seus ritos, seus cultos), não é possível evitar as ressonâncias da laicidade em variadas ordens da vida social e política (as ordens moral, jurídica, econômica, cultural, estética, *et reliqua*).

E aqui se põe o núcleo do problema: o estado laico é, ao menos nominalmente[13], antropocêntrico, ao passo em que as religiões, ao menos em sua ortodoxia[14], são teocêntricas[15] e, além disso, teotrópicas[16], em contraste com a indiferença estatal em relação aos fins últimos dos homens.

Santiago de Chile: Ed. Jurídicas de Santiago, 2005, passim; COHN, Haim. *Los derechos humanos en la Biblia y el Talmud*. Barcelona, 1996, passim; GONZÁLEZ, Átila e OCTAVIANO, Eromar. *Citações jurídicas na Bíblia*. 4.ed. São Paulo: EUD, 1996, passim).

13. Nominalmente, porque, em rigor, tem-se em visto que essa antropocentricidade é só um gênero que abrange partes subjetivas: hoje, com o transhumanismo, não seria demasiado apontar o caráter tecnocêntrico do estado laico; ou, por outro aspecto, sua redução economicista.
14. Em sua puridade, porque as heterodoxias contemporâneas tendem ao antropocentrismo.
15. Considerado o vulto do cristianismo no Brasil, pode falar-se mais especificamente em cristocentrismo. E isso importaria na diagnose de uma crise cristológica no embate Bíblia-Constituição.
16. Assim, à apontada perspectiva cristológica do tema, junta-se outro aspecto, o soteriológico, porque o estado laico menospreza o destino sobrenatural dos homens.

O NOVO PAPEL DO INQUÉRITO POLICIAL NO PROCESSO PENAL COM A INSTITUIÇÃO DO JUÍZO DE GARANTIAS

Antonio Matheus Rocha Mallmann

Graduado em Direito pela Universidade Federal do Rio Grande do Sul. Delegado de Polícia Federal.

Sumário: Introdução – 1. A superação do inquérito policial como fase preparatória – 2. A implementação do juiz de garantias – 3. Reflexos sobre o inquérito policial – Conclusão – Referências.

INTRODUÇÃO

O objetivo do presente artigo é apresentar o novo papel do inquérito policial no processo penal brasileiro diante da implementação da figura do juiz de garantias no ordenamento jurídico, a partir da promulgação da Lei 13.964/2019 e da interpretação constitucional de seus dispositivos legais realizada pelo Supremo Tribunal Federal nas ADI's 6.298, 6.299, 6.300 e 6.305, com especial enfoque nos votos do Ministro André Mendonça sobre o tema.

A experiência do ilustre magistrado junto ao Ministério da Justiça e Segurança Pública é de indiscutível relevância frente à temática, diante de sua significativa contribuição na chefia da pasta no governo anterior e de sua compreensão gerencial e prática do sistema de justiça criminal. Ressalta-se que em sua gestão foram batidos recordes históricos das polícias Federal e Rodoviária Federal em apreensões de drogas, recuperação de valores desviados e descapitalização do crime organizado.[1]

Após apresentar um breve histórico das concepções doutrinárias clássicas e contemporâneas sobre o inquérito policial, o presente estudo desenvolverá sobre a implementação do juízo de garantias e as suas consequências nas fases persecutórias criminais, abordando as modificações legais e interpretações dos dispositivos à luz da Constituição Federal realizadas pelo Supremo Tribunal Federal.

Ao final, será abordado o ponto focal do presente ensaio, com a análise do impacto da implementação do instituto na fase pré-processual. Conclui-se que a instituição do juízo de garantias traz a necessidade de superação do conceito clássico de procedimento meramente preparatório e da compreensão do inquérito policial como um instrumento legal indispensável para a preservação dos direitos dos envolvidos, conduzido com

1. Reportagem em: [www.gov.br/mj/pt-br/assuntos/noticias/programa-do-ministerio-da-justica-e-seguranca-publica-registra-apreensao-recorde-de-cocaina-em-2021]. Acesso em: 23 jan. 2023.

imparcialidade pela autoridade policial, para a apuração de fatos supostamente criminosos e todas suas circunstâncias, produzindo elementos informativos e probatórios que servem potencialmente tanto à acusação quanto à defesa, submetendo-se também ao contraditório, ainda que mitigado ou diferido para a fase processual.

1. A SUPERAÇÃO DO INQUÉRITO POLICIAL COMO FASE PREPARATÓRIA

O inquérito policial é costumeiramente conceituado na Doutrina como um procedimento administrativo inquisitivo, meramente informativo, preparatório e dispensável.[2] Procedimento, por tratar-se de um conjunto de atos administrativos, sem partes ou litígio formal; inquisitivo, pela ausência de contraditório e ampla defesa e pela condução por uma única autoridade; meramente informativo, já que produziria apenas elementos de informação, e não provas *stricto sensu*; preparatório, pois sua finalidade seria apenas angariar elementos de convicção para a formação da *opinio delicti* do membro do parquet; finalmente, dispensável, já que, ao menos em tese, o órgão do Ministério Público poderia dispensar o inquérito, se com a representação fossem oferecidos elementos suficientes para a promoção da ação penal, embora, na absoluta maioria das vezes, seja requisitado a abertura de inquérito para apuração preliminar dos fatos.

Entretanto, essa concepção clássica mostra-se ultrapassada diante do que nos apresenta a moderna doutrina do inquérito policial, que realiza uma análise do instituto sob um viés democrático, republicano e constitucional. Tal interpretação está em consonância com a jurisprudência das cortes superiores e a estrutura normativa contemporânea.

Diversos autores têm criticado corajosamente a noção majoritária e tradicional da investigação preliminar como instrumento meramente preparatório, rechaçando-a com robustos fundamentos.

Para Henrique Hoffmann, na verdade, o inquérito policial deve ser caracterizado como:

> O processo administrativo presidido pelo delegado de polícia natural, apuratório, informativo e probatório, indispensável e preparatório e preservador. [...] em outras palavras, inquérito policial consiste no processo administrativo apuratório levado a efeito pela polícia judiciária, sob presidência do delegado de polícia natural; em que se busca a produção de elementos informativos e probatórios acerca da materialidade e autoria de infração penal, admitindo que o investigado tenha ciência dos atos investigativos após sua conclusão e se defenda da imputação; indispensável para evitar acusações infundadas, servindo como filtro processual; e que tem a finalidade de buscar a verdade, amparando a acusação ao fornecer substrato mínimo para a ação penal ou auxiliando a própria defesa ao documentar elementos em favor do investigado que possibilitem o arquivamento, sempre resguardando direitos fundamentais dos envolvidos.[3]

---

2. RANGEL, Paulo. *Direito processual penal.* 27. ed. São Paulo: Atlas, 2019. p. 154.
3. CASTRO, Henrique Hoffman Monteiro de. Inquérito Policial tem sido conceituado de forma equivocada. *Revista Consultor Jurídico*. Disponível em: [www.conjur.com.br/2017-fev-21/academia-policia-inquerito-policial-sido-conceituado-formaequivocada#:~:text=Em%20outras%20palavras%2C%20inqu%C3%A9rito%20policial,infra%C3%A7%C3%A3o%20penal%2C%20admitindo%20que%20º]. Acesso em: 23 jan. 2023.

Exsurgem, a partir da visão do autor supracitado, novas características do inquérito: apuratório, probatório, indispensável e preservador. Tais características melhor se coadunam com o atual arcabouço normativo e jurisprudencial do ordenamento jurídico brasileiro, ao prestigiar os direitos e garantias constitucionais nesta fase tão relevante no sistema persecutório.

Aury Lopes Jr., por sua vez, defende a função de filtro processual do inquérito:

> A nosso juízo, a função de evitar acusações infundadas é o principal fundamento da investigação preliminar, pois, em realidade, evitar acusações infundadas significa esclarecer o fato oculto (juízo provisório e de probabilidade) e, com isso, também assegurar à sociedade de que não haverá abusos por parte do poder persecutório estatal. Se a impunidade causa uma grave intranquilidade social, não menos grave é o mal causado por se processar um inocente.[4]

Ao elevar tal função como principal fundamento da investigação preliminar, o autor estabelece, inequivocamente, a necessidade de percepção do investigado como sujeito de direitos, que devem ser observados de forma ampla para evitar juízos errôneos e submissão a um estigmatizante e custoso processo criminal.

Nessa mesma toada, Francisco Sannini sustenta a função preservadora do inquérito policial:

> De fato, a função investigativa formalizada, em regra, pelas Polícias Judiciárias, está longe de se resumir a um suporte da acusação, não possuindo caráter unidirecional. A finalidade do procedimento preliminar não deve ser vislumbrada sob a ótica exclusiva da preparação do processo penal, mas principalmente à luz de uma barreira contra acusações infundadas e temerárias, além de um mecanismo de salvaguarda da sociedade, assegurando a paz e a tranquilidade social.[5]

Fica claro na lição do autor o caráter multidirecional do inquérito, que se traduz na sua característica de imparcialidade. Parte-se da compreensão de que essa fase pré-processual serve tanto ao interesse da acusação quanto da defesa, seja apontando para a autoria e materialidade de uma infração penal, seja indicando a inexistência de crime ou a ausência de autoria, devendo, portanto, ser conduzido com neutralidade pela autoridade policial.

A imparcialidade do delegado de polícia, enquanto presidente do inquérito, insere-se no contexto de um procedimento cujo objetivo é a colheita de informações a respeito de um fato supostamente criminoso, sem qualquer predisposição quanto ao resultado. Afinal, é obrigação do Estado, através de suas autoridades, zelar para que a investigação seja marcada pela objetividade e isenção.

O princípio da imparcialidade está intrinsecamente ligado ao Estado Democrático de Direito e é uma extensão do princípio do juiz natural, o qual estabelece que ninguém será submetido a juízo ou tribunal de exceção (CF, art. 5º, XXXVII e LIII).

4. LOPES JR., Aury; Ricardo Jacobsen GLOECKNER. *Investigação preliminar no processo penal*. 6. ed. São Paulo: Saraiva, 2014, p. 216.
5. SANNINI, Francisco. Funções do Inquérito Policial. In: FONTES, Eduardo; HOFFMANN, Henrique (Org.). *Temas Avançados de Polícia Judiciária*. 4. ed. Salvador: JusPodivm, 2020. p. 52.

Nada obstante não exercer jurisdição, o delegado deve pautar sua atuação pela imparcialidade, vez que as conclusões do inquérito influenciam sobremaneira as decisões subsequentes do titular da ação penal e do próprio magistrado. Tais decisões podem restringir gravemente os direitos individuais dos investigados e demais envolvidos no inquérito.

Sobre o ponto, ensina Luiz Flávio Gomes:

> Neste passo, fica claro mais uma vez, e agora em função do princípio da isonomia, o descompromisso da autoridade policial com os interesses do futuro órgão da acusação ou dos investigados. O delegado de polícia, como autoridade do Poder Executivo que atua na persecução criminal, tem a missão constitucional de investigar a verdade sobre os fatos e sua autoria, de forma neutra, desvinculado de paixões que inevitavelmente contagiam aqueles que, em juízo, disputarão teses com a parte contrária.[6]

Em suma, a função da Investigação Preliminar é a de apurar todas as circunstâncias do fato supostamente criminoso, angariando elementos informativos e probatórios que o esclareçam, e não apenas aqueles que suportem a acusação.

Tal conclusão vai de encontro ao Estatuto de Roma, do qual o Brasil é signatário, que prevê no seu artigo 54, item 1, alínea "a", que "A fim de estabelecer a verdade dos fatos, alargar o inquérito a todos os fatos e provas pertinentes para a determinação da responsabilidade criminal, em conformidade com o presente Estatuto e, para esse efeito, investigar, de igual modo, as circunstâncias que interessam quer à acusação, quer à defesa."

Nesse contexto, ao tratar do tema teoria da perda de uma chance probatória no processo penal, Alexandre Morais da Rosa ensina que:

> Esse dever de completude probatória, objetividade e imparcialidade reflete a essência da teoria da perda de uma chance probatória no âmbito do processo penal já na fase da investigação, possibilitando que todas as chances probatórias estejam à disposição do investigado para provar sua versão dos fatos e ao Ministério Público para formar convicção para o oferecimento da denúncia, sob pena de ausência de justa causa. [...] Assim, a teoria de perda de uma chance traduz a perda da possibilidade de buscar posição jurídica mais vantajosa que muito provavelmente alcançaria se não fosse determinado ato praticado. [...] No processo penal, a omissão na busca de provas cruciais pode levar a conclusões errôneas e injustas, afetando drasticamente o destino do acusado.[7]

Segundo o autor, a teoria da perda de uma chance probatória constitui mecanismo democrático e essencial à integridade e conformidade do processo penal, assegurando que todos os aspectos sejam considerados desde a fase do inquérito até a sentença.

---

6. GOMES, Luiz Flávio; SCLIAR, Fábio. Investigação preliminar, polícia judiciária e autonomia. *Jusbrasil*, out. 2008. Disponível em: [http://lfg.jusbrasil.com.br/noticias/147325/investigacao-preliminar-policia-judiciaria-e-autonomia-luiz-flavio-gomes-e-fabio-scliar]. Acesso em: 29 jan. 2024.
7. ROSA, Alexandre Morais da. SILVA, Philipe Benoni Melo. Aplicação da teoria da perda de uma chance probatória: entre o inquérito e a denúncia. 2024. Revista Consultor Jurídico. Disponível em: [www.conjur.com.br/2024-fev-06/aplicacao-da-teoria-da-perda-de-uma-chance-probatoria-entre-o-inquerito-e-a-denuncia/#:~:text=A%20teoria%20da%20perda%20de%20uma%20chance%20probat%C3%B3ria%20constitui%20mecanismo,do%20inqu%C3%A9rito%20at%C3%A9%20a%20senten%C3%A7a]. Acesso em: 07 fev. 2024.

A partir do exposto pelos autores supracitados, percebe-se a evolução da concepção tradicional do inquérito policial, com novas características e funções alinhadas com o atual panorama legislativo e jurisprudencial. Abre-se mão da perspectiva de um instrumento meramente preparatório da ação penal, para adoção de um conceito de procedimento preliminar autônomo, indispensável, imparcial e preservador de direitos dos envolvidos.

A implementação de um juiz de garantias, com papel fundamental na fase pré-processual, reforça a necessidade da compreensão dos operadores do direito acerca do conceito vanguardista do inquérito policial e seu papel atual no processo penal brasileiro. Dessa forma, não se pode admitir a continuidade de uma concepção ultrapassada do inquérito, que o caracterizava equivocadamente como procedimento inquisitivo, meramente informativo, preparatório da ação penal e dispensável pelo Ministério Público, tendo em vista os princípios e garantias que regem o estado democrático de direito.

Portanto, a partir de agora, abordaremos as mudanças promovidas no ordenamento jurídico em decorrência de sua adoção e, finalmente, o impacto dessas mudanças na fase pré-processual.

2. A IMPLEMENTAÇÃO DO JUIZ DE GARANTIAS

Com a promulgação da Lei 13.964/2019,[8] introduziu-se o juiz de garantias como uma nova figura dentro do processo penal brasileiro, sendo o responsável por controlar a legalidade da investigação criminal, decidindo sobre medidas restritivas de direitos fundamentais que ocorram durante a fase pré-processual. Esse magistrado não participa das etapas posteriores do processo, ou seja, não julga o mérito da causa, cessando sua competência com o oferecimento da denúncia (interpretação dada pelo STF na ADI 6.298/DF).

Em análise ao instituto, Brasileiro definiu-o da seguinte forma:

> O juiz de garantias consiste, pois, na outorga exclusiva, a um determinado órgão jurisdicional, da competência para o exercício da função de garantidor dos direitos fundamentais na fase investigatória da persecução penal, o qual ficará, na sequência, impedido de funcionar no processo judicial desse mesmo caso penal. Cuida-se de verdadeira espécie de competência funcional por fase do processo.[9]

Na condição de Relator das ADI's 6.298, 6.299, 6.300 e 6.305 (j. 22/01/2020), todas ajuizadas em face da Lei 13.964/2019, o Min. Luiz Fux suspendeu *sine die* a eficácia, *ad referendum* do Plenário, da implantação do juiz das garantias e de seus consectários (CPP, arts. 3º-A, 3º-B, 3º-C, 3º-D, 3º-E e 3º-F), afirmando, ademais, que a concessão dessa medida cautelar não teria o condão de interferir nem suspender os inquéritos e processos então em andamento, nos termos do art. 10, § 2º, da Lei 9.868/1995.

---

8. BRASIL. *Lei 13.694, de 24 de dezembro de 2019*. Aperfeiçoa a legislação penal e processual penal. Disponível em: [www.planalto.gov.br/ccivil_03/_ato2019-2022/2019/lei/L13964.htm]. Acesso em: 23 jan.2024.
9. LIMA, Renato Brasileiro de. *Manual de Processo Penal*. 8. ed. Salvador: JusPodivm, 2020. p. 114.

O Tribunal, enfim, no dia 24.08.2023 (DJE em 25.08.2023), nos termos do voto do Relator, julgou parcialmente procedentes as ações diretas de inconstitucionalidade para em resumo:

a) Atribuir Interpretação Conforme ao art. 3º-A, para assentar que o juiz, pontualmente, nos limites autorizados, pode determinar a realização de diligências suplementares, para o fim de dirimir dúvida relevante no julgamento do mérito;

b) Declarar a Constitucionalidade do caput do art. 3º-B, e, por unanimidade, fixou o prazo de 12 (doze) meses, a contar da data da publicação da ata do julgamento, para que sejam adotadas as medidas legislativas e administrativas necessárias à adequação das diferentes leis de organização judiciária, à efetiva implantação e ao efetivo funcionamento do juiz das garantias em todo o país, conforme diretrizes do CNJ;

c) Atribuir Interpretação Conforme aos incisos IV, VIII e IX do art. 3º-B, para que todos os atos praticados pelo Ministério Público como condutor da investigação penal se submetam ao controle judicial (HC 89.837/DF, Rel. Min. Celso de Mello), fixando o prazo de 90 (noventa) dias para os representantes do MP encaminharem, sob pena de nulidade, todos os PIC e outros procedimentos de investigação criminal, mesmo que tenham outra denominação, ao respectivo juiz natural, independentemente de o juiz das garantias já ter sido implementado na respectiva jurisdição;

d) Atribuir Interpretação Conforme aos incisos VI e VII do art. 3º-B, para prever que o exercício do contraditório será preferencialmente em audiência pública e oral e o juiz poderá deixar de realizar a audiência quando houver risco para o processo, ou deferi-la em caso de necessidade;

e) Declarar a Inconstitucionalidade do inciso XIV do art. 3º-B do CPP, incluído pela Lei n. 13.964/2019, e atribuir Interpretação Conforme ao referido dispositivo para assentar que a competência do juiz das garantias cessa com o oferecimento da denúncia;

f) Atribuir Interpretação Conforme ao § 1º do art. 3º-B, para estabelecer que o preso em flagrante ou por força de mandado de prisão provisória será encaminhado à presença do juiz das garantias no prazo de 24 (vinte e quatro) horas, salvo impossibilidade fática, momento em que se realizará a audiência com a presença do ministério público, defensoria pública ou de advogado constituído, cabendo, Excepcionalmente, o emprego de videoconferência, mediante decisão da autoridade judiciária competente, desde que este meio seja apto à verificação da integridade do preso e à garantia de todos os seus direitos;

g) Atribuir Interpretação Conforme ao § 2º do art. 3º-B, para assentar que o juiz pode decidir de forma fundamentada, reconhecendo a necessidade de novas prorrogações do inquérito, diante de elementos concretos e da complexidade da investigação e que a inobservância do prazo previsto em lei não implica na revogação automática da prisão preventiva, devendo o juízo competente ser instado a avaliar os motivos que a ensejaram, nos termos da ADI 6.581;

h) Atribuir Interpretação Conforme, por unanimidade, à primeira parte do art. 3º-C, para esclarecer que as normas relativas ao juiz das garantias não se aplicam às seguintes situações: Processos de competência originária dos tribunais, os quais são regidos pela Lei n. 8.038/90; Processos de competência do tribunal do júri; Casos de violência doméstica e familiar; Infrações de menor potencial ofensivo;

i) Declarar a Inconstitucionalidade, por maioria, da expressão "recebimento da denúncia ou queixa na forma do art. 399 deste Código", contida na segunda parte do art. 3º-C, do termo "recebida" no § 1º e do termo "recebimento" do § 2º, conferindo Interpretação Conforme para assentar que a competência do juiz das garantias cessa com o oferecimento da denúncia;

j) Declarar a Inconstitucionalidade Com Redução De Texto dos §§ 3º e 4º do art. 3º-C e atribuiu Interpretação Conforme para entender que os autos que compõem as matérias de competência do juiz das garantias serão remetidos ao juiz da instrução e julgamento;

l) Atribuir Interpretação Conforme ao art. 3º-E para assentar que o juiz das garantias será investido, e não designado conforme as normas de organização judiciária da União, dos Estados e do Distrito Federal, observando critérios objetivos a serem periodicamente divulgados pelo respectivo tribunal;

m) Declarar a Constitucionalidade do caput do art. 3º-F[10] e conferir Interpretação Conforme ao parágrafo único para assentar que a divulgação de informações sobre a realização da prisão e a identidade do preso pelas autoridades policiais, MP e magistratura deve assegurar a efetividade da persecução penal, o direito à informação e a dignidade da pessoa submetida à prisão;

n) Atribuir Interpretação Conforme ao caput do art. 28 para assentar que, ao se manifestar pelo arquivamento do inquérito policial ou de quaisquer elementos informativos de mesma natureza, o MP submeterá sua manifestação ao juiz competente e comunicará à vítima, ao investigado e à autoridade policial, podendo encaminhar os autos ao Procurador-Geral ou para a instância de revisão ministerial, quando houver, para fins de homologação, na forma da lei;

o) Atribuir Interpretação Conforme ao § 1º do art. 28 para assentar que, além da vítima ou de seu representante legal, a autoridade judicial competente também poderá submeter a matéria à revisão da instância competente do órgão ministerial, caso verifique patente ilegalidade ou teratologia no ato do arquivamento;

p) Declarar a Inconstitucionalidade do § 5º do art. 157 do CPP,[11] incluído pela Lei n. 13.964/2019;

q) Atribuir Interpretação Conforme ao caput do art. 310 para assentar que o juiz, em caso de urgência e se o meio se revelar idôneo, poderá realizar a audiência de custódia por videoconferência, bem como, igualmente por unanimidade, interpretação conforme para assentar que a autoridade judiciária deverá avaliar se presentes os requisitos para a prorrogação excepcional do prazo ou para sua realização por videoconferência, sem prejuízo da possibilidade imediata de decretação da prisão preventiva.

Por fim, o STF estabeleceu uma regra de transição quanto às ações penais já instauradas no momento da efetiva implementação do juiz das garantias pelos tribunais, no sentido de que a eficácia da lei não acarretará qualquer modificação do juízo competente.

Em seu voto na ADI 6298/DF[12], o Ministro André Mendonça explicitou sua posição pessoal em relação à finalidade do instituto:

> Quando nos deparamos com o instituto do juiz das garantias, volto a algo que considero essencial. A essência dessa institucionalização parte de um pressuposto: garantir a imparcialidade e a boa-fé processual. É lógico que há que se investigar, e há que se investigar em todas as instâncias em que se deve investigar, mas se deve fazer por meio dos princípios de uma ampla transparência - naquilo que é possível, logicamente - e boa-fé na condução desses procedimentos. O que se busca, e do que pude interpretar da proposição do Ministro Dias Toffoli, é prevenir situações de abuso e de surpresas, onde a pessoa, do dia para a noite, sem saber sequer que estava sendo investigada, depara-se com uma situação toda consolidada, não pelos meios processuais ou procedimentais adequados, mas no âmbito de uma divulgação, de um vazamento, etc. Diante dessa dupla instância, e a fim de se trazer, sob a minha ótica, uma melhor garantia para que os investigados, ao serem investigados, possam ter conhecimento de que estão sendo investigados e exercer, ainda que em âmbito prévio ao processo contraditório em si, na medida do possível, nessa fase, a ampla defesa, a possibilidade

10. Art. 3º-F: O juiz das garantias deverá assegurar o cumprimento das regras para o tratamento dos presos, impedindo o acordo ou ajuste de qualquer autoridade com órgãos da imprensa para explorar a imagem da pessoa submetida à prisão, sob pena de responsabilidade civil, administrativa e penal.
11. § 5º O juiz que conhecer do conteúdo da prova declarada inadmissível não poderá proferir a sentença ou acórdão.
12. STF, ADI 9268/DF. Rel.: Min. Luiz Fux. DJE em 25.08.2023.

de incrementar o procedimento com provas que evidenciem uma possível não responsabilidade ou exculpação da sua conduta.

Aplaudimos a posição do Ministro, que reforça a importância da fase pré-processual, ao prever a necessidade de garantir aos investigados o contraditório e a ampla defesa, dentro das particularidades dessa fase (após conclusos os atos investigativos para evitar o risco de sua ineficácia), para que possa apresentar sua versão sobre os fatos e provas que a corroborem. Evita-se, dessa forma, surpresas, restrições de direitos e indiciamentos sem coerência com a realidade dos fatos. Afinal, o objetivo principal da investigação preliminar é o esclarecimento dos fatos apurados, primando-se pela eficiência do procedimento, que só pode ser alcançada em maior grau com a colaboração de todos envolvidos (vítimas, testemunhas e investigados).

Outrossim, é necessário destacar a importância dada no voto à imparcialidade e boa-fé processual, que são vistos como essenciais para a integridade do sistema de justiça, assegurando que o inquérito seja conduzido de maneira justa, com respeito aos princípios democráticos e aos direitos fundamentais. Esses princípios visam não apenas proteger as partes diretamente envolvidas, mas também preservar a confiança da sociedade no sistema de justiça como um todo, reforçando a ideia de que a aplicação da lei deve ser realizada de forma justa, equilibrada e transparente.

Como esclarecido alhures, a implementação do juiz de garantias trouxe consideráveis mudanças ao processo penal brasileiro. Analisaremos, a partir de agora aquelas ligadas à investigação preliminar, tendo como norte a premissa estabelecida inicialmente de uma evolução conceitual da fase pré-processual, entendida contemporaneamente como um procedimento preliminar autônomo, indispensável, imparcial e preservador de direitos dos envolvidos.

3. REFLEXOS SOBRE O INQUÉRITO POLICIAL

O advento do juiz das garantias gerou profundos reflexos sobre a dinâmica do inquérito policial. De modo geral, ocorre um reforço ao sistema acusatório brasileiro, no qual as funções de acusar, defender e julgar são nitidamente separadas, assegurando a imparcialidade do juiz que sentenciará.

A partir de sua introdução, durante a investigação preliminar, as decisões que interferem diretamente nas liberdades individuais sujeitas à reserva de jurisdição, tais como afastamento de sigilos bancário e telefônico, sequestro de bens e busca e apreensão, passam a ser atribuídas ao juiz de garantias, não ao mesmo juiz que julgará a ação. Dessa forma, afasta-se o juiz da causa de um viés cognitivo preconcebido sobre a culpabilidade do réu diante de sua não atuação na fase anterior ao processo.

A interpretação dada pelo Supremo Tribunal Federal aos dispositivos do juiz de garantias visou assegurar o equilíbrio do sistema processual penal brasileiro, que havia sido comprometido por diversas restrições impostas pela redação original dos dispositivos.

Anteriormente ao pronunciamento do Supremo, haviam sido estabelecidas rigorosas restrições às dilações de prazo dos inquéritos policiais relacionados a réus presos.

No entanto, como elencado no tópico anterior, atribuiu-se interpretação conforme ao § 2º do art. 3º-B do CPP para assentar que:

a) o juiz pode, fundamentadamente, reconhecer a necessidade de novas prorrogações do inquérito, diante de elementos concretos e da complexidade da investigação;

b) a inobservância do prazo previsto em lei não implica a revogação automática da prisão preventiva, devendo o juízo competente ser instado a avaliar os motivos que a ensejaram.

Outrossim, na redação original do parágrafo 3º do Art. 3º-C, estava estabelecido que os autos relacionados à competência do juiz das garantias seriam mantidos na secretaria desse juízo, à disposição tanto do Ministério Público quanto da defesa, sem que fossem apensados aos autos do processo encaminhados ao juiz da instrução e julgamento, ressalvados os documentos relativos a provas irrepetíveis, medidas de obtenção ou antecipação de provas, que seriam enviados separadamente.

Tal dispositivo transformava o inquérito policial em um instrumento vazio e restrito à fase pré-processual, desfigurando a sua característica de procedimento preparatório da ação penal e objetivo de apuração imparcial dos fatos supostamente criminosos e de todas as suas circunstâncias.

Reconhecendo a importância do inquérito no estabelecimento da verdade processual, o Supremo declarou a inconstitucionalidade, com redução de texto, dos §§ 3º e 4º do art. 3º-C do CPP, atribuindo interpretação conforme para entender que os autos que compõem as matérias de competência do juiz das garantias deverão ser remetidos ao juiz da instrução e julgamento.

A remessa do caderno investigativo, ou seja, a utilização completa de seus elementos informativos na ação penal, mostra a necessidade de garantir que o inquérito seja conduzido de forma imparcial, preservando os direitos fundamentais dos investigados, especialmente o direito à ampla defesa e ao contraditório, ainda que diferidos, após a deflagração dos meios investigativos, a fim de evitar que a autoridade policial realize juízos de valor e indiciamentos sem antes permitir ao investigado a apresentação de sua versão sobre os fatos e provas que a corroborem. Afinal, a função de filtro processual do inquérito serve justamente para evitar a surpresa de uma ação penal antes que o eventual acusado possa contribuir com as autoridades na busca pela verdade.

Em relação à divulgação das operações policiais, foi estabelecido que a divulgação de informações relacionadas à prisão e à identidade do preso pelas Autoridades Policiais, Ministério Público e Magistratura, deve assegurar a efetividade da persecução penal, o direito à informação e a dignidade da pessoa submetida à prisão.

Tal interpretação pode refletir na mitigação de normas penais da Lei de Abuso de Autoridade (Art. 13, incisos I e II, art. 28 e art. 38 da Lei 13.869/2019), as quais buscavam dar prevalência à preservação da imagem do preso em detrimento de outros direitos.

Rompe-se com tal extremismo, possibilitando a ponderação dos direitos envolvidos. Exsurge, a partir daí, maior responsabilidade para as autoridades, que deverão realizar tal ponderação de acordo com o interesse público, mas preservando os direitos individuais dos envolvidos.

Em relação ao arquivamento do inquérito policial, contrariando o texto legislativo, o STF definiu que o órgão do Ministério Público não tem o poder de determinar o arquivamento, mas apenas de opinar sobre essa possibilidade, ou seja, manteve-se a sistemática anterior, exigindo-se manifestação judicial.

Dessa forma, ao se manifestar pelo arquivamento do inquérito policial ou de quaisquer elementos informativos da mesma natureza, o órgão do Ministério Público submeterá sua manifestação ao juiz competente e comunicará à vítima, ao investigado e à autoridade policial, podendo encaminhar os autos para o Procurador-Geral ou para a instância de revisão ministerial, quando houver, para fins de homologação, na forma da lei.

Ademais, deu-se interpretação conforme à Constituição ao § 1º do art. 28 do CPP para esclarecer que, além da vítima ou de seu representante legal, a autoridade judicial competente também poderá submeter a matéria à revisão da instância competente do órgão ministerial, caso verifique patente ilegalidade ou teratologia no ato do arquivamento.

Em que pese a posição do titular da ação penal no sistema acusatório, entendemos que o método estabelecido pelo STF se mostra mais adequado ao processo penal brasileiro, mantendo a natureza complexa do ato de arquivamento, prestigiando a condição jurídica da vítima e estabelecendo maior segurança jurídica ao exigir a manifestação judicial.

CONCLUSÃO

A função do juiz de garantias é consolidada como um possível avanço na garantia dos direitos fundamentais, em harmonia com a busca pela eficiência do inquérito policial. Contudo, a sua efetivação demanda uma ponderação acurada entre os benefícios teóricos da maior imparcialidade e os desafios práticos de sua implementação.

A interpretação dada pelo STF aos dispositivos legais referentes ao juiz das garantias reforça a busca por um processo penal mais justo e equânime, com ênfase nas garantias individuais. O impacto dessa mudança na fase pré-processual, especialmente na condução do inquérito policial, destaca a necessidade de adaptação das autoridades policiais às novas demandas jurisdicionais.

Ainda, sublinha-se que a eficácia dessa medida, em última análise, dependerá do equilíbrio entre a garantia dos direitos dos investigados e a eficiência na apuração dos crimes, um desafio contínuo para as polícias judiciárias no Brasil.

A implementação efetiva do juiz das garantias, conforme interpretada pelo STF, representa um avanço significativo nos esforços de aprimoramento do sistema de justiça criminal, refratando diretamente na rotina de trabalho dos delegados de polícia, que devem navegar por esta nova realidade com perspicácia e aderência firme aos princípios constitucionais e legais.

Nesse contexto, o inquérito policial ganha um novo papel no sistema processual penal, sendo necessário abandonar o conceito de procedimento meramente preparatório da ação penal, compreendendo-o como um instrumento legal indispensável à preservação dos direitos dos envolvidos, conduzido com imparcialidade pela autoridade policial, para a apuração de fatos supostamente criminosos e todas suas circunstâncias, produzindo elementos informativos e probatórios que servem potencialmente tanto à acusação quanto à defesa, submetendo-se também à ampla defesa e ao contraditório, ainda que mitigado ou diferido para momento posterior à deflagração das investigações.

REFERÊNCIAS

CASTRO, Henrique Hoffman Monteiro de. Inquérito Policial tem sido conceituado de forma equivocada. *Revista Consultor Jurídico*. Disponível em: [www.conjur.com.br/2017-fev-21/academia-policia-inquerito-policial-sido-conceituado-formaequivocada#:~:text=Em%20outras%20palavras%2C%20inqu%C3%A9rito%20policial,infra%C3%A7%C3%A3o%20penal%2C%20admitindo%20que%20°]. Acesso em: 23 jan. 2023.

GOMES, Luiz Flávio; SCLIAR, Fábio. Investigação preliminar, polícia judiciária e autonomia. *Jusbrasil*, out. 2008. Disponível em: [http://lfg.jusbrasil.com.br/noticias/147325/investigacao-preliminar-policia-judiciaria-e-autonomia-luiz-flavio-gomes-e-fabio-scliar]. Acesso em: 29 jan. 2024.

LOPES JR., Aury; GLOECKNER, Ricardo Jacobsen. *Investigação preliminar no processo penal*. 6. ed. rev., atual. e ampl. São Paulo: Saraiva, 2014.

LIMA, Renato Brasileiro de. *Manual de Processo Penal*. 8. ed. Salvador: JusPodivm, 2020.

RANGEL, Paulo. *Direito processual penal*. 27. ed. São Paulo: Atlas, 2019.

REPORTAGEM em: [www.gov.br/mj/pt-br/assuntos/noticias/programa-do-ministerio-da-justica-e-seguranca-publica-registra-apreensao-recorde-de-cocaina-em-2021]. Acesso em: 23 jan. 2023.

ROSA, Alexandre Morais da. SILVA, Philipe Benoni Melo. Aplicação da teoria da perda de uma chance probatória: entre o inquérito e a denúncia. *Conjur*, 2024.

SANNINI, Francisco. Funções do Inquérito Policial. In: FONTES, Eduardo; HOFFMANN, Henrique (Org.). *Temas Avançados de Polícia Judiciária*. 4. ed. Salvador: JusPodivm, 2020.

PROMOÇÃO RELIGIOSA PELO ESTADO LAICO

Eduardo Chabaribery Libório

Mestrando em Direito pela Universidade de Brasília. Graduado pela Faculdade de Direito do Largo de São Francisco – FDUSP. Assessor no Tribunal de Justiça do Estado de São Paulo (TJSP). Assessor do Ministro André Mendonça no Supremo Tribunal Federal (STF).

INTRODUÇÃO

Foi na França, em 1979, particularmente na cidade de Estrasburgo, que Karel Vasak enunciou sua teoria sobre a sucessão de gerações dos direitos fundamentais, inspirada no lema revolucionário de "liberdade, igualdade e fraternidade".[1] A partir de então, admitiu-se que os direitos fundamentais eram fruto do influxo de demandas da população em face do Estado, ocorrida em determinado momento histórico.

A arraigada noção *geracional* é oportuna porque correlaciona a tríade de Miguel Reale composta pelo *(i)* sociologismo jurídico, *(ii)* moralismo jurídico, e *(iii)* normativismo abstrato.[2] A linha de Vasak, portanto, identifica o surgimento de grupos sociais (fato), com clamores mais ou menos específicos perante o Estado (valor), cuja salvaguarda viria a se positivar no ordenamento naquele dado período (norma).

Da eclosão da Revolução Francesa, os indivíduos buscaram a proteção da propriedade, do trânsito e do comércio contra o Estado absolutista; do contexto da Revolução Industrial, a postura estatal moldou-se para atender, proativamente, os corpos intermediários[3] de trabalhadores alheios à classe burguesa; e das guerras mundiais e da globalização das relações, exsurgiu a ideia da proteção difusa do ser humano, voltada a garantir a coexistência pacífica com seus semelhantes.

A concepção de *gerações* para os direitos humanos e fundamentais[4], sofreu críticas por uma conotação capaz de produzir a falsa ideia de que as garantias outrora reconheci-

1. MARMELSTEIN, George. *Curso de Direitos Fundamentais*. São Paulo: Atlas, 2008. p. 40.
2. REALE, Miguel. *Lições preliminares do Direito*. São Paulo: Saraiva, 2013. p. 64.
3. "A denominação corpos intermediários se deve ao fato de que eles defendiam interesses que tinham por nota distintiva o fato de não pertencerem ao Estado (interesses públicos), tampouco ao indivíduo como expressão de uma liberdade clássica, mas sim a determinados grupos, classes ou categorias de pessoal. Situavam-se, assim, em uma posição intermediária entre o Estado e o indivíduo, entre o público e o privado." (ANDRADE, Adriano; MASSON, Cleber; ANDRADE, Landolfo. *Interesses difusos e coletivos*. v. 1. 11. ed. Rio de Janeiro: Forense. Método, 2021. p. 2-3.
4. Aqui, entendidos como direitos humanos encartados num documento jurídico-positivo, seja uma Constituição ou leis esparsas.

das fossem substituídas por outras encontradas na geração seguinte. Sobreveio, então, a terminologia das *dimensões* dos direitos fundamentais; por todos, a lição de Ingo Sarlet:

> "(...) verifica-se a crescente convergência de opiniões no que concerne à ideia que norteia a conceção das três (ou quatro, se assim preferirmos) dimensões dos direitos fundamentais, no sentido de que estes, tendo tido sua trajetória existencial inaugurada com o reconhecimento formal nas primeiras Constituições escritas dos clássicos direitos de matriz liberal-burguesa, *se encontram em constante processo de transformação*, culminando com a recepção, nos catálogos constitucionais e na seara do Direito Internacional, *de múltiplas e diferenciadas posições jurídicas, cujo conteúdo é tão variável quanto as transformações ocorridas na realidade, social, política, cultural e econômica ao longo dos tempos.*"[5]

A partir da crítica, é certo que os direitos fundamentais não são suplantados pelo tempo, conquanto possam ter seu *âmbito de proteção alterado para abranger as mesmas hipóteses de forma distinta, ou até para ampliar seu escopo de proteção noutras situações jurídicas*. É cirúrgica a colocação de Paulo Gonet Branco a respeito:

> *"Pode ocorrer, ainda, que alguns chamados novos direitos sejam apenas os antigos adaptados às novas exigências do momento.* Assim, por exemplo, a garantia contra certas manipulações genéticas muitas vezes traz à baila o clássico direito à vida, confrontado, porém, com os avanços da ciência e da técnica".[6]

Neste exercício, os mesmos fatos abrangidos por direitos encartados numa dimensão podem receber acolhida noutro catálogo de garantias superveniente. A *ratio* subjacente está no dinamismo – transformação e evolução – do âmbito de proteção quanto a fatos e a valores ainda presentes em sociedade. Noutras palavras, *tanto os direitos quanto os objetos sob sua tutela sofrem um processo de revalidação*, em termos de significado e de abrangência, a partir de uma nova concepção do pensamento jurídico (*dimensão*), em ulterior momento histórico (*geração*).

A historicidade característica dos direitos fundamentais não revela, pois, um aspecto estático. Na lembrada expressão de Hannah Arendt, "não são um dado, mas são um construído, uma invenção humana em constante processo de construção e reconstrução" (PIOVESAN, Flávia C. *Direitos humanos: desafios e perspectivas contemporâneas*. Revista do Tribunal Superior do Trabalho. Brasília, v. 75, 1, jan./mar., 2009). Na célebre lição de Noberto Bobbio, os direitos humanos "*não nascem todos de uma vez e nem de uma vez por todas*" (BOBBIO, Norberto. *A era dos direitos*. Rio de Janeiro: Elsevier, 2004).

1. DIREITO À CULTURA – ABRANGÊNCIA

Plurissignificativa, não é simples a definição do que seja *cultura* como objeto do direito fundamental a ela correspondente.

---

5. SARLET, Ingo Wolfgang. *A eficácia dos direitos fundamentais*. 8. ed. Porto Alegre: Livraria do Advogado, 2007. p. 55; g.n.
6. GONET BRANCO, Paulo Gustavo; MENDES, Gilmar Ferreira. *Curso de Direito Constitucional*. 14. ed. São Paulo: Saraiva Educação, 2019. p. 138; g.n.

Entre algumas definições, o dicionário Michaelis expõe uma de verve antropológica, assim descrita como "conjunto de conhecimentos, costumes, crenças, padrões de comportamento, adquiridos e transmitidos socialmente, que caracterizam um grupo social".[7]

Juntamente com outros traços distintivos, a exemplo da história, da língua, da religião e da economia, a cultura é signo identificador de uma *nação*. É, ainda, expressão do *princípio democrático*, seja no processo de construção de um regime político, como no reflexo da participação popular direta.[8]

Como direito de segunda geração (ou dimensão), os direitos culturais guardavam acepção estreita, relacionada ao direito à educação. Além dos direitos sociais e econômicos atinentes a relações trabalhistas (férias, greve, salário-mínimo, repouso e limitação de jornada), o direito à cultura visava equiparar as relações humanas em termos de conhecimento, dignidade e livre desenvolvimento da personalidade.[9]

Apesar desta concepção primordial, o direito à cultura espraiou-se a outras searas nas quais não se encontra um grupo de beneficiários específico, movendo-se, então, à categoria de direitos de terceira dimensão.[10] Os exemplos são inúmeros na atual Constituição da República, tais quais o direito autoral (art. 5º, XXVII e XXVIII), o direito à liberdade de expressão da atividade intelectual, artística, científica e de comunicação (arts. 5º, IX, e 215, § 3º, II), o direito à preservação do patrimônio histórico e cultural (arts. 5º, LXXIII, e 215, § 3º, I); o direito à diversidade e à identidade cultural (art. 215, *caput*, § 1º, 2º, 3º, V, 242, § 1º); e, ainda, o de próprio acesso à cultura (art. 215, § 3º, II e IV).

A Carta Republicana de 1988, ainda, passou por sensível alteração a partir da Emenda 48, de 2005, na qual se determinou a instituição do Plano Nacional de Cultura

7. Disponível em: [https://michaelis.uol.com.br/busca?r=0&f=0&t=0&palavra=cultura]. Acesso em: 30 mar. 2024.
8. Alusão feita por Alexandre de Moraes à obra de Vital Moreira e J.J. Gomes Canotilho: "(...) a conformação do princípio democrático se caracteriza tendo em conta a sua estrutura pluridimensional. Primeiramente, a democracia surge como um processo de democratização, entendido como processo de aprofundamento democrático da ordem política, econômica, social e cultural. Depois, o princípio democrático recolhe as duas dimensões historicamente consideradas como antitéticas: por um lado, acolhe os mais importantes elementos da teoria democrática representativa (órgãos representativos, eleições periódicas, pluralismo partidário, separação de poderes); por outro lado, dá guarida a algumas das exigências fundamentais da teoria participativa (alargamento do princípio democrático a diferentes aspectos da vida econômica, social e cultural, incorporação de participação popular directa, reconhecimento de partidos e associações como relevantes agentes de dinamização democrática etc.)." (MORAES, Alexandre. *Direito Constitucional.* 33. ed. São Paulo: Atlas, 2017. p. 36).
9. Na Declaração Universal dos Direitos do Homem e do Cidadão. Artigo XXII – Toda pessoa, como membro da sociedade, tem direito à segurança social e à realização, pelo esforço nacional, pela cooperação internacional e de acordo com a organização e recursos de cada Estado, dos direitos econômicos, sociais e culturais indispensáveis à sua dignidade e ao livre desenvolvimento da sua personalidade. Artigo XXVII – 1. Toda pessoa tem o direito de participar livremente da vida cultural da comunidade, de fruir as artes e de participar do processo científico e de seus benefícios. 2. Toda pessoa tem direito à proteção dos interesses morais e materiais decorrentes de qualquer produção científica, literária ou artística da qual seja autor.
10. Cf. "A proteção jurídica do patrimônio cultural brasileiro, enquanto direito fundamental de terceira geração, é matéria expressamente prevista no Texto Constitucional (art. 216 da CRFB/1988). A ordem constitucional vigente recepcionou o DL 25/1937, que, ao organizar a proteção do patrimônio histórico e artístico nacional, estabeleceu disciplina própria e específica ao instituto do tombamento, como meio de proteção de diversas dimensões do patrimônio cultural brasileiro." (ACO 1.966/AM, Rel. Min. Luiz Fux, j. 17/11/2017, p. 27/11/2017).

(PNC), sob a inspiração da "Agenda 21 da Cultura", aprovada por cidades e governos locais de todo o mundo em 2004, no marco do Fórum Universal das Culturas de Barcelona.

A Lei 12.343, de 2010, que efetivamente criou o PNC, traz como princípios estruturais em seu art. 1º, a *diversidade cultural* (inc. II), *o direito à memória e às tradições* (inc. VI), e *a responsabilidade dos agentes públicos pela implementação das políticas culturais* (inc. X). Não diferente, a Agenda 21 da Cultura concebe, entre seus postulados, *a cultura como patrimônio histórico da humanidade*, e prevê tanto o respeito às manifestações culturais autônomas, de forma livre, como *a promoção da criação cultural pelo Estado.*[11]

Nesta brevíssima síntese, é certo que o Brasil, país multiétnico, logo, multicultural, partiu de uma diversidade cultural indígena para ser o sítio de profusão de outras culturas ao longo da história (negra-africana, quilombola, cristã-portuguesa, protestante-holandesa, xintoísta-japonesa, muçulmana), razão por que deve o Estado guardar espaço à coexistência de todas elas. Por excelência, somos o amálgama de uma história de acumulação cultural, cujo patrimônio resultante deve ser livremente exercido sem a censura de terceiros, e positivamente afirmado, em regozijo à memória e às tradições específicas de cada segmento cultural.

Ao consagrar-se o direito difuso à cultura, encontramos uma índole ambivalente para sua concretude[12], isto é, estamos certamente diante de um direito que reclama prestações tanto positivas como defensivas, a que devem observância o Estado e todos os indivíduos. E, ao se preservar uma determinada cultura, está-se a garantir o seu convívio harmônico com todas as demais, ou seja, está-se a defender a expressão de uma por todas as vertentes étnico-religiosas radicadas em sociedade.

É neste contexto em que são esculpidas novas funções à Constituição, na classificação de Canotilho. Com a evolução das gerações – como atualização dos paradigmas epistemológicos – e superveniência de novas dimensões – como revalidação dos valores constitucionais – sobrevêm funções constitucionais voltadas à paz, em "consenso fundamental" e em "inclusividade multicultural".[13]

---

11. Para fins ilustrativos, citam-se os seguintes itens da Agenda: 9. O patrimônio cultural, tangível e intangível, é o testemunho da criatividade humana e o substrato da identidade dos povos. A vida cultural contém, simultaneamente, a riqueza de poder apreciar e acumular tradições dos povos com a oportunidade de permitir a criação e a inovação das suas próprias formas. Esta característica descarta qualquer modalidade de imposição de padrões culturais rígidos. 10. A afirmação das culturas, assim como o conjunto das políticas que foram postas em prática para o seu reconhecimento e viabilidade, constitui um fator essencial no desenvolvimento sustentável das cidades e territórios no plano humano, econômico, político e social. O carácter central das políticas públicas de cultura é uma exigência das sociedades no mundo contemporâneo. A qualidade do desenvolvimento local requer a imbricamento entre as políticas culturais e as outras políticas públicas – sociais, econômicas, educativas, ambientais e urbanísticas. 21. Constituir espaços de diálogo entre as diferentes opções espirituais e religiosas que convivem no território local e destas com o poder público, com o fim de assegurar o direito de livre expressão e uma convivência harmônica. Disponível em: [http://pnc.cultura.gov.br/wp-content/uploads/sites/16/2012/10/2-agenda-21-da-cultura.pdf]. Acesso em: 29 mar. 2024.
12. Terminologia encontrada em: MENDES, Gilmar; GONET BRANCO. *Curso de Direito Constitucional.* 14. ed. São Paulo: Saraiva Educação, 2019. p. 167).
13. CANOTILHO, J. J. Gomes. *Direito constitucional e teoria da constituição.* 7. ed. Coimbra: Almedina, 2010. p. 1438 e ss.

Repelidos os extremos que se subsomem ao abuso do direito, a validação da cultura pelo Estado adquire caráter promocional na produção (e acesso) de documentos, obras, bem como de solenidades (cultos, festas, peregrinações). É, portanto, um direito que se exercita num balançar de olhares da história para o presente, por meio da leitura, da contemplação, ou da encenação. É expressão atual, carregada de memória. Nos dizeres de Humberto Cunha Filho, "os direitos culturais são aqueles afetos às artes, à memória coletiva e ao repasse de saberes, que asseguram aos seus titulares o conhecimento e uso do passado, interferência ativa no presente e possibilidade de previsão e decisão de opções referentes ao futuro, visando sempre a dignidade da pessoa humana."[14]

2. DIREITO À RELIGIÃO – LIBERDADE RELIGIOSA E LAICIDADE ESTATAL

Se a cultura é signo característico de um povo, a religião pode ser um dos traços essenciais de determinada cultura, com esta, por vezes, confundindo-se. Não ao acaso, as liturgias religiosas são denominadas *culto*, de mesmo radical *cult*, que do latim "está ligado ao cultivo de algo, (...) nas formas de reverenciar a vida, por meio de manifestações coletivas bem marcadas sobre os fatos do presente, o humano, a natureza e o divino (...)".[15]

Em artigo da revista Justiça & Cidadania, do Supremo Tribunal Federal, o Ministro André Mendonça escreveu sobre a religião como uma das primeiras liberdades fundamentais, estando a história do homem intrinsecamente ligada ao exercício de sua religiosidade:

> "*A religião sempre esteve presente na história. Trata-se de fato social inevitável e inexorável da vida e sociedade humanas*. A esse respeito, Dawson (2010, p. 197) ensina que: '[d]esde o mais remoto alvorecer da cultura primitiva, o homem tentou compreender as leis da vida, por mais brutal e simbólico que fosse esse esforço, adaptando a vida social às suas exigências', e, nessa busca de compreender suas origens, missão e futuro, a totalidade de sua vida social estava intimamente ligada à religião. (...) A importância da religião perpassa os séculos. O impulso religioso move impérios, fomenta a educação, cria universidades, inspira a arte, a literatura, a cultura, enfim, muda o mundo."[16]

No Brasil, houve um tempo em que o catolicismo era considerado a religião oficial. Na Constituição de 1824, a propósito, vigia a liberdade de crença, mas não havia a liberdade de expressão religiosa. Professar e cultuar religiões distintas do catolicismo só se permitia em ambiente particular (ou doméstico), sem exteriorizações. O Estado brasileiro garantia a liberdade de crença, mas não havia a liberdade de culto.

Foi no mesmo século XIX, logo após a Proclamação da República, que se inaugurou o Estado laico no país. Sob a pena de Ruy Barbosa, foi editado o Decreto 119-A, de 7 de

14. CUNHA FILHO, Francisco Humberto. *Os direitos culturais como direitos fundamentais no ordenamento jurídico brasileiro*. Brasília: Brasília Jurídica, 2000. p. 34.
15. REIS, Adriana Donato dos. *Políticas culturais: expressão de comunicação através do patrocínio cultural*. Dissertação de Doutorado pela PUC-RS. Disponível em: [https://tede2.pucrs.br/tede2/handle/tede/7366]. Acesso em: 29 mar. 2024.
16. MENDONÇA, André Luiz de Almeida. *A primeira das liberdades*: a liberdade religiosa e sua efetividade na laicidade colaborativa brasileira. Em: Liberdades. Rio de Janeiro: Editora J & C, 2022. p. 211-212; g.n.

janeiro de 1890, texto que deu o tom da Constituição de 1891, cujo maior contributo foi o de afastar qualquer predileção do Estado por determinada religião, e vedar discriminações "por motivo de crenças, ou opiniões philosophicas ou religiosas" (art. 1º).[17]

No atual desenho constitucional brasileiro, o direito à religião está positivado em *status* de defesa, isto é, de garantia da liberdade de seu exercício, sem que da literalidade da Carta da República se extraia, *prima facie*, um direito de prestação estatal. No art. 5º, encontramos os maiores exemplos: a liberdade de crença, de consciência, dos cultos, além da proteção de seus locais (inc. VI), a prestação religiosa em entidades de internação coletiva (inc. VII), e a escusa de consciência para prestação de obrigação a todos imposta (inc. VII). Ainda sob o prisma negativo da atuação pública, temos a imunidade tributária de templos e cultos (art. 150, inc. VI, al. "b").

Destaca-se, pois, que a liberdade religiosa no Brasil é ampla, assegurada a todas as crenças, inclusive, não teístas ou ateístas. Nesta linha, o Supremo Tribunal Federal chegou a julgar constitucional lei de proteção animal que, a fim de resguardar a liberdade religiosa, permite o sacrifício ritualístico de animais em cultos de matriz africana.[18] Ainda, garantiu a publicidade e o proselitismo religioso, de modo que "[a] liberdade religiosa não é exercível apenas em privado, mas também no espaço público, e inclui o direito de tentar convencer os outros, por meio do ensinamento, (...) de discurso persuasivo e o uso de argumentos críticos".[19]

Ainda sob a letra fria da Constituição da República, temos a regra do art. 19, inc. I, que orienta a atuação estatal em apartado ao exercício da religião:

> "É vedado à União, aos Estados, ao Distrito Federal e aos Municípios:
>
> I – estabelecer cultos religiosos ou igrejas, subvencioná-los, embaraçar-lhes o funcionamento ou manter com eles ou seus representantes relações de dependência ou aliança, ressalvada, na forma da lei, a colaboração de interesse público;"

A partir desta "cláusula constitucional da laicidade do Estado"[20], impõe-se ao Estado, além do respeito ao livre exercício religioso, a abstenção de qualquer *financiamento* de igrejas (aqui, como investimento no espaço físico) e de cultos (como fomento da organização necessária à realização de solenidades).

A interpretação semântica permite entender, ainda, que não cabe ao Estado utilizar a religião (cultos ou agremiações) como fundamento *exclusivo* para as políticas públicas, isto é, pautar a atuação administrativa em prol ou unicamente animado por dogmas de determinada linha religiosa. Ainda, não poderia o Estado orientar-se em predileção a um segmento religioso específico. Tal qual se garante a liberdade de crença a uma dada religião, a todas as demais deve ser franqueado o espaço para divulgação de suas teses e

17. É elucidativo o preâmbulo do Decreto 119-A, de 1890: "Prohibe a intervenção da autoridade federal e dos Estados federados em materia religiosa, consagra a plena liberdade de cultos, extingue o padroado e estabelece outras providencias."
18. RE 494.601/RS, Rel. Min. Marco Aurélio, Red. p/ Ac. Min. Edson Fachin, j. 28/03/2019, p. 19/11/2019.
19. ADI 2.566/DF, Rel. Min. Alexandre de Moraes, Red. p/ Ac. Edson Fachin, j. 16/05/2018, p. 23/10/2018.
20. Ou Princípio do Secularismo.

rituais. Neste sentido, a Suprema Corte manifestou que o Brasil deve ser "neutro quanto às religiões"[21], de modo que "razões religiosas [não] sejam utilizadas como fonte de justificação de práticas institucionais".[22]

Paira, de todo modo, a seguinte questão: é vedado ao Estado promover, sob qualquer forma, determinada religião?

Na mesma cláusula constitucional de laicidade do Estado encontramos uma exceção que afasta a ideia superficial de separação absoluta entre o Estado e a religião, ponto em que se abre a oportunidade para que os entes públicos formem com as igrejas uma "colaboração de interesse público, na forma de lei".

Ainda no Texto Constitucional, identificamos a imunidade dos impostos em favor das entidades e seus templos (art. 150, inc. VI, al. "b"), limitação da competência tributária que, apesar da primeira parte do art. 19, inc. I, exerce regra de não oneração religiosa. A Emenda Constitucional 116, de 2022, acresceu a não incidência do IPTU quando templos sejam apenas locatários do bem imóvel (art. 156, § 1º).

A resposta à pergunta é, sem qualquer dúvida, negativa. Mas, afora os casos expressamente previstos da Constituição da República, é possível entrever alguma outra hipótese? Seriam esses exemplos meras exceções, que mais confirmam a regra?

Coloca-se, com maior contundência, portanto, o seguinte questionamento: é proibido ao Estado, sob outra forma não explícita na Constituição da República, promover uma religião? A resposta, e sua explicação, encontram-se no diálogo específico entre a religião e a cultura – ou melhor dizendo, entre a proteção constitucional da religião e da cultura.

3. CULTURA: O VIÉS POSITIVO DA ATUAÇÃO ESTATAL EM PROMOÇÃO DA RELIGIÃO

Em aspecto preliminar, é preciso estabelecer qual a acepção cabível para que se discuta sobre a "promoção" da religião pelo Estado.

Promover a religião não pode ser subentendida como estabelecer um templo religioso ou subvencionar a realização de um culto, o que acarretaria uma ofensa frontal à vedação do art. 19, inc. I, da Constituição da República.

Promover a religião também não importa em pautar uma política pública com o propósito primordial religioso. Como visto, a jurisprudência do Supremo não admite que os entes públicos tenham como móvel específico – ou exclusivo – o intuito religioso. Dito de outro modo, o interesse público não pode se confundir com os propósitos peculiares de uma religião e seus adeptos.

Nada obstante, num ambiente democrático que não diz com a imposição da vontade das maiorias, mas com o atendimento máximo da vontade de todos os grupos o quanto

21. ADI 4.439/DF, Rel. Min. Alexandre de Moraes, j. 27/09/2017, p. 21/06/2018.
22. ADI 3.478/RJ, Rel. Min. Edson Fachin, j. 20/12/2019, p. 19/02/2020.

possível, a promoção da religião poderia se vislumbrar a partir de outros elementos fundamentais que envolvessem um interesse maior, caro à sociedade em geral.

Neste viés, a *colaboração de interesse público* admitida na Constituição poderia se relacionar com um segmento religioso nos mais variados trabalhos filantrópicos, costumeiramente realizados por entidades da espécie. Uma vez que as associações religiosas desenvolvem atividade de índole assistencial, não há razão para que o Estado deixe de fomentar esta atuação, como o deve fazer com qualquer outra entidade que se preste a objetivos altruísticos. Como exemplo, o Superior Tribunal de Justiça entendeu pela imunidade tributária de entidade religiosa em relação ao ITBI, em vista do art. 150, inc. VI, al. "c", que trata do "patrimônio, renda ou serviços (...) das instituições de educação e de assistência social" – e não com base na al. "b", própria das associações religiosas.[23]

O viés que inspira esta breve análise, porém, é outro.

Conquanto na mesma linha de se amplificar a atuação de entidades religiosas com vistas ao bem-estar geral, em atendimento ao interesse público primário, sobressai a *atuação estatal em promoção da religião, mas com finalidade cultural.*

Recorda-se: o Brasil não é um Estado confessional, que adota como oficial um credo ou religião; também não é ateu, que nega a existência de Deus ou qualquer entidade espiritual. O Estado brasileiro é laico, ou seja, neutro, haja uma ou dezenas de religiões no país (no que se inclui a linha intelectual que não aceita determinado credo).

Em que pese essa característica, bem-marcada desde o alvorecer da República, é inegável que o povo brasileiro possui uma história com raízes devocionais. Gilberto Freyre disse "ser tão difícil, na verdade, separar o brasileiro do católico: o catolicismo foi realmente o cimento da nossa unidade".[24] Os exemplos que corroboram a assertiva são inúmeros.

Embora tenha o Supremo Tribunal Federal afastado o preâmbulo como norma central, não deixou de reconhecer que a promulgação da Carta de 1988 "sob a proteção de Deus"[25] reflete um sentimento religioso.[26] O ensino religioso foi expressamente prestigiado neste mesmo Texto Constitucional (art. 210, § 1º). O Conselho Nacional de Justiça avalizou a manutenção de crucifixos em prédios públicos sem que isso transforme o Estado em clerical.[27] O Plenário de nosso Excelso Pretório possui espaço destinado, exclusivamente, a alocação de um crucifixo. Nossas cédulas do "real" contém a expressão "Deus seja louvado". Ulysses Guimarães, em parecer ainda no ano de 1960, tratou abertamente desse traço, com notável lucidez:

---

23. AREsp 444.193-AgR/RS, Rel. Min. Mauro Campbell Marques, 2ª Turma, j. 04/02/2014.
24. FREYRE, Gilberto. *Casa-Grande e Senzala*. 51. ed. São Paulo: Global, 2006. p. 92.
25. Expressão que não passou desapercebida pela Assembleia Nacional Constituinte, que chegou a votar uma proposta de retirada da expressão, porém, rechaçada por um placar de 74 votos favoráveis à sua manutenção contra 1 único contrário.
26. ADI 2.076/AC, Rel. Min. Carlos Velloso, Pleno, j. 15/08/2002, p. 08/08/2003.
27. Pedidos de providências 1.344, 1.345, 1.346 e 1.362.

"Não se justifica a interpretação extremada que afirma que, entre nós, o Estado seja agnóstico ou ateu. Ou ainda mais que isso: que seja hostil, contra a religião. A verdade histórica, social e constitucional é muito outra: *o Estado brasileiro, frente aos cultos, é neutro, mas não é incréu; é imparcial, mas não é ímpio; não é indiferente às práticas morais, caritativas, assistenciais e educacionais que a fé exercita, porque sabiamente as encoraja*."[28]

Quando estamos falando da religião cristã, em suas mais variadas vertentes, estamos necessariamente falando de história e cultura. Embora seja marcante a matriz cristã nacional, o raciocínio é o mesmo para qualquer outro credo que deite suas raízes em nosso Estado. Para além de uma manifestação exclusivamente religiosa, temos um traço histórico-cultural importante.

Ao congregar os indissociáveis direitos fundamentais à cultura e à religiosidade, não podemos nos furtar daquela noção de que a cultura é direito de terceira geração (ou dimensão) e, por isso, diz respeito a uma gama indefinida de titulares. E dada a sua amplitude, expressa-se tanto com direito de defesa, como direito positivo a uma prestação.

A cultura religiosa deve ser objeto de proteção por sua expansão expressiva, inclusive, relativa a externalidades positivas. Não raro, a expressão religiosa-cultural reverbera em outros aspectos da vida em sociedade, quando promovida pelo Estado.

O que dizer das festas de Círio de Nazaré, no Pará, de Iemanjá, na Bahia, do Boi-Bumbá, no Amazonas, e de São João, nas mais variadas regiões brasileiras, como expressão cultural, conquanto possuam uma raiz religiosa? Como promotoras da cultura local e histórica, tais realizações fomentam a culinária típica, o turismo nas regiões, o comércio local e interestadual e, de um modo geral, são estímulo ao trabalho e à livre iniciativa.

Em suas passagens pelo Órgão Especial e pela 11ª Câmara de Direito Público do Tribunal de Justiça de São Paulo, o Desembargador Ricardo Dip aponta com maestria a relação da promoção estatal da religião em seu aspecto cultural. Em sua lógica, o Magistrado questiona seu leitor sobre como seria possível a expressão cultural sem a concepção de uma obra, documento, signo? É inerente à expressão cultural, a necessária criação de estátuas, como a de Iemanjá na Praia do Meio, na capital do Rio Grande do Norte; como a do Padre Cícero na Colina do Horto, em Juazeiro do Norte; como a emissão do selo comemorativo da beatificação do Frei Galvão pelos Correios; como o busto do Cônego Lúcio Floro Graziosi, numa praça na cidade de Santos.[29]

No mundo, a relação intrínseca com a cultura religiosa não é diferente. Nos Estados Unidos, o *Hanukkah* é a palavra hebraica que significa *dedicação*, inauguração, equivalente ao Natal para os judeus, em celebração da luta da comunidade judaica pela liberdade de praticar sua religião.[30] No México, o *Dia de los muertos* possuem base

28. FONTELES, Samuel Sales. *Direitos fundamentais*. 6. ed. São Paulo: JusPodivm. 2024. p. 170; g.n.
29. TJSP, Apelação 3008630-80.2013.8.26.0602, Rel. Des. Marcelo L Theodósio, Red. p/ Ac. Des. Ricardo Dip, 11ª Câmara de Direito Privado, j. 18/11/2014.
30. Disponível em: [www.cnnbrasil.com.br/lifestyle/o-que-e-o-hanukkah-festa-judaica-comeca-nesta-quinta-feira-7/#:~:text=Mesmo%20que%20aconte%C3%A7a%20todo%20m%C3%AAs,liberdade%20de%20praticar%20sua%20religi%C3%A3o]. Acesso em: 31 mar. 2024.

em crenças indígenas, com a finalidade de comemorar a vida, a partir da lembrança da morte. A Índia felicita a chegada da primavera advinda de um costume hindu, em festa chamada *Holi* que, atualmente, reúne as mais diversas pessoas e classes sociais. Na Irlanda, é conhecido o *St. Patrick´s Day*, celebrado em 17 de março em homenagem ao padroeiro (São Patrício), que teria levado o trevo verde de três folhas como recordação da Santíssima Trindade cristã.[31]

Recentemente, o Ministro André Mendonça deparou-se com questão instigante, proveniente do Município de São Sebastião/SP, no qual o Prefeito, a partir de fundos obtidos pela Secretaria do Turismo, idealizou a construção de um monumento ao *Santo Padroeiro São Sebastião*. A questão levada ao Supremo Tribunal Federal não dizia com eventual malversação do dinheiro público, mas, especificamente, com a promoção da religião pelo Município, em controvérsia possivelmente ofensiva do Princípio do Secularismo contido no art. 19, inc. I, da Constituição da República.

Entre outros fundamentos, o Ministro André trouxe a reflexão de que o Estado laico não é avesso à fé, não é antirreligioso, e jamais pode ser confundido como um Estado *laicista*. Em linhas bem traçadas por Jorge Miranda e Rui Medeiros, fez referência o Ministro à lição de que o Estado laico é aquele que não assume fins religiosos, o que não importa no menosprezo ou indiferença às religiões. Outra remissão digna de nota é aquela feita a um artigo de Paulo Gonet Branco em conjunto com Paulo Vasconcelos Jacobina, que vale a transcrição:

> "Sendo a representatividade de confissões religiosas no Brasil muito mais concentrada do que nos Estados Unidos, por exemplo, e estando a religião católica entre nós, como também em Portugal, profundamente enraizada na identidade cultural brasileira, não cabe importar açodadamente de latitudes setentrionais certas suscetibilidades à exposição de emblemas religiosos cristãos, ou mesmo estritamente católicos, em público ou em lugares oficiais. As instituições no Brasil não se formaram com olhos vendados para a influência religiosa; seria, por isso, render-se a um laicismo injustificado, histórica e socialmente, o veto a crucifixos e a outros sinais de cunho religioso em lugares públicos ou oficiais – máxime quando esses símbolos apontam para valores de justiça, de misericórdia e de paz, que coincidem com os intuitos do projeto do constituinte de 1988. Não há como ver aí endosso a uma religião, como se as confissões religiosas no Brasil estivessem em permanente e aguerrida concorrência – tipicamente capitalista – entre si; antes, há que se reconhecer a confluência de objetivos que a Constituição impõe aos Poderes Públicos com os valores de uma fé religiosa de significativa representatividade social e inspiradora do nosso patrimônio cultural comum."[32]

Ainda que com uma história religiosa distinta da americana, é interesse a contribuição procedural encontrada na jurisprudência norte-americana no caso Lemon v. Kurtzman I, de 1971. A partir do caso a Suprema Corte dos Estados Unidos propôs uma sequência de três testes (apelidada, então, de *Lemon Test*) a se submeter determinada

31. Disponível em: [https://educasc.com.br/formacao/4-celebracoes-ao-redor-do-mundo/]. Acesso em: 31 mar. 2024.
32. ARE 1.468.779/SP, Rel. Min. André Mendonça, j. 09/02/2024, p. 14/02/2024 apud: BRANCO, Paulo Gustavo Gonet Branco; JACOBINA, Paulo Vasconcelos. *Liberdade de gueto? Religião e Espaço Público*. Disponível em: [www.portaldeperiodicos.idp.edu.br/direitopublico/arti]. Acesso em: 05 fev. 2024; g.n.

lei, ato ou política pública. Em síntese, são as três etapas a serem verificadas no caso concreto: *(i)* saber se o propósito primordial do ato do Poder Público é secular, se o fim colimado é religioso; *(ii)* saber se o ato do Poder Público geraria, no imaginário coletivo, uma adoção ou desaprovação religiosa; *(iii)* saber se o ato põe o Estado num excessivo envolvimento com uma religião.

O *Lemon Test* é, de fato, rigoroso. Caso importado ao Brasil, demandaria algum temperamento, notadamente, no terceiro quesito. Colocar o Estado num excessivo envolvimento com a religião poderia implicar uma política pública de fomento – de todo vedada no ordenamento brasileiro, ou a própria construção de uma estátua, que, embora reflita numa aproximação com a religião, poderia (e deveria) ser analisada sob o aspecto cultural local, de modo que "somente colaborações excessivas ou alheias ao interesse público seriam reprovadas".[33]

A evidência do complexo filtro anglo-saxão, a mesma Suprema Corte americana sinaliza para uma atualização do *Lemon Test*, e não surpreendentemente, trouxe como critério preponderante para a superação das três etapas a necessária "referência a práticas e entendimentos históricos".[34] A superação se deu porque a Suprema Corte Americana viu-se a cometer um desvario caso aplicado o teste de três etapas para censurar a ajuda promovida a partir de leis da Pennsylvania e Rhode Island que previam a ajuda financeira a escolas mantidas por associações religiosas.

Como se nota, da indissociabilidade entre a cultura, história, e religião no Brasil permitem a interpretação de atuação positiva do Estado na promoção da cultura e, se como expressão desta, também, a religião.

Não há, pois, na cláusula de laicidade do Estado contida no art. 19, inc. I, da Constituição da República, uma vedação à promoção cultural da religião. Desde que atrelada a um aspecto histórico e/ou cultural, a promoção religiosa passa longe da vedação constitucional, porque não tem por escopo uma política pública estritamente devocional, voltada ao credo de determinada religião, em detrimento do interesse público. Ao revés, se guardadas as balizas racionais dadas pela cultura, poderá o Estado cumprir com o interesse público ainda que tenha como inspiração uma (ou qualquer) linha religiosa.

Se desconsiderado esse aspecto historicista e evolutivo dos direitos fundamentais, estar-se-ia a frustrar a sua concretização – tanto do direito à cultura, como à religião – e ainda distanciar o Estado laico de como ele constitucionalmente foi programado: neutro, porém não antipático à religião.

---

33. FONTELES, Samuel Sales. *Direitos fundamentais*. 6. ed. São Paulo: JusPodivm. 2024, p. 176.
34. No caso Kennedy v. Bremerton School District, de 2022, a *Supreme Court* afirmou que o *Lemon Test* estaria abandonado, alterado por nova jurisprudência que visa à interpretação da regra de laicidade estatal (*establishment clause*) a partir das referências a práticas e entendimentos históricos. Tradução livre. Disponível em: [https://firstamendment.mtsu.edu/article/lemon-v-kurtzman-i/#:~:text=In%202022%2C%20in%20Kennedy%20v,to%20historical%20practices%20and%20understandings]. Acesso em: 31 mar. 2024.

A evolução do pensamento sociológico e cultural não se move para uma ablação cultural, ou para uma amputação religiosa, mas para o congraçamento e coexistência das crenças, traços que são próprios de um Estado ecumênico, não antirreligioso.

BIBLIOGRAFIA

ANDRADE, Adriano; MASSON, Cleber; ANDRADE, Landolfo. *Interesses difusos e coletivos*. v. 1. 11. ed. Rio de Janeiro: Forense. Método, 2021.

BRANCO, Paulo Gustavo Gonet Branco; JACOBINA, Paulo Vasconcelos. Liberdade de gueto? Religião e Espaço Público. Disponível em: [www.portaldeperiodicos.idp.edu.br/direitopublico/arti].

CANOTILHO, J. J. Gomes. *Direito constitucional e teoria da constituição*. 7. ed. Coimbra: Almedina, 2010.

CNJ. Pedidos de providências 1.344, 1.345, 1.346 e 1.362.

CNN. Disponível em: [www.cnnbrasil.com.br/lifestyle/o-que-e-o-hanukkah-festa-judaica-comeca-nesta-quinta-feira-7/#:~:text=Mesmo%20que%20aconte%C3%A7a%20todo%20m%C3%AAs,liberdade%20de%20praticar%20sua%20religi%C3%A3o].

CUNHA FILHO, Francisco Humberto. *Os direitos culturais como direitos fundamentais no ordenamento jurídico brasileiro*. Brasília: Brasília Jurídica, 2000.

EDUCASC. Disponível em: [https://educasc.com.br/formacao/4-celebracoes-ao-redor-do-mundo/.]

DECRETO 119-A, de 1890. Disponível em: [www.planalto.gov.br/ccivil_03/decreto/1851-1899/d119-a.htm].

DECLARAÇÃO Universal dos Direitos do Homem e do Cidadão.

FONTELES, Samuel Sales. *Direitos fundamentais*. 6. ed. São Paulo: JusPodivm, 2024.

FREYRE, Gilberto. *Casa-Grande e Senzala*. 51. ed. São Paulo: Global, 2006.

LEMON V. KURTZMAN I (1971). Disponível em: [https://firstamendment.mtsu.edu/article/lemon-v-kurtzman-i/#:~:text=In%202022%2C%20in%20Kennedy%20v,to%20historical%20practices%20and%20understandings].

MARMELSTEIN, George. *Curso de direitos fundamentais*. São Paulo: Atlas, 2008.

MENDES, Gilmar Ferreira; GONET BRANCO, Paulo Gustavo. *Curso de Direito Constitucional*. 14. ed. São Paulo: Saraiva Educação, 2019.

MENDONÇA, André Luiz de Almeida. *A primeira das liberdades*: a liberdade religiosa e sua efetividade na laicidade colaborativa brasileira. Em: Liberdades. Rio de Janeiro: Editora J & C, 2022.

MICHAELIS. Disponível em: [https://michaelis.uol.com.br/busca?r=0&f=0&t=0&palavra=cultura].

MORAES, Alexandre. *Direito Constitucional*. 33. ed. São Paulo: Atlas, 2017.

PNC. Disponível em: [http://pnc.cultura.gov.br/wp-content/uploads/sites/16/2012/10/2-agenda-21-da-cultura.pdf].

REALE, Miguel. *Lições preliminares do Direito*. São Paulo: Saraiva, 2013.

REIS, Adriana Donato dos. *Políticas culturais: expressão de comunicação através do patrocínio cultural*. Dissertação de Doutorado pela PUC-RS. Disponível em: [https://tede2.pucrs.br/tede2/handle/tede/7366].

SARLET, Ingo Wolfgang. *A eficácia dos direitos fundamentais*. 8. ed. Porto Alegre: Livraria do Advogado, 2007.

STF. ACO 1.966/AM, Rel. Min. Luiz Fux, j. 17/11/2017, p. 27/11/2017.

STF. ADI 2.076/AC, Rel. Min. Carlos Velloso, Pleno, j. 15/08/2002, p. 08/08/2003.

STF. ADI 2.566/DF, Rel. Min. Alexandre de Moraes, Red. p/ Ac. Edson Fachin, j. 16/05/2018, p. 23/10/2018.

STF. ADI 3.478/RJ, Rel. Min. Edson Fachin, j. 20/12/2019, p. 19/02/2020.

STF. ADI 4.439/DF, Rel. Min. Alexandre de Moraes, j. 27/09/2017, p. 21/06/2018.

STF. ARE 1.468.779/SP, Rel. Min. André Mendonça, j. 09/02/2024, p. 14/02/2024.

STF. RE 494.601/RS, Rel. Min. Marco Aurélio, Red. p/ Ac. Min. Edson Fachin, j. 28/03/2019, p. 19/11/2019.

STJ. AREsp 444.193-AgR/RS, Rel. Min. Mauro Campbell Marques, 2ª Turma, j. 04/02/2014.

TJSP. Apelação 3008630-80.2013.8.26.0602, Rel. Des. Marcelo L Theodósio, Red. p/ Ac. Des. Ricardo Dip, 11ª Câmara de Direito Privado, j. 18/11/2014.

A ADVOCACIA PÚBLICA NA NOVA LEI DE LICITAÇÕES E CONTRATOS

Diego da Fonseca Hermes Ornellas de Gusmão

Procurador Federal da Advocacia-Geral da União.

Sumário: Introdução – A advocacia pública na nova Lei de Licitações – Conclusão – Referências.

INTRODUÇÃO

O presente estudo tem por foco as novas atribuições da Advocacia Pública trazidas pela Lei 14.133, de 1º de abril de 2021, a Nova Lei de Licitações e Contratos, que revogou a antiga Lei Geral de Licitações e Contratos, a famosa Lei 8.666, de 1993, também a Lei do Pregão – Lei 10.520, de 2002, e a Lei do Regime Diferenciado de Contratações – Lei 11.462, de 2011.

Muito se discute a respeito do papel da advocacia pública: se se trata de um órgão de governo para atender aos interesses do governante de ocasião ou se desempenha uma função mais relevante para atender o interesse público.

Entre outras novidades, a nova lei de licitações e contratos passou a atribuir aos membros da Advocacia Pública o dever de realizar o controle prévio de legalidade dos processos de contratações públicas, situação essa que traz questionamentos sobre o alcance de tal controle e as responsabilidades decorrentes dessa relevante função.

O foco do estudo é a interpretação do art. 53 da nova Lei de Licitações e Contratos segundo os ditames constitucionais que disciplinam as atribuições da Advocacia Pública, tendo a Advocacia-Geral da União como paradigma.

A ADVOCACIA PÚBLICA NA NOVA LEI DE LICITAÇÕES

A nova Lei de Licitações e Contratos – Lei 14.133, de 1º de abril de 2021, trouxe em seu art. 53, *caput*, a previsão de que cabe à Advocacia Pública realizar controle prévio de legalidade mediante análise jurídica das contratações públicas.

A atribuição da Advocacia Pública nos processos de contratações públicas era tratada de forma tímida na legislação revogada, reservando-lhe apenas o parágrafo único do art. 38 da Lei 8.666, de 1993, que determinava caber aos advogados públicos a aprovação das minutas de editais e contratos ou instrumentos congêneres.

Monica Antinarelli e Fábio Mauro de Medeiros explicam que, distintamente do art. 38, parágrafo único, da velha Lei 8.666, de 1993, o legislador passou a exigir não apenas a apreciação do edital e anexos, mas de todo o processo licitatório e os atos praticados na fase preparatória.[1]

À luz da nova Lei de Licitações e Contratos, o controle prévio de legalidade é exercido pela assessoria jurídica do órgão ou entidade, com a elaboração de pareceres jurídicos pelos advogados públicos em exercício na unidade de consultoria respectiva.

A parecer jurídico, quando elaborado em sede de contratos administrativos, é obrigatório, não um ato meramente opinativo, tratando de verdadeira aprovação, completando o ato do administrador e tornando-o perfeito.[2]

Para Celso Antônio Bandeira de Mello[3], no papel de consultoria e assessoria jurídica, o advogado público exerce função preventiva e de auxiliar do gestor no controle interno de legalidade dos seus atos.

O advogado público não atua com conveniência e oportunidade, nem participa, em princípio, da tomada de decisão administrativa, competindo-lhe recomendar as providências necessárias e apontar os meios viáveis para a prática dos atos pelos administradores.

O parecer, quando considerado obrigatório, é o ato exigido como preliminar da prática de outro ato, nos termos do respectivo preceito normativo. Neste caso, a solicitação do parecer é atividade vinculada do administrador e a sua ausência compromete o próprio ato decisório. Se inobservada a obrigação, considerar-se-á que o ato decisório tem vício de legalidade quanto à forma, eis que faltante solenidade essencial a sua validade.[4]

A nova Lei de Licitações e Contratos dispõe sobre a atuação zelosa dos assessores jurídicos na elaboração de pareceres, que deve se dar por meio de uma avaliação ampla de todas as características e circunstâncias pertinentes ao cenário examinado, assim como expor ao gestor o cenário existente, o exame jurídico respectivo (normas, doutrina e jurisprudência) e a orientação pertinente e devidamente embasada, em razão do poder persuasivo que poderá exercer sobre os tomadores de decisão.[5]

No § 1º do art. 53, a nova lei de licitações traz expressamente os deveres do assessor jurídico do órgão, consistentes em: (i) apreciar o processo licitatório conforme critérios objetivos prévios de atribuição de prioridade; e (ii) redigir sua manifestação em linguagem simples e compreensível e de forma clara e objetiva, com apreciação de todos os

1. ANTINARELLI, Monica e MEDEIROS, Fábio Mauro de. In: SARAI, Leandro (Org.). *Tratado da nova Lei de Licitações e Contratos Administrativos*: Lei 14.333/21 Comentada por Advogados Públicos. São Paulo, JusPodivm, 2021. p. 705.
2. BRASIL. SUPREMO TRIBUNAL FEDERAL. MS 24.584, Rel. Min. Marco Aurélio, julgamento em 9-8-2007, Plenário, DJE de 20-6-2008.
3. BANDEIRA DE MELLO, Celso Antônio. *Curso de direito administrativo*. 11. ed. São Paulo: Malheiros, 1999. p. 377.
4. CARVALHO FILHO, José dos Santos. *Processo administrativo federal*. Rio de Janeiro: Lumen Juris, p. 202-203.
5. ANTINARELLI, Monica e MEDEIROS, Fábio Mauro de. In: SARAI, Leandro (Org.). *Tratado da Nova Lei de Licitações e Contratos Administrativos*: Lei 14.333/21 Comentada por Advogados Públicos. São Paulo, JusPodivm, 2021. p. 708.

elementos indispensáveis à contratação e com exposição dos pressupostos de fato e de direito levados em consideração na análise jurídica.

No § 4º do art. 53 da nova Lei de Licitações e Contratos, consta que a Advocacia Pública realizará também o controle prévio de legalidade das contratações diretas, acordos, termos de cooperação, convênios, ajustes, adesões a atas de registro de preços, outros instrumentos congêneres e de seus termos aditivos.[6]

Além do controle prévio de legalidade, a nova Lei de Licitações e Contrato inovou ao prever, no seu art. 8º, o apoio jurídico ao agente de contratação, que é aquele servidor responsável pela condução do certame licitatório, que pode demandar manifestação jurídica para subsidiar suas decisões.

O apoio jurídico também foi conferido ao fiscal do contrato no § 3º da art. 117 da nova Lei de Licitações e Contratos, possibilitando que esse servidor demande a advocacia pública para subsidiar a tomada de decisão.

O § 6º do art. 156 da nova Lei de Licitações e Contratos, por sua vez, exige o prévio parecer jurídico para subsidiar a autoridade na aplicação da penalidade de declaração de inidoneidade contra o contratado.

A Advocacia Pública, desse modo, auxilia o gestor a vencer os obstáculos. O parecerista não deve ter uma visão reativa ao Administrador, pois sua principal função é a de prestar consultoria e assessoramento jurídico ao gestor público.

Ponto dos mais relevantes é a responsabilização dos Advogados Públicos pela emissão de opiniões jurídicas no âmbito de processos de licitações e contratos, e a delimitação da atuação dos consultores jurídicos à luz das atribuições previstas na Constituição e na Lei Orgânica da Advocacia-Geral da União.

Monica Antinarelli e Fábio Mauro de Medeiros[7] lembram que o Supremo Tribunal Federal, assim como o Tribunal de Contas da União[8] decidiram que o ato de emissão de parecer jurídico pode levar à responsabilização do parecerista, quando, por dolo, culpa ou erro grosseiro, o parecer induzir o administrador público à prática de ato grave irregular ou ilegal, conjugado com a obrigação de decidir do gestor à luz do parecer vinculante, com efetiva partilha do poder decisório.[9]

---

6. O § 4º do art. 53 da Lei 14.133, de 2021, gera questionamento a respeito da vigência da Orientação Normativa AGU 64 que dispensa a análise jurídica no caso de adesão à ata de registro de preços. O § 4º do art. 7º do decreto federal 11.462, de 31 de março de 2023, por sua vez, prevê que o exame e a aprovação das minutas do edital, dos avisos ou dos instrumentos de contratação direta e do contrato serão efetuados exclusivamente pela Assessoria Jurídica do órgão ou da entidade gerenciadora, em aparente conflito com a Lei 14.133, de 2021. A análise pormenorizada desse possível conflito normativo extrapola os limites do presente estudo.
7. ANTINARELLI, Monica e MEDEIROS, Fábio Mauro de. In: SARAI, Leandro (Org.). *Tratado da Nova Lei de Licitações e Contratos Administrativos*: Lei 14.333/21 Comentada por Advogados Públicos. São Paulo: JusPodivm, 2021. p. 709.
8. BRASIL. Tribunal de Contas da União. Acórdão 362/18. Plenário. Relator: Ministro Augusto Nardes. Publicado em 28.02.2018.
9. BRASIL. Supremo Tribunal Federal. Plenário. MS 35.196/DF, Rel. Min. Luiz Fux, j. 03/08/2018, DOU 06/08/2018.

O § 2º do art. 38 da Lei Federal 13.327, de 29 de julho de 2016, por sua vez, estabelece a impossibilidade de responsabilização dos advogados públicos no exercício de suas funções, salvo pelos respectivos órgãos correcionais ou disciplinares, ressalvadas as hipóteses de dolo ou de fraude.

A hipótese de erro grosseiro para o TCU[10] dar-se-ia em casos de:

> parecer jurídico que não esteja fundamentado em razoável interpretação da lei, contenha grave ofensa à ordem pública, ou, deixe de considerar jurisprudência pacificada pode, em tese, ensejar a responsabilização de seu autor se o ato concorrer para eventual irregularidade praticada pelo gestor que nele se embasou.

A possibilidade de responder pelos seus atos não pode, contudo, tolher a necessária e indispensável firmeza e combatividade do advogado público.

Não se trata de conceder qualquer privilégio a uma classe, mas sim, permitir equilibrar o seu estatuto profissional, acautelando o exercício de sua nobre função, para que este se faça da melhor e mais digna forma.

Na sua atuação profissional, o membro da Advocacia Pública deve demonstrar civilidade, afabilidade, cortesia, polidez, boas maneiras e respeito ao cidadão. Tratam-se de qualidades que o legislador exige do advogado, no conjunto dos deveres éticos, indispensáveis ao desempenho da atividade consultiva e de assessoramento.

Este dever geral é exigível ao advogado (Código de Ética da Advocacia, arts. 44, 45, e 46), significando ele que o advogado deve, no exercício da profissão e fora dela, considerar-se um servidor da justiça e do direito e, como tal, mostrar-se digno da honra e das responsabilidades que lhe são inerentes.

Nos artigos 131 e 132 da Constituição do Brasil fica explicitada a dupla missão da Advocacia Pública, que é, fundamentalmente a representação judicial e a consultoria jurídica dos entes estatais.

Nessa perspectiva, a Advocacia Pública, tanto quanto os demais ramos constitucionais das Funções Essenciais à Justiça, serve à sociedade, pois zela, no desempenho de seus respectivos cometimentos fundamentais, pela representação judicial e consultoria, por suas mais importantes instituições – Estado e o Direito – em todas e em cada uma das múltiplas relações da Administração.[11]

De outra sorte, à luz do disposto no art. 133 da Constituição da República, cumpre destacar que a presença do advogado no processo constitui fator inequívoco de observância e respeito às liberdades públicas e aos direitos constitucionalmente assegurados às pessoas. É ele um instrumento poderoso de concretização das garantias instituídas pela ordem jurídica.[12]

---

10. BRASIL. Tribunal de Contas da União – 1ª Câmara. Acórdão 13.375/2020.
11. MOREIRA NETO, Diogo de Figueiredo. A advocacia de Estado revisitada. In: *Mutações de Direito Público*. Rio de Janeiro: Renovar, 2006. p. 186.
12. BRASIL. SUPREMO TRIBUNAL FEDERAL. *Revista Trimestral de Jurisprudência* 146, p. 49, out. 1993.

Sobre a atuação do advogado como instrumento da democracia, cabe colacionar doutrina de Walter Ceneviva, citado pelo eminente Ministro Celso de Melo quando do julgamento da Rec Cr 4886-0,[13] que assim se manifestou:

> Ao lado da Magistratura e do Ministério Público, a Advocacia, enquanto instituição, foi erigida, pelo seu profissional, o advogado, em elemento indispensável à administração da justiça (art. 133). É o reconhecimento constitucional de uma realidade social.
>
> O art. 133 afirma o lado profissional da atividade do advogado, enquanto trabalho que tem em mira, como um de seus fins, a obtenção de um resultado financeiro, um ganho. Afirma, porém, a indispensabilidade do trabalho advocatício no que denomina administração da Justiça, ou seja, em todos os procedimentos que envolvem a máquina estatal judicial ou administrativa, nos seus diversos segmentos.

É preciso ter em mente que os servidores públicos, em especial os membros da Advocacia Pública, assumem o dever de sustentar permanentemente, em prol da sociedade, a efetiva supremacia dos valores fundantes do Estado Democrático de Direito, em todas as relações que lhes sejam profissionalmente submetidos. Ora, não é outro o cometimento dos membros de qualquer das *Procuraturas*[14] *constitucionais*, aos quais são impostos certos comportamentos específicos, como, sinteticamente, os que se destinem a *sustentar*, como dever mínimo, e a *aperfeiçoar*, como dever pleno, a *ordem jurídica instituída.*[15]

Para Diogo de Figueiredo[16], a ninguém se obriga ingressar nas carreiras de quaisquer *Procuraturas* constitucionais, porém, os que livremente optarem por dedicar-se a qualquer dessas funções assumem não apenas o dever geral de atuar, como dever especial de bem atuar, ou, em outros termos: além do dever de serem eficazes, acresce-lhes o dever de serem eficientes, pois mais que um desempenho, a ordem jurídica lhes exige, sobretudo, o atingimento de resultados esperados pela sociedade.

A função da Advocacia de Estado não diz respeito a meros interesses governamentais, mas, precipuamente, à tutela da ordem jurídica, como forma de se alcançar uma melhor administração dos interesses fundamentais da sociedade, não permitindo que a corrupção, a incúria e o improviso ganhem tônus a ponto de pôr em risco a própria noção de Estado Democrático.

É interesse de toda sociedade que a defesa jurídica do Estado seja prestada de forma eficiente e eficaz, no sentido de que sejam produzidos resultados juridicamente afinados com o Estado Democrático de Direito, onde a atividade do Advogado Público seja não só quantitativamente expressiva, mas, principalmente, qualitativamente importante, referindo-se à finalidade pública da melhor realização possível da ordem jurídica.

---

13. BRASIL. SUPREMO TRIBUNAL FEDERAL. *Revista Trimestral de Jurisprudência* 146, p. 49, out. 1993.
14. Expressão cunhada pelo Prof. Diogo de Figueiredo.
15. MOREIRA NETO, Diogo de Figueiredo. Op. cit., p. 202.
16. MOREIRA NETO, Diogo de Figueiredo. Op. cit., p. 204.

Sabe-se, conforme lição de Von Jhering, que a finalidade essencial do Estado é a de criar o Direito e assegurar deste o império. Correto, pois, concluir que são os fins jurídicos do Estado que lhe garantem a própria existência e sobrevivência.

A atividade da Advocacia Pública inclui-se entre as atividades típicas de Estado e, por isso mesmo, impassíveis de delegação, conforme já decidiu o Supremo Tribunal Federal na ADI 881-MC, rel. Min. Celso de Mello:

> O desempenho das atividades de assessoramento jurídico no âmbito do Poder Executivo estadual traduz prerrogativa de índole constitucional outorgada aos Procuradores do Estado pela Carta Federal. A Constituição da República, em seu art. 132, operou uma inderrogável imputação de específica e exclusiva atividade funcional aos membros integrantes da Advocacia Pública do Estado, cujo processo de investidura no cargo que exercem depende, sempre, de prévia aprovação em concurso público de provas e títulos.[17]

A indelegabilidade das atividades típicas de Estado restou assentada no Supremo Tribunal Federal no julgamento da ADI 1.717-DF que

> a interpretação conjugada dos artigos 5º, XIII, 22, XVI, 21, XXIV, 70, parágrafo único, 149 e 175 da Constituição Federal, leva à conclusão, no sentido da indelegabilidade, a uma entidade privada, de atividade típica de Estado, que abrange até poder de polícia, de tributar e de punir, no que concerne ao exercício de atividades profissionais regulamentadas, como ocorre com os dispositivos impugnados.[18]

Com o mesmo argumento da importância da atividade da Advocacia Pública, foi deferida a medida cautelar na ADI 4838,[19] pelo Ministro Celso de Mello, garantindo a exclusividade aos membros da carreira a representação judicial e da consultoria jurídica, cabendo colacionar expressiva passagem que é perfeitamente aplicável à espécie:

> *A representação institucional* do Estado-membro em juízo *ou* em atividade de consultoria jurídica *traduz prerrogativa de índole constitucional outorgada*, pela Carta Federal (art. 132), *aos Procuradores do Estado. Operou-se, nesse referido preceito da Constituição, uma inderrogável imputação de específica atividade funcional* cujos destinatários são, *exclusivamente*, os Procuradores do Estado.
>
> *Assim sendo*, há de se ter presente, *no exame do tema, a nova* realidade constitucional *emergente* da Carta Federal de 1988, *que institucionalizou, no plano da Advocacia Pública local*, a Procuradoria-Geral dos Estados, *órgão ao qual incumbe, "ope constitutionis"*, dentre *outras* atribuições, *a consultoria jurídica* da própria unidade federada, *inclusive* de seu Poder Executivo.
>
> No contexto normativo *que emerge* do art. 132 da Constituição, *e numa análise preliminar do tema, compatível com o juízo de delibação ora exercido, parece não haver lugar para nomeações em comissão* de pessoas, *estranhas* aos quadros da Advocacia de Estado, que venham a ser designadas, *no âmbito* do Poder Executivo, *para o exercício* de funções de assistência, de assessoramento *e/ou* de consultoria na área jurídica.
>
> *A exclusividade* dessa função de consultoria *remanesce*, agora, *na esfera institucional* da Advocacia Pública, *a ser exercida*, no plano dos Estados-membros, *por suas respectivas* Procuradorias-Gerais *e pelos membros* que as compõem, *uma vez regularmente investidos, por efeito de prévia aprovação* em concurso público de provas e de títulos, *em cargos peculiares* à Advocacia de Estado, *o que tornaria*

17. BRASIL. SUPREMO TRIBUNAL FEDERAL. ADI 881-MC, Rel. Min. Celso de Mello, DJ 25/04/97.
18. BRASIL. SUPREMO TRIBUNAL FEDERAL. ADI n. 1.717, rel. Min. Sydney Sanches, DJU 28/3/2003.
19. Brasil. Supremo Tribunal Federal. Informativo semanal – STF – 733.

> *inadmissível* a investidura, *mediante livre provimento* em funções *ou* em cargos em comissão, *de pessoas* para o desempenho, *no âmbito* do Poder Executivo do Estado-membro, de atividades de consultoria *ou* de assessoramento jurídicos. (destaques originais)

O art. 131 da Constituição da República previu que a representação judicial e extrajudicial da União será feita pela Advocacia-Geral da União, e, levando em conta o postulado da eficiência, pode-se extrair que a Constituição pretendeu unificar não só a defesa jurídica da União em um único órgão, mas a de toda administração pública federal, que irá agir de maneira uniforme na interpretação das normas, atuando de forma coordenada.

Atende aos escopos da boa administração, e da gestão eficiente dos negócios estatais, a previsão constitucional de um órgão jurídico central, que fixe a interpretação uniforme das normas, e que permita a defesa em âmbito nacional de toda a Administração Federal, de forma coordenada e coesa.

Ademais, consta do próprio art. 131 da Constituição da República que a AGU prestará a consultoria e o assessoramento jurídico aos órgãos do Poder Executivo, sem distinção entre a Administração Pública Direta e Indireta.

O processo de integração da advocacia de estado no âmbito da União teve início com a Lei Complementar 73, de 1993, que trouxe em seu bojo a estruturação inicial da Advocacia-Geral da União, passando a defesa judicial e extrajudicial, e o assessoramento jurídico da Administração Pública Federal, a ser desempenhada por órgão distinto do Ministério Público.

Ao atribuir ao Advogado-Geral da União, chefe máximo da instituição, a função essencial de intérprete oficial da legislação federal, a Lei Complementar 73, de 1993, impôs à instituição o dever de manter a integridade do sistema normativo, a uniformidade de sua interpretação e a isonomia na sua aplicação. Deu-lhe, também, como missão específica, a de prevenir e dirimir as controvérsias entre os órgãos jurídicos da Administração Federal, conforme as expressivas competências constantes dos seus incs. X, XI e XII do art. 4º, que assim rezam:

> Art. 4º – São atribuições do Advogado-Geral da União:
>
> (...)
>
> X – fixar a interpretação da Constituição, das leis, dos tratados e demais atos normativos, a ser uniformemente seguida pelos órgãos e entidades da Administração Federal;
>
> XI – unificar a jurisprudência administrativa, garantir a correta aplicação das leis, prevenir e dirimir as controvérsias entre os órgãos jurídicos da Administração Federal;
>
> XII – editar enunciados de súmula administrativa, resultantes de jurisprudência iterativa dos Tribunais;

Portanto, foi conferido ao Advogado-Geral da União a função de uniformização da jurisprudência administrativa, bem como a função, que se poderia denominar nomofilácica (entendida a nomofilaquia no sentido que lhe atribuiu Calamandrei), destinada a aclarar e integrar o sistema normativo, propiciando-lhe uma aplicação uniforme, funções essas com finalidades "que se entrelaçam e se iluminam reciprocamente".[20]

É evidente que a divergência de entendimento de interpretações a respeito de dispositivos legais, mesmo que indesejada, não é incomum no âmbito da Administração Pública, sobretudo pelo elevado número de órgãos administrativos e jurídicos.

Cabe, pois, precipuamente, à Advocacia-Geral da União, a função nomofilácica, isto é, de zelar pela interpretação e aplicação do direito de forma, tanto quanto possível, uniforme. A jurisprudência administrativa consolidada garante a certeza e a previsibilidade do direito, e, portanto, evita posteriores oscilações e discussões no que se refere à interpretação da lei.

Sustentar que os órgãos, autarquias e fundações públicas tenham a possibilidade de se agirem sem orientação jurídica do ente central, é defender o reino do caos administrativo, em que impera o voluntarismo e da disputa de poder que, em vez de aprimorar as boas relações de harmonia e de cooperação, de existência obrigatória em todas as esferas dentro da mesma unidade política, acaba ameaçando de estorvá-las e entorpecê-las, cabendo relembrar a sábia parêmia de John Ruskin, crítico social inglês, que, no século XIX, advertia aos governantes que "direção e cooperação são, em tudo, as leis da vida, e anarquia e adversação, as leis da morte."[21]

A respeito da conduta imparcial e sem paixões por parte do agente público, que se aplica perfeitamente ao advogado público, cumpre relembrar a passagem do voto do eminente Ministro Cezar Peluso na ADC/MC 12[22], no sentido de que "[a]s necessidades da administração pública dependem daquilo que WEBER denominava a 'dominação burocrática de impessoalidade formalística', cujo conteúdo relevava bem com a expressão latina sine ira et studio, ou seja, regida pelo dever jurídico estrito de não se deixar guiar, não se deixar conduzir, na tutela da coisa pública, nem por ódio, nem por amor.".

Não se pode extrair da Constituição que, no seio da Administração, haja a manutenção de interpretações jurídicas divergentes, sem que haja meios que permitam a unidade de atuação na gestão pública, seja no âmbito administrativo ou judicial.

O papel de consultoria e assessoramento jurídico da Advocacia Pública é fundamental para que se evite constantes irregularidades, servindo como filtro primordial para que os procedimentos de contratação pública se encontrem alinhados à legislação de regência.

---

20. CALAMANDREI, Piero. *La Casación Civil*. Tomo II. Trad. Santiago Sentis Melendo. Buenos Aires: Editorial Bibliográfica Argentina, 1945. p. 104 apud Brasil. Superior Tribunal de Justiça – REsp 1063310/BA, Rel. Ministro Teori Albino Zavascki, Primeira Turma, julgado em 07/08/2008, DJe 20/08/2008.
21. RUSKIN, John. *Unto this Last* (Prefácio), 1862: Government and co-operation are in all things the laws of life; anarchy and competition, the laws of death apud MOREIRA NETO, Diogo de Figueiredo. *Parecer*: o Tribunal de Contas do Município do Rio de Janeiro e a Emenda Constitucional 25/2000.
22. BRASIL. SUPREMO TRIBUNAL FEDERAL. ADC 12-MC, Rel. Min. Carlos Britto, julgamento em 16-2-06, *DJ* de 1º-9-06.

Conforme explica Flávio Garcia Cabral[23], por vezes fruto de desconhecimento técnico, falta de pessoal capacitado, carga excessiva de trabalho, prazos exíguos, fato é que inúmeros procedimentos licitatórios acabam sendo realizados em desacordo com as determinações legais. É justamente o assessoramento jurídico o responsável por indicar, sem realizar uma análise do mérito da contratação, todas as falhas existentes, manifestando-se pela correção dos vícios, de modo a preservar a lisura da contratação pública.

Como desdobramento direto da ampliação do conteúdo a ser examinado juridicamente, é razoável crer que a manifestação da assessoria jurídica levará mais tempo para ser elaborada, o que pode acarretar uma desaceleração no atual ritmo de processamento de licitações e contratações públicas.

A leitura apressada do inc. II do art. 169 da Lei 14.133, de 2021, pode gerar a impressão de que o membro da Advocacia Pública desempenharia a mesma função dos integrantes das auditorias de controle interno.

O legislador, no art. 169 da Nova Lei de Licitações e Contratos[24], optou por utilizar a nomenclatura "linhas de defesa", referindo-se à gama de agentes que participam, direta ou indiretamente, do processo de contratação pública.

As três linhas de defesa previstas no art. 169 da Nova Lei de Licitações, conforme explicam Flávio Garcia Cabral e Leandro Sarai[25], representam a incorporação de práticas recomendadas internacionalmente para a iniciativa privada em suas estruturas de controle interno e gestão de riscos, embora conferindo conteúdo diferente do utilizado na nomenclatura internacional.

A primeira linha de defesa (art. 169, I) é representada pelos agentes públicos mais próximos à contratação, integrada por servidores e empregados públicos, agentes de licitação e autoridades que atuam na estrutura de governança do órgão ou entidade, que estão obrigados a observar as normas pertinentes no exercício de suas atividades.

A segunda linha de defesa (art. 169, II) serve para fazer o controle dos agentes da primeira linha, como forma de apurar eventuais falhas que tenham passado por ela. Ela é composta pelo corpo jurídico da entidade e pela equipe de controle interno do próprio órgão ou ente.

---

23. CABRAL, Flávio Garcia. In: SARAI, Leandro (Org.). *Tratado da nova Lei de Licitações e Contratos Administrativos*: Lei 14.333/21 comentada por Advogados Públicos. São Paulo: JusPodivm, 2021. p. 1424-1425.
24. Art. 169. As contratações públicas deverão submeter-se a práticas contínuas e permanentes de gestão de riscos e de controle preventivo, inclusive mediante adoção de recursos de tecnologia da informação, e, além de estar subordinadas ao controle social, sujeitar-se-ão às seguintes linhas de defesa:
I – primeira linha de defesa, integrada por servidores e empregados públicos, agentes de licitação e autoridades que atuam na estrutura de governança do órgão ou entidade;
II – segunda linha de defesa, integrada pelas unidades de assessoramento jurídico e de controle interno do próprio órgão ou entidade;
III – terceira linha de defesa, integrada pelo órgão central de controle interno da Administração e pelo tribunal de contas.
25. CABRAL, Flávio Garcia; SARAI, Leandro. *Manual de Direito Administrativo*. Leme-SP: Editora Mizuno, 2024. p. 515.

A terceira linha de defesa (art. 169, III) serve como camada adicional de proteção, para captar as falhas residuais, integrada pelo órgão central de controle interno da Administração e pelo tribunal de contas.

Apesar de a nova Lei de Licitações e Contratos ter alocado os órgãos de assessoramento jurídico ao lado dos órgãos de controle interno no inc. II do art. 169, suas atribuições não se confundem, uma vez que são complementares entre si.

Os órgãos de controle interno têm a missão de fiscalizar os recursos públicos e a atuação do gestor público, para que sejam pautadas pela conformidade com o ordenamento jurídico e com as exigências da sociedade, conforme orienta a Organização Internacional de Entidades Fiscalizadoras Superiores:

> Controle interno é um processo integrado efetuado pela direção e corpo de funcionários, e é estruturado para enfrentar os riscos e fornecer razoável segurança de que na consecução da missão da entidade os seguintes objetivos gerais serão alcançados: execução ordenada, ética, econômica, eficiente e eficaz das operações; cumprimento das obrigações de *accountability;* cumprimento das leis e regulamentos aplicáveis; salvaguarda dos recursos para evitar perdas, mau uso e dano. O controle interno é um processo integrado e dinâmico que se adapta continuamente às mudanças enfrentadas pela organização. A direção e o corpo de funcionários, de todos os níveis, devem estar envolvidos nesse processo, para enfrentar os riscos e oferecer razoável segurança do alcance da missão institucional e dos objetivos gerais.[26]

O controle interno tem por foco a análise da gestão dos recursos públicos, incluindo o controle de gastos, a avaliação de contratos e licitações, e a prevenção de fraudes e corrupção.

Os auditores de controle interno da administração pública desempenham atividades que visam garantir a transparência, a eficiência e a legalidade das ações do governo.

A gestão dos recursos públicos no âmbito das licitações é avaliada pelos auditores. Verificam se os procedimentos adotados foram eficientes, se houve transparência na seleção dos fornecedores e se os contratos estão sendo cumpridos adequadamente.

Os auditores de controle interno têm a responsabilidade de identificar possíveis fraudes e atos de corrupção nos processos de licitação. Eles investigam irregularidades, analisam indícios de desvio de recursos públicos e contribuem para a prevenção e combate à corrupção.

Os membros da Advocacia Pública, por sua vez, analisam os aspectos jurídicos dos processos de licitação. Analisam se o processo de contratação pública está em conformidade com a legislação vigente, se os critérios de seleção estão adequados e se os documentos exigidos estão corretos.

26. ORGANIZAÇÃO INTERNACIONAL DE ENTIDADES FISCALIZADORAS SUPERIORES. *Diretrizes para as normas de controle interno do setor público*. Trad. Cristina Maria Cunha Guerreiro, Delanise Costa, Soraia de Oliveira Ruther. Salvador, BA: Tribunal de Contas do Estado da Bahia, 2007. (Série Traduções, n. 13), p. 19.

Além disso, os advogados públicos elaboram pareceres jurídicos sobre os processos de licitação, com opiniões técnicas sobre a legalidade e regularidade dos procedimentos, oferecendo suporte jurídico aos gestores públicos.

Desse modo, enquanto os auditores de controle interno focam na verificação da conformidade, gestão e prevenção de irregularidades, os membros da Advocacia pública têm o papel voltado para a análise jurídica, emissão de pareceres e representação judicial nos processos de licitação. Ambas as atividades são complementares e contribuem para garantir a legalidade e transparência nas contratações públicas, mas não se confundem.

Não extrair das normas que disciplinam a advocacia pública federal toda sua eficácia, importa em ir contra o velho brocardo hermenêutico *commodissimum est, id accipi, quo res de qua agitur, magis valeat quam pereat* ("Prefira-se a inteligência dos textos que torne viável o seu objetivo, ao invés da que os reduza à inutilidade").[27]

Nessa seara, entendo que a devida interpretação de controle prévio de legalidade pelo advogado público constante do art. 53, *caput,* da Lei 14.133, de 2021, deve se dar segundo o mandamento constitucional dos arts. 131 e 132, competindo à advocacia pública o desempenho das funções de consultoria e assessoramento jurídico aos gestores públicos, função esta que não pode ser confundida com o controle interno desempenhado pelos auditores.

CONCLUSÃO

É interesse de toda sociedade que a defesa jurídica do Administração Pública seja prestada de forma eficiente e eficaz, no sentido de que sejam produzidos resultados juridicamente afinados com o Estado Democrático de Direito, onde a atividade do Advogado Público seja não só quantitativamente expressiva, mas, principalmente, qualitativamente importante, referindo-se à finalidade pública da melhor realização possível da ordem jurídica.

O art. 131 da Constituição da República prevê que a representação judicial e extrajudicial da União será feita pela Advocacia-Geral da União, e, levando em conta o postulado da eficiência, pode-se extrair que a Constituição pretendeu unificar não só a defesa jurídica da União em um único órgão, mas a de toda administração pública federal, que irá agir de maneira uniforme na interpretação das normas, atuando de forma coordenada.

A atribuição de exercer o controle prévio de legalidade nas contratações públicas pelo membro da Advocacia Pública, constante do art. 53, *caput,* da Lei 14.133, de 2021, deve ser exercido segundo o mandamento constitucional dos arts. 131 e 132, mediante o desempenho das funções de consultoria e assessoramento jurídico aos gestores públicos, que não pode ser confundida com as atribuições do controle interno desempenhado pelos auditores.

---

27. MAXIMILIANO, Carlos. *Hermenêutica e aplicação do direito.* 5. ed. Rio de Janeiro. Freitas Bastos, 1951. p. 303.

REFERÊNCIAS

ANTINARELLI, Monica e MEDEIROS, Fábio Mauro de. In: SARAI, Leandro (Org.). *Tratado da nova Lei de Licitações e Contratos Administrativos*: Lei 14.333/21 comentada por Advogados Públicos. São Paulo: JusPodivm, 2021. p. 705.

BANDEIRA DE MELLO, Celso Antônio. *Curso de direito administrativo*. 11. ed. São Paulo: Malheiros, 1999. p. 377.

BRASIL. SUPREMO TRIBUNAL FEDERAL. ADI 881-MC, Rel. Min. Celso de Mello, DJ 25/04/97.

BRASIL. SUPREMO TRIBUNAL FEDERAL. ADI 1.717, rel. Min. Sydney Sanches, DJU 28/3/2003.

BRASIL. SUPREMO TRIBUNAL FEDERAL. ADC 12-MC, Rel. Min. Carlos Britto, julgamento em 16-2-06, DJ de 1º-9-06.

BRASIL. SUPREMO TRIBUNAL FEDERAL. Informativo semanal – STF – 733.

BRASIL. SUPREMO TRIBUNAL FEDERAL. MS 24.584, Rel. Min. Marco Aurélio, julgamento em 9-8-2007, Plenário, DJE de 20-6-2008.

BRASIL. SUPREMO TRIBUNAL FEDERAL. *Revista Trimestral de Jurisprudência* 146, p. 49, out. 1993.

CABRAL, Flávio Garcia. In: SARAI, Leandro (Org.). *Tratado da Nova Lei de Licitações e Contratos Administrativos*: Lei 14.333/21 Comentada por Advogados Públicos. São Paulo: JusPodivm, 2021.

CABRAL, Flávio Garcia; SARAI, Leandro. *Manual de Direito Administrativo*. Leme-SP: Editora Mizuno, 2024.

CARVALHO FILHO, José dos Santos. *Processo administrativo federal*. Rio de Janeiro: Lumen Juris, 2009.

CALAMANDREI, Piero. La Casación Civil. Tomo II. Trad. Santiago Sentis Melendo, Buenos Aires: Editorial Bibliográfica Argentina, 1945. p. 104 apud Superior Tribunal de Justiça – REsp 1.063.310/BA, Rel. Ministro Teori Albino Zavascki, Primeira Turma, julgado em 07/08/2008, DJe 20/08/2008.

RUSKIN, John, *Unto this Last* (Prefácio), 1862: Government and co-operation are in all things the laws of life; anarchy and competition, the laws of death Apud MOREIRA NETO, Diogo de Figueiredo. *Parecer*: o Tribunal de Contas do Município do Rio de Janeiro e a Emenda Constitucional 25/2000.

MOREIRA NETO, Diogo de Figueiredo. A advocacia de Estado revisitada. In: *Mutações de Direito Público*. Rio de Janeiro: Renovar, 2006.

ORGANIZAÇÃO INTERNACIONAL DE ENTIDADES FISCALIZADORAS SUPERIORES. *Diretrizes para as normas de controle interno do setor público*. Trad. Cristina Maria Cunha Guerreiro, Delanise Costa, Soraia de Oliveira Ruther. Salvador, BA: *Tribunal de Contas do Estado da Bahia*, 2007. (Série traduções, n. 13), p. 19.

MAXIMILIANO, Carlos. *Hermenêutica e aplicação do direito*. 5. ed. Rio de Janeiro: Freitas Bastos, 1951. p. 303.

PARÂMETROS CONSTITUCIONALMENTE ADEQUADOS PARA RESPONSABILIZAÇÃO DO GESTOR PÚBLICO: PERSPECTIVAS A PARTIR DAS MANIFESTAÇÕES DO MINISTRO ANDRÉ MENDONÇA

Vitor Fernando Gonçalves Córdula

Mestrando em Direito, Regulação e Políticas Públicas pelo Programa de Pós-Graduação (PPGDIR) da Universidade de Brasília (UnB). Procurador Federal, Membro da Procuradoria-Geral Federal (PGF/AGU). Assessor de Ministro do Supremo Tribunal Federal.

1. CONTEXTUALIZAÇÃO INICIAL: EXPOSIÇÃO DAS PREMISSAS E DELIMITAÇÃO DO ESCOPO

Ao longo de mais de duas décadas de atuação na qualidade de Advogado da União o Ministro André Mendonça sempre se ocupou do tema da defesa da probidade na Administração Pública Federal. Foi ele, inclusive, o artífice responsável pela criação do *Departamento de Probidade e Patrimônio Público da Procuradoria-Geral da União* (DPP/PGU), sendo ainda o primeiro a ocupar a função de Diretor da referida unidade.

Dentre outras conquistas à frente do aludido cargo, foi laureado, em 2011, na VIII edição do Prêmio *Innovare*, em razão do trabalho desenvolvido pelo *Grupo Permanente de Atuação Proativa* na recuperação judicial de valores desviados de instituições públicas em esquemas de corrupção.

A dedicação ao tema também norteou suas atividades acadêmicas, mencionando-se dentre artigos, livros e várias exposições, a tese de doutorado em Direito (*cum laude*), pela Universidade de Salamanca, com o título: *Sistema de princípios para a recuperação de ativos procedentes da corrupção*.

Investido no cargo de Ministro do Supremo Tribunal Federal, é responsável desde 2021 por definir a jurisprudência pátria – dentre tantos e tão numerosos assuntos – também em relação a essa matéria. Para tanto, associa os conhecimentos adquiridos ao longo da profícua jornada acadêmica e profissional acerca do tema em específico com as balizas que norteiam seu pensamento em relação à atuação do juiz constitucional.

A partir desse amalgama, ao analisar os votos proferidos em ações de controle abstrato de constitucionalidade que problematizam os parâmetros constitucionalmente adequados para concretização da defesa da probidade é possível identificar premissas comuns que guiam a compreensão do Ministro, funcionando como bússola interpretativa dos casos em concreto. São elas: *(i)* o reconhecimento de que a defesa da probidade é um mandamento constitucional; *(ii)* mandamento este que – tal como os demais comandos constitucionais – deve ser buscado com a maior eficiência possível; *(iii)* não se podendo negligenciar os impactos deletérios que o risco de uma penalização excessiva pode ocasionar; *(iv)* impactando, inclusive, na concretização do direito fundamental à boa administração; *(v)* sendo necessário, por isso, atentar para as consequências práticas das decisões tomadas no exercício da jurisdição constitucional.

Buscando lançar luzes sobre essas premissas centrais que parecem iluminar a compreensão do Ministro André Mendonça, a partir de uma abordagem sistemática dos votos proferidos por Sua Excelência, dentre outros casos, na ADI 7.042/DF, Rel. Min. Alexandre de Mores, Tribunal Pleno, j. 31/08/2022, p. 28/02/2023, no RE 1.008.166/SC, Rel. Min. Luiz Fux, Tribunal Pleno, j. 22/09/2022, p. 20/04/2023, na ADI 6.421/DF, Rel. Min. Roberto Barroso, Tribunal Pleno, j. 11/03/2024, p. 17/04/2024 e na ADI 7.331/DF, Rel. Min. Ricardo Lewandowski, com julgamento ainda em curso, almeja-se identificar os *parâmetros constitucionalmente adequados para responsabilização do gestor público*, a partir do necessário equilíbrio entre os princípios da defesa da probidade, da eficiência e da boa administração a partir da abertura da jurisdição constitucional aos fatos – ou seja, à realidade prática que, limitando as condições de ação e cognição do gestor, também deve ser considerada como relevante elemento conformador da regra-matriz de sua responsabilidade.

2. O MANDAMENTO CONSTITUCIONAL DE DEFESA DA PROBIDADE NA ADMINISTRAÇÃO PÚBLICA

Ao analisar a ADI 7.042/DF, Rel. Min. Alexandre de Mores, Tribunal Pleno, j. 31/08/2022, p. 28/02/2023, a Suprema Corte se debruçou sobre a constitucionalidade de uma série de dispositivos da Lei 14.230, de 2021, que promoveu substanciais alterações na Lei 8.429, de 1992, notadamente em relação à legitimidade para propositura de ações judiciais que visassem a condenação de agentes públicos por ato de improbidade administrativa.

Naquela ocasião, o Ministro André Mendonça pontou que a adequada análise da controvérsia dependia da prévia contextualização das diretrizes estabelecidas pelo Poder Constituinte em matéria de *probidade administrativa*.

A respeito do novo patamar a que foi alçada a bússola axiológica da probidade enquanto elemento central de conformação da atuação do administrador público, a partir da edição da Carta Política promulgada em 1988, bem observou o Ministro que:[1]

1. ADI 7.042/DF, Rel. Min. Alexandre de Mores, Tribunal Pleno, j. 31/08/2022, p. 28/02/2023, inteiro teor do acórdão, p. 109-110.

"18. Quanto ao ponto, *não há dúvidas, seja na doutrina, seja na jurisprudência, no que pertine ao status constitucional empregado ao aludido valor*. De fato, *inovando no tratamento do tema, a Carta promulgada em 1988 constitucionalizou, de forma autônoma e específica, a garantia e a defesa da probidade administrativa*. A esse respeito, assim dispõem o *caput* e o *§ 4º do art. 37* da Constituição da República:

'Art. 37. A administração pública direta e indireta de qualquer dos Poderes da União, dos Estados, do Distrito Federal e dos Municípios obedecerá aos princípios de legalidade, impessoalidade, moralidade, publicidade e eficiência e, também, ao seguinte:

(...)

§ 4º Os atos de improbidade administrativa importarão a suspensão dos direitos políticos, a perda da função pública, a indisponibilidade dos bens e o ressarcimento ao erário, na forma e gradação previstas em lei, sem prejuízo da ação penal cabível.'

19. *No caput, a Constituição institui comando obrigatório ao determinar que o Estado 'obedecerá aos princípios' da Administração Pública, todos eles*, sejam os princípios explícitos ou implícitos, direta ou indiretamente *concernentes à probidade administrativa e às garantias de bom governo*. Em outras palavras, *a Constituição impôs à Administração Pública de todas as esferas o dever insofismável de atuar de forma proba*.

20. Ademais, *esse imperativo é corolário do disposto no art. 23, inc. I, da CRFB*, que atribuiu a competência comum à União, aos Estados, ao Distrito Federal e aos Municípios, para 'zelar pela guarda da Constituição, das leis e das instituições democráticas e conservar o patrimônio público'.

21. De outra parte, em decorrência desse dever imposto à Administração Pública em geral, no § 4º do já mencionado art. 37 da Constituição da República se estabeleceu que os atos de improbidade imperativamente *'importarão a suspensão dos direitos políticos, a perda da função pública, a indisponibilidade dos bens e o ressarcimento ao erário, na forma e gradação previstas em lei, sem prejuízo da ação penal cabível'*. Em outras palavras, *ademais de impor o dever de garantir a probidade, a Constituição estabeleceu o poder-dever de a Administração Pública buscar judicialmente sua sanção, sem prejuízo da ação penal cabível*.

22. Nesse ponto, importa rememorar que *a independência e autonomia do sistema constitucional de responsabilização por ato de improbidade administrativa é reforçada por outros dispositivos do Texto Constitucional*, os quais elencam essa peculiar modalidade de responsabilidade ao lado daquelas inerentes a outros ramos do macrossistema sancionador estatal. É o caso, por exemplo, ***(i)*** dos arts. 15, inc. V, e 105, § 3º, inc. II, da CRFB; bem como ***(ii)*** dos arts. 97, § 10, inc. III, e, 101, § 3º, do ADCT." (grifos acrescidos)

Veja-se que a partir de uma intepretação sistemática da Lei Maior, guiado pelo princípio da unidade da Constituição, Sua Excelência bem aponta que para além da constitucionalização do valor *probidade administrativa* o Constituinte Originário esquadrinhou um verdadeiro "sistema constitucional de responsabilização por ato de improbidade administrativa".

Essa ideia de um *sistema* de defesa da probidade a partir da nova ordem constitucional é compartilhada por outros importantes administrativas, como a professora Maria Sylvia Zanella Di Pietro, que aborda a evolução do tratamento da matéria ao longo das Cartas nacionais. *In verbis:*[2]

2. DI PIETRO, Maria Sylvia Zanella. *Direito administrativo*. 15. ed. São Paulo: Atlas, 2003. p. 78-79.

> "A Constituição de 1967, no artigo 82, V, considerava como crime de responsabilidade os atos do Presidente da República que atentarem contra a probidade administrativa; e **a** *Constituição de 1988*, além de repetir aquela norma no artigo 85, V, *faz um avanço, ao mencionar*, no artigo 37, caput, *como princípios autônomos*, o da legalidade e *o da moralidade, e, no § 4º do mesmo dispositivo punir os atos de improbidade administrativa* com a suspensão dos direitos políticos, a perda da função pública, a indisponibilidade dos bens e o ressarcimento ao erário, na forma e gradação previstas em lei, sem prejuízo da ação penal cabível. *Também merece menção o artigo 15, inciso V, que inclui entre as hipóteses de perda dos direitos políticos a de 'improbidade administrativa*, nos termos do artigo 37, § 4º'. Por sua vez, *o artigo 5º, inciso LXXIII, ampliou os casos de cabimento de ação popular para incluir*, entre outros, *os que impliquem ofensa à moralidade administrativa*. Além disso, *a Emenda Constitucional de Revisão 4*, de 7-6-94, *alterou o § 9º do artigo 14 da Constituição para colocar a probidade administrativa e a moralidade* para o exercício do mandato *como objetivos a serem alcançados pela lei que estabelecer os casos de inelegibilidades*." (grifos acrescidos)

Na mesma direção aponta José Afonso da Silva que cunhou à improbidade administrativa o predicado de "imoralidade qualificada pelo dano ao erário e correspondente vantagem ao ímprobo ou a outrem". Dando enfoque à relevância com que o constituinte tratou essa modalidade específica de imoralidade, o mestre das Arcadas pontua ainda que enquanto "[a] moralidade administrativa e assim também a probidade são tuteladas pela ação popular [...] de modo a elevar a imoralidade a causa de invalidade do ato administrativo", a improbidade "é tratada ainda com mais rigor, porque entra no ordenamento constitucional como causa de suspensão dos direitos políticos do ímprobo (art. 15, V, que já comentamos) [...]".[3]

Portanto, em consonância com o pensamento doutrinário predominante, no referido voto o Ministro André Mendonça deixa bem delineada a relevância desse vetor interpretativo, que deve guiar o exegeta na missão de aferir, em determinado caso concreto, o grau de reprovabilidade a ser atribuído à conduta praticada pelo agente público para fins de sua eventual responsabilização.

Não se trata, contudo, do único norte estabelecido pela Lei Maior, sendo necessário atentar, ainda, para a importante atuação do Poder Constituinte Reformador ao incluir no *caput* do art. 37 a menção expressa ao princípio da eficiência.

2. O PRINCÍPIO DA EFICIÊNCIA COMO ELEMENTO CONFORMADOR DA DEFESA DA PROBIDADE

Ainda naquele importante julgado e no âmbito da ADI 6.421/DF, Rel. Min. Roberto Barroso, Tribunal Pleno, j. 11/03/2024, p. 17/04/2024, o Ministro André Mendonça buscou demonstrar que o aludido *sistema* constitucional de defesa da probidade é também conformado pela busca da eficiência. E essa conformação ocorre a partir de um duplo aspecto: *(i)* numa visão mais intuitiva, com a edição da Emenda Constitucional 19/98, a eficiência passou a ser um dos valores-paradigma do que venha ser uma atuação proba; *(ii)* ocorre que, ao orientar a atuação também das autoridades administrativas responsá-

3. SILVA, José Afonso da. *Curso de direito constitucional positivo*. 18. ed. São Paulo: Malheiros, 2000. p. 623.

veis pela defesa da probidade, baliza não apenas a conduta do administrador controlado, impondo aos órgãos de controle que empreguem os mecanismos de responsabilização mais eficiente possíveis.

Em relação ao primeiro aspecto, a entronização expressa da eficiência como valor constitucional foi um dos principais elementos transformadores do modelo clássico de administração burocrática para o atual modelo de administração gerencial, deixando-se de analisar o êxito da atuação administrativa pela sua mera conformidade com as regras procedimentais usualmente adotadas, independentemente do impacto que ensejassem aos administrados, e passou-se a avaliar o sucesso do agir administrativo precisamente em razão dos resultados alcançados pelo administrador, o que ensejou grandes reflexos na leitura tradicional do princípio da legalidade. Isso porque, passou-se a admitir, desde que para buscar maior eficiência, que o administrador pudesse ter em seu favor o campo de discricionariedade ampliado, deixando de fazer apenas e tão somente o que a lei lhe determinara – a partir da clássica compreensão do conceito de reserva legal.

A necessidade de considerar os reflexos dessa transformação de paradigma ocasionada pela constitucionalização da eficiência, de modo a conformar o sistema de defesa da probidade enquanto vetor de ponderação da responsabilização do gestor foi bem explicitada pelo Ministro André Mendonça no âmbito da ADI 6.421/DF, Rel. Min. Roberto Barroso, Tribunal Pleno, j. 11/03/2024, p. 17/04/2024.

Naquela ocasião, ao apreciar a constitucionalidade dos novos dispositivos acrescidos à Lei de Introdução às Normas do Direito Brasileiro – a LINDB – pela Lei 13.655, que de acordo com sua própria ementa buscou incluir no ordenamento "disposições sobre segurança jurídica e eficiência na criação e na aplicação do direito público", Sua Excelência lecionou que:[4]

> "[...] ao estabelecer expressamente a insuficiência da invocação retórica de valores abstratos como fundamento de decisões estatais, *exigindo a consideração das consequências práticas do que se estiver decidindo, o legislador equilibra a responsabilidade da instância decisória*, tornando-a mais compatível com tamanho do seu poder. Afinal, em um Estado democrático de direito, a todo poder se contrapõe igual responsabilidade no seu exercício.
>
> 15. De outro lado, ao impor detida análise dos obstáculos e dificuldades reais do gestor, inclusive das circunstâncias práticas que porventura tenham imposto, limitado ou condicionado suas decisões, a lei propõe um louvável exercício de empatia, valor ético-humanitário, que coloca o *agente-apreciador* na própria posição do *agente-gestor*, a fim de que sejam produzidas manifestações razoáveis, proporcionais e consentâneas com o 'Estado de Justiça'.
>
> 16. *Imbuído desse mesmo animus*, de modo a conferir maior grau de *segurança jurídica* e eficiência *à atuação administrativa, o art. 28, ora impugnado, definiu que a responsabilização do agente público por suas decisões ou opiniões técnicas*, antes sujeita a subjetivismos exacerbados, *submete-se agora à* verificação concreta de que o administrador tenha agido com *dolo* ou *erro grosseiro*. E a despeito dos debates doutrinários acerca do alcance dessa última expressão, *trata-se de inequívoca e louvável*

4. ADI 6.421/DF, Rel. Min. Roberto Barroso, Tribunal Pleno, j. 11/03/2024, p. 17/04/2024, inteiro teor do acórdão, p. 32-34.

tentativa do legislador de conferir um patamar mínimo de proteção jurídica ao gestor público, a fim de não inibir a tomada de decisões necessárias para o avanço econômico e social do País.

17. Veja-se que, ao assim dispor, referida norma bem captou a correlação direta entre os vetores interpretativos perseguidos pelo legislador ordinário, em observância aos parâmetros impostos pelo Texto Constitucional. Isso porque a insegurança jurídica causada pela imprevisibilidade quanto aos exatos contornos do *standard* de atuação esperado pelos órgãos de controle — *decorrente da ampla margem de discricionariedade de que dispunham para valorar o elemento subjetivo da conduta escrutinada* — acabava contribuindo, ainda que de modo não intencional, para inibir posturas mais proativas, criativas e inovadoras por parte dos gestores públicos. *Levava, portanto, à ineficiência.*

18. Daí por que se falar em uma correlação direta entre os dois vetores: a insegurança jurídica contribui enormemente para a ineficiência administrativa e vice-versa. Pois, se, *de um lado*, a insegurança jurídica quanto às balizas norteadores da responsabilização do gestor o paralisa, gerando ineficiência, *por outro lado, a ineficiência estatal atrai, compreensivelmente, a atenção e atuação de órgãos dotados de competências fiscalizatórias, investigativas e sancionatórias, os quais, porém, ao aplicarem punições eventualmente imprevistas, desproporcionais ou desarrazoadas em face do gestor, reforçam o cenário de insegurança jurídica e, indiretamente, estimulam a criação de zonas de conforto inercial*. Ou seja, na prática, embora com intenção oposta, *o sistema de controle acaba, por vezes, 'incentivando' a ineficiência administrativa, em um ciclo vicioso absolutamente incompatível com os urgentes desafios econômicos e sociais do País*." (grifos acrescidos)

Veja-se que ao abordar as aludidas transformações ensejadas pelo novo paradigma consubstanciado no princípio da eficiência, Sua Excelência realça, dentre outros fatores, a necessária aproximação entre *normatividade* e *realidade* (para alguns, "facticidade"), sendo certo que o direito não se concretiza no mundo das ideias. Trata-se de aspecto que será abordado com mais vagar em momento posterior.

Por hora, o que se pretende assentar é que para o adequado esquadrinhamento do paradigma constitucional de responsabilização do gestor público é preciso atentar para os resultados da sua atuação, admitindo que se minorem, ou até mesmo contemporizem, o não cumprimento de determinado comando normativo desprovido de qualquer consequência negativa para a Administração ou para os administrados e, por outro lado, reprimindo com maior ênfase os comportamentos que, apesar de formalmente conformes aos ditames normativos, produzam externalidades negativas facilmente previsíveis e evitáveis.

Para além desse aspecto, há que se considerar, ainda, o impacto ocasionado pela busca da eficiência na atividade dos órgãos de controle. Em relação a essa vertente, o Ministro André Mendonça ponderou na ADI 7.042/DF, Rel. Min. Alexandre de Moraes, Tribunal Pleno, j. 31/08/2022, p. 28/02/2023, o seguinte:[5]

"52. Desde uma perspectiva mais abrangente, é corrente que grande parte das tensões relacionadas ao combate à corrupção se centra na dialética entre eficiência na persecução do ilícito e na garantia do justo processo aos acusados. Conforme já me pronunciei reiteradas vezes, deve-se buscar uma sem prejuízo da outra; ou, em outras palavras, deve-se maximizar a eficiência estatal sem se prejudicar as garantias processuais do acusado.

5. ADI 7.042/DF, Rel. Min. Alexandre de Moraes, Tribunal Pleno, j. 31/08/2022, p. 28/02/2023, inteiro teor, p. 124-126.

53. De modo mais específico, *Robert Klitgaard*, em seu clássico *Controlling Corruption*, nos ajuda a avaliar o problema da corrupção e a eficiência na sua prevenção e combate desde a perspectiva da análise econômica do direito. Nele, o autor aponta para a correlação entre a corrupção e cálculos utilitários para a sua prática, eficiência, os riscos do monopólio na atuação estatal, da atuação discricionária e dos níveis de controle e *accountability*, dentre outros.

54. Sobre a análise de custo-benefício para a prática do ato corrupto ou ímprobo, *Klitgaard* aponta que para a sua realização o agente faz essencialmente um cálculo de utilidade, de custo/benefício na prática do ilícito, das vantagens na sua prática e dos riscos ou probabilidade de ser sancionado e em que medida. Nesse sentido, ele diz que *'um agente será corrupto quando, em seu julgamento, seus prováveis benefícios superem os custos prováveis'*. Será a partir desses elementos que o agente tomará a decisão entre a prática ou não do ilícito.

55. De outra parte, anota haver três fatores que impactam o risco da corrupção: ***(i)*** o monopólio ou não na atuação estatal sobre um tema específico em determinado órgão; ***(ii)*** o maior ou menor nível de discricionariedade do agente público para o exercício dessa atuação; e ***(iii)*** o maior ou menor nível de *accountability* em relação a essa atuação. Daí o autor construir a seguinte fórmula: Corrupção = Monopólio + Discricionariedade – *Accountability*.

56. Do mesmo modo, *Klitgaard* aponta a relação entre monopólio e ineficiência. Para ele o monopólio no exercício do poder provoca atividades improdutivas ou ineficientes.

57. Daí que, a criação do monopólio de uma determinada atividade estatal em determinada instituição traz o potencial de ***(i)*** gerar *ineficiência* no exercício dessa atividade; ***(ii)*** aumentar o *risco de cooptação* dessas autoridades – e nenhuma instituição está imune a esse risco, havendo exemplos a demonstrar essa realidade em todas elas; (iii) aumentar o *risco de abuso* no exercício do poder, especificamente, no poder de persecução do ilícito de improbidade administrativa. Todos esses elementos, ao final, sob a perspectiva *principiológica constitucional*, afetam diretamente a *eficiência* na defesa da probidade administrativa." (grifos no original)

Empregando o arcabouço teórico acumulado ao longo da sua experiência acadêmica e profissional no campo da defesa da probidade, o Ministro bem evidencia os reflexos que a "*perspectiva principiológica constitucional*" decorrente da busca da *eficiência* produzem no *desenho institucional* dos órgãos de controle estatal, influenciando decisivamente a lógica de alocação de distribuição de competências e o arranjo inerente a cada uma das instituições públicas incumbidas do *múnus* fiscalizatório, em ordem a – evitando a formação de *monopólios* e de zonas imunes à *accountability* – favorecer a defesa da probidade, sem prejudicar o espaço de discricionariedade assegurado ao gestor.

Evidenciado, portanto, o impacto conformador gerado pela entronização, no altiplano constitucional, do princípio da eficiência, passa-se a abordar de forma mais detida a relevância também desempenhada pelo princípio da *boa administração* na identificação da matriz de responsabilidade do gestor público.

3. O RECONHECIMENTO DO DIREITO FUNDAMENTAL À BOA ADMINISTRAÇÃO

Em complemento às premissas interpretativas até aqui analisadas, não se pode desconsiderar a relevância atribuída pelo Ministro André Mendonça ao direito fundamental à boa administração. Trata-se de valor expressamente positivado pela *Carta de*

Direitos Fundamentais da União Europeia – aprovada pelo Tratado de Nice – que em seu artigo 41 dispõe o seguinte:

> *"Artigo 41º. Direito a uma boa administração*
>
> 1. Toda pessoa tem direito a que as instituições e órgãos da União tratem de seus assuntos de forma imparcial e equitativa e dentro de um prazo razoável.
>
> 2. Este direito inclui em particular:
>
> - o direito de toda pessoa de ser ouvida antes que se tome contra ela uma medida individual que lhe afete desfavoravelmente
> - o direito que toda pessoa a ter acesso a expediente que lhe afete, dentro do respeito aos interesses legítimos da confidencialidade e do segredo profissional e comercial
> - a obrigação que incumbe à Administração de motivar suas decisões.
>
> 3. Toda pessoa tem direito à reparação pela Comunidade pelos danos causados por suas instituições ou seus agentes no exercício de suas funções, em conformidade com os princípios gerais comuns aos Direitos dos Estados membros.
>
> 4. Toda pessoa poderá dirigir-se às instituições da União em uma das línguas dos Tratados e deverá receber uma contestação na mesma língua."

O referido valor, dotado de autonomia e significância próprias, figura como relevante vetor principiológico orientador da investigação promovida pelo *agente-apreciador* quanto à higidez e integridade da atuação do *agente-gestor*.

No exercício da jurisdição constitucional realizada pelo Supremo Tribunal Federal, o parâmetro foi empregado por Sua Excelência ao apreciar a conformidade das restrições impostas pela Lei das Estatais à assunção de cargos diretivos no âmbito de tais companhias por ex-agentes políticos, a eles impondo a observância de procedimentos de desincompatibilização e quarentena.

Ao proferir voto divergente do relator na ADI 7.331/DF, o Ministro entendeu que as restrições estabelecidas pela Lei 13.303/2016 "servem como instrumento de concretização de finalidades privilegiadas pelo Texto Constitucional", dentre as quais, além da defesa da moralidade, da impessoalidade, da eficiência e da transparência, realça-se o indicado *direito à boa administração.*[6]

Há uma dimensão complementar em relação à noção de boa administração por funcionar como espécie de amálgama que relaciona de modo indissociável os demais princípios conformadores da atuação administrativa constitucionalmente adequada, auxiliando sobretudo na resolução de controvérsias em que se não consiga identificar facilmente o protagonismo mais acentuado de um dos princípios mais tradicionais – como bem ilustra o caso das restrições à assunção de postos de comando nas companhias estatais, em que várias normas constitucionais foram agitada e até mesmo antagonizadas.

Trata-se, portanto, de premissa apta a colmatar lacunas eventualmente identificadas na aplicação atomizada das duas premissas anteriormente apontadas. Contudo,

6. ADI 7.331/DF, Rel. Min. Ricardo Lewandowski, sessão do plenário físico realizada em, julgado ainda não finalizado em razão do pedido de vista pelo Ministro Nunes Marques.

para além dessa dimensão complementar de ordem valorativa, para que se promova o adequado esquadrinhamento dos parâmetros constitucionais da responsabilização do gestor público é preciso que as três balizas *normativas* até aqui indicadas – *defesa da probidade*, *eficiência* e *boa administração* – sejam enfocadas pela lente da *realidade* ("facticidade").

4. O PRINCÍPIO DA REALIDADE E A FORÇA NORMATIVA DOS FATOS

Dando nova roupagem à clássica *teoria tridimensional do direito*, tal como concebida por Miguel Reale, para quem a atividade jurídica é conformada pela interação sinérgica entre *fato*, *valor* e *norma*, as alterações promovidas pelas abordagens pós-positivistas do fenômeno jurídico resgatam não apenas a fundamentalidade dos valores para o direito, lançando luzes também sobre a relevância dos fatos.

Trata-se de um viés pragmático – ou consequencialista – que, se sempre esteve presente na análise jurídica – vide o brocardo latino "fiat iustitia, et pereat mundus" (em tradução livre, *"faça-se justiça, ainda que o mundo pereça"*) –, sofreu inúmeras tentativas de extirpação do campo de atenção dos operadores do direito, seja como decorrência de uma ótica estritamente positivista, seja como implicação da valoração absoluta dada ao campo axiológico pelos jusnaturalistas que, por razões diversas, partilhavam da mesma aversão a essa dimensão.

Contudo, como leciona o Ministro Luiz Roberto Barroso em âmbito doutrinário, o escrutínio dos fatos é inafastável:[7]

> "Já ficou para trás, na teoria jurídica, a visão do positivismo normativista que apartava o Direito do mundo fático, assim como o dissociava, igualmente, da filosofia, da ética e de considerações em torno da ideia de justiça. *A tensão entre normatividade e facticidade, assim como a incorporação dos valores à hermenêutica jurídica, produziram modificações profundas no modo como o Direito é pensado e praticado e redefiniram o papel da interpretação jurídica e do intérprete, especialmente em matéria constitucional. O Direito não existe abstratamente, fora da realidade sobre a qual incide.* Pelo contrário, em uma relação intensa e recíproca, em fricção que produz calor, mas nem sempre luz, *o Direito influencia a realidade e sofre a influência desta.* A norma tem a pretensão de conformar os fatos ao seu mandamento, mas não é imune às resistências que eles podem oferecer, nem aos fatores reais do poder. No caso das mutações constitucionais, é o conteúdo da norma que sofre o efeito da passagem do tempo e das alterações da realidade de fato. As teorias concretistas da interpretação constitucional enfrentaram e equacionaram esse condicionamento recíproco entre norma e realidade." (grifos acrescidos).

Identificando esse apontado movimento de conformação recíproca entre *fato* e *norma*, não sendo apenas aquele modelado por essa, mas estando também o texto normativo sujeito às resistências que os fatos podem oferecer, ao apreciar o RE 1.008.166/SC, Rel. Min. Luiz Fux, Tribunal Pleno, j. 22/09/2022, p. 20/04/2023, o Ministro André

7. BARROSO, Luís Roberto. *Curso de direito constitucional contemporâneo*. 10. ed. São Paulo: SaraivaJur, 2022. p. 143.

Mendonça realçou a importância de não se desconsiderar o "princípio da realidade", ou a "força normativa dos fatos". Nos exatos termos de Sua Excelência:[8]

> "[...] impõe-se a observância ao que se convencionou denominar em sede doutrinária de *'princípio da realidade'*, ou, para usar termo cunhado pelo e. Ministro Eros Grau em precedente deste Preclaro Colegiado, a *'força normativa dos fatos'*, que condiciona a atuação estatal não apenas no âmbito da sua função executiva, mas que deve nortear o exercício tanto da função legislativa, quanto da função jurisdicional, sob pena de incontornável ineficácia das decisões exaradas.
>
> 19. Nas palavras do e. Ministro Eros Grau, é a *'força normativa dos fatos [normative Kraft des Faktischen], a que se refere Georg JELLINEK, que permite compreender a origem e a existência da ordem jurídica, pois na vida do Estado as relações reais precedem as normas em função delas produzidas'* (ADIs 2240, 3316, 3489 e 3689, julgadas em 09/05/2007).
>
> 20. No âmbito doutrinário, tratando da incidência do princípio da realidade especificamente na seara administrativa, leciona Diogo de Figueiredo Moreira Neto o seguinte:
>
> *'O entendimento do princípio da realidade parte de considerações bem simples: o Direito volta-se à convivência real entre os homens e todos os atos partem do pressuposto de que os fatos que sustentam suas normas e demarcam seus objetivos são verdadeiros.*
>
> *São os fatos que regularmente ocorrem ou podem ocorrer, na natureza física ou convivencial, e só excepcionalmente, e por disposição expressa, a ordem jurídica acolhe ficções ou presunções.*
>
> *Em outros termos, a vivência do Direito não comporta fantasias; o irreal tanto não pode ser a fundamentação de um ato administrativo quanto não pode ser o seu objetivo.'*
>
> 21. Por outro lado, há que se realçar que, o reconhecimento do caráter paulatino e gradual de construção das políticas públicas não afasta, em absoluto, a possibilidade de atuação judicial nos casos em que se evidencie a inércia, comportamento insuficiente, ou mesmo refratário à realização do plano constitucional pelo gestor público.
>
> 22. Reconhece-se a existência de dificuldades, mas não de discricionariedades. Há necessidade de ação progressiva, mas não omissa, insuficiente ou contrária à direção imposta pela Carta de 1988." (grifos no original)

Aplicando a mesma *ratio* ao tema da responsabilização dos gestores públicos, no bojo da ADI 6.421/DF, Rel. Min. Roberto Barroso, Tribunal Pleno, j. 11/03/2024, p. 17/04/2024, o Ministro ponderou que:

> "19. Nessa perspectiva, a rigor, a inovação legislativa ora impugnada promove uma *salutar aproximação do direito à realidade, um chamado da abstração teórica ao mundo dos fatos*. É, assim, medida necessária à melhoria do ambiente institucional do País, contribuindo para retomada e proteção da confiança — *em homenagem ao princípio da boa-fé* — e do desenvolvimento econômico, única forma de viabilizar a efetivação sustentável dos objetivos fundamentais da República, a partir da superação do quadro de insegurança jurídica e de ineficiência que, por diversas razões, se formou nos últimos anos.
>
> 20. Não se pode olvidar que o risco e o erro fazem parte da vida e da própria natureza humana, não sendo juridicamente exigível que o gestor domine todas as variantes futuras que poderão impactar negativamente a execução da política pública planejada. Todavia, é preciso considerar que o risco de uma decisão eventualmente equivocada, ressalvados os casos de *dolo* ou *erro grosseiro*, será, em regra, menor do que o risco da paralisia ou da lentidão administrativa, e isso tanto pelo aspecto eco-

8. RE 1.008.166/SC, Rel. Min. Luiz Fux, Tribunal Pleno, j. 22/09/2022, p. 20/04/2023, inteiro teor, p. 42-43.

nômico quanto pelo social, já que o medo e a inércia prejudicam diretamente os que mais necessitam de um Estado eficiente.

21. Bem ilustra a afirmação acima o exemplo do gestor que, por receio de ulterior responsabilização, deixa de promover a construção de instalações hospitalares para atendimento adequado à população. Se, por acaso, houvesse optado pela execução das obras com base em parâmetros que, muitos anos depois, se descobrisse não serem os mais econômicos, apesar do eventual prejuízo financeiro, teria, ainda assim, disponibilizado aos administrado o acesso à saúde — *salvando vidas, contribuindo para elevação dos níveis de bem-estar da comunidade.* Ao não agir, prejudica a concretização de direitos fundamentais de modo, por vezes, incalculável.

22. Ademais, se para parcela considerável do pensamento filosófico as noções de risco e *volatilidade* definem a própria sociedade contemporânea (BECK, Ulrich. *Sociedade de risco: Rumo a outra modernidade*, 2ª ed. São Paulo: Editora 34, 2011; BAUMAN, Zygmunt. *Modernidade líquida.* 1ª ed. Rio de Janeiro: Ed. Zahar, 2001), já não há mais como se contentar apenas com a conduta do administrador que se restringe à obediência literal, estrita e engessada de regramentos formais. O absoluto respeito à transparência e à legalidade são condições fundamentais, necessárias, mas insuficientes para qualificar o sucesso de qualquer política pública.

23. É crucial que a realidade seja efetiva e positivamente alterada pela atuação do Estado e, para isso, há que se substituir a cultura da inação - *na qual o risco de responsabilização é baixo, mas a ineficiência é certa* -, pela adequada harmonização entre a integridade e a efetivação de resultados — *sem que a preocupação exacerbada pela fiel observância daquela culmine por inviabilizar, na prática, o atingimento destes.*" (grifos no original)

Portanto, sem negligenciar os condicionamentos impostos pelos fundamentais vetores axiológico-normativos da defesa da probidade, da eficiência e da boa administração, é preciso atentar que a sua densificação pode dar ensejo a formatações diversas a depender das circunstâncias de determinado caso concreto, sendo determinada conduta tida por proba, íntegra e conforme o direito em uma certa conjuntura fática; e, escrutinada em realidade conjuntural diversa, dar azo à compreensão diversa, com a eventual responsabilização de quem a tenha praticado.

CONSIDERAÇÕES CONCLUSIVAS

À luz das premissas interpretativas aqui expostas, colhidas de relevantes casos analisados pelo Ministro André Mendonça ao longo dos dois primeiros anos de sua judicatura, pode-se dizer que, para Sua Excelência, os parâmetros constitucionalmente adequados para responsabilização do gestor público levam à busca de harmonização entre a *integridade* e a *efetivação* de resultados, conformando a incidência dos princípios constitucionais da *defesa da probidade*, da *eficiência* e da *boa administração* às peculiaridades verificadas em cada caso concreto.

Trata-se de visão consentânea com as diretrizes estabelecidas pelo direito administrativo moderno, pela interpretação contextualizada das normas constitucionais, sem renunciar à busca incessante pela realização, qualquer que seja a situação, do interesse público.

REFERÊNCIAS

BARROSO, Luís Roberto. *Curso de direito constitucional contemporâneo*. 10. ed. São Paulo: SaraivaJur, 2022.

DI PIETRO, Maria Sylvia Zanella. *Direito administrativo*. 15. ed. São Paulo: Atlas, 2003.

SILVA, José Afonso da. *Curso de direito constitucional positivo*. 18. ed. São Paulo: Malheiros, 2000.

SER HUMANO E NATUREZA: REPRESSÃO OU LIBERDADE?

Alexandre Chini Neto

Juiz de Direito do Tribunal de Justiça do Estado do Rio de Janeiro. Juiz Auxiliar da Presidência do Superior Tribunal de Justiça (STJ). Professor da Graduação e da Pós-Graduação da Universidade Salgado de Oliveira – Universo, membro da Comissão de Mecanismos Alternativos e Restauradores de Resolução de Conflitos e Tribunais de Tratamento de Drogas e Álcool da Cúpula Judicial Ibero-Americana.

Sumário: Introdução – 1. Indo aquém: quando tudo começa e como se desenrola – 2. Palavras finais – Referências.

INTRODUÇÃO

É com grande satisfação que participamos desta obra coletiva em homenagem ao Professor e Ministro André Luiz de Almeida Mendonça, cuja atuação acadêmica se deixa registada em seus votos analíticos, densos e bem articulados exarados no exercício de sua função judicante perante o Supremo Tribunal Federal.

No presente texto buscaremos abordar, a um só tempo, a relação conflitiva entre o ser o humano e a natureza, estabelecida pela noção de que é preciso domesticar o meio ambiente num nível máximo para que a civilização possa se estabelecer. A contextualização segue uma linha dentro de uma concepção de desenvolvimento e progresso cultural e civilizatório que devem passar a sustentar-se no protagonismo da natureza e do meio ambiente.

Pois bem, em nenhum outro momento histórico da humanidade vimo-nos tão diante da premência da Natureza e do meio ambiente, elementos centrais e inegociáveis que possibilitarão a permanência da vida humana sobre a Terra. O esgotamento de recursos naturais não renováveis, a necessidade de administração sábia dos recursos renováveis (sendo a água o centro das atenções) e a busca por alternativas não poluentes ou agressivas ao meio ambiente, entre outras medidas socioambientais, são, hoje, o fiel da balança que estabelece o necessário equilíbrio entre as liberdades individuais e as liberdades coletivas. O zênite à questão, afinal, é nada menos do que o direito à vida num planeta que, em última instância, e de forma tautológica, permita que esta vida encontre possibilidade de existência e permanência.

De certo modo, toda discussão sobre a construção civilizatória e cultural contemporânea – entendida como a hegemonia da lei sobre a força bruta ou a barbárie, como ensina Freud – precisa, agora, iniciar-se na constatação de que a natureza não pode mais ser considerada um impasse a um tipo de progresso ou desenvolvimentismo cujo cerne vem sendo sublinhado com mais pungência desde os anos 1500 e, como veremos, na verdade milhares de anos antes desse marco. Pensar o ser humano como ser DA natureza ou ser NA natureza, e não mais ser Contra a natureza, estabelece de forma já irrevogável todos os parâmetros que se teçam sobre humanismo, civilização, cultura, progresso, tecnociência, moral, ética.

> Ética perlustra e anima o ser humano sempre que a "Ecologia Profunda" (cf.: o filósofo norueguês Arne Naess) se estabelece. O psicólogo e pedagogo francês Pierre Weil a descreveu como "Roda da Paz". Em ambos os casos, trata-se de uma visão de ecologia que se contrapõe à antropocêntrica "ecologia rasa" (segundo o mesmo Arne Naess). A Ecologia Profunda possui três pontos equidistantes, e pode ser sucintamente descrita como: i) viver em paz consigo mesmo; ii) (com)viver em paz com a (e em) sociedade e; iii) (com)viver em paz com o meio ambiente, o planeta Terra e seus recursos e fontes. Todos os atuais conceitos de "sustentabilidade", incensados pelo direito, pela administração, pela economia, pela estatística, pela pedagogia, pela epistemologia etc., fincam-se nesse conceito e naqueles que o ecoam e complementam em seu aporte centrado na *ecologia* (profunda) e suas implicações mediatas e imediatas. Como se vê, trata-se de um conceito mais abrangente de ecologia, que engloba o indivíduo, sua vida em sociedade e sua participação na sustentação do meio ambiente. (Chini e Caetano, 2020, p. 147-148)

Em outras palavras, a ecologia assenta hoje o imo das perspectivas não apenas ambientalistas, mas da própria condição de existência da civilização humana. Por isso mesmo, cremos ser mais atual falar-se em ecologias, no plural, indo ao encontro do que Arne Naess e Pierre Weil demonstraram há pouco. Além disso, cremos, com Felix Guattari, num desdobramento dos dois filósofos ora citados, que a ecologia ambiental está intrinsecamente ligada à ecologia das convivências sociais e à ecologia das subjetividades, incluindo toda uma ecologia do desejo e das pulsões de vida e morte, Eros e Tânatos, como funções estruturantes da subjetividade humana e, como consequência, do reflexo dessa subjetividade numa pretensa objetividade do "mundo dos objetos", como diria Cassirer.

Por isso, na complexidade das sociedades contemporâneas, onde a indústria, o consumo e a tecnocracia nos expõem suas ambiguidades – ora apontando para uma face construtiva, ora exacerbando uma face destrutiva –, é mister que nos empenhemos no aprofundamento das questões subjetivas, nas questões da convivência social e, como norte a todas essas, na questão da convivência humana com a ecologia ambiental. Afinal, como temos salientado em diversos textos que vimos publicando, não se trata apenas de avançar indefinidamente num desenvolvimentismo tecnocrático, mas, também, de estabelecer e incentivar uma ética de responsabilização e conscientização desse modelo (atualmente questionável) de desenvolvimento, ora inserido num contexto maior de emergência ambiental do planeta.

> O planeta Terra vive um período de intensas transformações técnico-científicas, em contrapartida das quais engendram-se fenômenos de desequilíbrios ecológicos que, se não forem remediados, no limite, ameaçam a vida em sua superfície. (Guattari, 1990, p. 7)
>
> Não haverá verdadeira resposta à crise ecológica a não ser em escala planetária e com a condição de que se opere uma autêntica revolução política, social e cultural reorientando os objetivos da produção de bens materiais e imateriais. Essa revolução deverá concernir, portanto, não só às relações de forças

> visíveis em grande escala, mas também aos domínios moleculares de sensibilidade, de inteligência e de desejo. (GUATTARI, 1990, p. 9)
>
> Assim, para onde quer que nos voltemos, reencontramos esse mesmo paradoxo lancinante: de um lado, o desenvolvimento contínuo de novos meios técnico-científicos potencialmente capazes de resolver as problemáticas ecológicas dominantes e determinar o reequilíbrio das atividades socialmente úteis sobre a superfície do planeta e, de outro lado, a incapacidade das forças sociais organizadas e das formações subjetivas constituídas de se apropriar desses meios para torná-los operativos. (Guattari, 1990, p. 12)

Nesse sentido, é fundamental estar-se em consonância com os parâmetros dos Objetivos do Desenvolvimento Sustentável (ODS) da Agenda 2030 da Organização das Nações Unidas (ONU). Assim, toda medida protetiva que emane do Estado deve ser não apenas considerada, mas efusivamente reconhecida e celebrada.

1. INDO AQUÉM: QUANDO TUDO COMEÇA E COMO SE DESENROLA

É preciso rememorar um ponto mais longínquo na nossa cronologia social a fim de investigarmos o ethos que está implicado na visão do ser humano em face da natureza. A chamada revolução agrícola, ocorrida há mais de 12 mil anos, foi o momento em que o ser humano precisou domesticar a natureza para suas práticas de plantio e colheita e também de pesca e caça. Fixar-se em um local e fundar uma cidade pressupõe que o trigo, o milho, a batata etc. sejam produzidos ao longo de todo o ano e capazes de prover a alimentação contínua de todo o conjunto coletivo-social que se forma. E, para isso, é preciso domar a natureza de forma que ela forneça ininterruptamente, e não apenas de modo sazonal, o indispensável à dieta das comunidades nascentes.

Foi assim que tal revolução estabeleceu, como uma espécie de efeito colateral, um tipo de sociedade que, desde então, no oriente e ocidente, de certa forma enxerga o meio ambiente como algo hostil que deve ser domesticado num nível máximo, sob risco de dificuldades e até impossibilidades à vida humana.

Em seguida, toda a Antiguidade Clássica, incluindo a chamada Antiguidade tardia (que vai do século VIII a.C. até o século V d.C.), a Idade Média, o Renascimento, a Idade Moderna, Contemporânea, as revoluções industriais – toda a nossa história parece baseada num tipo de perspectiva ou lógica que, por certo ângulo, contrapõe o ser humano à natureza, como se se tratasse de rivais numa arena em que um dos lados precisa ser eliminado para que o outro sobreviva.

Protágoras, no século V a.C., afirmava que "O homem é a medida de todas as coisas". Temos a base do futuro antropocentrismo renascentista e iluminista, que criará o necessário humanismo, cujas raízes permitem que as sociedades se construam sobre pilares de convivência e cooperação, e não de conflito e competição. Se não tivéssemos essas bases, criaríamos aglomerados humanos em que a chamada lei do mais forte prevaleceria, e teríamos como único limite ao avanço de nossas vontades, veleidades e caprichos a força ou fraqueza física dos outros seres humanos com os quais nos puséssemos em desavença.

Sabemos que é justamente este o ponto em que a Justiça, como concepção e como instituição, é elemento basilar da construção das sociedades harmônicas, onde a força bruta seja constantemente substituída pela sujeição à lei do ordenamento jurídico, em perene movimento, e à propugnação pelos direitos humanos, herdeiros do antropocentrismo e do humanismo a cujas raízes remontamos.

> Freud, conforme já foi dito, não está preocupado com distinções conceituais de ordem antropológica – por isso não se detém no exame de civilizações ou culturas específicas –, e sim em descrever o tipo de esforço psíquico que é exigido dos homens quando eles decidem viver em uma sociedade organizada pela lei, e não pela força bruta. (Saroldi, 2017, p. 130)

Já que estamos a contemplar o projeto civilizatório também à luz do que concebeu o pai da psicanálise, é preciso notar a importância que Freud deu às modificações culturais (espaço em que a pedagogia e a educação se mostram fundamentais) para que os princípios da paz se perpetuem:

> Não se deve esquecer da observação de Freud, em sua carta a Einstein, de que o único caminho alternativo à modificação da sociedade pela violência é a modificação cultural de seus membros. (SAROLDI, 2017, p. 167)

Esse é, portanto, um atributo principiológico que não desabonamos, mas que precisa ser perquirido sob visão crítica nas suas especificidades fenomenológicas e ontológicas, com o fim ulterior de que consigamos compreender melhor as dimensões da relação entre ser humano e natureza situada naquilo que Bauman chama de "aventura moderna" em sua obra "O mal-estar na pós-modernidade", em nítido diálogo com "O mal-estar na civilização", de Freud.

Partindo agora à literatura de altíssimo jaez de Machado de Assis, a famosa frase "Ao vencedor, as batatas", que nosso gênio fluminense imortalizou em seu "Quincas Borba", traz consigo exatamente o ponto fulcral de uma sociedade que porventura tentasse basear-se exclusivamente numa oposição segundo forças naturais com espaço limitado e insuficiente para mais de uma "tribo". Nessa mecânica, continua o estro machadiano – irônico e diligente –, a única possibilidade de sobrevivência seria a instalação da barbárie da guerra, para que a "tribo" mais forte eliminasse a mais fraca e, com isso, recebesse seu desesperado farnel: no caso, as batatas, metonímia da alimentação e da sobrevivência mais básica, reduzindo o ser humano à sua condição instintiva primária.

> Não há morte. O encontro de duas expansões, ou a expansão de duas formas, pode determinar a supressão de uma delas; mas, rigorosamente, não há morte, há vida, porque a supressão de uma é princípio universal e comum. Daí o caráter conservador e benéfico da guerra. Supõe tu um campo de batatas e duas tribos famintas. As batatas apenas chegam para alimentar uma das tribos, que assim adquire forças para transpor a montanha e ir à outra vertente, onde há batatas em abundância; mas, se as duas tribos dividirem em paz as batatas do campo, não chegam a nutrir-se suficientemente e morrem de inanição. A paz nesse caso, é a destruição; a guerra é a conservação. Uma das tribos extermina a outra e recolhe os despojos. Daí a alegria da vitória, os hinos, aclamações, recompensas públicas e todos os demais efeitos das ações bélicas. Se a guerra não fosse isso, tais demonstrações não chegariam a dar-se, pelo motivo real de que o homem só comemora e ama o que lhe é aprazível

> ou vantajoso, e pelo motivo racional de que nenhuma pessoa canoniza uma ação que virtualmente a destrói. Ao vencido, ódio ou compaixão; ao vencedor, as batatas. (Machado de Assis, 1994, p. 6-7)

Obviamente, trata-se de um modelo em que a natureza e suas contingências se tornariam vilipendiosas à civilização como organização que se opõe à barbárie. A própria natureza – é preciso reiterar – surgiria, assim, como uma inimiga da marcha civilizatória e até cultural.

Nessa lógica, a criação de uma dicotomia demasiado rígida que contrapõe o ser humano à natureza, na mesma obra machadiana, cria, por outro lado, o que o narrador de "Quincas Borba" nomeia como "humanitismo", abstrusa filosofia em que "Humanitas precisa comer", ou seja, em que um fator humano estritamente submetido à força de uma natureza rude e implacável precisa criar, como antídoto, um tipo de pseudo-humanismo que seja radical ao opor a espécie humana à natureza, vendo esta última não como provedora e criadora, mas como elemento destrutivo que se deva aliciar e combater.

Assim, uma vez que haja, desde a revolução agrícola, reiteramos, uma espécie de ideia subjacente à índole humana de que somos antípodas da natureza (e não pertencentes a ela), de que a natureza indomável representaria porventura uma ameaça à perpetuação da vida humana, levanta-se uma visão de mundo que coloca seres humanos e natureza em lados conflitantes, e não cooperativos.

Com essa percepção fragmentária, o que ocorre é que o antropocentrismo de Protágoras e o humanismo da idade das luzes, que tem como meta sobrepor a lei à força bruta, veio a tornar-se, gradativamente, o que pode ser chamado de "antropocentrismo tóxico", que é um tipo de normose, isto é, uma "normalidade" que já não corresponde à realidade do espaço e tempo em que é mantida, criando patologias subjetivas e sociais, e a qual participou, exatamente por esse caráter patogênico, da deflagração da pandemia de coronavírus que vimos atravessando:

> Há lógicas mecânicas de causa e consequência na deflagração da pandemia. Muitas delas têm relação direta exatamente com a normose do que nomeio como Antropocentrismo Tóxico, em que o ser humano, crendo-se "a medida de todas as coisas", como diz Protágoras, dilapida as florestas e as águas e todo o bioma, evidenciando que a nossa relação com o planeta permanece sobre as práticas, pensamentos e atitudes de extração, exploração, depredação e tortura em relação ao planeta Terra. Temos transformado nossas florestas em pastos, currais, monoculturas. (...) Weil, Crema e Leloup acusam essa normose, nomeando-a como Fantasia Da Separatividade, uma Arquinormose, espectro e complexo de muitas normoses, segundo a qual os seres humanos se creem *separados* da (e superiores à) grande teia da vida que enlaça tudo e todos no planeta Terra.
>
> (....)
>
> E o preço é a extinção de espécies animais e vegetais indispensáveis ao equilíbrio da vida na Terra, inclusive a humana, que muitas vezes se vê como Acima da vida na Terra, no que exatamente eu chamo de antropocentrismo tóxico. E também a ocorrência de epidemias globais, inclusive a do coronavírus, que tem, em grande parte, raiz nas normoses de dietas alimentares e outras práticas que sabidamente atentam contra a harmonia desejável entre as espécies que habitam o mesmo Lar, o mesmo planeta Terra. (Caetano, 2020, p. 40-41)

É fato que a civilização contemporânea conserva algumas particularidades que dialogam com a civilização que Freud descreveu em "O mal-estar na civilização", em 1930. É preciso um parêntese: na verdade, o título original, em alemão, não fala em "civilização", mas em "Kultur", ou seja, "cultura". É sempre importante distinguir cuidadosamente civilização de cultura, seguindo os passos de Marcuse, Guattari, Deleuze e Foucault, pois, embora sejam ideias que trazem consigo a noção de coletividade, apresentam distinções importantíssimas, como a autonomia (cultural) versus a heteronomia (civilizatória), para só citar uma delas.

A civilização e a cultura inevitavelmente cobrarão um preço para se estabelecerem. Esse é o centro da ideia em Freud e em seu diálogo futuro com Bauman. Afinal, a barbárie sempre nos ronda e ameaça, como têm nos demonstrado as tentativas de recidiva de éticas que, anacronicamente, tentam impor nos dias de hoje seus tentáculos de sombra onde certa luz, já há muito tempo, se mostrou. São regimes que parecem tentar manter a normose da devastação ambiental e da "tortura da Natureza", como diria Francis Bacon. Com isso, estão em vias de criar a maior das barbáries que a humanidade já vivenciou: a possibilidade de exaustão completa dos recursos naturais e a consequente impossibilidade total de vida humana sobre o planeta Terra.

O Estado guarda responsabilidade de custódia sobre o meio ambiente, e toda a sua conformação moderna – jurídica, econômica, política, pedagógica, subjetiva, simbólica, cultural, ética, moral – precisa atravessar essa questão incontornável:

> No futuro a questão não será apenas a da defesa da natureza, mas a de uma ofensiva para reparar o pulmão amazônico, para fazer reflorescer o Saara. A criação de novas espécies vivas, vegetais e animais, está inelutavelmente em nosso horizonte e torna urgente não apenas a adoção de uma ética ecosófica adaptada a essa situação, ao mesmo tempo terrificante e fascinante, mas também de uma política focalizada no destino da humanidade.
> (Guattari, 1990, p. 52-53)

A base do pensamento de Freud, no seu icônico trabalho de 1930, já citado por nós, "O mal-estar na civilização", é o fato de que precisaríamos abrir mão de grande parte do princípio do prazer para construirmos civilização ou cultura. Essa pulsão da libido precisaria ser, portanto, recalcada, censurada e reprimida, mas não denegada, nem rejeitada, prevê o mestre de Viena. Com isso, cria-se uma civilização da ansiedade e da angústia, que são os sintomas básicos do recalcamento, estabelecidos na etiologia da patologia das muitas formas de neurose. A culpa, nesse cenário, é a arma mais eficiente de Superegos ultracastradores, como mostra Freud.

Bauman, seguindo os passos de muitos de seus predecessores pós-freudianos, inclusive Lacan, mostra que a sociedade contemporânea não é mais calcada em abrir-se mão daquele tipo de prazer estabelecido por Freud, mas justamente em seu gozo (na acepção lacaniana de "jouissance") sem mais aqueles limites necessários. A consequência para Bauman, como conhecemos, é a criação do que ele chama de "modernidade líquida". As relações coalescem nesse novo território. E, nesse estiolamento das relações, há também o recrudescimento da oposição do ser humano à própria natureza. Como se percebe, ao longo dos milênios e das civilizações, a questão vem tomando formatos novos, sem nunca deixar de existir.

Basicamente, na sociedade descrita por Freud (que ainda é prioritariamente a sociedade de produção), abraça-se a segurança em detrimento da liberdade. Na sociedade contemporânea (que é a sociedade do consumo), ao contrário, o que se abraça é a liberdade em detrimento da segurança. Até porque a segurança tem-se mostrado cada vez mais fugidia e fluida. A "liquidez" de que nos fala Bauman é inevitável no mundo contemporâneo, e estamos precisando criar nossas raízes e asas sobre terrenos cada vez menos sólidos.

As perspectivas que permitem minimamente compreender (verstehen) o mundo de hoje, mesmo que nem sempre seja possível explicá-lo (erklären), são a transdisciplinaridade e o multiculturalismo, cujas bases são o seguinte tripé epistemológico: complexidade, níveis variados de percepção e terceiro incluído.

Portanto, trata-se, isso sim, de uma visão crítica dos prós e contras, por assim dizer, da passagem das sociedades de produção para as sociedades de consumo, articuladas, agora, à questão irretorquível da situação do meio ambiente e da natureza do planeta. Com efeito, não há como voltar atrás quando paradigmas definitivamente se rompem (normoses que se revelam como tais), mas há que estabelecer visão crítica a fim de que não se implantem paradigmas alicerçados na barbárie e na destruição irrestrita dos seres humanos e do meio ambiente.

Em certo aspecto, estamos mais próximos de um ideal de civilização, que é o momento em que esta se aproxima da acepção de cultura, com sua autonomia, liberdade e espontaneidade. "Eros e civilização", na famosa dicotomia de Marcuse (que ora ascende à condição de binômio), não precisam mais ser antagonistas num palco hamletiano, mas podem começar a olhar-se face a face sem medo nem culpa, num *mise-em-scène* mais próximo do ideal hugoliano.

Do mesmo modo, natureza e ser humano já não precisam digladiar. A espécie humana parece ter-se dado conta da sua codependência física e até simbólica em relação à natureza, e sua manutenção, portanto, tornou-se elemento central nas discussões sociológicas, antropológicas, psíquicas, ideológicas, éticas.

O avanço dos direitos humanos vem a reboque dessa paulatina conscientização ecoética e ecosófica. Não é à toa que as vozes de grupos que precisavam ser banidos da civilização para que esta outrora parecesse administrável (as mulheres, os negros, os imigrantes, as mães solteiras, as famílias refeitas após divórcios, os dissidentes de religiões hegemônicas etc.) tenham ganhado tanta reverberação. Afinal, agora não se precisa abrir mão da pulsão de Eros e Tânatos, amor e morte, gozo lacaniano, mais uma vez, para se estabelecer uma civilização cultural, ou uma cultura civilizatória.

E, no entanto, Einstein disse, num lamento, sua famosa frase: "Triste época! Em que é mais fácil desintegrar um átomo do que um preconceito". Tomando-se como parâmetro atual a natureza e a necessidade humana de estar em convivência harmônica com esta, as relativizações excessivas de parâmetros culturais que grifam preconceitos parecem estar em notória curva de declínio.

Apenas fica um último ponto de ressalva nesse diálogo, ou nesse dialogismo (cf. Bakhtin), ou nessa dialética (cf. Hegel e Marx): é claro que, por outro viés, nossa sociedade contemporânea nos impinge que abramos mão, sim, de um outro tipo de princípio de prazer, que ganhou um imenso alto-falante com o episódio da pandemia de coronavírus.

Agora, desde há muito, a boa saúde se tornou o alvo mirado pelas pessoas. E aqui se assenta mais uma vez, de forma isotópica, o retorno à questão central deste texto: o caráter inegociável da preservação e cuidados em relação à natureza, seus recursos e seus meios de sustentabilidade. Afinal, sem a harmonia necessária e realista do meio ambiente, a renovação dos recursos e a busca por modos de produção não destrutivos, não há como haver a boa saúde humana, que passou a constituir métrica para o próprio desenvolvimento humano, numa nova perspectiva de progresso que, de forma bastante nítida, se afasta do tipo de desenvolvimentismo socioeconômico por que se lutava com muita ênfase desde pelo menos os já citados anos 1500.

Para gozar a liberdade, é preciso estabelecer o parâmetro inegociável da boa saúde. Esta é uma segurança de que não se pode abrir mão. Isso pressupõe, assim como na sociedade descrita por Freud, renúncias. Metonímias dessa nova castração superegoica, por assim dizer, porque estabelece uma nova forma de Superego, são os produtos à disposição da sociedade eminentemente de consumo (não mais de produção) de hoje: café sem cafeína, álcool sem álcool, açúcar sem açúcar, relacionamento sem relacionamento, proximidade sem proximidade, conversa sem conversa (observemos os celulares que se interpõem aos encontros de hoje), verdade sem verdade (haja vista as *fake news*, que são um produto exótico dessa realidade)... Em uma palavra: a era dos paraísos artificiais, como diria Baudelaire.

Nesse caminho, nas idas e vindas indispensáveis à reflexão, vemos que o ser humano parece querer perpetuar seu controle e sua "tortura" sobre a natureza, mas agora em outros parâmetros. A artificialidade que a tecnociência nos tem projetado desde seu nadir, com Newton, Copérnico, Galileu e outros, exala certa onipotência hipotética segundo a qual a ciência seria capaz de administrar tudo o que diz respeito à vida humana, inclusive uma eventual destruição da natureza, que, assim, seria como que compensada pelos avanços nítidos do universo científico, o que configura um ledo engano, como temos visto in loco e de forma cada vez mais acirrada desde o início do breve século XX, como diria Hobsbawn.

Tudo o que fere a liberdade, neste entrelugar (e a liberdade tem como parâmetro central a boa saúde), é agora relativizado e posto em um novo tipo de segurança, que não é mais territorial, mas física, corporal, biológica, e, pois, consciente da imprescindibilidade da natureza saudável. As consequências dessa mudança de paradigma, como esboçamos há pouco, são, por um lado, a obviedade da importância da natureza e de seus meios sustentáveis e, por outro, um falso sentido de onipotência em que a tecnocracia parece crer-se capaz de suprir, com produtos e produções artificiais, as devastações humanas inconsequentes.

Precisamos, aqui, estabelecer um novo contraponto. O filósofo sul-coreano Byung-Chul Han, em seu livro "Sociedade do cansaço", descreveu atiladamente o que ele chamou de "sociedade do desempenho" em contraste com a "sociedade disciplinar". Num diálogo sutil com as obras de Freud e Bauman há pouco aludidas, Han nos fala do preço da imersão numa espécie de positividade tóxica que clama a todos nós que produzamos e desempenhemos tarefas sem parar, numa ilusão de que, amparados por uma tecnociência muito desenvolvida, não haveria mais limites para a performance humana. Isso afeta diretamente a saúde física, psíquica e mental de parte considerável da população global. Afundados na exaustão, crianças, jovens e idosos se deparam com uma moto-perpétuo incessante de trabalhos, obrigações, exigências - desempenho, em resumo - em detrimento da boa saúde física que, como mostramos, é a condição fundamental para o estabelecimento da nova sociedade.

Na questão ambiental, a pergunta que emerge da contraposição da obra de Han, atualíssima, com tudo o que vimos discutindo poderia ser assim formulada, de certa forma convergindo com muito do quanto temos levantado: como havemos de nos relacionar com a Natureza neste Leitmotiv em que somos instados a um desempenho sobre-humano, que evidentemente exige do próprio meio ambiente uma realidade que lhe causa, também, exaustão de recursos e fontes?

Esta é a face da nova sociedade, com suas múltiplas características, adjacentes à complexidade que descreve os tempos contemporâneos. Parece que cabe a nós a tentativa contínua de colheita das características boas que esse espaço de vozes plurais pode proporcionar, ainda que, para isso, seja preciso abrir mão de algum tipo de prazer. Sempre haverá uma consequência, como ensinou Freud na base da sua atilada percepção do ser humano pós-Descartes, em que não é exclusivamente o pensamento que estabelece nossa existência, mas, sim, nossa condição clivada, perpassada por camadas internas (psíquicas) e externas (sociais, culturais, civilizatórias) que nem sempre (ou muito raramente) são harmônicas entre si. Parece evidente, também, que a nova variável da natureza entrou de forma pungente e irrevogável nos níveis de consciência das civilizações e culturas atuais, complexas e multiculturais em suas bases.

> É preciso, mais uma vez, invocar a História! No mínimo pelo fato de que corremos o risco de não mais haver história humana se a humanidade não reassumir a si mesma radicalmente. Por todos os meios possíveis, trata-se de conjurar o crescimento entrópico da subjetividade dominante. Em vez de ficar perpetuamente ao sabor da eficácia falaciosa de challenges econômicos, trata-se de se reapropriar de Universos de valor no seio dos quais processos de singularização poderão reencontrar consistência. Novas práticas sociais, novas práticas estéticas, novas práticas de si na relação com o outro, com o estrangeiro, como o estranho: todo um programa que parecerá bem distante das urgências do momento! E, no entanto, é exatamente na articulação: da subjetividade em estado nascente, do socius em estado mutante, do meio ambiente no ponto em que pode ser reinventado, que estará em jogo a saída das crises maiores de nossa época. (Guattari, 1990, p. 54-55)

2. PALAVRAS FINAIS

É preciso adaptar-se. A nossa adaptação como espécie, afinal, sempre foi a marca mais forte da nossa sobrevivência, como até Darwin esclareceu.

Nossa sociedade, assim, está neste momento ao mesmo tempo em construção e em desconstrução. Esse duplo rosto simultaneamente construtivo e disruptivo, nos níveis da ecologia profunda de Arne Naess e Pierre Weil, ou das ecologias ambiental, social e simbólico-subjetiva de Felix Guattari, parece ser o grande desafio que estamos atravessando.

O meio ambiente não permite mais que o coloquemos em segundo plano em nossas concepções políticas, jurídicas, econômicas, éticas, morais, culturais. Seu necessário protagonismo expõe a medida humana de suas liberdades e avanços, estabelecendo novos padrões de segurança, progresso e desenvolvimento, observados sob uma ótica em que a repressão à natureza, como normose evidente a ser combatida, precisa ser nitidamente evitada nos ordenamentos jurídicos de todo o globo terrestre.

REFERÊNCIAS

CAETANO, Marcelo Moraes. *Em busca do novo normal.* Reflexões sobre a normose em um mundo diferente. Rio de Janeiro: Jaguatirica, 2020.

CHINI, Alexandre; CAETANO, Marcelo Moraes. *Argumentação jurídica.* Indo além das palavras. Brasília: OAB Editora, 2020.

GUATTARI, Félix. *As três ecologias.* Trad. Maria Cristina F. Bittencourt. Campinas, SP: Papirus, 1990.

MACHADO DE ASSIS, Joaquim Maria. *Quincas Borba.* Rio de Janeiro: Nova Aguilar, 1994.

MARTINS, Humberto. "Anotações sobre o marco regulatório do saneamento básico". In: *Marco regulatório do saneamento básico*: Lei 14.026/2020. Coordenadores: Leandro Frota, Vânia Aieta. Brasília: OAB Editora, 2021.

SAROLDI, Nina. *O mal-estar na civilização*: as obrigações do desejo na contemporaneidade. Rio de Janeiro: Civilização Brasileira, 2017.

QUAL É (E QUAL DEVE SER) O PAPEL DO DIREITO EM UMA DEMOCRACIA

Inês da Trindade Chaves de Melo

Doutora em Direito pela Universidade Estácio de Sá. Desembargadora do Tribunal de Justiça do Estado do Rio de Janeiro.

INTRODUÇÃO

A idealização do Direito como instituto que fornece o sentido de justeza e como efetivação dos direitos fundamentais é o propósito de qualquer sociedade dita democrática, no qual, confrontado com a ineficiência desses direitos, busca o Judiciário para a solução mais incisiva, perante a inércia dos outros Poderes.

A relação intrínseca entre o Direito e a sociedade sempre foi inafastável, mesmo em períodos não democráticos. No Brasil, desde o período pré-democrático até a democracia propriamente dita, com o Estado Democrático de Direito, já se observava a influência das leis positivamente, porém, em alguns casos, negativamente, uma vez que os governantes se utilizavam do próprio Direito para sua perpetuação no governo, por exemplo.

Já na fase democrática, a preocupação paira na manutenção dos ditames legais em um momento em que a hermenêutica utilizada pelo Judiciário é no sentido de ir além dos ditames legais da norma. Nesse sentido, o objetivo do presente artigo é diferenciar a atuação positiva do Poder Judiciário, através do Direito, mas também criticar a atuação ativista dos magistrados, que por diversas vezes acabam por violar a própria Constituição.

Justifica-se a discussão do problema, pois o momento é de refletir sobre a atuação dos magistrados, diante da deficiência dos demais Poderes, na concretização dos direitos fundamentais pela implantação de políticas públicas, sem que haja violação ao Princípio da Separação dos Poderes nem abusos.

1. ORIGEM DO DIREITO E DA DEMOCRACIA

Não se pode abordar o papel do Direito na democracia sem buscar e compreender a origem histórica e etimológica dos termos para, em seguida, demonstrar a influência do Direito na conjuntura de uma democracia.

A palavra democracia é constituída por dois termos gregos que, unidos, formam o significado da relação entre governados e governantes: *demos*, ou seja, povo ou muitos;

e *kracia* que quer dizer governo ou autoridade.[1] O conceito da palavra ficou conhecido como o autogoverno dos cidadãos atenienses durante o período de Péricles no século V a.C.

Na Grécia Antiga, Platão e Aristóteles argumentaram sobre as mais importantes conjunturas políticas da época e escreveram obras que revelam de forma cristalina seus pensamentos sobre a política grega e ateniense. Por meio da análise das sociedades e das relações políticas e sociais, procuraram separá-las, denominando de formas justas e degeneradas do Estado, como se vê a seguir.

> Partindo do princípio de que o fim do Estado é facilitar o alcance do bem comum, tanto Platão quanto Aristóteles dividem as constituições possíveis (ou seja, as possíveis formas de governo) em duas categorias: justas e injustas. Afirmam que ocorrem três formas de constituições justas e outras tantas injustas. Constituições justas são aquelas que servem ao bem comum e não só aos interesses dos governantes. Estas são a *monarquia*, isto é, o comando de um só que cuida do bem de todos; a *aristocracia*, isto é, o comando dos virtuosos, dos melhores, que cuidam do bem de todos sem se atribuir nenhum privilégio; a *república* ou *politia*, isto é, o governo popular que cuida do bem de toda a cidade. Ao contrário, constituições injustas são aquelas que servem aos interesses dos governantes e não ao bem comum. São elas: *a tirania*, ou seja, o comando de um só chefe que persegue o próprio interesse; a *oligarquia*, ou seja, o comando dos ricos que procuram o bem econômico pessoal; a toda a diferença social em nome da igualdade.[2]

Platão e Aristóteles acreditavam que o Estado, para atingir a finalidade essencial de garantia da paz, justiça e o bem-estar para todos, é necessário um governo sábio e justo. Para eles, um bom governo depende da virtude de bons governantes e a população dirigida por homens que se destacam pelo saber.

Na contemporaneidade, a ideia de democracia é tema certo nas obras de Norberto Bobbio. Segundo ele:

> Na teoria contemporânea da Democracia confluem três grandes tradições do pensamento político: a) a teoria clássica, divulgada como teoria aristotélica, das três formas de Governo, segundo a qual a Democracia, como governo do povo, de todos os cidadãos, ou seja, de todos aqueles que gozam dos direitos de cidadania, se distingue da monarquia, como Governo de um só, e da aristocracia como Governo de poucos; b) a teoria medieval, de origem romana, apoiada na soberania popular, na base da qual há contraposição de uma concepção ascendente a uma concepção descendente da soberania conforme o poder supremo deriva do povo e se torna representativo ou deriva do príncipe e se transmite por delegação do superior para o inferior; c) a teoria moderna, conhecida como teoria de Maquiavel, nascida com o Estado moderno na forma das grandes monarquias, segundo a qual as formas históricas de Governo são essencialmente duas: a monarquia e a república, e antiga Democracia nada mais é que uma forma de república (a outra é a aristocracia), onde se origina o intercâmbio característico do período pré-revolucionário entre ideais democráticos e ideais republicanos e o Governo genuinamente popular é chamado, em vez de Democracia, de república.[3]

1. LIDDELL, Henry George; SCOTT, Robert. *A Greek English Lexicon* no Perseus Project.
2. MONDIN, Battista. *Introdução à filosofia*: problemas, sistemas, autores, obras. Trad. J. Renard. São Paulo: Paulus, 1980. p. 121.
3. BOBBIO, Norberto; MATTEUCCI, Nicola; PASQUINO, Gianfranco. *Dicionário de Política*. Trad. Carmen C. Varriale et al.; Coord. Trad. João Ferreira. Brasília: Editora Universidade de Brasília, 1998. v. 1, p. 319.

De todos os significados que a visão contemporânea da democracia pode ter, a mais marcante, sem dúvida, traduz que todos aqueles que podem ser eleitores devem ter voto igualitário, sendo uma forma de governo exercida por muitos.

A verdade é que o conceito de democracia nem sempre foi reproduzido na prática tal qual sua essência. Isso porque, por mais que sua denominação revele um governo para muitos, sabe-se que o sentido da palavra por vezes não foi empregado corretamente, uma vez que, em certas circunstâncias, algumas pessoas eram excluídas do processo democrático, como mulheres, negros e escravos.

Aliás, em quase todos os governos considerados democráticos na história antiga e moderna, a cidadania democrática era válida apenas para uma elite de pessoas, até o advento do sufrágio universal durante os séculos XIX e XX, contrastando com outras formas de governo, como por exemplo a monarquia absolutista.[4]

Pelo sentido etimológico da palavra, a democracia está calcada em um conjunto mínimo de regras, leis e instituições que fornecem efetividade ao próprio conceito de democracia, ou seja, um governo para todos.

Já a palavra "Direito" é empregada, na maioria das vezes, para expressar o termo latino *jurisprudentia* que, entre os romanos, veio a designar uma união de práticas intelectuais e institucionais desenvolvidas a partir da segunda metade da era republicana, revelando a forma de agir de uma autoridade do Estado no sentido de alterar o costume tradicional em situações nas quais regras antigas costumeiras geravam conflitos entre cidadãos, estando sua definição relacionada com a lei e os bons costumes.[5]

A partir daí, denota-se a importância do Direito, influenciando diretamente através das leis a democracia, considerando esta ao mesmo tempo um regime político e um modo de vida envolvendo atitudes e a forma de convivência de uma sociedade.

Assim, levando em conta a essência das palavras democracia e Direito, a relação entre elas e a evolução da sociedade, acredita-se que o auge da democracia, com seu sentido aplicado corretamente, esteja representado pelo Estado Democrático de Direito.

2. MOMENTOS HISTÓRICOS ANTERIORES AO ESTADO DEMOCRÁTICO DE DIREITO NO BRASIL

Complementando o conceito etimológico e histórico de democracia, qual seja o governo da maioria, Rodrigo Mudrovitsch afirma que o ponto central da democracia reside na incerteza do resultado eleitoral. São, portanto, democráticos os sistemas políticos que incentivem a competição entre grupos e partidos políticos com o objetivo de exercício do poder, garantindo a alternância entre os dirigentes de um governo.[6] Tal conceito de

4. JARVIE, Grant. *Sport, culture and society*: an introduction. London: Routledge, 2006.
5. BUCCI, Maria Paula Dallari. *Políticas públicas*: reflexões sobre o conceito jurídico. São Paulo: Saraiva, 2006. p. 1-49.
6. MUDROVITSCH, Rodrigo. *Democracia e governo representativo no Brasil*. Rio de Janeiro: Lumen Juris, 2018. p. 192.

democracia mostra-se mais adequado ao real significado da palavra, principalmente inserido no Estado Democrático de Direito. Antes desse período, porém, nas décadas anteriores a 1930 vigorava a chamada fase pré-democrática, marcada pelas reformas legislativas, mas também pela ausência de eleições verdadeiramente competitivas, diante da continuidade das elites no poder, possibilitada por manipulação e fraudes nas eleições.[7]

Ainda segundo Mudrovitsch, partindo do pressuposto de que a democracia se caracteriza por um sistema político com intensos debates entre grupos políticos e com alternância de poder, conclui-se que seria mais coerente chamar a fase denominada pré-democrática pelo autor, em sua essência, de antidemocrática.

Se a fase anterior ao ano de 1930 foi marcada sobretudo por graves fraudes nas eleições, denominar esse período de pré-democrático faz parecer, equivocadamente, que era um período preparatório para democracia, já com indícios do que representaria a fase democrática, com participação da maioria da população.

De fato, o conceito de democracia apresentado por Mudrovitsch é claramente mais completo, em comparação ao conceito histórico e etimológico da palavra. Em virtude disso, a fase anterior a 1930 é mais bem qualificada como antidemocrática, uma vez que as fraudes nas eleições eram recorrentes.

A Revolução de 1930, também conhecida como o Golpe de 30, foi o movimento armado, liderado pelos estados de Minas Gerais, Paraíba e Rio Grande do Sul, que depôs o presidente da República Washington Luís, em 24 de outubro de 1930, impedindo a posse do presidente eleito Júlio Prestes, candidato do governo, e encerrando a República Velha.[8]

Júlio Prestes não tomou posse em decorrência do golpe de Estado desencadeado e foi exilado. Com isso, Getúlio Vargas, candidato da oposição, assume o poder. Segundo Mudrovitsch, o período de 1930 a 1945 não ficou caracterizado como democrático, apenas com a queda de Vargas é que se mostrou a faceta da democracia no Brasil. Na verdade, a falsa democracia impulsionada por Vargas apenas ocorreu graças a pressão dos constitucionalistas liberais, apoiadores da concretização do golpe de 1930.[9] E, nessa linha, Vargas publicou o Código Eleitoral de 1932 e convocou uma Assembleia Constituinte.[10]

Assim, vislumbra-se que esse período não se caracterizou por uma verdadeira democracia face ao golpe ocorrido 1937 por Vargas, ainda que ele tenha conferido uma conotação democrática ao período ao convocar uma Assembleia Constituinte.

Posteriormente adveio o governo militar, entre 1964 e 1985, período no qual é impossível sustentar a existência de um regime democrático, ainda que houvesse, por parte do regime político à época, uma preocupação com sua legitimidade. Tal preocupação significaria uma procura no Direito para fundamentar o regime adotado e, por

---

7. MUDROVITSCH, Rodrigo, *loc. cit.*
8. DE DECCA, Edgar Salvadori. *O silêncio dos vencidos*. São Paulo: Brasiliense, 2017. p. 52-55.
9. MUDROVITSCH, Rodrigo. *Democracia e governo representativo no Brasil.* Rio de Janeiro: Lumen Juris, 2018. p. 194.
10. *Ibid.*, p. 195.

isso, a manutenção de uma estrutura partidária, de um calendário eleitoral e do Poder Legislativo.

Como visto, a etimologia da palavra Direito remete a algo positivo, correto, justo. No entanto, no Brasil, conforme demonstram os cenários políticos acima abordados, observa-se que a denominação e o real sentido do Direito nem sempre foram empregados corretamente, ou seja, visando à proteção da democracia. Pelo contrário, em dados momentos o Direito foi utilizado como manobra de legitimação para governos autoritários, que eliminavam a competição entre os grupos ou partidos políticos, através do próprio ordenamento jurídico, sem uma alternância real de poder na condução de um governo.

Todavia, a Constituição de 1988 expressa uma reação jurídica e política a um Estado patrimonialista, presente nos períodos anteriores mencionados, caracterizados pelo privilégio de poucos.[11] Em razão disso, o constituinte originário vislumbrou a necessidade de abordar no texto constitucional um controle difuso externo à estrutura do Estado e contrário à chance de desvirtuamento da função estatal, com o objetivo de manter e garantir o Estado Democrático de Direito, no momento em que luta contra o patronato político brasileiro.

Dessa forma, a Constituição Cidadã, diferentemente das anteriores, rompe com a ideia de um governo para poucos, prezando por uma efetividade e por um Estado Democrático, apenas sendo viáveis se acionados pelo povo, uma vez que somente a cidadania ativa pode inibir o poder e efetivar os direitos previstos na Carta Magna. Nesse sentido, afirma Carmen Lúcia Antunes Rocha:

> Não é apenas o Poder para o Poder, segundo fórmula de Montesquieu. O poder não para o Poder porque o Direito não traz em sua essência a força que se dá a fazer valer por si mesmo. O que toma o direito uma garantia eficaz é a presença ativa, permanente e incontrolável da força dos cidadãos reunidos, organizados e direcionados em suas tendências e em suas aspirações a determinar o que seja realizado pelo Estado. O que para o Poder é a cidadania ativa, é a atuação conjunta da parcela do povo que atua de forma determinante para que o processo político não se restrinja ao quanto se passa ausente dos olhares dos cidadãos.[12]

Nessa visão, para a garantia eficaz do Direito faz-se necessária a presença ativa da população e, consequentemente, a democracia estará sendo devidamente observada, já intimamente ligada ao Direito. Assim, em um Estado Democrático de Direito, como prega a Constituição de 1988, o poder estatal emana do povo, que o exerce por meio de representantes eleitos ou diretamente.[13] A Constituição Cidadã, dessa forma, é calcada em duas formas de exercício de poder, sendo a primeira a forma representativa e a segunda, a forma direta. Ambas embasam o sistema constitucional brasileiro, conforme determinado no artigo 14 da Constituição Federal. Sobre isso, comenta, com propriedade, Paulo Bonavides:

11. MAMEDE, Gladston. *A advocacia e a Ordem dos Advogados do Brasil*. 3. ed. São Paulo: Atlas, 2008. p. 35.
12. ROCHA, Carmen Lúcia Antunes. Democracia, constituição e administração pública. *Boletim de Direito Administrativo*, n. 9, 1999. p. 731.
13. Ver art. 1º, parágrafo único, da Constituição Federal.

> Mas acontece que na ordem da positividade constitucional, não há cláusula de higidez absoluta que determine ou decrete embargos a uma inversão democrática daquela inferioridade a que ficou sujeita a expressão direta da vontade popular perante os mecanismos representativos. A Constituição não faz, em termos absolutos, o órgão intermediário da soberania, que é a representação parlamentar, prevalecer ao órgão primário do poder, que é o povo.[14]

3. A HERMENÊUTICA E O ATIVISMO JUDICIAL: REFLEXO NA DEMOCRACIA

O Poder Judiciário democrático é capaz de fornecer soluções necessárias para a democracia agasalhada na Constituição Federal de 88, sendo a demonstração mais clara da influência do Direito na democracia e motivo de confiança da população para manutenção da ordem constitucional.

Confirmando essa tese, o grau de confiança da população no Poder Judiciário cresceu 16 pontos percentuais desde 2017, segundo o relatório Índice de Confiança da Justiça Brasileira (ICJBrasil), apresentado pela Escola de Direito da Fundação Getulio Vargas (FGV), em São Paulo. Em 2021, a confiança no Judiciário chegou a 40%, um dos maiores indicadores da história do estudo.[15]

Esse quadro revela que a população confia no Judiciário como forma de conservação da democracia do país, ainda que existam críticos quanto "ativismo judicial" exercida pela Suprema Corte.

De origem incerta, alguns autores apontam que o ativismo judicial remonta à jurisprudência da Suprema Corte norte-americana, quando esta criou o controle judicial de constitucionalidade das leis federais.[16]

Na verdade, Paulo Gustavo Gonet Branco aduz que o ativismo judicial (*judicial activism*) tem origem em um artigo de cinco páginas, intitulado "The Supreme Court: 1947". O autor, Arthur Schlesinger Jr., teria descrito divisões ideológicas entre os membros da Suprema Corte.[17]

De fato, tal expressão começou a ser empregada por acadêmicos, que utilizam o termo negativamente na maioria das vezes, com a descaracterização do Poder Judiciário, ultrapassando os limites da Constituição e fazendo uma "política judiciária".

14. BONAVIDES, Paulo. As bases da democracia participativa. *Achegas.net*. Revista de Ciência Política, n. 27, jan.-fev. 2006. Disponível em: [www.achegas.net/numero/vinteesete/p_bonavides_27.htm]. Acesso em: 15 abr. 2019.
15. AMAERJ-ASSOCIAÇÃO DOS MAGISTRADOS DO ESTADO DO RIO DE JANEIRO. Confiança da população no Judiciário aumenta, indica pesquisa da FGV. *Notícias*. 07 out. 2021. Disponível em: [https://amaerj.org.br/noticias/confianca-da-populacao-no-judiciario-aumenta-mostra-pesquisa-da-fgv/]. Acesso em: 20 dez. 2021.
16. PAGANELLI, Celso Jefferson Messias; SIMÕES, Alexandre Gazetta; IGNÁCIO JÚNIOR, José Antônio Gomes. *Ativismo judicial:* paradigmas atuais. São Paulo: Letras Jurídicas, 2011. p. 132.
17. BRANCO, Paulo Gustavo Gonet. Em busca de um conceito fugido: o ativismo judicial. In: FELLET, André Luis Fernandes; PAULA, Daniel Giotti de, NOVELINO, Marcelo. *As novas faces do ativismo judicial*. Salvador: JusPodivm, 2011. p. 393-401.

Para Ronald Dworkin, o ativismo é uma "forma virulenta de pragmatismo jurídico", em que o magistrado (ativista) se afasta do texto da Constituição, colocando seus pontos de vista sobre o que a justiça exige.[18]

Sabe-se que a interpretação da lei e da Constituição é o juízo de valor da fonte, obviamente amparada pelo próprio texto, tendo o juiz a responsabilidade de escolher significados válidos. Evidentemente não fica o juiz sujeito à lei de forma acrítica, mas subordinado à Constituição, que impõe aos tribunais uma crítica das leis inválidas, através de sua interpretação em sentido constitucional.

Assim, o Judiciário sempre é instado a se manifestar sobre diversas questões cotidianas e, atualmente, pelo próprio poder Legislativo, devendo a Suprema Corte se manifestar sobre o caso, não havendo que se falar em ativismo judicial.

Nesse diapasão, faz-se necessária a diferenciação entre o ativismo judicial e a judicialização da política. Conforme assevera Lenio Streck:

> [...] a judicialização é um fenômeno que exsurge a partir da relação entre os poderes do Estado (pensemos, aqui, no deslocamento do polo de tensão dos Poderes Executivo e Legislativo em direção da justiça constitucional). [...] a judicialização é contingencial. Ela não é um mal em si. O problema é o ativismo [...].[19]

Assim, a judicialização significa que certas questões, inclusive com repercussão política e social, passam a ser decididas pelo Poder Judiciário e não pelos poderes tradicionais (Executivo e Legislativo). Nesse sentido, o Judiciário assume uma função de suma importância ao colocar em prática políticas públicas que se encontravam no papel e sem qualquer efetividade para a população. Em tais casos afirma-se a fundamental função exercida pelo Direito na democracia: se um poder se cala, o outro fornece o equilíbrio necessário para que a Constituição seja colocada verdadeiramente em prática.

Um exemplo clássico foi a fundamental atuação do Supremo Tribunal Federal na definição da possibilidade de pesquisas com células-tronco embrionárias (ADI 3510).[20] Sabe-se que a utilização de células-tronco embrionárias é de extrema importância para o tratamento de algumas doenças e, dessa forma, diante do silêncio constitucional, com o advento da Lei da Biossegurança, que possibilitou a pesquisa com células-tronco, coube ao Supremo ponderar se haveria violação ao direito à vida e à dignidade da pessoa humana.

Já o ativismo judicial, como visto, é a utilização da hermenêutica pelo magistrado fora dos ditames da Constituição, ou seja, mostrando-se claramente um problema no que tange à interpretação. Cumpre ressaltar que o ativismo judicial não é a consciência crítica inerente a qualquer magistrado na análise da interpretação da lei e a compatibi-

18. DWORKIN, Ronald. *O império do direito*. Trad. Jefferson Luiz Camargo. Revisão técnica Gildo Sá Leitão Rios. 2. ed. São Paulo: Martins Fontes, 2011. p. 134-138.
19. STRECK, Lenio Luiz. *Verdade e consenso*. 6. ed. São Paulo: Saraiva, 2017. p. 589.
20. BRASIL. Supremo Tribunal Federal. *Acompanhamento Processual*, ADI 3510. Disponível em: [http://portal.stf.jus.br/processos/detalhe.asp?incidente=2299631]. Acesso em: 21 abr. 2019.

lidade desta com a Constituição, mas um extrapolamento decorrente da sua atividade hermenêutica.

Com isso, há uma diferença entre o silêncio do Poder Legislativo, referente a certas matérias, surgindo dessa forma a necessidade de o Poder Judiciário efetivar direitos através de sua interpretação das leis e da Constituição, não sendo adequado intitular essa atribuição como "ativismo judicial".

Na verdade, essa percepção de ativismo judicial é desconexa com a realidade existente no país. Recentemente, a sociedade presenciou atos antidemocráticos contra as instituições brasileiras, sendo alvo direto a nossa democracia.

Nesse sentir, o Supremo Tribunal Federal teve grande importância e relevância para a defesa de todas as instituições, diferenciando manifestações políticas pacíficas do que configura a tentativa de abolir o Estado Democrático de Direito.

Outro grande exemplo de protagonismo do Judiciário, que não se confunde com ativismo do judiciário, é o voto do ministro do Supremo Tribunal Federal (STF), André Mendonça contra a descriminalização do porte da maconha que, atento aos malefícios da droga, afirmou não se tratar de vida privada, mas de danos à saúde pública.

Dessa forma, esses são alguns exemplos da importância da atuação do Judiciário quanto a manutenção da democracia e a concretização dos direitos fundamentais, não sendo crível conceituar a postura adotada pela Suprema Corte como ativismo judicial.

CONCLUSÃO

O Direito sempre influenciou períodos considerados pré-democráticos e a própria democracia, tanto pelo lado positivo como negativo.

No atual Estado Democrático de Direito, inaugurado com a Constituição Cidadã, constatou-se o papel fundamental do Direito, através do fortalecimento da ideia da participação popular de forma amplificada nas eleições e no acesso a direitos, o que denota o auge da democracia no Brasil.

Observa-se nos últimos anos um fenômeno de proatividade do Judiciário, sob o fundamento de fornecer efetividade aos direitos constantes na Constituição Federal, sendo necessário para a efetivação dos direitos fundamentais.

Em que pese a crítica ao protagonismo judicial, sabe-se que em diversos momentos o Legislativo e o Executivo não estão preparados ou são ineficientes, respectivamente, na elaboração de leis e na efetivação de direitos fundamentais à sociedade, o que torna o Judiciário e, principalmente, o Supremo Tribunal Federal, legitimados para efetivarem direitos expressos na Constituição.

REFERÊNCIAS

BOBBIO, Norberto; MATTEUCCI, Nicola; PASQUINO, Gianfranco. *Dicionário de Política*. Trad. Carmen C. Varriale et al.; Coord. Trad. João Ferreira. Brasília: Editora Universidade de Brasília, 1998. v. 1, p. 319.

BONAVIDES, Paulo. As bases da democracia participativa. *Achegas.net*. Revista de Ciência Política, n. 27, jan.-fev. 2006. Disponível em: [www.achegas.net/numero/vinteesete/p_bonavides_27.htm]. Acesso em: 15 abr. 2019.

BRANCO, Paulo Gustavo Gonet. Em busca de um conceito fugido: o ativismo judicial. *In*: FELLET, André Luis Fernandes; PAULA, Daniel Giotti de, NOVELINO, Marcelo. *As novas faces do ativismo judicial*. Salvador: JusPodivm, 2011.

BRASIL. Constituição (1988). *Constituição da República Federativa do Brasil*. Promulgada em 5 de outubro de 1988. Disponível em: [https://presrepublica.jusbrasil.com.br/legislacao/91972/constituicao-da-republica-federativa-do-brasil-1988]. Acesso em: 15 abr. 2019.

BRASIL. Supremo Tribunal Federal. *Acompanhamento Processual*, ADI 3510. Disponível em: [http://portal.stf.jus.br/processos/detalhe.asp?incidente=2299631]. Acesso em: 21 abr. 2019.

BRASIL. Supremo Tribunal Federal. *Acompanhamento Processual*, HC 126292. Disponível em: [http://portal.stf.jus.br/processos/detalhe.asp?incidente=4697570]. Acesso em: 15 abr. 2019.

BUCCI, Maria Paula Dallari. *Políticas públicas:* reflexões sobre o conceito jurídico. São Paulo: Saraiva, 2006.

DE DECCA, Edgar Salvadori. *O silêncio dos vencidos*. São Paulo: Brasiliense, 2017.

DWORKIN, Ronald. *O império do direito*. Trad. Jefferson Luiz Camargo. Revisão técnica Gildo Sá Leitão Rios. 2. ed. São Paulo: Martins Fontes, 2011.

FUNDAÇÃO GETULIO VARGAS. ICJBrasil 2017: confiança da população nas instituições cai. *Notícias*. 24 out. 2017. Disponível em: [https://portal.fgv.br/noticias/icjbrasil-2017-confianca-populacao-instituicoes-cai]. Acesso em: 20 abr. 2019.

JARVIE, Grant. *Sport, culture and society:* an introduction. London: Routledge, 2006.

LIDDELL, Henry George; SCOTT, Robert. *A Greek English Lexicon*, no Perseus Project. Oxford: Editora Clarendon Press, 2019.

MAMEDE, Gladston. *A advocacia e a Ordem dos Advogados do Brasil*. 3. ed. São Paulo: Atlas, 2008.

MONDIN, Battista. *Introdução à filosofia*: problemas, sistemas, autores, obras. Trad. J. Renard. São Paulo: Paulus, 1980.

MUDROVITSCH, Rodrigo. *Democracia e governo representativo no Brasil*. Rio de Janeiro: Lumen Juris, 2018.

NOGUEIRA, Roberto Wanderley. Ativismo judicial destrói o Estado Democrático de Direito. *Revista Consultor Jurídico*, São Paulo, 6 mar. 2019. Disponível em: [www.conjur.com.br/2019-mar-06/opiniao-ativismo-judicial-destroi-estado-democratico-direito]. Acesso em: 20 abr. 2019.

PAGANELLI, Celso Jefferson Messias; SIMÕES, Alexandre Gazetta; IGNÁCIO JÚNIOR, José Antônio Gomes. *Ativismo judicial:* paradigmas atuais. São Paulo: Letras Jurídicas, 2011.

ROCHA, Carmen Lúcia Antunes. Democracia, constituição e administração pública. *Boletim de Direito Administrativo*, n. 9, 1999.

STRECK, Lenio Luiz. *Hermenêutica jurídica e (em) crise*: uma exploração hermenêutica da construção do Direito. 11. ed. Porto Alegre: Livraria do Advogado, 2014.

STRECK, Lenio Luiz. *Verdade e consenso*. 6. ed. São Paulo: Saraiva, 2017. p. 589.

STRECK, Lenio Luiz. Clamor das ruas ou da Constituição? *O Estado de São Paulo*, São Paulo, 12 maio 2017. Disponível em: [http://opinião.estadao.com.br/noticias/geral.clamor-das-ruas-ou-da-constituiçao,70001775264]. Acesso em: 20 abr. 2019.

A IRREVERSIBILIDADE DA CONDENAÇÃO MORAL ANTE NOTÍCIA FALSA

Renata Machado Cotta

Desembargadora do Tribunal de Justiça do Estado do Rio de Janeiro. Presidente da Comissão de Articulação de Programas Sociais do TJRJ.

INTRODUÇÃO

No cenário atual da era digital, somos confrontados com uma realidade perturbadora: a disseminação generalizada de notícias falsas por meio de diversas plataformas *online*. Desde as redes sociais até os *sites* de compartilhamento de notícias, a proliferação de informações enganosas e distorcidas tem se tornado uma preocupação global. Esse fenômeno não apenas compromete a integridade do jornalismo, mas também representa uma ameaça significativa para a sociedade como um todo.

A disseminação de notícias falsas é alimentada por uma série de fatores, incluindo o anonimato na *internet*, a falta de regulamentação eficaz e, talvez mais preocupante, os algoritmos das plataformas de mídia social, que tendem a privilegiar o conteúdo sensacionalista e controverso em detrimento da precisão e veracidade. Essas notícias falsas, muitas vezes, visam difamar, desacreditar ou distorcer a imagem de pessoas, organizações ou grupos inteiros.

Neste contexto, surge uma questão crucial e profundamente preocupante: o perigo da irreversibilidade da condenação moral que acompanha a disseminação dessas notícias falsas. Quando uma pessoa é alvo de uma campanha difamatória, baseada em informações falsas, as consequências podem ser devastadoras e de longo alcance. Mesmo que a verdade seja posteriormente revelada e a falsidade das acusações seja comprovada, o dano causado à reputação e à integridade moral pode ser irreparável.

Esta questão, aliás, não se limita apenas ao âmbito pessoal. Instituições, empresas e até mesmo governos podem ser vítimas dessa disseminação de desinformação, enfrentando sérias repercussões em termos de confiança pública, credibilidade e estabilidade social. Portanto, é imperativo compreender e enfrentar o perigo da irreversibilidade da condenação moral decorrente das notícias falsas, buscando soluções eficazes e abordagens éticas para mitigar esse problema crescente.

Ao longo deste artigo, exploraremos as origens e implicações das notícias falsas, bem como os desafios éticos e sociais associados à sua disseminação. Além disso, examinaremos casos emblemáticos que ilustram o impacto devastador da irreversibilidade da condenação moral e proporemos estratégias para enfrentar essa ameaça à integridade individual e coletiva. Em última análise, acreditamos que somente através de um esforço conjunto e compromisso com a verdade e a justiça podemos esperar combater eficazmente esse pernicioso fenômeno das notícias falsas.

1. DEFINIÇÃO DE NOTÍCIAS FALSAS E SUA PROPAGAÇÃO PELAS PLATAFORMAS DE MÍDIA SOCIAL

No contexto da era digital, as notícias falsas representam uma ameaça significativa à integridade da informação e à estabilidade social. Esta seção abordará a definição das notícias falsas, sua prevalência na sociedade contemporânea e as implicações sociais decorrentes deste fenômeno.

Inicialmente, necessário definir o que são as notícias falsas, também conhecidas como *fake news*. Trata-se de informações deliberadamente fabricadas ou distorcidas com o objetivo de enganar o público. Elas podem assumir várias formas, desde artigos inventados até manchetes sensacionalistas, imagens manipuladas e vídeos editados. O principal objetivo por trás da criação e disseminação de notícias falsas é muitas vezes político, ideológico ou financeiro.

Na era digital, as notícias falsas proliferam rapidamente através das redes sociais, *sites* de compartilhamento de conteúdo e aplicativos de mensagens instantâneas. A facilidade de criação e disseminação de conteúdo *online*, juntamente com a falta de regulamentação eficaz, tem contribuído para a disseminação desenfreada de notícias falsas.

As plataformas de mídia social, aliás, desempenham um papel significativo na disseminação e amplificação de notícias falsas na sociedade contemporânea, razão por que é importante examinar o papel das plataformas de mídia social na propagação de notícias falsas; os algoritmos de recomendação que impulsionam esse fenômeno e conhecer estudos de casos que ilustram como essas plataformas têm sido utilizadas para difundir narrativas falsas e prejudiciais.

As plataformas de mídia social, como *Facebook*, X (anteriormente chamado Twitter), Instagram e YouTube tornaram-se canais populares para a disseminação de notícias e informações. No entanto, sua natureza descentralizada e a falta de mecanismos eficazes de verificação de fatos têm facilitado a disseminação de notícias falsas.

Essas plataformas oferecem um ambiente propício para a viralização rápida de conteúdo, em que notícias falsas podem se espalhar rapidamente entre milhões de usuários em questão de horas. Além disso, a segmentação de públicos e a personalização de feeds de notícias aumentam a probabilidade de que indivíduos sejam expostos a conteúdo enganoso, que reforce suas próprias crenças e opiniões preexistentes.

Ademais, não se pode perder de vista a questão dos algoritmos de recomendação e a consequente amplificação de conteúdo enganoso. Isso porque os algoritmos de recomendação desempenham um papel crucial na amplificação de conteúdo nas plataformas de mídia social. Esses algoritmos são projetados para identificar e promover conteúdo que tenha maior probabilidade de engajar os usuários, aumentando assim o tempo que passam na plataforma.

No entanto, essa otimização para o engajamento pode levar à promoção de conteúdo sensacionalista, polêmico ou até mesmo falso.

Por exemplo, algoritmos que priorizam o conteúdo mais compartilhado ou comentado podem inadvertidamente promover notícias falsas que despertam reações emocionais intensas, como raiva, medo ou indignação. Além disso, a segmentação de audiências permite que notícias falsas sejam direcionadas a grupos específicos de usuários com base em seus interesses e características demográficas, aumentando ainda mais sua disseminação.

2. IMPACTO PSICOLÓGICO E EMOCIONAL NAQUELES QUE SÃO ALVOS DE NOTÍCIAS FALSAS DIFAMATÓRIAS

O impacto das notícias falsas vai além das consequências sociais e políticas, afetando também o bem-estar psicológico e emocional daqueles que são alvos dessas informações difamatórias. Ser objeto de uma campanha de desinformação pode causar danos profundos à autoestima, saúde mental e aos relacionamentos pessoais das vítimas.

A difamação pública e a perda de reputação podem levar a sentimentos de vergonha, ansiedade, depressão e isolamento social. Além disso, as consequências podem se estender para além do indivíduo diretamente afetado, alcançando sua família, seus amigos e colegas de trabalho.

Em resumo, as notícias falsas não são apenas um problema de informação distorcida, mas também representam uma ameaça à saúde mental e ao bem-estar emocional daqueles que são alvos dessas campanhas difamatórias. Essa dimensão humana do fenômeno das notícias falsas destaca a necessidade urgente de abordar esse problema de maneira abrangente e responsável.

Assim, diante da gravidade do cenário, necessário abordar exemplos históricos e atuais da questão ora em análise.

3. EXEMPLOS HISTÓRICOS E CONTEMPORÂNEOS DE NOTÍCIAS FALSAS QUE CAUSARAM DANOS SOCIAIS SIGNIFICATIVOS. ESTUDO DE CASOS QUE DESTACAM COMO AS PLATAFORMAS DE MÍDIA SOCIAL TÊM SIDO UTILIZADAS PARA DIFUNDIR NARRATIVAS FALSAS E PREJUDICIAIS

Ao longo da história, as notícias falsas têm sido utilizadas como ferramentas de manipulação e propaganda. Um exemplo clássico é o "Protocolos dos Sábios de Sião ", um documento forjado que alegava ser um plano judaico para dominar o mundo, propagado no início do século XX e que teve consequências desastrosas, alimentando o antissemitismo e influenciando políticas e eventos históricos.

Vários estudos de casos ilustram como as plataformas de mídia social têm sido exploradas para difundir narrativas falsas e prejudiciais. Um exemplo notável é o papel do Facebook na disseminação de desinformação durante as eleições presidenciais dos Estados Unidos em 2016. Milhares de anúncios políticos falsos foram veiculados na plataforma, visando influenciar o resultado da eleição e semear a divisão entre os eleitores e semear a desconfiança nas instituições democráticas.

Além disso, o YouTube tem sido criticado por sua falha em conter a disseminação de teorias da conspiração e desinformação sobre eventos significativos, como os ataques terroristas de 11 de setembro de 2001 e a pandemia de Covid-19. Vídeos enganosos que promovem teorias da conspiração muitas vezes recebem milhões de visualizações antes que medidas eficazes sejam tomadas para removê-los.

No que tange às notícias falsas relacionadas à saúde pública, as teorias da conspiração sobre vacinas ou tratamentos médicos milagrosos, têm contribuído para a disseminação de desinformação e colocam vidas em risco.

Em 2024, as notícias falsas continuam sendo uma preocupação significativa em relação à Covid-19, especialmente com o constante fluxo de informações e a disseminação acelerada através das redes sociais e outras plataformas digitais. Desde o início da crise, tem havido uma série de teorias da conspiração, informações enganosas sobre tratamentos e vacinas e distorções sobre a origem e a gravidade do vírus.

A desinformação continua a se espalhar, muitas vezes impulsionada por agendas políticas, econômicas ou simplesmente pela desinformação deliberada. Algumas das narrativas falsas que surgiram incluem alegações de que a pandemia é uma fraude, que as vacinas têm efeitos colaterais graves e frequentes ou que determinados grupos são responsáveis pela propagação intencional do vírus.

Os impactos das notícias falsas durante a pandemia, inclusive, permanecem alarmantes e repercutem até os dias atuais, pois acabam levando indivíduos a adotarem comportamentos de risco, como recusar-se a seguir as orientações de saúde pública, evitando medidas de prevenção como o uso de máscaras e a vacinação. Além disso, a desinformação pode minar a confiança nas autoridades de saúde e nos cientistas, dificultando os esforços para controlar a disseminação do vírus e aumentar as taxas de vacinação.

Aliás, os efeitos de tais notícias não causou apenas uma resistência quanto à vacinação em relação à Covid-19, mas gerou dúvidas quanto às vacinas de forma geral, o que trouxe de volta o aumento de doenças anteriormente erradicadas, o que gera grande impacto social.

Outrossim, esses estudos de casos destacam a urgência de abordar o papel das plataformas de mídia social na disseminação de notícias falsas e a necessidade de regulamentação e intervenção eficazes para combater esse fenômeno prejudicial.

Há ainda o abuso de notícias falsas para aumentar o algoritmo, prática nefasta que pode ser observada em várias plataformas de mídia social e motores de busca. Esse fenômeno ocorre quando indivíduos ou grupos deliberadamente compartilham informações falsas ou sensacionalistas com o objetivo de aumentar sua visibilidade e engajamento *online*. Aqui estão algumas maneiras pelas quais o abuso de notícias falsas pode ser usado para aumentar o algoritmo:

Engajamento artificial: compartilhar notícias falsas ou sensacionalistas pode gerar um aumento rápido no engajamento, como curtidas, comentários e compartilhamentos. Os algoritmos das plataformas de mídia social são projetados para priorizar conteúdo que recebe altos níveis de interação, o que pode resultar em uma maior visibilidade para as postagens contendo notícias falsas.

Viralização rápida: notícias falsas tendem a se espalhar rapidamente no meio virtual devido à sua natureza sensacionalista e polêmica. Quando muitos usuários interagem em uma postagem contendo desinformação, isso pode levar à sua viralização e amplificação nos feeds de notícias de outros usuários.

Criação de bolhas de eco: as plataformas de mídia social muitas vezes usam algoritmos de recomendação para mostrar aos usuários conteúdo semelhante ao que eles já interagiram no passado. Isso pode levar à formação de bolhas de eco, em que indivíduos são expostos principalmente a informações que confirmam suas próprias crenças e opiniões, incluindo notícias falsas.

Monetização: alguns indivíduos ou grupos podem compartilhar notícias falsas com o objetivo de gerar receita por meio de publicidade *online*. Quando uma postagem se torna viral devido à sua falsidade ou sensacionalismo, isso pode atrair um grande número de visualizações, o que por sua vez, aumenta os ganhos com publicidade.

Logo, é inconteste que o abuso de notícias falsas para aumentar o algoritmo é prejudicial por várias razões. Em primeiro lugar, ele mina a integridade da informação *online*, espalhando desinformação e prejudicando a confiança do público nas plataformas de mídia social. Além disso, pode ter consequências sociais e políticas significativas, influenciando a opinião pública e até mesmo afetando os resultados de eleições e outros processos democráticos.

Para combater esse problema, é essencial que as plataformas de mídia social implementem medidas robustas de moderação de conteúdo e verificação de fatos, além de educar os usuários sobre como identificar e evitar notícias falsas.

A conscientização pública sobre os perigos da desinformação também é fator fundamental para reduzir o impacto do abuso de notícias falsas nos algoritmos das plataformas de mídia social.

Nessa toada, para combater a disseminação de notícias falsas em 2024, é crucial uma abordagem multifacetada. Isso inclui esforços contínuos de educação pública sobre literacia digital e mídia, para capacitar as pessoas a discernir entre informações confiáveis e enganosas. As plataformas de mídia social também desempenham um papel fundamental, implementando políticas mais rigorosas de verificação de fatos e limitando a disseminação de conteúdo falsificado.

Além disso, a transparência e a comunicação aberta por parte das autoridades de saúde e dos governos são essenciais para contrariar a desinformação. Fornecer atualizações regulares e baseadas em evidências sobre a situação da pandemia, os avanços na pesquisa e as medidas de saúde pública pode ajudar a manter a confiança do público e a reduzir a propagação de informações falsas.

Em última análise, combater as notícias falsas requer um esforço conjunto de indivíduos, comunidades, empresas de tecnologia, organizações de saúde e governos. A promoção da transparência, da educação e do acesso a informações precisas são fundamentais para proteger a saúde pública e enfrentar os desafios impostos pela desinformação em 2024.

4. O PROBLEMA DA IRREVERSIBILIDADE DA CONDENAÇÃO MORAL

A condenação moral, quando baseada em informações falsas, representa uma ameaça séria e duradoura para a integridade e reputação de um indivíduo ou grupo. Nesta seção, vamos discutir a natureza da condenação moral, como as notícias falsas podem levar a uma condenação moral irreversível e analisar casos em que indivíduos foram prejudicados de forma permanente devido à disseminação de notícias falsas sobre eles.

A condenação moral refere-se ao julgamento público negativo sobre as ações, caráter ou valores de uma pessoa. Quando alguém é moralmente condenado, isso pode resultar em ostracismo social, perda de oportunidades profissionais, danos à reputação e até mesmo ameaças à segurança pessoal. A condenação moral não é apenas uma questão individual, mas também tem implicações sociais mais amplas, afetando as relações interpessoais, a coesão comunitária e a confiança na integridade moral das instituições.

As notícias falsas, portanto, têm o potencial de desencadear uma condenação moral irreversível ao difamar injustamente indivíduos ou grupos inteiros. Quando uma notícia falsa difamatória é amplamente divulgada nas redes sociais e na mídia, ela pode se espalhar rapidamente e se enraizar na consciência pública, mesmo após ser desmentida. O dano causado pela disseminação dessas notícias falsas é muitas vezes irreparável, mesmo que a verdade seja posteriormente revelada.

Além disso, a rapidez com que as notícias falsas se espalham *online* pode dificultar a correção do erro e a restauração da reputação do indivíduo afetado. Mesmo que a notícia falsa seja removida ou desmentida, ela pode continuar circulando em fóruns obscuros da *internet* ou ser lembrada e ressuscitada por algoritmos de recomendação de plataformas de mídia social.

Vários casos emblemáticos, inclusive, destacam os danos irreversíveis causados pela disseminação de notícias falsas. Por exemplo, indivíduos podem perder seus empregos, serem alvos de assédio *online* e até mesmo enfrentar ameaças à sua segurança física devido a notícias falsas difamatórias.

O caso da Escola Base é um dos episódios mais emblemáticos de injustiça e sensacionalismo na história do Brasil. Em 1994, a Escola Base, uma instituição de ensino infantil em São Paulo, foi alvo de uma série de acusações infundadas de abuso sexual de crianças. As acusações foram baseadas em uma denúncia anônima e rapidamente ganharam ampla cobertura da mídia, que não hesitou em expor os proprietários da escola e os funcionários ao escárnio público.

No entanto, após uma investigação mais aprofundada, ficou claro que as acusações eram completamente infundadas e baseadas em rumores e suposições. As vidas dos proprietários da escola e dos funcionários foram arruinadas, com suas reputações destruídas e suas vidas viradas de cabeça para baixo, tudo por causa de alegações falsas e sensacionalistas.

Este caso destaca várias falhas no sistema de justiça e na mídia brasileira. Vejamos:

Presunção de inocência ignorada: os acusados foram considerados culpados pela mídia e pelo público antes mesmo de terem a chance de se defender. A presunção de inocência, um princípio fundamental do direito, foi ignorada em favor de sensacionalismo e histeria pública.

Julgamento pela mídia: o caso da Escola Base é um exemplo clássico de julgamento midiático, no qual os acusados foram condenados publicamente antes mesmo de terem a oportunidade de um julgamento justo. A mídia desempenhou um papel central na disseminação das acusações infundadas e na destruição das vidas dos acusados.

Falta de responsabilidade da mídia: a cobertura sensacionalista da mídia contribuiu para a injustiça sofrida pelos proprietários da Escola Base. No entanto, após a revelação de que as acusações eram falsas, poucos veículos de mídia assumiram a responsabilidade por seu papel na difamação dos acusados.

Fracasso do sistema de justiça: o caso da Escola Base expôs as falhas do sistema de justiça brasileiro em proteger os direitos dos acusados e garantir um julgamento justo. As investigações foram conduzidas de forma inadequada, as garantias processuais foram violadas e os acusados foram condenados sem evidências concretas.

Em suma, o caso da Escola Base é um lembrete contundente das consequências devastadoras do sensacionalismo na mídia e das falhas do sistema de justiça em proteger os direitos dos acusados. Ele destaca a importância da presunção de inocência, da responsabilidade da mídia e da necessidade de garantir um processo legal justo e imparcial para todos os indivíduos, independentemente das acusações feitas contra eles.

Além de casos como esse, há o de políticos, figuras públicas e celebridades que frequentemente são alvos de campanhas difamatórias baseadas em notícias falsas, que podem ter efeitos devastadores em suas carreiras e reputações, independentemente da veracidade das acusações.

Esses casos ilustram vividamente as consequências graves e duradouras da condenação moral irreversível causada pela disseminação de notícias falsas. A proteção da reputação e integridade moral dos indivíduos deve ser uma prioridade em um mundo, onde a desinformação pode se espalhar rapidamente e causar danos irreparáveis.

5. DESAFIOS ÉTICOS E JURÍDICOS NA ERA DAS NOTÍCIAS FALSAS. EXPLORAÇÃO DOS DESAFIOS ÉTICOS ENFRENTADOS PELAS PLATAFORMAS DE MÍDIA SOCIAL NA MODERAÇÃO DE CONTEÚDO

A disseminação de notícias falsas apresenta uma série de desafios éticos e jurídicos para as plataformas de mídia social, governos e sociedade em geral. Nesta seção, vamos explorar os desafios éticos enfrentados pelas plataformas de mídia social na moderação de conteúdo, discutir a responsabilidade legal dessas plataformas na prevenção da disseminação de notícias falsas e propor estratégias para mitigar os efeitos prejudiciais das notícias falsas e da condenação moral irreversível.

Como cediço, as plataformas de mídia social enfrentam um dilema ético ao tentar equilibrar a liberdade de expressão com a necessidade de combater a desinformação e proteger os usuários de conteúdo prejudicial. A moderação de conteúdo levanta questões complexas sobre quem deve decidir o que é aceitável ou não em uma plataforma, bem como sobre os critérios e processos utilizados para tomar essas decisões.

Além disso, as plataformas de mídia social enfrentam críticas sobre sua capacidade de moderar efetivamente o conteúdo em suas plataformas, especialmente considerando o volume massivo de informações compartilhadas diariamente. Decidir o que constitui notícias falsas, bem como distinguir entre desinformação intencional e opiniões divergentes, é um desafio ético significativo que as plataformas enfrentam.

Do ponto de vista legal, há um debate em curso sobre a responsabilidade das plataformas de mídia social pela disseminação de notícias falsas. Algumas jurisdições argumentam que as plataformas devem ser responsabilizadas por conteúdo prejudicial publicado em suas plataformas, enquanto outras defendem uma abordagem mais *hands-off*, baseada na proteção da liberdade de expressão.

Recentemente, houve esforços para responsabilizar legalmente as plataformas de mídia social por conteúdo difamatório ou enganoso, especialmente quando tal conteúdo resulta em danos tangíveis para os indivíduos afetados. No entanto, encontrar o equilíbrio entre regulamentação e liberdade de expressão continua sendo um desafio complexo que requer consideração cuidadosa das ramificações legais e éticas envolvidas.

Nessa toada, para mitigar os efeitos prejudiciais das notícias falsas e da condenação moral irreversível, são necessárias abordagens multifacetadas que envolvam colaboração entre governos, sociedade civil e plataformas de mídia social.

Algumas propostas incluem:

Educação e alfabetização midiática para capacitar os usuários a discernir entre informações verdadeiras e falsas;

Investimento em tecnologias de verificação de fatos e algoritmos de detecção de desinformação para identificar e sinalizar notícias falsas;

Aumento da transparência e prestação de contas por parte das plataformas de mídia social em relação às políticas de moderação de conteúdo e

Implementação de regulamentações mais rigorosas para responsabilizar as plataformas de mídia social por conteúdo prejudicial e desinformação em suas plataformas.

Em última análise, mitigar os efeitos prejudiciais das notícias falsas requer uma abordagem colaborativa e multifacetada que aborde não apenas as causas subjacentes da desinformação, mas também suas consequências sociais e individuais. Somente através de esforços coordenados e comprometidos podemos esperar combater eficazmente esse fenômeno e proteger a integridade da informação e da sociedade como um todo.

CONCLUSÃO

Este artigo analisou profundamente o perigo da irreversibilidade da condenação moral decorrente da disseminação de notícias falsas através de plataformas de mídia social. Recapitulamos os principais pontos discutidos, enfatizamos a urgência de abordar o problema das notícias falsas e concluímos com um chamado à ação para combater essa ameaça à integridade moral e social.

Ao longo deste artigo, exploramos a definição de notícias falsas, sua prevalência na era digital e os impactos psicológicos e sociais naqueles que são alvos de desinformação difamatória. Discutimos o papel das plataformas de mídia social na disseminação de notícias falsas, os desafios éticos e jurídicos enfrentados por essas plataformas na moderação de conteúdo e a responsabilidade legal na prevenção da disseminação de desinformação.

Destacamos o problema da condenação moral irreversível causada pela disseminação de notícias falsas, exemplificado por casos em que indivíduos foram prejudicados de forma permanente pela difusão de informações enganosas sobre eles. Reconhecemos que essa condenação moral não apenas afeta indivíduos, mas também tem implicações sociais mais amplas, minando a confiança na integridade da informação e das instituições.

É crucial entender que as notícias falsas representam uma ameaça real à integridade moral e social, e que a inação só servirá para perpetuar o problema. Portanto, conclamamos indivíduos, governos e empresas de tecnologia a trabalharem juntos para combater a disseminação de notícias falsas e proteger a integridade moral e social.

É hora de investir em educação midiática, tecnologias de verificação de fatos e regulamentações mais rigorosas para responsabilizar as plataformas de mídia social por conteúdo prejudicial. Somente através de um esforço conjunto e compromisso com a verdade e a ética podemos esperar reverter o impacto negativo das notícias falsas e preservar a integridade moral e social em nossas sociedades.

O futuro da nossa informação e da nossa sociedade depende da nossa capacidade de agir agora, de forma decisiva e colaborativa, para enfrentar essa crescente ameaça à verdade e à integridade.

REFERÊNCIAS

AMOÊDO, Sebastião Barros. *Da irreversibilidade da condenação moral*. In: [https://docs.google.com/document/d/1lb-C4ggOj6ycOZRiG3ccRPwPa1j33u2H/edit]. Consulta em: 26 abr. 2024.

BASTOS, M.T., & TRAVITZKI, R. (2019). "Bots, trolls, and fake news: The role of computational propaganda in Brazil's 2018 election." *Journal of Computational Social Science*, 2(1), 279-298.

FIGUEIRA, S., & ALMEIDA, V. (2019). "Fake news: Uma revisão sistemática da literatura." *Revista de Administração Pública*, 53(2), 294-314.

FRAINER, D.E., & FERREIRA, L.C. (2020). "Circuitos de produção de fake news no Brasil." *Cadernos EBAPE*. BR, 18(2), 305-320.

MELO, J., & RIBEIRO, M. A. (2020). "A circulação de fake news e seus impactos nas disputas políticas do Brasil." *Opinião Pública*, 26(1), 39-59.

MONTEIRO, F., & ARAGÃO, J. M. (2018). "O fenômeno das fake news e suas implicações para o direito." *Direito, Estado e Sociedade*, 53(1), 173-192.

NIELSEN, R. K., & GRAVES, L. (2017). News you don't believe: Audience perspectives on fake news. *Reuters Institute for the Study of Journalism*.

RECH, M.F., & BARROS, C. S. (2019). "Fake news: estratégias discursivas para a construção de verdades políticas." *Signótica: Revista de Comunicação*, 31(2), 176-188.

RESENDE, R.R., & SILVA, A.L.C. (2019). "A proliferação de *fake news* nas redes sociais e seus impactos na sociedade." *Revista de Administração IMED*, 9(2), 232-250.

TANDOC, E. C., LIM, Z. W., & LING, R. (2018). Defining "Fake News ": A typology of scholarly definitions. *Digital Journalism*, 6(2), 137-153.

ACESSO À JUSTIÇA E DESIGUALDADES SOCIAIS: O *CASE* DOS FÓRUNS DIGITAIS NA JUSTIÇA BRASILEIRA

José Arthur de Carvalho Pereira Filho

Especialista em Gestão Judiciária pela UNB. Mestrando em Direito pela Universidade Autónoma de Lisboa – Portugal. Desembargador do Tribunal de Justiça de Minas Gerais, havendo ocupado a Presidência na gestão de 2022-2024.

Thiago Colnago Cabral

Mestre e Doutor em Direito pela USP. Mestrando em Direito pela *Universitat di Girona* – Espanha. Juiz de Direito da 3ª Vara de Tóxicos, Organizações criminosas e Lavagem de capitais de Belo Horizonte, havendo atuado como Juiz Auxiliar da Presidência nas gestões 2016-2018 e 2022-2024.

INTRODUÇÃO

O convite para participar de trabalho coletivo em registro histórico do reconhecimento público em relação aos relevantes serviços prestados à Justiça brasileira por parte do Ministro André Mendonça é motivo de lisonjeio para qualquer pessoa.

Em sua profícua atuação, o Ministro André Mendonça, ora titular de assento no Supremo Tribunal Federal, tem quase 3 décadas dedicadas à justiça, com reconhecida e extensa atuação na advocacia pública, especificamente como Advogado da União, interrompida pontualmente por uma atuação importante no Executivo federal, na relevante condição de Ministro de Estado de Justiça.

A atuação acadêmica de Sua Excelência é tão rica quanto sua experiência na advocacia pública, na medida em que detentor dos títulos de mestre e doutor pela Universidade de Salamanca, na Espanha, e professor de inúmeras instituições de ensino, nacionais e estrangeiras.

É justamente este extenso histórico de atuação do Ministro André Mendonça que justifica, a propósito, a opção temática da obra, que se propõe a valioso estudo do direito público, baseado em temário diversificado e marcado pela transdisciplinariedade da abordagem.

O objeto do presente trabalho é, então, promover uma leitura específica do princípio constitucional do acesso à justiça a partir de estudo de caso referente aos fóruns digitais implantados em Minas Gerais, sem descurar de importante precedente do Supremo Tribunal Federal, cujo relator para o acórdão foi o Ministro André Mendonça, referente à evolução cíclica das políticas públicas de implementação de direitos.

1. AS POLÍTICAS PÚBLICAS INERENTES À GESTÃO JUDICIÁRIA

Conquanto a rica atuação do Ministro André Mendonça seja farta em exemplos de precedentes atinentes à temática proposta, assume diferenciado destaque o julgamento referente à Ação Direta de Inconstitucionalidade 6.148-DF, distribuída originariamente à relatoria da Ministra Cármen Lúcia, cujo julgamento ocorreu em maio de 2022.

A mencionada ação de controle concentrado de constitucionalidade, ajuizada pela Procuradoria-Geral da República, teve por objeto a Resolução 491/2018/Conama, que se propôs a dispor acerca dos padrões de qualidade do ar no país.

Na oportunidade, o ato normativo do Conselho Nacional de Meio Ambiente – Conama foi impugnado ao argumento de sua incompatibilidade com o art. 5º, inciso XIV; o art. 196 e o art. 225 da Constituição da República, "dada a proteção insuficiente aos direitos à informação, à saúde e ao meio ambiente ecologicamente equilibrado" (cf. petição inicial).

O voto da Ministra Cármen Lúcia, na condição de relatora, foi no sentido de reconhecer a inconstitucionalidade da norma, tendo em vista que:

> A Resolução n. 491/2018 do Conselho Nacional do Meio Ambiente – Conama, na qual fixados os padrões de qualidade do ar, representou um avanço quanto à necessidade de se definirem índices para aferição da qualidade do ar, pelo máximo permitido de possibilidade de serem fixados limites à poluição ambiental.
>
> Entretanto, na forma estabelecida, há proteção deficiente ao direito ao meio ambiente ecologicamente equilibrado e inobservância do princípio constitucional da eficiência, até mesmo pela carência de prazos para que se complementem as medidas definidas.
>
> Neste sentido é que a ausência dos elementos normativos e das obrigações necessárias para a observância dos princípios constitucionais se pode configurar afronta à Constituição da República, descumprindo-se o dever de proteção eficiente definido na Política Nacional do Meio Ambiente, contrariando-se, assim, o dever estatal, constitucionalmente estabelecido, de garantir-se o direito fundamental à saúde e ao meio ambiente ecologicamente equilibrado, de maneira a prevenir comprometimento da condição de vida digna em matéria ambiental.
>
> Tem-se no ato impugnado inegável deficiência normativa na fixação dos critérios e padrões de controle da qualidade do meio ambiente.

Coube justamente ao Ministro André Mendonça sustentar divergência, que acabou prevalecendo no colegiado, na percepção de que "a própria OMS reconhece que a imposição de padrões de qualidade do ar deve considerar as circunstâncias locais, a exemplo do nível de desenvolvimento do país, a viabilidade tecnológica de cada região e diversos outros fatores sociais".

De mais relevante para a temática ora em exame, o julgador ressaltou o seguinte:

> As políticas públicas são realizadas por meio de processos ou ciclos. De modo que a concretização do plano constitucional não é nem instantânea nem estanque, mercê das constantes alterações econômicas, políticas, sociais e culturais. Embora alguns mandamentos fundamentais possam ser perfectibilizados apenas pela via normativa, outros demandam uma atuação coordenada de múltiplas esferas administrativas, assim como o tempo de maturação, planejamento estrutural e orçamentária e, quiçá, uma certa dose de experimentalismo.

O Ministro André Mendonça, então, arrematou para fundamentar sua conclusão de improcedência do pedido, nos seguintes termos:

> As constrições orçamentárias, políticas, capacitárias e institucionais, embora não permitam ao Poder Público ignorar a ordem constitucional, embora da Administração Pública devem ser sopesadas pelo julgador quando da avaliação de eventual omissão ilícita, sob pena de submeter o legislador e o administrador a um patamar de perfeccionismo inalcançável – ao menos naquele momento – e perigosamente apartado do princípio democrático.

Havendo se sagrado vencedora a divergência, o julgamento restou assim ementado:

> Ação Direta de inconstitucionalidade. Constitucional, administrativo e ambiental. Padrões de qualidade do ar. Conselho nacional do meio ambiente (Conama): competência para exercer juízo técnico discricionário de normatização da matéria. Princípio democrático. Autocontenção judicial. Resolução Conama 491, de 2018: norma constitucional em vias de se tornar inconstitucional. Concessão do prazo de 24 (vinte e quatro) meses para edição de nova resolução: observância da atual realidade fática.
>
> 1. O Conselho Nacional do Meio Ambiente (Conama) é órgão colegiado criado pela Lei 6.938, de 1981, dotado de capacidade institucional e responsabilidade, para, a partir de estudos e debate colegiado, dispor sobre "normas e padrões compatíveis com o meio ambiente ecologicamente equilibrado e essencial à sadia qualidade de vida".
>
> 2. Diante das múltiplas vicissitudes e peculiaridades do caso, cabe, prioritariamente, ao Conama, como órgão regulador e no exercício da sua capacidade institucional, aquilatar, com devida atenção e aprofundado rigor técnico, qual o melhor conjunto de medidas apto a orientar a política de controle da qualidade do ar.
>
> 3. Impropriedade do Poder Judiciário em adentrar, ou mesmo substituir, o juízo técnico discricionário realizado na elaboração e no aprimoramento da política pública em foco.
>
> 4. Não se afigura salutar a conduta judicial de permanente e minudente escrutínio incidente sobre a condução das políticas públicas selecionadas pelo Administrador.
>
> 5. Em se tratando de tema de complexa e controvertida natureza técnico-científica, cabe ao Poder Judiciário atuar com ainda maior deferência em relação às decisões de natureza técnica tomadas pelos órgãos públicos com maior capacidade institucional para o tratamento e solução da questão.
>
> 6. Eventual atuação desta Suprema Corte no sentido de rever os critérios que redundaram na opção empreendida pelo Conama dependeria de manifesta falta de razoabilidade, de ausência de justificação ou de evidente abusividade na escolha empreendida pelo Administrador, não sendo este o caso dos autos.
>
> 7. A Organização Mundial da Saúde (OMS) indica que as diretrizes por ela traçadas não devem ser aplicadas automática e indistintamente, devendo cada país levar em conta os riscos à saúde, sua viabilidade tecnológica, questões econômicas e fatores políticos e sociais peculiares, além do nível de desenvolvimento e da capacidade de cada ente competente para atuar na gestão da qualidade do ar.
>
> 8. Sob a ótica do desenvolvimento sustentável, é necessário que sejam consideradas, pelo órgão regulador, o estágio mais atual da realidade nacional, das peculiaridades locais, bem como as possi-

bilidades momentâneas de melhor aplicação dos primados da livre iniciativa, do desenvolvimento social, da redução da pobreza e da promoção da saúde pública, como elementos de indispensável consideração para construção e progressiva evolução da norma, de forma a otimizar a proteção ambiental, dentro da lógica da maior medida possível.

9. Reconhecimento de que a Resolução Conama 491, de 2018, afigura-se "ainda constitucional". Determinação ao Conama de edição de nova resolução sobre a matéria que considere ***(i)*** as atuais orientações da Organização Mundial de Saúde sobre os padrões adequados da qualidade do ar; ***(ii)*** a realidade nacional e as peculiaridades locais; e ***(iii)*** os primados da livre iniciativa, do desenvolvimento social, da redução da pobreza e da promoção da saúde pública.

10. Se decorrido o prazo de 24 (vinte e quatro) meses, sem a edição de novo ato que represente avanço material na política pública relacionada à qualidade do ar, passarão a vigorar os parâmetros estabelecidos pela Organização Mundial de Saúde enquanto perdurar a omissão administrativa na edição da nova Resolução.

11. Ação Direta de Inconstitucionalidade julgada improcedente.

(ADIn 6.148-DF, Relator para o Acórdão Min. André Mendonça, DJ 05/05/2022)

O importante precedente tem uma função absolutamente relevante na conformação e, sobretudo, na compreensão de medidas judiciais tendentes a assegurar o incremento de direitos subjetivos de natureza pública, notadamente aqueles de natureza fundamental, mediante imputação de omissão ou de pequena evolução das políticas públicas referentes ao tema.

Na espécie, o principal papel do precedente remonta à conclusão de que as políticas públicas de implementação de direitos, mesmo aqueles de natureza fundamental, devem necessariamente observar a realidade fática, retratada nos níveis de desenvolvimento da localidade de sua implantação, além de aspectos orçamentários e financeiros, o que enseja que a sua instituição observe regime cíclico, de implantação gradativa, nem sempre igual em todas as localidades.

Essa realidade se destaca ainda mais em relação a um país como o Brasil, cuja extensão territorial e as desigualdades regionais ensejam, ante um mesmo arcabouço normativo federal, realidades absolutamente diversas.

Tais diretrizes exegéticas, tão bem cunhadas pelo precedente mencionado, servem de importante parâmetro à conformação, na atualidade, da extensão do princípio do livre acesso à justiça.

Com efeito, esse acesso, reflexo fundamental e individual do dogma da inafastabilidade da jurisdição, sempre foi historicamente concebido como a possibilidade – puramente em tese – de que o cidadão submetesse ao Judiciário qualquer lesão ou ameaça a direitos.

Não é difícil identificar que a mera possibilidade de acesso à justiça, desprovida de meios concretos de atendimento a grupos vulneráveis, subverte-se em completa inviabilidade desse mesmo acesso, justificando e recomendando a adoção de políticas públicas gradativas e direcionadas à efetivação dos direitos fundamentais do cidadão.

Nesse cenário, podem ser citadas as alterações normativas referentes à implantação dos Juizados Especiais e a instituição e expansão das Defensorias Públicas, efetivos instrumentos de materialização do acesso à justiça.

2. O *CASE* DOS FÓRUNS DIGITAIS EM MINAS GERAIS

Dentre as inúmeras medidas adotadas com o escopo de efetivação do direito fundamental de acesso à justiça, especialmente dirigida às populações vulneráveis, tem assumido grande importância na atualidade a instituição de pontos remotos de efetivação do acesso do cidadão ao Judiciário.

Sejam genericamente tratados como pontos de inclusão digital, sejam concebidos sob a denominação específica de fóruns digitais, os mencionados postos consistem em estabelecimentos do próprio Judiciário habilitados a oferecer ao cidadão um portfólio de serviços que efetiva a materialização do acesso à justiça, em superação de uma mera aptidão de demandar por lesão ou ameaça a direito.

A iniciativa da instalação de fóruns digitais, significando estruturas do Poder Judiciário erguidas em localidades que não são sede de comarca, surgiu no Estado de Rondônia, por iniciativa do Tribunal de Justiça de Rondônia, a qual foi premiada na 19ª edição do Prêmio Innovare.

Os fóruns digitais foram instituídos pelo Tribunal de Justiça de Rondônia com o escopo de democratizar o acesso à justiça, na medida em que viabiliza a atermação de pedidos submetidos ao rito dos Juizados Especiais, além da participação em audiências (de conciliação e de instrução) sem a necessidade de deslocamento à sede da comarca.

Assim, o foco principal da instalação dos fóruns digitais remonta ao atendimento de pessoas domiciliadas em localidades que não são sede da comarca, sobretudo aquelas marcadas por condição de patente vulnerabilidade social.

Para estas, pessoas vulneráveis domiciliadas em localidade diversa e, no mais das vezes, distante da sede da comarca, as condições ao exercício do direito de acesso à justiça afigura-se de regra um efetivo obstáculo à salvaguarda de direitos subjetivos.

A instalação de fóruns digitais rompe essa condição de isolamento cidadão, assegurando a salvaguarda de direitos subjetivos e, em última razão, o próprio acesso à justiça, por viabilizar o atendimento do cidadão por órgãos do sistema de justiça sem que o mesmo precise se deslocar para fora da localidade de seu domicílio.

Justamente por esta importante função na administração da justiça, a instalação de pontos remotos destinados ao atendimento do cidadão por órgãos do sistema de justiça é expressamente estimulada pelo Conselho Nacional de Justiça, mas Recomendações CNJ 101/2021 e 130/2022.

No âmbito do Tribunal de Justiça de Minas Gerais a instalação de fóruns digitais é regida pela Resolução 1061/2023/TJMG, que estabelece expressamente sua instalação em bairros e nas periferias de regiões metropolitanas distantes ou com dificuldade de acesso às unidades físicas do Poder Judiciário, bem como nos municípios e localidades que não sejam sede de comarca ou de qualquer unidade física do Poder Judiciário de qualquer ramo; distem no mínimo 40 (quarenta) quilômetros da sede de qualquer comarca do Poder Judiciário; e tenham até 50 (cinquenta) mil habitantes (art. 1º, § 7º).

A teor da mencionada regulamentação, os fóruns digitais são encarregados da prestação dos seguintes serviços aos cidadãos: (a) realização de audiências de conciliação e mediação pré-processual e processual; (b) atuação do Cejusc Itinerante; (c) atermação digital; (d) disponibilização de infraestrutura para a realização de audiências por videoconferência, inclusive, em salas passivas; (e) solicitação de certidões judiciais; (f) informações quanto ao andamento de processos que tramitam no sistema Processo Judicial Eletrônico – PJe; (g) atendimento e orientação ao cidadão quanto aos serviços judiciais; (h) adoção de ações que ampliem o acesso à Justiça, a pacificação social e a inclusão digital; (i) fornecimento de guias de pagamento relacionadas aos serviços judiciais; (j) solicitação de nomeação de advogado dativo; e (k) entrega de documentos pelas partes nas ações que dispensam representação por advogado (art. 5º).

Nesse pormenor, as experiências rondoniense e mineira são muito assemelhadas, tanto nas suas hipóteses quanto na definição do público atendido pelos serviços prestados pelos fóruns digitais.

O grande *distinguishing* de Minas Gerais no portfólio de atendimento concebido em Rondônia remonta à instalação de unidades de fóruns digitais em bairros e periferias de regiões metropolitanas distantes ou com dificuldade de acesso às unidades físicas do Poder Judiciário, justamente onde a realidade social reserva os maiores quantitativos de cidadãos vulneráveis.

A inauguração do referido viés de atuação ocorreu em relação ao distrito de Venda Nova, região administrativa da capital mineira cuja existência remonta há cerca de um século, enquanto ponto de parada de caixeiros viajantes. Na atualidade, o distrito de Venda Nova congrega 42 bairros, com população de mais de 260 mil habitantes, segundo Censo IBGE de 2010.

Essa iniciativa vem oportunizando acesso à justiça a um público que até então havia de se deslocar para o centro da cidade de Belo Horizonte, onde se localiza o principal Fórum da comarca, circunstância que muitas vezes representava verdadeiro obstáculo ao atendimento buscado junto ao Poder Judiciário.

Para além da questão geográfica, os fóruns digitais de Minas Gerais, inauguram a perspectiva de atendimento humanizado, acolhendo e esclarecendo os cidadãos mais necessitados quantos aos meios disponíveis para a defesa e concretização de seus direitos.

Em suma, buscou-se aprimoramento ao já exitoso modelo rondoniense, ampliando-se o alcance da medida para contemplar público que, embora situado próximo ao grande centro urbano, tinha na dificuldade de deslocamento barreira ao amplo acesso à justiça.

CONCLUSÕES

Ampliando-se novamente a abordagem do tema relativo à implementação de direitos subjetivos via políticas públicas, a realidade fática volta à tona como aspecto de imperiosa observância.

Neste particular, os mecanismos disponíveis e ofertados à população que almeja acesso à justiça revelam questão decisiva na efetividade que se pretende imprimir na garantia de direitos subjetivos fundamentais do cidadão.

A superação dos entraves decorrentes da diversidade de realidades fáticas sociais vividas pela população, exige a busca por isonomia de tratamento, conduz à conclusão de seu alcance por meio de políticas públicas gradativas e voltadas para tal finalidade.

Ao fim, concretizando-se o acesso à justiça, o cidadão tem assegurado seus direitos subjetivos fundamentais, em verdadeira superação da desigualdade social que permeia a realidade fática da população brasileira.

REFERÊNCIAS

BERMUDES, Sérgio. *A função jurisdicional no Brasil.* Estudos de direito processual em homenagem a José Frederico Marques no seu 70º aniversário. GRINOVER, Ada Pelegrini et al. (Org.). São Paulo: Saraiva, 1982.

BEZERRA, Paulo César Santos. *Acesso à justiça*: um problema ético-social no plano da realização do direito. Rio de Janeiro: Renovar, 2001.

CAPPELLETTI, Mauro. *Acesso à justiça*. Porto Alegre: Sérgio Fabris, 1988.

DENTI, Vittorio. Crisi della giustizia e crisi della società. *Rivista di diritto processuale*, n. 4, Padova, ou/dez 1983. p. 585-597.

DUARTE, Ronnie Preuss. Garantia de acesso à justiça. Coimbra: Coimbra, 2007.

GRINOVER, Ada Pellegrini; DINAMARCO, Cândido Rangel & WATANABE, Kazuo. *Participação e processo*. São Paulo: Ed. RT, 1988.

MACIEL, Adhemar Ferreira. Considerações sobre as causas do emperramento do Judiciário. *Revista de processo*, n. 97, São Paulo, jan./mar. 2000. p. 17-26.

NOVAIS, Jorge Reis. *Os princípios constitucionais estruturantes da República Portuguesa*. Coimbra: Coimbra, 2004.

ROBERT, Cínthia. *Direitos humanos e acesso à justiça*: um olhar da Defensoria Pública. Rio de Janeiro: Forense, 2000.

SADEK, Maria Tereza (Org.). *Acesso à justiça*. São Paulo: Fundação Konrad Adanauer, 2001.

O TRABALHO ESCRAVO CONTEMPORÂNEO NA PERSPECTIVA DO DIREITO PÚBLICO

Mônica Jacqueline Sifuentes Pacheco de Medeiros

Mestre e Doutora em Direito pela Universidade Federal de Minas Gerais. Desembargadora Federal do Tribunal Regional Federal da 6ª Região, havendo ocupado a Presidência na gestão de 2022-2024.

INTRODUÇÃO

O presente artigo é escrito em homenagem ao Ministro André Mendonça, cuja notável trajetória eu pude acompanhar desde que ele atuava, como Advogado da União, perante o Tribunal Regional Federal da 1ª Região, no qual fui desembargadora por 12 anos. Na área criminal, então especialização da turma julgadora da qual eu fazia parte, foi com satisfação que constatei a existência de acórdãos bastante elucidativos sobre o crime de trabalho análogo à escravidão, chaga social ainda presente na sociedade brasileira.

Este artigo procura demonstrar, à luz dos julgados do Ministro homenageado, que o trabalho escravo contemporâneo não fica limitado ao clássico cerceamento da liberdade, tomando contornos mais sutis, em que trabalhadores da camada populacional mais humilde são aliciados com falsas promessas de emprego e tratados como mero objeto de aferição de lucros, em prol da ganância desenfreada e da certeza da impunidade pelos empregadores. Aborda ainda a dimensão das condições análogas à escravidão, em que os trabalhadores são mantidos em condições degradantes de trabalho, sob a pressão física e moral e sem nenhuma perspectiva de se desvencilhar-se da situação.

Busca-se, ao final, desenvolver um pensamento crítico acerca da necessidade de atuação conjunta entre o governo e a sociedade, aliados à justa punição pelo Poder Judiciário.

1. TRABALHO ESCRAVO – CONCEPÇÃO ATUAL

Um tema antigo, que ocupa há muito discussões acaloradas e desafia a intervenção do Poder Judiciário é o combate ao trabalho forçado. A matéria é ínsita ao Direito Público, pois incidentes em sua concepção normas de direito constitucional, penal e internacional.

Além da legislação nacional *stricto sensu*, destacam-se diplomas internacionais de suma relevância, dentre eles as Convenções da Organização Internacional do Trabalho, tais como: a Convenção 29, de 28 de junho de 1930, concernente a Trabalho Forçado ou Obrigatório; a Convenção 105, de 5 de junho de 1957, sobre Abolição do Trabalho Forçado; a Convenção 182, de 01 de junho de 1999, sobre a Proibição das Piores Formas de Trabalho Infantil e Ação Imediata para sua Eliminação; o Protocolo à Convenção sobre Trabalho Forçado, de 2014 e, ainda, a Declaração de Princípios e Direitos Fundamentais no Trabalho, 19 de junho de 1998.

A definição de trabalho forçado está prevista Convenção 29, da OIT, sendo "todo trabalho ou serviço exigido de uma pessoa sob a ameaça de sanção e para o qual ela não se tenha oferecido espontaneamente."

Partindo desse conceito, a realidade do trabalho escravo é, ainda nos dias de hoje, uma triste realidade para o Brasil e o mundo, sendo a escravidão atual muito diferente daquela praticada na época imperial, que se limitava à compra de pessoas para fins de cerceamento de sua liberdade à realização de trabalhos forçados com práticas de tortura física. Hoje, as pessoas são aliciadas, com falsas promessas de emprego, para trabalharem não exclusivamente em lavouras e fazendas, mas também para servidão doméstica e escravidão sexual.

Os ditos empregadores, via de regra, adotam a prática conhecida como *truck system*, por meio da qual mantém o empregado em trabalho análogo ao de escravidão, ou de servidão por dívidas com ele contraídas, ao exigir do trabalhador que compre os itens necessários à sua subsistência ou à realização do seu trabalho em estabelecimento controlado pelo próprio empregador, de modo que o seu salário seja totalmente – ou na maior parte – comprometido, restando-lhe pouco ou quase nada pela remuneração do serviço prestado. Com essa nova roupagem o trabalhador, acumulando dívidas e mais dívidas com o empregador, dele não consegue se desvencilhar. Ou seja, a falta de liberdade não se dá com os grilhões de metais de outrora, mas pela dificuldade de os trabalhadores romperem uma relação de trabalho viciada.

A escravidão contemporânea é mais aprimorada do que a dos séculos XXVIII a XIX, na medida em que a privação da liberdade acaba ocorrendo de constrangimentos econômicos e de ataques à dignidade humana, com condições de labor e moradia subumanas. O trabalhador é tratado como coisa, violando-se constantemente seus direitos básicos como ser humano e, com isso, afetando sua capacidade de realizar escolhas conforme a sua livre vontade.

De um lado, milhares de brasileiros em situação de vulnerabilidade econômica e social que, para garantir sua sobrevivência, deixam-se enganar por promessas fraudulentas em busca de um trabalho decente. De outro, empregadores gananciosos, que exploram essa mão-de-obra, com a intermediação de aliciadores. Tal quadro demonstra a intrínseca relação entre o fenômeno do trabalho escravo e a questão do tráfico interno de seres humanos, principalmente em zonas rurais, pois é nesse cenário que se encontra uma mistura de analfabetismo, baixo Índice de Desenvolvimento Humano (IDH) e a busca por lucros fáceis.

Visando erradicar o quadro da impunidade no qual o trabalho escravo contemporâneo consegue ainda prosperar a Organização Internacional do Trabalho tem ampla atuação, desenvolvendo internacionalmente diversos estudos sobre a escravidão moderna e os meios para combatê-la, os quais, por sua vez, indicam que o trabalho forçado é um problema mundial, afetando tanto países ricos quanto pobres.

O Relatório de avaliação de necessidades sobre o tráfico internacional de pessoas e crimes correlatos – ano 2022 – decorrente de pesquisa produzida de maneira independente pela Clínica de Trabalho Escravo e Tráfico de Pessoas da Faculdade de Direito da UFMG, trouxe dado de que na região Nordeste, com destaque para Pernambuco, foi registrado, segundo o Ministério Público do Trabalho do estado, uma notícia-crime de trabalho escravo e tráfico de pessoas para fins de trabalho escravo a cada oito dias em 2020. De acordo com os pesquisadores "No total, foram 43 denúncias, o que corresponde ao maior número dos últimos quatro anos no estado. Desse total, somente 13 converteram-se em inquérito civil, ou seja, possuíam dados e referências suficientes para ser formalmente investigados. No Brasil, em três meses e meio desde o início de 2021, foram apuradas mais de 450 notícias-crime, o que equivale à metade das denúncias realizadas ao longo de 2020."[1]

2. ERRADICAÇÃO DO TRABALHO ESCRAVO

A erradicação da prática do trabalho escravo contemporâneo depende de um esforço integrado, que envolva a repressão simultânea a essas causas, com ações do governo federal e da sociedade civil, buscando meios de libertar os trabalhadores da situação de escravidão em que se encontram. Muito já foi feito por meio de ações dos fiscais de trabalho, das forças de segurança, atuação do Ministério Público, mas ainda há muito por fazer, mormente para a reinserção no mercado de trabalho daqueles resgatados da condição de escravidão, com a criação de oportunidades de geração de renda e trabalho decente, sem descurar da aplicação rigorosa das leis.

Para atacar as raízes da pobreza e da impunidade que alimentam o trabalho forçado devem ser adotadas políticas públicas voltadas à inclusão dessas pessoas na sociedade como cidadãos, passando pela valorização da educação de base e da geração regular de empregos de norte a sul do País.

É, ainda, preciso punir severamente os empregadores que auferem seus lucros ilegais abusando da vulnerabilidade dos mais pobres, em afronta direta e descarada aos direitos e princípios que revestem a dignidade humana e o próprio trabalho.

Enquanto isso, o Judiciário tenta fazer sua parte, tanto por meio do reconhecimento de direitos trabalhistas pela Justiça do Trabalho, como por meio de decisões punitivas no âmbito penal, contribuindo, de algum modo, para erradicação de tão odiosa figura.

Nesse sentido, vale anotar o entendimento do Ministro André Mendonça nos autos dos Habeas Corpus 215.221/ES. De acordo com o e. Ministro, o art. 149 do Código

1. Disponível em: [www.cnj.jus.br/wp-content/uploads/2022/12/trafico-internacional-de-pessoas-crime-em-movimento-justica-em-espera.pdf].

Penal, ao tipificar o crime de redução à condição análoga à de escravo, enumera formas alternativas e não cumulativas, possibilitando, assim, o enquadramento do infrator pela prática de qualquer um dos núcleos do tipo, *in verbis*:

> "[...]
>
> 10. O art. 149 do Código Penal, a preceituar o crime de redução a condição análoga à de escravo, enumera formas de conduta alternativas, e não cumulativas. O tipo é classificado como de ação múltipla, isto é, possui subsunção alternativa em relação aos elementos nele descritos, não estando adstrito a uma ou outra das elementares contidas no tipo penal (RE 1.279.023-AgR, Rel. Min. Edson Fachin, Segunda Turma, j. 11/05/2021, p. 20/10/2021). Eis o teor do dispositivo:
>
> Art. 149. Reduzir alguém a condição análoga à de escravo, quer submetendo-o a trabalhos forçados ou a jornada exaustiva, quer sujeitando-o a condições degradantes de trabalho, quer restringindo, por qualquer meio, sua locomoção em razão de dívida contraída com o empregador ou preposto. (grifei)
>
> 11. Nesse contexto, uma vez verificado o cometimento de mais de um núcleo verbal descrito no tipo, tal circunstância deve ser levada em consideração quando do exame das circunstâncias judiciais do art. 59 do Código Penal, sendo válida a exasperação da pena-base, sem que disso decorra indevida dupla punição.
>
> 12. No caso, o Tribunal a quo, ao examinar a apelação, assentou necessário o aumento da pena-base consoante a existência de circunstâncias judiciais negativas do art. 59. do Código Penal, quais sejam, a culpabilidade e as circunstâncias do crime. Confira-se o seguinte trecho do acórdão (e-doc. 7, p. [...]
>
> Como é cediço, o julgador deve, ao individualizar a pena, examinar com acuidade os elementos que dizem respeito ao fato, obedecidos e sopesados todos os critérios estabelecidos no art. 59, do Código Penal, para aplicar, de forma justa e fundamentada, a reprimenda que seja, proporcionalmente, necessária e suficiente para reprovação do crime.
>
> Nesse passo, com razão o órgão do Ministério Público Federal ao justificar a elevada culpabilidade do agente na empreitada. Como se vê dos autos e consignado pelo MM Juízo a quo, o réu tinha ciência das condições em que seriam alojados os trabalhadores trazidos da Bahia, mas mesmo assim, optou por permanecer explorando a mão de obra de forma a obter mais lucro tanto no seu interesse quanto no interesse de terceiro.
>
> Da mesma forma, as circunstâncias do crime devem ser valoradas em desfavor do réu, eis que a conduta do réu não só sujeitou os trabalhadores a condições degradantes de trabalho e restrição de sua locomoção, elementar do tipo penal em questão, como também se apoderou de documentos de documentos dos trabalhadores (CTPS), com o fim de retê-los no local, o que, no contexto da empreitada, deve encontrar maior reprovação.
>
> Desta forma, considerando a escala penal referente ao tipo em questão, qual seja, de 02 (dois) a 06 (seis) anos de reclusão, e mantendo a mesma proporcionalidade aplicada na sentença, considerando que não há justificativa para uma valoração mais aguda das referidas circunstâncias, elevo a pena-base em 01 (um) ano e 04 (quatro) meses em razão das circunstâncias negativas acima apontadas, fixando a pena-base então em 03 (três) anos 04 (quatro) meses de reclusão. [...]
>
> 13. O Órgão julgador observou o figurino legal, uma vez que, atrelado às particularidades fáticas do caso concreto e subjetivas do agente, justificou validamente a imposição da pena-base em patamar superior ao mínimo previsto para o tipo.
>
> 14. Mencionou a elevada culpabilidade, entendida como maior reprovabilidade da conduta do paciente, referindo-se à finalidade de lucro, tanto no seu interesse quanto no interesse de terceiro. Frisou a circunstância de haver se apoderado de documentos dos trabalhadores, com o fim de retê-los no local. Entendeu, no âmbito da discricionariedade judicial, por maior reprovação do comportamento

atribuído ao paciente, aludindo também a dados que não se confundem com os elementos inerentes ao tipo penal.

15. Consoante assentou o Superior Tribunal de Justiça, no julgamento do agravo em recurso especial, o agravante foi condenado não só por ter submetido trabalhadores a jornada exaustiva, mas também em razão das condições degradantes do alojamento. (e-doc. 9, p. 39)."[2]

O mesmo entendimento é encontrado no julgamento do Habeas Corpus 211.314/SP, igualmente da lavra do e. Ministro André Mendonça, *ipsis litteris*:

"[...]

7. O Tribunal Regional Federal da 3ª Região, ao proceder à análise das circunstâncias judiciais do art. 59 do Código Penal, na primeira fase da dosimetria, considerou desfavoráveis as circunstâncias do crime, destacando a expressiva quantidade de vítimas submetidas à situação degradante de vida e trabalho. Tendo como ponto de partida a pena mínima prevista para o tipo (2 anos de reclusão), exasperou-a em 1 ano e 6 meses. Eis o trecho do ato:

[...]

De saída, entendo ser correto e devidamente fundamentado o aumento de pena decorrente do número de vítimas submetidas ao crime de redução a condição análoga à de escravo, por se tratar de mais de vinte pessoas submetidas ao crime (que exige apenas uma vítima para se consumar). Poder-se ia pensar em eventual aplicação do art. 70 do Código Penal; porém, tratando-se o crime como tendo natureza jurídica unitária no caso concreto, a majoração na primeira fase se faz de rigor, restando adequado o aumento da reprimenda na fração de metade (sobre o mínimo legal).

[...]

Quanto à outra parcela das circunstâncias do crime, vale dizer, a relativa às condições degradantes de trabalho e vida das vítimas, considero tratar se de conjunto que amplia a reprovabilidade concreta da conduta, discrepando do ordinário. Porém, alguns dos elementos constantes dos tópicos arrolados na r. sentença são efetivamente inerentes ou rigorosamente comuns à prática criminosa do art. 149 do CP, especialmente a ausência de equipamentos adequados ao trabalho externo ou o deslocamento de cargas pesadas (mas não extraordinárias, ou seja, que não fogem a um trabalho de natureza pesada), bem assim o transporte em veículos inadequados e inseguros.

...

Devido às circunstâncias judiciais amplamente negativas, resta incabível a substituição da pena privativa de liberdade por penas restritivas de direitos (Código Penal, art. 44, III), ou a suspensão condicional da pena. (e-doc. 5, p. 198).

8. Ante o quadro, não se vislumbra a ilegalidade arguida. O tipo previsto no art. 149 do Código Penal descreve a conduta de 'reduzir alguém a condição análoga à de escravo, quer submetendo-o a trabalhos forçados ou a jornada exaustiva, quer sujeitando-o a condições degradantes de trabalho, quer restringindo, por qualquer meio, sua locomoção em razão de dívida contraída com o empregador ou preposto'.

9. As circunstâncias do delito são dados aptos a serem levados em conta por ocasião da dosimetria da pena. As instâncias antecedentes valoraram-nas negativas, por haver o crime atingido, durante longo período, uma quantidade expressiva de vítimas – mais de 20 pessoas –, submetendo-as não apenas a condições degradantes de trabalho, mas também de vida. A análise empreendida insere-se

2. HC 215.221 / ES – Espírito Santo. Relator(a): Min. André Mendonça. Julgamento: 23/05/2022. Publicação: 24/05/2022. Processo Eletrônico DJe-s/n Divulg 23/05/2022 Public 24/05/2022.

no âmbito de discricionariedade do órgão julgador, sendo inviável, conforme ressaltado, revê-la em sede de habeas corpus.

10. O Diploma Penal não prevê regras aritméticas objetivas para fixação da pena. Assim, o magistrado não está adstrito ao limite de exasperação de 1/6, aplicado sobre o mínimo da pena, por circunstância judicial negativa, uma vez se cuidar de parâmetro de origem jurisprudencial que visa delimitar, minimamente, a discricionariedade judicial, sem, contudo, tarifar a individualização da pena-base. A dosimetria, consoante se explicita no final do citado art. 59, deve ser necessária e suficiente para reprovação e prevenção do crime. Sobressai o aspecto qualitativo, ficando em segundo plano o aritmético."[3]

Com esteio na jurisprudência da Excelsa Corte, tive a oportunidade de julgar situações como as apresentadas, cujas ementas peço licença para transcrever:

Penal. Processual penal. Condição análoga à de escravo. Materialidade. Autoria. Comprovadas. Dosimetria da pena.

1. A redução a condição análoga à de escravo é um crime de ação múltipla ou conteúdo variado, considerando-o praticado se quaisquer dos verbos nucleares estiverem presentes, ainda que isoladamente. Considera-se caracterizado o crime, quer seja pela submissão a trabalhos forçados; quer seja pela existência de jornada exaustiva; pela sujeição a condições degradantes de trabalho; ou ainda pela restrição de sua liberdade em razão de dívida contraída.

2. Com suporte em conclusão do Supremo Tribunal Federal, esta Turma tem afastado a necessidade da prova da coação física ou cerceamento da liberdade de locomoção para a configuração do delito tipificado pelo art. 149 do Código Penal, bastando que verifique a submissão da vítima a serviços forçados ou jornada exaustiva, ou a condições de degradantes. Condutas, portanto, alternativas. (Precedentes da Turma).

3. A sentença absolutória merece ser reformada para condenar o réu nas penas do art. 149, caput, e § 2º, do CP quando as provas documentais, ratificadas pelas testemunhais, demonstram que o apelante reduziu 07 (sete) trabalhadores, incluindo um menor de 18 anos, a condição análoga à de escravo, sujeitando-os a condições degradantes de habitação e trabalho.

4. Dosimetria da pena em consonância com os arts. 59 e 68 do CP.

5. As consequências do crime extrapolam o tipo penal do art. 149 do CP quando trabalhadores relatam problemas de saúde em razão do consumo da água inadequada. Acrescente-se que a submissão a condições degradantes afasta do cidadão a crença de pertencer a uma sociedade de iguais e, portanto, ser também merecedor de direitos.

6. Apelação provida.[4]

Penal. Processual penal. Recurso em sentido estrito. Aliciamento de trabalhadores. Redução a condição análoga à de escravo. Denúncia recebida. Lesão corporal. Ínsito ao tipo penal do trabalho escravo.

1. Presente a materialidade e indícios de autoria do crime de aliciamento de trabalhadores (art. 207 do CP) por parte dos acusados que, na condição de responsável pela empresa e encarregados aliciam obreiros em outra localidade com promessas de ganhos e condições que não se concretizam. 2. O art. 149 do CP é tipo penal de ação múltipla ou conteúdo variado, considerando-o praticado se quaisquer dos verbos nucleares estiverem presentes, ainda que isoladamente. Está, assim, caracterizado o crime, quer seja pela submissão a trabalhos forçados; quer seja pela existência de jornada exaustiva; pela

3. HC 211.314 / SP – são Paulo. Habeas Corpus. Relator(a): Min. André Mendonça. Julgamento: 05/06/2022. Publicação: 07/06/2022. DJe-s/n Divulg 06/06/2022 Public 07/06/2022.

4. ACR 0101601-17.2015.4.01.3700, Desembargadora Federal Mônica Sifuentes, TRF1 – Terceira Turma, e-DJF1 05/03/2021.

sujeição a condições degradantes de trabalho; ou ainda pela restrição de sua liberdade em razão de dívida contraída.

3. Em recentes julgados, com suporte em conclusão do Supremo Tribunal Federal, esta Turma afastou a necessidade da prova da coação física ou cerceamento da liberdade de locomoção para a configuração do delito tipificado pelo art. 149 do CP. Basta que se verifique a submissão da vítima a serviços forçados, ou à jornada exaustiva, ou a condições degradantes (Precedentes da Turma).

4. Diante da demonstração da materialidade e de indícios da autoria do delito do art. 149 do CP, não há se falar em ausência de justa causa para a propositura da ação penal.

5. O crime de lesão corporal, no contexto, é ínsito ao delito de redução a condição análoga à de escravo.

6. Recurso em sentido estrito parcialmente provido para que seja recebida a denúncia no tocante aos crimes dos arts. 149 e 207 do CP.[5]

Dos excertos do voto condutor do acórdão destaca-se:

"[...]

Trabalho Escravo

O tipo penal do art. 149 do CP pune com pena de reclusão de 02 (dois) a 08 (oito) anos a conduta de 'Reduzir alguém a condição análoga à de escravo, quer submetendo-o a trabalhos forçados ou a jornada exaustiva, que sujeitando-o a condições degradantes de trabalho, quer restringindo, por qualquer meio, sua locomoção em razão de dívida contraída com o empregado ou preposto.'

Trata-se, portanto, de tipo penal de ação múltipla ou conteúdo variado, considerando-o praticado se quaisquer dos verbos nucleares estiverem presentes, ainda que isoladamente. Está, assim, caracterizado o crime, quer seja pela submissão a trabalhos forçados; quer seja pela existência de jornada exaustiva; pela sujeição a condições degradantes de trabalho; ou ainda pela restrição de sua liberdade em razão de dívida contraída.

A rubrica expressa no tipo penal – redução a condição análoga à de escravo – sugere o grau de violação exigido pela norma. Refere-se o crime à redução a condições de trabalho e de vida semelhantes a que os escravos eram submetidos. Não se exige a exata identificação com a situação de escravidão, mas deve estar presente alguma proximidade entre a situação fática narrada na denúncia e algumas condições típicas do referido regime.

Em recentes julgados, com suporte em conclusão do Supremo Tribunal Federal, esta Turma afastou a necessidade da prova da coação física ou cerceamento da liberdade de locomoção para a configuração do delito tipificado pelo art. 149 do CP. Basta que se verifique a submissão da vítima a serviços forçados, *ou* à jornada exaustiva, *ou* a condições degradantes. Condutas, portanto, alternativas.

Por outro lado, também já há julgados no sentido de que condições precárias de acomodações, descumprimento de normas de proteção ao trabalho e omissão de registros de contrato de trabalho, além de censuráveis, são irregularidades trabalhistas e previdenciárias a serem sanadas na via própria [...]:

O crime de redução de trabalhadores à condição análoga à de escravo não se consuma com a prática de mera irregularidade trabalhista. Todavia, o que se vê no caso sob análise é uma efetiva lesão à dignidade dos trabalhadores, que extrapola a esfera da mera irregularidade.

Na hipótese, em 17/10/2013, o alojamento mantido pela empresa 'R.R.A. Pisos Industriais Ltda – ME foi fiscalizada, tendo sido constatado condições degradantes de trabalho, tais como: submissão a vigilância armada; agressões físicas aos trabalhadores por parte dos encarregados; ausência de roupas de cama, filtro e armários; e jornada de trabalho exaustiva, que ultrapassava o limite de 2 horas extras.

5. AC 0006098-43.2018.4.01.3803, Desembargadora Federal Mônica Sifuentes, TRF1 – Terceira Turma, e-DJF1 24/09/2021.

> Não se olvida o Termo de Ajustamento de Conduta 112/2013, firmado logo depois da constatação das irregularidades e sobre o qual não há notícia de descumprimento (Apenso II) (fls. 441/446).
>
> [...]
>
> Portanto, os delitos praticados amoldam-se aos tipos penais estabelecidos pelos arts. 149 e 207, ambos do CP."

Não se pode deixar de destacar que em tais crimes – redução a condição análoga à de escravo –, não se aplica a sistemática comum de extinção da punibilidade em razão do decurso do prazo prescricional, dada à grave violação dos direitos humanos.

Segundo as normas cogentes de direito internacional, o crime de redução a condição análoga à de escravo é imprescritível e pode gerar responsabilização do Brasil em âmbito internacional, seja pelo descumprimento de norma *jus cogens*, seja pelo descumprimento de pactuação específica estabelecida em Acordo de Solução Amistosa na Comissão Interamericana de Direitos Humanos, consubstanciada no Relatório 95/03 (Caso n. 11.289 da CIDH).

A propósito, confira-se jurisprudência do Superior Tribunal de Justiça:

> Agravo regimental. Ministério público estadual. Legitimidade. IPPSC (rio de janeiro). Resolução corte IDH 22/11/2018. Preso em condições degradantes. Cômputo em dobro do período de privação de liberdade. Obrigação do estado-parte. Sentença da corte. Medida de urgência. Eficácia temporal. Efetividade dos direitos humanos. Princípio pro personae. Controle de convencionalidade. Interpretação mais favorável ao indivíduo, em sede de aplicação dos direitos humanos em âmbito internacional (princípio da fraternidade – desdobramento). Súmula 182 STJ. Agravo desprovido.
>
> [...]
>
> 3. Ao sujeitar-se à jurisdição da Corte IDH, o País alarga o rol de direitos das pessoas e o espaço de diálogo com a comunidade internacional. Com isso, a jurisdição brasileira, ao basear-se na cooperação internacional, pode ampliar a efetividade dos direitos humanos.
>
> 4. A sentença da Corte IDH produz autoridade de coisa julgada internacional, com eficácia vinculante e direta às partes. Todos os órgãos e poderes internos do país encontram-se obrigados a cumprir a sentença. Na hipótese, as instâncias inferiores ao diferirem os efeitos da decisão para o momento em que o Estado Brasileiro tomou ciência da decisão proferida pela Corte Interamericana, deixando com isso de computar parte do período em que o recorrente teria cumprido pena em situação considerada degradante, deixaram de dar cumprimento a tal mandamento, levando em conta que as sentenças da Corte possuem eficácia imediata para os Estados Partes e efeito meramente declaratório.
>
> 5. Não se mostra possível que a determinação de cômputo em dobro tenha seus efeitos modulados como se o recorrente tivesse cumprido parte da pena em condições aceitáveis até a notificação e a partir de então tal estado de fato tivesse se modificado. Em realidade, o substrato fático que deu origem ao reconhecimento da situação degradante já perdurara anteriormente, até para que pudesse ser objeto de reconhecimento, devendo, por tal razão, incidir sobre todo o período de cumprimento da pena.
>
> 6. Por princípio interpretativo das convenções sobre direitos humanos, o Estado-parte da CIDH pode ampliar a proteção dos direitos humanos, por meio do princípio pro personae, interpretando a sentença da Corte IDH da maneira mais favorável possível aquele que vê seus direitos violados.
>
> 7. As autoridades públicas, judiciárias inclusive, devem exercer o controle de convencionalidade, observando os efeitos das disposições do diploma internacional e adequando sua estrutura interna para garantir o cumprimento total de suas obrigações frente à comunidade internacional, uma vez

que os países signatários são guardiões da tutela dos direitos humanos, devendo empregar a interpretação mais favorável ao ser humano.

– Aliás, essa particular forma de parametrar a interpretação das normas jurídicas (internas ou internacionais) é a que mais se aproxima da Constituição Federal, que faz da cidadania e da dignidade da pessoa humana dois de seus fundamentos, bem como tem por objetivos fundamentais erradicar a marginalização e construir uma sociedade livre, justa e solidária (incisos I, II e III do art. 3º). Tudo na perspectiva da construção do tipo ideal de sociedade que o preâmbulo da respectiva Carta Magna caracteriza como "fraterna" (HC n. 94163, Relator Min. Carlos Britto, Primeira Turma do STF, julgado em 2/12/2008, DJe-200 Divulg 22/10/2009 Public 23/10/2009 Ement Vol-02379-04 PP-00851). O horizonte da fraternidade é, na verdade, o que mais se ajusta com a efetiva tutela dos direitos humanos fundamentais. A certeza de que o titular desses direitos é qualquer pessoa, deve sempre influenciar a interpretação das normas e a ação dos atores do Direito e do Sistema de Justiça.

- Doutrina: BRITTO, Carlos Ayres. O Humanismo como categoria constitucional. Belo Horizonte: Forum, 2007; MACHADO, Carlos Augusto Alcântara. A Fraternidade como Categoria Jurídica: fundamentos e alcance (expressão do constitucionalismo fraternal). Curitiba: Appris, 2017; MACHADO, Clara. O Princípio Jurídico da Fraternidade. – um instrumento para proteção de direitos fundamentais transindividuais. Rio de Janeiro: Lumen Juris, 2017; PIOVESAN, Flávia. Direitos Humanos e o direito constitucional internacional. São Paulo: Saraiva, 2017; VERONESE, Josiane Rose Petry; OLIVEIRA, Olga Maria Boschi Aguiar de; Direito, Justiça e Fraternidade. Rio de Janeiro: Lumen Juris, 2017.

8. Os juízes nacionais devem agir como juízes interamericanos e estabelecer o diálogo entre o direito interno e o direito internacional dos direitos humanos, até mesmo para diminuir violações e abreviar as demandas internacionais. É com tal espírito hermenêutico que se dessume que, na hipótese, a melhor interpretação a ser dada, é pela aplicação a Resolução da Corte Interamericana de Direitos Humanos, de 22 de novembro de 2018 a todo o período em que o recorrente cumpriu pena no IPPSC.

9. A alegação inovadora, trazida em sede de agravo regimental, no sentido de que a determinação exarada pela Corte Interamericana de Direitos Humanos, por meio da Resolução de 22 de novembro de 2018 da CIDH, teria a natureza de medida cautelar provisória e que, ante tal circunstância, mencionada Resolução não poderia produzir efeitos retroativos, devendo produzir efeitos jurídicos ex nunc, não merece guarida. O caráter de urgência apontado pelo recorrente na medida provisória indicada não possui o condão de limitar os efeitos da obrigação decorrentes da Resolução de 22 de novembro de 2018 da CIDH para o futuro (ex nunc), mas sim de apontar para a necessidade de celeridade na adoção dos meios de seu cumprimento, tendo em vista, inclusive, a gravidade constatada nas pecualiaridades do caso.

10. Por fim, de se apontar óbice de cunho processual ao provimento do recurso de agravo interposto, consistente no fato de que o recorrente se limitou a indicar eventuais efeitos futuros da multimencionada Resolução de 22 de novembro de 2018 da CIDH fulcrado em sua natureza de medida de urgência, sem, contudo, atacar os fundamentos da decisão agravada, circunstância apta a atrair o óbice contido no Verbete Sumular 182 do STJ, verbis: "É inviável o agravo do art. 545 do CPC que deixa de atacar especificamente os fundamentos da decisão agravada."

11. Negativa de provimento ao agravo regimental interposto, mantendo, por consequência, a decisão que, dando provimento ao recurso ordinário em habeas corpus, determinou o cômputo em dobro de todo o período em que o paciente cumpriu pena no Instituto Penal Plácido de Sá Carvalho, de 09 de julho de 2017 a 24 de maio de 2019.[6]

6. AgRg no RHC 136.961/RJ, Relator Ministro Reynaldo Soares da Fonseca, Quinta Turma, DJe de 21/6/2021.

CONCLUSÃO

O trabalho escravo contemporâneo é uma realidade, contra a qual o Brasil tem um compromisso em erradicar com a aplicação da legislação nacional, dos Tratados da Organização Internacional do Trabalho (OIT) e dos documentos internacionais de proteção aos Direitos Humanos.

O Poder Judiciário é um agente transformador desse triste quadro, a partir da garantia de direitos trabalhistas assegurados em condenações da Justiça da Trabalho e da aplicação de penas na seara criminal. Mas é preciso ações preventivas, com abordagem integrada e multidisciplinar do tema, principalmente em busca de soluções para diminuir as desigualdades sociais.

O governo, a sociedade civil e o setor empresarial devem assumir o compromisso contínuo e coordenado para a erradicação do trabalho escravo no Brasil e a garantia da proteção dos direitos trabalhistas e humanos, adotando ações coordenadas de valorização da educação e de geração de empregos, e, por conseguinte, afastando a vulnerabilidade das pessoas da camada mais pobre da população sujeito a essa prática tão cruel e desumana como é o trabalho escravo contemporâneo.

REFERÊNCIAS

BRASIL. *Constituição da República Federativa do Brasil*. Brasília, DF: Senado Federal: Centro Gráfico, 1988. Disponível em: [www.planalto.gov.br/ccivil_03/constituicao/constituicao.htm]. Acesso em: 03 maio 2024.

BRASIL. *Decreto 592, de 6 de julho de 1992*. Atos Internacionais. Pacto Internacional sobre Direitos Civis e Políticos. Promulgação. Disponível em: [www.planalto.gov.br/ccivil_03/decreto/1990-1994/d0592.htm]. Acesso em: 03 maio de 2024.

CÓDIGO PENAL – *Decreto-Lei 2.848, de 7 de dezembro de 1940*. Disponível em: [www.planalto.gov.br/ccivil_03/decreto-lei/del2848compilado.htm]. Acesso em: 03 maio 2024.

MIRAGLIA, LÍVIA E OUTROS. *Dados Internacionais de Catalogação na Publicação* (CIP) (Câmara Brasileira do Livro, SP, Brasil) Tráfico internacional de pessoas: crimes em movimento, justiça em espera [livro eletrônico]: relatório de avaliação de necessidades sobre o tráfico internacional de pessoas e crimes correlatos / Lívia Miraglia... [et al.]. Brasília, DF: OIM, 2022. PDF. Disponível em: [www.cnj.jus.br/wp-content/uploads/2022/12/trafico-internacional-de-pessoas-crime-em-movimento-justica-em-espera.pdf]. Acesso em: 03 maio 2024.

OIT. ORGANIZAÇÃO INTERNACIONAL DO TRABALHO. Normas Internacionais sobre Trabalho Forçado, 2023d. Disponível em: [www.ilo.org/brasilia/temas/trabalho-escravo/WCMS_393063/lang--pt/index.htm]. Acesso em: 03 maio 2024.

OIT. ORGANIZAÇÃO INTERNACIONAL DO TRABALHO. Trabalho Forçado, 2023. Disponível em: [www.ilo.org/brasilia/temas/trabalho-escravo/lang--pt/index.htm]. Acesso em: 03 maio 2024.

OIT. ORGANIZAÇÃO INTERNACIONAL DO TRABALHO. Convenção 29, 1930. Trabalho Forçado ou Obrigatório. Genebra, 1930. Disponível em: [www.planalto.gov.br/ccivil_03/_ato2019- 2022/2019/decreto/d10088.htm#anexo14]. Acesso em: 03 maio 2024.

OIT. ORGANIZAÇÃO INTERNACIONAL DO TRABALHO. Convenção 105, 1957. Trabalho Abolição do Trabalho Forçado. Genebra, 1957. Disponível 491 em: [www.planalto.gov.br/ccivil_03/_ato2019-2022/2019/decreto/d10088.htm#anexo25]. Acesso em: 03 maio 2024.

ORGANIZAÇÃO DAS NAÇÕES UNIDAS. Declaração Universal dos Direitos Humanos, 1948. Disponível em: [www.unicef.org/brazil/declaracao-universal-dosdireitos-humanos]. Acesso em: 03 maio 2024.

A NOVA ROUPAGEM DO ESPAÇO DE CONSENSO NO ÂMBITO DA LEI DE IMPROBIDADE ADMINISTRATIVA: O ACORDO DE NÃO PERSECUÇÃO CÍVEL

Humberto Dalla Bernardina de Pinho

Professor Titular de Direito Processual Civil na UERJ e na Estácio. Desembargador do Tribunal de Justiça do Estado do Rio de Janeiro.

Como[1] é de conhecimento geral, a tradição jurídica brasileira sempre teve alguma dificuldade em admitir soluções consensuais em sede de direitos indisponíveis, sobretudo aqueles que envolvem, o direito público.

Somente em 2002 o Supremo Tribunal Federal relativizou a regra da indisponibilidade absoluta do interesse público.[2] Na sequência, o STJ, em sede de compromisso de ajustamento de conduta, admitiu, expressamente, o cabimento de solução consensuada no plano material.[3]

Nesse sentido, a redação original do art. 17, § 1º, da Lei 8.429/1992 vedava a transação, o acordo ou a conciliação nas ações destinadas a se apurar a prática de ato de improbidade praticados por qualquer agente público. E nesse sentido vinha se posicionado o STJ[4], mesmo depois de sucessivas evoluções legislativas. Essa redação foi drasticamente

1. Artigo originalmente publicado na Revista Eletrônica de Direito Processual – REDP, v. 24, p. 181-204, 2022. Acesso em: [www.redp.com.br]. O Presente texto foi adaptado, revisto e atualizado a fim de incluir todas as recentes decisões vinculantes proferidas pelo Egrégio Supremo Tribunal Federal sobre a matéria, até maio de 2024, inclusive com a participação do Senhor Ministro André Mendonça, destinatário da singela homenagem prestada com essa coletânea.
2. "Poder Público. Transação. Validade. Em regra, os bens e o interesse público são indisponíveis, porque pertencem à coletividade. É, por isso, o administrador, mero gestor da coisa pública, não tem disponibilidade sobre os interesses confiados à sua guarda e realização. Todavia, há casos em que o princípio da indisponibilidade do interesse público deve ser atenuado, mormente quando se tem em vista que a solução adotada pela Administração é a que melhor atenderá à ultimação deste interesse". STF. Pleno. Recurso extraordinário 253-885-0/MG, Rel. Min. Ellen Gracie, DJ 21.06.02. Acórdão disponível na íntegra no site [www.stf.jus.br]. Acesso em: 12 dez. 2020.
3. "Processo civil – Ação civil pública por dano ambiental – Ajustamento de conduta – Transação do Ministério Público – Possibilidade. 1. A regra geral é de não serem passíveis de transação os direitos difusos. 2. Quando se tratar de direitos difusos que importem obrigação de fazer ou não fazer deve-se dar tratamento distinto, possibilitando dar à controvérsia a melhor solução na composição do dano, quando impossível o retorno ao status quo ante. 3. A admissibilidade de transação de direitos difusos é exceção à regra. 4. Recurso especial improvido". REsp 299.400/RJ, 2.a T., j. 01.06.2006, rel. Min. Francisco Peçanha Martins, rel. p/ acórdão Min. Eliana Calmon, DJ 02.08.2006. p. 229.
4. (...) 4. Na forma da jurisprudência do STJ, "tratando-se de ação de improbidade administrativa, cujo interesse público tutelado é de natureza indisponível, o acordo entre a municipalidade (autor) e os particulares (réus) não tem o condão de conduzir à extinção do feito, porque aplicável as disposições da Lei 8.429/1992, normal

alterada pela Lei 13.964/2019, que em seu § 10-A estabelecia que "havendo a possibilidade de solução consensual, poderão as partes requerer ao juiz a interrupção do prazo para a contestação, por prazo não superior a 90 (noventa) dias. (...)".

Registre-se que desde 2015 a Lei de Mediação, no art. 36, § 4º, já abria a possibilidade de, "nas hipóteses em que a matéria objeto do litígio esteja sendo discutida em ação de improbidade administrativa ou sobre ela haja decisão do Tribunal de Contas da União, a conciliação de que trata o caput dependerá da anuência expressa do juiz (...)", o que jogou novas luzes sobre a redação original do art. 17, § 1º, da Lei de Improbidade Administrativa.

Como argumento de reforço, podia-se apontar, ainda, o art. 26 da Lei de Introdução às Normas de Direito Brasileiro (Decreto-Lei 4657/1942), inserido pela Lei 13.655/2018, que traz previsão geral de um compromisso de adequação ao direito público. Dizia-se, a propósito, que as recentes modificações na Lei de Introdução às Normas do Direito Brasileiro teriam gerado a revogação tácita da redação original do art. 17, § 1º, já que a LINDB passou a prestigiar a eficiência administrativa, mediante ampla possibilidade de tomada de compromisso dos interessados (art. 26)[5].

Após o advento da Lei 12.846/2013 – Lei Anticorrupção –, a permissão de se firmar acordos de leniência apontava ainda mais claramente a possibilidade de flexibilização da vedação original constada do art. 17, § 1º.

Em 2019, com o advento da Lei 13.964/2019, a Lei 8.429/1992 foi finalmente explicitamente alterada, a fim de se garantir o cabimento de uma ferramenta consensual batizada de acordo de não persecução cível. O instituto teve clara inspiração no compromisso de ajustamento de conduta, embora o *nomen iuris* nos remeta intuitivamente à figura do acordo de não persecução penal, inserido no art. 28-A do CPP.

Ocorre que a Lei 14.230/2021 excluiu a ação de improbidade administrativa do microssistema da tutela coletiva e acabou por criar nova regulamentação para o ANPC.

Curiosamente, alguns dos dispositivos vetados foram repaginados e finalmente ingressam no ordenamento jurídico pelas mãos do legislador de 2021, ainda que com importantes alterações. Contudo, uma inovação importante e que não constava nas iniciativas legislativas anteriores merece ser ressaltada: a Lei 14.230/2021 opta por excluir a ação de improbidade do microssistema da tutela coletiva.

A Lei agora prevê, no art. 17, *caput*, a aplicação subsidiária das normas do Código de Processo Civil e não menciona mais a legislação da tutela coletiva como fonte suplementar (embora ainda refira a figura do inquérito civil no art. 22).

---

especial que veda expressamente a possibilidade de transação, acordo ou conciliação nos processos que tramitam sob a sua égide (art. 17, § 1º, da LIA)" (REsp 1.217.554/SP, Rel. Ministra Eliana Calmon, Segunda Turma, *DJe* 22/08/2013). (AgInt no REsp 1654462/MT, Rel. Ministro Sérgio Kukina, Primeira Turma, julgado em 07/06/2018, *DJe* 14/06/2018).

5. PINHO, Humberto Dalla Bernardina de; MAZZOLA, Marcelo. *Manual de mediação e arbitragem*. São Paulo: SaraivaJur, 2019. p. 192.

Nesse sentido, devemos reexaminar o ANPC, a partir de agora, com ênfase nas regras da especialidade.

Além da acidentada evolução legislativa e da mudança de premissas do legislador em curto espaço de tempo, outro ponto sensível é a verificação, em concreto, do princípio da proporcionalidade a fim de se determinar se a solução consensual é a mais indicada para o caso concreto. A determinação dos limites na negociação sobre os direitos tutelados no estatuto da improbidade consiste em desafio a ser enfrentado, sobretudo a partir dos parâmetros insculpidos no art. 3º da Lei de Mediação.

Dessa forma, nosso ordenamento contempla duas espécies de direitos: disponíveis e indisponíveis. Os primeiros são sempre transacionáveis; já os segundos podem ou não admitir autocomposição, sendo certo, contudo, que não podem ser objeto de renúncia. Os diretos indisponíveis podem ser, ainda, não transacionáveis. Nesses casos, haverá ou uma expressa norma proibindo o acordo, ou ainda violação a direito fundamental, o que torna inviável a solução consensual.[6]

Nesse caso, mesmo que as partes estejam de acordo, se o juiz entender que elas se excederam, e avançaram sobre matéria que não se encontra dentro de sua esfera de disposição, deverá recusar a homologação. Podemos dizer, então, que se for celebrado acordo sobre direito indisponível não transacionável, tal avença será nula de pleno direito. Por outro lado, na hipótese dos direitos indisponíveis transacionáveis, o acordo pode ser alcançado nas vias judicial ou extrajudicial, mas enquanto não for submetido ao crivo judicial não poderá produzir seus efeitos. Em outras palavras, a homologação é condição de eficácia do acordo.

Esses conceitos valem, a nosso ver, tanto para direitos individuais como coletivos, e se aplicam nos âmbitos público e privado. Assim sendo, mesmo que a Lei 14.230/2021 tenha criado um sistema autônomo para a matéria de improbidade, afastando as normas do universo da tutela coletiva, os parâmetros para autocomposição previstos na Lei 13.140/2015 e no Código de Processo Civil continuam sendo aplicáveis.

Outro ponto de atenção é o necessário tempo de amadurecimento, a fim de que a "cultura de pacificação"[7] passe a ser utilizada com mais frequência nessa matéria. Cumpre mencionar, ainda, a questão da necessária homologação judicial para acordos na sistemática da Lei 14.230/2021 (e mesmo a exigência da aprovação pelo Conselho Superior do Ministério Público no caso dos procedimentos extrajudiciais).

---

6. Para maiores considerações sobre essas modalidades, veja-se o seguinte texto: PINHO, Humberto Dalla Bernardina de. Diálogos sobre o Código de Processo Civil: Críticas e Perspectivas. In: PINHO, Humberto Dalla Bernardina de. *Limites e Possibilidade do Acordo em Direitos Indisponíveis*: Exame do Art. 3º, § 2º da Lei 13.140/2015. Santa Cruz do Sul: Essere nel Mondo, 2019. p. 169-178.
7. WATANABE, Kazuo. Política Judiciária Nacional de Tratamento Adequado dos Conflitos de Interesses – Utilização dos meios alternativos de resolução de controvérsias. In: SILVEIRA, João José Custodio da; AMORIM José Roberto Neves *et al. A Nova ordem das soluções alternativas de conflitos e o Conselho Nacional de Justiça*. Brasília, DF: Gazeta Jurídica, 2013. p. 227.

Por ser a tutela de improbidade matéria extremamente sensível, a homologação judicial é defendida, a fim de se alcançar um patamar mais elevado de segurança jurídica. Nesse passo, o acordo passará a ser blindado por sentença homologatória transitada em julgado, evitando-se toda sorte de questionamento cabível contra títulos extrajudiciais no caso de eventual execução.[8]

A questão era tormentosa antes da mudança legislativa de 2021. Por um lado, era possível invocar o argumento de que a homologação evitaria a possibilidade de um dos legitimados desejar o acordo e o outro ajuizar a demanda, hipótese que causaria profunda insegurança jurídica. Contudo, como se sabe, a legitimidade para as ações de improbidade administrativa, hoje, é privativa do Ministério Público.

A nova regra, não obstante a norma prevista no art. 32, § 3º, da Lei de Mediação que dispensa a homologação nas hipóteses de acordos envolvendo órgãos públicos, parece se afinar com a situação específica já regulamentada no art. 36, § 4º, da mesma Lei, consolidando, assim, o requisito da submissão da avença ao crivo judicial. É bem verdade que a compreensão de que homologação seria sempre necessária para se atribuir eficácia ao acordo, quando versar sobre direitos indisponíveis transacionáveis, poderia retirar a autonomia dos legitimados, além de ir de encontro à tendência universal da desjudicialização de conflitos.[9]

Obviamente a discussão se punha, antes da Lei de 2021, no plano do acordo alcançado na via extrajudicial apenas. Obtido o consenso no curso de ação de improbidade, a homologação judicial já seria sempre necessária, observado o disposto nos artigos 334, § 11, 515, II, e 487, III, "b", todos do CPC.

E aqui ponderamos não se tratar de atividade meramente homologatória. Como referimos acima, o magistrado tem discricionariedade para recusar a homologação do acordo, tanto nas hipóteses de vício formal como nas situações em que entenda se tratar de direito indisponível não transacionável (por exemplo, um acordo que admite ressarcimento parcial ao erário), aplicando-se o art. 334, § 11, do CPC, a *contrario sensu*.

Após tratar das principais regras processuais no art. 17 e seus vinte e um parágrafos, bem como revogar todas as disposições antes inseridas no art. 17-A, a nova Lei insere o art. 17-B de forma a cuidar especificamente do ANPC. Na primeira parte do art. 17-B encontramos a afirmação da legitimidade privativa do Ministério Público para a celebração no ANPC, mantendo coerência com a regra do art. 17, caput que prevê essa exclusividade para a propositura da ação de improbidade.

Ocorre que logo após a edição da norma, o Min. Alexandre de Moraes deferiu liminar em duas ADins a fim de determinar interpretação conforme a Constituição, e

8. Rafael Pereira, com propriedade, utiliza o termo sindicabilidade para designar a "realização de controle sobre ato anterior, apurando-se desde a legalidade até a legitimidade e o interesse público envolvido" (PEREIRA, Rafael. *Manual do acordo de não persecução cível*. Curitiba: Cei, 2020. p. 116.

9. PINHO, Humberto Dalla Bernardina de; VIDAL, Ludmilla Camacho Duarte. Primeiras reflexões sobre os impactos do novo CPC e da lei de mediação no compromisso de ajustamento de conduta. *Revista de Processo*, v. 256, ano 41, São Paulo: Revista dos Tribunais, jun. 2016. p. 405.

garantir a legitimidade concorrente da pessoa de direito público lesada, tendo em vista que o art. 129, § 1° da Carta de 1988 estabelece que a legitimidade do MP para ações de natureza cível é concorrente e não privativa[10]. A provisional foi confirmada pelo julgamento do Pleno[11] em 31 de agosto de 2022.

O ANPC poderá ser pactuado, na sistemática da nova lei, apenas com pessoas físicas, investigadas ou demandadas pela prática de atos de improbidade administrativa, assim definidos na Lei 8.429/1992. No sistema anterior, admitia-se a celebração do acordo também com pessoas jurídicas. No entanto, a regra agora contida no art. 3º, § 2º é clara no sentido de que pessoas jurídicas ficam excluídas do âmbito de incidência da lei de improbidade caso o ato seja sancionado também pela Lei Anticorrupção.[12] O acordo deve, ainda, prever obrigações certas, líquidas e exigíveis.

Ademais, o acordo só pode versar sobre imputação dolosa de ato de improbidade administrativa, observando-se os novos parâmetros de prescrição, ex nunc, na medida em que o STF, em sede de repercussão geral (Tema 1.199), portanto de forma vinculante, resolveu tais questões.[13]

Nesse sentido o ANPC deve ser compreendido como:

(i) negócio jurídico visando à aplicação célere e proporcional das sanções previstas na Lei de Improbidade; e

(ii) meio de obtenção de provas, desde que o beneficiado pela composição colabore efetivamente com as investigações ou o processo, dependendo do momento.

Essa dupla natureza jurídica já havia se consolidado no âmbito do acordo de colaboração premiada. Primeiro em sede jurisprudencial[14] e, depois, por força da evolução legislativa[15]. Com relação ao objeto, o ANPC pode ser total ou parcial, admitindo-se, na segunda hipótese, a deflagração ou continuação da ação de improbidade quanto ao pedido sobre o qual não houve consenso.

10. Decisão disponível em: https://portal.stf.jus.br/processos/detalhe.asp?incidente=6315635. Acesso em: 20 fev. 2022.
11. ADI 7042/DF, relator Min. Alexandre de Moraes, julgamento finalizado em 31.8.2022. ADI 7043/DF, relator Min. Alexandre de Moraes, julgamento finalizado em 31.8.2022. Informativo 1066 STF.
12. E, por óbvio, isso não significa a exclusão do espaço de consenso para as pessoas jurídicas. Podem elas celebrar com os órgãos legitimados o acordo de leniência, na forma do art. 16 da Lei 12.846/2013, como referido acima.
13. Com base nesses entendimentos, o Plenário, por unanimidade, ao apreciar o Tema 1.199 da repercussão geral, deu provimento ao recurso extraordinário para extinguir a ação, e, por maioria, acompanhou os fundamentos do voto do ministro Alexandre de Moraes (relator). Vencidos, parcialmente e nos termos de seus respectivos votos, os ministros André Mendonça, Nunes Marques, Edson Fachin, Roberto Barroso, Rosa Weber, Dias Toffoli, Cármen Lúcia, Ricardo Lewandowski e Gilmar Mendes.
14. HC 127483 / PR, Min. Dias Toffoli, Julgamento: 27/08/2015, Órgão Julgador: Tribunal Pleno. *DJe* 04-02-2016. Pet 7074/DF, rel. Min. Edson Fachin, julgamento em 21, 22, 28 e 29.6.2017. Informativo 870 STF. Pet 7074/DF, rel. Min. Edson Fachin, julgamento em 21, 22, 28 e 29.6.2017. Informativo 870 STF.
15. Lei 12.850/2013 com modificações introduzidas pela Lei 13.964/2019. art. 3º-A dispõe que o acordo de colaboração premiada é um "negócio jurídico processual e meio de obtenção de prova, que pressupõe utilidade e interesse públicos".

De toda sorte, o acordo deve ser sempre priorizado como forma mais adequada e otimizada para a resolução do conflito, desde que se constitua em meio mais vantajoso ao interesse público do que o ajuizamento da ação civil por ato de improbidade administrativa ou seu prosseguimento. Para tanto, dentre outros, devem ser observados os seguintes parâmetros:

a) duração média de processos dessa natureza;

b) a efetividade das sanções aplicáveis;

c) a maior proteção do erário e dos bens públicos.

Na segunda parte do art. 17-B, caput, o legislador nos apresenta as condições "não negociáveis" do acordo. Em outras palavras, enumeram-se, nos incisos desse dispositivo, as duas hipóteses que identificamos como direitos indisponíveis não transacionáveis, a saber:

(i) ressarcimento integral do dano causado; e

(ii) reversão da vantagem indevida obtida à pessoa jurídica lesada, mesmo que oriunda de agentes privados.

Cremos que a celebração de ANPC em discordância com uma dessas duas hipóteses acarretará a nulidade absoluta do ato. Por outro lado, permanece um leque bem razoável de possibilidades para as tratativas, levando-se em conta as possíveis sanções a serem aplicadas na sentença proferida na ação de improbidade, listadas no art. 12 da Lei 8.429/1992, também alterado pelo legislador de 2021. Observe-se que a lei menciona expressamente a "reversão" dos valores, razão pela qual será nula qualquer convenção no sentido de destinar a verba oriunda da "vantagem indevida" a outras instituições públicas ou privadas.

Questão sensível, e que já era objeto de debates antes da nova lei, diz respeito à possibilidade de inserção, dentre as cláusulas do ANPC de sanções mais intensas, como a perda da função pública ou a suspensão de direitos políticos.

No sistema antigo, alguns autores reputavam viável tal hipótese[16], remanescendo a discussão acerca da necessidade ou não de homologação judicial para dar eficácia ao avençado na seara extrajudicial. Na nova sistemática é necessário observar o art. 20 da Lei de Improbidade: "a perda da função pública e a suspensão dos direitos políticos só se efetivam com o trânsito em julgado da sentença condenatória".

Temos aqui uma possível controvérsia. Se optarmos por uma interpretação restritiva e literal, seremos forçados a concluir que apenas as sentenças impositivas condenatórias poderiam impor tais sanções. Esse raciocínio parece ser reforçado pela premissa de que a gravidade de tais penas enseja um processo com cognição exauriente, farta produção de provas e múltiplas oportunidades de defesa e recursos, até que se chegue ao trânsito em julgado. Por outro lado, desde o advento da Lei 9.099/1995, o ordenamento brasileiro

16. CASTRO, Renato de Lima. Acordo de Não Persecução Cível na Lei de Improbidade Administrativa. Disponível em: [www.mprj.mp.br/documents/20184/1904662/Renato_de_Lima_Castro.pdf]. Acesso em: 20 dez. 2021.

admite sentenças homologatórias condenatórias. A ideia perdura, na seara criminal, com os acordos de não persecução penal e colaboração premiada.

Embora a hipótese seja bem mais teórica do que prática, na medida em que não deve ser comum a intenção de o agente firmar ANPC renunciando à função pública, parece-nos que a expressão "sentença condenatória" no referido art. 20 deve ser compreendida em sentido amplo, abrangendo não só as decisões impositivas como também as homologatórias. Reforçando esse ponto de vista, vale ressaltar que não há restrição específica a tal cláusula no corpo da Lei.

Retornando ao exame do dispositivo, os sete parágrafos do art. 17-B trazem regras importantes acerca validade e eficácia da avença. O § 1º traz os seguintes requisitos:

O inciso I prevê a oitiva do ente federativo lesado, antes ou após a propositura da demanda. A regra é relevante na medida em que as pessoas jurídicas de direito público perderam, com a nova lei, a legitimidade para a propositura da ação de improbidade, mas conservaram seu protagonismo na Lei Anticorrupção (Lei 12.846/2013), especialmente para a celebração do acordo de leniência. Ademais, o ente lesado, mais do que qualquer outro ator processual, pode dimensionar a extensão do dano sofrido e o possível envolvimento de outros servidores públicos ou agentes privados no ato de improbidade.

A Lei não prevê, porém, prazo para manifestação e nem condiciona o acordo à anuência do lesado. Os incisos II e III preveem condições de eficácia para o acordo. Temos, aqui, três possíveis cenários:

a) o ANPC é celebrado antes da propositura da ação de improbidade.

Trata-se de consenso obtido na via administrativa pelo Ministério Público, sem que tenha havido, ainda, interferência judicial. Nesse caso, o inciso II exige a aprovação, no prazo de 60 dias, pelo órgão competente para apreciar a promoção de arquivamento do inquérito civil, ou seja, o Conselho Superior do Ministério Público, na forma do art. 9º da Lei 7.347/1985, combinado com o art. 30 da Lei 8.625/1993. Curiosamente, e rompendo com a tradição herdada da tutela coletiva, nessa hipótese o inciso III exige, ainda, a homologação judicial[17]. Aqui algumas observações se impõem.

Preliminarmente, cumpre registrar que não parece adequado estabelecer um paralelo entre controlar o arquivamento e aprovar o ANPC, até mesmo porque parcela doutrinária já se manifesta, há tempos, no sentido de que o TAC não deve ser remetido necessariamente ao Conselho Superior[18].

Superada essa questão, em razão da expressa opção legislativa, deve-se atentar à terminologia utilizada, a saber: "aprovação" pelo Conselho Superior e "homologação" judicial. Se o dispositivo for interpretado literalmente, o Conselho poderia apenas emitir

17. Não podemos deixar de observar certa contradição do legislador na medida em que, como visto acima, exclui-se a tutela da improbidade administrativa do microssistema da tutela coletiva, mas há referências expressas a termos como inquérito civil e órgão responsável por apreciar a promoção de arquivamento.

18. BASTOS, Fabricio Rocha. *Acordo de não persecução cível*. Salvador: Líber, 2021. p. 154.

juízo positivo ou negativo. Não poderia sugerir alterações nas cláusulas do acordo ou mesmo suprimir ou acrescer disposições.

Não concordamos com tal interpretação. O termo aprovação aqui deve ser lido de forma ampla. Não custa lembrar que, tradicionalmente, Membros do Conselho Superior atuaram por anos na tutela coletiva e/ou da improbidade, acumulando rica experiência na matéria. Além disso, como já ocorre há décadas no âmbito da tutela coletiva, o Conselho Superior, ao examinar promoção de arquivamento, pode recusar a homologação sem rejeitá-la expressamente, o que significa, na prática, a devolução dos autos ao promotor oficiante para que prossiga nas diligências faltantes antes de formar seu convencimento definitivo.

Desse modo, atentos à tradição ministerial, estamos em que, a despeito do silêncio do legislador, o Conselho Superior pode devolver o ANPC ao promotor oficiante alvitrando adição, subtração ou mesmo alteração nas cláusulas avençadas. Por óbvio, esse promotor, diante da garantia constitucional da independência funcional, poderá aquiescer ou não. Em caso negativo, deverá propor a competente ação de improbidade.

Outro ponto a ser ressaltado é o fato de que o início das tratativas para a celebração do ANPC pressupõe a existência de justa causa para a propositura da ação de improbidade. Não faria muito sentido, portanto, que diante da não aprovação do Conselho Superior e devolução para nova análise, o promotor simplesmente deixasse de propor a demanda e arquivasse o inquérito civil (art. 23, § 2º, da Lei 8.429/1992 com redação determinada pela Lei 14.230/2021).

Outra questão que pode surgir na prática é se o Conselho Superior pode promover, *ex officio*, ajustes no termo, desde que, obviamente, com a aquiescência do investigado e, então, remeter os autos a juízo para fins de homologação. Para tanto, teríamos que interpretar o termo "aprovação" de forma extensiva, abrindo, inclusive, a possibilidade de o órgão colegiado converter a decisão em diligências. De toda sorte, é desejável que essa hipótese seja regulamentada em ato normativo específico.

Embora não haja dispositivo explícito a respeito, a simples disposição das normas que exige a homologação judicial após aquela que trata da aprovação pelo Conselho Superior, parece apontar para a ideia de que essa providência deve ser encetada antes daquela. Não parece haver, contudo, contaminação no ato se houver inversão ou mesmo se ambas forem tomadas simultaneamente.

Por outro lado, não se pode excluir a interpretação literal de forma que o juiz, provocado com o pedido de homologação, venha a sobrestar o feito a fim de aguardar a aprovação do órgão ministerial. Em outras palavras, a aprovação funcionaria como condição de procedibilidade para a admissão do procedimento de jurisdição voluntária instaurado a fim de obter a homologação judicial (arts. 515, III c/c 725, VIII, do CPC).

Já se o magistrado entender por homologar o ANPC mesmo sem a aprovação do Conselho Superior, não poderá haver o trânsito em julgado dessa decisão até que aquela providência seja ultimada. De toda sorte, parece-nos, com a devida vênia, que a opção legislativa não foi a melhor. A exigência da dupla homologação tende a criar mais problemas do que soluções e um pretendido sistema mais austero, com duas camadas de controle, pode acabar por desincentivar o uso do ANPC. Talvez devesse o legislador ter reservado ao Conselho Superior a tarefa de reexaminar as promoções de arquivamento, cabendo ao magistrado o controle sobre a forma e o conteúdo do ANPC.

b) Chegamos ao segundo cenário: o ANPC é celebrado já no curso da ação de improbidade. Nessa hipótese a questão se mostra bem mais singela, havendo a necessidade, apenas, da homologação, o que simplesmente faz incidir a regra geral do art. 515, II, do CPC.

Contudo, o magistrado, nesse momento, poderá apenas conceder ou recusar a homologação. Não poderá impor emendar ao avençado pelas partes, aplicando-se, diante da omissão da lei de improbidade, o disposto no § 8º do art. 4º da Lei 13.850/2013, observada a restrição imposta pela Lei 13.964/2019, ou seja, nas hipóteses de acordo de colaboração premiada, o magistrado pode devolver a proposta de acordo; contudo, não pode mais "adequá-la ao caso concreto" como autorizava o dispositivo antes da modificação imposta pelo chamado "Pacote anticrime". Aliás, no mesmo sentido encontramos o art. 28-A, § 5º, do Código de Processo Penal, ao se referir ao acordo de não persecução penal.

Não obstante essas considerações e, novamente, ante o silêncio do legislador, nada impede o juiz de designar audiência especial, a fim de que, em conjunto com as partes, examine as cláusulas do acordo. Não seria propriamente uma audiência de conciliação (art. 334), nem de saneamento compartilhado (art. 357, § 3º) e nem de julgamento (art. 358). Apenas uma audiência cuja conveniência e oportunidade se insere dentre os poderes dos magistrados, especialmente diante do art. 139, V.

c) Finalmente, o terceiro cenário contemplado no § 4º, prevê o acordo celebrado após o decreto condenatório, durante a fase de cumprimento forçado da sentença. É importante observar que mesmo antes do advento da Lei 14.230/2021, o STJ[19] já admitia a celebração de acordo em fase recursal, mesmo após a sentença condenatória. Note-se, contudo, que na hipótese prevista no § 4°, devemos indagar se a execução é provisória ou definitiva. Na segunda modalidade terá que ser observado, necessariamente, o teor da decisão transitada em julgado, incluindo o grau e a intensidade das sanções aplicadas, o que deixará menor espaço para o acordo.

Estamos em que o objeto de decisão transitada em julgado constitui direito indisponível não transacionável. Seguindo adiante no exame das regras gerais, o § 2º do art. 17-B da Lei de Improbidade estabelece parâmetros para a celebração do acordo, a saber:

a) a personalidade do agente;

b) a natureza, circunstâncias, gravidade e repercussão social do ato de improbidade;

---

19. É possível acordo de não persecução cível no âmbito da ação de improbidade administrativa em fase recursal. AREsp 1.314.581/SP, Rel. Min. Benedito Gonçalves, Primeira Turma, por unanimidade, j. 23/02/2021. Informativo 686, STJ.

c) as vantagens, para o interesse público, da rápida solução do caso.

Temos, portanto, diretrizes subjetivas e objetivas, embora repousem elas sobre conceitos jurídicos indeterminados, que acabam por conferir grande dose de discricionariedade ao Ministério Público, para propor ou não o ajuste e, também, ao magistrado, para homologar ou não o termo. O dispositivo, cuja ausência foi sentida em razão do veto aposto às modificações preconizadas pela Lei 13.964/2019, lembra o art. 59 do Código Penal[20] e supre relevante lacuna então existente no âmbito da improbidade administrativa. A essas informações deve ser somada a exigência da oitiva do ente lesado, já mencionada no § 1º, inciso I, e do Tribunal de Contas (§ 3º)[21], que deverá indicar os parâmetros utilizados em sua manifestação, no prazo de 90 dias.

Observa-se, com isso, que as diligências que devem anteceder à formalização do ANPC não são simples e nem rápidas. Note-se que, com relação ao ente lesado, o legislador exige apenas a oitiva e não fixa prazo. Pode-se concluir, portanto, que eventual recusa de manifestação não obsta ao prosseguimento das tratativas, até mesmo porque sua manifestação pode ser colhida, posteriormente, quando da submissão à homologação judicial e o STF, como visto acima, restabeleceu sua legitimidade ativa para o ajuizamento da demanda de improbidade.

O § 5º prevê que as negociações para a celebração do ANPC ocorrerão entre o Ministério Público e o investigado/demandado e seu defensor. A norma, no entanto, foi tímida. Parece-nos aplicável, no que couber, o art. 3º-C da Lei 12.850/2013, com as alterações impostas pela Lei 13.964/2019.

Ponto relevante e sobre o qual o legislador não se manifestou diz respeito à necessidade ou não de o investigado/demandado confessar a prática do ilícito. Esse requisito está presente na colaboração premiada[22], no acordo de não persecução penal[23] e no acordo de leniência.[24]

Se partirmos da premissa, expressamente admitida pelo próprio legislador, e já referida acima, segundo a qual a lei de improbidade se insere no microssistema do direito administrativo sancionador, e que o § 6º do art. 17-B autoriza a adoção não só de mecanismos e procedimentos internos de integridade, de auditoria e de incentivo à denúncia de irregularidades, bem como outras medidas em favor do interesse público, bem como de boas práticas administrativas, parece razoável concluir que o acordo

20. Art. 59 – O juiz, atendendo à culpabilidade, aos antecedentes, à conduta social, à personalidade do agente, aos motivos, às circunstâncias e consequências do crime, bem como ao comportamento da vítima, estabelecerá, conforme seja necessário e suficiente para reprovação e prevenção do crime.

21. Contudo, o STF, em decisão liminar do Min. Alexandre de Moraes, proferida na ADI 7236, proposta pela Conamp, suspendeu a eficácia de mais dispositivos da LIA, entre eles o art. 17-B, § 3º. O julgamento do mérito foi iniciado, mas ainda não concluído. Maiores informações podem ser consultadas em https://portal.stf.jus.br/noticias/verNoticiaDetalhe.asp?idConteudo=537620&ori=1. Acesso em 14 jun. 2024.

22. Art. 3º-C da Lei 12.850/2013.

23. Art. 28-A, *caput*, do Código de Processo Penal.

24. Art. 16, § 1º, III, da Lei 12.846/2013.

pode conter como uma de suas cláusulas a admissão da prática do ato de improbidade administrativa.

Some-se a esse argumento o fato de que pode haver a celebração de ANPC e ANPP, como aliás já tem ocorrido na prática. Não se pode excluir, ainda, a possibilidade de celebração conjunta de ANPC e acordo de leniência (com a pessoa jurídica, como explicitado acima) ou mesmo de acordo de colaboração premiada.

Como já temos sustentado em outras oportunidades[25], vivenciamos um momento de crescimento exponencial dos espaços de consenso no âmbito dos direitos indisponíveis e não raras vezes pode haver sobreposição das instâncias. Nesse sentido, é imperioso que não haja colidência entre as normas que regem os respectivos instrumentos ou mesmo omissão que possa causar insegurança jurídica na aplicação conjunta deles. Ao contrário, se a intenção do legislador é incentivar a obtenção do consenso, o ordenamento deve garantir aos entes legitimados e aos cidadãos todas as ferramentas necessárias para tanto.

Caminhando para o fim da análise do art. 17-B encontramos o § 7º, que estabelece sanção para o descumprimento do ANPC, a saber, o impedimento para celebrar novo acordo pelo prazo de cinco anos, contado do conhecimento, pelo Ministério Público, do efetivo descumprimento. Novamente aqui se verifica relevante omissão legislativa: e se o investigado/demandado já tiver formalizado um ANPC anteriormente? Ou mesmo se houver celebrado ANPP ou acordo de colaboração premiada? Haveria algum impedimento à nova avença?

Se caminharmos pela via da interpretação literal, a resposta será negativa. Contudo, não parece razoável ofertar várias oportunidades de consenso ao mesmo agente que comete múltiplas infrações, mesmo que em outras esferas. Cabe lembrar o art. 17-B, § 2º referido acima no sentido de que a personalidade do agente é um dos fatores a serem avaliados no momento da celebração ou não do ANPC. Nesse passo, se optarmos por uma interpretação sistemática, veremos que no ANPP há regra específica impedindo a celebração daquele acordo caso o agente tenha sido beneficiado por outro ANPP, transação penal ou suspensão condicional do processo há menos de cinco anos.

Destarte, batendo novamente na tecla do necessário e saudável diálogo entre as fontes disciplinadoras dos espaços de consenso, parece razoável supor que, por interpretação extensiva, a mesma regra deve ser aplicável ao ANPC. Mesmo assim, restaria uma dúvida: haveria impedimento à celebração do ANPC apenas se o agente houvesse sido beneficiado por outro ANPC há menos de cinco anos ou se houver sido contemplado com qualquer outra modalidade de solução consensual na área criminal?

Cremos que não há uma resposta única para essa indagação. Novamente, o Membro do Ministério Público, atento às diretrizes do art. 17-B, § 2º, deverá avaliar todo o

25. Ver, por todos: PINHO, Humberto Dalla Bernardina de. O Consenso em Matéria de Improbidade Administrativa: Limites e Controvérsias em torno do Acordo de não Persecução Cível Introduzido na Lei 8.429/1992 pela Lei 13.964/2019. *Revista Interdisciplinar de Direito*, v. 18, p. 145-162, 2020.

conjunto de circunstâncias. Por exemplo: há três anos o agente aceitou transação penal por lesão corporal leve na direção de veículo automotor (art. 303 do Código de Trânsito Brasileiro). Não parece haver, em tese, impedimento à celebração de ANPC. Por outro lado, imagine-se que, há 4 anos, o mesmo agente celebrou ANPP e confessou a prática do delito de corrupção passiva, capitulado no art. 317 do Código Penal Brasileiro. Nesse caso, sua elegibilidade para um ANPC é, no mínimo, questionável.

Um bom parâmetro para essa situação pode ser investigar se o ato pretérito foi cometido no exercício das funções públicas ou não. Ainda assim, haverá grande dose de subjetivismo.

Veja-se, por exemplo, o caso dos crimes que causam forte clamor público, como os crimes contra a vida, crimes sexuais, contra menores, idosos ou em situação de violência doméstica. Essas figuras não estão relacionadas à "vida funcional" do agente; contudo, tais delitos dizem muito sobre sua personalidade e devem ser levados em consideração pelo órgão do Ministério Público. Reconhecemos, contudo, que a questão é bastante controversa.

Como visto, a legislação brasileira evoluiu muito nos últimos anos em matéria de acordos envolvendo direitos indisponíveis, especialmente na seara da improbidade administrativa. Este breve texto teve como objetivo principal mapear os principais aspectos dessa caminhada, bem como identificar questões controvertidas e apontar possíveis soluções.

REFERÊNCIAS

BASTOS, Fabricio Rocha. *Acordo de não persecução cível*. Salvador: Líber, 2021.

CASTRO, Renato de Lima. *Acordo de não persecução cível na lei de improbidade administrativa*. Disponível em: [www.mprj.mp.br/documents/20184/1904662/ Renato_de_Lima_Castro.pdf], Acesso em: 20 dez. 2021.

PEREIRA, Rafael. *Manual do Acordo de Não Persecução Cível*. Curitiba: Cei, 2020.

PINHO, Humberto Dalla Bernardina de. *Jurisdição e pacificação*: limites e possibilidades do uso dos meios consensuais de resolução de conflitos na tutela dos direitos transindividuais e pluri-individuais, Curitiba: CRV, 2017.

PINHO, Humberto Dalla Bernardina de. Acordos em litígios coletivos: limites e possibilidades do consenso em direitos transindividuais após o advento do CPC/2015 e da Lei de Mediação. *Revista Eletrônica de Direito Processual*, v. 19, p. 118-148, 2018.

PINHO, Humberto Dalla Bernardina de. Acordos materiais e processuais nas ações civis públicas fundadas em atos de improbidade administrativa. In: PINHO, Humberto Dalla Bernardina de. *Coletivização e unidade do direito*. Londrina: Toth, 2019a. p. 279-302.

PINHO, Humberto Dalla Bernardina de. Diálogos sobre o Código de Processo Civil: Críticas e Perspectivas. In: PINHO, Humberto Dalla Bernardina de. *Limites e possibilidade do acordo em direitos indisponíveis*: exame do Art. 3º, § 2º da Lei 13.140/2015. Santa Cruz do Sul: Essere nel Mondo, 2019b. p. 169-178.

PINHO, Humberto Dalla Bernardina de. O consenso em matéria de improbidade administrativa: limites e controvérsias em torno do acordo de não persecução cível introduzido na Lei 8.429/1992 pela Lei 13.964/2019. *Revista Interdisciplinar de Direito*, v. 18, p. 145-162, 2020.

PINHO, Humberto Dalla Bernardina de. *Manual de Direito Processual Civil Contemporâneo*. 4. ed. São Paulo: SarivaJur, 2022.

PINHO, Humberto Dalla Bernardina de; MAZZOLA, Marcelo. *Manual de Mediação e Arbitragem*. 2. ed. São Paulo: SaraivaJur, 2021.

PINHO, Humberto Dalla Bernardina de; MELLO PORTO, José Roberto Sotero de. *Manual de tutela coletiva*. São Paulo: Saraivajur, 2020.

PINHO, Humberto Dalla Bernardina de; VIDAL, Ludmilla Camacho Duarte. Primeiras reflexões sobre os impactos do novo CPC e da Lei de Mediação no compromisso de ajustamento de conduta. *Revista de Processo*, v. 256, ano 41, São Paulo: Revista dos Tribunais, jun. 2016. p. 405.

WATANABE, Kazuo. Política judiciária nacional de tratamento adequado dos conflitos de interesses – utilização dos meios alternativos de resolução de controvérsias. In: SILVEIRA, João José Custodio da; AMORIM José Roberto Neves et al. *A nova ordem das soluções alternativas de conflitos e o Conselho Nacional de Justiça*. Brasília, DF: Gazeta Jurídica, 2013. p. 219-232.

A VIRTUDE DA JUSTIÇA

Daniel Serpentino

Juiz de Direito do Tribunal de Justiça do Estado de São Paulo. Graduado em Direito pela Universidade de São Paulo. Especialista em Justiça Constitucional e Tutela Jurisdicional dos Direitos pela Universidade de Pisa. Mestre em *"Global Rule of Law and Constitutional Democracy"* junto à Universidade de Gênova. Doutor em Direito Empresarial pela Universidade Nove de Julho.

Sumário: Introdução – 1. A virtude da justiça – 2. Notas essenciais e definitórias da virtude da justiça – 3. Partes *integrais, subjetivas e potenciais* da virtude da justiça – 4. Justiça jurídica (e algumas notas sobre o julgamento, o juízo e a determinação do direito) – Referências.

Por ocasião[1] de sua sabatina na Comissão de Constituição, Justiça e Cidadania do Senado Federal, o Ministro do Supremo Tribunal Federal André Mendonça aludiu às milenares dificuldades relacionadas ao conceito de "justiça", afirmando seu compromisso de buscar a justiça perfeita e de não compactuar com a injustiça.[2] Ao final da sessão solene de sua posse como Ministro do Supremo Tribunal Federal, André Mendonça também declarou seu especial compromisso com a "justiça".[3]

Gostaríamos nós de, neste breve artigo, apresentar uma contribuição a respeito daquilo que, para a tradição filosófica e jurídica, tanto quanto podemos ver, compõe o quadro conceitual do que seja a "justiça" e, especialmente, daquilo que consubstancia a "virtude da justiça", anotando-se que – e neste sentido afirmara Aristóteles – nos conflitos, recorre-se ao juiz porquanto ele, de alguma forma, deve ser como a encarnação ou personificação da justiça.[4]

INTRODUÇÃO

Se a justiça reside "na ordem natural das coisas", que "consiste na reta disposição das coisas a seu fim ou segundo a ordem da criação"[5] – é dizer, "a justiça como realidade objetiva, desprendida da natureza das coisas (*rerum natura*) e de cada coisa (*natura rei*),

1. Texto-base para a conferência ministrada aos 15 de setembro de 2023, no Congresso "As virtudes humanas", realizado em pareceria com a União Internacional de Juristas Católicos e com a União Brasileira de Juristas Católicos, pelo Núcleo de Estudos de Direito Natural Clássico, instalado junto Programa de Pós-graduação, Pesquisa e Extensão do Centro Universitário Católico Ítalo-Brasileiro.
2. BRASIL. Senado Federal. TV Senado. CCJ sabatina André Mendonça indicado para vaga no STF. Disponível em: [www.youtube.com/watch?v=LeWqJ4yAVA4]. A partir de 3:03:27. Acesso em: 19 jun. 2024.
3. BRASIL. Supremo Tribunal Federal. Ministro André Mendonça toma posse no STF. Disponível em: [https://portal.stf.jus.br/noticias/verNoticiaDetalhe.asp?idConteudo=478526]. Acesso em: 18 jun. 2024.
4. Cfr. ARISTÓTELES. *Ética a Nicômaco*, Livro V, 1132a1, 20-25.
5. Veja-se, a propósito: VALLET DE GOYTISOLO, J. Bms. apud CANTERO, Estanislao: *El Realismo jurídico de Juan Bms. Vallet de Goytisolo*. Madrid: Marcial Pons, 2023. p. 117.

reconhecível pelos homens mediante o *sensum naturalis*, a *naturalis ratio* e a *aequitas naturalis*"[6], significando, em amplo sentido, harmonia, proporção, congruência[7], a medida segundo algo se "ajusta" –, logo se conclui que é Deus, causa e fim de todas as coisas, essa medida última.

São de fato muitas as passagens da Sagrada Escritura que destacam ser Deus o Justo e o Santo, a medida de todas as coisas. Também são muitas as passagens que indicam as dimensões teológicas da justiça e da santidade do justo[8] que – após a queda do pecado original (que lhe fez perder, e à sua posteridade, os dons preternaturais que lhe proporcionavam o "justo equilíbrio" do estado de "justiça original", é dizer, o "dom da integridade" e o "dom da graça habitual"[9]), ainda que submetido ao castigo e sem recuperar o "dom de integridade", por amor e misericórdia do Criador, é movido pela graça atual ao arrependimento dos pecados[10] e exortado à conversão e à justiça para que assim possa

6. VALLET DE GOYTISOLO, J. Bms. *Justicia moral e justicia jurídica*. Verbo, núm. 443-444 (2006). p. 174-175. (tradução nossa).
7. Cfr. GALVÃO DE SOUSA, José Pedro, GARCIA, Clóvis Lema e CARVALHO, José Fraga Teixeira de. *Dicionário de Política*. Rio de Janeiro: Ed. CDB, 2021. p. 524.
8. J. PIEPER destaca que as expressões "justo" e "justiça" aparecem mais de oitocentas vezes na Sagrada Escritura, equivalendo a "bom" e a "santo". Veja-se: PIEPER, Josef. Virtudes fundamentais. Trad. Narino e Silva e Beckert da Assumpção. Lisboa: Editorial Aster, 1960. p. 97. Ilustrativamente: "As obras de Deus são perfeitas, e todos os seus caminhos são justos. Deus é fiel, e sem nenhuma iniquidade, ele é justo e recto." (Deuteronômio 32, 4); "Com efeito, o Senhor é justo e ama a justiça; os homens rectos verão a sua face." (Salmos 10, 8); "A justiça abre o caminho para a vida, e a afeição ao mal conduz à morte." (Provérbios 11, 19); "A justiça exalta as nações; o pecado torna miseráveis os povos." (Provérbios 14, 34); "Se alguém ama a justiça, os frutos do seu esforço são virtudes. Ela ensina a temperança e a prudência, a justiça e a fortaleza, que é o mais útil que há na vida para os homens." (Sabedoria 8, 7); "A paz será a obra da justiça, o fruto da justiça será o sossego e a segurança para sempre." (Isaías 32, 17); "E os céus anunciam a sua justiça, porquanto o próprio Deus é o juiz." (Salmos 49, 6); "Tu és justo, Senhor, e o teu juízo é recto." (Salmos 118, 137); "Justo é o Senhor em todos os seus caminhos, santo em todas as suas obras." (Salmos 144, 17); "Peso justo e balança justa são do Senhor, e são obra sua todos os pesos do saco." (Provérbios 16, 11); "Por isso, assim como pelo pecado de um só, incorreram todos os homens na condenação, assim pela justiça de um só, recebem todos os homens a justificação que dá a vida." (Romanos 5, 18); "Negastes o Santo e o Justo, e pedistes o perdão para um homicida" (Atos dos Apóstolos 3, 14); "Bem-aventurados os que têm fome e sede da justiça, porque serão saciados." (São Mateus 5, 6); "Se sabeis que ele é justo, sabei também que todo aquele, que pratica a justiça, nasceu dele." (I São João 2, 29); "Filhinhos, ninguém vos seduza. Aquele que pratica a justiça, é justo, como também ele é justo." (I São João 3, 7); "E ouvi o anjo das águas, que dizia: 'Justo és, Senhor, que és e que eras, tu, o Santo, porque executaste estes juízos!" (Apocalipse 16, 5); "Nisto se distinguem os filhos de Deus dos filhos do demônio: todo o que não pratica a justiça, não é de Deus, e também não o é, o que não ama seu irmão" (I São João 3, 10); "porque fixou um dia em que há-de julgar o mundo conforme a justiça, por meio de um homem que destinou (para juiz), do que dá certeza a todos, ressuscitando-o dos mortos." (Atos dos Apóstolos 17, 31). Disponível em: [www.bibliacatolica.com.br/busca/biblia-matos-soares-1956/justi%C3%A7a] e [www.bibliacatolica.com.br/busca/biblia-matos-soares-1956/justo].
9. Quais sejam: o "dom de integridade" – que dispõe a natureza a receber a graça e, para torná-la mais apta a tanto, conferia-lhe a "ciência infusa", "o domínio das paixões" e a "imortalidade do corpo" -, e o próprio "dom sobrenatural da graça". Conforme afirma Tanquerey, "[o] conjunto desses dois dons forma o que se chama *justiça original*." (TANQUEREY, Pe. Adolphe. Compêndio de Teologia Ascética e Mística. Tradução de Dalton César Zimmermann. Ed. Ecclesiae, Campinas: CEDET, fev. 2018. p. 76-77). Para uma abordagem geral da temática: Ibidem, p. 73-85.
10. "Quando pela penitência os primeiros pais recobraram a graça, esta foi-lhes concedida privativamente, ou seja, como graça particular. Não puderam, pois, transmiti-la à posteridade. Estava reservado ao Messias, o novo Adão, que desde esse momento tornou-se cabeça do gênero humano, espiar os nossos pecados e instituir o sacramento da *regeneração*, para transmitir a cada batizado a graça perdida por Adão. Portanto, os filhos de Adão nascem

ser novamente santificado pela graça habitual, participação da vida divina, tornando ao estado de amizade com Deus. Redimido, restaurado e justificado o homem ao preço do Sangue e pelos méritos do Filho Único de Deus feito Homem (justiça perfeita e de valor moral infinito, sacrifício que se renova de forma incruenta em cada Santa Missa), pode valer-se do concurso dos sacramentos da Santa Igreja e das graças atuais, a fim de que, chegada a sua hora, logre a salvação, seu fim sobrenatural, com a consequente segurança na glória e posse do "Sumo Bem" que não se poderá perder. Indicam, com efeito, os Livros Sagrados os destinos escatológicos – visão beatífica ou morte (condenação) eterna – que aguardam, respectivamente, os justos e os ímpios – quando se cumprirá a justiça particular segundo a medida daquele que é o Justo. Para além disso, o juízo final, quando se perfará toda justiça.

É de fato o homem – animal racional, dotado de potência intelectiva, criado à imagem e semelhança de Deus -, capaz de, na ordem da graça, elevado por Deus à suprema dignidade de filho adotivo, participar de sua vida íntima e beatífica, não encontrando saciedade completa, felicidade e repouso fora Dele, Sumo Bem e Fim Último.[11]

Mesmo desobediente o homem, aprouve a Deus, em seu Infinito Amor e Misericórdia, resgatá-lo pelo Sangue de Seu Filho Único, Segunda Pessoa da Santíssima Trindade, que se fez homem e, Santo, Justo e Inocente, tomou sobre Si nossos pecados para merecer-nos a Salvação.

Que – e isto afirma S. Teresa de Jesus – em alguma medida "a alma do justo é nada menos que um paraíso onde o Senhor, como Ele mesmo diz, acha suas delícias"[12], concluímos porque na alma do homem justo está a graça santificante e habita a Trindade

---

privados da justiça original, isto é, da graça santificante e do dom da integridade. A privação dessa graça constitui o que se chama *pecado original*, pecado em sentido lato, que não supõe algum ato culpável de nossa parte, mas apenas um *estado de degradação*. Considerando ainda o fim sobrenatural a que continuamos destinados, é também uma *privação*, a falta de uma qualidade essencial que deveríamos possuir e, por conseguinte, uma *mancha* ou *deformidade moral* que nos exclui do reino dos céus. E, como *o dom da integridade* foi igualmente perdido, a concupiscência atormenta-nos; se firmemente não lhe opomos resistência, arrasta-nos para o pecado atual. Portanto, em comparação com o estado primitivo, encontramo-nos *decaídos e feridos*, sujeitos ao erro, inclinados ao mal, fracos para resistir às tentações." (Ibidem, p. 79).

11. RAMÍREZ, Santiago. *Pueblo y gobernantes al servicio del bien común*. Madrid: Euramerica, 1956. p. 10-11. Cito, ainda: "La filosofía reconoce este destino del hombre, que sólo puede consistir en su unión con Dios. Sólo Dios es causa propia del alma humana por creación directa e individual, y, por consiguiente, sólo Dios puede ser su último fin, ya que la causa eficiente y la causa final se corresponden mutuamente. El hombre nace naturalmente privado de toda perfección moral e intelectual, pero nace al mismo tiempo naturalmente capaz de ellas hasta su grado más perfecto en el conocimiento y el amor natural de Dios como primer principio y último fin de su propio ser, y naturalmente desea llegar a esa última perfección en ésta o en la otra vida. (...) La teología aprueba este juicio de la filosofía, pero la completa con nuevas luces y nuevos datos. Como hijo de Dios y hermano de Cristo, el hombre está destinado a una bienaventuranza superior, sobrenatural, que consiste en la visión intuitiva de Dios y en el amor correspondiente de caridad consumada y transformante: conocimiento y amor infinitamente superiores a los que naturalmente puede tener el hombre y el ángel y cualquier otra criatura imaginable, por alta y elevada que sea, y que ninguna pura criatura pudo barruntar ni sospechar. 'Ni el ojo vió, ni el oído oyó, ni vino al pensamiento del hombre lo que Dios tiene preparado paro los que le aman' (1 Cor. 2, 9)" (p. 19/21).

12. TERESA DE ÁVILA, Santa. Castelo interior ou Moradas. Trad. Carmelitas Descalças do Convento de Santa Teresa do Rio de Janeiro. Petrópolis, RJ: Vozes, 2014, p. 17.

Santíssima.[13] Daí o abismo da dignidade do homem que, para mais de sua natureza racional, de sua condição de pessoa, é resgatado para a filiação divina e para ser membro do Corpo Místico de Nosso Senhor Jesus Cristo, a Santa Igreja, uma dignidade que só pode ser bem divisada em sua magnitude quando se transcende suas dimensões ontológica e ética para compreender-se a grandeza de ser chamado à condição de *Imago Dei*, Imagem Viva de Deus.[14]

Royo Marín bem recorda que "[c]om frequência se emprega a palavra justiça na Sagrada Escritura como sinônimo de santidade: os justos são os santos", mas que, "em sentido estrito, como virtude especial, a justiça pode ser definida assim: A vontade constante e perpétua de dar a cada um o que lhe corresponde estritamente."[15] Também Tanquerey aponta para ambos os sentidos: "[a] palavra 'justiça', nas Escrituras, muitas vezes significa o conjunto das virtudes cristãs", a santidade: "Bem-aventurados os que têm fome e sede de justiça (Mt 5, 6)", bem assim que, "em seu sentido estrito (...) significa a virtude moral sobrenatural que inclina a vontade a dar constantemente aos outros tudo que lhes é estritamente devido".[16]

Em sentido lato, Galvão de Sousa, Lema Garcia e Teixeira de Carvalho apontam equivaler a justiça à perfeição moral:

> "A harmonia interior do homem, levando-o à observância da lei moral e à prática das virtudes, dele faz um homem justo. Neste caso, justiça equivale a perfeição moral. O santo, conforme a bíblia, é o varão justo, a que se referem os Salmos, os livros sapienciais e o Novo Testamento. E Platão (429-347 a.C.), reproduzindo os ensinamentos de Sócrates (470-399 a.C.) contra o relativismo dos sofistas, faz ver que a ação humana deve ter por ponto de apoio a invariabilidade e a indefectibilidade do ideal de justiça, do qual ressalta a efetiva ordenação do humano comportamento para o bem."[17]

Também Dip recorda essa acepção da justiça entendida "como o conjunto de todas as virtudes, ou seja, das intelectuais, das morais e até mesmo das teologais (fé, esperança e caridade)".[18]

E a "[v]irtude moral – assinala Dip – é o hábito que aperfeiçoa os apetites humanos, tanto o racional (vontade), quanto os sensitivos (apetite irascível e apetite concupiscível)."[19]

Tenhamos em mente, desde logo, conforme expõe Tanquerey, que a virtude moral da justiça – e isto também se dá com as demais virtudes (com exceção das teologais que, conquanto se possa naturalmente dispor-se a elas, são sempre infusas) – pode ser

13. Sobre a habitação Trinitária, confira-se TANQUEREY, Pe. Adolphe. *Compêndio de Teologia Ascética e Mística* cit., p. 86 e ss. Ainda: ROYO MARÍN, Antonio. *Ser ou não ser santo ... eis a questão*: compêndio da obra *Teología de la perfección cristiiana*. Trad. Ricardo Harada. 2. ed. Campinas, SP: Ecclesiae, 2018. p. 91/96. Diz este último: "*Presença de inabilitação.* É a presença especial que estabelece Deus, uno e trino, na alma justificada pela graça."
14. Reportamo-nos a DIP. Ricardo. *Os direitos humanos e o direito natural. De como o homem Imago Dei se tornou Imago Hominis*. São Luís: Livraria Resistência Cultural Ed., 2022.
15. ROYO MARÍN, Antonio. *Ser ou não ser santo* cit., p. 183.
16. TANQUEREY, Pe. Adolphe. *Compêndio de Teologia Ascética e Mística* cit., p. 421.
17. Cfr. GALVÃO DE SOUSA, José Pedro, GARCIA, Clóvis Lema e CARVALHO, José Fraga Teixeira de. *Dicionário de Política*. Rio de Janeiro: Ed. CDB, 2021. p. 524.
18. DIP, Ricardo. *Abc do direito natural*. São Paulo: Editorial Lepanto, 2020. p. 123.
19. Ibidem, p. 127. Veja-se: AQUINO, S. Tomás. ST, II-II, q. 58, art. 4.

naturalmente adquirida[20] ou infusa[21] por Deus, na alma do homem justo, com a graça habitual, crescendo a virtude moral infusa (em perfeição e atividade) na medida do crescimento da graça habitual (o que se dá pela recepção dos sacramentos, pela prática de boas obras e da oração), debilitando-se seu exercício, por outro lado, pelos pecados veniais cometidos, ou perdendo-se pelo pecado mortal, porquanto ligadas à virtude infusa da caridade, muito embora possa a facilidade habitual adquirida para certos atos virtuosos subsistir, imperfeitamente, após a perda da virtude infusa.

1. A VIRTUDE DA JUSTIÇA

Gostaríamos de algo tratar, em apertada e, certamente, lacunosa exposição, da virtude humana da justiça, com suas notas essenciais ou características definitórias e suas partes (integrais, subjetivas e potenciais); após, e particularmente, abordar-se-á algo da justiça jurídica, pelo que se espera, ao final, poder ofertar-se um quadro que, embora esquemático e deficiente, permita ao menos um olhar geral sobre o assunto.

Na definição de Ulpiano, constante do Digesto, que viria a ser adotada por S. Tomás, "Justiça é a vontade constante e perpétua de atribuir a cada um o que é seu".[22]

Galvão de Sousa, Lema Garcia e Teixeira de Carvalho recordam que, considerada a justiça como virtude, em sentido estrito,

> "(...) justiça é, segundo a famosa definição de Ulpiano (século III), 'a vontade constante e perpétua de dar a cada um o que é seu' (*Justitia est constans et perpetua voluntas jus suum cuique tribuendi*, D. 1,1,10, pr.). O *suum cuique* – o devido a cada um – especifica a justiça e constitui seu objeto próprio. A definição refere-se ao *jus*, expressando com este termo o direito no seu sentido originário, o objeto da justiça, o que é estritamente devido a alguém."

DIP, alinhado à mesma tradição, faz eco:

> "A justiça, em sentido estrito, é a virtude cardeal e moral de dar a cada um o que é seu. O objeto da justiça é o direito, que consiste exatamente no *suum* indicado na célebre definição que acerca da *iustitia* formulou Ulpiano: *constans et perpetua voluntas suum cuique tribuere* -a constante e permanente vontade de dar a cada um o que é seu. Assim, a justiça é o hábito prático do bem devido a outro -*habitus operativus ad bonum alterius.*"[23]

Definições essas expressas em linha com S. Tomás, o qual, sequencialmente a Ulpiano, deu-nos a definição precisa da justiça como virtude[24]: "a justiça é a vontade constante e perpétua de dar a cada um o seu direito".[25]

---

20. Pela repetição dos atos até a aquisição do hábito que melhor dispõe o trânsito da potência ao ato, facilitando a prática do bem.
21. Sobre as virtudes infusas (tanto as teologais como as morais), que pela origem, modo de exercício e fim, distinguem-se das naturalmente adquiridas, veja-se TANQUEREY, Pe. Adolphe. *Compêndio de Teologia Ascética e Mística* cit., p. 98-99 e 408-412.
22. Digesto, 1,1,10.
23. DIP, Ricardo. *Abc do direito natural.* São Paulo: Editorial Lepanto, 2020. p. 123.
24. AQUINO, S. Tomás. ST, II-II, q. 58, art. 3, resp.
25. AQUINO, S. Tomás. ST, II-II, q. 58, art. 1.

Seja como virtude infusa, seja naturalmente adquirida[26], "[a] justiça – sublinha Tanquerey – reside na vontade e regula nossos deveres estritos para com o próximo", de modo que "faz reinar a ordem e a paz tanto na vida particular como social", "faz com que prevaleça a honestidade nos negócios, reprime a fraude, defende os direitos dos pequenos e humildes, põe freios à ambição e à injustiça dos fortes e assim estabelece ordem na sociedade."[27]

Diferentemente da temperança e da fortaleza (com a justiça e a prudência, completam as chamadas virtudes cardeais), que têm sua sede no apetite sensível (concupiscível e irascível), a justiça tem por sede o apetite intelectual (vontade), sendo capaz de atingir o bem universal que a inteligência pode apreender.[28]

Trata-se, pois, de uma das quatro virtudes cardeais, participando das demais e permitindo a conexão entre elas. Conforme recorda DIP, se todo ato virtuoso supõe a retidão, é a justiça uma virtude fundamental, é dizer, dá fundamento às demais virtudes.[29] Tendo sua sede no apetite racional (vontade) e ordenando o homem virtuoso em suas relações com outrem, tem preeminência sobre as demais virtudes morais.[30] Como virtude moral, integrante da moral individual e também da social (Santiago RAMÍREZ[31]), retifica a vontade para um melhor trânsito da potência ao ato para perfeição daquele que age conforme todo o seu "ser", tanto dos atos propriamente humanos ordenados ao bem devido a outrem (a supor a alteridade) segundo uma medida objetiva e certa proporção/igualdade, é dizer, o bem que é realizado pela obra (*bonum operis*), quanto daquele que o realiza (*bonum operantis*), aperfeiçoando e ordenando nossas relações com Deus e com o próximo (Royo Marín).[32]

2. NOTAS ESSENCIAIS E DEFINITÓRIAS DA VIRTUDE DA JUSTIÇA

Quanto às suas notas essenciais ou características definitórias, esclarece Royo Marín[33], apoiado em S. Tomás, que se trata de uma "determinação" da *vontade*, entendida a vontade não como a potência mesma em que reside o hábito da justiça, mas como a que designa o ato (embora possamos falar no hábito ou qualidade que aperfeiçoa a potência, permitindo um melhor trânsito da potência ao ato), e que "[*a*] palavra *constante* designa a

26. "Se a justiça natural já é excelente, quanto mais a justiça *cristã*, que é uma participação da justiça do próprio Deus." (TANQUEREY, Pe. Adolphe. *Compêndio de Teologia Ascética e Mística* cit., p. 421).
27. Ibidem, p. 421.
28. Cfr. AQUINO, S. Tomás. ST, II-II, q. 58, art. 5, quanto à objeção 3ª.
29. DIP, Ricardo. *Abc do direito natural* cit., p. 125.
30. AQUINO, S. Tomás. ST, II-II, q. 58, art. 11, resp..
31. RAMÍREZ, Santiago. *Pueblo y gobernantes al servicio del bien común*. Madrid: Euramerica, 1956. p. 10-11; Cito, ainda: "la moral social o política, en el orden natural o puramente filosófico, es una ciencia esencialmente distinta de la moral individual, ya que ambas, la individual y la social, son dos especies distintas de la filosofía moral plenariamente dicha, que es como su género próximo (cf. In I Ethic,lect. 1, n. 6; In X Ethic-, lect. 16, n. 2180; In libros Politic, prooem. nn. 7-8; 2-2, q. 47, a. 11, Sedcontra). La política no está fuera de la moralidad, como la sociedad no está fuera de la humanidad. El hombre no deja de serlo por vivir en sociedad, y la moralidad no deja de serlo por extenderse a la vida política del hombre."
32. ROYO MARÍN, Antonio. *Ser ou não ser santo* cit., p. 185.
33. Ibidem, p. 183-184.

perseverança firme no propósito; e a expressão *perpétua*, a intenção de guardá-la sempre." Para mais, exige a "*alteridade*" ("*dar a cada um*, ou seja, ao nosso próximo"), o que "*se deve*" (a não se confundir com um ato de liberalidade ou com a esmola) "*estritamente*" ("nem mais nem menos do que se deve").

Da definição de justiça como virtude extrai Royo Marín, assim, suas "três notas típicas ou condições [essenciais] da justiça propriamente dita": *alteridade* ("se refere sempre a outra pessoa, não a si mesmo"), *direito estrito* ("não é um presente, mas algo devido estritamente") e *adequação exata* ("nem mais nem menos do que o devido").

III.1 – Alteridade

Sublinhe-se, com S. Tomás, a nota da *alteridade*:

> "Entre as demais virtudes, é próprio à justiça ordenar o homem no que diz respeito a outrem. Implica, com efeito, uma certa igualdade, como o seu próprio nome indica, pois se diz comumente: o que se iguala *se ajusta*. Ora, a igualdade supõe relação a outrem. As demais virtudes, ao contrário, aperfeiçoam o homem somente no que toca a si próprio."[34]

Também ressaltam Galvão de Sousa, Lema Garcia e Teixeira de Carvalho a nota da *alteridade* da justiça, o que aponta para o seu caráter de virtude social por excelência.

> "(...) a particularidade de supor necessariamente a *alteridade*, isto é, uma relação *ad alterum*, uma relação de homem para homem. Por isso mesmo, é a virtude social por excelência, dela dependendo a ordem na sociedade e a paz daí resultante (*Opus justitiae pax*: a paz é obra da justiça, Isaías, 32, 17)."[35]

III.2. – Débito estrito

Quanto ao *débito estrito*, se, como já dito, consiste a justiça na vontade constante e perpétua de dar a cada um o que é seu, aquilo que é devido a outrem, logo se compreende que é o direito – a própria coisa justa (*ipsa res iusta*) devida – o objeto da justiça. Ensina S. Tomás:

> "Em consequência, o nome de justo, que caracteriza a retidão que convém à justiça, dá-se àquilo que a ação da justiça realiza, sem levar em conta a maneira de proceder de quem age. Nas outras virtudes, ao contrário, a retidão é determinada tão somente pela maneira de proceder de quem age. Eis por quê, de modo especial e acima das outras virtudes, o objeto da justiça é determinado em si mesmo e é chamado justo. Tal é precisamente o direito. Torna-se, assim, manifesto que o direito é o objeto da justiça."[36]
>
> (...)
>
> "Como já foi dito, o direito ou o justo vem a ser uma obra ajustada a outrem, segundo certo modo de igualdade. Ora, isso pode realizar-se de duas maneiras: 1. em virtude da natureza mesma da coisa. Por exemplo, se alguém dá tanto para receber tanto; isso se chama o direito natural. – 2. por convenção ou comum acordo. Por exemplo, quando alguém se dá por satisfeito de receber tanto. O que se pode dar de dois modos: primeiro, por uma convenção particular, quando pessoas privadas firmam entre

34. AQUINO, S. Tomás. ST, II-II, q. 57, art. 1, resp., e, q. 58, art. 2.
35. Cfr. GALVÃO DE SOUSA, José Pedro, GARCIA, Clóvis Lema e CARVALHO, José Fraga Teixeira de. *Dicionário de Política*. Rio de Janeiro: Ed. CDB, 2021. p. 525.
36. AQUINO, S. Tomás. ST, II-II, q. 57, art. 1, Resp, e q. 58, art. 11.

si um pacto; segundo, por uma convenção pública, quando todo o povo consente que algo seja tido como adequado ou proporcionado a outrem, ou assim o ordena o príncipe, que governa o povo e o representa. Isso se chama direito positivo."[37]

Observe-se o dito por S. Tomás, dada a manifesta importância da questão em tempos em que grassa o voluntarismo:

"[D]eve-se dizer que a vontade humana, por uma convenção comum, pode tornar justa uma coisa entre aquelas que em nada se oponham à justiça natural. Tal é o lugar do direito positivo. Daí, o que diz o Filósofo: 'O justo legal é aquilo que, antes, não importava ser de um ou de outro modo; porém, importa, sim, depois de estabelecido.' Mas, se algo, de si mesmo, se opõe ao direito natural não se pode tornar justo por disposição da vontade humana. Se, por exemplo, se decretasse que é lícito roubar ou cometer adultério."[38]

Reforce-se, com Dip e Royo Marín, que o justo – ou direito – é o bem, não qualquer, mas o que se especializa como bem devido a outrem, e que, como dito, é o objeto da virtude da justiça.[39]

Na linha do quanto aqui se vai expondo e conforme bem recorda Dip, "[t]anto o direito natural, quanto positivo são matéria da virtude da justiça, porque, em ambos, o de que se trata, *a parte obiecti*, é de dar a cada um o que é seu."[40]

Em sentido estrito, portanto, "[a] justiça pressupõe o direito"[41], cujo analogado principal é a "própria coisa justa", aquilo que a cada um é devido. Mas, se tomado o direito como *ars boni et aequi* (como a arte de conhecer e realizar concretamente o bom e o equitativo, como "a arte de discernir o que é justo")[42] e a jurisprudência como *iusti atque iniusti cientia* (ciência do justo e do injusto), a justiça despontará, por este ângulo, como meta ou fim do direito.[43]

III.3. – Adequação exata

A virtude da justiça, tal como se dá com as demais virtudes morais, consiste em um termo médio, mas ao contrário do que esse dá com essas outras virtudes, na justiça o termo médio é tomado das coisas (em relação às pessoas), não das pessoas. Diz S. Tomás:

"As outras virtudes morais têm por objeto principalmente as paixões, cuja retificação leva em conta o próprio homem movido pelas paixões, enquanto se irrita ou deseja como deve, nas diversas circunstâncias. Eis por quê, o meio-termo, próprio a essas virtudes, não se aprecia segundo a proporção de uma coisa a outra, mas em relação ao sujeito virtuoso mesmo. Portanto, nelas o meio-termo depende apenas da razão em referência a nós. Ao contrário, a matéria da justiça é a ação exterior, que por ela mesma ou pela realidade que utiliza, tem uma proporção devida com outra pessoa. Por isso, o meio-termo da justiça consiste em certa igualdade de proporção da realidade exterior com a pessoa

37. AQUINO, S. Tomás. ST, II-II, q. 57, art. 2, Resp.
38. AQUINO, S. Tomás. ST, II-II, q. 57, art. 2, quanto à objeção 2ª.
39. DIP, Ricardo. *Abc do direito natural* cit., p. 121-122.
40. Ibidem, p. 120.
41. PIEPER, Josef. *Virtudes fundamentais* cit., p. 73.
42. AQUINO, S. Tomás. ST, II-II, q. 57, art. 1, quanto à objeção 1ª.
43. Veja-se, em similar sentido: VALLET DE GOYTISOLO: *La justicia jurídica y sus clases*. Verbo, núm. 445-446 (2006). p. 445.

exterior. Ora a igualdade é realmente o meio-termo entre o mais e o menos, como diz Aristóteles. Logo, a justiça comporta um meio-termo real."[44]

Vimos que a justiça supõe uma *adequação exata*, é dizer, a realização da justiça, estritamente entendida, supõe seja dado nem mais nem menos do que é devido a outrem, mas a medida exata do que se deve dar. Se é dado menos, tem-se a injustiça. Se é dado mais, não se tem injustiça, mas, no que sobeja, pratica-se não a justiça em sentido estrito, mas a liberalidade ou esmola.

3. PARTES *INTEGRAIS, SUBJETIVAS* E *POTENCIAIS* DA VIRTUDE DA JUSTIÇA

Interessa-nos, neste momento, sem prejuízo de considerações sobre a correlação evidente entre realidades muito próximas (justiça, lei, direito, política, bem comum etc.) e tanto quanto nos pareça possível, continuarmos atados ao tema central desta breve exposição, que é o da virtude da justiça, particularizando, após, conforme já se fez alhures notar, a especificação de uma justiça jurídica.

IV.1 – Partes integrais da virtude da justiça

Conforme recorda DIP, com apoio em Garrigou-Lagrange:

"As criaturas, apetecendo suas próprias perfeições, apetecem, na verdade, o bem absoluto, que é Deus, porque, é ainda lição de S. Tomás, essas perfeições são semelhanças (participações) do ser divino, ou, noutras palavras do bem divino, porque o bem é uma modalidade do ser, aquilo que é, em cada coisa, a perfeição que a faz digna de estima".[45]

Diz S. Tomás:

"Se falamos do bem e do mal em geral, fazer o bem e evitar o mal pertence a toda virtude. Nesse sentido, não se trata de partes da justiça, a não ser que se entenda a justiça como *toda virtude*. Assim entendida, a justiça se refere a uma razão especial de bem, a saber, o que é devido em referência à lei divina e humana."[46]

E especifica:

"Mas a justiça, considerada como virtude especial, se refere ao bem como dívida para com o próximo. Nesse caso, pertence à justiça especial fazer o bem ao próximo e evitar o mal oposto, isto é, aquilo que prejudica o próximo. Ao passo que à justiça geral compete fazer o bem enquanto é devido à sociedade ou a Deus, e evitar o mal contrário."[47]

Mais uma vez valemo-nos de S. Tomás[48] e Royo Marín[49] para apontar que duas coisas há que exigem a justiça considerada em toda a sua extensão, o que se identifica, portanto, com suas *partes integrais*: *fazer o bem* (não qualquer, mas o devido a outrem,

44. AQUINO, S. Tomás. ST, II-II, q. 58, art. 10, resp.
45. DIP, Ricardo. *Abc do direito natural* cit., p. 121.
46. AQUINO, S. Tomás. ST, II-II, q. 79, resp.
47. Ibidem.
48. AQUINO, S. Tomás. ST, II-II, q. 79, resp.
49. ROYO MARÍN, Antonio. *Ser ou não ser santo* cit., p. 198-201.

é dizer, ao próximo e à sociedade) e *evitar o (apartar-se do) mal* (não qualquer, mas o nocivo a outrem, é dizer, ao próximo e à sociedade). Sem quaisquer destas partes *integrais*, a justiça estará deficiente ou imperfeita, porquanto

> "convém à justiça [...] estabelecer a igualdade no que toca às relações com o outro. Mas, é à mesma justiça que compete estabelecer algo e mantê-lo assim estabelecido. Ora, a igualdade da justiça se estabelece fazendo o bem, a saber, dando a outrem o que lhe é devido; e mantém-se essa igualdade, evitando o mal, isto é, não causando nenhum dano ao próximo."[50]

Bem se vê o nexo entre o hábito da justiça (que retifica a vontade) e o hábito dos primeiros princípios do intelecto prático (sindérese), entre o agir com justiça e a apreensão do primeiro princípio da lei natural, que regula toda a ordem prática: agir/fazer/perseguir o bem e evitar o mal.[51]

No âmbito do direito e da justiça, a vontade é retificada pelo hábito de fazer o bem, que não é qualquer, mas o devido a outrem, e o evitar o mal, que não é qualquer, mas o nocivo a outrem. Uma especificação, conforme realça Dip, com apoio em Royo Marín, do bem como justo: "[o] justo é um bem, não qualquer, mas o devido a outrem (o que abarca a ideia do débito de evitar o mal, não o qualquer, mas nocivo a outrem – cf. Royo Marín.)".[52]

IV.2 – Partes *subjetivas* da virtude da justiça

Enfocada em suas partes *subjetivas*, desde Aristóteles[53] (passando por S. Tomás[54]) é clássica a distinção do gênero justiça em duas espécies principais: a primeira, chamada justiça *geral* ou *legal*, enquanto imediatamente ordenadora dos atos de todas as virtudes ao bem comum (um critério qualitativo, não quantitativo), preceitua que cada um dê à sociedade o devido ("vai do indivíduo para a sociedade, dada a obrigação de todos de concorrerem para o bem comum", relação "da parte para o todo"[55]); a segunda, chamada *particular*, que ordena imediatamente o homem no que diz respeito ao bem de outrem e exige que se dê aos indivíduos o que lhes é devido, subdivide-se em *distributiva* ("é a que

50. AQUINO, S. Tomás. ST, II-II, q. 79.
51. S. Tomás expõe em célebre passagem de sua obra: ".... como o ente é o primeiro que cai na apreensão de modo absoluto, assim o bem é o primeiro que cai na apreensão da razão prática, que se ordena à obra: todo agente, com efeito, age por causa de um fim, que tem a razão de bem. E assim o primeiro princípio na razão prática é o que se funda sobre a razão de bem que é 'Bem é aquilo que todas as coisas desejam'. Este é, pois, o primeiro princípio da lei, que o bem deve ser feito e procurado, e o mal, evitado. E sobre isso se fundam todos os outros preceitos da lei da natureza, como, por exemplo, todas aquelas coisas que devem ser feitas ou evitadas pertencem aos preceitos da lei de natureza, que a razão prática naturalmente apreende ser bens humanos. Porque o bem tem razão de fim, e o mal, razão do contrário, daí e que todas aquelas coisas para as quais o homem tem inclinação natural, a razão apreende como bens, e por consequência como obras a ser procuradas, e as contrarias dessas como males a serem evitados." (AQUINO, S. Tomás. ST, I-II, q. 94, a. 2, resp.).
52. Ibidem, p. 120.
53. ARISTÓTELES. *Ética a Nicômaco*, Livro V, 1129 b, 1130b-1134.
54. A distinção entre justiça como virtude geral e particular (compreendendo a distributiva e a comutativa) é também exposta por S. Tomás: AQUINO, S. Tomás. ST, II-II, q. 58, artigos 5 a 8, e q. 61. Sobre a restituição/reparação, veja-se a q. 62.
55. Cfr. GALVÃO DE SOUSA, José Pedro, GARCIA, Clóvis Lema e CARVALHO, José Fraga Teixeira de. *Dicionário de Política*. Rio de Janeiro: Ed. CDB, 2021. p. 525-526.

parte da sociedade para os indivíduos, no concernente à distribuição dos encargos ou dos benefícios", relação "do todo para a parte"[56], e, com sua pauta da igualdade geométrica ou de proporção das coisas às pessoas, exige de quem pela sociedade esteja incumbido da distribuição/repartição do bem comum faça-o de modo proporcional à dignidade, mérito e necessidades de cada um [conformidade das coisas às pessoas], dando a cada um o seu)[57], e *comutativa/corretiva* ("é a que se dá nas relações interindividuais"[58], intercâmbios voluntários [compra e venda, empréstimo, locação etc.] ou involuntários [furto, homicídio, difamação etc.], "de parte para parte", e, com sua pauta da igualdade aritmética, que está na própria coisa devida, exige que cada particular dê ao outro o que lhe deve, uma restituição/reparação, uma igualdade de compensação, por vezes não perfeitamente igual e não necessariamente material, e que algumas vezes não se esgota na reparação, exigindo a culpa o remédio da pena[59] [independentemente da vontade do autor do delito e, neste específico aspecto da pena, implicando igualdade geométrica, porquanto leva em consideração a qualidade do sujeito]).

Anote-se, ainda, que "[a] justiça completa-se pela equidade, sendo esta um corretivo da justiça legal, no dizer de Aristóteles (*Ética a Nicômaco*, livro V, 1137 b)".[60] Expõe S. Tomás que "foi sempre impossível instituir uma regra legal que fosse absolutamente sem falhas e abrangesse todos os casos" e que, "em alguns casos, observar rigidamente a lei vai contra a igualdade da justiça, e contra o bem comum que a lei visa". A equidade ou epiqueia[61] está, assim, contida no justo natural e, virtude e parte subjetiva da justiça

56. Ibidem, p. 525-526.
57. Sobre os vícios opostos às diferentes partes da justiça, sublinhe-se a discriminação das pessoas, que se opõe à justiça distributiva, e os pecados que se opõe à justiça comutativa: AQUINO, S. Tomás. ST, II-II, questões 63 e ss.
58. Cfr. GALVÃO DE SOUSA, José Pedro, GARCIA, Clóvis Lema e CARVALHO, José Fraga Teixeira de. *Dicionário de Política* cit., p. 525-526.
59. Sobre a culpa e o remédio da pena: PIO XII. Discursos e Radiomensagens de Sua Santitade Pio XII, XVI, Décimo Sexto ano do Pontificado, 2 de março de 1954 – 1º de março de 1955. p. 277-289 Tipografia Poliglota Vaticana. Disponível em: [www.vatican.va/content/pius-xii/it/speeches/1954/documents/hf_p-xii_spe_19541205_giuristi-cattolici.html].
60. GALVÃO DE SOUSA, José Pedro, GARCIA, Clóvis Lema e CARVALHO, José Fraga Teixeira de. *Dicionário de Política* cit., p. 527. Acrescem os autores: "A lei, pela sua universalidade, pode ser deficiente, e de sua aplicação rigorosa poderia resultar uma injustiça. A equidade, levando em conta as circunstâncias concretas na aplicação da lei, implica muitas vezes um abrandamento desta com vistas a realizar o que é verdadeiramente justo. Cabe também a equidade na justiça comutativa e na justiça distributiva, e um exemplo frisante, quanto à primeira destas, é a cláusula *rebus sic stantibus*, critério de equidade servindo de norma para garantir a justiça contratual. Assim, pois, o equitativo e o justo conjugam-se, e não há oposição entre eles. A equidade contribui também para resguardar a utilidade social em face da justiça estrita. Aliás, o que é verdadeiramente útil não pode ser injusto; e a justiça, temperada pela equidade, só pode favorecer a utilidade social."
61. "Quando se tratou das leis, foi dito, que os atos humanos que as leis devem regular, são particulares e contingentes, e podem variar ao infinito. Por isso, foi sempre impossível instituir uma regra legal que fosse absolutamente sem falhas e abrangesse todos os casos. Os legisladores, examinando atentamente o que sucede com mais frequência, procuram legislar levando isto em conta. Mas, em alguns casos, observar rigidamente a lei vai contra a igualdade da justiça, e contra o bem comum que a lei visa. (...) Em tais casos é mal seguir a lei estabelecida; e o bom então é, deixando de lado a letra da lei, obedecer às exigências da justiça e do bem comum. É a isto que se ordena a epiqueia, que nós chamamos de equidade. E assim se torna claro que a epiqueia é uma virtude". "Fica pois claro que a epiqueia é parte subjetiva da justiça. E ela pode ser chamada de justiça por prioridade, antes mesmo da justiça legal, pois a justiça legal se dirige de acordo com a epiqueia. Desta forma ela se comporta como uma

e corretiva ou diretiva da justiça legal, apresenta-se como uma espécie de regra superior dos atos humanos, na medida em que permite, nas aludidas circunstâncias, um afastar-se da letra fria da lei para preservar sua própria razão de justiça e o bem comum.

À justiça geral ou legal cabe presidir e orientar as demais[62], porquanto integrativa da justiça particular (comutativa e distributiva), a qual ordena-se, pois, mediatamente ao bem comum. A lei, como ensina S. TOMÁS, é certa regra e medida dos atos e visa a ordenação ao bem comum.[63] A pauta da justiça legal ou geral é a realização do bem comum imanente ou temporal, fim da ordem política, conceito ao qual, pela sua magna importância, não podemos deixar de fazer alguma breve referência.

É o bem comum imanente ou temporal, nas palavras de Santiago Ramírez, (depois de Deus) a "lei suprema e princípio especificador da sociedade perfeita", meio necessário e eficaz de que necessita o homem, naturalmente inclinado à socialidade[64], para a consecução de seu fim, de sua felicidade:

> "Decididamente, la inclinación del hombre a unirse con los demás y a formar con ellos una sociedad civil perfecta y plenamente suficiente para lograr un desarrollo completo de su personalidad natural humana, está incluida y envuelta en el deseo e inclinación natural del hombre a la felicidad (cf. De regno, 1. I, c. 2, nn. 2-3, ed. cit., pp. 222-223).
>
> 'Los hombres—dice Santo Tomás—se reúnen en sociedad para convivir dignamente, conforme a las exigencias de su propia naturaleza de seres racionales. La sola vida digna del hombre, y la única que satisface a los postulados de su propia naturaleza racional, es la vida conforme a virtud, la vida virtuosa con todo el cortejo de virtudes morales e intelectuales' (I De regno, c. 15, n. 44, ed. cit., p. 259).
>
> (...)

espécie de regra superior dos atos humanos." (AQUINO, S. Tomás. ST, II-II, q. 120, a. 1 e 2). Ainda, VALLET DE GOYTISOLO: "Aristóteles diferenció 'to dikaion phisikon' y 'to dikaion nomikon', es decir lo justo natural y lo justo positivo, que pueden no identificarse; y de ahí la función de 'epiéikeie' -según él mismo explica --; pues, «lo equitativo es justo, pero no en el sentido de la ley, sino como una rectificación de la justicia legal. La causa de ello es que toda ley es universal y hay cosas que no se pueden tratar rectamente de modo universal». Por esa razón, «la ley toma en consideración lo más corriente sin desconocer su yerro»; y así, «cuando la ley se expresa universalmente y, a propósito de esta cuestión, algo queda fuera de su formulación universal, entonces está bien que, donde no alcanza el legislador y yerra al simplificar, se corrija su omisión». Esta es «producida por su carácter absoluto», ya que «tratándose de lo indefinido, la regla [natural] es indefinida, como la regla de plomo de los arquitectos lesbios, que se adapta a la forma de la piedra y no es rígida». La rigidez de la ley positiva, la que declara 'to dikaion nomikon', debe corregirse con la adecuada plasticidad del 'dikaion phisikon', mediante la 'épieikeia'. Al comentar este texto del Estagirita, el Aquinatense explicó: «Lo equitativo es una clase de lo justo, pero no es lo justo legal, sino regulador de la justicia legal, pues, como se ha dicho, está contenido en lo justo natural de donde se origina lo justo legal». Es de ese modo, como el mismo Santo Tomas escribiría, porque: «Así como la ley escrita no da fuerza al derecho natural, tampoco puede disminuírsela o quitársela, pues la voluntad del hombre no puede inmutar la naturaleza»." (VALLET DE GOYTISOLO, Juan Bms. *Derecho y verdad. Verbo*, núm. 347-348 (1996). p. 710).

62. "... la justicia particular -conmutativa y distributiva- debe ser presidida y orientada por la justicia general..." (VALLET DE GOYTISOLO, Juan Bms. El derecho como ciencia moral, y como moderador de la política y de la economía. *Anales de la Real Academia de Ciencias Morales y Políticas*, ISSN 0210-4121, n. 76, 1999. p. 576-577).
63. AQUINO, S. Tomás. ST, Ia IIæ, q. 90, a. 1 e 4.
64. "Toda criatura racional o intelectual se constituye naturalmente en sociedad, según su género y según su estado: los ángeles y los hombres, los viadores y los comprehensores, los santos y los condenados. Los unos, enlazados por el amor y por el bien común; los otros, hacinados, cosidos, ensartados por el odio y por el mal o por la desdicha común. La reunión en sociedad es ley común y natural de toda criatura dotada de inteligencia." (RAMÍREZ, Santiago. *Pueblo y gobernantes al servicio del bien común* cit., p. 30).

Por otra parte, según consta de lo dicho anteriormente, los hombres se juntan y se reúnen en sociedad con vistas a un bien común de todos ellos, como a su propio fin. El fin propio de la sociedad doméstica es el bien común de todos y de cada uno de los miembros de la familia; el fin del caserío, de la aldea, de la villa, del municipio, de la ciudad, de la provincia, de la región, del estado, es el bien común de todos y de cada uno de sus componentes respectivos. El fin de la sociedad humana es el bien humano social o común de la misma.

El hombre necesita de la sociedad para su perfección, para su bien: mas no para el bien de uno solo, con exclusión de los demás, sino para el bien de todos y de cada uno, sin excluir a nadie; pues todos y cada uno necesitan de ella para adquirir su perfección. El bien común, por consiguiente, es el fin propio de la sociedad: perfecto, si la sociedad es perfecta; imperfecto, si imperfecta; natural, si es natural; y sobrenatural, si es sobrenatural. La correlación es evidente."[65]

É o bem comum imanente um conceito análogo[66], consubstanciando a pauta da justiça legal ou geral. Deve ser – ressalta Ramìrez – um bem perfectivo do homem, conforme sua natureza racional, compreendendo bens humanos de ordens diversas, materiais e imateriais, em suas partes integrais (como aqueles bens externos [riquezas e posses], do corpo [como a saúde, a integridade e a força] e da alma [como a ciência e a virtude], e em suas partes análogas ou de perfeição (bens honestos, deleitáveis e úteis), decorrendo que o bem comum imanente da sociedade política deve conter todas essas classes de bens e tanto mais perfeita será essa sociedade quanto maior suficiência deles possua de modo hierarquizado e subordinado, é dizer, os úteis e exteriores aos deleitáveis conforme a razão e todos ao bem honesto, à vida moral e virtuosa dos homens, em conformidade às potências superiores de sua alma racional.[67]

65. Ibidem, p. 23, 26 e 33. Ainda: "[E]l término bien común no significa una especie ni un género, como hombre o como animal, sino un análogo con dos significaciones diversas e escalonadas, que son el bien común inmanente y el bien común trascendente. El bien común inmanente está dentro de la misma sociedad política y es dependiente de ella; el bien común trascendente está fuera de la sociedad política y es de ella independiente. (...) El bien común trascendente de la sociedad es el último fin de la misma y de las personas humanas que la constituyen, es decir, Dios mismo, causa primera y fin último objetivo de todas las cosas, esencialmente distinto de las criaturas e independiente de todas ellas." (p. 36-37).

66. Ibidem, p. 49.

67. "Referindo-se ao fim do Estado ou à 'prosperidade pública' – o que vem a ser o mesmo que o bem comum – Cathrein, em sua Filosofia Moral, formula a seguinte definição: 'conjunto de condições para que todos os membros orgânicos da sociedade possam adquirir diretamente e por si uma felicidade temporal o quanto possível completa e subordinada ao fim último. Entre estas condições, ocupa o primeiro lugar a fruição da ordem jurídica tal como a estrutura natural da sociedade o postula; o segundo lugar, uma abundância suficiente de bens espirituais e materiais necessários para tornar efetiva referida felicidade, e que não possam ser alcançados pela atividade dos particulares.'" (GALVÃO DE SOUSA, J. P. *Iniciação à teoria do Estado*. 2. ed. São Paulo: Ed. RT, 1976. p. 14). Conforme recorda Sacheri, bem comum é o fim da sociedade política. Trata-se de termo análogo. Bem comum temporal: familiar, dos grupos intermédios exemplificados por municípios, profissões, associações, empresas, comunidade internacional etc. Bem comum sobrenatural: o fim último de todo o universo criado. Bem comum político: aqueles bens que integram a felicidade ou plenitude humanas, que podem ser bens exteriores, corporais e espirituais, os dois primeiros tipos de modo instrumental ao último. Entre os principais elementos do bem comum político estão: a ciência, a justiça, a ordem e a segurança, de cuja realização advém a paz (tranquila convivência na ordem, na expressão de S. Agostinho). Relembra Sacheri a definição de Pio XI, na *Divini Illius Magistri*: "a paz e a segurança de que gozam as famílias e os cidadãos no exercício dos seus direitos, e, ao memo tempo, o maior bem-estar espiritual e material possível nesta vida, mediante a união e a coordenação dos esforços de todos". (cf. SACHERI, Carlos Alberto. *A ordem natural*. Campinas: Edições Cristo Rei, dez 2014. p. 213-217).

Trata-se, pois de um bem comum social, essencialmente superior ao próprio ou pessoal de seus membros, mas que não se confunde com o mero bem coletivo (como se fora uma soma de bens individuais) e menos ainda com o interesse de um ente estatal público ou razão de Estado, mas é bem de cada um e de todos (embora não com absoluta igualdade).[68]

IV.3 – Partes potenciais ou virtudes anexas à justiça

Mais lacunosa e imprecisa estaria esta exposição se não indicássemos, ao menos de modo suscinto, a existência de virtudes anexas à da justiça, dela derivadas, que são as suas chamadas *partes potenciais*.[69]

Dip define o que são as virtudes anexas:

> "Chamam-se virtudes anexas ou partes potenciais de uma virtude principal os hábitos dela derivados que não lhe atingem a completude ou integralidade, mas se subordinam a ela e participam de algum modo de sua perfeição."[70]

Recorda Royo Marín que

> "a primazia das virtudes cardeais [sobre as derivadas ou anexas] se mostra precisamente na *influência* exercida sobre todas as anexas e subordinadas, as quais são como participações derivadas da virtude principal, a qual lhes comunica seu modo, sua maneira de ser e sua influência. São as chamadas *partes potenciais* da virtude cardeal correspondente, encarregadas de desempenhar seu papel em matérias secundárias, reservando-se a matéria *principal* para a correspondente virtude cardeal."[71]

As virtudes anexas "devem ter algo em comum com a principal", mas "lhes falta algo da virtude principal na sua perfeita natureza", o que, no caso das anexas à virtude da justiça, pode dar-se de dois modos: "por lhe faltar a razão de igualdade" ou "por lhe faltar a razão do devido".[72]

Observe-se, porém, com o próprio Royo Marín, ser evidente que a primazia da virtude cardeal sobre suas subordinadas *não* se refere à excelência *intrínseca*, porquanto pode ser que a *matéria ou objeto* de alguma virtude anexa seja mais excelente do que a matéria ou objeto da cardeal estritamente considerada. Exemplifica-se: se a virtude cardeal da justiça compreende a da religião (porque tem mais razão de justiça estritamente

---

68. "(...) el bien común es una pauta que no es objeto de cálculo matemático, aunque debamos servirnos de él como elemento auxiliar orientador en aquello que sea cuantificable; y que este bien común es la única pauta adecuada para la justicia general, legal o social. No consiste en el bien de la mayoría, ni en la razón de Estado; tampoco es lo que se ha llamado interés nacional, ni la satisfacción de la masa. Es el bien de todo el pueblo, visto transtemporalmente, en la sucesión de generaciones. (...) El bien común pide la conservación de la armonía social, base de todo pueblo orgánicamente constituído. No se refiere a hombres abstractos sino concretos, y a todos y cada uno." (VALLET DE GOYTISOLO: *La justicia jurídica y sus clases*. Verbo, núm. 445-446 (2006). p. 434). Por fim, recorde-se a primazia do bem comum sobre aquele próprio, na medida em que "... el bien común, entendido rectamente, no es un bien ajeno, erigido como un ser singular que domina a los restantes, sino el mejor bien de las partes que de él participan." (AYUSO, Miguel. El telón de fondo del transhumanismo. In: AYUSO, Miguel (ed.). *¿Transhumanismo o Posthumanidad? La política y el derecho después del humanismo*. Madrid: Marcial Pons, 2019. p. 28).
69. AQUINO, S. Tomás. ST, II-II, q. 80.
70. DIP, Ricardo. *Abc do direito natural* cit., p. 130.
71. ROYO MARÍN, Antonio. *Ser ou não ser santo* cit., p. 193.
72. AQUINO, S. Tomás. ST, II-II, q. 80, resp.

considerada, por ser "impossível dar a Deus estritamente o culto infinito que merece", é dizer, não podemos saldar adequadamente o quanto infinitamente devemos a Deus), é a virtude da religião, no entanto, mais excelente porquanto tem objeto mais nobre. Do que decorre que "[a] *matéria ou objeto* de alguma virtude anexa pode ser mais excelente que a da cardeal correspondente; mas o *modo* mais perfeito sempre corresponde à cardeal, porque só ela cumpre todas as condições exigidas para cardealidade, e não as cumpre nenhuma de suas derivadas ou anexas."[73]

As partes potenciais ou derivadas da virtude da justiça (virtudes anexas) com ela se relacionam "enquanto convém em alguma de suas condições ou *notas típicas*"[74], bastando, para os fins desta exposição, com Royo Marín, apenas indicá-las – em rol meramente exemplificativo – como subdivididas em dois grupos: no primeiro, estão as virtudes que *não* supõe relação de *igualdade*: religião (regulativa do culto devido a Deus, é a mais importante das derivadas da justiça e supera a esta – e a todas as virtudes morais – em perfeição, dada a excelência de seu objeto), piedade [regulativa dos deveres para com os pais e para com a pátria], obediência e observância [regulativas dos débitos para com os superiores e autoridades e para com os constituídos em dignidade]; no segundo, estão as virtudes que não se fundam em um *débito estrito* para com outrem: gratidão (que se deve pelos benefícios recebidos), vingança (no sentido do justo castigo para os culpados), verdade, afabilidade e liberalidade.

4. JUSTIÇA JURÍDICA (E ALGUMAS NOTAS SOBRE O JULGAMENTO, O JUÍZO E A DETERMINAÇÃO DO DIREITO)

Atingido o ponto, resta-nos agora a tarefa de especificar, mais uma vez com Dip e Vallet De Goytisolo (e ambos apoiados especialmente em S. Tomás), algo já anunciado em ponto anterior desta exposição e que concerne à diferenciação entre a justiça como virtude moral, que dá fundamento às demais virtudes, e a *justiça jurídica*.

Conforme expõe Vallet,

> "La virtud moral consiste en hacer lo que debe hacerse sin necesidad de coacción -con lo cual hace bueno al hombre que así obra-; pues la virtud presupone la voluntad de hacerlo, y la coacción, como contraria a la voluntad, destruye la noción de mérito, sin que pierda el mérito quien lo haga voluntariamente aunque en caso de no hacerlo le sería exigido coactivamente."[75]

Aponta-se, a respeito da justiça jurídica, que o dar a cada um o que é seu, no universo jurídico, pode realizar-se costumeira e externamente nas relações sem que esteja acompanhado do ânimo interior de ser justo.[76] Não somente. Mais limitada em seu objeto material, restringe-se à obra *externa* da justiça.[77]

73. ROYO MARÍN, Antonio. *Ser ou não ser santo* cit., p. 193-194.
74. Ibidem, p. 200 e 202.
75. VALLET DE GOYTISOLO, Juan Bms. *Justicia moral e justicia jurídica*. Verbo, núm. 443-444 (2006). p. 177.
76. DIP, Ricardo. *Abc do direito natural* cit., p. 120.
77. "A ciência jurídica é mais limitada em seu objeto material; engloba apenas os atos da virtude da justiça, pois restringe-se a determinar as *obras* próprias da justiça. Contudo, nem sequer estuda a virtude da justiça

Uma especificação da justiça que, entretanto, considerado que todo ato virtuoso supõe a retidão, não prescinde de que esteja a vontade costumeiramente retificada e direcionada racionalmente à consecução exterior do justo (jurídico), com o que, abrangendo embora um campo mais limitado, não deixa de ser uma virtude, porquanto – e isto bem aponta S. Tomás ao tratar da justiça como virtude – só a necessidade de coação é contra a vontade e elimina o mérito, não a necessidade de um preceito, ou a que decorre de um fim, que não exclui o mérito quando se pratica voluntariamente o que é necessário.[78]

Note-se, porém: em tempos em que correntes da filosofia, e da filosofia do direito – negando a ordem natural e/ou a possibilidade de se conhecê-la, bem assim as exigências que a ordem da realidade impõe ao agir humano – reúnem seus esforços para dar suporte a teses como a de uma conexão meramente contingente entre direito e moral, ou para sustentar uma conexão conceitual qualquer não onto-metafisicamente fundada (por meio de construtos variados: idealistas, linguísticos, hermenêuticos etc.), deve-se sempre mais proclamar que, haja embora distinção entre as ordens da moral e do direito, *conformam-se*[79], apresentando-se a ordem jurídica como parte subordinada da ordem moral, sendo porém com ela inconfundível, porquanto o bem comum, razão e fim da ordem política e do direito, não impõe nem exige juridicamente a realização plena e integral da ordem moral, uma vez que há situações em que essa imposição resultaria em um mal maior ou no impedimento de um maior bem na vida prática.[80] É a pauta do bem

---

integralmente; limita-se, como dizíamos, à obra *externa* da justiça. Sua perspectiva é o direito como coisa devida e sua finalidade consiste em que cada qual tenha sua coisa. Seu objeto não consiste em que o homem se realize como pessoa sendo justo – isso cabe à Moral -, mas que cada homem tenha seu direito respeitado" (HERVADA, J. *O que é o direito?*: a moderna resposta do realismo jurídico: uma introdução ao direito. Trad. Sandra Marta Dolinsky. São Paulo: WMF Martins Fontes, 2006. p. 134).

78. AQUINO, S. Tomás. ST, II-II, q. 58, art. 3, quanto ao 2º.

79. GOYTISOLO, recordando a lição dos princípios do Direito formulados por Ulpiano no Digesto ("Honeste vivere, alterum non laedere, ius suum quique tribuendi"), aponta ser ela "...otra expresiva manifestación de que la ciencia del derecho es una ciencia moral. Pero en la aplicación de estos principios se comprueba, una vez más, que su particular punto de vista difiere del propio de la moral social no jurídica, aunque lo confundieran los teólogos-juristas castellanos del siglo XVI y los seguidores de la Escuela del derecho natural y de gentes. Los moralistas atienden a lo que se debe hacer y a lo que no se debe hacer, a lo que está prohibido, permitido, exigido o autorizado; mientras el punto de vista genuinamente jurídico es el de la determinación de lo que es justo y lo que es injusto, 'iusti atque iniusti scientia', de lo que es equitativo y lo que es inicuo, 'ars boni et aequi'. La justicia, sea 'conmutativa' o 'distributiva' o bien 'general' o 'legal', hace de pauta con sus respectivos criterios de la 'igualdad aritmética', de la 'igualdad geométrica' o 'proporcionalidad' y del 'bien común'. Esta última pauta alcanza incluso el 'honeste vivere' que tenga relevancia jurídica, como muestra el empleo de los criterios valorativos de la 'moral social', la 'buena conducta', la 'buena fe' y la 'mala fe', la diligencia de un 'buen padre de familia', de un 'buen comerciante', la conducta 'culpable', 'dolosa' o 'negligente', etc." (V. VALLET DE GOYTISOLO, Juan Bms. *El derecho como ciencia moral, y como moderador de la política y de la economía* cit., p. 549-550).

80. Para o aprofundamento da distinção entre "justiça moral" e "justiça jurídica", confira-se, do mesmo autor: *Justicia moral e justicia jurídica*. Verbo, núm. 443-444 (2006), 161-193. Aponta o autor: "Ahora nos corresponde ahondar en la justicia como virtud moral diferenciable de la justicia jurídica; pero no aislada de ella. Pues, para el buen orden de la comunidad deben hallarse solapadas y en comunicación recíproca, aunque la justicia moral, necesaria para el buen orden de la comunidad, no sea sólo ni totalmente objeto del derecho, que si bien debe estar al servicio de aquélla ha de hacerlo sin subsumirla total ni plenamente." (p. 176). Cito, ainda, na dependência de que o bem comum requeira ou não que se atribua ao moralmente justo eficácia jurídica: "...considera el orden jurídico como una parte subordinada del orden moral, pero inconfundible con él, en tanto en cuanto el bien común, que es la razón y el fin específico del derecho, no puede imponer ni exigir judicialmente la plena realización de cualquier parte del orden moral, si, como consecuencia de ello, se puede ocasionar un mal mayor

comum – nas específicas circunstâncias históricas – a que distingue quais os preceitos da lei natural são exclusivamente éticos e quais são jurídicos e, assim, com a nota de juridicidade balizada pelo bem comum, são juridicamente exigíveis.[81]

Conforme expõe Vallet de Goytisolo, os princípios ético-jurídicos estão impostos pela lei natural[82], com relação à qual toda a normatividade, também a jurídica, deve deferência. E é indubitável o papel da filosofia moral para a determinação dos primeiros princípios éticos-naturais, dos quais derivam os deveres de moral social e – a partir de um determinado trânsito (com diferenciação dos campos moral e jurídico, mantida, porém, a relação de conformação) e visando a justas relações entre os homens (tanto as gerais, objeto de normas/leis genéricas, quanto as de cada caso singular, concretas, objeto da determinação do direito) – os princípios gerais do direito. Neste caminho trilhado para dar concreção aos princípios gerais do direito, a *divinarum et humanarum rerum notitiae* é filtrada, pelo jurisprudente, para o campo jurídico, para elaborar a *iusti atque iniusti cientia* que está de par com o *ars boni et aequi*.

E isso longe está de implicar moralismo jurídico. Abstraindo-se a discussão sobre a relação exata entre ordem jurídica, natureza das normas e coercibilidade/coercitividade, pode-se citar, com Dip:

> "Enquanto a moral é interior, o Direito é exterior. Enquanto a moral, como vimos, não pune os infratores senão com o remorso, e, eventualmente, uma reprovação social difusa, o Direito está normalmente dotado de uma característica externa, mas instrumental, de coercibilidade, isto é, pode impor-se pelo uso da força."[83]

---

o impedir un mayor bien en la vida práctica". (p. 181). Ainda, sobre o tema, de Vallet De Goytisolo: *La justicia jurídica y sus clases*. Verbo, núm. 445-446 (2006). 431-445.

81. Orrego Sánchez bem extrai a lição tomista explicitada por Vallet De Goytisolo: "Las exigencias concretas de la justicia suponen circunstancias históricas que configuran el bien común. El bien común sirve como pauta para determinar qué preceptos de la ley natural son exclusivamente éticos, y cuáles son jurídicos: 'Notemos que así como la virtud de la justicia, en cuanto virtud general (...) está siempre ordenada al bien común, este mismo bien común excluye en algunos casos su exigencia jurídica humana'. En consecuencia, en tres sucesivas exclusiones nuestro autor restringe los preceptos de ley natural que son jurídicos, en el sentido de exigibles mediante el sistema de derecho positivo. Primero, hay 'unos preceptos de la ley natural que no son jurídicos porque no se refieren a la justicia'; luego, 'otros que tampoco lo son, pues aun refiriéndose a la justicia, no afectan inmediatamente al bien común humano'; y finalmente 'otros que, aun refiriéndose al bien común humano, este mismo bien requiere que no se impongan jurídicamente para no impedir otros mayores bienes o no producir un mayor mal' (conforme a la doctrina tomista sobre la tolerancia). 'El bien común es la pauta para que el derecho natural humano urja al derecho civil, o positivo humano en sentido lato, a fin de que exija o no jurídicamente, conforme este bien común pide, el cumplimiento de lo que moralmente es de justicia". (ORREGO SÁNCHES, C. El pensamiento de Juan Vallet de Goytisolo y la última teoría jurídica analítica angloamericana. *Revista de Derecho*, N" 10 – 2003. U. Católica del Norte- Campus Guayacán, p. 138).
82. Goytisolo, quanto ao tema dos princípios ético-jurídicos, diferencia-os e analisa-os na perspectiva da lei natural, na perspectiva da doutrina alemã culminada na "Wertungsjurisprudensi", na perspectiva dos princípios morais de justiça, no "modelo construtivista" anglo-americano de Rawls y Dworkin, e também na perspectiva dos direitos humanos. (V. VALLET DE GOYTISOLO, J. Concreción de los principios ético-naturales em princípios generales de derecho y su reflejo en la interpretación jurídica. Fundación Speiro. *Revista Verbo Reuniones*, 1997, n. 351-352: Serie XXXVI).
83. DIP, Ricardo e Cunha, Paulo Ferreira da. *Propedêutica Jurídica*: uma perspectiva jusnaturalista. Campinas: Ed. Millennium, 2001. p. 26.

Ainda Dip, citando Mário Bigotte Chorão:

> "Sendo a justiça, primariamente, uma virtude que consiste no hábito de atribuir a cada qual o seu direito (*ius suum cuique tribuere*), todavia, a ordem jurídica contenta-se com a realização do *justo objetivo*, isto é, com a satisfação do que é devido a cada um no domínio das ações e coisas exteriores, qualquer que seja o ânimo do agente (*etiam non considerato qualiter ab agente fiat* como se diz na *Suma Teológica*). De sorte que tem de distinguir-se entre a virtude da justiça (em grego, *dikaiosyne*) própria do homem justo (*dikaios*), e aquilo que é objetivamente justo (*to dikaion*)."[84]

Haja embora distinção entre "justiça moral" como virtude geral e "justiça jurídica", *a conformação moral*, com atingimento da regra da razão que torna bom o ato humano[85], também se dá com a justiça jurídica (ainda que, neste caso, não se exija a adesão interior do sujeito que realiza o ato justo e seu âmbito material seja mais limitado, é dizer, esteja adstrito à obra *externa* da justiça), o que, de todo modo, supõe a atividade regulatória da lei positiva e de decisões jurídicas todas moralmente orientadas ao justo objetivamente devido, segundo o fundamento objetivo imposto pela natureza das coisas (*rerum natura*) e de cada coisa (*natura rei*), e, de conseguinte, pela essência/natureza racional humana, pelo seu lugar na ordem de todas as coisas, por seu fim e pelo bem comum.

Conforme S. Tomás, "o julgamento é um ato da justiça, enquanto o juiz reconduz à igualdade da justiça aquilo que pode constituir uma desigualdade a ela oposta", e "se refere tanto à justiça comutativa quanto à distributiva".[86] Ao tratar do julgamento e do juízo, expõe:

> "Chama-se propriamente julgamento o ato do juiz como tal. Ora, juiz significa aquele que *diz o direito*. Mas, o direito é objeto da justiça, como já ficou explicado. Segue-se que o julgamento, na acepção primeira do termo, implica uma determinação ou definição do que é justo ou do direito. Ora, o que leva a definir o que convém as ações virtuosas é o habitus da virtude. Assim, o homem casto decide bem o que respeita à castidade. Logo, o julgamento que implica a determinação reta do que é justo pertence propriamente à justiça. Eis por quê, o filósofo diz: recorre-se ao juiz como à justiça viva."[87]

Ainda:

> "... deve-se dizer que o termo juízo que, em sua primeira acepção, significa a reta determinação do que é justo, foi ampliado para designar a reta determinação de todas as coisas, do plano teórico e prático. Contudo, para que haja um juízo reto, se exigem duas condições. A primeira é a própria potência que profere o juízo. Nesse sentido, o juízo é ato da razão, pois dizer ou definir compete à razão. A outra condição é a disposição de quem julga, donde lhe vem a idoneidade para julgar retamente. Assim, no que toca à justiça, o juízo procede da justiça, assim como decorre da fortaleza o juízo em matéria que a esta se refere. Logo, o juízo é ato da justiça, enquanto inclina julgar retamente, da prudência, porém, enquanto o profere; por isso, a sínese (o bom senso moral), que pertence à prudência, é chamada capacidade do 'bom julgamento', como já se explicou."[88]

84. Ibidem, p. 35.
85. AQUINO, S. Tomás. ST, II-II, q. 58, art. 3, Resp.
86. AQUINO, S. Tomás. ST, II-II, q. 63, art. 4, resp. e quanto à objeção 1ª.
87. AQUINO, S. Tomás. ST, II-II, q. 60, art. 1, resp.
88. AQUINO, S. Tomás. ST, II-II, q. 60, art. 1, quanto à objeção 1ª.

Na temática da determinação do direito, sobre a qual já tivemos a oportunidade de, com base em autores como Vallet De Goytisolo e Dip, algo refletir noutra oportunidade, estudo ao qual nos reportamos[89], não nos deteremos nesta ocasião, bastando aqui apenas marcar que a concretização do justo[90], descendendo desde a ordem metafísica, exige um fundamento objetivo e divide-se em *justo natural* ("débito estrito em relação a outra pessoa, com fundamento nas leis da natureza", "a realização do bem devido a outrem e a evasão do mal nocivo a outrem, [...] segundo a natureza ou, em outros termos, [...] segundo a fonte das leis da natureza: Deus) e *justo legal* ("é o que deriva das imposições humanas, sempre suposto não afrontem a lei natural", observado que "[a] s leis humanas – fontes do justo legal – são exigidas pela lei natural, e seu objeto é tudo o que era indiferente fosse de um modo ou de outro até que o legislador humano haja determinado a conduta que julga devida"). Assim que, descendendo o justo, amparado na natureza das coisas (*rerum natura*) e de cada coisa (*natura rei*), da ordem metafísica e, ao cabo, d'Aquele que é medida de todas as coisas e ao qual tudo deve *ajustar-se*, determina-se prudencialmente na contingência dos fatos (tempo, espaço, costumes etc.) e, também, em atenção às leis humanas (seja no âmbito legislativo, com observância de atos hierarquicamente superiores, seja em âmbito judicial).

As leis, como medida/razão do justo, não são em si o direito (senão analogicamente), mas constituem critérios[91] e caminhos à realização da coisa justa (este o significado principal do "direito", isto é, a coisa justa[92] a ser atribuída nas relações sociais, aquilo que o jurista deve incumbir-se de conhecer/discernir/determinar)[93]. O justo concreto, consideradas as circunstâncias contingentes (pelo hábito da prudência que aperfeiçoa

89. SERPENTINO, Daniel. A insuficiência da previsibilidade normativa e decisória para a consecução da segurança jurídica no âmbito da regulação econômico-empresarial. 2023. 344 f. Tese (Programa de Pós-Graduação em Direito) – Universidade Nove de Julho, São Paulo. [http://bibliotecatede.uninove.br/handle/tede/3225].

90. Veja-se: DIP, Ricardo. *Abc do direito natural* cit., p. 117-120.

91. "La circunscripción de la ley a su ratio, así como su intelección de acuerdo con ésta –con o sin presuposiciones en caso de duda- era coherente con la consideración de las leyes humanas como 'conclusiones' del derecho natural o como 'determinaciones' requeridas por éste; que, para el establecimiento de lo justo, debían ayudar a modo de 'aliqualis ratio iuris', 'cierta razón de derecho', en palabras de Santo Tomás de Aquino. Así hoy lo entendemos quienes –como ya hemos visto– concebimos las leyes como reglas de derecho que –según dice Michel Villey- intentan buscar 'lo naturalmente justo', 'por lo cual no pueden sino colocar jalones, aportar indicaciones fragmentarias que, entre otras, deberán ayudar a descubrir lo justo, puesto que lo escrito no pueda abarcar todo lo justo natural, que, por esencia, es inexpresable en su plenitud'. Así resulta que la norma tiene un carácter meramente instrumental, coincidiendo en este criterio –aunque por otro camino-, con quienes lo afirman desde el realismo angloamericano, tales como Llewellyn… (…). Sin duda resulta esto en contra de las concepciones de quienes fundan el derecho en el contrato social, y de ahí en la voluntad de Leviathan –ya se exprese ésta a través de la voluntad de un rey absoluto o de la volonté générale-…" (V. GOYTISOLO, Juan Vallet de. *Metodologia Jurídica*. Madrid: Civitas, 1988. p. 408).

92. V. DIP, Ricardo. *Segurança jurídica e crise pós-moderna*. São Paulo: Quartier Latin, 2012. p. 86-88.

93. "La labor propiamente jurídica, consistente en hallar lo justo concreto, es cotidianamente realizada por todos, en general, aunque cada cual se incline a pensar subjetivamente en su propio derecho a algo. Pero con el habito de la virtud de la justicia, en lo humanamente posible, puede superarse esa visión subjetiva parcial, y se supera tanto mejor cuanto mayor sea la virtud en el sujeto. (…) Ese 'derecho', es decir, la cosa justa, puede ser realizado espontáneamente con o sin asesoramiento de expertos, o bien ser determinado por quien deba configurarla -sea notario, componedor, arbitro -, o, en fin, imponerse por un juez o un tribunal. Pero, en todo caso, sus realizadores tienen como pautas, de una parte, la naturaleza – en su más amplio sentido normativo-, y, de otra, las normas de derecho positivo e las resoluciones anteriores acerca de casos iguales o parecidos. Es decir, se tiene ante los

a razão), há de ser determinado e atribuído a cada um segundo a medida que lhe for devida.[94]

No agir moral – que supõe a liberdade – devem os bens ser, no atendimento do que é devido, adequadamente subordinados e hierarquizados, consideradas todas as coisas (inclusive as relações entre elas) em sua natureza e ordem universal (*rerum natura*)[95] e a natureza de cada coisa (*natura rei*), assim a natureza humana, seu fim e o bem comum, para o que concorre, na perspectiva do ente humano que conhece e age, o desenvolvimento das virtudes morais (que se reduzem às cardeais da fortaleza, da temperança, da justiça e, sob o aspecto material, da prudência [que é materialmente moral e formalmente intelectual[96]]), e intelectuais (especulativas: entendimento, sabedoria e ciência; práticas: arte e prudência) que dispõe habitualmente à adequada consecução dos atos humanos.[97]

Não podendo ser prudente quem não é moralmente virtuoso[98], o desvelo, a determinação e a atribuição do justo concreto – supondo o influxo de intelecto e vontade – não prescinde do governo das paixões[99] pelo desenvolvimento simultâneo das virtudes

ojos un 'hecho' y unas 'normas' a fin de enjuiciarlo y dotarle de realidad ajustadamente." (GOYTISOLO, Juan Vallet de. *Metodologia Jurídica*. Madrid: Civitas, 1988. p. 399).

94. "*El* realismo jurídico entiende el derecho en cuanto ciencia o arte en el sentido que le dieron los juristas romanos, fundándose en Aristóteles. Ulpiano dice que el derecho es ars boni et aequi, el arte de conocer y realizar en concreto lo bueno y lo equitativo. Y la jurisprudencia es ciencia de lo justo y lo injusto, para lo cual se requiere tener cierto conocimiento (notitia) de las cosas humanas y divinas: jurisprudentia est divinarum atque humanarum rerum notitia, iusti atque injusti scientia. Es decir, para el realismo jurídico la ciencia o arte del derecho no atiende primariamente a las normas, ni a lo derechos subjetivos, sino a los hechos, cosas, acciones, en cuanto justas o debidas a otro." (Cfr. ORREGO SÁNCHEZ, Cristóbal. *Analítica del Derecho Justo. La crisis del positivismo jurídico y la crítica del derecho natural. Universidad nacional autónoma de México*, 2005. p. 14-15).

95. "Es pues, preciso conocer la 'natura rerum'. La naturaleza de las cosas —cosas en plural, que incluye su conjunto con el orden ínsito en ellas—, al que Michel Villey dedicó una comunicación en el Coloque de 'Philosophie du droit comparée' de 1964, en la Universidad de Toulouse. En esa comunicación, distinguió claramente su significado clásico y el que denominó moderno, reducido a las cosas materiales, constituyentes de la 'res extensa' tan escindida de la 'res cogitans' cómo ésta de aquélla. La naturaleza de los clásicos engloba e integra todo lo que existe en nuestro mundo. No sólo las cosas físicas, los objetos materiales, sino también el hombre en su integridad, cuerpo y alma, y las instituciones sociales. Es decir, cuanto integra el universo social, en su unidad y su diversidad, en lo que permanece y lo que cambia en su movilidad; sus relaciones, no solo de causalidad eficiente, sino también formales y finales, con sus esencias y valores. Y aunque —según explica Villey— no podemos pretender un perfecto conocimiento de nuestros fines naturales, sí somos capaces de discernir, por lo menos, aquellos que menos nos desvían de la naturaleza y conducen a resultados más conformes a las finalidades naturales. Con ello —dice— las cosas resultan ricas en justicia, cargadas de contenido normativo, "contienen un derecho"". (VALLET DE GOYTISOLO, Juan Bms.. *El orden universal y su reflejo en el derecho*. Verbo, núm. 449-450 (2006). p. 710-712).

96. "[a prudência]... es virtud materialmente moral (dirige el bien obrar del resto de las virtudes), pero formalmente intelectual (pues supone un juicio práctico y reside formalmente en la razón)." (ORREGO SÁNCHEZ, Cristóbal. *Analítica del derecho justo* cit., p. 28).

97. "...encontramos en toda persona humana una serie de facultades o potencias operativas, las cuales se enriquecen por determinadas cualidades que facilitan su operación y que Aristóteles llamó 'hábitos' o —en el caso de facilitar el bien obrar— 'virtudes'. Éstas se dividen según su sujeto: la inteligencia y la voluntad. Hay, pues, virtudes intelectuales y virtudes morales." (Ibidem, p. 28).

98. "'Nenhuma virtude moral é possível sem a prudência'. Por outro lado, 'não pode haver prudência sem as virtudes morais'. Estas duas frases são igualmente tiradas do tratado de São Tomás de Aquino acerca da prudência. Só o prudente pode ser justo, corajoso e temperado; no entanto, quem não é já temperado, corajoso e justo também não pode ser prudente." (PIEPER, Josef. *Virtudes fundamentais* cit., p. 45).

99. Confira-se: ROSA, Antonio Donato P.. *A Educação segundo a Filosofia Perene*, p. 224-225.

intelectuais (e, dentre elas, muito especialmente a da prudência, que impera o bem a realizar-se na ação concreta) e morais (muito especialmente as cardeais da justiça, da temperança e da fortaleza), sem as quais não se poderá estavelmente (ainda que isto seja ocasionalmente possível) bem determinar e dizer o direito na concretude dos casos nem se atribuir, a despeito das pressões, a cada um o seu direito, frustrando-se a consecução da justiça.

Nesse contexto, pode-se resumir, com apoio em Dip, que toda atividade decisória – não se reduzindo a uma atividade propriamente científica (não conclui apenas genericamente pelas causas nem se resume à factualidade de dados empíricos) ou a uma técnica (meramente voltada ao útil) –, aplicando-se ao desvelo do justo concreto para sua conseguinte imperação –, não se dá, conquanto esta apreciação seja importante, pela só consideração abstrata da norma[100] (e dos precedentes), exigindo sempre o confronto com os fatos, e de fatos e normas à luz dos princípios dimanados da ordem das coisas e de todas as coisas, e é tanto ato da razão prática quanto saber técnico-prudencial, para ela concorrendo a inteligência – que apreende e desvela o justo concreto na hierarquia dos bens e da ordem legal -, e a vontade – que, quando reta, por diversas eleições (aqui a nota da liberdade que permite a eventual má escolha) permite à razão imperar a solução justa. Com efeito, na perspectiva aristotélico-tomista, o juiz, ao julgar[101], pratica um ato do qual participam intelecto e vontade e que tanto pertence à virtude da justiça[102] quanto à virtude da prudência[103], determinando e dizendo o direito a fim de prover o justo concreto após a atividade de interpretação, um juízo que se formaliza na decisão judicial.

100. Veja-se: ORREGO SÁNCHEZ, Cristóbal. *Analítica del derecho justo* cit., p. 26.

101. Veja-se Dip, Com S. Tomás: "O juízo não é outra coisa que certa definição ou determinação do justo –*definitio vel determinatio quod iustum est*". (DIP, Ricardo. Ativismo e garantismo: novos nomes de positivismos antigos. *Anales de la Fundación Francisco Elías de Tejada*, ISSN 1137-117X, n. 21, 2015. p. 161-169).

102. "[O julgamento é ato da virtude da justiça]. O julgamento propriamente designa o ato do juiz enquanto juiz. Ora, a palavra juiz, em latim, '*iudex*', vem de '*ius dicens*', isto é, 'o que diz o direito'. O direito, porém, é objeto da justiça, como explicado no início deste livro. Por isso, o julgamento implica, segundo a acepção primária deste nome, a definição ou a determinação do justo ou do direito. (...). Por isso, o julgamento, que importa na correta determinação do que é justo, propriamente pertence à justiça. É daqui que Aristóteles diz que 'os homens se refugiam ao juiz assim como a uma justiça [personificada]'. (Cfr. AQUINO, S. Tomás. *Comentário à ética...*, p. 374).

103. "Levanta-se uma objeção: o julgamento parece ser ato da prudência, não da justiça [IIa/IIae q.60 a.1. ad.1]. Diz Aristóteles no primeiro da Ética que 'cada um julga corretamente aquilo que conhece', de tal maneira que isto parece querer dizer que o julgamento pertencerá às forças cognoscitivas do homem. Ora, a força cognoscitiva se aperfeiçoa pela prudência, [da qual se tratará no sexto livro da Ética]. Portanto, o julgamento mais parece dever pertencer à prudência do que à justiça, que, conforme já se explicou, está na vontade. Quanto a isto devemos dizer que o nome de julgamento, que segundo sua acepção primária significa a correta determinação do justo, ampliou-se para significar a correta determinação em qualquer coisa, tanto no que é especulativo como no que é prático. Todavia, para qualquer julgamento duas coisas se requerem. Das quais a primeira é a própria virtude que profere o julgamento. Desta maneira, o julgamento será ato da razão, porque o dizer ou o definir algo o é da razão. A segunda é a disposição de quem irá julgar, pela qual este alguém possuirá idoneidade para corretamente julgar. Desta maneira, nas coisas que pertencem à justiça o julgamento procede da [virtude da] justiça, assim como nas coisas que pertencem à fortaleza o julgamento procede da [virtude da] fortaleza. Assim, portanto, o julgamento é um ato [da virtude] da justiça [na medida em] que [esta virtude] inclina a corretamente julgar, e é um ato da prudência [na medida em que] profere o julgamento." (Cfr. AQUINO, S. Tomás. *Comentário à ética...*, p. 346). Cite-se, ainda, ORREGO SÁNCHEZ: "Todo conocimiento completo se da en el juicio del intelecto, sede de la adecuación veritativa. En el caso de la justicia y el derecho, el juicio consiste en decir el derecho (ius

Com S. Tomás, recorda Soler:

> "El ars iuris es, ante todo, la actividad del juez, que se consumará en la sentencia. Sto. Tomás de Aquino en la II-II,60 dice que «juicio se le llama propiamente al acto del juez en cuanto es juez, y al juez se le llama tal porque es quien pronuncia el derecho. (...) el juicio implica, en la primera acepción del nombre, la definición o determinación de lo justo o del derecho".[104]

Resumidamente,

> "... el arte jurídico queda definido por su finalidad, que es la Justicia; por su materia, que es la conducta social; por sus reglas, que son las normas de derecho; y por el sentido de lo justo. La praxis del arte jurídico consiste en conjugar el sentido de lo justo, las reglas de derecho y el conocimiento de la realidad social que se enjuicia o examina en concreto, en orden al hallazgo de la solución justa".[105]

A interpretação jurídica deve dar-se, assim, sempre referente aos primeiros princípios da razão prática, aos princípios ético-jurídicos e aos princípios gerais de direito, e tanto à *mens* quanto à *ratio legis* (esta é a causa final que orienta a própria *mens legis* ao fim racional da lei), na tensão entre disposição normativa (que é caminho/medida/razão do justo) e fato, compreendendo um juízo prudencial e se revelando como uma "mediação"[106] – com vistas à atribuição do justo concreto[107] – na qual atuam intelecto e vontade.

É preciso, ainda, resgatar a noção de que as funções legislativa e judiciária – porque concernentes ao âmbito prático – se não prescindem da técnica que lhes é inerente, também não podem ignorar o caráter prudencial que se lhes exige: envolvem, assim, um saber técnico-prudencial e a escorreita consideração do que sejam verdadeiros bem, bem comum e felicidade, adversando-se, assim, toda falsa concepção utilitarista que os subordine às faculdades inferiores da alma e os aparte do verdadeiro fim da comunidade política.

---

dicere). Por eso, iudicium proprie nominat actum iudicis in quantum est iudex. El juez es ius dicens, quien dice el derecho; su juicio implica la definición o determinación de lo justo o del derecho. Ahora bien, decir o definir algo es propio de la razón, y si lo definido es el objeto contingente de una virtud, es acto de la razón práctica proferido o pronuncia do mediante la prudencia. En este caso, mediante la iurisprudentia." (ORREGO SÁNCHEZ, Cristóbal. *Analítica del derecho justo* cit., p. 38).

104. SOLER, José Juanola. *La naturaliza de las cosas y la determinación del derecho*. Verbo, núm. 349-350 (1996). p. 1080.
105. Ibidem, p. 1088.
106. V. GOYTISOLO, Juan Vallet de. *Metodologia Jurídica* cit., p. 414 e ss..
107. Vallet De Goytisolo, após recordar que "Hay ocasiones en que el tipo, regulado en una norma, corresponde plenamente al hecho del caso" e que feitas e comprovadas comparativamente "la diagnosis del hecho y la intención de la norma, el intérprete no tiene problema, su mediación entre ésta y aquél se circunscribe a comprobar que se da una verdadera subsunción", uma simples aplicação da norma ao caso, aponta situações em que a determinação do direito não se dá por subsunção. Diz Goytisolo: "Es evidente que la norma, como nos advirtió el Aquinatense, es aliqualis ratio iuris, una regla de derecho que no puede aplicarse mecánicamente; y esto nos explica su relativa inmovilidad, como la de la flecha, en la imagen eleática, frente a la individualizada variabilidad del derecho -de la ipsa rem iustam- resultante de la casi infinita variedad y mutabilidad de las circunstancias de hecho. (...) Es decir, que la determinación del derecho -o sea, de lo que es justo en concreto- no se confunde con la aplicación de la ley ni se realiza por la sus del hecho en la norma a través de un simple silogismo" (Ibidem, p. 414-417).

Se é verdade, como faz notar Ayuso[108], que à função de potestade jurisdicional cabe a determinação/objetivação do justo concreto (com o que se faz atuar a justiça particular – distributiva e comutativa) e não a determinação do próprio bem comum da comunidade, e à função governativa cabe a ordenação em prol da justiça geral e sua pauta do bem comum, isso não significa que na interpretação judicial não se deva – ainda que observado o balizamento dado por normas (e princípios), e sempre com a devida deferência às funções executiva e legislativa e à natureza das coisas e de cada coisa – observar-se as exigências da justiça geral e sua pauta do bem comum, fim da comunidade política. Entre outras razões que permitem essa assertiva, destaca-se, apenas de modo exemplificativo: é a justiça geral que deve presidir e reger a justiça particular; se a *interpretatio legis* é parte da *interpretatio iuris* e se toda lei é (ou deve ser) um ato da razão em ordem ao bem comum, na *interpretatio legis* (e, ao cabo, na *interpretatio iuris*) não se poderá perder de vista o que é esse bem comum temporal a que se ordena a lei promulgada pelo governante, de modo que se o juiz não define o bem comum, orienta-se a ele, como a causa final remota; é uma realidade do direito positivo atual, ainda que marcada por graves, criticáveis e cada vez mais recorrentes episódios de ativismo judicial, a previsão constitucional e legal de atuação dos órgãos judiciários para fins de controle de constitucionalidade das leis, de modo que, nessa atuação, igualmente não se poderá perder de vista, respeitadas as balizas antes mencionadas, a pauta do bem comum; no ordenamento brasileiro positivado, prescreve-se explicitamente que "[n]a aplicação da lei, o juiz atenderá aos fins sociais a que ela se dirige e às exigências do bem comum".[109]

Não podendo haver verdadeira segurança na estabilidade do injusto, faz-se mister destacar que a observância da conformação virtuosa e prudencial, em especial pelos legisladores e decisores, à lei natural – que é o fundamento próximo e objetivo das ordens moral e jurídica (e deve também conformar a economia e a política) –, constitui condição *sine qua non* à consecução da segurança jurídica. Conforme lapidarmente expôs Dip:

> "Se a paz na sociedade – paz que é exigida pela natureza humana – é efeito da segurança (*pax securitatis opus*), é, porém, efeito de uma segurança que se especializa, que não é qualquer, de uma segurança que se reclama jurídica, não pelo fato de ser imposta por um dado poder, mas pelo fato de ser moralmente justa: *pax iustitiæ opus*."[110]

Conforme ensina S. Tomás – destaca Oliveira – os aspectos pessoal e social da vida moral estão intimamente associados, de modo que uma vida pessoalmente virtuosa, com a busca pelo domínio das paixões, é condição a um estável proceder com justiça, o que exige uma ética das virtudes e evidencia o estreito vínculo entre moral, política, direito e economia.

108. AYUSO, Miguel. El desgobierno de los jueces. *Revista de Derecho Público*, v. 81, 2º Sem. 2014. p. 23.
109. Art. 5º da Lei de Introdução às Normas do Direito Brasileiro – Decreto-Lei 4.657, de 4 de setembro de 1942.
110. DIP, Ricardo. *Segurança Jurídica* cit., p. 123.

> "Como virtude, a justiça é chamada a qualificar e retificar as ações da pessoa, e, como exigência objetiva de retidão, impõem-se às relações e instituições da vida social. Uma ética das virtudes se abre como que a partir do interior para a integração do direito, da economia, da política (...)."[111]

Tudo o que aqui se expôs, enfim, faz avultar a importância da ética das virtudes e de corretas acepções de direito e bem comum para a promoção da ordem da justiça (também a jurídica) nas atividades regulatórias e decisórias, rejeitando-se concepções materialistas, subjetivistas, racionalistas e utilitaristas que – reduzindo o bem e a felicidade ao atendimento das demandas das inferiores faculdades humanas (aos seus aspectos meramente sensíveis) ou desenraizando-as da realidade e de suas contingências – comprometam a realização do verdadeiro bem/fim do ser humano e do bem comum como finalidade da ordem política.

Em linha de conclusão, é preciso sempre denunciar a pretensão de "sistemas de justiça" e de um mundo justo que prescindam de homens justos, o que somente pode resultar em massificação, tecnocracia, tirania e totalitarismo. Somente o homem que busca ser justo, para além do dever estrito que está habituado a observar, pode humildemente compreender, de um lado, o débito que, por imperativo de justiça, está obrigado a saldar perante Deus, sem que no entanto possa perfeitamente fazê-lo (o que lhe abre a dimensão da virtude da religião), e perante o próximo e à sociedade (o que o encaminha à piedade, à obediência e à observância, para com os pais e para com a pátria, para com os superiores e autoridades e para com os constituídos em dignidade), e, de outro lado, humildemente compreender que foi amado primeiro e que mais recebeu do que pode dar, com o que estará melhor disposto a retificar sua vontade para além da observância de seus estritos débitos de justiça para com o próximo e para com a sociedade, a fim de, com o influxo da graça, alcançar aquela justiça antes referida enquanto virtude geral, como conjunto eminente de todas as virtudes, também as teologais, amando a Deus acima de todas as coisas e dando ao próximo, por amor de Deus, mais do que está estritamente obrigado a dar: pela caridade alcançará a perfeição no cumprimento da lei (Rm, 13,10), a santidade, e dará abundantes frutos, também os de justiça, de cuja obra depende a paz da sociedade.

REFERÊNCIAS

AQUINO, S. Tomás. Suma Teológica. In: OLIVEIRA, Carlos-Josaphat Pinto de. (Coord. edição brasileira). São Paulo: Edições Loyola (edições dos volumes: 2009-2016).

AQUINO, S. Tomás. *Da justiça*. Trad. Tiago Tondinelli. Campinas: Vide Editorial, 2012.

AQUINO, S. Tomás. *Comentário à ética e à Política de Aristóteles*. v. I e II. Trad. Antonio Donato P. Rosa. Associação Centro Hugo de São Vitor. mar. 2020.

ARISTÓTELES. Ética a Nicômaco. Tradução do grego de António de Castro Caeiro. São Paulo: Atlas, 2009.

AYUSO, Miguel. El desgobierno de los jueces. *Revista de Derecho Público*, v. 81, 2º Sem. 2014. p. 13-26.

111. OLIVEIRA, Carlos-Josaphat Pinto de. A Justiça. Introdução. In: AQUINO, S. Tomás. *Suma Teológica*. 3. ed. jan. 2014. São Paulo, Brasil: Edições Loyola, 2005. p. 43-44.

AYUSO, Miguel. El telón de fondo del transhumanismo. In: AYUSO, Miguel (ed.). *¿Transhumanismo o Posthumanidad? La política y el derecho después del humanismo*. Marcial Pons, Madrid: 2019. p. 15-29.

BRASIL. Senado Federal. TV Senado. *CCJ sabatina André Mendonça indicado para vaga no STF*. Disponível em: [www.youtube.com/watch?v=LeWqJ4yAVA4]. A partir de 3:03:27. Acesso em: 19 jun. 2024.

BRASIL. Supremo Tribunal Federal. *Ministro André Mendonça toma posse no STF*. Disponível em: [https://portal.stf.jus.br/noticias/verNoticiaDetalhe.asp?idConteudo=478526]. Acesso em: 18 jun. 2024.

BRASIL. Tribunal Regional Federal (Região, 1.) (TRF). *Corpus Iuris Civilis*. Digesto. Brasília, 2010. Disponível em [www.trf1.jus.br/dspace/handle/123/52682].

CANTERO, Estanislao: *El Realismo jurídico de Juan Bms. Vallet de Goytisolo*. Madrid: Marcial Pons, 2023.

DIP, Ricardo. *Propedêutica Jurídica*: uma perspectiva jusnaturalista. Campinas: Ed. Millennium, 2001.

DIP, Ricardo. *Segurança jurídica e crise pós-moderna*. São Paulo: Quartier Latin, 2012.

DIP, Ricardo. Ativismo e garantismo: novos nomes de positivismos antigos. *Anales de la Fundación Francisco Elías de Tejada*, ISSN 1137-117X, n. 21, 2015. p. 161-169.

DIP, Ricardo. *Abc do direito natural*. São Paulo: Editorial Lepanto, 2020.

DIP, Ricardo. *Os direitos humanos e o direito natural. De como o homem Imago Dei se tornou Imago Hominis*. São Luís: Livraria Resistência Cultural Ed., 2022.

GALVÃO DE SOUSA, José Pedro. *Iniciação à teoria do Estado*. 2. ed. São Paulo: Ed. RT, 1976.

GALVÃO DE SOUSA, José Pedro; GARCIA, Clóvis Lema e CARVALHO, José Fraga Teixeira de. *Dicionário de Política*. Rio de Janeiro: Ed. CDB, 2021.

HERVADA, J. O que é o direito?: a moderna resposta do realismo jurídico: uma introdução ao direito. Trad. Sandra Marta Dolinsky. São Paulo: WMF Martins Fontes, 2006.

OLIVEIRA, Carlos-Josaphat Pinto de. A Justiça. Introdução. In: AQUINO, S. Tomás. *Suma Teológica*. 3. ed. jan. 2014. São Paulo, Brasil: Edições Loyola, 2005.

ORREGO SÁNCHES, C. El pensamiento de Juan Vallet de Goytisolo y la última teoría jurídica analítica angloamericana. *Revista de Derecho*, N" 10 – 2003. U. Católica del Norte- Campus Guayacán.

ORREGO SÁNCHES, C.. *Analítica del Derecho Justo. La crisis del positivismo jurídico y la crítica del derecho natural*. Universidad nacional autónoma de México, 2005.

PIEPER, Josef. *Virtudes fundamentais*. Trad. Narino e Silva e Beckert da Assumpção. Lisboa: Editorial Aster, 1960.

PIO XII, Papa. Discursos e Radiomensagens de Sua Santitade Pio XII, XVI, Décimo Sexto ano do Pontificado, 2 de março de 1954 – 1º de março de 1955, p. 277-289 Tipografia Poliglota Vaticana.

RAMÍREZ, Santiago. *Pueblo y gobernantes al servicio del bien común*. Madrid: Euramerica, 1956.

ROSA, Antonio Donato P. *A Educação segundo a Filosofia Perene*. São Paulo: Editora Cristianismo.org., 2000.

ROYO MARÍN, Antonio. *Ser ou não ser santo ... eis a questão*: compêndio da obra *Teología de la perfección cristiiana*. Trad. Ricardo Harada. 2. ed. Campinas, SP: Ecclesiae, 2018.

SACHERI, Carlos Alberto. *A ordem natural*. Campinas: Edições Cristo Rei, dez. 2014.

SERPENTINO, Daniel. *A insuficiência da previsibilidade normativa e decisória para a consecução da segurança jurídica no âmbito da regulação econômico-empresarial*. 2023. 344 f. Tese (Programa de Pós-Graduação em Direito) – Universidade Nove de Julho, São Paulo. [http://bibliotecatede.uninove.br/handle/tede/3225].

SOLER, José Juanola. *La naturaleza de las cosas y la determinación del derecho*. Verbo, núm. 349-350 (1996). 1069-1108.

TANQUEREY, Pe. Adolphe. *Compêndio de Teologia Ascética e Mística*. Trad. Dalton César Zimmermann. Campinas: Ed. Ecclesiae. fev. 2018 – CEDET.

TERESA DE ÁVILA, Santa. Castelo interior ou Moradas. Trad. das Carmelitas Descalças do Convento de Santa Teresa do Rio de Janeiro. Petrópolis; RJ: Vozes, 2014.

VALLET DE GOYTISOLO, J. *Metodologia Jurídica.* Madrid: Civitas, 1988.

VALLET DE GOYTISOLO, J. *Derecho y verdad. Verbo,* núm. 347-348 (1996). 709-730.

VALLET DE GOYTISOLO, J. Concreción de los principios ético-naturales em princípios generales de derecho y su reflejo en la interpretación jurídica. Fundación Speiro. *Revista Verbo Reuniones.* 1997. Número 351-352: Serie XXXVI.

VALLET DE GOYTISOLO, J. El derecho como ciencia moral, y como moderador de la política y de la economía. *Anales de la Real Academia de Ciencias Morales y Políticas,* ISSN 0210-4121, n. 76, 1999. p. 543-578.

VALLET DE GOYTISOLO, J. Bms. *Justicia moral e justicia jurídica.* Verbo, núm. 443-444 (2006), 161-193.

VALLET DE GOYTISOLO, J. *La justicia jurídica y sus clases.* Verbo, núm. 445-446 (2006). 431-445.

HOMENAGEM AO MINISTRO ANDRÉ MENDONÇA – A INVIOLABILIDADE DA LIBERDADE DE CONSCIÊNCIA E DE CRENÇA, DO LIVRE EXERCÍCIO DOS CULTOS RELIGIOSOS E DE SUAS LITURGIAS

Tito Campos de Paula

Graduado em Direito pela Universidade Federal do Paraná. Desembargador do Tribunal de Justiça do Estado do Paraná. Presidente do Tribunal Regional Eleitoral do Estado do Paraná na gestão 2020-2022. Integra a Magistratura do Estado do Paraná desde 1989. Foi Corregedor, Vice-Presidente e Presidente do Tribunal Regional Eleitoral do Paraná no período 2019/2022.

"A Constituição brasileira não compactua com o fechamento absoluto e a proibição das atividades religiosas, não compactua com a discriminação das manifestações públicas de fé. Tanto é assim, que remédios excepcionalíssimos da própria Constituição não admitem sequer esse tipo de medidas que estão sendo adotadas regionalmente. Não há Cristianismo sem vida comunitária. Não há Cristianismo sem a casa de Deus. Não há Cristianismo sem o dia do Senhor. É por isso que os verdadeiros cristãos não estão dispostos, jamais, a matar por sua fé, mas estão sempre dispostos a morrer para garantir a liberdade de religião e de culto".[1]

Foram com estas fortes palavras, que, o então Advogado-Geral da União, hoje, Ministro do Supremo Tribunal Federal, *André Mendonça*, iniciou sua sustentação oral no contexto da Arguição de Descumprimento de Preceito Fundamental (ADPF) 811, com pedido de medida liminar, ajuizada pelo Partido Social Democrático (PSD), em que se questionava termos de um decreto de São Paulo que determinava o fechamento de cultos, missas e demais atividades religiosas coletivas em todo o Estado (artigo 2º, inciso II, letra 'a', do Decreto 65.563, de 12/03/2021).

Foi com muito gosto que recebi o convite para escrever um artigo em homenagem ao Ministro *André Mendonça*, do Supremo Tribunal Federal.

Escrever um artigo para a finalidade específica de homenagear um ser humano da estatura do Ministro *André Mendonça*, não é tarefa fácil e, foi por isso que, antes de

1. MENDONÇA, André. Sustentação Oral, enquanto Advogado-Geral da União, realizada na Arguição de Descumprimento de Preceito Fundamental (ADPF) nº 811. Disponível em: [www.gov.br/agu/pt-br/comunicacao/noticias/andre-mendonca-defende-liberdade-religiosa-e-de-culto-em-primeira-sustentacao-oral-no-retorno-a-agu].

aceitar o honroso convite, afirmei que aceitaria, desde que me viesse uma inspiração para escrever.

Felizmente, a inspiração que me veio foi essa, enaltecendo a forte frase dita pelo Ministro *André Mendonça* quando ainda atuava como Advogado-Geral da União, pois, ao afirmar, em plena pandemia mundial da Covid-19, que assolava toda a humanidade, com todo destemor, que "os verdadeiros cristãos não estão dispostos, jamais, a matar por sua fé, mas estão sempre dispostos a morrer para garantir a liberdade de religião e de culto", falou, não apenas em seu nome pessoal, mas também se pronunciou em nome de milhões de cristãos que pensam da mesma forma, porém, que não tem o mesmo poder de fala de uma pessoa da envergadura do Ministro *André Mendonça*.

Sem dúvida alguma, os verdadeiros cristãos, para defender a sua fé, não estão dispostos, jamais, a matar, mas devem sempre estar dispostos, se preciso for, a morrer para garantir a liberdade de religião e de culto.

De fato, a liberdade de religião e de culto, ou, a liberdade de consciência e de crença, não pode ser cerceada mesmo nos momentos mais críticos da humanidade, tal como ocorreu durante a pandemia da Covid-19, pois, se por um lado o direito mais importante do ser humano é o direito à vida, por outro lado, a vida sem liberdade não possui sentido, mormente quando se trata de liberdade de crença na sua plenitude. Portanto, é exatamente olhando por esse prisma, que não se pode falar em exagero nas palavras do hoje Ministro *André Mendonça* quando afirmou que "é por isso que os verdadeiros cristãos não estão dispostos, jamais, a matar por sua fé, mas estão sempre dispostos a morrer para garantir a liberdade de religião e de culto".

A pessoa humana que professa alguma crença ou alguma fé, tem na crença e na fé, a última tábua de salvação, ou seja, para o crente, quando se esgotam todos os recursos humanos para resolver alguma adversidade, o último recurso a ser buscado, encontra-se na sua fé, sendo este, portanto, o principal fundamento de que os princípios constitucionais, agasalhados pela Constituição Brasileira nos artigos 5º, inciso VI[2] e 19, I[3], da inviolabilidade da liberdade de consciência e de crença, bem como da vedação de embaraçamento pela União, Estados, Distrito Federal e Municípios, de funcionamento dos cultos religiosos ou igrejas, devem ser interpretados sempre com a maior amplitude e nunca de maneira restritiva.

Com efeito, é exatamente nos momentos de maior adversidade, tal como ocorreu quando da pandemia, que o ser humano que professa alguma fé, não pode ter violada

2. "Art. 5º Todos são iguais perante a lei, sem distinção de qualquer natureza, garantindo-se aos brasileiros e aos estrangeiros residentes no País a inviolabilidade do direito à vida, à liberdade, à igualdade, à segurança e à propriedade, nos termos seguintes:
[...] *VI – é inviolável a liberdade de consciência e de crença, sendo assegurado o livre exercício dos cultos religiosos e garantida, na forma da lei, a proteção aos locais de culto e a suas liturgias*".

3. "Art. 19. É vedado à União, aos Estados, ao Distrito Federal e aos Municípios:
I – estabelecer cultos religiosos ou igrejas, subvencioná-los, embaraçar-lhes o funcionamento ou manter com eles ou seus representantes relações de dependência ou aliança, ressalvada, na forma da lei, a colaboração de interesse público".

sua liberdade de crença, incluindo aqui a liberdade de frequentar um templo religioso ou praticar as suas liturgias, não podendo, nem mesmo o Estado de uma forma em geral, incluindo aqui o Estado-Juiz, limitar tal liberdade.

É importante ressaltar que, mesmo na hipótese de decretação de estado de defesa, "para preservar ou prontamente restabelecer, em locais restritos e determinados, a ordem pública ou a paz social ameaçadas por grave e iminente instabilidade institucional ou atingidas por calamidades de grandes proporções na natureza" (art. 136, C.F[4]), a Constituição chegou a autorizar restrições aos direitos de reunião, ainda que exercida no seio das associações, porém, não autorizou a restrição ao direito do livre exercício dos cultos religiosos.

Mais ainda, mesmo na hipótese de maior gravidade, que é a decretação do estado de sítio, ou seja, nos casos de "comoção grave de repercussão nacional ou ocorrência de fatos que comprovem a ineficácia de medida tomada durante o estado de defesa" ou de "declaração de estado de guerra ou resposta a agressão armada estrangeira" (art. 137, CF[5]), a Constituição autorizou a suspensão da liberdade de reunião (art. 139, IV, CF[6]), mas não autorizou a restrição ao direito do livre exercício dos cultos religiosos.

Portanto, felizmente, no Brasil, respeitando-se a laicidade do Estado, nem mesmo nos momentos mais críticos, em que se admite determinadas exceções, como pode acontecer no estado de defesa ou no estado de sítio, a liberdade de consciência e de crença e o livre exercício dos cultos religiosos e suas liturgias, não podem ser atingidos.

Não podem ser atingidos, conforme já dito, por uma razão muito simples, porque é exatamente pelo fato de eventualmente a ordem pública ou a paz social estiverem sendo ameaçadas por grave e iminente instabilidade institucional ou atingidas por calamidades de grandes proporções na natureza, ou ainda, em caso de guerra ou de resposta a

---

4. "Art. 136. O Presidente da República pode, ouvidos o Conselho da República e o Conselho de Defesa Nacional, decretar *estado de defesa* para preservar ou prontamente restabelecer, em locais restritos e determinados, a ordem pública ou a paz social ameaçadas por grave e iminente instabilidade institucional ou atingidas por calamidades de grandes proporções na natureza. § 1º O decreto que instituir o estado de defesa determinará o tempo de sua duração, especificará as áreas a serem abrangidas e indicará, nos termos e limites da lei, as medidas coercitivas a vigorarem, dentre as seguintes:
   I – restrições aos direitos de:
   a) reunião, ainda que exercida no seio das associações; [...]".
5. "Art. 137. O Presidente da República pode, ouvidos o Conselho da República e o Conselho de Defesa Nacional, solicitar ao Congresso Nacional autorização para decretar o *estado de sítio* nos casos de:
   I – comoção grave de repercussão nacional ou ocorrência de fatos que comprovem a ineficácia de medida tomada durante o estado de defesa;
   II – declaração de estado de guerra ou resposta a agressão armada estrangeira.
   Parágrafo único. O Presidente da República, ao solicitar autorização para decretar o estado de sítio ou sua prorrogação, relatará os motivos determinantes do pedido, devendo o Congresso Nacional decidir por maioria absoluta".
6. "Art. 139. Na vigência do *estado de sítio* decretado com fundamento no art. 137, I, só poderão ser tomadas contra as pessoas as seguintes medidas:
   [...] *IV – suspensão da liberdade de reunião*".

agressão armada estrangeira, é que quem professa alguma crença ou fé, mais precisa se amparar em sua crença ou fé.

Por tais razões, quando da edição da Lei 13.979, de 6 de fevereiro de 2020, dispondo sobre as medidas para enfrentamento da emergência de saúde pública, de importância internacional decorrente do coronavírus, responsável pelo surto de 2019, por óbvio, ante a necessidade de proteção da coletividade, algumas medidas de restrições, *sempre de caráter temporário*, poderiam ser impostas, porém, *nunca restringindo por completo e de modo permanente* o livre exercício dos cultos religiosos e suas liturgias, pois, conforme já mencionado, são exatamente nesses momentos de maior fragilidade da pessoa humana, que ela precisa da prática de sua crença ou de sua fé.

Para tanto, apenas a título de exemplo, assim como o dever do médico está para o com paciente em grave estado de saúde, mesmo que durante a pandemia, conforme aconteceu de maneira recorrente em razão da Covid-19, o ministro religioso também tem o dever de, ainda que em uma UTI hospitalar, de poder lá adentrar, devidamente paramentado, e ministrar a extrema unção para o doente.

Cabe registrar, que algumas pessoas, inclusive religiosas, chegaram a entender que, em razão das restrições legais impostas durante a pandemia, a igreja seria obrigada a mudar alguns ritos e liturgias, como por exemplo, o rito centenário de algumas comunidades religiosas, de tomarem o vinho da santa ceia, compartilhando um mesmo cálice.

Com todo o respeito, penso que, de acordo com todos os princípios constitucionais já mencionados, numa situação extrema como aconteceu durante a pandemia da Covid-19, o máximo que a lei poderia fazer, como de fato foi feito, era adotar algumas medidas, *sempre de caráter temporário*, visando à proteção da coletividade, suspendendo algumas formas de liturgia ou ritos religiosos, *mas nunca os suprimir ou alterar.*

De fato, em sendo a inviolabilidade da liberdade de consciência e de crença e o livre exercício dos cultos religiosos e suas liturgias, um direito fundamental garantido pela Constituição Cidadã de 1988 (art. 5º, VI), não há dúvida de que se trata de uma cláusula pétrea, e jamais poderá ser abolida, conforme proteção amparada pelo art. 60, § 4º, IV[7], da Constituição da República Federativa do Brasil.

Caríssimo Ministro André Mendonça, devo confessar, que quando me dispus a escrever esse artigo, de propósito, pensei em escrever um texto o mais curto possível, e assim o fiz, na tentativa de prestar uma homenagem a sua excelência, pela coragem que teve ao atuar naquela tão difícil causa, em plena pandemia que assolava a humanidade no ano de 2021 e, mesmo "nadando" contra a maré majoritária que defendia ao máximo as restrições impostas, interferindo inclusive no livre exercício dos cultos religiosos, o senhor, na condição de Advogado-Geral da União, não teve temor e, com firmeza,

7. "Art. 60. A Constituição poderá ser emendada mediante proposta:
[...] § 4º Não será objeto de deliberação a proposta de emenda tendente a abolir:
[...] *IV – os direitos e garantias individuais*".

proferiu a famosa frase aqui já repetida, de que os verdadeiros cristãos estão sempre dispostos a morrer para garantir a liberdade de religião e de culto.

Nesse curto artigo, eu também já havia mencionado que não se podia falar em exagero de suas palavras. Ocorre que, depois de já concluído o texto, algo não saía de minha mente. Em defesa da liberdade religiosa, o então Advogado-Geral da União, não temendo qualquer consequência, em plena pandemia, não temeu em afirmar que os verdadeiros cristãos estão sempre dispostos a morrer para garantir a liberdade de religião e de culto, porém, agora, como Ministro do Supremo Tribunal Federal, e não mais como advogado, como estaria pensando o cristão ministro *André Mendonça*? Ainda estaria disposto a defender com todas as forças, a liberdade religiosa?

Eis que, para minha surpresa, acredito que pelos desígnios divino, no dia 24 de junho de 2024, numa segunda-feira fria e chuvosa, na cidade de Curitiba, na solenidade de entrega do Título de Cidadão Honorário do Paraná ao Ministro *André Mendonça*, sem que o Ministro soubesse da minha presença, o destino nos colocou frente a frente, separados apenas por poucos metros de distância, quando no prédio da Assembleia Legislativa do Paraná, tive o privilégio de, olhando no brilho dos seus olhos, assistir e ouvir um dos mais emocionantes discursos de minha vida. Apesar das dezenas de pessoas que se encontravam naquele plenário, a atenção ao discurso era de tamanho tal, que, sem exagero algum, foi possível ouvir o barulho de uma porta que alguém abriu.

Naquela noite, ao ouvir de frente a frente, não apenas o Ministro do Supremo Tribunal Federal, mas principalmente o ser humano, o homem de fé, o cristão *André Mendonça*, falando não apenas da boca para fora, mas das profundezas de sua alma, com o mesmo destemor que havia demonstrado quando atuava como Advogado-Geral da União, pude espancar a minha dúvida e ter a certeza de que, *André Mendonça* não deve morrer, mas deve sim, viver muito tempo sobre essa terra para lutar durante toda a sua existência pela liberdade de religião e de culto.

Segundo suas próprias palavras, Paulista de nascimento, de Santos, imaginava seguir unicamente (o que já seria muito), a carreira de seminarista e ser pastor da igreja Presbiteriana. Nenhum de seus planos que fez o conduziria ao Supremo Tribunal Federal. Vem estabelecer sua parada na adorável cidade de Londrina, no norte do Paraná. Lá forma sua família. Assume sua função na Advocacia Geral da União. Na sequência, inicia seus estudos no Seminário Teológico Sul Americano. Imaginava que permaneceria toda sua vida funcional em Londrina. O plano de Deus era outro. Acaba indo parar em Brasília, imaginando que por apenas um ano. Porém, anos depois, tudo culmina com a sua assunção como Ministro do Supremo do Tribunal Federal.

No dia de sua posse no Supremo, quando pela primeira vez entrou em seu gabinete, juntamente com sua família (sua esposa e seus dois filhos), nos confessou o Ministro: "pedi para ficarmos meia hora sozinhos. Minha primeira atitude foi, nós nos ajoelhamos, oramos, lemos a Bíblia. Falei um pouco sobre a loucura que era eu estar ali naquele momento. Vou até a janela. Os gabinetes são todos de vidros com acesso ao Palácio do Planalto, a Praça dos Três Poderes, ao Congresso Nacional e ao Lago Sul de Brasília, e digo à minha esposa e aos meus filhos: talvez a sensação normal de que alguém que chegue aqui hoje, na posição que estou hoje, seja de poder, mas eu quero dizer que a minha única sensação é de dever".[8]

Ao ouvir essa verdadeira confissão de fé, realizada publicamente, no dia em que o Ministro *André Mendonça* estava recebendo o Título de Cidadão Honorário do Paraná, isso já tendo passado mais de dois anos de sua posse no STF, consolidei minha percepção de que efetivamente mais do que um Ministro do Supremo, *André Mendonça* é realmente um homem de fé e não titubeará em continuar na defesa intransigente da liberdade de religião e de culto.

Na sequência daquela inesquecível fala, o homem de fé, *André Mendonça*, nos brindou de forma resumida, no que consistiria o dever que sentiu no momento em que pela primeira vez se reuniu, a sós, com sua esposa e seus dois filhos, em seu gabinete no Supremo Tribunal Federal.

"Dever de servir a uma sociedade e a um povo. Ato de prestação de serviço à nação. Esse dever tem que possuir ao menos três princípios fundamentais.

Primeiro: fazer justiça. Não basta apenas fazer justiça, mas principalmente não ser um agente de injustiça. Essa consciência tem que marcar a consciência de um julgador.

Segundo: caráter e integridade. Fazer o correto. Disse ele: Eu sou o segundo Ministro evangélico do Supremo, mas na história democrática, o primeiro e único Ministro do Supremo Tribunal Federal evangélico *e pastor*. Tenho duzentos milhões de habitantes olhando não apenas para a conduta de um Ministro, mas para a conduta de um evangélico pastor. A responsabilidade é bastante grande e por isso o meu temor e tremor da prestação de contas que um dia vou fazer a Deus. Deus não olha apenas para o exterior, Ele prova o que está na intenção. Não basta não fazer justiça, tenho que fazer o certo e a justiça pelos motivos corretos. Tem gente que pode fazer a justiça pelos motivos errados. A justiça tem que ser feita de forma desinteressada.

Terceiro: ser imparcial. Ter o senso de responsabilidade. Não quero ser o último Ministro evangélico do Supremo, quero abrir portas para outros. A sociedade tem que saber que o evangélico sabe ser imparcial. Imparcialidade não significa apenas a capacidade de julgar de forma desinteressada, mas a capacidade de ouvir as diversas vozes da sociedade de forma desinteressada. Hoje pouca gente se dispõe a ouvir o próximo. O bom magistrado precisa estar disposto a ouvir. Ele pode nem julgar da forma como a pessoa espera, mas ele ouviu a voz da parte.

Sabedoria. Dois contextos Bíblicos. Salomão dizia: há tempo para todas as coisas. Tempo de falar, tempo de calar. É preciso entender o tempo. Ler o contexto. Ministro do Supremo pode muita coisa, mas aquilo que de fato ele pode de forma definitiva, ele não pode sozinho, ele depende de que pelo menos mais cinco pessoas concordem com ele. É preciso ter sabedoria para ver condições de amadurecimento de uma ideia de que

8. Sessão solene Título de Cidadão Honorário, ao Ministro do STF, André Mendonça. Disponível em: [https://youtu.be/OQHb3DB48jc]. Acessado em: 29 jun. 2024.

hoje, não necessariamente é maioria. Isso às vezes demanda tempo, demanda diálogo, demanda disposição de ouvir e sabedoria para falar.

Pedro era uma pessoa muito dura, reagia rápido, era bateu levou. E de vez em quando Jesus dizia para Pedro colocar a espada de volta no lugar. Nossa forma de fazer é outra. Nosso jeito de transformar a humanidade é outro. Lógico que sempre vou ouvir, mas tenho um referencial de comportamento. Meu referencial de julgamento é a constituição e as leis, mas de comportamento só tenho um referencial, nenhum outro. É Jesus Cristo.

Preciso tentar ler a sociedade e os contextos à luz dessa pessoa que é Jesus Cristo. E isso não é simples. É preciso saber o momento de falar e de calar. É momento de ir para a direita. É momento de ir para a esquerda. É o momento de caminhar. É o momento de ficar parado. Eu aprendi na vida, porque foi assim que eu cheguei lá, que eu não posso ficar ansioso.

Tem um texto bíblico que diz que todas as coisas cooperaram para o bem daqueles que amam a Deus. Deus vai transformando as coisas. Alguns me falavam, é preciso ter coragem para ir pro Supremo. Eu dizia, não se preocupe, eu não tenho medo nem da morte. O problema não é falta de coragem, mas é saber a hora de usar os recursos. E isso demanda sabedoria. Demanda algo que não está nos livros. Na minha perspectiva de fé, demanda eu entender o que Deus quer de mim em cada momento.

São esses os compromissos que eu tenho com o meu país. Um Estado laico, eu disse isso na minha sabatina. No Supremo a constituição. Na Bíblia, a vida. A minha chave de leitura da sociedade, e da realidade, dos contextos, envolvem figuras e, de modo marcante, Jesus Cristo. Sem esperar aplausos.

Esse momento é um momento singular, onde vocês me concedem uma honra extrema, ser cidadão paranaense. Que honra, ter a cidadania de meus filhos. Que privilégio a um pai, que não é originário do Estado, mas tem seus filhos paranaenses, poder dizer, eu também sou paranaense. De saber que o mundo pode estar agitado, mas tem uma Pessoa que governa todas as coisas e vai nos fazer caminhar rumo à justiça. Porque se tem uma característica do reino de Deus é ser um reino de justiça"[9].

Ministro *André Mendonça*. Agora conterrâneo de todos nós paranaenses. Que o poderoso Deus de Abraão, de Isaque, de Jacó, de nossos antepassados e nosso Deus, continue abençoando toda a humanidade, o povo brasileiro e especialmente a sua pessoa, que por predestinação divina assumiu a mais difícil missão que um ser humano pode assumir, que é a de julgar o seu semelhante, para que possa continuar lutando, de todas as formas, para garantir a cada pessoa brasileira, o nosso direito, literalmente *sagrado*, de inviolabilidade da liberdade de consciência e de crença; do livre exercício dos cultos religiosos; a proteção aos locais de cultos e as suas liturgias.

9. Sessão solene Título de Cidadão Honorário, ao Ministro do STF, André Mendonça. Disponível em: [https://youtu.be/OQHb3DB48jc]. Acessado em: 29 jun. 2024.

LIBERDADE DE EXPRESSÃO: BREVE ANÁLISE A PARTIR DA DECISÃO TOMADA NA RECLAMAÇÃO 60.382 DO STF

Natacha Nascimento Gomes Tostes Gonçalves de Oliveira

Mestre em Direito pela Universidade Gama Filho. Professora de Direito Processual Civil da Emerj. Graduada em Direito pela Universidade Católica de Petrópolis. Membro do IBDP e da Abep. Desembargadora do Tribunal de Justiça do Estado do Rio de Janeiro.

Sumário: Introdução – 1. O caso em apreciação – 2. Proteção constitucional da liberdade de expressão; 2.1 Vedação à censura prévia; 2.2 Limites à liberdade de expressão? – 3. Convergências e breve análise comparativa: Brasil e Estados Unidos – Considerações finais – Referências.

INTRODUÇÃO

A liberdade de expressão é amplamente reconhecida como um dos pilares essenciais para o funcionamento saudável de uma sociedade democrática. Com a promulgação da Carta Constitucional de 1988, deixando-se o período da censura imposta pelos malsinados Atos Institucionais que se seguiram à Carta Outorgada de 1967/1969, a comunidade jurídica frequentemente é chamada a debater e renovar a reflexão sobre importância de garantir que o indivíduo tenha voz e a possa expressar, sem temer represália por conta de suas ideias.

Com efeito, é a liberdade de pensamento, expressão e opinião que permite que indivíduos comuniquem suas ideias, opiniões e crenças sem medo de censura ou repressão, estimulando a diversidade de pensamentos e a fiscalização dos poderes instituídos.

Não se defende, por óbvio, a existência de liberdade sem responsabilidade. Também é importante se pensar no direito à informação, o direito à informação verdadeira, e separar as diferentes searas em que a ideia é colocada. Há sensível diferença entre uma colocação realizada dentro de um contexto humorístico do que aquela veiculada como notícia. Conforme se tentará demonstrar, há que se diferenciar expressão e informação.

Neste artigo, exploraremos a complexidade e vitalidade da liberdade de expressão, com base na decisão do Ministro André Mendonça, do Supremo Tribunal Federal (STF), proferida na Reclamação 60.382.[1]

Tal decisão ilustra paradigmaticamente os princípios e desafios inerentes a esse direito fundamental. Ademais, compararemos essa decisão com outros julgados relevantes para destacar os pontos de convergência nos argumentos pró-liberdade de expressão.

1. MENDONÇA, André. *Decisão na Reclamação 60.382*. Supremo Tribunal Federal, Brasília, 2023.

1. O CASO EM APRECIAÇÃO

A questão que foi tratada na Reclamação cuja decisão se utiliza como base para este ensaio se originou por conta de ordem judicial proferida em face do reclamante, sendo importante, para fins deste ensaio, destacar os seguintes pontos na decisão reclamada:

> "-a) Proibição de manter, transmitir, publicar, divulgar, distribuir, encaminhar ou realizar download de quaisquer arquivos de vídeo, imagem ou texto, com conteúdo depreciativo ou humilhante em razão de raça, cor, etnia, religião, cultura, origem, procedência nacional ou regional, orientação sexual ou de gênero, condição de pessoa com deficiência ou idosa, crianças, adolescentes, mulheres, ou qualquer categoria considerada como minoria ou vulnerável;
>
> -b) Proibição de realizar, em suas apresentações, quaisquer comentários, bem como de divulgar, transmitir ou distribuir, quaisquer arquivos de vídeo, imagem ou texto, com conteúdo depreciativo ou humilhante em razão de raça, cor, etnia, religião, cultura, origem, procedência nacional ou regional, orientação sexual ou de gênero, condição de pessoa com deficiência ou idosa, crianças, adolescentes, mulheres, ou qualquer categoria considerada como minoria ou vulnerável."[2]

O reclamante buscou a Corte Suprema, argumentando que a decisão tolhia sua liberdade de expressão como profissional humorístico.

Não obstante a pretendida proteção a direitos dos vulneráveis, do texto da decisão reclamada é claro o exercício de censura prévia, agravado por se tratar de contexto de humor.

Exatamente por isso é que o Ministro fez colacionar em sua decisão anterior posicionamento do Pretório Excelso:

> Liberdade de expressão e pluralismo de ideias. Valores estruturantes do sistema democrático. Inconstitucionalidade de dispositivos normativos que estabelecem previa ingerência estatal no direito de criticar durante o processo eleitoral. *Proteção Constitucional as manifestações de opiniões dos meios de comunicação e a liberdade de criação humorística.* 1. A Democracia não existirá e a livre participação política não florescerá onde a liberdade de expressão for ceifada, pois esta constitui condição essencial ao pluralismo de ideias, que por sua vez é um valor estruturante para o salutar funcionamento do sistema democrático.
>
> 2. A livre discussão, a ampla participação política e o princípio democrático estão interligados com a liberdade de expressão, tendo por objeto não somente a proteção de pensamentos e ideias, mas também opiniões, crenças, realização de juízo de valor e críticas a agentes públicos, no sentido de garantir a real participação dos cidadãos na vida coletiva.
>
> 3. São inconstitucionais os dispositivos legais que tenham a nítida finalidade de controlar ou mesmo aniquilar a força do pensamento crítico, indispensável ao regime democrático. Impossibilidade de restrição, subordinação ou forçosa adequação programática da liberdade de expressão a mandamentos normativos cerceadores durante o período eleitoral.
>
> 4. Tanto a liberdade de expressão quanto a participação política em uma Democracia representativa somente se fortalecem em um ambiente de total visibilidade e possibilidade de exposição crítica das mais variadas opiniões sobre os governantes.

2. Medidas requeridas pelo Ministério Público ao Juízo do Setor de Atendimento de Crimes da Violência Contra Infante, Idoso, Pessoa com Deficiência e Vítima de Tráfico Interno de Pessoas (SANCTVS), da Comarca de São Paulo/SP, nos autos do processo 1011931-27.2023.8.26.0050, constante no relatório da Reclamação.

5. O direito fundamental à liberdade de expressão não se direciona somente a proteger as opiniões supostamente verdadeiras, admiráveis ou convencionais, mas também aquelas que são duvidosas, exageradas, condenáveis, satíricas, humorísticas, bem como as não compartilhadas pelas maiorias. Ressalte-se que, mesmo as declarações errôneas, estão sob a guarda dessa garantia constitucional.

6. Ação procedente para declarar a inconstitucionalidade dos incisos II e III (na parte impugnada) do artigo 45 da Lei 9.504/1997, bem como, por arrastamento, dos parágrafos 4º e 5º do referido artigo." (ADI 4.451/DF, Rel. Min. Alexandre de Moraes, Tribunal Pleno, j. 21/06/2018, p. 06/03/2019) – grifos no original.

2. PROTEÇÃO CONSTITUCIONAL DA LIBERDADE DE EXPRESSÃO

2.1 Vedação à censura prévia

O artigo 5º, inciso IX, da Constituição Federal do Brasil veda expressamente qualquer forma de censura prévia, enfatizando que a expressão de pensamento, a criação, a informação e a comunicação são livres. Complementando, o artigo 220 reforça que a expressão da atividade intelectual, artística, científica e de comunicação é livre, independentemente de censura ou licença.

A decisão do Ministro Mendonça enfatizou este ponto constitucional:

"A liberdade de expressão e de manifestação artística constitui um dos pilares da democracia, conforme expressamente consagrado nos artigos 5º, IX, e 220 da Constituição Federal. Qualquer restrição a essa liberdade necessita de uma justificativa robusta, que não foi encontrada no caso concreto analisado".[3]

Esta postura não só protege o direito individual de se expressar, mas assegura que a sociedade como um todo continue a se beneficiar do livre fluxo de ideias e do debate contínuo.

Com efeito, a censura prévia, exercida mediante a vedação de manifestação de opinião neste ou naquele sentido, tolhe a liberdade de expressão. Desimporta se originária de um desejo de prestigiar uma informação "verdadeira", ou se destinada à proteção de minorias. Fato é que, ao se vedar de forma antecedente uma manifestação de pensamento, afronta-se o direito a expressar uma posição.

A respeito disse, mencione-se a conclusão de Macedo Junior:

Com base neste claro fundamento constitucional, o STF, em julgamento ocorrido em 2009, declarou a inconstitucionalidade da Lei de Imprensa (ADPF 130/2009), rejeitando a possibilidade de ocorrência da figura da censura prévia prevista naquela lei. Em diversas passagens do acordão relatado pelo Ministro Ayres Brito, inclusive em sua ementa, foi reconhecida a "plena liberdade de imprensa como categoria proibitiva de qualquer tipo de censura prévia". Repetiu-se a exaustão que a censura prévia estava banida de nosso sistema jurídico. "Não há liberdade de imprensa pela metade ou sob as tenazes

3. Idem.

da censura prévia, inclusive a procedente do Poder Judiciário, sob pena de se resvalar para o espaço inconstitucional da prestidigitação jurídica.[4]

Por conta de tal, importante estar atento, como fez o Ministro, a um surgimento de uma patrulha artística, expressão utilizada por Rogério Tadeu Romano:

> Para assegurar esse amplo leque de liberdades, a liberdade de expressão tem como âmbito de proteção "toda opinião, convicção, comentário, avaliação ou julgamento sobre qualquer assunto ou sobre qualquer pessoa, envolvendo tema de interesse público, ou não, de importância e de valor, ou não", desde que não esteja em conflito com outro direito ou valor constitucionalmente protegido (BRANCO, Paulo Gonet; MENDES, Gilmar Ferreira. Curso de Direito Constitucional. São Paulo: Saraiva, 2020, p. 268). Afinal, como acentuou o ministro Gilmar Mendes, naquela ADI, "as formas de expressão artística são inúmeras e de impossível previsão, inclusive pelo fato de que a arte possui, em sua essência, muitas vezes um caráter inovador. Pode também ser polêmica, subversiva, agressiva a padrões usualmente aceitos pela sociedade, características que não raramente fazem com que obras artísticas sejam submetidas ao escrutínio do Poder Judiciário para verificação de possíveis abusos." Fica a lição ali exposta: "A garantia da liberdade artística abrange de igual modo tanto o "âmbito da obra" quanto o "âmbito do efeito" da criação artística. Ambos os âmbitos formam uma unidade indissolúvel. Não apenas a atividade artística (âmbito da obra), mas, além disso, a apresentação e a divulgação da obra de arte são objetivamente necessárias para o encontro com a obra como um processo específico da arte; esse "âmbito do efeito" no qual se proporciona ao público o acesso à obra de arte é o solo no qual cresceu, sobretudo, a garantia de liberdade do Art. 5 III GG". (SCHWABE, Jürgen; MARTINS, Leonardo (Org.). Cinquenta anos de jurisprudência do Tribunal Constitucional Federal alemão. Montevideo: Konrad-Adenauer Stiftung, 2006, p. 497)." Parece-nos que o caso concreto revela que há uma "patrulha artística" manifesta alicerçada em ideias que pretendem dispor como conservadores. Essa patrulha tem um limite: A Constituição na guarda de direitos e liberdades individuais e na livre manifestação de pensamento. A Constituição de 1988 proíbe a censura prévia, de forma que "é proibido proibir". *O sentido e a razão* do direito fundamental de liberdade de expressão é "assegurar o combate intelectual de opiniões" (*den geistigen Kampf der Meinung zu gewährleisten*), como se lê do entendimento exposto em PIEROTH, Bodo; SCHLINK, Bernhard. Grundrechte Staatsrecht II. Heidelberg: C.F. Müller, 2007, p. 137. Estamos no império da liberdade e não da censura que é algo próprio dos regimes autocráticos.[5]

A redação do art. 220 da Magna Carta indica claramente, pois, que qualquer controle sobre manifestação de opinião deve se dar a posteriori, e não mediante vedação prévia de exposição de opinião.

Note-se que tratando-se de programa humorístico, sequer se poderia pensar em assegurar eventual necessidade de veracidade e imparcialidade de informação. O programa humorístico não se destina a Informar, mas a dar azo à livre opinião do artista, que para construir seu espetáculo de entretenimento, tem limites apenas no seu pensamento.

Neste sentido:

4. MACEDO JUNIOR, Ronaldo Porto. *A ameaça de ações indenizatórias como forma de censura*. Disponível em: [https://direito.usp.br/noticia/976034a3ae02-a-ameaca-de-acoes-indenizatorias-como-forma-de-censura]. Acesso em: 23 jun. 2024.
5. ROMANO, Rogério Tadeu. *A censura prévia é proibida*. Disponível em: [www.jusbrasil.com.br/artigos/a-censura-previa-e-proibida/1414173006]. Acesso em: 23 jun. 2024.

> Uma distinção importante entre os dois institutos: a veracidade e a imparcialidade da informação. E é, justamente, em razão dessa distinção fundamental que se deve pensar em um direito de informação que seja distinto em sua natureza da liberdade de expressão. Enquanto que a expressão de uma ideia, uma opinião, um pensamento, não encontra, necessariamente, qualquer apego aos fatos, à veracidade, à imparcialidade, atributos que não lhe cumpre preencher..... a divulgação de uma opinião é necessariamente parcial, pessoal, impregnada de uma cognição já realizada pelo seu emissor, de modo que o recebedor da opinião deve recebê-la não como matéria prima para seu pensamento, mas como matéria já trabalhada por outrem.[6]

A manifestação artística, nela incluído o humor, não se insere no campo da informação, mas no campo da Opinião Pessoal do Humorista.

Vedada a censura prévia, parece-nos importante estas distinções para fins de verificação, A Posteriori, de eventual responsabilidade do emitente, que será diferente no caso de emissão de opinião ou transmissão de informação. A nosso juízo, a questão da falsidade (ou do que se habituou chamar de "*fake-news*", tem espaço apenas no que se refere aquilo divulgado como informação, e não como expressão de opinião) e eventual controle a partir de uma não veracidade na veiculação para fins de responsabilização deve necessariamente considerar a diferença entre informação e opinião. Este desdobramento, porém, fica aqui colocado apenas para fins de reflexão, pois extrapolaria o âmbito deste artigo um aprofundamento na responsabilização *a posteriori*.

2.2 Limites à liberdade de expressão?

Nenhum direito é absoluto. Apesar da importância da liberdade de expressão, reconhece-se que este direito pode colidir com outros direitos fundamentais, como a dignidade humana ou a preservação da ordem pública.

Tratando-se de análise de princípios constitucionais, importante a observância do princípio da proporcionalidade, frequentemente utilizado pelo STF para resolver colisões entre direitos fundamentais. Esse princípio implica que qualquer restrição a um direito fundamental deve ser adequada, necessária e proporcional ao fim que se busca atingir.

No caso específico decidido por Mendonça, o princípio da proporcionalidade foi central.

> "A aplicação da censura prévia imposta ao reclamante evidencia uma violação clara dos princípios da proporcionalidade e da razoabilidade. A decisão não apresentou justificativas robustas que pudessem demonstrar a necessidade imperativa de tais medidas restritivas no contexto específico de uma apresentação humorística."[7]

Essas palavras destacam a importância de considerar a adequação, necessidade e proporcionalidade das restrições impostas à liberdade de expressão.

---

6. CARVALHO, Luis Gustavo Grandinetti Castanho de. *Direito de informação e liberdade de expressão*. Rio de Janeiro: Renovar. Biblioteca de Teses, 1999. p. 24 e 25.
7. MENDONÇA, André. *Decisão na Reclamação 60.382*. Supremo Tribunal Federal, Brasília, 2023.

Em situações onde a liberdade de expressão pode ser utilizada para incitar ódio ou discriminação, a jurisprudência brasileira tem sinalizado a necessidade de proteger a dignidade humana. Contudo, Mendonça distinguiu claramente entre o discurso humorístico e a incitação ao ódio, destacando que a liberdade humorística não deve ser restringida a menos que haja uma ameaça clara e específica.

> "Ainda que o discurso seja polêmico ou ofensivo para alguns, sua proteção se mantém inviolável, a menos que se demonstre inequivocamente uma ameaça concreta e imediata aos direitos de outrem. O humor, ao longo da história, tem-se mostrado uma forma potente de crítica social e política, merecendo, portanto, um nível elevado de proteção jurídica."[8]

Reitere-se, porém, que a nosso juízo eventual interferência do Poder Judiciário apenas se legitima *a posteriori*, e jamais para fins de impedir a livre manifestação do pensamento.

3. CONVERGÊNCIAS E BREVE ANÁLISE COMPARATIVA: BRASIL E ESTADOS UNIDOS

Nos Estados Unidos, a Primeira Emenda fornece uma robusta proteção à liberdade de expressão, incluindo discursos controversos e potencialmente ofensivos. Casos como *Whitney v. California* e *New York Times Co. v. Sullivan* estabeleceram precedentes duradouros que protegem a expressão contra formas de censura e difamação.

No caso Whitney v. California (1927)[9], temos a lição de Louis Brandeis, o direito à liberdade de expressão foi defendido como essencial para a democracia, mesmo quando protegendo ideias consideradas perigosas. Brandeis argumentou que "a melhor resposta ao discurso prejudicial é mais discurso, não censura".[10]

Convém citar ainda o caso New York Times Co. v. Sullivan (1964). Este caso fundamental determinou o padrão de "malícia real"[11] em casos de difamação relacionados a figuras públicas, reforçando que uma robusta proteção da liberdade de expressão é necessária para o funcionamento da democracia, mesmo quando declarações falsas

8. Idem.
9. Disponível em: [https://supreme.justia.com/cases/federal/us/376/254/#tab-opinion-1944787]. Acesso em: 23.06.2024
10. BRANDEIS, Louis. *Whitney v. California*, 274 U.S. 357 (1927). Disponível em [https://supreme.justia.com/cases/federal/us/274/357/#tab-opinion-1931857]. Acesso em: 23 jun. 2024.
11. A doutrina da actual malice (ou standard New York Times) teve origem nos Estados Unidos, com o julgamento do caso New York Times Co. v. Sullivan, no ano de 1964. O caso em tela diz respeito a um funcionário público criticado pela imprensa em um anúncio, em razão de suas funções públicas. Tais críticas, no entanto, que eram impopulares e, em parte, imprecisas, deram azo à condenação da imprensa em primeiro grau, a qual foi revertida pela Suprema Corte americana, em uma maioria de 5-4 votos. A doutrina da actual malice teve início, vindo a ser o marco da constitucionalização de expressões que até então não eram protegidas pela Primeira Emenda. SILVA. Danyani Souza da. New York Times CO. V. Sullivan: O surgimento da doutrina da actual Malicee sua repercussão na jurisprudência da Suprema Corte Norte-Americana (a proteção da verdade). In *Direitos Fundamentais & Justiça* – ano 6, n. 19, p. 262-278, abr./jun. 2012. Disponível em: [https://dfj.emnuvens.com.br/dfj/article/view/312/543]. Acesso em: 23 jun. 2024.

são feitas. A Suprema Corte Americana se posicionou de maneira incisiva no trato do debate de ideias, como explana Laurentiis e Thomazini:

> "A proteção constitucional não depende da verdade ou popularidade das ideias. Caso contrário, não se trataria de um livre debate, mas de mera doutrinação da ideia aceita como verdadeira e correta. Para que a liberdade de expressão não seja sufocada, a sua proteção deve ser ampla. Assim, mesmo uma declaração falsa deve ser protegida, pois dentro de um debate político que envolve questões controversas muitas vezes são inevitáveis os enganos e os exageros. Não é a validade do discurso em si o que lhe concede proteção, mas sua relevância. Era incontroverso que algumas das afirmações do anúncio não são verídicas. Nele havia, de fato, erros e exageros. No entanto, com as devidas correções, a maioria dos eventos relatados realmente ocorreu. E desconsiderar sua importância por pequenas incorreções, que eram facilmente constatáveis, seria simplista, ingênuo e antidemocrático."[12]

Ao analisar as semelhanças entre as abordagens dos Estados Unidos e do Brasil, percebe-se que ambas as nações reconhecem inequivocamente a importância de um debate público livre e a necessidade de proteger discursos potencialmente ofensivos, desde que não constituam incitação direta a atos ilegais ou discriminação.

A decisão do Ministro André de Mendonça reafirma essa convergência, apontando para a necessidade de um equilíbrio robusto, onde a liberdade de expressão é vigorosamente protegida, mas também contextualizada nos limites necessários para proteger outros direitos fundamentais da sociedade.

CONSIDERAÇÕES FINAIS

A decisão do Ministro André Mendonça na Reclamação 60.382 sublinha a importância crítica da liberdade de expressão como um direito fundamental na democracia brasileira. Ao cassar medidas de censura prévia impostas a um humorista, Mendonça não apenas honrou a robusta proteção constitucional deste direito, mas também reafirmou sua importância como um baluarte contra a tirania e a censura.

Este artigo examinou as proteções constitucionais existentes e os desafios práticos enfrentados ao equilibrar este direito com outros direitos fundamentais. A análise comparativa com a jurisprudência dos Estados Unidos revelou uma convergência substancial na proteção à liberdade de expressão, reforçando a ideia de que um debate público livre e aberto é essencial para a saúde e a manutenção de qualquer democracia.

A decisão de Mendonça, portanto, deve ser vista como um marco importante na jurisprudência brasileira, servindo como um exemplo de como proteger a liberdade de expressão enquanto se navega pelas complexidades de uma sociedade democrática moderna.

12. Laurentiis, Lucas Catibi de e Thomazini, Fernanda Alonso. *Rev.Direito Práx.*, Rio de Janeiro, v. 11, n.4, 2020, p.2260-2301, iDOI:10.1590/2179-8966/2020/44121|ISSN:2179-89662260. Disponível em: [www.e-publicacoes.uerj.br/revistaceaju/article/view/44121/33144]. Acesso em: 23 jun. 2024.

REFERÊNCIAS

BRANDEIS, Louis. *Whitney v. California*, 274 U.S. 357 (1927). Disponível em: [https://supreme.justia.com/cases/federal/us/274/357/#tab-opinion-1931857]. Acesso em: 23 jun. 2024.

CARVALHO, Luis Gustavo Grandinetti Castanho de. *Direito de Informação e Liberdade de Expressão*. Rio de Janeiro: Renovar. Biblioteca de Teses, 1999.

LAURENTIIS, Lucas Catibi de e THOMAZINI, Fernanda Alonso. *Rev. Direito Práx.*, Rio de Janeiro, v. 11, n. 4, 2020, p. 2260-2301, iDOI:10.1590/2179-8966/2020/44121|ISSN:2179-89662260. Disponível em: [www.e-publicacoes.uerj.br/revistaceaju/article/view/44121/33144]. Acesso em: 23 jun. 2024.

MACEDO JUNIOR, Ronaldo Porto. *A ameaça de ações indenizatórias como forma de censura*. Disponível em: [https://direito.usp.br/noticia/976034a3ae02-a-ameaca-de-acoes-indenizatorias-como-forma-de-censura]. Acesso em: 23 jun. 2024.

MENDONÇA, André. *Decisão na Reclamação 60.382*. Supremo Tribunal Federal, Brasília, 2023.

NEW YORK CO. X SULLIVAN, [https://supreme.justia.com/cases/federal/us/376/254/#tab-opinion-1944787]. Acesso em: 23 jun. 2024.

ROMANO, Rogério Tadeu. *A censura prévia é proibida*. Disponível em: [www.jusbrasil.com.br/artigos/a-censura-previa-e-proibida/1414173006]. Acesso em: 23 jun. 2024.

SILVA. Danyani Souza da. New York Times CO. V. Sullivan: O surgimento da doutrina da actual Malicee sua repercussão na jurisprudência da Suprema Corte Norte-Americana (A proteção da verdade). In: *Direitos Fundamentais &Justiça* – ano 6, n. 19, p. 262-278, abr./jun., 2012. Disponível em: [https://dfj.emnuvens.com.br/dfj/article/view/312/543]. Acesso em: 23 jun. 2024.

UTILIZAÇÃO PERSUASIVA DA JURISPRUDÊNCIA ESTRANGEIRA PELOS TRIBUNAIS CONSTITUCIONAIS

Guilherme Braga Peña de Moraes

Pós-Doutor em Direito Constitucional pela *Fordham School of Law – Jesuit University of New York (FU/NY)*. Doutor em Direito Constitucional pela Pontifícia Universidade Católica de São Paulo (PUC-SP). Mestre em Direito Constitucional pela Pontifícia Universidade Católica do Rio de Janeiro (PUC-RJ). Desembargador do Tribunal de Justiça do Estado do Rio de Janeiro (TJRJ). Professor de Direito Constitucional da Universidade Federal Fluminense (UFF).

INTRODUÇÃO

A[1] questão da utilização da jurisprudência estrangeira pelos tribunais constitucionais é afeta à solução de problemas jurídicos complexos que permeiam diversas ordens jurídicas, através de mútua influência.

Nesta ordem de ideias, o artigo que ora vem a lume está organizado em três tópicos, com numeração progressiva, sucedidos por um epílogo.

O primeiro é relativo à definição do uso persuasivo da jurisprudência estrangeira. Contextualmente, são examinadas: (i) a retrospectiva do constitucionalismo multinacional, com a determinação dos marcos histórico, filosófico e teórico do transconstitucionalismo, (ii) a perspectiva do diálogo das fontes do direito, a partir do esvaziamento progressivo da supremacia legislativa e, por isso, da transposição de poder do Legislativo para o Judiciário. O deslocamento do centro de gravidade revela a evolução de uma ordem jurídica monocêntrica para outra policêntrica, na qual toda a produção normativa não está alocada na legislatura eleita, e (iii) a prospectiva da integração de ordenamentos

1. Inicialmente, devo consignar a pertinência e a tempestividade do justo tributo ao Ministro do Supremo Tribunal Federal André Luiz de Almeida Mendonça, homenageado pela presente coletânea, por quem nutro profunda gratidão, estima e admiração pessoal.

constitucionais heterorreferenciáveis, sem omissão dos particularismos legais de cada Estado nacional.

O segunda é remetida à persuasão racional dos tribunais constitucionais, ou não. Dentro da argumentação formulada, nos sistemas jurídicos contemporâneos, a utilização de elementos estrangeiros não somente é legítima *in abstracto*, mas também, em grande medida, é louvável *in concreto*, desde que o órgão de justiça, na moldura do processo constitucional, logre êxito em demonstrar que a sua atividade de último intérprete da Constituição nacional é conduzida pelo fio de uma disciplina rigorosa para a manipulação de materiais internacionais. O estudo tem a pretensão de construir um modelo teórico que franqueie aos tribunais nacionais critérios objetivos de seleção dos precedentes estrangeiros que podem, ou mesmo devem, ser utilizados pela justiça constitucional.

O terceiro é respeitante aos modelos de uso persuasivo da jurisprudência estrangeira. Efetivamente, as formas de utilização das experiências judiciais pelos tribunais constitucionais, com destaque para: (i) o modelo de assimilação, (ii) o modelo de reprodução ou referência, (iii) o modelo de incorporação e (iv) o modelo de repulsão ou resistência, não são excludentes, de sorte que a diversificação de modelos de interação transjudicial pode ser vislumbrada em um mesmo órgão de justiça constitucional.

O último retrata as conclusões do presente.

1. DEFINIÇÃO

O uso de jurisprudência estrangeira, ao longo do trabalho em exame, é definido como utilização de precedentes que, malgrado tenham sido emitidos por um tribunal nacional, são recebidos por outro com valor persuasivo.[2]

Do ângulo do tribunal emissor, os precedentes nacionais devem ser usados como "decisões pretéritas que funcionam como modelos para decisões mais recentes", tendo em vista a "aplicação de lições do passado para a resolução de casos concretos do presente e do futuro".[3]

Do ângulo do tribunal receptor, os precedentes estrangeiros podem ser utilizados como *holding* ou *ratio decidendi*, em ordem a justificar racionalmente os fundamentos de decisões sobre questões constitucionais que permeiam os sistemas jurídicos contemporâneos, sob a égide do Direito Constitucional de convergência.[4]

Em harmonia com a linha pelo fio da qual a pesquisa é desencadeada, a investigação científica gira em torno de materiais estrangeiros – e não internacionais – que operam

2. TUSHNET, Mark V. *The Constitution of the United States of America: a contextual analysis*. Portland: Hart Publishing, 2009. p. 268-270.
3. MACCORMICK, Donald N.; SUMMERS, Robert S. Interpreting Precedents: comparative study. Brookfield: Ashgate Publishing Co., 1997. p. 522.
4. JENKINS, Jeffrey A. *The American Courts*: a procedural approach. Sudbury: Jones & Bartlett Learning, 2009. p. 19-20.

efeitos jurídicos nos Estados nos quais são emitidos, mas, em sentido oposto, não dizem respeito aos interesses dos Estados nos quais podem ser recepcionados.

Face ao exposto, considerando que o Direito interno é aberto, dinâmico, e suscetível de interagir com outros ordenamentos jurídicos, algumas observações preliminares se nos afiguram convenientes e oportunas para a delimitação do tema.

1.1 Materiais estrangeiros

Conquanto a doutrina, não somente a nacional, mas também a estrangeira, em regra, não estabeleça a diferenciação semântica, a utilização de elementos internacionais e o uso de elementos estrangeiros pelos órgãos da justiça constitucional são distintos entre si.

Os tribunais constitucionais são vinculados, em tese, ao Direito internacional, eis que as decisões dos tribunais internacionais (ou supranacionais), como, *verbi gratia*, a Corte de Justiça e o Tribunal Penal Internacionais, da Organização das Nações Unidas, a Comissão Interamericana de Direitos Humanos, da Organização dos Estados Americanos, e o Tribunal Europeu dos Direitos Humanos, da Organização do Conselho da Europa, devem ser utilizadas por todos ou alguns Estados que se submetem a sua jurisdição.

Os tribunais constitucionais podem ser persuadidos, em casos concretos, pelo Direito estrangeiro, dado que, em linha de princípio, as decisões oriundas de cada tribunal nacional de justiça constitucional única ou justiça constitucional de cúpula, como, *videbimus infra*, as Cortes ou Tribunais Constitucionais, da Itália e da Espanha, a Suprema Corte, dos Estados Unidos, e o Supremo Tribunal Federal, do Brasil, são usadas pelos Estados de onde promanam.[5]

O ensaio que ora compartilhamos, de acordo com a problematização do tema e a **delineamento da hipótese de trabalho, não excede à** sustentação da possibilidade – e

5. No sentido do texto, Cindy G. Buys e Jacob J. Zehnder afirmam a necessidade da diferenciação entre a utilização de elementos estrangeiros e o uso de elementos internacionais, *in expressis*: "há dois tipos de Direito em questão nesse debate: o Direito estrangeiro e o Direito internacional. Estes dois tipos de Direito são, às vezes, confundidos pela doutrina", de forma que "os casos que envolvem as convenções e tratados internacionais", à evidência, são diferentes dos "casos que envolvem meramente questões domésticas e citem leis estrangeiras simplesmente para apoiar os fundamentos das decisões do tribunal constitucional. Os casos em que convenções e tratados internacionais são usados com eficácia vinculante não podem ser confundidos com os casos em que fontes legais estrangeiras são utilizadas com eficácia persuasiva". No sentido contrário, Andrew B. Ayers e Ganesh N. Sitaraman negam a possibilidade de distinção entre o uso de elementos estrangeiros e a utilização de elementos internacionais, *in litteris*: "na última década, o uso de precedentes de Direito estrangeiro parece estar a aumentar", de modo que "provocados pela utilização destes materiais, os doutrinadores têm escrito muito sobre se e quando o Direito internacional pode ser adequadamente considerado na interpretação constitucional". BUYS, Cindy G. Burying Our Constitution in the Sand? Evaluating the Ostrich Response to the Use of International and Foreign Law in U.S. Constitutional Interpretation. *Brigham Young University Journal of Public Law*, n. 21, 2007, p. 4; ZEHNDER, Jacob J. Constitutional Comparativism: the emerging risk of Comparative Law as constitutional tiebreaker. *Valparaiso University Law Review*, n. 41, 2007. p. 1742; AYERS, Andrew B. International Law as Tool of Constitutional Interpretation in the Early Immigration Power Cases. *Georgetown Immigration Law Journal*, n. 19, 2004. p. 125, e SITARAMAN, Ganesh N. The Use and Abuse of Foreign Law in Constitutional Interpretation. *Harvard Journal of Law and Public Policy*, n. 32, 2009. p. 653.

eventualmente necessidade – da utilização de jurisprudência constitucional estrangeira pelos organismos da justiça constitucional. Trata-se unicamente de um "corte epistemológico",[6] ao limitar do presente o Direito internacional, sem representar qualquer posicionamento, positivo ou negativo, a respeito deste uso.

1.2 Questões domésticas

Quanto aos Estados cujos tribunais constitucionais utilizam a jurisprudência estrangeira com autoridade persuasiva, restringe-se a proposta que levamos a efeito a "questões domésticas",[7] isto é, questões de Direito Constitucional subjacentes a processos que não tenham repercussão para além das fronteiras nacionais, em hipótese alguma.

De outra perspectiva, quanto aos Estados por cujos tribunais constitucionais a jurisprudência estrangeira é utilizada com autoridade persuasiva, a presente articulação é iluminada por julgamentos em que nenhum outro Estado nacional figure como sujeito, ativo ou passivo, da relação jurídica processual.

Em síntese, os casos sobre os quais nos debruçaremos não se reportam a interesses estrangeiros que, em tese, poderiam justificar a utilização de precedentes de outros tribunais constitucionais.[8]

1.3 Cortes Federais e Estaduais

Nas federações, como a investigação é permeada pela jurisprudência estrangeira vislumbrada pelos tribunais constitucionais para servir-lhes de "elemento de convicção",[9] as decisões, monocráticas ou colegiadas, de cortes federais, a exemplo dos tribunais de apelação e juizados distritais, nos Estados Unidos, e cortes estaduais, a exemplo dos tribunais de justiça e juizados especiais, cíveis ou criminais, no Brasil, não são consideradas ao longo do texto.

À guisa de ilustração, estatística levantada por David T. Zaring comprova que, no sistema judicial norte-americano, "o tribunal estrangeiro mais citado pelas cortes federais é, por uma margem substancial de 34% das referências jurisprudenciais, o Alto Tribunal do Canadá". Não se olvida que, "em particular, três órgãos federais têm a práxis de citar decisões estrangeiras": o Juizado Distrital do Sul de Nova York, de Manhattan,

6. BACHELARD, Gaston. *Epistemologia*. Rio de Janeiro: Zahar, 1971. p. 27. V., também, do mesmo autor: *A formação do espírito científico*: contribuição para uma psicanálise do conhecimento. Rio de Janeiro: Contraponto, 1996. p. 17.
7. SANCHEZ, Ernesto J. Immunity of Former Foreign Government Official from Suit for Acts committed in an Official Capacity-Definition of Foreign State-Defenses to Jurisdiction. *American Journal of International Law*, n. 105, 2011. p. 319.
8. FIGUEIREDO, Marcelo. Notas a respeito da utilização de jurisprudência estrangeira pelo STF no Brasil. *Revista Brasileira de Estudos Constitucionais*, n. 12, 2009. p. 319.
9. MILLER, Nathan. An International Jurisprudence? The Operation of "Precedent" across International Tribunals. *Leiden Journal of International Law*, n. 15, 2002. p. 490.

o Juizado Distrital do Leste de Nova York, do Brooklyn, e o Tribunal de Apelação para o Segundo Circuito, instituído, da mesma forma, em Nova York.[10]

1.4 Direitos humanos

Embora a dignidade da pessoa humana sobre a qual versam os arts. 1º, *initio*, 22 e 23, n. 3, da Declaração Universal dos Direitos Humanos [11] e, mais particularmente, os arts. 1º, inc. III, e 226, § 7º, *in fine*, da Constituição do Brasil[12] funcione como valor supremo dos ordenamentos jurídicos das democracias contemporâneas, não se restringe a presente obra à utilização da jurisprudência estrangeira pelos tribunais constitucionais para a proteção dos direitos humanos.

Forte nessa premissa, a garantia do princípio da supremacia constitucional,[13] como também a salvaguarda das distribuições horizontal e vertical do poder político,[14] são objeto de investigação. O exame é referente a todas as questões constitucionais para cuja solução os tribunais constitucionais têm utilizado a jurisprudência estrangeira, dentre as quais está inserida a tutela processual dos direitos humanos.

1.5 Cortes extranacionais

Um dos temas aos quais se dedica na pós-modernidade o Direito Constitucional, sobremodo na *Commonwealth*,[15] é relativo ao controle de constitucionalidade extranacional, que se identifica pela atribuição de competência para revisão, ou não, de decisão de mérito de uma justiça constitucional a órgão, político ou judicial, de outro Estado nacional.

Visto isso, como a atividade recursal desempenhada pelas cortes extranacionais é estranha ao diálogo entre os tribunais constitucionais, a reflexão não se propõe a tratar dos casos que envolvem a interpretação das Constituições da Antígua e Barbuda, Bahamas, Dominica, Granada, Jamaica, Kiribati, Maurício, São Cristóvão e Nevis, Santa Lúcia,

10. ZARING, David T. The Use of Foreign Decision by Federal Courts: an empirical analysis. *Journal of Empirical Legal Studies*, n. 3, 2006. p. 320 e 324.
11. Declaração Universal dos Direitos Humanos, arts. 1º, *initio*, 22 e 23, n. 3: "Todas as pessoas nascem livres e iguais em dignidade e direitos. Toda pessoa, como membro da sociedade, tem direito à segurança social e à realização, pelo esforço nacional, pela cooperação internacional e de acordo com a organização e recursos de cada Estado, dos direitos econômicos, sociais e culturais indispensáveis à sua dignidade e ao desenvolvimento da sua personalidade. Toda pessoa que trabalhe tem direito a uma remuneração justa e satisfatória, que lhe assegure, assim como à sua família, uma existência compatível com a dignidade humana, e a que se acrescentarão, se necessário, meios de proteção social". MORSINK, Johannes. *Universal Declaration of Human Rights*. Philadelphia: University of Pennsylvania Press, 2000. p. 281-320.
12. Constituição do Brasil, arts. 1º, inc. III, e 226, § 7º, *in fine*: "A República Federativa do Brasil, formada pela união indissolúvel dos Estados e Municípios e do Distrito Federal, constitui-se em Estado Democrático de Direito e tem como fundamento a dignidade da pessoa humana. Fundado nos princípios da dignidade da pessoa humana e da paternidade responsável, o planejamento familiar é livre decisão do casal". TAVARES, André R. *Constituição do Brasil*. 3. ed. São Paulo: Saraiva, 2012. p. 320.
13. KATZ, Ellis. *Federalism and Human Rights*. Lanham: Rowman & Littlefield Publishers, 1996. p. 1-10.
14. CAZETTA, Ubiratan. *Direitos humanos e federalismo*. São Paulo: Atlas, 2009. p. 72.
15. CURTIS, Lionel G. *The Commonwealth of Nations*. London: Forgotten Books, 2012. p. 17.

São Vicente e Granadinas, Trinidad e Tobago e Tuvalu,[16] que submetem-se a revisão do Comitê Judicial do Conselho Privado do Reino Unido, a despeito da independência que lhes foi reconhecida pela Grã-Bretanha e Irlanda do Norte entre 1962 e 1983.[17]

Também o *Nauru Appeals Act*, de 1976, estabelece que os recursos de julgamentos da Corte Suprema da República de Nauru em que se discuta matéria cível ou criminal podem ser conhecidos pelo Alto Tribunal da Comunidade da Austrália.[18] O Supremo Tribunal do Reino dos Países Baixos, semelhantemente, ostenta o poder de revisão sobre as decisões da Corte Superior Conjunta de Justiça de Aruba, Curaçao e Sint Maarten, aos quais foi conferida, em 2010, a equivalência a "países constitucionais".[19]

1.6 Questões internacionais

A produção literária é desenvolvida sobre as fontes que não têm a ver com as questões de relações internacionais e de inserção externa dos Estados, como a execução da mobilização nacional, a declaração de guerra e a celebração da paz. Não há que se falar, pois, em alinhamento diplomático ou consular[20] de um Estado, em razão do tratamento da jurisprudência constitucional de outro(s).

Nessa rota, informa Michael D. Ramsey que "a jurisprudência estrangeira é relevante para determinar o sentido, o alcance e o conteúdo das normas constitucionais que estabelecem os poderes internacionais do governo nacional". No trabalho que vem a lume, porém, a jurisprudência estrangeira é direcionada a "contornar os poderes domésticos do governo nacional sob a perspectiva da opinião internacional".[21]

1.7 Materiais interdisciplinares

Malgrado os estudos científicos a respeito do Direito Processual Constitucional, sobretudo o processo constitucional orgânico,[22] ostentem caráter multi ou transdisci-

16. GINSBURG, Tom; VERSTEEG, Mila. Why do Countries adopt Constitutional Review? *Journal of Law, Economics & Organization*, n. 30, 2014, p. 24.
17. VOIGT, Stefan; EBELING, Michael W. Improving Credibility by Delegating Judicial Competence: the case of the Judicial Committee of the Privy Council. *Journal of Development Economics*, n. 82, 2007. p. 348-373.
18. FRENCH, Robert. Cooperation and Convergence – Judiciaries and Profession. *Journal of Judicial Review*, n. 11, 2012. p. 1.
19. BESSELINK, Leonard F. The Proliferation of Constitutional Law and Constitutional Adjudication, or How American Judicial Review came to Europe After All. *Utrecht Law Review*, n. 9, 2013. p. 22.
20. COELHO, Fillipe de Souza. O Brasil e a sua Política Internacional. *Revista de Geopolítica*, n. 2, 2012. p. 275.
21. RAMSEY, Michael D. International Materials and Domestic Rights: reflections on Atkins and Lawrence. *American Journal of International Law*, n. 98, 2004. p. 71.
22. No sentido do texto, José Alfredo de O. Baracho e André R. Tavares afirmam a necessidade da diferenciação entre o processo constitucional orgânico e o processo constitucional das liberdades, *in textus*: "a jurisdição constitucional tutela a regularidade constitucional do exercício ou atividade dos órgãos constitucionais. Ao mesmo tempo, faz valer situações jurídicas subjetivas dos cidadãos, previamente consagradas no texto constitucional". "A doutrina tem apartado em duas ordens a jurisdição constitucional", na medida em que uma "se reporta ao conjunto de instrumentos predispostos a obter o cumprimento das disposições constitucionais que estabelecem limites de atribuição aos órgãos do poder", ao passo que outra "tem por objeto a tutela processual dos direitos da pessoa humana". No sentido contrário, Willis S. Guerra Filho e Paulo Roberto G. Medina negam a possibilidade de

plinar, não lidamos com materiais desprovidos de eficácia jurídica nos Estados de onde provêm, a exemplo de músicas, poemas e outros produtos artísticos e culturais.[23]

A título de mera ilustração, no Supremo Tribunal Federal do Brasil, o Ministro Marco Aurélio de F. Mello detratou a melodia "Sentimental Eu Sou", de Altemar Dutra, no julgamento do *Habeas Corpus* 107.615/MG,[24]-[25] assim como a Ministra Ellen G. Northfleet destacou a poesia "Acordar da Cidade de Lisboa", de Fernando Pessoa, no julgamento do *Habeas Corpus* n. 82.959/SP.[26]-[27] Linearmente, na Suprema Corte dos Estados Unidos, o *Justice* Antonin G. Scalia, no caso *Country of Sacramento v. Lewis*, inseriu a música "You're the Top", de Cole Porter,[28]-[29] bem como o *Chief Justice* William H. Rehnquist, no caso *Texas v. Johnson*, introduziu o poema "Barbara Frietchie", de John Whittier.[30-31]

2. CONTEXTUALIZAÇÃO

Nos tópicos que se seguem, empreende-se a delimitação histórica, filosófica e teórica do uso persuasivo da jurisprudência estrangeira pelos tribunais constitucionais.

2.1 Marco histórico

O marco histórico do constitucionalismo transnacional pode ser reconduzido ao fortalecimento das democracias contemporâneas e, em especial, ao desenvolvimento dos tribunais constitucionais.

2.1.1 Fortalecimento do estado democrático

As transições para a democracia são formadas por seis processos (*overganger*) dos quais se encarrega Jon Elster, a contar do segundo pós-guerra mundial.

---

distinção entre o processo constitucional orgânico e o processo constitucional das liberdades, *in verbis*: "não nos parece conveniente ou, mesmo, justificável a dicotomia comumente adotada entre nós", uma vez que "o desmembramento de que assim se cogita não se funda em base metodológica segura nem apresenta qualquer interesse prático. A duplicidade de meios para o estudo de assunto da mesma natureza incide numa superfetação que só viria prejudicar, no caso, o advento de uma disciplina que deles se ocupasse". BARACHO, José Alfredo de O. *Processo Constitucional*. Rio de Janeiro: Forense, 1984. p. 113 e 126; TAVARES, André R. *Tribunal e Jurisdição Constitucional*. São Paulo: Celso Bastos, 1998. p. 109-110; GUERRA FILHO, Willis S. *Processo Constitucional e Direitos Fundamentais*. São Paulo: Celso Bastos, 1999. p. 17-18, e MEDINA, Paulo Roberto de G. *Direito Processual Constitucional*. 4. ed. Rio de Janeiro: Forense, 2010. p. 5-6.

23. TUSHNET, Mark. Interdisciplinary Legal Scholarship: the case of history-in-law. *Chicago-Kent Law Review*, n. 71, 1996. p. 909.
24. HC 107.615/MG. DJe-192.
25. PARENTE, Renato. Indeferido *Habeas Corpus* em Furto de "Disco de Ouro" de Milton Nascimento. *O Globo*, de 08.09.2011. p. 8.
26. HC 82.959/SP. DJe-169.
27. PEREIRA, Maria José. A hedionda decisão da (in)justiça brasileira. *Correio Braziliense*, de 08.03.2006. p. A-25.
28. Country of Sacramento v. Lewis, 523 U.S. 833 (1998).
29. SCHWARTZ, John. Court shields Police from Chase Liability. *Washington Post*, de 27.05.1998. p. A02.
30. Texas v. Johnson, 491 U.S. 397 (1989).
31. GREENHOUSE, Linda. Justices, 5-4, back Protesters' Right to Burn the Flag. *New York Times*, de 22.06.1989. p. A25.

Entre a primeira metade da década de 1940 e a última metade da década de 1950, a democracia na Europa Setentrional foi experimentada pela queda do fascismo e do nazismo na Áustria, em 1945, Luxemburgo, em 1945, Finlândia, em 1946, Dinamarca, em 1947, Itália, em 1947, Holanda, em 1948, Alemanha, em 1949, Suécia, em 1950, Bélgica, em 1951, Noruega, em 1957, e França, em 1958.[32]

A democracia na Europa Austral, na primeira metade da década de 1970, do século XX, foi exteriorizada pela destituição de Phaedon Gizikis, António de O. Salazar e Francisco P. Franco na Grécia, em 1974, Portugal, em 1974, e Espanha, em 1975.[33]

Entre a última metade da década de 1970 e a primeira metade da década de 1980, a democracia na América Latina foi explicitada pelo término de ditaduras cívico-militares que subsistiam no Equador, em 1979, Peru, em 1980, Bolívia, em 1982, Argentina, em 1983, Brasil, em 1985, e Uruguai, em 1985.[34]

A democracia no Leste Europeu, na última metade da década de 1980, foi exposta pelo desmantelamento da cortina de ferro em torno da Polônia, 1989, Romênia, em 1989, Tchecoslováquia, em 1989, Bulgária, em 1990, Hungria, 1990, e Iugoslávia, em 1990.[35]

Entre a primeira metade da década de 1990 e a última metade da década de 2000, do século XXI, a democracia na África Meridional foi externada pelo ocaso do *apartheid* e, ulteriormente, execução de políticas de igualdade racial na África do Sul, em 1996, Lesoto, em 1998, e Suazilândia, em 2006.[36]

A democracia na África Boreal, na primeira metade da década de 2010, foi expressada pelos desencadeamentos da primavera árabe ou revolução de jasmim na Tunísia, em 2010, Egito, em 2011, e Líbia, em 2011.[37-38]

2.1.2 *Expansão da justiça constitucional*

Na evolução da justiça constitucional, que foi inaugurada pelo Tribunal do Império Austro-Húngaro, organizado para o julgamento de conflitos de atribuição entre dois Estados-Federados, ou entre estes e órgãos estatais, e de recursos dos cidadãos por violação dos direitos políticos garantidos pela Constituição, em 1867, podem ser notadas as quatro fases (*vagues*) a que se refere Louis Favoreu.

32. WELCH, Claire. *The Rise and Fall of Nazism*. London: Magpie, 2008. p. 271.
33. WOODHOUSE, Christopher. *The Rise and Fall of Greek Colonels*. London: Granada, 1985. p. 7.
34. FARCAU, Bruce. *The Transition to Democracy in Latin America*. Westport: Praeger, 1996. p. 33.
35. LÜTZELER, Paul. *The Western Europe in Transition to Democracy*. Baden-Baden: C.H. Beck, 1986. p. 9.
36. WELSH, David. *The Rise and Fall of Apartheid*. Johannesburg: Jonathan Ball, 2009. p. 265.
37. PARGETER, Alison. *The Rise and Fall of Qaddafi*. New Haven: Yale University Press, 2012. p. 12.
38. A democracia, na feliz síntese que nos é trazida por Jon Elster, é entendida como "a regra da maioria simples, com fundamento no princípio de 'uma pessoa, um voto'". ELSTER, Jon. *Constitutionalism and Democracy*. New York: Cambridge University Press, 1988. p. 1, e *Closing Books: transitional justice in historical perspectives*. New York: Cambridge University Press, 2004. p. 84. V., também, do mesmo autor: Emotions and Economic Theory. *Journal of Economic Literature*, n. 36, 1998, p. 47-74, e Constitution-making in Eastern Europe: rebuilding the boat in an open sea. *Public Administration*, n. 71, 1993. p. 169-217.

A primeira, dispersada entre a celebração do Tratado de Versalhes e o início da Segunda Guerra Mundial, é expressada pelos Tribunais Constitucionais da Tchecoslováquia, de 1920, Áustria, de 1920, e Liechtenstein, de 1921, e pelo Tribunal de Garantias da Espanha, de 1931.[39]

A segunda, disposta entre a primeira metade da década de 1940 e a segunda metade da década de 1960, é exprimida pelos Tribunais Constitucionais da Áustria, de 1945, Alemanha, de 1951, Itália, de 1956, Chipre, de 1960, Turquia, de 1961, e Iugoslávia, de 1963, e, de certa forma, pelo Conselho Constitucional da França, de 1959.[40]

A terceira, disseminada entre a primeira metade da década de 1970 e a segunda metade da década de 1980, é exteriorizada pelos Tribunais Constitucionais da Espanha, de 1978, Portugal, de 1982, e Bélgica, de 1984, e, de certo modo, pelo Tribunal Especial da Grécia, de 1975.[41]

A quarta, dissipada entre a queda do Muro de Berlim e a globalização da justiça constitucional, é externada pelos Tribunais Constitucionais da Hungria, de 1990, Bulgária, de 1991, Croácia, de 1991, Rússia, de 1991, Albânia, de 1992, Eslováquia, de 1992, Estônia, de 1992, República Tcheca, de 1992, Romênia, de 1992, Eslovênia, de 1993, Lituânia, de 1993, Moldávia, de 1995, Letônia, de 1996, Ucrânia, de 1996, e Bielorrússia, de 1997, e pela Corte Suprema da Polônia, de 1997.[42]

Modernamente, a justiça constitucional é distribuída entre 41 Estados europeus – Albânia, Alemanha, Andorra, Áustria, Bélgica, Bielorrússia, Bósnia e Herzegovina, Bulgária, Chipre, Croácia, Dinamarca, Eslováquia, Eslovênia, Espanha, Estônia, Finlândia, França, Grécia, Hungria, Irlanda, Itália, Letônia, Liechtenstein, Lituânia, Luxemburgo, Macedônia, Malta, Moldávia, Mônaco, Montenegro, Noruega, Polônia, Portugal, República Tcheca, Romênia, Rússia, Sérvia, Suécia, Suíça, Turquia e Ucrânia –, com exceção da Islândia, Países Baixos e Reino Unido da Grã-Bretanha e Irlanda do Norte.[43-44]

---

39. VILLALÓN, Pedro C. *La Formación del Sistema Europeo de Control de la Constitucionalidad. 1918 – 1939.* Madrid: Centro de Estudios Constitucionales, 1987. p. 94, 124, 133 e 218.
40. PEGORARO, Lucio. *La Justicia Constitucional: una perspectiva comparada.* Madrid: Dykinson, 2004. p. 112.
41. ROUSSEAU, Dominique. *La Justicia Constitucional en Europa.* Madrid: Centro de Estudios Constitucionales, 2002. p. 15-16.
42. SEGADO, Francisco F. *La Justicia Constitucional ante el Siglo XXI: la progresiva convergencia de los sistemas americano y europeo.* México, D.F.: Universidad Nacional Autónoma de México, 2004. p. 32-33.
43. RODRÍGUEZ, José F. *La Justicia Constitucional Europea ante el Siglo XXI.* 2. ed. Madrid: Tecnos, 2007. p. 16 e 23.
44. A despeito do posicionamento de Louis Favoreu, segundo o qual "os tribunais constitucionais são instituições criadas para conhecer, especial e exclusivamente, das controvérsias constitucionais, situados fora do aparato judicial e independente deste e dos poderes públicos. Os tribunais supremos, ou as câmaras constitucionais dos mesmos, podem até ser jurisdições constitucionais, mas não são tribunais constitucionais", temos o entendimento de que os tribunais constitucionais não obrigatoriamente estão situados fora da estrutura do Poder Judiciário, razão pela qual a justiça constitucional pode ser exercitada por organismos integrantes da estrutura judiciária que façam o papel, concomitantemente, de tribunal constitucional. FAVOREU, Louis. *Tribunales Constitucionales Europeos y Derechos Fundamentales.* Madrid: Tecnos, 1984. p. 1, e *Los Tribunales Constitucionales.* Barcelona: Ariel, 1994. p. 78. V., também, do mesmo autor: *Consideraciones Comparadas sobre la "Revolución" Jurídica Francesa.* Revista del Centro de Estudios Constitucionales, n. 1, 1988. p. 229-238, e *El Bloque de la Constitucionalidad.* Revista del Centro de Estudios Constitucionales, n. 5, 1990. p. 45-68.

2.2 Marco filosófico

O marco filosófico da persuasão racional pela jurisprudência estrangeira é relacionado ao Direito Constitucional contemporâneo, ou novo Direito Constitucional, entendido como teoria, ideologia ou método de investigação dos sistemas jurídicos de hoje, com vistas à superação da antinomia entre naturalismo e positivismo jurídicos.[45]

A partir da constatação de que "as insuficiências do jusnaturalismo e juspositivismo explicam um novo paradigma jurídico",[46] o Direito Constitucional do século XXI está baseado em dois pilares de sustentação.

Um, que reside no campo de interface entre a Filosofia do Direito e a Filosofia da Política, é orientado ao estabelecimento de uma nova grade de inteligibilidade à compreensão das relações entre direito, moral e política, harmonizando-os pelo fio condutor da questão da ordem jurídica legítima.

Outro, que resiste no campo da Teoria do Direito, é unido pela análise da importância da principiologia constitucional, racionalidade do processo argumentativo no discurso filosófico e hermenêutica jurídica na compreensão do funcionamento do direito nas sociedades democráticas.[47]

Em consequência, "o Direito que pretenda ser legítimo, ao menos, precisa estar em consonância com os princípios morais que reivindiquem validade geral, para além de uma comunidade jurídica", eis que "os direitos fundamentais e os princípios do Estado de Direito são respostas à pergunta sobre como institucionalizar a democracia".[48]

2.2.1 Normatividade dos princípios

Os princípios constitucionais são intrínsecos aos enunciados normativos, com maior grau de abstração e generalidade,[49] que preveem os valores fundamentais do ordenamento jurídico,[50] destinados às atividades produtiva, interpretativa e aplicativa das regras veiculadas pela Constituição,[51] razão pela qual os conflitos entre eles são solucionados na dimensão do peso, em obediência ao critério ou método da ponderação.[52]

---

45. CARBONELL, Miguel. *Neoconstitucionalismo(s)*. Madrid: Trotta, 2002. p. 13.
46. FIGUEROA, Alfonso. Teorias de Direito Neoconstitucionalistas. *Anuário de Filosofia do Direito*, n. 1, 2002. p. 337-339.
47. COMANDUCCI, Paolo. Formas de (Neo)constitucionalismo. *Isonomia*, n. 16, 2002. p. 89-112.
48. HABERMAS, Jürgen. Para a Reconstrução do Direito: os princípios do Estado de Direito. *Direito e Democracia: entre facticidade e validade*. v. II. Rio de Janeiro: Tempo Brasileiro, 1997. p. 279-305; A Justificação Processual do Estado Democrático de Direito. *A Constelação Pós-Nacional: ensaios políticos*. São Paulo: Littera Mundi, 2001. p. 143-149; A Luta por Reconhecimento no Estado Democrático de Direito. *A Inclusão do Outro: estudos de Teoria Política*. São Paulo: Loyola, 2002. p. 229-267, e O Estado Democrático de Direito: uma amarração paradoxal de princípios contraditórios? *Era das Transições*. Rio de Janeiro: Tempo Brasileiro, 2003. p. 153-173.
49. LARENZ, Karl. *Metodologia da ciência do direito*. Lisboa: Fundação Calouste Gulbenkian, 1969. p. 683.
50. ESSER, Josef. *Princípio e norma na elaboração jurisprudencial do direito privado*. Barcelona: Bosch, 1961. p. 137.
51. CANARIS, Claus-Wilhelm. *Pensamento sistemático e conceito de sistema na ciência do direito*. Lisboa: Fundação Calouste Gulbenkian, 1989. p. 128.
52. ALEXY, Robert. *Teoria dos direitos fundamentais*. São Paulo: Malheiros, 2011. p. 89.

Nessa linha de pensamento, como as normas principiológicas são revestidas da natureza de fonte de conhecimento ou revelação do Direito Constitucional que, inclusive, sobrepõem-se às regras na fenomenologia da incidência jurídica,[53] os princípios constitucionais são hábeis a operar efeitos negativo e positivo. Eficácia negativa, porque os princípios constitucionais proíbem a implementação de políticas que contrariem os seus desideratos. Eficácia positiva, porque os princípios constitucionais permitem que os seus beneficiários exijam as prestações que compõem o seu conteúdo essencial perante o Poder Judiciário, em ordem a assegurar a realização de tudo aquilo que os princípios normativos pretendam no mundo do dever ser, que não tenha sido produzido no mundo do ser.[54]

2.2.2 *Argumentação jurídica*

As teorias da argumentação jurídica são definidas como articulação de meios e técnicas para provocar e, ao fim, obter a adesão a teses sustentadas em face de auditórios, com a bipartição entre demonstração e argumentação.[55]

A demonstração é identificada por raciocínios lógico-formais, fundada na ideia de evidência, de arte que no silogismo, a partir de premissas incontroversas, são obtidas conclusões necessárias, às quais deve aderir a universalidade de pessoas.

A argumentação é individualizada por raciocínios persuasivos, fundamentada na ideia de argumento, de molde que no entinema, a partir de premissas verossímeis, são obtidas conclusões relativas, às quais pode aderir o auditório particular, sendo certo que a efetividade do direito deflui da coercitividade das decisões judiciais (atos de autoridade), bem como da adesão voluntária da comunidade jurídica pela força dos argumentos (ato discursivamente legitimado).[56]

As principais teorias da argumentação jurídica em nível global são a nova retórica (*nouvelle rhétorique*), elaborada por Chaïm Perelman, e o discurso racional (*rationalen Diskurs*), engendrada por Robert Alexy, das quais ocupar-nos-emos a seguir.

2.2.2.1 *Nova retórica*

Para a teoria da nova retórica, os princípios gerais de Direito são considerados como tópicos aos quais as autoridades jurisdicionais podem recorrer no processo argumentativo de fundamentação das decisões, com a diferenciação entre os lugares comuns, que correspondem ao senso comum, e os lugares específicos, que compreendem os pontos de partida compartilhados por determinado ramo de conhecimento.

---

53. SILVA, Virgílio A. da. Princípios e Regras: mitos e equívocos acerca de uma distinção. *Revista Latino-Americana de Estudos Constitucionais*, n. 1, 2003. p. 607-630.
54. ÁVILA, Humberto B. A distinção entre princípios e regras e a redefinição do dever de proporcionalidade. *Revista da Pós-Graduação da Faculdade de Direito da Universidade de São Paulo*, n. 1, 1999. p. 43.
55. COSTANZO, Angelo. *L'Argomentazione Giuridica*. Milano: Giuffrè, 2003. p. 32.
56. MARINI, Alarico. *Teoria e Tecnica dell'Argomentazione Giuridica*. Milano: Giuffrè, 2003. p. 23.

A crítica filosófica de Chaïm Perelman ao positivismo normativo é desenvolvida sobre o racionalismo cartesiano e o positivismo lógico. Consiste o racionalismo cartesiano (*rationalisme cartésien*) no modelo filosófico que preconiza o raciocínio analítico, pelo qual, em decorrência de premissas incontroversas, por regras de inferência previamente estatuídas, são hauridas conclusões necessárias. Consubstancia o positivismo lógico (*positivisme logique*) o modelo jurídico que privilegia o raciocínio demonstrativo, pelo qual devem ser afastadas as possibilidades de argumentação racional sobre valores no discurso filosófico, de maneira a possibilitar a formulação de uma concepção de razão preocupada em estabelecer um plano discursivo não matemático, com a valorização da dialética e da retórica, em detrimento da lógica e da experiência, respectivamente.

O raciocínio jurídico, na teorização perelmaniana, "não é uma dedução silogística", "nem tampouco a busca de uma solução equitativa". Ao contrário, o raciocínio jurídico deve ser "a busca de uma síntese na qual se leve em consideração, ao mesmo tempo, o valor da solução e a sua conformidade com o Direito".[57]

2.2.2.2 *Discurso racional*

Para a teoria do discurso racional, o sistema jurídico é formado por um complexo de princípios, regras e procedimentos, com a aplicação daqueles regulada por estes.

A moral procedimental de Robert Alexy, que se contrapõe à moral substancial, é desenvolvida pela enumeração de regras de razão prática, que asseguram a racionalidade do processo argumentativo, de sorte a regular o discurso jurídico e a interação discursiva. As regras fundamentais (*Grundregeln*) são destinadas a regular a estrutura do argumento (regra que exige a universalidade, regra que exige a não contradição, regra que exige a correção linguístico-conceitual e regra que exige a veracidade das premissas empíricas utilizadas) e o procedimento discursivo (forma de argumento que leva à completude dedutiva, forma de argumento que leva à consideração das consequências e forma de argumento da ponderação), orientadas por regras de prioridade para a resolução de conflitos entre princípios jurídicos, inclusive os relacionados a direitos individuais e bens coletivos. As regras de prioridade (*Vorrangregeln*), por sua vez, são destinadas a regular a possibilidade de participação de todas as pessoas no discurso, introduzindo ou questionando alguma asserção, a possibilidade de todas as pessoas expressarem os seus desejos, opiniões e necessidades e a impossibilidade de qualquer pessoa ser excluída do discurso pelo exercício dos direitos anteriores.

O modelo dos princípios, regras e procedimentos, na teorização alexyana, "é o modelo de sistema jurídico que assegura um máximo de razão prática ao Direito" e, "por isso, é preferível a todos os outros".[58]

---

57. PERELMAN, Chaïm. *Droit, Morale et Philosophie*. Paris: Librairie Générale Droit et Jurisprudence, 1968. p. 114. V., também, do mesmo autor: *Justice et Raison*. Bruxelles: Ferdinand Larcier, 1972. p. 73.
58. ALEXY, Robert. *Theorie der Juristischen Argumentation*. Frankfurt am Main: Suhrkamp, 1978. p. 174. V., também, do mesmo autor: *Recht, Vernunft, Diskurs. Studien zur Rechtsphilosophie*. Frankfurt am Main: Suhrkamp, 1995. p. 57.

2.2.3 *Interpretação da Constituição*

A interpretação constitucional, como espécie do gênero interpretação jurídica, pode ser identificada pela superioridade hierárquica, caráter político, conteúdo específico e, destacadamente, natureza da linguagem.[59]

A natureza da linguagem designa que a interpretação da Constituição é implementada sobre normas jurídicas providas de maior abertura e menor densidade, com a necessidade de uma operação de concretização, na qual é conferida ao intérprete a liberdade de conformação.

A causa da maior abertura deve ser remetida à estrutura principiológica das normas constitucionais, em detrimento de textos preceituais, analíticos ou particularizantes, no modelo aberto de Constituição.[60]

O efeito da menor densidade pode ser remontado ao processo hermenêutico de desaparecimento da Constituição, por força do distanciamento do intérprete, por via interpretativa, do texto constitucional de natureza formal, dentro do quadro de metamorfose da Constituição: a justiça constitucional, convocada a defendê-la, informalmente a modifica.

A interpretação constitucional, que tem a ver com a normatividade dos princípios, cujos conflitos devem ser solucionados pelo critério ou método da ponderação em decisões suscetíveis de controle da racionalidade do discurso por técnicas de argumentação jurídica, de tal modo a aproximar as normas constitucionais da realidade fática que lhes é subjacente, revela que o Direito Constitucional do século XXI não deixa de ser, de certa forma, o "Direito Constitucional sem Constituição".[61]

2.3 Marco Teórico

O marco teórico pode ser retratado pelo movimento global em direção ao Judiciário, que experimenta uma ascensão institucional na organização dos Poderes do Estado moderno, por força do qual os juízes são trazidos para o primeiro plano da vida pública.[62]

O ponto de convergência da judicialização da política e ativismo judicial, dessa forma, encontra-se no quadro de valorização das atividades dos juízes. A nosso ver, no espaço dos diálogos constitucionais, é identificado o protagonismo, ou mesmo suprema-

59. DWORKIN, Ronald. *Levando os direitos a sério*. 3. ed. São Paulo: Martins Fontes. 2010. p. 25.
60. TAVARES, André R. A Constituição Aberta: elementos de uma hermenêutica constitucional. In: AGRA, Walber de M. (Org.). *Retrospectiva dos vinte anos da Constituição Federal*. São Paulo: Saraiva, 2009. p. 1.
61. MORAES, Guilherme Peña de. Desafios e perspectivas do direito constitucional do século XXI. In: DINIZ, José J. (Org.). *Concretização Constitucional no século XXI*: desafios e perspectivas. Campina Grande: Faculdades Maurício de Nassau, 2014. p. 33.
62. CROWE, Justin. *Building the Judiciary*: law, courts and the politics of institutional development. New Jersey: Princeton University Press, 2012. p. 270.

cia, do Poder Judiciário que, por causa da judicialização de relações de natureza social e política, opera o efeito do ativismo judicial.[63]

2.3.1 Judicialização da política

O papel invasivo da ciência jurídica é determinado pela invasão do direito tanto nas relações sociais – "judicialização da sociedade"[64] – quanto nos poderes republicanos – "judicialização da política".[65]

Com efeito, a judicialização da sociedade deriva da intervenção do direito na sociabilidade, com a regulação das práticas sociais. O Poder Judiciário é exposto, sem nenhum tipo de mediação, dentro dessa lógica de raciocínio, às expectativas por cidadania de setores socialmente emergentes. A Justiça, como "guardiã das promessas democráticas" ainda não realizadas durante a modernidade, é convertida em "lugar em que se exige a realização da democracia".[66]

Demais disso, a judicialização da política exsurge da intervenção do direito nas instituições, com o reconhecimento, antes, de um novo padrão de configuração do Poder Judiciário e, depois, de um novo padrão de relacionamento entre os Poderes do Estado. No novo padrão de configuração, ao Poder Judiciário é atribuído o poder de elaborar o direito, a partir do esvaziamento progressivo da supremacia legislativa e, por via de consequência, da transposição de poder do Legislativo para o Judiciário. O deslocamento do centro de gravidade revela a evolução de um sistema jurídico monocêntrico para outro policêntrico, no qual toda a produção normativa não está alocada na legislatura eleita.[67] No novo padrão de relacionamento, o Poder Judiciário, instituição estratégica nas democracias de hoje, impondo-se, entre os dois Poderes do Estado, como ator político e parceiro no processo decisório, é convocado ao exercício de novos papéis constitucionais.[68] A judicialização da política no Brasil, não pode ser negado, é revestida de natureza dúplice, eis que, de um lado, as minorias parlamentares demandam a intervenção do Poder Judiciário contra a vontade da maioria (defesa das minoria), ao tempo em que, de outro lado, os agentes institucionais, como, por exemplo o Poder Executivo e as Instituições de Provedoria de Justiça demandam a intervenção

63. TATE, Neal; VALLINDER, Torbjörn. *The Global Expansion of Judicial Power*. New York: NYU Press, 1997. p. 34 e 48.
64. FRIEDMAN, Lawrence; PÉREZ-PERDOMO, Rogelio. *Legal Culture in the Age of Globalization*. Redwood: Stanford University Press, 2003. p. 64.
65. SHAPIRO, Martin; SWEET, Alec. *On Law, Politics and Judicialization*. Cary: Oxford University Press, 2002. p. 55.
66. Na visão de Antoine Garapon, "tornou-se o Poder Judiciário o último refúgio de um ideal democrático decantado ao longo do tempo". GARAPON, Antoine. *Le Gardien des Promesses. Justice et Démocratie*. Paris: Odile Jacob, 1996. p. 20, 22 e 45, e *Les Juges dans la Mondialisation*. Paris: Seuil, 2005. p. 71. V., também, do mesmo autor: L'Imaginaire Pirate de la Mondialisation. *Revue Esprit*, 1°.7.2009, p. 154-167, e La Peur de l'Impuissance Démocratique. *Revue Esprit*, 1°.2.2014. p. 19-30.
67. DRESSEL, Björn. *Judicialization of Politics*. New York: Routledge, 2012. p. 15.
68. POPOVA, Maria. *Politicized Justice*. Cambridge: Cambridge University Press, 2014. p. 26.

do Poder Judiciário contra a representação parlamentar, com vistas à racionalização do governo (defesa da sociedade).

2.3.2 *Ativismo judicial*

O efeito da judicialização da sociedade e da política pode ser traduzido pela participação mais intensa do Poder Judiciário na atividade intelectual de concretização dos valores constitucionais ou, de outro modo, interferência em maior grau do Judiciário na esfera de atuação dos outros Poderes do Estado,[69] no contexto teórico do ativismo judicial, desenhado como método de criação autônoma do Direito *extra legem*, porém *intra ius*.[70]

O debate norte-americano acerca do ativismo e autocontenção judicial gira em torno de uma questão de calibragem da atividade dos juízos e tribunais, sendo evidente que, na história da Suprema Corte, os conceitos desenvolveram uma trajetória pendular.

Temos que o ativismo e a autocontenção judicial são iluminados por cinco *standards* ou padrões de avaliação, isto é: (i) discriminação ou preconceito - ativismo ou autocontenção judicial conforme a questão envolva, ou não, minorias objeto de discriminação ou preconceito;[71] (ii) deliberação popular - ativismo ou autocontenção judicial consoante a maior ou menor deliberação popular sobre a matéria; (iii) funcionamento da democracia - ativismo ou autocontenção judicial conforme a questão envolva, ou não, pressupostos para o funcionamento da democracia;[72] (iv) capacidade técnica - ativismo ou autocontenção judicial consoante a maior ou menor capacidade técnica de resolução do litígio e, ao final, (v) direitos de gerações futuras - ativismo ou autocontenção judicial conforme a questão envolva, ou não, direitos de gerações futuras.[73]

3. MODELOS

Em que pese a diversidade de contextos econômicos, sociais e políticos, dispor-nos-emos a investigar metodologicamente as formas de utilização da jurisprudência estrangeira pelos tribunais constitucionais.

---

69. AMAR, Akhil R. *America's Unwritten Constitution*. New York: Basic Books, 2012. p. 95.
70. A expressão "ativismo judicial" pode ser outorgada a Arthur Schlesinger Junior que, ao analisar o perfil dos juízes da Suprema Corte norte-americana em 1947, identificou os "ativistas judiciais" - *Justices* Hugo Black, William O. Douglas, Frank Murphy e Wiley B. Rutledge, Jr., os "campeões do autocontrole" - *Justices* Felix Frankfurter, Robert H. Jackson e Harold Burton - e o "grupo intermediário" - *Justice* Stanley F. Reed, sob a liderança do *Chief Justice* Stanley F. Reed. SCHLESINGER JUNIOR, Arthur. The Supreme Court: 1947. *Fortune Magazine*, 1º.1.1947. p. 202-208, e 1901 - 1950: the half century in history. *New York Post*, 1º.1.1950, p. 5. V., também, do mesmo autor: *The Vital Center*. Boston: Houghton Mifflin, 1949. p. 14-15, e *The Cycles of American History*. Boston: Houghton Mifflin, 1986. p. 422-423.
71. ROOSEVELT, Kermit. *The Myth of Judicial Activism*. New Haven: Yale University Press, 2006. p. 37.
72. FORTE, David F. *The Supreme Court in American Politics: judicial activism vs. self-restraint*. Lexington: Heath, 1972. p. 17.
73. TAKANO, Mikihisa. *A Comparative Study of Self-Restraint in American Courts*. Tokyo: Shinzansha, 1992. p. 51.

Os modelos de uso persuasivo da jurisprudência estrangeira não são excludentes, a partir da constatação de que a diversificação de modelagens pode ser vislumbrada em um mesmo tribunal constitucional.

O rigor científico que nos orientou ao longo de toda a presente investigação obriga-nos a advertir que a nomenclatura "jurisprudência estrangeira" pode significar um conjunto uniforme e reiterado de decisões judiciais ou mesmo uma ou algumas decisões de tribunais constitucionais, selecionadas por critérios a serem tornados públicos.

3.1 Comparativismos positivo e negativo

David Fontana[74] e, de certa forma, Vincent A. Blasi[75] e Richard A. Primus,[76] estabelecem a diferença entre os comparativismos constitucionais positivo ou prospectivo e negativo ou retrospectivo.

No comparativismo positivo, um tribunal constitucional se debruça, com aprovação, sobre a jurisprudência de outro, em ordem a utilizá-la nas sentenças e acórdãos que vier a proferir no futuro. O tribunal doméstico, ao proceder à referência positiva, observa um ou mais precedentes estrangeiros que se mostram alinhados à tese que pretende sustentar, como reforço argumentativo.

No comparativismo negativo, um tribunal constitucional se detém nas falhas de outro regime jurídico, especialmente em sede de restrições às liberdades de natureza artística, cultural, política e religiosa no passado. O tribunal doméstico, ao promover a referência negativa, opõe um ou mais precedentes estrangeiros para criticá-los e, dessa forma, exemplificar um modo de argumentação que não se revela, a seu juízo, adequado, necessário ou proporcional para a solução do caso concreto.

3.2 Modelos do funcionalismo, expressionismo e bricolagem

Mark V. Tushnet[77] e, de certo modo, Melissa Waters,[78] desenham as linhas do funcionalismo, expressionismo e bricolagem como as justificativas teóricas para o uso do Direito estrangeiro.

O funcionalismo se direciona a constatação de experiências de outros tribunais que possam iluminar os problemas que aqui e acolá exsurgem na interpretação constitucional. A jurisprudência estrangeira é definida pela função de persuasão dos intérpretes da Constituição.

74. FONTANA, David. Refined Comparativism in Constitutional Law. University of California, Los Angeles Law Review, n. 49, 2001. p. 551.
75. BLASI, Vincent A. The Pathological Perspective and the First Amendment. *Columbia Law Review*, n. 85, 1985. p. 449.
76. PRIMUS, Richard A. Canon, Anti-Canon and Judicial Dissent. *Duke Law Journal*, n. 48, 1998. p. 243.
77. TUSHNET, Mark V. The Possibilities of Comparative Constitutional Law. *Yale Law Journal*, n. 108, 1999. p. 1.228-1.229.
78. WATERS, Melissa. Mediating Norms and Identity. The Role of Transnational Judicial Dialogue in Creating and Enforcing International Law. *Georgetown Law Journal*, n. 93, 2005. p. 555.

O expressionismo se dirige a consideração de experiências de outros tribunais que, de alguma forma, são utilizadas para aperfeiçoar o entendimento dos valores subjacentes à tradição constitucional. A jurisprudência estrangeira sobre a qual o tribunal constitucional não deixa de laborar é obtida intuitivamente.

O bricolagem se distingue pelo comportamento dos intérpretes da Constituição que, em ordem a identificar os materiais que possam auxiliá-los, recorrem a experiências de outros tribunais constitucionais mais ou menos aleatoriamente. A jurisprudência estrangeira não é delimitada pelo rigor do pensamento científico.

3.3 Usos expositivo, empírico e substantivo ou material

Joan L. Larsen, em atendimento à finalidade do uso da jurisprudência estrangeira, define as utilizações expositiva, empírica e substantiva ou material.

Expositivamente, a jurisprudência estrangeira é usada quando os tribunais nacionais utilizam-na para contrastar e, por dedução, explicar uma ou mais normas constitucionais. Contra a jurisprudência estrangeira, poucas normas constitucionais são interpretadas pelos tribunais nacionais.

Empiricamente, a jurisprudência estrangeira é usada quando os tribunais nacionais utilizam-na por força da eficácia pragmática que pode ser operada no contexto doméstico. Os tribunais nacionais, por conta dos efeitos de que dispõe a jurisprudência estrangeira, utilizam-na no processo de tomada de decisão constitucional.

Substantivamente, a jurisprudência estrangeira é usada quando os tribunais nacionais utilizam-na para determinar o conteúdo prescritivo de uma ou mais normas constitucionais, dado que a jurisprudência de tribunais estranhos a cada país, à evidência, pode servir como "razão de empréstimo" ou "moral de averiguação". Através da jurisprudência estrangeira, muitas normas constitucionais são aplicadas pelos tribunais nacionais.[79]

3.4 Modelos da resistência, referência, assimilação e incorporação

Somos do entendimento de que os modelos de uso persuasivo da jurisprudência estrangeira pelos tribunais constitucionais, levando em consideração o grau de acolhimento, ou até de rejeição, total ou parcial, do constitucionalismo multinacional, são quadripartidos em resistência ou repulsão, referência ou reprodução, assimilação ou assenhoramento e incorporação ou alinhamento.

O grau de utilização da técnica de decisão dos tribunais nacionais com fundamento em jurisprudência estrangeira, por sua vez, pode ser mensurado pela autoridade persuasiva do tribunal emissor, identidade organizacional do tribunal receptor e reconhecimento recíproco entre eles. Autoridade persuasiva, na medida que a jurisprudência

79. LARSEN, Joan L. Importing Constitutional Norms from a "Wider Civilization": Lawrence and Rehnquist Court's use of Foreign and International Law in domestic constitutional interpretation. *Ohio State Law Journal*, n. 65, 2004, p. 1.283, 1.288-1.289 e 1.291.

estrangeira deve ser emitida por tribunal detentor de capacidade suasória. Identidade organizacional, uma vez que a jurisprudência estrangeira pode ser receptada por tribunal dotado de autonomia judicial. Reconhecimento recíproco entre tribunais engajados na comunicação judicial transnacional, que compartilham valores que lhes são comuns.

3.4.1 Resistência

A modelagem da resistência pode ser identificada pela repulsa de um tribunal constitucional à jurisprudência de outro. O tribunal nacional, ao solucionar a questão constitucional, defende uma tese que se contrapõe à jurisprudência estrangeira.

Por exemplo, na Arguição de Descumprimento de Preceito Fundamental 153/DF, que discutia a anistia dos crimes políticos na ditadura cívico-militar que perdurou no Brasil entre 1964 e 1985, o Supremo Tribunal Federal compilou as decisões do caso *José Matías Ñanco*, no qual a Suprema Corte do Chile, em 18 de janeiro de 2007, declarou a imprescritibilidade dos crimes contra a humanidade,[80] e caso *Nibia Sabalsagaray Curutchet*, no qual a Suprema Corte de Justiça do Uruguai, em 19 de outubro de 2009, declarou a inconstitucionalidade da *Ley de Caducidad de la Pretensión Punitiva del Estado*.[81]-[82] A Corte, no entanto, deliberou que "o argumento descolado da dignidade da pessoa humana para afirmar a invalidade da conexão criminal que aproveitaria aos agentes políticos que praticaram crimes comuns contra opositores políticos, presos ou não, durante o regime militar, não prospera. A Lei da Anistia veicula uma decisão política assumida no momento histórico da transição para a democracia. Há de ser interpretada a partir da realidade no momento em que foi conquistada. Nem mesmo o Supremo Tribunal Federal está autorizado a rescrever leis de anistia".[83]

3.4.2 Referência

O modelo da referência é individualizado pela repetição da jurisprudência de um tribunal constitucional por outro. O tribunal nacional não deixa de proceder à alusão da jurisprudência estrangeira, conquanto não a utilize no julgamento da questão constitucional.

Na Ação Direta de Inconstitucionalidade 595/ES, embora o Supremo Tribunal Federal do Brasil tenha focalizado a *Décision 71-44 DC*, de 16 de julho de 1971, na qual o Conselho Constitucional da França delimitou o bloco de constitucionalidade à Declaração dos Direitos do Homem e do Cidadão, "princípios fundamentais reconhecidos pelas leis" das Iª, IIª e IIIª Repúblicas, "princípios políticos, econômicos e sociais" do

80. Corte Suprema de Chile. Recurso de Casación. Rol 2666-2004.
81. **Suprema Corte** de Justicia de **Uruguay**, Sentencia 365/2009.
82. Da mesma forma, a Corte Suprema de Justiça da Nação Argentina, em 13 de julho de 2007, declarou a inconstitucionalidade de indulto concedido a general de divisão do Exército no caso *Santiago Omar Riveros*. CSJN, Fallos 42:2333.
83. ADPF 153/DF. DJe-145.

Preâmbulo da Lei Constitucional da IVª República e Constituição da Vª República,[84] o tribunal nacional houve por bem extinguir o processo constitucional, sem resolução de mérito, por perda superveniente de objeto.[85-86]

3.4.3 *Assimilação*

A modelagem da assimilação pode ser identificada pelo ajustamento de um tribunal constitucional à jurisprudência de outro. O tribunal nacional, ao solucionar a questão constitucional, desenvolve uma tese que coaduna-se com a jurisprudência estrangeira.

Por exemplo, no Recurso Extraordinário 466.343/SP, em ordem a embasar o *status* supralegal dos tratados internacionais de proteção de direitos humanos em que o Brasil seja parte, o Supremo Tribunal Federal, na medida do possível, internalizou o caso *Nordstern Allgemeine Versicherung AG v. Vereinigte Stinees Rheinreedereien*,[87]-[88] no qual o Supremo Tribunal dos Países Baixos, em 7 de março de 1996, deixou consignado que o "Reino não se obriga por tratados, nem tais tratados podem ser denunciados, sem a prévia aprovação dos Estados Gerais. Qualquer disposição de um tratado que conflite com a Constituição, ou que acarrete um conflito com ela, deve ser aprovado pelas Câmaras dos Estados Gerais, por uma votação de dois terços de votos favoráveis".[89]

3.4.4 *Incorporação*

O modelo da incorporação é individualizado pela absorção da jurisprudência de um tribunal constitucional por outro. O tribunal nacional não somente procede à alusão da jurisprudência estrangeira, como também utiliza-a no julgamento da questão constitucional.

Na Ação Direta de Inconstitucionalidade 3.510/DF, que apreciou a validade da Lei de Biossegurança, o Supremo Tribunal Federal do Brasil utilizou, com o intuito de persuasão, o caso *Schwangerschaftsabbruch*, no qual o Tribunal Constitucional Federal da Alemanha, em 28 de maio de 1993, examinou os meios de geração de células-tronco

84. *JO* 18.7.1971, p. 7.114.
85. ADI 595/ES. DJe-37.
86. A definição de bloco de constitucionalidade, nos Estados Unidos da América, não restou consubstanciada, em que pese a Suprema Corte, no caso *James McCulloch v. State of Maryland*, de 1819, ter deliberado que "não devemos nos esquecer que essa é a Constituição que nós estamos a espandir". O Tribunal norte-americano, em consequência disso, no caso *Max Lerner v. Hugh Casey, William Fullen, Harris Klein et alii*, de 1958, refutou a existência de qualquer *constitutional block* para, depois, negar provimento a recurso constitucional interposto contra decisão proferida pela Corte de Apelação do Estado de Nova York. James McCulloch v. State of Maryland, 17 U.S. 316 (1819) e Max Lerner v. Hugh Casey, William Fullen, Harris Klein et alii, 357 U.S. 468 (1958).
87. RE 466.343/SP. DJe-104.
88. De modo semelhante, a Corte de Cassação Francesa, em 24 de maio de 1975, formou o entendimento de que "os tratados ou acordos internacionais regularmente ratificados e aprovados têm uma autoridade superior à das leis, mesmo as posteriores" no caso *Société des Cafés Jacques Vabre v. Administration Française*. *BACC* n. 4. p. 6.
89. *ILR* n. 74, p. 2.

embrionárias,[90] e o caso *Reproducción Humana Asistida*, no qual o Tribunal Constitucional da Espanha, em 17 de junho de 1999, obstou a produção de embriões humanos para o fim de pesquisa.[91] A Corte, então, deliberou que "a **pesquisa científica com células-tronco embrionárias objetiva o enfrentamento e cura de patologias e traumatismos. Contexto de solidária, compassiva ou fraternal legalidade que, longe de traduzir desprezo ou desrespeito aos congelados embriões *in vitro*, significa apreço e reverência as criaturas humanas que sofrem. Inexistência de ofensas ao direito à vida, pois a pesquisa com células-tronco embrionárias significa a celebração solidária da vida e alento aos que se acham à margem do exercício concreto e inalienável dos direitos à felicidade e do viver com dignidade".**[92-93]

CONCLUSÃO

À guisa de conclusão, de acordo com "O Federalista", n. 63, de James Madison, então publicado pelo *Independent Journal*, em 1º de março de 1788, "uma atenção para o julgamento de outras nações é importante para qualquer governo por duas razões. A primeira é que, independentemente dos méritos de cada plano ou medida especial, é de se presumir que, por vários motivos, ele se afigure para outros países como fruto de uma política sábia e honrosa. A segunda é que, em casos duvidosos, particularmente quando os conselhos nacionais sejam deformados por alguma forte paixão ou interesse momentâneo, a opinião presumida ou conhecida do mundo imparcial pode ser a melhor orientação a ser seguida".[94]

REFERÊNCIAS

ALEXY, Robert. *Theorie der Juristischen Argumentation*. Frankfurt am Main: Suhrkamp, 1978.

ALEXY, Robert. *Recht, Vernunft, Diskurs. Studien zur Rechtsphilosophie*. Frankfurt am Main: Suhrkamp, 1995.

ALEXY, Robert. *Teoria dos direitos fundamentais*. São Paulo: Malheiros, 2011.

AMAR, Akhil R. *America's Unwritten Constitution*. New York: Basic Books, 2012.

ÁVILA, Humberto B. A Distinção entre Princípios e Regras e a Redefinição do Dever de Proporcionalidade. *Revista da Pós-Graduação da Faculdade de Direito da Universidade de São Paulo*, n. 1, 1999.

---

90. *BVerfGE* 88, 203.
91. *BOE*, 8.7.1999, 162.
92. **ADI 3.510/DF. DJe-96.**
93. O regime jurídico da **pesquisa científica com células-tronco embrionárias não é uniforme no âmbito dos Estados Unidos da América. A** transferência nuclear de células somáticas é permitida sob certas condições nos Estados da California, Connecticut, Illinois, Iowa, Maryland, Massachusetts, Missouri, New Jersey e Rhode Island. A pesquisa com células-tronco embrionárias é permitida nos Estados do Arkansas, Indiana, Montana, New Hampshire e Virginia. A pesquisa com linhagens de células-tronco embrionárias criadas depois de um termo final é proibida no Estado de Oklahoma. A pesquisa com embriões ou produtos de células derivadas de embriões é proibida nos Estados do Arizona, Florida, Louisiana, Maine, Michigan, Minnesota, North Dakota, Pennsylvania e South Dakota. OROBKIN, Russell. *Stem Cell Century: law and policy for a breaktrough technology*. New Haven: Yale University Press, 2007. p. 4.
94. HAMILTON, Alexander; JAY, John; MADISON, James. *The Federalist*. Indianapolis: Liberty Found, 2001. p. 325-332.

AYERS, Andrew B. International Law as Tool of Constitutional Interpretation in the Early Immigration Power Cases. *Georgetown Immigration Law Journal*, n. 19, 2004.

BACHELARD, Gaston. *Epistemologia*. Rio de Janeiro: Zahar, 1971.

BACHELARD, Gaston. *A Formação do espírito científico*: contribuição para uma psicanálise do conhecimento. Rio de Janeiro: Contraponto, 1996.

BARACHO, José Alfredo de O. *Processo constitucional*. Rio de Janeiro: Forense, 1984.

BESSELINK, Leonard F. The Proliferation of Constitutional Law and Constitutional Adjudication, or How American Judicial Review came to Europe After All. *Utrecht Law Review*, n. 9, 2013.

BLASI, Vincent A. The Pathological Perspective and the First Amendment. *Columbia Law Review*, n. 85, 1985.

BUYS, Cindy G. Burying Our Constitution in the Sand? Evaluating the Ostrich Response to the Use of International and Foreign Law in U.S. Constitutional Interpretation. *Brigham Young University Journal of Public Law*, n. 21, 2007.

CANARIS, Claus-Wilhelm. *Pensamento Sistemático e Conceito de Sistema na Ciência do Direito*. Lisboa: Fundação Calouste Gulbenkian, 1989.

CARBONELL, Miguel. *Neoconstitucionalismo(s)*. Madrid: Trotta, 2002.

CAZETTA, Ubiratan. *Direitos humanos e federalismo*. São Paulo: Atlas, 2009.

COELHO, Fillipe de Souza. O Brasil e a sua Política Internacional. *Revista de Geopolítica*, n. 2, 2012.

COMANDUCCI, Paolo. Formas de (Neo)constitucionalismo. *Isonomia*, n. 16, 2002.

COSTANZO, Angelo. *L'Argomentazione Giuridica*. Milano: Giuffrè, 2003.

CROWE, Justin. *Building the Judiciary: law, courts and the politics of institutional development*. New Jersey: Princeton University Press, 2012.

CURTIS, Lionel G. *The Commonwealth of Nations*. London: Forgotten Books, 2012.

DRESSEL, Björn. *Judicialization of Politics*. New York: Routledge, 2012.

DWORKIN, Ronald. *Levando os Direitos a Sério*. 3. ed. São Paulo: Martins Fontes. 2010.

ELSTER, Jon. *Constitutionalism and Democracy*. New York: Cambridge University Press, 1988.

ELSTER, Jon. Constitution-making in Eastern Europe: rebuilding the boat in an open sea. *Public Administration*, n. 71, 1993.

ELSTER, Jon. Emotions and Economic Theory. *Journal of Economic Literature*, n. 36, 1998.

ELSTER, Jon. *Closing Books: transitional justice in historical perspectives*. New York: Cambridge University Press, 2004.

ESSER, Josef. *Princípio e norma na elaboração jurisprudencial do direito privado*. Barcelona: Bosch, 1961.

FARCAU, Bruce. *The Transition to Democracy in Latin America*. Westport: Praeger, 1996.

FAVOREU, Louis. *Tribunales Constitucionales Europeos y Derechos Fundamentales*. Madrid: Tecnos, 1984.

FAVOREU, Louis. *Consideraciones* Comparadas sobre la "Revolución" Jurídica Francesa. *Revista del Centro de Estudios Constitucionales*, n. 1, 1988.

FAVOREU, Louis. El Bloque de la Constitucionalidad. *Revista del Centro de Estudios Constitucionales*, n. 5, 1990.

FAVOREU, Louis. *Los Tribunales Constitucionales*. Barcelona: Ariel, 1994.

FIGUEIREDO, Marcelo. Notas a respeito da Utilização de Jurisprudência Estrangeira pelo STF no Brasil. *Revista Brasileira de Estudos Constitucionais*, n. 12, 2009.

FIGUEROA, Alfonso. Teorias de direito neoconstitucionalistas. *Anuário de Filosofia do Direito*, n. 1, 2002.

FONTANA, David. Refined Comparativism in Constitutional Law. University of California, Los Angeles Law Review, n. 49, 2001.

FORTE, David F. *The Supreme Court in American Politics*: judicial activism vs. self-restraint. Lexington: Heath, 1972.

FRENCH, Robert. Cooperation and Convergence – Judiciaries and Profession. *Journal of Judicial Review*, n. 11, 2012.

FRIEDMAN, Lawrence; PÉREZ-PERDOMO, Rogelio. *Legal Culture in the Age of Globalization*. Redwood: Stanford University Press, 2003.

GARAPON, Antoine. *Le Gardien des Promesses. Justice et Démocratie*. Paris: Odile Jacob, 1996.

GARAPON, Antoine. *Les Juges dans la Mondialisation*. Paris: Seuil, 2005.

GARAPON, Antoine. L'Imaginaire Pirate de la Mondialisation. *Revue Esprit*, 1°.7.2009.

GARAPON, Antoine. La Peur de l'Impuissance Démocratique. *Revue Esprit*, 1°.2.2014.

GINSBURG, Tom; VERSTEEG, Mila. Why do Countries adopt Constitutional Review? *Journal of Law, Economics & Organization*, n. 30, 2014.

GREENHOUSE, Linda. Justices, 5-4, back Protesters' Right to Burn the Flag. *New York Times*, de 22.06.1989.

GUERRA FILHO, Willis S. *Processo constitucional e direitos fundamentais*. São Paulo: Celso Bastos, 1999.

HABERMAS, Jürgen. *Para a reconstrução do direito*: os princípios do Estado de Direito. Direito e democracia: entre facticidade e validade. v. II. Rio de Janeiro: Tempo Brasileiro, 1997.

HABERMAS, Jürgen. *A justificação processual do Estado Democrático de Direito*. A Constelação Pós-Nacional: ensaios políticos. São Paulo: Littera Mundi, 2001.

HABERMAS, Jürgen. *A luta por reconhecimento no Estado Democrático de Direito. A inclusão do outro*: estudos de teoria política. São Paulo: Loyola, 2002.

HABERMAS, Jürgen. *O Estado Democrático de Direito*: uma amarração paradoxal de princípios contraditórios? Era das Transições. Rio de Janeiro: Tempo Brasileiro, 2003.

HAMILTON, Alexander; JAY, John; MADISON, James. *The Federalist*. Indianapolis: Liberty Found, 2001.

JENKINS, Jeffrey A. *The American Courts*: a procedural approach. Sudbury: Jones & Bartlett Learning, 2009.

KATZ, Ellis. *Federalism and Human Rights*. Lanham: Rowman & Littlefield Publishers, 1996.

LARENZ, Karl. *Metodologia da ciência do direito*. Lisboa: Fundação Calouste Gulbenkian, 1969.

LARSEN, Joan L. Importing Constitutional Norms from a "Wider Civilization": Lawrence and Rehnquist Court's use of Foreign and International Law in domestic constitutional interpretation. *Ohio State Law Journal*, n. 65, 2004.

LÜTZELER, Paul. *The Western Europe in Transition to Democracy*. Baden-Baden: C.H. Beck, 1986.

MACCORMICK, Donald N.; SUMMERS, Robert S. *Interpreting Precedents: comparative study*. Brookfield: Ashgate Publishing Co., 1997.

MARINI, Alarico. *Teoria e Tecnica dell'Argomentazione Giuridica*. Milano: Giuffrè, 2003.

MEDINA, Paulo Roberto de G. *Direito Processual Constitucional*. 4. ed. Rio de Janeiro: Forense, 2010.

MILLER, Nathan. An International Jurisprudence? The Operation of "Precedent" across International Tribunals. *Leiden Journal of International Law*, n. 15, 2002.

MORAES, Guilherme Peña de. Desafios e Perspectivas do Direito Constitucional do Século XXI. In: DINIZ, José J. (Org.). *Concretização Constitucional no Século XXI*: desafios e perspectivas. Campina Grande: Faculdades Maurício de Nassau, 2014.

MORSINK, Johannes. *Universal Declaration of Human Rights*. Philadelphia: University of Pennsylvania Press, 2000.

OROBKIN, Russell. *Stem Cell Century*: law and policy for a breaktrough technology. New Haven: Yale University Press, 2007.

PARENTE, Renato. Indeferido *Habeas Corpus* em Furto de "Disco de Ouro" de Milton Nascimento. *O Globo*, de 08.09.2011.

PARGETER, Alison. *The Rise and Fall of Qaddafi*. New Haven: Yale University Press, 2012.

PEGORARO, Lucio. *La Justicia Constitucional*: una perspectiva comparada. Madrid: Dykinson, 2004.

PEREIRA, Maria José. A Hedionda Decisão da (In)Justiça Brasileira. *Correio Braziliense*, de 08.03.2006.

PERELMAN, Chaïm. *Droit, Morale et Philosophie*. Paris: Librairie Générale Droit et Jurisprudence, 1968.

PERELMAN, Chaïm. *Justice et Raison*. Bruxelles: Ferdinand Larcier, 1972.

POPOVA, Maria. *Politicized Justice*. Cambridge: Cambridge University Press, 2014.

PRIMUS, Richard A. Canon, Anti-Canon and Judicial Dissent. *Duke Law Journal*, n. 48, 1998.

RAMSEY, Michael D. International Materials and Domestic Rights: reflections on Atkins and Lawrence. *American Journal of International Law*, n. 98, 2004.

RODRÍGUEZ, José F. *La Justicia Constitucional Europea ante el Siglo XXI*. 2. ed. Madrid: Tecnos, 2007.

ROOSEVELT, Kermit. *The Myth of Judicial Activism*. New Haven: Yale University Press, 2006.

ROUSSEAU, Dominique. *La Justicia Constitucional en Europa*. Madrid: Centro de Estudios Constitucionales, 2002.

SANCHEZ, Ernesto J. Immunity of Former Foreign Government Official from Suit for Acts committed in an Official Capacity-Definition of Foreign State-Defenses to Jurisdiction. *American Journal of International Law*, n. 105, 2011.

SCHLESINGER JUNIOR, Arthur. The Supreme Court: 1947. *Fortune Magazine*, 1º.1.1947.

SCHLESINGER JUNIOR, Arthur. *The Vital Center*. Boston: Houghton Mifflin, 1949.

SCHLESINGER JUNIOR, Arthur. 1901 – 1950: the half century in history. *New York Post*, 1º.1.1950.

SCHLESINGER JUNIOR, Arthur. *The Cycles of American History*. Boston: Houghton Mifflin, 1986.

SCHWARTZ, John. Court shields Police from Chase Liability. *Washington Post*, de 27.05.1998.

SEGADO, Francisco F. *La Justicia Constitucional ante el Siglo XXI*: *la progresiva convergencia de los sistemas americano y europeo*. México, D.F.: Universidad Nacional Autónoma de México, 2004.

SHAPIRO, Martin; SWEET, Alec. *On Law, Politics and Judicialization*. Cary: Oxford University Press, 2002.

SITARAMAN, Ganesh N. The Use and Abuse of Foreign Law in Constitutional Interpretation. *Harvard Journal of Law and Public Policy*, n. 32, 2009.

TAKANO, Mikihisa. *A Comparative Study of Self-Restraint in American Courts*. Tokyo: Shinzansha, 1992.

TATE, Neal; VALLINDER, Torbjörn. *The Global Expansion of Judicial Power*. New York: NYU Press, 1997.

TAVARES, André R. *Tribunal e Jurisdição Constitucional*. São Paulo: Celso Bastos, 1998.

TAVARES, André R. A Constituição Aberta: elementos de uma hermenêutica constitucional. In: AGRA, Walber de M. (Org.). *Retrospectiva dos Vinte Anos da Constituição Federal*. São Paulo: Saraiva, 2009.

TAVARES, André R. *Constituição do Brasil*. 3. ed. São Paulo: Saraiva, 2012.

TUSHNET, Mark V. Interdisciplinary Legal Scholarship: the case of history-in-law. *Chicago-Kent Law Review*, n. 71, 1996.

TUSHNET, Mark V. The Possibilities of Comparative Constitutional Law. *Yale Law Journal*, n. 108, 1999.

TUSHNET, Mark V. *The Constitution of the United States of America*: a contextual analysis. Portland: Hart Publishing, 2009.

VILLALÓN, Pedro C. *La Formación del Sistema Europeo de Control de la Constitucionalidad. 1918 – 1939.* Madrid: Centro de Estudios Constitucionales, 1987.

VOIGT, Stefan; EBELING, Michael W. Improving Credibility by Delegating Judicial Competence: the case of the Judicial Committee of the Privy Council. *Journal of Development Economics*, n. 82, 2007.

WATERS, Melissa. Mediating Norms and Identity. The Role of Transnational Judicial Dialogue in Creating and Enforcing International Law. *Georgetown Law Journal*, n. 93, 2005.

WELCH, Claire. *The Rise and Fall of Nazism*. London: Magpie, 2008.

WELSH, David. *The Rise and Fall of Apartheid*. Johannesburg: Jonathan Ball, 2009.

WOODHOUSE, Christopher. *The Rise and Fall of Greek Colonels*. London: Granada, 1985.

ZARING, David T. The Use of Foreign Decision by Federal Courts: an empirical analysis. *Journal of Empirical Legal Studies*, n. 3, 2006.

ZEHNDER, Jacob J. Constitutional Comparativism: the emerging risk of Comparative Law as constitutional tiebreaker. *Valparaiso University Law Review*, n. 41, 2007.

ADOÇÃO DO NASCITURO: ALTERNATIVA PARA O ABORTO

Roy Reis Friede

Desembargador Federal do Tribunal Regional Federal da 2ª Região. Diretor-Geral da Escola de Magistratura Federal da 2ª Região (biênio 2023/25). Ex-Presidente do Tribunal Regional Federal da 2ª Região (biênio 2019/21). Mestre e Doutor em Direito e Professor Adjunto da Universidade Federal do Estado do Rio de Janeiro (Unirio).

1. A RELEVÂNCIA CONSTITUCIONAL DA VIDA INTRAUTERINA DO NASCITURO

O direito à vida intrauterina do nascituro é consagrado constitucionalmente. Tal assertiva pode muito bem ter como ponto de partida o disposto no artigo 1º, III, da Constituição Federal de 1988, que elenca a *dignidade da pessoa humana* como um dos fundamentos da República Federativa do Brasil. Entretanto, quanto ao direito à vida intrauterina do nascituro, o artigo 5º, *caput*, da Lei Maior é de uma cristalinidade ainda maior: "Todos são iguais perante a lei, sem distinção de qualquer natureza, garantindo-se aos brasileiros e aos estrangeiros residentes no País a inviolabilidade do direito à vida, à liberdade, à igualdade, à segurança e à propriedade".

De acordo com o artigo 227, *caput*, do Texto Magno, com a redação determinada pela Emenda Constitucional 65/2010, "é dever da família, da sociedade e do Estado assegurar à criança, ao adolescente e ao jovem, com absoluta prioridade, o direito à vida, à saúde, à alimentação, à educação, ao lazer, à profissionalização, à cultura, à dignidade, ao respeito, à liberdade e à convivência familiar e comunitária, além de colocá-los a salvo de toda forma de negligência, discriminação, exploração, violência, crueldade e opressão". No plano infraconstitucional, esses deveres são reforçados pelo artigo 4º, *caput*, do Estatuto da Criança e do Adolescente (Lei 8.069/1990 – ECA):

> Art. 4º É dever da família, da comunidade, da sociedade em geral e do poder público assegurar, com absoluta prioridade, a efetivação dos direitos referentes à vida, à saúde, à alimentação, à educação, ao esporte, ao lazer, à profissionalização, à cultura, à dignidade, ao respeito, à liberdade e à convivência familiar e comunitária.

Nota-se quão extenso é o rol dos direitos assegurados pelo artigo 227, *caput* à criança, ao adolescente e ao jovem. E certamente não é por acaso que o Texto Constitucional, ao elencá-los, começa pelo mais importante de todos, isto é, o *direito à vida*, não se descuidando de citar, entretanto, os direitos à saúde, à alimentação, à educação, ao lazer, à profissionalização, à cultura, à dignidade, ao respeito, à liberdade e à *convivência familiar* e comunitária.

O artigo 227, *caput*, da Carta de 1988, logo no início, indica a quem incumbe o dever de zelar por esses direitos. Diz a redação normativa: "É dever da família, da sociedade e do Estado". Agiu bem o Poder Constituinte em prever um *modelo de corresponsabilidade* – família, sociedade e Estado – destinado à *proteção integral* da criança e do adolescente. De fato, não poderia ser diferente. Por razões óbvias e que dispensam comentários, a família, base da sociedade, é mencionada em primeiro lugar.

Em seguida, a Constituição também faz referência à sociedade como destinatária de deveres, um dos quais guarda relação direta com o tema tratado neste livro: atuar na prevenção da gravidez na adolescência, contribuindo, assim, para a redução do número de abortos. Essa atribuição da sociedade pode ser constatada no artigo 8º-A, *caput*, do ECA, que instituiu a Semana Nacional de Prevenção da Gravidez na Adolescência. A finalidade legal é "disseminar informações sobre medidas preventivas e educativas que contribuam para a redução da incidência da gravidez na adolescência". Para tanto, as "ações destinadas a efetivar o disposto no *caput* deste artigo ficarão a cargo do Poder Público, em conjunto com organizações da sociedade civil, e serão dirigidas prioritariamente ao público adolescente".

Inevitavelmente o sistema de corresponsabilidade previsto no artigo 227, *caput*, do Texto Magno atribui ao Estado os mesmos deveres, entre os quais o de zelar pelo direito à vida da criança, do adolescente e do jovem. Obviamente que esse dever estatal de zelar pela vida pode e deve ser interpretado no seu sentido mais amplo possível, a incluir até mesmo o direito à vida intrauterina. Isso por uma razão bem simples: não faria sentido que o Poder Constituinte apenas reconhecesse o valor da vida humana extrauterina, descuidando-se da tutela da vida intrauterina, condição irrefutável da primeira. De fato, nenhum ser humano até hoje alcançou a vida extrauterina sem antes ter percorrido o complexo caminhar gestacional desenvolvido no berço uterino, processo vital assim descrito e prestigiado pelo Ministro Cezar Peluso:

> O fenômeno vida se apresenta e define, em substância, tipicamente como processo. [...] Como substantivo inerente aos humanos e a outras espécies, a vida, em qualquer de suas manifestações típicas, se propõe desde logo ao espírito como sucessão unitária e permanente de mudanças ou contínuo processar-se, que distingue dos entes inanimados os chamados seres vivos. [...] A própria vida, enquanto fenômeno inteligível, se reduz a essa ideia e postula igual conceito. [...].

Abro parêntese para expor que, ainda quando se discorde de tal definição, compatível, na sua simplicidade e plasticidade, com qualquer outra noção de vida, em particular de vida humana, esta não constitui criação artificial da ciência jurídica, senão realidade pré-jurídica de que, para efeito de valorações normativas fundamentais, se apropria o Direito. E, na condição de objeto de privilegiada tutela constitucional, não é lícito ao ordenamento subalterno operar, a respeito, mediante a técnica de ficção, lícita em si mesma, para negar lhe a realidade autônoma perceptível fora do mundo jurídico. Em palavras mais diretas, não é possível, reduzindo o diversificado círculo da humanidade, pensar o ser humano como entidade que só mereça qualificação jurídico-normativa de ser vivo, quando seja capaz de pleno desenvolvimento orgânico e social, de consciência e de interação (Min. Cezar Peluso; STF, ADPF 54, 2012).

Soa evidente, então, que não cabe ao Estado cuidar apenas da criança a partir de seu nascimento. E aqui nos permitimos sim empregar o termo *criança* para designar também o nascituro. Designação não no sentido meramente legal, conforme previsto no artigo 2º do ECA: "Considera-se criança, para os efeitos desta Lei, a pessoa até doze anos de idade incompletos, e adolescente aquela entre doze e dezoito anos de idade". Designação no sentido axiológico, pois é inquestionável que o *nascituro é criança em gestação*, devendo o Estado, pois, dele cuidar, sob pena de tornar inócua a própria norma constitucional.

Portanto, não há dúvida que o artigo 227, *caput*, da Constituição estabelece para os corresponsáveis mencionados – a família, a sociedade e o Estado – o dever de zelarem, todos eles, pela vida do nascituro. Incoerente e paradoxal seria se se pudesse invocar o instante do nascimento como momento inaugurador de tão magna responsabilidade.

O Ministro Ricardo Lewandowski, quando de seu voto na Arguição de Descumprimento de Preceito Fundamental 54, relativa à questão do abortamento do feto anencéfalo, recordou muito bem que "tanto os que são favoráveis à interrupção extemporânea da gravidez quanto os que são contrários a ela invocam, em abono das respectivas posições, de modo enfático, o princípio da dignidade humana" (STF, ADPF 54, 2012). Para o Ministro Cezar Peluso, o nascituro, independentemente da condição, ostenta "dignidade jurídica e ética que lhe vem da incontestável ascendência e natureza humanas".

> Ambas as formas de vida [intra ou extrauterina] guardam idêntico nível de dignidade sob o prisma tuitivo da Constituição, verificando-se, entre elas, mera diferença temporal ou, em termos menos precisos, de "idade" (Min. Cezar Peluso; STF, ADPF 54, 2012).

Contrapondo-se à possibilidade de interrupção da gravidez até mesmo em caso de anencefalia fetal – tema discutido e decidido no âmbito da ADPF 54 –, Cezar Peluso, invocando trecho do voto por ele proferido na Ação Direta de Inconstitucionalidade 3.510, julgada em 2008, pertinente ao tema *pesquisa com células-tronco embrionárias*, esclareceu que:

> Eis o que afirmei na ADI 3.510, com o intuito de arredar a esdrúxula ideia de que a vida de um recém-nascido ou de um feto teria menos valor que a de um adulto:
>
> "[...] a nada serviria a postura dogmática que, debaixo do pretexto da relatividade dos direitos constitucionais, pretende graduar o direito à vida com a régua impertinente de que, como, nos termos do Direito Positivo, o crime de homicídio tem pena maior que a prevista para o delito de aborto, então teria menor dignidade jurídico-constitucional a vida intrauterina [...].
>
> O erro aqui é agravado e pouco sutil. As normas penais não valoram de modo diverso, na cominação de penas em cada tipo, o bem jurídico da vida em estado hipotético de violação, mas, sim, a *reprovabilidade* de cada conduta típica, segundo as modalidades e as circunstâncias da ação humana violadora.
>
> Cuida-se, aí, de nítida orientação de política normativocriminal, que em nada deprecia o eminente grau de dignidade e tutela que a Constituição da República reserva ao chamado direito à vida, que é, antes, o pressuposto ou condição transcendental da existência de todos os direitos subjetivos. [...].

> [...] de modo e em sentido algum se presta a sustentar [...] que o direito à vida seria suscetível de graduações axiológicas no seu *status* jurídico de fundante valor objetivo constitucional (Min. Cezar Peluso; STF, ADPF 54, 2012).

Na ADPF 54, Cezar Peluso sustentou que "a vida intrauterina, ainda quando concebível como projeto de vida, é objeto da tutela jurídico-normativa por várias formas", mas principalmente "por força da própria Lei Penal, cujo sentido primário de proibição do comportamento tipificado é expressão da tutela dessa vida intrauterina". Vida que guarda "o significado indiscutível de bem jurídico, que como tal merece a proteção da ordem jurídica". Para ele, "o valor inestimável da vida, intra ou extrauterina, não depende de sua qualidade ou duração".

> E é sujeito de direito, por outra razão, curta, mas decisiva, consistente em que, embora não tenha ainda personalidade civil, o nascituro é, anencéfalo ou não, investido pelo Ordenamento, segundo velha e fundada tradição jurídica, na garantia expressa de resguardo de seus direitos, entre os quais se conta *a fortiori* o da proteção da vida, como dispõe hoje o art. 2º do Código Civil (Min. Cezar Peluso; STF, ADPF 54, 2012).

Nessa linha de raciocínio contrária ao aborto, Cezar Peluso afirma que a "vida humana, imantada de dignidade intrínseca, anterior ao próprio Ordenamento Jurídico, não pode ser relativizada fora das específicas hipóteses legais, nem podem ser classificados seus portadores segundo uma escala cruel que defina, com base em critérios subjetivos e sempre arbitrários, quem tem, ou não, direito a ela". Por isso, havendo vida humana, "está-se diante de valor jurídico fundante e inegociável, que não comporta, nessa estima, margem alguma para transigência" (Min. Cezar Peluso; STF, ADPF 54, 2012).

> A dignidade fundamental da vida humana [intra ou extrauterina], como suposto e condição transcendental de todos os valores, não tolera, em suma, barateamento de sua respeitabilidade e tutela jurídico-constitucional. [...].
>
> [A] vida intrauterina não pode, na ordem jurídica, ser classificada, para efeito de tutela, numa categoria axiológica inferior em relação à vida fora do útero (Min. Cezar Peluso; STF, ADPF 54, 2012).

O Superior Tribunal de Justiça (STJ), atento à relevância com a qual a Lei Magna trata o nascituro, tem reconhecido, por exemplo, em sede de Direito Previdenciário, que o não preenchimento do requisito etário (16 anos completos) exigido pelo artigo 11, VII, "c" e § 6º, da Lei 8.213/1991 para a filiação ao Regime Geral da Previdência Social (RGPS) como segurado especial não constitui óbice à concessão de salário-maternidade a jovem menor de dezesseis anos impelida a exercer trabalho rural em regime de economia familiar. Entendeu-se que "prejudicar o acesso [da gestante] ao benefício previdenciário em razão do não preenchimento do requisito etário implicaria desamparar não só a jovem trabalhadora, mas também o nascituro".

> Realmente, a Lei 8.213/1991 fixou a idade mínima de dezesseis anos para que se ostente a condição de segurado especial a que se refere o art. 11, VII, "c" e § 6º, desse mesmo diploma legal. Além disso, a idade mínima de dezesseis anos constitui o limite constitucional para o trabalho (art. 7º, XXXIII, da CF) e o marco etário para filiação ao RGPS. Apesar disso, não se pode admitir, na hipótese, que o não preenchimento do requisito etário [16 anos completos] para filiação ao RGPS prejudique o acesso ao

benefício previdenciário do salário-maternidade. Inicialmente, o sistema de Seguridade Social, em seu conjunto, tem por objetivo constitucional proteger o indivíduo, assegurando direitos à saúde, à assistência social e à previdência social, revelando-se, dessa forma, elemento indispensável para garantia da dignidade humana. Nesse contexto, prejudicar o acesso ao benefício previdenciário em razão do não preenchimento do requisito etário implicaria desamparar não só a jovem trabalhadora, mas também o nascituro, que seria privado não apenas da proteção social, como também do convívio familiar, já que sua mãe teria de voltar às lavouras após o nascimento. Além do mais, a intenção do legislador infraconstitucional ao impor o limite mínimo de dezesseis anos de idade para a inscrição no RGPS era a de evitar a exploração do trabalho da criança e do adolescente, ancorado no art. 7º, XXXIII, da CF. Negar o salário-maternidade à jovem grávida a que se refere a hipótese contraria essa proteção, na medida em que coloca a adolescente em situação ainda mais vulnerável, afastando a proteção social de quem mais necessita (Min. Napoleão Nunes Maia Filho; STJ, REsp 1.440.024, 2015).

Em outra ocasião, em sede de Responsabilidade Civil, a Quarta Turma do STJ, no Recurso Especial 1.415.727, decidiu que o aborto causado em decorrência de acidente de trânsito amolda-se perfeitamente ao comando normativo do artigo 3º, I, da Lei 6.194/1974 – que dispõe sobre o seguro obrigatório de danos pessoais causados por veículos automotores de via terrestre, ou por sua carga, a pessoas transportadas ou não (seguro DPVAT) –, cuja redação diz que:

Art. 3º os danos pessoais cobertos pelo seguro estabelecido no art. 2º desta Lei compreendem as indenizações por morte, por invalidez permanente, total ou parcial, e por despesas de assistência médica e suplementares, nos valores e conforme as regras que se seguem, por pessoa vitimada: [...]

I – R$ 13.500,00 (treze mil e quinhentos reais) – no caso de morte [...].

Em essência, no caso discutido no Recurso Especial 1.415.727, o STJ, interpretando a palavra *morte* prevista no artigo 3º, I, da Lei 6.194/1974, assentou que um aborto provocado em decorrência de acidente de trânsito autoriza a incidência da mesma regra legal, "haja vista que outra coisa não ocorreu, senão a morte do nascituro, ou o perecimento de uma vida intrauterina". Para chegar a esse entendimento, a Corte empregou o denominado método sistemático, analisando conjuntamente normas previstas na Lei Civil e na Lei Penal.

O art. 2º do CC, ao afirmar que a "personalidade civil da pessoa começa com o nascimento", logicamente abraça uma premissa insofismável: a de que "personalidade civil" e "pessoa" não caminham umbilicalmente juntas. Isso porque, pela construção legal, é apenas em um dado momento da existência da pessoa que se tem por iniciada sua personalidade jurídica, qual seja, o nascimento. Conclui-se, dessa maneira, que, antes disso, embora não se possa falar em personalidade jurídica – segundo o rigor da literalidade do preceito legal –, é possível, sim, falar-se em pessoa. Caso contrário, não se vislumbraria qualquer sentido lógico na fórmula "a personalidade civil da pessoa começa", se ambas – pessoa e personalidade civil – tivessem como começo o mesmo acontecimento. Com efeito, quando a lei pretendeu estabelecer a "existência da pessoa", o fez expressamente. É o caso do art. 6º do CC, o qual afirma que a "existência da pessoa natural termina com a morte", e do art. 45, *caput*, da mesma lei, segundo o qual "Começa a existência legal das pessoas jurídicas de direito privado com a inscrição do ato constitutivo no respectivo registro". Essa circunstância torna eloquente o silêncio da lei quanto à "existência da pessoa natural". Se, por um lado, não há uma afirmação expressa sobre quando ela se inicia, por outro lado, não se pode considerá-la iniciada tão somente com o nascimento com vida. Ademais, do Direito Penal é que a condição de pessoa viva do nascituro – embora não

> nascida – é afirmada sem a menor cerimônia. É que o crime de aborto (arts. 124 a 127 do CP) sempre esteve alocado no título referente a "crimes contra a pessoa" e especificamente no capítulo "dos crimes contra a vida". Assim, o Ordenamento Jurídico como um todo (e não apenas o CC) alinhou-se mais à teoria concepcionista – para a qual a personalidade jurídica se inicia com a concepção, muito embora alguns direitos só possam ser plenamente exercitáveis com o nascimento, haja vista que o nascituro é pessoa e, portanto, sujeito de direitos – para a construção da situação jurídica do nascituro, conclusão enfaticamente sufragada pela majoritária doutrina contemporânea. Além disso, apesar de existir concepção mais restritiva sobre os direitos do nascituro, amparada pelas teorias natalista e da personalidade condicional, atualmente há de se reconhecer a titularidade de direitos da personalidade ao nascituro, dos quais o direito à vida é o mais importante, uma vez que, garantir ao nascituro expectativas de direitos, ou mesmo direitos condicionados ao nascimento, só faz sentido se lhe for garantido também o direito de nascer, o direito à vida, que é direito pressuposto a todos os demais (Min. Luis Felipe Salomão, STJ, REsp 1.415.727, 2014).

No Recurso Especial **1.120.676,** que versou sobre a mesma matéria (seguro DPVAT), a Terceira Turma do STJ, em Acórdão relatado pelo Ministro Paulo de Tarso Sanseverino, firmou que "sonegar o direito à cobertura pelo seguro obrigatório de danos pessoais consubstanciados no fato 'morte do nascituro' entoaria, ao fim e ao cabo, especialmente aos pais já combalidos com a incomensurável perda, a sua não existência, malogrando-se o respeito e a dignidade que o Ordenamento deve reconhecer, e reconhece inclusive, àquele que ainda não nascera" (Min. Paulo de Tarso Sanseverino; STJ, REsp **1.120.676**, 2010).

Em um caso interessantíssimo, a Terceira Turma do STJ demonstrou com precisão o prestígio com o qual o nascituro deve ser tratado pelo Estado-Juiz. Ao julgar o Recurso Especial **931.556,** por meio do qual a Parte Recorrente postulou a redução do valor da indenização (por danos morais) fixada em relação a nascituro filho de vítima de acidente fatal de trabalho, a **Ministra Nancy Andrighi, relatora,** entendeu que: "se fosse possível alguma mensuração do sofrimento decorrente da ausência de um pai, arriscaria dizer que a dor do nascituro poderia ser considerada ainda maior do que aquela suportada por seus irmãos, já vivos quando do falecimento do genitor".

> Afinal, maior do que a agonia de perder um pai, é a angústia de jamais ter podido conhecê-lo, de nunca ter recebido dele um gesto de carinho, enfim, de ser privado de qualquer lembrança ou contato, por mais remoto que seja, com aquele que lhe proporcionou a vida (Min. **Nancy Andrighi**, STJ, REsp **931.556**, 2008).

A nosso ver, os julgados acima, ao dedicarem tanto apreço ao nascituro, corroboram o entendimento segundo a qual o artigo 227, *caput*, da Lei Fundamental do país *impõe* ao Estado o dever de assegurar, ao ser que está sendo gerado, que a fase gestacional na qual ele se encontra não poderá ser arbitrariamente interrompida. Nem mesmo por ação ou omissão daquela que o gera, ou seja, sua mãe. Significa dizer, portanto, que a mulher não titulariza um suposto direito ao aborto. Pelo contrário, é o nascituro que titulariza o direito à vida, entre outros. Com a devida vênia, qualquer entendimento contrário a este configura uma violação à Constituição Federal, em especial aos artigos 5º, *caput*, e 227, *caput*.

2. CONSIDERAÇÕES GERAIS SOBRE O INSTITUTO DA ADOÇÃO

Caio Mário da Silva Pereira (*Instituições de Direito Civil*, v. 5, p. 392, 2004) define *adoção* – palavra que provém do latim *adoptio*, que significa "tomar alguém como filho – como sendo "o ato jurídico pelo qual uma pessoa recebe outra como filho, independentemente de existir entre eles qualquer relação de parentesco consanguíneo ou de afinidade".

Maria Helena Diniz (*Curso de Direito Civil Brasileiro*, v. 5, p. 416, 2002), por sua vez, propõe para o mesmo instituto uma definição mais ampla do que a formulada por Caio Mário. Para a autora, "adoção é ato jurídico solene pelo qual, observados os requisitos legais, alguém estabelece, independentemente de qualquer relação de parentesco consanguíneo ou afim, um vínculo fictício de filiação, trazendo para sua família, na condição de filho, pessoa que, geralmente, lhe é estranha".

Embora a adoção, ao tempo das regras do Código Civil de 1916 (artigos 372 a 375), ostentasse nítida característica *contratual* – figurando como um autêntico *negócio jurídico bilateral* e *solene* –, o advento da Constituição Federal de 1988 lhe conferiu a natureza jurídica de *ato complexo*, cujo interesse público é evidente: "a adoção será assistida pelo Poder Público, na forma da lei, que estabelecerá casos e condições de sua efetivação por parte de estrangeiros" (artigo 227, § 5º). Assim, nos termos do artigo 47, *caput*, da Lei 8.069 (Estatuto da Criança e do Adolescente – ECA), "o vínculo da adoção constitui-se por sentença judicial, que será inscrita no registro civil mediante mandado do qual não se fornecerá certidão". Ainda quanto ao aspecto solene, o artigo 1.619 do Código Civil de 2002 (com a redação determinada pela Lei 12.010/2009) prevê que a adoção de maiores de dezoito anos dependerá da assistência efetiva do Poder Público e de sentença constitutiva.

A edição, em 1990, do Estatuto da Criança e do Adolescente contemplou a adoção de menores de dezoito anos com uma nova e ampla regulamentação jurídica. Por sua vez, a Lei 10.406/2002 (Novo Código Civil) trouxe regras (especialmente os artigos 1.618 a 1.629) relativas à adoção de maiores de dezoito anos. Ocorre que a chamada *Lei da Adoção* (Lei 12.010/2009) empreendeu diversas mudanças no ECA, tendo como finalidade dispor sobre "o aperfeiçoamento da sistemática prevista para garantia do direito à convivência familiar a todas as crianças e adolescentes" (artigo 1º, *caput*). Segundo a Lei 12.010/2009, "a intervenção estatal será prioritariamente voltada à orientação, apoio e promoção social da família natural, junto à qual a criança e o adolescente devem permanecer, ressalvada absoluta impossibilidade, demonstrada por decisão judicial fundamentada" (artigo 1º, § 1º). Excepcionalmente, "na impossibilidade de permanência na família natural, a criança e o adolescente serão colocados sob adoção, tutela ou guarda, observadas as regras e princípios contidos na Lei 8.069, de 13 de julho de 1990, e na Constituição Federal" (artigo 1º, § 2º).

A ideia central contida Lei 12.010/2009 é "priorizar o acolhimento e a manutenção da criança e do adolescente em seu convívio familiar, com sua família biológica, desde que reflita o melhor interesse do infante, e só deferir a adoção, ou sua colocação em família substituta como solução excepcional" (MADALENO, Rolf. *Direito de Família*, 2018). Este propósito está em sintonia com o artigo 19, *caput*, do ECA, com a redação estabelecida pela Lei 13.257/2016:

> Art. 19. É direito da criança e do adolescente ser criado e educado no seio de sua família e, excepcionalmente, em família substituta, assegurada a *convivência familiar e comunitária*, em ambiente que garanta seu desenvolvimento integral.

Por *família natural* entende-se "a comunidade formada pelos pais ou qualquer deles e seus descendentes" (artigo 25, *caput*, do ECA). Trata-se de instituição especialmente protegida pelo Estado, conforme assevera o artigo 226, §§ 1º a 4º, da Constituição Federal. Nota-se claramente que o conceito legal de família natural não abrange os grupos familiares formados por avós e netos, tios e sobrinhos. Em virtude disso, a Lei 12.010/2009 incluiu um parágrafo único ao artigo 25 do ECA, concebendo, então, uma nova figura jurídica: a *família extensa* ou *ampliada*, definida como "aquela que se estende para além da unidade pais e filhos ou da unidade do casal, formada por parentes próximos com os quais a criança ou adolescente convive e mantém vínculos de afinidade e afetividade".

> É antes de qualquer coisa a consagração legal da relevância da socioafetividade nas relações de filiação, quando o Estatuto da Criança e do Adolescente identifica vínculos seguros de afeto e de afinidade para decidir pela permanência de uma criança ou adolescente na sua própria família e com isso diminuindo o impacto negativo da subtração da criança ou adolescente dos seus laços de consanguinidade. Afeto e afinidade são os pilares da verdadeira relação de filiação, porque, entre manter a criança ou adolescente em uma família substituta ou adotiva, no lugar de sua família extensa, formada por parentes próximos que integram o conceito de *grande família* ou *família estendida*, sempre será a atitude indicada para preservar os naturais vínculos parentais que interagem com reais sentimentos de amor e dedicação. É o Estatuto ampliando e regulando a evidência que a realidade não cansa de desmentir, no sentido de não se restringir a noção de família ao restrito campo da família do casamento, da união estável, também denominada informal, e da monoparental, porquanto muito mais ricas e extensas as formas possíveis de organização familiar (MADALENO, Rolf. *Direito de Família*, 2018).

Para evitar dispositivos normativos redundantes, a Lei 12.010/2009 revogou expressamente os artigos 1.620 a 1.629 do Código Civil de 2002, além de ter conferido novas redações aos artigos 1.618 e 1.619 da Lei Civil, que permanecem vigentes:

> Art. 1.618. A adoção de crianças e adolescentes será deferida na forma prevista pela Lei 8.069, de 13 de julho de 1990 – Estatuto da Criança e do Adolescente.
>
> Art. 1.619. A adoção de maiores de 18 (dezoito) anos dependerá da assistência efetiva do poder público e de sentença constitutiva, aplicando-se, no que couber, as regras gerais da Lei 8.069, de 13 de julho de 1990 – Estatuto da Criança e do Adolescente.

A Lei 13.509/2017 também empreendeu alterações pontuais no ECA, em especial para promover a "celeridade e efetividade do processo de adoção e instrumentos legais que tornem menos traumática e angustiante a sensação de abandono das crianças e adolescentes que se encontram em programas de acolhimento institucional" (MADALENO, Rolf. *Direito de Família*, 2018). A mesma Lei de 2017 também dispôs sobre a *entrega voluntária de filho*, o que se deu através da inclusão do artigo 19-A:

Art. 19-A. A gestante ou mãe que manifeste interesse em *entregar seu filho para adoção*, antes ou logo *após o nascimento*, será encaminhada à Justiça da Infância e da Juventude.

§ 1º A gestante ou mãe será ouvida pela equipe interprofissional da Justiça da Infância e da Juventude, que apresentará relatório à autoridade judiciária, considerando inclusive os eventuais efeitos do estado gestacional e puerperal.

§ 2º De posse do relatório, a autoridade judiciária poderá determinar o encaminhamento da gestante ou mãe, mediante sua expressa concordância, à rede pública de saúde e assistência social para atendimento especializado.

§ 3º A busca à família extensa, conforme definida nos termos do parágrafo único do art. 25 desta Lei, respeitará o prazo máximo de 90 (noventa) dias, prorrogável por igual período.

§ 4º Na hipótese de não haver a indicação do genitor e de não existir outro representante da família extensa apto a receber a guarda, a autoridade judiciária competente deverá decretar a extinção do poder familiar e determinar a colocação da criança sob a guarda provisória de quem estiver habilitado a adotá-la ou de entidade que desenvolva programa de acolhimento familiar ou institucional.

§ 5º Após o nascimento da criança, a *vontade da mãe* ou de ambos os genitores, se houver pai registral ou pai indicado, *deve ser manifestada* na audiência a que se refere o § 1º do art. 166 desta Lei, garantido o sigilo sobre a entrega.

§ 6º Na hipótese de não comparecerem à audiência nem o genitor nem representante da família extensa para confirmar a intenção de exercer o poder familiar ou a guarda, a autoridade judiciária suspenderá o poder familiar da mãe, e a criança será colocada sob a guarda provisória de quem esteja habilitado a adotá-la.

§ 7º Os detentores da guarda possuem o prazo de 15 (quinze) dias para propor a ação de adoção, contado do dia seguinte à data do término do estágio de convivência.

§ 8º Na hipótese de desistência pelos genitores – manifestada em audiência ou perante a equipe interprofissional – da *entrega da criança* após o nascimento, a criança será mantida com os genitores, e será determinado pela Justiça da Infância e da Juventude o acompanhamento familiar pelo prazo de 180 (cento e oitenta) dias.

§ 9º É garantido à mãe o *direito ao sigilo sobre o nascimento*, respeitado o disposto no art. 48 desta Lei.

§ 10. Serão *cadastrados para adoção recém-nascidos* e crianças acolhidas não procuradas por suas famílias no prazo de 30 (trinta) dias, contado a partir do dia do acolhimento.

A análise desse conjunto normativo permite afirmar que a "adoção é sem qualquer dúvida o exemplo mais pungente da filiação socioafetiva, psicológica e espiritual, porque sustentada, eminentemente, nos vínculos estreitos e únicos de um profundo sentimento de afeição" (MADALENO, Rolf. *Direito de Família*, 2018). Sentimento que pode perfeitamente ser constatado na conduta daquele que decide por adotar um nascituro, cuja mãe biológica revelou de maneira inequívoca não pretender criá-lo.

3. A ADOÇÃO COMO INEQUÍVOCO ATO DE AMOR AO PRÓXIMO

A Constituição Federal baniu qualquer distinção pretérita entre filhos consanguíneos e adotativos. De fato, não havia razão para qualquer diferença de tratamento normativo, notadamente se considerarmos que todos nós, em essência, fomos "adotados" pelos nossos pais. "Adotados" não em decorrência de um complexo processo de adoção previsto pelo Direito; "adotados" enquanto destinatários de um ato de sublime amor ao próximo, cujo fundamento cristão é encontrado na regra de ouro insculpida por Deus.

No caso dos filhos consanguíneos, esse "processo de adoção" – permitimo-nos chamar assim – ocorre já no ventre materno, quando pais e filho(s) começam a cultivar a mais notável forma de relacionamento humano, forjando e estreitando o liame afetivo que tanto caracteriza essa relação. Durante o seu caminhar gestacional, o nascituro, cada vez mais "adotado" – no sentido de amado – pelos pais biológicos, recebe deles cuidado, carinho e atenção; e mesmo antes de se saber o sexo, lhe é dado um nome que o individualiza como um novo e único ser humano. Não raro os genitores se veem conversando com o bebê, chamando-o pelo nome escolhido, conforme menino ou menina. Em certa fase, ao ouvir as vozes de seus pais, ele até mesmo "responde" por meio de "chutes" na barriga da mãe. Para muitos, uma inequívoca prova de que já percebe a própria existência enquanto filho amado de seus pais. A gestação, então, funciona como um autêntico "processo de adoção".

Infelizmente, por razões que escapam aos limites deste texto, não se sabe ao certo os reais motivos pelos quais alguns pais biológicos, quando da notícia da gravidez, não assimilam e desenvolvem esse "processo de adoção" do filho que está por vir à luz. E convém deixar claro que não estamos aqui para julgar quem quer que seja. A vida de cada um de nós é marcada por dramas e angústias que nos levam a tomar decisões que nem sempre estão em sintonia com a dita regra de ouro. De fato, a infinita complexidade comportamental humana impede que se formule uma única e singela explicação para essa tormentosa questão, que certamente transcende a própria inteligência racional. Mas de uma coisa estamos absolutamente certos: se por um lado devemos procurar compreender (e não julgar) a mulher que opta por não criar seu filho, por outro é direito fundamental do nascituro ter a sua vida preservada, receber amor e tratamento digno.

De qualquer forma, atentando para as devidas e evidentes peculiaridades, não é desarrazoado dizer que idêntico "processo de adoção" – enquanto ato de amor ao próximo – é observado em relação ao *filho adotivo*, expressão esta empregada em sua tradução jurídica, na forma como estabelecida pelo Ordenamento Jurídico. Não obstante o fato de diversos relacionamentos intersubjetivos serem regulados pelo Direito, a boa notícia é que o "sentir-se pai" e o "sentir-se filho" são sentimentos que transcendem a disciplina jurídico-normativa. Nem mesmo o mais previdente dos Poderes Legislativos pode prever quando e onde se forjarão vínculos afetivos típicos da relação pais-filhos. O "ser pai" ou o "ser mãe" supera em muito o simples ato de gerar um filho. O sentimento de amor ao próximo tem o poder de funcionar como uma autêntica liga destinada a selar a aliança entre pessoas que se escolhem por pais e filhos. Significa dizer, em última análise, que não cabe ao Direito emoldurar o amor ao próximo. Muito menos o amor entre aqueles que se "escolhem" para pais e filhos, relação que transcende a qualquer parâmetro normativo que eventualmente o Estado possa fixar. Exemplo eloquente disso é o fato de adultos e crianças mesmo sem qualquer relação consanguínea, "escolherem-se por pais e filhos", em termos de vínculo afetivo e independentemente das imposições normativas. Conforme esclarece João Baptista Villela (*A Desbiologização da Paternidade*, 1979, p. 408), "ser pai ou ser mãe não está tanto no fato de gerar quanto na circunstância de amar e servir".

Isso nos instiga a uma reflexão a respeito do sistema de adoção existente no país, particularmente quando se nota que o Estado ainda não reconhece uma realidade: adultos e crianças elegem-se afetivamente como pais e filhos, cabendo ao Direito *concretizar* essa relação, e não *impedi-la*.

Não estamos querendo dizer que as regras relativas ao modelo de adoção vigente no Brasil devam ser totalmente flexíveis. É óbvio que a matéria, pelo grau de importância do qual se reveste, deve receber a incidência da normatividade. Afinal, ninguém em sã consciência duvida que a preocupação estatal quanto ao interesse da criança e do adolescente é legítima. O que causa certa perplexidade é constatar que o Estado, desconsiderando o sentimento que fez com que determinadas pessoas se "escolhessem como pais e filhos", praticamente inviabiliza a adoção, impondo aos candidatos à paternidade adotiva uma prévia, necessária e insuperável inscrição no Cadastro Nacional de Adoção (CNA), dentre outras condicionantes e até mesmo concepções arraigadas no sistema brasileiro de adoção.

Com efeito, o que se advoga aqui não é a eliminação desse cadastro. O que se pretende é demonstrar que o Direito não pode simplesmente desconsiderar a realidade, como se ela não existisse. Ao agir assim, o Estado, em algumas ocasiões, acaba por figurar como *obstáculo ao processo adotivo*, quando deveria ocorrer justamente o contrário: atuar como um poderoso *facilitador*, viabilizando a desejável comunhão afetiva entre os envolvidos nesse processo.

4. A ADOÇÃO DO NASCITURO COMO INSTRUMENTO DE PRESERVAÇÃO DA VIDA

A adoção é um dos caminhos para se constituir uma família, instituição cujo conceito e relevância constitucional já foram demonstrados neste capítulo. Para isso, o Estado conta com um aparato legal destinado a regular todo o processo de adoção, que compreende uma série de princípios, requisitos, etapas e procedimentos previstos lei, cujo objetivo é conduzir, de forma segura, a criança ou o adolescente a uma nova família.

Não obstante a existência dessa disciplina normativa relativa ao instituto da adoção de *crianças* e *adolescentes*, forçoso reconhecer a existência de polêmica sobre a possibilidade de a adoção recair sobre o *nascituro*.

Um dos argumentos frequentemente esposados para refutá-la apega-se à letra fria da lei, afirmando inexistir expressa previsão normativa que a autorize, seja na Constituição Federal ou nas leis que regem a matéria (Lei 8.069/1990, Código Civil de 2002 e Lei 12.010/2009). Nessa linha de raciocínio, são invocados, por exemplo, os seguintes argumentos, ora selecionados e imediatamente rebatidos:

a) Argumento: o artigo 42, § 3º, do ECA, estabelece que "o adotante há de ser, pelo menos, dezesseis anos mais velho do que o adotando", requisito objetivo impossível de ser cumprido, uma vez que o nascituro não possui idade.

Contra-argumento: em oposição, diz-se que o nascituro possui idade biológica (gestacional), algo facilmente verificável pela Medicina, não havendo qualquer dificuldade em se determinar a diferença entre a idade do adotando (nascituro) e a do adotante.

b) Argumento: é incoerente pensar em adoção do nascituro, que ainda não nasceu, e cuja personalidade só começará com o nascimento com vida (artigo 2º do Código Civil).

Contra-argumento: o mesmo artigo 2º do Código Civil põe a salvo, desde a concepção, os direitos do nascituro, entre os quais o direito à convivência familiar.

c) Argumento: o fato de existirem projetos leis propostos por Parlamentares interessados em introduzir no Direito brasileiro a adoção do nascituro constitui um evidente sinal de que essa figura não encontra guarida em nenhuma regra do Ordenamento Jurídico brasileiro.

Contra-argumento: em objeção, afirma-se que a presença de um determinado instituto jurídico nem sempre é literal e imediatamente identificável. Afinal, o raciocínio jurídico tem revelado que muitas normas somente são alcançáveis após um árduo e complexo processo interpretativo, no qual incidem, além do método literal – em geral o ponto de partida do empreendimento exegético –, outros métodos (histórico, lógico, sociológico, sistemático etc.).

De fato, a interpretação literal (ou gramatical) foi bastante empregada, com denotada importância, na fase áurea da Escola da Exegese, surgida na França do século XIX, na linha do pensamento jurídico que se seguiu ao Código Napoleônico de 1804. Dela resultou o famoso aforismo *in claris cessat interpretatio* – sendo a lei é clara, não há necessidade de interpretá-la –, ora corretamente desprestigiado. Naquela época, considerava-se relevante apenas buscar o que o Legislador havia escrito, pois tal era entendido como a vontade da lei, fundida à própria vontade do seu elaborador. Na quadra atual, a relevância da interpretação gramatical repousa exatamente no fato de ser ela o *ponto de partida* para a utilização dos demais meios interpretativos.

> No caso dos textos legais, raramente a *mens legis* se revela de imediato. Com efeito, na maior parte das vezes, o preciso significado de um preceito jurídico só pode ser alcançado mediante um esforço exegético que exige a combinação de vários métodos hermenêuticos: o gramatical, o sistemático, o histórico, o teleológico, dentre outros (Min. Ricardo Lewandowski; STF, ADPF 54, 2012).

A moderna hermenêutica jurídica ensina que o ato interpretativo, para ser considerado consistente, deve levar em conta outros aspectos que não o simples aspecto literal do texto. Isso porque se fiar na literalidade das regras legais pode ser perigoso. Em muitos casos, constatar a presença de uma categoria jurídica do Direito demanda o emprego do denominado *método sistemático*, cuja essência parte da premissa segundo a qual as regras jurídicas não se apresentam dispostas de maneira isolada, estanque. Ao contrário, elas fazem parte de um *sistema normativo*, que por definição congrega milhares de regras e de diplomas legislativos. Assim, a "interpretação sistemática revela-se como a busca do sentido global da norma em um conjunto abarcante, envolvendo sempre uma teleologia, visto que a percepção dos fins não é imanente a cada norma isoladamente, mas exige uma visão ampliada da norma dentro do Ordenamento Jurídico" (SOARES, Ricardo Maurício Freire. *Elementos de Teoria Geral do Direito*, 2013, p. 325).

É exatamente nesse sentido que Sérgio Gischkow Pereira, citado por Rolf Madaleno, ao se manifestar favoravelmente à adoção do nascituro, propõe seja realizada uma *interpretação sistemática* do Direito de Família:

> 1º) o nascituro pode receber doação: artigo 542; 2º) o nascituro pode ser reconhecido: artigo 1.609, parágrafo único; 3º) o nascituro pode receber herança: artigo 1.798; 4º) o nascituro pode ajuizar ação de investigação de paternidade e de alimentos: RJTJRS, 104/418 e Revista de Direito Civil, 68/181; 5º) a primeira parte do artigo 2º do Código Civil não pode ser tomada isoladamente, com desconsideração da segunda parte; de que adiantaria pôr a salvo desde a concepção os direitos do nascituro, se, não se permitindo a adoção, pudesse se frustrar o pagamento de alimentos para o mesmo, salvando sua vida, ou, pelo menos, evitando que nascesse com retardamento mental, em face da desnutrição?; 6º) não é razoável que a dignidade humana não atinja os nascituros, como se não fossem seres humanos (MADALENO, Rolf. *Direito de Família*, 2018).

Indo além do raciocínio de Sérgio Gischkow, entendemos necessário buscar uma exegese sistematizante ainda mais ampla, de modo a abarcar o próprio Texto Constitucional, em especial o que já foi sustentado neste capítulo a respeito dos direitos à vida e à convivência familiar inerentes ao nascituro (artigo 1º, III; artigo 5º, *caput*, c/c artigo 227, *caput*, todos da CF). Isso porque *a facilitação legal dessa modalidade de adoção* constitui, a nosso ver, uma *alternativa* para evitar que uma *gravidez indesejada possa redundar em aborto*. Conforme já explicado, entendemos que o direito à vida, consagrado em norma constitucional, abarca a vida intrauterina. Indo ainda mais longe, defendemos que o nascituro ostenta direito à convivência familiar.

Significa dizer, pois, que a adoção do nascituro pode sim ser uma alternativa para viabilizar e preservar dois dos diversos direitos constitucionais titularizados pelo nascituro: o direito à vida intrauteria e o direito à convivência familiar. Afinal, de acordo com o artigo 100, parágrafo único, IV, do ECA – parágrafo e inciso incluídos pela Lei 12.010/2009 (*Lei da Adoção*) –, um dos princípios que regem a aplicação das medidas específicas de proteção é o do *interesse superior da criança e do adolescente*. Princípio este perfeitamente aplicável ao nascituro, ainda que por meio de um raciocínio analógico (artigo 4º da Lei de Introdução às Normas do Direito Brasileiro). Nesse sentido, "a intervenção deve atender prioritariamente aos interesses e direitos da criança e do adolescente [por analogia, ao nascituro], sem prejuízo da consideração que for devida a outros interesses legítimos no âmbito da pluralidade dos interesses presentes no caso concreto" (inciso IV). No caso, a forma de adoção aqui cogitada, ao mesmo tempo em que preserva a vida do nascituro – o interesse superior –, atende a dois interesses convergentes: o da gestante que, por diversas razões, não deseja criar o filho que traz no útero; e o de pessoa(s) interessada(s) na adoção da criança ainda em gestação.

A proposta ora formulada – e que certamente precisa ser objeto de reflexão e aprimoramento, algo indispensável em se tratando de temas relevantes – se justifica, em primeiro lugar, pela finalidade de preservar a vida do nascituro, em relação ao qual a gestante expressamente já manifestou o interesse de não assumi-lo. Mas também objetiva inserir o nascituro em uma família que lhe proporcione afeto e os demais direitos consagrados no artigo 227, *caput*, da Constituição Federal.

A ideia de se evitar que uma gravidez indesejada possa vir a figurar nas tristes e dramáticas estatísticas de abortos certamente inspirou a apresentação do Projeto de Lei do Senado 138/2013, de autoria do Senador João Costa (PPL-TO), PLS arquivado ao final da legislatura (artigo 332 do Regimento Interno do Senado Federal). Na ocasião, buscava-se a alteração na Lei 12.010/2009 (*Lei da Adoção*), a fim de incluir o nascituro no rol legal daqueles que podem ser adotados, nos seguintes termos:

> Art. 1º. A Lei 12.010, de 3 de agosto de 2009, que dispõe sobre a adoção, passa a vigorar com as seguintes alterações:
>
> Art. 1º Esta Lei dispõe sobre o aperfeiçoamento da sistemática prevista para garantia do direito à convivência familiar a todos os nascituros, crianças e adolescentes, na forma prevista pela Lei no 8.069, de 13 de julho de 1990, Estatuto da Criança e do Adolescente. [...]
>
> § 2º Na impossibilidade de permanência na família natural, o nascituro, a criança e o adolescente serão colocados sob adoção, tutela ou guarda, observadas as regras e princípios contidos na Lei 8.069, de 13 de julho de 1990, e na Constituição Federal.
>
> § 3º Considera-se nascituro, desde a sua concepção, o ser humano que está por nascer e que aguarda o seu nascimento no ventre materno.
>
> § 4º Aplicam-se ao nascituro, quando compatíveis, todos os direitos assegurados às crianças e aos adolescentes.
>
> § 5º Serão criados e implementados cadastros estaduais e nacional de nascituros em condições de serem adotados e de pessoas ou casais habilitados à adoção.
>
> § 5º Os processos de adoção dos nascituros tramitarão em sigilo, especialmente no que se refere à qualificação da mãe biológica, cujo nome poderá, por meio de decisão judicial, ser substituído por pseudônimo (Senador João Costa; PLS 138/2013).

Segue a Justificação apresentada pelo Senador João Costa, autor do PLS 138/2013:

> *Justificação*
>
> Ensina o Prof. Hélcio Madeira, da Universidade de São Paulo, que:
>
> [...] é preciso criar *males menores* e preferíveis à *morte do nascituro*, em garantia de, por exemplo, seu direito à adoção, à nomeação de um curador ao ventre, à saúde patrocinada pelo Estado. Compara-o, com desvantagem capital, simplesmente a uma *res* e não a outra vida.
>
> Se é certo que a gestante pode dispor de alguns de seus direitos, não é menos certo que sua iniciativa não pode atingir direitos de terceiros, especialmente os mais expressivos dos direitos do nascituro: o direito à vida e à integridade física. Não se pode esquecer da paridade ontológica (igualdade) entre os direitos do nascituro e dos nascidos, assim lembrada pelo Professor Hélcio Madeira:
>
> [...] tentativa de desumanização ou "despersonalização" do nascituro por meio da manipulação de categorias abstratas, como a de "personalidade jurídica", aliada à "excessiva dilemização" do tema levou-nos a uma crise a que somos convocados a superar, em razão da proliferação de normas e teorias que introduziram indevidamente a "efetividade" no lugar da "validade", os "fatos" no lugar dos direitos, "particularismo jurídico" no lugar do universalismo, as "abstrações conceituais" no lugar da concretude da ciência do direito, a "cidadania restrita individualista" no lugar da "cidadania crescente universal".
>
> A interrupção da gravidez, ainda que realizada por um especialista, em um bom hospital, não deixa de representar uma séria e grave intervenção no organismo da gestante.

> A garantia de acesso à informação e aos serviços de assistência à saúde reprodutiva, bem como iniciativas de *conscientização contrárias ao abortamento* voltadas para gestantes que, num primeiro momento, estão decididas a interromper a gravidez, representa uma forma de proteção à vida e à saúde da própria gestante.
>
> Em inúmeros casos, a criação de alternativas e opções pelos governos, para abrigar, proteger as crianças após o nascimento e *assegurar o sigilo da gravidez*, pode defender a vida e evitar a morte, riscos, consequências e complicações, causados por abortamentos realizados em condições precárias de higiene, por pessoas não qualificadas e com o emprego de métodos perigosos.
>
> A possibilidade de *adoção do nascituro* é, sem dúvida, uma *alternativa em defesa de sua vida e da vida da gestante*, que, diante da falta de opção, opta pelo abortamento e acaba desencadeando graves sequelas, a morte do nascituro e, às vezes, a sua própria morte. Inquestionavelmente, a possibilidade de adoção do nascituro, como opção e alternativa ao aborto, representará um significativo avanço em defesa da vida.
>
> Solicitamos aos eminentes pares o apoio imprescindível para a aprovação desta matéria, assim como as iniciativas voltadas ao seu aperfeiçoamento (Senador João Costa; PLS 138/2013).

Concordamos plenamente com a Justificação acima, principalmente com a ideia de formular uma saída viável para evitar o abortamento e preservar a vida do nascituro. Obviamente que, em se tratando de adoção do nascituro, algumas regras legais específicas precisarão ser discutidas e construídas pelo Parlamento brasileiro. Outras tantas já previstas no Estatuto da Criança e do Adolescente, no Código Civil e na Lei de Adoção demandarão pequenas e pontuais alterações. De qualquer forma, trata-se de matéria merecedora de especial atenção por parte do Congresso Nacional (artigo 22, I, da CF de 1988), cuja discussão mais ampla deve ocorrer no âmbito do devido processo legislativo.

5. CONSTRUIR ALTERNATIVAS, CONCILIAR INTERESSES E PRESERVAR A VIDA DO NASCITURO

É no mínimo paradoxal constatar que existam mulheres grávidas que não desejam ter e criar o filho e, simultaneamente, pessoas que tanto anseiam por uma prole. Enquanto milhares de abortamentos ocorrem todos os anos no Brasil – cujas cifras exatas não podem ser seriamente estimadas –, milhares de famílias aguardam nas intermináveis filas de adoção para realizar o sonho de ter um filho.

Nesse contexto, mais paradoxal ainda é notar que a prática abortiva tem sido frequentemente assumida como desfecho para uma gravidez indesejada. Recurso que de modo algum resolve a questão de fundo, qualquer que seja a perspectiva. Afinal, o abortamento, ao mesmo tempo: 1º) ocasiona a destruição de uma vida humana, o bem maior; 2º) causa traumas indeléveis na mulher que o realiza; 3º) impede que outra(s) pessoa(s) possa(m) receber o nascituro em adoção.

Quanto mais pensamos a respeito dessa tripla e trágica realidade do aborto, mais cristalino fica, para nós, que tal prática não pode de maneira alguma ser concebida como *ultima ratio*. Além disso, quanto mais refletimos sobre a dramaticidade que envolve uma decisão pelo abortamento, mais convictos estamos de que essa não seria a solução a ser tomada pela gestante, caso ela vislumbrasse alguma *saída*. Ademais, quanto mais meditamos sobre esse embate (moral, ético, jurídico etc.), mas evidente fica que simplesmente *condenar* a mulher grávida não é, nem nunca foi, a solução adequada, como o próprio tempo demonstrou.

Rotular a gestante, e exacerbar as suas aflições e angústias, também não tem ajudado a resolver a questão. Ao contrário, é necessário enfrentar o problema *também* sob a ótica da grávida. Dar-lhe alternativas aceitáveis de modo que ela mesma veja uma saída para realizar o seu desejo de não ficar com o filho, sem, no entanto, optar pelo aborto. Esse é o papel do Estado Democrático que a Constituição Federal de 1988, de acordo com o seu Preâmbulo, almejou construir no Brasil.

> Nós, representantes do povo brasileiro, reunidos em Assembléia Nacional Constituinte para instituir um Estado Democrático, destinado a assegurar o exercício dos direitos sociais e individuais, a liberdade, a segurança, o bem-estar, o desenvolvimento, a igualdade e a justiça como valores supremos de uma sociedade fraterna, pluralista e sem preconceitos, fundada na harmonia social e comprometida, na ordem interna e internacional, com a solução pacífica das controvérsias, promulgamos, sob a proteção de Deus, a seguinte Constituição da República Federativa do Brasil.

Portanto, está mais do que na hora de o Estado brasileiro criar estratégias que realmente possam funcionar como alternativas destinadas a conciliar interesses e preservar a vida do nascituro. Um problema dessa magnitude precisa receber toda a atenção do Poder Legislativo, no âmbito de sua missão constitucional.

Mas também é preciso que o Poder Público e a própria sociedade deixem de discriminar, constranger e julgar a gestante que decide pela entrega do nascituro em adoção. Principalmente porque eventual constrangimento que lhe seja dirigido poderá funcionar como um elemento que faça com que ela decida pelo aborto em uma clínica clandestina – solução que ninguém aponta como a melhor –, ao invés de entregar o nascituro em adoção.

A fim de demonstrar que esse tipo de censura acontece no cotidiano, cumpre citar o texto do artigo 13, § 1º, do Estatuto da Criança e do Adolescente (incluído pela Lei 13.257/2016), segundo o qual "as gestantes ou mães que manifestem interesse em entregar seus filhos para adoção serão obrigatoriamente encaminhadas, *sem constrangimento*, à Justiça da Infância e da Juventude". A expressão "sem constrangimento" certamente não foi inserida por acaso.

Não obstante a existência de algumas propostas em tramitação no Congresso Nacional, poucas são as que *buscam estabelecer estruturas legais conciliatórias*. De fato, os atuais instrumentos normativos estabelecidos pelo Estado para evitar a prática do aborto não têm sido suficientes para impedir que uma mulher grávida, geralmente tomada pelo desespero, procure pelo abortamento clandestino. Embora a tutela penal da vida intrauterina seja inegavelmente relevante, sendo mesmo desarrazoado invocar a descriminalização dessa conduta, forçoso reconhecer que o Estado, em geral, tem se limitado ao manejo do Direito Penal para tratar de uma questão cuja complexidade é multifatorial e reconhecida por todos.

Nesse sentido, estamos convencidos de que muitos abortos poderiam ser evitados caso a gestante fosse acolhida em um momento tão delicado de sua vida, e pudesse contar com alternativas diferentes da opção pelo aborto. De fato, a omissão estatal em pavimentar essas vias conciliatórias não faz o menor sentido, qualquer que seja a ótica analítica.

Com efeito, cabe ao Direito, inspirado por uma visão humanista, e desprovido de preconceitos e prejulgamentos, mudar essa realidade e contemplar soluções que: 1º) evitem a destruição da vida intrauterina do nascituro; 2º) evitem o efeito traumatizante decorrente da prática abortiva; 3º) possibilitem que outra(s) pessoa(s) possa(m) receber o nascituro em adoção. Em síntese, conforme sinaliza o título deste texto, deve o Estado "construir alternativas, conciliar interesses e preservar a vida do nascituro".

Insistimos, portanto, que a *adoção do nascituro* – com todos os aspectos inerentes, tais como apoios psicológico, afetivo, pré-natal, financeiro etc. – precisa entrar urgentemente na pauta do Estado-Legislativo, podendo ser uma das possíveis soluções conciliatórias para desincentivar o abortamento. Isso evidentemente não exclui o atual regramento e a existência concomitante do Cadastro Nacional de Adoção (CNA), cuja observância, porém, deixaria de ser obrigatória.

Fácil perceber que essa proposta – apresentada em tom reflexivo, e que efetivamente busca conciliar todas as perspectivas envolvidas no complexo problema que é o aborto – parte de uma assertiva: a vida do nascituro deve ser preservada.

> Se não quer [a criança], não mate, dê para mim (*Madre Teresa de Calcutá; frase citada em O Globo*, 27 nov. 2017, p. 12).

Certamente os pessimistas de plantão dirão que uma solução razoável para o aborto é algo impossível de ser alcançada, afirmação com a qual não concordamos. A título de ilustração, a Guerra Fria (1947-91) foi um exemplo exitoso de gerenciamento de uma crise que parecia insolúvel. De fato, ainda que de modo imperfeito, tal fenômeno impediu uma confrontação nuclear em que a vida humana poderia desaparecer do planeta. Não obstante ter induzido a uma breve Nova Ordem Internacional, o desenrolar desse período histórico mostrou-se capaz, com o passar do tempo, e em alguma medida, de harmonizar interesses aparentemente inconciliáveis.

> A Guerra Fria é frequentemente retratada como um exemplo bem-sucedido de *gerenciamento de tensões internacionais* (*KEMP, John.* Confronto Existencial entre EUA e China Configura Nova Guerra Fria, *O Globo*, 22 jul. 2020).

Como se vê, todos os conflitos humanos, por mais tensionados que sejam, podem sim ser resolvidos, ou pelo menos amenizados. Até mesmo a trágica questão do aborto, permeada por elementos de múltiplas naturezas – moral, ética, psicológica, emocional, religiosa, sanitária, jurídica etc. –, pode receber uma solução conciliatória. Principalmente quando os interesses presentes no embate que se objetiva destravar, apesar de serem superficialmente contraditórios, podem ser, no fundo, convergentes.

Precisamos acreditar nisso, porque somos seres pensantes e dotados de uma *quase* infinita capacidade de apontar soluções razoáveis para os mais diversos problemas. Aliás, o *quase* aqui colocado é proposital, uma vez que a única solução de fato impossível de ser alcançada é a recuperação da vida do nascituro sobre o qual recaiu a ação abortiva/mortal, prática que a presente proposta verdadeiramente pretende evitar.

O problema, portanto, demanda a construção de alternativas distintas das existentes, pois elas, como observado, não surtiram efeito. E uma das vias possíveis é a facilitação legal – ou por meio de uma construção hermenêutica dos dispositivos constitucionais e legais vigentes relativos ao tema – da *adoção do nascituro*, inclusive de forma direta, o que alguns especialistas nominam, muitas vezes de maneira pejorativa, por adoção "dirigida ou direcionada".

Em termos amplos, a ideia é que a própria gestante, desde que tenha condições de fazê-lo, *possa indicar* a(s) pessoa(s) que melhor apresente(m) as aptidões e condições (afetiva, emocional, psicológica, financeira etc.) para adotar o ser humano gerado em seu ventre. Nesse sentido, ela escolheria o(s) adotante(s) no âmbito de seu círculo de relações, e não de forma restrita à sua *família extensiva*. Aliás, não obstante a existência de amplo debate sobre o assunto, a jurisprudência já reconheceu, em certos casos, o caráter relativo do Cadastro Nacional de Adoção.

> A observância do cadastro de adotantes, vale dizer, a preferência das pessoas cronologicamente cadastradas para adotar determinada criança não é absoluta. Excepciona-se tal regramento, em observância a princípio do melhor interesse do menor, basilar e norteador de todo o sistema protecionista do menor, na hipótese de existir vínculo afetivo entre a criança e o pretendente à adoção, ainda que este não se encontre sequer cadastrado no referido registro [...] (Min. Massami Uyeda, STJ, Recurso Especial 1.172.067, 2010).

De qualquer modo, a fim de evitar controvérsia, melhor que o assunto (adoção do nascituro) seja devidamente regulado por meio de Lei (em sentido estrito) a ser editada pelo Parlamento Federal. Lei que efetivamente possa cumprir, em tempo hábil, o desiderato de salvaguardar a vida do nascituro, evitando que ele seja abortado.

Nesse contexto, em linhas gerais, cumpre ao Estado, em atenção ao princípio do melhor interesse do nascituro: *a)* estabelecer, por meio do Direito, um fluxo do procedimento a ser seguido quando uma gestante, de maneira livre e consciente, manifestar interesse em entregar o nascituro em adoção para determinada(s) pessoa(s), podendo ser aperfeiçoado o que já está previsto no artigo 19-A do Estatuto da Criança e Adolescente, incluído pela Lei 13.509/2017; *b)* prover acompanhamento psicológico e orientação jurídica à grávida que manifestar esse interesse, bem como ao(s) interessado(s) na adoção; *c)* verificar se a(s) pessoa(s) indicada(s) pela gestante possui (possuem) as aptidões e condições necessárias (afetiva, emocional, psicológica, financeira etc.) para assumir o nascituro como filho; *d)* verificar a plena licitude do processo de adoção, cabendo-lhe, por exemplo, avaliar se não estaria havendo acordo financeiro caracterizador da prática criminosa prevista no artigo 238 do Estatuto da Criança e do Adolescente, além de outros possíveis delitos tipificados na Legislação Penal brasileira; *e)* homologar, desde que preenchidos os requisitos fixados na Lei a ser editada, a escolha da gestante, conforme realizada em momento anterior ao pleito submetido ao crivo do Poder Judiciário.

Evidentemente que o procedimento a ser editado deverá ser transparente, não burocrático, célere e tempestivo, funcionando como uma ferramenta destinada a: 1º) evitar a destruição da vida intrauterina do nascituro; 2º) evitar o efeito traumatizante decorrente da prática abortiva; 3º) possibilitar que outra(s) pessoa(s) possa(m) receber o nascituro em adoção.

Nota-se, portanto, que não se advoga aqui o completo afastamento do ente estatal desse processo de adoção. Ao contrário, tudo seria devidamente fiscalizado pelo Poder Público e chancelado pelo Estado-Juiz, com ampla participação do Ministério Público, provendo, assim, a máxima segurança à adoção do nascituro. O que se objetiva por meio dessa proposta é afastar a *exclusividade* que o Estado – muitas vezes desprovido (pelas mais variadas razões) de contar com o necessário aparelhamento humano, econômico e estrutural (de modo geral) – possui quanto a todas as etapas e especificidades inerentes ao processo de adoção.

Cumpre citar, como bom exemplo dessa inteligente (e dotada de grande sensibilidade) medida, o Direito do Canadá, que possui lei que expressamente permite que os pais biológicos conheçam e decidam sobre a escolha dos candidatos à adoção. Para tanto, a eles deve ser oferecido, obrigatoriamente, aconselhamento jurídico e psicológico, ao mesmo tempo em que são obrigados a apresentar histórico médico. Depois de assinado o consentimento para adoção, a família tem ainda um período para repensar, podendo mudar de ideia (Senado Notícias, 2014).

Interessante frisar que a proposta formulada neste texto não desconsidera que todo o processo de adoção do nascituro deve ocorrer sob o crivo do Poder Público e do Poder Judiciário. Não há a menor sombra de dúvida quanto à absoluta importância de se promover o devido cuidado à criança que está por nascer. A ideia ora desenvolvida pretende *somar* esforços à sistemática de adoção vigente no Direito brasileiro. Objetiva, em especial, *inovar* e *funcionar* como uma alternativa *transparente* para diminuir os casos de abortamento, possibilitando a preservação da vida do nascituro, e lhe dando a oportunidade de ser acolhido em uma família. Ademais, observa o princípio do melhor interesse do menor – aplicável, no caso, ao nascituro –, cuja previsão encontra guarida no artigo 3.1 da Convenção sobre os Direitos da Criança (promulgada no Brasil pelo Decreto 99.710/1990).

> *Artigo 3*
>
> 1. Todas as ações relativas às crianças, levadas a efeito por instituições públicas ou privadas de bem-estar social, tribunais, autoridades administrativas ou órgãos legislativos, devem considerar, primordialmente, o *interesse maior da criança*.

Assim, com menos ingerência do Estado – mas com a sempre indispensável *chancela* estatal –, talvez seja possível resolver, de forma mais justa e satisfatória para as partes envolvidas, a questão do aborto. Essa é, destarte, a reflexão conciliatória que podemos imaginar com o presente ensaio.

REFERÊNCIAS

BRASIL. Constituição da República Federativa do Brasil, de 1988. Disponível em: [www.planalto.gov.br/ccivil_03/constituicao/ConstituicaoCompilado.htm]. Acesso em: 15 set. 2019.

BRASIL. Lei 3.071, de 1º de janeiro de 1916. Código Civil dos Estados Unidos do Brasil. Disponível em: [www.planalto.gov.br/ccivil_03/LEIS/L3071.htm]. Acesso em: 31 out. 2019.

BRASIL. *Lei 8.069, de 13 de julho de 1990*. Dispõe sobre o Estatuto da Criança e do Adolescente e dá outras providências. Disponível em: [www.planalto.gov.br/ccivil_03/leis/l8069.htm]. Acesso em: 21 out. 2019.

BRASIL. *Lei 12.010, de 3 de agosto de 2009*. Dispõe sobre adoção; altera as Leis nos 8.069, de 13 de julho de 1990 – Estatuto da Criança e do Adolescente, 8.560, de 29 de dezembro de 1992; revoga dispositivos da Lei no 10.406, de 10 de janeiro de 2002 – Código Civil, e da Consolidação das Leis do Trabalho – CLT, aprovada pelo Decreto-Lei 5.452, de 1º de maio de 1943; e dá outras providências. Disponível em: [www.planalto.gov.br/ccivil_03/_Ato2007-2010/2009/Lei/L12010.htm]. Acesso em: 31 out. 2019.

BRASIL. Superior Tribunal de Justiça. *Recurso Especial 931.556*, Terceira Turma, Rel. Min. Nancy Andrighi, julgamento em 17 jun. 2008.

BRASIL. Superior Tribunal de Justiça. *Recurso Especial 1.120.676*, Terceira Turma, Rel. p/ o Acórdão o Min. Paulo de Tarso Sanseverino, julgamento em 7 dez. 2010.

BRASIL. Superior Tribunal de Justiça. *Recurso Especial 1.172.067*, Terceira Turma, Rel. Min. Massami Uyeda, julgamento em 14 abr. 2010.

BRASIL. Superior Tribunal de Justiça. *Recurso Especial* 1.415.727, Quarta Turma, Rel. Min. Luis Felipe Salomão, julgamento em 4 set. 2014. Disponível em: [https://scon.stj.jus.br/SCON/jurisprudencia/toc.jsp?livre=201303604913.REG.]. Acesso em: 18 jun. 2020.

BRASIL. Superior Tribunal de Justiça. *Recurso Especial 1.440.024*, Primeira Turma, Rel. Min. Napoleão Nunes Maia Filho, j. 18 ago. 2015.

BRASIL. Supremo Tribunal Federal. *Ação Direta de Inconstitucionalidade (ADI) 3.510*, Plenário, Rel. Min. Ayres Britto, julgamento em 29 maio 2008. Disponível em: [www.stf.jus.br/portal/geral/verPdfPaginado.asp?id=611723&tipo=AC&descricao=Inteiro%20Teor%20ADI%20/%203510]. Acesso em: 18 jun. 2020.

DINIZ, Maria Helena. *Curso de direito civil brasileiro*, v. 5. 17. ed. São Paulo: Saraiva, 2002.

KEMP, John. *Confronto existencial entre EUA e China configura nova Guerra Fria. O Globo*, Rio de Janeiro, 22 jul. 2020. Disponível em: [https://webcache.googleusercontent.com/search?q=cache:lyulAvwQ46EJ:https://oglobo.globo.com/mundo/analise-confronto-existencial-entre-eua-china-configura-nova-guerra-fria-24544760+&cd=1&hl=pt-BR&ct=clnk&gl=br]. Acesso em: 23 jul. 2020.

MADALENO, Rolf. *Direito de família*. 8. ed. Rio de Janeiro: Forense, 2018.

PEREIRA, Caio Mário da Silva. *Instituições de direito civil*, v. 5. 14. ed. atualizado por Tania Pereira da Silva. Rio de Janeiro: Forense, 2004.

SOARES, Ricardo M. F. *Elementos de teoria geral do direito*. São Paulo: Saraiva, 2013.

VILLELA, João Baptista. A desbiologização da paternidade. *Revista da Faculdade de Direito da Universidade Federal de Minas Gerais*. Belo Horizonte, ano XXVII, 21, 1979; p. 401-419. Disponível em: [www.direito.ufmg.br/revista/index.php/revista/article/view/1156/1089]. Acesso em: 16 ago. 2020.

O ABORTO SOB A PERSPECTIVA DO DIREITO À VIDA E À DIGNIDADE HUMANA DO NASCITURO

Marianna Fux

Desembargadora do Tribunal de Justiça do Estado do Rio de Janeiro.

INTRODUÇÃO

A discussão aberta no Supremo Tribunal Federal, ante o ajuizamento da ADPF 442, sobre a descriminalização do aborto induzido ou voluntário, nas primeiras 12 semanas de gestação, revela a importância de analisar o tema, também, sob a ótica do nascituro.

É cediço que o aborto é tema de grande debate no Brasil, porquanto envolve questões de diversas naturezas, quer nos âmbitos legal e moral, quer nas esferas da saúde e religião.

O nascituro goza de proteção, no ordenamento jurídico, em diversos níveis. A Constituição da República salvaguarda, em seu art. 5º, *caput*, que todos, sem distinção de qualquer natureza, têm direito à vida.

Na mesma linha, a Convenção Americana sobre Direitos Humanos, acolhida em nosso ordenamento jurídico com caráter supralegal, dispõe, em seu art. 4º, que "toda pessoa tem o direito de que se respeite sua vida. Esse direito deve ser protegido pela lei e, em geral, desde o momento da concepção. Ninguém pode ser privado da vida arbitrariamente".

No Código Civil, o nascituro tem seus direitos assegurados desde a concepção, conforme estabelece o art. 2º, podendo receber herança (art. 1.798) e ser beneficiado com doação (art. 542), sendo certo que a Lei 11.804/2008, que versa sobre alimentos gravídicos, assegura-lhe o direito a pensionamento, a fim de suprir as despesas de sua genitora durante a gestação.

Dessa forma, o presente artigo tem por objetivo fornecer reflexão sobre o direito à dignidade e à vida do ser humano em formação, sendo imperioso apresentar algumas questões: É possível que o direito à vida do nascituro sucumba à pretensão da mãe que não o deseja, por razões financeiras ou psicológicas? O aborto no primeiro trimestre de gestação viola o direito à vida?

Isso posto, iniciaremos este artigo abordando o direito do nascituro no ordenamento jurídico.

1. O NASCITURO NA ORDEM JURÍDICA

1.1 O direito à vida na Constituição Federal e na esfera internacional

O direito à vida se insere na primeira geração dos direitos fundamentais, reconhecido no cenário internacional expressamente na primeira ordem de direitos individuais, garantido na Declaração Universal dos Direitos Humanos de 1948.[1]

Ao prestigiar a proteção à vida, a Constituição da República também assegura a vida digna e plena de direitos, garantindo a continuidade da proteção e a promoção de outros direitos fundamentais. Nesse sentido, a Lei Maior busca criar base sólida para a proteção integral da vida, reconhecendo sua importância primordial para a existência e o exercício de todos os demais direitos.

Note-se que seu art. 60, § 4º, tornou os direitos e garantias fundamentais cláusulas pétreas, não podendo ser alterados sequer por emenda constitucional, mas apenas por meio de nova Assembleia Constituinte. Portanto, a vida, bem maior do ser humano, é insuscetível de alteração.

O indivíduo não precisa estar plenamente constituído, integralmente formado, para que sua vida respeitada. Isso porque o art. 5º, *caput*, da CRFB/88, garante o direito à vida a todo ser humano, sem distinção de qualquer natureza, *ex vi:*

> "*Todos são iguais perante a lei, sem distinção de qualquer natureza*, garantindo-se aos brasileiros e aos estrangeiros residentes no País a *inviolabilidade do direito à vida*, à liberdade, à igualdade, à segurança e à propriedade, nos termos seguintes: (...)" (grifei).

À luz da Carta Magna, a partir da concepção, já com sua carga genética definida, o nascituro tem vida e direitos a serem resguardados.

No mesmo sentido, a Convenção Americana de Direitos Humanos (Pacto de San José da Costa Rica – Decreto 678/1992) impõe que a lei proteja a vida e proclama que esse direito tem início com a concepção.

Esse direito não admite regulamentação restritiva, uma vez que, nos termos do artigo 27.2[2] da Convenção, não pode ser suspenso em caso de guerra, perigo público ou

1. "Artigo 3. Todo ser humano tem direito à vida, à liberdade e à segurança pessoal."
2. "Art. 27 1. Em caso de guerra, de perigo público, ou de outra emergência que ameace a independência ou segurança do Estado-Parte, este poderá adotar disposições que, na medida e pelo tempo estritamente limitados às exigências da situação, suspendam as obrigações contraídas em virtude desta Convenção, desde que tais disposições não sejam incompatíveis com as demais obrigações que lhe impõe o Direito Internacional e não encerrem discriminação alguma fundada em motivos de raça, cor, sexo, idioma, religião ou origem social. 2. A disposição precedente não autoriza a suspensão dos direitos determinados nos seguintes artigos: 3 (Direito ao Reconhecimento da Personalidade Jurídica), 4 (*Direito à vida*), 5 (Direito à Integridade Pessoal), 6 (Proibição da Escravidão e Servidão), 9 (Princípio da Legalidade e da Retroatividade), 12 (Liberdade de Consciência e de

outras ameaças à independência ou segurança dos Estados, refletindo que sua proteção supera a normatividade dos estados de exceção.

A Convenção sobre os Direitos da Criança das Nações Unidas, promulgada no Brasil, por meio do Decreto 99.710 de 1990, garante a proteção de todas as crianças, independentemente se nascidas ou ainda por nascer.[3]

1.2 O ser humano em desenvolvimento no Código Civil de 2002 e na Lei 11.804/2008

O art. 2º do Código Civil brasileiro afirma que "A personalidade civil da pessoa começa do nascimento com vida; mas a lei põe a salvo, desde a concepção, os direitos do nascituro."

A interpretação da primeira parte do art. 2º do Código Civil brasileiro aponta que o legislador adotou, em relação à personalidade jurídica do nascituro, a teoria natalista, pois determina que a personalidade jurídica do ser humano começa com seu nascimento com vida. No entanto, a segunda parte do referido dispositivo atribui direitos ao nascituro, havendo inequívoca influência da teoria concepcionista.

A título de conceito das referidas teorias, confira-se trechos do livro de Rubem Valente – Direito civil facilitado –, citando Caio Mário e Beviláqua:

> 1. Natalista (Caio Mário; Serpa Lopes) – a personalidade civil somente se inicia no nascimento com vida, independentemente de viabilidade ou de forma humana, nos moldes da orientação do art. 2º do CC. Consequentemente, o natimorto (aquele que nasce sem vida) não adquire personalidade. Portanto, o nascituro tem mera expectativa de direito, sem reconhecer-lhe personalidade. Nesta Teoria, a personalidade do nascituro não é condicional; apenas certos efeitos de determinados direitos dependem do nascimento com vida, notadamente os direitos patrimoniais materiais, como a doação e a herança. Nesses casos, o nascimento com vida é elemento do negócio jurídico que diz respeito à sua eficácia total, aperfeiçoando-a; (...)
>
> 3. Concepcionista (Beviláqua; Teixeira de Freitas; Francisco Amaral) – o nascituro tem personalidade jurídica, é a pessoa que está por nascer. Os direitos que teria, porém, seriam somente os personalíssimos e os da personalidade. A teoria concepcionista enfrenta, dentre outras, as seguintes críticas: que o legislador, ao consignar, no art. 2º do Código Civil, que "a lei põe a salvo, desde a concepção, os direitos do nascituro", em verdade, pretendeu referir-se à expectativa, e não a direito. Assim, a proteção de direito do nascituro é uma proteção de expectativa, transformando-se em direito se houver nascimento com vida; que a proteção ao nascituro possui fundamento constitucional, sendo desarrazoado falar em direitos civis, que o legislador pretendeu condicionar ao nascimento com vida."

Há diversos outros dispositivos na Lei Civil que sugerem o prestígio dado ao ser humano em formação, assegurando ao nascituro, no artigo 542, o direito de receber bens por doação; no artigo 1.547, o direito ao reconhecimento da filiação; no art. 1.609,

---

Religião), 17 (Proteção da Família), 18 (Direito ao Nome), 19 (Direitos da Criança), 20 (Direito à Nacionalidade) e 23 (Direitos Políticos), nem das garantias indispensáveis para a proteção de tais direitos." (grifei).

3. "Preâmbulo (...) Tendo em conta que, conforme assinalado na Declaração dos Direitos da Criança, 'a criança, em virtude de sua falta de maturidade física e mental, necessita proteção e cuidados especiais, inclusive a devida proteção legal, tanto antes quanto após seu nascimento.'"

parágrafo único, a legitimação do filho ainda não nascido; no artigo 1.779, a nomeação de curador ao nascituro e, por fim, o artigo 1.799, permitindo que o indivíduo já concebido, mas não nascido, possa adquirir bens por testamento.

Pela edição da Lei 11.804/2008, conhecida como Lei dos Alimentos Gravídicos, a qual dispõe acerca do direito de alimentos à mulher gestante "da concepção ao parto" (art. 2º), a citada teoria concepcionista foi incrementada.

A mãe é apenas beneficiária indireta na ação de alimentos gravídicos, uma vez que o nascituro é o receptor final do benefício, podendo-se afirmar que o ordenamento jurídico brasileiro, ao dar origem à norma, consolidou a tese de que o nascituro possui direitos desde a concepção.

O jurista Flávio Tartuce, em seu Manual de Direito Civil (10ª edição), relembra outra hipótese na legislação ordinária, na qual o nascituro também encontra amparo. Vejamos:

> "(..) Tratei, até aqui, dos direitos do nascituro relacionados à possibilidade de ele vir a se tornar pessoa. Mas *além desses direitos, assegurados em razão da sua posterior personificação – isto é, condicionados ao seu nascimento com vida –, também se encontram espalhadas pelo ordenamento jurídico normas que visam protegê-lo independentemente dessa condição.* Nascendo ou não com vida, tem o nascituro determinados direitos em razão de normas que limitam a vontade de sua mãe durante a gestação. Assim, por exemplo, *a mulher grávida não pode doar órgãos, tecidos ou partes de seu corpo para retirada em vida, exceto a medula e desde que não haja risco à sua saúde ou à do nascituro (Lei 9.434/97, art. 9º, § 7º)."* (grifei).

Quanto ao tratamento do nascituro no Direito Penal, a conduta de interromper a gravidez está tipificada pelo Código Penal, entre os artigos 124 a 128. Vejamos os referidos artigos da lei penal:

> "Aborto provocado pela gestante ou com seu consentimento
>
> Art. 124 – Provocar aborto em si mesma ou consentir que outrem lho provoque: Pena – detenção, de um a três anos.
>
> Aborto provocado por terceiro
>
> Art. 125 – Provocar aborto, sem o consentimento da gestante:
>
> Pena – reclusão, de três a dez anos.
>
> Art. 126 – Provocar aborto com o consentimento da gestante:
>
> Pena – reclusão, de um a quatro anos.
>
> Parágrafo único. Aplica-se a pena do artigo anterior, se a gestante não é maior de quatorze anos, ou é alienada ou debil mental, ou se o consentimento é obtido mediante fraude, grave ameaça ou violência
>
> Forma qualificada
>
> Art. 127 – As penas cominadas nos dois artigos anteriores são aumentadas de um terço, se, em conseqüência do aborto ou dos meios empregados para provocá-lo, a gestante sofre lesão corporal de natureza grave; e são duplicadas, se, por qualquer dessas causas, lhe sobrevém a morte.
>
> Art. 128 – Não se pune o aborto praticado por médico:
>
> Aborto necessário
>
> I – se não há outro meio de salvar a vida da gestante;
>
> Aborto no caso de gravidez resultante de estupro

II – se a gravidez resulta de estupro e o aborto é precedido de consentimento da gestante ou, quando incapaz, de seu representante legal."

Salienta-se que direito penal apenas criminaliza condutas, dolosas ou culposas, que lesionam ou expõem a risco de lesão bens jurídicos que a sociedade entende como primordiais, uma vez que um dos princípios que regem esta área do direito é a de intervenção mínima.[4]

Inegável, portanto, que a legislação infraconstitucional atribui direitos ao nascituro desde o momento em que concebido, revelando a importância que o legislador quis dar ao ser humano em formação.

1.3 O projeto de Lei 478 de 2007 (Estatuto do Nascituro)

O parlamento brasileiro vem demonstrando que ainda quer ampliar a proteção conferida ao nascituro, porquanto tramita, na Comissão de Direitos da Mulher da Câmara dos Deputados, o projeto de Lei 478/07,[5] por intermédio do qual se deseja tornar integral a proteção ao nascituro, proibindo-se qualquer forma de discriminação que venha a privá-lo de algum direito em razão do sexo, da idade, da etnia, da aparência, da origem, da deficiência física ou mental, da expectativa de sobrevida ou de delitos cometidos por seus genitores.

O aborto, ainda de acordo com o estatuto, constitui grave violação da lei natural, cujos primeiros princípios fundamentam o código moral de todos os povos e culturas, sendo o direito à vida universalmente reconhecido como o mais importante, não podendo ser submetido às variações de usos e costumes, vez que deriva da própria consciência moral do ser humano, sendo valor inegociável.

2. A DIGNIDADE DA PESSOA HUMANA ATINENTE AO NASCITURO

O direito à dignidade da pessoa humana está positivado na Constituição Federal de 1988, no art. 1º, inciso III, constituindo fundamento do Estado Democrático de Direito.

A Declaração Universal dos Direitos Humanos, aprovada em 1948 pela Assembleia Geral das Nações Unidas, reporta-se à dignidade da pessoa humana em seu preâmbulo, estabelecendo que o reconhecimento da dignidade, inerente a todos os membros da família humana e de seus direitos iguais e inalienáveis, é o fundamento da liberdade, da justiça e da paz no mundo.

Luís Roberto Barroso, em seu Curso de Direito Constitucional (2018, p. 152), disserta que:

---

4. "Intervenção mínima (insignificância e adequação social): Significa que o Direito Penal, no Estado Democrático de Direito, deve interferir minimamente nos conflitos sociais, pois existem outras áreas do ordenamento jurídico para cuidar disso." NUCCI, Guilherme de Souza. *Instituições de direito público e privado*. Rio de Janeiro: Forense, 2019.
5. Disponível em: [www.camara.leg.br/proposicoesWeb/fichadetramitacao?idProposicao=2270201].

"O constitucionalismo democrático tem por fundamento e objetivo a dignidade da pessoa humana. Após a Segunda Grande Guerra, *a dignidade tornou-se um dos grandes consensos éticos do mundo ocidental, materializado em declarações de direitos, convenções internacionais e constituições. Apesar do grande apelo moral e espiritual da expressão, sua grande vagueza tem feito com que ela funcione, em extensa medida, como um espelho: cada um projeta nela a sua própria imagem, os seus valores e convicções.* Isso tem feito com que a ideia de dignidade seja frequentemente invocada pelos dois lados do litígio, quando estejam em disputa questões moralmente controvertidas. É o que tem se passado, por exemplo, em discussões sobre aborto, suicídio assistido ou pesquisas com células-tronco embrionárias." (grifei).

Já o Ministro Luiz Fux afirma que a dignidade da pessoa humana seria o direito à identidade e na possibilidade de cada ser humano formular um plano de vida com base nos direcionamentos que desejar para alcançar o pleno desenvolvimento de sua personalidade. E, ainda, conceitua este instituto como um vetor para as outras regras e subprincípios, ao afirmar que a dignidade da pessoa humana "deve servir de norte para a definição das diversas regras e dos diversos subprincípios estabelecidos no texto constitucional, ao funcionar como verdadeiro vetor interpretativo para a definição do âmbito de proteção de cada garantia fundamental".[6]

O que fundamenta, norteia e valida os direitos fundamentais e todo o ordenamento jurídico é o princípio da dignidade da pessoa humana, não bastando para o ser humano apenas estar vivo, mas ter seus demais direitos assegurados, proporcionando-lhe existência digna.

O nascituro, ante a sua proteção no ordenamento jurídico e pela teoria concepcionista, deve ser enxergado como ser humano, merecendo ter sua dignidade protegida pelo simples fato de pertencer a espécie humana.

Desde a fecundação já existe ser humano e a dignidade é valor inerente à pessoa humana, tornando o nascituro digno do mesmo respeito dado às demais pessoas, pelo Estado, sociedade e ordenamento jurídico.

A jurisprudência do STJ admite o pagamento de indenização por danos morais ao nascituro, os quais derivam da violação da dignidade da pessoa humana, desde que comprometam o seu desenvolvimento digno e saudável no meio intrauterino e o consequente nascimento com vida, ou repercutam na vida após o nascimento.

No REsp 931.556-RS[7], a relatora ministra Nancy Andrighi afirmou que a compensação financeira do dano moral é feita "a partir de uma estimativa que guarde alguma relação necessariamente imprecisa com o sofrimento causado, justamente por inexistir fórmula matemática que seja capaz de traduzir as repercussões íntimas do evento em um equivalente financeiro".

Para a Ministra, ao contrário do abalo psicológico sofrido, o qual não é quantificável, a gravidade da ofensa suportada pelo nascituro à época do evento morte é a mesma,

6. STF, Recurso Extraordinário 363.889/DF.
7. REsp 931.556/RS, relatora Ministra Nancy Andrighi, Terceira Turma, julgado em 17/6/2008, DJe de 5/8/2008.

ressaltando em seu voto que "para dizer que a dor do nascituro é menor seria necessário, antes, dizer que é possível medi-la."

Em outro julgamento da Corte de Justiça[8], o Ministro Marco Buzzi, relator do recurso, explicou que, com base no princípio da dignidade da pessoa humana, é possível conferir, analisando-se cada caso, proteção aos bens da personalidade, consistentes na composição da integridade física, moral e psíquica do indivíduo, aduzindo que "o nascituro, compreendido como o ser já concebido, mas ainda inserido no ventre materno, por guardar em si a potencialidade de se tornar a pessoa humana, é merecedor de toda proteção do ordenamento jurídico, destinada a garantir o desenvolvimento digno e saudável no meio intrauterino e o consequente nascimento com vida."

Faz-se necessária a preservação da vida do nascituro, notadamente que lhe seja proporcionado o direito à existência digna e repleta de possibilidades. O direito à vida deve ser respeitado e, se não observada a dignidade humana, estar-se-á omitindo a plenitude daquele direito.

3. O ABORTO SEGUNDO O STF (ADIN 3.510, ADPF 54 E HC 220.431 AGR)

A ação direta de inconstitucionalidade 3.510/2009, ajuizada pelo Procurador Geral da República, e de relatoria do Ministro Carlos Ayres de Britto, foi julgada improcedente em 29/05/2009.

Por intermédio da ADI, se buscava a declaração de inconstitucionalidade do art. 5º e parágrafos da Lei 11.105/2005 – Lei de Biossegurança –, norma que permite pesquisas científicas com células-tronco embrionárias.

A ação versou, em síntese, sobre a possibilidade de o embrião ser considerado como vida e, por conseguinte, ter proteção constitucional e ser titular de dignidade humana.

No que pese julgada improcedente por maioria de votos, cinco ministros (Menezes Direito, Ricardo Lewandowisk, Eros Grau, Gilmar Mendes e Cézar Peluzo) apontaram algumas restrições à pesquisa.

O Ministro Eros Grau afirmou que a utilização do embrião produzido em fertilização *in vitro* e usado em pesquisa incompatibiliza-se com o bloco de constitucionalidade delineado pelo Supremo Tribunal Federal.

A propósito, confira-se trecho de seu voto-vista:

> "A linha de raciocínio jurídico que venho desdobrando leva-me a concluir pela constitucionalidade do artigo 5º e parágrafos da Lei 11.105/05.
>
> Mas isso não se deve afirmar de modo singelo, sem qualquer outra consideração. *Cumpre a esta Corte enfatizar a circunstância de pesquisa e terapia a que refere esse artigo 5º não poderem, em coerência com a Constituição, ser praticadas de modo irrestrito.* A ela se impõe estabelecer alguns limites. Seja para que se impeça a manipulação genética, seja para que não se abra um precedente, na decisão que aqui vier a ser tomada, para o aborto. Há nítida distinção entre a destruição da vida [no aborto] e o

8. REsp 1.170.239/RJ, relator Ministro Marco Buzzi, Quarta Turma, julgado em 21/5/2013, DJe de 28/8/2013.

que pode vir a ser a construção da vida [na pesquisa em torno das células tronco]. Essa construção há de ser empreendida com enorme cautela, além do que esse artigo 5º deixa em aberto questões cuja solução, à margem dele, poderá resultar incompatível com a ordem jurídica concreta instalada pela nossa Constituição. (...)

Declaro a constitucionalidade do disposto no artigo 5º e parágrafos da Lei n. 11.105/05, estabelecendo, no entanto, em termos aditivos, os seguintes requisitos, a serem atendidos na aplicação dos preceitos: [i] *pesquisa e terapia mencionadas no caput do artigo 5º serão empreendidas unicamente se previamente autorizadas por comitê de ética e pesquisa do Ministério da Saúde* [não apenas das próprias instituições de pesquisa e serviços de saúde, como disposto no § 2º do artigo 5º]; [ii] a "fertilização in vitro" referida no caput do artigo 5º corresponde à terapia da infertilidade humana adotada exclusivamente para fim de reprodução humana, em qualquer caso proibida a seleção genética, admitindo-se a fertilização de um número máximo de quatro óvulos por ciclo e a transferência, para o útero da paciente, de um número máximo de quatro óvulos fecundados por ciclo; a redução e o descarte de óvulos fecundados são vedados; [iii] *a obtenção de células-tronco a partir de óvulos fecundados ou embriões humanos produzidos por fertilização*, na dicção do artigo 5º, caput, *será admitida somente quando dela não decorrer a sua destruição, salvo quando se trate de óvulos fecundados inviáveis*, assim considerados exclusivamente aqueles cujo desenvolvimento tenha cessado por ausência não induzida de divisão após período superior a vinte e quatro horas; nessa hipótese poderá ser praticado qualquer método de extração de células-tronco." (grifei).

Sob outra perspectiva, a Arguição de Descumprimento de Preceito Fundamental 54, ajuizada pela Confederação Nacional dos Trabalhadores na Saúde (CNTS), de relatoria do Ministro Marco Aurélio, foi julgada procedente, por maioria de votos, em 12/04/2012, declarando-se a inconstitucionalidade de interpretação, isto é, de que a interrupção da gravidez de feto com anencefalia seja tipificada como crime de aborto conforme artigos do Código Penal Brasileiro (124, 126, 128, incisos I e II).

A decisão do STF impediu que se prolongasse gravidez de feto com anencefalia, o qual, obviamente, não sobreviverá após o seu nascimento.

O Ministro Luiz Fux, em seu voto, destacou a absoluta efemeridade da vida dos fetos anencefálicos fora do útero e que *"o prosseguimento da gravidez equivale a uma tortura vedada pela Constituição Federal no art. 5º."*, destacando, ainda, que a hipótese deveria ser descriminalizada por se enquadrar no estado de necessidade, na antijuridicidade e na inexigibilidade de conduta diversa. Vejamos excerto do voto:

"Sob o ângulo da vontade do povo – se é que é sindicável a vontade do povo – pode haver até desacordo moral razoável sobre a permissão ou não do aborto. No meu modo de ver, sob o ângulo da vontade popular, sobressai extreme de dúvidas o repúdio social à penalização da mulher vitimada por uma gravidez de risco, que a impõe manter no seu ventre materno nascituro com morte anunciada, dor maior no arrebate da maternidade desejada.

Por incidir, no meu modo de ver, em uma causa de justificação, por se enquadrar no estado de necessidade, na antijuridicidade e na inexigibilidade de conduta diversa, *a gestante de feto anencefálico que opta pelo abortamento* – o Supremo Tribunal respeita as mulheres que desejam levar o seu parto adiante – *positivamente não atua contra legem, mas antes, como observava Cícero na famosa 'Oração pro Milone', age em consonância com a lei sagrada, que nasceu com o homem, lei anterior aos legistas, à tradição e aos livros, gravada no código imortal da natureza, lei menos estudada que sentida.*" (grifei).

Em outro julgamento da Corte Suprema – Agravo Regimental no Habeas Corpus 220.431 –, realizado pela 2ª Turma e de relatoria do Ministro André Mendonça, negou-se provimento ao recurso pelo qual se pretendia a interrupção terapêutica de gravidez gêmeos siameses, em razão de o *writ* impugnar decisão individual de Ministro do Superior Tribunal de Justiça e inexistir pronunciamento colegiado do STJ.

Não obstante a questão de ordem processual ter sido a principal razão do desprovimento, o Ministro relator argumentou que "a interrupção terapêutica da gestação de gêmeos siameses, pela atestada possível inviabilidade de vida extrauterina, não encontra previsão legal nem aderência ao objeto da APDF 54/DF, relativo à tutela de direitos fundamentais diante da condição clínica de feto anencéfalo" e o "aborto necessário", quando não há outro meio de salvar a vida da gestante, já constitui hipótese legal de excludente de ilicitude (art. 128, inc. I, do Código Penal) e, portanto, independe de autorização judicial."

Dessa sorte, os precedentes acima apontam que as matérias atinentes ao início da vida e à interrupção da gravidez ainda apresentam grande divergência na Suprema Corte, o que também se verifica na sociedade brasileira e mundial.

4. A QUESTÃO DA DESCRIMINALIZAÇÃO DO ABORTO ATÉ A 12ª SEMANA DE GRAVIDEZ

A Arguição de Descumprimento de Preceito Fundamental 442, por meio da qual se requer a descriminalização do aborto até a 12ª semana de gestação, foi proposta pelo Partido Socialismo e Liberdade (PSOL).

A pretensão, segundo a inicial, é de que o STF exclua a interrupção voluntária nesse período, do âmbito de incidência dos artigos 126 e 126 do Código Penal, "de modo a garantir às mulheres o direito constitucional de interromper a gestação, de acordo com a autonomia delas, sem necessidade de qualquer forma de permissão específica do Estado, bem como garantir aos profissionais de saúde o direito de realizar o procedimento."

Os argumentos expendidos são no sentido de que "a criminalização do aborto e a consequente imposição da gravidez compulsória compromete a dignidade da pessoa humana e a cidadania das mulheres, pois não lhes reconhece a capacidade ética e política de tomar decisões reprodutivas relevantes para a realização de seu projeto de vida", implicando "violações ao direito à saúde (CF, art. 6º), à integridade física e psicológica das mulheres e à proibição de submissão a tortura ou a tratamento desumano ou degradante (CF, art. 5º, III)".

As teses contrárias são no sentido de que a criminalização do aborto tem por escopo tutelar penalmente o direito à vida do nascituro, dever do Estado, reconhecendo-se os direitos fundamentais de quem ainda não nasceu. Ademais, visa reprimir e desestimular a sua prática, bem como objetiva sinalizar os valores da sociedade brasileira em relação ao direito à vida.

A ministra Rosa Weber, então relatora da ação, votou pela descriminalização da interrupção voluntária da gravidez nas primeiras 12 semanas de gestação, sendo certo que o julgamento foi suspenso por pedido de destaque do Ministro Luís Roberto Barroso, e prosseguirá em sessão presencial do Plenário, em data a ser definida.

Foi recentemente analisada, pela Primeira Turma do Supremo Tribunal Federal, no HC 124.306/RJ, a questão relativa à interrupção da gravidez, induzida ou voluntária, nas 12 primeiras semanas de gestação, concluindo-se, naquela oportunidade, pela inconstitucionalidade da criminalização do aborto nos três primeiros meses da gravidez, *ex vi*:

> "Direito processual penal. Habeas corpus. Prisão preventiva. Ausência dos requisitos para sua decretação. *inconstitucionalidade da incidência do tipo penal do aborto no caso de interrupção voluntária da gestação no primeiro trimestre. Ordem concedida de ofício.* (...) 2. Em primeiro lugar, não estão presentes os requisitos que legitimam a prisão cautelar, a saber: risco para a ordem pública, a ordem econômica, a instrução criminal ou a aplicação da lei penal (CPP, art. 312). Os acusados são primários e com bons antecedentes, têm trabalho e residência fixa, têm comparecido aos atos de instrução e cumprirão pena em regime aberto, na hipótese de condenação. 3. Em segundo lugar, *é preciso conferir interpretação conforme a Constituição aos próprios arts. 124 a 126 do Código Penal – que tipificam o crime de aborto – para excluir do seu âmbito de incidência a interrupção voluntária da gestação efetivada no primeiro trimestre. A criminalização, nessa hipótese, viola diversos direitos fundamentais da mulher, bem como o princípio da proporcionalidade. 4. A criminalização é incompatível com os seguintes direitos fundamentais: os direitos sexuais e reprodutivos da mulher, que não pode ser obrigada pelo Estado a manter uma gestação indesejada; a autonomia da mulher, que deve conservar o direito de fazer suas escolhas existenciais; a integridade física e psíquica da gestante, que é quem sofre, no seu corpo e no seu psiquismo, os efeitos da gravidez; e a igualdade da mulher, já que homens não engravidam e, portanto, a equiparação plena de gênero depende de se respeitar a vontade da mulher nessa matéria.* 5. A tudo isto se acrescenta o impacto da criminalização sobre as mulheres pobres. É que o tratamento como crime, dado pela lei penal brasileira, impede que estas mulheres, que não têm acesso a médicos e clínicas privadas, recorram ao sistema público de saúde para se submeterem aos procedimentos cabíveis. Como consequência, multiplicam-se os casos de automutilação, lesões graves e óbitos. 6. A tipificação penal viola, também, o princípio da proporcionalidade por motivos que se cumulam: (i) ela constitui medida de duvidosa adequação para proteger o bem jurídico que pretende tutelar (vida do nascituro), por não produzir impacto relevante sobre o número de abortos praticados no país, apenas impedindo que sejam feitos de modo seguro; (ii) é possível que o Estado evite a ocorrência de abortos por meios mais eficazes e menos lesivos do que a criminalização, tais como educação sexual, distribuição de contraceptivos e amparo à mulher que deseja ter o filho, mas se encontra em condições adversas; (iii) a medida é desproporcional em sentido estrito, por gerar custos sociais (problemas de saúde pública e mortes) superiores aos seus benefícios. 7. Anote-se, por derradeiro, que praticamente nenhum país democrático e desenvolvido do mundo trata a interrupção da gestação durante o primeiro trimestre como crime, aí incluídos Estados Unidos, Alemanha, Reino Unido, Canadá, França, Itália, Espanha, Portugal, Holanda e Austrália. 8. Deferimento da ordem de ofício, para afastar a prisão preventiva dos pacientes, estendendo-se a decisão aos corréus." (HC 124306, Relator(a): Marco Aurélio, Relator(a) p/ Acórdão: Roberto Barroso, Primeira Turma, julgado em 09-08-2016, Processo Eletrônico DJe-052 Divulg 16-03-2017 Public 17-03-2017) (grifei).

É necessário destacar que o entendimento que predomina no Supremo Tribunal Federal, pelas exegeses de seus julgados, alguns já citados acima, não é de reconhecer a privacidade, a autonomia e a dignidade da mulher como valores superiores à vida e, portanto, não legitima, a princípio, a possibilidade de se interromper a gravidez *em qualquer condição*, como se pretende por meio da referida ADPF.

Sobre esse ponto e pela relevância de seu conteúdo, transcreve-se, em linhas conclusivas, trecho de livro do professor Ives Gandra Martins:[9]

> "'O direito ao aborto' é o último degrau da escada percorrida por uma sociedade hedonista que reduz o amor ao sexo e desvincula deste a sua finalidade intrínseca procriativa: busca-se apenas prazer (que é o meio) e não se quer o filho (que é o fim). Daí que se defenda a possibilidade, havendo falhado todos os métodos anticoncepcionais de se poder livrar do fruto da relação sexual, eliminando a vida gerada."

Não se pode olvidar, ainda, que a alteração do Código Penal para descriminalizar o aborto até a 12ª semana de concepção é função precípua do Poder Legislativo, na qual o Poder Judiciário, não possui competência constitucional para se imiscuir.

CONSIDERAÇÕES FINAIS

O objetivo deste artigo teve por foco explanar sobre o aborto segundo os direitos primordiais que envolvem o direito à vida e à dignidade do ser em desenvolvimento.

Conquanto persistam divergências acerca do reconhecimento de hierarquia entre os direitos fundamentais, não se pode deixar de admitir que, de fato, há essa graduação, pois as normas nacionais e internacionais revelam a supremacia de alguns deles.

Independentemente das discussões éticas e religiosas, é preciso reconhecer que o direito à vida é o mais fundamental de todos os direitos, já que pré-requisito para a existência dos demais, como o direito à liberdade, à igualdade, à segurança e à propriedade.

A existência de vida, nascida ou não, impõe o reconhecimento de valor jurídico fundamental e inegociável. Cuida-se, como exposto linhas acima, do bem maior protegido pelo Estado.

Como apontou o Ministro Carlos Ayres Britto, em seu voto na ADPF 3.510, "a potencialidade de algo para se tornar pessoa humana já é meritória o bastante para acobertá-la contra tentativas levianas ou frívolas de obstar sua natural continuidade fisiológica."

Sabe-se que a mulher, no que concerne ao aborto, tem direito à dignidade, vez que a gravidez e a maternidade têm conexão com a ideia de autonomia reprodutiva, do respeito à autodeterminação de cada uma delas, no sentido de decidir sobre suas próprias vidas e se comportar de acordo com suas decisões, sem interferências do Estado ou de terceiros.

Assim é que parcela argumenta que a descriminalização do aborto é meio menos gravoso para proteger a saúde, a liberdade da mulher, sua integridade física, moral e psicológica.

A linha de raciocínio que se apoiou este estudo, entretanto, não é essa. As reflexões expendidas sinalizam que o aborto, à exceção das hipóteses definidas na lei, e pontual-

9. MARTINS, Ives Gandra da Silva; MARTINS, Roberto Vidal da Silva; MARTINS FILHO, Ives Gandra da Silva. *A questão do aborto*: aspectos jurídicos fundamentais. São Paulo: Quartier Latin, 2008.

mente analisadas pela Corte Suprema, viola os preceitos constitucionais, os quais tutelam primordialmente a vida e a dignidade humana do nascituro.

Compete, portanto, ao legislador, como canal da legítima expressão da vontade popular, versar sobre tema tão sensível e importante, seja para o nascituro, seja para as mulheres gestantes, seja para a sociedade.

REFERÊNCIAS

BARROSO, Luís Roberto. *Curso de direito constitucional contemporâneo*: os conceitos fundamentais e a construção do novo modelo. 7. ed. São Paulo: Saraiva Educação, 2018.

COELHO, Fábio Ulhoa. *Curso de direito civil [livro eletrônico]*: parte geral I, v. 1. 2. ed. São Paulo: Thomson Reuters Brasil, 2020.

COUTO, Rafael Durand. *A proteção do nascituro à luz do ordenamento jurídico brasileiro e dos tratados internacionais de direitos humanos*. Disponível em: [www.migalhas.com.br/depeso/394895/a-protecao-do-nascituro-a-luz-do-ordenamento-juridico-brasileiro]. Acesso em: 30 maio 2024.

DEL2848 compilado (planalto.gov.br): [www.planalto.gov.br/ccivil_03/decreto-lei/del2848compilado.htm]. Acesso em: 15 jun. 2024.

MANSUR, Sávio Schimith Rodrigues. *A dignidade humana convergente ao nascituro*. Disponível em: [https://egov.ufsc.br/portal/conteudo/dignidade-humana-convergente-ao-nascituro]. Acesso em: 11 jun. 2024.

MARTINS, Ives Gandra da Silva; MARTINS, Roberto Vidal da Silva; MARTINS FILHO, Ives Gandra da Silva. *A questão do aborto*: aspectos jurídicos fundamentais. São Paulo: Quartier Latin, 2008.

MAZZUOLI, Valerio de Oliveira. *Curso de direitos humanos*. 6. ed. Rio de Janeiro: Forense; São Paulo: Método, 2019.

PROJETOS de lei 478 de 2007 (Estatuto do Nascituro) e 1.904 de 2024 (aborto após a 22ª semana de gravidez). [www.camara.leg.br/].

SARLET, Ingo Wolfgang; MARINONI, Luiz Guilherme e MITIDIERO, Daniel. *Curso de direito constitucional*. 8. ed. São Paulo: Saraiva Educação, 2019.

SOUSA, Luciana Silva. *Aborto*: direito à vida ou dignidade da pessoa humana?. R. Emerj, Rio de Janeiro, v. 22, n. 3, p. 334-363, set.-dez. 2020 Disponível em: [www.emerj.tjrj.jus.br/revistaemerj_online/edicoes/revista_v22_n3/revista_v22_n3_334.pd] Acesso em: 01 jun. 2024.

TARTUCE, Flávio. *Manual de direito civil*: volume único. 10. ed. Rio de Janeiro: Forense; São Paulo: Método, 2020.

VALENTE, Rubem. *Direito civil facilitado*. Rio de Janeiro: Forense; São Paulo: Método, 2017.

LINHAS SOBRE O CONCEITO DE DOLO NO DIREITO PENAL BRASILEIRO

Ângelo Roberto Ilha da Silva

Pós-doutor em neurociências pela Universidade Federal de Minas Gerais – UFMG. Doutor pela Faculdade de Direito da Universidade de São Paulo – USP. Desembargador Federal do Tribunal Regional da 4ª Região – TRF4. Professor do Departamento de Ciências Penais e do Programa de Pós-Graduação *Stricto Sensu* (doutorado e mestrado) da Universidade Federal do Rio Grande do Sul – UFRGS. Presidente do Conselho Consultivo do Instituto Eduardo Correia – IEDC.

1. PALAVRAS INICIAIS

É com grande prazer e alegria que participamos desta histórica obra em homenagem ao Ministro André Mendonça, merecedor de todas as comemorações e todos os encômios. Em seu texto *Bases para a Compreensão Sistêmica da Corrupção*, o insigne homenageado ressalta o caráter transdisciplinar da corrupção, destacando, ademais, que a "corrupção é um fenômeno humano"[1] que se encontra presente em todos os momentos da História. Essas duas facetas nos chamaram a atenção a propósito de eleger nosso tema para compor este livro: a corrupção presente em tantos âmbitos (consideremos a incriminação do peculato e outras formas de corrupção no Código Penal, assim como a Lei de Improbidade Administrativa, além de outras hipóteses) e o fato de ser um "fenômeno humano", o que nos levou a tratar sobre a temática do conceito de dolo, o qual é imperioso à imputação subjetiva. Importa lembrar que o conceito de dolo fornecido pela dogmática penal é válido para a Lei de Improbidade. Dividimos este breve escrito em duas partes, constituindo a primeira uma breve referência evolutiva do conceito de dolo e a segunda uma aproximação ao conceito de dolo no Direito Penal brasileiro.

2. BREVE REFERÊNCIA EVOLUTIVA DO CONCEITO DE DOLO

Em Roma, o vocábulo *dolus* – cuja origem remonta ao Grego *Δόλος* – designava a astúcia, o engano, o qual encontrava, no âmbito do Direito Civil, definições em Cícero e Festus, mas não se restringia ao mencionado ramo do Direito. Essa astúcia ou esse engano divisavam-se em *dolus bonus* e *dolus malus*. O primeiro corresponde ao que vem de ser dito, ao passo que este – indo um pouco além – poderia ser entendido

1. MENDONÇA, André Luiz de Almeida. Bases para a Compreensão Sistêmica da Corrupção. In: *Democracia e Sistema de Justiça: Obra em Homenagem aos 10 Anos do Ministro Dias Toffoli no Supremo Tribunal Federal* (Alexandre de Moraes; André Luiz de Almeida Mendonça). Belo Horizonte: Fórum, 2020. p. 88.

como uma espécie de firmeza de ânimo presente em uma ação ilícita, em que o agente encerra uma resolução nitidamente ilícita em sua conduta.[2] Hoje, denominamos o dolo compreensivo da consciência da ilicitude de dolo normativo, o qual encontrava guarida nos sistemas causais de crime.

Mas é nas últimas décadas que o conceito de dolo passa a ser edificado já contando com uma concepção de crime com bases epistemológicas bem estabelecidas, considerando-se o contexto histórico daquele momento. A evolução do conceito de dolo está diretamente ligada a três importantes compreensões doutrinárias do fato punível, nomeadamente, as concepções clássica, neoclássica e finalista da infração penal, as duas primeiras em um esquema objetivo/subjetivo do crime – de forma atenuada pela neoclássica, visto que admitia elementos subjetivos e normativos no tipo, mas não como regra – e a finalista, que, com o dolo sendo albergado pela conduta típica, institui a noção de injusto pessoal. A consideração das três representações teóricas que vimos de referir nos servirá de linha compreensiva do dolo enquanto conceito jurídico-penal.

A concepção clássica de crime prevaleceu, na Alemanha, no último quartel do século XIX, enquanto a neoclássica do início do século XX até a década de 1930, com a afirmação do finalismo. Não de forma rigidamente linear, evidentemente.

Inserida no contexto de efervescência das ciências da natureza, em detrimento das ciências do espírito – utilizando aqui o binômio de Wilhem Dilthey[3] – a concepção clássica de crime ou concepção causal-naturalista dividia o fato punível em objetivo e subjetivo. Coube a essa formulação doutrinária nos legar os componentes do conceito estratificado de crime, ou seja, conceber o crime como ação típica, ilícita e culpável. Isso porque até as últimas décadas do século XIX os elementos da infração penal resumiam-se a três: a ação, a ilicitude e a *imputatio*. As duas primeiras remanescem até os dias atuais, porquanto não há pensar em crime sem uma ação ilícita, ao passo que a *imputatio* viria a ser substituída pela culpabilidade.

A categoria *imputatio* remontava a Samuel Pufendorf – em virtude da publicação de seu livro *De Jure Naturae er Gentium*, publicado em 1672[4] – e à jurisprudência italiana anterior à publicação da famosa obra de Karl Binding, intitulada *Die Normen und ihre Übertretung*. Binding, para quem, em síntese, a culpabilidade constituía-se em um abuso do livre-arbítrio,[5] deveria esta categoria tomar seu devido lugar à caracterização do fato

2. MOMMSEN, Theodor. *Römisches Strafrecht*. Graz: Akademische Druck- U. Verlagsanstalt, 1955. p. 85 e ss.; GIOFFREDI, Carlo. *I Principi del Diritto Penale Romano*. Torino: G. Giappichelli, 1970. p. 67 e ss.
3. DILTHEY, Wilhem. *Der Aufbau der geschichtlichen Welt in den Geisteswissenschaften*. Frankfurt: Suhrkamp, 1981.
4. Na versão francesa: PUFENDORF, Samuel. *Le Droit de la Nature et des Gens, ou Systeme General des Principes les plus Importans de la Morale, de la Jurisprudence, et de la Politique*. Traduit de Latin par Jean Barbeyrac. 5. ed. Amsterdam: Chez la Veuve de Pierre de Coup, 1734, t. I. p. 76: "La *forme* des Actions Morales consiste dans l'*imputabilité*".
5. BINDING, Karl. *Die Normen und ihre Übertretung, eine Untersuchung über die rechtmässige Handlung und die Arten des Delikts*. Leipzig: Wilhelm Engelmann, 1872, v. I. p. 102 e ss. Vide também: OTTO, Harro. *Grundkurs Strafrecht: Allgemeine Strafrechtslehre*. 7. ed. Berlin: De Gruyter, 2004. p. 205.

punível, em substituição à antiga *imputatio*. No ano de 1906, Ernst Beling[6] erigiria a tipicidade a predicado da ação delitiva, ao lado da ilicitude e da culpabilidade, porquanto até Beling o *Tatbestand* expressava uma noção de "tipo total", ou seja, "o" próprio crime como um todo, e não um componente "do" crime.

Ao publicar o primeiro volume do suprarreferido *Die Normen*, Binding, como lembra Hans Achenbach,[7] é o primeiro autor a formular um conceito de culpabilidade com um significado em um sistema fechado. De fato, não encontramos a contribuição proposta por Binding nos principias autores que o precederam, bem como em seus contemporâneos até o momento da publicação do *Die Normen*. Em nosso *Teoria Geral do Crime*, assim escrevemos: "Giovanni Carmignani faz referência à moralidade das ações (*moralità delle azioni*), mas a culpabilidade ainda é um conceito que não está presente nesse autor. Em Gian Domenico Romagnosi, encontra-se a ideia de imputação e de responsabilidade penal sem, contudo, referir-se à culpabilidade. De igual forma, a ausência pode ser observada em Enrico Pessina e em Francesco Carrara. De igual modo, na Alemanha, em Paul Johann Anselm Ritter von Feuerbach. Numa palavra: até a contribuição do sistema causal clássico não havia um conceito analítico de crime com a conduta como pedra angular a partir da qual se assentassem os predicados da tipicidade, da ilicitude e da culpabilidade".[8]

A assunção da culpabilidade a predicado da conduta e, assim, a elemento do conceito analítico de crime, foi, como vimos, mérito de Binding, mas a definição de Franz von Liszt é que viria a prevalecer como "o" conceito da concepção clássica. Para Liszt, "a culpabilidade é a responsabilidade pelo resultado produzido sem qualquer consideração sobre uma liberdade de agir, ficando adstrita à imputabilidade entendida como sanidade e maturidade mental. Dessa forma, a culpabilidade tinha a capacidade penal ou imputabilidade como pressuposto e expressava-se mediante duas espécies: culpabilidade dolosa e culpabilidade culposa, ou seja, as espécies de culpabilidade consistiam ou em dolo (o propósito, intencional) ou em culpa (imprudente ou negligente, não intencional). De acrescentar-se que a tipicidade e a ilicitude eram apenas formais, sem considerações valorativas".[9]

De acordo com o que fica dito, com a publicação do *Tratado* de Liszt, em 1881, a *culpabilidade* passa a ser entendida como *o vínculo psicológico entre o agente e o fato*, a denominada teoria psicológica da culpabilidade, a qual recebeu a adesão de Ernst Beling,[10] grande expoente do causalismo, ao lado do próprio Liszt. Importa ter em conta que nesta concepção a culpabilidade identificava-se com o dolo e com a culpa (como

6. BELING, Ernst. *Die Lehre vom Verbrechen*. Tübingen: J. C. B. Mohr (Paul Siebeck), 1906.
7. ACHENBACH, Hans. *Historische und dogmatische Grundlagen der Strafrechtssystematischen Schuldlehre*. Berlin: J. Schweitzer, 1974. p. 27.
8. SILVA, Ângelo Roberto Ilha da. *Teoria Geral do Crime*. 3. ed. Belo Horizonte/São Paulo: D'Plácido, 2024. p. 289-290.
9. SILVA, Ângelo Roberto Ilha da. *Teoria Geral do Crime*. 3. ed. Belo Horizonte/São Paulo: D'Plácido, 2024. p. 292. Conferir: LISZT, Franz von. *Tratado de Direito Penal Allemão*. Trad. de José Hygino Duarte Pereira. Rio de Janeiro: F. Briguiet & C., 1899, t. I. p. 249 e ss.
10. BELING, Ernst. *Die Lehre vom Verbrechen*. Tübingen: J. C. B. Mohr (Paul Siebeck), 1906. p. 6.

uma de suas formas, alternativamente), sendo o dolo um dolo normativo, ou seja, a consciência da ilicitude o integrava. Desse modo, o crime bipartia-se em parte objetiva (tipicidade e ilicitude) e subjetiva (culpabilidade), sendo esta o *locus* categorial do dolo e da culpa, na qualidade de formas ou espécies de culpabilidade, como já mencionado. Essa construção suscitava uma variedade de implicações práticas, incluindo-se a disciplina do erro, que se traduzia na teoria estrita do dolo, cujo nome mais representativo é o de Binding,[11] que considerava, como já referido, dolo e a culpa como espécies ou formas de culpabilidade – bem como o caráter mais gravoso do dolo em comparação com a culpa –, consistindo o dolo em um *animus hostilis* contra a ordem jurídica. A teoria do dolo no âmbito do erro iria receber, por proposição de Edmund Mezger, uma versão limitada, fundamentada, em um primeiro momento, em uma *cegueira jurídica* (*Rechtsblindheit*)[12] por parte do agente e, ulteriormente, em uma *inimizade ao direito* (*Rechtsfeindschaft*).[13] Seja como for, em ambas as construções o erro radicava em torno do dolo.[14]

A construção dogmática da concepção clássica causal-naturalista, é bom não deixar de ter em linha de conta, era radicalmente aversiva à admissão de valores no cenário jurídico. Isso porque, para o referido marco teórico, como leciona Karl Larenz,[15] o "único" e "verdadeiro" método admissível seria o método das ciências naturais, o qual consistiria na verificação de "fatos", fatos empiricamente observáveis. A ninguém escapam as dificuldades de diversas ordens dessa linha de pensamento, cuja enumeração refoge aos limites deste breve ensaio. O que se pode afirmar, em modo de síntese, é que pretender-se confinar o Direito a um monismo metodológico nos moldes aqui referidos significa estremar-se da realidade e afrontar a própria lógica. Isso porque, como bem observa Arthur Kaufmann, "fatos históricos destituídos de valor e valores cindidos do ser constituem figuras puramente imaginárias, não reais – do contrário estaríamos submersos ou ao ser ou ao valor".[16] E foi exatamente este grave equívoco que fez com que a concepção clássica viesse a soçobrar.[17] Mesmo nas ciências empíricas, como põe em evidência Gertrude Anscombe,[18] o que se têm são *dados brutos* (*raw data*) ou *fatos brutos* (*brute facts*), os quais "reivindicam interpretação".[19]

---

11. BINDING, Karl. *Die Normen und ihre Übertretung. Eine Untersuchung über die rechtmässige Handlung und die Arten des Delikts.* 2. ed. Leipzig: Wilhelm Engelmann, 1914, v. II. p. 324 e ss. Também: BINDING, Karl. *Die Normen und ihre Übertretung. Eine Untersuchung über die rechtmässige Handlung und die Arten des Delikts.* Leipzig: Wilhelm Engelmann, 1918, v. III. p. 309.
12. MEZGER, Edmund. Rechtsirrtum und Rechtsblindheit. In: *Probleme der Strafrechtserneuerung: Festschrift für Eduard Kohlrausch zum 70. Geburtstage dargebracht.* Berlin: Walter de Gruyter, 1944.
13. MEZGER, Edmund. *Moderne Wege der Strafrechtsdogmatik: Eine ergänzende Betrachtung zum Lehrbuch des Strafrechts in seiner 3. Auflage (1949).* Berlin/München: Duncker & Humblot, 1950. p. 44,
14. Para uma síntese evolutiva da teoria do erro, ver nosso: SILVA, Ângelo Roberto Ilha da. *Teoria Geral do Crime.* 3. ed. Belo Horizonte/São Paulo: D'Plácido, 2024. p. 417 e ss.
15. LARENZ, Karl. *Methodenlehre der Rechtswissenschaft.* 6. ed. Berlin: Springer-Verlag, 1991. p. 36 e ss.
16. KAUFMANN, Arthur. *Analogie und "Natur der Sache": Zugleich ein Beitrag zur Lehre vom Typus.* Karlsruhe: C. F. Müller, 1965. p. 37.
17. Nesse sentido: KAUFMANN, Arthur. *Analogie und "Natur der Sache": Zugleich ein Beitrag zur Lehre vom Typus.* Karlsruhe: C. F. Müller, 1965. p. 37.
18. ANSCOMBE, Gertrude Elizabeth Margaret. On Brute Facts. *Analysis (Oxford Journals)*, v. 18, n. 3, p. 69-72, jan. 1958.
19. SILVA, Ângelo Roberto Ilha da. *Teoria geral do crime.* 3. ed. Belo Horizonte/São Paulo: D'Plácido, 2024. p. 307.

A concepção que sucedeu à concepção do positivismo naturalista, qual seja, a neokantista, veio a dar conta ao reclamo axiológico e, assim, promover uma sobrevida à concepção causal. Sim, sobrevida, porque como bem esclarece Hans-Heinrich Jescheck,[20] ela continua sendo imanente ao sistema causal em sua essência (*eine system-immanente*). Isso uma vez que mantém o esquema objetivo/subjetivo em modo idêntico ao marco que lhe dá a base. No âmbito da tipicidade, passa a superar os restritos termos do formal para admitir elementos subjetivos e normativos, para considerar a tipicidade como um indício de ilicitude[21] e para conferir-lhe um sentido de significado, com o que se propicia a assunção de uma tipicidade material.[22]

Hans Albrecht Fischer,[23] August Hegler,[24] Johannes Nagler,[25] Edmund Mezger,[26] inserem-se entre os principais edificadores de uma tipicidade na qual se admitem elementos subjetivos (não como regra), devendo-se a Mezger um seminal esforço classificatório. Max Ernst Mayer,[27] por sua vez, propugna a tipicidade como indício de ilicitude e o reconhecimento de elementos normativos. É bom lembrar que as hipóteses de admissão desses noveis elementos constituíam exceções e, por conseguinte, concessões. Max Grünhut[28] bem sintetiza essa formulação teórica, afirmando que, para essa compreensão neokantista, o tipo era regularmente objetivo (*regelmäßig objektiv*), excepcionalmente subjetivo e, de acordo com sua estrutura lógica basicamente descritiva, excepcionalmente normativo.

Esse pensamento teve significativa ressonância na doutrina brasileira que precedeu a Reforma Penal de 1984, consoante se observa da lição de Anibal Bruno:[29] "O tipo é por

20. JESCHECK, Hans-Heinrich; WEIGEND, Thomas. *Lehrbuch des Strafrechts: Allgemeiner Teil.* 5. ed. Berlin: Duncker & Humblot, 1996. p. 204.
21. MAYER, Max Ernst. *Der Allgemeine Teil des deutschen Strafrechts.* Lehrbuch. 2. ed. Heidelberg: Carl Winters Universitätsbuchhandlung, 1923. p. 10.
22. MAYER, Max Ernst. *Der Allgemeine Teil des deutschen Strafrechts.* Lehrbuch. 2. ed. Heidelberg: Carl Winters Universitätsbuchhandlung, 1923. p. 37 e ss.; MEZGER, Edmund. *Strafrecht. Ein Lehrbuch.* 3. ed. Berlin: Duncker & Humblot, 1949. p. 176; GALLAS, Wilhelm. *Zum gegenwärtigen Stand der Lehre vom Verbrechen.* Berlin: Walter de Gruyter & Co. 1955. p. 20-21.
23. FISCHER, Hans Albrecht. *Die Rechtswidrigkeit mit besonderer Berücksichtigung des Privatrechts.* München: C. H. Beck'schen, 1911. Compulsamos a seguinte reimpressão de 1966: FISCHER, Hans Albrecht. *Die Rechtswidrigkeit mit besonderer Berücksichtigung des Privatrechts.* Frankfurt-Main: Sauer & Auvermann, 1966. p. 120 e ss., e 138 e ss.
24. HEGLER, August. Die Merkmale des Verbrechens. *Zeitschrift für die Gesamte Strafrechtswissenschaft*, v. 36, p. 19-44, 1915.
25. NAGLER, Johannes. Der heutige Stand der Lehre von der Rechtswidrigkeit. In: *Festschrift für Karl Binding zum 4. Juni 1911.* Leipzig: Wilhelm Engelmann, 1911, v 2.
26. MEZGER, Edmund. Die subjektiven Unrechtselemente. Der Gerichtssaal. *Zeitschrift für Zivil- und Militär-Strafrecht und Strafprozessrecht sowie die Ergänzenden Disziplinen.* Stuttgart, v. LXXXIX, p. 207-314, 1924. A síntese classificatória consta em seu MEZGER, Edmund. *Strafrecht. Ein Lehrbuch.* 3. ed. Berlin: Duncker & Humblot, 1949. p. 172-173, nos seguintes termos: *a)* delitos de intenção (*die Absichtsdelikte*); *b)* delitos de tendência (*die Tendenzdelikte); c)* delitos de expressão (*die Ausdruckdelikte*).
27. MAYER, Max Ernst. *Der Allgemeine Teil des deutschen Strafrechts.* Lehrbuch. 2. ed. Heidelberg: Carl Winters Universitätsbuchhandlung, 1923. p. 10 e 182 e ss.
28. GRÜNHUT, Max. Methodische Grundlagen der heutigen Strafrechtswissenschft. In: *Festgabe für Reinhard von Frank zum 70. Geburstag.* Tübingen: J. C. B. Mohr, 1930. p. 5.
29. BRUNO, Anibal. *Direito Penal: Parte Geral.* 3. ed. Rio de Janeiro: Forense, 1967, t. I. p. 343.

definição a fórmula descritiva das circunstâncias objetivas do crime. Os seus elementos são essencialmente descritivos e objetivos. (...). Vemos, então, em certas construções de tipo, elementos normativos, que implicam uma consideração do ilícito, e, ao lado de elementos puramente objetivos, elementos subjetivos, que pertencem também à culpabilidade". Nessa linha, E. Magalhães Noronha consignava que ao lado dos tipos *normais*, tipos de mera descrição objetiva, havia *outros* elementos, sendo eles "elementos subjetivos do injusto e normativos, que informam os tipos *anormais* (...)".[30]

O dolo, que na concepção clássica residia na culpabilidade (ou que com ela coincidia), nela permanece, mas, consoante propugna Reinhart Frank,[31] ele – assim como a culpa – não é mais considerado uma forma de culpabilidade, e sim um elemento da culpabilidade. Mas como para a concepção clássica a consciência da ilicitude remanesce no dolo, todo o erro (erro de fato e erro de direito) recai sobre este elemento subjetivo, sendo o erro de direito fundamentalmente destituído de relevância. A culpabilidade torna-se, então, juízo de reprovação, uma culpabilidade psicológico-normativa. Há, neste cenário, nomes que não podem deixar de ser referidos, como o de Alexander Graf Zu Dohna[32] (que já propunha elementos normativos na culpabilidade mesmo antes de Frank), James Goldschmidt[33] (que formula sua fundamentação da culpabilidade normativa com base na motivação normal em face das normas de dever) e Berthold Freudenthal[34] (com a proposição da categoria da exigibilidade).

Hans Welzel, na década de 1930, "reorganiza" a teoria da infração penal, sem deixar de recepcionar algumas contribuições neokantistas, como a categoria da exigibilidade, de Freudenthal. Para Welzel, a ação é o exercício da atividade final e, para tanto, o dolo é deslocado da culpabilidade para a conduta típica, mas sem a consciência da ilicitude – um *dolo natural*[35] (*natürlichen Vorsatzes*) –, a qual é erigida a elemento da culpabilidade de forma autônoma do dolo. Welzel, na esteira de Dohna[36] divisa o fato punível em injusto pessoal (objeto de reprovação) e culpabilidade (juízo de reprovação), sendo

30. NORONHA, E. Magalhães. *Direito Penal: Introdução e Parte Geral*. 25. ed. atualizada por Adalberto José Q. T. de Camargo Aranha. São Paulo: Saraiva, 1987. p. 96.
31. FRANK, Reinhard. Über den Aufbau des Schuldbegriffs. In: *Festschrift für die Juristische Fakultät in Giessen zum Universitäts-Jubiläum (Herausgegeben von Reinhard Frank)*. Giessen: Alfred Töpelmann, 1907. p. 528: "die herrschende Lehre bestimmt das Verhältnis der Schuld zu Vorsatz und Fahrlässigkeit wie das Verhältnis der Gattung zur Art, während es in der Tate in anderes ist. (...). Nach meiner Ansicht ist der Schuldbegriff ein zusammengesetzter Begriff, zu dessen Bestandteilen unter anderm auch Vorsatz oder Fahrlässigkeit gehören" ("a doutrina [então] dominante determina a relação de culpabilidade, dolo ou culpa como relação de gênero a espécie, quando na verdade não se trata disso. (...). Na minha perspectiva, o conceito de culpabilidade é um conceito complexo, cujos elementos incluem, dentre outros, [ou] o dolo ou a culpa").
32. DOHNA, Alexander Graf zu. *Die Elemente des Schuldbegriffs*. Stuttgart: Union Deutsche Verlagsgesellschaft, 1905.
33. GOLDSCHMIDT, James. *Der Notstand, ein Schuldproblem: mit Rücksicht auf die Strafgesetzentwürfe Deutschlands, Österreichs und der Schweiz*. Wien: Manz, 1913; GOLDSCHMIDT, James. Normativer Schuldbegriff. In: *Festgabe für Reinhard von Frank zum 70. Geburstag*. Tübingen: J. C. B. Mohr (Paul Siebeck), 1930, v. I.
34. FREUDENTHAL, Berthold. *Schuld und Worwurf im geltenden Strafrecht*. Tübingen: J. C. B. Mohr (Paul Siebeck), 1922.
35. MAURACH, Reinhart. *Strafrecht: Allgemeiner Teil*. 7. ed. fortgeführt von Heinz Zipf. Heidelberg: C. F. Müller Juristischer Verlag, 1987, v. 1. p. 294.
36. DOHNA, Alexander Graf zu. *Der Aufbau der Verbrechenslehre*. 3. ed. Bonn: Röhrscheid, 1947. p. 11 e ss.

esta normativa pura (pois os elementos psicológicos agora estão no injusto) e, por conseguinte, puro juízo de reprovação. O dolo agora é consciência e vontade de realizar o tipo objetivo. O erro de fato é substituído pelo erro de tipo e o erro de direito pelo erro de proibição, distinção cujo rigor técnico é reconhecido e à qual aderem até autores que não perfilham o finalismo.

Em nosso livro *Teoria Geral do Crime*, reproduzimos as palavras de Claus Roxin, com as quais este importante penalista reconheceu ter sido Welzel seu grande mentor: "Em trabalho publicado em livro coletivo em homenagem a Nikolaos K. Androulakis, em virtude da comemoração dos 70 anos do homenageado, Roxin reconhece que, na primeira metade da década de 1950, ao tempo em que ainda era um estudante, o finalismo encontrava-se em seu momento de *apogeu*, e foi precisamente a fascinação pela doutrina de Welzel que o motivou a tornar-se um penalista. Roxin confidencia que, em um de seus últimos encontros com Welzel, em 1974, em Ludwigsburgo, ambos passaram a tarde juntos, oportunidade em que Roxin fez com que Welzel tomasse conhecimento do fato, afirmando que, no fundo, sempre o reverenciara, ao que este último respondeu: *É muito bom que diga isto. Mas talvez você não tenha deixado isso suficientemente claro em suas publicações*".[37]

Roxin,[38] então, na obra coletiva mencionada, destaca os seguintes méritos da doutrina finalista de Welzel. Primeiro, realça o incremento qualitativo que veio a se materializar no âmbito do tipo subjetivo, permitindo soluções dogmáticas muito mais escorreitas, como, por exemplo, distinguir os diversos tipos incriminadores, como é o caso da viabilização da diferenciação de um roubo de um furto de uso ou de uma mera turbação da propriedade, bem como divisar-se os conceitos de injusto e de culpabilidade com base em critérios objetivos e subjetivos. Em segundo lugar, a assunção do desvalor da ação a uma estatura de equiparação do desvalor da ação ao desvalor do resultado, propiciando estabelecer a razão de ser e a distinção de crimes diversos, bem como a introdução do desvalor da ação na doutrina dos crimes culposos, pondo em evidência que o tipo culposo de homicídio, *v. g.*, pressupõe mais do que a mera causação da morte, em termos estritamente objetivos. O terceiro mérito do finalismo destacado por Roxin consiste no oferecimento de novas formas de solução de problemas dogmáticos, como a separação entre dolo e consciência da ilicitude – com repercussões na doutrina do erro, que vieram a se consolidar, contribuindo, de forma decisiva, para a elaboração do CP alemão, de 1975 –, bem como o estabelecimento da distinção da autoria como domínio do fato em face da participação *stricto sensu* sem o domínio do fato, em modo que a perspectiva da causalidade não logrou realizar. Bernd Schünemann, por sua vez, também destaca conquistas do finalismo, as quais considera serem de relevo de "patrimônio comum da Ciência Jurídico-Penal".[39]

---

37. SILVA, Ângelo Roberto Ilha da. *Teoria Geral do Crime*. 3. ed. Belo Horizonte/São Paulo: D'Plácido, 2024. p. 39.
38. ROXIN, Claus. Vorzüge und Defizite des Finalismus: Eine Bilanz. In: *Festschrift für Nikolaos K. Androulakis*. Athen: Sakkoulas Verlag, 2003. p. 583 e ss.
39. SCHÜNEMANN, Bernd. Einführung in das strafrechtliche Systemdenken. In: *Grundfragen des modernen Strafrechtssystems (herausgegeben von Bernd Schünemann)*. Berlin/New York: Walter de Gruyter, 1984. p. 35.

As conquistas do finalismo não significam que este ofereça todas as respostas para todos os problemas. De toda forma, como adverte José de Faria da Costa, "nos movemos no mundo da *razão prática*",[40] de modo que é necessário que o sistema que se forneça tenha uma capacidade de rendimento para uma fundamentação teórica sólida para a uma boa prática. E, ainda que com o temperamento de contribuições doutrinárias diversas, em matéria de injusto pessoal (aí inserido o dolo) e de culpabilidade, nosso Código Penal e nossa jurisprudência seguem, como *magna pars* – ainda que com (possíveis) modulações pontuais – as formulações welzelianas. Nessas razões, ancora-se o Código Penal brasileiro pós-Reforma Penal de 1984. É o que veremos a seguir.

3. O CONCEITO DE DOLO NO DIREITO PENAL BRASILEIRO

Na introdução deste breve ensaio, mencionamos o Código Penal brasileiro e a Lei de Improbidade Administrativa (Lei 8.429/1992), doravante LIA. Ambos os documentos legislativos tratam sobre o dolo. O primeiro, de forma mais técnica; o segundo, ao contrário, não laborou amparado na melhor técnica. Como vimos na primeira parte, ao longo do desenvolvimento da doutrina do crime, o dolo – a um tempo – teve alterado o seu *locus* – da culpabilidade para a conduta típica – e também sua noção. Hoje, de acordo com a doutrina amplamente majoritária, o *dolo* pode ser conceituado como a *vontade consciente de praticar o tipo objetivo*. Isso porque, desde Welzel, divisa-se, para fins didáticos, o tipo legal de crime em tipo objetivo e tipo subjetivo, sendo que o primeiro é composto por elementos objetivos (descritivos e normativos) e o segundo por elementos subjetivos (dolo, elementos subjetivos do injusto ou do tipo e a culpa).

A assunção do injusto pessoal propiciou um significativo avanço dogmático, com soluções compaginadas com a ciência penal enquanto ciência da razão prática, e com nítidos ganhos de racionalidade e de humanização. É fato que o advento do neokantismo que veio romper as barreiras da rígida concepção causal-naturalista favoreceu o labor finalista em muitos pontos. Isso porque, para Welzel, o tipo penal alberga a matéria da proibição e isso "repercute na compreensão e na interpretação dos tipos".[41] Mas a proposição da tipicidade como indício de ilicitude e com um sentido de significado já está presente em Max Ernst Mayer,[42] quando da publicação de seu *Tratado*, em 1915. E é neste âmbito, com a localização do dolo na conduta típica (ou, em outros termos, na tipicidade), que se coloca o hoje consagrado princípio da adequação social, o qual desnatura a tipicidade material.

Na linha das considerações expostas, também se nos afigura claro que a tentativa somente pode ser concebida sob uma formulação em que a conduta típica é compreensiva

40. FARIA COSTA, José de. *Linhas de Direito Penal e de Filosofia: Alguns Cruzamentos Reflexivos*. Coimbra: Coimbra Editora, 2005. p. 14.

41. SILVA, Ângelo Roberto Ilha da. *Teoria geral do crime*. 3. ed. Belo Horizonte/São Paulo: D'Plácido, 2024. p. 227.

42. MAYER, Max Ernst. *Der Allgemeine Teil des deutschen Strafrechts*. Lehrbuch. 2. ed. Heidelberg: Carl Winters Universitätsbuchhandlung, 1923. p. 10 e *passim*. A segunda edição aqui citada é, fundamentalmente, reprodução da 1. ed., de 1915.

do dolo, porquanto, a teor do art. 14, inc. II, do Código Penal, diz-se o tentado, quando, iniciada a execução, não se consuma por circunstâncias alheias à *vontade do agente*. Portanto, está correta a crítica de Wilhem Gallas[43] ao setor neokantista que admitia o dolo no tipo na tentativa, mas negava-o no crime consumado. Não há relutância em afirmar "que se a tentativa só se explica em virtude do conteúdo final do dolo no âmbito do tipo, não se compreende por que, diante da consumação do fato, essa lógica se modificaria".[44] Figuremos o exemplo em que o agente desfere tiros contra a vítima, *animus necandi*, e esta resulte gravemente ferida, não logrando o atirador matá-la por circunstâncias alheias a sua vontade. Alguns dias após, estando a vítima hospitalizada, vem ela a perder a vida em decorrência dos ferimentos causados pelos tiros. Ora, afirmar que houve uma conduta típica dolosa no momento dos disparos com o malogro da consumação imediata, mas que, com o ulterior resultado morte o dolo simplesmente "sumiu", agride a lógica. "La tentativa", como corretamente afirma Juan Córdoba Roda, "como fase de ejecución del delito, aporta un decisivo elemento de prueba em favor de la doctrina finalista. (...) Si la resolución, como conocimiento y voluntad del hecho consumado, pertenece en la tentativa al tipo, también en el delito consumado deberá el dolo pertenecer al mismo".[45]

É realidade apreensível, tal como já se observa na tentativa, a presença do dolo na figura típica nos domínios do erro jurídico-penal. Preceitua o art. 20, *caput*, que *o erro sobre elemento constitutivo do tipo legal de crime exclui o dolo, mas permite a punição por crime culposo, se previsto em lei*. Dolo e conhecimento dos elementos do tipo colocam-se em linha de recíproca exclusão. Se há dolo, não há erro. Havendo erro (ou ignorância) em relação a algum elemento constitutivo do tipo objetivo, não há dolo. O dolo está no agente, ao passo que os elementos objeto da representação deste estão no mundo. Isso para dizer que estes últimos não estão no agente, mas releva não olvidar que estão adstritos ao tipo legal de crime. Poder-se-ia dizer que estão no mundo delimitado pelo tipo. O dolo é um dolo de tipo. Essa compreensão resulta muito clara de uma simples leitura do dispositivo legal.

A construção teórica que nos foi legada por Welzel, relativamente à teoria do erro, proporcionou um avanço que a ninguém escapa, tanto que perfilhada por autores finalistas e também por autores não adeptos ao finalismo (em conformidade com a teoria estrita da culpabilidade: Armin Kaufmann, Niese, Hirsch, Maurach, Córdoba Roda, Cerezo Mir, Munhoz Netto; com a teoria limitada da culpabilidade: Gallas, Stratenwerth, Zielinski, Roxin, Jescheck, Wessels, Taipa de Carvalho, Assis Toledo).[46] Em um primeiro momento, encontrou ressonância na jurisprudência alemã, ao que se

43. GALLAS, Wilhelm. *Zum gegenwärtigen Stand der Lehre vom Verbrechen*. Berlin: Walter de Gruyter & Co. 1955. p. 34-35.
44. SILVA, Ângelo Roberto Ilha da. *Teoria Geral do Crime*. 3. ed. Belo Horizonte/São Paulo: D'Plácido, 2024. p. 108-109.
45. CÓRDOBA RODA, Juan. *Una Nueva Concepción del Delito: La Doctrina Finalista*. Barcelona: Ariel, 1963. p. 50.
46. Sobre o ponto, com pormenores, ver nosso: SILVA, Ângelo Roberto Ilha da. *Teoria Geral do Crime*. 3. ed. Belo Horizonte/São Paulo: D'Plácido, 2024. p. 417 e ss. Também: SILVA, Ângelo Roberto Ilha da. *Instituições de Direito Penal*. 5. ed. Belo Horizonte/São Paulo: D'Plácido, 2024. p. 447 e ss.

seguiu uma ampla adesão na doutrina e no Código Penal tedesco, com a separação do dolo da consciência da ilicitude, adjudicando-se o primeiro ao erro de tipo e esta ao erro de proibição, no plano da culpabilidade. Como lembram Bernd Schünemann e Hans Joachim Hirsch,[47] a teoria da culpabilidade no âmbito da teoria do erro foi recepcionada pelo *Bundesgerichtshof* (BGH), a partir da decisão no ano de 1952, com a consagração legislativa no CP alemão de 1975, em seus arts. 16 e 17. Mas convém lembrar, a bem da verdade, que a jurisprudência, a doutrina e o StGB alemães perfilham a teoria limitada da culpabilidade (*eingeschränkte Schuldtheorie*), e não a estrita (*strenge Schuldtheorie*), tal como preconizava Welzel.

Entre nós, com a Reforma Penal de 1984 – que no corrente ano chega aos seus 40 anos –, adotou-se, tal como na Alemanha, a teoria limitada da culpabilidade. Para a teoria estrita, todo o erro que recai sobre uma causa de justificação deve ser tratado como erro de proibição. Por outro lado, "[s]erá tratado como erro de tipo permissivo (idêntico ao erro de tipo ao menos no que diz respeito às consequências jurídicas) quando o erro incidir sobre os pressupostos fáticos de uma causa de justificação (CP, art. 20, § 1º), também dito erro *sui generis*, ao passo que se erro incidir sobre a existência ou sobre os limites de uma causa de justificação aí sim tratar-se-á de um erro de proibição (indireto), com as consequências jurídicas previstas no art. 21 do CP".[48]

Importa pôr em realce que esta conformação do injusto enquanto injusto pessoal promove soluções dogmáticas muito mais precisas e justas do ponto de vista dogmático, em confrontação ao antigo binômio erro de fato/erro de direito, pois considera, na correlação dolo/erro, para o escopo da responsabilização penal, aquilo que o agente quis (ou não) fazer, possibilitando, no âmbito da consciência da ilicitude (culpabilidade), ser o agente escusado (e isento de pena) se incorrer em erro sobre a ilicitude do fato de modo inevitável (CP, art. 21). Tomemos o exemplo do crime peculato praticado em que concorre que o agente funcionário público um concorrente *extraneus*. A solução é dada por Miguel Reale Júnior: "Se o concorrente desconhece a condição de funcionário público do coautor, incorre em erro de tipo, e não responderá pelo crime capitulado em face desta qualificação especial que torna o concorrente um sujeito ativo próprio. Haverá erro sobre elemento normativo do tipo".[49] Ora, se o *extraneus* desconhece a presença do funcionário público no empreendimento delitivo, ele não age com dolo de peculato e, assim, não responde pelo crime contra a administração, e sim por crime contra o patrimônio. O erro de tipo nesses moldes tem, nas palavras de Luiz Luisi, "como suporte a teoria finalista da ação que coloca o dolo na área da tipicidade"[50] e, assim, acrescentamos

47. SCHÜNEMANN, Bernd. Einführung in das strafrechtliche Systemdenken. In: *Grundfragen des modernen Strafrechtssystems (herausgegeben von Bernd Schünemann)*. Berlin/New York: Walter de Gruyter, 1984. p. 38; HIRSCH, Hans Joachim. Der Streit um Handlungs- und Unrechtslehre, insbesondere im Spiegel der Zeitschrift für die gesamte Strafrechtswissenschaft. In: HIRSCH, Hans Joachim. *Strafrechtliche Probleme: Schriften aus drei Jahrzehnten*. Berlin: Duncker & Humblot, 1999. p. 343-344.
48. SILVA, Ângelo Roberto Ilha da. *Teoria Geral do Crime*. 3. ed. Belo Horizonte/São Paulo: D'Plácido, 2024. p. 423.
49. REALE JÚNIOR, Miguel. *Fundamentos de Direito Penal*. 5. ed. Rio de Janeiro, Forense, 2020. p. 256.
50. LUISI, Luiz. *O Tipo Penal, a Teoria Finalista e a Nova Legislação Penal*. Porto Alegre: Sergio Antonio Fabris Editor, 1987. p. 111.

nós, consagra um direito penal em que o agente responde por *obra sua*, pelo crime que efetivamente quis praticar. E esta é uma nota de racionalidade.

O injusto pessoal compreensivo do dolo também revela sua implicação prática nas causas excludentes de ilicitude. De acordo com o que fica dito, Alexander Graf zu Dohna esclarece: "Aquele que atira contra seu inimigo, sem saber que este está na iminência de matá-lo, não pratica uma ação de defesa".[51] Entre nós, referindo-se à legítima defesa, Heleno Cláudio Fragoso leciona: "A reação defensiva própria da legítima defesa deve ser praticada com *vontade de defesa*".[52] Já Reale Júnior, comentando o estado de necessidade, assevera: "Do ponto de vista subjetivo, é indispensável que o agente atue *para salvar* o bem ameaçado, ou seja, deve ter consciência da situação de perigo e agir para evitar a lesão".[53]

Após termos dedicado atenção à ressonância prática do dolo no contexto de uma compreensão do injusto pessoal, com as exemplificações mencionadas, algumas precisões conceituais ainda se fazem necessárias. A este propósito seja-nos ainda permitido avançar com mais algumas palavras. É voz corrente que o dolo é composto pelos elementos cognitivo e volitivo. Do ponto de vista normativo, os mencionados elementos estão expressos no art. 20 e no art. 18, respectivamente, ambos do Código Penal. Entendido como consciência e vontade de concretizar o tipo objetivo, o dolo é um só,[54] mas manifesta-se de diversas formas, designadamente dolo direto de 1º grau, dolo direto de 2º grau e dolo eventual, consoante formulação da doutrina germânica.

A demarcação germânica suprarreferida ganhou foros de consagração legislativa no atual Código Penal português, cujo dispositivo legal, para fins didáticos, passa a ser reproduzido:

> Artigo 14º
>
> Dolo
>
> 1 – Age com dolo quem, representando um facto que preenche um tipo de crime, actuar com intenção de o realizar.
>
> 2 – Age ainda com dolo quem representar a realização de um facto que preenche um tipo de crime como consequência necessária da sua conduta.
>
> 3 – Quando a realização de um facto que preenche um tipo de crime for representada como consequência possível da conduta, há dolo se o agente actuar conformando-se com aquela realização.

A despeito de o nosso Código Penal não apresentar a disciplina do dolo nos termos da previsão legal que se vem de reproduzir, o art. 18 do Código Penal brasileiro não é incompatível com a concepção ora enunciada. Em nosso livro *Teoria Geral do Crime*, ofertamos o seguinte exemplo, inspirado no caso Thomas, ocorrido na Alemanha: "O

51. DOHNA, Alexander Graf zu. *Der Aufbau der Verbrechenslehre*. 3. ed. Bonn: Röhrscheid, 1947. p. 32.
52. FRAGOSO, Heleno Cláudio. *Lições de Direito Penal: Parte Geral*. 12. ed. revista e atualizada por Fernando Fragoso. Rio de Janeiro: Forense, 1990. p. 187.
53. REALE JÚNIOR, Miguel. *Fundamentos de Direito Penal*. 5. ed. Rio de Janeiro, Forense, 2020. p. 125.
54. COSTA E SILVA, Antonio José da. *Código Penal dos Estados Unidos do Brasil Commentado*. São Paulo: Companhia Editora Nacional, 1930. p. 141: "O dolo, considerado em si mesmo, é único".

agente *A*, desejoso de matar seu desafeto, *B*, coloca uma bomba no automóvel da vítima a fim de que, no momento em que fosse acionada a partida no referido veículo, a bomba fosse detonada. Ocorre que o automóvel de *B* é conduzido pelo motorista deste, *C*, o qual fatalmente vem a ser morto junto com *B*, no momento da explosão. Muito embora *A* não desejasse matar *C*, e até mesmo lamentasse por sua morte, sabendo-a inarredável, não se demoveu de seu plano. Além disso, a explosão causou outras duas mortes de transeuntes que se encontravam perto do veículo no momento da explosão".[55] Dado os limites deste trabalho, não avançaremos na consideração deste ponto no pormenor, o que laboramos, a quem interessar, em nossas obras monográficas, mas fica aqui a menção da sistemática com a qual estamos de acordo.

Os (indevidamente) denominados dolo genérico e dolo específico em face de uma compreensão do dolo para além dessa antiga terminologia advinda da doutrina que precedeu a Reforma Penal de 1984 reivindicam também uma atenção. Como é consabido, o Código Penal italiano, de 1930, constitui-se em modelo do nosso Código Penal, em sua versão original de 1940. E não apenas o referido Código Rocco, mas também a influência da doutrina italiana promoveu efeitos perlocutórios entre nós. A despeito de ter sido considerado, nas palavras de Anibal Bruno, "obra de harmoniosa estrutura, de boa técnica, bem redigida, clara concisa, e que soube aproveitar com equilíbrio as inovações das mais recentes e autorizadas legislações"[56] [de sua época], também restou adstrito às limitações de seu tempo.

O dolo não é (não pode ser) genérico. Genérico contrapõe-se a algo que é típico, característico, especial. O que é um medicamento genérico? Apesar de ter o mesmo princípio ativo de que um medicamento de referência, é *qualquer um*. E a denúncia genérica? É aquela que não delimita os fatos.[57] Em adverso, quando falamos em algo típico, estamos a tratar de algo característico. Não é à toa que o dolo é um dolo de tipo. Quando indagamos qual a comida típica de determinada região é porque desejamos saber qual é a gastronomia peculiar da localidade, e não uma comida genérica, em outras palavras, qualquer comida, disponível em qualquer lugar. Também assim, no cenário penal, o agente que age com dolo deve representar elementos do tipo e de modo delimitado, e não genérico. Dessa forma, genérico nos remete a algo impreciso, o que não condiz com as exigências da realização/conformação típica. A bem da verdade, a distinção entre dolo genérico e dolo específico é produto da doutrina italiana.[58]

---

55. SILVA, Ângelo Roberto Ilha da. *Teoria Geral do Crime*. 3. ed. Belo Horizonte/São Paulo: D'Plácido, 2024. p. 175-176. Também em: SILVA, Ângelo Roberto Ilha da. *Instituições de Direito Penal*. 5. ed. Belo Horizonte/São Paulo: D'Plácido, 2024. p. 306.
56. BRUNO, Anibal. *Direito Penal*. 3. ed. Rio de Janeiro: Forense, 1967, t. 1º. p. 184.
57. Sobre o ponto, ver: LOPES JR. Aury. *Direito Processual Penal*. 21. ed. São Paulo: Saraiva, 2024. p. 881 e ss.
58. Exemplificativamente: MANZINI, Vincenzo. *Trattato di Diritto Penal Italiano*. Torino: UTET, 1933, v. I. p. 623: "Il dolo si distingue anzitutto in generico, specifico e subspecifico". BATTAGLINI, Giulio. *Diritto Penale: Parte Generale*. 3. ed. Milani: CEDAM, 1949. p. 233: "*Dolo generico e dolo specifico*. – Si dice *generico* il dolo inteso come símplice volontà di produrre l'evento danoso o pericoloso; quando, invece, viene in causa anche *un fine particolare* da parte dell'agente (...), si parla di *dolo specifico*". MAGGIORE, Giuseppe. *Diritto Penale: Parte Generale*. 5. ed. Bologna: Nicola Zanichelli Editore, 1951, v. I. p. 442: "Il dolo è *generico* quando la volontà

Em realidade, o que os autores italianos e os comentadores brasileiros que antecederam a Reforma Penal de 1984 denominam dolo genérico e dolo específico, constituem o dolo e o elemento subjetivo do injusto ou tipo. Este elemento traduz-se em um elemento subjetivo que concorre com o dolo, mas que com este não se confunde. A título de exemplo, consideramos a descrição do crime de extorsão mediante sequestro: "Art. 159 – Seqüestrar pessoa com o fim de obter, para si ou para outrem, qualquer vantagem, como condição ou preço do resgate: Pena – reclusão, de oito a quinze anos". Ora, se o dolo consiste na consciência e vontade de concretizar os elementos do tipo objetivo, ou seja, aqueles elementos que "estão no mundo" – mas limitados àqueles albergados pelo tipo – então o dolo, no exemplo do tipo incriminador *sub examine* resta adjudicado à perpetração do sequestro. De outra parte, o *fim* de obter, para si ou para outrem, qualquer vantagem, como condição ou preço do resgate, *não é dolo*, assim como *não é dolo específico*, pois essa finalidade de obtenção de vantagem, do preço de resgate é o que motiva a conduta dolosa, mas não se confunde com o dolo em si.

Essa é a doutrina atual que deve ser observada, a qual, de resto, está consonância com o quadro compreensivo doutrinário e jurisprudencial da Alemanha,[59] da Espanha,[60] de Portugal,[61] realidades dogmáticas e jurisprudenciais compaginadas com a brasileira.[62]

è direta a cagionare un evento giuridicamente vietato; *specifico* quando la volontà tende al conseguimento di un fine speciale, che la legge richiede per differenziare un titolo di reato da un altro".

59. WELZEL, Hans. *Das Deutsche Strafrecht*. 11. ed. Berlin: Walter de Gruyter & Co., 1969. p. 64 e ss.; ROXIN, Claus. *Strafrecht*: Allgemeiner Teil. 4. ed. München: Verlag C.H. Beck, 2006, v. I. p. 309 e ss.; STRATENWERTH, Günter; KUHLEN, Lothar. *Strafrecht: Allgemeiner Teil*. 5. ed. Köln/Berlin/München: Carl Heymanns Verlag, 2004, v. I. p. 101 e ss.

60. Por todos: CEREZO MIR, José. *Curso de Derecho Penal: Parte General*. 6. ed. Madrid: Tecnos, 1998, v. II. p. 120 e ss.; GRACIA MARTIN, Luis, *Fundamentos de Dogmática Penal*: Una Introducción a la Concepción Finalista de la Responsabilidad Penal. Barcelona: Atelier, 2006.

61. FIGUEIREDO DIAS, Jorge de. *Direito Penal: Parte Geral*. 3. ed. Coimbra: Gestlegal, 2019, t. I. p. 406 e ss.; CARVALHO, Américo Taipa de. *Direito Penal: Parte Geral*. 3. ed. Porto: Universidade Católica Editora, 2016 (2ª reimpressão 2019). p. 285 e ss.

62. TOLEDO, Francisco de Assis. *Princípios Básicos de Direito Penal*. 5. ed. São Paulo: Saraiva, 1994. p. 154; FRAGOSO, Heleno Cláudio. *Lições de Direito Penal: Parte Geral*. 12. ed. revista e atualizada por Fernando Fragoso. Rio de Janeiro: Forense, 1990. p. 171; LOPES, Jair Leonardo. *Curso de Direito Penal: Parte Geral*. 4. ed. São Paulo: Revista dos Tribunais, 2005. p. 121-122; DOTTI, René Ariel. *Curso de Direito Penal: Parte Geral*. 7. ed. São Paulo: Revista dos Tribunais, 2020. p. 474-475; MESTIERI, João. *Manual de Direito Penal: Parte Geral*. Rio de Janeiro: Forense, 1999, v. I. p. 131-135; TAVARES, Juarez. *Teoria do Injusto Penal*. 4. ed. São Paulo: Tirant lo Blanch, 2019. p. 345 e ss.; FRANCO, Alberto Silva. Do Crime. In: *Código Penal e sua Interpretação: Doutrina e Jurisprudência* (coord. Alberto Silva Franco e Rui Stoco). 8. ed. São Paulo: Revista dos Tribunais, 2007. p. 167-169; PRADO, Luiz Regis. *Tratado de Direito Penal Brasileiro: Parte Geral*. 5. ed. Londrina: Thoth, 2023, v. I, t. II. p. 203 e ss.; SANTOS, Juarez Cirino dos. *A Moderna Teoria do Fato Punível*. 4. ed. Rio de Janeiro: ICPC/Lumen Juris, 2005. p. 61 e ss.;

ZAFFARONI, Eugenio Raúl; BATISTA, Nilo; ALAGIA, Alejandro; SLOKAR, Alejandro. *Direito Penal Brasileiro*. Rio de Janeiro: Revan, 2017, v. II, t. II. p. 261 e ss.; ZAFFARONI, Eugenio Raúl; PIERANGELI, José Henrique. *Manual de Direito Penal Brasileiro: Parte Geral*. 12. ed. São Paulo: Revista dos Tribunais, 2018. p. 434 e ss.; COSTA, Álvaro Mayrink da. *Direito Penal: Parte Geral*. 6. ed. Rio de Janeiro: Forense, 1998, v. I, t. I. p. 777 e ss.; BRANDÃO, Cláudio. *Teoria Jurídica do Crime*. 6. ed. Belo Horizonte: D'Plácido, 2021. p. 131 e ss.; GUEIROS SOUZA, Artur de Brito; JAPIASSÚ, Carlos Eduardo Adriano. *Curso de Direito Penal: Parte Geral*. 3. ed. São Paulo: Tirant lo Blanch, 2023. p. 244 e ss.; SOUZA, Luciano Anderson de. *Direito Penal: Parte Geral*. São Paulo: Ed. RT, 2019. p. 288 e ss.; BITENCOURT, Cezar Roberto. *Teoria Geral do Delito: Uma Visão Panorâmica da Dogmática Penal Brasileira*. Coimbra: Almedina, 2007. p. 166 e ss.; GRECO, Rogério. Código Penal Comentado.

A propósito, sequer os autores antigos dos países mencionados utilizavam a noção de dolo específico, pois trata-se, ontem e hoje, de opção italiana e, entre nós, dado o marco teórico que teve assunção em 1984, apenas do ontem. Aqui, portanto, requer-se uma atualização. Rigorosamente falando, em vez de dolo genérico e dolo específico, deve-se falar em dolo (só dolo) e elementos subjetivos do injusto ou do tipo (os quais constituem elementos subjetivos especiais diversos do dolo, mas que com este concorrem – em alguns tipos penais).

Mais uma atualização faz-se necessária. Isso porque, dentro da atual representação teórica que temos vindo a trabalhar, o elemento *vontade livre* não compõe o conceito de dolo. Tomemos em consideração a conceituação fornecida pelo art. 1º, § 2º, da LIA, com a redação dada pela Lei 14.230, de 25 de outubro de 2021: "Considera-se dolo a vontade livre e consciente de alcançar o resultado ilícito tipificado nos arts. 9º, 10 e 11 desta Lei, não bastando a voluntariedade do agente".

Essa definição recebeu a influência da doutrina penal brasileira das primeiras décadas que se seguiram à edição do Código Penal de 1940, em sua versão original, com a realçada influência peninsular. Em 1940, como é consabido, sequer a doutrina finalista havia aportado no Brasil. Nesse caminho, Nelson Hungria, que tanto influenciou nossa doutrina e nossa jurisprudência, laborou notadamente sob os auspícios do Código Rocco e, por conseguinte, da *communis* italiana, como já ressaltamos, consoante se observa de sua lição: "O agente deve ter querido livremente a ação ou omissão e o resultado (dolo), ou, pelo menos, a ação ou omissão (culpa *stricto sensu*)".[63] Consoante se pode observar, o saudoso penalista introduz, na consideração do dolo, o fato de o agente "*ter querido livremente*" e isso o conduz, sob influência da doutrina italiana – que, a propósito, exerceu notável influência na concepção do próprio Código Penal brasileiro de 1940, assim como na doutrina e na jurisprudência que se seguiram –, a seguinte definição desse grande penalista: "*Dolo* é a vontade livre e consciente dirigida ao resultado antijurídico ou, pelo menos, aceitando o risco de produzi-lo".[64] Porém, desde a perspectiva do estádio atual doutrinário e também do direito penal brasileiro vigente pós 1984, essa noção não mais se sustenta.

Só por essas razões, o conceito de dolo da lei revela-se equivocado, mas há mais. Isso porque, ao colocar "o resultado ilícito" no conceito, mais uma vez não foi feliz. Do mesmo modo que o faz o direito penal, também a LIA vale-se de uma técnica de tipificação das condutas ímprobas, ou seja, de esquemas, de modelos descritivos que,

---

15. ed. São Paulo: Atlas, 2022. p. 58-61; MARTINELLI, João Paulo; BEM, Leonardo Schmitt de. *Direito Penal: Parte Geral: Lições Fundamentais*. Belo Horizonte: D'Plácido, 2020. p. 568 e ss.; NUCCI, Guilherme de Souza. *Código Penal Comentado*. 16. ed. Rio de Janeiro: Forense, 2015. p. 205. Composição peculiar, mas também não adotando o binômio dolo genérico/dolo específico: QUEIROZ, Paulo. *Direito Penal: Parte Geral*. 6. ed. Rio de Janeiro: Lumen Juris, 2010. p. 223 e ss.

63. HUNGRIA, Nelson; FRAGOSO, Heleno Cláudio. *Comentários ao Código Penal*. 5. ed. Rio de Janeiro: Forense, 1978, v. I, t. II. p. 25.

64. HUNGRIA, Nelson; FRAGOSO, Heleno Cláudio. *Comentários ao Código Penal*. 5. ed. Rio de Janeiro: Forense, 1978, v. I, t. II. p. 114.

só por si, implicam indício de ilicitude,[65] a ser eventualmente infirmado por alguma justificante. Isso porque, consoante se observa na doutrina de Welzel,[66] o tipo constitui a *matéria de proibição* (*Verbotsmaterie*), o modelo de conduta, de conduta proibida, e, sendo assim, enuncia "*a descrição legal da conduta proibida*".[67] Sendo a conduta proibida, por evidente, não será (não pode ser), ao mesmo tempo, lícita, mas tão somente ilícita. Em termos rigorosamente técnicos, eventual apreciação da consciência da ilicitude seria matéria a ser apreciada no âmbito da culpabilidade. Como acertadamente predica Reinhart Maurach:[68] "A ilicitude do fato resta fora do dolo". De igual modo, Johannes Wessels,[69] para quem: "De acordo com a 'teoria da culpabilidade', consagrada pelo § 17, a consciência da ilicitude (consciência do injusto) não é parte integrante do dolo, mas um elemento da **culpabilidade**". (Grifo em negrito no original).

Por fim, uma breve menção à controvérsia que radica em torno de um *dolo sem vontade*, porque esta seria inapreensível. Argumenta-se que, em certos casos, a vontade não estaria evidenciada, razão pela qual se deveria laborar com uma ideia de um dolo meramente cognitivo, sem volição, portanto. O caso apresentado por Lacmann[70] do atirador que aposta 20 marcos alemães que irá acertar uma bola de cristal que está na mão de uma menina, mas acerta esta seria ilustrativo, pois, segundo se argumenta, o atirador quer ganhar a aposta, e não acertar a menina.

O *Caso do Racha de Berlim*, considerado um novo *Caso Lacmann*,[71] segue o mesmo raciocínio. Ei-lo: "Em síntese, em torno de 1h da madrugada, dois jovens disputavam uma corrida com dois carros potentes (um Mercedez-Benz AMG CLA 45 e um Audi S6 TDI 3.0), alcançando, na cidade de Berlim, em local extremamente movimentado (*Kurfürstendamm*), a excessiva velocidade de 170 Km/h, sendo que, em percurso com diversos semáforos, ao ultrapassarem um deles que se encontrava com o sinal vermelho, um dos motoristas veio a colidir com outro carro em um cruzamento, o qual cruzava a avenida com o sinal verde, vindo este último, em virtude das graves lesões sofridas em decorrência da violência do impacto do automóvel de um dos dois disputantes da corrida, a perder sua vida".[72] Também aqui argumenta-se que o que fundamentaria o dolo seria a mera cognição, pois os motoristas teriam feito a aposta para ganhar a corrida, e não para matar alguém.

65. MAYER, Max Ernst. *Der Allgemeine Teil des deutschen Strafrechts. Lehrbuch*. 2. ed. Heidelberg: Carl Winters Universitätsbuchhandlung, 1923. p. 10.
66. WELZEL, Hans. *Das Deutsche Strafrecht*. 11. ed. Berlin: Walter de Gruyter & Co., 1969. p. 49.
67. TAVARES, Juarez. *Teoria do Injusto Penal*. 4. ed. São Paulo: Tirant lo Blanch, 2019. p. 155.
68. MAURACH, Reinhart. *Strafrecht: Allgemeiner Teil*. 7. ed. fortgeführt von Heinz Zipf. Heidelberg: C. F. Müller Juristischer Verlag, 1987, v. 1. p. 305: "Außerhalb des Vorsatzes bleibt die *Rechtswidrigkeit* der Tat".
69. WESSELS, Joahannes; BEULKE, Werner; SATZGER, Helmut. *Strafrecht: Allgemeiner Teil*. 53. ed. Heidelberg: C. F. Müller, 2023, v. I. p. 111: "Nach der durch § 17 anerkannten 'Schuldtheorie' ist das Bewusstsein der Rechtswidrigkeit (Unrechtsbewusstsein) nicht Bestandteil des Vorsatzes, sondern ein Element der **Schuld**".
70. LACMANN, W. Die Abgrenzung der Schuldformen in der Rechtslehre. *Zeitschrift für die Gesamte Strafrechtswissenschaft*, v. 31, 1911. p. 159.
71. PUPPE, Ingeborg. Mordvorwurf bei illegalem Autorennen – Berliner Raserfall. *Zeitschrift für Internationale Strafrechtsdogmatik*, v. 15, n. 12, 2020. p. 584.
72. SILVA, Ângelo Roberto Ilha da. *Teoria Geral do Crime*. 3. ed. Belo Horizonte/São Paulo: D'Plácido, 2024. p. 188-189.

Não iremos aqui nos deter na letra da lei. Nosso Código Penal consagra claramente um dolo compreensivo de cognição e de vontade. Mas traremos duas razões em reforço.

Em primeiro lugar, não há confundir vontade com desejo. Ora, até mesmo em caso em que um injusto penal é praticado sob coação moral irresistível a vontade é preservada, mas trata-se de uma vontade viciada. Viciada, mas ainda vontade. Tanto que em tais casos, como é consabido, estará caracterizada uma dirimente, restando, por conseguinte, a teor do art. 22 do Código Penal, descaracterizada a culpabilidade. É uma lição básica que se aprende nos bancos acadêmicos.

Em segundo lugar, valer-se do argumento de que a vontade é (ou seria) inapreensível e não se utilizar este mesmo argumento quando objeto de estudo é a consciência traduz-se em um equívoco metodológico. Na verdade, desde uma consideração neurobiológica, as dificuldades que radicam em torno da consciência são tão ou mais desafiadoras do que em relação à vontade, tanto que os neurocientistas Eric R. Kandel e Michael N. Shadlen asseveram que a última fronteira das ciências [neuro]biológicas – o desafio final – é compreender a base biológica da consciência e os processos encefálicos pelos quais pelos quais nós sentimos, agimos, aprendemos e lembramos".[73] Não é à toa que os referidos neurocientistas colocam a consciência em primeiro lugar.

O ato motor – exceptuados certos casos como os movimentos reflexos, como demonstrou Joseph Babinski,[74] ou como aqueles precipitados por estimulação magnética transcraniana (EMT) do córtex motor[75] – é precedido de vontade. Esses movimentos destituídos de vontade sequer têm relevância para a caracterização do injusto penal. Na verdade, ao contrário, tem relevância para descaracterizar a ação e, assim, qualquer possibilidade de empreendimento delitivo a partir daí. Alhear o dolo dos domínios da vontade não resulta em uma resposta adequada à ciência penal enquanto ciência da razão prática, porquanto, como assevera Fábio D'Ávila, "o que vale para um tem que valer para o outro. Se a vontade psicológica é inacessível, também há de ser o conhecimento psicológico. E se não o é, também não o será para vontade".[76]

É certo que os limites que se colocam neste breve ensaio não permitem um maior aprofundamento. A menção aqui feita à problemática posta diz respeito mais com uma tomada de posição do que com um maior desenvolvimento, motivo por que nos reportamos à passagem que escrevemos, ao comentarmos o *Caso Racha de Berlim*, em nossa obra de maior fôlego, em modo de concisão: "É intuitivo que os motoristas não desejam a causação dos resultados que vieram a ser precipitados, mas estes não foram causados

73. KANDEL, Eric R.; SHADLEN, Michael N. The Brain and Behavior. In: *Principles of Neural Science*. 6. ed. (edited by Eric R. Kandel, John D. Koester, Sarah H. Mack and Steven A. Siegelbaum). New York: McGraw-Hill, 2021. p. 7.

74. BABINSKI, Joseph François Félix. Sur le Réflexe Cutané Plantaire dans Certaines Affections Organiques du Système Nerveux Central. *Comptes-Rendus et Mémoires de la Société de Biologie*, v. 48, p. 207-208. Paris: Société de Biologie, 1896.

75. CHOI, Julia T.; BOUYER, Laurent J.; NIELSEN, Jens Bo. Disruption of Locomotor Adaptation with Repetitive Transcranial Magnetic Stimulation Over the Motor Cortex. *Cerebral Cortex*, v. 25, n. 7, p. 1.981-1.986, 2015; ZOHURI, Bahman; MCDANIEL, Patrick J. *Transcranial Magnetic and Electrical Brain Stimulation for Neurological Disorders*. Cambridge: Academic Press, 2022.

76. D'ÁVILA, Fábio Roberto. *Dolo e Vontade. Mas Também sobre o Bebê e a Água do Banho* (no prelo).

pelo fato de os apostadores da corrida terem apenas representado a possibilidade de os causarem, e sim por terem *decidido* pôr em prática o comportamento lesivo, sabendo da *possibilidade* da concretização dos resultados típicos. O plano contemplativo, cognitivo não é suficiente – não perfaz o resultado – sem que haja uma decisão seguida de um comportamento possivelmente lesivo, ainda que a ofensa aos bens jurídicos atingidos não venha a constituir o propósito, e sim a possibilidade levada à cabo, com o consequente malogro".[77]

CONSIDERAÇÕES FINAIS

Após a análise empreendida no desenvolvimento deste estudo, resulta claro que a Reforma Penal de 1984, cuja Comissão de Reforma foi integrada por penalistas da mais elevada estatura, andou bem em preservar nosso patrimônio jurídico-penal ao considerar o dolo como um ato de vontade. Sem vontade, uma ação (propriamente dita) não se realiza. Dolo é cognição e volição. De outra parte, não foi feliz a conceituação da nova LIA que, no intento açodado de eliminar a hipótese culposa da improbidade, poderia ter laborado de modo mais técnico e adequado. Não tendo observado a boa técnica, o que restou foi uma verdadeira deformação dogmática imiscuindo compreensões epistemológicas incompatíveis entre si. O que fica é: o conceito de dolo tão arduamente edificado pela dogmática penal é um patrimônio, mais que irrecusável, imprescindível.

REFERÊNCIAS

ACHENBACH, Hans. *Historische und dogmatische Grundlagen der Strafrechtssystematischen Schuldlehre*. Berlin: J. Schweitzer, 1974.

ANSCOMBE, Gertrude Elizabeth Margaret. On Brute Facts. *Analysis (Oxford Journals)*, v. 18, 3, p. 69-72, jan. 1958.

BABINSKI, Joseph François Félix. Sur le Réflexe Cutané Plantaire dans Certaines Affections Organiques du Système Nerveux Central. *Comptes-Rendus et Mémoires de la Société de Biologie*, v. 48, p. 207-208. Paris: Société de Biologie, 1896.

BATTAGLINI, Giulio. *Diritto Penale*: Parte Generale. 3. ed. Milani: CEDAM, 1949.

BELING, Ernst. *Die Lehre vom Verbrechen*. Tübingen: J. C. B. Mohr (Paul Siebeck), 1906.

BINDING, Karl. *Die Normen und ihre Übertretung, eine Untersuchung über die rechtmässige Handlung und die Arten des Delikts*. Leipzig: Wilhelm Engelmann, 1872. v. I.

BINDING, Karl. *Die Normen und ihre Übertretung. Eine Untersuchung über die rechtmässige Handlung und die Arten des Delikts*. 2. ed. Leipzig: Wilhelm Engelmann, 1914. v. II.

BINDING, Karl. *Die Normen und ihre Übertretung. Eine Untersuchung über die rechtmässige Handlung und die Arten des Delikts*. Leipzig: Wilhelm Engelmann, 1918. v. III.

BITENCOURT, Cezar Roberto. *Teoria Geral do Delito: Uma Visão Panorâmica da Dogmática Penal Brasileira*. Coimbra: Almedina, 2007.

BRANDÃO, Cláudio. *Teoria Jurídica do Crime*. 6. ed. Belo Horizonte: D'Plácido, 2021.

77. SILVA, Ângelo Roberto Ilha da. *Teoria Geral do Crime*. 3. ed. Belo Horizonte/São Paulo: D'Plácido, 2024. p. 190.

BRUNO, Anibal. *Direito Penal*. 3. ed. Rio de Janeiro: Forense, 1967, t. 1º.

CARVALHO, Américo Taipa de. *Direito Penal: Parte Geral*. 3. ed. Porto: Universidade Católica Editora, 2016 (2ª reimpressão 2019).

CEREZO MIR, José. *Curso de Derecho Penal: Parte General*. 6. ed. Madrid: Tecnos, 1998. v. II.

CHOI, Julia T.; BOUYER, Laurent J.; NIELSEN, Jens Bo. Disruption of Locomotor Adaptation with Repetitive Transcranial Magnetic Stimulation Over the Motor Cortex. *Cerebral Cortex*, v. 25, 7, p. 1981-1986, 2015.

CÓRDOBA RODA, Juan. *Una Nueva Concepción del Delito*: La Doctrina Finalista. Barcelona: Ariel, 1963.

COSTA, Álvaro Mayrink da. *Direito Penal*: parte geral. 6. ed. Rio de Janeiro: Forense, 1998. v. I. t. I.

COSTA E SILVA, Antonio José da. *Código Penal dos Estados Unidos do Brasil Commentado*. São Paulo: Companhia Editora Nacional, 1930.

D'ÁVILA, Fábio Roberto. *Dolo e Vontade. Mas Também sobre o Bebê e a Água do Banho* (no prelo).

DILTHEY, Wilhem. *Der Aufbau der geschichtlichen Welt in den Geisteswissenschaften*. Frankfurt: Suhrkamp, 1981.

DOHNA, Alexander Graf zu. *Der Aufbau der Verbrechenslehre*. 3. ed. Bonn: Röhrscheid, 1947.

DOHNA, Alexander Graf zu. *Die Elemente des Schuldbegriffs*. Stuttgart: Union Deutsche Verlagsgesellschaft, 1905.

DOTTI, René Ariel. *Curso de Direito Penal*: parte geral. 7. ed. São Paulo: Ed. RT, 2020.

FARIA COSTA, José de. *Linhas de direito penal e de filosofia*: alguns cruzamentos reflexivos. Coimbra: Coimbra Editora, 2005.

FARIA COSTA, José Francisco de. *Direito penal*. Lisboa: Imprensa Nacional, 2017.

FIGUEIREDO DIAS, Jorge de. *Direito Penal: Parte Geral*. 3. ed. Coimbra: Gestlegal, 2019, t. I.

FISCHER, Hans Albrecht. *Die Rechtswidrigkeit mit besonderer Berücksichtigung des Privatrechts*. Frankfurt-Main: Sauer & Auvermann, 1966.

FRAGOSO, Heleno Cláudio. *Lições de Direito Penal: parte geral*. 12. ed. revista e atualizada por Fernando Fragoso. Rio de Janeiro: Forense, 1990.

FRANCO, Alberto Silva. Do crime. In: FRANCO, Alberto Silva e STOCO, Rui (Coord.). *Código Penal e sua interpretação*: doutrina e jurisprudência. 8. ed. São Paulo: Ed. RT, 2007.

FRANK, Reinhard. Über den Aufbau des Schuldbegriffs. In: *Festschrift für die Juristische Fakultät in Giessen zum Universitäts-Jubiläum (Herausgegeben von Reinhard Frank)*. Giessen: Alfred Töpelmann, 1907.

FREUDENTHAL, Berthold. *Schuld und Worwurf im geltenden Strafrecht*. Tübingen: J. C. B. Mohr (Paul Siebeck), 1922.

GALLAS, Wilhelm. *Zum gegenwärtigen Stand der Lehre vom Verbrechen*. Berlin: Walter de Gruyter & Co. 1955.

GIOFFREDI, Carlo. *I Principi del Diritto Penale Romano*. Torino: G. Giappichelli, 1970.

GOLDSCHMIDT, James. *Der Notstand, ein Schuldproblem*: mit Rücksicht auf die Strafgesetzentwürfe Deutschlands, Österreichs und der Schweiz. Wien: Manz, 1913.

GOLDSCHMIDT, James. Normativer Schuldbegriff. In: *Festgabe für Reinhard von Frank zum 70. Geburstag*. Tübingen: J. C. B. Mohr (Paul Siebeck), 1930. v. I.

GRACIA MARTIN, Luis, *Fundamentos de Dogmática Penal: Una Introducción a la Concepción Finalista de la Responsabilidad Penal*. Barcelona: Atelier, 2006.

GRECO, Rogério. *Código Penal comentado*. 15. ed. São Paulo: Atlas, 2022.

GRÜNHUT, Max. Methodische Grundlagen der heutigen Strafrechtswissenschft. In: *Festgabe für Reinhard von Frank zum 70. Geburstag*. Tübingen: J. C. B. Mohr, 1930.

GUEIROS SOUZA, Artur de Brito; JAPIASSÚ, Carlos Eduardo Adriano. *Curso de Direito Penal: Parte Geral*. 3. ed. São Paulo: Tirant lo Blanch, 2023.

HEGLER, August. Die Merkmale des Verbrechens. *Zeitschrift für die Gesamte Strafrechtswissenschaft*, v. 36, p. 19-44, 1915.

HIRSCH, Hans Joachim. Der Streit um Handlungs- und Unrechtslehre, insbesondere im Spiegel der Zeitschrift für die gesamte Strafrechtswissenschaft. In: HIRSCH, Hans Joachim. *Strafrechtliche Probleme*: Schriften aus drei Jahrzehnten. Berlin: Duncker & Humblot, 1999.

JESCHECK, Hans-Heinrich; WEIGEND, Thomas. *Lehrbuch des Strafrechts: Allgemeiner Teil*. 5. ed. Berlin: Duncker & Humblot, 1996.

KANDEL, Eric R.; SHADLEN, Michael N. The Brain and Behavior. In: *Principles of Neural Science*. 6. ed. (edited by Eric R. Kandel, John D. Koester, Sarah H. Mack and Steven A. Siegelbaum). New York: McGraw-Hill, 2021.

KAUFMANN, Arthur. *Analogie und "Natur der Sache"*: Zugleich ein Beitrag zur Lehre vom Typus. Karlsruhe: C. F. Müller, 1965.

LACMANN, W. Die Abgrenzung der Schuldformen in der Rechtslehre. *Zeitschrift für die Gesamte Strafrechtswissenschaft*, v. 31, p. 142-166, 1911.

LARENZ, Karl. *Methodenlehre der Rechtswissenschaft*. 6. ed. Berlin: Springer-Verlag, 1991.

LISZT, Franz von. *Tratado de Direito Penal Allemão*. Trad. José Hygino Duarte Pereira. Rio de Janeiro: F. Briguiet & C., 1899, t. I.

LOPES JR., Aury. *Direito Processual Penal*. 21. ed. São Paulo: Saraiva, 2024.

LOPES, Jair Leonardo. *Curso de Direito Penal*: parte geral. 4. ed. São Paulo: Ed. RT, 2005.

LUISI, Luiz. *O Tipo Penal, a Teoria Finalista e a Nova Legislação Penal*. Porto Alegre: Sergio Antonio Fabris Editor, 1987.

MAGGIORE, Giuseppe. *Diritto Penale*: Parte Generale. 5. ed. Bologna: Nicola Zanichelli Editore, 1951, v. I.

MANZINI, Vincenzo. *Trattato di Diritto Penal Italiano*. Torino: UTET, 1933, v. I.

MARTINELLI, João Paulo; BEM, Leonardo Schmitt de. *Direito Penal: Parte Geral: Lições Fundamentais*. Belo Horizonte: D'Plácido, 2020.

MAURACH, Reinhart. *Strafrecht: Allgemeiner Teil*. 7. ed. fortgeführt von Heinz Zipf. Heidelberg: C. F. Müller Juristischer Verlag, 1987, v. 1.

MAYER, Max Ernst. *Der Allgemeine Teil des deutschen Strafrechts*. Lehrbuch. 2. ed. Heidelberg: Carl Winters Universitätsbuchhandlung, 1923.

MENDONÇA, André Luiz de Almeida. Bases para a Compreensão Sistêmica da Corrupção. In: *Democracia e Sistema de Justiça: Obra em Homenagem aos 10 Anos do Ministro Dias Toffoli no Supremo Tribunal Federal* (Alexandre de Moraes; André Luiz de Almeida Mendonça). Belo Horizonte: Fórum, 2020.

MESTIERI, João. *Manual de Direito Penal: Parte Geral*. Rio de Janeiro: Forense, 1999, v. I.

MEZGER, Edmund. Die subjektiven Unrechtselemente. Der Gerichtssaal. *Zeitschrift für Zivil- und Militär-Strafrecht und Strafprozessrecht sowie die Ergänzenden Disziplinen*. Stuttgart, v. LXXXIX, p. 207-314, 1924.

MEZGER, Edmund. Rechtsirrtum und Rechtsblindheit. In: *Probleme der Strafrechtserneuerung: Festschrift für Eduard Kohlrausch zum 70*. Geburtstage dargebracht. Berlin: Walter de Gruyter, 1944.

MEZGER, Edmund. *Strafrecht. Ein Lehrbuch*. 3. ed. Berlin: Duncker & Humblot, 1949.

MEZGER, Edmund. *Moderne Wege der Strafrechtsdogmatik*: *Eine ergänzende Betrachtung zum Lehrbuch des Strafrechts in seiner 3. Auflage (1949)*. Berlin/München: Duncker & Humblot, 1950.

MOMMSEN, Theodor. *Römisches Strafrecht*. Graz: Akademische Druck- U. Verlagsanstalt, 1955.

NAGLER, Johannes. Der heutige Stand der Lehre von der Rechtswidrigkeit. In: *Festschrift für Karl Binding zum 4. Juni 1911*. Leipzig: Wilhelm Engelmann, 1911, v 2.

NORONHA, E. Magalhães. *Direito Penal: Introdução e Parte Geral*. 25. ed. atualizada por Adalberto José Q. T. de Camargo Aranha. São Paulo: Saraiva, 1987.

NUCCI, Guilherme de Souza. *Código Penal comentado*. 16. ed. Rio de Janeiro: Forense, 2015.

OTTO, Harro. *Grundkurs Strafrecht*: Allgemeine Strafrechtslehre. 7. ed. Berlin: De Gruyter, 2004.

PRADO, Luiz Regis. *Tratado de Direito Penal brasileiro*: parte geral. 5. ed. Londrina: Thoth, 2023, v. I, t. II.

PUFENDORF, Samuel. *Le Droit de la Nature et des Gens, ou Systeme General des Principes les plus Importans de la Morale, de la Jurisprudence, et de la Politique*. Traduit de Latin par Jean Barbeyrac. 5. ed. Amsterdam: Chez la Veuve de Pierre de Coup, 1734, t. I.

PUPPE, Ingeborg. Mordvorwurf bei illegalem Autorennen – Berliner Raserfall. *Zeitschrift für Internationale Strafrechtsdogmatik*, v. 15, 12, p. 584-586, 2020.

QUEIROZ, Paulo. *Direito Penal*: parte geral. 6. ed. Rio de Janeiro: Lumen Juris, 2010.

REALE JÚNIOR, Miguel. *Fundamentos de direito penal*. 5. ed. Rio de Janeiro, Forense, 2020.

ROXIN, Claus. *Strafrecht*: Allgemeiner Teil. 4. ed. München: Verlag C.H. Beck, 2006, v. I.

ROXIN, Claus. Vorzüge und Defizite des Finalismus: Eine Bilanz. In: *Festschrift für Nikolaos K. Androulakis*. Athen: Sakkoulas Verlag, 2003.

SANTOS, Juarez Cirino dos. *A moderna teoria do fato punível*. 4. ed. Rio de Janeiro: ICPC/Lumen Juris, 2005.

SCHÜNEMANN, Bernd. Einführung in das strafrechtliche Systemdenken. In: *Grundfragen des modernen Strafrechtssystems (herausgegeben von Bernd Schünemann)*. Berlin/New York: Walter de Gruyter, 1984.

SILVA, Ângelo Roberto Ilha da. *Instituições de Direito Penal*. 5. ed. Belo Horizonte/São Paulo: D'Plácido, 2024.

SILVA, Ângelo Roberto Ilha da. *Teoria Geral do Crime*. 3. ed. Belo Horizonte/São Paulo: D'Plácido, 2024.

SOUZA, Luciano Anderson de. *Direito Penal: Parte Geral*. São Paulo: Ed. RT, 2019.

STRATENWERTH, Günter; KUHLEN, Lothar. *Strafrecht*: Allgemeiner Teil. 5. ed. Köln/Berlin/München: Carl Heymanns Verlag, 2004, v. I.

TAVARES, Juarez. *Teoria do Injusto Penal*. 4. ed. São Paulo: Tirant lo Blanch, 2019.

TOLEDO, Francisco de Assis. *Princípios Básicos de Direito Penal*. 5. ed. São Paulo: Saraiva, 1994.

WESSELS, Joahannes; BEULKE, Werner; SATZGER, Helmut. *Strafrecht: Allgemeiner Teil*. 53. ed. Heidelberg: C. F. Müller, 2023, v. I.

ZAFFARONI, Eugenio Raúl; BATISTA, Nilo; ALAGIA, Alejandro; SLOKAR, Alejandro. *Direito Penal Brasileiro*. Rio de Janeiro: Revan, 2017. v. II. t. II.

ZAFFARONI, Eugenio Raúl; PIERANGELI, José Henrique. *Manual de Direito Penal Brasileiro: Parte Geral*. 12. ed. São Paulo: Ed. RT, 2018.

ZOHURI, Bahman; MCDANIEL, Patrick J. *Transcranial Magnetic and Electrical Brain Stimulation for Neurological Disorders*. Cambridge: Academic Press, 2022.

A EFETIVAÇÃO DO DIREITO À SAÚDE E A NECESSIDADE DE CAUTELA NO ENFRENTAMENTO DOS DESAFIOS ESTRUTURAIS INERENTES À ADMINISTRAÇÃO PÚBLICA

Eduardo Filipe Alves Martins

Mestrando em Políticas Públicas pela Universidade de Lisboa. Desembargador Federal do Tribunal Regional Federal da 1ª Região.

Sumário: Introdução – 1. Da responsabilidade solidária dos entes federados na efetivação do direito à saúde – 2. Riscos à saúde pública pela falta de observância aos critérios legais – Conclusão – Referências.

INTRODUÇÃO

A Constituição Federal de 1988 é marcada como um símbolo de concretização do Estado Democrático e Social de Direito, contemplando Direitos Fundamentais, visando à implementação de uma nova ordem social.

Sob a perspectiva constitucional, o artigo 6º reconhece a saúde como um direito social, enquanto o artigo 196 estabelece que a saúde é um direito de todos e um dever do Estado. Essas disposições fundamentais delineiam a responsabilidade do poder público em garantir o acesso à saúde e a prestação de serviços adequados à população.

A partir do momento em que o Estado tomou para si o dever de dirimir conflitos, surgiu a necessidade de disponibilização de meios para que as pessoas tivessem acesso a essa função, em específico com relação às demandas que envolvem o direito à saúde.

É justamente em razão desses fatores que o presente artigo busca compreender, à luz da jurisprudência e da doutrina, os diferentes desafios que impedem a concretização do direito à saúde, ressaltando a necessidade de haver uma maior cautela na apreciação dessas demandas.

Inicialmente, será realizado um estudo com relação à competência dos entes federativos, em específico com relação ao direcionamento das ações de saúde para compreender melhor o funcionamento da máquina pública e as respectivas responsabilidades.

Com o propósito de aprofundar a compreender o Direito Fundamental em discussão, haverá a exposição de algumas lições doutrinárias acerca do tema. Isso permitirá uma análise mais clara da atuação da Administração Pública na aquisição de fármacos.

Por último, procederemos à análise do caso discutido no julgamento do Mandado de Segurança 39.592/DF, que pontuou a necessidade de respeitar os procedimentos criados para aquisição dos fármacos, sob pena de comprometer a saúde pública.

1. DA RESPONSABILIDADE SOLIDÁRIA DOS ENTES FEDERADOS NA EFETIVAÇÃO DO DIREITO À SAÚDE

A Constituição Federal de 1988 é marcada como um símbolo de concretização do Estado Democrático e Social de Direito, com o propósito de estabelecer uma nova ordem social que abarque os Direitos Fundamentais.[1] Esse marco histórico reflete o contexto político-social daquela quadra. O direito à saúde está intrinsecamente ligado ao princípio da dignidade da pessoa humana e figura como um dos pilares orientadores do Estado Democrático de Direito, qualificando-se como um direito fundamental inerente à condição humana.

Entende-se que a saúde deve ser o Direito Fundamental, entre os fundamentais, já que a vida é o bem primordial de qualquer pessoa, seu primeiro valor moral. Juntamente com a vida nasce a dignidade e, por essa razão, é imperativo invocá-la para salvaguardar e assegurar o direito à saúde.[2]

Enquanto direito fundamental, deve ser efetivado pela Administração Pública por meio da elaboração de políticas públicas eficazes. No entanto, em determinadas situações, é possível restringir esse direito. Para que essa restrição seja válida e legítima, alguns parâmetros devem ser observados. Primeiramente, a restrição ao direito deve ser proporcional, ou seja, não pode ser excessiva em relação à finalidade pretendida. Em segundo lugar, essa restrição não pode esvaziar completamente o conteúdo essencial do direito à saúde.[3]

O direito à saúde deriva da proteção do mínimo existencial[4] e da dignidade da pessoa humana, constituindo, portanto, um fundamento e objetivo fundamental da República Federativa do Brasil (CF, arts. 1º, III, e 3º, III). Garantir um mínimo de dignidade humana por meio de serviços públicos essenciais, entre os quais a educação e a saúde, é um dos propósitos fundamentais do Estado brasileiro, não sendo condicionado à conveniência política dos administradores públicos.[5]

---

1. Para Paulo Bonavides, o direito à saúde é considerado um direito fundamental pertencente à terceira geração. Essa geração é fundada no "princípio da solidariedade" e abrange questões sociais, econômicas e culturais, incluindo o acesso a serviços de saúde como parte essencial da dignidade humana e do bem-estar coletivo. "A teoria, como Vasak e outros, já identificou cinco direitos da fraternidade, ou seja, da terceira geração: o direito ao desenvolvimento, o direito à paz, o direito ao meio ambiente, o direito de propriedade sobre o patrimônio comum da humanidade e o direito de comunicação". BONAVIDES, Paulo. *Curso de Direito Constitucional*. 24. ed. São Paulo: Malheiros Editores, 2009. p. 569.
2. BUCCI, Maria Paula Dallari. As políticas públicas e o direito administrativo. *Revista Trimestral de Direito Público*, São Paulo: Malheiros, n. 13, 1996.
3. FAZZA, Ana Luiza Lima. O Direito à Saúde e a Possibilidade do Controle Judicial. *Revista do Ministério Público do Rio de Janeiro*, n. 60, abr./jun. 2016. p. 24-25.
4. "Utilizando-se da técnica hermenêutica da ponderação de valores, nota-se que, no caso em comento, a tutela do mínimo existencial prevalece sobre a reserva do possível. Só não prevaleceria, ressalta-se, no caso de o ente público provar a absoluta inexequibilidade do direito social pleiteado por insuficiência de caixa – o que não se verifica nos autos." (STJ, REsp 1.366.331/RS, relator Ministro Humberto Martins, Segunda Turma, julgado em 16/12/2014, DJe de 19/12/2014.)
5. STJ, REsp 1.041.197/MS, relator Ministro Humberto Martins, Segunda Turma, julgado em 25/8/2009, DJe de 16/9/2009.

O Supremo Tribunal Federal (STF) tem abordado de forma relevante a relação entre o conceito de mínimo existencial e a saúde. De acordo com a nossa Suprema Corte, "a noção de 'mínimo existencial', que resulta, por implicitude, de determinados preceitos constitucionais (CF, art. 1º, III, e art. 3º, III), compreende um complexo de prerrogativas cuja concretização revela-se capaz de garantir condições adequadas de existência digna, em ordem a assegurar, à pessoa, acesso efetivo ao direito geral de liberdade e, também, a prestações positivas originárias do Estado, viabilizadoras da plena fruição de direitos sociais básicos, tais como o direito à educação, o direito à proteção integral da criança e do adolescente, o direito à saúde, o direito à assistência social, o direito à moradia, o direito à alimentação e o direito à segurança."[6]

No direito estrangeiro, a doutrina também enfatiza a saúde como um bem essencial, que, independentemente de seu reconhecimento constitucional, não depende de norma programática para sua concretização ou mesmo da imposição constitucional. É o que assegura a doutrina de J. J. Gomes Canotilho:

> Ao contrário do que geralmente se afirma, um direito económico, social e cultural não se dissolve numa mera norma programática ou numa imposição constitucional. Exemplifique-se: o direito à saúde é um direito social, independentemente das imposições constitucionais destinadas a assegurar a sua eficácia (ex.: a criação de um serviço nacional de saúde, geral e tendencialmente gratuito (...) e das prestações fornecidas pelo Estado para assegurar o mesmo direito (por exemplo, cuidados de medicina preventiva, curativa e de reabilitação).[7]

A Constituição Federal estabelece que é de competência comum da União, dos Estados, do Distrito Federal e dos Municípios o dever de assegurar a efetivação do direito à saúde (CF, art. 23, inciso II)[8], por meio de uma rede regionalizada, hierarquizada e descentralizada que constitui um Sistema Único de Saúde (CF, art. 198).[9]

Essa obrigação solidária fortalece a aplicabilidade do direito, pois permite que o cidadão direcione sua demanda ao ente que considera capaz de fornecer o tratamento necessário. No entanto, embora seja um direito constitucionalmente garantido, a sua efetivação enfrenta inúmeras dificuldades, tornando-se um desafio no contexto brasileiro.

Isso ocorre porque a competência comum não implica que todos os entes da Federação compartilhem os mesmos deveres e atribuições. A Constituição Federal de 1988 e as normas posteriores – especialmente a Lei 8.080/1990 (Lei Orgânica da Saú-

---

6. STF, ARE 639.337 AgR, relator Min. Celso de Mello, Segunda Turma, julgado em 23/8/2011, DJ 15/9/2011.
7. CANOTILHO, José Joaquim Gomes. *Direito constitucional e teoria da Constituição*. 4. ed. Coimbra: Almedina, 1997. p. 467.
8. É competência comum da União, dos Estados, do Distrito Federal e dos Municípios: cuidar da saúde e assistência pública, da proteção e garantia das pessoas portadoras de deficiência.
9. As ações e serviços públicos de saúde integram uma rede regionalizada e hierarquizada e constituem um sistema único, organizado de acordo com as seguintes diretrizes: I – descentralização, com direção única em cada esfera de governo; II – atendimento integral, com prioridade para as atividades preventivas, sem prejuízo dos serviços assistenciais; III – participação da comunidade.

de – LOS) – estabelecem atribuições comuns e exclusivas de cada ente, buscando uma previsibilidade administrativa dos deveres de cada um.[10]

A Constituição, em seu art. 198, estabelece que as ações e serviços de saúde públicos devem integrar uma rede regionalizada e hierarquizada. Essa estrutura permite definir as responsabilidades de cada ente, mas, na prática, acaba dificultando a responsabilização dos entes, resultado em um aumento de processos judiciais relacionados à saúde.

O cidadão – não raras vezes – enfrenta dificuldades ao buscar acesso à saúde. Apesar das inúmeras listas do Sistema Único de Saúde (SUS), catalogar todas as doenças e tratamentos existentes é praticamente impossível. Nesse contexto, o Supremo Tribunal Federal, no julgamento do Tema 793, estabeleceu a tese de que os entes da federação, em decorrência da competência comum, são solidariamente responsáveis nas demandas prestacionais na área da saúde e, diante dos critérios constitucionais de descentralização e hierarquização, compete à autoridade judicial direcionar o cumprimento conforme as regras de repartição de competências e determinar o ressarcimento àqueles que suportam o ônus financeiro.

Com efeito, a controvérsia sobre a solidariedade dos entes federativos reflete na definição da competência para o julgamento das ações e na responsabilidade pelo custeio da efetivação do direito fundamental à saúde.[11] Esse debate é especialmente relevante no que diz respeito à inclusão da União no polo passivo das ações judiciais e à determinação da competência da Justiça Federal (art. 109, inciso I, da Constituição Federal).

A legitimidade da União e, por conseguinte, a competência da Justiça Federal nas ações que visam ao fornecimento de medicamentos registrados na ANVISA, mas não incorporados ao Sistema Único de Saúde (SUS), é objeto de debate sob a sistemática da repercussão geral por meio do Tema 1.234 do STF. A suspensão nacional do processamento dos recursos especiais e extraordinários foi determinada, inclusive nos processos em que se discute a aplicação do Tema 793 da Repercussão Geral, sem prejuízo, evidentemente, do exame de medidas cautelares correlatas.

Após a mencionada decisão, a Primeira Seção do Superior Tribunal de Justiça analisou o Incidente de Assunção de Competência (IAC) 14. Nesse incidente, discutiu-se a competência do juízo nas ações judiciais relacionadas ao tratamento médico

---

10. ASENSI, Felipe Dutra. *Responsabilidade solidária dos entes da federação e "efeitos colaterais" no direito à saúde.* Disponível em: [www.revistas.usp.br/rdisan/article/view/111658]. Acesso em: 25 jun. 2024.

11. Note-se que o custeio e o ressarcimento entre os entes federativos estão no centro do debate como já enunciado no Tema 793. Veja-se a ementa dos embargos de declaração no RE n. 855.178: "[...] 1. É da jurisprudência do Supremo Tribunal Federal que o tratamento médico adequado aos necessitados se insere no rol dos deveres do Estado, porquanto responsabilidade solidária dos entes federados. O polo passivo pode ser composto por qualquer um deles, isoladamente ou conjuntamente. 2. A fim de otimizar a compensação entre os entes federados, compete à autoridade judicial, diante dos critérios constitucionais de descentralização e hierarquização, direcionar, caso a caso, o cumprimento conforme as regras de repartição de competências e determinar o ressarcimento a quem suportou o ônus financeiro. 3. As ações que demandem fornecimento de medicamentos sem registro na ANVISA deverão necessariamente ser propostas em face da União. Precedente específico: RE 657.718, Rel. Min. Alexandre de Moraes. 4. Embargos de declaração desprovidos." (STF, RE 855.178 ED, relator Min. Luiz Fux, relator p/ acórdão Min. Edson Fachin, Tribunal Pleno, julgado em 23/5/2019, DJe de 16/4/2020.)

não incluído nas políticas públicas do Sistema Único de Saúde (SUS), considerando os conflitos de competência entre as justiças comuns estadual e federal. Foram estabelecidas as seguintes teses:

> a) Nas hipóteses de ações relativas à saúde intentadas com o objetivo de compelir o Poder Público ao cumprimento de obrigação de fazer consistente na dispensação de medicamentos não inseridos na lista do SUS, mas registrado na ANVISA, deverá prevalecer a competência do juízo de acordo com os entes contra os quais a parte autora elegeu demandar; b) as regras de repartição de competência administrativas do SUS não devem ser invocadas pelos magistrados para fins de alteração ou ampliação do polo passivo delineado pela parte no momento da propositura da ação, mas tão somente para fins de redirecionar o cumprimento da sentença ou determinar o ressarcimento da entidade federada que suportou o ônus financeiro no lugar do ente público competente, não sendo o conflito de competência a via adequada para discutir a legitimidade ad causam, à luz da Lei n. 8.080/1990, ou a nulidade das decisões proferidas pelo Juízo estadual ou federal, questões que devem ser analisada no bojo da ação principal. c) a competência da Justiça Federal, nos termos do art. 109, I, da CF/88, é determinada por critério objetivo, em regra, em razão das pessoas que figuram no polo passivo da demanda (competência ratione personae), competindo ao Juízo federal decidir sobre o interesse da União no processo (Súmula 150 do STJ), não cabendo ao Juízo estadual, ao receber os autos que lhe foram restituídos em vista da exclusão do ente federal do feito, suscitar conflito de competência (Súmula 254 do STJ).[12]

Existe uma responsabilidade cooperativa, colaborativa, solidária no sentido da integração dos serviços entre os entes envolvidos.[13] Essa integração deve ser acompanhada por uma repartição interna que permita o direcionamento das responsabilidades com o intuito de facilitar a vida da população e não de dificultá-la.

Com efeito, tal discussão permanece em pauta nos Tribunais pátrios, diante da afetação, pelo Supremo Tribunal Federal, como tema de repercussão geral das demandas que versem sobre o fornecimento de medicamentos registrados na Anvisa, mas não padronizados no SUS (Tema 1.234). Essa afetação visa – por meio de precedente qualificado e vinculante – à uniformização das decisões judiciais e à definição de responsabilidades entre os entes federativos.

Embora a Constituição Federal atribua a todos os entes federativos a responsabilidade de assegurar o direito à saúde por meio da disponibilização dos recursos necessários à população, essa questão continua sendo um tema frequente nos tribunais. A ampla discussão não tem, até o momento, proporcionado uma expectativa clara de resolução em um curto espaço de tempo.

A temática em questão é de extrema relevância, pois envolve não apenas os cidadãos que buscam acesso a tratamentos de saúde, mas também fornecedores e a própria Administração Pública.

---

12. Ao analisar a admissibilidade dos recursos extraordinários interpostos nos Conflitos de Competência n. 187.276/RS, 187.533/SC e 188.002/SC, o Ministro Vice-Presidente do Superior Tribunal de Justiça (STJ) determinou a suspensão desses processos até o julgamento definitivo do Tema 1.234 pelo Supremo Tribunal Federal (STF)."
13. SANTOS, Lenir. Judicialização da saúde: é preciso rever a responsabilidade solidária. *Consultor Jurídico*, 26 de agosto de 2017. Disponível em: [www.conjur.com.br/2017-ago-26/lenir-santos-preciso-rever-responsabilidade-solidaria-saude/]. Acesso em: 25 jun. 2024.

2. RISCOS À SAÚDE PÚBLICA PELA FALTA DE OBSERVÂNCIA AOS CRITÉRIOS LEGAIS

Sabe-se que, em se tratando de problemas relacionados à efetivação do direito à saúde, é essencial que sejam tomadas providências com a máxima celeridade. Isso se deve à própria natureza das demandas, especialmente quando a vida de um indivíduo está em risco. Aguardar a conclusão de inúmeros procedimentos administrativos para obter o tratamento necessário não é razoável em tais circunstâncias.

Contudo, essa agilidade não pode comprometer a saúde pública. É fundamental respeitar as regras e os procedimentos previamente estabelecidos. O administrador público deve agir com atenção aos princípios da legalidade e da eficiência, conforme disposto no artigo 37 da Constituição Federal.

O princípio da eficiência apresenta, na realidade, dois aspectos: pode ser considerado em relação ao modo de atuação do agente público, do qual se espera o melhor desempenho possível de suas atribuições, para lograr os melhores resultados; e em relação ao modo de organizar, estruturar, disciplinar a Administração Pública, também com o mesmo objetivo de alcançar os melhores resultados na prestação do serviço público.[14] Em suma, é dever da Administração Pública garantir que os seus atos administrativos sejam realizados com presteza, perfeição e eficácia.

Nesta perspectiva, é inegável que o Estado não deve desconsiderar os critérios técnicos em prol da agilidade no fornecimento de medicamentos. É imperativo que se observe o princípio da legalidade e que se atue com eficiência para alcançar os melhores resultados em benefício da população.

Nesse contexto, destaca-se a decisão brilhante proferida pelo Ministro André Mendonça no julgamento do Mandado de Segurança 39.592/DF. Por meio de liminar, determinou-se a retomada da licitação promovida pelo Ministério da Saúde para a aquisição do medicamento Alfaepoetina, indicado no tratamento de anemia e insuficiência renal.

Na ocasião, o Tribunal de Contas da União suspendeu o procedimento licitatório e permitiu a participação de uma empresa sem registro do medicamento na Agência Nacional de Vigilância Sanitária (Anvisa). Isso ocorreu apesar de não se tratar de uma situação excepcional e da existência de outras empresas que preenchiam os requisitos necessários para a concorrência.

Em suas asserções, o Ministro reforçou que o registro na Anvisa constitui o requisito previsto pelo legislador brasileiro para proteção à saúde pública, atestando a eficácia, segurança e qualidade dos fármacos comercializados no País. Por esse motivo, as empresas que participam de processos licitatórios destinados ao fornecimento de medicações no âmbito do Sistema Único de Saúde (SUS) necessitam desse registro na Anvisa.[15]

14. DI PIETRO, Maria Sylvia Zanella. *Direito administrativo*. 30.ed. Rev., atual. e ampl. Rio de Janeiro: Forense, 2017.
15. STF – MS: 39.592 DF, relator: André Mendonça, Data de Julgamento: 26/3/2024, Data de Publicação: Processo Eletrônico DJe-s/n Divulg 26/03/2024 Public 1º/4/2024.

Dessa forma, não se tratando de uma situação excepcional, há a necessidade de se observar os procedimentos preestabelecidos na legislação, pois somente assim é possível assegurar a proteção dos cidadãos e da ordem pública.

Além disso, o Ministério da Saúde reconhece que a exigência desse registro pode ser dispensada em situações devidamente regulamentadas pelas autoridades competentes. No entanto, essa exceção não pode se tornar a regra porque, como bem esclarecido na decisão supracitada, coloca em risco a própria saúde pública, e isso deve ser observado pelo Poder Judiciário:

> 18. Como assinalado nesse precedente, o registro na Anvisa constitui o requisito previsto pelo legislador brasileiro para proteção à saúde pública, atestando a eficácia, segurança e qualidade dos fármacos comercializados no País. Justamente por essa razão que as empresas que participam de processos licitatórios destinados ao fornecimento de medicações no âmbito do SUS necessitam desse registro na Anvisa, como, aliás, destacado pelo Ministério da Saúde em sua manifestação (e-doc. 50, p. 6-7 (...)
> 19. Como se observa dessas razões, conjugadas com o precedente do STF acima referido, na aquisição de medicamentos para dispensação ao público prima-se pela proteção da saúde pública, com especial atenção na eficácia, segurança e qualidade dos fármacos comercializados no País. Soa redundante afirmar isso, mas justamente por essa razão que se exige o prévio registro na Anvisa tanto do medicamento como do seu fornecedor. 20. A exigência desse registro, como ressalta o Ministério da Saúde, pode ser dispensada em excepcionais situações devidamente regulamentadas pelas autoridades da área da saúde, nelas não se encontrando aquela apontada pelo TCU no ato aqui sindicado, qual seja, "preço razoável praticado diretamente relacionado ao grau de competitividade no mercado de fornecimento".
> *21. A inobservância de tais critérios técnicos da área de saúde, com dispensa de registro junto à Anvisa para fornecimento ordinário de medicação, ou seja, quando inexistentes situações excepcionais, como no caso, além de oferecer risco à saúde pública, parece afrontar o disposto nas Leis 6.360, de 1976, e 8.080, de 1990.*
> Presente este cenário, tenho como indevida a ingerência do Tribunal de Constas da União no âmbito do procedimento licitatório objeto desta impetração. (Grifos diferentes dos originais.)

Tais aspectos são essenciais para assegurar que a Administração atue de maneira cuidadosa e eficiente, contribuindo para a segurança dos cidadãos. Na referida decisão, o Ministro lembrou que a jurisprudência do Supremo Tribunal Federal – Tema 500 – entende que o registro na Anvisa constitui o requisito previsto pelo legislador brasileiro para proteção à saúde pública, atestando a eficácia, segurança e qualidade dos fármacos comercializados no País, entendimento estabelecido pela Suprema Corte:

> Leading Case: RE 657.718[16]
>
> Descrição: Recurso extraordinário em que se discute, à luz dos artigos 1º, III; 6º; 23, II; 196; 198, II e § 2º; e 204 da Constituição Federal, a possibilidade, ou não, de o Estado ser obrigado a fornecer medicamento não registrado na Agência Nacional de Vigilância Sanitária – Anvisa.
>
> Tese: 1. O Estado não pode ser obrigado a fornecer medicamentos experimentais. 2. A ausência de registro na Anvisa impede, como regra geral, o fornecimento de medicamento por decisão judicial. 3. É possível, excepcionalmente, a concessão judicial de medicamento sem registro sanitário, em caso de mora irrazoável da ANVISA em apreciar o pedido (prazo superior ao previsto na Lei 13.411/2016), quando preenchidos três requisitos: (i) a existência de pedido de registro do medicamento no Brasil

16. STF – RE: 657.718 MG, relator: Marco Aurélio, Data de Julgamento: 22/5/2019, Tribunal Pleno, Data de Publicação: 9/11/2020.

(salvo no caso de medicamentos órfãos para doenças raras e ultrarraras);(ii) a existência de registro do medicamento em renomadas agências de regulação no exterior; e (iii) a inexistência de substituto terapêutico com registro no Brasil. 4. As ações que demandem fornecimento de medicamentos sem registro na ANVISA deverão necessariamente ser propostas em face da União.

Direito Constitucional. Recurso Extraordinário com Repercussão Geral. Medicamentos não registrados na Anvisa. Impossibilidade de dispensação por decisão judicial, salvo mora irrazoável na apreciação do pedido de registro. 1. Como regra geral, o Estado não pode ser obrigado a fornecer medicamentos não registrados na Agência Nacional de Vigilância Sanitária (Anvisa) por decisão judicial. O registro na Anvisa constitui proteção à saúde pública, atestando a eficácia, segurança e qualidade dos fármacos comercializados no país, além de garantir o devido controle de preços. 2. No caso de medicamentos experimentais, i.e., sem comprovação científica de eficácia e segurança, e ainda em fase de pesquisas e testes, não há nenhuma hipótese em que o Poder Judiciário possa obrigar o Estado a fornecê-los. Isso, é claro, não interfere com a dispensação desses fármacos no âmbito de programas de testes clínicos, acesso expandido ou de uso compassivo, sempre nos termos da regulamentação aplicável. 3. No caso de medicamentos com eficácia e segurança comprovadas e testes concluídos, mas ainda sem registro na Anvisa, o seu fornecimento por decisão judicial assume caráter absolutamente excepcional e somente poderá ocorrer em uma hipótese: a de mora irrazoável da Anvisa em apreciar o pedido (prazo superior ao previsto na Lei 13.411/2016). Ainda nesse caso, porém, será preciso que haja prova do preenchimento cumulativo de três requisitos. São eles: (i) a existência de pedido de registro do medicamento no Brasil (salvo no caso de medicamentos órfãos para doenças raras e ultrarraras); (ii) a existência de registro do medicamento pleiteado em renomadas agências de regulação no exterior (e.g., EUA, União Europeia e Japão); e (iii) a inexistência de substituto terapêutico registrado na Anvisa. Ademais, tendo em vista que o pressuposto básico da obrigação estatal é a mora da agência, as ações que demandem fornecimento de medicamentos sem registro na Anvisa deverão necessariamente ser propostas em face da União. 4. Provimento parcial do recurso extraordinário, apenas para a afirmação, em repercussão geral, da seguinte tese: "1. O Estado não pode ser obrigado a fornecer medicamentos experimentais. 2. A ausência de registro na Anvisa impede, como regra geral, o fornecimento de medicamento por decisão judicial. 3. É possível, excepcionalmente, a concessão judicial de medicamento sem registro sanitário, em caso de mora irrazoável da Anvisa em apreciar o pedido de registro (prazo superior ao previsto na Lei 13.411/2016), quando preenchidos três requisitos: (i) a existência de pedido de registro do medicamento no Brasil (salvo no caso de medicamentos órfãos para doenças raras e ultrarraras); (ii) a existência de registro do medicamento em renomadas agências de regulação no exterior; e (iii) a inexistência de substituto terapêutico com registro no Brasil. 4. As ações que demandem fornecimento de medicamentos sem registro na Anvisa deverão necessariamente ser propostas em face da União". (STF – RE: 657718 MG, Relator: Marco Aurélio, Data de Julgamento: 22/05/2019, Tribunal Pleno, Data de Publicação: 09/11/2020)

Como tem sido consolidado na jurisprudência pátria, é fundamental assegurar a eficácia e a segurança na aquisição de medicamentos, permitindo a dispensa dos critérios legais apenas em circunstâncias excepcionais sujeitas à análise judicial. Nesse cenário, a concretização dos direitos fundamentais sociais e a promoção da dignidade da pessoa humana são imperativos, mas com análise sempre criteriosa pelo Poder Judiciário.

Nesse contexto, apesar da existência de diversas legislações protetivas relacionadas à saúde, ainda enfrentamos uma real crise de efetividade desse direito no Brasil. Esse cenário tem levado à judicialização das políticas públicas, especialmente as relacionadas à saúde.[17]

17. "Isso não significa dizer, todavia, que os mecanismos estruturantes adotados classicamente pelo Estado estejam superados. Passam, evidentemente, por metamorfoses de resiliência estatal, verdadeiras transformações e

O fornecimento de medicamentos, tratamentos médicos e insumos essenciais para a manutenção da vida é uma questão complexa. Desse modo, a intervenção do Poder Judiciário – nessa hipótese – não necessariamente caracteriza uma ofensa ao princípio da separação dos Poderes, na medida em que a busca pelo equilíbrio entre o direito à saúde e a gestão pública deve ser constante desafio.

CONCLUSÃO

O direito à saúde é constantemente posto em debate, pois, por estar intimamente ligado ao direito à vida e ao princípio da dignidade da pessoa humana, compõe o rol de direitos fundamentais, mas é constantemente violado.

Como visto, apesar da ideia de solidariedade entre os entes federados, a matéria é posta em questão no Judiciário frequentemente, e ainda não há um consenso com relação à divisão das obrigações, sabendo-se somente que é de competência comum e que cabe ao Estado prover meios de acesso à saúde.

Dessa forma, a concretização do direito à saúde deve observar os princípios da legalidade e da eficiência, permitindo à Administração o controle sobre os fármacos fornecidos, garantindo sua qualidade e promovendo a proteção da população.

O direito fundamental à saúde abrange uma gama diversificada de interesses, incluindo os individuais, os individuais homogêneos, os difusos e os coletivos. Todos eles passíveis de defesa por seus titulares e, inclusive, pela Defensoria Pública e pelo Ministério Público. Para a efetividade das ações e dos serviços relacionados à promoção, proteção e recuperação da saúde, é imperativo que os Poderes Executivo, Legislativo e Judiciário, inclusive os órgãos de controle e fiscalização, atuem de forma coordenada e colaborativa. Essa união é essencial para enfrentar as adversidades enfrentadas pela população. A sensibilidade e a eficiência de todos os entes políticos e esferas do Poder Público são cruciais, sob pena de caracterizar comportamento omissivo e/ou inconstitucional.[18]

Portanto, todos os entes políticos e todas as esferas do Poder Público devem ser sensíveis e eficientes diante dos desafios enfrentados na área da saúde, sob o risco de agirem de forma omissa e/ou inconstitucional.

---

adaptações de estruturas organizacionais/procedimentais para se incluir maior consenso social em legitimação à tomada de decisões e, assim, ter redução de conflitos, o que se torna mais perceptível quando se enfrente a crise vivenciada no relacionamento entre Poderes, e entre estes e a sociedade." CALDAS, Roberto Correia da Silva Gome; PUGLIESI, Marcio; e SCAFF, Fabio Henrique. Dignidade do poder legislativo *versus* protagonismo judicial: um estudo de caso de resguardo ao direito fundamental à saúde. *Revista Interesse Público*, Belo Horizonte: ano 25, n. 14, jun. ago. 2023. p. 164.

18. MARTINS, Humberto. *A saúde como direito fundamental. As políticas públicas no direito constitucional fraterno*: estudos em homenagem à Ministra Laurita Vaz. Coordenadores: FONSECA, Reynaldo Soares da; e DANTAS, Marcelo Navarro Ribeiro (Coords.). BRITO, Rafaela Silva; TAYA, Sandra; ESTEVES, Fábio Francisco (Orgs.). Belo Horizonte, São Paulo: Editora D'Plácido, 2023.

REFERÊNCIAS

BRASIL. Constituição (1988). *Constituição da República Federativa do Brasil*. Promulgada em 5 de outubro de 1988.

CANOTILHO, José Joaquim Gomes. *Direito constitucional e teoria da Constituição*. 4. ed. Coimbra: Almedina, 1997.

CALDAS, Roberto Correia da Silva Gome; PUGLIESI, Marcio; e SCAFF, Fabio Henrique. Dignidade do poder legislativo *versus* protagonismo judicial: um estudo de caso de resguardo ao direito fundamental à saúde. *Revista Interesse Público*, Belo Horizonte: ano 25, n. 14, jun. ago. 2023.

DI PIETRO, Maria Sylvia Zanella. *Direito administrativo*. 30. ed. rev., atual. e ampl. Rio de Janeiro: Forense, 2017.

BONAVIDES, Paulo. *Curso de Direito Constitucional*. 24. ed. São Paulo: Malheiros Editores, 2009.

BUCCI, Maria Paula Dallari. As políticas públicas e o Direito Administrativo. Revista Trimestral de Direito Público. São Paulo: Malheiros, n. 13, 1996 apud SENSI, Felipe Dutra;

FAZZA, Ana Luiza Lima. O direito à saúde e a possibilidade do controle judicial. *Revista do Ministério Público do Rio de Janeiro*, n. 60, abr./jun. 2016.

MARTINS, Humberto. *A saúde como direito fundamental. As políticas públicas no direito constitucional fraterno*: estudos em homenagem à Ministra Laurita Vaz. In: FONSECA, Reynaldo Soares da; e DANTAS, Marcelo Navarro Ribeiro (Coords.). BRITO, Rafaela Silva; TAYA, Sandra; ESTEVES, Fábio Francisco (Orgs.). Belo Horizonte, São Paulo: Editora D'Plácido, 2023.

RESPONSABILIDADE solidária dos entes da federação e "efeitos colaterais" no direito à saúde. Disponível em: [www.revistas.usp.br/rdisan/article/view/111658]. Acesso em: 25 jun. 2024.

SANTOS, Lenir. *Judicialização da saúde*: é preciso rever a responsabilidade solidária. Consultor Jurídico, 26 de agosto de 2017. Disponível em: [www.conjur.com.br/2017-ago-26/lenir-santos-preciso-rever-responsabilidade-solidaria-saude/]. Acesso em: 25 jun. 2024.

SUPREMO TRIBUNAL FEDERAL. Mandado de Segurança – MS: 39.592 DF, relator: André Mendonça, Data de Julgamento: 26/03/2024, Data de Publicação: Processo Eletrônico DJe-s/n Divulg 26/3/2024 Public 1º/4/2024.

SUPREMO TRIBUNAL FEDERAL. Recurso Extraordinário: 855.178 SE, relator: Luiz Fux, Data de Julgamento: 23/5/2019, Tribunal Pleno, Data de Publicação: 16/4/2020.

SUPREMO TRIBUNAL FEDERAL. Recurso Extraordinário: 657.718 MG, relator: Marco Aurélio, Data de Julgamento: 22/5/2019, Tribunal Pleno, Data de Publicação: 9/11/2020.

A "DESTIPIFICAÇÃO" DE CONDUTAS PELA LEI 14.230, DE 2021: REFLEXÕES A PARTIR DO TEMA 1.199 DA REPERCUSSÃO GERAL DO STF

Vanir Fridriczewski

Doutor, *cum laude*, em Estado de Direito e Governança Global pela Universidade de Salamanca – Espanha, onde também foi ganhador do Prêmio Extraordinário de Tese Doutoral. Advogado da União e Assessor de Ministro no STF.

INTRODUÇÃO

A Constituição de 1988, ao promover a redemocratização no Brasil, expressou uma preocupação especial com a atuação e a eficiência da Administração Pública (e consequentemente com a proteção do patrimônio público), prevendo expressamente os princípios que os agentes públicos devem necessariamente observar (art. 37 da Constituição), bem como instituindo um amplo regime jurídico para a responsabilização de agentes públicos, e até mesmo dos particulares, pela prática dos mais variados ilícitos.

E em um movimento inovador e distanciado da tradição constitucional, na nova ordem constitucional o chamado ato de improbidade administrativa foi tratado como ilícito de responsabilidade e ilícito extrapenal. São duas definições distintas diretamente inseridas na Constituição. A primeira, seguindo a tradição das Constituições republicanas, considerou os chamados atos de improbidade administrativa como um fenômeno ou ilícito que leva à responsabilização de altos mandatários do povo – notadamente o Presidente da República[1] –. A segunda, inaugurando uma modalidade sancionatória sem precedentes, fora da esfera penal e intimamente ligada ao Direito Administrativo,[2] mas não confundida com ela, regulamentada pela Lei 8.429, de 1992, recentemente modificada pela Lei 14.230, de 2021.

Importa anotar, nesse sentido, que várias e profundas foram as alterações da Lei de Improbidade Administrativa (LIA) promovidas pela reforma de 2021. Entre elas

1. Constituição

   Art. 85. São crimes de responsabilidade os atos do Presidente da República que atentem contra a Constituição Federal e, especialmente, contra:

   [...]

   V – a probidade na administração; [...].
2. MEDINA OSÓRIO, F. *Teoria da improbidade administrativa*. 2. ed. São Paulo, 2010. p. 101-103.

destacamos a alteração do regime prescricional desses ilícitos, a "destipificação" da modalidade culposa de ato de improbidade causador de dano ao erário (art. 10 da LIA), bem como a modificação do art. 11 da LIA, o qual passou a enumerar, agora, uma lista fechada (*numerus clausus*) de princípios que, se violados, poderão caracterizar o ilícito previsto neste dispositivo.

Desde o advento dessa legislação reformadora, várias (ou muitas) discussões surgiram. Uma delas foi com relação à revogação da modalidade culposa de ato de improbidade administrativa causador de danos ao erário. Essa questão acabou sendo enfrentada pelo STF no julgamento do Tema 1.199 da Repercussão Geral, oportunidade em que foi assentada compreensão no sentido de que "a nova Lei 14.230/2021 aplica-se aos atos de improbidade administrativa culposos praticados na vigência do texto anterior da lei, porém sem condenação transitada em julgado, em virtude da revogação expressa do texto anterior, devendo o juízo competente analisar eventual dolo por parte do agente".

Nesse julgamento fixaram-se importantes teses. As discussões e controvérsias, todavia, não se esgotaram. E um exemplo de discussão ainda remanescente – e importante – diz respeito ao tratamento que deve ser dado às demais condutas que deixaram de ser tipificadas como infração na "nova Lei de Improbidade Administrativa", notadamente aquelas outrora referidas no art. 11 da LIA. Este escrito, pois, centra-se no exame desta parcela de debates remanescentes, a saber, o alcance e regime jurídico aplicável àquelas supostas violações a princípios que deixaram de ser considerados como ilícitas com a mudança no art. 11 da LIA.

Em outras palavras, procuraremos responder ao seguinte questionamento: com a mudança desse dispositivo, em que agora foi estabelecido um número fechado de condutas passíveis a serem sancionadas, qual a sorte deve ser outorgada a processos em andamento e nos quais são imputadas violações a princípios que não mais figuram no rol daqueles passíveis de enquadramento da conduta como ato de improbidade administrativa tipificado no art. 11 da LIA?

Esta é a análise que empreendermos nas páginas que seguem.

1. O TEMA 1.199 DA REPERCUSSÃO GERAL E A (IR)RETROATIVIDADE DA NORMA SANCIONADORA BENÉFICA

Os debates relativos ao Tema 1.199 da Repercussão Geral, originário do Recurso Extraordinário com Agravo 843.989, de relatoria do Ministro Alexandre de Moraes, giraram em torno da seguinte controvérsia: "Definição de eventual (ir)retroatividade das disposições da Lei 14.230/2021, em especial, em relação: (I) A necessidade da presença do elemento subjetivo dolo para a configuração do ato de improbidade administrativa, inclusive no artigo 10 da LIA; e (II) A aplicação dos novos prazos de prescrição geral e intercorrente."

Ao final do julgamento, a tese fixada foi, por assim dizer, dividida em quatro tópicos, assim redigidos: "1) É necessária a comprovação de responsabilidade subjetiva para a tipificação dos atos de improbidade administrativa, exigindo-se – nos artigos 9º, 10 e 11 da LIA – a presença do elemento subjetivo – Dolo; 2) A norma benéfica da Lei 14.230/2021 – revogação da modalidade culposa do ato de improbidade administrativa -, é IRRETROATIVA, em virtude do artigo 5º, inciso XXXVI, da Constituição Federal, não tendo incidência em relação à eficácia da coisa julgada; nem tampouco durante o processo de execução das penas e seus incidentes; 3) A nova Lei 14.230/2021 aplica-se aos atos de improbidade administrativa culposos praticados na vigência do texto anterior da lei, porém sem condenação transitada em julgado, em virtude da revogação expressa do texto anterior; devendo o juízo competente analisar eventual dolo por parte do agente; 4) O novo regime prescricional previsto na Lei 14.230/2021 é Irretroativo, aplicando-se os novos marcos temporais a partir da publicação da lei".

Como se pode observar do terceiro tópico da tese firmada, compreendeu-se que a revogação da modalidade culposa de ato de improbidade administrativa aplica-se aos atos praticados na vigência do texto anterior da lei que estejam sendo processados, sem condenação transitada em julgado, sendo fundamento, pois, para extinção dessas ações. A redação final da tese limitou-se à modalidade "ato culposo de improbidade administrativa", o qual, recordamos, era tipificado como ilícito apenas na redação original do art. 10 da LIA.

Nada obstante a redação final da tese fixada, restrita, por assim dizer, à "destipificação" da modalidade culposa de ato de improbidade administrativa, os fundamentos lançados nos votos proferidos parecem analisar, de maneira mais ampla, o fenômeno destipificação de condutas ilícitas, e as consequências disso derivadas. Dentre os vários fundamentos e posições externadas, aos menos duas precisam ser referidas.

A primeira e importante contribuição sobre o tema que referimos consta do voto do Ministro André Mendonça, no qual foram consignadas as seguintes lições:

> [...]
>
> 55. Não apenas no universo do direito administrativo sancionador e do direito penal, mas na teoria da responsabilidade subjetiva de forma geral – seja ela civil, administrativa ou penal –, a culpa caracteriza-se, em linhas gerais, pela conduta praticada de forma consciente, contudo, eivada pela negligência, imprudência ou imperícia. Por sua vez, a noção dolo exige, para além da consciência, a vontade livre e desembaraçada de se atingir o resultado contrário à prescrição normativa.
>
> 56. Não olvidando as gradações que particularizam um elemento anímico e outro em cada ramo do direito, como, v.g. as noções de "culpa grave", "culpa consciente", "dolo eventual", "dolo direto", trata-se de conceitos distintos – não se admitindo em qualquer seara o conglobamento de um pelo outro, como defende a PGR –, sendo o dolo invariavelmente digno de maior nível de reprovação jurídica em relação à culpa.
>
> 57. E, não apenas no âmbito do direito penal, mas na seara do direito punitivo como um todo, diante do seu menor grau de reprovabilidade, o comportamento culposo é punido apenas de modo excepcional, quando expressamente previsto pela legislação sancionadora. Ainda em razão dessa apontada excepcionalidade, não raras vezes, mesmo quando expressamente prevista em lei, a modalidade de responsabilização culposa tem sua constitucionalidade posta em xeque, a depender da relevância do bem jurídico tutelado e do ramo do direito punitivo incumbido da respectiva tutela.

> 58. Portanto, ao analisar as alterações promovidas pela Lei 14.230, de 2021, a partir de tal conjuntura, considerando, de um lado, a manifesta intenção do Poder Legislativo, enquanto conformador do *jus puniendi* estatal em não mais tipificar como ato de improbidade administrativa a conduta praticada na modalidade culposa; e, de outro lado, o traço comum de excepcional responsabilização pela prática de ato culposo no âmbito do sistema punitivo estatal, de modo geral; não vislumbro como afastar, por unidade sistêmica, a incidência do princípio da retroatividade da norma ulterior mais benéfica à situação jurídica em análise.
>
> 59. Não mais havendo intenção do Estado em reprimir pelo sistema de combate à improbidade administrativa condutas culposas, esvazia-se por completo a teleologia da norma anterior. Esvaziamento este que, associado à aludida excepcionalidade dessa categoria de ilícito no sistema punitivo em geral, ensejaria, pela insistência na continuidade de aplicação da regra anterior, situação de inequívoca violação ao princípio constitucional da isonomia.
>
> [...].

Nos debates e demais votos proferidos no julgamento desse Tema diversas outras observações foram lançadas, inclusive comparativas com o tratamento da retroatividade da lei em matéria penal. Importante destacar, nesse sentido, o entendimento consignado pelo Ministro Alexandre de Moraes, para quem a norma mais benéfica prevista pela Lei 14.230, de 2021, ao trazer a revogação da modalidade culposa do ato de improbidade administrativa, não é retroativa e, consequentemente, não tem incidência em relação à eficácia da coisa julgada, nem tampouco durante o processo de execução das penas e seus incidentes, uma vez que, nos termos do artigo 5º, inciso XXXVI, da Constituição, a lei não prejudicará o direito adquirido, o ato jurídico perfeito e a coisa julgada.

E neste ponto prevaleceu o entendimento do Ministro Alexandre de Moraes, tanto que, como anotado, foi firmada tese no sentido de que a nova Lei 14.230, de 2021, aplica-se aos atos de improbidade administrativa culposos praticados na vigência do texto anterior da lei, porém sem condenação transitada em julgado. Nada obstante essa conclusão, há outro ponto importante em seu voto, quando, por fundamento diverso e relativamente aos processos em andamento, reconhece a impossibilidade de condenação por ato de improbidade administrativa na modalidade culposa. Sobre esse aspecto assim foi consignado em seu voto:

> [...]
>
> Ressalte-se, entretanto, que apesar da irretroatividade, em relação a redação anterior da LIA, mais severa por estabelecer a modalidade culposa do ato de improbidade administrativa em seu artigo 10, vige o princípio da não ultra-atividade, uma vez que não retroagirá para aplicar-se a fatos pretéritos com a respectiva condenação transitada em julgado, mas tampouco será permitida sua aplicação a fatos praticados durante sua vigência, mas cuja responsabilização judicial ainda não foi finalizada.
>
> Isso ocorre pelo mesmo princípio do *tempus regit actum*, ou seja, tendo sido revogado o ato de improbidade administrativa culposo antes do trânsito em julgado da decisão condenatória; não é possível a continuidade de uma investigação, de uma ação de improbidade ou mesmo de uma sentença condenatória com base em uma conduta não mais tipificada legalmente, por ter sido revogada.
>
> Não se trata de retroatividade da lei, uma vez que todos os atos processuais praticados serão válidos, inclusive as provas produzidas – que poderão ser compartilhadas no âmbito disciplinar e penal –; bem como a ação poderá ser utilizada para fins de ressarcimento ao erário.

> Entretanto, em virtude ao princípio do *tempus regit actum*, não será possível uma futura sentença condenatória com base em norma legal revogada expressamente.
>
> [...].

Seja como for e apesar de fundamentos diversos, com relação a processos em andamento – sem sentença transitada em julgado – e nos quais é imputada a prática de ato culposo de improbidade administrativa, concluiu-se pela impossibilidade de continuidade dessas ações ou investigações, e isso justamente em função da revogação ou "destipificação", pela Lei 14.230, de 2021, da modalidade culposa de ato de improbidade administrativa.

A questão que se coloca é se esses mesmos fundamentos são aplicáveis aos processos ou investigações em andamento e nos quais é imputada a prática de algum ato violador de princípio que não mais figura no rol exaustivos previsto no art. 11 da LIA. São os pontos analisados nos próximos tópicos.

2. REVOGAÇÃO PARCIAL DO ART. 11 DA LIA: CONTROVÉRSIAS SURGIDAS E EVOLUÇÃO DA JURISPRUDÊNCIA

As alterações no art. 11 da Lei de Improbidade Administrativa, mesmo a partir do julgamento, pelo STF, do Tema 1.199 da Repercussão Geral, igualmente fundamentaram debates, especialmente no âmbito jurisprudencial. A Vice-Presidência do Tribunal Regional Federal da 1ª Região, por exemplo, chegou a afirmar que sendo a nova Lei 14.230, de 2021, irretroativa, suas previsões *somente* se aplicam aos atos de improbidade administrativa culposos praticados na vigência do texto anterior da lei e sem condenação transitada em julgado.[3]

No Superior Tribunal de Justiça, por sua vez, se observou oscilação da jurisprudência. Em julgados de 2023 foi afirmado, por exemplo, que afora a revogação da modalidade culposa dos atos de improbidade administrativa, não há nenhuma determinação por parte do Supremo Tribunal Federal, à luz das teses firmadas no julgamento do Tema 1.199, de aplicação retroativa da nova redação atribuída pela Lei 14.230, de 2021, aos dispositivos da LIA.[4] Em seu voto a relatora, Ministra Maria Thereza de Assis Moura, após analisar esse julgado do STF, anotou não ser possível concluir, naquele momento, que prevalece, no âmbito da Suprema Corte, o entendimento de aplicação retroativa da nova redação do art. 11 da LIA. Apontou, inclusive, entendimento doutrinário no sentido de que devido à dispersão de fundamentos nesse julgado do STF, não houve votos suficientes para formar a maioria no que tange à *ratio decidendi*, razão pela qual, inexistindo fundamento predominante, fica impossibilitada a construção de uma norma precedental a partir desse julgamento do STF.[5]

---

3. Agravo de Instrumento 1006907-37.2022.4.01.0000, decisão de decisão de 21 de junho de 2023.
4. AgInt no RE no AgInt nos Embargos de Divergência em Agravo em Recurso Especial 434.155, j. 29 nov. 2023.
5. LEOPOLDINO KOEHLER, F. A. & GOMES FLUMIGNAN, S. J. A (ir)retroatividade da revogação do inciso I do art. 11 da Nova LIA: o que foi realmente decidido no ARE 803.568? *Conjur*, 2023. Disponível em: [www.conjur.com.br/2023-set-03/koehlere-flumignan-oque-foi-decidido-are-803568/]. Data da consulta: 05 jul. 2024.

Mais recentemente, todavia, o STJ passou a manifestar entendimento no sentido de que a *ratio decidendi* do Tema 1.199 de Repercussão Geral se estende às demais hipóteses em que as alterações advindas da Lei 14.230, de 2021, resultam na atipicidade da conduta, ou seja, a revogação da tipificação aberta presente no *caput* do art. 11 e a revogação dos incisos I e II do mesmo dispositivo, sem a tipificação de alguma das novas hipóteses constantes nos seus incisos.[6]-[7]

E como era de se esperar, o tema foi levado ao exame pelo Supremo Tribunal Federal, podendo ser citados dois julgamentos recentes e paradigmáticos sobre a matéria. O primeiro deles, de relatoria do Ministro Gilmar Mendes, no qual se afirmou que o entendimento consagrado no julgamento do Tema 1.199 de Repercussão Geral – no sentido da impossibilidade de aplicação de norma legal expressamente revogada antes do trânsito em julgado da sentença condenatória –, se aplica perfeitamente ao caso então em exame, em que revogado o inciso I do art. 11, pois a Lei 14.230, de 2021, deixou de considerar típica a conduta anteriormente descrita, qual seja, a de "praticar ato visando fim proibido em lei ou regulamento ou diverso daquele previsto na regra de competência", motivo pelo qual se mostra inviável a continuidade da ação de improbidade administrativa na qual era imputada a prática desse ilícito.[8]

O segundo precedente a ser referido é de lavra do Ministro André Mendonça, designado como relator no Recurso Extraordinário com Agravo 1.446.991. Na oportunidade, socorrendo-se de recentes precedentes do STF no sentido de que a *ratio* da tese do Tema 1.199 da Repercussão Geral, igualmente se aplica ao tema retroatividade da alteração promovida no art. 11 da LIA,[9] consignou que a Lei 14.230, de 2021 transmutou o rol do art. 11 para *numerus clausus*, ou seja, passou a restringir a condenação por improbidade administrativa aos casos em que especificamente imputada a conduta do agente a uma das figuras dos incisos do mesmo dispositivo. Por isso, para atos cometidos na vigência do novel diploma, é inviável a imputação com base genérica no art. 11, *caput*, fazendo o julgador referência vaga a princípios administrativos sem subsumir o caso a um dos incisos insertos no dispositivo.[10]

Desenha-se, pois, a estabilização da jurisprudência no sentido de que o entendimento e as razões firmadas no julgamento do Tema 1.199 de Repercussão Geral se aplicam às demais hipóteses outrora tipificadas na Lei de Improbidade Administrativa e que deixaram de figurar como ilícitos a partir do advento da Lei 14.230, de 2021. E, nos atrevemos afirmar, esta é a solução adequada e necessária.

6. AgInt no AgInt no Agravo em Recurso Especial 1.599.566, j. 10 jun. 2024.
7. AgInt no Recurso Especial 1.459.717, j. 04 jun. 2024.
8. Embargos de Declaração nos Embargos de Declaração nos Embargos de Divergência no Segundo Agravo Regimental no Recurso Extraordinário com Agravo 803.568, j. em sessão virtual de 12 a 19 abr. 2024.
9. Esses foram os precedentes citados no voto do Ministro André Mendonça: ARE 1.346.594-AgR-segundo, Rel. Min. Gilmar Mendes, Segunda Turma, publicado em 31 out. 2023, e RE 1.480.061/RJ, Rel. Min. Alexandre de Moraes, publicado em 15 mar. 2024.
10. Recurso Extraordinário com Agravo 1.446.991, j. em sessão virtual de 24 de maio a 04 jun. 2024.

3. RAZÕES E CONCLUSÕES PARA APLICAÇÃO DO TEMA 1.199

Discussões sobre a natureza jurídica e o conceito de ato de improbidade administrativa avançam, tangenciam e até se confundem com discussões sobre corrupção pública. A nosso juízo, todavia, um ato de improbidade administrativa nada mais é do que uma espécie ou modalidade de ato de corrupção[11] que, de acordo com a tipificação adotada pelo legislador, pode resultar em enriquecimento indevido (art. 9º da Lei), dano ao erário/Administração Pública (art. 10 da Lei) ou mesmo violação dos princípios da Administração Pública (art. 11 da Lei).

E essa compreensão no sentido de que um ato de improbidade administrativa se apresenta como uma espécie do gênero corrupção pública ficou mais clara com o advento da Lei 14.230, de 2021, que, reformando a Lei de Improbidade Administrativa, estabeleceu que só há ato de improbidade administrativa quando as condutas tipificadas na Lei são realizadas intencionalmente, ou seja, com a vontade livre e consciente de alcançar o resultado ilícito tipificado na norma, não sendo suficiente a simples voluntariedade da conduta do agente.[12]-[13]

Em outras palavras, a escolha do legislador reformador foi considerar como atos de improbidade administrativa as condutas das quais derivam enriquecimento indevido (art. 9º da Lei), dano ao erário (art. 10 da Lei) ou até mesmo violação dos princípios da Administração Pública (art. 11 da Lei) quando praticadas de forma livre e consciente – dolosamente – com o objetivo de obter o resultado proibido, disposição que, ao que parece, deixou claro que a desonestidade – e consequente má-fé – com a Administração Pública é uma das principais características dos atos de improbidade administrativa. A conduta dolosa, livre e consciente, do agente público que busca obter o resultado proibido pela lei é sinônimo de desonestidade e má-fé para com o Estado/Administração

11. Alguns autores analisam a questão referindo-se ou considerando a corrupção apenas como correspondente aos delitos de corrupção ativa e passiva, afirmando, assim, que corrupção e improbidade não são confundidas, sendo conceitos distintos, e que somente em alguns casos uma determinada conduta pode constituir tanto um ato de improbidade quanto um crime de corrupção ativa e passiva (JUSTEN FILHO, M. *Reforma da Lei de Improbidade Administrativa*. Rio de Janeiro: Forense, 2022. p. 11-12). Em nossa opinião, esta interpretação não é equivocada, mas incompleta. De fato, se confrontada com os tipos de corrupção ativa e passiva previstos no Código Penal, ela parece estar correta. Entretanto, como já afirmamos, o fenômeno da corrupção é muito mais amplo do que estes delitos, o que torna esta percepção parcial ou insuficiente para uma compreensão adequada do problema da corrupção e dos chamados atos de improbidade administrativa (FRIDRICZEWSKI, V. & RODRÍGUEZ GARCÍA, N. *En busca de estrategias 360 anticorrupción*. Valencia: Tirant lo Blanch, 2023. p. 29-93).

12. Art. 1º.

    § 1º Consideram-se atos de improbidade administrativa as condutas dolosas tipificadas nos arts. 9º, 10 e 11 desta Lei, ressalvados tipos previstos em leis especiais.

    § 2º Considera-se dolo a vontade livre e consciente de alcançar o resultado ilícito tipificado nos arts. 9º, 10 e 11 desta Lei, não bastando a voluntariedade do agente.

13. Alguns autores referem que, ao exigir para a punição a vontade livre e consciente de alcançar o resultado ilícito tipificado na norma, não bastando a simples voluntariedade da conduta do agente, mas sua intenção deliberada de cometer um dos delitos previstos na lei, o legislador aparentemente confundiu os conceitos de dolo, voluntariedade e consciência da ilicitude dos atos. Ver, neste sentido, TRINDADE CAVALCANTE FILHO, J.; TRINDADE MONTEIRO NETO, J.; FERNANDES OLIVEIRA, J. M. & PINHEIRO, V. M. *Comentários à Reforma da Lei de Improbidade Administrativa*. Brasília: Alumnus, 2021. p. 24-25.

Pública, é sinônimo de quebra dos deveres inerentes à relação jurídica estabelecida entre o agente público e o Estado/Administração Pública, sendo estes os atos escolhidos pelo legislador reformador como passíveis de sancionamento nos termos da "nova" Lei de Improbidade Administrativa.

Ainda que não estejamos na seara do direito penal, se está diante de normas sancionadoras e, por isso, a prévia tipificação da conduta é requisito indispensável para a validez de eventual ação sancionadora do Estado. Atento a isso, o Legislador de 1992, ao editar a Lei de Improbidade Administrativa, previu basicamente quatro tipos passíveis de sancionamento: o enriquecimento sem causa de agentes públicos (redação original do art. 9º da LIA), a causação, dolosa, de dano ao erário (redação original do art. 10 da LIA), a causação, culposa, de dano ao erário (também contido na redação original do art. 10 da LIA), e a violação a um número aberto de princípios reitores da atuação da Administração Pública (redação original do art. 11 da LIA).

O Legislador Reformador de 2021, todavia, optou por restringir as figuras tidas como típicas. Em essência ou com poucos ajustes, manteve as figuras ilícitas enriquecimento sem causa de agentes públicos (art. 9º da LIA) e causação, dolosa, de dano ao erário (art. 10 da LIA). Revogou (*rectius*, "destipificou") integralmente o ilícito "causação, culposa, de dano ao erário". Já com relação ao ilícito "violação de princípios reitores da atuação da Administração Pública (art. 11 da LIA)", estabeleceu um número fechado de princípios ou fatos passíveis de punição, e, com isso, revogou (*rectius*, "destipificou") condutas outrora consideradas ilícitas e que atentavam a um número aberto de outros princípios da Administração Pública.

Ainda que com técnicas legislativas um pouco diversas, para os fins da Lei de Improbidade Administrativa, o Legislador Reformador de 2021 expungiu o caráter ilícito das condutas "causação culposa de dano ao erário" e "vulneração dos princípios da Administração Pública não expressamente elencados no art. 11 da LIA".

Com relação a essas condutas idêntico fenômeno ocorreu – a retirada do caráter ilícito ou "destipificação" de condutas – do que parece derivar a adequação do entendimento jurisprudencial em formação, no sentido de que as razões firmadas no julgamento do Tema 1.199 de Repercussão Geral se aplicam às demais hipóteses outrora tipificadas na Lei de Improbidade Administrativa e que deixaram de figurar como ilícitos a partir do advento da Lei 14.230, de 2021.

Luzes estão sendo lançadas quanto ao ponto, tão necessárias para o tratamento uniforme desta importante temática de direito sancionador e, com isso, ser alcançada segurança jurídica, bem como ser concretizado o princípio da isonomia.

REFERÊNCIAS

FRIDRICZEWSKI, V. & RODRÍGUEZ GARCÍA, N. *En busca de estrategias 360 anticorrupción*. Valencia: Tirant lo Blanch, 2023.

JUSTEN FILHO, M. *Reforma da Lei de Improbidade Administrativa*. Rio de Janeiro: Forense, 2022.

LEOPOLDINO KOEHLER, F. A. & GOMES FLUMIGNAN, S. J. A (ir)retroatividade da revogação do inciso I do art. 11 da Nova LIA: o que foi realmente decidido no ARE 803.568? *Conjur*, 2023. Disponível em: [www.conjur.com.br/2023-set-03/koehlere-flumignan-oque-foi-decidido-are-803568/]. Data da consulta: 05 jul. 2024.

MEDINA OSÓRIO, F. *Teoria da improbidade administrativa*. 2. ed. São Paulo: Ed. RT, 2010.

TRINDADE CAVALCANTE FILHO, J.; TRINDADE MONTEIRO NETO, J.; FERNANDES OLIVEIRA, J. M. & PINHEIRO, V. M. *Comentários à Reforma da Lei de Improbidade Administrativa*. Brasília: Alumnus, 2021.

PERSONALIDADE E SECUNDARIZAÇÃO: SOBRE HORDAS E CORPORAÇÕES

Liliana Bittencourt

Graduada e Mestre em Direito pela Universidade Federal de Goiás (UFG). Juíza de Direito Substituta em Segundo Grau do Tribunal de Justiça do Estado de Goiás (TJGO).

Conhece-te a ti mesmo.

Inscrição grega

Onde não existe o fim, não pode haver repouso; onde não há repouso, não há paz; e onde não há paz, Deus não pode habitar.

Hugo de São Vítor

1. CONSIDERAÇÕES *A LATERE*

Quando, nos anos dos setenta, os fãs da série original *Star Trek* ouviam as notas daquele intervalo de sétima menor já sabiam o que se seguia na introdução: *espaço, a fronteira final!* A nave e sua tripulação iam em busca de conhecimento aonde ninguém antes fora.

Passadas décadas, no entanto, parece que bem faria o ser humano em seguir o conselho dos sábios da Grécia antiga e, antes de partir para aventuras interplanetárias, mergulhar no conhecimento de si mesmo.

Parece, também, que tomando familiaridade com sua natureza, encontraria verdades desconhecidas ou esquecidas, inclusive aquelas a respeito da sua sociabilidade e da sua vocação como *zoon politikon*.

É a maior e mais estimulante aventura disponível em tempos de poluição luminosa das cidades e das telinhas, que reduz não apenas o brilho das estrelas no céu, mas o brilho do potencial do homem para a excelência.

Desprovido de guia e de farol, o navegante solitário, a quem não ocorreu conhecer-se, ora acredita que traça seu próprio rumo, ora se desespera por achar que não há fim para o seu navegar.

Acossado pelos revezes do mar, pela necessidade de dar manutenção à embarcação, pela ilusão do porto próximo, esforços muito baldados, nosso navegante esfalfado não tem tempo para incrementar suas forças, exercitar suas virtudes, dentre as quais, a da Justiça.

Chegado que for a alguma convivência humana em bom porto, faltam-lhe recursos para reconhecer no outro um conatural.

Crescendo o número desses solitários, limitados a sua embarcação privada, o próprio Direito sofre de abreviação, ou mesmo de impossibilidade: aquele que traça seu próprio rumo, a ele reduzindo a viagem que faz sem levantar o olhar para as estrelas, não percebe que há uma *medida* dada; aquele que pensa não haver fim para a viagem, desconhece que há manobras fatais, rochedos a evitar, e terras a encontrar.

2. ENCONTRO DAS ÁGUAS: A SOCIOLOGIA E O JURÍDICO

Singela afirmação de fundamento da decisão monocrática da lavra do Ministro André Mendonça, proferida na Reclamação 67.060-SP, no Supremo Tribunal de Justiça, tronou-se ocasião para uma digressão reflexiva sobre alguns dos escolhos referidos mais acima. Tratou-se da necessidade de desconsideração da personalidade jurídica quando o credor pretende que, em execução judicial, sejam alcançados bens de sócios da falida, e não bens que sejam tomados ostensivamente como da esfera patrimonial autônoma desta.[1]

O que seria essa *personalidade jurídica*, que pode ser desconsiderada? Imagine-se o viés tirânico de um poder que se arrogasse a discricionariedade de *desconsiderar a personalidade* de uma pessoa natural quando esta fosse algum empecilho no caminho do tirano? O que restaria da pessoa, se isso fosse juridicamente emoldurado?

Propõe-se, então, recorrer a fontes sociológicas, destas que não repelem a antropologia, e ao conhecimento do homem, para espreitar pela fresta os horizontes de um futuro desenvolvimento da digressão presente.

A sociologia não desconhece a importância de buscar o conhecimento científico da *corporação*, ou seja, da estrutura que recebeu da lei positiva autonomia patrimonial e capacidade para atos jurídicos civis, especialmente na atividade empresarial, como se vê nos conhecidos trabalhos de Durkheim, Weber e Berle e Means.

Nota-se a contemporaneidade dos estudos sobre as empresas ou corporações e a emergência da sociologia.[2]

---

1. [...] 13. Em que pesem os argumentos lançados, o parágrafo único do art. 82-A da Lei 11.101, de 2005, incluído pela Lei 14.112, de 2020, prevê expressamente que a "desconsideração da personalidade jurídica da sociedade falida, para fins de responsabilização de terceiros, grupo, sócio ou administrador por obrigação desta, somente pode ser decretada pelo juízo falimentar". 14. Apesar de não haver expresso reconhecimento de inconstitucionalidade do supracitado dispositivo legal, o Tribunal reclamado afastou a sua incidência no caso concreto, ensejando completo esvaziamento do conteúdo da norma, a eliminar suas hipóteses de incidência, sem que tenha sido observado o previsto no art. 97 da CRFB, o que implica violação ao enunciado nº 10 da Súmula Vinculante. 15. Com efeito, o dispositivo de lei afastado pela Justiça do Trabalho não prevê exceção em função de o patrimônio não pertencer à empresa falida. Aliás, resta implícito no conteúdo da norma que os bens estejam em nome dos sócios, pois, do contrário, caso os bens fossem originariamente da empresa, não careceria a desconsideração da personalidade jurídica da sociedade. Observo que a leitura conjunta do aludido dispositivo com o art. 50 do Código Civil reforça essa interpretação. [...]
2. [...] sociology was being formalized as a distinct academic discipline with the writings of Emile Durkheim (particularly Rules of Sociological Method in 1895 (1982)) and Max Weber, and with the creation of formal

É imensa a repercussão social da admissão legal de atribuição de autonomia patrimonial a sociedades constituídas privadamente, desde que reunidos requisitos de matéria e forma. A importância do tema apresenta diversas facetas, e uma delas, ora colocada sob lentes para trabalho ancilar de análise, é a de servir à empresa – linguagem corrente no Brasil, firma ou corporação, em países em que se tem por idioma o inglês – como instrumento não apenas de desenvolvimento econômico, mas também de *secundarização* da sociedade, dados outros fatores coexistentes, e as devidas circunstâncias.

O termo *secundarização* denota a alteração social das relações entre pessoas em grupos primários, *gemeinschaftlische*, para relações em grupos secundários, caracterizados estes pelo sociólogo Kingsley Davis em seu *The Human Society*, como extremamente opostos aos primeiros quanto às relações em si. No segundo caso, *os membros, enquanto membros, não tem relações próximas, pessoais e calorosas.*[3] No primeiro caso, *o interesse de cada um centra-se nos demais enquanto pessoas – i.e. como objetos de valor. A relação desaparece se uma pessoa em particular desaparece.*[4]

Em oposição à sociedade em que as instituições são *primarizadas*[5] – para se manter um mesmo padrão de terminologia –, a sociedade *secundarizada* revela cenário em que há uma *horda*, apresentado pelo professor José Pedro Galvão de Sousa como sendo *a massa* prevalente nas sociedades de consumo contemporâneas. Em trecho antecedente a este, também escolhido do mesmo *O Estado Tecnocrático*, fonte da referência do parágrafo anterior, embora preocupado diretamente com a filosofia da política, o professor Galvão de Sousa apresenta análise cuja base antropológica e sociológica é perceptível:

> As relações entre os homens reunidos numa sociedade civil não decorrem de uma solidariedade mecânica. Na família, sobretudo, baseada no casamento – *consortium omnis vitae* e comunicação de direitos divinos e humanos, segundo a clássica definição do direito romano formulada lapidarmente por Modestino – há uma profunda e íntima solidariedade resultante da comunhão de vida. Tal *consortium* ou comunhão, que existe entre os cônjuges e se perpetua entre pais e filhos, não é, nem pode ser, evidentemente, tão profunda na sociedade civil. Entretanto, pela subordinação do fim da sociedade civil à finalidade pessoal do homem, também nesta sociedade os vínculos sociais se formam por uma

---

departments of sociology. Around this same time the University of Chicago created the first American sociology department (1892) and began publication of the American Journal of Sociology (1895), and the American Sociological Association was founded in 1905. The birth of the discipline of sociology was contemporaneous with the development of the modern corporation (GERALD F. DAVIS and SUNTAE KIM, The Corporation in Sociology, p. 98, *in The Corporation* – a Critical, Multi-discilinary Handbook. Cambridge University Press). [...] a sociologia estava sendo formalizada como uma disciplina acadêmica distinta com os escritos de Emile Durkheim (particularmente *As Regras do Método Sociológico* em 1895) e Max Weber, e com a criação de departamentos formais de sociologia. Por volta desse mesmo período a Universidade de Chicago criou o primeiro departamento de sociologia americano (1892) e iniciou a publicação do *American Journal of Sociology* (1895), e a Associação Americana Sociológica foi fundada em 1905. *O nascimento da disciplina de sociologia é contemporâneo ao desenvolvimento da corporação moderna.* (tradução e destaque nossos)

3. DAVIS, K. *The Human Society*. p. 301. New York: The Macmillam Company. 1948.
4. Ibid., p. 296.
5. O autor, que estuda profundamente as relações em grupos primários sem cuidar de reconhecer a imprescindibilidade destes para a paz social, dá o exemplo contrário da relação em grupos secundários, como a de uma compra de cigarros, em que não importa para o comprador quem seja o vendedor, assinalando a substituibilidade do vendedor humano por uma máquina, com exceção de que esta não dá descontos.

> afinidade espiritual de seres criados para um mesmo fim superior e eterno, a procurarem na vida social as condições exteriores que lhes possibilitem alcançar a felicidade relativa nesta vida e completa na outra. Donde a importância da amizade para cimentar a convivência humana e os vínculos sociais.[6]

O elemento *amizade* é ausente das relações secundarizadas, e daí decorrem as disfunções sociológicas que são mazelas constantes na vida contemporânea nas cidades e no campo que vem perdendo sua organização social primária, fenômeno não dissociado do aumento da dependência das finanças modernas.

Chave para clarear o sentido de tal falta de paz, ao fim e ao cabo, é o conhecimento antropológico, com todo o anteparo filosófico que exige, e sua extrapolação para o conceito de *pessoa*, termo tanto menos entendido quanto mais desgastado pelo uso e abuso em tantos e diversos *outlets* de opiniões, algumas articuladas, outras, e muitas, açodadas.

No tópico 5, *Reflexão crítica*, da introdução do professor Walter Moraes ao seu clássico *Sociedade Civil Estrita*, encontra-se uma suma de fácil consulta e de grande valor das diversas tendências de personalização da sociedade civil, em contraste com a personalização da sociedade então dita *mercantil* (pp. 8 e 9). A finalidade do autor ali é preparar a base para responder à indagação: que coisa é uma sociedade civil? No caminho, atendeu à conveniência de tratar do que se segue:

> [...] às assim chamadas associações ou corporações, conferiram-lhe os códigos civis, originariamente, personalidade jurídica, quase todos. E neste ponto não fizeram senão prosseguir a tradição porquanto o direito romano já personificava os *corpora* ou *collegia* [...]. Outro fato digno de nota é que às sociedades mercantis se reconheceu personalidade jurídica ordinariamente e com poucas exceções. O terceiro e mais importante, que as reformas legislativas parecem orientar-se para a personalização da sociedade civil.
>
> [...]
>
> O exame comparativo das diferentes legislações autoriza, não obstante, outra conclusão também segura: que não é pessoa jurídica em substância, a sociedade civil, como poderá sê-lo a associação. Não se põe isto em dúvida na doutrina civil brasileira em geral. Mas o que é importante frisar, é que a sociedade civil não requer, pela sua natureza, confirmada pela tradição, conformação personalista. De sorte que a personalidade jurídica lhe sobrevém como uma superestrutura técnica, cuja vantagem ou conveniência prática pode ser discutida, mas cuja obrigatoriedade não parece razoável. Não quer isto significar que uma sociedade civil seja incompatível com personalidade jurídica, como em doutrina também se tem afirmado. Pelo contrário, qualquer sociedade, e também a civil, sendo comunhão operativa e finalística, traz em si *a vocação ética da unidade ativa, o que vale dizer de uma personalidade análoga* [...].[7] (destaque nosso)

A ideia da analogia da sociedade à personalidade natural tem a virtude de dar visibilidade, através de um ambiente de familiaridade de termos e efeitos, a aspectos da *pessoa* que bem ficariam se reavivados e esclarecidos.

A semelhança relevante para assentar a analogia é a *subjetividade* na ordem do agir ordenado a um fim, nas palavras do mesmo Moraes. Ressalva o autor que, não obstante,

6. SOUSA, J. P. G. *O Estado tecnocrático*. Edição Saraiva. 1973. p. 50.
7. MORAES, W. *Sociedade civil estrita*. São Paulo: Ed. RT. 1987. p. 8-9.

a personalidade afísica engendrada no seio da ordem jurídica escapa da referida analogia, pois, como nota, *personificam-se patrimônios*, os quais, diversamente da sociedade, não tem lastro material para a analogia: não consistem em seres humanos.[8]

Moraes desenvolvera argumento sobre um conceito tomista de pessoa em artigo publicado da Revista RT n. 590, e extrema os conceitos de *personalidade* e *pessoa*, com grande benefício para a doutrina dos direitos da personalidade. As perguntas, singelas e alinhadas, sobre o que é personalidade, e o que é pessoa, exigem maior precisão sobre *as extensões conceituais* exigidas para *avaliar a personalidade pelo prisma crítico de um possível objeto de direito*.[9]

Dentre tais conceitos exigidos está o de *substância*, o que é como em si e não em outro, a *hipóstase*, ou o que subsiste, *sub-istit*, e suporta (*substat*) os acidentes seus. Neste ponto fica evidente que se trata de um *sujeito independente*.

Nas palavras de Moraes:

> A *independência* própria da substância chama-se *subsistência*, que Gredt define com proposição clara, mas insuscetível de razoável tradução:[10] "independentia in essendo a subjecto inhaesionis". Subsistência vem a ser, pois, aptidão para ser sem dependência ("esse aptum ad essendum sine dependentia a subjecto inhaesionis").
>
> A substância é imperfeitamente subsistente quando por sua natureza se ordena a ser *com* outra substância. Quando perfeitamente subsistente – ordenando-se a ser em si só e não com outra – a substância chama-se *suposto* (em latim, *suppositum*, em grego, *hypóstasis*). O suposto é o que de mais completo existe no gênero da substância, e a tal ponto é *per se* que não pode estar ou comunicar-se com outra. Define-se: substância singular perfeitamente subsistente e incomunicável.
>
> O suposto da natureza racional se diz *pessoa*.[11]

Após precisar diversos outros conceitos, com rigor, o autor prossegue para distinguir *natureza humana* de *pessoa*, sem isolá-las como se fossem componentes preexistentes acopláveis, para efeito de fixar o que seriam os *direitos da personalidade*, em tomada objetiva:

> [...] A pessoa, que, como suposto, opera a liberdade e ostenta a eminente dignidade do homem, propriedades que, todavia, tem sede na *anima intellectiva*, transmite, por sua vez, à composição natural a unidade (ou individuidade) e a incomunicabilidade inerentes à substância hipostática. Trata-se, destarte, de propriedades que, originariamente ou pela participação do suposto, inerem à natureza. Ora, não é difícil reconhecer, entre estes componentes da natureza humana (substâncias, potências, atos, propriedades), objetos dos direitos básicos de personalidade. [...]
>
> [...]

8. Ibid., p. 304-305.
9. Id. Concepção tomista da pessoa – um contributo para a teoria do direito da personalidade. *Revista de Direito Privado*, v. 2/2000, p. 187-204 (no artigo original; na republicação tem 10 folhas em PDF – N.A.).
10. Uma tradução totalmente satisfatória não é possível em razão da precisão dos termos específicos em latim para a linguagem da filosofia tomista. N.A.
11. Ibid., p. 3

> Anotada a inadequação do *nomen* "direito de personalidade", bem como da imagem conceitual daí emergente, à realidade da correspondente relação (n. 6), importa, sem embargo, reconhecer que o dito nome é, hoje, expressão geralmente empregada na doutrina e nas leis para designar os direitos que estamos a versar. É uma denominação que a terminologia jurídica já assimilou, aparentemente como fato consumado. Resta estarmos avisados de que estes direitos não objetivam a personalidade nem bens que a integrem, senão o composto natural do homem a que a personalidade infunde substancialidade pessoal e determinação na linha da natureza. De sorte que o termo "personalidade" ganha, aqui, acepção analógica, referindo-se a realidades essencialmente diversas.
>
> A norma básica que ordena este tipo de relação jurídica, ao mesmo tempo em que assegura ao sujeito, absolutamente, a disposição de partes de sua própria natureza, impõe, como ficou assinalado (n. 1), a sujeito passivo universalmente tomado, um dever geral de abstenção ou respeito, dizendo, v. g.: "respeita a vida de cada homem". É uma regra de teor simples e denso e de alcance extensíssimo, a qual responde ao caráter absoluto e à essencialidade do direito e do objeto que compreende; é, destarte, absoluta, e poder-se-ia dizer categórica.
>
> A ordem normativa ou conjunto das normas que disciplinam as citadas relações chamamos, outrossim, direito da personalidade.[12]

Enquanto a personalidade natural é fato indissociável da pessoa, que é todo ser humano – fato reconhecido inclusive para os efeitos da Convenção Americana de Direitos Humanos no item 2 do seu artigo 1º –, e não pode ser negada pela lei positiva, sob pena de iniquidade do dispositivo; é analógica, mesmo nas sociedades que têm *vocação ética da unidade ativa*, e recebida da lei positiva com a consequente autonomia patrimonial; e se submete a tê-la afastada por ato judicial em certos e determinados negócios quando não se mantém fiel a sua finalidade precípua.

A lei brasileira admitiu atingir o patrimônio dos sócios em *desconsideração da personalidade* nas hipóteses de abuso dos efeitos desta, condutas de desvio de finalidade ou causadoras de confusão patrimonial, conforme artigo 50 do Código Civil. As hipóteses decorrem da aniquilação *da vocação ética da unidade ativa*, pois, se as corporações têm liberdade para os atos que são meios, não o tem em face da sua finalidade, seja aquela estabelecida no contrato social ou mesmo no estatuto, seja a razão última de contribuírem para o bem comum (art. 49-A, parágrafo único, Código Civil).

É sobre a pessoa jurídica corporativa que discorrem Baars e Spicer[13] nos seguintes termos:

> As corporações moldam cada vez mais o mundo social dos indivíduos. A própria estrutura das cidades em que vivemos é profundamente moldada pelas grandes corporações. Por exemplo, é impossível circular por Los Angeles sem carro porque as grandes empresas fabricantes de automóveis compraram e depois desativaram o sistema de transportes públicos no início do século XX, a fim de estimular a procura por seus próprios produtos. Além disso, os milhões de pessoas empregadas pelas empresas descobrem que o seu tempo é cada vez mais consumido pela sua vida profissional. Ao mesmo tempo, as relações entre pessoas fora do trabalho tornaram-se cada vez mais mediadas pelas empresas. Isto acontece porque a nossa cada vez menor quantidade de tempo livre é gasta como consumidores

---

12. Ibid., p. 4 e 6
13. BAARS, G. and SPICER. A. *The Corporation – A Critical, Multi-Disciplinary Handbook*. Introduction. pp. 1-2. Cambridge University Press. 2017.

em espaços corporativos, que vão desde *sites* de redes sociais, jogos de computador e televisão, até ginásios, restaurantes *fast-food* e centros comerciais. O sono tornou-se agora uma nova fronteira explorada pelas corporações. Empresas de tecnologia como Apple e FitBit fornecem tecnologias para monitorar e otimizar seu sono.

À medida que as empresas começaram a mediar grandes partes da nossa vida social, as formas não corporativas de comunidade começaram a murchar. Nos EUA, houve um declínio maciço nas organizações comunitárias, tais como clubes e grupos informais de bairro. O papel reforçado das empresas – e a comercialização geral da vida social – ajudou, em alguns casos, a enfraquecer os laços familiares alargados. À medida que as fontes alternativas de convívio diminuíram, o papel da corporação foi ampliado.[14]

É de se indagar se uma corporação que age para tornar toda uma comunidade como Los Angeles artificialmente dependente de seus produtos – carros no exemplo em Baars e Spicer –, ou de outro modo subleva a ordem natural, opondo-se ao desenvolvimento dos chamados *grupos intermediários,* continua a merecer reconhecimento legal como pessoa jurídica.

Mas é de se temer que, caso a secundarização chegue a paroxismo, cogite-se vulgarmente de desconsiderar a personalidade natural para algum fim eleito por pragmatismo. Afasta-se a personalidade, e o dispositivo do *piercing of the veil* poderá estender-se para além do âmbito corporativo, e alcançar a pessoa natural, cujo significado estará obliterado por absorta na horda.

Embora o Direito não possa admitir leis que desconsiderem a personalidade natural, sob pena de dissolver-se, não se pode ignorar que também as pessoas naturais podem desviar-se de seu fim último, de sua finalidade que, diversamente das jurídicas, não é utilitária. E, novamente, embora as leis não possam ser consideradas verdadeiras leis se dispuserem da pessoa natural como de um elemento irracional, de um objeto, ignorando o sujeito, o abandono da conduta voltada para o fim último *atrai* a consequência exposta por Charles McCoy:

> Consideramos a observação de Aristóteles de que a natureza humana, comparada a naturezas intelectuais perfeitas – as "substâncias separadas" – pode ser tida como que em uma condição de servidão. Tal servidão produz no homem uma tendência a revoltar-se e a escapar de sua condição.

---

14. Corporations increasingly shape the social world of individuals. The very fabric of the cities which we live in is profoundly shaped by large corporations. For instance, it is impossible to get around Los Angeles without a car because the large automobile companies bought up and then decommissioned the public transport system in the early twentieth century in order to prompt demand for their own products. In addition, the millions of people employed by corporations find that their time is increasingly consumed by their working lives. At the same time, relationships between people outside work have become increasingly mediated by corporations. This happens because our shrinking amount of spare time is spent as consumers in corporatized spaces, which range from social networking sites, computer games, and television, to gyms, fast-food restaurants, and shopping malls. Sleep has now become a new frontier being prospected by corporations. Technology companies like Apple and FitBit provide technologies for tracking and optimizing your sleep.

As corporations have started to mediate large parts of our social lives, non-corporatized forms of community have begun to shrivel. In the USA, there has been a massive decline in community organizations such as clubs and informal neighbourhood groups. The strengthening role of corporations – and general commercialization of social life – has helped in some cases to weaken extended family bonds. As alternative sources of conviviality have shrunk, the role of the corporation has been extended.

> Mas tal tipo de emancipação – da própria condição humana – só pode levar à supremacia da força. Assim, a verdadeira liberdade, a liberdade "política" da natureza mesma do homem, é protegida por uma insistência na verdade teorética (especulativa) que concerne à natureza e ao fim do homem.[15] (tradução nossa)

Retomando o pensamento do professor José Pedro Galvão de Sousa, encaminha-se a digressão para a conclusão:

> Os sociólogos evolucionistas colocaram a horda no início da formação das sociedades humanas. Seria uma espécie de figura intermediária entre os agregados animais e as sociedades primitivas. Caracterizava-se pela absoluta promiscuidade, a indiferenciação mais completa, a homogeneidade típica das primeiras manifestações de vida e de sociabilidade, segundo o esquema traçado pelo evolucionismo do século XIX.
>
> [...]
>
> De qualquer forma, o fato é que a tese dos adeptos da horda primitiva foi invertida pela evolução das civilizações. A horda não está no início da vida das comunidades humanas. Ela aparece ao término de uma longa evolução. É a plebe das cidades gregas decadentes. É a turba do Baixo Império romano. É a massa das sociedades de consumo contemporâneas.[16]

A recuperação do domínio político do homem sobre si mesmo, com caráter real, é o obstáculo natural ao perigo da *desconsideração da personalidade natural*. Resta esboçar o plano arquitetônico do processo.

REFERÊNCIAS

BAARS, G. and SPICER. A. *The Corporation*: A Critical, Multi-Disciplinary Handbook. Introduction. p. 1-2. Cambridge University Press. 2017.

DAVIS, K. *The Human Society*. p. 301. New York: The Macmillam Company, 1948.

GERALD F. DAVIS and SUNTAE KIM, The Corporation in Sociology, p. 98, *in The Corporation* – a Critical, Multi-discilinary Handbook. Cambridge University Press.

McCOY, C. N. R. *The Structure of Political Thought*: a study in the history of political ideas. McGraw-Hill Book Company, Inc. 1963. p. 47-48.

MORAES, W. *Sociedade civil estrita*. São Paulo: Ed. RT. 1987. p. 8-9.

SOUSA, J. P. G. *O Estado tecnocrático*. Edição Saraiva. 1973. p. 50.

---

15. McCOY, C. N. R. *The Structure of Political Thought*: a study in the history of political ideas. McGraw-Hill Book Company, Inc. 1963. p. 47-48.
16. Ob. cit., p. 59-60.

O ORÇAMENTO PÚBLICO SOB O OLHAR DO MINISTRO ANDRÉ MENDONÇA FILHO

Carmen Silvia Lima de Arruda

PhD em Direito Público pela Università di Pavia. Doutora e Mestre pela UFF. *Juris Doctor* pela *University of Miami*. Pesquisadora vinculado ao CEDAU. Desembargadora Federal em Rio de Janeiro.

Sumário: Introdução – 1. O Supremo Tribunal Federal e o orçamento público – 2. Devido processo legislativo orçamentário – 3. Devido processo legislativo orçamentário material: dever de coerência e proporcionalidade das emendas parlamentares orçamentárias – Conclusão – Bibliografia.

INTRODUÇÃO

Qualquer pessoa que observa, ainda que a distância, o trabalho, a participação e os votos do Ministro André Mendonça no Supremo Tribunal Federal, logo percebe sua genuína preocupação em garantir a higidez do Estado Democrático de Direito, através da preservação de seus princípios basilares, dedicando especial atenção à atuação cirúrgica do Poder Judiciário que, no seu entendimento, deve evitar "violações ao princípio da Separação de Poderes (art. 2º da CRFB)"[1], e interferências indevidas entre os poderes.

De fato, o difícil exercício da judicatura constitucional envolve a constante observância da separação dos poderes, ao mesmo tempo visa assegurar e preservar os direitos fundamentais do cidadão, sobre os quais a Constituição reservou especial proteção, como o direito à vida, à educação, à proteção e ao meio ambiente.

Para assegurar a concretização dos direitos fundamentais previstos na Carta Constitucional de 1988 são necessárias inúmeras ações do Poder Executivo, a quem compete eleger as correspondentes políticas públicas[2] que, por sua vez, somente serão executadas quando devidamente previstas nas leis orçamentárias. Essas leis que compõem o orçamento, dada sua importância e magnitude, devem observar o regramento legislativo constitucional próprio, tudo sujeito ao controle final do Poder Judiciário que, "em situações excepcionais, pode determinar que a Administração Pública adote

1. BRASIL. Supremo Tribunal Federal. Rcl 58343 AgR, Relator: Edson Fachin, Relator p/ Acórdão: André Mendonça, Segunda Turma, julgado em 28-08-2023, DJe-s/n Divulg 05-09-2023 Public 06-09-2023.
2. "impropriedade do Poder Judiciário em adentrar, ou mesmo substituir, o juízo técnico discricionário realizado na elaboração e no aprimoramento da política pública em foco". BRASIL. Supremo Tribunal Federal. ADI 6148, Relatora: Cármen Lúcia, Relator p/ Acórdão: André Mendonça, Tribunal Pleno, julgado em 05-05-2022, DJe-184 Divulg 14-09-2022 Public 15-09-2022.

medidas assecuratórias de direitos constitucionalmente reconhecidos como essenciais, sem que isso configure violação ao princípio da separação dos poderes".[3]

Esse intrincado e delicado mecanismo de freios e contrapesos deve ser protegido por aquele a quem compete a guarda da própria Constituição, ou seja, ao Supremo Tribunal Federal, cujos limites de atuação são constante e igualmente colocados à prova.

Neste pequeno ensaio, procuraremos destacar algumas passagens de votos da lavra do Ministro André Mendonça, nas quais se evidencia sua preocupação com questões centrais que impactam tanto na manutenção do Estado de Direito, quanto na garantia dos direitos fundamentais do cidadão.

1. O SUPREMO TRIBUNAL FEDERAL E O ORÇAMENTO PÚBLICO

Nas diversas ocasiões em que o Supremo Tribunal Federal foi chamado a se pronunciar acerca da constitucionalidade de dispositivos que envolvem as leis orçamentárias, sempre o fez dedicando especial atenção, reconhecendo tratar-se da "lei materialmente mais importante do ordenamento jurídico logo abaixo da Constituição", por ser "a que mais influencia o destino da coletividade", conforme afirmou o Ministro Carlos Ayres Brito, no paradigmático julgamento da ADI 4.048.[4]

O orçamento público é composto de um conjunto de leis de iniciativa do Poder Executivo que devem garantir a execução e concretização das políticas públicas escolhidas para atender aos direitos fundamentais do cidadão.

Num Brasil de tantas desigualdades e orçamentos limitados, de curial importância que as regras constitucionais orçamentárias sejam não apenas bem interpretadas, mas sobretudo garantidas, permitindo que as previsões dos gastos públicos encontrem correspondentes receitas públicas.

As regras previstas no texto constitucional, que devem nortear a elaboração das leis orçamentárias, compõem um "processo legislativo especial"[5], conhecido como processo legislativo orçamentário, dado ter sido "intensivamente regulada pela Constituição Federal".[6]

Daí decorre a constante questionamento das leis orçamentárias, não apenas na esfera federal, mas também dos entes subnacionais, exigindo, especialmente por tratar-

3. BRASIL, Supremo Tribunal Federal. ARE 1.403.253 AgR, Relator: Ministro André Mendonça, Segunda Turma, julgado em 30-10-2023, Processo Eletrônico DJe-s/n Divulg 16-11-2023 Public 17-11-2023.
4. BRASIL, Supremo Tribunal Federal. ADI 4.048-MC/DF, Relator: Ministro Gilmar Mendes, Tribunal Pleno, julgado em 14-05-2008, DJe-157 Divulg 21-08-2008 Public 22-08-2008 Ement Vol-02329-01 PP-00055 RTJ Vol-00206-01 PP-00232.
5. BRASIL. Supremo Tribunal Federal. ADI 7.058-MC, Relator: Ministro André Mendonça, Relator p/ Acórdão: Ministro Nunes Marques, Tribunal Pleno, julgado em 03-03-2022, Processo Eletrônico DJe-101 Divulg 25-05-2022 Public 26-05-2022. p. 45.
6. Ibid., p. 37.

-se de lei temporária[7], uma pronta resposta da Corte Suprema, que atua para "mediar conflitos financeiros entre Poderes, oportunidades nas quais o órgão judicial desenha os fundamentos e os limites dessa interação republicana".[8]

2. DEVIDO PROCESSO LEGISLATIVO ORÇAMENTÁRIO

Ao tratar dos orçamentos públicos, a Constituição Federal elencou, no art. 165, o conjunto de três leis, quais sejam, o plano plurianual, as diretrizes orçamentárias e os orçamentos anuais[9], que compõem as leis orçamentárias cuja elaboração deve observar um *iter* procedimental igualmente previsto no texto constitucional, ao qual se dá o nome de devido processo legislativo orçamentário.

O atendimento do devido processo legislativo orçamentário, que constitui o *iter* procedimental legislativo constitucionalmente previsto para as leis orçamentárias, pode ser analisado por suas duas vertentes: o devido processo legislativo procedimental e o devido processo legislativo material, ou substantivo, que diz respeito à parte substantiva da norma, relacionada à observância dos direitos fundamentais consagrados pelo texto constitucional.[10]

Por devido processo legislativo procedimental compreende-se as fases do processo disciplinadas no próprio texto constitucional, cuja fase inicial é o encaminhamento do projeto de lei para o parlamento, incumbindo à Comissão Mista de Orçamento a primeira análise, na forma do art. 166 e seguintes do texto constitucional.

Mencione-se, por oportuno, que o devido processo legal procedimental, conforme concebido nos EUA, é bastante intuitivo, refere-se às garantias processuais que devem ser observadas pelo Estado. Assim, pode-se dizer que o devido processo legal procedimental diz respeito aos direitos processuais individuais relacionados às ações governamentais, de sorte que o Estado deve adotar um processo justo, administrativo e judicial, quando interferir nos direitos individuais (Bonfield, 2006, p. 283). Daí, destacam-se alguns elementos essenciais do *devido processo legal*, tais como notificação, contraditório, ampla defesa e, sobretudo, a garantia de proteção igualitária perante a lei (*equal protection of the law*).

No caso das leis orçamentárias, a fase inicial, a iniciativa reservada ao Poder Executivo, assim como a vedação de apresentação de medida provisória, a submissão à Comissão Mista de Orçamento, tudo está previsto nos artigos 165 e seguintes do texto Constitucional.

---

7. BRASIL. Supremo Tribunal Federal. ADI 7593 MC-Ref, Relator: Ministro André Mendonça, Tribunal Pleno, julgado em 07-05-2024, Processo Eletrônico DJe-s/n Divulg 27-06-2024 Public 28-06-2024.
8. Ibid., p. 27.
9. CHEMERINSKY, Erwin. *Constitutional Law*. 2nd ed. New York: Aspen, 2005, p. 521.
10. BONFIELD, Lloyd. *American Law and the American Legal System in a Nutshell*. Saint Paul: Thomson/West, 2006. p. 284.

Em relação ao devido processo legal substantivo, a análise de sua observância está sujeita a diferentes níveis de escrutínio: quando tratar-se de um direito considerado fundamental, este deverá ser de observância obrigatória nas políticas públicas.

E mais, pelo aspecto substancial, segundo a moderna doutrina constitucional, está sujeito aos princípios da *reserva legal proporcional, que pressupõe não só a legitimidade dos meios utilizados e dos fins perseguidos pelo legislador, mas também a adequação desses meios para a consecução dos objetivos pretendidos e a necessidade de sua utilização*[11], tratando-se, em verdade, de um verdadeiro *veio de ouro para a efetiva salvaguarda dos direitos fundamentais no Brasil.*[12]

Na jurisprudência brasileira, encontramos a consagração das duas vertentes do devido processo legal, o formal e o substantivo, este último como corolário do princípio da proporcionalidade e razoabilidade.[13]-[14]

No direito brasileiro, o princípio da razoabilidade é considerado intercambiante do princípio da proporcionalidade, sendo um "produto da conjugação de ideias vindas de dois sistemas diversos: (i) da doutrina do devido processo legal substantivo do direito norte-americano, onde a matéria foi pioneiramente tratada; e do princípio da proporcionalidade do direito alemão."[15]

Com efeito, pode-se afirmar que "A doutrina brasileira trata com superficialidade os princípios da proporcionalidade e da razoabilidade, sempre se referindo à origem germânica do primeiro e americana do segundo, e confundindo seus fundamentos e alcance efetivo[16]. Diz-se, em síntese, que "Princípio da proporcionalidade e razoabilidade, conquanto decorrentes de matrizes históricas diferentes, na prática são fungíveis, pois almejam o mesmo resultado: coibir o arbítrio do Poder Público, invalidando leis e atos administrativos caprichosos, contrários à pauta de valores abrigada pela Constituição."[17]

A análise da jurisprudência do Supremo Tribunal Federal revela que o princípio da razoabilidade é bastante mencionado nos arestos, na maioria das vezes relacionado ao princípio da proporcionalidade, mas sem que haja uma exata definição de tais conceitos,

---

11. MENDES, 2004, p. 83.
12. CASTRO, Carlos Roberto Siqueira. *O devido processo legal e a razoabilidade das leis na nova Constituição do Brasil.* Rio de Janeiro: Forense, 1989. p. 5.
13. BRASIL. Supremo Tribunal Federal. RE 611023 AgR, Relator: Ministro Joaquim Barbosa, Segunda Turma, julgado em 15-05-2012, Acórdão Eletrônico DJe-108 Divulg 01-06-2012 Public 04-06-2012; BRASIL. Supremo Tribunal Federal. AI 265064 AgR-ED-ED, Relator: Carlos Velloso, Segunda Turma, julgado em 11-06-2002, DJ 23-08-2002 PP-00113 Ement Vol-02079-03 PP-00611 RTJ Vol-00193-03 PP-01084.
14. BRASIL. Supremo Tribunal Federal. RE 282.258 AgR, Relator: Ministro Carlos Velloso, Segunda Turma, julgado em 09-03-2004, DJ 26-03-2004 PP-00014 Ement Vol-02145-03 PP-00529.
15. BARROSO, Luís Roberto. *Direito Constitucional Contemporâneo. Os conceitos fundamentais e a construção do novo modelo*. 4. ed. São Paulo: Saraiva, 2009. p. 255.
16. SARMENTO, Daniel. *A Ponderação de Interesses na Constituição Federal.* 2. tiragem. Rio de Janeiro: Lumen Juris, 2000. p. 87.
17. Ibidem, p. 87.

ou mesmo explicação de sua aplicação, mas tratados com superficialidade e inconsistência como se fossem institutos conhecidos e consagrados no direito brasileiro.[18]

Evidencia-se, nos julgados da Corte Suprema quanto em nossa doutrina, um apelo à utilização do princípio da razoabilidade como fundamento da autocontenção, especialmente em questões de cunho eminentemente científico onde, certamente, o administrador público dispõe de melhores mecanismos para avaliar a oportunidade e conveniência das soluções encontradas.

Em diversas oportunidades, o olhar acurado do Ministro André Mendonça se volta para o controle do arbítrio através da submissão do procedimento orçamentário à cláusula das garantias, ou seja, à observância do devido processo legislativo orçamentário material, como se demonstrará a seguir.

3. DEVIDO PROCESSO LEGISLATIVO ORÇAMENTÁRIO MATERIAL: DEVER DE COERÊNCIA E PROPORCIONALIDADE DAS EMENDAS PARLAMENTARES ORÇAMENTÁRIAS

Quando da apreciação da ADI 7058 MC/DF[19], o Supremo Tribunal Federal foi chamado a decidir acerca da existência de vício formal, por usurpação de competência na iniciativa legislativa, nas emendas na Lei de Diretrizes Orçamentárias (LDO), especificamente relativas ao Fundo Especial de Financiamento de Campanha.

Tratava-se de uma medida cautelar em ação direta, ajuizada pelo Partido Novo, onde se pretendia o reconhecimento da inconstitucionalidade do inciso XXVII do art. 12 do Projeto de Lei Federal 14.194/21, Lei de Diretrizes Orçamentárias (LDO), referente ao Fundo Especial de Financiamento de Campanha, tema de evidente centralidade no processo democrático.

O principal argumento apresentado seria da ocorrência de usurpação de competência própria do Chefe do Poder Executivo da União, por tratar-se de emenda parlamentar que teria aumentado despesas públicas em matéria reservada ao Presidente da República, questionando-se os limites do poder parlamentar de emenda ao orçamento público.[20]

Reconhecida a possibilidade de conhecer, em sede de controle abstrato, impugnação em face de lei orçamentária, afastaram-se os argumentos aduzidos pelo autor, diante da inexistência de inconstitucionalidade na apresentação de emenda parlamentar, a despeito do incremento significativo de despesa pública, e de inexistir previsão expressa no art. 3º da Lei 13.971/2019 de ação governamental relacionada ao financiamento público de campanhas eleitorais. Restando preservada a coerência do ciclo orçamentário, as emendas parlamentares na LDO não seriam incompatíveis com o Plano Plurianual (PPA),

18. Disponível em: [www.sbdp.org.br/arquivos/material/241_Manuela%20Oliveira%20Camargo.pdf]. Acesso em: 4 maio 2018.
19. BRASIL. Supremo Tribunal Federal. ADI 7.058-MC, Relator: Ministro André Mendonça, Relator p/ Acórdão: Ministro Nunes Marques, Tribunal Pleno, julgado em 03-03-2022, Processo Eletrônico DJe-101 Divulg 25-05-2022 Public 26-05-2022. p. 45.
20. Ibid., p. 46.

concluindo que "não cabe a este juízo glosar escolhas parlamentares democraticamente válidas a pretexto de compatibilizar distintos planos orçamentários".[21]

Inicialmente o Ministro André Mendonça afastou um a um os argumentos deduzidos na inicial; todavia, compreendendo o importante papel de guardião da Constituição, adentrou a questão da proporcionalidade da emenda, considerando "a causa de pedir no controle abstrato revela-se aberta[22]" e, sobretudo, destacando o vultoso aumento do Fundo Eleitoral, superior a 200% em relação às eleições de 2020.[23]

Assim, divergindo dos pares o Ministro Mendonça analisou outros fundamentos de inconstitucionalidade não aventados na inicial, quais sejam "(i) a parametricidade entre a LDO e a LOA resultante da rejeição do veto presidencial; (ii) a observância da anualidade eleitoral; e (iii) potenciais violações perpetradas pela decisão financeira ora impugnada, em face da segurança jurídica e da prudência fiscal".

Inquiria-se, então, a respeito das escolhas alocativas de recursos escassos no processo de aprovação do orçamento público e, por consequência, de fixação de despesas públicas, momento em que o Ministro André Mendonça defendeu a necessidade de observância da proporcionalidade e da razoabilidade das escolhas parlamentares em razão da existência de parâmetros constitucionais claros, diretos e idôneos.[24]

Isto porque, ao priorizar a edição de verbas ao Fundo Eleitoral, apesar da importância cívica de permitir o financiamento das campanhas eleitorais em condições mais igualitárias, o Congresso Nacional estaria, consequentemente, reduzindo as despesas de capital, especialmente de obras públicas de infraestrutura, tipicamente as destinatárias dessa modalidade de emenda parlamentar.[25]

No entender do Ministro André Mendonça, "o Congresso Nacional tem se arrogado da decisão sobre o destino desses recursos públicos, sabidamente escassos em conjuntura macroeconômica desfavorável"[26] e, ao incrementar o fundo eleitoral para as eleições de 2022, agiu de forma desproporcional e incoerente em relação aos princípios da legitimidade e economicidade previstos na Constituição Federal, em detrimento da alocação das verbas em infraestrutura pública, necessárias ao desenvolvimento nacional.

Assim, invocando o postulado da coerência do legislador, que acumula as funções de Poder Legislativo da União e Poder Constituinte reformador[27], restaria caracterizada a desproporcionalidade da proposta de emenda parlamentar, em detrimento dos termos

21. Ibid., p. 55.
22. Ibid., p. 133.
23. "Na realidade orçamentária do Brasil, isso significou que nas eleições gerais de 2018 o valor fixado foi de R$ 1,7 bilhão, ao passo que na seguinte, a municipal de 2020, o montante chegou a R$ 2,1 bilhões. Nas eleições gerais de 2022, apesar da proposta do Poder Executivo de repetir o valor do prélio eleitoral antecedente, como já visto, o Legislativo optou por estabelecer a grandeza do Fundo Eleitoral em R$ 5,7 bilhões na LDO/2022 e R$ 4,9 bilhões na LOA/2022". Ibid., p. 98.
24. Ibid., p. 135.
25. Ibid., p. 99.
26. Ibid., p. 100.
27. Ibid., p. 107.

da Constituição Federal relativos às emendas impositivas[28], que tem o propósito de garantir a efetiva entrega de bens e serviços à sociedade, acarretando inconstitucionalidade material do dispositivo atacado.

Destaca, ainda, o eminente Relator, a possibilidade de controle judicial das emendas parlamentares no âmbito das escolhas orçamentárias, decorrência do sistema de pesos e contrapesos, e que a "impositividade orçamentária deve ser compreendida ao longo de todo o ciclo orçamentário, e não somente em termos de execução obrigatória", ou seja, permeando todo o processo legislativo orçamentário.[29]

Em seu voto, lastreado em dados concretos da utilização dos recursos da reserva das emendas de bancada, o Ministro André Mendonça concluiu pela ofensa à impositividade das programações orçamentárias, e desatendimento ao comando de efetiva entrega de bens e serviços à sociedade (art. 165, § 10, da CF/88).

Em resumo, para o Ministro Mendonça teria ocorrido desrespeito à proibição do excesso ou vedação de arbítrio, derivada da regra da proporcionalidade, ofendendo à cláusula do devido processo legislativo orçamentário, prevista no art. 5º, inciso LIV, da Constituição Federal, sobretudo no âmbito das escolhas orçamentárias que lhe são privativas.

CONCLUSÃO

O voto proferido na ADI 7058 MC/DF evidencia a sutileza do pensar do Ministro Mendonça, e sua preocupação com a preservação da garantia do devido processo legislativo orçamentário contra arbitrariedades.

Apesar de ter, há pouco, ascendido ao Supremo Tribunal Federal, já se percebe quão acertada foi a escolha do Ministro André Mendonça para compor o órgão guardião da Constituição, a quem compete "o dever de aferir a proporcionalidade e a razoabilidade das escolhas do Poder Público, sejam elas administrativas, legislativas ou mesmo judiciais"[30]. Sua preocupação com a ponderação dos valores constitucionais, assim como o atendimento aos objetivos do Estado brasileiro, em especial o desenvolvimento sustentável e a garantia dos direitos fundamentais, mantendo-se fiel aos princípios republicanos que o norteiam, confirmam sua elevada estatura intelectual.

Certamente, ainda teremos a oportunidade de ler, estudar e aprender com os brilhantes votos de lavra do Ministro André Mendonça que, em muito, contribuirão para o aperfeiçoamento do devido processo legislativo orçamentário e para engrandecimento da ordem jurídica nacional e fortalecimento do Estado de Direito brasileiro.

---

28. Arts. 165, § 10 e 166, § 12, § 19 e § 20, da Constituição Federal.
29. BRASIL. Supremo Tribunal Federal. ADI 7.058-MC, Relator: Ministro André Mendonça, Relator p/ Acórdão: Ministro Nunes Marques, Tribunal Pleno, julgado em 03-03-2022, Processo Eletrônico DJe-101 Divulg 25-05-2022 Public 26-05-2022. p. 123.
30. Ibid., p. 94.

BIBLIOGRAFIA

BARROSO, Luís Roberto. *Direito Constitucional Contemporâneo. Os conceitos fundamentais e a construção do novo modelo.* 4. ed. São Paulo: Saraiva, 2009.

BONFIELD, Lloyd. *American Law and the American Legal System in a Nutshell.* Saint Paul: Thomson/West, 2006.

BRASIL. Supremo Tribunal Federal. ADI 7593 MC-Ref, Relator: Ministro André Mendonça, Tribunal Pleno, julgado em 07-05-2024, Processo Eletrônico DJe-s/n Divulg 27-06-2024 Public 28-06-2024. Disponível em: [https://redir.stf.jus.br/paginadorpub/paginador.jsp?docTP=TP&docID=778185807]. Acesso em: 1 jul. 2024.

BRASIL, Supremo Tribunal Federal. ARE 1.403.253 AgR, Relator: Ministro André Mendonça, Segunda Turma, julgado em 30-10-2023, Processo Eletrônico DJe-s/n Divulg 16-11-2023 PUBLIC 17-11-2023. Disponível em: [https://redir.stf.jus.br/paginadorpub/paginador.jsp?docTP=TP&docID=772657158]. Acesso em: 24 maio 2024.

BRASIL. Supremo Tribunal Federal. ARE 1.415.653 AgR, Relator: Ministro André Mendonça, Segunda Turma, julgado em 09-10-2023, Processo Eletrônico DJe-s/n Divulg 17-10-2023 Public 18-10-2023. Disponível em: [https://redir.stf.jus.br/paginadorpub/paginador.jsp?docTP=TP&docID=771759385]. Acesso em: 24 maio 2024.

BRASIL. Supremo Tribunal Federal. ADI 7.375, Relator: Ministro André Mendonça, Tribunal Pleno, julgado em 02-10-2023, Processo Eletrônico DJe-s/n Divulg 11-10-2023 Public 16-10-2023. Disponível em: [https://redir.stf.jus.br/paginadorpub/paginador.jsp?docTP=TP&docID=771663441]. Acesso em: 24 maio 2024.

BRASIL. Supremo Tribunal Federal. Rcl 58343 AgR, Relator: Edson Fachin, Relator p/ Acórdão: André Mendonça, Segunda Turma, julgado em 28-08-2023, DJe-s/n Divulg 05-09-2023 Public 06-09-2023. Disponível em: [https://redir.stf.jus.br/paginadorpub/paginador.jsp?docTP=TP&docID=770484592]. Acesso em: 24 maio 2024.

BRASIL. Supremo Tribunal Federal. Rcl 57.105 AgR, Relator: Ministro André Mendonça, Segunda Turma, julgado em 03-04-2023, Processo Eletrônico DJe-s/n Divulg 24-05-2023 Public 25-05-2023. Disponível em: [https://redir.stf.jus.br/paginadorpub/paginador.jsp?docTP=TP&docID=767935341]. Acesso em: 24 maio 2024.

BRASIL. Supremo Tribunal Federal. ADPF 850, Relatora: Ministra Rosa Weber, Tribunal Pleno, julgado em 19-12-2022, Processo Eletrônico DJe-s/n Divulg 27-04-2023 Public 28-04-2023. Disponível em: [https://redir.stf.jus.br/paginadorpub/paginador.jsp?docTP=TP&docID=767276438]. Acesso em: 24 maio 2024.

BRASIL. Supremo Tribunal Federal. ADI 7.340 MC-Ref, Relator: Ministro André Mendonça, Tribunal Pleno, julgado em 18-03-2023, Processo Eletrônico DJe-s/n Divulg 27-03-2023 PUBLIC 28-03-2023. Disponível em: [https://redir.stf.jus.br/paginadorpub/paginador.jsp?docTP=TP&docID=766578749]. Acesso em: 24 maio 2024.

BRASIL. Supremo Tribunal Federal. ADI 6.080, Relator: Ministro André Mendonça, Tribunal Pleno, julgado em 05-12-2022, Processo Eletrônico DJe-s/n Divulg 09-01-2023 Public 10-01-2023. Disponível em: [https://redir.stf.jus.br/paginadorpub/paginador.jsp?docTP=TP&docID=765088694]. Acesso em: 24 maio 2024.

BRASIL. Supremo Tribunal Federal. ADI 7.073, Relator: Ministro André Mendonça, Tribunal Pleno, julgado em 26-09-2022, Processo Eletrônico DJe-213 Divulg 21-10-2022 Public 24-10-2022. Disponível em: [https://redir.stf.jus.br/paginadorpub/paginador.jsp?docTP=TP&docID=763941511]. Acesso em: 24 maio 2024.

BRASIL. Supremo Tribunal Federal. ADI 6148, Relatora: Cármen Lúcia, Relator p/ Acórdão: André Mendonça, Tribunal Pleno, julgado em 05-05-2022, DJe-184 Divulg 14-09-2022 Public 15-09-2022. Disponível em: [https://redir.stf.jus.br/paginadorpub/paginador.jsp?docTP=TP&docID=763078853]. Acesso em: 24 maio 2024.

BRASIL. Supremo Tribunal Federal. MS 38.659/DF, Relator: Ministro André Mendonça, julgado em: 27/08/2022, Processo Eletrônico DJe-s/n Divulg 26/08/2022 Public 29/08/2022. Disponível em: [https://portal.stf.jus.br/processos/downloadPeca.asp?id=15353009540&ext=.pdf]. Acesso em: 24 maio 2024.

BRASIL. Supremo Tribunal Federal. ADI 7.058-MC, Relator: Ministro André Mendonça, Relator p/ Acórdão: Ministro Nunes Marques, Tribunal Pleno, julgado em 03-03-2022, Processo Eletrônico DJe-101 Divulg 25-05-2022 Public 26-05-2022. Disponível em: [https://redir.stf.jus.br/paginadorpub/paginador.jsp?docTP=TP&docID=760972740]. Acesso em: 24 maio 2024.

BRASIL, Supremo Tribunal Federal. ADI 4.048-MC/DF, Relator: Ministro Gilmar Mendes, Tribunal Pleno, julgado em 14-05-2008, DJe-157 Divulg 21-08-2008 Public 22-08-2008 Ement Vol-02329-01 PP-00055 RTJ Vol-00206-01 PP-00232. Disponível em: [https://redir.stf.jus.br/paginadorpub/paginador.jsp?docTP=AC&docID=542881]. Acesso em: 24 maio 2024.

BRASIL. Supremo Tribunal Federal. RE 282.258 AgR, Relator: Ministro Carlos Velloso, Segunda Turma, julgado em 09-03-2004, DJ 26-03-2004 PP-00014 Ement Vol-02145-03 PP-00529. Disponível em: [https://redir.stf.jus.br/paginadorpub/paginador.jsp?docTP=AC&docID=336546]. Acesso em: 24 maio 2024.

BRASIL. Supremo Tribunal Federal. RE 611023 AgR, Relator: Ministro Joaquim Barbosa, Segunda Turma, julgado em 15-05-2012, Acórdão Eletrônico DJe-108 Divulg 01-06-2012 Public 04-06-2012. Disponível em: [https://redir.stf.jus.br/paginadorpub/paginador.jsp?docTP=TP&docID=2121944]. Acesso em: 24 maio 2024.

BRASIL. Supremo Tribunal Federal. AI 265064 AgR-ED-ED, Relator: Carlos Velloso, Segunda Turma, julgado em 11-06-2002, DJ 23-08-2002 PP-00113 Ement Vol-02079-03 PP-00611 RTJ VOL-00193-03 PP-01084. Disponível em: [https://redir.stf.jus.br/paginadorpub/paginador.jsp?docTP=AC&docID=380522]. Acesso em: 24 maio 2024.

CASTRO, Carlos Roberto Siqueira. *O devido processo legal e a razoabilidade das leis na nova Constituição do Brasil*. Rio de Janeiro: Forense, 1989.

CHEMERINSKY, Erwin. *Constitutional Law*. 2nd ed. New York: Aspen, 2005.

MENDES, Gilmar Ferreira. *Direitos fundamentais e controle de constitucionalidade*: estudo de direito constitucional. 3. ed. rev. e ampl. São Paulo: Saraiva, 2004.

SARMENTO, Daniel. A Ponderação de Interesses na Constituição Federal. 2. tiragem. Rio de Janeiro: Lumen Juris, 2000.

PACTO Internacional dos Direitos Econômicos, Sociais e Culturais. Adotada pela Resolução 2.200-A (XXI) da Assembleia Geral das Nações Unidas, em 16 de dezembro de 1966 e ratificada pelo Brasil em 24 de janeiro de 1992. Disponível em: [www.oas.org/dil/port/1966%20Pacto%20Internacional%20sobre%20os%20Direitos%20Econ%C3%B3micos,%20Sociais%20e%20Culturais.pdf]. Acesso em: 24 maio 2024.

GODOS NO SUPREMO: DECISÕES EM *SERIATIM* E INTEGRIDADE DO DIREITO

Felipe Dantas de Araújo

Mestre em Direito pelo Centro Universitário de Brasília.Procurador Federal da Advocacia-Geral da União. Graduado em Direito pela Universidade Federal do Rio Grande do Norte.

(...) since there the bravest
formed apart and stood against the Trojans and brilliant Hektor
locking spear by spear, shield against shield at the base, so buckler
leaned on buckler, helmet on helmet, man against man,
and the horse-hair crests along the horns of their shining helmets
touched as they bent their heads, so dense were they formed on each other,
and the spears shaken from their daring hands made a jagged battle line.
(Ilíada, trad. R. Lattimore, Livro 13, 128-135)

1. FALANGES E GODOS

Ronald Dworkin escreveu um espirituoso ensaio, "The Supreme Court Phalanx", no qual argumenta que dois *justices* da Suprema Corte americana apontados pelo ex-presidente Bush, *justice* Roberts e *justice* Alito, uniram-se aos *justices* Scalia e Thomas para formar uma "falange direitista". O termo *phalanfx*, "falange", é utilizado no ensaio como uma alegoria de um movimento planejado e concertado, dos *justices* que formam a *right-wing* da Suprema Corte dos EUA, para "refazer o direito constitucional ao negar, frequentemente de maneira sorrateira, as doutrinas constitucionais centrais construídas por gerações passadas de justices, tanto liberais quanto conservadores".[1]

"The Supreme Court Phalanx" discute uma série de casos da época, alegando que a *right-wing phalanx* se dedica a um manejo tendencioso de princípios, de acordo com a importância econômica do litigante.[2] Isso representaria uma quebra na *integridade* do

1. "[...] an unbreakable phalanx bent on remaking constitutional law by overruling, most often by stealth, the central constitutional doctrines that generations of past justices, conservative as well as liberal, had constructed."
2. "It claims to celebrate free speech when it declares that Congress cannot prevent rich corporations and unions from evading restrictions on political contributions. But it subordinates free speech to other policies when it holds that schools can punish students for displaying ambiguous but not disruptive slogans at school events."

sistema jurídico – integridade aqui no sentido estrito do corpus teórico de Dworkin – vez que tal "falange" não seria guiada nem por ideologias políticas ou princípios jurídicos conservadores, mas sim por lealdades partidárias, culturais e religiosas – em suma, nas cáusticas palavras do próprio Dworkin, a falange seguiria, ao invés, a *Fox News*.

Detenho-me por aqui na menção ao ensaio. Não farei uma revisão ou aprofundamento do "The Supreme Court Phalanx". meu objetivo neste artigo não é analisar o conteúdo de decisões da Suprema Corte americana, nem as tendências políticas dos *justices* que a integram. Todavia, o ensaio servirá como pano de fundo, como um cenário, no qual tentarei apresentar o enredo que constitui o conteúdo deste artigo: uma análise, sob o prisma da teoria do próprio Dworkin, da qualidade do procedimento argumentativo mediante o qual tribunais brasileiros, e o Supremo Tribunal Federal em particular, produz suas decisões.

Quais são, então, os elementos que se destacam no cenário escolhido, e que merecem algumas considerações adicionais nesta introdução? O título deste artigo, e o enunciado de seu objetivo no final do último parágrafo acima, tornam desnecessárias maiores divagações quanto a quem são os atores do nosso enredo: os *justices* da Suprema Corte (Scotus[3]) têm um papel importante, mas os protagonistas são os juízes e ministros de nossos tribunais. Ambos, *justices* e ministros, foram escolhidos como atores devido ao seu papel de integrantes das respectivas supremas cortes. Os ministros são nossos protagonistas, uma vez que, obviamente, o objeto da análise deste artigo é a análise procedimental da atuação do STF. Mas a importância do papel dos *justices* decorre não só da sua presença como atores no ensaio de Dworkin escolhido como nosso pano de fundo, mas também porque, e aprofundarei melhor esse ponto mais à frente, a teoria de Dworkin é largamente fundada em conceitos e práticas do *common law* e isso possui algumas consequências quando escolhemos tal teoria como prisma da nossa análise.

Para tratar, no parágrafo seguinte, dos personagens que nossos atores representarão, precisamos tratar antes de um elemento que se espraia por todo o cenário e que será o fio condutor da trama: *Integridade*. No "The Supreme Court Phalanx" somos expostos a uma breve consideração a respeito. Segundo o autor, os tribunais inferiores devem respeitar decisões de cortes superiores que eles não podem negar, mas que foram isoladas por doutrinas supervenientes, fazendo com que essas decisões das cortes superiores, não obstante sejam respeitadas, devam ser interpretadas de forma mais restritiva. Entretanto, para a Scotus o *stare decisis* – respeito pelo precedente – "significa algo mais profundo e importante. Significa respeito não pelo sentido estrito de casos anteriores, considerados unitariamente, mas sim pelos princípios que justificam tais decisões."[4]

O enunciado de integridade em "The Supreme Court Phalanx", muito embora não seja substancialmente distinto dos enunciados expostos pelo autor em outras obras, é

3. Do acrônimo Supreme Court Of The United States.
4. "But for the Supreme Court stare decisis — respect for precedent — means something deeper and more important. It means respect not for the narrow holding of earlier cases, one by one, but for the principles that justify those decisions."

formalmente construído a partir de um outro aspecto da integridade. Refiro-me ao que vou oportunamente definir como *integridade procedimental*. É verdade que Dworkin é mais conhecido pela sua extensa teorização quanto a direitos substantivos ou materiais, expressos sob a forma de princípios (a maioria dos exemplos por ele utilizados em suas obras tratam de direitos materiais), mas o enredo deste artigo reserva um papel, uma abordagem mais processual para a teoria do direito como integridade. Pretendo demonstrar que, ao lado de um componente tradicionalmente enxergado em seu matiz material, existe um componente processual relevante no pensamento de Dworkin, pelo menos tão relevante a ponto de ser possível concluir que as decisões de um tribunal não promovem a integridade se não se adequarem aos padrões procedimentais exigidos por tal componente. Mais especificamente, neste artigo pretendo analisar um componente do direito processual brasileiro que possui relevante papel na construção e no efeito de decisões judiciais: decisões em *seriatim*, prática segundo a qual os votos de cada juiz de um tribunal são proferidos individualmente, um após o outro. E, a partir dessa análise, sob o prisma da teoria de Dworkin, concluirei que o manejo desse componente na nossa prática jurídica judicial não se coaduna com a integridade enquanto virtude.

Encerremos a introdução com as vestes que trajarão nossos atores. Não são talares, é verdade, mas nem por isso menos clássicas do que as togas que as pessoas dos *justices* e ministros envergam ritualmente. Como já adiantado no primeiro parágrafo desta introdução, Dworkin usa a falange como uma alegoria. Tal formação militar helênica, cuja preponderância nos campos de batalha decorria do seu perfeito domínio da ordem unida, poeticamente versada por Homero na citação inicial da introdução, transmite para a cultura ocidental uma ideia de organização, disciplina, harmonia de esforços e eficiência mortífera. Dworkin vale-se dessa poderosa imagem para representar alguns integrantes da Scotus.

Eu sigo neste artigo com o mesmo figurino para a Scotus, todavia o uso para designar todo o conjunto de seus *justices*, e como uma alegoria para outro aspecto desse tribunal, qual seja, a forma argumentativa como suas decisões são tomadas e registradas. Por enquanto adiantarei que, se sob esse aspecto argumentativo, os *justices* representarão uma falange, aos nossos tribunais reservei nesse conjunto de alegorias o papel de godos. Escolhi os godos, o martelo que destroçou Roma, como alegoria, devido a uma semelhança e a uma diferença relativa à falange. A semelhança é que os godos transmitem a mesma e forte imagem de grupo militar terrível e implacável. A diferença é que, enquanto a falange se comporta como um corpo único, unido, os godos se destacam mais pelo valor e capacidade combativa individual dos seus guerreiros, e certa desordem seria inerente a sua forma de lutar.

Quando todos os membros de um tribunal decidem juntos, e argumentam em uníssono, como uma falange, é mais provável perceber a decisão como partindo do tribunal, por mais que tenha sido composta de argumentos individuais. Quando, ao invés, cada membro do tribunal argumenta em desconexão dos demais, age de forma isolada. Se a decisão é formada por argumentos desconexos, reforça a aparência de que o que importou mais foi o ativismo de uns, em detrimento da visão de direito como um todo íntegro.

Dedico este artigo ao ministro André Mendonça, homenageado na presente obra coletiva, ministro quem, no pouco tempo em que integra o STF, já demonstrou ter plena deferência à cultura de precedentes que o Tribunal vem incrementando ao longo de sua relevante história para o Brasil. Na sua atividade jurisdicional, o ministro André Mendonça vem inegavelmente contribuindo para o fortalecimento da integridade do ordenamento jurídico brasileiro, coroando uma carreira jurídica exitosa em todas as funções que exerceu em sua história profissional.

2. DWORKIN E INTEGRIDADE

A análise da estrutura argumentativo-procedimental das decisões brasileiras, e a comparação dessa estrutura com a da suprema corte em um sistema típico de *common law* adotará o marco teórico da teoria de Ronald Dworkin do *direito como integridade*. Assim, nessa parte do artigo trazemos um resumido esquema da teoria da integridade a partir do livro O Império do Direito (Dworkin, 2007b), com foco nos conceitos que tratam do caráter *procedimental da integridade*.

O que seria o direito para esta teoria? O império do direito é, ou deve ser definido pela atitude (p. 429), não pelo território, o poder ou o processo. Essa atitude é *interpretativa, autorreflexiva e construtiva. Interpretativa*, porque indaga quais compromissos públicos e princípios aos quais uma comunidade é obrigada; *autorreflexiva*, porque capaz de repensar, em cada circunstância, o que esses princípios exigem da comunidade; e *construtiva*, porque sua finalidade é colocar o princípio acima da prática para mostrar o melhor caminho para um futuro melhor. Ao mesmo tempo, essa atitude só pode ser compreendida se vista mais do que como uma ação humana, uma prática social; e mais do que como um mero discurso, ou palavras vazias ou falsas em seu significado. A prática jurídica só é legítima se genuinamente e racionalmente decorrente do discurso que a orienta. Essa atitude procedimental é justamente a integridade.

Devido à multiplicidade de formas e de conteúdos obrigacionais entendidos como prática jurídica no decorrer do tempo histórico, não se pode produzir uma teoria semântica eficaz sobre o direito (p. 112). Mas a teoria da integridade propõe que um elemento de aproximação comum deve partir do ponto de vista interno, isto é, do ponto de vista do participante da prática: como explicar a prática jurídica tal como ela se encontra, e de que forma essa prática se justifica. Esse ponto de vista interno é, por exemplo, oposto ao ponto de vista externo de doutrinas tais como o *legal realism*, que enxerga o direito apenas como uma construção social ideologicamente comprometida que compõe a superestrutura institucional (p. 17). Podemos extrair, então, da teoria enquanto ponto de vista interno, a seguinte proposição:

> P1 – Proposição da Coerência: *Invariavelmente, a prática jurídica envolve algum grau de autojustificação interna, isto é, pratica-se o direito, por exemplo, em um tribunal, discutindo se é quais consequências de determinada conduta humana encontram previsão no próprio direito.*

O componente seguinte da teoria é a forma, o mecanismo de como opera a autojustificação. O direito é, sem dúvida, um fenômeno social. Mas sua complexidade, função e consequências dependem de uma característica especial de sua estrutura. Ao contrário de muitos outros fenômenos sociais, a prática do direito se dá através da autojustificação, a qual por sua vez, é argumentativa (p. 17). O direito depende da verdade de certas proposições – normas – que só adquirem sentido através da mobilização e discussão, dentro da prática jurídica, dessas proposições.[5]

P2 – Proposição da Argumentação: *a prática jurídica enquanto autojustificação é interpretativa e argumentativa.*

Continuando para outro aspecto da teoria, se alguém, sujeito a determinado sistema jurídico, recusa-se ou resiste a submeter-se a uma obrigação decorrente desse sistema, a prática jurídica desse sistema contém mecanismos que substituem o cumprimento dessa obrigação mediante o uso coercitivo da força física, dentro de certos limites, e sob certas formas. De outro ponto de vista, externo e weberiano, a teoria política se preocupa com o estudo do uso da força pelo Estado, que detém o poder de usá-la de forma monopolizada. Isso leva a uma terceira proposição:

P3 – Proposição da Coerção: *O escopo mais abstrato e fundamental da aplicação do direito consiste em guiar o poder coercitivo do governo de certa forma.*

A partir da conjugação três proposições, a teoria constrói uma quarta (p. 116):

P4 – Proposição da Integridade: *O direito de uma comunidade é o sistema de direitos e responsabilidades que respondem a esse complexo padrão: autorizam a coerção (P3) porque decorrem, mediante argumentação (P2), de decisões anteriores do tipo adequado (P1).*

Essa caracterização do conceito de direito estabelece, de maneira apropriadamente vaga, aquilo que às vezes é chamado de "regra" do direito. A teoria discutirá esse conceito preliminar de direito proposto em P3 a partir da resposta a três questões. A teoria conjectura três modelos possíveis de conjuntos de resposta, e a cada conjunto corresponderá o que a teoria denomina de "concepção do direito" (p. 117). A resposta que uma concepção dá às perguntas determina os direitos e responsabilidades jurídicos concretos que cada concepção reconhece. As concepções formuladas são apenas conceituais, não correspondem de forma completa, nem foram inspiradas, em nenhuma experiência histórica da prática jurídica, ou doutrina jusfilosófica. Elas são como tipos puros, construídos para ressaltar ou ilustrar as notas características do direito como integridade. Organizamos aqui esse modelo em um quadro sinóptico, tabulando proposições, perguntas, respostas e as três concepções de direito: convencionalismo, pragmatismo e integridade.

5. Nas palavras de Chain Perelman (Perelman, 2000, p. 185): "Como se trata de deixar as decisões jurídicas aceitáveis, o recurso às técnicas argumentativas torna-se indispensável. Como, por outro lado, trata-se de motivar as decisões, mostrando sua conformidade com o direito em vigor, a argumentação será específica, pois terá por missão mostrar de que modo a melhor interpretação da lei se concilia com a melhor solução dos casos particulares."

Quadro I – Concepções do direito para Dworkin

Conceito de Direito:
P4–Proposição da Integridade: O direito de uma comunidade é o sistema de direitos e responsabilidades que respondem a esse complexo padrão: autorizam a coerção (P3) porque decorrem, mediante argumentação (P2), de decisões anteriores do tipo adequado (P1).

		Respostas		
	Concepções de Direito →	*Pragmatismo*	*Convencionalismo*	*Integridade*
PPERGUNTAS	Faz algum sentido exigir que a força pública seja usada somente de forma coerente com os direitos e responsabilidades que "decorrem" de decisões políticas anteriores?	Nega qualquer vantagem real ao exigir que as decisões de um juiz sejam verificadas por coerência com decisões tomadas no passado.	Sim, aceita a ideia de direito.	O direito como integridade aceita sem reservas o direito e coerência com as pretensões juridicamente asseguradas no passado
PPERGUNTAS	Se o sentido da pergunta acima existe, qual é ele?	Juízes devem tomar decisões que lhes parecem melhor para o futuro da comunidade, ignorando qualquer forma de coerência com o passado que tenha valor por si mesma. Por razões de estratégia, às vezes os juízes podem atuar *"como se"* as pessoas tivessem direitos.	Sentido esgotado pela previsibilidade e equidade processual proporcionadas por essa restrição.	A coerência beneficia a sociedade não apenas por oferecer previsibilidade ou equidade processual, mas por assegurar entre os cidadãos um tipo de igualdade que torna sua comunidade mais genuína e aperfeiçoa sua justificativa moral para exercer o poder político.
PPERGUNTAS	Que noção de "decorrer", de coerência com decisões precedentes – é a mais apropriada?	Nenhuma. Encontra a justificativa necessária à coerção na justiça, na eficiência ou em alguma outra virtude contemporânea da própria decisão coercitiva. A coerência com qualquer decisão legislativa ou judicial anterior não contribui, em princípio, para a justiça ou a virtude de qualquer decisão atual.	Visão restrita de coerência: um direito ou responsabilidade só decorre de decisões anteriores se estiver explícito nessas decisões, ou se puder ser explicitado por meio de métodos ou técnicas tradicionais.	Direitos e responsabilidades decorrem de decisões anteriores não só quando estão explícitos nessas decisões, mas também quando procedem dos princípios de moral pessoal e política que as decisões explícitas pressupõem a título de justificativa.

Alerto que esse quadro é bastante resumido, e nem de longe representa a clareza de raciocínio e a excelente articulação das ideias de Dworkin n'O Império do Direito. Mas a representação tabulada nos ajudará mais no momento apropriado, quando estivermos analisando se a forma de argumentação adotada por nossos tribunais se adéqua ou não à concepção do direito como integridade.

Mas a teoria de Dworkin não se limita a propor as concepções de direito expostas. Dworkin vai além do exame interno das práticas jurídicas, e propõe a integridade como critério, como baliza de verificação da legitimidade política de determinada comunidade (p. 228). Dentro da teoria, o conceito de legitimidade pode ser sintetizado na seguinte proposição (p. 232):

> P5 – Proposição da Legitimidade: *um Estado é legítimo se sua estrutura e suas práticas constitucionais forem tais que seus cidadãos tenham uma obrigação geral de obedecer às decisões políticas que pretendem impor-lhes deveres.*

A partir desse conceito de legitimidade, a ideia de Dworkin é demonstrar que uma sociedade política que aceita a integridade como virtude política se transforma, desse modo, em uma forma especial de comunidade, especial num sentido que promove sua autoridade moral para assumir e mobilizar o monopólio de força coercitiva. Para ilustrar as diferenças entre comunidades que adotam, e comunidades que não adotam a integridade como virtude, a teoria propõe mais três modelos, também hipotéticos, de comunidades (p. 252), como três modelos gerais de associação política.

Partindo da proposição que segue logo abaixo, cada modelo descreve as atitudes que os membros de uma comunidade política tomariam entre si, em plena consciência, se adotassem a concepção de comunidade que o modelo expressa. Da mesma forma, cada modelo corresponde a uma das três concepções de direito expostas há pouco, correlacionando as práticas jurídicas com o exercício do poder de forma legítima.

Eis o próximo quadro, mostrando as características de cada modelo de comunidade, e a sua correlação às concepções de direito.

Quadro II – Modelos de comunidade para Dworkin e concepções do direito correspondentes

		Modelos de Comunidade		
		Comunidade de fato	*Comunidade de regras*	*Comunidade de princípios*
CARACTERÍSTICAS	***VISÃO DAS PRÓPRIAS OBRIGAÇÕES***	Supõe que seus membros tratam a associação apenas como acidente de fato da história e da geografia, portanto, como uma comunidade associativa que nada tem de verdadeira.	Pressupõe que seus membros aceitam o compromisso geral de obedecer a regras estabelecidas, de certo modo que é específico dessa comunidade.	Membros aceitam que são governados, além de regras, também por princípios comuns.
	VISÃO DAS REGRAS	Regras não como obrigação em si, mas como mera estratégia, cumpridas ou descumpridas conforme as circunstâncias.	Vê as regras como obrigação, e não mera estratégia, mas admitem que o conteúdo dessas regras esgota sua obrigação.	Regras como obrigação. Considera que as regras foram negociadas com base em um compromisso comum com princípios subjacentes que são, eles próprios, uma fonte de novas obrigações.
	VISÃO DA POLÍTICA	Cada pessoa tenta fazer valer suas convicções no mais vasto território de poder ou de regras possível.	Cada pessoa tenta fazer valer suas convicções no mais vasto território de poder ou de regras possível. Regras produzidas representam um acordo entre interesses ou pontos de vista antagônicos.	Política como arena de debates de princípios, e de quais concepções deve ter de justiça, equidade e justo processo legal.
		Pragmatismo	*Convencionalismo*	*Integridade*
		Concepções de direito correspondentes		

Algumas observações devem ser feitas. Uma comunidade de princípios não é automaticamente uma comunidade justa (p. 257), sua concepção de interesse equitativo pode ser falha ou violar direitos dos seus membros ou dos membros de outras comunidades, mas satisfaz as condições da verdadeira comunidade melhor do que qualquer outro modelo. Assim, uma comunidade de princípios, mediante a promessa de que o direito será escolhido, alterado, desenvolvido e interpretado de um modo global, fundado em princípios, pode reivindicar a devida autoridade moral (p. 258) – suas decisões coletivas são questões de obrigação, não apenas de poder. Podemos enunciar então uma última proposição da teoria:

> P6 – Proposição da Integridade e da Legitimidade: *Uma comunidade baseada em princípios, que é uma comunidade que adota uma concepção de direito como integridade, é o modelo de comunidade que mais proporciona legitimidade às suas decisões políticas.*

Com essa sexta proposição, dou por concluída esta primeira parte do trabalho, dedicada à exposição do marco teórico a partir do qual desenvolverei a análise que proponho. Não sem antes reiterar os alertas de que esta foi uma exposição demasiadamente simplificada da teoria da integridade, e que tomei a liberdade de consolidar em proposições os elementos principais da teoria, e os que terão algum uso mais para o andamento da nossa análise. Reitero a relevância da integridade procedimental. A construção da teoria da integridade de Dworkin não trata de conteúdo de justiça, mas de atitudes, de formas e de procedimentos. Integridade e *due processo of law* são valores distintos, mas correlatos. Mecanismos processuais do judiciário são aprioristicamente relevantes para essa nossa visão de integridade como método, já que a prática do direito nos tribunais é deveras relevante, e demonstrativa da concepção de direito de determinado sistema.

3. COMO DECIDE UM TRIBUNAL – A REGRA DE REDUÇÃO ARGUMENTATIVA

Segundo Dworkin (2007b, p. 283), a *justiça* diz respeito ao resultado correto do sistema político: a distribuição correta de bens, oportunidades e outros recursos. Já a *equidade* é uma questão da estrutura correta para esse sistema, a estrutura que distribui a influência sobre as decisões políticas da maneira adequada, enquanto o *devido processo legal adjetivo* é uma questão dos procedimentos corretos para a aplicação de regras e regulamentos que o sistema produziu. No *The Supreme Court Phalanx*, Dworkin analisa alguns casos decididos pela SCOTUS, relacionando os defeitos no primeiro nível descrito acima, o da justiça, que podem ser causados pelo desrespeito ao segundo nível, isto é, o nível da estrutura do sistema, o nível da equidade e da integridade. Proponho neste artigo uma abordagem diferente. Meu prisma ainda será o segundo nível, o da integridade, mas a análise recairá não sobre a justiça ou injustiça do resultado de casos julgados pelo STF, mas sim sobre questões adjetivas, processuais. Nosso limite aqui será a análise da influência do terceiro nível, o nível do devido processo legal adjetivo, sobre o segundo nível, o nível da integridade. Nosso amparo teórico é no que ilustrei no capítulo anterior como sendo um aspecto instrumental da integridade. Meu ponto aqui é que uma característica em particular de nossa prática jurídica, em termos de processo adjetivo perante os tribunais, não se coaduna com uma estrutura correspondente a uma concepção de direito como integridade. Neste capítulo do trabalho enunciarei que característica é essa.

Antes de nos determos na análise de como godos e falanges se digladiam no enredo da integridade, creio que será útil um capítulo dedicado à exposição mais detalhada dos conceitos que fundamentaram a escolha das alegorias. Não há espaço nem motivo neste capítulo para descrever minuciosamente o processo nos tribunais, apenas tentarei ressaltar as características da atuação do STF e da SCOTUS relevantes para o enredo, naquilo que são semelhantes e diferentes. Apresento nesta parte do trabalho uma semelhança entre o STF e o SCOTUS, além da já citada e relevante posição de corte suprema de seus respectivos países. Denominarei essa semelhança, que não é particular aos dois tribunais, mas sim uma característica de qualquer tribunal, de *regra de redução argumentativa*.

Um tribunal, enquanto órgão, pode atuar de diversas formas, não só quanto ao conteúdo do que faz (julgamentos, decisões administrativas, elaboração de normas ou regimentos), mas também como seus integrantes se organizam para fazê-lo (decisões monocráticas, do presidente, de todos os integrantes, de partes ou turmas deles). Nossa análise limitar-se-á, todavia, ao funcionamento clássico de um tribunal *enquanto órgão colegiado e pleno, isto é, para cada dado problema jurídico que lhe é apresentado, o tribunal, não obstante o número de seus integrantes e o fato de eles discordarem entre si, fornece uma, e apenas uma solução com força de julgado*. Essa é uma forma bastante limitada de enxergar o funcionamento de um tribunal, admito, mas a simplicidade da formulação deixa claro que, para que múltiplas pessoas, com ideias divergentes entre si, forneçam em conjunto apenas uma solução, um tribunal deve ser regulado por alguma regra que possibilite o que denomino de *redução argumentativa*.

Uma *regra de redução argumentativa* é, portanto, uma regra discursiva, expressa em termos de direito processual ou adjetivo, que faz a ligação argumentativa entre:

A. a opinião individual dos juízes que compõem o tribunal acerca do problema apresentado; e

B. a solução emitida pelo tribunal sobre tal problema, e que se reveste no sistema jurídico da autoridade e das demais qualidades (imutabilidade, possibilidade de aplicação forçada, inclusive de forma violenta etc.) de uma decisão judicial.

Novamente, o modelo apresentado é simplista, mas é a concessão para que seja suficientemente abrangente de forma a se poder comparar o processo decisório do STF e da SCOTUS. Enfim, neste ponto do trabalho, o importante é fixar a noção de que há várias formas de se conceber uma regra de redução argumentativa para um colegiado judicial. Neste capítulo tratamos da semelhança entre dois tribunais: ambos possuem uma regra de redução argumentativa. Nos dois capítulos seguintes destacaremos as diferenças, comparando como opera a regra de redução argumentativa na SCOTUS e no STF, sob o prisma do que definimos como integridade procedimental. Como o objeto principal da nossa análise é este último, iniciaremos, então, a descrição das regras de redução argumentativa por aquele.

4. SCOTUS – DE *SERIATIM A OPINION OF THE COURT*

Nesta parte do trabalho descreveremos como opera a regra de redução argumentativa na SCOTUS, e em que medida essa regra específica se relaciona com o ideal de integridade. Também explicitaremos melhor a alegoria da falange, que lhe é adequada. No *The Supreme Court Phalanx*, Dworkin usou essa alegoria de maneira pejorativa. Eu me valho dela, entretanto, para ilustrar que a regra de redução argumentativa da Scotus possibilita, ou incentiva, uma atuação concertada e harmônica dos membros da corte, da forma que veremos a seguir. Esta parte do trabalho foi baseada nas *Rules of the Supreme Court of the United States*, e no artigo *From Seriatim to Consensus and Back Again: A Theory of Dissenting*, de Todd. M. Henderson, professor da Faculdade de Direito da Universidade de Chicago.

Nesse artigo Henderson descreve a história da evolução das formas de discurso dos tribunais de *common law*, primeiro na Inglaterra, e depois nos EUA. Segundo o autor, por quase mil anos, julgamentos de tribunais na Inglaterra foram emitidos oralmente por cada juiz individualmente, um juiz falando após o outro, em série, e sem debate prévio entre os membros do tribunal (Henderson, 2008, p. 07). Esse é o modelo básico da regra de redução argumentativa que se pode chamar de *seriatim*. Muito embora a noção atual de *seriatim* exija que os votos sejam escritos[6], até o começo do Séc. XVII as *opinions*[7] não eram nem publicadas. Antes disso, repositórios de casos eram apenas compilações escritas de notas de advogados proeminentes, que registravam, da melhor forma que podiam, o que a corte decidia, e as *opinions* proferidas em *seriatim* por cada juiz. Como mais de um advogado podia fazer notas do mesmo julgamento, havia muitos repositórios, que eram frequentemente conflitantes entre si. Essas compilações não editadas nem revisadas eram enormes e não representavam uma figura coerente do direito. Não havia como se definir um "precedente", porque não se sabia com certeza o conteúdo e os fundamentos das decisões. A situação perdurou até o final do Séc. XVIII, quando surgiram repositórios oficiais das decisões, mas isso só se tornou prática regular na metade do Séc. XIX, quando todas as *opinions* passaram a ser escritas e publicadas oficialmente. Esse modelo de 150 anos atrás - votos em *seriatim*, escritos e lidos numa sessão pública, sem debate prévio, ou mesmo concomitante, entre os integrantes do tribunal - é, não coincidentemente, muito semelhante ao modelo procedimental por meio do qual o STF exerce a jurisdição constitucional até os dias de hoje.

---

6. Decisões em Seriatim. Uma série de votos escritos individualmente por cada juiz do tribunal, em oposição a uma decisão única, falando pelo tribunal como um todo [*tradução nossa*]. Do original: *Seriatim opinions. A series of opinions written individually by each judge on the bench, as opposed to a single opinion speaking for the court as a whole.* (Black, 2007).
7. *Opinion/Judicial opinion*, que significa "o enunciado escrito de um tribunal, explicando sua decisão em determinado caso, comumente incluindo a consolidação dos fatos, pontos de direito, fundamentação e ilustrações" [*tradução nossa*]. Do original: *"court's written statement explaining its decision in a given case, usually including the statement of facts, points of law, rationale and dicta"* (Black, 2007). O termo *opinion* não possui um significado unívoco no jargão jurídico em inglês. Seu significado é precisado com a qualificação de um adjetivo, como por exemplo *legal opinion*, que equivaleria na nossa realidade a uma peça consultiva, como um parecer. Não obstante, é comum que o termo seja usado sozinho, e seu significado é extraído da interpretação do contexto. Em um contexto processual, *opinion* pode ser tanto o voto de cada juiz, como a decisão emitida pela corte como um todo (*opinion of the court*).

A prática da decisão em *seriatim* era vista no *common law* como uma forma de possibilitar um maior controle sobre o judiciário (Henderson, 2008, p. 11). O ato de proferir oralmente um voto, seja em leitura ou em discurso livre, era visto como uma forma de aclarar o processo de decisão, exigir que os juízes se debruçassem efetivamente sobre o estudo causa, e torná-los menos propícios à colusão e à corrupção. O problema da decisão em *seriatim* é que, como não há debate interno do tribunal antes do voto de cada integrante, o fundamento jurídico do conjunto dos votos não passa de uma coleção de argumentos pró e contra a causa. Para determinar quem ganhou um caso, e, mais importante, qual a regra aplicável ao caso, e quão forte era esse precedente, era necessário contar cabeças. Em disputas comerciais complexas, com múltiplas questões de fato e de direito, isso era notadamente mais difícil. Interpretar casos passados e prever a solução jurídica para futuros problemas era mais complexo, dada a multidão de votos sobre cada assunto. O nascente direito comercial na Inglaterra era incerto, justamente o oposto do que os negócios precisavam para florescer, na metade do Séc. XVII, com o crescimento das trocas comerciais com o continente.

A necessidade de maior certeza quanto ao direito efetivamente empregado em processos mais complexos e de maior relevância econômica fez com que Lord Mansfield, nomeado Lord Chief Justice do King's Bench em 1756, introduzisse um procedimento para gerar acordo e consenso entre os membros do tribunal, e emitir *opinions* unânimes (Henderson, 2008, p. 11). Como havia mais de 70 tribunais e 800 juízes em Londres, agindo em delegação semiprivada, e a maioria com competências redundantes para julgar qualquer assunto, e como os tribunais eram remunerados por uma fração do valor da causa, Mansfield se interessou em atrair causas de comerciantes, as quais começavam a crescer em número e relevância econômica, para o seu tribunal, o King's Bench.

Segundo o modelo criado por Mansfield, os juízes se reuniam privadamente, aparavam suas diferenças para emitir uma decisão conciliatória, e escreviam apenas uma *opinion of the court* unânime e anônima. Mansfield concebeu então um modelo de regra de redução argumentativa que, ao invés de produzir uma *opinion*, um voto, para cada juiz no tribunal, produziria uma *opinion of the court* – uma solução jurídica única para cada caso, discutida e acordada entre os juízes antes de ser anunciada, completa do ponto de vista argumentativo (descrevia os fatos, enumerava os argumentos jurídicos e consolidava o conteúdo decisório). Um documento jurídico apto, portanto, para formar precedentes simples e seguros, e aclarar o direito nas práticas comerciais. Henderson registra que a criação de um direito comercial do *common law* só foi possível graças às modificações introduzidas por Mansfield (Henderson, 2008, p. 12). Não obstante, o sucessor de Mansfield, Kenyon, restaurou em parte o prestígio do *seriatim*. Muito embora, hoje em dia os *Law Lords*, responsáveis pela atuação da *House of Lords* como suprema corte da Grã-Bretanha, não mais emitam cinco *opinions* em separado, a prática só há pouco teria deixado de ser comum.

Retornando ao foco deste capítulo, a Scotus, ocorre que a longa tradição britânica do *seriatim* atravessou o atlântico, juntamente com toda a cultura de prática judicial do *common law*. Como os órgãos judiciários nas colônias que posteriormente viriam a formar os Estados Unidos da América foram estabelecidos antes das modificações feitas por Lord Mansfield na regra de redução argumentativa dos tribunais da Inglaterra (Henderson, 2008, p. 15), votos escritos e em *seriatim* eram a prática costumeira nos primeiros tribunais de apelação americanas – a Scotus incluída – até John Marshall tornar-se *chief justice* (Gerber, 2000, p. 20).

A posição de presidente da Scotus, intitulada de *chief justice*, é substancialmente diferente da do presidente de um tribunal brasileiro. Na nossa realidade, a chefia do tribunal é rotativa, e um biênio é um tempo muito curto para que um presidente imprima marcas profundas na história e nas práticas de um tribunal. Já a posição de *chief justice* é permanente, não rotativa, isto é, o integrante do tribunal nomeado para *chief justice* o será de forma vitalícia. A influência de cada *chief justice* sobre a feição das práticas da Scotus é tão grande que cada formação e período desse tribunal ganha um epíteto após o seu *chief justice* – a *Marshall´s Court* durou de 1801 a 1835, por exemplo. Marshall é bastante conhecido como o fundador da prática do *judicial review*, a possibilidade de os tribunais controlarem atos do executivo e do legislativo quanto a aspectos de constitucionalidade – criando, essencialmente, o que hoje se entende por jurisdição constitucional. Não vamos tratar dessa história, já bastante difundida no meio jurídico brasileiro, mas relembrá-la nesta rápida menção serve para ilustrar o caráter audacioso de Marshall e os propósitos que o guiavam. Em minha opinião, em boa medida o valor histórico da doutrina do *judicial review* decorre do fato de ela não estar expressa na constituição, mas sim ter sido originalmente formulada e aplicada no caso *Marbury v. Madison*. E isso revela a intenção de Marshall de fortalecer o judiciário, desfalcado, literalmente, de poderes na redação constitucional. Dois anos antes desse caso, no seu primeiro ano como *chief justice*, em 1801, Marshall foi o protagonista de *Talbot v. Seeman*, quando se operou pela primeira vez a mudança da forma discursiva dos julgados da Scotus. De *seriatim*, passaram ao modelo atual, em *consensus*, como denomina Henderson, inspirados no modelo de Lord Mansfield.

Como opera, na prática, a regra de redução argumentativa da Scotus? Tentaremos enunciar de forma concisa o modelo praticado. Há uma audiência na qual cada parte expõe suas razões no processo. Os *justices* podem interromper os advogados e questioná-los, e frequentemente o fazem, especialmente após o ingresso do *justice* Antonin Scalia, em 1986. Imediatamente após os debates orais, os *justices* entram em conferência privada, discutindo o direito aplicável ao caso. Nessa conferência, cada juiz, do mais antigo ao mais moderno, anuncia aos demais como, e por quais fundamentos, decidiria o caso. Os votos são contados, o *justice* mais antigo que fez parte da maioria fica responsável por redigir a "draft version", a minuta da *opinion of the court*. Se não houve unanimidade nos debates, o mais antigo da minoria redige a minuta da *dissenting opinion*, ou simplesmente, *dissent*.[8]

8. "Dissenting opinion. An opinion by one or more judges who disagree with the decision reached by the majority. - Often shortened to dissent" (Black, 2007).

Depois de redigida, as minutas da *opinion of the court* e da *dissenting opinion*, se houver uma, são circuladas entre os *justices*. Cada *justice* pode aderir a *opinion* sem comentários adicionais, ou pode recomendar alterações, e a incorporação dessas alterações na *opinion* é discricionária do *drafter*. Os votos na conferência privada são meramente preliminares, vez que na fase de circulação da minuta de *opinion* é possível, e comum, que *justices* mudem sua opinião. A *opinion* precisa da maioria do tribunal, cinco *justices*, para ser emitida. É raro que ocorra que menos do que cinco *justices* concordem entre si, e os demais tenham *opinions* tão segmentadas que não concordem com uma posição definida.[9]

Ao *justice* que vota com a maioria é permitido escrever uma *concurring opinion*[10], dando notas particulares suas a elementos jurídicos que entende importantes para o caso, mas que não constam da *opinion of the court*. Da mesma forma, pode haver mais de uma *dissenting opinion*. A *opinion of the court* é comumente assinada pelo seu autor, mas, ocasionalmente, em casos mais simples que só decidem questões preliminares, por exemplo, a Scotus pode proferir uma *opinion* anônima, chamada de *per curiam*.

Essa é a descrição, em suma, de como se opera a regra de redução argumentativa na Scotus. O artigo de Henderson chama-se *From Seriatim to Consensus and Back Again*, porque ele analisa a variação da quantidade relativa de *dissenting opinions* na história da jurisdição constitucional americana, e quais implicações ou causas dessa variação. Ele parte do *seriatim*, onde em todos os casos o voto de cada *justice* era em si uma potencial *dissenting opinion*; avança para a fase de *consensus*, na época de fortalecimento da Scotus sob a corte presidida por Marshall, que por 34 anos redigiu ele próprio 90% das *opinions of the court* (Henderson, 2008, p. 23); e chega aos dias atuais, *back again*, onde há um retorno da valorização, por parte de alguns *justices*, das *dissenting opinions*. Se *dissenting opinions* são ou não boas para a prática jurídica é um tema controverso. Henderson cita posições que vão do espectro de que as *dissenting opinions* são literatura subversiva e inútil, passando pela conjectura de que enfraquecem o tribunal ao expor divisões internas, logo o tribunal é mais eficiente ao decidir casos e criar direito se falar com uma só voz. Mas expõe também argumentos no sentido de arejamento do direito, de que a *dissenting opinion* de hoje pode ser a *main opinion* de amanhã. De qualquer maneira, mesmo em caso de *dissenting opinion* há clareza que ela não faz parte nem da decisão, nem da fundamentação da decisão. Ela é uma concessão institucional do tribunal, um mero apêndice, um entulho argumentativo que é melhor estar fora e exposto, do que oculto. Mas que não é a opinião da corte.

---

9. Esses eventos são conhecidos como *plurality opinions – An opinion lacking enough judges´ votes to constitute a majority, but receiving more votes than any other opinion.* (Black, 2007).
10. "Concurring opinion. A vote cast by a judge in favor of the judgment reached, often on grounds differing from those expressed in the opinion or opinions explaining the judgment." (Black, 2007).

5. INTEGRIDADE DA REDUÇÃO ARGUMENTATIVA

Algumas características do modelo americano podem ser ressaltadas sob o prisma da integridade, e que serão úteis na comparação com o nosso modelo brasileiro que será aprofundado no próximo capítulo.

Primeiro, a conferência reservada entre os *justices* oferece uma excelente oportunidade para debate e discussão do conteúdo jurídico de um caso, além da mera enunciação ou leitura de fundamentos, feitas isoladamente por cada integrante do tribunal. Conforme vimos na primeira parte deste trabalho, a 2ª proposição da integridade diz que "a prática jurídica enquanto autojustificação é interpretativa e argumentativa", e essa autojustificação é a "causa eficiente" da 4ª proposição, por meio da qual o direito decorre de decisões anteriores. Não há outra forma de se aferir coerência, senão por um processo argumentativo e interpretativo. Assim, uma regra de redução argumentativa que influencie no aumento da qualidade da argumentação, que promova dialética entre posições e fundamentos, tende mais à integridade do que uma que seja apática, ou até mesmo desestimuladora, do debate.

Segundo, ainda em questões de riqueza de argumentação, o modelo da SCOTUS, ao contemplar uma fase de circulação interna da minuta da *opinion of the court*, ou até mesmo da *dissenting opinion*, faz com que os argumentos jurídicos que fundamentam a decisão, ou o dissenso, possam ser coletivamente refinados pelos demais membros da corte. Na prática, essa circulação opera como uma fase processual de refinamento da qualidade argumentativa. Cada membro do tribunal pode contribuir com sugestões de argumentos, mas estes comporão uma única peça, que é mais provável que esteja unificada por um élan argumentativo íntegro. Ou seja, mais propensão à argumentação que corresponde a mais tendência à integridade.

Terceiro, a *opinion of the court* contém em si não só o comando da decisão judicial prolatada, mas também toda a exposição da argumentação e dos raciocínios jurídicos que compõem o fundamento do julgado. É um documento que possui, ao menos em tese, uma estrutura argumentativa completa: demonstra, através da argumentação, que a solução jurídica do caso decorre racionalmente de certos fundamentos jurídicos. Mais coerência na decisão, ou pelo menos coerência mais visível, significa mais um ponto para integridade.

Quarto, o modelo da Scotus favorece a não emissão de *dissenting opinions*, ou pelo menos controla a produção desse tipo de *opinion*. Observe-se o quadro abaixo (Henderson, 2008, p. 28), que enumera percentuais de casos emitidos com *dissents*:

Quadro III – Percentual no tempo de *opinions* com *dissents* na *scotus*

TABLE B: Dissenting Proclivity

Chief Justice	Dates of Service	Percent of opinions with a Dissent
Marshall	1801-1835	4
Taney	1836-1863	9
Chase	1864-1873	9
Waite	1874-1887	6
Fuller	1888-1909	7
White	1910-1920	5
Taft	1921-1929	7
Hughes	1930-1940	9
Stone	1941-1945	27
Vinson	1946-1952	48
Warren	1953-1968	50
Burger	1969-1985	59
Rehnquist	1986-2005	56
Roberts	2005-Present	47

Ou seja, por mais de 140 anos de atividade da SCOTUS, de 1801, ano que surgiu o modelo de regra de redução argumentativa atual, até 1940, o percentual de casos com *dissenting opinions* ficou abaixo de 10%. O crescimento da proporção de *dissenting opinions* é atribuído por Henderson ao fato de que as grandes questões federais já estavam todas sintetizadas em precedentes de *common law*, o que evitava que casos inovadores surgissem. A situação começou a se alterar em 1938, quando o direito federal abandonou o *common law*, passando a ser legislado, e logo em seguida as questões "difíceis" se multiplicaram na corte a partir das discussões sobre direitos civis, quando a Scotus adquiriu a sua feição atual de uma corte constitucional.

De qualquer forma, mesmo que em metade das decisões da corte haja uma *dissenting opinion*, isso significa que na outra metade não há, e que mesmo casos constitucionais típicos, como os julgados pela Scotus, podem ter solução por apenas uma única *opinion of the court*. O sistema favorece as *opinions of the court* "puras", isto é, sem *dissents*, quer seja por inércia, quer seja pelo compromisso para consigo mesmo que alguns *justices* têm de não apresentar *dissenting opinions* como sinal de respeito à decisão da maioria, ainda que com ela não concordem. *Opinions of the court* "puras" são decisões conciliatórias, e isso significa que foram construídas, ou que o sentido do direito ou os fundamentos nela expostos, seguiram padrões pelo menos aceitáveis a todos, ressalto, todos os *justices*. Creio, então, que é lícito estender esse raciocínio para afirmar que é mais provável, então, que uma *opinion of the court* sem *dissenting* ou *concurring opinions* seja baseada em princípios comuns aceitos como mais abrangentes. Pelo menos substancialmente mais provável que seja baseada nesse tipo de princípio do que em padrões ideológicos ou opiniões excessivamente particulares de algum *justice*. Em consequência, uma regra de redução argumentativa que favorece a produção de decisões judiciais fundamentadas em princípios parece se adequar àquele modelo de comunidade, a comunidade de princípios, ao qual corresponde, conforme o quadro II acima, a concepção do direito como integridade.

Ademais, por mais que o sistema não favoreça a produção de *dissenting opinions*, ainda assim é possível emiti-las, e elas o são em quantidade (cf. Quadro III). Ou seja, do ponto de vista argumentativo, a possibilidade de um *justice* emitir uma *dissent* serve como válvula de escape do sistema para que, em casos mais clivados, os fundamentos jurídicos adotados por um, ou pela minoria dos *justices*, fiquem devidamente registrados.

Quinto, existe uma correlação acentuada entre a doutrina do precedente e a integridade. Como vimos na segunda parte deste trabalho, a prática jurídica se caracteriza por uma autojustificação interna, que se manifesta por meio da coerência entre a prática efetuada no presente e decisões do passado. E a doutrina do precedente, ou do *stare decisis*, segundo a qual é necessário que um tribunal siga decisões judiciais, suas ou de tribunais superiores, quando os mesmos pontos de direito são novamente levantados em litígio[11], é por demais semelhante com a ideia de coerência da integridade. É impossível que Dworkin tenha deixado de se influenciar pelo meio jurídico em que vive, pela prática de *common law* que lhe é naturalmente familiar.

Certamente, há outras formas de deliberação e organização judicial que cumprem os requisitos de uma concepção de direito enquanto integridade, porém a construção histórica da doutrina do precedente se adéqua de forma muito precisa ao ideal de integridade. É verdade que Dworkin concede a existência de duas integridades: integridade na legislação e integridade na deliberação judicial (Dworkin, 2007b, p. 261), e ambas exigem atitudes semelhantes de compromisso e de aceitação dos princípios contidos, diferindo apenas se esses princípios se encontram na lei ou nas decisões passadas. Mas o ponto aqui é que a Scotus funciona, para a integridade, no melhor dos dois mundos: em nível federal ela lida com um direito substantivo que é todo regido por *statutory law* e não mais por *common law*, enquanto a forma de decidir da corte, as regras processuais pelas quais ela se pauta, e os efeitos de vinculação que as decisões da Scotus têm sobre os tribunais a ela inferiores são típicos do sistema de *stare decisis*.

Vou me deter um pouco mais sobre essa quinta característica, para explicar mais aprofundadamente em que exatamente a doutrina do precedente praticada pela Scotus tem de relativo à concepção do direito como integridade. Embora se diga que a doutrina do *stare decisis* (ou do precedente obrigatório) significa que as cortes devem seguir o precedente existente quanto ao caso em julgamento, na verdade, o que as cortes estão obrigadas a seguir é a *ratio decidendi* desse precedente (Souza, 2006, p. 125), e não o seu resultado. Assim, um precedente é

> "uma decisão judicial que contém em si mesma um princípio. O princípio subjacente, que forma então o elemento normativo dessa decisão é denominado de *ratio decidendi*. A decisão concreta é vinculante entre as partes daquele processo, possui os atributos tradicionais da coisa julgada, mas é

11. *Stare decisis* vem da expressão latina *stare decisis et non quieta movere* – "mantenha-se a decisão e não se moleste o que foi decidido". (Black, 2007)

a *ratio decidendi* abstrata que sozinha tem a força de provisão jurídica, de regra para o mundo exterior àquele processo."[12] (Black, 2007)

Na fundamentação de uma decisão judicial, tudo aquilo que não é da *ratio decidendi* é, grosso modo, *obter dictum*, "um comentário feito no âmbito da prolação de uma judicial opinion, mas que não é necessário para a decisão do caso, e, dessa forma, não cria precedente (muito embora esse comentário possa ser considerado persuasivo)."[13] (Black, 2007).

Observe-se que o responsável por identificar o conteúdo normativo de uma decisão judicial, a sua *ratio decidendi*, não é o tribunal que, ou quando, profere essa decisão. Não há, na *opinion*, uma delimitação específica, entendida e construída para ser assim, da *ratio decidendi* do caso. E, mesmo que houvesse, essa delimitação não restringiria os tribunais, no futuro, a retirar a *ratio decidendi* do caso apenas daquela parte. Isso porque a tarefa de revelar qual o precedente contido em algum caso do passado é algo que pertence à prática jurídica do presente, e recai sobre o tribunal posterior, que faz agora, a solução que entende pertinente para o caso atual, decorrer argumentativamente da *ratio decidendi* de uma decisão do passado. É justamente nesse ponto particular que reside a maior correlação entre a doutrina do precedente e a concepção do direito como integridade. A doutrina do precedente é uma prática essencialmente interpretativa de uma decisão judicial do passado, mas uma prática interpretativa no sentido especial de ser analiticamente argumentativa. O tribunal posterior, que interpreta os argumentos do tribunal anterior, tem a liberdade de se aprofundar na análise dos argumentos da *opinion* que constitui o precedente. Só através dessa análise argumentativa é que o tribunal posterior pode revelar o que é *ratio decidendi*, de conteúdo efetivamente normativo, deixando em separado o que é mero *obiter dictum*. O que há de vinculante em um precedente não é, para usar termos mais próximos do nosso jargão em português, o dispositivo, dessa decisão judicial, mas sim os seus fundamentos de direito.

Não há como não deixar de correlacionar esse aspecto argumentativo da doutrina do precedente com a distinção feita por Dworkin entre o modelo de comunidade de regras, baseado numa concepção convencionalista de direito, e o modelo de comunidade de princípios, ligado a uma concepção de direito como integridade (ver Quadro II, retro). O foco aqui é a distinção entre esses dois modelos de comunidade na visão que ambos têm das suas regras. Ambas, a comunidade de regras e a de princípios, veem suas regras como obrigações genuínas, mas a comunidade de regras não enxerga nenhuma obrigação para além do conteúdo explícito nelas expresso, enquanto a comunidade de princípios entende que essas regras decorrem de princípios subjacentes que são, eles próprios, uma fonte de novas obrigações. Portanto, a prática da doutrina do precedente segundo a qual um tribunal posterior pode analisar os argumentos de uma decisão an-

12. "A precedent is a judicial decision which contains in itself a principle. The underlying principle which thus forms its authoritative element is often termed the ratio decidendi. The concrete decision is binding between the parties to it, but it is the abstract ratio decidendi which alone has the force of law as regards the world at large."
13. "Obiter dictum – a judicial comment made while delivering a judicial opinion, but one that is unnecessary to the decision in the case and therefore not precedential (although it may be considered persuasive)."

terior, na busca de revelar até mesmo provisões jurídicas não expressas, a título de *ratio decidendi*, correlaciona-se mais com o modelo de comunidade ligado à concepção de direito como integridade.

Essa quinta característica da regra de redução argumentativa da Scotus possui uma decorrência instrumental, prática em termos de tecnologia jurídica, que trataremos isoladamente como uma *sexta* (e, neste capítulo, última) característica. Ela se refere ao modo, à forma como os argumentos e as *opinions* são consolidados e registrados em termos de documentos, de peças jurídicas. A ideia aqui é que não só o conteúdo da argumentação é relevante para a integridade, mas a forma como a argumentação é documentalmente consolidada também possui sua influência. Defino essa característica como instrumental porque ela se encontra em um patamar anterior à discussão ou argumentação jurídica em si, não obstante ela certamente ser parte do que se pode chamar de prática jurídica. Vimos que a tarefa de identificar a *ratio decidendi* não é do tribunal que produziu o precedente analisado, mas sim do tribunal que pretende valer-se de seu conteúdo jurídico como regra de solução aplicada a um caso. É trabalho do tribunal "do presente" enxergar, revelar, extrair a *ratio decidendi* da argumentação do tribunal "do passado". Porém, por mais que esse trabalho de revelação de conteúdo seja trabalho do tribunal "do presente", para que seja possível e eficiente que ele encontre a *ratio decidendi* escondida, é preciso que, pelo menos, existam regras de onde procurá-la. O tribunal "do presente" já terá muito trabalho para conseguir demonstrar argumentativamente que enxerga a *ratio decidendi*, e acredito que um sistema minimamente eficiente deve obrigar o tribunal "do passado" a, pelo menos, indicar para onde se deve olhar. A melhor forma de promovê-lo é fazer com que o precedente seja registrado e consolidado em documento que consista em uma estrutura argumentativa completa em si. Sem essa providência não há como conseguir produzir uma das principais ferramentas da prática jurídica do *common law*, os repositórios de precedentes.[14]

Como vimos anteriormente, um dos motivos que levou Lord Mansfield a conceber um modelo apartado do *seriatim* foi a baixa confiança que se tinha nos repositórios "privados", meras anotações das *opinions* de cada juiz feitas por advogados. Uma forma de propiciar o aumento da certeza e da qualidade dos repositórios de precedentes foi a evolução do modelo de *seriatim* oral para *seriatim* escrito, o que facilitava os registros, e depois a criação em si dos serviços que produziriam os repositórios, como registra José Rogério Tucci (Tucci, 2004, p. 162): "com a precípua finalidade de imprimir maior certeza e genuinidade aos precedentes judiciais, em 1865 foi instituído na Inglaterra um órgão semi-oficial incumbido de editar os repertórios: Incorporated Council of law Reporting for England and Wales."

Essas medidas tornam possível o registro, a documentação, mas uma dificuldade ainda persiste: em um modelo de *seriatim*, ainda que escrito, o que registrar? Devem-se

14. Conforme Marcelo Souza (Souza, 2006, p. 103): "Um dos pressupostos imprescindíveis para a eficiência de um sistema jurídico baseado em precedentes judiciais é a existência de um método de consulta acessível e seguro aos operadores do Direito."

registrar cada um dos votos emitidos por cada juiz, ainda que estes não formem entre si uma unidade, e sejam apenas uma coleção de argumentos? Essas perguntas coincidem com o ponto de inflexão da regra de redução argumentativa em *seriatim*, do qual vamos tratar melhor no capítulo seguinte quando descreveremos o modelo da regra de redução argumentativa no Brasil. Por enquanto, é suficiente ficarmos com o raciocínio de que é muito mais fácil coletar e documentar, do ponto de vista de gestão do conhecimento, e analisar, do ponto de vista argumentativo, um documento que contenha uma estrutura argumentativa completa em si, e por isso me refiro, no caso de uma decisão judicial, a um documento que, com autoridade e racionalidade, descreva os fatos, estabeleça os argumentos jurídicos, e consolide o conteúdo do comando decisório. Uma *opinion of the court* é um documento dessa natureza, ainda que acompanhada por *dissenting* ou *concurring* votes. Esses apêndices vão servir para dosar a força vinculante desse precedente, mas, em termos de argumentos, a *opinion* é completa em si. Isso já estava expresso de forma mais abreviada na terceira característica, mas o que é mais relevante nesta sexta é que, além ser argumentativamente completa, a *opinion of the court* é representada como um documento único e bastante em si, diferentemente de um acórdão, que, como veremos melhor, é uma peça excessivamente sintética. Tão sintética que é necessário, para que um acórdão seja interpretado quanto aos argumentos jurídicos que o fundamentaram, que todos os votos proferidos sejam analisados, não apenas o do relator. Há menos caos argumentativo na estrutura de uma *opinion*, o que favorece a integridade, como já vimos.

Creio que essas seis características encerram as notas distintivas do modelo de regra de redução argumentativa adotada pela Scotus[15], se comparado ao praticado no STF. Pretendi demonstrar neste capítulo que certas regras procedimentais, consolidadas na regra de redução argumentativa da Scotus, fazem com que, mesmo quando divirjam quanto ao conteúdo de seus raciocínios, os *justices* atuem, do ponto de vista do método argumentativo, em uma formação sólida como uma falange. Elmo a elmo, escudo a escudo, lança a lança.

6. GODOS E DIMINUIÇÃO DA INTEGRIDADE

Até agora apresentamos uma definição das provisões jurídicas processuais adjetivas que chamamos de regra de redução argumentativa. Descrevemos como essa regra se opera na Scotus, e como isso favorece a prática jurídica que se adéqua à concepção de direito como integridade. Dedicaremos esta parte do trabalho para inscrever as regras processuais brasileiras nesse modelo. Grosso modo, a cada característica da regra de redução argumentativa da Scotus enumerada no capítulo anterior, irei contrapor uma

15. [...] a decisão deverá resultar não da tomada de posição de um só, mas da unanimidade ou, pelo menos, da maioria que se formará no seio do tribunal. Mesmo que, muitas vezes, a decisão preceda a motivação, a deliberação preliminar permitirá levar em conta argumentos alegados por todos os membros do colegiado, e a solução adotada será tanto menos subjetiva quanto mais possibilidades de serem expostos e apreciados tiverem os pontos de vista eventualmente opostos. [...] Esta prática, seguida pela Suprema Corte dos Estados Unidos, contribuiu para tornar suas decisões menos formalistas, mais preocupadas com a realidade econômica e social. (Perelman, 2000, p. 223)

característica do modelo adotado pelo STF para essa regra. No capítulo anterior focamos nosso estudo na análise da *opinion of the* court. Neste, trataremos do produto final da prestação jurisdicional de um tribunal brasileiro, o acórdão. Graças a uma legislação processual e a uma configuração de tribunais uniformes em toda a federação, a análise que iniciamos serve a princípio para qualquer tribunal brasileiro. Mas, como veremos a seguir, algumas particularidades decorrem do exercício característico de jurisdição constitucional pelo STF.

Acórdão é, assim, o pronunciamento judicial com conteúdo decisório proferido por um órgão colegiado, recebendo este nome porque para a sua formação concorrem as vontades, expressas através de votos, dos vários membros que compõem o órgão colegiado (Didier, 2007, p. 223). O Código de Processo Civil – CPC e os regimentos de cada tribunal contêm as regras pormenorizadas que ordenam os diversos aspectos práticos da ordem de julgamento dos processos submetidos aos tribunais, e, dentre estas, também as regras processuais que consolidam a regra de redução argumentativa.

Em resumo dessa regra, um dos juízes, ministros no caso do STF, é designado anteriormente como relator de um caso, e desempenhará um papel importante no ritual da respectiva sessão de julgamento. O relator apresenta uma introdução, o relatório do processo, aos demais integrantes do tribunal; em seguida, os advogados do demandante e do demandado apresentam sua sustentação oral, após o que cada ministro profere o seu voto – comumente lendo sua opinião sobre o caso, redigida previamente. Há algumas manifestações orais espontâneas de comunicação entre os ministros, é verdade, mas geralmente se limitam a questões procedimentais, ou, no caso de conteúdo, raramente passam de um ministro instando outro a aclarar determinado ponto da sua opinião. Discussões e debates de fundo substantivo são raros, e ministros mudando o seu voto, convencidos pela argumentação de outro, especialmente em questões de mérito, são eventos raríssimos... E tudo isto ainda ocorre publicamente, ou às vezes na televisão! Fator que seguramente inibe debates honestos, críticas sinceras, ponderação, e mudança de opinião ao se aceitar um argumento, ou em se corrigir uma referência equivocada a outro caso.

Mas, mesmo após a leitura do voto do último ministro não se tem ainda o julgamento do processo, não existe ainda um acórdão, um produto final da prestação jurisdicional do tribunal. É nesse momento que opera a regra de redução argumentativa, e o presidente do tribunal anuncia o "resultado do julgamento, designando para redigir o acórdão o relator ou, se vencido este, o autor do primeiro voto vencedor." (CPC, art. 941). A análise da nossa regra de redução argumentativa possui, então, dois momentos importantes: primeiro, o que é um "voto vencedor", ou como se define o "resultado do julgamento"; e segundo, o que contém um acórdão.

Analisemos de antemão a segunda questão, o que contém um acórdão. São poucas as formalidades previstas normativamente. O art. 943 do CPC apenas exige que todo acórdão contenha uma ementa. O art. 93 do regimento do STF ordena que as conclusões do plenário e das turmas, em suas decisões, constem de acórdão, do qual fará parte a transcrição do áudio do julgamento. O CPC, embora comande a presença de relatório, fundamentos e dispositivo nos acórdãos, apenas o exige quando do seu *proferimento*, e nisso se incluem os atos praticados na sessão de julgamento. A estrutura básica de um acórdão é, então, bastante enxuta: o relatório e a fundamentação expressos sob a forma excessivamente sintetizada de uma ementa, e o dispositivo, contendo o "resultado do julgamento". Não existe regramento sobre o que seja uma ementa, mas o costume judiciário a expressa como uma sequência de palavras-chave, seguidas por uma enumeração sintética de determinados fundamentos e do dispositivo. Em um aspecto, a regra de redução argumentativa brasileira opera, então, produzindo um sintético enunciado que constitui o acórdão. Mas, como visto, a regra de redução argumentativa não implica, necessariamente, que os fundamentos expressos na ementa do acórdão decorrem do conjunto de argumentações contidas nos votos de cada integrante do tribunal. O acórdão expressará, tão somente, aquilo que contribuiu para o "resultado do julgamento".

E isso nos leva ao primeiro momento importante da regra de redução argumentativa: o que é um "voto vencedor", e como se define o "resultado do julgamento". Meu ponto é que a regra de redução argumentativa opera não apenas uma óbvia redução quantitativa no conjunto dos argumentos, mas também, e principalmente, uma redução qualitativa na estrutura das argumentações racionalmente expostas no voto de cada ministro. Essa perda de "qualidade" argumentativa consiste no fato de que o raciocínio expresso no acórdão como fundamentação da decisão não decorre, ou não expressa com genuinidade, as argumentações manejadas pelos ministros em seus votos. Minha impressão é que essa perda de qualidade argumentativa decorre justamente dos critérios utilizados para identificar o "resultado do julgamento" e o que seja um "voto vencedor" ou "vencido". No modelo que proponho, identifico esses critérios como expressos sob a forma de três binômios.

O primeiro binômio é demandante-demandado. Não nos esqueçamos de que o direito processual brasileiro, especialmente o praticado nos tribunais, mesmo em causas não civis, é profundamente inspirado no binômio *carneluttiano* de "pretensão resistida". Nesse modelo ortodoxo, todo processo envolve uma parte demandante, que possui um interesse contra o qual se opõe uma resistente parte demandada. Não importa se estamos falando de problemas jurídicos que não possuem um titular "interessado", um demandante indefinido (como no caso de uma ação ambiental), ou uma parte passiva "resistente" (quem resiste à declaração de inconstitucionalidade de uma lei, por exemplo?), anos de tradição fazem com que a técnica processual empregada ainda se reporte ao binômio demandante/demandado.

O segundo binômio, também é relativo a uma visão clássica, que identifica o direito apenas como um conjunto de normas de aplicação binária excludente: uma regra se aplica ou não a determinada situação. O "interesse", o direito disputado no processo será concedido ou não será, e podemos expressar esse binômio como provimento/não provimento. O problema desse binômio é que a categoria normativa de princípios, todavia, não se aplica assim, mas em profundidade. Segundo Canotilho (Canotilho, 2000, p. 1125), os princípios são qualitativamente distintos das regras, apontando como aspectos dessa distinção as características de que uma regra é ou não é cumprida, enquanto um princípio possui vários graus de concretização, variando em razão de condicionalismos fáticos e jurídicos; e de que os princípios podem coexistir, apesar de serem antinômicos, enquanto que as regras em conflito excluem-se. Aqueles permitem "balanceamento de valores e interesses", as regras exigem a aplicação em tudo ou nada. A argumentação judicial nos tribunais brasileiros é atualmente matizada por raciocínios baseados em princípios, e isso é mais verdadeiro quando se trata da jurisdição constitucional. Veja-se, por exemplo, os métodos de se declarar a inconstitucionalidade de uma lei sem extirpar nada de seu texto, apenas negando validade a determinada interpretação gramaticalmente possível, ou julgando que só outra determinada interpretação se coaduna com a constituição.

O terceiro binômio é o vencedor/vencido, e ele se opera como uma junção lógica da aplicação dos dois binômios anteriores como critérios da regra de redução argumentativa. Se toda a argumentação jurídica de fundo em um processo importa na redução a uma forma binária de aplicação do direito a provimento/não provimento, e se a atribuição desse resultado se dá numa relação jurídica que possui apenas, e necessariamente, um demandante e um demandado, é fácil encontrar os "votos vencedores" e os "votos vencidos". É usual que os membros de um tribunal, após expressarem como argumentos o seu entendimento sobre o direito discutido no processo, fechem o seu voto com as possíveis expressões "dou provimento", "dou provimento em parte", ou "nego provimento". Classifica-se cada voto de acordo com esse binômio, e contam-se "os narizes, não os fundamentos". Não importa a argumentação manifestada pelos ministros nos seus votos, todo o seu raciocínio, toda a argumentação jurídica é deixada de lado, e o "resultado do julgamento" decorre de uma mera operação aritmética. A perda, o esvaziamento dos argumentos na alteração dimensional de votos para acórdão decorre basicamente de uma inversão: enquanto no voto em si a estrutura argumentativa permite acompanhar os fundamentos que levaram à escolha de determinada solução jurídica para aquele caso posto, isto é, o resultado decorrendo da fundamentação, no acórdão ocorre justamente o oposto: o "resultado", escolhido mediante critérios que esvaziam os raciocínios que o precederam, é que define os fundamentos a serem sinteticamente enumerados na ementa.

O uso dos três binômios descritos acima como critérios definidores do "resultado do julgamento" fazia algum sentido no passado, e talvez ainda o façam como elementos simplificadores da escolha em casos "fáceis", que discutem direitos "clássicos" acerca de regras cujo juízo de aplicabilidade ainda seja meramente binário. Mas mesmo em casos "fáceis", quando ocorre alguma divergência mais extremada entre os integrantes de um tribunal, é possível ver muitos votos concedendo ou negando provimento nesta ou naquela parte do direito pretendido, o que acarreta em si uma dificuldade de se contar o resultado dos votos, em se definir quais são os "vencidos" e os "vencedores" para fins de registro do acórdão. O ponto aqui é que, se a nossa regra de redução argumentativa não se mostra, em termos de tecnologia jurídica, adequada a representar com genuinidade o que um tribunal pensa a respeito dos casos "fáceis", o que dizer a respeito dos casos "difíceis"? Em outras palavras, a nossa regra de redução argumentativa consiste em uma operação aritmética, que conta os votos classificados apenas quanto ao seu provimento/

não provimento do direito disputado pelo demandante/demandado. Mesmo em casos que discutem apenas regras, essa regra de redução argumentativa não opera bem, por exemplo, quando o caso contém muitos legitimados em ambos os polos, ou cujo pedido contenha muitos objetos. Se nesses casos, os quais denomino de "fáceis", a regra não representa de forma legítima os argumentos usados para decidi-los, a situação é bem pior nos casos "difíceis", que discutem não regras, mas princípios, e que são típicos da jurisdição constitucional. Princípios são categorias jurídicas que se encontram, especialmente os mais tradicionais, expressamente positivados na Constituição e nas leis, e atualmente seu caráter normativo é plenamente aceito. Mas os princípios são comandos menos concretos que as regras, colidem frequentemente entre si, e seu conteúdo é extremamente aberto. Em termos de aplicação prática na solução de um caso pelo judiciário, um princípio não se aplica como uma regra, mediante um simples silogismo. A aplicação de um princípio só é possível se fundamentada em uma argumentação mais densa e profunda. Os votos dos integrantes dos tribunais contêm individualmente esse tipo de argumentação, que torna legítimo o manejo dos princípios, mas a nossa regra de redução argumentativa produz acórdãos que deles não decorrem racionalmente, que descontinuam os argumentos dos votos, que tornam o conteúdo jurídico consolidado na solução do caso desconexo dos fundamentos expostos pelos integrantes do tribunal.

Há um fator que agrava, ou pelo menos ressalta, a mencionada perda de qualidade argumentativa. Refiro-me à forma como enxergamos o princípio da publicidade dos atos processuais, e às regras que escolhemos para lhe dar concretude. Não vou me alongar no trato desse princípio – para os fins deste trabalho, basta consignar que o princípio da obrigatoriedade da fundamentação das decisões judiciais possui um valor em si. A teoria do direito de Dworkin representa esse valor quando afirma que a prática jurídica enquanto autojustificação é argumentativa e interpretativa, e quando afirma que a solução fornecida pela prática jurídica no presente deve decorrer, racionalmente, de uma decisão (judicial ou legislativa) do passado. Da mesma forma, uma comunidade que aceita o direito como integridade vai se guiar não apenas por regras explícitas, mas por princípios implícitos, princípios estes que podem, também, ser encontrados na fundamentação das decisões judiciais. E, como registramos na proposição P6 (p. 12), esse tipo de comunidade, a comunidade de princípios, é a que mais proporciona legitimidade às suas decisões políticas.

Ocorre que esse valor em si da fundamentação está obviamente imbricado com a necessidade de se garantir que seja ela conhecida e visível, decorrendo daí o princípio da publicidade das decisões judiciais. A correlação entre esses dois princípios é vista, inclusive, topologicamente: ambos estão expressos no mesmo artigo e inciso da Constituição.[16] Em termos concretos, não só as conclusões do acórdão são publicadas na imprensa oficial, mas todos os atos, inclusive votos e transcrições dos julgados são juntados

16. CF, art. 93. Lei complementar, de iniciativa do Supremo Tribunal Federal, disporá sobre o estatuto da Magistratura, observados os seguintes princípios: IX todos os julgamentos dos órgãos do Poder Judiciário serão públicos, e fundamentadas todas as decisões, sob pena de nulidade, podendo a lei limitar a presença, em determinados atos, às próprias partes e a seus advogados, ou somente a estes, em casos nos quais a preservação do direito à intimidade do interessado no sigilo não prejudique o interesse público à informação; [...].

aos autos, e sessões reservadas dos tribunais só se admitem em situações excepcionais. É verdade que essas provisões constituem – e essa é a função pretendida por elas – uma forma de controle, de *accountability* dos juízes e de suas decisões. A transparência de atos públicos tem igualmente um valor em si, e é legítimo que uma comunidade tenha a possibilidade de conhecer os fundamentos das regras que vinculam os seus membros – de outra forma, como os princípios implícitos nas decisões podem ser obrigatórios se não podem ser conhecidos? Mas, ao mesmo tempo em que o controle proporcionado pela publicidade é inócuo, o efeito de magnificação causado pela publicidade sobre a perda de qualidade argumentativa é deslegitimador.

O controle é inócuo, porque não há muito bem o que controlar. Demonstramos que a regra de redução argumentativa adotada pelo STF faz com que os acórdãos não decorram racionalmente dos votos dos ministros, pelo menos não de uma forma argumentativa e racionalmente genuína e legítima. E, devido ao manejo de princípios como categorias normativas, isso ocorre notadamente em casos mais complexos de jurisdição constitucional. As regras de publicidade são magnificadoras dos efeitos da regra de redução argumentativa, os quais distanciam todo o sistema de uma concepção de integridade, precisamente porque revelam as distorções argumentativas da produção do acórdão, e a falta da coerência interna do acórdão, que não é uma peça que basta em si em termos argumentativos. O acórdão é uma peça tão excessivamente sintética e pobre em argumentação, que qualquer análise que procure uma interpretação mais densa dos fundamentos, da *ratio decidendi* de um caso, deve necessariamente analisar o voto individual de cada ministro naquele caso. Acórdãos são, de certa forma, como palimpsestos.[17] A olho nu só os vemos superficialmente. É difícil e custoso entender o que está por trás deles, e, quando conseguimos decifrá-los, constatamos que o texto explícito não decorre do texto implícito.

Até agora, demonstramos que, diferentemente da *opinion* produzida pela Scotus, o acórdão não decorre, de forma racionalmente legítima e argumentativamente genuína, dos votos proferidos pelos integrantes do STF. Vimos que isso é contrário ao ideal em si de integridade, que exige que a prática jurídica seja argumentativa e interpretativa. Mas, se voltarmos às páginas 5 e 6 deste trabalho, relembraremos que a proposição da integridade tem como pressupostos não só a proposição da argumentação, mas também a proposição da coerência com decisões anteriores, *do tipo adequado*. Acredito que também nesse aspecto, de que tipo de coerência existe em nosso sistema, a prática da nossa regra de redução argumentativa nos afasta do ideal de integridade proporcionado pelo modelo da Scotus.

Muito embora Dworkin consinta em afirmar que existe uma face legislativa da integridade, a integridade está muito vinculada à doutrina do precedente. Para os fins limitados deste trabalho, é suficiente que compreendamos que as decisões judiciais

---

17. Palimpsestos são documentos escritos em pergaminhos reutilizados, prática comum na idade média. Como pergaminho é um material resistente ao tempo, e custoso de se produzir, era economicamente viável apagar ou raspar o conteúdo de um documento obsoleto ou herético para escrever um novo texto no pergaminho. No séc. XX técnicas mais modernas permitiram decifrar, com algum grau de imperfeição, o texto anterior.

proferidas em um sistema que adote a doutrina do *stare decisis* revestem-se de um poder especial, consistente em que, nos casos futuros, o tribunal que proferiu a decisão, ou os tribunais a ele inferiores, vinculam-se a essa decisão, mas de uma forma especial. Segundo essa forma especial, não é o conteúdo litigioso decidido concretamente que vincula os casos futuros – essa solução jurídica é inevitavelmente obrigatória de forma concreta devido a outros atributos de uma decisão judicial, tais como imutabilidade, coisa julgada, força executória, etc. A forma especial de decorrência segundo a qual a prática jurídica atual dos tribunais deve decorrer de decisões tomadas na prática jurídica do passado refere-se não ao resultado das decisões, mas sim aos seus fundamentos, ao que se convencionou chamar de *ratio decidendi*. É importante ter em mente que quem diz o que é *ratio decidendi* é o tribunal do presente que interpretará a decisão do passado, e extrairá dela os seus fundamentos, os princípios, muitas vezes implícitos, que servirão como norma para o caso atual. Como vimos, essa dinâmica de busca interpretativa por princípios implícitos que fundamentam as regras, e a atitude de que esses princípios em si são fontes de obrigações, é precisamente o que caracteriza uma comunidade de princípios correspondente à concepção do direito como integridade.

Como opera, quanto a essa questão, a regra de redução argumentativa do STF, e que é, de certa forma, semelhante à dos demais tribunais brasileiros? O nosso sistema jurídico é classificado como de *civil law*, direito continental, decorrente do direito romano-germânico, e assim nossa tradição dá força normativa à lei, às decisões do legislativo. Apesar de identificarmos valor interpretativo, argumentativo e ilustrativo na jurisprudência, a ideia de força vinculante dos precedentes judiciais nos é historicamente estranha. Não vou analisar a fundo essas questões, mas proponho que façamos um exercício imaginativo. Imaginemos que, por motivos súbitos, mas ignorados, nossa comunidade passe a exigir que nossos tribunais se comportem segundo a doutrina do precedente. Nossas regras procedimentais atuais, e, em especial nossa regra de redução argumentativa, seriam adequadas para esse novo modelo? Acredito que não, não seriam.

A resposta já foi dada em diversos pontos no decorrer do artigo. Nossa regra de redução argumentativa não é adequada à doutrina do precedente, primeiro, porque a estrutura do acórdão é excessivamente sintética, e segundo porque ele não decorre de forma racionalmente legítima ou de forma argumentativa legítima dos votos dos ministros. Essas são as duas adversidades principais, mas há outras que tangenciam a ideia: o sistema é de múltiplas entradas, porque cada voto tem relevo idêntico uma vez que é registrado por escrito e lido publicamente, em cadeia nacional de televisão; isso impede, ou dificulta a confecção de repositórios de precedentes, essenciais à doutrina do precedente, e que retiram seu valor principal do grau de certeza não do seu conteúdo literal, mas sim dos fundamentos jurídicos neles contidos.

Dworkin distingue dois atributos em uma decisão judicial, um é a autoridade específica dessa decisão, o outro é a sua força gravitacional (Dworkin, 2002, p. 189). Aquele se refere aos atributos clássicos de imutabilidade e executoriedade do resultado explicitado em qualquer decisão judicial. Este decorre do fato de que algumas decisões são baseadas em princípios e de que a integridade recomenda que estes princípios sejam encarados como obrigatórios para casos futuros. Se transpusermos esse modelo para a nossa realidade, concluiremos que um acórdão, enquanto resultado de um julgamento, sempre tem efetividade e deve ser obrigatoriamente cumprido. Mas o acórdão não é em si um polo de gravitação principiológica, e a nossa regra de redução argumentativa dilui qualquer possibilidade de surgimento de uma força dessa natureza na azáfama da coleção de votos e fundamentos jurídicos em *seriatim*.

Nesse exercício imaginativo que propus posso sofrer a objeção de que, do ponto de vista de tecnologia jurídica, não é razoável julgar o STF por não adotar uma regra de redução argumentativa que é compatível com outro sistema jurídico, e não com o nosso. Em outras palavras, essa objeção diz que, como o nosso sistema não é de *common law*, o modelo de nossa regra de redução argumentativa é tecnologicamente adequado ao nosso sistema, e é irrazoável querer que ele se adéque ao de *common law*. Posta dessa maneira a objeção faz sentido, pelo menos em suas premissas, e não posso precisar com rigidez de causalidade natural o que é causa ou consequência na nossa prática jurídica – algo que é em boa medida mais herdado do que escolhido. Respondo à objeção com duas colocações adicionais. Uma é a de livre investigação. Sou naturalmente avesso à importação impensada de institutos jurídicos, especialmente aqueles que possuem uma incompatibilidade sistêmica pronunciada. Mas acredito que o direito comparado, se praticado com responsabilidade, pode ter sua validade prática na proposta de melhorias de determinado ordenamento jurídico inspiradas – e não apenas copiadas – de ordenamentos alienígenas. Minha primeira resposta a essa possível objeção é, então, sim, consinto que a prática da nossa regra de redução argumentativa é coerente com o nosso ordenamento jurídico, principalmente com a evolução histórica da prática jurídica em nossos tribunais. Mas ao mesmo tempo, creio ser legítimo e cientificamente válido indagar se é possível termos um modelo melhor de regra de redução argumentativa, e o que proponho nesse artigo é que o parâmetro de se definir o que é melhor seja encontrado em uma concepção do direito, o direito como integridade, que em última instância tem como escopo uma comunidade fundada em princípios, o que propiciaria mais legitimidade às suas decisões políticas.

Afirmei no parágrafo anterior que nosso modelo de regra de redução argumentativa é compatível com a história da nossa prática jurídica. Ainda que a regra de redução argumentativa aqui vigente, que é uma regra de discurso expressa em regras procedimentais, a engesse de certa forma, a prática jurídica dos tribunais não para de evoluir. E isso é especialmente verdadeiro no STF. A feição própria de tribunal constitucional, aliada ao valor e perícia dos "godos" que o compõem no combate da prática jurídica, fazem com que o STF seja, e precise ser, o tribunal brasileiro que está na vanguarda da evolução jurisdicional. Nossa segunda resposta à objeção já estava de certa forma exposta quando mencionamos que a evolução histórica fez com que princípios passassem a ser encarados como proposições normativas, mas que, todavia, nossa regra de redução argumentativa não se adéqua com perfeição ao seu manejo. Mas estamos tratando neste ponto não de princípios, mas da correlação entre integridade e *stare decisis*. Nesse sentido, a história não parou e podemos afirmar que há hoje uma prática no STF que se associa a uma forma de vinculação ao precedente, inspirada não diretamente no *common law*, é verdade, mas na prática jurídica do Tribunal Constitucional Federal Alemão – BVerfG.[18] Escolhemos a teoria dos motivos determinantes para ilustrar essa tendência[19], de que a prática jurídica no direito brasileiro, em especial a do STF, vem enxergando nos fundamentos não só aquele caráter tradicional e endoprocessual de justificação racional da decisão. Mais do que chave de justificação, os fundamentos das decisões ganham cada vez relevância para a decisão de casos futuros. Em certa medida ainda não são vistos como obrigatórios ou vinculantes, mas sua força é mais do que meramente ilustrativa, como a jurisprudência é tratada classicamente nos países de *civil law*.

Seguindo essa tendência, o STF vem desenvolvendo a interpretação de que o conteúdo da expressão "efeito vinculante", contida no art. 102, § 2º, da nossa Constituição refere-se a algo que ultrapassa o tradicional efeito abstrato (*erga omnes*) da obrigatoriedade das decisões em ações diretas de inconstitucionalidade e declaratórias de constitucionalidade.[20] O entendimento é promovido principalmente pelo Ministro Gilmar Mendes (Mendes, 1999), com o objetivo de assegurar força vinculante não apenas à parte dispositiva da decisão, mas também aos chamados fundamentos ou motivos determinantes do julgamento. A Alemanha é uma federação assim como o Brasil, ambas as respectivas constituições trazem definições das competências de cada ente federado. Tanto lá como aqui é comum que os entes federados promulguem, cada um, normas semelhantes em termos de conteúdo, as chamadas normas paralelas, e um dos problemas típicos de um tribunal constitucional é o julgamento de processos que envolvem o juízo de adequação de normas locais à constituição nacional. Se uma dessas normas paralelas for definida como inconstitucional, é trivial entender que as demais também o sejam. Então, o BVerfG desenvolveu um mecanismo procedimental, denominado de transcendência dos motivos determinantes, que permite o julgamento da inconstitucionalidade das outras normas paralelas, mediante um procedimento mais sumarizado. É como se, declarada a inconstitucionalidade de uma lei do Estado A, ainda assim os legisladores dos Estados B e C, que não foram partes naquele processo do Estado A, são vinculados aos motivos determinantes da decisão desse mesmo Estado A. No Brasil, a

---

18. Abreviatura – ou o que quer que seja isso – de *Bundesverfassungsgericht*.
19. Freddie Didier (Didier, 2007, p. 234) enumera uma série de regras processuais que representam uma tendência de valorização normativa dos fundamentos das decisões judiciais: "(i) da força vinculativa dos precedentes judiciais, assunto que ganhou importância por conta da adoção da 'súmula vinculante' em matéria constitucional (art. 103-A, CF/88, e Lei Federal n. 11.417/2006), (ii) do valor que se tem atribuído aos enunciados consagrados em súmulas dos tribunais (arts. 475, § 3º, 518, § 1º, 544, § 3º, 557, etc., todos do CPC), (iii) da possibilidade de julgamento liminar de causas repetitivas (art. 285-A, CPC), (v) dos recursos que têm por objetivo uniformizar a jurisprudência com base em precedentes judiciais, tais como os embargos de divergência (art. 546, CPC) e o recurso especial fundado em divergência (art. 105, III, 'c', CF), (vi) do estudo do incidente de exame por amostragem da repercussão geral no recurso extraordinário (art. 543-B, CPC, acrescentado pela Lei Federal n. 11.418/2006, que regulamento o § 3º do art. 102 da CF/88)."
20. CF Art. 102, § 2º As decisões definitivas de mérito, proferidas pelo Supremo Tribunal Federal, nas ações diretas de inconstitucionalidade e nas ações declaratórias de constitucionalidade produzirão eficácia contra todos e efeito vinculante, relativamente aos demais órgãos do Poder Judiciário e à administração pública direta e indireta, nas esferas federal, estadual e municipal.

forma sumarizada de garantir efetividade aos motivos determinantes de decisões pretéritas sobre normas paralelas vem sendo encontrada no procedimento da reclamação.[21]

A teoria da transcendência dos motivos determinantes é, do ponto de vista de profundidade argumentativa, menos complexa do que a doutrina do *stare decisis*. Ela é menos complexa do que a doutrina do *stare decisis* porque nesta os princípios contidos na *ratio decidendi* estão, muitas vezes, implícitos, sendo necessário um esforço de interpretação e argumentação para revelá-los. Da mesma forma, os princípios contidos na *ratio decidendi* podem ser usados em casos futuros que versam sobre problemas substancialmente diferentes (ainda que possam ser resolvidos pelos mesmos princípios), enquanto a teoria da transcendência tem sua aplicabilidade apenas em casos substancialmente idênticos, só mudando os interessados, como no caso das normas paralelas – o problema é o mesmo, o direito é o mesmo, só mudam os estados que promulgaram cada norma. Mas, segundo esse critério, a teoria da transcendência é mais complexa do ponto de vista argumentativo que a aplicação de efeitos *erga omnes*: esta depende apenas do manejo do resultado do julgamento, do dispositivo da decisão, enquanto a teoria da transcendência envolve a indagação quanto às normas jurídicas que constituem, pelo menos em um grau explícito, os fundamentos do julgado.

Todavia, podemos elencar uma série de indícios de que não, ela não é adequada, pelo menos não de forma perfeita. O fato de o acórdão não decorrer de forma racionalmente lógica dos votos dos ministros, e o problema que os casos "difíceis" representam em um modelo em *seriatim* fazem com que a teoria da transcendência dos motivos determinantes tenha pouca possibilidade de expansão, para além de simples casos de inconstitucionalidade de normas interfederativas paralelas, no cenário da nossa regra de redução argumentativa atual. Creio que podemos encontrar uma boa pista de que a prática jurídica do STF poderia ser incrementada nesse tocante na própria lei que regula o BVerfG[22] (Gesetz über das Bundesverfassungsgericht). A regra de redução argumentativa desse tribunal está basicamente contida no artigo 30 (1), e afirma que "o Tribunal Constitucional Federal deve decidir em deliberações secretas, com base na sua convicção independente, resultante dos pedidos e da obtenção de provas. A deci-

21. Exemplos práticos extensivamente citados por outros autores: Medida Cautelar na Reclamação 2.986, relator Min. Celso de Mello; Reclamação 1.987, relator Min. Mauricio Correa; Reclamação 4.987, relator Min. Gilmar Mendes; Agravo Regimental na Reclamação 2.617, relator Min. Cezar Peluso.

22. Gesetz über das Bundesverfassungsgericht, Article 30:

(1) The Federal Constitutional Court shall decide in secret deliberations on the basis of its independent conviction resulting from the pleadings and the taking of evidence. The decision shall be drawn up in writing together with the reasons and signed by the participating judges. If oral pleadings have been held, it shall be proclaimed publicly, stating the main reasons for the decision. The date of proclamation may be given during the oral pleadings or at the end of the deliberations; in this case it shall be immediately made known to the parties involved. No more than three months should lie between the end of oral pleadings and the proclamation of the decision. The date may be deferred by an order of the Federal Constitutional Court.

(2) A judge holding a dissenting opinion on the decision or the reasons during deliberations may have it recorded in a separate vote; the separate vote shall be appended to the decision. In their decisions the panels may state the number of votes for and against. The details shall be laid down in the rules of procedure.

(3) All decisions shall be made known to the parties.

são deve ser elaborada por escrito, em conjunto com as razões, e assinada pelos juízes participantes". No artigo 30 (2) encontra-se a válvula de escape da regra de redução argumentativa para o dissenso ou opinião particular de um integrante do tribunal: "o juiz que proferir um voto divergente sobre a decisão, ou sobre as respectivas razões, podem tê-lo registrado em separado", e esse voto "deve ser anexado à decisão". Uma regra de redução argumentativa, perceba-se, similar ao modelo de Lord Mansfield, e certamente distante do sistema em *seriatim* que caracteriza o STF.

7. JURISPRUDÊNCIA DEFINIDORA DE ONTOLOGIA E HIERARQUIA NORMATIVA – A INVENÇÃO DA SUPRALEGALIDADE NA PRISÃO CIVIL DE CALOTEIROS

Demonstramos no decorrer deste trabalho que, segundo a visão que propomos, a nossa regra de redução argumentativa brasileira faz com que apenas o resultado do julgamento tenha relevância e efeitos fora do processo. Os fundamentos adotados em um caso não podem se tornar, devido às peculiaridades da construção do acórdão, proposições jurídicas aplicáveis a outros casos, e vimos também que isso não de adéqua a uma concepção de direito como integridade. Para ilustrar essa consequência, vou expor sumariamente um caso julgado pelo STF acerca da possibilidade da prisão civil do depositário infiel/devedor fiduciante. Trata-se o caso de Recurso Extraordinário (RE 466.343) no qual o Banco Bradesco recorre ao STF de decisão do TJSP que não previu a possibilidade de decretação de prisão civil de devedor fiduciante em contrato de alienação fiduciária em garantia.

Há muitas normas que tratam da prisão civil do depositário infiel. O Código Civil de 1916 a permitia, e o Decreto-Lei 911 de 1969 equiparava ao depositário infiel, para fins de prisão civil, o devedor inadimplente do contrato de alienação fiduciária em garantia.[23] A Constituição de 1988 não aceita a prisão civil por dívida, "salvo a do responsável pelo inadimplemento voluntário e inescusável de obrigação alimentícia e a do depositário infiel".[24] Em 1992, a Convenção Americana sobre Direitos Humanos – CADH foi internalizada no nosso ordenamento jurídico, proibindo que qualquer pessoa seja detida por dívidas, e ressalvando apenas a situação do devedor de alimentos.[25] Porém, em 2002, o Código Civil permitiu a prisão civil do depositário.[26] Para completar o imbróglio, a Constituição, desde a sua redação original, afirma que os direitos nela expressos não excluem outros decorrentes dos tratados internacionais adotados pelo Brasil[27], mas

23. DL 911/69, art. 4º Se o bem alienado fiduciariamente não for encontrado ou não se achar na posse do devedor, o credor poderá requerer a conversão do pedido de busca e apreensão, nos mesmos autos, em ação de depósito.
24. CF, Art. 5º, LXVII – não haverá prisão civil por dívida, salvo a do responsável pelo inadimplemento voluntário e inescusável de obrigação alimentícia e a do depositário infiel; [...].
25. Decreto 678/92, CADH. Artigo 7º – Direito à liberdade pessoal – 7. Ninguém deve ser detido por dívidas. Este princípio não limita os mandados de autoridade judiciária competente expedidos em virtude de inadimplemento de obrigação alimentar.
26. Código Civil, art. 652. Seja o depósito voluntário ou necessário, o depositário que não o restituir quando exigido será compelido a fazê-lo mediante prisão não excedente a um ano, e ressarcir os prejuízos.
27. CF, Art. 5º, § 2º Os direitos e garantias expressos nesta Constituição não excluem outros decorrentes do regime e dos princípios por ela adotados, ou dos tratados internacionais em que a República Federativa do Brasil seja parte.

em 2004, a Emenda Constitucional 45 introduziu dispositivo segundo o qual tratados sobre direitos humanos serão equivalentes às emendas constitucionais, se aprovados em processo legislativo tão qualificado quando o destas.[28]

Para responder ao problema posto, se o depositário infiel ou o devedor fiduciante pode ou não ser preso, as possibilidades interpretativas se concentram em dois pontos. O primeiro é a definição do *status* da CADH no ordenamento jurídico. Se ela possuir a mesma hierarquia normativa de uma lei, o problema seria simples. Em 1992, ela teria derrogado, quanto à possibilidade de prisão civil, o Código Civil antigo e o Decreto-Lei 911 de 1969. Mas teria, por sua vez, a CADH sido derrogada em 2002 pelo Código Civil novo, que permite a prisão nesse caso. A dúvida debatida no STF foi se o Pacto de São José da Costa Rica era, ou valeria em importância no ordenamento, o mesmo que uma lei? Caso contrário, valeria como o quê, e por qual razão? O segundo ponto é a constitucionalidade de o legislador equiparar o contrato de alienação fiduciária em garantia ao de depósito, equiparando a prisão civil do depositário infiel a do devedor fiduciante inadimplente.

O julgamento transcorreu por várias sessões, e os ministros foram unânimes na sua definição quanto ao resultado daquele processo: todos votaram por negar provimento ao recurso extraordinário, o que equivale a dizer que não admitem nenhuma forma de prisão decorrente de dívidas, a não ser que se trate de inadimplência em alimentos. Essa decisão se deu em controle difuso de constitucionalidade, o que significa que nenhuma norma abstrata foi retirada do ordenamento jurídico, e que os tribunais e juízes inferiores não se vinculam de forma obrigatória ao conteúdo decidido enquanto tese. Entretanto, ainda que não vinculante, a unanimidade demonstrada nesse julgamento possui um forte poder de convencimento dos demais juízes que julgam casos semelhantes, que, até por pragmatismo, passam a "submeter-se" ao entendimento do STF.

Como o resultado desse caso foi unânime, sabemos explicitamente, com precisão, o que, em termos de resultado, o STF pensa sobre a prisão civil. Mas os motivos, os porquês, de o STF não admitir a prisão civil por dívidas do depositário infiel ou do devedor fiduciante ainda não estão claros. Sabemos o que cada ministro pensa sobre o assunto, mas não se produziu uma definição consolidada que efetivamente espelhe a opinião do tribunal. Notadamente, esse julgamento ficou famoso porque dividiu o STF quanto a uma questão fundamental do ordenamento jurídico: hierarquia das normas. Ou, em termos mais concretos, no caso de antinomia entre duas normas de natureza distintas, qual prevalece sobre a outra?

É uma noção ontológica muito fundamental do ordenamento jurídico, onde o próprio termo ordenamento pressupõe uma hierarquia, uma ordem entre as normas. A famigerada "pirâmide normativa" é algo que se conhece nas primeiras letras jurídicas. Mas estranhamente esta noção não está positivada na Constituição nem para os tipos

28. CF, Art. 5º, § 3º Os tratados e convenções internacionais sobre direitos humanos que forem aprovados, em cada Casa do Congresso Nacional, em dois turnos, por três quintos dos votos dos respectivos membros, serão equivalentes às emendas constitucionais.

normativos básicos – porque a Constituição é analítica para tantas outras coisas, mas infelizmente muito sintética em teoria jurídica.

Todos os ministros concordaram que o Pacto de São José da Costa Rica, enquanto tratado sobre direitos humanos, é superior às leis ordinárias que previam a prisão civil do depositário, mas discordaram sobre qual a substância dessa superioridade. O Ministro Cezar Peluso liderou a parte do tribunal que acredita que os tratados sobre direitos humanos têm hierarquia de norma constitucional, enquanto o Ministro Gilmar Mendes puxou o entendimento de que esses tratados se posicionam em um patamar "supralegal" – criando, por jurisprudência, mais um degrau na nossa diáfana noção de hierarquia normativa. Todavia, ambos, Peluso e Mendes, concordaram que equiparar depositário infiel a devedor fiduciante, para fins de prisão civil, viola o princípio constitucional da reserva legal. Fiz mais um quadro para facilitar a visualização dessa clivagem:

Quadro IV – Resultado e fundamentos explícitos / implícitos do RE 466.343/SP

Ministro	Conclusão do RE 466.343/SP	Fundamentos	
		Hierarquia de tratados sobre direitos humanos	*Equiparação do devedor fiduciante ao depositário infiel*
Cezar Peluso (Relator)	Não Provimento	Constitucional	Ofende o princípio constitucional da reserva legal
Gilmar Mendes (Voto-vogal)	Não Provimento	Supralegal	Ofende o princípio constitucional da reserva legal
Cármen Lúcia	Não Provimento. Seguiu vogal na fundamentação.	Supralegal	Não se pronunciou sobre essa questão
Ricardo Lewandowski	Não Provimento. Seguiu vogal na fundamentação.	Supralegal	Não se pronunciou sobre essa questão
Joaquim Barbosa	Não Provimento. Seguiu vogal na fundamentação.	Supralegal	Não se pronunciou sobre essa questão
Carlos Britto	Não Provimento. Seguiu vogal na fundamentação.	Supralegal	Não se pronunciou sobre essa questão
Marco Aurélio	Não Provimento.	Não se pronunciou sobre essa questão	Não se pronunciou sobre essa questão
Celso de Mello (Voto-vista)	Não Provimento. Seguiu relator na fundamentação.	Constitucional	Ofende o princípio constitucional da reserva legal
Menezes Direito (Voto-vista)	Não Provimento. Seguiu vogal na fundamentação.	Supralegal	Não se pronunciou sobre essa questão
Ellen Gracie	Não Provimento. Seguiu relator na fundamentação.	Constitucional	Não se pronunciou sobre essa questão
Eros Grau	Não Provimento. Seguiu relator na fundamentação.	Constitucional	Não se pronunciou sobre essa questão
Total	*11x0 pelo não provimento*	*6x4 pela supralegalidade*	*3x0 pela inconstitucionalidade de equiparar = 11 **

**Obs.: Apenas três ministros, dois destes os que votaram primeiro, mencionaram essa questão expressamente, mas nenhum se opôs a ela. Para fins de contagem de resultado, adotamos uma postura conciliatória, interpretando que os ministros subsequentes que não mencionaram essa questão em seus votos aquiescem quanto a ela como fundamento.*

Esse quadro facilita a demonstração de que essa decisão, tão unânime em termos de resultados, é profundamente dividida quanto a um dos aspectos dos seus fundamentos. O tribunal cindiu-se, em uma maioria apertada, entre duas visões não conciliáveis entre si da pirâmide da hierarquia normativa. Acredito que esse quadro nos ensina pelo menos seis lições:

1. Em termos práticos, como no nosso sistema o precedente não é vinculante, não precisamos nos preocupar muito, por enquanto, se os tratados sobre direitos humanos são ou não normas legais ou constitucionais;
2. Demonstra na prática que a nossa forma de decidir em *seriatim*, que a nossa tecnologia de acórdãos, faz com que sejam produzidas soluções não consensuais, que não expressam unidade nos julgados do STF;
3. De qualquer forma, em um sistema que adota a doutrina do stare decisis, como a americana, por exemplo, uma decisão dessa natureza proferida pela Scotus dificilmente seria encarada como vinculante em toda a sua força. Hierarquia de normas é um assunto fundamental demais a um sistema jurídico, o que estimularia certamente a emissão de *concurring* e *dissenting opinions*, diminuindo a força vinculativa da decisão;
4. Em um modelo do tipo da Scotus, a ratio decidendi da decisão seria procurada menos na motivação explícita, e mais nos princípios implícitos e abrangentes da decisão. Esse *leading case* do STF vem sendo extensivamente debatido e divulgado pela questão da supralegalidade/constitucionalidade, a nosso ver, paradoxalmente – já que a clivagem do tribunal retira força desse aspecto da decisão. Se fosse outra a nossa regra de redução argumentativa, o verdadeiro princípio abrangente, aceito unitariamente pelo STF neste caso, seria destacado e ganharia força para influenciar casos futuros: o de que certas equiparações entre situações jurídicas distintas feitas pelo legislador são entendidas como ficções constitucionalmente inaceitáveis tendo em vista o princípio da reserva legal;
5. Comprova que decisões complexas, que envolvem princípios fundamentais, quando proferidas em um modelo em *seriatim* podem levar a uma deslegitimação do sistema. Se aplicarmos uma regra meramente aritmética (resultando nesse caso em 6x4 em favor da supralegalidade), podemos concluir que o STF julgou que tratados em direitos humanos são normas supralegais, o que não é verdadeiro. Uma regra de redução argumentativa mais sofisticada do que a mera contagem não concluiria que o STF decidiu pela supralegalidade, mas concluiria que o STF não decidiu o assunto de forma suficientemente abrangente, diminuindo a força vinculante dessa decisão;
6. Mesmo que o nosso sistema adotasse a doutrina do precedente vinculante, a simples contagem aritmética geraria uma distorção. No nosso caso, não enxergo vantagens, em termos de legitimidade, em um ordenamento no qual a posição dos batentes da sua pirâmide normativa se alterasse simplesmente quando mudasse a composição da sua suprema corte.

Esses são os motivos que usamos para escolher a alegoria de godos como os personagens representados pelos ministros do STF, e que na verdade, pode ser usada para representar os integrantes de qualquer tribunal brasileiro. Do ponto de vista argumentativo, cada ministro pensa, raciocina e exprime isoladamente o resultado jurídico que entende correto, e o produto final e efetivo do julgamento do acórdão não expressa genuinamente e de forma completa os fundamentos usados nos votos. Nossos godos lutam com bravura, ressalte-se, mas de forma caótica, e o resultado final da batalha não decorre da harmonia entre seus esforços. Claro, os integrantes do tribunal sabem que essa perda de qualidade argumentativa ocorre quando opera a regra de redução, e é provável que quando redigem seus votos adaptem sua argumentação a essa situação de forma a tentar que sua opinião neles expressa tenha mais chance de sucesso e seus argumentos e solução proposta sejam, de forma menos distorcida possível, representados no acórdão. Mas, ainda assim, o modelo de regra de redução argumentativa por nós adotado acarreta uma tendência de que a redução ocorra não apenas na quantidade dos argumentos, mas também na sua qualidade, quando se opera a mudança dimensional dos votos para o acórdão. E, é natural, batalhas sobre questões de jurisdição constitucional são de certa forma mais encarniçadas no seu aspecto argumentativo, o que torna nossos godos no STF mais visíveis e terríveis.

8. ATIVISMO E COESÃO ORGANIZACIONAL

An army of barbarians had indeed penetrated for conquest and for vengeance to the City of the World! The achievement which the invasions of six hundred years had hitherto attempted in vain, was now accomplished, and accomplished by the men whose forefathers had once fled like hunted beasts to their native fastnesses, before the legions of the Caesars— "The Goths are at the gates of Rome!"

Antonina de Wilkie Collins

Escolhi duas imagens para representar a comparação entre o STF e a Scotus: godos e falange. Deixo explícito que essas alegorias não foram escolhidas pela eficiência em qualidade militar denotada por seus correspondentes históricos. Falanges nunca pelejaram contra godos, e, se formos estabelecer alguma correlação nesse tocante, ela favorecerá estes últimos. Afinal, os godos submeteram as centúrias romanas, que séculos antes haviam suplantado as falanges helênicas como estado-da-arte das formações estratégicas. Falanges não são melhores do que godos, mas são mais disciplinadas.

Minha análise partiu da premissa de que, muito embora eu tenha tratado apenas de questões procedimentais, adjetivas, a motivação tem um valor em si, independente do valor de justiça do conteúdo manejado. Ao lado da justiça e da equidade, o devido processo legal e a integridade também são virtudes (Dworkin, 2007b, p. 261). Partindo dessa premissa, de que a motivação possui um valor em si, é que se situam os dois principais problemas expostos neste artigo.

No primeiro problema nos perguntamos se faz sentido dizer que existem formas melhores, ou mais adequadas, de se fundamentar uma decisão judicial. Acredito que sim, e creio que dois trechos do Tratado da Argumentação de Chain Perelman e Lucie Olbrecht-Tyteca condensam a justificativa dessa resposta:

> A apresentação dos dados não é independente dos problemas de linguagem. A escolha dos termos, para expressar o pensamento, raramente deixa de ter alcance argumentativo. (Perelman/Olbrecht-Tyteca, 2000, p. 168)
>
> A maneira pela qual formulamos o nosso pensamento mostra algumas de suas modalidades, que modificam a realidade, a certeza ou a importância dos dados do discurso. (Perelman/Olbrecht-Tyteca, 2000, p. 174)

Esse problema ganha especial relevo em tempos de descréditos e polarizações. Por razões que não se tratou neste artigo, vivemos um processo de erosão de confiança na autoridade. E é disso que se trata o ativismo judicial. O problema do Ativismo Judicial é essencialmente um problema de qualidade de autoridade. Uma decisão judicial, enquanto imposição de uma ordem solucionadora de um litígio entre pessoas, não passa de uma manifestação de poder de uma autoridade estatal, "temperada" pela justificação racional de que esta emanação de força advém de alguém competente e se fundamenta nas normas jurídicas vigentes.

Democracias modernas se preocupam especialmente com os ingredientes deste "tempero": no Estado de Direito há um grande anseio de que a autoridade de uma pessoa não seja exercida fora dos limites delineados pelos arranjos de Separação de Poderes, e que o direito seja originado da vontade do povo, e igualmente se lhe aplicado a todos — com a óbvia ressalva da abertura e da síntese com que os termos "igualdade", "vontade" e "povo" são utilizados neste esquema simplificado.

Como ninguém quer ser alvo de uma ordem advinda de uma autoridade incompetente, ou fundamentada em uma norma que não existe, parece-nos que uma das grandes preocupações com o ativismo judicial deveria ser o de pensar em formas processuais de promover decisões judiciais mais íntegras. Nas preocupações com ativismo foca-se muito em questões de hermenêutica substancial, e de voluntarismo na escolha de fundamentos. Mas acredito que para além de questões de direito material, há outras formas de manifestação do fenômeno do ativismo, e de sua prevenção. Se determinada forma de organização da produção jurídica de um tribunal privilegia a fundamentação individual, "desgarrada" do todo, por mais criativa que seja essa opinião, por mais qualidade intrínseca que possua, ela automaticamente compete com as demais opiniões do julgado, as quais ainda que concorram no resultado, proliferando razões que entre si podem ser contraditórias.

Tentamos identificar, nas regras de redução argumentativa dos tribunais de cúpula do Brasil e dos EUA, pontos de comparação distintivos entre ambos. A partir de nosso conceito de regra de redução argumentativa, que é uma regra discursiva, mas representada por regras jurídicas processuais, que diz como um tribunal organiza o esforço coletivo de seus integrantes para produzir decisões, descrevemos as regras de redução argumentativa da Scotus e as do STF, e as comparamos uma com a outra concomitantemente a esse processo descritivo. A comparação se deu segundo alguns critérios, retirados da leitura e da consolidação que fizemos da teoria de Ronald Dworkin, do direito como integridade. O quadro a seguir sintetiza os pontos de comparação, nos quais a regra de redução argumentativa de cada tribunal se caracteriza distintamente quanto a critérios de correlação com uma concepção de direito como integridade:

Quadro V – Comparação da regra de redução argumentativa *SCOTUS* X STF, sob os critérios da integridade procedimental

		SCOTUS	STF
		Opinion of the Court	*Acórdão*
1	*Debate e Discussão Prévia:*	Sim. Conferência privada, circulação do *draft* da *opinion*.	Não. Votos proferidos em sessão, e em série.
2	*Produção da decisão escrita/ Consolidada:*	Minuta circula pelos *justices* sugestão de alterações.	Ministro que proferiu o primeiro voto "vencedor" redige acórdão.
3	*Completude argumentativa:*	Sim. *Opinion* contém dispositivo e fundamentação.	Não. Acórdão contém dispositivo e fundamentação extremamente sintética
4	*Registro de opiniões individuais:*	O padrão é que as *opinions of the court* exprimam a opinião uniforme da corte: solução conciliatória e baseada em princípios mais abrangentes. Registros individuais são possíveis, através de *dissenting* e *concurring* opinions.	Obrigatório, ocorre sempre. Prática do *seriatim* prevê que o voto de cada ministro seja escrito, lido na sessão, e registrado.
5	*Integridade/ Criação de obrigações:*	Fundamentos tornam-se obrigatórios para casos futuros; incentivo à prospecção dos princípios implícitos.	Resultado torna-se obrigatório para casos futuros; Resultado contido na dimensão superficial da decisão
6	*Onde estão os fundamentos:*	Na própria *opinion*. Decisão formada com única entrada.	Não estão expressos de forma completa no acórdão. Fundamentos estão em documentos anteriores (votos), um para cada ministro.

A teoria do direito como integridade possui a nosso ver duas principais qualidades. A primeira, correlaciona intimamente a justificação racional da decisão com a legitimidade por ela espelhada. Uma decisão, judicial ou legislativa, só é genuína se o seu resultado decorrer, de forma racional e lógica, dos seus fundamentos. A segunda, uma comunidade de princípios enxerga não apenas a decisão, mas também seus fundamentos, como fontes de obrigações para casos futuros. Esses fundamentos são revelados através da argumentação e interpretação, e essa atitude de entendê-los como fontes de obrigações faz com que essa comunidade perceba sua prática política e jurídica como mais legítima.

Mas essa valorização do caráter argumentativo do direito não é exclusiva de Dworkin, ela é típica dos autores classificados como pós-positivistas. Dessa forma, Chain Perelman[29], Robert Alexy[30] e Jürgen Habermas[31], todos apresentam em suas obras, sob

29. "Motivar é justificar a decisão tomada, fornecendo uma argumentação convincente, indicando a legitimidade das escolhas feitas pelo juiz. É esta justificação [...] que, explicitando as razões do dispositivo, deve convencer as partes de que a sentença não resulta de uma tomada de posição arbitrária." (Perelman, 2000, p. 222).
30. "Ninguém mais pode afirmar seriamente que a aplicação das leis nada mais envolva do que uma inclusão lógica sob conceitos superiores abstratamente formulados [...] essa constatação [...] caracteriza um dos poucos pontos em que há unanimidade dos juristas na discussão da metodologia contemporânea [...] em um grande número de casos, a afirmação normativa singular que expressa um julgamento envolvendo uma questão legal não é uma conclusão lógica derivada de formulações de normas pressupostamente válidas." (Alexy, 2001, p. 17).
31. "Devido ao seu elevado grau de racionalidade, a prática da decisão judicial constitui o caso mais bem analisado de uma interligação entre o procedimento jurídico institucionalizado e um processo de argumentação que subtrai, em sua estrutura interna, à institucionalização jurídica. Neste cruzamento de procedimentos, se

diferentes formulações, alguma relação de correlação entre legitimidade e argumentação no processo de prática jurídica, especialmente o judicial. A regra de redução argumentativa brasileira e o seu produto, o acórdão em *seriatim*, são estruturas argumentativamente inadequadas para promover os valores típicos inclusive do pós-positivismo, tais como a normatividade dos princípios, e a legitimidade que reside na exigência de decorrência racional entre os resultados de uma decisão judicial e fundamentos genuínos. Quando, muito, espero ter sido bem-sucedido em demonstrar a defasagem do *seriatim* enquanto técnica procedimental. Ela não é mais usada, como vimos, nos EUA, na Inglaterra e na Alemanha. Favoreu nos dá notícia que Espanha e Áustria também não a utilizam em suas cortes constitucionais.[32]

Cogito agora de uma última objeção a este trabalho. E se todo o esforço de demonstrar que a prática do *seriatim*, enquanto regra de redução argumentativa de um tribunal, não se coaduna com o ideal de integridade for trivial, e trivial porque concluamos, desafortunadamente, que a integridade não é uma virtude para o direito brasileiro? Consinto em parte com esta objeção. É possível infelizmente que a integridade não seja uma virtude tão relevante no direito brasileiro. As decisões de nossa comunidade aparentam muitas vezes ser mais próximas de uma concepção pragmática: nossas leis são apenas questões de estratégia, e nossa prática jurídica é vista como mero instrumento de outros valores, alguns legítimos, outros não. Outras vezes, somos convencionalistas: as leis não passam de soluções conciliatórias entre grupos políticos clivados e descompromissados com o ideal de comunidade, ou a prática jurídica se fundamenta apenas em regras superficiais.

Um dos contra-argumentos mais frequentes de membros do STF – e de juízes em geral – à pecha de ativismo, é a grande abertura de certas expressões previstas na Constituição, e a extensão analítica dessa norma. Isso faz com que certos casos sejam difíceis, e o padrão de inexatidão textual-normativo é característico desses casos, o que leva a uma amplitude de possibilidades hermenêuticas. Ou, em outras palavras, num

---

revela que o universo do direito pode abrir-se, a partir de dentro, para argumentações, através das quais argumentos pragmáticos, éticos e morais têm acesso à linguagem do direito, sem suspender, de um lado, o jogo da argumentação e sem detonar, de outro lado, o código jurídico. [...] Normas de procedimento regulam, por exemplo, a participação em processos de formação de opinião e da vontade, dirigidos argumentativamente, bem como a distribuição de papéis nesse processo, o leque temático e o seu próprio fluxo." (Habermas, 2003, p. 222). "Os processos racionais de normatização e da aplicação do direito prometem a legitimidade das expectativas de comportamento assim estabilizadas – as normas merecem obediência jurídica e devem poder ser seguidas a qualquer momento, inclusive por respeito à lei. [...] Para preencher a função socialmente integradora da ordem jurídica e da pretensão de legitimidade do direito, os juízos emitidos têm que satisfazer simultaneamente às condições de aceitabilidade racional e da decisão consistente." (Habermas, 2003, p. 245).

32. "Corte Constitucional Austríaca [...] As decisões são preparadas pelos relatores gerais, eleitos pela Corte. A Corte decide com a presença da maioria dos membros presentes; em caso de empate o voto do Presidente é preponderante. A deliberação e o voto são tomados a portas fechadas. Os votos não são publicados e as opiniões dissidentes ou individuais não são antecipadas." (Favoreu, 2004, p. 45).

"Tribunal Constitucional Espanhol [...] as decisões são tomadas pela maioria dos membros da composição, sendo o voto do Presidente preponderante em caso de empate. O presidente e os membros podem declarar sua opinião divergente e esta será transcrita nos motivos ou no dispositivo da decisão e publicada juntamente com a sentença no Boletim Oficial do Estado. Em compensação, a listagem dos votos não é publicada da mesma forma." (Favoreu, 2004, p. 106).

tom mais pessimista, as decisões judiciais *parecem* ser ativistas, mas a causa disso é o ordenamento jurídico que as fundamenta, que é impreciso, emotivo, e tem pouca qualidade. Talvez, nesse nosso cenário, seja inevitável que sempre certos grupos não fiquem satisfeitos não só com os resultados, mas também com a qualidade das fundamentações dos casos constitucionais.

Por outro lado, se a terra está arrasada, se é grande a erosão da confiança, qualquer movimento que aumente a percepção de qualidade é um ganho que não pode ser desperdiçado. Talvez a integridade não seja um valor, ainda, presente por completo nas nossas práticas jurídicas. Mas não há como negar que parte da nossa comunidade identifica na integridade um valor, senão atual, mas a ser perseguido. Nessa busca por integridade do sistema jurídico, a forma de agir do STF é fundamental. Não apenas como órgão judiciário de existência concreta, cujas decisões terão reflexos diretos, concretos ou abstratos, sobre a prática jurídica, mas também como instituição simbólica para a comunidade brasileira. Quando se trata de jurisdição constitucional, essas duas dimensões, prática e simbólica, estão imiscuídas. Como o STF não possui orçamento, exército, armas ou agentes para fazer cumprir sua vontade, o seu poder deve vir de outro lugar. Esse poder reside no único produto, na única forma de comunicação oficial do tribunal com o mundo exterior – seus julgados. Se a decisão é um elemento essencial de poder de um tribunal, a forma ou modelo como o tribunal produz, anuncia ou comunica sua decisão faz parte do seu poder. Nossos godos já são individualmente guerreiros formidáveis, mas lutarão melhor pela integridade combatendo como uma falange.

REFERÊNCIAS

ALEMANHA, GESETZ ÜBER DAS BUNDESVERFASSUNGSGERICHT (Lei do Tribunal Constitucional Federal). Disponível em: [www.iuscomp.org/gla/statutes/BVerfGG.htm].

AMORIM, Letícia Balsamão. A distinção entre regras e princípios segundo Robert Alexy. *Revista de Informação Legislativa*, Brasília: Subsecretaria de Edições Técnicas do Senado Federal, a. 42, n. 165 jan./mar. 2005.

BLACK, Campbell Henry. GARNER, Bryan A. (Edt.). *Black's law Dictionary*, 8th ed. St. Paul: Thomson West, 2007

CANOTILHO, J. J. Gomes. *Direito constitucional e teoria da Constituição*. 4. ed. Coimbra: Almedina, 2000.

CÓDIGO CIVIL. Lei 10.406, de 10 de janeiro de 2002. *D.O.U.* de 11.1.2002.

CÓDIGO DE PROCESSO CIVIL. Lei 5.869, de 11 de janeiro de 1973. *D.O.U.* de 17.1.1973.

CONSTITUIÇÃO DA REPÚBLICA FEDERATIVA DO BRASIL. *D.O.U.* de 5.10.1988.

DECRETO 678, de 6 de novembro de 1992, Promulga a Convenção Americana sobre Direitos Humanos (Pacto de São José da Costa Rica), de 22 de novembro de 1969. *DOU* de 9.11.1992.

DECRETO-LEI 911, de 1º de outubro de 1969, Estabelece normas de processo sobre alienação fiduciária em garantia. *D.O.U.* de 3.10.1969.

DIDIER JR., Fredie; BRAGA, Paula S.; OLIVEIRA, Rafael. *Curso de Direito Processual Civil*. v. 2. Salvador: JusPodivm, 2007.

DWORKIN, Ronald. *Levando os direitos a sério*. São Paulo: Martins Fontes, 2002.

DWORKIN, Ronald. The Supreme Court Phalanx. *New York Book Review*, New York, v. 54, n. 14, 27 de setembro de 2007a. Disponível em: [www.nybooks.com/articles/20570].

DWORKIN, Ronald. *O império do direito*. São Paulo: Martins Fontes, 2007b.

FAVOREU, Louis. *As Cortes Constitucionais*. São Paulo: Landy, 2004.

GERBER, Scott Douglas. *Seriatim*: The Supreme Court before John Marshall. New York: New York University, 2000.

HABERMAS, Jürgen. *Direito e Democracia, entre facticidade e validade*. v. 1. Rio de Janeiro: Tempo Brasileiro, 2003.

HENDERSON, M. Todd. *From Seriatim to Consensus and Back Again*: A Theory of Dissenting. Chicago: University of Chicago, John M. Olin law & Economics Working Paper 363, 2008.

MENDES, Gilmar. O Efeito Vinculante das Decisões do Supremo Tribunal Federal nos Processos de Controle Abstrato de Normas. *Revista Jurídica Virtual da Presidência da República*, Brasília, v. 1, n. 4, agosto 1999. Disponível em: http://www.planalto.gov.br/ccivil_03/revista/Rev_04/efeito_vinculante.htm.

PERELMAN, Chain. *Lógica jurídica*. São Paulo: Martins Fontes, 2000.

PERELMAN, Chain. OLBRECHT-TYTECA, Lucie. *Tratado da argumentação*. São Paulo: Martins Fontes, 2000.

REGIMENTO INTERNO DO STF. Disponível em: [www.stf.jus.br/arquivo/cms/legislacaoRegimentoInterno/anexo/RISTF_mar_2009.pdf].

RULES OF THE SUPREME COURT OF THE UNITED STATES (Regras da Suprema Corte dos EUA). Disponível em: [www.supremecourtus.gov/ctrules/2007rulesofthecourt.pdf].

SOUZA, Marcelo Alves Dias de. *Do precedente judicial à Súmula Vinculante*. Curitiba: Juruá, 2006.

SUPREMO TRIBUNAL FEDERAL. *Informativos de Jurisprudência do STF*. Brasília, 2008, n. 449, 450, 477, 498, 531. Disponíveis em: [www.stf.jus.br/portal/informativo/pesquisarInformativo.asp].

TUCCI, Jose Rogério Cruz e. *Precedente Judicial como Fonte do Direito*. São Paulo: Ed. RT, 2004.

TENDÊNCIAS PERTINENTES À LITIGÂNCIA CLIMÁTICA NO SUPREMO TRIBUNAL FEDERAL

Ilan Presser

Mestre em Direito Constitucional pela Universidade de São Paulo. Juiz Federal do Tribunal Regional Federal da 1ª Região.

Sumário: 1. Litigância climática em cortes constitucionais: o Artigo 225 da Constituição e a concretização do direito ao clima limpo, estável e seguro – 2. Desafios, tendências e oportunidades à litigância climática em cortes constitucionais – Bibliografia.

1. LITIGÂNCIA CLIMÁTICA EM CORTES CONSTITUCIONAIS: O ARTIGO 225 DA CONSTITUIÇÃO E A CONCRETIZAÇÃO DO DIREITO AO CLIMA LIMPO, ESTÁVEL E SEGURO

Por ocasião da justa homenagem ao trabalho desempenhado pelo Ministro da Suprema Corte Brasileira André Mendonça, trazemos algumas reflexões sobre tema que tem ganhado importância e relevância nos debates da Corte, a litigância climática.

O Ministro André Mendonça tem participado ativamente de debates da Corte sobre a concretização dos direitos climáticos, cuja interação entre texto e realidade, promovida a partir da interpretação e densificação da Constituição, tem levado à criação de importantes precedentes à compreensão da justiça climática, na busca de uma governança climática eficaz.

Com efeito, a litigância climática no palco das Cortes Constitucionais representa a busca de novas formas para resolver velhos problemas. Trata-se de um sintoma. Diante da insuficiência da política ambiental à resolução de questões difíceis, com normatização constitucional expressa, buscam-se soluções a partir da justiça ambiental.

Isso se dá a partir de um marco regulatório amplo e que confere farto material para fundamentar ações judiciais, cujo ponto de partida é o estatuto jurídico da causa ecológica e climática do art. 225 da Constituição, com o dever expresso de proteção dos processos ecológicos essenciais. Este, por seu turno, traz de forma implícita o direito fundamental ao clima estável e seguro.

A partir desse marco regulatório constitucional, duas perguntas se descortinam: quais são os limites e possibilidades da atuação do STF em políticas públicas? E, em especial nas políticas públicas ambientais?

As dificuldades não param nessas duas aporias. A litigância climática no Sul Global contém nuances que se interpenetram à questão da litigância climática, de forma distinta do Norte Global. No Sul Global, as questões pertinentes a mudanças climáticas aparecem associadas a problemas sociais, culturais e a direitos humanos.

Por isso, se há por um lado alteração de um paradigma meramente antropocêntrico para o ecocêntrico, por outro lado as questões, em movimento pendular, se interpenetram a questões culturais, de minorias e de grupos vulneráveis. Ou seja, problemas pertinentes ao ser humano, ao antropocentrismo.

As novas epistemologias, em que, por exemplo, os rios passam a ser considerados sujeitos de direitos. Já há vários exemplos. Na Corte Constitucional da Colômbia, com o rio Atrato, na Índia, com o Rio Ganges, na Nova Zelândia, com o rio Whanganui e no Equador, com o Rio Vilcabamba.

Assim, as novas compreensões passam a ser utilizadas também por aqui em autêntico diálogo de Cortes Constitucionais. A partir disso, o processo do litígio estrutural começa a ser utilizado. Por exemplo, com a ação ajuizada pelo Rio Doce e pela Lagoa da Conceição. E no STF com a ADPF 708, pertinente ao Fundo Clima.

Tal consideração, do rio como sujeito de direitos, não decorre apenas do diálogo de Cortes Constitucionais. Há também o diálogo de Constituições. Dos próprios textos normativos.

Com efeito, a Constituição vigente do Equador, por exemplo, afirma no artigo 71 que "A natureza ou Pachamama onde se reproduz e se realiza a vida, tem direito a que se respeite integralmente sua existência e a manutenção e regeneração de seus ciclos vitais, estruturas, funções e processos evolutivos. Toda pessoa, comunidade, povoado, nacionalidade, poderá exigir da autoridade pública o cumprimento dos direitos da natureza. Para aplicar e interpretar estes direitos se observarão os princípios estabelecidos na Constituição no que for pertinente. O Estado incentivará as pessoas naturais e jurídicas e os entes coletivos para que protejam a natureza e promovam o respeito a todos os elementos que formam um ecossistema".

Assim, por um lado temos o exemplo da Constituição equatoriana, de viés ecocêntrico. Por outro lado, a consideração social nos litígios climáticos do Sul Global. Nessa linha, a Encíclica do Papa Francisco "Laudato Si", de junho de 2015. A primeira Encíclica sobre direito ambiental foi lida em discurso na Bolívia, um país do Sul Global. Lá o Papa asseverou que "não se pode salvar a criatura (os homens) do pecado e da miséria sem salvar também a criação (a natureza)".

O novo constitucionalismo latino-americano carrega um perspectivismo amazônico, em que há um diálogo de subjetividades, e peculiaridades culturais, com a natureza. Trata-se de uma consideração especial aos povos da floresta. Ou, como dito, uma convergência indissociável entre direitos humanos e o direito ambiental e climático.

E verificam-se novas simbioses entre antropocentrismo e ecocentrismo. Agora em uma fase holística do Direito Ambiental. Que começa no Brasil com a lei 6938/81; da Política Nacional do Meio Ambiente. E é constitucionalizada com a Constituição

"Ecológica" ou "Constituição Verde". Tal expressão foi, inclusive, utilizada pelo ministro Luiz Fux durante o julgamento das ações do Código Florestal pelo STF.

A Lei da Política Nacional do Meio Ambiente, e a Constituição conferem ao macrobem de direito ambiental materializado no equilíbrio ecológico o status de bem-jurídico autônomo. E municia esse direito material com um microssistema processual coletivo e uma política pública ambiental de âmbito nacional (em todos os planos federativos).

A litigância climática decorre da insuficiência de cumprimento pela política ambiental dos deveres de proteção ecológica atribuídos ao Estado. Nesse sentido, a Constituição estabelece que os microbens de direito ambiental, processos ecológicos essenciais, devem ser preservados à garantia do macrobem de direito ambiental, o equilíbrio ecológico:

> *Art. 225.* Todos têm direito ao meio ambiente ecologicamente equilibrado, bem de uso comum do povo e essencial à sadia qualidade de vida, impondo-se ao poder público e à coletividade o dever de defendê-lo e preservá-lo para as presentes e futuras gerações.
>
> § 1º Para assegurar a efetividade desse direito, incumbe ao poder público:
>
> *I – preservar e restaurar os processos ecológicos essenciais e prover o manejo ecológico das espécies e ecossistemas;* [...]. (grifos nossos).

Da redação do texto normativo contido nesse dispositivo podemos extrair a norma jurídica atinente a um direito fundamental à integridade do sistema climático. Ou o direito fundamental a um clima estável e seguro. Tal direito é ornado de solidariedade intergeracional.

E, na simbiose entre o social e o ambiental, a integridade e a estabilidade climática integra tanto o núcleo essencial do direito fundamental ao meio ambiente quanto ao conteúdo do direito da pessoa ao chamado mínimo existencial ecológico. Ou mínimo existencial climático. Que pode ser considerado uma decorrência imanente à própria dignidade da pessoa humana.

Por isso, os deveres estatais específicos de proteção do sistema climático são derivados do inciso I no § 1º do artigo 225, já que o clima demanda a proteção dos "processos ecológicos essenciais".

Por isso, o sistema climático íntegro e estável é bem jurídico de estatura constitucional, que também é repetido em leis ordinárias. Nesse contexto, a Lei 12.651/2012, que revogou o Código Florestal, em seu art. 1º-A, no inciso I do parágrafo único, dispõe que a lei atenderá ao princípio de "afirmação do compromisso soberano do Brasil com a preservação das suas florestas e demais formas de vegetação nativa, bem como da biodiversidade, do solo, dos recursos hídricos *e da integridade do sistema climático*, para o bem-estar das gerações presentes e futuras". (grifos nossos).

A Lei 12.187/2009, por seu turno, no art. 4º aduz que: "A Política Nacional sobre Mudança do Clima – PNMC visará *à compatibilização do desenvolvimento econômico-social com a proteção do sistema climático.* (grifos nossos).

Além dos deveres legais supracitados, a integridade do sistema climático demanda informação para que os dados empíricos possam ser analisados.

Por isso, os deveres estatais de transparência ativa e acesso à informação ambiental contidos na Lei de Acesso à Informação Ambiental (Lei 10.650/2003). Esta "dispõe sobre o acesso público aos dados e informações existentes nos órgãos e entidades integrantes do Sisnama" e, por isso, tem especificidade em relação à Lei de Acesso à Informação Pública Lei 12.527/2011, configurando direitos ambientais de participação da sociedade, também na manutenção de um clima estável e seguro.

Tais direitos de participação também constam, em relação ao Direito Internacional, no Princípio 10 da Declaração do Rio (1992) e no Acordo Regional de Escazú para América Latina e Caribe sobre Acesso à Informação, Participação Pública na Tomada de Decisão e Acesso à Justiça em Matéria Ambiental (2018).

O chamado estado de emergência ambiental e climático, já foi reconhecido pelo Parlamento Europeu recentemente, no final de 2019. E, diante desse estado de coisas, foi fixada a meta ambiciosa de atingir a neutralidade climática até o ano de 2050. Além disso, no acordo de Paris indiretamente se reconheceu a necessidade de esforços de todos os países, ainda que com responsabilidade comum, porém diferenciada.

Assim, é configurado o modelo do Estado Constitucional aberto e cooperativo. Nesse modelo há participação da sociedade aberta de intérpretes constitucionais, de que falava Peter Häberle. E a instrumentalidade do processo passa a servir para alcançar a finalidade da integridade do sistema climático.

Ainda no bojo dos diálogos de fontes normativas, e de Tribunais, é possível citar a Opinião Consultiva n. 23/2017 da Corte Interamericana de Direitos Humanos sobre "Meio Ambiente e Direitos Humanos". Esta foi citada, pelo Ministro Barroso, em decisão monocrática pertinente ao fundo clima (ADPF 708).

E, lembre-se, que é possível, nos termos de entendimento firmado pelo STF, atinente ao status supralegal dos tratados internacionais de direitos humanos, sustentar que litigância climática embasada em tratados trabalha com status supralegal dos tratados.

Essa tese de supralegalidade, já que tratados de Direito Ambiental tem uma convergência com os Direitos Humanos, foi sustentada pela Ministra Rosa Weber, na ADI 4066/DF, que tratou do Amianto. O controle de convencionalidade foi feito ao citar a Convenção da Basileia sobre o Controle de Movimentos Transfronteiriços de Resíduos Perigosos e seu Depósito (1989).

Para a litigância climática torna-se possível lançar mão, por exemplo da Convenção-Quadro sobre Mudança do Clima e Convenção-Quadro sobre a Biodiversidade. Tais parâmetros normativos servem ao controle de convencionalidade por parte de Juízes e Tribunais nacionais.

Além do direito positivado cumpre lançar mão também da dimensão ecológica do princípio da dignidade da pessoa humana. Embora esse princípio seja carreado por alto grau de abstração, ainda assim resta possível inferir patamar mínimo de qualidade e integridade ecológica como premissa a uma vida digna. E à possibilidade do exercício dos demais direitos fundamentais, inclusive por força da interdependência e indivisibilidade de tais direitos. Como ter, por exemplo, segurança alimentar e saúde sem um clima estável, previsível e seguro?

Além disso, há o efeito *cliquet* em matéria ambiental. Não só com a não regressão. Mas também com dever de progressividade quando se trata de direitos fundamentais, tais como os direitos de liberdade, sociais, econômicos culturais e ambientais. Por isso, por exemplo, a súmula 613 do STJ, de que não se admite o fato consumado em matéria ambiental.

Os deveres para o Poder Público do estatuto constitucional da causa ecológica (art. 225) são mandatórios a todos os órgãos e agentes do Poder Público. Há um dever de observar as externalidades climáticas em cada ato estatal.

E, por isso, implica também fundamento de atuação do Poder Judiciário no controle das ações e omissões do Estado. Isso porque o Poder Judiciário não governa. Mas a ele cabe impedir o desgoverno. Há a possibilidade do controle de sustentabilidade, ou ainda controle de segurança climática, decorrente de cada ato administrativo. Isso porque não há como defender discricionariedade para agir quando se fala em cumprimento à Constituição e ao direito fundamental à integridade do sistema climático.

O controle pode se dar ainda, nos termos de jurisprudência sedimentada do STF, na linha de que a proporcionalidade não representa apenas a proibição do excesso. O controle judicial também pode ocorrer diante da proteção insuficiente ou deficiente de um direito fundamental. E o controle pode ser feito não apenas sobre o viés da socioproporcionalidade. Mas também da ecoproporcionalidade de que fala o professor Gerd Winter.

Em relação ao controle de convencionalidade, é certo que princípio da proibição de retrocesso ambiental ou ecológico, além de implícito no sistema constitucional de direitos fundamentais está positivado no artigo 3º, c, do Acordo Regional de Escazú (2018).

Cabe lembrar ainda que, o STF, por ocasião do julgamento das ações do Código Florestal, harmonizou o princípio da não regressão com deferência ao legislador. Ao julgar constitucionais dispositivos do Código Florestal, a Suprema Corte entendeu que o Legislativo é o foro institucional adequado para resolver questões difíceis. Assim, a não regressão ganhou interpretação restritiva.

A partir da foto da realidade e dos precedentes vigentes, dedicaremos o próximo capítulo a conjecturar o livro aberto da participação da jurisdição constitucional na busca de uma governança climática eficaz.

2. DESAFIOS, TENDÊNCIAS E OPORTUNIDADES À LITIGÂNCIA CLIMÁTICA EM CORTES CONSTITUCIONAIS

Como as Cortes Constitucionais podem participar da governança da crise climática? Quais os limites e os desafios dessa atuação? Do resultado dessas aporias, advêm os contornos atinentes ao resultado prático e à efetividade do clima estável e seguro.

Verifica-se que a litigância climática visa materializar uma válvula de escape para resolver problemas urgentes, com possibilidade de danos graves, sérios e irreversíveis, de que a política ambiental não consegue dar conta.

Já no âmbito de Cortes Constitucionais, cuida-se de examinar a compatibilidade com a Constituição – e, no caso brasileiro, com as convenções de que o Brasil é signatário –[1] de leis e atos normativos do Poder Público, bem como de atos de particulares, ao direito fundamental ao clima estável e seguro.

No Brasil, incumbe ao Supremo Tribunal Federal examinar a adequação destes ao art. 225 da Constituição, estatuto jurídico da causa ecológica e climática. Este dispositivo apresenta ao Poder Público e aos particulares tanto direitos quanto deveres climáticos, com a observância necessária das medidas de mitigação e adaptação.

Em síntese, cabe à Suprema Corte transformar a melhor normatividade, contida no art. 225 da Constituição, em melhor experiência; o Direito, consistente na letra fria do texto normativo da Constituição, em Direito vigente, que é o efetivamente aplicado e implementado no mundo do ser.

Esses direitos e obrigações constitucionais contêm em seu núcleo normativo, inclusive, a responsabilidade intergeracional quanto à proibição da proteção deficiente deste bem jurídico, que guarda essencialidade à existência e à qualidade de vida da existência. Da mesma forma, a responsabilização pela violação da proporcionalidade, em relação à proteção insuficiente do bem jurídico com deveres de proteção constitucionalmente tutelados, pode ocorrer pela via comissiva ou omissiva.

Em relação à litigância climática em Cortes Constitucionais, a partir dos casos emblemáticos do mundo trazidos à análise, verifica-se que a cobrança de Estados e empresas ocorre frequentemente pelo ato omissivo relacionado à mitigação ou adaptação do clima.

Em relação ao Poder Público, por exemplo, omissão inconstitucional na concretização de uma política pública, no funcionamento de um fundo ou na não regulamentação de um dispositivo. A concomitância de inações pode levar a um estado de coisas inconstitucional.

Além disso, da análise da litigância climática em Cortes Constitucionais, verifica-se que os litígios ambientais e climáticos no mundo têm contornos próprios de litígios estruturais, e, como tal, demandam novas visões processuais em relação ao exercício da jurisdição, com potencial transformador e perspectiva existencialista.

A coerência sistêmica na jurisprudência do STF, e também das demais Cortes Constitucionais, permite que sejam fixados parâmetros seguros e precisos para o controle da suficiência da proteção climática, com a concretização da obediência aos limites contidos nos princípios climáticos, como responsabilidade intergeracional, prevenção, precaução, proporcionalidade e proibição do retrocesso.

1. Nos termos do art. 5º, §§ 2º e 3º, da Constituição, as convenções também fazem parte do chamado "bloco de constitucionalidade".

A análise dos precedentes emanados da jurisdição constitucional de outros países, em diálogo de fundamentos de Cortes Constitucionais, diante da constatação de que o dano ambiental não conhece fronteiras, demonstra parâmetros decisórios comuns.

Em síntese, na arena da litigância climática, cabe à jurisdição constitucional tutelar os deveres de proteção impostos para a concretização do direito fundamental ao clima estável e seguro.

Nessa seara, a litigância climática em Cortes Constitucionais abrange ainda o combate ao desmatamento ilegal, principal vetor de emissões no Brasil decorrente do não sequestro pela floresta dos GEEs da atmosfera.

No Brasil, tal como na litigância climática do Sul Global, há ainda uma convergência indissociável entre questões ambientais, sociais e culturais. A causa de pedir remota das demandas se relaciona muito com a temática dos direitos humanos, ao contrário da litigância climática no Hemisfério Norte.

Nesse contexto, por exemplo, a questão ambiental é tratada paralelamente a outros direitos humanos, como foi consignado na Opinião Consultiva 23/2017, da Corte Interamericana de Direitos Humanos.

Verifica-se, ainda, que a litigância climática tem como eixo condutor das demandas além dos debates sobre direitos humanos, responsabilidade intergeracional e minorias, a compreensão e a extensão concreta da separação de Poderes e da democracia, bem como aspectos relativos à ordem econômica e à relação entre direito climático e desenvolvimento.

Por essas interfaces com temáticas tão complexas e centrais no debate das Cortes Constitucionais, também vêm à tona, como pano de fundo da litigância climática, os limites e possibilidades da atuação da Corte Constitucional nessa temática. Como o juiz não tem legitimidade decorrente do voto, é colocada a questão se haveria reforço de democratização com a governança climática e ambiental como responsabilidade do Poder Judiciário. Seria positivo transferir a resolução do risco climático – bem essencial à existência humana e à qualidade de vida dessa existência –para o palco da Corte Constitucional? Haveria capacidade institucional – nos termos da Doutrina *Chenery* e *Chevron*, do direito norte-americano – do Poder Judiciário para decidir essas demandas?

Aliás, o precedente Chevron, de 1984, passou por *overruling* em 2024, no caso Loper Bright Enterprises Et. Al. Vs. Raimondo, em que por 6 a 3, a Scotus decidiu que Cortes não podem ter deferência automática a interpretações de agências reguladoras. Assim, o Judiciário e a Suprema Corte passam a ter o poder dever de densificar a interpretação para preencher lacunas da Constituição e das leis.

No Brasil, a atuação do Supremo Tribunal Federal tem caminhado, em nosso entendimento, ao encontro do novo precedente da Scotus, com a garantia dos direitos climáticos, nos últimos anos, em que foram concretizadas as promessas da Constituição Verde e do Estado de Direito Socioambiental, evitando-se um Estado de Coisas Inconstitucional e Inconvencional em matéria ambiental e climática.

É responsabilidade da Suprema Corte impedir a violação do princípio da proporcionalidade, tanto em relação à proibição do excesso quanto em relação à proibição da proteção deficiente ou insuficiente do bem jurídico constitucionalmente protegido.

No caso brasileiro, como visto, do ponto de vista do direito material, cuida-se de direito humano de terceira dimensão. Já do ponto de vista processual, a litigância climática pode ser inserida no rol de direitos difusos, em que os direitos pertencem a pessoas indeterminadas e ligadas por circunstâncias de fato.[2]

A tutela climática é ainda mais ampla que um direito difuso tradicional, na medida em que também ocorre sobre pessoas que sequer existem, por conta da solidariedade intergeracional. Portanto, a governança climática, seja em Cortes Constitucionais, seja pela política ambiental, demanda novos paradigmas epistemológicos e conceituais. Cuida-se de uma perspectiva processual existencialista e não patrimonialista.

Por isso, para além de cuidar de um litígio estrutural atinente a um direito difuso, há o componente da condição para o gozo de todos os demais direitos pelas gerações atuais e do porvir. Com efeito, o aumento da concentração de gases de efeito estufa já provocou derretimento de geleiras, aumento do nível de oceanos e aumento de temperatura. Tal quadro, em caso de insuficiência da política climática – local, nacional e global – demanda jurisdição constitucional climática ambiciosa, efetiva e transformadora.

A Corte Constitucional brasileira, a partir dos casos que tem julgado, inclusive em comparação com Cortes Constitucionais de outros países, tem dado cobro a esse desafio, passando a criar, em função pedagógica e prospectiva, bases jurisprudenciais sólidas que criem um equilíbrio entre uma jurisprudência defensiva e de autocontenção e um ativismo judicial excessivo. Com efeito, a Corte Constitucional brasileira tem buscado uma posição de equilíbrio: que não seja nem de passivismo nem de ativismo. Não almeja governar, mas atua para impedir o desgoverno inconstitucional.

Em relação às Cortes Constitucionais do mundo, podem ser sistematizados quatro vertentes de tutela: (i) mitigação, pela redução de emissões; (ii) adaptação, à diminuição de vulnerabilidades; (iii) responsabilidade civil climática, com a reparação de danos climáticos; (iv) gestão de riscos associada às mudanças climáticas.

Verifica-se, que, em todas essas quatro hipóteses de tutela, além de atuarem para destravar gargalos dos Poderes com legitimidade haurida do voto, sem malferir a separação de Poderes, as Cortes Constitucionais não apenas têm um olhar retrospectivo sobre as lides. Ao revés, também olham para frente, sinalizando, em função preventiva, como a atuação do Poder Público e de empresas devesse dar para evitar novas lides.

Há outras externalidades positivas decorrentes da governança climática pela via da jurisdição constitucional. Estudos ambientais, prévios ao licenciamento judicial, passam a considerar o impacto das emissões de GEEs nas obras e atividades. Isso porque, a atuação da Corte Constitucional, e do próprio Poder Judiciário, passa a chamar

2. Art. 81 do Código de Defesa do Consumidor.

a atenção de Estados e empresas para a conclusão de que é essencial a consideração do componente climático da intervenção antrópica, e de que é impossível concretizar a promessa constitucional do macrobem de direito ambiental ao equilíbrio ecológico sem a garantia de clima estável e seguro.

Como visto, juridicamente, já há leis, convenções e a própria Constituição, que constituem marco normativo sólido, com aptidão para fundamentar pretensões de natureza climática na Suprema Corte, a qual, por sua vez, transforma o texto normativo constitucional em norma efetivamente aplicada e viva.

Além disso, há vários precedentes, inclusive de Tribunais Superiores e de Cortes Internacionais, que dão margem à ampliação da possibilidade de apresentação de pleitos ao Judiciário com fundamento na busca de um direito fundamental a um clima íntegro, estável e seguro.

Em relação à jurisprudência das Cortes Constitucionais, inclusive a brasileira, verifica-se tendência maior às ações que visam à responsabilização do Poder Público, sendo que há a possibilidade de uma onda futura do contencioso climático de direito privado, com foco em corporações.[3]

Assim, além do controle de constitucionalidade pertinente à sustentabilidade climática das leis e atos administrativos, há a possibilidade da análise da viabilidade da atuação de corporações em relação à Constituição e a convenções de que o Brasil é signatário.

Verifica-se ainda que a construção da litigância climática em Cortes Constitucionais tem sido feita na tônica de que a autocontenção deve residir nos limites de destravar os gargalos que impedem os demais Poderes de agir,[4] em especial quando estivermos diante do mínimo existencial ecológico do núcleo essencial do direito fundamental a um clima estável e seguro.

Assim, há perspectiva existencialista, com atuação tópica, voltada a retirar eventual inércia, e uma incapacidade reiterada e persistente de modificação de uma conjuntura inconstitucional. Não há mera substituição da política climática, mas, em caso de um cenário de violação sistemática do direito fundamental, a facilitação da transformação estrutural de atuação do Poder Público, seja para cumprir a Constituição, seja para alterar uma situação inconstitucional. No caso de empresas, para internalizar externalidades negativas geradas, e evitar a apropriação dos bônus (lucros), com a socialização dos ônus (emissões).

Nesse eito, o litígio estrutural demonstra que não é possível banalizar a atuação da jurisdição constitucional a ser apenas um revisor das decisões dos demais Poderes, leis e atos administrativos. Na litigância climática, essa visão tradicional do legisla-

3. GANGULY, Geetanjali; SETZER, Joana; HEYAVERT, Veerle. If at first you don't succeed: suing corporations for climate change. *Oxford Journalof Legal Studies*, v. 38, n. 4, p. 841-868,Winter 2018. Disponível em: [https://academic.oup.com/ojls/article/38/4/841/5140101]. Acesso em: 09 abr. 2023.

4. Tal como ocorreu, por exemplo, na ADPF 347, relativa ao "Estado de Coisas Inconstitucional nos Presídios Brasileiros", em que o STF apenas determinou liberação de recursos do Funpen, para que os Poderes com legitimidade haurida do voto decidam a sua destinação e alocação.

dor negativo faz com que o procedimento (*input*) não leve à efetividade (*output*), tampouco à pacificação social em relação à concretização do direito fundamental à segurança climática.

Por isso, nessas ações de litigância climática, em que há litígios estruturais, é preciso que o Judiciário adote a figura o juiz Hermes, de que falava François Ost em artigo sobre os juízes Júpiter, Hércules e Hermes. Ou seja, de busca, pela via do diálogo, uma jurisdição supervisória com fixação de metas e acompanhamento da sua execução.

O monitoramento independente e a gestão adaptativa, com ordens flexíveis e sujeitas à jurisdição supervisória, dão esperanças de efetividade à separação de Poderes.

Assim, pode ser instalado Comitê de Emergência ou Crise Ambiental, como ocorreu na Suprema Corte de Justiça da Argentina, em ação relativa aos incêndios no Delta do Rio Paraná. Ou, como no Brasil, na ADPF 709/DF, em que o ministro Luís Roberto Barroso determinou a criação de Comitê com medidas para conter o contágio e a mortalidade por Covid-19 entre a população indígena.

Nesse diapasão, há gestão da lide com o acompanhamento do cumprimento das medidas impostas judicialmente a quem efetivamente tem capacidade institucional para agir. Na litigância climática, se houver boa vontade das partes, a cogestão e a governança da crise ambiental parecem ser uma possibilidade de ação.

É certo que há desafios de adaptação da dogmática tradicional, voltada à lide interindividual, para a realidade da emergência climática. Outra preocupação é a litigância climática conduzir a um cenário de *backlash* constitucional, em que há uma reação a decisões judiciais que fazem chegar a um retrocesso no marco normativo protetivo.

Enfim, é preciso chegar a um equilíbrio para que o Poder Judiciário possa dar *nudges* aptos a evitar a perpetuação de estado de coisas inconstitucional e inconvencional em matéria de segurança climática.

Em relação à contenção, é certo que a afetação dos processos ecológicos essenciais, do art. 225, § 1º, I, da Constituição, deve ser comprovada mediante danos ou riscos graves, sérios e irreversíveis, como preconiza o princípio da precaução. Um exemplo é o ponto de não retorno de savanização da Amazônia, em que há dados empíricos e científicos, com apontamentos à possível perda de biodiversidade e do próprio bioma.

Além disso, é preciso considerar a integridade do sistema climático, bem como a sua segurança, a partir da ponderação em uma escala móvel de valores. A Corte Suprema não pode se furtar a proteger o seu núcleo essencial. O mínimo existencial climático deve ser tutelado.

Da análise dos caminhos processuais e materiais da litigância climática constitucional, verifica-se que a Suprema Corte brasileira tem visado o estabelecimento de marcos precisos sobre os seus limites e possibilidades para solucionar litígios estruturais e fixar o papel de cada entidade no contexto da cogovernança ecológica.

Nesse cenário, deve o Supremo Tribunal Federal atuar para destravar gargalos, e exercer a função contramajoritária, em prol de minorias e grupos sociais vulneráveis, como povos indígenas, crianças e adolescentes, os quais estão representados em movimentos como o *Fridaysfor Future*. A tutela aos direitos dos infantes também se insere na solidariedade intergeracional, que fundamenta a justiça climática.

Os deveres de proteção estatal dos grupos mais vulneráveis foram expressamente reconhecidos na OC 23/2017 da Corte IDH. Como muitas vezes essas minorias são mal representadas no processo majoritário (basta lembrar que crianças sequer votam), é preciso inserir as demandas inclusive no contexto da possibilidade de acesso à Justiça constitucional.

Na temática do direito fundamental a um clima estável e seguro, é inegável a relação de interdependência e indivisibilidade entre a proteção ambiental, a sustentabilidade e os direitos humanos. Além disso, é intuitivo que externalidades negativas decorrentes das mudanças climáticas têm a possibilidade de atingir o desfrutar efetivo dos direitos humanos. Por isso, ganha destaque a aplicação dos paradigmas interpretativos *pro homine* e *pro natura*.

Por outro lado, essa atuação deve se dar em gestão compartilhada e com respeito à separação de Poderes. A dinâmica e o crescimento da litigância climática tendem a nos conduzir a um ponto de equilíbrio. Em relação à separação de Poderes, verifica-se uma tendência de que o Poder Judiciário tem o poder-dever de determinar se os demais Poderes estão a atuar de acordo com a Constituição, a legislação e os compromissos internacionais assumidos. Ademais, cabe à Corte Suprema verificar se limitações a direitos humanos realizadas pelos demais Poderes são justificadas.

Em síntese, a litigância climática em Cortes Constitucionais parece se encaminhar tanto para uma visão retrospectiva quanto para um viés prospectivo. Ou seja, olhar para o retrovisor e responsabilizar empresas e governos por emissões passadas, que geraram o risco climático, bem como olhar para frente e sinalizar aos Estados e empresas para que reduzam emissões de gases de efeito estufa.

Assim, a governança climática em Cortes Constitucionais é uma via que, além de condenações, sinaliza, em função pedagógica e preventiva, como Estados e empresas devem atuar para evitar novas lides climáticas, com medidas de mitigação, adaptação e remediação.

E a governança pela via judicial dá voz a partes, a *amicus curiae*, a minorias mal representadas, como povos indígenas, comunidades tradicionais, ONGs, comunidades que residem em cidades litorâneas e insulares, bem como a crianças e adolescentes, que não têm capacidade eleitoral passiva e ativa.

Assim sendo, a jurisdição constitucional climática acaba por agir com a *Nêmesis* a frear comportamentos predatórios, como o desmatamento ilegal e emissões desenfreadas de gases estufa, causadores de eventos climáticos extremos, que acabam por atingir com maior vigor justamente aqueles menos responsáveis pelas emissões, além de gerações do porvir.

Por isso, a reflexão sobre o papel da jurisdição constitucional e a sua importância para a governança climática e para a concretização do Estado de Direito Socioambiental remete à célebre menção de Pablo Neruda de que somos livres para fazer escolhas, mas prisioneiros das consequências do que escolhemos.

A ideia também serve à reflexão enquanto coletividade – de que somos livres para concretizar as promessas constitucionais do direito ao clima estável e seguro – mas também prisioneiros das consequências das nossas opções.

O eventual menoscabo à inclusão da Suprema Corte como ator relevante na estratégia de ser a última trincheira para enfrentar a emergência climática, na busca de garantias das condições de existência, com qualidade de vida dessa existência, pode conduzir à distopia do ocaso da civilização.

BIBLIOGRAFIA

CARVALHO, Délton Winter. Direito dos desastres. In: FARIAS, Talden e TRENNEPOHL, Terence. *Direito ambiental brasileiro*. São Paulo: Tomson Reuters Brasil, 2019. p. 667-714.

KUEHN, Robert. A taxonomy of Environmental Justice. *Environmental Law Reporter*, v 30, p. 10681, 2000.

LAMPIS, Andrea. Vulnerabilidad y adaptación al cambio climático: debates acerca del concepto de vulnerabilidad y su medición. *Revista Colombiana de Geografía*, Bogotá, v. 22, n. 2, p. 17-33, 02 jul. 2013.

PEEL, Jackeline e OSOSFKY, Hari M. *A Rights turn in climate change litigation. Transnational Environmental Law*, 7:1, (2018), p. 37-67, 2017.

SETZER, Joana e, CUNHA, Kamila e FABRI, Amália B. panorama da Litigância climática no Brasil e no Mundo. In SETZER, Joana e, CUNHA, Kamila e FABRI, Amália B. (Orgs.). *Litigância climática*: novas fronteiras para o direito ambiental no Brasil. São Paulo: Ed. RT, 2019. p. 23-41.

SETZER, Joana e BYRNES, Rebecca. *Granthan Research Institute on Climate change and the Environmental*; Sabin Center, Columbia Law School and Centre for Climate change Economics and Policy. Policy Report July 2020.

RESPONSABILIDADE SOCIAL NA ORDEM DO DIA

José Marinho Paulo Junior

Pós-Doutor (IVIG-COPPE/UFRJ). Doutor em Direito (Unesa). Mestre em Direito Processual (Uerj). Especialista *pelo Justice Institute of British Columbia* (Canadá). Membro do Ministério Público do Estado do Rio de Janeiro. Ex-Membro do Ministério Público do Rio Grande do Sul.

INTRODUÇÃO

Em homenagem a e com lastro no escólio do eminente Ministro André Luiz de Almeida Mendonça, o presente artigo é apresentado, perquirindo, com metodologia de revisão bibliográfica, o largo espectro da responsabilidade social. O recorte da exposição transdisciplinar[1] não se dedica à evolução histórica do conceito, mas a compreender seus desdobramentos no campo empresarial, governamental, do terceiro setor e de órgãos de controle.

De plano, remarque-se, na esteira de lição basilar de nosso luminar homenageado[2]-[3], que todo o arcabouço normativo encontra aqui seu fundamento de validade no Princípio da Solidariedade, que ilumina todo o texto constitucional brasileiro e tem raízes jusfilosóficas fincadas para muito além da noção de função social da propriedade ou da própria ideia revolucionária francesa de *fraternité*, remontando ao divino mandamento de amar ao próximo ou mesmo ao primeiro gesto desinteressado de incógnito ancestral de estender a mão a quem dela necessitava, sem nada ganhar em troca. Assim professa o eminente Ministro:[4]

1. Ante a plurivocidade do vocábulo "transdisciplinariedade", alinha-se aqui à semântica por Gustin e Dias (2006): exige linguagem científica dialógica, consistindo em estudo de um elemento através de diversas disciplinas, com sobreposição dos saberes (na multidisplinariedade, ao contrário, quedam apenas justapostas), com conhecimento integrado e interativo entre as disciplinas, com relações, em etapa qualitativamente superior à interdisciplinaridade, postas em sistema total, sem fronteiras claras entre si. (GUSTIN, Miracy Barbosa de Sousa. DIAS, Maria Tereza Fonseca. (Re)pensando a Pesquisa Jurídica: Teoria e Prática. Belo Horizonte/MG: Del Rey, 2006).
2. FUNDAÇÃO GETULIO VARGAS. XI Fórum Jurídico de Lisboa. Responsabilidade social: uma emergência. *YouTube*, 10 jul. 2023. Disponível em: [www.youtube.com/watch?v=c5oSIfUyYOY].
3. FUNDAÇÃO GETULIO VARGAS. *Sem*inário Responsabilidade Social. Série Fórum de Lisboa: debates contemporâneos. *YouTube*, 25 set. 2023. Disponível em: [www.youtube.com/watch?v=VmPTE-Mts_c].
4. MENDONÇA, André Luiz de Almeida. Prefácio in PAULO JUNIOR, José Marinho. *Manual Prático para Fundações Privadas*. Rio de Janeiro: Mundo Contemporâneo, 2024. p. 349.

"O projeto de Nação consagrado na Constituição brasileira indubitavelmente é ousado. Desde o seu preâmbulo, declara a incontornável vinculação do Estado democrático com denominados "valores supremos", dentre os quais importa mencionar o bem-estar, a liberdade, o desenvolvimento, a igualdade e a justiça. Do mesmo modo, a Constituição estabelece como objetivos fundamentais da República a construção de uma sociedade livre, justa e solidária; a promoção do bem de todos; a erradicação da pobreza e a redução das desigualdades. Inquestionável, portanto, que a Carta de 1988 estabeleceu uma grandiosa missão aos poderes públicos e ao conjunto da sociedade.

Nesse contexto, a Constituição estabelece especial responsabilidade pública aos órgãos e instituições estatais. Trata-se de responsabilidade não apenas de natureza política, mas também, em larga medida, jurídica, que alcança os próprios agentes e servidores públicos. A fim de respeitar a relação de confiança que a sociedade neles depositou, tais agentes devem atuar para efetivamente implementar as ambiciosas promessas albergadas no texto magno, isto é, devem dar concretude à vontade constitucional.

De outra parte, importa reconhecer que a realização dos ideais constitucionais não é responsabilidade apenas do Estado. É inquestionável, sobretudo pela experiência alcançada ao longo dos últimos trinta e cinco anos, que a atuação estatal não prescinde —antes, necessita vitalmente— da participação e do engajamento cívico de todos os setores e segmentos organizados da sociedade, bem assim dos indivíduos que a compõem. Esses, além de destinatários, são também coexecutores dos mandamentos constitucionais. Não é sem razão, portanto, que a Declaração Universal dos Direitos Humanos de 1948 preceitua, em seu art. 29, que "o indivíduo tem deveres para com a comunidade, fora da qual não é possível o livre e pleno desenvolvimento da sua personalidade". Portanto, a essência e realização dos direitos fundamentais devem ser vistas sob as perspectivas da reciprocidade e da solidariedade."

É a partir da compreensão de um ambiente solidário que se consegue enxergar, com maior clareza, o campo da responsabilidade social, em seus contornos governamentais, corporativos ou terciários, superando-se falsos paradoxos usualmente assinalados.

1. *CORPORATIVE SOCIAL RESPONSIBILITY* (CSR), *BUSINESS & HUMAN RIGHTS* (BHR) E *ENVIRONMENTAL, SOCIAL, AND CORPORATE GOVERNANCE* (ESG)

As corporações empresárias vêm evoluindo rumo ao conceito de responsabilidade social (*Corporative Social Responsibility* ou CSR) e de Direitos Humanos Empresariais (*Business & Human Rights* ou BHR)[5], dependendo o sucesso do negócio não apenas de lucros sólidos, mas de reputação pristina com sustentabilidade ambiental e atuação inclusiva, sem uso de trabalho escravo. Revisitam suas gestões, incorporando em si atividade econômica que lhes deem sustentabilidade financeira mínima. A rigor, buscam desenvolvimento sustentável, segundo Surya Deva.[6]

5. A CSR não é uma iniciativa incontestada, sendo considerada por alguns uma cara empreitada egocêntrica de gestores, às custas de acionistas (LI, Frank. Corporate Social Responsibility and Corporate Governance (2020). *Scholarly Community Encyclopedia*. [https://encyclopedia.pub/715]).
6. Desenvolvimento sustentável em termos de responsabilidades corporativas quanto ao respeito e à promoção de direitos humanos quando da tomada de decisões (DEVA, Surya. Sustainable Development: What Role for the Company Law?. *International and Comparative Corporate Law Journal*, v. 8. 2011. Issue 1, p. 77).

Ao tempo em que a concepção ontológica de empresas evolui, igualmente se repensa a noção de "mercado livre",[7] na medida em que a liberdade incontida de uma corporação, a significar a sobrevivência da mais potente, ocasionaria, no pior cenário possível, o esmagamento de todas as demais, com um monopólio livre de culpa, independentemente de quão horrível o método usado – o que levaria não apenas ao nascimento de desigualdades, mas à sua exploração, em um ambiente de impunidade[8]-[9] e de isolacionismo.[10]

Especialmente, o setor financeiro deve rever sua posição de "ator amoral" para reconquistar a confiança pública perdida[11], sob o oxímoro de exploração humanizada, superada[12] a presunção de que acionistas buscam exclusivamente lucro e dividendos, mesmo porque a observância de BHR tende a aumentar o valor corporativo.[13] Atualmente já há empresas que, desde sua criação, adotam regras decisórias que sacrificam lucros em favor de valores outros.[14] O *Statement on the Purpose of a Corporation*, publicado pelo Business Roundtable, que congrega as duzentas maiores empresas norte-americanas (como a Apple, Amazon, Exxon Mobil, Ford Mobile, Procter & Gamble), é emblemático desta mudança de postura institucional, adotando vetores de economia sustentável e ambiente saudável,[15] em inversão do adágio de que *pecunia non olet*.

As expressões "empreendedorismo social" e "filantropia de risco" passam a ser os dois lados da equação tradicional, na medida em que as corporações transitam rumo ao

---

7. STOUT, Lynn. Corporate governance: the shareholders' myth (31:31). *Youtube*. [www.youtube.com/watch?v=-s5Eoy988728https://mail.google.com/mail/u/0/#inbox/FMfcgxwJXpNbVnKHnGdmqGHVxRTrQxGf?projector=1].
8. Não por outra, diversos casos de abuso corporativo contra direitos humanos em países em desenvolvimento têm sido litigados em cortes de países desenvolvidos, tal como EUA, Reino Unido, Canada e Holanda, onde a influência corporativa (inclusive, por coerção ou corrupção) traz a cumplicidade de autoridades ou mesmo a vedação de acesso à justiça pelas vítimas (JOSEPH, Sarah. KEYES, Mary. BHR Symposium: The Business and Human Rights Treaty and Private International Law (sept 09 2020). *2020 Opinio Juris*. [http://opiniojuris.org/2020/09/09/bhr-symposium-the-business-and-human-rights-treaty-and-private-international-law/]).
9. Deva et al. advertem que que mais investigação empírica seria necessária para se criar uma figura exata do estado da arte (DEVA, S., RAMASASTRY, A., WETTSTEIN, F., & SANTORO, M. (2019). Editorial: Business and Human Rights Scholarship: Past Trends and Future Directions. *Business and Human Rights Journal*, 4(2), 201-212. doi:10.1017/bhj.2019.17).
10. Tal isolacionismo seria fruto de lacuna estrutural entre a abordagem corporativa quanto aos direitos humanos e a legislação vigente, em divórcio de preocupações no processo decisório corporativo (DEVA, Surya, 'Human Rights Violations by Multinational Corporations and International Law: Where from Here?' (2003) 19 *Connecticut Journal of International Law* 1, 32-33 [footnotes omitted]).
11. KINLEY, David. *Necessary Evil*: How to Fix Finance by Saving Human Rights (Oxford, UK: Oxford University Press, 2018).
12. Esta não é uma verdade absoluta: muitos manuais ainda ensinam que a lucratividade é o *ultimate goal* das corporações (LI, Frank. Corporate Social Responsibility and Corporate Governance (2020). *Scholarly Community Encyclopedia*. [https://encyclopedia.pub/715]).
13. FLAMMER, Carolina, Corporate Social Responsibility and Shareholder reaction: The Environmental awareness of investors. *Academy of Management Journal* 2013, v. 56, n. 3, 758-781. [http://dx.doi.org/10.5465/amj.2011.0744.
14. Por exemplo, tenha-se a holandesa Fairphone, em Amsterdam, uma empresa de manufatura de telefones que somente usa metal e materiais de fontes sustentáveis e cuja origem possa ser rastreada, como um compromisso contra abusos na cadeia de produção (FAIRPHONE. *Story*. 2020. In: [www.fairphone.com/en/story/?ref=header]).
15. BUSINESS ROUNDTABLE. *The Statement on the Purpose of a Corporation*. Released: August 19, 2019. Signatures Updated: September 2019, December 2019, February 2020, April 2020, June 2020 and August 2020 [https://opportunity.businessroundtable.org/wp-content/uploads/2020/08/BRT-Statement-on-the-Purpose-of-a-Corporation-August-2020-1.pdf].

BHR e as fundações abraçam atividades econômicas, em uma linha divisória cada vez mais tênue entre ambas, com consequências para estas ainda imprevisíveis.[16]

Ademais, assim como a sociedade contemporânea aprende a lidar com os avanços da tecnologia e da inteligência artificial,[17] as empresas também procuram seu lugar no mundo virtual, coletando informações valiosas como ferramenta de mudança social. Em um modelo político ultrapassado[18], a manufatura artificial de consenso traz ao lume o dissenso e sua utilidade. Já em 1988 Herman et al[19] propunham que a mídia de comunicação em massa era uma instituição poderosa, hábil a veicular propaganda (política) com base em forças de mercado, presunções internas e autocensura, sem coerções abertas. Tais assertivas ganham exponencialidade na era da Internet e da mídia social.[20]

A mudança ontológica de corporações deve, portanto, resguardar o dissenso, não podendo desconsiderar a própria dimensão política de sua atividade para manufaturar artificialmente consensos. Há, pois, desafios diversos às corporações, neste novo quadro histórico, com sua nova ontologia e novas tecnologias.

Hodiernamente, relembra o Ministro André Luiz de Almeida Mendonça,[21] já se fala em *Environmental, Social, and Corporate Governance* (ESG), em que se avalia como uma corporação incorpora no seu processo de tomada de decisão aspectos sociais, ambientais

16. "The blurring of standard borders between the public, private and nonprofit sector also will impact foundations. The conversion phenomenon is only one example of how such re-structuring of private and public can greatly increase philanthropic funds. The increase in for-profit ventures managed by nonprofit entities shapes how foundations read financial statements from their applicants and what will be expected as a "fair share" of earned or unearned income." BERNHOLZ, Lucy. *Foundations For The Future*: Emerging Trends in Foundation Philanthropy. Research Paper – 1. January 2000. The Center on Philanthropy and Public policy. University of South California, p. v. [www.issuelab.org/resources/28525/28525.pdf], p. 8 e 21.
17. As novas tecnologias trazem consigo conforto, mas também controle e vigilância em um contexto em que o próprio Estado de Direito é redefinido (HALIS, Denis de Castro. Digitalization and Dissent in Legal Cultures: Chinese and Other Perspectives. *Naveiñ Reet*: Nordic Journal of Law and Social Research (NNJLSR) n. 9 2019. p. 139).
18. "Our so-called contemporary political systems are copied from models invented before the advent of the factory system – before canned food, refrigeration, gaslight, or photography, before the Bessemer furnace or the introduction of the typewriter, before the invention of the telephone, before Orville and Wilbur Wright took wing, before the automobile and the airplane shrunk distance, before radio and television began their alchemy on our minds, before Auschwitz industrialized deaths, before nerve gas and nuclear missiles, before computers, copying machines, birth control pills, transistors, and lasers. They were designed in an intellectual world that is almost unimaginable – a world that was pre-Marx, pre-Darwin, pre-Freud and pre-Einstein." (TOFFLER, Alvin. *Future Shock* – The Third Wave. New York: Bantam Books, 1980. p. 411-415).
19. HERMAN, Edward S.. CHOMSKY, Noam. *Manufacturing Consent*. New York: Pantheon Books. 1988. p. 306.
20. "From Main Street to Wall Street and from schoolrooms to boardrooms, there is a revolution happening. It is being driven by a fundamental shift in how we communicate, and it is enabled by the unprecedented rise of what is commonly called 'social media'. Now, we may argue that we've always interacted with each other through discussion and debate, but there's no question that the platforms and tools that are freely available to us today are taking this to the next level. It's one-to-one and one-to-many discourse in a public setting. And while we may be only at the beginning of this revolution, the effects are palpable. The historic invisible walls of the Internet are being broken daily, locally, and globally." (MONTY, Scott. Foreword. In: QUALMAN, Erik. *Socialnomics* – How Social Media transforms the way we live and do business. New Jersey, USA: John Wiley & Sons, 2013.)
21. Vide sua *key speech* nos anais do Encontro Nacional de Responsabilidade Social – Série Fórum Jurídico de Lisboa – Debates Contemporâneos (FGV – Rio de Janeiro/Brasil), 25 set. 2023.

e de governança, focado em reduzir riscos, ações e práticas específicas e mensuráveis, ligado às práticas internas.

2. RESPONSABILIDADE SOCIAL GOVERNAMENTAL

Como verso e anverso de uma mesma moeda, as responsabilidades fiscal e social do governo compõem, enfim, uma mesma unidade. Para além de uma gestão fiscal responsável (essencial, mas não suficiente), o déficit social do país há de ser igualmente enfrentado.

É evidente que não se pode coadunar com gastanças incontidas de verbas públicas. Todavia, de nada adianta o equilíbrio fiscal se, a partir deste, não houver o resgate humanitário do país. Cofres públicos cheios não podem estar insensíveis a barrigas vazias, à miséria, à fome, à pobreza extrema.

Em nosso ordenamento pátrio, festeja-se a Lei de Responsabilidade Fiscal,[22] pedra angular para equilíbrio de contas públicas, com inegável êxito em criar uma cultura de controle e transparência na atividade financeira do Estado. O Exmo. Ministro do Supremo Tribunal Federal Gilmar Ferreira Mendes, todavia, bem aduz não ser bastante apenas tal normatização:

> "Nessa ordem de ideias, 'o fiscal' e 'o social' se complementam. Não basta gastar bilhões de reais com obras indicadas por emendas parlamentares individuais que aumentem as disfunções da alocação de recursos orçamentários. Uma Lei de Responsabilidade Social pode, por exemplo, ser de grande valia para estabelecer critérios técnicos para a execução de obras e serviços públicos — e, por que não, reduzir o desperdício de recursos orçamentários. É com esse olhar para o futuro que aqui encerro. Com a esperança de que nos próximos anos o poder público recupere a sua capacidade de implementar políticas públicas criativas, mediante valorização de sinergias com a sociedade civil organizada e com especial cuidado para não recair na saída fácil do aumento do gasto público (que não garante melhoria do nível geral de vida da população, embora acarrete na certeza do incremento do estoque da dívida).
>
> Nosso futuro depende, e muito, de uma agenda que dialogue com os atingidos pelas ações do Estado (sejam políticas públicas, sejam atividades comezinhas, como uma fiscalização do trabalho ou ambiental). As lideranças nacionais precisam entender melhor essas mensagens que advêm das entranhas do país (às vezes vazadas em 'pulsões de morte', permitam-me o paralelo psicanalítico)."[23]

Colmatando tal lacuna normativa, tramitava no Senado Federal o Projeto de Lei 5343/2020,[24] que pretende estabelecer normas de responsabilidade social para a redução da pobreza. Em seu artigo inaugural define como seus fundamentos (i) a alocação específica e suplementar de recursos no orçamento público para ações de transferência de renda, mitigação de flutuação de renda, estímulo à emancipação econômica e promoção da igualdade de oportunidades por meio do desenvolvimento humano, e (ii) a

22. Disponível em: [www.planalto.gov.br/ccivil_03/leis/lcp/lcp101.htm]. Consulta em: 29 jun. 2022.
23. Integra do discurso disponível em: [www.conjur.com.br/2022-nov-14/gilmar-reconstrucao-nacional-responsabilidade-social]. Consulta em: 26 jun. 2022.
24. Disponível em: [https://legis.senado.leg.br/sdleg-getter/documento?dm=8909676&ts=1645024622705&disposition=inline]. Consulta em: 26 jun. 2022.

condução sustentável da política fiscal, voltada para um ambiente macroeconômico estável compatível com a geração de empregos e de renda.

Ainda em esforço legiferante, anote-se iniciativa capitaneada pelo Ministro André Luiz de Almeida Mendonça, ladeado pelo ora signatário e pelo professor Marcus Abraham, de elaboração de nova lei de responsabilidade social em que se cunharia um conceito jurídico mais denso de responsabilidade social,[25] com criação de fundo fomentado por selo corporativo e por destinações derivadas de isenções fiscais.

Com tais diplomas, completa-se o ciclo virtuoso de contas públicas equilibradas servirem à agenda social de nosso país.

3. RESPONSABILIDADE SOCIAL DO TERCEIRO SETOR

Temos dito e insistido[26]-[27] que a responsabilidade social, no campo do Terceiro Setor (notadamente, fundacional), significa ter consistência - e, portanto, sustentabilidade financeira – na consecução dos fins sociais.

Não basta atingi-los uma vez ou outra, mas sempre e sempre. Enquanto causas mais profundas da miséria humana não são resolvidas, não basta distribuir um prato de sopa e um cobertor pelas esquinas frias da cidade uma noite só; deve-se estender esta mão caridosa todas as madrugadas em que ainda houver alguém com fome e em desamparo. Para tanto, abraçar meios empresariais para ter sustentabilidade financeira é um caminho possível a se seguir. Não há paradoxos. Na esfera governamental, responsabilidade fiscal serve à responsabilidade social, com superávits da balança para o combate à pobreza. No ambiente corporativo, o lucro ganha dimensão social, com sua busca legítima (vivemos em um país capitalista) iluminado por uma consciência ambiental, com inclusão e sem preconceitos. No campo terciário, os meios empresariais servem aos fins sociais, dando-lhes sustentabilidade. É dizer categoricamente: fazer o bem demanda constância.

Impende aqui destacar uma vez mais a ruptura conceitual em interessante movimento dialético pendular: na mesma medida em que as corporações empresarias evoluem em direção aos chamados Direitos Humanos Empresariais (*Business & Human Rights* ou BHR), dependendo o sucesso do negócio não apenas de lucros sólidos, mas de reputação pristina com sustentabilidade ambiental e atuação inclusiva, sem uso de trabalho escravo, as entidades do Terceiro Setor (ETS) revisitam suas gestões, incorporando em si atividades econômicas que lhes deem sustentabilidade financeira mínima. A

25. Vide anais do Encontro Nacional de Responsabilidade Social – Série Fórum Jurídico de Lisboa – Debates Contemporâneos (FGV – Rio de Janeiro/Brasil), 25 set. 2023.
26. PAULO JUNIOR, José Marinho. *Manual Prático para Fundações Privadas*. Rio de Janeiro: Mundo Contemporâneo, 2024. p. 349.
27. FUNDAÇÃO GETULIO VARGAS. Seminário Responsabilidade Social. Série Fórum de Lisboa: debates contemporâneos. *YouTube*, 25 set. 2023. Disponível em: [www.youtube.com/watch?v=VmPTE-Mts_c].

rigor, ambas – empresas e ETS – buscam, no mundo contemporâneo, desenvolvimento sustentável, segundo Surya Deva.[28]

As ETS, em sentido inverso aos das corporações (mas, tenha-se, convergentes entre si, na medida que partem de pontos opostos), ambicionam desempenhar atividades lucrativas. E a mudança veio da necessidade interna de sobrevivência por meio de sustentabilidade financeira. Não se trata de obter lucro pelo lucro, mas de se manter a entidade viva. De acordo com os levantamentos estatísticos das Provedorias de Fundações da Capital do Ministério Público do Estado do Rio de Janeiro, havia em 2017 cerca de 300 (trezentas) Fundações em atividade e, em 2020, antes da pandemia, um sexto destas havia encerrado suas atividades.[29]

4. RESPONSABILIDADE SOCIAL DE ÓRGÃOS DE CONTROLE

Merece uma breve reflexão sobre a significação de um atuar socialmente responsável dos órgãos de controle, tais como Controladorias, Cortes de Contas e Ministério Público. Sem pretender esgotar o tema, pode-se afirmar, de forma intuitiva, que sua responsabilidade social lhes impõe uma atuação dialógica e de menor desgaste social.

Assente na doutrina o direito à administração pública dialógica, o qual se traduziria nas "garantias do contraditório e da ampla defesa – é dizer, respeitadora do devido processo (inclusive com duração razoável), o que implica do dever de motivação consistente e proporcional", na letra de Juarez[30]. Segundo Augusto Moutella Nepomuceno,[31] a noção de administração pública dialógica, como se depreende da própria expressão que a designa, impõe como condição para a atuação administrativa a prévia realização de um verdadeiro e efetivo diálogo com todos aqueles que terão suas esferas de direitos atingidas pela atuação estatal. Especialmente quanto ao direito fundamental à administração pública dialógica, ele se mostra evidentemente assegurado pela Constituição Federal, a partir de um fenômeno de mediatização proporcionado pelas noções de devido processo legal (art. 5º, LIV, da CRFB/88) e de contraditório e ampla defesa (art. 5º, LV, da CRFB/88).

E tal direito fundamental encontrar-se-ia abrigado no ordenamento jurídico-constitucional pátrio, nada obstante a ausência de menção expressa no Título II da CRFB/88, que, aliás, em seu art. 5º, § 2º, da CF/88 estabelece que "os direitos e garantias expressos nesta Constituição não excluem outros decorrentes do regime e dos princípios por ela adotados, ou dos tratados internacionais em que a República Federativa do Brasil seja

28. Desenvolvimento sustentável em termos de responsabilidades corporativas quanto ao respeito e à promoção de direitos humanos quando da tomada de decisões (DEVA, Surya. Sustainable Development: What Role for the Company Law?. *International and Comparative Corporate Law Journal*, v. 8, 2011. Issue 1, p. 77).
29. Informação constante do procedimento administrativo MPRJ 2017.01030701.
30. FREITAS, Juarez. *Discricionariedade administrativa e o direito fundamental à boa administração pública*. São Paulo: Malheiros Editores, 2007. p. 20.
31. NEPOMUCENO, Augusto Moutella. Proteção da Confiança Legítima: Dever Exclusivo dos Tribunais?. In: PERLINGEIRO, Ricardo et al. (Org.). *Estudos sobre justiça administrativa*. Niterói/RJ: Núcleo de Pesquisa e Extensão sobre Ciências do Poder Judiciário (NUPEJ), 2020. p. 177.

parte" – tal como a Excelsa Corte reiteradamente reconheceu, podendo a fundamentalidade de direitos ser encontrada em preceitos outros da Carta Política, que não aqueles mencionados no referido Título Constitucional dos direitos e garantias fundamentais, como remarca Sarlet.[32]

Não é socialmente responsável o órgão de controle que abdica de qualquer forma de diálogo, com o fito único de sancionar e punir ou, em cenários mais agudos, o de atuar inconscientemente como uma arma de destruição em massa contra empregos, empresas e a própria economia.[33]

A atividade estatal de controle, enquanto socialmente responsável e na medida das possibilidades normativas, deve sempre trilhar o caminho de soluções dialogadas.

CONCLUSÕES

O largo espectro da responsabilidade social desdobra seu significado no campo empresarial, governamental, do Terceiro Setor e de órgãos de controle. Ao passo que, no mundo corporativo, supera-se a percepção da busca incessante pelo lucro, no âmbito governamental, o equilíbrio de contas públicas não é um fim em si mesmo, mas parte de um ciclo virtuoso em resgate de déficit social do país, enquanto, em viés de controle, a atuação dialógica, cônscia de impactos sociais, é elemento integrativo de um atuar socialmente responsável, fundado no Primado da Solidariedade.

Como professa nosso homenageado Ministro André Luiz de Almeida Mendonça,[34] os direitos fundamentais não foram concebidos em uma perspectiva egoísta, unilateral e utilitária, mas sim comunitária e integrativa, de reciprocidade e de muita colaboração entre a sociedade civil, as entidades de terceiro setor, as corporações, o governo e seus órgãos de controle. A responsabilidade social exige engajamento coletivo: antes de estanques e isolados entre si, seus atores são artífices conjuntos desta realidade solidária.

REFERÊNCIAS

BERNHOLZ, Lucy. *Foundations For The Future*: Emerging Trends in Foundation Philanthropy. Research Paper – 1. January 2000. The Center on Philanthropy and Public policy. University of South California, p. v. [www.issuelab.org/resources/28525/28525.pdf, p. 8.

BUSINESS ROUNDTABLE. *The Statement on the Purpose of a Corporation*. Released: August 19, 2019. Signatures Updated: September 2019, December 2019, February 2020, April 2020, June 2020 and August 2020. Disponível em: [https://opportunity.businessroundtable.org/wp-content/uploads/2020/08/BRT-Statement-on-the-Purpose-of-a-Corporation-August-2020-1.pdf].

32. SARLET, Ingo Wolfgang. A eficácia do direito fundamental à segurança jurídica: dignidade da pessoa humana, direitos fundamentais e proibição de retrocesso social no direito constitucional brasileiro. In: ROCHA, Cármen Lúcia Antunes (Org.). *Constituição e segurança jurídica*. Belo Horizonte: Fórum, 2004. p. 73-156.
33. Vide anais da mesa "*Responsabilidade Social*: O papel do Setor Público e do Setor Privado" do "XII Fórum Jurídico de Lisboa" (Portugal) – Lisboa/Portugal, 26 jun. 2024. Em igual sentido, *Anais da 1ª Conferência sobre Integridade e Ética na Realidade Institucional Bio-Manguinhos*/Fiocruz (Rio de Janeiro/Brasil), 21 jun. 2024.
34. Vide sua *key speech* nos anais do Encontro Nacional de Responsabilidade Social – Série Fórum Jurídico de Lisboa – Debates Contemporâneos (FGV – Rio de Janeiro/Brasil), 25 set. 2023.

DEVA, Surya. 'Human Rights Violations by Multinational Corporations and International Law: Where from Here?' (2003) 19 *Connecticut Journal of International Law* 1, 32-33 [footnotes omitted].

DEVA, Surya. Sustainable Development: What Role for the Company Law?. *International and Comparative Corporate Law Journal*, v. 8. 2011. Issue 1, p. 77.

DEVA, S., RAMASASTRY, A., WETTSTEIN, F., & SANTORO, M. (2019). Editorial: Business and Human Rights Scholarship: Past Trends and Future Directions. *Business and Human Rights Journal*, 4(2), 201-212. doi:10.1017/bhj.2019.17.

FAIRPHONE. Story. 2020. In: [www.fairphone.com/en/story/?ref=header].

FLAMMER, Carolina, Corporate Social Responsibility and Shareholder reaction: The Environmental awareness of investors. *Academy of Management Journal* 2013, v. 56, n. 3, 758-781. [http://dx.doi.org/10.5465/amj.2011.0744].

FREITAS, Juarez. *Discricionariedade administrativa e o direito fundamental à boa administração pública*. São Paulo: Malheiros Editores, 2007.

FUNDAÇÃO GETULIO VARGAS. XI Fórum Jurídico de Lisboa. Responsabilidade social: uma emergência. *YouTube*, 10 jul. 2023. Disponível em: [www.youtube.com/watch?v=c5oSIfUyYOY].

FUNDAÇÃO GETULIO VARGAS. Seminário Responsabilidade Social. Série Fórum de Lisboa: debates contemporâneos. *YouTube*, 25 set. 2023. Disponível em: [www.youtube.com/watch?v=VmPTE-Mts_c].

GUSTIN, Miracy Barbosa de Sousa. DIAS, Maria Tereza Fonseca. *(Re)pensando a pesquisa jurídica*: teoria e prática. Belo Horizonte/MG: Del Rey, 2006.

HALIS, Denis de Castro. Digitalization and Dissent in Legal Cultures: Chinese and Other Perspectives. *Naveiñ Reet: Nordic Journal of Law and Social Research* (NNJLSR) n. 9 2019. p. 139.

HERMAN, Edward S.. CHOMSKY, Noam. *Manufacturing Consent*. New York: Pantheon Books. 1988. p. 306.

JOSEPH, Sarah. KEYES, Mary. BHR Symposium: The Business and Human Rights Treaty and Private International Law (sept 09 2020). *2020 Opinio Juris*. [http://opiniojuris.org/2020/09/09/bhr-symposium-the-business-and-human-rights-treaty-and-private-international-law/].

KINLEY, David. *Necessary Evil*: How to Fix Finance by Saving Human Rights (Oxford, UK: Oxford University Press, 2018.

LI, Frank. Corporate Social Responsibility and Corporate Governance (2020). *Scholarly Community Encyclopedia*. [https://encyclopedia.pub/715].

MENDONÇA, André Luiz de Almeida. *Key Speech* nos anais do Encontro Nacional de Responsabilidade Social – Série Fórum Jurídico de Lisboa – Debates Contemporâneos (FGV – Rio de Janeiro/Brasil), 25 set. 2023.

MENDONÇA, André Luiz de Almeida. Prefácio. In: PAULO JUNIOR, José Marinho. *Manual Prático para Fundações Privadas*. Rio de Janeiro: Mundo Contemporâneo, 2024. p. 349.

MONTY, Scott. Foreword. In: QUALMAN, Erik. *Socialnomics*: How Social Media transforms the way we live and do business. New Jersey, USA: John Wiley & Sons, 2013.

NEPOMUCENO, Augusto Moutella. Proteção da Confiança Legítima: Dever exclusivo dos tribunais?. In: PERLINGEIRO, Ricardo et al. (Org.). *Estudos sobre justiça administrativa*. Niterói/RJ: Núcleo de Pesquisa e Extensão sobre Ciências do Poder Judiciário (NUPEJ), 2020. p. 156-187.

PAULO JUNIOR, José Marinho. *Manual Prático para Fundações Privadas*. Rio de Janeiro: Mundo Contemporâneo, 2024. p. 349.

PAULO JUNIOR, José Marinho. *Palestrante da mesa "Responsabilidade Social*: o papel do Setor Público e do Setor Privado" do "XII Fórum Jurídico de Lisboa" (Portugal) – Lisboa/Portugal, 26 jun. 2024.

PAULO JUNIOR, José Marinho. *Palestrante da 1ª Conferência sobre Integridade e Ética na Realidade Institucional Bio-Manguinhos/Fiocruz* (Rio de Janeiro/Brasil), 21 jun. 2024.

SARLET, Ingo Wolfgang. A eficácia do direito fundamental à segurança jurídica: dignidade da pessoa humana, direitos fundamentais e proibição de retrocesso social no direito constitucional brasileiro. In: ROCHA, Cármen Lúcia Antunes (Org.). *Constituição e segurança jurídica*. Belo Horizonte: Fórum, 2004. p. 73-156.

STOUT, Lynn. Corporate governance: the shareholders' myth (31:31). *Youtube*. [www.youtube.com/watch?v=s5Eoy988728https://mail.google.com/mail/u/0/#inbox/FMfcgxwJXpNbVnKHnGdmqGHVxRTrQxGf?projector=1].

TOFFLER, Alvin. *Future Shock*: The Third Wave. New York: Bantam Books, 1980. p. 411-415.